Großer
Westerwald-Führer

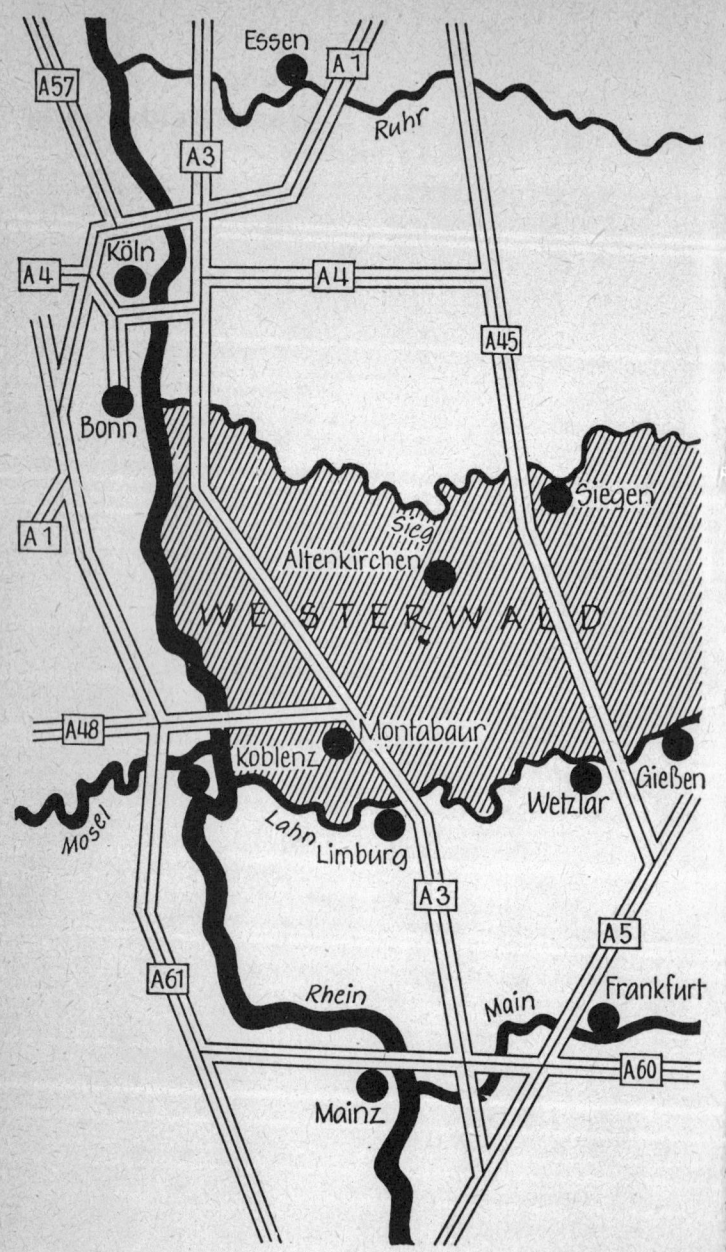

Großer

Westerwald-Führer

**Herausgegeben
vom Westerwald-Verein e. V.**

**Gesamtredaktion:
Hermann-Josef Hucke**

2. Auflage der Neubearbeitung
Band IV der Buchreihe des Westerwald-Vereins e. V.

**Verlag Westerwald-Verein e. V., Montabaur
in Gemeinschaft mit
Deutscher Wanderverlag
Dr. Mair & Schnabel & Co., Stuttgart**

CIP-Kurztitelaufnahme der Deutschen Bibliothek

Großer Westerwald-Führer / hrsg. vom Westerwald-Verein e. V.
Gesamtredaktion: Hermann-Josef Hucke. (Kt.-Skizzen: Dieter Weyers).
— 2. Auflage der Neubearbeitung —
Montabaur: Verlag Westerwald-Verein;
Stuttgart: Deutscher Wanderverlag Mair u. Schnabel & Co., 1980. —
   (Buchreihe des Westerwald-Vereins; Bd. 4)
   ISBN 3-921548-04-7
NE: Hucke, Hermann-Josef (Red.); Westerwald-Verein

Herausgeber: Westerwald-Verein e. V.
Geschäftsstelle des Hauptvereins: Kreisverwaltung, D-5430 Montabaur

Zuständig: Ausschuß für Publikationen
            unter Leitung von Hermann-Josef Hucke

Umschlagentwurf und Kartenskizzen: Dieter Weyers, Montabaur
Umschlagfotos: Fremdenverkehrsverein Westerwald e. V., Montabaur

ISBN 3 - 921548-04-7   (Westerwald-Verein e. V.)
ISBN 3 - 8135-0067-0   (Deutscher Wanderverlag)

Druck: Graphoprint (Ruth Schlotter GmbH & Co.), 5400 Koblenz

Printed in Germany

Zur Einführung

Fast 30 Jahre ist es her, seit der letzte umfassende Wanderführer über den Westerwald erschienen ist. Daher ist der allseits geäußerte Wunsch verständlich, einen neuen Westerwald-Führer herauszugeben. Der Westerwald-Verein ist diesem Bedürfnis gerne entgegengekommen. Der Umfang der vom Hauptverein gestellten Aufgabe hat aus dem Führer der üblichen Art den „Großen Westerwald-Führer" werden lassen, der in die Landschaft, Kultur und Geschichte des Westerwaldes in wohl einmaliger Weise einführt.

Ausführlich beschreibt das neue Werk nicht nur alle Wanderwege im Westerwald und in seinen Randtälern, es stellt auch die kulturellen, historischen und landschaftlichen Sehenswürdigkeiten vor und macht mit den Fremdenverkehrseinrichtungen, den Städten und Dörfern bekannt. Dem Wanderer, dem Westerwald-Freund und dem an unserer schönen Landschaft Interessierten vermittelt es gesicherte Informationen, aufgelockert durch Karten und Zeichnungen, die eine gute Übersichtlichkeit herstellen.

Vier Jahre wurden benötigt, um das Werk in mühsamer Arbeit zu erstellen. Der Ausschuß für Publikationen im Westerwald-Verein unter der engagierten Leitung von Hermann-Josef Hucke hat ausgezeichnete Arbeit geleistet und der Landschaft Westerwald einen großen Dienst erwiesen. Ihm gilt ganz besondere Anerkennung und Dank.

Ich darf das Werk als weiteren Boten des Westerwaldes präsentieren. Im Interesse einer Vertiefung der Kenntnisse über unsere schöne Heimat und mit dem Wunsch, daß ihr weitere Freunde gewonnen werden, wünsche ich dem „Großen Westerwald-Führer" eine weite Verbreitung.

Zur 2. Auflage der Neubearbeitung

Unser Großer Westerwald-Führer hat überall sehr guten Anklang gefunden. So kann denn bereits nach einem Jahr eine weitere Auflage folgen. In ihr wurden rund 1700 Ergänzungen oder Berichtigungen vorgenommen. Der Gesamtumfang steigt damit auf 864 Seiten. Der neue Plastikeinband macht das Westerwald-Handbuch noch gebrauchsfreundlicher. Die nun beigefügte Karte im Maßstab 1 : 100 000 bringt für Auto-, Rad- und Fußwanderer alle notwendigen Details.

Montabaur, im Januar 1980
Hui! Wäller? - Allemol!

Landrat Dr. Norbert Heinen
Vorsitzender des Westerwald-Vereins

Inhaltsverzeichnis

LANDSCHAFTEN DES WESTERWALDES
STÄDTE - DÖRFER - SEHENSWERTES

Hinweise zur Benutzung

Im **Allgemeinen Teil** finden Sie zusammenfassende Darstellungen und Übersichten aus der Feder bester Sachkenner in allgemein verständlicher Form.

Der Hauptteil **Landschaften des Westerwaldes - Städte - Dörfer - Sehenswertes** umfaßt innerhalb von 11 großen Landschaftsräumen zahlreiche kleinere Landschaften, deren Abgrenzungen nicht unbedingt mit den politischen Grenzen übereinstimmen. Vorangestellt ist jeweils eine kurze Einführung in die Besonderheiten der jeweiligen Landschaft. Sofern einer Gebietsbeschreibung keine Übersichtsskizze beigestellt ist, beachten Sie bitte unter der Überschrift den Seitenhinweis auf diese Karte.

Die einzelnen Orte sind fast immer talabwärts oder entlang einer Hauptverkehrsstraße der Reihe nach beschrieben. Wird die Streckenfolge unterbrochen, in der Regel für abseits liegende Orte, so ist meist ein (✱) eingefügt.

Im rheinland-pfälzischen Teil steht hinter dem Ortsnamen jeweils der Name der zuständigen Verbandsgemeinde. Hinter Orten, die Sitz einer Verbandsgemeinde sind, ist zusätzlich der Kreisname angeführt. − Gehören Orte zu einer Mehrortsgemeinde, − dies trifft besonders für die hessischen und nordrhein-westfälischen Gebiete des Führers zu, so ist der Hauptortname mager vorangestellt.

Der dritte Teil des Führers umfaßt alle **Streckenwanderwege** des Westerwald-Vereins in unterschiedlich ausführlicher Beschreibung. Beim Erwandern dieser Wege empfehlen wir Ihnen zusätzlich die Wanderwege-Ausgabe der jeweiligen amtlichen Topographischen Karte 1 : 50 000.

Diesem Führer liegt ein Sonderdruck der Deutschen Ideal-Karte im Maßstab 1 : 100 000 bei. Sie umfaßt den gesamten Westerwald-Raum. In ihr sind alle Streckenwanderwege des Westerwald-Vereins sowie alle Wanderparkplätze eingezeichnet.

Mit der bisherigen Ausgabe des Westerwaldführers hat dieser völlig neu konzipierte „Große Westerwald-Führer" weniger als ein Prozent des Textes gemeinsam.

Bearbeiter und Redaktion haben sich bemüht, das Werk einheitlich, gewissenhaft und gründlich zu erarbeiten. Alle Korrekturfahnen wurden den Städten, Mehrortsgemeinden, Verbandsgemeinden, teilweise auch Einzelgemeinden und Verkehrsvereinen zur Überprüfung übersandt.

Sollten sich dennoch einmal Fehler und Ungenauigkeiten eingeschlichen haben, so bitten wir um Ihre Verbesserungs- oder Ergänzungsvorschläge. Die Anschrift der Redaktion lautet: Westerwald-Verein e. V., z. Hdn. Herrn Hermann-Josef Hucke, 5431 Daubach. (Tel. 0 26 02 / 39 65)

Erklärung der Symbole und Abkürzungen

◘   Geschichtliches
血   Sehenswürdigkeiten
✕   Industrie; Industriegeschichte
✚   Gesundheitswesen
☉   Bräuche und Veranstaltungen
✎   Freizeit-Einrichtungen
⌂   Übernachtungsmöglichkeit
✕   Verpflegungsmöglichkeit
🚌   Busverbindungen
🚆   Bahnverbindungen
⛴   Personenschiffahrt
        Informationsmöglichkeiten; örtliche Literatur
        Naturschönheiten
✳   Aussichtspunkte
🚶   Wandermöglichkeiten
Ⓟ   Wanderparkplatz mit Rundwanderwegen
Ⓟ   Wanderparkplatz ohne Rundwanderwege
        Parkplätze im Ortsbereich

A	Autobahn		
B	Bundesstraße	Mkg.	Markierung
E.	Einwohner	ND	Naturdenkmal
HWW	Hauptwanderweg	NSG	Naturschutzgebiet
Jh.	Jahrhundert	s. S.	siehe Seite
L	Landesstraße	Std.	Stunden
m	Höhe in Meter	VG	Verbandsgemeinde
Min.	Minuten	WWV	Westerwald-Verein

Bildnachweise:

Ernst Albrecht, Morgenweide 17, Wetzlar: S. 526, 532; Basalt-Actien-Gesellschaft, 5460 Linz a. Rh.: S. 311, 685, 690; Peter Aßmann †, Limburg: S. 452, 591, 599, 810; Willibald Becker, Dreimannsgasse 4, 6253 Hadamar-Niederzeuzheim: S. 477, 500, 505; Christa Braunewell-Soltau, Eulenstraße 7, 5431 Daubach: S. 154, 160, 231, 288, 309, 340, 364, 621, 634, 680, 657, 701, 705, 719, 753; Ingeborg Bütow, Sonnenstr. 36, 5450 Neuwied, S. 380, 655, 662; Verbandsgemeinde Daaden: S. 410; Gemeinde Dietzhölztal: S. 520; Franz Gregor †, 6295 Merenberg: S. 474; Otto Haibach †, 6342 Haiger: S. 202, 396; Emil Heuzeroth †, 5238 Hachenburg: S. 202; Peter Heirich, Löhwiese 2, 5241 Nauroth und mit freundlicher Genehmigung der Westerwald-Brauerei H. Schneider, 5238 Hachenburg: S. 409, 588; Franz Hötterges, 5438 Gemünden, S. 157; Emil Hundhausen, 5227 Windeck-Schladern; S. 745, 747; Josef Kiefer †, 6250 Limburg: S. 492; A. Elisabeth Kohlhaas, In der Jägerwiese, 5241 Nauroth: S. 68, 308, 339, 357, 414, 739; Kurt Kremer, Oranienstraße, 6348 Herborn: S. 94, 96, 102, 111, 130, 149, 159, 431, 433, 441, 443, 454, 459, 460, 461, 466, 539, 543, 546, 549, 550, 551; Kosmos, Franck'sche Verlagshandlung, 7000 Stuttgart: S. 29; Ferdinand Luthmer, S. 577; Josef Magnus, Johannisstr. 45, 5240 Betzdorf: S. 403, 405, 733; Bernhard Märzheuser, Wiesengrundstr. 15, 5241 Gebhardshain: S. 416; Albert Meinhardt, Hermannstr. 51, 5450 Neuwied 1: S. 653, 657, 658, 665, 669; Ursula Motz-Schönhaber, Freiherr-vom-Stein-Straße 11, 5408 Nassau: S. 508, 607, 609, 613, 615; Rheinischer Verein für Denkmalpflege und Landschaftsschutz e. V., 5000 Köln: S. 32, 388; Adalbert N. Schmitz, 4791 Altenbeken: S. 307; Karlheinz Schönberger, 5411 Isenburg: S. 374; Stadtverwaltung 5413 Bendorf: S. 648; Stadtverwaltung 6340 Dillenburg: S. 530; Stadtverwaltung 6330 Wetzlar: S. 567; Verkehrsverein Ulmtal e. V.: S. 464; Dipl.-Grafiker Dieter Weyers, Baumbacher Straße, 5430 Montabaur-Elgendorf und mit freundlicher Genehmigung der Kreissparkasse Westerwald: S. 67, 101, 119, 121, 139, 163, 169, 180, 194, 205, 206, 213, 223, 238, 255, 258, 269, 278, 281, 295, 301, 331, 835; Karl Heinrich Zunn †, Beethovenstr. 31, 5300 Bonn-Bad Godesberg: S. 95, 586, 823.

**Manuskripte für den Großen Westerwald-Führer
verfaßten und bearbeiteten:**

Amtsrat a. D. Rudolf Anschütz, Auweg 15, 6337 Leun-Biskirchen; Herbert Aßmann, Irschenhauser Straße 17, 8000 München 70; Dr. Franz Baaden, Westallee 9, 5412 Ransbach-Baumbach; Verkehrsdirektor Josef Becker, Eigendorfer Straße 5, 5430 Montabaur; Robert Becker, Im Roth 3, 6296 Mengerskirchen; Dr. Theodor Becker, Köttinger Weg 120, 5248 Wissen; Heinzcarl Bender †, Kallenbachswäldchen 14, 6348 Herborn; Hauptlehrer Leonhard Borbonus, 6251 Beselich-Niedertiefenbach; Willi Bretz, Ahrweg 17, 5460 Linz/Rh.; Studiendirektorin Doris Engel, Waldblick 7, 5450 Neuwied 13; Blindenoberlehrer Fritz Felgenheier, In der Münchenwiese 6, 5450 Neuwied 22; Erwin Finger, Hauptstraße 20, 6229 Walluf; Prof. Dr. Heinz Fischer, Karthäuserhofweg 6, 5400 Koblenz-Karthause; Prof. Dr. Helmut Fischer, Attenberger Straße 26, 5202 Hennef 1 - Stadt Blankenberg; Helmut Frensch, Bergstraße 21, 5418 Selters; Oberstudiendirektor Heribert Fries, Auf der Haide 19, 5410 Höhr-Grenzhausen; Toni Frorath, Marg.-Flesch-Straße 79, 5451 Niederbreitbach; Prof. Dr. Konrad Fuchs, Unterer Michelsbergweg 10, 6500 Mainz; Heinrich Gansäuer, Rosbach - Rathaus, 5227 Windeck 1; Karl Gattermann, Friedenstraße 4, 6334 Aßlar; Oberarchivrat Dr. Hellmuth Gensicke, Tannhäuserstraße 4, 6200 Wiesbaden-Biebrich; Jürgen Golbach, Schubertstraße 14, 5060 Bensberg; Dr. Emil Haas †, Finkenweg 15, 5230 Altenkirchen; Ministerialrat Dr. Elmar Heinen, Sommerfelder Straße 23, 5330 Königswinter; Reg.-Oberinspektor Jochem Hellmig, Stann 21, 5439 Rennerod/Ww.; Ernst Henn, Am Kuckucksberg, 5440 Mayen; Realschullehrer Kurt Heppner, Gierlichstraße 23, 6340 Dillenburg; Günter Herbel, Solmser Straße 59, 6330 Lahn-Wetzlar; Lehrer Hermann-Josef Hucke, Hochstraße 14, 5431 Daubach; Erwin Katzwinkel, Auf dem Bornplatz 5, 6253 Flammersfeld; Museumsleiter Karl Kessler, Langgasse 1, 5439 Bad Marienberg; Otto Kippling †, Glockenfeld 26, 5243 Herdorf; Otto Krämer, Hermannstraße 5, 5450 Neuwied 1; Willi Krumm, Bergstraße 4, 6342 Haiger; Blindenlehrer Wulf Kupfer, Feldkircher Straße 39 a, 5450 Neuwied 12; Dr. Walter Kwasnik †, Naubergstraße 28, 5239 Nister; Elli Lind, 5461 Vettelschoß-Oberwillscheid; Stadtarchivar Maibach, 6250 Limburg; Bernhard Märzheuser, Wiesengrundstraße 15, 5241 Gebhardshain; Willy Mehr, Schillerstraße 10, 5438 Westerburg; Stadtarchivar Albert Meinhardt, Hermannstraße 51, 5450 Neuwied 1; Kurdirektor i. R. Walter Meisel, Colletstraße 16, 5430 Montabaur; Friedhelm Müller, Verkehrsverein Ulmtal e. V., 6331 Ulmtal-Allendorf; Hauptlehrerin Irene Rimsa, Schule, 5451 Straßenhaus; Hochschuldozent a. D. Dr. Hugo Rosenberg, Kaltbachtal 24, 5408 Nassau/Lahn; Studienrat P. Hermann Josef Roth, Postfach 300303, 5060 Bergisch Gladbach 3; Oberstudienrat Walter Rudersdorf, Carl-Goerdeler-Straße 92, 6000 Frankfurt/M. 1; Blindenlehrer Dietrich Schabow, Gassenweg 3, 5413 Bendorf/Rhein; Rechtsanwalt Gerhard Schlotmann, Im Wiesengrund 16, 5430 Montabaur; Museumsleiter Axel Schmidt-Walguny, 5410 Höhr-Grenzhausen; Karlheinz Schönberger, 5411 Isenburg; Lehrer Werner Schönhofen, Im Freistal 3, 5451 Leutesdorf; Schulrat i. R. Ewald Schumacher, Lindenallee 15, 5249 Hamm a. d. Sieg; Oberstudiendirektor i. R. Dr. Heinrich Schwing †, Odersbacher Weg 14, 6290 Weilburg; Bürgermeister a. D. Franz Solbach, Kirchstraße, 5241 Gebhardshain; Prof. Dr.-Ing. Hans Spiegel, Burg Grenzau, 5410 Höhr-Grenzhausen; Oberstudienrat i. R. Karl Josef Stahl, Hundsanger Straße 5, 6253 Hadamar; Eugen Stille, Goethestraße 72, 3500 Kassel; Heinrich Velten, 6295 Merenberg; Oberamtsanwalt a. D. August Welker, Gutenbergstraße 30, 5450 Neuwied 1; Lehrer i. R. Fritz Wiegard, 5466 Ehrenstein; Ernst Zeiler, Brechhofer Straße 35, 5419 Raubach.

Außerdem danken wir allen Städten, Gemeinden und Verkehrsvereinen, die Unterlagen zur Verfügung stellten, welche bei der Manuskriptgestaltung Verwendung fanden.

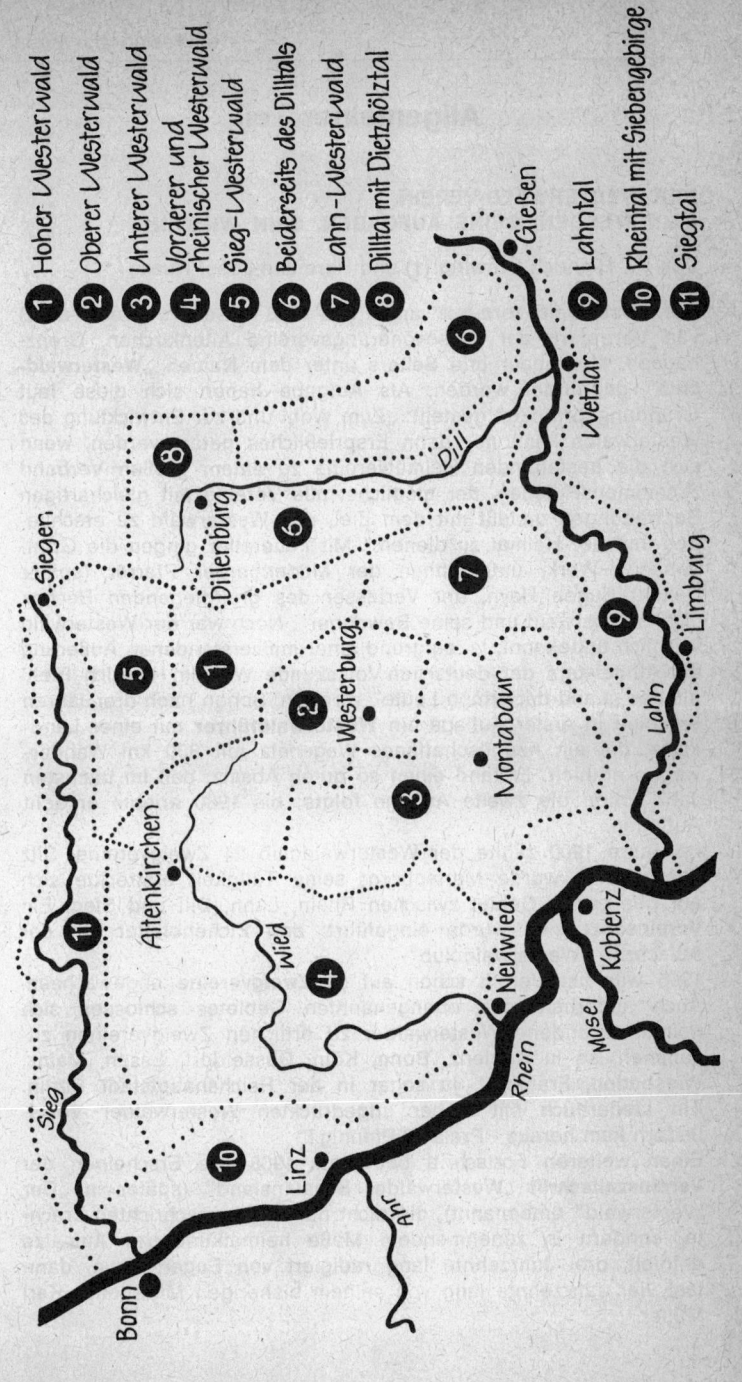

1 Hoher Westerwald
2 Oberer Westerwald
3 Unterer Westerwald
4 Vorderer und rheinischer Westerwald
5 Sieg-Westerwald
6 Beiderseits des Dilltals
7 Lahn-Westerwald
8 Dilltal mit Dietzhölztal
9 Lahntal
10 Rheintal mit Siebengebirge
11 Siegtal

Gießen
Wetzlar
Dill
Siegen
Dillenburg
Limburg
Westerburg
Montabaur
Lahn
Altenkirchen
Wied
Neuwied
Koblenz
Mosel
Rhein
Linz
Ahr
Bonn
Sieg

Allgemeiner Teil

**DER WESTERWALD-VEREIN,
SEIN WERDEN, SEINE AUFGABEN, SEIN WIRKEN**

Von Dr. Heinrich Schwing (†) und Hermann-Josef Hucke

Der Westerwald-Verein ist am 6. Mai 1888 in Selters (Westerwald) von Vertretern der Verschönerungsvereine Altenkirchen, Grenzhausen, Montabaur und Selters unter dem Namen **„Westerwaldclub"** gegründet worden. Als Aufgabe haben sich diese laut Gründungsprotokoll gestellt: „Zum Wohl und zur Entwicklung des Westerwalds kann nur dann Ersprießliches getan werden, wenn sich die bestehenden Heimatvereine zu einem großen Verband zusammenschließen, der möglichst alle Vereine mit gleichartigen Bestrebungen umfaßt mit dem Ziel, den Westerwald zu erschließen und der Heimat zu dienen." Mit Feuereifer gingen die Gründer ans Werk, unter ihnen der Marienberger Pfarrer (später Dekan) Eugen Heyn, der Verfasser des grundlegenden Buches „Der Westerwald und seine Bewohner". Noch war der Westerwald reichlich unbekannt, ja, aufgrund einer mißverstandenen Äußerung des Altmeisters der deutschen Volkskunde Wilhelm Heinrich Riehl als das „Land der armen Leute" verrufen. Schon nach drei Jahren erschien in erster Auflage ein **Westerwaldführer** mit einer Landkarte, die ein neugeschaffenes Wegenetz mit 800 km Wanderwegen enthielt. Er fand einen so guten Absatz, daß im nächsten Jahr schon die zweite Auflage folgte; bis 1930 erlebte er acht Auflagen.

Im Jahre 1900 zählte der Westerwaldclub 24 Zweigvereine. Sitz des Vereins wurde Marienberg; seine Tätigkeit erstreckte sich auf das ganze Gebiet zwischen Rhein, Lahn, Dill und Sieg. Ein Vereinsabzeichen wurde eingeführt: drei Eichenblätter mit der Aufschrift: „Westerwaldclub".

1905 war der Verein schon auf 54 **Zweigvereine** angewachsen. Auch außerhalb des obengenannten Gebietes schlossen sich heimatverbundene Westerwälder zu örtlichen Zweigvereinen zusammen, so in Koblenz, Bonn, Köln, Düsseldorf, Essen, Mainz, Wiesbaden, Frankfurt, ja sogar in der Reichshauptstadt Berlin. Ein Liederbuch mit bisher ungedruckten Westerwälder Volksliedern kam heraus - Preis 20 Pfennig!

Einen weiteren Fortschritt bedeutete 1908 das Erscheinen der **Vereinszeitschrift** „Westerwälder Schauinsland" (später in „Der Westerwald" umbenannt), die nicht nur Vereinsnachrichten brachte, sondern in zunehmendem Maße heimatkundliche Aufsätze enthielt, drei Jahrzehnte lang redigiert von Eugen Heyn, dann fast vier Jahrzehnte lang von seinem bisherigen Mitarbeiter Karl Müller.

1909 erwarb der Verein auf der zweithöchsten Erhebung des Westerwalds, dem Salzburger Kopf (653 m) mit seiner weitreichenden Aussicht, ein Grundstück, um hier einen Turm zu errichten, und sammelte dafür die damals beachtliche Summe von 21 000 Mark; sie fiel der Inflation nach dem Ersten Weltkrieg zum Opfer. Es wurde aber der vom Taunusklub als Aussichtsturm ausgebaute Bergfried der Ruine Merenberg übernommen.

Etwas Einzigartiges im „Verband Deutscher Gebirgs- und Wandervereine", dem sich der Westerwald-Verein anschloß, war die Schaffung des **Erkennungsrufs** „Hui! Wäller? - Allemol!" mit Hilfe eines Preisausschreibens im Jahre 1913. Sein Schöpfer, unter mehr als 60 Einsendern ausgewählt, war der Westerwälder Bauer und Heimatdichter Adolf Weiß aus Mademühlen im Dillkreis (1861-1938). Er erklärte in gereimter Form den Sinn des Rufes:

„Das Hui, das hat mich der Sturmwind gelehrt,
    wenn wild er über die Heide fährt,
und ‚Wäller' wir ja ‚allemol' sind,
    wir trotzen dem Regen, dem Schnee und dem Wind . . ."

Der Ruf ist nicht nur innerhalb des Vereins im Gebrauch, sondern ist so volkstümlich geworden, daß er Erkennungsruf für alle Bewohner des Westerwalds ist, auch z. B. der Landser auf allen Kriegsschauplätzen war. Zum Dank hat der Westerwald-Verein dem Dichter auf dem Knoten nahe bei seinem Wohnort 1939 einen Gedenkstein gesetzt.

Im gleichen Jahr 1913, also nach 25jährigem Bestehen, zählte der Westerwald-Verein - so hieß er fortan - 24 Zweigstellen mit 600 Mitgliedern, 856 Einzelmitgliedern, 60 Untervereinen, 185 Landgemeinden, 25 Städten, 10 Landkreisen und 17 rheinischen Ämtern.

Im Ersten Weltkrieg wären alle Vorstandsmitglieder zum Kriegsdienst einberufen bis auf den schon älteren Eugen Heyn; er bewältigte die gesamte Arbeit, und ihm hatte es der Verein zu verdanken, daß er bei Kriegsende ungeschwächt dastand. Seinen Gefallenen errichtete der Verein auf dem Salzburger Kopf einen Gedenkstein als Mahnmal.

Unter Leitung von Erwin Wissenbach wandte sich der Verein nach dem Krieg in besonderem Maße mit dem Werberuf: „Komm und sieh den Westerwald!" der Entwicklung des Fremdenverkehrs zu, der einen ungeahnten Aufschwung nahm. Die Wegebezeichnung wurde ausgebaut: Vier Hauptwanderstrecken durchziehen den Westerwald von West nach Ost, drei von Süd nach Nord, fünf Höhenwanderwege erschließen die Randgebiete, und die Zweigvereine Köln und Bonn schufen zwei weitere Wanderwege zu den schönsten Teilen des westlichen Westerwalds. Die Wandertätigkeit erfreute sich einer lebhaften Zunahme, besonders seitdem Sternwanderungen die Zweigvereine untereinander verbinden.

1938 beging der Westerwald-Verein sein fünfzigjähriges Bestehen in seinem Gründungsort Selters. Man ahnte damals nicht, daß der zweite Weltkrieg auch für den Westerwald-Verein einen Zusammenbruch mit sich brachte; die scharf überwachte Grenzlinie zwischen den Besatzungszonen zerriß das Gebiet des Vereins. Erwin Wissenbach unternahm mit fester Hand 1946 in Herborn die Neugründung, bei der der ganze westliche Westerwald fehlen mußte. Aber schließlich, nach Überwindung schwerer Notzeiten, kam das Vereinsleben wieder in gewohnte Bahnen.

Eine Anzahl von Zweigvereinen wagte sich mit Unterstützung durch den Hauptverein an den Bau eigener Wanderheime. Auf der höchsten Erhebung des Westerwalds, der Fuchskaute (657 m), wurde ein während des Krieges zu militärischen Zwecken errichteter eiserner Turm vom Westerwald-Verein übernommen und als Aussichtsturm für Wanderer besteigbar gemacht. Zur Erinnerung an den verstorbenen Vorsitzenden erhielt er den Namen „Eugen-Heyn-Turm"; leider mußte er nach einigen Jahren aus Sicherheitsgründen gesprengt werden.

Im Juni 1963 beging der Westerwald-Verein in Weilburg die Feier seines 75jährigen Bestehens.

Zweimal hat der Westerwald-Verein Wanderer aus allen deutschen Gauen in seinem Bereich versammelt, indem er im Auftrag des „Verbandes Deutscher Gebirgs- und Wandervereine" die Gestaltung des jährlich einmal stattfindenden **„Deutschen Wandertags"** übernahm, 1928 in Herborn, 1967 in der Stadt Nassau. Beide Feiern waren wohlgelungen. Der Auftrag, den „Deutschen Wandertag" zu übernehmen, und der starke Besuch waren ein Zeichen, welcher Wertschätzung sich der Westerwald-Verein bei dem genannten Verband und darüber hinaus in der Welt der Wanderer erfreute.

Es ist nicht möglich, die Namen der vielen Männer und Frauen hier aufzuführen, die sich um den Westerwald-Verein und damit um den Westerwald und seine Bewohner große Verdienste erworben haben. Für sie alle sollen die Namen der Vorsitzenden genannt werden, die den Verein in der ganzen Zeit seines Bestehens geleitet haben:

Forstmeister Ernst Lade	1888 − 1900
Landrat Robert Büchting	1900 − 1920
Dekan Eugen Heyn	1920 − 1927
Verwaltungsgerichtsdirektor Werner Ulrici	1927 − 1945
Rektor Erwin Wissenbach	1946 − 1955
Hauptlehrer Karl Müller	1955 − 1965
Regierungs-Vizepräsident Georg Walther	1965 − 1968
Landrat Dr. Hermann Krämer	1968 − 1973
Landrat Dr. Norbert Heinen	seit 1973

Welche Aufgaben stellt sich der Westerwald-Verein heute?

Lassen wir dazu seine Satzung sprechen, die in § 2 den **„Vereinszweck"** beschreibt:

„Der Westerwald-Verein hat die Aufgabe, im Dienst an der Westerwald-Landschaft die Liebe zu Natur und Heimat zu pflegen und zu wecken, ihre Schönheit zu erhalten und zu heben, zu diesem Zweck das Wandern zu fördern und die Wanderwege der ihm anvertrauten Landschaft zu bezeichnen. Darüber hinaus bemüht er sich um eine zeitgemäße und erholsame Freizeitgestaltung, wozu neben Wanderungen auch Exkursionen, Führungen, Besichtigungen sowie kulturelle und gesellige Veranstaltungen gehören.

Der Verein vertritt die Interessen des Westerwaldes und seiner Bevölkerung bei der Planung und Durchführung aller strukturverbessernden Maßnahmen. Er unterhält ein eigenes Wegenetz, wirkt mit bei Einrichtungen, die der Erholung und dem Fremdenverkehr dienen, und wirbt für den Westerwald.

Der Verein setzt sich für einen wirksamen Umweltschutz ein, insbesondere für Erhaltung und Schutz von Natur und Landschaft und für die Denkmalpflege.

Durch die Herausgabe von Büchern, Schriften, der Vereinszeitschrift „Der Westerwald", Wanderkarten, Wanderführern und durch heimatkundliche Veranstaltungen weckt und vertieft er das Interesse am Westerwald. Dem gleichen Zweck dienen die Einrichtung und Unterhaltung zentraler Bildungs- und Kulturstätten.

Der Verein betreibt eine zeitgemäße Jugendarbeit durch Förderung demokratischen und sozialen Handelns, musische Bildung, Gruppenarbeit, Seminare, Lehrgänge, Wanderungen, Zeltlager und sonstige Begegnungen."

Der **Hauptverein** unterstützt und koordiniert die Bemühungen seiner örtlichen Zweigvereine und nimmt die überregionalen Aufgaben wahr. So ist er zuständig für die großen durchgehenden Wanderwege und ihre Markierung. Er veranstaltet alljährlich einige mehrtägige Wanderungen, bei denen Menschen aus allen deutschen Landen den Westerwald kennenlernen. Er führt die überregionalen Veranstaltungen durch und kümmert sich mit seinen Fachleuten um die wichtigeren Probleme des Umweltschutzes und der Kulturpflege im Westerwald, wenn nötig in Zusammenarbeit mit Vereinigungen ähnlicher Zielsetzung und im Benehmen mit den zuständigen Behörden. Wer Anliegen hat, die die satzungsgemäßen Aufgaben des Westerwald-Vereins betreffen, der wird von ihm beraten und bei Problemen von allgemeinem Interesse auch unterstützt.

Der Hauptverein ist zuständig für die überregionalen Publikationen. So gibt er eine zunehmend beachtete Vierteljahreszeitschrift „Der Westerwald" heraus, die sich nicht nur mit dem Wandern, sondern vor allem intensiv mit den Problemen der Landeskunde, des Umweltschutzes und der Kulturpflege im Westerwald beschäftigt. Als vierter Band der außerordentlich erfolgreichen Reihe „Das Westerwaldbuch" erscheint dieser Große Westerwaldführer. Zusammen mit den drei zuständigen Landesvermessungsämtern gibt der Westerwald-Verein die Topographischen Kartenblätter 1 : 50 000 der Ausgabe W (mit Wanderwegen u. ä.) heraus. In

Hachenburg unterhält er seit 1976 das zentrale Landschaftsmuseum Westerwald.
Zweigvereine unterstützen die Ziele des Hauptvereins finanziell
und ideel. Ihre Struktur ist jedoch sehr unterschiedlich. Einige
verstehen sich als reine Wandervereine. Sie laden in der Regel
nach einem langfristig aufgestellten Wanderprogramm zu kurzen
oder längeren Wanderungen ein, meist an Wochenenden, manchmal nur, um in Gemeinschaft der eigenen Gesundheit einen
Dienst zu erweisen, die Natur zu erleben und die Heimat kennenzulernen, oft aber als Exkursionen, etwa zur Beobachtung von
Pflanzen- und Tierwelt, zur Erforschung der Umwelt. Andere
Zweigvereine sind mehr örtliche Verkehrsvereine. Sie fördern
neben dem Wandern den Fremdenverkehr, kümmern sich um
Naherholungseinrichtungen und Ortsverschönerung. Wieder andere sehen ihre Ziele in einer Synthese von Wander-, Verkehrs- und
Heimatverein. Zahlreiche Zweigvereine unterhalten auch bewirt-
schaftete Wanderheime mit Übernachtungsmöglichkeiten. Einige
sind sehr stark in der Heimatpflege, im Umweltschutz und in der
Denkmalpflege engagiert.
Im Jahre 1978 zählt der Westerwald-Verein knapp 4 000 Mitglieder, die meisten davon in den 32 Zweigvereinen.

Zweigvereine des Westerwald-Vereins

Westerwald-Verein 6334 Aßlar, 1. Vors. Karl Schlegel, Postfach 1153
Westerwald-Verein 5231 Berod, 1. Vors. Hugo Seeger, Gartenstraße 14
Westerwald-Verein 6331 Blasbach, 1. Vors. Friedhelm Zipp, Naunheimer Str. 4
Westerwald-Verein 5300 Bonn, 1. Vors. Günter Müller, Usener Straße 15
Verkehrsverein für Daaden und Umgebung (Westerwald-Verein),
     Apotheker H. Zimmermann, Bahnhofstraße 1, 5244 Daaden
Westerwald-Verein 6340 Dillenburg, 1. Vors. Helmut Meyer,
     Herwigstraße 22
Westerwald-Verein Düsseldorf, 1. Vors. Manfred Lämmerzahl,
     Heideweg 32, 4000 Düsseldorf 30
Westerwald-Verein 5231 Fluterschen, 1. Vors. Paul Burbach, 5231 Mahlert
Westerwald-Verein 5238 Hachenburg, 1. Vors. Wilhelm Litzinger,
     Rheinstraße 1
Westerwald-Verein 6342 Haiger, 1. Vors. Friedrich Simon,
     Schlesische Straße
Westerwald-Verein 6348 Herborn, 1. Vors. Helmut Grün, Hauptstraße 99
Kur- und Verkehrsverein e. V. (Westerwald-Verein) 5419 Herschbach über
     Selters, 1. Vors. Edgar Eberz, Ernststraße
Westerwald-Verein 5243 Herdorf, 1. Vors. R. Helmert, Bornseifen 21
Westerwald-Verein 5439 Höhn über Westerburg, 1. Vors. Achim Bay,
     Wiesenstraße 10
Westerwald-Verein Köln, 1. Vors. Jupp Oser, Schenkendorfstraße 12,
     5000 Köln-Nippes
Westerwald-Verein 6293 Löhnberg, 1. Vors. Willi Michel, Mozartstr. 17,
     6290 Weilburg
Verkehrsverein, Zweigverein des Westerwald-Vereins e. V.,
     5439 Bad Marienberg, 1. Vors. Karl Kessler, Langgasse 1
Westerwald-Verein 6295 Merenberg, 1. Vors. Heinrich Velten,
     Weilburger Straße 11
Westerwald-Verein 5430 Montabaur, 1. Vors. Oswald Böckling,
     5430 Montabaur-Eschelbach, Waldbachstraße 11

Westerwald-Verein 5450 Neuwied, 1. Vors. Otto Krämer,
  Hermannstraße 5
Westerwald- und Verkehrsverein 5439 Rennerod, 1. Vors. Josef Groß,
  Weiherstraße 2
Westerwald-Verein 5461 Schöneberg, 1. Vors. Hausler
Westerwald-Verein 5418 Selters, 1. Vors. Helmuth Frensch, Bergstraße 21
Westerwald-Verein 5231 Steimel-Weroth, 1. Vors. Artur Schweitzer, Udertsweg 5
Westerwald-Verein 6291 Waldernbach, Gemeindeverwaltung
Westerwald-Verein 6290 Weilburg, 1. Vors. Rudolf Lehmann, Im Geyer 40
Westerwald-Verein 5438 Westerburg, 1. Vors. Bürgermeister Theo Neeb
Westerwald-Verein 6330 Wetzlar, 1. Vors. W. Surmann,
  Am Mehlstück 10, 6331 Wetzlar-Garbenheim
Westerwald-Verein 6330 Wetzlar-Niedergirmes,
  1. Vors. Dieter Elmshäuser, Weingartenstraße 17
Westerwald-Verein Wiesbaden, 1. Vors. Willi Krah, Herderstraße 35
Westerwald-Verein 6301 Wettenberg-Wißmar, 1. Vors. Karlfried Lauz,
  Ruttershausener Straße 15

Vorstandsmitglieder des Westerwald-Vereins e. V. (Hauptverein)

1. Vorsitzender:
Landrat Dr. Norbert Heinen, Kreisverwaltung, 5430 Montabaur
2. Vorsitzender:
Landrat Georg Wuermeling, Kreisverwaltung, 6250 Limburg
Geschäftsführer:
Aloisius Noll, Kreisverwaltung, 5430 Montabaur
Kassenwart:
Franz Solbach, Kirchstraße 34, 5241 Gebhardshain
Hauptwegewart:
Otto Krämer, Hermannstraße 5, 5450 Neuwied 1
Hauptwanderwart:
Erwin Finger, Hauptstraße 20, 6229 Walluf
Hauptjugendwart:
Wolfgang Bill, Blasbacher Weg 1, 6330 Wetzlar
Hauptwart für Umweltschutz:
P. Hermann Josef Roth, Postfach 300320, 5060 Bergisch-Gladbach 3
Hauptkulturwart:
Karl Kessler, Langgasse 1, 5439 Bad Marienberg
Schriftleiter:
Willy Mehr, Schillerstraße 10, 5438 Westerburg
Hauptwart für Öffentlichkeitsarbeit:
Dieter Rolfes, Kreisverwaltung, 5430 Montabaur
Hauptverbindungswart zu den Zweigvereinen:
Friedel Schweitzer, Lessingstraße 4, 5438 Westerburg
Beisitzer:
Verkehrsdirektor Josef Becker, Elgendorfer Straße 5, 5430 Montabaur
Rainer Becker, Raiffeisenring 32, 5450 Neuwied 1
Staatssekretär Dr. Werner Brans, Brückenborn 9, 6330 Wetzlar
Hans Gerhard Helzer MdL, Auf dem Steinchen 6, 5230 Altenkirchen
Hermann-Josef Hucke, Hochstraße 14, 5431 Daubach
Erwin Immel MdL, Hofackerstraße 3, 6349 Siegbach-Oberndorf
Bürgermeister Willi Kröckel, 6342 Haiger
Karlfried Lauz, Ruttershausener Straße 15, 6301 Wettenberg-Wißmar
Schulamtsdirektorin Gertrud Lohmann, Wilhelm-Thielmanns-Weg 1,
  6348 Herborn
Ehrenvorsitzender:
Landrat i. R. Dr. Hermann Krämer, Freiherr-vom-Stein-Straße 23,
6000 Frankfurt a. M.

**Mitglieder des für die Herausgabe dieses Westerwaldführers verantwort-
lichen Ausschusses für Publikationen:** Josef Becker, Karl Kessler, Willy
Mehr, Aloisius Noll, Dieter Rolfes, P. Hermann Josef Roth, Friedel Schweitzer,
Franz Solbach. Leitung: Hermann-Josef Hucke

DIE LANDSCHAFT DES WESTERWALDES

Hermann Josef R o t h

Abgrenzung

Die Abgrenzung des Westerwaldes ist bis heute widersprüchlich geblieben. Rhein, Lahn und Sieg seien seine Grenzen lehrt der Schulunterricht; so zeigen es bekannte Kartenwerke wie *Dierckes Weltatlas,* so steht es in verbreiteten Lehrbüchern wie etwa *Harms Erdkunde.* Der Westerwald-Verein hat sich aus praktischen Gründen nicht immer der Schulgeographie angeschlossen, sondern im Anschluß an *Ritter's Geographisch-statistisches Lexikon* die Dill zusätzlich als Ostgrenze des „eigentlichen" Westerwaldes angenommen. Das Gladenbacher Bergland oder „Hinterland" wurde aber im Vereinsbewußtsein nie deutlich unterschieden, zumal auch sonst in der Literatur dieses Gebiet im Lahnbogen noch zum Westerwald gerechnet wurde. Der Geologe *R. Ludwig* spricht (1869) von den „Dillenburgischen und Biedenkopfischen Theilen" des Westerwaldes. So hält es auch *K. Jacobi* in seinem „Nassauischen Heimatbuch" (1913), worin der geographische Westerwald über die engeren Grenzen des Nassauischen Westerwaldes ausgedehnt wird, oder durch *G. Braun,* dessen Deutschland-Buch (1916) die Dillgrenze entwertet. Das „Handbuch der Naturräumlichen Gliederung Deutschlands" (1957) versteht das Gladenbacher Bergland als Naturraum innerhalb der übergeordneten Einheit Westerwald. In diesem Standardwerk wird mit Recht die Eigenständigkeit der Tallandschaften von Rhein, Lahn und Sieg gegenüber dem Westerwald betont. Besonders dem Siegtal wird aber südlich ein weiter Einzugsbereich zugesprochen, der sogar die „Kroppacher Schweiz" und den Leuscheid diesem zurechnet. Umgekehrt ist auch im Nordwesten wiederholt die simple Grenzziehung zuungunsten des „Westerwaldes" revidiert worden, indem schon *F. Loos* (1904) und *R. Stickel* (1930) vorschlugen, das Siebengebirge samt dem Gebiet westlich und nördlich von Pleis- und Kasbach auszuklammern. *H. Müller-Miny* hatte anfangs (1957) noch das Siebengebirge zum Westerwald gezählt, es aber aufgrund weiterer Untersuchungen (1959, 1961) als Singularität innerhalb des Unteren Mittelrheingebietes verstanden.

Geschichtlich hat sich der Name Westerwald erst allmählich durchgesetzt. Erstmals werden in einer Urkunde des Jahres 1048 die Kirchspiele Marienberg, Emmerichenhain und Neukirch so genannt. Entsprechend der uralten Besiedlungsrichtung aus dem hessischen (chattischen) Raum, blickt auch der Namensgeber von Osten auf den Wald im Westen, die Kirchspiele westlich des Königsgutes Herborn an der Dill. Schon im 15. und 16. Jahrhundert ist der Namensgebrauch über diesen Bezirk hinaus üblich. Er dehnt sich im 18. Jahrhundert weiter nach West hinaus, bis er im 19. Jahrhundert vom rechten Rheinufer bis zur Lahn- und Siegquelle reicht.

So kontinuierlich sich der Name „Westerwald" durchgesetzt hat, so wenig ist er gerade in den Randzonen der postulierten Grenzflüsse immer in das Volksbewußtsein gedrungen. Bemühungen des Westerwald-Vereins in dieser Richtung hatten eigentlich nur an der Dill und darüber hinaus dauerhaften Erfolg.

Um den Zwecken des vorliegenden Wanderführers zu dienen, aber auch der arbeitstechnischen Einfachheit halber hält sich nachfolgende Darstellung der natürlichen Grundlagen des Westerwaldes an die großzügigste Interpretationsmöglichkeit und anerkennt nur deshalb Rhein, Lahn und Sieg als „Demarkationslinien". Dies geschieht sogar dann, wenn von der wissenschaftlichen Geographie beschriebene naturräumliche Einheiten noch über diese Flüsse hinwegreichen. Im Quellenbereich von Sieg und Lahn mußte zwangsläufig die Grenzziehung schon früher ohnehin willkürlich gezogen werden. Wenn im übrigen der vorliegende Führer seine Beschreibung nicht mehr über das gesamte Gladenbacher Bergland bis an die östliche Lahnstrecke hinausführt, so geschieht das allein aus arbeitstechnischen Gründen. Eine Erweiterung in dieser Richtung ist für die nächste Auflage vorgesehen. Auf keinen Fall soll also damit eine der möglichen Definitionen des Begriffes „Westerwald" favorisiert werden, weder die geographische, noch die geologische, noch die historische, am wenigsten jene, die der Vereinsgepflogenheit entstammt.

Das Problem bleibt bewußt: Fast immer werden Landschaftsgrenzen durch Gebirgszüge und Wasserscheiden festgelegt, während Täler Landschaften eigener Prägung darstellen. Gerade beim Rheintal wird dessen geographische Eigenständigkeit ganz besonders deutlich! Aber lehrreich ist ebenso, aus größerer Distanz das Rheinische Schiefergebirge als Ganzes zu betrachten. Dann sind es gerade der Rhein und seine Nebenflüsse, die aus diesem Block die einzelnen Teile heraussägen und sie unterscheidbar machen. In diesem gedanklichen Fadenkreuz erscheinen dann erst linksrheinisch die Eifel, rechtsrheinisch Bergisch-Sauerländisches Gebirge und Taunus als Nachbarn des Westerwaldes.

Morphologie

Die durchschnittlich etwa 300 bis 500 Meter hohe Rumpffläche steigt aus den Grenztälern mehr oder weniger steil auf, obwohl besonders im Rheintal deutlich eine Terrassierung der Talhänge erkennbar ist. Das Neuwieder und das Limburger Becken und die Ausläufer der Kölner Bucht bilden natürliche Einfallstore zum Bergland. In seinen höchsten Teilen, dem Hohen Westerwald im Nordosten, bietet die Landschaft das Bild einer sanft gewellten, wenig differenzierten Hochfläche mit eingestreuten Buckeln und nur gering eingetieften Tälern oder Mulden. Die höchsten Punkte, Fuchskaute (657 m), Stegskopf (654 m) und Salzburger Kopf (653 m), wirken als unbedeutende Hügel, die kaum 60 bis 80 Meter höher liegen als die nahe vorbeiziehenden Straßen.

Während die Hochfläche ostwärts über die Kalte-Eiche im Quellgebiet von Heller und Dill ohne markante Grenzen zum Rothaar-
gebirge übergeht, ist sie nach Süden und Westen um etwa 150
Meter geneigt. Vorgelagerte Einzelberge, zum Teil vulkanischen
Ursprungs, sorgen hier für ein abwechslungsreicheres Relief. In
der Montabaurer Höhe erreicht der Westerwald noch einmal 546
Meter Höhe, ehe er steil und durch enge Tälchen zerklüftet zur
Lahn abfällt. Zum Rhein hin wird die Hochfläche noch stärker gegliedert durch den Saynbach, die Tallandschaft der Wied und die
Hügelkette östlich von Linz. Die Abdachung erfolgt in Richtung
Siebengebirge allmählich. Abwechslungsreich gestaltet sich der
Abstieg zur Sieg, wo der Leuscheid als geschlossener und reich
bewaldeter Höhenzug vor dem unteren Siegtal liegt, die Nister in
einem reichgegliederten Tal abfließt („Kroppacher Schweiz") und
der Hohenseelbachskopf steil auf 532 Meter ansteigt. Es ist also
vor allem der Rahmen des paläozoischen Grundgebirges, der infolge ausgeprägter Zertalung die abwechslungsreichen Land-
schaftsbilder liefert.

Gliedert man grob die Höhenstufen, so lassen sich unterscheiden:
1. Der Hohe Westerwald im Nordosten, 2. die ihm gürtelartig vorgelagerte mittlere Höhenstufe, 3. das Westerwälder Hügelland
unter 350 Meter mit nur einzelnen überragenden Bergzügen:
Montabaurer und Linzer Höhe (540 und 448 m), Siebengebirge
(461 m) und Leuscheid (389 m), 4. die Tallandschaften der Grenzflüsse.

Damit ist die Möglichkeit einer naturräumlichen Gliederung angedeutet. Zur Zeit unterscheidet man ausgehend von den höchsten Erhebungen im Nordosten bis zum Rhein hin Hoher Westerwald, Oberwesterwald und Niederwesterwald, nach Osten das
Dilltal und das Gladenbacher Bergland. Der nördliche Gebirgs-
rand zählt als Mittelsieg-Bergland streng genommen nicht mehr
zum Westerwald, sondern mit den ihm mitunter fast spiegelbild-
lich entsprechenden Teilen nördlich der Sieg zum Süderbergland
oder Bergisch-Sauerländischen Gebirge.

Nachfolgende Übersicht über die naturräumliche Gliederung des
im „Westerwaldführer" behandelten Gebietes gibt den heutigen
Stand der wissenschaftlichen Geographie wieder. Die Bezifferung
erfolgt nach: Handbuch der naturräumlichen Gliederung Deutschlands, 4./5. und 9. Lieferung. Bad Godesberg: Bundesanstalt für
Landeskunde und Raumforschung 1957 und 1962.

29	**Mittelrheingebiet**	291	Mittelrheinisches Becken
		292	Unteres Mittelrheingebiet
31	**Lahntal**	310	Unteres Lahntal
		311	Limburger Becken
		312	Weilburger Lahntal

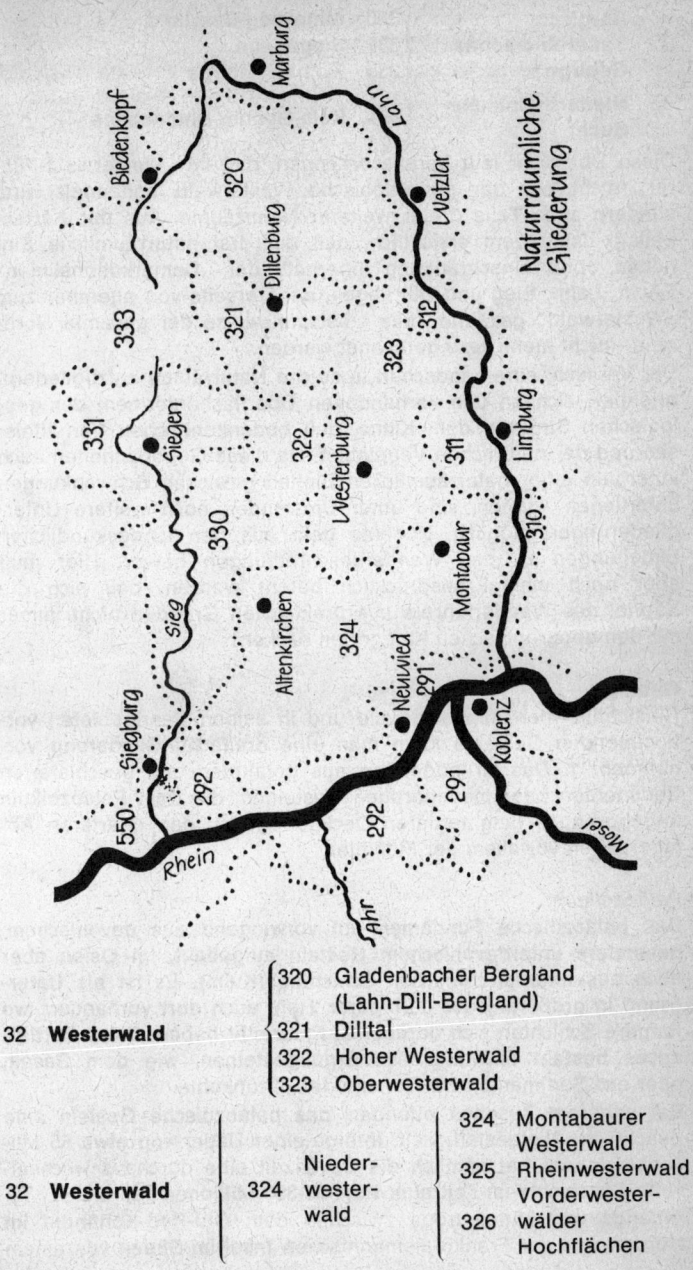

	320	Gladenbacher Bergland (Lahn-Dill-Bergland)
32 **Westerwald**	321	Dilltal
	322	Hoher Westerwald
	323	Oberwesterwald

32 **Westerwald**	324 Nieder-westerwald	324 Montabaurer Westerwald
		325 Rheinwesterwald
		326 Vorderwesterwälder Hochflächen

	Bergisch-		
33	Sauerländisches	330	Mittelsieg-Bergland
	Gebirge	331	Siegerland
		333	Rothaargebirge
55	Niederrheinische Bucht	551	Köln-Bonner Rheinebene

Diese Übersicht läßt bereits erkennen, daß im „Westerwald-Führer" nicht nur der geographische Westerwald behandelt wird,
sondern auch Teile dreier weiterer Naturräume. Aus der Karten-
beilage ist zudem ersichtlich, daß nur drei naturräumliche Einheiten ohne Einschränkung innerhalb der „Demarkationslinien"
Rhein, Lahn, Sieg und Dill liegen, andererseits von altersher zum
„Westerwald" gezählte Teile - beispielsweise der gesamte Nordrand - nicht mehr dazu gerechnet werden.
Der Versuch, eine Landschaft in solche Naturräume aufzugliedern,
orientiert sich an den vorhandenen Oberflächenformen, der geologischen Struktur, dem Klima, den bodenkundlichen Verhältnis-
sen und der natürlichen Vegetation. Da diese Gegebenheiten auch
innerhalb einer naturräumlichen Einheit gewissen Schwankungen
unterliegen können, sind unter Umständen noch weitere Unter-
gliederungen möglich. Näheres geht aus den landeskundlichen
Einleitungen zu den Wanderbeschreibungen hervor. Hier muß
aber noch einmal ausdrücklich betont werden, daß sich die
Kapitel des Wanderführers aus praktischen Gründen nicht immer
mit den geographischen Kategorien decken!

Geologie

Hinsichtlich der im Westerwald und in seinen Randgebieten vorkommenden Gesteine kann man eine dreifache Gliederung vornehmen: 1. Das Grundgebirge aus gefalteten und geschieferten
Sedimenten oder metamorphen Gesteinen, die dem Paläozoikum
angehören, 2. dem tertiären Deckgebirge, 3. den quartären Ablagerungen vor allem der Flußtäler.

Paläozoikum

Das paläozoische Fundament ist vorwiegend aus devonischem,
besonders unterdevonischem Gestein aufgebaut, im Osten aber
auch aus unterkarbonischen Schichten (Kulm). Es ist als Untergrund in größerer oder geringerer Tiefe auch dort vorhanden, wo
jüngere Schichten sich darüber ausgebreitet haben. Diese Tertiär-
decke besteht entweder aus Ergußgesteinen, wie dem Basalt,
oder aus Sedimenten wie Tonen oder Braunkohle.
Bei näherem Zusehen offenbart das paläozoische Gestein eine
beachtliche Vielgestaltigkeit. Infolge einer Dauer von etwa 55 Millionen Jahren hat nämlich die Devonzeit eine durchaus wechselvolle Geschichte im Zeitraum von 405-350 Millionen Jahren.
Anfangs war Mitteleuropa zwischen dem Old-Red-Kontinent im
Norden und der Franko-alemannischen Insel im Süden von einem

Meer bedeckt. Dessen Sedimente, die vornehmlich aus dem vom Festland verfrachteten Verwitterungsmaterial stammen, machen den Hauptteil des jetzigen Gesteins aus, das demnach zur ältesten Ablagerungsserie, dem Unterdevon, gehört. Innerhalb desselben muß man unterscheiden zwischen den im Norden und Nordosten vorherrschenden Gesteinen der Siegener Schichten oder des Sigenium, sowie den im Süden vorliegenden Schichten des Emsium (früher: Koblenz-Schichten). Die zunächst lockeren Gemische aus Sand und Tonschlamm wurden allmählich zu festem Sedimentgestein umgewandelt. Gemische aus Sand und Tonschlamm wurden zu Grauwacken, Kiese zu Konglomeraten, aus Sanden entstanden Sandsteine oder Quarzite, aus Tonschlämmen wurden Tonschiefer.

Im Mitteldevon bildeten sich unter dem Meeresspiegel Höhenrücken und damit Untiefen aus, die von einer reichen Tierwelt besiedelt wurden. Deren kalkige Schalen und sonstige Stützstrukturen lagerten sich als Kalk ab. Auch Korallenriffe bildeten sich in Festlandsnähe aus. In solchen Riffarealen verblieben besonders im Lahngebiet Vorkommen von Massenkalk. Auch das bemerkenswerte Langenaubach-Breitscheider Riff (Wildweiberhäuschen, Erdbacher Höhlen) ist auf diese Weise zustande gekommen, wenngleich dessen Gestein (Iberger Kalk) bereits dem Oberdevon angehört. Gleichzeitig regte sich im heutigen Lahngebiet vulkanische Aktivität, die den wirtschaftlich bedeutenden „Schalstein" (Diabase, Keratophyre, Diabastuffe) förderte. Auch die Roteisensteinlager im Lahn-Dill-Gebiet setzten sich aus exhalativen Lösungen ab.

Wie schon im Mitteldevon blieb im Oberdevon die Zufuhr von Verwitterungsprodukten weitgehend aus, das Flachmeer wurde stattdessen von den biogenen Resten aufgefüllt. Der Meeresboden hob sich weiter, das Meer trat langsam zurück. Von größter Tragweite wurde die sich bereits seit dem Unterdevon vollziehende sogenannte variszische Faltung des Untergrundes, die jetzt auch unser Gebiet in starkem Maße erfaßte. Die Meeresablagerungen wurden beträchtlichen Veränderungen unterworfen; die in der Hauptmasse unterdevonischen Sedimente wurden gefaltet und zerklüftet, ein Vorgang, der allerdings erst während der sudetischen Phase im Karbon seinen Höhepunkt erreichte. Der heutige Westerwald wurde innerhalb des Rheinischen Schiefergebirges zu einem Teil des großen variszischen Gebirges, das sich in etwa 500 km Breite von der Bretagne bis in die Sudeten hinzog. Es ist allerdings niemals ein Hochgebirge (wie etwa die Alpen) gewesen.

Die Devonzeit war vorwiegend warm. Dementsprechend war die Tier- und Pflanzenwelt des Meeres reichhaltig, wie an dem Fossilmaterial der zahllosen Fundpunkte im Westerwald festzustellen ist. Hier lebten Korallen, Seelilien, Brachiopoden, Trilobiten, Seesterne, Krebse, urtümliche Panzerfische und Amphibien.

Abt.	Stufe	Leitfossil	Siegerland	Lahngebiet
KARBON	Kulm		Deckdiabas	Kulm-Fazies von Erdbach u. Herborn
350 Mio. J. / Oberdevon	Wocklum–Dasberg	Wocklumeria Kalloclymenia	Hangenberg - Schiefer Wocklumer Kalk	
		Kosmoclymenia Gonioclymenia	150 m Dasberg - Schiefer	250 m Cypridinen- Schiefer
	Hemberg	Platyclymenia Prolobites	50 m Hemberg - Schichten	
	Nehden	Cheiloceras	50 m Nehdener - Schichten	Iberger Kalk
	Adorf	Manticoceras	bis 500 m Flinzkalk und Flinzschiefer	50 m Tuffe / 5 m Rot- eisenstein
359 / Mitteldevon	Givet	Maenioceras	Roteisensteinlager Diabase, Tuffe / 600 kalkige Sandsteine Tentaculitenschiefer	500 m Stylionen - Schiefer (Schalsteinlager)

Abt.		Stufe	Leitfossil	Siegerland	Lahngebiet
Mitteldevon	370	Eifel	Anarcestes Paraspirifer cultrijugatus	400 m Sandstein, Ton- und Bänderschiefer 250 m Mühlenberg - Schichten (Grauwackensandsteine, sandige Schiefer) 300 m Cultrijugatus - Zone	300 m Tentacutenschiefer u. Wissenbacher Schiefer Lahnporphyr
Unterdevon		Ems	Acrospirifer paradoxus Acrospirifer pellico Acrospirifer arduennensis Acrospirifer primaevus	500 m Oberems - Schichten 100 m Emsquarzit 1000 m Unterems - Schichten (Grauwackensandsteine und -schiefer)	600 m Oberems (Grauwacken, Sandsteine, sandige Schiefer, Quarzite) 1000 m Unterems - Schichten (Grauwackensandsteine und -schiefer)
		Siegen		3000 m Siegener - Schichten (Sandsteine, sandige Schiefer, Tonschiefer)	Hunsrückschiefer Taunusquarzit Sandsteine
	405	Gedinne	Spirifer dumontianus Delthyris elevatus	Bunte Tonschiefer Grauwacken	Bunte Phyllite
SILUR					Klippenquarzite der Lahnmulde

In den Uferzonen wuchsen zum Teil riesige Bärlappe, Farne und Schachtelhalme. Einige Fossilien-Fundpunkte aus dem Sigenium im Westerwald oder in seinen Randzonen wurden auch für die Wissenschaft bedeutsam, so vor allem Seifen (Freudenberg-Schichten), Unkelmühle bei Eitorf und Hüllbuche bei Daaden (Ulmen-Gruppe).

Das Mittel- und Oberdevon erlangt erst im Lahn-Dill-Gebiet größere Bedeutung. Hier schaltet sich aber auch das Unterkarbon (Dinant) ein, dessen Kulm-Fazies (Ton, Kiesel- und Alaunschiefer) schon westlich der Dill anstehen, etwa in den bekannten Aufschlüssen bei Erdbach und Herborn. Die Kulmschiefer sind hier fossilreich und enthalten Goniatiten, Orthoceren, Trilobiten, Posidonien und andere Tierformen sowie versteinerte Pflanzen. Östlich der Dill, im Gladenbacher Bergland oder „Hinterland" sind Oberdevon und Kulm (bis an die Grenze des Zechstein) in großem Ausmaß an dem Gebirgsaufbau beteiligt. In Teilen dieses Raumes regte sich während des Tournai, im unteren Unterkarbon also, erneut der alte Vulkanismus, auf den der Deckdiabas des Lahn-Dill-Gebietes zurückgeht.

Nachdem die variszische Gebirgsbildung ihren Abschluß gefunden hatte, blieb der Westerwald wie das ganze Rheinische Schiefergebirge im wesentlichen bis heute Festland. Bis noch über das Mesozoikum hinaus blieb es starken Erosionskräften ausgesetzt, so daß gleichzeitig mit der Auffaltung das Gebirge auch schon wieder eingeebnet wurde. Nur die vor allem im Emsium eingelagerten Quarzite erwiesen sich ihrer Härte wegen als dauerhafter und blieben als Höhenzüge erhalten. Ausgehend von der aus Ems-Quarzit aufgebauten Montabaurer Höhe läßt sich ein solcher Quarzitsaum über Selters und Hachenburg bis Burbach verfolgen.

Durch die Auffaltung des variszischen Gebirges entstanden in dem Gestein Klüfte und Spalten, in die aus dem Erdinnern hydrothermale Lösungen eindrangen. Beim Erkalten wurden die gelösten Stoffe ausgeschieden. Die Erzvorkommen im Siegerland, an der Wied, bei Holzappel und Bad Ems sind auf diese Weise entstanden. Neben Rot-, Braun- und Spateisenstein enthalten sie Mangan, Blei und Zink sowie weniger häufig Kupferkies. Diese Erzgänge sitzen dem unterdevonischen Sandstein auf. Ein davon abweichender Lagerungstyp des Roteisensteins herrscht im Lahn-Dill-Gebiet vor. Hier breiteten sich die aus den tiefliegenden Plutonen nach oben dringenden Erzlösungen über submarinen Schwellen aus Diabastuffen aus. Diese Ergüsse stehen in Zusammenhang mit der bereits erwähnten Keratophyr-Förderung an der Wende vom Mittel- zum Oberdevon. Die noch befahrene Grube Fortuna bei Wetzlar zählt zu diesem Lagerstättentyp. Offenbar sind alle bedeutenderen Sattelzonen Bezirke, in denen mit reichem Vorkommen an Plutonen zu rechnen ist. Im Westerwald

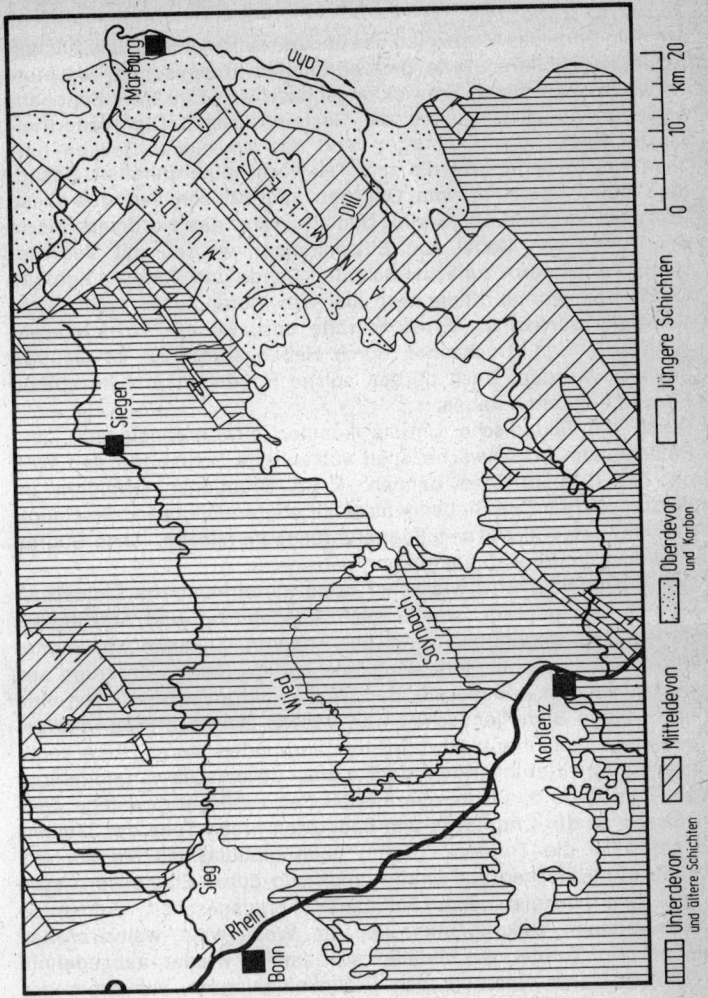

Geologische Übersichtskarte des Westerwaldes

gilt das vor allem für den **Siegener Hauptsattel**, eine noch im Devon aufgerichtete von SW nach NE den Westerwald durchziehende Hebungsachse.

Tertiär (67-2 Mio. J.)

Mit dem Ende des Mesozoikums kündigte sich mit dem allmählichen Absinken größerer Teile des nördlichen Rheinischen Schiefergebirges eine neue Entwicklungsphase an. Einzelne Schollenbewegungen zerstückelten die Gesteinsmassen. Die niederrheinische Bucht, das Limburger- und das Neuwieder Becken brachen ein, Bewegungen, die zum Teil noch heute anhalten. Besonders beim Übergang vom Oligozän zum Miozän verliefen diese Prozesse in stärkerem Maße. Damals drang das Nordmeer bis in den Raum von Beuel vor. Einsenkungen wurden mit Verwitterungsprodukuten - zunächst Schotter, Sande und Tone - aufgefüllt. Durch das warme Klima war die Verwitterungsrate recht hoch. Verstärkt wurden die Erosionskräfte dort, wo die Abwärtsbewegungen in den Bruchzonen durch Hebungsprozesse im Gebirge begleitet wurden. Doch dürften solche Hebungen erst im späten Pliozän begonnen haben.

Durch die tektonische Unruhe konnten sich erstmals seit dem Paläozoikum in Schwächezonen vulkanische Schmelzen den Weg an die Erdoberfläche bahnen. Erste Eruptionen erfolgten im Westerwald und im Siebengebirge im oberen Oligozän, die Hauptaktivität des Vulkanismus liegt allerdings im Miozän, letzte Spuren sind noch im Pliozän bemerkbar.

Der Westerwald wird wie sonst keine mittelrheinische Landschaft vom Basalt geprägt, was dessen Ausdehnung und Mächtigkeit angeht. Ihm gegenüber treten alle anderen Vulkanite wie Phonolith, Trachyt u. a. an Bedeutung weit zurück. Seine Förderung aus dem Erdinnern erfolgte, als der Westerwald im wesentlichen eine flachwellige Sumpflandschaft war, dessen Gewässer über das sogenannte Vallendarer Stromsystem verbunden waren. Eine kaolinische Verwitterungsrinde deckte das devonische Grundgebirge ab. Zum Ende des Untermiozäns stießen zunächst gewaltige Tuffmassen an die Oberfläche und bedeckten große Teile des Westerwaldes. In die Tuffdecke drang dann glutflüssiges Magma ein, blieb darin stecken und wurde langfristig durch Erosionsprozesse aus dem nachgiebigeren Tuffmantel herausgeschält. Ruinen so entstandener Vulkanbauten sind im Westerwald weitverbreitet. Über den Tuffdecken bildeten sich immer wieder ausgedehnte Sümpfe, deren Reste in den Braunkohlenlagern, vor allem des Oberwesterwaldes, vorliegen. In einer weiteren Eruptionsphase wurde oft dieser ältere „Sohlbasalt" durchstoßen, und durch die Durchbruchskanäle ergoß sich eine mitunter bis zu 100 m mächtige Lavadecke, die als „Deckbasalt" heute weite Teile des Hohen- und Oberwesterwaldes überzieht. Obwohl diese Platte infolge tertiärer und quartärer Erosion an den Rändern stark zerteilt und in viele Einzelkörper zerlegt ist, dürfte sie noch immer etwa 50 km^2 ausmachen. Am Stegskopf ist der Deckbasalt über 50 m mächtig, bei Neunkhausen etwa 20 m. Man hat den gesamten Basaltinhalt des Westerwaldes auf 10 Milliarden m^3 geschätzt!

Das Westerwälder Tertiär

(stark vereinfacht n. KLÜPFEL [1932] u. a.)

Pleistozän		Neuwieder Becken: Kieseloolithschotter des Rheinengtales
1,5 Mio. J. Pliozän	Oberpliozän	(Siebengebirge: Sande, Tone, Eisenerzkrusten) Tone, Sande, Braunkohle, Eisenerzkrusten, Flora von Dernbach
10	Altpliozän	Eisen-, Mangan- und Phosphat-Lager; Laterit
	Sarmat	Übergußbasalt; Siebengebirge: Basalte
Miozän	Torton	Basaltdecken, „Dach- und Sohlbasalt"-Intrusionen Tuffitlager mit Braunkohle des Hohen Westerwaldes
	Helvet	Kieseloolithschotter von Ölgarten-Geistingen (BREDDIN)
25	Burdigal	Braunkohle von Breitscheid u. Gusternhain mit Basalttuff
	Aquitan	Ahrensberger(= Vallendarer) Stufe; Poamides bei Breitscheid
Oligozän	Chattium	Neuwieder Becken: Knubletten und Sand Neuwieder Becken: Brackwassermergel mit Nystia u. Cyrena, Grüne Tone Kalk von Heckholzhausen, Braunkohle und Basalttuff von Gusternhain-Breitscheid Randfazies des Neuwieder Beckens: Hydrobienkalk, Braunkohle Blätterkohle von Rott Neuwieder Becken: Weiße Tone u. Sande Siebengebirge: Verschwemmter Trachyt- tuff; Kies, Sand, Ton von Siegburg Trachyttuff, Intrusionen von Trachyt, Phonolith und (im Siebengebirge) Latit, Früh-Basalttuffe Quarzit, Klebsand, Kaolinton, Arenbergschotter
37	Mittel- Oligozän	Vallendar - Schotter
Eozän 58		

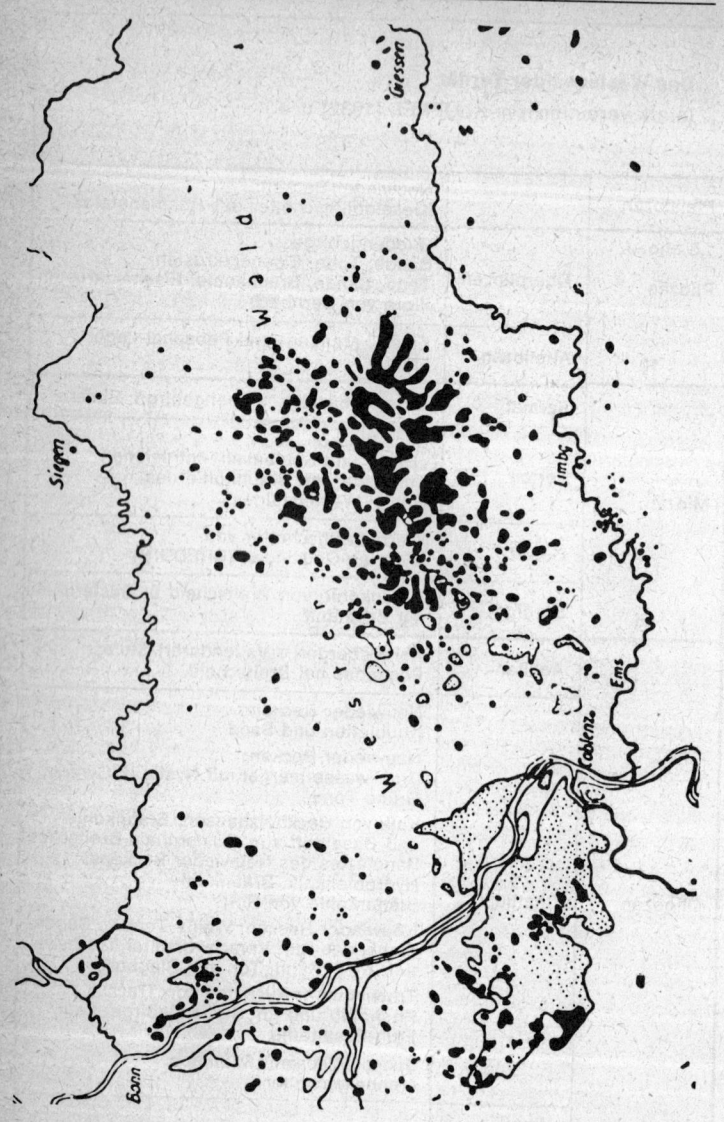

Vulkanbildungen im Westerwald

Feste Vulkangesteine

Lockere Tuffe und Schlacken

Die Basalte beider Eruptionsphasen sind Feldspatbasalte. Sie enthalten hauptsächlich Augit, Plagioklas, Olivin und Magnetit.

Die hier verwendeten Begriffe „Sohl-" und „Deckbasalt" besitzen lediglich illustrativen Wert. Es bestehen noch nicht behobene Meinungsverschiedenheiten, ob ihnen überhaupt eine stratigraphische Bedeutung zukommt.

Je nach den Ablagerungsbedingungen wurde die Lava unterschiedlich zum bleibenden Basaltgestein herausmodelliert. Schon die Geschwindigkeit des Erkaltens konnte unter Umständen abweichende Formen hervorrufen. So erkaltete der Sohlbasalt innerhalb der Tuffdecke langsamer als der Deckbasalt an der Oberfläche. So erscheint ersterer oft mehr plattig, letzterer häufig in prismatischen Säulen. Daneben kann der Basalt in Kugelform oder in mächtigen Blöcken auftreten. Die Säulen können in Meilerform angeordnet sein wie am Druidenstein oder sich fächerförmig ausbreiten wie im Steinbruch zwischen Weltersburg und Willmenrod. Außerhalb der geschlossenen Basaltdecke des Hohen- und Oberwesterwaldes sowie des Neunkhausener Plateaus umgeben mehr oder weniger vereinzelte Durchbruchsbasalte in Schlot- oder Gangform die zentrale Basaltregion von der Mahlscheid bei Herdorf bis zum Galgenberg bei Hadamar, vom Almerskopf bei Selbenhausen bis zu den Bergen der Linzer Höhe.

Auch die anderen tertiären Gesteine vulkanischer Herkunft prägen das Relief des Westerwaldes, wenn auch in weitaus bescheidenerem Umfang. Doch manche dieser Einzelbildungen treten imposant in Erscheinung: die Phonolithkuppe des Malberges bei Montabaur, der Trachyt des Drachenfels oder der Latit von Wolkenburg und Lohrberg im Siebengebirge.

Die gewaltigen Massen basaltischer Tuffe und Bimssande des Neuwieder Beckens und der angrenzenden Höhen wurden zum großen Teil aus den Vulkanschloten der Eifel geschleudert. Im Raum Westerburg erscheinen auch basaltische Tuffe. Die Trachyttuffe sind allerdings sehr junge Vulkanprodukte, die größtenteils erst im Quartär gefördert wurden.

Die stellenweise zutage tretenden Mineralquellen (Säuerlinge), unter denen die von Bad Ems, Biskirchen, Löhnberg („Selters") und Bad Hönningen (Arienheller) größere Bedeutung erlangt haben, sind letzte Nachwehen des tertiären Vulkanismus. Die Solen dringen an den Verwerfungen der Erdkruste aus der Tiefe empor. Allerdings ist es primär nur das Gas (CO_2), das aus den Magma-Herden stammt. Beim Aufstieg wird es vom Grundwasser aufgenommen und erscheint so als Quelle oder erbohrter Brunnen. Neben den vulkanischen Ablagerungen des Deckbasaltes im Hohen- und Oberwesterwald und den Basalt-, Phonolith- und Trachytkuppen im Niederwesterwald und im Siebengebirge sowie den Basalt- und trachytischen Bimstuffen dürfen die zahlreichen tertiären Sedimente nicht übersehen werden.

Diese Schichtgesteine treten zwar nur sekundär landschaftsprägend auf, stellen aber als Bodenschätze neben dem Basalt eine wesentliche Basis des Wirtschaftslebens im Westerwald dar. Während die Braunkohle, die als Produkt limnischer Ablagerungen des Tertiärs bereits erwähnt worden ist, heute nicht mehr abgebaut wird, werden die ausgedehnten Tonlager industriell genutzt. Abgesehen von den Vorkommen am Rande des Oberwesterwaldes zum Limburger Becken hin, sind vor allem die Tone nordwestlich von Montabaur von allergrößter Bedeutung. Tongesteine sind Rückstände, die bei der Verwitterung tonerdehaltiger Silikate, etwa des Feldspates, entstehen, während dagegen die Braunkohle phytogener Herkunft ist. Die Vorkommen zwischen Höhr-Grenzhausen und Wirges zerfallen in eine Reihe tektonischer Gräben und Horste. Die Tone, aber auch Kiese und Sande, gelangten in mehreren Serien während des späten Eozän und im Oligozän zur Ablagerung. Es handelt sich um Sedimente zahlreicher Süßwasserseen, die während der feucht-heißen Tertiärzeit die Landschaft prägten. Bemerkenswert sind die Quarzitvorkommen bei Herschbach und Dierdorf, die größten ihrer Art in Deutschland.

Daneben fanden aber auch Verwitterungsprozesse an der Oberfläche des paläozoischen Grundgebirges statt, wobei vor allem die devonischen Tonschiefer „Tone" lieferten, die sich dann in den Mulden ansammelten. Diese devonischen Tone unterscheiden sich von den tertiären unter anderem durch ihren geringeren Reinheitsgrad. Da mit wenigen Ausnahmen im Tagebau gearbeitet wird, sind überall Einblicke in die Erde möglich.

Tropische Temperaturen begünstigten im Tertiär eine üppige Vegetation und artenreiches tierisches Leben. In den Sumpfablagerungen dieser Epoche blieben viele Formen konserviert. Die Braunkohle des Hohen Westerwaldes und von Rott im Siebengebirge ist eine wichtige pflanzenführende Schicht aus dieser Zeit. Reste der Tertiärflora im heutigen Westerwald wurden auch in tonigen Sphärosideriten zweier längst aufgelassener Gruben bei Dernbach und Horressen entdeckt. Für die dort erstellten Artenlisten sind besonders Schilfrohr, Walnuß und einige Nadelhölzer typisch.

Aus den Braunkohlensümpfen zwischen Sieg und Pleis sind etwa 600 Tierarten, davon über 500 Insekten, bekannt geworden. In den Morästen tummelte sich das „Braunkohlentier" *Anthracotherium braviceps*, dessen Zähne auch bei Gusternhain und Breitscheid gefunden wurden. Vorläufer unserer heutigen Nashörner, eine dem asiatischen Muntjak verwandte Hirschart *(Palaeomeryx)*, Schildkröten und Krokodile sind weitere auffällige Tiere, die damals die Landschaft belebten. Die Vogelwelt mit Pelikan und Ibis erinnert an die heutiger afrikanischer Seen. Gewaltige Lurche bevölkerten die Uferzonen, der Riesenmolch *Andrias Tschudii* und der Riesenfrosch *Palaeobatrachus gigas* und *Polysemia ogyia*, ein heute auf Ostasien beschränkter Schwanzlurch. Vertraut dagegen ist die Honigbiene *(Apis mellifica)*, von der einige schöne Exemplare versteinert gefunden wurden.

Quartär (Beginn vor ca. 1,5 Mio. J.)

Nur im Neuwieder Becken findet sich zu dieser Zeit noch aktiver Vulkanismus, der in letzten Eruptionen während des Pliozäns sonst im ganzen Westerwald zur Ruhe gekommen war. Der quartäre Vulkanismus förderte, wie bereits gesagt, Trachyttuff. Letzte Ausbrüche fallen noch in das Jungpleistozän.

Glazialablagerungen fehlen im Westerwald. Nur eine Eigenvergletscherung der Höhen darf angenommen werden. Umso häufiger sind periglaziale Bildungen, wie die an zahlreichen Stellen vorhandenen Blockströme, anzutreffen.

Die tektonischen Bewegungen sind auch im Pleistozän nicht zur Ruhe gekommen. So ist der Rheintal-Graben seit Ende des Tertiärs bis heute um etwa 100 m abgesunken.

An Stelle der wärmeliebenden Tier- und Pflanzenwelt traten Arten, die der Klimaverschlechterung während der Kaltzeiten besser angepaßt waren. Statt artenreicher Wälder mit Palmen, Lorbeer, Zimtbaum und baumförmigen Leguminosen gedieh auf den eisfreien Böden eine Tundrensteppe aus Moosen, Flechten und niederen Sträuchern. Im rhythmischen Wechsel wärmerer und kälterer Perioden konnte sich die Tundra vorübergehend in Richtung des zurückweichenden Eises ausbreiten.

Die „Zwischeneiszeiten" (Interglaziale) gestatteten auch anspruchsvolleren Bäumen das Wachstum, die waldbildend den Steppenboden zum Teil zurückerobern konnten. Es handelt sich weitgehend um die gleichen Arten, die auch heute in unseren Wäldern anzutreffen sind, vor allem Eiche, Haselnuß, Schwarzerle, Hainbuche, Eibe, Kiefer, Tanne, Fichte und andere.

Die Tierwelt antwortete auf die Klimaverschlechterung entweder durch Anpassung (Weißfische, Hecht, Stint, Siebenschläfer) und Auswanderung (Krokodil, Riesensalamander), oder sie erlag der rauhen Umwelt *(Anthracotherium, Palaeomeryx)*. Dafür erschienen neue widerstandsfähige Arten: Mammut, Wollhaarnashorn, Moschusochse und Ren. Ihre Überreste wurden im Löß des Unkelsteins gefunden, je ein Mammutzahn bei Freirachdorf und Boden. Weitere wichtige Funde konnten auch an anderen Stellen geborgen werden. Vor allem die Höhle am Fuße des „Wildweiberhäuschens" bei Langenaubach erwies sich als ergiebig. Ren, Eisfuchs, Halsband-Lemming, mehrere nordische Wühlmausarten und das Alpenschneehuhn lebten hier. Während der Warmzeiten fand sich diese Fauna mehr in Nähe des zurückweichenden Eises, während die Wälder von Wisent, Elch, Birkhahn und anderen offene Grasfluren meidenden Tieren bevölkert wurden. Auf der Steppe weideten Wildpferd, asiatischer Wildesel und Hase.

Neuerdings wurde die Kenntnis über die pleistozäne Fauna abgerundet durch die bedeutenden Funde in Gönnersdorf bei Neuwied, wo ein Lager des jungpaläolithischen Menschen (Magdalénien) ausgegraben wurde. Die Reste der Jagdbeute stammen von Mammut, Wolf, Eisfuchs, Wildpferd, Wisent, Ren, Elch, Hirsch, Saiga-Antilope, Gemse, Wollnashorn, Schwan, Gans, Ente, Schneehuhn und Fischen.

Mineralogie

Wie schon beim Basalt angedeutet, bedingen unterschiedliche mineralische Beimengungen eine Vielfalt von Gesteinsarten. Im Siebengebirge ist auf engstem Raum sehr eindrucksvoll das Nebeneinander von je nach Mineralgehalt andersgearteter Gesteine zu sehen. Die sich ergebende Vielfalt kann hier nicht einmal angedeutet werden. Erwähnt seien aber jene Fundstätten, die dem Westerwälder Bergbau zu verdanken sind und aus denen schöne oder seltene Stufen stammen. Zwar sind die Fundmöglichkeiten heute nur noch beschränkt, aber in den Museen des Rheinlandes finden sich nicht selten prächtige Schaustücke aus dem Westerwald.

Gruben in Herdorf (Wolf, Friedrich Wilhelm, San Fernando) lieferten braunen Glaskopf, Manganspat, Millerit, Kupferkies, Bleiglanz, Pyromorphit, Anglesit und Cerussit. Im Basalt des Mahlscheid wird Aragonit gefunden. Gruben bei Daaden und die Bindweide förderten Siderit, Hämatit, Calcit, Magnesit und Cuprit. Die Grube Georg bei Willroth lieferte Tetraedrit und Bournonit. Die Grube Petersbach in Eichelhardt war Fundort für Ullmannit und Gersdorffit. Auch die Gruben von Bad Ems und Holzappel hatten einen guten Ruf als Mineralfundpunkte, letztere wurde aus diesem Grund sogar von Goethe aufgesucht.

Mineralogisch bedeutsam wurde die ehemalige Grube „Schöne Aussicht" in Dernbach, wo man seinerzeit eine ganze Serie zum Teil seltener Mineralien finden konnte: Anglesit, Beudantit, Corkit, Hinsdalit, Jodargyrit, Jodobromit, Karminit, Mimetit, Pharmakosiderit und Skorodit.

Böden

Die Bildung des Bodens erfolgt aus den beiden Hauptelementen, von denen der Westerwald aufgebaut wird, dem devonischen Grundgebirge und den diskordant aufgelagerten tertiären Deckschichten. Das devonische Ausgangsgestein liegt als Tonschiefer oder Grauwacke vor und liefert dementsprechend tonige oder steinige, sandig-lehmige Böden. Erstere eignen sich zur Nutzung von Grünland, letztere mehr als Ackerboden. Stellenweise lagert pleistozäner Löß und Gehängelehm dem Devon auf, wodurch die Bodenqualität verbessert werden kann. Verbreitet sind Böden auf Basalt, die vor allem im Hohen Westerwald geschlossene Decken bilden. Je nachdem tragen sie Wald oder Weide. Im Neuwieder Becken ist Laacher Bimssteinschutt beigemengt, von dem sich vereinzelte Schleier bis zum Oberwesterwald verfolgen lassen. Die jüngsten Bodenbildungen liegen in den Auenlehmböden der Bach- und Flußtäler vor.

Als wichtigste Bodentypen werden Braunerde und gleieartige Böden unterschieden. Erstere liegen mit größtem Anteil am Rhein und im Neuwieder Becken, teilweise im mittleren Westerwald (250 - 450 m Höhenlage) und nur ausnahmsweise in den höheren Lagen. Die gleieartigen Böden sind flächenmäßig am weitesten im Hohen Westerwald verbreitet, im mittleren Westerwald ist ihr Anteil geringer.

Die Wasserspeicherung ist meist gut, neigt aber des öfteren zu Staunässe, so vor allem der fruchtbare Basaltlehm.

Klima

Der Westerwald liegt im subozeanischen Klimabereich mit wintermildem, feuchtem Klima. Infolge des nach Osten zu ansteigenden Gebirges, das die vom Meere kommenden Wolken intensiv auskämmt, steigt die Niederschlagsmenge mit der Höhenlage. Werden im Neuwieder Becken durchschnittlich 580 bis 650 mm Niederschläge gemessen, so sind es im mittleren Westerwald etwa 800 bis 900 mm und im Hohen Westerwald 1000 mm und mehr Jahresniederschläge.

Die Höhenlage bestimmt ebenso die Temperatur. Konnte in Neuwied bei 67 m Seehöhe ein Jahresmittel der Lufttemperatur von $9,5^0$ C ermittelt werden, so waren es in Hachenburg (343 m) $7,7^0$ C, in Neukirch/Salzburg (636 m) $5,9^0$ C.

In dem angenommenen Klimabezirk von rund 200 bis 650 m Seehöhe läßt sich ein durchschnittliches Monatsmittel der Lufttemperatur im Januar von − 1,0 bis + 2^0 C, im Juli von 14,0 bis $17,0^0$ C feststellen; die mittlere Jahresschwankung bewegt sich zwischen 16,0 bis $16,5^0$ C; die mittlere Dauer eines Tagesmittels der Lufttemperatur von mindestens 5^0 C beläuft sich auf 195 bis 235 Tage, von 10^0 C auf 125 bis 165 Tage. Die mittlere Zahl der Tage mit Schneedecke beträgt für $\geq$ 0 cm 30 bis 80. Die Schneemenge macht 20 % der Gesamtniederschläge aus. Frosttage, an denen das Temperaturminimum unter den Gefrierpunkt absinkt, werden etwa 120 gezählt; Eistage, an denen auch das Temperaturmaximum unterhalb dieses Wertes verbleibt, dagegen nur etwa 30. Umgekehrt kann durchschnittlich mit 20 bis 30 Sommertagen gerechnet werden, an denen ein Temperaturmaximum von über 25^0 C erreicht wird.

Der scharfe Wind des Westerwaldes ist sprichwörtlich. Zu 50 % weht er aus Westen, wobei der Südwestwind mit 27 % überwiegt. Der kalte Nordost hat mit 17 % an der gesamten Luftbewegung einen relativ hohen Anteil. Er tritt vorwiegend (zu 25 %) im April und Mai auf und bedingt mit die gefürchteten Spätfröste.

Die Daten sprechen demnach eine andere Sprache als der Volksmund, der mitunter heute noch Unzutreffendes über das Wester-

wälder Klima kolportiert. Das begann vielleicht mit einem Reiter-
gedicht aus dem 15. Jahrhundert („Kompstu denn auf den Westerwald, da ist es sommer und winter kalt") und tönte im sattsam
bekannten Marschlied („... über deinen Höhen pfeift der Wind
so kalt") munter weiter. Die alten Geschichten, daß auf dem
Westerwald die Äpfel zwei Jahre zum Reifen nötig hätten oder
daß dort neun Monate Winter und drei Monate kalt sei, werden
noch immer gerne erzählt. Dabei schneidet das Gebiet im Vergleich zu anderen mittelrheinischen Gebirgen noch recht gut ab:
Die — 1^0-Isotherme des Januar betrifft in der Eifel ein noch
größeres Gebiet, die mittlere wirkliche Januartemperatur erreicht
im Taunus und Hunsrück sogar einen noch um ein Grad tieferen
Wert, ja sogar der Wind weht in der Eifel (Nürburg) durchschnittlich mit höheren Geschwindigkeiten als im Hohen Westerwald:
Geringere Windgeschwindigkeiten (1-2 m/sec) sind auf der Fuchskaute häufiger als dort, mittlere (über 4 m/sec) dagegen treten in
der Eifel häufiger auf (nach SPERLING).

Dementsprechend kann der Westerwald auch bioklimatisch günstig
beurteilt werden, insofern sein größter Teil der Schonstufe (reiz-
mild bis reizschwach oder schonend) zugerechnet werden muß.
Lediglich die hohen und höchsten Teile gelten als reizmäßig bis
reizstark und die Tallandschaften von Rhein und Lahn als teils
belastend.

Wenn auch die Höhenstufen meist mehr oder weniger sachte
ineinander übergehen und scharfe Abgrenzungen seltener sind,
lassen sich die klimatischen Veränderungen in Folge der Höhenlage recht zuverlässig beobachten. Besonders deutlich kommt
das in den phänologischen Daten zum Ausdruck. Der Vollfrühling
zieht eben im Hohen Westerwald später ein als in den Flußtälern
des Gebirgsrandes, und entsprechend beginnt der Winter auf den
Höhen zeitiger. Die dadurch bedingte kürzere Vegetationsperiode
mit den entsprechenden Folgen für die Landwirtschaft - die
Roggenernte beispielsweise beginnt in der Regel erst nach dem
31. Juli - lassen den Hohen Westerwald gegenüber den Tieflagen
im Nachteil.

Mit dem Erblühen des Schneeglöckchens (Galanthus nivalis) beginnt der Vorfrühling des Vegetationsjahres. Im Rheintal bei
Koblenz setzt die Blüte schon Mitte Februar ein, in den übrigen
Tieflagen im letzten Drittel des Februar, in Höhenlagen unter etwa
400 m während der ersten zehn Tage des März. Um die Märzmitte
beginnt es in Höhen bis ca. 600 m zu blühen, während dies in den
höchsten Lagen über 600 m erst in den letzten Märztagen der
Fall ist.

Die Apfelblüte bezeichnet den Einzug des Vollfrühlings. Ihr mittlerer Beginn ist im tiefgelegenen Bergland Anfang Mai, im unteren
Lahntal sogar schon Ende April. Im Gebirge ist je nach Höhenlage

zwischen dem 10. und 31. Mai mit der Apfelblüte zu rechnen, so
in Montabaur noch zwischen dem 5. und 10. Mai, um Altenkirchen
vom 10. bis 15., bei Westerburg vom 15. bis 20. und auf dem
Hohen Westerwald ab 20. Mai.
Die Überrodung des Hohen Westerwaldes in früheren Jahrhunderten führte zu verheerender Windwirkung. Durch Anlage von
Windgürteln aus Fichten quer zu diesen Hauptwindrichtungen
wurde im 19. Jahrhundert mit der Milderung dieses ungünstigen
Klimafaktors begonnen. Diese „Schutzhecken" geben dort noch
heute der Landschaft ihr Gepräge.

Gewässer

Ähnlich anderen vergleichbaren Teilen des Rheinischen Schiefergebirges ist auch der Westerwald hydrographisch ganz dem Rhein
zugeordnet, dem sämtliche Gewässer letzten Endes zustreben.
Kasbach, Wied, Sayn- und Brexbach münden unmittelbar in den
Strom, Heller, Daaden-Bach, Nister, Hanf- und Pleisbach über die
Sieg, Dill, Kerker-, Elb- und Gelbach über die Lahn. Lediglich
die Dill hat zwischen Hohem Westerwald und Gladenbacher Bergland innerhalb des Gebirges einen oro-hydrographisch ausgepräg-
teren Lauf, während die übrigen Wasserläufe mangels markanter
Wasserscheiden und Bergkämme aus unzähligen Rinnsalen und
Bächen, die von den flachwelligen Hochflächen zufallsartig ihre
Richtung erhalten, ihre Unterläufe speisen. Die Wasserführung ist
sehr unterschiedlich und kann sich insbesondere nach der Schneeschmelze zu beachtlichem Hochwasser steigern.

Alle größeren stehenden Gewässer wurden erst vom Menschen
angelegt. Infolge der großen Bedeutung der Binnenfischerei in
früheren Jahrhunderten war ihre Zahl einmal sehr groß, wie oft noch
aus Flurbezeichnungen ersichtlich ist. Die Fischteiche der „Westerwälder Seenplatte" haben möglicherweise schon vom Mittelalter her
diese Funktion bewahrt. Andere wurden nach jahrzehntelanger Trok-
kenlegung wieder neu aufgestaut wie die Breitenbachtalsperre bei
Waigandshain, der Blumentalweiher bei Breitenau und der Seeweiher bei Pottum. Auch der Seeweiher bei Waldernbach bestand
schon im 16. Jahrhundert. Andere Gewässer verdanken ihre Entstehung aufgelassenen Tongruben oder Steinbrüchen, wie der
Erlenhofsee bei Ransbach-Baumbach, die zahlreichen Weiher
zwischen Wirges und Siershahn sowie zwischen Herschbach und
Marienhausen, ferner der Herthasee, der Stauweiher südlich Niedertiefenbach, der Schwarze See bei Dattenberg, der Dornheckensee
und der Blaue See an der Rabenley bei Oberkassel. Zur Gewinnung
elektrischer Energie wurden die Krombachtalsperre - mit 91 ha
Wasserfläche und 4,2 Mill. m³ Inhalt die bedeutendste im Westerwald - und die Talsperren bei Driedorf, Guntersdorf und im Ulmtal gebaut, ähnlich der Weiher bei der Hammermühle nahe Selters.
Etliche von ihnen sowie der Große Weiher und der Streckweiher

bei Seck, der Waldsee bei Maroth, der Klingelweiher bei Maxsain-Goddert, der Birkensee bei Elbingen, der Vöhler Weiher bei Merenberg und der Heisterberger Weiher haben mit ihren Wassersportmöglichkeiten für den Tourismus zum Teil erhebliche Bedeutung erlangt.

Pflanzen- und Tierwelt

Die Pflanzen- und Tierwelt des Westerwaldes wird in ihrer Zusammensetzung, Artenzahl und Verbreitung von den äußeren Lebenbedingungen bestimmt. Diese unterliegen innerhalb großer Zeiträume ständigem Wandel, Fauna und Flora sind somit das Ergebnis des dauernden Wechsels der Lebensbedingungen.

Die gegenwärtige Pflanzen- und Tierwelt ist erdgeschichtlich noch sehr jung. Als vor etwa 20.000 Jahren der Eisrand endgültig polwärts wich, begann sich allmählich ihre heutige Zusammensetzung auszubilden.

Nur wenige eiszeitliche Pflanzenarten bilden den Grundstock der gegenwärtigen Vegetation, die meisten zogen sich bei der Erwärmung in kältere Gebiete zurück. Als erste Waldbäume wanderten von Westen (Rhônetal) die Birke und aus Osten (Ungarn) die Gemeine Kiefer ein. Als es vor etwa 10.000 Jahren erheblich wärmer wurde, kam es zu einer Massenausbreitung des Haselstrauches, dem ein anspruchsvoller Eichenmischwald mit Ulme, Linde, Ahorn und Esche folgte. Bei der Klimaverschlechterung vor etwa 2.500 Jahren löste die aus Südeuropa eingewanderte Buche in Begleitung der Tanne den Eichenmischwald ab und wurde vorherrschend in den Beständen.

Die schon frühzeitig von Osten eingewanderten Steppenpflanzen erreichten im Rheintal auch die Randzonen des Westerwaldes. Die gleichen Plätze besiedelten mediterrane Pflanzen, die über die burgundische Pforte zum Mittelrhein vordrangen.

Wichtig für den Westerwald ist die Zuwanderung altlantischer Pflanzen geworden.

Die nacheiszeitliche Tierwelt hat sich in ähnlicher Weise durch Rück- und Neueinwanderungen zur heutigen entwickelt. Auch die Tiere erwanderten aus ihren Refugien in Südost- und Südwesteuropa allmählich unser Gebiet. Entscheidenden Einfluß auf die Zusammensetzung von Pflanzen- und Tierwelt übt nachhaltig und in steigendem Maße seither der Mensch aus. Die heutigen Verbreitungsgrenzen vieler Pflanzen und Tiere sind demnach nicht mehr natürliche, sondern teilweise oder völlig künstliche.

Die wechselnden Lebensbedingungen spiegeln sich in der Beteiligung einzelner Florenelemente am Aufbau der Pflanzenwelt wider. Unter natürlichen Bedingungen müßte unser Gebirge fast ausnahmslos von Wald bedeckt sein. Unbewaldet oder aufgelichtet blieben lediglich die steilen Felshänge einiger Flußtäler und die Hochmoore. Die heutigen großen, waldfreien Flächen sind Kulturprodukt! Vorherrschender Bestand wären eichenarme Rotbuchenwälder.

Wirtschaftsforste haben die einstigen Urwälder abgelöst. Bestenfalls die Hälfte des Bodens ist noch von Wäldern bestanden (im Kreis Altenkirchen etwa 47 %, im Oberwesterwald 34 %, im Kreis Neuwied 45 %), nachdem seit den Rodungen im Mittelalter das Kulturland immer mehr Platz eingenommen hat. Ortsnamen wie Rott, Rodenbach, Wallmenroth, Eichelhardt, Buchenau, Heisterberg, Weidenhahn und ähnliche erinnern an den Rodungsvorgang oder einstigen Waldreichtum. Auf ackerfähigem Boden ist Wald höchstens infolge besonderer Grundbesitzverhältnisse erhalten geblieben, sonst beließ man ihn nur in Höhenlagen, an Hängen oder auf flachgründigen Böden. Insgesamt hat sich allerdings seit dem letzten Jahrhundert die gesamte Waldfläche wieder vergrößert, da die Überrodung des Hohen Westerwaldes rückgängig gemacht wurde und die in letzter Zeit entstandenen ausgedehnten Brachländereien vielfach aufgeforstet wurden und werden.

Die vermehrte Anpflanzung von Fichten hat den Charakter der Wälder oft grundlegend verändert. Im Westerwald dürfte das Verhältnis von Laub- zu Nadelholz durchschnittlich 70 % zu 30 % betragen, im Kreis Neuwied liegt es bei etwa 67 % zu 33 %, während es im Kreis Altenkirchen bereits bei 45 % zu 55 % steht. Im ehemaligen Oberwesterwaldkreis liegt der Nadelholzanteil bei 55 %, erreicht aber in seinem nordöstlichen Teil sogar 90 %. Die hohe Wirtschaftlichkeit hat den Vormarsch der Nadelhölzer, besonders der Fichte, begünstigt. Dennoch setzt sich die Erkenntnis durch, daß es wichtig ist, einen vielseitig zusammengesetzten Wald zu erhalten; ein Drittel davon sollte reiner Laubwald bleiben. Der natürliche Wald tritt je nach Kombination der Arten, die ihn zusammensetzen, in verschiedenen Formen auf.

Auf den basen- und nährstoffärmeren Böden der mittleren Lagen steht der artenarme Hainsimsen-Buchenwald.

Die Vegetation ist auf den Basaltböden erheblich reicher als in den Schiefergebirgen. Die Rotbuchenwälder zeigen hier ein abwechslungsreiches Wuchsbild, das je nach Zusammensetzung in einzelnen Typen angesprochen werden kann.

In tief eingeschnittenen Tälern halten sich mitunter noch Reste des reichhaltigen Schluchtwaldes. Infolge der feuchtkühlen Lagen tritt die Buche stark zurück.

Die Eichenniederwälder („Hauberge") des Siegerlandes und Dillkreises sind Abkömmlinge dieser Lebensgemeinschaft. Sie verdanken ihre Entstehung und Ausbreitung menschlichem Eingriff. Als Begleiter von Traubeneiche *(Quercus sessiliflora)* und Birke *(Betula pendula)* tritt vor allem der Wald-Gamander *(Teucrium scorodonia)* auf. Er verleiht den Haubergen und Feldrainen des Siegerlandes, Hicken- und Freien Grundes und Dillgebietes ihr besonderes Gepräge. Die Haubergswälder werden heute allmählich in Fichtenforste umgewandelt.

Flüsse und Bäche wurden ehemals von Auwäldern gesäumt. Reste des einseitigen Erlen-Bruchwaldes sind nur selten erhalten, so am Derschener Geschwemm, sonst haben fette Wiesen ihren Platz eingenommen. Bachbegleitende Erlensäume enthalten jedoch meist noch eine typische Begleitflora. Artenreicher ist eine an den gleichen Stellen gelegentlich auftretende Waldformation, der Bach-Erlen-Eschenwald *(Carici-Fraxinetum).* Die schmale Talaue des Holzbachdurchbruches bei Seck wird hier und da noch von Resten eines Bacheschenwaldes geschmückt. Auf die Auwälder im Mündungsgebiet der Sieg sei lediglich hingewiesen als Beispiel aus der Peripherie des hier besprochenen Raumes.

Durch die Überfichtung der Wälder wurde besonders dort, wo Monokulturen von Nadelhölzern gezogen werden, die frühere Flora zerstört. Die weitgehend fehlende Krautschicht legt davon eindringlich Zeugnis ab. Statt dessen wurden neue Nutzhölzer in die Forsten eingebracht, so die Japanische Lärche *(Larix leptolepis),* Douglasie *(Pseudotsuga menziesii)* und Sitka-Fichte *(Picea sitchensis).* Letztere stammen wie die ebenfalls als Fremdling in den Forsten stehende Roteiche *(Quercus rubra)* aus Nordamerika. Auch Kiefer *(Pinus sylvestris)* und Lärche *(Larix decidua)* verdanken ihre heutige Verbreitung im Westerwald forstlichen Maßnahmen.

Eine mehr oder weniger typische Pflanzengesellschaft stellt sich auf Kahlschlägen, besonders bei Fichtenbeständen, ein.

Unmittelbar an den Ufern der kleinen fließenden Gewässer sprießen zahlreiche diesen Lebensraum kennzeichnende Pflanzen. Stehende Gewässer werden von einer eigentümlichen Schwimmflora überzogen. Darunter bildet sich auf dem Boden unter Mithilfe von Kleinstlebewesen oft eine Schicht von schwarzem Faulschlamm aus. Unter den wurzelnden Wasserpflanzen spielen viele eine Rolle als Laichkräuter für die Fische. Den Wasserspiegel mancher Weiher und Teiche zieren Seerose *(Nymphaea alba)* und Teichrose *(Nuphar luteum),* die unter besonderem Schutz stehen. Die Uferzonen sind von Sumpfpflanzen bestanden. Neben den auffälligen Rohrkolben *(Typha spec.)* und Binsen *(Scirpus spec.)* wachsen vielfach in großer Menge die verschiedensten Arten der Riedgräser *(Cyperaceae),* die je nach Begleitflora eine Fülle unterschiedlicher Pflanzengesellschaften ausbilden, die hier ebensowenig wie die der Wasserpflanze im einzelnen besprochen werden können. Landwärts leiten die Riedgräser zu neuen Vergesellschaftungen über. Auf Gewässern mit starker organischer Ablagerung können sich Schwimmdecken aus Seggen und Moosen bilden, die sich gelegentlich verfilzen und ablösen. Die sagenumwobene „Schwimmende Insel" des ehemaligen Krombacher Weihers zählte zu diesen Erscheinungen.

Infolge der Bodenverhältnisse war die Entstehung von Mooren und Heiden im Westerwald recht häufig. Die ausgedehnten Sumpfgebiete im Quellgebiet der Nister, am Kühfelder Stein, im Weierbachgrund oder bei Ailertchen, das „Mückenfeldchen" bei Buchholz oder die Heideflächen bei Windhagen, Griesenbach und Asbach-

Schöneberg sind längst völlig trockengelegt und teilweise aufgeforstet oder aber beschnitten wie das Derscher Geschwemm. Neben letzterem sind noch etliche kleinere Reservate erhalten geblieben, die jetzt meist unter Naturschutz stehen.

Bergheiden und Magertriften finden sich auf sauren Böden und werden extensiv beweidet. Die Heiden sind vielfach bestanden von Borstgras *(Nardus stricta)* und Besenheide *(Calluna vulgaris)* sowie stellenweise von den Säulen der Wacholderbäume *(Juniperus communis)*. Auf der Rothenbach bei Zeppenfeld und in der Gambach bei Burbach, bei Westernohe, am Kanzelstein, bei Eibach und am Knoten bei Arborn und vielfach im „Hinterland" finden sich schöne Wacholderbestände.

Die steilen Felshänge in Sonnenlage stellen extreme Lebensbereiche dar, die von einer ganz bezeichnenden Pflanzengesellschaft besiedelt werden. Die Vegetation dieser vom Menschen kaum beeinflußten Standorte ist noch ziemlich ursprünglich. Diese Fels- oder Steppenheide ist auf die Westerwälder Randzone (besonders Erpeler Ley, Hammerstein, Langenbergskopf bei Leutesdorf und Allerheiligenberg bei Lahnstein) beschränkt. Dort wachsen Arten, die zur Flora des Mittelmeergebietes und der südrussischen Steppen (pontisch-mediterrane Flora) gehören.

Da der Westerwald im Übergangsbereich zwischen den Einflußzonen des atlantischen und des kontinentalen Klimas liegt, hat das auch Folgen für die Verbreitung mancher Pflanzen. So erreicht der kontinentale Haselwurz *(Asarum europaeum)* bei uns die Westgrenze seiner Verbreitung. Gleiches gilt vom Scheidenförmigen Goldstern *(Gagea spathacea)*, Glänzenden Kerbel *(Anthriscus nitida)* und Mittleren Lerchensporn *(Corydalis intermeda)*, die am Stegskopf ihren westlichen Vorposten haben. Die dem atlantischen Florenbereich zugehörige Hülse oder Stechpalme *(Ilex aquifolium)* erreicht längs einer von Wissen aus südwärts verlaufenden Linie die äußersten Punkte ihrer Ausbreitung nach Osten. Standorte der früher weit häufigeren Hülse liegen heute u. a. in den Waldungen bei Rimbach, Werkhausen, Kircheib, Fiersbach und Birnbach.

Im Kulturland treten Pflanzengesellschaften auf, die allein dem menschlichen Einfluß ihre Herkunft verdanken. Weiden und Äcker sind vom Menschen geschaffen. Die ihnen eigene Flora (abgesehen von den Nutzpflanzen) hat sich sekundär eingefunden.

Die Standortverhältnisse bestimmen auch auf den Wiesen, Weiden und Hutungen die Zusammensetzung der Pflanzenwelt. Die Ausprägung dieser geschlossenen Gras- und Krautgesellschaften reicht streng genommen von der Pioniervegetation der Felsspalten, Schutt- und Sandböden bis zum reinen Kunstrasen.

Im Ackerland überwiegen eindeutig die vom Menschen eingebrachten Kulturpflanzen, doch ist auch ihre Ausbreitung durchaus bodenbedingt. Es sei festgehalten, daß der wechselnde Bedarf die Artenzusammensetzung der Kulturen beeinflußt. So haben gegenüber rentableren Getreidearten Dinkel *(Triticum spelta)* und Buchweizen *(Fagopyrum esculentum)* ihre einstige Bedeutung längst verloren. Senckenberg traf sie ebenso wie die Hirse *(Panicum miliaceum)* 1736/37 noch angebaut an der unteren Lahn und zum Teil im Siegerland an. Anstelle der Brache in der alten Dreifelderwirtschaft hat der moderne Hackfrucht- und Kleebau den Fruchtwechsel im Laufe von Jahrhunderten völlig umgestaltet. Der als Kulturpflanze im 19. Jahrhundert aus Bayern eingeführte Hopfen *(Humulus lupulus)* kommt heute nur noch vereinzelt bei Höhr-Grenzhausen vor. Färber-Wau *(Reseda luteola)* und Färberwaid *(Isatis tinctoria)*, noch im 18. Jahrhundert für den Unterwesterwald belegt, sind als Rohstofflieferanten durch die moderne Farbstoffchemie überflüssig geworden.

Der Anbau der Weinrebe *(Vitis vinifera)*, der bei Oberdollendorf seine nördliche Grenze erreicht, ist ebenfalls ständig zurückgegangen. Im Mittelalter wurden Rebflächen sogar an der Sieg bei Merten, an der unteren Lahn bis Runkel und im Wiedtal bei Datzeroth unterhalten. Anbauversuche wurden vorübergehend auch an noch ungünstigeren Stellen unternommen, etwa in Montabaur („Rebstock"), im Nistertal bei Marienstatt und im Siegtal bei Freusburg. Weinähr im Gelbachtal ist noch heute ein Winzerdorf, obgleich jetzt die meisten Wingerte darniederlegen oder dem Obstanbau dienen.

Nicht minder als die Pflanzen sind auch die **Tiere** abhängig von den Umweltverhältnissen ihres Wohnortes.

Im Schicksal unseres Hochwildes und einiger Vogelarten spiegelt sich dieser Umstand besonders deutlich wider. Mit der Rodung der Urwälder wurde der darin hausenden Großtierwelt der ihr zusagende Lebensraum genommen. Länger hielt sich der Luchs *(Lynx lynx)*, der noch um 1800 im Westerwald vorkam. Im Jahre 1841 konnte noch ein Wolf *(Canis lupus)* bei Höchstenbach erlegt werden, der letzte fiel angeblich 1845 im Markwald bei Dierdorf.

Einige Großvögel mußten verschwinden, weil sie entweder als Jäger menschliche Interessen durchkreuzten, oder ihr Lebensraum wurde zerstört und frühere Nahrungsquellen versiegten. Seit 1878 ist der letzte Uhuhorst in den Felsen des Wiedtales verwaist, die letzten Raben brüteten bis 1900 in der Gegend von Unkel. Vor 1900 balzte auch noch das Auerwild *(Tetrao urogallus)* im Westerwald. Die letzte Balz des Birkwildes *(Lyrurus tetrix)* wurde 1936 in der Griesenbacher und Seifer Heide (Kr. Neuwied) beobachtet. Manche Säuger und Vögel vermochten den Kampf ums Dasein erfolgreicher zu bestehen. Der um die Jahrhundertwende an den Westerwaldbächen noch häufige Fischotter *(Lutra lutra)* ist heute nur noch vereinzelt aufzuspüren. Am Holzbach konnte 1950 ein Bau mit Jungtieren entdeckt werden. Die Wildkatze *(Felis silvestris)* scheint dank ihrer Zähigkeit in entlegenen Waldgebieten in ganz wenigen Exemplaren bis jetzt überlebt zu haben.

Das vor Jahrzehnten noch häufige Haselhuhn *(Tetrastes bonasia)* verliert mit dem fortschreitenden Ende der Niederwaldwirtschaft seinen Lebensraum. Hegeversuche z. B. an der Fuchskaute sollen die knappen Bestände retten. Die Reiherkolonie an der Nister bei Astert ist nun endgültig verwaist, die Kolonie in der Muhlaue bei Betzdorf gefährdet. Niststätten des Eisvogels wurden mehrfach bei Bachregulierungen oder infolge des Straßenbaues zerstört. Selten geworden sind die meisten Taggreife und etliche Eulen, wobei dies nicht zuletzt eine Folge der Umweltverschmutzung und der Biotopvernichtung ist. Die Zippammer *(Emberiza cia)* brütet als Seltenheit am Langenbergskopf.

Manche Ortsnamen verewigen längst ausgestorbene Tierarten: Arenfels und Arenberg den Adler, Niederelbert den Elch, daneben stehen Niederbieber, Rabenscheid oder Ebernhahn. Die Bezeichnung „Tiergarten" oder „Tierpark" in Montabaur, bei Welschneudorf oder bei Weilburg weist andererseits auf Hege- oder Zuchtbemühungen des Menschen hin. (Oft bedeutet allerdings der nicht seltene Gemarkungsname „Tiergarten" lediglich Schindanger.) So muß auch auf den positiven Einfluß des Menschen aufmerksam gemacht werden, der unmittelbar durch Hege einzelne Tierarten gefördert hat. Erst nach dem Zweiten Weltkrieg wurde aus dem Mittelmeerraum der Mufflon *(Ovis ammon)* eingeführt und erfolgreich in den ausgedehnten Waldungen um die Montabaurer Höhe ausgesetzt. Ebenfalls aus dem Süden stammt der Damhirsch *(Dama dama)*, der vor allem als Gatterwild viel gehalten wird. Eine Bereicherung der Niederjagd stellt der Ringfasan *(Phasianus colchicus)* dar, der sich von mehreren geographischen Formen aus Ostasien herleitet. Gezielter Hege verdankt auch der Rothirsch *(Cervus elaphus)* seine gegenwärtige Verbreitung im Westerwald. Mitte des vorigen Jahrhunderts waren Hirsche eine Seltenheit auch in den großen Forsten. Ein letzter Rest hielt sich auf der Linzer Höhe im Hönninger Wald, von wo in unserem Jahrhundert wieder einige Tiere an die mittlere Wied in den Distrikt Lorscheid zurückwanderten und dort längst zum Standwild geworden sind. Das ehemalige kurtrierische Jagdrevier bei Montabaur ist heute Kerngebiet der Rotwildhege im Westerwald.

Insgesamt darf man sagen, daß unser Wild seine heutige Existenz dem Interesse und der Fürsorge der Jäger verdankt. Nur deshalb kann noch immer relativ häufig das Reh *(Capreolus capreolus)* im Wald und der Hase *(Lepus europaeus)* auf den Feldern beobachtet werden. Umgekehrt mußten aus Gründen der Tollwutbekämpfung in den letzten Jahren viele Füchse *(Vulpes vulpes)* und besonders Dachse *(M. meles)* ihr Leben lassen.

Andere Tiere haben sich trotz starker Bejagung behaupten können oder unser Gebiet erst erobert. So war das Wildschwein *(Sus scrofa)* um die Jahrhundertwende in den meisten Westerwaldgegenden nur als Wechselwild bekannt. Während der beiden

Weltkriege vermehrte es sich stark und wurde in der Nachkriegszeit zur Landplage. Viel schwieriger beizukommen ist der Bisam-
ratte *(Ondatra zibethica)*, einem Neubürger aus Nordamerika. Aus
Farmen entwichen ist der nordamerikanische Waschbär *(Procyon
lotor)*. 1958 wurde ein Exemplar bei Schönstein (Wissen) erlegt.
Seine hohe Vermehrungsrate hat dem Wildkaninchen *(Oryctolagus
cuniculus)* trotz aller Nachstellung einen festen Platz in der
heimischen Tierwelt gesichert.

Von den Kriechtieren (Reptilien) sind Zaun- und Bergeidechse
(Lacerta agilis u. vivipara), Blindschleiche *(Anguis fragilis)*, Ringel-
und Glattnatter *(N. natrix, Coronella austriaca)* anzutreffen. Die
Mauereidechse *(Lacerta muralis)* kommt stellenweise im Siebengebirge vor, die Smaragdeidechse *(Lacerta viridis)* kann spora-
disch im Rheintal auftreten. Die Würfelnatter *(Natrix tessellata)* ist
seit einiger Zeit von Süden zugewandert und für die untere Lahn
belegt. Giftschlangen leben entgegen der Volksmeinung, die
jedem Kriechtier unter solchem Vorwand den Garaus machen
möchte, nicht im Westerwald! Die Sumpfschildkröte wurde schon
vor langer Zeit ausgerottet.

Die Amphibienfauna ist in den noch bestehenden Feuchtgebieten
offenbar artenreicher, als man bisher angenommen hat. So konnten
jüngst bei Daaden und bei Meudt Vorkommen der Gelbbauchunke
(Bombina variegata), Kreuzkröte *(Bufo calamita)*, Geburtshelfer-
kröte *(Alytes obstetricans)* und sogar des Laubfrosches *(Hyla arborea)*
festgestellt werden.

Noch immer ist der Fischreichtum der Nebenflüsse und -bäche
von Rhein, Lahn, Sieg und Dill beachtlich. Der größere Teil von
Sieg, Wied und Lahn gehört an sich zur Barbenregion, doch hat
die Kanalisierung der Lahn Teile dieses Flusses zur Brassen-
region überführt. Die Wied zeigt sich als ein Mittelding zwischen
Forellen- und Weißfischgewässer, indem laufend Übergänge zwischen der Barben- und Forellen-Äschenregion stattfinden.

An mehreren Stellen des Westerwaldes und besonders an der
Seenplatte zwischen Freilingen und Dreifelden wird erfolgreich
Teichwirtschaft betrieben. Karpfen *(Cyprinus carpio)* und Schleie
(Tinca tinca) sind ihre Grundlage.

Die Kleintiere, den verschiedensten Klassen zugehörig, entziehen
sich indes weitgehend dem Blick des flüchtigen Beobachters. Die
Maße vieler von ihnen reichen herab in mikroskopische Dimensio-
nen. Diese reichhaltige Tierwelt erschließt sich nur der Aufmerksamkeit des kundigen und entsprechend ausgerüsteten Forschers.
Die von der Natur geschaffene Tier- und Pflanzenwelt spürt immer
stärker die Hand des Menschen, die mittelbar oder direkt ihr
künftiges Bild bestimmt. Noch hat bislang der Artengewinn dem
Artenverlust der heimischen Fauna und Flora die Waage gehalten.
Haben Waldrodung, Trockenlegung der Sümpfe und Moore, Ausbreitung des Kultur- und bebauten Landes oder Flußbegradigun-
gen manchen Lebewesen endgültig Wohnraum, Nahrungsquelle

oder Fortpflanzungsort geraubt und sie dadurch nicht selten ausgerottet, so zogen andere neu in die kultivierte Landschaft ein, wenn auch nicht wenige als Schädlinge des Land- und Gartenbaues sich unliebsam bemerkbar machen.

Einige der sich anbahnenden Änderungen sind bereits abschätzbar. Mit Sicherheit wird der freie Lebensraum der Pflanzen und Tiere noch mehr eingeengt werden. Die Umweltschäden treffen nicht nur den Menschen, für manche Tier- und Pflanzenarten sind sie tödlich, so daß deren Weiterbestand in Frage gestellt ist. Eine fortschreitende Verarmung der Natur ist nicht von der Hand zu weisen.

Das bisherige Vegetationsbild hat sich dadurch stellenweise verändert, daß die Aufgabe landwirtschaftlicher Nutzung zu einer Steigerung der Brachflächen geführt hat. Seit 1969 wird deren Aufforstung verstärkt betrieben im Rahmen neu erstellter Raumordnungspläne. Es wäre dringend zu wünschen, daß die Landschafts- und Grünordnungspläne über der Ökonomie die Ökologie nicht vergessen, daß sie eine auch biologisch gesunde Kulturlandschaft, soweit dies möglich ist, sichern helfen. Zu der in diesem Zusammenhang mitunter zitierten Sozialfunktion des Waldes, der freien Natur, gehört doch wohl auch, daß dem zwischen Beton und Glas eingeklemmten Menschen des Industriezeitalters nicht nur sterile Parklandschaften zur Erholung angeboten werden, sondern auch ein Stück wirklicher Natur mit der ursprünglichen Tier- und Pflanzenwelt.

Zusammenstellung der Berghöhen des Westerwaldes

Fuchskaute	657	Pfuhler Höhe	568
Stegskopf	654	Löh b. Ritzhausen	566
Salzburger Kopf	653	Funkenhahn b. Rennerod	553
Altenberg b. Waldaubach	651	Montabaurer Höhe	546
Höllkopf b. Hohenroth	643	Bernbergskopf	
Kühfelder Stein	638	b. Dresselndorf	544
Homberg	634	Schellenberg b. Hellenhahn	542
Höllenkopf		Hintere Ley b. Greifenstein	539
b. Emmerzhausen	628	Hirschbergskopf	
Lipperhöh	619	b. Greifenstein	538
Lipper Nürr	616	Lippersberg	
Barstein b. Heisterberg	615	(Montabaurer Höhe)	535
Trödelsteine	613	Schellpüsch b. Marienberg	533
Alsberg b. Emmerichenhain	612	Hohenseelbachskopf	530
Ketzerstein b. Weißenberg	610	Neuhochstein	526
Nenkersberg b. Burbach	610	Böhlen b. Rennerod	525
Knoten	605	Reitelsberg	
Heimerich b. Nisterberg	601	NW. Greifenstein	521
Backofen b. Nisterberg	601	Hünstein b. Greifenstein	515
Die „Höh" b. Burbach	598	Gräbersberg b. Alpenrod	513
Krimberg b. Rehe	596	Rasenberg b. Beilstein	512
Wilsberg b. Salzburg	593	Großer Weißenstein	
Burgberg b. Burbach	591	b. Lochum	510
Gallpüsch b. Westernohe	590	Hasselichskopf b. Elkenroth	508
Friedewalder Höhe	581	Weitzinger Berg b. Langenhahn	504
Atzelnhardt b. Daaden	575	Götzenberg b. Stockum	501
Marienberger Höhe	572	Wildenhahn b. Lochum	497
Roter Berg b. Driedorf	571	Steimel b. Elkenroth	496

NATURSCHUTZ IM WESTERWALD
Hermann Josef R o t h

Der Drachenfels wäre heute eine Schutthalde! Aber schon 1827 empörten sich Heimatfreunde über die rücksichtslose Ausbeutung der Landschaft des Siebengebirges. Ihnen ist zu verdanken, daß der Drachenfels zum meist bestiegenen Berg Deutschlands werden konnte - lange bevor es einen staatlichen Naturschutz gab!

Im gesamten Westerwald wäre der Naturschutz ohne die zähe Kleinarbeit von Einzelpersönlichkeiten und privaten Gruppen überhaupt nicht denkbar gewesen. Besondere Verdienste hat sich in dieser Hinsicht der Westerwald-Verein erworben. Bei der Hauptvorstandssitzung 1925 in Wiesbaden wurde die Naturschutzarbeit ausdrücklich zu einem der Vereinsziele erhoben. Vor dem Zweiten Weltkrieg hat sich eine eigene Naturschutzkommission unter der Leitung von Forstmeister H. Behlen, Weilburg, in zäher Kleinarbeit um den Objektschutz bemüht durch naturkundliche Beobachtungen und Bestandsaufnahmen, sowie auf diesen fußend durch die Information der Öffentlichkeit und der staatlichen Stellen. In der Gegenwart ist der Westerwald-Verein als Partner der staatlichen Naturschutzstellen anerkannt und steht mit diesen in einem ständigen Dialog.

In diesem Kapitel soll im Rahmen des umfassenden Themas „Umweltschutz" lediglich der klassische Naturschutz berücksichtigt werden. Das liegt nahe vom Aspekt der Wanderbewegung her und damit aus traditionellen Gründen. Es ergibt sich aber auch deshalb, weil die Einzelbeobachtung und Registrierung vieler sonst kaum erfaßbarer Objekte nur durch unablässige Aufmerksamkeit „vor Ort" durchführbar ist. Diese Möglichkeit prädestiniert eine Organisation wie den Westerwald-Verein als unschätzbaren Mitarbeiter des staatlichen und sonstigen institutionellen Naturschutzes. -
Der Objektschutz kann mit zunehmender Intensität erfolgen: durch Errichtung beziehungsweise Eintragung von Naturparken, Landschaftsschutzgebieten, Naturdenkmalen und Naturschutzgebieten.

Naturparke

„Naturparke sind bevorzugte, in sich geschlossene, weithin durch ihre besondere Schönheit bekannte und daher schützenswerte, großräumige Landschaften, die für die gesamte Landeskultur von entscheidender und übergebietlicher Bedeutung sind und durch die Pflege ihrer Naturschönheit sich in hervorragender Weise für die Erholung eignen, wofür geeignete Maßnahmen zur Vermeidung und Beseitigung von Verunstaltungen notwendig oder wünschenswert sind". Diese Definition gibt der Initiator der Naturparkidee in der Bundesrepublik Dr. H. Offner (1967).
Beträchtliche Teile des Westerwaldes gehören zu solchen Naturparks. Beiderseits der unteren Lahn besteht der Naturpark Nassau (580 km²). Er findet nördlich seine Fortsetzung im Naturpark Rhein-Westerwald (446 km²), der bis zum Naturpark Siebengebirge (42 km²) reicht. Zwischen Weilburg und Arfurt greift der Naturpark Hochtaunus (1208 km²) nördlich über die Lahn und bezieht einen Zipfel des Westerwaldes mit ein. Diskutiert wird die Errichtung eines Naturparks im Dillkreis, der bis in den Hohen Westerwald reichen würde, sowie eines weiteren beiderseits der mittleren Sieg, der im Westerwald den Höhenzug des Leuscheid und im Bergischen Land sein Pendant, den Nutscheid, umfassen soll.
Der Naturpark Siebengebirge erhielt 1971 das Diplom des Europarates für geschützte Landschaften. Damit wurde das Siebengebirge in die Reihe einiger ausgewählter Naturschutzgebiete und Nationalparks von europäischer Bedeutung erhoben. Dies war nicht zuletzt deshalb möglich, weil ein großer Teil des Siebengebirges zugleich auch Naturschutzgebiet ist.
Für die Verwaltung der Naturparke wurden Zweckverbände und eingetragene Vereine gegründet, mit denen der Westerwald-Verein eng zusammenarbeitet. Als ihr Sitz gelten die Kreisverwaltungen in Bad Ems (Nassau) und Usingen (Hochtaunus) und die Verbandsgemeindeverwaltung Bad Hönningen (Rhein-Westerwald). Das Siebengebirge wird von dem „Verschönerungsverein für das Siebengebirge" (Bonn, Adenauerallee 7), der zugleich als Grundstückseigentümer auftritt, betreut.

Landschaftsschutzgebiete

Nach dem neuen Landespflegegesetz von Rheinland-Pfalz (1973) sind Landschaftsschutzgebiete „durch Rechtsverordnung bestimmte und abgegrenzte Landschaftsräume oder Teile von diesen, in denen ein besonderer Schutz zur Erhaltung eines ausgewogenen Landschaftshaushaltes oder wegen ihrer Eigenart, ihrer Schönheit oder ihres Erholungswertes im öffentlichen Interesse erforderlich ist". Der Schutzwert einer entsprechenden Verordnung ist hier wie auch nach den Bestimmungen der beiden anderen im Westerwald präsenten Bundesländer (Hessen, Nordrhein-Westfalen) erheblicher als bei den Naturparken.

Im Naturpark Siebengebirge überschneiden sich die Verhältnisse insofern, als jene Teile, die nicht Naturschutzgebiet im engeren Sinne sind, Landschaftsschutz genießen. Die meisten Westerwälder Landschaftsschutzgebiete liegen in Rheinland-Pfalz aufgrund des hohen Flächenanteils dieses Bundeslandes an unserer Landschaft. Am ausgedehntesten ist das Landschaftsschutzgebiet Rheintal (72,9 km^2), das den Westhang des Westerwaldes einbezieht. Gleichfalls unter Landschaftsschutz stehen die Seitentäler des Stromes, die Brexbach (1,6 km^2, ab Grenzau), Saynbach (4,68 km^2) und die Wied samt ihren Nebentälern (13,75 km^2) bilden. Ebenso steht das Tal der Nister von Hachenburg an bis zur Mündung in die Sieg unter Landschaftsschutz (21,45 km^2).

Während die genannten Landschaftsschutzgebiete die Grenzen der Landkreise und kreisfreien Städte überschreiten, liegen die folgenden stets innerhalb solcher. Zum Kreis Altenkirchen gehören folgende Schutzgebiete: Moorgebiet „Derscher Geschwemm" am Stegskopf (1,95 km^2), Wald- und Wiesengelände „Im Dorn" südlich Altenkirchen bei Almersbach, Amteroth, Fluterschen und Michelbach. (3 km^2).

Der Kreis Neuwied besitzt außer den eingangs genannten nur ein Landschaftsschutzgebiet, den Schloßpark in der Kreisstadt (0,25 km^2).

Innerhalb des Westerwaldkreises liegen die Landschaftsschutzgebiete Krombachtalsperre (1,95 km^2; mit Vogelschutzgebiet), Secker Weiher (0,9 km^2), Schloßpark und Kastanienallee Hachenburg (0,04 km^2), Westerwälder Seenplatte und Umland und früher auch das Gelbachtal bei Wirzenborn (0,95 km^2).

Erweitert wurde 1979 das Landschaftsschutzgebiet Secker Weiher - Wiesensee unter Einbeziehung des ehemals selbständigen Landschaftsschutzgebietes Schloßhecke Westerburg und Katzenstein (23,0 km^2). Erwogen wird die Ausweisung eines Landschaftsschutzgebietes Marienberger Höhe unter Einbeziehung der Wolfsteine und der Bölsberger Viehweide (ca. 13,0 km^2). Ebenso eine bessere Absicherung des Vogelschutzgebietes an der Krombachtalsperre.

Im Rhein-Lahn-Kreis steht das Vogelschutzgehölz bei Gückingen und Aull unter Landschaftsschutz (0,5 km^2).

Im ehemaligen Dillkreis ist im Zusammenhang mit der Planung eines Naturparkes zu erwarten, daß der größte Teil des alten Kreisgebietes mit Ausnahme der Ortslagen und Hauptverkehrswege unter Landschaftsschutz fallen wird.

Naturdenkmale

Im Sinne des Bundesnaturschutzgesetzes vom 20. 12. 1976 sind Naturdenkmale „rechtsverbindlich festgesetzte Einzelschöpfungen der Natur, deren besonderer Schutz 1.) aus wissenschaftlichen, naturgeschichtlichen oder landeskundlichen Gründen oder 2.) wegen ihrer Seltenheit, Eigenart oder Schönheit erforderlich ist. Die Festlegung kann auch die für den Schutz des Naturdenkmals notwendige Umgebung einbeziehen." (§ 17) Die Schutz- und Erhaltungsmaßnahmen werden durch die untere Naturschutzbehörde (Kreisverwaltung) geregelt, die eine amtliche Liste nach vorgeschriebenem Muster, das „Naturdenkmalbuch", führt.

Weitere Einzelheiten werden durch die Landespflegegesetze der Länder geregelt. Die nachfolgende Aufstellung der Westerwälder Naturdenkmale folgt den Naturdenkmalbüchern der Kreisverwaltungen in der Reihenfolge und in der Art der Bezeichnung soweit möglich, bleibt aber summarisch ohne nähere Angaben, die den Rahmen dieses Aufsatzes sprengen würden. Andererseits wird eine gewisse Uneinheitlichkeit in der Auflistung in Kauf genommen, da die Naturdenkmalbücher nicht bei allen Verwaltungen nach dem gleichen Schema angelegt sind. Bei einigen Kreisen werden die Naturdenkmale zur Zeit überprüft, sei es infolge einer sachlich notwendigen Revision oder durch inzwischen erfolgte Fusion von bisher selbständigen Landkreisen. So kann hier nicht in allen Fällen der neueste Stand wiedergegeben werden. Nachträge und Ergänzungen werden zu gegebener Zeit in der Zeitschrift „Der Westerwald" veröffentlicht werden.

Rhein-Sieg-Kreis (Stand 1979):
Eitorf: Eichenhain; Schwarzpappel. - Hennef: Zwei Amberbäume; zwei Eibenbüsche; Blätterkohle von Rott; drei Roßkastanien. - Bad Honnef: Libanonzeder. - Königswinter-Oberpleis: Zwei Platanen. - St. Augustin: Drei Stieleichen; zwei Winterlinden (Niederpleis). - Uckerath: Sogenannte Neunerbuche.

Kreis Siegen (Stand 1972)

Eiserfeld: Kaiserlinde; Linde; Wetterfichte. - Burbach: Birke; Eiche; Harfenfichte; Gruppe von 35 Eichen; Gruppe von sieben Ulmen; Buche; Fichte; Feldahorn (Niederdresselndorf); Wildäpfel (ebenda); Eiche (Oberdresselndorf); Linde; Gruppe von acht Erlen; Friedenslinde (Struthütten); Hirzlinde; Eiche (Struthütten); Eiche (Altenbergstr.); Buche (Wahlbach); Gruppe von sechs Buchen; Linde (Gilsbacher Str. 112); Fichte („Im Dredenbach"); Eiche (Wahlbach); Eiche (Wiederstein). - Wilnsdorf: Haroldseiche (Niederdielfen); Dicke oder Vollprachtsbuche; Maleiche; zwei Eschen (Oberdielfen); Hainbuche (Wilden); Linde (ebenda); Eiche (ebenda); Eiche (Wilgersdorf); Walnußbaum; Birke („Am Scheideweg"); zwei Birken („An der alten Braas"); Wildapfel (Im Leimen); Eiche (unterhalb des „Kalkhain"); Eiche (Wilgersdorf); Erle (Am Kaltei-

eicher Berg); Wildapfel („Auf dem Tanzplatz"); drei stämmige
Eichen („Im Sporkenberg"); Schlangenfichte; Holzbirnbaum; Joh.
Heinr. Zimmermann-Buche; Eberesche; Clemens-Geßner-Buche;
Bergahorn (auf der Dreispitze); zwei Ulmen (Wilnsdorf); alter
Weißdorn (ebenda); Bestand von Eichen, Kiefern und Buchen;
alter Eichenbestand. - „Flächendenkmale": Burbach: Hohenseel-
bachskopf; Felsen „Der Rhein" oder „An der Ley" (Niederdres-
selndorf); Wahlbacher See; Wacholdergelände „Auf der hohen
Struth" (Zeppenfeld). - Wilnsdorf: Wacholderstück „Auf der alten
Braas".

Kreis Altenkirchen (Stand 1979)
Altenkirchen: Vorkommen der Stechpalme (Kircheib), Fiersbach);
Alte Eiche (Kraam); Vier Bäume (Sommerlinde, Esche, Traueresche, Buchsbaum) bei der ev. Kirche (Hilgenroth); Alte
Linde (Almersbach); Gielerother Postweiher (Gieleroth); Som-
merlinde, Esche, Traueresche und Buchsbaum bei der ev. Kirche
(Hilgenroth). - Betzdorf: Kreuzeiche; Graureiher-Kolonie (Scheuer-
feld, Wallmenroth). - Daaden: Trödelsteine (Emmerzhausen); Hohen-
seelbachskopf; Grenzzeichen; Hüllbuche; Grenzlinde „Am Bäum-
chen" (Friedewald); Schimm'richs Buche (Derschen); Sommerlinde
(Weitefeld). - Flammersfeld: Brunneneiche zu Kaffroth, Alte Eiche
(Rott); Alte Eiche auf dem Kirchplatz. - Gebhardshain: Glockenbuche
(Dickendorf). - Hamm: Wunderbuche am Beulskopf (Birkenbeul). -
Kirchen: Druidenstein, 3 Königsbuchen (Herkersdorf); Fichte mit
Stollenmundloch am Wernsberger Erbstollen (Brachbach); Hohe
Ley (Mudersbach); Birker Ley (zw. Birken u. Niederschelden). -
Wissen: Gruppe von 3 alten Eichen (Köttinger Höhe b. Hof Paffrath);
Alte Gerichtseiche (Hofgut Auen).

Kreis Neuwied (Stand 1972)
Asbach: Lökestein; Heidestück; Eiche (Stockhausen); Eiche (Krumscheid); zwei Linden (Neustadt). - Dierdorf: Zolleiche (Brückrachdorf); Gruppen von sechs Traubeneichen (Gemeindewald Brückrachdorf); Alte Eiche mit abgebrannter Buche (Wienau); Eiche
(ebenda); Kastanienbaum (ebda.); Zwillingseiche; Gruppe von
fünf Lärchen; Kaisereiche; Starkfichte, Buche; Eiche, Buche. -
Neuwied: Blutbuche, Ginkgo (Engers); Edelkastanie (Heimbach-
Weis); Gerichtslinde (Feldkirchen); Lindenallee (Friedhof); schlitz-
blättrige Buche (Fahr); Eichengruppe (Melsbach); Mammutbaum
Wellingtonia gigantea (Monrepos); neun Eichen (Oberbieber). -
Linz: Gerichtslinde; Vorkommen des Hirschzungenfarn. - Puderbach: Baumgruppe aus Eichen, Linden, Ahorn, Ebereschen u. a.,
68 Bäume (Steimel, Marktplatz); neun Fichten (Niederwambach);
Säulenbasalt „Wilder Stein"; Basaltfels Beilstein (Oberdreis);
Eibe (ebda.); Weymouthskiefer (Döttesfeld); Gruppe aus neun
Buchen (Bauscheid); Hardtbuche (Döttesfeld); Buche (Bauscheid);
Eiche (Döttesfeld); Lausbuche (Daufenbach); zwei Eichen (Daufen-
bach); Eiche (Dernbach); Kaisereiche (ebda.); Zwillingsbuche
(ebda.); Karlshauserbuche (Urbach); Lindengruppe (ebda.); Back-

ofeneiche (Brubbach); Dicke Buche (Ratzert); Hainbuche (Puderbach); Gruppe aus zwei Eichen (Richert); Rasteiche (ebda.);
Kaisereiche, Blutbuche (Puderbach); Fichte (Auerberg); Hinden-
burgeiche; Dicke Buche (Raubach). - Rengsdorf: Baumgruppe,
bes. Eichen (Straßenhaus); Weidebuche (Ellingen); Allee aus
sieben Fichten (ebda.); Devonquarzit Stangenstein; Felsabsturz
Hangeley; Eiche, Felsblockpartie aus Devonquarzit (Im Bengert);
Linde (Anhausen). - Unkel: Kastanie; acht Pappeln (in den Rheinanlagen); zwei Roßkastanien (Burg Vilzelt); Platane (Erpel); Bestand der Stechpalme im Erpeler Kirchspielwald. - Waldbreitbach:
Linde (am Dorfkreuz); Linde (hinter Kriegerdenkmal); Gruppe aus
sieben Kiefern; Gruppe aus drei Eichen (Nassen); Gruppe aus
drei Eichen (Bleischeid); Buche (ebda.); Gruppe aus zwei Eichen,
zwei Linden und einer Buche (Verscheid).

Westerwaldkreis (Stand 1973)
Wirges: Sommerlinde (Dernbach). - Montabaur: Sommerlinde
(Gackenbach); Stieleiche (Niederelbert); zwei Sommerlinden
(Nomborn); Traubeneiche (400 m westlich Nomborn); Rotbuche
(Simmern); Sommerlinde (Stationenberg); Sommerlinde (Girod);
Eichenstamm (Horbach); Felsengruppe (Nomborn); drei Winter-
linden (Stahlhofen); Stieleiche (Untershausen); Spießweiher; Win-
terlinde (Oberelbert); Traubeneiche (Reckenthal); Rotbuche (Sim-
mern, 750 m östlich Ortsausgang); Rotbuche (Eitelborn). - Selters:
Gruppe von vier Sommerlinden (Herschbach); Rotbuche (Nord-
hofen); Rotbuche (Selters); Rotbuche (Vierbuchenplatz); Stieleiche
(Freirachdorf); Felsgruppe (Hartenfels); Sommerlinde (Herschbach); Felssäulen aus Basalt (Quirnbach); Traubeneiche (Steinen);
Sommerlinde (Rückeroth); Sommerlinde (Forstamt). - Höhr-Grenzhausen: Traubeneiche (Hilgert); Felsengruppe mit der natürlichen
Bepflanzung aus Buchen und Eichen (Hilgert); Felsgruppe (Gren-
zau). - Ransbach-Baumbach: Rotbuche (Baumbach); zwei Buchen.
- Arzbach: Trachytkegel „Großer Kopf"; Basaltkegel „Kleiner
Kopf". - Ehemaliger Oberwesterwaldkreis: Bad Marienberg: Herzog-Adolf-Linde (Dreisbach); Herzog-Adolf-Buche (Hof); „Großer
Wolfstein"; Alte Buche (Nistertal); Baumgruppe aus vier Holz-
apfelbäumen und 1 Hutebuche; Verwachsung von 6 Rotbuchen
und 5 Roterlen (beide Lautzenbrücken). - Hachenburg: Beilstein
(Wahlrod); 7 Buchen (Mündersbach); Alte Eiche (Kroppach). - Stadt
Hachenburg: Alte Eibe. - Rennerod: Alte Linde (Seck); Baum-
gruppe von 6 Eschen und 9 Bergahorn (Stein-Neukirch); Ketzer-
stein (Liebenscheid); Alte Esche. - Rennerod: Baumgruppe
(Emmerichenhain); Alte Linde (Oberrod); vier alte Linden (Irm-
traut); 3 Linden; Weiherlinde; Buchengruppe aus 15 Bäumen
(alle drei Objekte in Rehe); Basaltblockaufschichtung Seitenstein
(Hellenhahn). - Wallmerod: Alte Eiche (Molsberg); Alte Linde
(Bilkheim). - Westerburg: 2 alte Linden; alte Linde (Gershasen);
Linde (links der Straße Sainscheid-Kölbingen); Lindenallee (Straße
Sainscheid-Gershasen). - Höhn: Neuhochstein; Basaltkegel Wel-

tersburger Kopf; Einzelne Linde (Pottum); drei Kaisereichen; Alte Linde (Kölbingen); Götzenstein (Stockum-Püschen).

Landkreis Mayen-Koblenz (Stand 1973)
Koblenz: Bendorf: 1 Eiche; 1 Buche; 3 türkische Haselnußbäume. - Bendorf-Sayn: Alte Eiche. -

Rhein-Lahn-Kreis (Stand 1979)
Bad Ems: Platane; Alte Eiche; zwei Eichen; Mammutbaum; Luther- eiche; Heinzelmannshöhlen; Pyramideneiche; Teil des Kurparks; drei einzelne Eichen. - Diez: drei Spitzahornbäume; Säuleneiche; Christianseiche; zwei Eichen; Tulpenbaum; Roßkastanie. - Nassau: Drei Eiben; Galgenbäume (zwei Eichen, eine Rotbuche) und Mal- eiche; zwei Pyramideneichen; drei einzelne Platonien; Amerika- nische Roteiche; Eiche; zwei Tulpenbäume; Esche. - Dausenau: Eiche; Lindenreihe (59 Bäume). - Eppenrod: Linde an der Straße nach Isselbach; Linde am Dorfbrunnen; Kaiser-Wilhelm-Linde; Eiche. - Geilnau: Zwei Roßkastanien. - Gückingen: Dorfeiche. - Hirschberg: Eiche. - Isselbach: Kaiser-Wilhelm-Linde; Eiche. - Obernhof: Drei Eichen; drei alte Eichen über dem Tunneleingang.

Landkreis Limburg-Weilburg (Stand 1979)
Limburg: Zwei Lahninseln; Silberpappel; Gruppe von Rüstern; Linde; Sandbirke; Gruppe von Ulmen. - Dietkirchen: Linde. - Hadamar: Eiche; Kastanie; drei Linden; „Akazie". - Niederzeuzheim: Friedhofs- linden. - Steinbach: Friedhofslinden. - Dornburg: (Langendernbach:) Kirchenlinden; Kiefer; (Wilsenroth:) Birnbaum; zwei Ahornbäume; Eiche. - Elbtal: Friedhofslinde (Dorchheim). - Waldbrunn: Gruppe von Linden (Lahr). - Weilburg: Lindenallee; Bäume im Schloßgarten; Wäldchen am Karlsberg; Ahorn. - Runkel: Akazie; zwei Eichen (Dehrn). - Beselich: Drei Findlinge (Heckholzhausen); vier Roß- kastanien (Niedertiefenbach). - Löhnberg: Linde (Obershausen). - Mengerskirchen: Felsformation Heidenkopf; vier Eichen (Dill- hausen). - Merenberg: Höhburg; Eiche; Vöhler Weiher. - Allendorf: Ringwallanlagen Almerskopf (Barig-Selbenhausen).

Ehemaliger Landkreis Wetzlar (Stand 1973)
Berghausen: „Kernbuche". - Biskirchen: 2 Buchen; Eiche. - Dill- heim: Je eine Linde am Fuße des Kirchberges und westlich sowie nördlich der Kirche. - Edingen: Linde. - Ehringhausen: Eichen- und Buchenbestand von 127 Bäumen; Buche (gegenüber der Schieferkaut); vier Buchen und eine Birke (ebenda); drei Buchen (ebenda); Eichenbestand aus 28 Bäumen (am Krankenhaus). - Greifenstein: „Das Eichelche"; Rotbuche (hinter dem Hinstein); 15 Fichten und 3 Buchen (im Jungenwald); Basaltkuppe Hinstein. - Greifenthal: Zwei Linden und 1 Mehlbeere (südl. der Straße nach Holzhausen). - Holzhausen: „Dorflinde"; „Onnerbuche"; 3 Huteeichen („Schäfernachskopf"). - Leun: 5 Eichen (Gemeinde- wald); „Hochzeitsbuche"; „Drei Buchen" (am Jagdhaus). - Ulm: Reihe von 13 Pappeln (am Ulmbach); Gruppe von 3 Buchen (nörd- lich des Weges nach Daubhausen).

Ehemaliger Dillkreis (Stand 1973)

Dillenburg: „Wilhelmslinde"; Baumgruppe im Schloßhof auf dem Schloßberg; „Friedenslinde"; Gruppe von Roßkastanien (Hof Feldbach). - Allendorf: Wacholderpflanzung. - Arborn: Wacholderpflanzung. - Breitscheid: Einflußstelle d. Erdbaches. - Donsbach: Tannengruppe. - Driedorf: Baumgruppe Wolfsberg; Eiche („Heckmannsberg"); „Der dicke Stein". - Erdbach: Linde. - Haiger: Vogelschutzgehölz (Distrikt Fahler). - Herborn: Baumgruppe (Schießplatz); Felsblockgruppe (östl. vom Schießstand). - Hörbach: Eisenkieselfelsen „Klippe". - Mademühlen: Buche (auf der Langmauer); drei Basaltgruppen (südl. der Bahnlinie nach Driedorf). - Münchhausen: Erlengruppe (ober- und unterhalb des Schießstandes). - Schönbach: Gruppe von Eichen (auf dem Bruch); sechs Vogelschutzgehölze; dreizehn Hutebuchen. - Uckersdorf: Kitzeiche. - Nachtrag vom 26. 6. 1973:

Dillenburg: Gesteinsprofil „Am laufenden Stein". - Allendorf: Wacholdergebiet; Wacholder und Krüppelkiefer (Wachenberg). - Amdorf: Wacholdergebiet. - Burg: Wacholderheide bei Uckersdorf. - Donsbach: Steinbruch „Bergmannsglück"; Wacholderbestand; Hutebuchen. - Fellerdilln: „Lukaseiche". - Fleisbach: Wacholderheide. - Haiger: Kronenbuche; Eiche; Wacholderheide bei Dillbrecht. - Herborn: Steinbruch „Am Weinberg". - Hörbach: Eichengruppe an der Jungviehweide; Hainbuchenbestand. - Langenaubach: Steinbruch am Schleißberg; „Marmorbruch" im Labrich; Aufschluß „Auf den Hunnackern"; Basaltsteinbruch „Hohenbühl"; Diabaskuppe „Horte Linn". - Merkenbach: Gruppe von drei Eichen. - Nenderoth: Wasserfall; 1000jährige Eiche. - Rodenroth: Dorflinde.

Im „Hinterland" östlich der Dill bestehen folgende Naturdenkmale:

Ehemaliger Kreis Wetzlar:

Altenkirchen: 5 Linden; Fichte und 2 Eichen. - Atzbach: Linde; Maulbeerbaum. - Bellersdorf: „Brunnenlinde". - Bermoll: Dicke Linde"; „Siegeskastanie". - Blasbach: Die „Linn". - Dorlar: Alte Dorflinde; Linde auf der Lahninsel; Kleinblättrige Linde. - Erda: „Alteiche"; 2 Linden; Einzellinde. - Hermannstein: Linde. - Hohensolms: Lindengruppe. - Kölschhausen: Brunnenlinde. - Königsberg: Linde. - Krofdorf-Gleiberg: Linde. - Launsbach: Linde. - Naunheim: Linde. - Oberlemp: „Onnerbuche". - Rodheim: Toteneiche. - Waldgirmes: „Die dicke Eiche". - Wißmar: Gerichtseiche; Vogelschutzgehölz „Roter Graben".

Ehemaliger Dillkreis:

Ballersbach: Eiche unter der Warth; Hainbuche; Große Buche auf dem Sohl; „Alte Burg" (Bergkuppe der Hörre). - Bicken: Linde; „Friedensbaum" (Ulme); „Lennebuche"; Müncheiche. - Eibach: Ehemalige Grube Beilstein. - Eibelshausen: Alte Schullinde; Viehstandeiche. - Eiershausen: Dreikaisereiche; Wacholderheide. - Eisemroth: 2 Linden auf dem Kirchberg. - Frohnhausen: Wachol-

derheide. - Hirzenhain: Buchengruppe „Kirmeswäldchen"; „Kugel-
baum bei dem rauhen Strauch". - Mandeln: Gemeindesteinbruch.
- Manderbach: Schafseiche. - Nanzenbach: Baumgruppe „Hohe
Koppe". - Oberndorf: Diabasklipp; 2 Rastbuchen an der „Hohen
Straße". - Oberroßbach: Dicke Eiche. - Offenbach: Friedenslinde
1871; Dreikaisereiche 1888; Steinbruch Benner. - Rittershausen:
Dicke Buche. - Sinn: „Ballonbuche". - Tringenstein: Galgenbaum.
- Wallenfels: Alte Fichte; „Wilhelmsteine". - Wissenbach: Vogel-
schutzgehölz „Im Löh".

Naturschutzgebiete

„Naturschutzgebiete sind rechtsverbindlich festgesetzte Gebiete, in
denen ein besonderer Schutz von Natur und Landschaft in ihrer
Ganzheit oder in einzelnen Teilen 1.) zur Erhaltung von Lebensge-
meinschaften oder Lebensstätten bestimmter wildwachsender
Pflanzen- oder wildlebender Tierarten, 2.) aus wissenschaftlichen,
naturgeschichtlichen oder landeskundlichen Gründen oder 3.)
wegen ihrer Seltenheit, besonderen Eigenart oder hervorragenden
Schönheit erforderlich ist." Diese Definition in § 13 des Bundesnaturschutzgesetzes (1976) ist Grundlage ergänzender Bestimmungen in den Landespflegegesetzen der Länder.

Der Westerwald besitzt insgesamt dreiundzwanzig Naturschutzgebiete zuzüglich von fünf weiteren östlich der Dill im Hintergrund. Sie
verteilen sich nach Länderzugehörigkeit und wissenschaftlicher
Bedeutung folgendermaßen:

Zum Land Nordrhein-Westfalen gehören sechs Naturschutzgebiete,
von denen nur eines im Rheinland liegt, die übrigen im Landes-
teil Westfalen. Vegetationskundliche Bedeutung haben: In der
Gambach (Gemeinde Burbach, 0,096 km²); In der Rothenbach
(Gemeinde Zeppenfeld, 0,17 km²); Ehemalige Grube Neue Hoff-
nung (Gemeinde Wilgersdorf, 0,93 km²). Geologisch bedeutend
ist das Naturschutzgebiet Im Weierbach (0,39 km²) bei Oberdresselndorf. Beide Interessenbereiche berühren Der Große und Der
Kleine Stein (0,43 km²) bei Holzhausen und das Siebengebirge
(42 km²). Anträge zur Unterschutzstellung liegen vor für das Ahren-
bachtal bei Hennef-Stadt Blankenberg und „Heide" bei Vierwinden.

Im hessischen Teil des Westerwaldes liegen die geologisch bemerkenswerten Naturschutzgebiete Dornburg bei Frickhofen und
Wilsenroth (0,4 km²), Blasiusberg bei Frickhofen (0,094 km²) und
Heidenhäuschen in der Gemarkung von Ellar, Hangenmeilingen
und Oberzeuzheim (1,14 km²) sowie die gleichermaßen geologisch
und vegetationskundlich wichtigen Erdbacher Höhlen (0,08 km²).
Neu hinzugekommen sind die Naturschutzgebiete Karlsteine von
Runkel und Villmar (8,4 ha), Rückershäuser Moor (1,4 ha), Wehrley
von Runkel (4,4 ha), Runkeler Laach (0,12 km²) und Arfurter Felsen
(0,1 km²), die alle von vegetationskundlicher Bedeutung sind.

Von den rheinland-pfälzischen Naturschutzgebieten sind für die
Floristik von Bedeutung: Erpeler Ley (0,086 km²), Am Kronenberg
bei Bad Hönningen (0,1 km²), Langenbergskopf bei Leutesdorf

(0,016 km^2) und das Wacholdervorkommen bei Westernohe (0,14 km^2). Geologisch wichtig sind: Bertenauer Kopf und Telegraphenhügel (0,1 km^2), die Holzbachschlucht zwischen Seck und Gemünden (0,21 km^2) und der Malberg bei Moschheim (0,47 km^2). Endgültig als Naturschutzgebiete ausgewiesen wurden 1979 der Spießweiher bei Montabaur (0,16 km^2), im Gebiet der Westerwälder Seenplatte der Wölferlinger Weiher (0,90 km^2), der Brinkenweiher (0,55 km^2) der Heidenweiher (0,35 km^2) und der Südteil des Seeweihers (1,05 km^2). Einstweilen sichergestellt wurden die Eisenbachwiesen bei Berod-Meudt (2,0 km^2), die Stelzenbachwiesen bei Niederelbert (0,75 km^2) und die Tongrube Hillscheid (0,38 km^2), wobei für letztere eine Zurückziehung des Antrags möglich ist. Anträge liegen vor für: Graureiherkolonie bei Scheuerfeld, Beckersheide (Tongrube Meudt) und ,,Rosenheimer Ley''. Die Ruppertsklamm bei Niederlahnstein (0,035 km^2) schließlich ist sowohl für die Geologie als auch für die Vegetationskunde von Belang.

Im Hinterland und damit ausschließlich im Land Hessen liegen fünf Naturschutzgebiete. Botanisch wichtig sind davon der Kanzelstein bei Eibach (0,05 km^2) und die Wacholderheide bei Ahrdt (0,05 km^2), geologisch interessant ist die Koppe bei Kölschhausen (0,17 km^2), von beiden Gesichtspunkten her bedeutend sind der Gladenbacher Kirchberg (0,03 km^2) und der Eberstein bei Königsberg (0,03 km^2). Die Grenzen des Schutzgebietes Wacholderheide bei Ahrdt wurden 1976 neu festgelegt.

Darüber hinaus laufen Bemühungen, weitere Areale, die naturkundlich besonders wertvoll sind, unter Schutz zu stellen. So wurden bereits der Brinkenweiher bei Freilingen, der Haidenweiher bei Dreifelden, der Schimmerich bei Daaden und die Eisenbachwiesen bei Meudt vorläufig unter Naturschutz gestellt. Verhandlungen mit dem gleichen Ziel laufen bezüglich des Wölferlinger Weihers und des Spießweihers bei Montabaur, wobei letzterer bereits seit Jahren eingetragenes Naturdenkmal ist, ferner wegen des Ahrenbachtales bei Stadt Blankenberg. Ein Antrag zugunsten des Heidegebietes um den Lökestein bei Krautscheid liegt den Regierungspräsidenten in Koblenz und Köln vor, weil das schutzwürdige Gebiet Anteile der Kreise Neuwied und Rhein-Sieg umfaßt.

Für Fragen des Naturschutzes hat der Westerwald-Verein in den einzelnen Landesteilen Kontaktpersonen benannt, die in Vertretung des Hauptwartes für Umweltschutz für den Westerwald-Verein tätig werden können:

Rheinland-Pfalz: Kurt Viertel, Eichendorffstraße 10,
5430 Montabaur, Tel. (0 26 02) 31 84
Hessen: Kurt Klawe, Göbenstraße 9,
6200 Wiesbaden, Tel. (0 61 21) 4 84 99
Nordrhein-Westfalen: Hermann-Josef Roth, Postfach 30 03 20,
Bergisch-Gladbach 3, Tel. (0 22 02) 5 78 52

GESCHICHTE DES WESTERWALDES
Dr. Hellmuth G e n s i c k e

Der Name Westerwald hat sich erst seit dem vorigen Jahrhundert
für das Land zwischen Rhein, Lahn, Sieg und Dill eingebürgert.
Er galt zunächst nur dem hohen Westerwald, den drei Kirchspielen Marienberg, Emmerichenhain und Neukirch. Diese Herrschaft
zum Westerwald war ursprünglich wirklich ein Wald, der seinen
Namen von seiner Lage westlich vom Königshof Herborn führte,
zu dem er gehörte.

Die geschichtliche Besiedlung des Westerwaldes ist von den
Randlandschaften ausgegangen, in denen auch die weitaus meisten Funde aus vor- und frühgeschichtlicher Zeit zu Tage gekommen sind. Diese Randlandschaften sind das Neuwieder Becken im
Westen, die Siegburg-Hennefer Bucht im Nordwesten, das Limburger Becken im Süden und das mittlere Lahngebiet im Südosten. Diese vier alten Siedlungskammern boten sich bei der
ersten politischen Gliederung des Raumes auch als Kerngebiete
der fränkischen Gaue an. Der Engersgau im Westen deckte sich
zunächst im wesentlichen mit dem rechtsrheinischen Neuwieder
Becken. Die Gaubelege des Auelgaues überschreiten kaum das
Gebiet der Siegburg-Hennefer Bucht. Zwischen beiden griff in
Unkel und Kasbach der Odangau, ein Untergau des Bonngaues
über den Rhein. Vom Niederlahngau im Limburger Becken hebt
sich der Oberlahngau an der mittleren Lahn um Wetzlar ab. Ursprünglich waren diese Gaue weithin durch breite Grenzwaldun-
gen voneinander getrennt. Erst beim Landesausbau wurden in
den Grenzsäumen gelegentlich diese alten Wasserscheidengren-
zen überschritten.

Seit dem Beginn des 9. Jahrhunderts waren zunächst der Nieder-
und Oberlahngau, dann zeitweise auch der Engers- und Auelgau
in den Händen der Konradiner. Dieses fränkische Hochadelsge-
schlecht hat die großen alten Kirchen in Gemünden, Limburg,
Weilburg, Wetzlar und Montabaur gestiftet. Ein Konradiner, Konrad I. (911-18), trug nach den Karolingern die deutsche Königs-
krone. Im Niederlahngau begegnet seit 1053 ein neues Grafengeschlecht, das sich bald nach seiner Burg Diez nannte. Die
Grafschaft im Auelgau ist im 10. Jahrhundert an die ezzonischen
Pfalzgrafen übergegangen, die 1059 ihre Siegburg an das Kölner
Erzstift verloren. Sie kam dann an Untergrafen, die sich seit 1139
Grafen von Sayn nennen. Die Grafschaft im Engersgau besaß um
1100 als Erbe älterer Gaugrafen Graf Meffried, der Stammvater
der Grafen von Wied. Die Grafschaft der mittleren Lahn um
Wetzlar zerfiel schon bald in mehrere Teilstücke, die man in den
Händen der Grafen von Gleiberg, der Grafen von Solms, von
Nassau und der Herren von Molsberg wiederfindet.

Die Gaugrafschaften waren schon im 12. Jahrhundert weitgehend
ausgehöhlt. Kirche und Adel hatten ihre grundherrlichen Macht-
bereiche völlig dem Einfluß der Grafen entzogen. Neben den

Erben der Gaugrafen, den Grafen von Diez, Wied und Sayn hatten sich' die geistlichen Grundherren, ihre weltlichen Vögte und andere weltliche Grundherren Machtstellungen geschaffen, die ihnen im Kampf um die Ausbildung der Territorien eine nahezu gleichwertige Ausgangsbasis boten.

Über den größten grundherrlichen Besitz verfügte hier der König. Am Rhein und an der Lahn, im Neuwieder Becken um Engers, im Limburger Becken, um Herborn und Haiger und im hohen Westerwald finden wir Reichsgut, das wohl schon in die Merowingerzeit zurückreicht. Beim Sturz der Konradiner kam das Königsgut, das diese weitgehend zum Ausbau ihrer Stellung benutzt hatten, an das Reich zurück. Die Ottonen und Salier haben es bis auf Splitterrechte jedoch zum größten Teil an Kirchen verschenkt.

Seit dem 8. Jahrhundert verfügte das Erzstift Trier hier über grundherrlichen Besitz im rechtsrheinischen Bereich. In der Ottonenzeit erhielt es den Königsforst Spurkenberg zwischen Lahn, Gelbach, Sayn und Rhein. Erzbischof Poppo, dem Kaiser Heinrich II. 1018 den Königshof Koblenz schenkte, erwarb auch die ausgedehnte Grundherrschaft Humbach-Montabaur. Auch andere Kirchen aus dem Trierer Raum faßten im Westerwald Fuß. So schon 790 die Abtei Prüm, dann wohl 836 St. Kastor in Koblenz in Rengsdorf und Ems, St. Maximin in Trier 876 in Roßbach, St. Florin in Koblenz um 940 in Montabaur. Auf konradinischem Besitz und altem Königsgut erwuchsen die konradinischen Stiftskirchen Gemünden 879, Limburg 910 und Weilburg 912. Mit der reichen Ausstattung des Stiftes Weilburg kamen die Königshöfe Nassau und Haiger an das Bistum Worms. Dietkirchen, die Missionskirche an der mittleren Lahn, besaß grundherrliche Rechte um Nentershausen und Breitenau. Ebenso früh sind die Anfänge des Besitzes Kölner und niederrheinischer Kirchen anzusetzen. Weit über die Bistumsgrenze ist nach Süden hin Kölner Besitz zu beobachten, der wohl auch im Neuwieder Becken bis ins 7. Jahrhundert zurückreichte. Nivelles in Brabant verdankt seinen Besitz in Rheinbrohl wohl der hl. Gertrud († 659), der Tochter Pippins von Landen. Wenig später erhielt Kaiserswerth wohl von Pippin II. seinen Besitz in Rheinbrohl. Reichen Besitz gewann St. Kassius und Florentius in Bonn im Auelgau bis zur Nister hin und im gleichen Raum auch die 1064 gegründete Abtei Siegburg. Daneben waren auch ferne Stiftungen, wie Hersfeld, Fulda, Minden, Herford und Goslar, Bamberg und Utrecht, Seligenstadt am Main und seit 993 vor allem das Domstift Worms hier reich begütert.

Von den weltlichen Grundherren gewannen die Pfalzgrafen im 11. Jahrhundert nur vorübergehend Bedeutung, als ihnen das konradinisch-gleibergische Erbe zufiel, das ihnen jedoch schon im 12. Jahrhundert wieder entglitt. Die Grafen von Bilstein an der Werra verfügten als Erben von Engersgaugrafen dort und im

Auelgau über ausgedehnte Grundherrschaften, die über die Gisonen 1139 an die Landgrafen von Thüringen und weiter durch Erbtöchter an Meißen-Landsberg und bald nach 1220 an die Grafen von Sayn kamen. Neben den Grafen von Diez, Wied und Sayn erscheinen seit dem frühen 12. Jahrhundert durchaus gleichrangig die Grafen von Laurenburg, die sich bald nach ihrer neuen Burg Grafen von Nassau nennen. Grundherrliche Rechte finden wir auch in den Händen der Grafen von Katzenelnbogen, der Grafen von Arnstein an der Lahn und der einheimischen edelfreien Geschlechter. Allen voran stehen von diesen die Herren von Isenburg. Weit über den Westerwald hinaus gewannen jedoch auch viele andere Westerwälder Herrengeschlechter Einfluß und Ansehen. Es seien hier nur die Herren von Runkel und Westerburg, die Herren von Beilstein, Lichtenstein und Greifenstein, von Merenberg, Molsberg, Ehrenbreitstein, Nister, Freusburg, Wildenburg an der Sieg, von Rennenberg, Ütgenbach und Reichenstein sowie die Burggrafen der Reichsburggrafschaft Hammerstein genannt.

Die Entwicklung der Territorien nimmt erst zu Ende der Stauferzeit greifbare Formen an. Das Erzstift Trier sicherte seinen rechtsrheinischen Brückenkopf zwischen Ehrenbreitstein und Niederlahnstein um 1230 durch den Bau der Burg Montabaur und gewinnt um 1250 als Vorposten die Burg Hartenfels. Das Kölner Erzstift konnte zu geringen Besitzresten um Unkel und Erpel 1250 von Gräfin Mechthild von Sayn aus dem bilstein-thüringischen Erbe Altenwied, Windeck, Rennenberg und Linz und wenig später die Neuerburg und Waldbreitbach erwerben. Mit großem Erfolg haben die Grafen von Sayn ihre Stellung am Mittelrhein ausgebaut. Als sie 1247 ausstarben, blieb ihren Erben aus dem Hause Sponheim jedoch nur eine Restgrafschaft an der Sieg und um Hachenburg. Noch weniger blieb den Herren von Eppstein und Isenburg-Braunsberg von der Grafschaft der 1244 erloschenen ersten Grafen von Wied. Mit mehr Glück waren nur die Grafen von Diez in ihrer Grafschaft der grundherrlichen Gewalten Herr geworden. Häufige Erbteilungen und die Zersplitterung des Besitzes in den Händen mehrerer Linien zu Kobern, Grenzau, Kempenich, Arenfels, Burglahr und Braunsberg schwächten die Stellung der Herren von Isenburg. Durch Teilungen zersplitterten auch die Herren von Runkel und Westerburg und selbst die Burggrafen von Hammerstein ihre ohnehin kleinen Herrschaftsgebiete. Während so die Westerwälder Herren ihre Kräfte zersplitterten, beginnt seit Erzbischof Baldewin der Vormarsch des Erzstifts Trier in Richtung Limburg. Vorübergehend nur finden die Westerwälder unter Reinhard von Westerburg im Widerstand zusammen. Kurtrier gewinnt 1365 die Herrschaft Molsberg, 1370 Engers, seit 1362 Teile der Grafschaft Diez, 1372 Arenfels und 1410/21 die Burggrafschaft Hammerstein. Das Erzstift Köln hat zu dem Thüringer Erbe von den Herren von Aremberg 1281 noch Wissen und Schönstein eingezogen und 1325 mit dem Erwerb der Herrschaft Burglahr seine endgültigen Grenzen hier erreicht. Mit der Grafschaft Diez war es zuletzt bergab gegangen. Sie fiel 1388 an eine Linie der Grafen von Nassau, die sich jedoch nur einen Teil davon bewahren konnten. Dafür gewannen auch hier die Grafen von Katzenelnbogen Boden, deren reiches Erbe 1479 den Landgrafen von Hessen zufiel. Die Herren von Isenburg-Braunsberg vereinigten seit 1338 die Reste der Grafschaft Wied mit Isenburger Landesteilen zu einer neuen Grafschaft Wied, die vom Rhein bis zu den Wiedquellen reichte. Eine Erbtochter brachte die Grafschaft 1462 an die Herren von Runkel. Die Grafschaft Sayn verlor im Oberbergischen Boden, konnte jedoch im 14. Jahrhundert um Daaden, Kirburg und Friedewald bis in den Grund Seelbach und im 15. Jahrhundert an der Wied ihren Herrschaftsbereich ausdehnen. Bei der Bruderteilung des Jahres 1255 kamen die Lande nördlich der Lahn an Graf Otto und die ottonische Linie des Hauses Nassau, die sich bald weiter in die Linien zu Dillenburg, Hadamar und Beilstein verästelte. Nur am Rande gewannen die Grafen von Solms um Greifenstein und von Nordwesten her die Grafen und Herzöge von Berg in Randzonen etwas Boden. Von den Isenburger Linien blieb außer der Braunsberger zu Wied nur die salentinische, die mit dem größeren Teil des Arenfelser und Grenzauer Erbes eine neue Grafschaft Isenburg-Grenzau bildete. Die Herren von Westerburg gewannen 1355 Weltersburg und 1470 die Grafschaft Leiningen in der Nordpfalz. An der Sieg konnten die von Hatzfeldt das Erbe der Herren von Wildenburg übernehmen. Ihre Herrschaft galt jedoch nur als ein Gebiet der Reichsritterschaft, in deren Verband zahlreiche niederadlige Familien sich zum Schutz ihrer Unabhängigkeit zusammenfanden. Zu ihr gehörten etwa auch die kleinen Herrschaften Mühlenbach, Sporkenburg, Nievern-Fachbach, Langenau und das Kirchspiel Winden der Abtei Arnstein.

Zur Neuzeit hin vereinfachte sich das Bild der territorialen Gliederung. Kurtrier konnte 1564 die vier Diezer Kirchspiele, 1606 Teile der Grafschaft Sayn, 1664 die Herrschaften Herschbach, Grenzau und Arenfels der Grafschaft Isenburg und 1681 und 1767 stückweise die Herrschaft Vallendar erwerben. Kurköln erhielt 1664 seinen lange an Isenburg verpfändeten Besitz um Linz, Altenwied und Burglahr zurück. Die Grafschaft Wied zerfiel 1581 und endgültig 1607 in zwei Teilgrafschaften, die Niedergrafschaft, später Wied-Neuwied und die Obergrafschaft, später Wied-Runkel, um Dierdorf. Von der Grafschaft Sayn kamen 1606 nur Reste an die Grafen von Sayn-Wittgenstein-Sayn. Die von Kurköln und Kurtrier seit 1636 besetzte Grafschaft wurde 1648 den Erben zurückgegeben, jedoch schon bald in zwei Reichsgrafschaften Sayn-Altenkirchen und Sayn-Hachenburg aufgeteilt. Sayn-Altenkirchen kam zunächst an Sachsen-Eisenach, dann 1741 an Brandenburg-Ansbach und schon 1791 an Preußen. Sayn-Hachenburg gehörte seit 1715 den Burggrafen von Kirchberg, die es 1799 an Nassau-Weilburg vererbten, wobei nur der Bann Maxsain an Wied kam.

Nassau-Dillenburg hat zwischen 1557 und 1564 mit Anteilen aus dem Katzenelnbogener und Diezer Erbe und den Beilsteiner Landen sein Gebiet von Siegen bis Nassau an der Lahn abgerundet. Die heimatliche Grafschaft bot Wilhelm von Oranien, dem „Wilhelmus von Nassau", einen Rückhalt im Kampf um die Freiheit der Niederlande. Aber schon 1607 wurde die Grafschaft erneut auf neue Linien zu Siegen, Dillenburg, Beilstein, Hadamar und Diez aufgeteilt. Erst 1743 konnte Fürst Wilhelm Friso von Nassau-Diez, dessen Vater bereits 1702 die oranische Linie in den Niederlanden beerbt hatte, als Prinz von Oranien sämtliche Lande der ottonischen und nunmehr oranischen Linie in seiner Hand vereinigen. An der Lahn war 1643 die nassauische Esterau an den Grafen Peter Melander verkauft worden, dessen Grafschaft Holzappel im Erbgang an eine Linie des Hauses Anhalt kam. Von der Grafschaft Isenburg-Grenzau kam nur ein Rest der Herrschaft Isenburg 1664 an Wied und die von Walderdorff zu Molsberg. Die kleine Grafschaft Leiningen-Westerburg wurde seit dem 16. Jahrhundert durch mehrfache Teilungen so geschwächt, daß sie nur ein kleines Restgebiet sich bewahren konnte.

Nach den Stürmen der französischen Revolution verloren die Fürsten von Nassau-Usingen, Nassau-Weilburg und Wied-Runkel 1801 ihren linksrheinischen Besitz an Frankreich. Sie wurden dafür jedoch im Reichsdeputationshauptschluß 1803 entschädigt. Nassau-Usingen erhielt von Kurköln Linz, Schönstein und Burglahr sowie die preußische Grafschaft Sayn-Altenkirchen, Nassau-Weilburg die rechtsrheinischen Teile von Kurtrier. Die kölnischen Ämter Altenwied und Neuerburg fielen an Wied-Runkel. Vorübergehend war der gesamte Westerwald einheimischen Territorien zugeteilt. Der weitaus größte Teil stand unter den drei nassauischen Linien, neben denen nur noch Wied-Neuwied, Wied-Runkel, Solms-Braunfels, Leiningen-Westerburg und Holzappel-Schaumburg weiterbestanden.

Die Zeitereignisse brachten bald eine noch weitergehende Beseitigung der bestehenden Formen und das Ende der kleineren Territorien. Die Fürsten von Nassau-Usingen und Nassau-Weilburg traten dem Rheinbund bei. Durch die Rheinbundakte wurden 1806 dem Herzogtum Nassau das oranische Fürstentum Diez, die wiedischen Fürstentümer, die Grafschaft Holzappel und die reichsritterschaftlichen Zwergterritorien einverleibt. Als Gegner Napoleons verlor Fürst Wilhelm von Nassau-Oranien seine Stammlande. Die Fürstentümer Dillenburg, Hadamar und Siegen und die Herrschaft Beilstein, die Leiningen-Westerburger Herrschaft Westerburg und die Herrschaft Wildenburg wurden dem 1806 neugebildeten Großherzogtum Berg zugeteilt, das Kaiser Napoleon 1808 selbst übernahm.

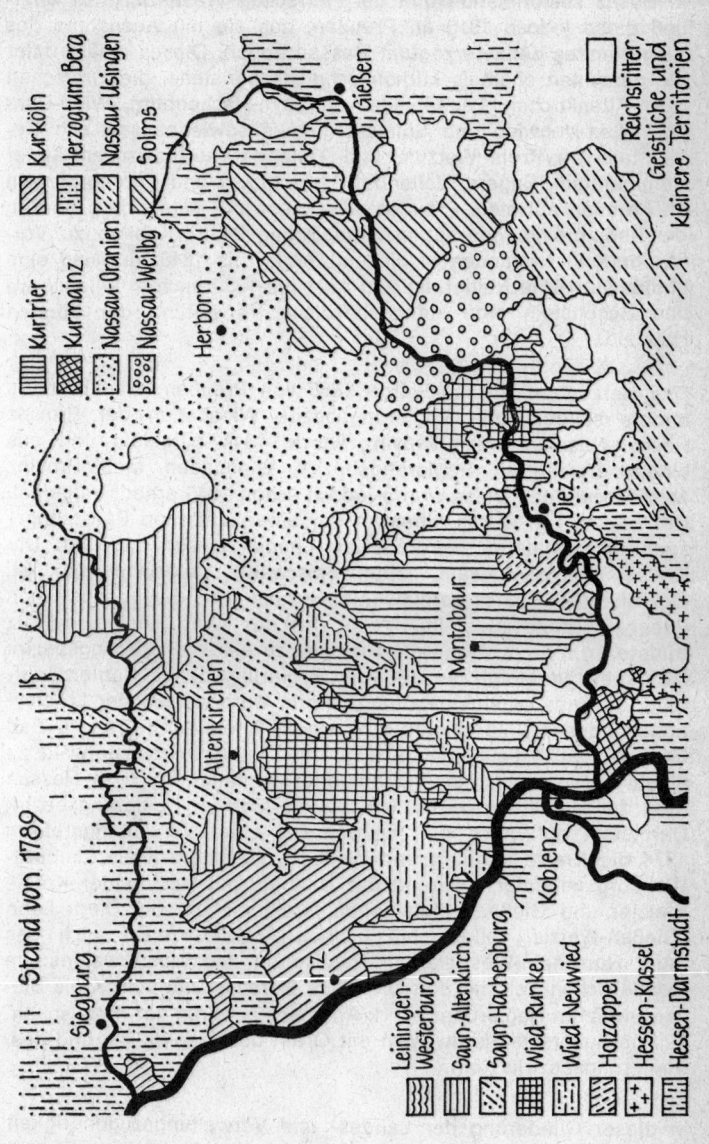

Stand von 1789

Kurtrier
Kurmainz
Nassau-Oranien
Nassau-Weilbg

Kurköln
Herzogtum Berg
Nassau-Usingen
Solms

Reichsritter,
Geistliche und
kleinere Territorien

Leiningen-
Westerburg
Sayn-Altenkirch.
Sayn-Hachenburg
Wied-Runkel
Wied-Neuwied
Holzappel
Hessen-Kassel
Hessen-Darmstadt

Gießen
Herborn
Diez
Montabaur
Altenkirchen
Koblenz
Linz
Siegburg

Durch den Freiheitskrieg kam der Prinz von Oranien 1813 wieder in Besitz seiner Lande und der Herrschaft Westerburg. Er überließ diese jedoch 1815 an Preußen, das sie mit Ausnahme des Siegerlandes dem Herzogtum Nassau abgab. Dieses mußte dafür die gesamten ehemals kurkölnischen Gebietsteile, die Grafschaft Sayn-Altenkirchen, Landesteile von Sayn-Hachenburg, Wied-Runkel, Wied-Neuwied und Solms-Braunfels sowie nassauische Gebietsteile im Kreis Wetzlar, und Teile der kurtrierischen Ämter Hammerstein, Engers, Vallendar, Herschbach und Ehrenbreitstein an Preußen abtreten. Preußen wies diese mit Wildenburg dem in der Rheinprovinz geschaffenen Regierungsbezirk Koblenz zu. Vorübergehend bestanden in diesem Gebiet bis 1848 für Wied eine standesherrliche Regierung und 1821 bis 1839 auch in Wildenburg und Schönstein eine standesherrliche Verwaltung der Fürsten Hatzfeld.

Das Herzogtum Nassau wurde 1866 von Preußen annektiert. Es bildete seitdem den Regierungsbezirk Wiesbaden der Provinz Hessen-Nassau. Diese Provinz wurde 1944 aufgelöst und aus einem erweiterten Regierungsbezirk Wiesbaden eine Provinz Nassau gebildet. Diese wurde jedoch schon 1945 erneut aufgelöst. Der größte Teil wurde einem in der amerikanischen Besatzungszone neugebildeten, vergrößerten Lande Hessen zugeteilt. Die Kreise Oberwesterwald, Unterwesterwald, Unterlahn und St. Goarshausen, später Loreleykreis, wurden 1945 der französischen Besatzungszone zugeteilt, in der sich das Land Rheinland-Pfalz bildete. In diesem waren sie zunächst zu einem Regierungsbezirk Montabaur vereinigt, der 1968 im Regierungsbezirk Koblenz aufging. Im Zuge einer Verwaltungsreform wurden 1969 der Loreleykreis und der Unterlahnkreis zu einem Rhein-Lahn-Kreis in Bad Ems und 1974 die beiden Kreise Unter- und Oberwesterwald zu einem Westerwaldkreis in Montabaur vereinigt. Auch in Hessen ging der Regierungsbezirk Wiesbaden 1969 im Regierungsbezirk Darmstadt auf. Auch dort wurden bei einer Verwaltungsreform 1974 die Kreise Limburg und Weilburg zu einem Kreis Limburg-Weilburg vereinigt, während der Dillkreis mit Resten der Kreise Wetzlar und Gießen einen neuen Großkreis um die Stadt Lahn (Gießen-Wetzlar) bildet. Mit kleinen Anteilen reicht auch das Land Nordrhein-Westfalen in Randzonen des Westerwaldes: im westfälischen Teil mit den Orten um Burbach, die zum Kreis Siegen und zum Regierungsbezirk Arnsberg gehören, im rheinischen Teil im äußersten Nordwesten mit Orten des Siegkreises und des Regierungsbezirks Köln.

In dieser Gliederung der Landes- und Verwaltungszugehörigkeit ist der Westerwald auch über die letzten, tiefgreifenden Grenzveränderungen von 1803, 1806, 1815 und 1945 ein binnendeutsches Grenzland geblieben.

KULTURELLES LEBEN IM WESTERWALD

August Welker

Vorgeschichtliche Siedlungsreste

Schon in der ältesten Epoche der Menschheitsgeschichte, der Altsteinzeit, lebten im Westerwald, wenigstens in seinen sowohl nach
Lahn und Dill als auch nach dem Rheingraben zu gelegenen
Randgebieten, Menschen. In den Steedener Höhlen und in denen
der Wildweiberley bei Diez, des Wildweiberhäuschens bei Haiger-
Langendernbach und der Steinkammern bei Herborn-Erdbach wurden Geräte und Werkzeuge von Zeitgenossen des Höhlenbären und
des Mammuts zutage gefördert. Bei Neuwied-Gönnersdorf hat man
von 1968 bis 1976 ein Jägerdorf der letzten Eiszeit ausgegraben.
Auch aus der Bronze- und der Eisenzeit finden sich Siedlungsspuren. Reste gewaltiger Stein- und Erdwälle von über 20 Wehr-
anlagen, u. a. auf der Dornburg, dem Almerskopf, dem Malberg und
dem Bornkasten, belegen meist befestigte Höhensiedlungen, die
von Kelten oder zumindest von einer keltisch beeinflußten Bevölkerung errichtet bzw. ausgebaut wurden.

Besiedlung und Hausbau

Um die Zeitenwende saßen hier die Usipeter und die von den
Römern ausgesiedelten Sigambrer, in deren Gebiet die Tenkterer
nachrückten, sowie die von den Eroberern in die Gegend von
Köln und Bonn verpflanzten Ubier, deren Wohngebiet von den
nachdrängenden Chatten besiedelt wurde.
Im 3. Jahrhundert entstand durch Zusammenschluß verschiedener
Stämme ein starker Frankenbund, der um das Jahr 280 mit den
hier ebenfalls seßhaften Alemannen die Römer vertrieb. Nach
496 wurden die Alemannen von den Franken nach Süden abge-
drängt. Schon zur Hallstattzeit war das Westerwaldgebiet in dem
Sinne besiedelt, daß neben den Jäger der Viehzüchter getreten
war. Bis in etwa 500 m Höhe sind Siedlungsreste aus jener Zeit
festgestellt worden. Die von Osten gekommenen Germanen
ließen sich zunächst in den fruchtbareren Tälern nieder, um
Ackerbau zu treiben: die Franken und die im gesamten Lahngebiet sitzenden Chatten, jetzt Hessen genannt.
Auf beide Stämme dürften die späteren Westerwaldbewohner
zurückgehen, die des Rhein- und Sieggebietes auf die Franken
und die des Binnenwesterwaldes auf die Chatten. Wie es im
Westerwald kaum etwas Einheitliches gibt, so sind auch seine
Bewohner nicht einheitlicher Abstammung.
Auch die Sprache ist nicht einheitlich. Oberdeutsch und Nieder-
deutsch stoßen in Übergängen aufeinander. Alte Territorialgrenzen
wirken heute noch nach. In einzelnen Regionen herrscht das
Rheinfränkische, in anderen, wie im ehemals Trierischen, ein
östliches Moselfränkisch und, etwa im Dillrevier, das Nassauisch-
Oberhessische, oder, wie im Nordwesten, das Kölnische.

Auch im Hausbau herrschte Verschiedenheit. Neben dem zweistöckigen, vom abgeschlossenen Hofraum umgebenen fränkischen
Fachwerkhaus entstand in der zweiten Hälfte des 16. Jahrhunderts
das bis zur Mitte des 18. Jahrhunderts gebaute typische Westerwälder Bauernhaus. Mit großem Holzaufwand ausgestattet, hatte
es zwei Stockwerke und an der einen Längswand ein einstöcki-
ges, „Niederlaß" genanntes Anhängsel, alles vom Strohdach überdeckt, das meist auf der Wetterseite sich über das Niederlaß
hinab fast bis zur Erde neigte. Der geräumige Hausflur diente
zugleich als Küche mit anschließender Stube und Kammer im
Niederlaß. Im oberen Stock befanden sich Stube und Kammer.
Von der anderen Seite des Flures führte eine Tür zu Stall und
Scheune.

In der Notzeit des Westerwaldes, als der vor Sturm und Regen
schützende Wald abgeholzt war, entstanden einstubige dürftige
Lehmhütten.

Das alte Dorfbild ist heute weitgehend durch moderne Zweck-
bauten nachteilig verändert worden.

Volkskultur

Ursprünglich verstand man unter dem Namen Westerwald nur die
höchsten Teile des Gebirges mit den Kirchspielen Emmerichenhain, Marienberg und Neukirch. Vier uralte Gaue, Auelgaue,
Engersgau, Niederlahn- und Oberlahngau kamen hier einander
nahe. Später berührten sich dort die Erzbistümer Trier, Köln und
Mainz. Das bewaldete zentrale Confinium war der Westerwald,
dessen Name später auf die gesamte Landschaft ausgedehnt
wurde. Eine Art Grenzland blieb der Westerwald bis heute, nur
während der preußischen Zeit, von 1866 bis 1945, war er Bestandteil eines einzigen deutschen Landes.

Lange Zeit stellte der Westerwald eine verkehrsarme und ent-
legene Gegend dar. Den Unbilden der Witterung schutzlos preis-
gegeben, bot er der Landwirtschaft nur kümmerliche Möglichkeiten. Häufige Mißernten und Viehseuchen sowie ein starkes Wachstum der Bevölkerung machten ihn im vergangenen Jahrhundert zu
einem wirklichen Notstandsgebiet. Er bekam draußen im Land einen
schlechten Ruf. Professor Riehl, der den Westerwald 1851 während
seiner größten Armut besuchte, hat dazu wesentlich beigetragen;
er bezeichnete den Westerwald kurzerhand als „Land der armen
Leute".

Der Westerwälder hatte es in jenen Zeiten schwer, sich und seine
Familie durchzubringen. Weil die Landwirtschaft dazu nicht aus-
reichte, mußte er eine weitere Erwerbsquelle suchen. Der Viehzüchter des Hohen Westerwaldes fand entweder Nebenverdienst
in den heimischen Braunkohlengruben oder als Industriearbeiter
im Ruhrgebiet. Aus dem mittleren Gebiet kam neben vereinzelten
Maurern das Gros der Landgänger, die als Hausierer weit im
Land ihre Waren an den Türen anboten. Die Arbeitskräfte der
unteren Terrasse suchten, soweit sie nicht in dem im Südwesten

Westerwälder Volkstracht

dieses Gebietes gelegenen Kannenbäckerland Beschäftigung
fanden, vornehmlich in der rheinisch-mainischen Industrie Arbeit
oder zogen als Maurer in das rheinische „Niederland".
Trotz der langen Abgeschlossenheit hat sich im Westerwald kaum
besonderes Brauchtum erhalten. Auch der blaue Leinenkittel des
Landmannes gehört der Vergangenheit an. Von der Tracht der
Frauen haben sich dagegen, besonders im „Trierischen", einige
Reste noch lange behauptet.
Nachbarschaftshilfe und Gemeinschaftsarbeit sind von der Techni-
sierung überholt worden. Doch helfen sich Arbeits- oder Sport-
kollegen mitunter gegenseitig beim Bau eines Eigenheimes.
Mancherorts halten noch die Nachbarn die Totenwache; meist
tragen sie auch den Sarg zu Grabe.
Ein gewisses Zusammengehörigkeitsgefühl besitzen noch die An-
gehörigen desselben Geburtsjahrganges, die im Dorf geblieben
sind. Am Grabe eines verstorbenen Schulkameraden legen sie
gewöhnlich einen Kranz nieder.
Hier und da wird auch das Neujahr noch „angesungen", und am
Dreikönigstag gehen die „Sternsinger" singend durch das Dorf

Westerwälder Bauernmöbel

und sammeln Geld für wohltätige Zwecke. Speck und Eier werden an Fastnacht von vermummten Burschen zum gemeinsamen Mahl gesammelt. Am Gründonnerstag und Karfreitag ersetzen in katholischen Orten Schulknaben mit Holzklappern den Klang der schweigenden Kirchenglocken.

Das Hauptfest des Jahres ist die dörfliche Kirmes, die der jeweilige Kirmesjahrgang ausrichtet. Ein hoher Kirmesbaum mit bunten Bändern, allerlei Symbolen und oft mit einer mächtigen Eierkrone geschmückt, ist das weithin sichtbare Zeichen. Ihn nächtlicherweise abzuschneiden, war die größte Schmach, die man dem Nachbardorf antun konnte.

Stärkere Belebungen erfuhren an katholischen Orten die Martinszüge.

Regelmäßig wird nach Aufschlagen eines Neubaues Richtfest gefeiert. Bauarbeiter werden von dem Bauherrn bewirtet. Maureroder Zimmermannssprüche werden mitunter noch aufgesagt.

Heute ist der Westerwald eine blühende, mit Industrieunternehmen durchsetzte Landschaft, der „arme Westerwald" von ehemals ist nicht mehr zu finden.

Kulturelle Einrichtungen
Karl Kessler

Viel Engagement der kulturpflegenden Vereine und kulturpolitische Maßnahmen haben in den letzten Jahren verstärkt den Blick auf den Westerwald und auf die Menschen gelenkt, denen er von alters her Heimat ist oder schicksalhaft zur Heimat wurde. Stellvertretend für eine ganze Anzahl Heimatvereine und Arbeitsgemeinschaften sei der Westerwald-Verein e. V. genannt, der sich bemüht, ein einigendes Band im Leben der Vereine und Verbände zu bilden und dessen Wirksamkeit und frische Aktivität mannigfaltig spürbar wird. In einem glücklichen Zusammenspiel dreier Westerwaldkreise in Verbindung mit dem Westerwald-Verein e. V. konnte das Landschaftsmuseum Westerwald, zentral in Hachenburg gelegen, eingerichtet werden. Es ist mittlerweile, drei Jahre nach der Eröffnung, zu einer Begegnungsstätte geworden. Überall verstreutes Kulturgut, Restbestände früherer Ortsmuseen, sowie zahlreiche Leihgaben und Geschenke sind hier zusammengetragen worden und zum großen Teil in Schausammlungen zugänglich gemacht. Der Aufbau einer Westerwald-Bibliothek ist in vollem Gange. Ein Westerwälder Fachwerkhaus soll in der Nähe des Museums errichtet werden, das der zahlreichen Bestände wegen fast aus den Nähten platzt. Westerwälder Beiträge zur Landes-, Geschichts- und Volkskunde erscheinen, mit Mundartdokumentationen wurde begonnen. In Höhr-Grenzhausen wurde das Keramik-Museum Westerwald geschaffen. Gemeinsam mit dem Förderkreis für Keramik und einheimischen Unternehmen finden alljährlich Keramik-Ausstellungen statt, die weltweit auf das Kannenbäckerland und damit auf den Westerwald aufmerksam machen. Erfolgreich konnten einheimische Lehrer geworben werden, sich für die Ausarbeitung von Unterrichtseinheiten für den Lernort Museum zur Verfügung zu stellen. Schulklassen, die künftig die Museen in Höhr-Grenzhausen und Hachenburg besuchen, können sich daran orientieren. Außer zwei weiteren Keramikmuseen in Höhr-Grenzhausen gibt es erlebenswerte Museen in Koblenz-Ehrenbreitstein, Neuwied, Windeck, Siegen, Dillenburg, Herborn, Weilburg, Diez, Greifenstein, Erdbach und neuerdings auch in Haiger. Eine Anzahl Heimatstuben im nördlichen Westerwald runden den Blick in die Vergangenheit unserer Heimat ab. Mit wechselnder Regelmäßigkeit finden in allen Städten und größeren Orten Theatergastspiele statt. Die Landesbühne Rheinland-Pfalz gibt Vorstellungen in Montabaur und Westerburg. Der Westerwälder Kunstkreis in Altenkirchen hat in seinem Programm neben Gastspielen der Landesbühne und Konzerten der Rheinischen Philharmonie auch Einzelveranstaltungen bekannter Stars und Interpreten von auswärts. Zu seinem Gebiet gehören Betzdorf, Wissen, Hamm und Schönstein. Das Heimhoftheater in Burbach und der Kunstkreis um die Wasserscheide sind besonders aktiv,

die Ausstrahlung reicht bis in den Sieg- und Dillkreis. Der Marien-
statter Musikkreis tritt oft mit Orgelkonzerten und anderer Kirchen-
musik an die Öffentlichkeit. In Bad Marienberg wurde jüngst ein
Kulturring ins Leben gerufen, der beachtliche Anfangserfolge
erzielen konnte. Die Nassauische Kulturstiftung ist wieder mit
Leben erfüllt. Konzerte und Ausstellungen finden statt. Die
Zentral-Bücherei mit einschlägiger Westerwald-Literatur ist den
Forschern und Heimatfreunden zugängig. Die Musikschulen der
Kreise haben sich prächtig entwickelt.

Mehr und mehr wird man sich Westerwälder Traditionen bewußt,
die überlieferten, der Westerwald sei seinen Nachbarn in der
Kultur vielleicht um Jahrhunderte voraus gewesen.

Westerwälder Mundart

Karl Kessler

Das sprachliche Erbe aus der Stammeszeit der alten Westerwälder ist auch
in der Gegenwart noch lebendig. Nur ist es heute gegen anderes Sprachgut
nicht mehr abgegrenzt wie in der alten Zeit. Das durch Kulturströmungen sich ständig wandelnde Bild der Westerwälder Sprachlandschaft verändert sich durch die Umgestaltungen im Weltbild und in der Geistes-
haltung der Bewohner. Nicht zuletzt ist es die unablässige Annäherung
an städtische Vorbilder und ihre Eigenart und die damit verbundene
Umbildung des Begriffs- und Wortvorrats. Die starken Beziehungen des
ehemals nassauischen Westerwaldes nach dem Süden lassen den Einfluß
von Wiesbaden und darüber hinaus von Mainz und Frankfurt erkennen.
Die beiden letzteren sind auch im Zusammenhang mit Köln im Westen
zu sehen, wenn man die früheren Handelsverbindungen mit einbezieht.
Die Westerwälder Mundart gehört der großen Gruppe der mitteldeut-
schen Mundarten an, die sich in einem breiten Gürtel zwischen den
Gebieten des Ober- und Niederdeutschen hinziehen. Sie wird mit den
Sprachen der Eifeler und Siegerländer dem Moselfränkischen zugerechnet, dessen Ausbreitung fast mit dem Trierer Kulturraum (Trierer Bistum
und Territorium) übereinstimmt. Nur am Nordwestrand des Westerwaldes, innerhalb des Kölner Bistums, gehört die Mundart dem ripuarischen
Sprachraum an. Am ursprünglichsten ist die Mundart noch in den kleinen
Westerwalddörfern erhalten und besonders im landwirtschaftlichen Bereich, wo bei der Bezeichnung der Tätigkeiten und der Geräte das
sprachliche Erbe am besten erhalten geblieben ist. Wieviel treffender,
ausdrucksvoller und deutlicher heimische Mundart gegenüber dem Hoch-
deutschen ist, läßt ein Bibelvers in Marienberger Mundart (Schallplatte
„Wäller Chresdag") gut erkennen:

Jes. 60,1

Mache dich auf, werde Licht! Denn dein Licht kommt, und die
Herrlichkeit des Herrn geht auf über dir. Denn siehe, Finsternis
bedeckt das Erdreich und Dunkel die Völker. Aber über dir geht
auf der Herr, und seine Herrlichkeit erscheint über dir.

Rappel deich off, losset höll werrn öm deich römm! Dei Licht
kömt ön d'wirsch usem Harrgodd sei Herrlichkaat erlewe. In darr
Welt össet däuster, önn de Löu wössen sich kinn Rott, se dabbeln
nach im Dongeln ör de Aawe seinen nach net offgegange.
Awwer dau wirrsch den Harrgodd ön sei Herrlichkaat seh.

Wenn im Wandel der Zeit die Umgestaltung des ländlichen Lebens
schnell vorangeht, wird die Mundart allmählich abgestreift werden, und
doch möge sie uns noch lange erhalten bleiben und wir uns als Erben
der Schätze Westerwälder Volksgutes bewußt sein.

Von Westerwälder Flurnamen

Karl Kessler

Unter dem Begriff Flurnamen sind die Bezeichnungen der Äcker und Wiesen, der Berge und Täler, Wälder, Wege und Stege vereinigt. Flurnamen sind die Namen aller nicht bewohnten Örtlichkeiten, im Gegensatz zu den Siedlungs- und Ortsnamen. Die Flurnamen sind, von wenigen Ausnahmen abgesehen im Volksmund entstanden und wurden und werden durch die Wandlungen der Mundart und den Einfluß der volkstümlichen Umbildung verändert. Oft kann man die Entstehung der Flurnamen bis in die vorgeschichtliche Zeit zurückverfolgen. Sie erzählen von der Nutzung und der Gestaltung des bäuerlichen Siedlungsraumes. Was eine kleine Auswahl Westerwälder Siedlungsnamen zu berichten hat und wie sie zu deuten sind, soll nun folgen. Es ist bewußt die hochdeutsche Form gewählt worden, da von Dorf zu Dorf und Stadt zu Stadt die mundartliche Ausdrucksweise variiert.

Bodenart:

Sauer Wiese	feuchte, schlechte Wiese
Lei, Ley	Schiefer- oder auch Basaltfelsen
Au	meist feuchte Talwiese
Seifen	feuchtes, sumpfiges Tal; Wiese mit Staunässe

Lage:

Bitz	Wiese, meist nahe beim Dorf
Hölle	steiler, oft schattiger Talhang
Endstück	letztes Feld oder Wiese am Waldrand
Scheid	Grenzland, Grenze

Gewässer:

Bornwiese	Wiese mit einem Born (Quelle)
Grauborn	Kroh = Krähe, „Krähenborn"

Besitzernamen:

Pfarrwiese	früher Kirchengut
Kirchholz	früher Kirchengut
Pfaffenbruch	früher Kirchengut
Herrenwiese	deutet auf eine landesherrliche Besitzung
Gotthardtsroth	Rodung eines Gotthardt
Klaasenheeg	Hecke eines Klaas oder Klaasen

Tätigkeiten:

Lehmkauten	Grube zur Lehmgewinnung
Brechkaute	Grube als Flachsröste
Trift	Weg, auf dem das Vieh zur Weide getrieben wurde
Köhlerswald	Wald, wo früher Kohlenbrenner, „Köhler" tätig waren

Pflanzen:

Heistern	junger Buchenbestand
Stärk	Hecke oft in Verbindung mit einem Lesesteinwall
Hahn	kleiner Heckenwald
Püsch	Büsche, kleiner Waldbestand
Buchenbehang	Buchenwald am Berghang

Geschichte, Brauchtum:

Hube	Hinweis auf einen Hof bzw. eine Hofwüstung
Stock	Hinweis auf einen Bildstock oder ein Wegekreuz
Pfingstwiese	Feier- und Tanzplatz beim ersten Viehaustrieb

Es ist schade, daß schon viele alte Flurnamen, bedingt durch Konsolidationen und Landzusammenlegungen der letzten 150 Jahre, in Vergessenheit geraten sind; geben sie uns doch lehrreiche Einblicke in die Geschichte unserer Orte und der Gemarkungen. Um mit den Worten Dr. h. c. Löbers zu sprechen: Die Flurnamen sollen uns alle zu rechtem Gebrauch und treuer Weitergabe anbefohlen sein.

Auswahl neuerer Westerwald-Literatur

Avenarius, Wilhelm, Deutsche Landeskunde, Mittelrhein; Verlag Glock und Lutz, Nürnberg 1974

Backes, Magnus, Burgen und Schlösser an der Lahn, im Taunus und im südlichen Westerwald; Verlag Strüder, Neuwied 1970

Backes, Magnus, Burgen und Schlösser am Rhein; Verlag Strüder, Neuwied 1966

Backes / Caspary / Dölling, Kunstwanderungen in Rheinland-Pfalz und im Saarland; Belser Verlag, Stuttgart 1971

Backes / Feldtkeller, Kunstwanderungen in Hessen; Belser Verlag, Stuttgart 1962

Bildatlas Westerwald; HB-Verlags- und Vertriebsgesellschaft mbH, Hamburg 1980

Dehio, Georg, Handbuch der Deutschen Kunstdenkmäler, je 1 Band Hessen, Rheinland-Pfalz und Saarland sowie Rheinland; Deutscher Kunstverlag, München

Der Dillkreis; Verlag Gerhard Stalling AG, Oldenburg 1971

Gensicke, Hellmuth, Landesgeschichte des Westerwaldes; Selbstverlag der Historischen Kommission für Nassau, Wiesbaden 1958

HB-Bildatlas „Westerwald", Hamburg 1980

Heimatchronik des Westerwaldkreises; Verlag H. E. Kasper & Co., Burscheid 1978

Herbel, Günter, Wandern an Lahn und Dill; Verlag Wetzlardruck GmbH, Wetzlar 1978

Herold, Rudolf, Wanderungen und Fahrten durch den Einrich und das Nassauer Land; Katzenelnbogen 1975

Heyn, Eugen, Der Westerwald und seine Bewohner (Reprint); Verlag Sändig, Walluf

Hucke, Hermann-Josef, Rundwanderungen Mittelrhein; Verlag J. Fink-Kümmerly + Frey, Stuttgart 1980

Hucke, Hermann-Josef, Wanderwege unserer Heimat, Lahntal; J. Fink Verlag, Stuttgart 1974

Hucke, Hermann-Josef, Von Koblenz aus, Teil II, Touren in Tälern und auf Höhen: Rhein - Lahn - Taunus, Westerwald - Siebengebirge; Görres-Verlag, Koblenz 1976

Kehrein, Joseph, Volkssprache und Wörterbuch von Nassau (Reprint); Walluf 1966

Koch, Horst G., Bergland an Sieg, Heller und Wied; Selbstverlag des Verfassers, Siegen 1977

Kühnel, Waldemar, Wanderführer Naturpark Nassau; Montabaur o. J.

Landkreis Altenkirchen (Westerwald); Vertrieb: Kreisverwaltung, Altenkirchen 1969

Land an der Lahn - Geschichte und Zukunft im Kreis Limburg-Weilburg; Verlag Landgrebe, Mülheim/Main 1975

Mann / Lucas, Bonn und der Rhein-Sieg-Kreis; Ferd. Dümmlers Verlag, Bonn 1971

Metzler, Werner, Die Ortsnamen des nassauischen Westerwaldes; N. G. Elwert Verlag, Marburg 1966

Mit Hubschrauber und Kamera über dem Kreis Altenkirchen; Kreisverwaltung Altenkirchen 1968

Nassauische Sparkasse, Wir fahren und wandern durch das Nassauer Land; Wiesbaden 1978

Der Rhein-Lahn-Kreis im Luftbild; Kreisverwaltung Bad Ems 1970

Roth, Hermann Josef, Naturschönheiten unserer Heimat: Westerwald; J. Fink Verlag, Stuttgart 1975

Roth, Hermann Josef, Westerwald im Bild, Band II der Buchreihe des Westerwald-Vereins; Montabaur 1976

Roth, Hermann Josef, Westerwald und Siebengebirge in Farbe, Ein Reise-
führer für Naturfreunde; Franckh'sche Verlagshandlung, Stuttgart 1977
Runkel, Otto, Westerwaldsagen (Reprint); Verlag Sändig, Walluf
Sante, Georg Wilhelm, Handbuch der historischen Stätten Deutschlands: je
1 Band Hessen, Rheinland-Pfalz / Saarland und Hessen; Alfred Kröner Ver-
lag, Stuttgart
Schweitzer, Friedrich, Fossilien im Westerwald; Nr. 8 der Westerburger
Hefte; Verlag Westerwald-Verein, Zweigverein Westerburg, 1977
Sternberg, Leo, Der Westerwald (Reprint); Band III der Buchreihe des
Westerwald-Vereins, Montabaur 1977
Der Westerwald, ein Arbeitsbuch für den Sachunterricht; Verlag der
Kreisschulabteilung, Montabaur 1971
Das Westerwaldbuch, Band 1, Beiträge zur Landeskunde, Geschichte,
Kultur und Wirtschaft im Raum zwischen Rhein und Dill, Sieg und
Lahn; Verlag Westerwald-Verein, Montabaur 1978

Zeitschrift
„Der Westerwald", Vierteljahres-Zeitschrift des Westerwald-Vereins für Heimatpflege und Wandern. Schriftleitung: Willy Mehr, Westerburg. Erscheint
1980 im 73. Jahrgang.

Heimatjahrbücher:
Heimatjahrbuch des Kreises Altenkirchen (Westerwald) und der angrenzenden
Gemeinden; Heimatverein für den Kreis Altenkirchen e. V.
Heimatjahrbuch für das Land an der Dill; Verlag Buchdruckerei E. Weiden-
bach KG, Dillenburg
Heimatjahrbuch des Landkreises Neuwied; herausgegeben vom Landkreis
Neuwied
Rhein-Lahnfreund, Nassauischer Landeskalender (für das Gebiet der Kreise
Westerwald, Rhein-Lahn und Limburg-Weilburg); Verlag Linus Wittich,
Höhr-Grenzhausen
Unsere Heimat. Ein Jahrbuch für die Bürger im Landkreis Limburg-Weilburg.
Herausgegeben vom Verlag Weilburger Tageblatt, in Zusammenarbeit mit
der Kreisverwaltung.

Die Landesvermessungsämter Rheinland-Pfalz, Hessen und Nordrhein-
Westfalen geben in Zusammenarbeit mit dem Westerwald-Verein amtliche
Topographische Karten 1 : 50 000 der Ausgabe W (mit eingezeichneten
Wanderwegen, Aussichtspunkten und Naherholungseinrichtungen) heraus.
Blattschnitt und Kennziffern dieser Wanderkarten sind aus der obigen
Abbildung ersichtlich. Die Karten können bezogen werden durch den
Westerwald-Verein, z. Hdn. des Hauptwegewartes Otto Krämer, Hermann-
straße 5, 5430 Neuwied 1.
Sonderpreise bei Sammelbestellungen auf Anfrage.

VERKEHR IM WESTERWALD

Dr. Heinz Fischer, Koblenz

Überblick

Wenngleich Mittelgebirgsblöcke als solche allgemein als verkehrs-
und siedlungsfeindlich gelten, macht das rechtsrheinische Schiefergebirge und besonders der Westerwald hiervon eine gewisse
Ausnahme, letzterer ist verkehrsmäßig sogar recht gut erschlossen. Die Gründe hierfür sind sehr vielfältig.

Einmal schneiden die Zuflüsse von Rhein, Lahn, Dill und Sieg von
der Peripherie her weit in den Gebirgskörper ein und eröffnen
dadurch natürliche Zugänge zum Gebirge; zum zweiten sind die
Wasserscheiden zwischen zwei Talsystemen in der Regel relativ
niedrig, sodaß nur flache „Paßhöhen" entstehen konnten, die
leicht zu überwinden waren (- freilich mit Ausnahmen, so in den
unteren Talabschnitten von Elbbach, Gelbach, Sayn und Wied -);
zum dritten aber erlaubt die Oberflächengestaltung des Westerwaldes mit weitflächigen Verebnungen, Flachwellen und Senken
eine auf große Distanzen hin unkomplizierte Linienführung. Dennoch ist die heutige Verkehrsentwicklung nicht so ohne weiteres
aus diesen Tatsachen begreiflich.

Schließlich war der Westerwald einmal die Grenzwildnis, die die
am Rhein sitzenden Römer vor den aus dem Osten vordringenden
Germanen schützte und - aus der Sicht eben dieser Germanen -
die westliche Barriere zwischen der fruchtbaren, von Chatten
besiedelten Westhessischen Senke und dem nicht minder günstigen Rheingebiet. Wenn der Westerwald heute als Durchgangs-
gebiet von großer Bedeutung ist, dann muß das in hohem Maße
auch den anthropogenen Faktoren zugeschrieben werden, also
der Tätigkeit des Menschen im Laufe der Jahrhunderte. Das läßt
sich sogar beweisen.

So laufen die ältesten Verkehrswege nicht durch die Täler, die
- teilweise recht eng und dazuhin stark gewunden - vor allem
wegen der regelmäßigen Schmelzwasserhochstände die Anlage
eines durchgehenden und festen Wegenetzes gar nicht erlaubt
hätten. Das typische Beispiel eines alten Verkehrsweges ist die
heutige Bundesstraße 8, die ehemalige „Hohe Straße", welche
sich durchweg auf den Höhenregionen hält und die Täler nur an
Furten, in Weitungen oder Senken und Becken überquerte. Sodann zeigt schon ein Blick auf die Topographische Karte, daß
sich auf dem Westerwald die alten (- und die jüngeren -) Wege-
netze spinnennetzartig auf diejenigen Orte konzentrieren, die im
Ortsnamen die Endungen „-ar", „-mar", „-ingen", „heim",
„-kirchen", „-au" oder „-burg" aufweisen, die also nachweislich
zwischen dem 4. und dem 8. oder 9. Jahrhundert entstanden sind.
Diese Frühsiedlungen liegen aber mit wenigen Ausnahmen auf
den Hochflächen des Westerwaldes oder zumindest in sehr großen Talweitungen. Erst die technische Entwicklung seit Beginn

des 19. Jahrhundert und vor allem im 20. Jahrhundert hat das
Verkehrsnetz des Westerwaldes von den engen Bindungen an
natürliche und anthropogene Faktoren weitgehend gelöst.

Die Eisenbahnlinien

Die Betrachtung und Bewertung des Westerwälder Eisenbahn-
netzes ist eine Frage der Perspektive und der Klassifizierung. Das
beweist ein Blick in jeden gängigen modernen Schulatlas.
In der Darstellung der sogenannten Hauptstrecken der Deutschen
Bundesbahn und auf kleinmaßstäbigen Karten ist der Westerwald
sehr leicht zu erkennen und zu umgrenzen, weil er ausgespart
bleibt. Man findet nur die Strecken Frankfurt-Köln (rechtsrheinisch), Köln-Siegen (Siegtalstrecke), Siegen-Gießen und Koblenz-
Gießen (Lahntalstrecken) sowie - überraschenderweise - die
Strecke Betzdorf-Burbach-Dillenburg ausgewiesen. Gemessen an
der „Rheinschiene" (Frankfurt-Köln) mit einem Verkehrsaufkommen von 250 Güter- und 50 Personenzügen innerhalb von 24 Std.
fallen die übrigen der genannten Strecken kaum ins Gewicht;
lediglich die Strecke Siegen-Gießen erbringt ein vergleichbares
Aufkommen im Personenverkehr. Immerhin sind diese fünf Strek-
ken aber die Mitträger des aus dem Westerwald heraus- und in
diesen hineinführenden Schienenverkehrs und schließen diesen
an die beiden Hauptachsen des Schienenverkehrs in der Bundesrepublik Deutschland an, nämlich an den internationalen Schienenweg Basel-Frankfurt-Köln-Niederlande und an die Strecke (Mün-
chen-)-Frankfurt-Kassel-Hannover-Hamburg.
Das dazugehörige Nebennetz tritt nur auf großmaßstäbigen Karten
hervor. Abgesehen von Neuwied, Betzdorf und Limburg, Herborn
und Dillenburg, den an den tangierenden Hauptstrecken gelegenen Orten, sind Altenkirchen, Montabaur und Westerburg die
Schaltstellen an den Bahnlinien auf dem Westerwald, Westerburg
ist zugleich der einzige echte Kreuzungspunkt zweier Strecken.
Durch die Schiene besonders gut erschlossen ist der Mittelteil
des Gebirges.

So verkehren auf den

Strecken   *tägliche Zugpaare*
(Stand: Winter 1975/76; in Klammern: Umsteigemöglichkeiten)

Altenkirchen-Hachenburg- $\frac{\text{Westerburg}}{\text{(Montabaur)}}$ -Limburg	12
Altenkirchen-Dierdorf- $\frac{\text{Siershahn}}{\text{(Montabaur)}}$	11
Altenkirchen-Au (Siegtal)	24
Montabaur- $\frac{\text{Westerburg}}{\text{(Altenkirchen)}}$ -Rennerod	9
Montabaur-Siershahn- $\frac{\text{Bendorf}}{\text{(Altenkirchen)}}$	13
Montabaur-Elz-Limburg	9

Weniger begünstigt sind der Osten und der Nordosten. Die Bahnlinie Haiger-Burbach-Betzdorf (11 Zugpaare) berührt den Westerwald nur; die Strecke Haiger-Breitscheid wird lediglich viermal
täglich befahren.

Wie lange diese Eisenbahnverbindungen im gegenwärtigen Umfang noch aufrechterhalten bleiben, ist im Hinblick auf die derzeit
(1976) laufenden Rationalisierungsbestrebungen der Deutschen
Bundesbahn nicht abzusehen.

Das Straßennetz

Der öffentliche Verkehr beschränkt sich freilich schon seit geraumer Zeit nicht mehr auf den Schienenweg. Der Westerwald ist ja
im wahrsten Sinne des Wortes mit einem Netz von Bundesstraßen
und gut ausgebauten Landesstraßen überzogen. Die wichtigste
und am stärksten befahrene Straße ist freilich vorwiegend dem
Durchgangsverkehr vorbehalten. Es ist die Bundesautobahn Fran-
furt-Köln (A 3; gleichzeitig Europastraße 5). Auf dem Westerwald
im Abschnitt zwischen Limburg und der Abfahrt Bad Honnef/Linz
weist sie eine durchschnittliche tägliche Verkehrsmenge (DTV;
aus dem Mittelwert eines ganzen Jahres) von rund 38 000 Kraftfahrzeugen aller Art auf; Spitzenwerte zur Ferienzeit und zu den
Wochenenden erreichen das Doppelte bis Dreifache. Von ihr
zweigt am Dernbacher Dreieck die A 48 ab, die über Koblenz
nach Trier führt und damit den Westerwald mit der Eifel und dem
Moseltal verbindet; das Verkehrsaufkommen (gezählt bei Höhr-
Grenzhausen) ist mit rund 14 000 Kraftfahrzeugen zwar geringer,
aber noch ahnsehnlich hoch. Die neue Autobahn im Osten des
Westerwaldes (Frankfurt-Wetzlar-Siegen-Ruhrgebiet) hat für den
innerwesterwälder Verkehr wenig Bedeutung, da sie - vom Westerwald aus betrachtet - fast ausschließlich dem Durchgangsverkehr
dient.

Die wichtigste Bundesstraße auf dem Westerwald war zweifels-
ohne bis in unsere Jahrzehnte hinein die B 8 vom Ruhrgebiet
über Köln-Siegburg-Altenkirchen-Limburg nach Frankfurt; als
„Hohe Straße" war sie schon im Mittelalter der Hauptverkehrsweg.
Stark befahren ist sie allerdings nur noch zwischen Siegburg und
Altenkirchen (DTV = 6 500); von dort an bis Limburg erreicht sie
nirgends mehr höhere Werte als 2 000. Sie hat ihre Funktion als
Durchgangs- und Fernstraße an die Autobahn abgegeben.
Erheblich stärker frequentiert sind dagegen die B 255 von Montabaur über Rennerod nach Herborn (DTV rund 4 500) und die B 49
von Koblenz über Montabaur und Limburg nach Weilburg (DTV
rund 5 000; streckenweise 6 500). Beide sind für den Westerwald
wichtige Diagonalstraßen und gleichzeitig auch Zubringer zur

Bundesautobahn. Der nördliche Westerwald mit dem mittleren Siegtal ist mit dem Rheintal durch die B 256 (Eifel-Neuwied-Altenkirchen-Wissen-Bergisches Land) verbunden, die mit einem Verkehrsaufkommen von fast 6 000 Kraftfahrzeugen/Tag zwischen Neuwied und dem Autobahnanschluß Neuwied/Altenkirchen und einer Frequenz von etwa 2 500 Kraftfahrzeugen bis Altenkirchen auch zu den stärker befahrenen Straßenstrecken zählt. Eine weitere Querverbindung setzt sich aus der B 413 (Bendorf-Dierdorf-Hachenburg) und der B 414 zusammen, die kurz vor Herborn vereinigt in die B 255 (Montabaur-Herborn) einmünden; auch diese Straßen sind durchschnittlich doppelt so stark in Anspruch genommen wie die B 8. Die Bundesstraße 54 von Wiesbaden über Diez-Limburg-Rennerod und Siegen nach Hagen/Westfalen hat besonders im Abschnitt Waldmühlen (südlich Rennerod)-Burbach mit DTV = 5 000 ein hohes Verkehrsaufkommen aus dem Westerwaldverkehr; weiter nördlich - im Sauerland - hat sie einen erheblichen Teil des Verkehrs an die neue Autobahn abgegeben.

Der Nahverkehr des Westerwaldes spielt sich aber auch zum großen Teil auf den Landesstraßen (L-Straßen) ab; meist bilden diese die notwendigen Querverbindungen zwischen den Bundesstraßen und verdichten dadurch das Straßennetz insgesamt. Auch hier sind die gezählten Verkehrsmengen manchmal von einem erstaunlichen Ausmaß, besonders im Nahbereich von Industrieorten. Das gilt etwa für die L 280 zwischen Daaden und Betzdorf bzw. für die L 284 zwischen Herdorf und Betzdorf, ebenso aber auch für die Landesstraßen 300, 303, 305, 307 und 313 im Raume Ransbach-Baumbach - Selters - Wirges - Montabaur. Wie sehr die Verkehrsbelastung von den industriellen oder gewerblichen Konzentrationen abhängt, zeigt sich an der L 303 von Siershahn nach Lochum (südlich Hachenburg). Im nahen Einpendlerbereich von Siershahn, etwa bis Helferskirchen, beträgt die DTV etwa 2 000; bis Freilingen am Dreifelder-Weiher fällt sie - trotz des sonntäglichen Ausflugsverkehrs - auf 680 ab, zwischen Freilingen und Lochum aber auf 490. Das ist einer der niedrigsten Werte auf den Landesstraßen des Westerwaldes.

Dieses Straßennetz steht also in erheblichem Umfang dem Omnibus-Linienverkehr der Bundesbahn, der Bundespost und auch privater Unternehmer (z. T. im öffentlichen Auftrag) zur Verfügung. Wie beim Schienenverkehr, so haben sich auch beim Omnibus-Straßenverkehr gewisse Standortsschwerpunkte herausgebildet, von wo aus Omnibuslinien in das Umland ausstrahlen, einander ergänzend, aber auch überschneidend und dadurch zur Verdichtung der Personenbeförderung beitragend. Interessant ist hierbei, daß manche Linien überwiegend, andere sogar ausschließlich Werktagsverkehr haben; einige wenige fahren sogar nur außerhalb der Schulferien. Man sieht daran, daß hier vor allem der Notwendigkeit der Beförderung von Berufspendlern Rechnung getragen wird. Wie stark dieser Berufs-Omnibusverkehr

ist, ergibt sich aus der Tatsache, daß sich am Nordrand des Westerwaldes, also in der Nähe der Siegtal-Industrie, im Raum
Gebhardshain-Hachenburg-Friedewald-Betzdorf an Werktagen 63
Omnibuspaare auf zwei Straßen kreuzen, an Wochenenden hingegen nur 8.

Die hauptsächlichen Ausgangspunkte der Omnibuslinien sind:
— Altenkirchen mit 39 Tagesfahrten
                nach und von Höchstenbach, Neustadt/Wied, Neu-
                wied und Weyerbusch bzw. Siegburg;
— Dillenburg   mit 42 Tagesfahrten
                nach Nahzielen auf dem östlichen Westerwald [1])
                und   5 Fahrten
                nach Koblenz und zurück;
— Haiger   mit 11 Tagesfahrten
                nach Westerwaldgemeinden [1]);
— Herborn   mit 55 Tagesfahrten
                auf den östlichen und südöstlichen Westerwald [1]);
— Montabaur   mit 110 Tagesfahrten
                in den Richtungen Bad Ems-Nassau, Holzappel-
                Laurenburg, Bad Marienberg-Oberroßbach,
                Koblenz, Westerburg, Limburg, Siershahn-Alten-
                kirchen, Neuwied, Diez, Höhr-Grenzhausen und
                Dierdorf-Hartenfels,
um nur die wichtigsten zu nennen. Mehrere kleinere Linien im
Inneren des Oberwesterwaldes und auf dem Hohen Westerwald
seien nur randlich erwähnt.

Insgesamt sind die Straßen des Westerwaldes durch den öffentlichen und durch den privaten Kraftfahrzeugverkehr stärker belegt
als etwa die Straßen im rheinland-pfälzischen Anteil der Eifel
oder des Taunus.

---

[1]) Fahrten nach Orten im sogenannten Gladenbacher Bergland östlich der
     Dill sind hier nicht mitgezählt; dieser Raum wird von Dillenburg, Haiger und
     Herborn aus wesentlich stärker versorgt als der östliche Westerwald.

BODENSCHÄTZE UND WIRTSCHAFT

Dr. Heinz Fischer, Koblenz

Überblick

Die schon 1960 begonnene und im Jahre 1972 abgeschlossene
und veröffentlichte „Wirtschaftsräumliche Gliederung der Bundesrepublik Deutschland" von K. HOTTES und E. OTREMBA weist
auch einen **„Wirtschaftsbezirk Westerwald"** aus. Bei der Unter-
gliederung in kleinere Gebiete bzw. nahezu homogen oder ähnlich gestaltete Teilräume werden genannt: der **Vordere Westerwald** mit uneinheitlich entwickelter, vorwiegend kleinbäuerlicher
Landwirtschaft, die auf Zuverdienst angewiesen ist, und Natur-

steinindustrie, Kleingewerbe und Ansätzen von Fremdenverkehrsgewerbe; **Hoher Westerwald und Montabaur** mit stark auf Futterbau und Viehhaltung orientierter Landwirtschaft, gewerblichen
Ansätzen bei Holz- und Metallverarbeitung und ebenfalls Steinindustrie; **Kannenbäckerland** mit dominierender Tongewinnung
und Tonwarenindustrie sowie mit kleinstrukturierter Landwirtschaft. Diese Kurzdarstellung erfaßt allerdings sachlich nicht die
durchaus vorhandene Feinstruktur des wirtschaftlichen Gefüges
und räumlich nicht die wirtschaftlich weitaus gewichtigeren Randgebiete, die landschaftlich zwar nicht direkt zum Westerwald
gehören, mit diesem aber durch wirtschaftshistorische, bevölke-
rungsgeographische und verkehrsmäßige Beziehungen eng verbunden sind, so die Wirtschaftsbezirke **„Obere Sieg"** mit der
westerwaldnahen Wirtschaftseinheit **„Siegtal bei Betzdorf und
Wissen"** und **„Lahn-Dill-Gebiet"** mit den schwerindustriellen Wirt-
schaftseinheiten zwischen Dillenburg und Wetzlar. Wenngleich
diese Randgebiete heute eigenständige und nichtwesterwälder
Wirtschaftsgebiete sind, so fußten sie in der Vergangenheit doch
weitgehend auf Rohstoffen aus dem Westerwald, weshalb sie
wenigstens in Bezug auf die Bodenschätze berücksichtigt werden
sollten.

Bodenschätze

Für die frühe gewerbliche Entwicklung des Westerwaldes waren
die **Eisenerzlagerstätten** von besonderer Bedeutung; nachgewiesen ist der Erzbergbau schon seit der Latènezeit (4. Jahrhundert
v. Chr.); die letzten Erzgruben auf dem nördlichen Westerwald
und im Siegerland wurden 1965 stillgelegt.
Die Vorkommen von Eisenerzen sind mit der älteren geologischen
Entwicklung des Westerwaldes verbunden und unterscheiden sich
von allen anderen deutschen Lagerstätten dadurch, daß sie direkt
oder indirekt vulkanischer Entstehung sind. Die Siegerländer und
Westerwälder Erze gehören zu den **Spateisenerzen** (Siderit,
$FeCO_3$) und wurden aus magmatischen Herden des Untergrundes
in die bei der variskischen Faltung des Schiefergebirges entstandenen Klüfte und Gänge eingepreßt; diese Gangerze bilden
Lager von durchschnittlich 500 m Länge und 3-4 m Mächtigkeit
bei einem Eisengehalt von rund 30 % mit einer Beimengung von
6 % Mangan. Die von den vulkanischen Schalsteinen begleiteten
Roteisenerze (Hämatit, Fe_2O_3) an Lahn und Dill sind mit 40-45 %
Eisengehalt noch wertvoller; ihre Ausbeutung ist jedoch im Hinblick auf die Wirtschaftlichkeit und auf die Preiskonkurrenz hoch-
prozentiger Importerze auch unrentabel geworden.
Weitere Metallerzgänge lagern beiderseits des Siegener Haupt-
sattels in einem etwa 10 km breiten, von NO nach SW ziehenden
Streifen des unteren Devons, der aus dem Westerwald hinaus
weit in den Hunsrück hineinzieht, **Bleiglanz** und **Zinkblende, Pyrit**
und **Kupferkies** wurden früher bei Bad Ems, Holzappel, Rengsdorf

und Raubach abgebaut; die Gruben sind aber längst geschlossen. Die Erzlagerstätten sind Zeugnisse geologischer Entwicklungsphasen, die bis ins **Erdaltertum** zurückgehen. Aber auch die **Erdneuzeit** hat auf dem Westerwald eine Reihe von Bodenschätzen hinterlassen, die größtenteils auch heute noch genutzt werden. Davon ausgenommen ist lediglich die **Braunkohle,** eine Bildung des mittleren Tertiärs, die besonders auf dem Hohen Westerwald mit etwa einem Dutzend von Flözen zwischen Basalt- und Basalttuffdecken eingelagert ist. 1585 wurde sie erstmals bei Breitscheid gefunden, seit 1718 bei **Höhn** bergmännisch abgebaut. Die damalige nassauische Regierung hatte sogar ihre Nutzung als Hausbrand vorgeschrieben, um die seit dem Mittelalter stark in Mitleidenschaft gezogenen Wälder zu schonen. Im Jahre 1922 erreichte der Abbau mit einer Förderung von 407 000 Tonnen aus 19 Gruben einen Höhepunkt. Die Rentabilität insgesamt war jedoch sehr gering, und nur die Grube Alexandria in Höhn-Urdorf konnte sich bis 1961 halten, weil die Kohle im nahegelegenen Elektrizitätswerk "Westerwald" zur Stromerzeugung verwendet werden konnte. 1959 förderten hier noch 84 Bergleute 30 000 t Braunkohle. Die Westerwälder **Tone** sind von höchster Bedeutung für die Wirtschaft besonders des unteren Westerwaldes. Während des frühesten Tertiärs herrschte im Schiefergebirgsraum unter dem Einfluß eines tropisch-feuchten Klimas eine sehr tiefgründige Verwitterung, bei der selbst die Feldspäte der devonischen Schiefer zerstört wurden; man nennt diesen Vorgang "Kaolinisierung". Die Verwitterungsprodukte wurden in Becken und Senken innerhalb des Westerwaldes (- und auch der Eifel -) eingeschwemmt und als Tone abgelagert; devonische Grauwacken verwitterten zu Sanden und wandelten sich später bei Abscheidung von Kieselsäure zu **Quarziten** um. Damit waren die wichtigsten Grundstoffe für die heutige Industrie des Kannenbäckerlandes geschaffen.

Sind Ton- und Quarzitlagen nur auf die Stellen ehemaliger Senken beschränkt, so besonders im Raume westlich und nördlich von Montabaur (- wo sie übrigens z. T. von den sogenannten Deckbasalten überlagert sind -), ferner bei Friedewald und Weitefeld sowie bei Emmerzhausen und Breitscheid, ist das hauptsächlich auftretende vulkanische Ergußgestein, der **Basalt,** im Westerwald weit verbreitet. Praktisch ist der ganze Hohe und Oberwesterwald von einer Basaltdecke überzogen; Basaltkuppen ragen über den Unterwesterwald auf und begleiten auch den rheinseitigen Rand des Gebirges. Bekannt sind u. a. die großen Steinbrüche von Linz, Enspel und Hundsangen, wo die prismischsechskantige Abkühlungsform des Basalts ("Säulenbasalt") sehr gut ausgebildet ist.

Weitere Bodenschätze des Westerwälder Bereichs sind **Kalksteine, Dolomit, Marmor** und **Dachschiefer,** die aber nur noch an wenigen Stellen in den Grenztälern von Lahn und Dill gewonnen werden, für den Westerwald selbst aber von geringer Bedeutung sind.

Industrie
Von den auf der Gewinnung und Verarbeitung heimischer Bodenschätze basierenden Industriezweigen ist zunächst die Industrie
der **Tongewinnung** und **Tonverarbeitung,** also die **keramische
Industrie** im weiteren Sinne, zu nennen. Abgesehen von kleineren
Standorten der Tongewinnung im nordöstlichen Westerwald, wo
die Töpferei seit 1972 erloschen ist, konzentriert sie sich auf das
Kannenbäckerland. Je nach Gunst der Lagerung werden die Tone
im Tagebau (zu etwa 55 %, bei geringmächtigen Deckschichten),
im Tiefbau (zu etwa 23 %, bei Deckschichten von 30-50 m) oder
in Mischbetrieben durch Stollenvortrieb aus einem Tagebau (zu
etwa 22 %) gewonnen. Die Produktionsziele der auf der Tongewinnung fußenden Verarbeitenden Industrie hängen ab von der
Qualität der Vorkommen. Man unterscheidet in der Hauptsache:

Tonqualität	Produktionsziele
Keramische Tone	Steingut, Steinzeug, Zierkeramik, Röhren, Füll- und Filterkörper, Blumentöpfe, Wand- und Fußbodenplatten, Gebrauchsgeschirr, elektro- keramische Artikel, Schleifmittel u. a.
Feuerfeste Tone	In- und Auskleidung von Hochöfen, Koksöfen, Stahlkonvertern; Stampf- und Anstrichmassen, Formsteine, Kitte, Behälter u. a.
Säurefeste Tone	Behälter und Wannen für Transport und Lage- rung von Chemikalien aller Art.

Das Kannenbäckerländer Tongewerbe reicht in vorgeschichtliche
Zeit zurück; einen ersten Höhepunkt erreichte die Töpferei (oder:
Eulerei, von „ulla" = Topf) im 15. Jahrhundert mit unglasierten
schwarzen und grauen Krügen. Im 16. Jahrhundert wurden mittels
Salzbrand und Lehmglasur rotgebräunte Waren erzeugt; nach den
Zuwanderungen von Siegburger Eulern im 17. Jahrhundert und
vor allem von Töpfern aus dem Aachener Raum entstanden weiß
und gelblich gebrannte, ungefärbte Gefäße und das grau-blaue
Steinzeug.
Die wirtschaftliche Entwicklung und die Strukturveränderungen
nach dem Zweiten Weltkrieg führten zum Rückgang der kleinen
Eulerbetriebe zugunsten mittlerer und größerer Industriebetriebe,
wobei gleichzeitig eine Differenzierung der Produktionszweige
erfolgte. Zum Industriebereich des Kannenbäckerlandes zählen
rund 150 Betriebe in den Orten Dernbach, Herschbach/Oww., Hilgert,
Hillscheid, Höhr-Grenzhausen, Hundsdorf, Meudt, Mogendorf, Montabaur, Moschheim, Oetzingen, Ransbach-Baumbach, Selters,
Siershahn, Staudt, und Wirges mit ca. 8 000 Beschäftigten (= 68 %
aller Industriebeschäftigten). Hauptzentren sind Höhr-Grenzhausen,
wo auch die einschlägigen Fach- und Fachhochschulen bestehen,
Ransbach-Baumbach, Siershahn und Wirges, wo auf der Grundlage
herangeführter Rohstoffe (Sand, Soda, Dolomit) auch Bauglas hergestellt wird.

Die Gewinnung und Verarbeitung des Westerwälder **Basalts** geht nachweislich auf die Römerzeit zurück; im Verlauf einer Römerstraße bei Bonn wurde eine drei Meter mächtige Basaltpackung gefunden. Zahlreiche mittelalterliche Stadtbefestigungen und Sakralbauten im Rheinland sind aus Basaltsteinen erbaut, ebenso viele Hafen- und Wasserbauten an der Nordsee; ein sehr bekanntes Bauwerk aus der Gegenwart ist der Ijsselmeer-Abschlußdamm in Holland.

Während im Oberwesterwald und im nördlichen Vorland des Hohen Westerwaldes in zahlreichen kleineren und mittleren sowie wenigen großen Betrieben der gebrochene Basalt lediglich zu **Schotter** und **Grus** zermahlen wird, verarbeitet die „Basalt-Actien-Gesellschaft" (Sitz: Linz am Rhein) den Säulenbasalt aus den Basaltkuppen des Rhein-Westerwaldes (Brüche von Dattenberg, Kasbach, Mendeberg, Mehrberg) nicht nur zu **Naturbausteinen, Bau- und Straßenschottern,** sondern - wie zuvor schon das Westerwälder Basalt-Zementwerk in Enspel - auch zu **Basalt-Zement** sowie zu geformten **Platten- und Bauelementen** (Basaltin-Erzeugnisse).

Eine besondere Art der Basaltverarbeitung ist bei Kalenborn über Linz entstanden. Im einzigen **Schmelzbasaltwerk** des Rheinischen Schiefergebirges wird hochwertiger Säulenbasalt gekörnt, geschmolzen und zu Röhren, Rinnen, Kohlenschleudern, Kohlenstaubleitungen usw. gegossen. Schmelzbasalt ist völlig unempfindlich gegenüber Korrosion und Abrieb und daher bei Verwendung in Kraftwerken oder im Kohlenbergbau auch bestem Stahl überlegen.

Außer den genannten industriellen Schwerpunkten gibt es auf dem eigentlichen Westerwald keine bedeutenden Standorte; wohl aber in den Randgebieten, die wegen ihres Arbeitskräftebedarfs und ihres Pendlereinzugsbereichs für die Bevölkerung des Westerwaldes von hoher Bedeutung sind. Diese sind - wie schon erwähnt - die **eisenverarbeitenden** und **Metallindustrien** des Siegtals zwischen Wissen und Eiserfeld, ebenso die ähnlich strukturierte Industriegasse der Dill von Dillenburg-Herborn bis Wetzlar und nicht zuletzt die Metallindustrie und die **Industrie der Steine und Erden** (Zement, Bimsbausteine) im östlichen Neuwieder Becken.

Auf dem Westerwald selbst gibt es kleinere Industrie- und Gewerbestandorte mit **Feinmechanik, Metallwarenherstellung, Fahrzeugbau, Kunststoffherstellung** und -verarbeitung, **Holzverarbeitung, Baustoffherstellung** und **Textilverarbeitung;** sie haben sich z. T. aus alten bodenständigen Gewerben entwickelt, wurden in den vergangenen 25 Jahren aber auch im Rahmen der Maßnahmen zur Strukturverbesserung dort angesiedelt. Diese Industriezweige konzentrieren sich in mäßiger Stärke in und um Altenkirchen, Montabaur und Westerburg; Einzelstandorte sind Daaden, Flammersfeld, Rennerod und Scheuerfeld, um nur einige zu nennen.

Die Gewichtigkeit und die räumlichen Schwerpunkte einzelner Industriezweige ergeben sich aus statistischen Angaben (1977/78). Demnach dominiert im Landkreis **Altenkirchen** die **Investitionsgüterindustrie** (Maschinenbau, Eisen-, Blech- und Metallwarenindustrie) mit 116 Betrieben (= 52 % aller Industriebetriebe) und fast 10 000 Beschäftigten (= 57 % aller Industriebeschäftigten). Im Landkreis **Neuwied** hingegen liegt das Schwergewicht auf der **Produktionsgüterindustrie** (einschließlich der Gewinnung von Steinen und Erden) mit 40 % aller Industriebetriebe und 32 % aller Beschäftigten in der Industrie. Im **Westerwaldkreis** aber nimmt die **Verbrauchsgüterindustrie** (feinkeramische Industrie, Glasindustrie, kunststoffverarbeitende Industrie) den ersten Platz ein. Ihr gehören 226 von 454 Industriebetrieben an (= 49,7 %) und 9 521 Beschäftigte (= 52 %). Rechnet man hier noch die 73 Industriebetriebe „Steine und Erden" aus dem Bereich der **Grundstoffindustrie** mit rd. 3 500 Beschäftigten hinzu, so wird das Gewicht derjenigen Industrie sehr deutlich, die ihren Ausgangspunkt von der Verarbeitung heimischer Rohstoffe nahm.

Landwirtschaft

Wenn auch für den Westerwald schon eine sehr frühe prähistorische landwirtschaftliche Nutzung nachgewiesen ist, haben Höhenlage und relative Klimaungunst in historischer Zeit nie mehr als **mittelmäßigen Ackerbau** und **extensive Viehwirtschaft** zugelassen. Immerhin lebten vor 100 Jahren noch 80 % der Bevölkerung von den Erträgen einer klein- und mittelbäuerlichen Landwirtschaft und von der Arbeit im Walde. Bis etwa 1950 war dieser Anteil auf 49 % abgesunken und liegt heute bei nur noch knapp 24 % der Erwerbspersonen; hingegen sind die Anteile der Erwerbspersonen in Industrie und Gewerbe von 36 auf 55 % und im Dienstleistungsgewerbe von 12 auf 21 % angestiegen. Ein **Strukturwandel** ist somit unverkennbar, der sich auch im Flurbild und in der Größe der Landwirtschaftsbetriebe widerspiegelt: bei nur geringfügigen Einbußen der landwirtschaftlichen Nutzfläche insgesamt wurde das Ackerland um fast 20 %, das Wiesenland um 11 % reduziert, während einerseits die Weideflächen um 25 % vergrößert wurden und darüberhinaus die Brachflächen besonders an der Peripherie der Industriestandorte erheblich anwuchsen, in einigen Gemeinden bis auf 35 % der nutzbaren Agrarflächen. Zwar kann der Westerwald nach der Verteilung verschiedener Anbausysteme noch regionalisiert werden (Getreide-Futterbau zwischen Sieg und Wied sowie nördlich der Lahn; gemischter Anbau auf dem übrigen Niederwesterwald; Hackfrucht-Futterbau auf dem Hohen und dem Oberwesterwald), aber die Viehhaltung und teilweise auch die Viehzucht (seit 1930 in verstärktem Maße Rotbunt-Zucht mit Jahresdurchschnittsleistungen pro Kuh von 4 500 kg Milch mit 3,9 % Fettgehalt) dominieren allerorten. Dementsprechend ist eine weitgehende Vergrünung der Flur festzustellen, sind aber auch Entwicklungs- und Sanierungsmaßnahmen im Gange. Kleinere Betriebe wurden stillgelegt, mittlere und

größere Betriebe pachteten oder kauften deren Wirtschaftsflächen.
Bei einer Abnahme von 24 % der landwirtschaftlichen Betriebe
zwischen 1949 und 1973 war bei der Größenklasse von 10 und
mehr Hektar eine Zunahme von 20 % zu verzeichnen; Flurbereini-
gungen und Zusammenlegungen gingen Hand in Hand mit der
Aussiedlung bäuerlicher Betriebe aus engen Dorfverbänden. Der
moderne Aussiedlerhof gehört heute fest zum Bild der Westerwälder Kulturlandschaft.
Einen Überblick über den derzeitigen Stand der landwirtschaftlichen
Aktivitäten gibt folgende Zusammenstellung (Stand: 1978):

Landkreise	Anteil der landwirtschaftlich genutzten Flächen an der Gesamtfläche			
	v. H.	davon (in v. H.)		
		Ackerland	Dauergrün-land	Brach- und Ödland
Altenkirchen	35	36	60	4
Neuwied	36	44	53	3
Westerwaldkreis	33	28	59	13

Der Anteil der Landwirtschaft am Bruttoinlandsprodukt ist zwischen
1961 und 1977 in den Landkreisen Altenkirchen und Neuwied von
6,5 bzw. 5,3 % auf 2,4 bzw. 2,5 % abgesunken, im Westerwaldkreis
jedoch von 9,5 % auf 2,8 %.

Forstwirtschaft

Mit von den strukturellen Veränderungen betroffen ist auch die
Forstwirtschaft. Nicht mehr gepflegt wird die Haubergswirtschaft
mit dem Wirtschaftsziel der Niederholz-, Stangenholz-, Rinden-
und Weidennutzung; Aufforstungen schufen den **Hochwald,** der
aus kommerziellen Überlegungen heraus allerdings sehr stark
verfichtet ist. Durch die Aufforstung der sogenannten Grenz-
ertragsböden hat die Waldfläche des Gebirges zwischen 1950 und
1971 um mindestens 17 % zugenommen und liegt jetzt bei 33 %
der Wirtschaftsfläche. Das ist freilich nur ein Bruchteil des Waldbe-
standes von 1450.
Um diese Zeit setzte nämlich die Eisengewinnung vor allem im nördlichen Westerwald ein, die durch starke Holzeinschläge zur Gewinnung von Holzkohle und Stollenbaumaterial einen Raubbau am
Walde zur Folge hatte. Bereits 1565 mußte der Holzeinschlag durch
eine „Waldordnung" des Grafen von Sayn geregelt werden.
Ehemals bewaldete und seitdem in landwirtschaftliche Nutzung ge-
nommene Flächen werden seit rund 100 Jahren durch Hecken- und
Tannenbusch-Streifen vor Windausblasungen geschützt. Besonders
ausgeprägt und verbreitet sind solche „Neubewaldungen" auf dem
Oberwesterwald, etwa bei Stein-Neukirch.
Über die in den alten Kreisen Dill, Oberwesterwald, Altenkirchen und
Siegen heute noch betriebene Genossenschaftliche Niederwald-
wirtschaft der „Hauberge" siehe auf den Seiten 413, 513 und 722!

Fremdenverkehr

Die relativ gute Verkehrserschließung (Autobahn Köln - Frankfurt, Sauerlandlinie, Dernbacher Dreieck - Trier), die nur spärliche Industrialisierung, das gesunde Reizklima und die Nähe zu den Ballungszentren Rhein-Main und Rhein-Ruhr haben in den vergangenen Jahren zu einer Zunahme des Fremdenverkehrs geführt. Der Fremdenverkehr im Westerwald läßt sich in drei Gruppen aufteilen:

1. Der Langzeit- und Kururlaub mit den Schwerpunkten um Bad Marienberg, Hachenburg, Kroppacher Schweiz, Westerwälder Seenplatte, Montabaur und die Naturparke Nassau und Rhein-Westerwald sowie das Wiedtal, der Raum Rengsdorf, der Raum Flammersfeld, die Lahrer Herrlichkeit, der Raum Mengerskirchen-Arborn, das Ulmtal sowie die Tallandschaften von Rhein, Sieg, Dill und Lahn.
2. Hobby und Sport. Wandern, Achttageswandern und Radwandern ohne Gepäck, Töpfern, Malen, Segeln, Tischtennis, Tennis und Reitkurse, Jagen, Kegeln, Schwimmen.
3. Ausflugs- und Wochenendverkehr zu den zahlreichen Burgen und Schlössern, Museen, Tier- und Märchenparks und Betriebsbesichtigungen insbesondere im Kannenbäckerland.

Die Intensität des Fremdenverkehrs läßt sich aus Vergleichszahlen der amtlichen Statistik (1977) ersehen. Danach wurden in den Westerwaldbereichen der drei Landkreise Altenkirchen, Neuwied und Westerwaldkreis rd. 1,4 Mill. Übernachtungen registriert; das sind fast 11 % aller Fremdenübernachtungen im Lande Rheinland-Pfalz. Die Ausnutzung der vorhandenen Bettenkapazität mit etwa 27 % liegt zwar unter dem Landesdurchschnitt, die durchschnittliche Verweildauer mit 4,5 bis 5,5 Tagen aber erheblich darüber.

ÜBERSICHT ÜBER WICHTIGE FREMDENVERKEHRSEINRICHTUNGEN
Bearbeitung: Fremdenverkehrsverein Westerwald e. V., 5430 Montabaur

Kreis Altenkirchen (AK)
Information: Fremdenverkehrsverein Raiffeisenland e. V., 5230 Altenkirchen/Ww.

Ortsprospekte: Altenkirchen, Betzdorf, Daaden, Flammersfeld, Gebhardshain, Hamm, Horhausen, Herdorf, Weyerbusch, Wissen
Hallenbäder: Altenkirchen, Betzdorf, Daaden, Hasselbach, Mehren, Obernau, Weyerbusch, Wissen
Freibäder: Betzdorf, Daaden, Dickendorf, Kirchen, Niederdreisbach, Obernau, Rettersen, Wissen
Seen/Weiher: Elkenroth, Hamm, Mudersbach-Niederschelderhütte
Rudern: Elkenroth, Wissen, Mudersbach-Niederschelderhütte
Kneipp-Anlagen: Flammersfeld, Rosenheim
Angeln: Altenkirchen, Asbach, Blickhauserhöhe, Elkenroth, Hövels, Katzwinkel, Mammelzen, Michelbach, Wissen
Segeln und Motorflugplätze: Asbach-Limbach, Katzwinkel, Kirchen-Wingendorf

Skipisten: Betzdorf, Daaden, Emmerzhausen, Herdorf, Scheuerfeld, Wissen
Reiten: Altenkirchen, Flammersfeld, Hemmelzen, Selbach
Minigolf: Betzdorf, Daaden, Flammersfeld, Herdorf, Kirchen-Wingendorf, Wissen
Tennis: Altenkirchen, Betzdorf, Daaden, Flammersfeld, Gebhardshain, Herdorf, Selbach, Wissen
Waldlehrpfad: Betzdorf
Trimm-Wege: Betzdorf, Flammersfeld, Kirchen, Weyerbusch, Wissen
Wildpark: Blickhauserhöhe
Ferlendörfer: Daaden, Wissen
Campingplätze: Asbach, Blickhauserhöhe, Obernau, Windhagen

Bonn und der Rhein-Sieg-Kreis (BN und SU); (Westerwaldseite; Rhein- und Siegtal)
Ortsprospekte: Bonn, Bad Honnef, Eitorf, Hennef, Königswinter, Siegburg, Sankt Augustin, Troisdorf, Windeck
Hallenbäder: Bonn-Beuel, Bad Honnef, Eitorf, Königswinter, Königswinter-Oberpleis, Siegburg, Troisdorf
Freibäder: Bad Honnef, Königswinter, Königswinter-Oberpleis, Eitorf, Hennef, Siegburg
Rudern: Beuel, Bad Honnef, Siegburg, Windeck-Dattenfeld, Windeck-Herchen, Windeck-Stromberg
Kneipp-Anlagen: Hennef, Windeck-Herchen, Windeck-Leuscheid
Angeln: Eitorf, Windeck-Dattenfeld, Windeck-Herchen, Windeck-Stromberg
Segelfliegen: Bonn-Beuel, Königswinter-Oberpleis
Reiten: Bad Honnef, Bad Honnef-Aegidienberg, Eitorf, Hennef, Königswinter-Ittenbach, Königswinter-Oberpleis, Windeck-Dattenfeld, Windeck-Leuscheid
Minigolf: Eitorf, Hennef, Siegburg, Windeck-Dattenfeld, Windeck-Herchen
Golf: Hennef
Tennisplätze: Bad Honnef, Eitorf, Hennef, Sankt Augustin, Siegburg, Troisdorf, Windeck
Trimm-Wege: Eitorf, Windeck-Dattenfeld, Windeck-Herchen
Wildparke: Hennef, Windeck-Leuscheid
Campingplätze: Bad Honnef-Aegidienberg, Hennef, Königswinter-Oberpleis, Windeck-Dattenfeld, Windeck-Stromberg

Lahn-Dill-Kreis (L); (Westerwaldseite und Lahntal)
Information: Geschäftsstelle Fremdenverkehrsgebiet Lahn-Dill, Westerwald und Taunus e. V., 6349 Greifenstein-Arborn, Tel. (0 64 77) 2 74
Ortsprospekte: Dietzhölztal, Dillenburg, Gießen, Greifenstein, Haiger, Herborn, Ulmtal, Wetzlar
Hallenbäder: Aßlar, Burgsolms, Dillenburg, Dillenburg-Oberscheld, Driedorf-Roth, Ehringshausen, Eschenburg-Eibelshausen, Gießen, Haiger, Herborn, Herborn-Schönbach, Herbornseelbach, Heuchelheim, Naunheim, Waldgirmes, Wetzlar
Freibäder: Allendorf, Arborn, Dietzhölztal, Dillenburg-Frohnhausen, Dillenburg-Oberscheld, Dillenburg-Niederscheld, Ehringhausen-Daubhausen, Gießen, Haiger-Flammersbach, Haiger-Weidelbach, Herborn, Heuchelheim, Hohenahr, Herborn-Schönbach, Krofdorf, Medenbach, Nenderoth, Sinn, Waldgirmes, Wallendorf, Wetzlar
Seen/Weiher: Dietzhölztal-Steinbrücken, Haiger-Allendorf, Haiger-Weidelbach, Heuchelheim, Launsbach, Wißmar
Rudern: Heuchelheim, Launsbach, Wallendorf, Wetzlar, Wißmar
Kneipp-Anlagen: Allendorf, Eschenburg-Hirzenhain, Leun-Biskirchen, Siegbach-Übernthal, Sinn, Ulm
Angeln: Ehringshausen, Haiger-Flammersbach, Heuchelheim, Launsbach, Leun, Naunheim, Solms-Niederbiel, Wallendorf, Wetzlar, Wißmar
Segeln - Motorflugplätze: Aßlar, Breitscheid, Eschenburg-Hirzenhain, Haiger-Rodenbach, Herborn-Hörbach, Wetzlar

Skipisten: Arborn, Dietzhölztal-Ewersbach, Driedorf-Roth, Eschenburg-Eiershausen, Eschenburg-Hirzenhain, Greifenstein, Haiger-Steinbach, Hohenahr
Reiten: Allendorf, Dillenburg, Driedorf-Roth, Haiger, Herborn, Leun, Nauborn, Oberlemp, Wetzlar, Wißmar
Kegeln: Arborn, Biebertal, Dillenburg, Dillenburg-Niederscheld, Dillenburg-Oberscheld, Eschenburg-Eibelshausen, Haiger, Krofdorf, Nenderoth
Minigolf: Allendorf, Biebertal, Hohenahr, Leun, Nauborn, Solms-Niederbiel, Waldgirmes, Wetzlar
Tennisplätze: Dietzhölztal-Ewersbach, Dillenburg, Dillenburg-Niederscheld, Driedorf-Roth, Eschenburg-Eibelshausen, Gießen, Haiger, Haiger-Langenaubach, Haiger-Sechshelden, Herborn, Leun, Sinn
Waldlehrpfade: Biebertal, Greifenstein, Heuchelheim, Leun-Stockhausen, Solms-Niederbiel, Ulm, Wallendorf, Wetzlar
Trimm-Wege: Aßlar, Greifenstein, Haiger, Haiger-Flammersfeld, Herborn, Löhnberg, Siegbach-Übernthal, Solms-Oberbiel, Ulm, Wetzlar
Wildpark: Dillenburg-Donsbach
Vogelpark: Herborn-Uckersdorf
Schießen: Eschenburg-Eibelshausen, Haiger, Haiger-Rodenbach, Herborn, Kölschhausen, Wißmar
Märchenwald: Ulmtal-Allendorf
Campingplätze: Biebertal, Leun, Wallendorf, Wißmar, Wetzlar

Kreis Limburg-Weilburg (LM); (Westerwaldseite und Lahntal)

Information: Kreisausschuß des Landkreises Limburg-Weilburg, Amt für Wirtschafts- und Verkehrsförderung, Schiede 43, 6250 Limburg 1, Tel. (06431) 96221
Ortsprospekte: Aumenau, Elz, Hadamar, Limburg, Löhnberg, Mengerskirchen, Villmar, Weilburg, Wilsenroth
Hallenbäder: Dehrn, Hadamar-Steinebach, Limburg, Limburg-Offheim, Weilburg
Freibäder (beheizt): Hadamar, Dornberg-Frickhofen, Elz
Freibäder (nicht beheizt): Merenberg-Reichenborn
Seen/Weiher: Mengerskirchen (Seeweiher); Merenberg (Vöhler Weiher)
Rudern: Mengerskirchen, Limburg, Löhnberg, Weilburg
Kneipp-Anlagen: Waldbrunn-Fussingen, Waldbrunn-Lahr, Wilsenroth
Angeln: Aumenau, Elz, Löhnberg, Mengerskirchen, Runkel, Weilburg, Villmar, Wilsenroth
Segel - Motorflugplätze: Elz, Thalheim
Skipisten: Mengerskirchen
Reiten: Elz, Hangenmeilingen, Limburg, Niederzeuzheim, Weilburg
Minigolf: Elz, Limburg, Niedershausen, Weilburg, Wilsenroth
Tennisplätze: Elz, Frickhofen, Hadamar, Limburg, Villmar, Weilburg
Waldlehrpfade: Heckholzhausen, Langendernbach
Trimm-Wege: Frickhofen, Hadamar, Oberzeuzheim, Waldernbach, Waldbrunn-Lahr, Weilburg, Wilsenroth
Wildparke: Elz, Waldbrunn-Lahr, Weilburg-Drommershausen
Schießen: Elz, Hadamar, Limburg, Weilburg, Wilsenroth
Freischach: Thalheim, Wilsenroth
Ferien auf dem Bauernhof: Dornburg, Hadamar, Mengerskirchen, Villmar, Waldbrunn
Campingplätze: Limburg, Hadamar-Oberzeugheim, Runkel, Merenberg, Waldernbach, Weilburg, Weilburg-Gräveneck, Weilburg-Odersbach
Freischach: Wilsenroth, Thalheim
Kegeln: Beselich, Dornburg-Dorndorf, Dornburg-Frickhofen, Dornburg-Wilsenroth, Dornburg-Thalheim, Dornburg-Langendernbach, Hadamar, Limburg, Löhnberg, Löhnberg-Niedershausen, Mengerskirchen-Waldernbach, Villmar, Waldbrunn (alle Ortsteile), Weilburg, Weilburg-Odersbach
Feriendorf: Mengerskirchen (Seeweiher)

**Kreis Neuwied (NR); Stadt Koblenz (rechtsrheinisch) (KO);
Kreis Mayen - Koblenz (rechtsrheinisch) (KO)**

Ortsprospekte: Bad Hönningen, Bendorf, Ehlscheid, Hausen, Horhausen, Koblenz, Neustadt, Neuwied, Niederbreitbach, Rengsdorf, Roßbach, Vallendar

Hallenbäder: Bad Hönningen, Dernbach, Dierdorf, Hausen, Neuwied, Niederbreitbach, Puderbach, Straßenhaus, Vallendar, Waldbreitbach

Freibäder: Bad Hönningen, Bruchermühle, Ehlscheid, Hausen, Horhausen, Linz, Niederbreitbach, Steimel, Straßenhaus, Urbach, Vallendar, Vettelschoß, Waldbreitbach

Thermal-Freibad: Rengsdorf

Rudern: Dierdorf, Roßbach, Urbach, Waldbreitbach

Kneipp-Anlagen: Bad Hönningen, Horhausen, Rengsdorf, Steimel, Vallendar

Eissporthalle: Neuwied

Angeln: Döttesfeld, Großmaischeid, Horhausen, Isenburg, Kleinmaischeid, Neuwied, Niederbreitbach, Roßbach, Urbach, Waldbreitbach

Segel - Motorflugplatz: Dierdorf-Wienau

Skipisten: Hausen, Waldbreitbach

Reiten: Bad Hönningen, Dierdorf, Döttesfeld, Ehlscheid, Großmaischeid, Horhausen, Pleckhausen, Neuwied

Kegeln: Bad Hönningen, Burdenbach-Bruch, Linz

Golf: Horhausen

Minigolf: Bad Hönningen, Dierdorf, Linz, Neuwied, Niederbreitbach, Steimel, Straßenhaus

Tennisplätze: Bad Hönningen, Burdenbach-Bruch, Dierdorf, Horhausen, Linz, Niederbreitbach, Rengsdorf, Roßbach, Steimel, Waldbreitbach

Waldlehrpfade: Döttesfeld-Breitscheid, Neuwied

Trimm-Wege: Dernbach, Horhausen, Linz, Roßbach

Wildparke: Obersteinebach, Steimel

Zoo: Neuwied-Heimbach-Weis

Schießanlagen: Bad Hönningen, Döttesfeld, Leutesdorf, Linz, Rheinbrohl, Waldbreitbach

Fahrradverleih: Bad Hönningen, Niederbreitbach, Waldbreitbach

Freischachanlagen: Bad Hönningen, Niederbreitbach, Steimel

Feriendörfer: Burdenbach-Bruch, Döttesfeld-Breitscheid

Ferien auf dem Bauernhof: Ehlscheid, Hardert

Campingplätze: Bad Hönningen, Burdenbach-Bruch, Döttesfeld, Leutesdorf, Neustadt, Neuwied, Niederbreitbach, Roßbach, Steimel, Vettelschoß, Waldbreitbach

Rhein-Lahn-Kreis (EMS)

Information: Kreisverwaltung des Rhein-Lahn-Kreises, 5427 Bad Ems, Tel. (0 26 03) 7 22 21; Zweckverband Naturpark Nassau, 5428 Münchenroth, Tel. (0 67 72) 56 13

Ortsprospekte: Bad Ems, Diez, Lahnstein, Hömberg, Nassau, Obernhof, Weinähr, Balduinstein, Kemmenau, Laurenburg, Winden

Hallenbäder: Bad Ems, Diez, Lahnstein

Freibäder: Arzbach, Bad Ems, Diez, Holzappel, Lahnstein, Nassau

Seen/Freibäder: Diez (Wasserski), Holzappel, Laurenburg (Wasserski)

Rudern: Balduinstein, Diez, Holzappel, Obernhof, Nassau, Weinähr

Kanu: Gelbach, Weinähr, Nassau

Kneipp-Anlagen: Bad Ems, Diez, Hömberg, Kemmenau, Lahnstein, Obernhof, Nassau

Angeln: Bad Ems, Balduinstein, Diez, Holzappel, Lahnstein, Nassau, Obernhof

Reiten: Bad Ems, Diez, Nassau

Golf: Bad Ems (Denzerheide)

Minigolf: Bad Ems, Balduinstein, Diez, Holzappel, Lahnstein, Nassau, Obernhof

Tennisplätze: Bad Ems, Diez, Lahnstein, Nassau, Weinähr
Freischachanlagen: Diez, Lahnstein, Nassau, Obernhof
Waldlehrpfad: Nassau (Kaltbachtal)
Trimm-Wege: Bad Ems, Diez, Obernhof, Weinähr
Campingplätze: Arzbach, Bad Ems, Dausenau, Diez, Fachbach, Lahnstein, Nassau, Obernhof, Weinähr
Feriendorf: Herthasee bei Holzappel
Information: Kreisverkehrsverband Siegerland e. V., Berliner Straße 39, 5900 Siegen 1, Tel. (0271) 3377-478

Kreis Siegen (SI)

Information: Kreisverkehrsverband Siegerland e. V., 5900 Siegen 1, Berliner Straße 39, Haus der Volksbank, Tel. (0271) 3377 - 478

Ortsprospekte: Burbach, Neunkirchen, Siegen
Freibäder: Altenseelbach, Burbach, Holzhausen, Salchendorf, Siegen, Struthütten
Hallenbäder: Mudersbach, Siegen
Segel - Motorflugplätze: Burbach, Siegen
Skipisten: Neunkirchen
Reiten: Burbach, Holzhausen, Siegen
Kegeln: Siegen
Minigolf: Salchendorf, Siegen
Tennisplätze: Salchendorf, Siegen
Schießen: Siegen
Wildpark: Siegen

Westerwaldkreis (WW, bis Januar 1979 MT)

Information: Fremdenverkehrsverein Westerwald e. V., Kirchstraße 48a, 5430 Montabaur, Tel. 02602 / 3335 oder 3810
Ortsprospekte: Buchfinkenland, Bad Marienberg, Freilingen, Hachenburg, Höhr-Grenzhausen, Montabaur, Nistertal, Unnau, Wallmerod, Westerburg, Wirges
Hallenbäder: Bad Marienberg, Hachenburg, Montabaur, Nauort, Wirges-Siershahn
Kleinschwimmhallen: Bad Marienberg, Höhn, Montabaur, Rennerod, Seck, Westerburg
Freibäder, beheizt: Bad Marienberg, Herschbach, Hundsangen, Montabaur, Ransbach-Baumbach, Unnau, Westerburg
Freibäder, nicht beheizt: Höchstenbach, Höhr-Grenzhausen, Mündersbach, Wallmerod, Willmenrod, Wirges
Seen/Weiher: Dreifelden - Dreifelder Weiher 123 ha; Elbingen - Birkensee 8 ha; Freilingen - Postweiher, Brinkenweiher 12 ha; Maroth - Waldsee 10 ha; Maxsain-Goddert - Klingelweiher 2 ha; Pottum-Stahlhofen - Wiesensee 80 ha; Ransbach-Baumbach - Erlenhofsee 6 ha; Rehe - Krombachtalsperre 93 ha; Seck - Secker Weiher 10 ha; Steinen - Hausweiher 10 ha; Schmidthahn - Hofmannsweiher, Haidenweiher; Waigandshain - Breitenbachtalsperre 16 ha; Wölferlingen - Wölferlinger Weiher
Segelmöglichkeiten: Pottum-Stahlhofen, Rehe
Rudermöglichkeiten: Dreifelden, Elbingen, Freilingen, Maroth, Pottum-Stahlhofen, Rehe, Seck
Kneipp-Anlagen: Bad Marienberg, Gackenbach, Hachenburg, Montabaur, Ransbach-Baumbach
Angeln: Breitenau, Dernbach, Dreisbach, Elbingen-Mähren, Elsoff-Mittelhofen, Freilingen, Freirachdorf, Härtlingen, Helferskirchen, Herschbach, Höhr-Grenzhausen, Maroth, Nordhofen, Oberelbert, Obererbach, Pottum, Ransbach-Baumbach, Rehe, Seck, Stahlhofen, Staudt, Steinen, Steinebach-Schmidthahn, Wahlrod, Waigandshain, Wirges

Segel - Motorflugplätze: Ailertchen, Montabaur, Oberroßbach

Skipisten: Bad Marienberg, Kirburg, Oberrod, Salzburg, Westerburg

Reiten: Steinebach, Montabaur, Höhr-Grenzhausen, Bannberscheid, Sessenhausen, Untershausen, Härtlingen, Hachenburg, Bad Marienberg, Mudenbach, Helferskirchen, Hattert-Hütte, Hahn, Wahlrod, Schenkelberg, Seck, Unnau, Höhr-Grenzhausen, Rotenhain-Todtenberg, Dreisbach, Meudt, Freilingen

Kegeln: Bad Marienberg, Dernbach, Helferskirchen, Herschbach, Höhr-Grenzhausen, Irmtraut, Marienrachdorf, Maxsain, Montabaur, Nauort, Nister, Nistertal, Ransbach-Baumbach, Ruppach-Goldhausen, Seck, Steinebach, Streithausen, Wahlrod, Wallmerod, Westerburg, Willmenrod, Wirges, Freilingen, Hachenburg, Simmern, Mündersbach, Alpenrod, Ebernhahn, Freirachdorf, Hilgert, Leuterod, Montabaur-Horressen, Mudenbach, Norken, Oberhaid, Oetzingen, Rennerod, Selters

Golf: Eitelborn (Denzerheide)

Minigolf: Bad Marienberg, Eitelborn, Freilingen, Gackenbach-Dies, Hachenburg, Herschbach, Höhr-Grenzhausen, Ransbach-Baumbach

Tennisplätze: Bad Marienberg, Dernbach, Hachenburg, Heimborn-Ehrlich, Höhr-Grenzhausen, Montabaur, Nauort, Ransbach-Baumbach, Siershahn, Westerburg, Wirges

Waldlehrpfade: Gackenbach, Bad Marienberg, Hachenburg, Montabaur, Wirges (Wald-Freizeitanlage)

Trimm-Dich-Wege: Gackenbach, Montabaur

Wildparke: Bad Marienberg, Gackenbach, Hof, Westerburg

Feriendörfer: Goddert, Helferskirchen, Hübingen, Seck

Ferien auf dem Bauernhof: Bad Marienberg, Borod, Brandscheid, Dreifelden, Dreisbach, Hahn, Hartenfels, Höhr-Grenzhausen, Hof, Linden, Montabaur-Ettersdorf, Mudenbach, Mündersbach, Nomborn, Nordhofen, Rotenhain-Todtenberg, Rothenbach, Steinen, Unnau, Wahlrod, Ellenhausen, Roßbach, Seck, Welschneudorf

Campingplätze: Elbingen-Mähren, Freilingen, Girod-Kleinholbach, Heimborn-Ehrlich, Helferskirchen, Herschbach, Heuzert, Höhr-Grenzhausen, Hundsangen, Maroth, Maxsain, Rehe, Seck, Steinebach-Schmidthahn, Steinen, Stein-Wingert, Westerburg

Wanderungen: Der Fremdenverkehrsverein Westerwald e. V. in Montabaur veranstaltet regelmäßig Fuß-, Rad- und Abenteuerwanderungen mit Gepäcktransfer.

Landschaften des Westerwaldes
Städte — Dörfer — Sehenswertes

1. Hoher Westerwald

RUND UM DEN HÖLLKOPF

Bearbeiter: Heinzcarl Bender† und Karl Kessler

Die Landschaft am Höllkopf, in Karten auch „Höllberg" genannt, (643 m ü. NN) liegt am Osthang des Westerwaldes und ist gleichzeitig ein Teil der östlichen Flanke des basaltischen Hohen Westerwaldes. Während zur Dill hin ein Gebiet mit starker Zertalung festzustellen ist, zeigt die Basalthochfläche eine schwache Reliefenergie. Die Basaltdecken ruhen hier auf den devonischen Schichten des Rheinischen Schiefergebirges, dagegen sind die geologischen Verhältnisse westlich der Dill von variskisch streichenden Schollen des Devons und Karbons, die durch tektonische Störungen stark zerstückelt sind, gekennzeichnet. Außer Basalten finden sich besonders im Norden und Süden des Höllkopfes Lagerstätten von weißen Tonen, Sanden und Kiesen, die Umlagerungsprodukte des paläozoischen Fundaments darstellen. Dazu ruhen unter, über und zwischen den Basaltdecken ausgedehnte miocäne Braunkohlenflöze. Die hohen Niederschläge und das Speicherungsvermögen der Basaltschuttlehme bedingen den Wasserreichtum des Gebietes und bewirken das Vorhandensein von Quellzentren. Die daraus sich entwickelnden Bäche: Haigerbach, Aubach, Mühlbach, Rinnbach, Rehbach entwässern zur Dill, der Ulmbach zur Lahn. In einer Talmulde im Quellgebiet des Rehbaches liegen südlich des Höllkopfes die Krombachtalsperre und der Stausee bei Mademühlen, mit deren Bau als Wasserrückhaltebecken vor etwa 25 Jahren begonnen wurde, um die Elektrizitätsversorgung im Raum an Dill und Lahn zu verbessern.

Die schwer zu bearbeitenden Lehmböden und die Staunässe in den Mulden haben das Land am Höllkopf der landwirtschaftlichen Nutzung fast gänzlich verschlossen. Kleine Wälder, überwiegend Fichten, und Windschutzstreifen sowie ein extrem hoher Grünlandanteil sind typisch für den Hohen Westerwald. Noch heute wird eine mehr oder weniger geregelte Feldgraswirtschaft betrieben, die der Viehzucht breiten Raum läßt. In einer Form der Fernweidewirtschaft bezieht die Westerwälder Wanderschäferei alljährlich Sommerweideplätze hier oben. Viele Sozialbracheflächen, die durch die Aufgabe von kleinbäuerlichen Betrieben entstanden sind, werden dadurch genutzt. Waren es früher große Rinderherden, so sind es heute schwarzköpfige Fleischschafe, die sich dem Klima und dem Land am Höllkopf gut angepaßt haben.

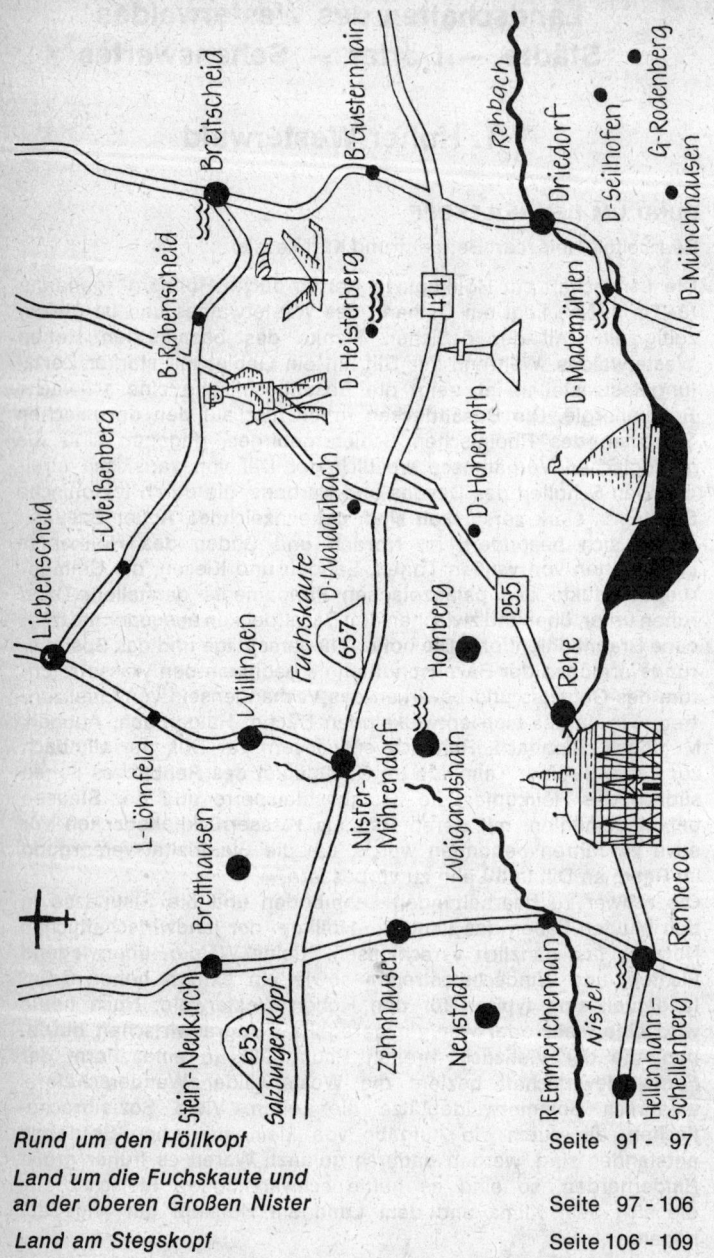

Rund um den Höllkopf   Seite 91 - 97

Land um die Fuchskaute und
an der oberen Großen Nister   Seite 97 - 106

Land am Stegskopf   Seite 106 - 109

Zwischen Fuchskaute und Höllkopf liegt, noch in der Quellmulde des Aubachs
Driedorf-Waldaubach (583 m; 400 E.)

◪ Waldaubach ist das zweithöchstgelegene Dorf des ehemaligen Dillkreises, ein typisches Westerwalddorf auf der freien Westerwaldhöhe. 1447 wird es als Waltubach erstmals genannt.

🚌 nach Herborn und Koblenz.

Neben der gut ausgebauten Straße in Richtung Haiger liegt frei auf der Hochfläche über dem noch wenig eingekerbten Aubachtal
Breitscheid-Rabenscheid (554 m; 420 E.)

◪ 🏛 Rabenscheid ist eine Randsiedlung des nordöstlichen Hohen Westerwaldes. 1398 wird sie als „Rabinscheid" (= Rabengrenzwald) genannt. - Bemerkenswert ist die alte Basaltkirche, eine Wehrkirche, bei der der Zugang zum trutzigen Turm nur über den Speicher des Kirchenschiffes möglich ist (Verteidigung in Kriegszeiten!).

✕ Gaststätte mit Mittagstisch.

🦪 Im Aubachoberlauf die Grützenmühle. Der Bach hat von da an mehr Gefälle und gräbt sich talabwärts tiefer ein; das Tal wird enger, die Straße führt nach Langenaubach hinab.

👫 Die offene, leicht gewellte Landschaft regt zu Wanderungen zur Fuchskaute, zum Barstein, zum Flugplatz und zum Heisterberger Weiher an.

3,5 km östlich am sonnenreichen Osthang der Westerwaldhöhen
Breitscheid (460 m; 1875 E.; als Großgemeinde 4500 E.)

◪ 🏛 Erste urkundliche Erwähnung 1230/31; Kapelle und Kirchhof werden 1309 genannt. - Der Turm der heutigen Kirche wurde um 1350 erbaut, das Kirchenschiff ist 1970 erneuert worden. Im Chor spätgotische Fresken. Ringförmiger Kirchhof mit Ummauerung.
Von 1897 bis 1904 wirkte hier der Pfarrer und Westerwalddichter **Fritz Philippi** (1869 - 1933).

✕ Bei Breitscheid wurde 1585 zum ersten Mal im Westerwald auf Braunkohlen geschürft; gewerblicher und industrieller Abbau derselben (mit Unterbrechungen) von 1748 bis 1953. Reiche Tonlager begründeten das von Anfang des 18. Jh. bis 1972 nachweisbare **Häfner-/Töpferhandwerk** und seit 1899 ein Industriewerk für Schamotte und feuerfeste Steine.
Lit.: Ernst Henn, 260 Jahre Häfnerhandwerk in Breitscheid; Breitscheid 1976

✈ Großer Sportflugplatz „Auf der Hub" südwestlich des Ortes, Schwimmgelegenheit im pensionseigenen Schwimmbad (geheizt) mit Sauna; Mehrzweckhalle; Schutzhütte mit Grillplatz auf Hermannsroth.

✕🛏 104 Fremdenbetten; Pension, Speisegaststätten, Café; Flugplatzrestaurant „Auf der Hub".

🚃 Endpunkt der Bahnstrecke Haiger - Breitscheid.

🚌 nach Herborn

🦪 Unterhalb Breitscheid verschwindet der Erdbach im Kleingrubenloch in der Erde und bildet hier ein verwickeltes Netz von Gängen und Spalten, die mit ca. 100 m die tiefste Höhle Hessens bilden. Das Wasser des Erdbachs tritt im Kalksteinbruch oberhalb Erdbach wieder zutage. Beim **Erdbachhöhlensystem** - das noch erforscht wird - handelt es sich um Karsterscheinungen im oberdevonischen Riffkalk.

☎ Gemeindeverwaltung 6349 Breitscheid, Tel. (02 77) 2 77

♣♣ Von Breitscheid aus sind schöne Wanderungen möglich, z. B. nach
Erdbach mit seinen Höhlen (Steinkammern) und seinem sehens-
werten geologischen Museum; ebenso zum Wildweiberhäuschen bei
Langenaubach.

3 km südlich liegt am Fuße des Barsteins (618 m)

Breitscheid-**Gusternhain** (510 m; 516 E.)

▣ Der Ort wird 1313 Gausternhan, 1447 Guntershain genannt.

♪ An der Straße Gusternhain - Breitscheid liegt oberhalb inmitten von
Fichten das Herborner Haus, das Wanderheim der Ortsgruppe des
Westerwald-Vereins Herborn. Keine dauernde Bewirtschaftung; im Winter
geschlossen. Anmeldung bei Walter Rühl, Schulberg 10, 6348 Herborn.
✕ Gaststätte mit Mittagstisch.

🚌 nach Herborn und Koblenz

✳ Vom Barstein (618 m) herrliche Aussicht auf die Westerwaldhöhen.
Über den Barstein führte die alte Rheinstraße, von Haiger/Dillenburg
kommend, in Richtung Mengerskirchen.

♨ Südlich von Gusternhain liegt die „**Salzlücke**", eine kesselartige
Talausweitung an der Absprungstelle des Ambachs von der Westerwaldhochfläche, romantisch und malerisch mit vielen Basaltblöcken. Salzlücke kommt wohl von „Salzlecke". Hier wachsen verschiedene interessante Pflanzen.

Nördlich des Höllkopfes und im Südosthang der Baar (615 m) am

Übergangssattel zwischen Ambach und Aubach

Driedorf-**Heisterberg** (580 m; 200 E.)

▣ 1315 wird der Ort unter seinem jetzigen Namen erwähnt (Heistern =
junge Buchen).

♪ Schwimmen möglich im Heisterberger Weiher; Campingplätze; Skilift am Höllkopf.

🛏✕ Übernachtungsmöglichkeit, Mittagstisch, Café.
Kreisjugendheim des Dillkreises.

♨ Von Heisterberg hat man einen schönen Blick auf den etwa 10 ha
großen **Heisterberger Weiher,** der in einer flachen Talmulde zwischen
Barstein und Höllkopf liegt. Er wurde 1707-11 unter Fürst Wilhelm V.
von Nassau-Dillenburg als herrschaftlicher Fischteich und als Rückhaltebecken erbaut, zum Teil in Fronarbeit. - Trotz aller Veränderungen der
Randnatur um den Weiher empfiehlt sich ein Rundgang. Man trifft eine
charakteristische Vegetation im Uferbereich des Weihers an. Jenseits der
Straße wächst noch massenhaft die Arnika, ist aber durch aufkommende
Fichten bedroht.

Am Heisterberger Weiher

Nordöstlich von Rehe an der B 255 und östlich des Höllkopfes als höchstgelegenes Dorf des ehemaligen Dillkreises

Driedorf-**Hohenroth** (588 m; 200 E.)

🏛 Einige alte Westerwälder Fachwerkhäuser sind sehenswert. Besonders bemerkenswert ist das alte Schulhaus mit Betsaal aus der 1. Hälfte des 18. Jh., das leider im Verfall begriffen ist. Es ist ein kleiner Fachwerkbau mit einem Dachreiter. Im Untergeschoß befand sich die Schule, im Obergeschoß waren ursprünglich die Lehrerwohnung und die Kapelle (Betsaal). In diesem Raum liegen die Deckenunterzüge auf zwei geschnitzten Holzsäulen mit Weinlaub von Engelsköpfen. Auch die Kanzel ist mit Holzschnitzereien versehen (Fruchtgehänge und Engelsköpfe).
Der 1978 auf dem Höllkopf errichtete **Fernmeldeturm** ist 110 m hoch.
✕ Gaststätte mit Mittagstisch.
🚌 nach Herborn und Koblenz.

Südlich des Höllkopfes im Rehbachtal zwischen Krombachtalsperre und dem Driedorfer Stausee

Driedorf-**Mademühlen** (512 m; 800 E.)

Mademühlen ist ein typisches Westerwalddorf, wenn auch Neubauten sein Gesicht fortlaufend verändern. Es war ein Dorf der langgestreckten, gereihten Westerwaldhäuser mit den langen Dächern.

◻ Vom Jahre 1370 an war das Gericht Driedorf und damit auch Mademühlen hessisch. 1557 kam es mit dem Amte Driedorf wieder an Nassau-Dillenburg, in dem damals Wilhelm der Reiche, Vater des Oraniers, regierte. Im 15. Jh. war in Urkunden die Rede von einem Hofe Malbodomulen.
In der Gemarkung liegen einige ausgegangene Dörfer; Rinfeld, bis 1363, ist heute noch in einem Feldmarknamen erkennbar. 1234 wird das Dorf Hafsdorf (1290 Hasdorf) genannt. In dem Gemarkungsteil „Kenschwiese" stand einst das Dorf Königswiesen; um 1430 bestand der Ort nicht mehr. In seiner Nähe lag bis 1457 noch das Dörfchen Struthausen.
Mademühlen ist das erste Dorf, das die alte Rheinstraße von Haiger/Dillenburg aus auf einer Wegstrecke von etwa 20 km berührt. Sie kommt vom Barstein bei Gusternhain, ihrem höchsten Punkt, geht zum Heisterberger Weiher, läßt rechts den Höllkopf liegen, verläuft durch Mademühlen dem Knoten zu und führt über Mengerskirchen in Richtung auf den Rhein. Auf ihr zogen die Heerhaufen Wilhelm von Oraniens bei der Befreiung der Niederlande.
In Mademühlen ist der Dichter des Westerwaldes **Adolf Weiß** geboren, dessen Geburtshaus noch zu sehen ist. Er ist der Schöpfer des bekannten Westerwaldrufes „Hui! Wäller? - Allemol!"
🏛 Massive **ev. Kirche** mit spätromanischem Chorturm mit Spitzhelm. Der Turm kann nur durch eine Tür im Kirchenspeicher betreten werden (Verteidigung!).
⚓ Schwimmen und Baden in der benachbarten Krombachtalsperre (Eintritt!) möglich.
🛏 ✕ 2 Gasthäuser mit Mittagstisch; 3 Ferienwohnungen; Ausflugsgaststätte „Haus am See", Krombachtalsperre; Campingplatz an der Krombachtalsperre.
🚌 nach Herborn, Dillenburg, Rennerod, Westerburg und Koblenz
☎ Bürgermeisteramt 6349 Mademühlen, Tel. (0 27 75) 2 24
🪧 Krombachtalsperre siehe unter „Rehe"!
🚶 2 Wanderparkplätze im Gemeindewald.
Rundwandermöglichkeit um die Krombachtalsperre.
Von Mademühlen aus kann das Knotenmassiv (605 m) schnell erreicht werden (Siehe unter Arborn!).

Driedorf, Burgruine

Knapp 2 km unterhalb im Hang des Rehbachtals
Driedorf (480 m; 1800 E.; als Großgemeinde 5000 E.)

⚓ Driedorf ist ein kleiner Marktflecken und eine frühere Stadt mit reicher geschichtlicher Vergangenheit. Im Mittelalter war Driedorf ein sehr wichtiger Ort; es lag am Kreuzungspunkt der Köln-Leipziger, der Frankfurter und der Rheinstraße und war Stapelplatz für Waren aller Art. Die Stadtmauer hatte einst fünf Türme. - Der Ort, der 1100 zuerst genannt wird, gehörte ursprünglich den Dynasten von Greifenstein und Lichtenstein, kam dann an Nassau und erhielt zwei Burgen, deren Ruinen heute noch zu sehen sind. 1370 wurde Driedorf hessisch und 1557 wieder nassauisch. Die jeweiligen Herren führten viele blutige Fehden, woraus man ersieht, wie begehrt Driedorf als Stadt und Stützpunkt gewesen sein muß. Kriegerische Zerstörungen und Feuersbrünste vernichteten die Stadt öfter; 1672 ging dabei die obere Burg vollständig zugrunde, 1819 fast der ganze Ort.

🏛 Sehenswert ist die **ev. Pfarrkirche**, die 1821-27 erbaut wurde. Es ist ein stattlicher Saalbau mit Emporen auf Säulen im großen Halbkreis um Altar und Kanzel in der Mitte der südlichen Langseite.

Die **Unterburg** oder das **Junkernschloß** liegt als Ruine mitten im Ort in den Wiesen, angelegt um 1290 als Wasserburg und bereits 1610 verfallen. Auf der Höhe in Richtung Seilhofen der „Heckmannsberg", der vermutlich eine Gerichtsstätte gewesen ist. Auch vorgeschichtliche Funde wurden hier gemacht.

🎿 Skilift am Höllkopf (schneesicherer Osthang).

🛏 ✕ Übernachtungsmöglichkeit, Speisegaststätten, Café

🚌 nach Herborn und Koblenz.

1 km südlich
Driedorf-Münchhausen (457 m; 400 E.)

⚓ Münchhausen ist ein Dorf mit betont landwirtschaftlichem Charakter. Erstmals erwähnt wird es 1447 als Monichhusen (= Behausung bei den Mönchen). - Es ist vom Ulmbachoberlauf durchflossen. Dieser bildete früher eine Grenze. Ein Teil der Siedlung gehörte zeitweise zum hessischen Amt Driedorf, der andere zu Beilstein.

In Richtung Beilstein das kleine
Driedorf-Seilhofen (470 m; 200 E.)
◨ Seilhofen ist ein vornehmlich landwirtschaftlich orientiertes Dorf,
1398 Sylloben genannt, dessen Bevölkerung in den letzten 100 Jahren
um fast 25 % abnahm.

1 km südöstlich noch auf der Hochfläche des östlichen Westerwaldes
Greifenstein-Rodenberg (456 m; 236 E.)
🐄 Auf den Viehweiden sieht man schöne alte Hutebuchen als Unterstand des Weideviehs im heißen Sommer.
🚶 Schöne Waldwanderungen in den nordöstlich beginnenden ausgedehnten Staatsforst Driedorf.

LAND UM DIE FUCHSKAUTE UND AN DER OBEREN GROSSEN NISTER

Bearbeiter: Karl Kessler   *Übersichtskarte Seite 92*

Mit 657 m ü. NN ist die Basaltkuppe der Fuchskaute die höchste
Erhebung des Westerwaldes. Die Deckenform des tertiären Basaltes weist oft bis zu 12 übereinanderliegende Decken auf und erreicht nicht selten eine Mächtigkeit von 90 - 100 m. Die Basalte
treten je nach Quantität und Intensität der Eruptionen und
Magmenbeschaffenheit decken-, gang- oder stielförmig auf. Die
Basalthochfläche um die Fuchskaute wird in ihrem äußeren Er-
scheinungsbild durch weitausladende Täler und sanft ansteigende
Erhebungen charakterisiert.
Bei Willingen liegt das Quellgebiet der Großen Nister, die, nachdem sie eine ganze Anzahl Westerwaldbäche aufgenommen hat,
bei Wissen in die Sieg mündet. Unweit von Waigandshain liegt
der Breitenbach-Stauweiher, der über den gleichnamigen Bach
bei Emmerichenhain in die Große Nister entwässert. Das feucht-
kühle Mittelgebirgsklima, verbunden mit der Höhenlage, führt zu
einer merklichen Absenkung der durchschnittlichen Temperatur-
werte. In 600 m Höhe liegt die mittlere Jahrestemperatur bei nur
6⁰ C. Hier, wie überall im Hohen Westerwald, fallen immer wieder
langgezogene Hecken und Fichtenstreifen auf, die sich in gewissen Abständen dahinziehen. Durch die Dezimierung der Wälder,
hervorgerufen durch den enormen Holzkohlenverbrauch zur Verhüttung der Siegerländer und Westerwälder Erze bis in das
19. Jahrhundert hinein, wurden die Bodenerträge und die ausgedehnte Weidewirtschaft durch die einfallenden Winde und die
dadurch bedingte Windausblasung der Bodenkrume stark beeinträchtigt. Bis man ab 1837 unter der Leitung des nassauischen
Regierungsrates Albrecht diese Windschutzhecken anlegte, die in

ihrer Funktion an die Stelle der fast völlig verschwundenen ehemaligen großen Wälder getreten sind. Der Raubbau an den
Wäldern hat die einstige flächenhafte, dem Gebirge den Namen
gebende Waldbedeckung stark reduziert, erst in jüngster Zeit ist
eine umfassende Wiederaufforstung in die Wege geleitet worden.

*

An der B 54 Siegen - Limburg, liegt auf der Höhe des Westerwaldes etwa 2 km östlich des Stegskopfs an einem sanften Hang
Liebenscheid (530 m; 748 E.
mit den Ortsteilen Weißenberg und Löhnfeld, VG Rennerod)

�« 1341 erhielt Graf Heinrich von Nassau-Beilstein bei der Bruderteilung
das im Gericht Haiger liegende Haus Liebenscheid (Liebolscheid). Seitdem war diese kleine Burg Sitz der Grafen von Nassau-Beilstein. 1617
noch bewohnt, war sie 1645 schon eine Ruine, von der außer einem
Kellergewölbe keine sichtbaren Reste erhalten sind. Liebenscheid erhielt
1360 durch Kaiser Karl IV. Stadtrechte. Der ummauerte Ort blieb jedoch
klein und unbedeutend. Eine 1586-95 erbaute große Landschanze zur
Sicherung gegen drohende spanische Einfälle auf Nassau-Dillenburg
war schon 1645 wieder verfallen. Einige Dämme in Dorfnähe erinnern
noch an zehn Fischweiher, die einst dem Hof in Dillenburg die Fasten-
speise lieferten. Bei Liebenscheid lag das 1511 noch bestehende Ober-
liebenscheid.
🏛 **Ev. Pfarrkirche,** die 1766 erbaut wurde. Vorher stand an gleicher
Stelle eine 1452 gestiftete Kapelle St. Antonius Abbas. Kurzer Saalbau
mit Mansarddach und Haubendachreiter. Spiegeldecke, dreiseitige Emporen auf Rundstützen, an der Ostseite Kanzel vor hoher Orgelempore.
Bei Renovierungsarbeiten in der Kirche Ende 1976 wurden der Fischgrät-
Steinfußboden der alten Kapelle freigelegt und Gräber angeschnitten.
✕ Gaststätte mit Mittagstisch.
🚌 nach Rennerod und Burbach
☎ Gemeindeverwaltung 5439 Liebenscheid, Tel. (0 26 67) 2 22
Wanderkarte Burbach und südliches Siegerland ist am Siegerland-Flughafen erhältlich. Die Wanderkarte „Urlaubspark Hoher Westerwald" be-
kommt man bei der Zweigstelle der Kreissparkasse in Liebenscheid.
🥾 Siegerland-Flughafen, Ketzerstein, Fuchskaute und Ketzerbachtal
sind beliebte **Wanderziele.**

Am Westhang des Ketzersteins, 1 km südöstlich von Liebenscheid
gelangt man nach
Liebenscheid-**Weißenberg** (570 m; E. siehe Liebenscheid)

�« 1456 wurde ein Coenzgen von Wießenberge als Schöffe erwähnt.
1589 hatte Weißenberg 11 Häuser, 1632: 10 Hausgesesse. 1648 wohnten
hier noch 4 Familienväter, 8 Kinder, 1 Witwe und 1 Witwer. 1825: 163
Einwohner, 1890: 126 Einwohner.
🎣 Schutzhütte mit Grillplatz;
Segelflugplatz/Motorsportflugplatz Breitscheid.
🚌 nach Rennerod und Burbach
☎ Gemeindeverwaltung 5439 Liebenscheid, Tel. (0 26 67) 2 22
🪨 Oberhalb des Dorfes liegt eine Basaltgruppe in altarähnlicher Form
aus groben Felsblöcken, die man schon als heidnischen Opferaltar deuten
wollte. Der sogenannte **Ketzerstein** führt wohl seinen Namen zurück
auf einen Grenzübergang, auch „Katze" genannt, zur Freiheit Liebenscheid. Möglicherweise hat auch die in der Nähe gelegene Wüstung

Der Ketzerstein bei Weißenberg

Katzhausen den Namen gegeben oder ein Mundartausdruck für Nebel (Katzen-Nebelregen). Interessant ist die Aberration der Kompaßnadel unmittelbar am Ketzerstein.

✳ Vom Ketzerstein (612 m) schöne Aussicht auf den Hohen Westerwald und zum Bergland an Heller und Sieg.

🚶 Am Ketzerstein Einstiegsmöglichkeit in das Wanderwegenetz des Urlaubsparks Hoher Westerwald. Lohnende Nahziele sind die Fuchskaute (Wanderweg X) und der Salzburger Kopf.

1 km östlich stoßen im Ketzerbachtal die Bundesländer Rheinland-Pfalz, Hessen und Nordrhein-Westfalen aneinander.

Zwischen Rumpf- und Rauschenberg kommt man ca. 1 km süd-westlich von Weißenberg nach

Liebenscheid-**Löhnfeld** (590 m; E. siehe Liebenscheid)

◻ Löhnfeld ist der ungünstigen Höhenlage wegen als eine späte Orts-gründung anzusehen. Löhnfeld begegnet um 1300 als „Lintvelt". Hier besaßen die von Kaldenborn Zehnten und Gülten von Nassau, welche 1403 an die von Seelbach kamen. 1563 war die Kapelle im Dorf in bau-fälligem Zustand. In der Gemarkung ist die Wüstung Kramphausen gelegen.

🚌 nach Rennerod und Burbach

🚶 Zwischen Löhnfeld und Willingen Einstiegsmöglichkeit in das Wanderwegenetz des Urlaubsparks Hoher Westerwald.

Ideale Wanderwege führen zur Fuchskaute und zum Ketzerbachtal.

1 km südöstlich von Löhnfeld liegt am Osthang des Salzburger Kopfes das freundliche Dorf

Bretthausen (575 m; 166 E., VG Rennerod)

◻ Um 1300 wurde Bretthausen als „Bredehusen" zum ersten Male genannt, die Schreibweise kannte man noch 1430. Der Wornershof zu Bretthausen wurde 1452 von Graf Heinrich III. von Nassau der Kapelle zu Liebenscheid übergeben. Der Hof wurde später als „Bretthäuser Kapellengut" an mehrere Einwohner Bretthausens verkauft. Bretthausen hatte 1853: 41 Häuser und 241 Einwohner. Südwestlich des Dorfes liegt nahe der B 54 der Wohnplatz der Wüstung „Sigel".

🚌 nach Rennerod und Burbach
☎ Gemeindeverwaltung 5439 Bretthausen, Tel. (0 26 67) 2 35
🏃 In Bretthausen Einstiegsmöglichkeit ins Wanderwegenetz des Urlaubsparks Hoher Westerwald (Siehe: Wanderwegebeschreibungen Salzburg).

Ca. 1 km von Bretthausen entfernt gelangt man am Fuß der Fuchskaute nach dem Dorf, in dessen Nähe die Große Nister entspringt:

Willingen (575 m; 331 E., VG Rennerod)

◻ In einem Notariatsinstrument erscheint Willingen 1435 als „Wyldongen". Eine Kapelle war schon 1563 verfallen. 1589 bestand das Dorf aus 11 Häusern. 1825 lebten hier 302 Einwohner. In der durch einen Kellereinbruch lokalisierten Ortswüstung „Kotzhausen" hatten die von Kaldenborn Zehnten und Gülten von Nassau, die 1403 an die von Seelbach gelangten. Willingen gehört seit 1755 mit Löhnfeld, Bretthausen und Stein zum Kirchspiel Neukirch.
🍴 ✕ Ausflugslokal und Gasthaus mit Mittagstisch und Übernachtungsmöglichkeit etwa 1 km östlich auf der Fuchskaute.
🚌 nach Rennerod und Burbach
☎ Gemeindeverwaltung 5439 Willingen, Tel. (0 26 67) 2 17
Eine Wanderkarte „Urlaubspark Hoher Westerwald" ist bei der Zweigstelle der Kreissparkasse Westerwald in Willingen erhältlich.
✱ Mit 657 m ü. NN ist die **Fuchskaute** die höchste Erhebung des Westerwaldes. Die Bergkuppe inmitten der typischen Westerwaldlandschaft geht auf den tertiären Vulkanismus zurück. Vom Nordhang gute Aussicht über den nordöstlichen Westerwald, nach Südwesten bis zur Montabaurer Höhe.

🏃 An der Fuchskaute Rundwanderwegeverbindung ins Wegenetz des Urlaubsparks Hoher Westerwald. (Siehe: Wanderwegebeschreibungen Salzburg).

Südlich von Willingen liegt an der B 414, am Oberlauf der Großen Nister

Nister-Möhrendorf (530 m; 261 E., VG Rennerod)

◻ Die Herren von Runkel haben um 1300 Abgaben in „Merbodendorf" abgetreten: 1 Schoppen Butter, 3 Hühner und verminderter halber Zehnten und 8 Denare, die Eberhard und seine Söhne von „Nister" gaben. Vor 1470 hatte die von Molnarck in Nister Hühner und Hafer aus dem Zehnten und Lehen von Nassau-Beilstein. Um 1530 hatten sie eine Hafergülte aus nassau-beilsteinischem Lehen in Möhrendorf. Beide Orte zusammen waren 1561 von etwa 70 Leuten bewohnt. 1843 waren es 44 Häuser und 254 Einwohner.
🍴 ✕ Gaststätte mit Mittagstisch; Ausflugslokal und Gasthaus mit Mittagstisch und Übernachtungsmöglichkeit auf der etwa 1 km entfernten Fuchskaute.
🚌 nach Rennerod und Burbach
☎ Gemeindeverwaltung 5439 Nister-Möhrendorf, Tel. (0 26 67) 2 14
✱ Fuchskaute 657 m ü. NN.
🏃 Gute Wandermöglichkeiten im Gebiet um die Fuchskaute und um den Salzburger Kopf.

Südlich von Nister-Möhrendorf zwischen der B 414 und der B 255 kommt man nach

Waigandshain (540 m; 190 E., VG Rennerod)

◻ „Wiganshen" ist die Schreibweise von Waigandshain in einem undatierten Register Runkeler Gefälle im Westerwald um 1300. 1843 lebten in 34 Häusern 242 Einwohner. Von der zwischen Emmerichenhain und dem Dorf liegenden Wüstung Breitenbach ist bekannt, daß sie 1565

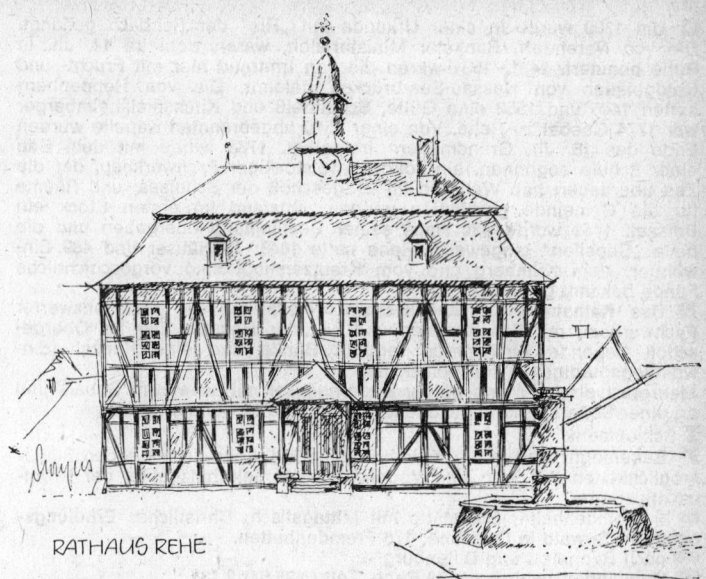

RATHAUS REHE

verlassen wurde und daß die letzte Einwohnerin nach Waigandshain gezogen ist. Winterem und Zalbach sind weitere Wüstungen in der Nähe des Dorfes.

🏛 Das rechteckige **Bürgermeisteramt** entspricht in Typ und Funktion dem prächtigeren Bau in Rehe, auch hier schönes Fachwerk und ein zierlicher Dachreiter sowie im Inneren ein evangelischer Betsaal. Erbauungsjahr 1752.

🚌 nach Rennerod und Westerburg

☎ Gemeindeverwaltung 5439 Waigandshain, Tel. (0 26 64) 66 20

🚶 Beliebte Wanderziele: Wälder am Homberg und an der Fuchskaute, Breitenbach- und Krombachtalsperre.

Am Fuß des Hombergs (634 m) führt die Straße von Waigandshain nach

Homberg (570 m; 150 E., VG Rennerod)

◪ Der Ort kommt um 1300 unter dem Namen „Hoenberg" vor. In Homberg besaßen die von Molnarck 1511 Hafergefälle von nassauischen Lehen. Eine 1570 noch gut erhaltene Kapelle wurde viel später zum Backhaus umgebaut. Unverständlicherweise ließ die Gemeinde Homberg das geschichtsträchtige Gebäude vor wenigen Jahren abbrechen. Homberg hatte 1843: 33 Häuser und 205 Einwohner. In der Gemarkung liegt nordöstlich des Dorfes die Wüstung Waldhausen.

🎣 Angelmöglichkeit in der Breitenbachtalsperre.

🚌 nach Rennerod und Dillenburg

☎ Gemeindeverwaltung 5439 Homberg, Tel. (0 26 64) 10 34 (Herr Daum)

🚶 Beliebte Wanderziele: Rund um Homberg und Fuchskaute, Breitenbach- und Krombachtalsperre.

Östlich Homberg, an der B 255 und nahe der Krombachtalsperre das aufstrebende Westerwalddorf

Rehe (550 m; 798 E., VG Rennerod)

Erholungsort mit vielseitigen Möglichkeiten zur Freizeitgestaltung.

◪ Um 1300 wurde in einer Urkunde mit „Rie" der Rehbach genannt. Die von Nerendorf, Runkeler Ministerialen, waren wohl im 14. Jh. in Rehe begütert. 1431 - 1631 waren die von Irmtraud hier mit Frucht- und Geldgefällen von Nassau-Saarbrücken belehnt. Die von Heppenberg hatten 1445 und 1558 eine Gülte, Schultheiß und Kirchspielsheimberger war 1774 Goebel zu Rehe. Von einer 1570 abgebrannten Kapelle wurden Ende des 18. Jh. Grundmauern freigelegt. 1738 wurde mit dem Bau einer Schule begonnen, ein solider zweistöckiger Fachwerkbau, der die Zeit überdauert hat. Während im Erdgeschoß der Schulsaal und Räume für die Gemeinde geschaffen wurden, entstand im ersten Stock ein Betsaal. 1741 wurde das Haus seiner Bestimmung übergeben und die neue „Capellen" eingeweiht. Rehe hatte 1843: 73 Häuser und 489 Einwohner. Vom Krimberg und vom Kreutzerskopf sind vorgeschichtliche Funde bekannt geworden.

🏛 Das **Rathaus mit evangelischem Betsaal** ist ein beachtenswerter Fachwerkbau mit Schnitzereien und schöner Haustür. Der im Obergeschoß liegende Kirchenraum enthält Bänke und eine Kanzel (Einweihungspredigt 1741) in Volkskunst.

Mehrere typische Westerwälder Bauernhäuser mit schwerem Gebälk und an einer Seite tief herabgezogenem Dach sind in Rehe erhalten.

✖ Schloßfabrik

🏊 Bademöglichkeit in der Krombachtalsperre. Lehrreiche Beobachtungsmöglichkeiten der Tier- und Vogelwelt im Vogelschutzgebiet der Krombachtalsperre.

🛏 ✖ Fremdenheim; Gaststätte mit Mittagstisch; Christliches Erholungsheim Westerwald in Ortsnähe; 176 Fremdenbetten.

🚌 nach Rennerod und Dillenburg

☎ Gemeindeverwaltung 5439 Rehe, Tel. (0 26 64) 2 13; Christliches Erholungsheim Westerwald, Tel. (0 26 64) 10 51

✳ Schöne Aussicht vom Krimberg über die Krombachtalsperre bis zum Knoten.

👫 Zum Wandern bietet sich die Landschaft um die **Krombachtalsperre** hervorragend an. Der Stausee, dessen Wasser sich über tonartigen und felsigen Böden sammelt, faßt ca. 4,25 Millionen cbm. Die Staumauer, die das Tal gegen das Dorf Mademühlen abschließt, hat eine Länge von 550 m, ist an der Sohle 77 m breit und 14 m hoch. Zweck des Baues war die Bereitstellung von größeren Wassermengen für die Elektrizitätsgewinnung. Inzwischen ist die Talsperre auch zu einem Ferienparadies geworden. Ferien- und Wochenendhäuser, Campingplatz und Gaststätten sind entstanden. Ein Teil ist als Vogelschutzgebiet ausgewiesen und ist Brutgebiet seltener Sumpf- und Wasservögel.

Krombach-Stausee

Über die B 255 gelangt man 3 km westlich Rehe zum geschichtsträchtigen

Rennerod-**Emmerichenhain** (500 m; E. siehe Rennerod)

◨ Ein Stück Nassauer Besitzes im Westerwald, dabei auch das Kirchspiel Emmerichenhain (Embirchinha), begegnet zuerst 1258. Die Kirche
hatte sich schon vor 1231 von der Mutterkirche in Herborn getrennt und
wurde 1287 nach einem Besitzanspruch des Deutschen Ordens Nassau
zugesprochen. Westerburg verkaufte 1617 seine Zehnten und Gefälle in
diesem Kirchspiel an Nassau. Das Dorf war einst der Hauptort der Herrschaft zum Westerwald, Sitz des Landgerichts, das seit dem 14. bis zum
17. Jh. neben dem höchsten Gericht auf dem Salzburger Kopf vorkommt.
Unter den alten Linden neben der Kirche wurden die Verhandlungen
abgehalten. 1555 begründet der letzte Graf von Nassau-Beilstein die
Märkte, die bald große Bedeutung erlangten. Die Bevölkerung sank nach
dem 30jährigen Krieg bis auf eine Familie herab. 1843 wohnten 518 Einwohner in Emmerichenhain. In der Flur, nordwestlich des Dorfes, liegt
der Wohnplatz der Wüstung Murndorf, an der Gemarkungsgrenze nach
Rennerod der ausgegangene Hof Kaldenborn.

🏛 Barocke **ev. Pfarrkirche** von 1744. Im Kern mittelalterlicher Westturm
mit hohem, achteckigem Haubenhelm. Das Schiff mit Flachtonne und
dreiseitigen Emporen. An der östlichen Schmalseite eine reichgeschnitzte
Kanzel, Orgel vom berühmten Orgelbauer Florentinus Wang aus Hadamar,
1725.

Ein Denkmal erinnert in Emmerichenhain an Regierungsrat **Dr. Albrecht**
(† 1869), der 1837 die ersten Schutzhecken im Hohen Westerwald anlegen ließ.

✚ 2 Ärzte, Zahnarzt

🏃 Trimm-Dich-Weg am Steinsberg in Rennerod. Segelmöglichkeiten auf
der Krombachtalsperre bei Rehe. Angeln und Baden in der Breitenbachtalsperre.

✕ 2 Gaststätten, Mittagstisch, 1 Imbißstube

🚌 nach Westerburg - Limburg

🚌 nach Siegen - Frankfurt; Koblenz - Dillenburg

🌳 8 Linden, 2 Eschen und 1 Eiche auf dem Kirchplatz sind als Naturdenkmäler (ND) geschützt.

🚶 Wanderziele: Krombach- und Breitenbachtalsperre und der sagenumwobene Seitenstein.

An der B 54 zwischen dem großen Straßenknotenpunkt am Salzburger Kopf und Emmerichenhain liegt die schöne Westerwaldgemeinde

Zehnhausen (540 m; 329 E., VG Rennerod)

◨ Die erste Nennung von Zehnhausen erfolgte am 10. 5. 1335, als
Reinhard Herr zu Westerburg, Cunemann von Cramberg mit Zehnten
zu Zehnhausen belehnte. 1500 zählte das Dorf 8 Familien. 1635 wohnten
hier ein Mann und eine Witwe, die beide im Krieg völlig verarmten.
Seit 1585 besuchten die Kinder die Kirchspielschule in Emmerichenhain,
die 1724 wieder geschlossen wurde. 1784 wurde in Zehnhausen ein
Schulhaus gebaut. 1963/64 beteiligte sich Zehnhausen am Wettbewerb
„Unser Dorf soll schöner werden" und war zwei Jahre das schönste
und blumenfreudigste Dorf im damaligen Regierungsbezirk Montabaur.
Wenig südwestlich des Ortes lag Altzehnhausen. Mauerreste hießen
schon 1615 „alten Zinhausen". Mitte des 18. Jh. ist die Siedlung „Kind-
schuhe" (Königshube) ausgegangen, deren Wohnplatz durch den sogenannten „Backeskippel" und den alten Dorfbrunnen lokalisiert ist.

🏃 Segelflugplatz Bad Marienberg/Oberroßbach bei Hof.

🛏 ✕ Raststätte mit Mittagstisch (5 Fremdenbetten).

🚌 nach Rennerod und Burbach

☎ Gemeindeverwaltung 5439 Zehnhausen b. Rennerod,
Tel. (0 26 64) 3 23
✳ Gute Aussicht vom Wilsberg (593 m) über den Hohen Westerwald.
🏃 Lohnende Wandermöglichkeiten bis zum Salzburger Kopf.

✳

2 km im Westen von Emmerichenhain trifft man in der flachen Mulde
des Nistertals auf
Neustadt (500 m; 472 E., VG Rennerod)

◘ An altes Königsgut „forestis", eine Waldung des Stiftes Gemünden,
erinnert die Forstwiese bei Neustadt. 1384 gaben Reinhard, Herr zu
Westerburg, und seine Frau Katharina dem St. Katharinenaltar in Gemünden den Zehnten zu Neustadt (Nuwenstadt). 1436 wird mit Bewilli-
gung des Pfarrers und Stiftes zu Gemünden eine Kapelle gebaut zu
Ehren Unserer lieben Frau Maria, der hl. Jungfrau Katharina und des
guten Herrn St. Antonius. Die heutige katholische Kirche wurde 1947
erbaut. Für die Dörfer Neustadt, Schellenberg und Hellenhahn wurde
1624 eine Schule zu Schellenberg eingerichtet. 1843 hatte Neustadt
36 Häuser und 218 Einwohner. Ca. 1 km südlich von Neustadt liegt die
Wüstung Windhausen.
🔥 Schutzhütte mit Grillplatz.
🛏 ✕ 1 Gasthaus mit Mittagstisch.
🚌 nach Westerburg - Köln - Frankfurt und Rennerod
☎ Gemeindeverwaltung 5439 Neustadt, Tel. (0 26 64) 66 08
🏃 Für erholsame Wanderungen bietet sich die Landschaft zwischen
der Großen Nister, Höhn und Hellenhahn - Schellenberg besonders
gut an.

Südlich von Neustadt liegt 2 km entfernt an der B 255 die große
Doppelortsgemeinde
Hellenhahn - Schellenberg (470 m; 1189 E., VG Rennerod)
◘ 1062 wird Hellenhahn (Hildenhagen) zuerst genannt und ist der am
frühesten bezeugte - hagen oder hain - Ort im Westerwald. Der 1282
zuerst erwähnte Name von Schellenberg deutet nicht auf ein höheres
Alter der Siedlung hin. Außer Herschbach sind bei Hellenhahn und
Schellenberg noch einige andere Siedlungen wüst geworden: Wiesen-
feld, Gackenberg und Leyme. Die Herren von Westerburg waren 1438
seit alters Herren des Gerichts zu Hellenhahn. In Hellenhahn hatten
1483/84 das Stift Gemünden und 1525 der Propst zu Gemünden Geld-
und Butterzinse. Schellenberg wird nur wenig genannt. In beiden Orten
lebten 1603: 70 Einwohner. Nach der Vereinigung der bis dahin selbständigen Orte im Jahr 1831 zählte man 1832 in Hellenhahn - Schellenberg 558 Einwohner in 131 Häusern. Im 14./15. Jh. wurde wohl die
St. Peterskapelle in Hellenhahn gebaut. Von der alten Kirchspielskirche
waren 1820 nur noch alte Mauern zu sehen, von denen nur der Chor
in dem 1849/50 errichteten Gotteshaus zunächst noch erhalten blieb.
🏛 Gut erhaltene **Westerwaldhäuser** stehen in der Nähe der Kirche und
an der Straße nach Seck.
✕ Schraubenfabrik
🔥 Grillplatz
✕ 2 Gasthäuser; Café
🚌 nach Montabaur, Koblenz, Westerburg, Rennerod und Dillenburg
☎ Gemeindeverwaltung 5439 Hellenhahn, Tel. (0 26 64) 2 74
✳ Schöne Aussicht vom Wißnerberg nach Süden.
🏃 Wanderziele: Seitenstein, Secker Weiher, Wiesensee und die
Wälder an der Großen Nister.

Auf einem Hochplateau liegt, durchschnitten von der B 255 und mit Kirchturm und Hochbehälter weithin sichtbar,
Höhn (512 m; 3100 E.)
mit den Ortsteilen Oellingen, Neuhochstein und Schönberg

◆ Schon früh, 959, wird Höhn als „Hana" zum ersten Male als Eigentum des Herzogs Hermann von Schwaben in einer Urkunde genannt. Der von Höhn kommende Schafbach heißt 1270 noch „Hene" und hat wohl dem Ort den Namen gegeben. Höhn spielte im Mittelalter eine nicht unbedeutende Rolle. Als Unterbezirk des Niederlahngaues umfaßte es die alten Kirchspiele Höhn, Rotenhain, Gemünden, Willmenrod und vermutlich auch Salz und Meudt. Die Pfarrei Höhn bestand schon im Jahre 1100. Neben Besitzungen des Florinstiftes in Koblenz hatte auch das Kloster Oberwerben 1206 besondere Rechte in Höhn und dort ein eigenes Hubengericht. Ein Unglücksjahr für Höhn war 1462. Bei einem Kriegszug des Grafen Philipp von Katzenelnbogen gegen Gerhard von Sayn wurden die Kirche, die Pfarrgebäude und mehrere Dörfer des Kirchspiels zerstört. Höhn hatte 1825 : 471 Einwohner, 1890 waren es 527. Der Ortsteil OELLINGEN wird um 1300 als „Ullingen" zuerst genannt. 1825 lebten dort 189 Einwohner, 1890: 312. Eine Steinaxt der Jungsteinzeit (4000 - 1800 v. Chr.) wurde im vergangenen Jahrhundert in der Gemarkung gefunden.

NEUHOCHSTEIN, Ortsteil von Höhn, hieß bis zur Umbenennung 1927 „Kackenberg" und wurde ebenfalls um 1300 als „Kockenberg" erwähnt. Bis vor wenigen Jahren nahm man an, Kackenberg sei mit der Wüstung „Kalczberg" identisch, die jedoch mittlerweile bei Westerburg lokalisiert wurde. Das Stift Gemünden hatte 879 schon Bauerngüter in Kalczberg. 1825 hatte Kackenberg 157 Einwohner, 1890 : 245.
SCHÖNBERG war schon vor 1100 Sitz der Pfarrei für das Höhner Kirchspiel. Einen Zusammenhang mit Herzog Hermann von Schwaben verrät vielleicht der Ortsname Schöneberg an der Nordgrenze des Engersgaues bei Altenkirchen, der im Pfarrsitz „Schönberg" in Hermanns Grundherrschaft Höhn eine Entsprechung findet.
150 Einwohner lebten 1825 in Schönberg, 1890 sind es 188.

✖ Aus Rentabilitätsgründen wurde 1961 die seit 1826 betriebene Braunkohlengrube Alexandria bei Höhn geschlossen. Die zunächst als Hausbrand abgebaute Kohle fand bald das Interesse der Industrie. Von 1914 bis zur Einstellung der Stromerzeugung im Jahre 1958 wurde das nahegelegene Elektrizitätswerk Westerwald mit Kleinkohle beliefert. Von den Schlackenrückständen der Kesselfeuerung wurden anschließend Dampfpreßsteine hergestellt. Ende der 20er Jahre war die Belegschaft der „Alex" über 1000 Mann stark. Geblieben sind verfallene Betriebsgebäude, Abraumhalden und die großen Wassermengen, die das Grubengelände freigibt. Ein Teil des Grubenwassers wird der Wasserversorgung der Stadt Bad Marienberg zugeführt.

🏛 **Kath. Pfarrkirche.** Vermutlich nach 1462 unter Benutzung eines spätromanischen Westturmes erbaute dreischiffige Hallenkirche. Sie wurde 1924 - 28 nach Abbruch des Turmes mit einem neuen Turm nach Westen erweitert und innen völlig umgestaltet. Die Umfassungsmauern der östlichen Hälfte werden im wesentlichen vom alten Hauptchor (1 Joch mit 5/8 Schluß) mit Sterngewölbe und figürlichen Vierpaß-Schlußsteinen gebildet. Steiles Zeltdach. Der nördliche Seitenchor um 1480 - 90 ist mit rippenlosen Kreuzgewölben versehen. Hochaltar von 1632 mit Figuren um 1780. 2 barocke Seitenaltäre. Tillmann von Hachenburg goß die Glocke von 1462.
Ein wuchtiges, schmuckloses **Kreuz** aus Trachytstein im Vorgarten eines Hauses in der Kreuzgasse ist bemerkenswert und gibt noch Rätsel auf.

🪨 Die Basaltgruppe des **Hochsteins** (ND) liegt inmitten eines ausgedehnten Basaltblockmeeres am Nordhang des Kackenberger Steines bei Neuhochstein. Im unmittelbar dabei gelegenen stillgelegten Steinbruch sind an der Ostseite starke Tuffschichten zu beobachten.

Gute Wandermöglichkeiten ins Tal der Großen Nister, zum Hochstein und zum Wiesensee. Fast alle Wanderwege sind markiert und haben im Nistertal Anschluß an das Wanderwegenetz des Urlaubsparks Hoher Westerwald.

1. Höhn - ehem. Grube Alexandria - Kammerscheid (unterhalb der Bahnlinie) - Schwarzer Pfuhl (Nisterbrücke) - ehem. Steinbruch - ehem. Kraftwerk - Roter Weg - Kunststoffwerk - Höhn. Mkg.: weißes Viereck;   4 km
2. Höhn - ehem. Grube Alexandria - Kammerscheid (oberhalb der Bahnlinie) - Bahnüberführung - Kammerscheid - (unterhalb der Bahnlinie) - ehem. Grube Alexandria - Höhn. Mkg.: weißes Dreieck;   5 km
3. Höhn - ehem. Grube Alexandria - Kammerscheid (oberhalb der Bahnlinie) - Zippen - Löh - Fischweiher - Wirtsmauer - Höhn. Mkg.: weißes Kreuz;   6 km
4. Höhn - Urdorfer Wald - ehem. Schönberger Steinbruch - Hahner Wald - Hochstein - Feldweg nach Schönberg - Höhn. Mkg.: weißes Kreuz im weißen Punkt;   5 km
5. Höhn - Alsbergkapelle - Schönberger Erlen - Haiern - drei Eichen - Pottumer Buchen - Schutzhütte Aspen - Oellingen - Höhn. Mkg.: weißer Punkt;   6 km

Die Beschreibung des um Höhn herumführenden **Alexandriaweges** (Gesamtlänge 20 km mit Abkürzungsmöglichkeiten, Mkg: braune Rosette) siehe unter Westerburg!

✗ Loos & Co. Metallkapselfabrik, Kunststoffwerk Höhn.

✛ 2 Ärzte, 1 Zahnarzt, 1 Apotheke.

🏊 Schwimmhalle. Schützenhaus mit Schießgelände und Tontaubenstand. Reitsportmöglichkeit. Kegelbahn. Luftsport - Segelflugplatz bei Ailertchen (2 km). Wassersport am 3 km entfernten Wiesensee. 2 Schutzhütten mit Grillplätzen.

✗ 10 Gasthöfe, davon 4 mit Mittagstisch. 46 Betten. 1 Café.

🚂 Ab Bahnhof Höhn nach Altenkirchen - Köln. Westerburg - Limburg - Frankfurt a. M.

🚌 nach Montabaur - Koblenz. Westerburg, Rennerod, Bad Marienberg und Hachenburg.

☎ Ortsgemeinde 5439 Höhn, Tel. (0 26 61) 53 09.

✱ Von der Hochfläche um Höhn umfassender Westerwald - Rundblick.

LAND AM STEGSKOPF

Bearbeiter: Karl Kessler   *Übersichtskarte Seite 115*

Der Stegskopf (654 m), der Kühfelder Stein (638 m) und der Backofen (602 m) sind Basaltkuppen, die die wellige Hochfläche des Hohen Westerwaldes überragen. Die aus einem fast ganz Europa überdeckenden Meer abgelagerte devonische Gebirgsscholle ist im Bereich des Stegskopfes nur von einer dünnen Tertiärschicht überdeckt, in der stellenweise Braunkohlenlager in die Basalte eingeschoben oder unterlagert sind. Durch den reichlich zertalten Nordrand des Hohen Westerwaldes erscheint der Stegskopf von Norden her als hoher Berg, ja fast als Massiv, während der Anstieg zur Höhe von Süden her allmählich vor sich geht.

Infolge der hohen Niederschläge und der Wasserstagnation des mit Basaltblöcken durchsetzten Lehmbodens haben hier die Schwarze Nister, die Kleine Nister, die Grüne Nister, der Hirlitzbach und die Buchheller ihren Ursprung, die über Große Nister, Heller und Sieg dem Rhein angeschlossen sind. Bedingt durch die gleiche Ursache, bildete sich nordwestlich von Hof, östlich vom Heimerich (601 m), heute inmitten des Truppenübungsplatzes Daaden gelegen, das „Geschwemm", ein ca. 195 ha großes

Sumpfgebiet mit vielen seltenen Pflanzenarten. Zahlreiche Moose bereichern die Flora. Die Vegetation wechselt in Abhängigkeit vom Wasserstand. Kiefern am Rande und Erlenbruch schieben sich ins Moor vor. Die Tier- und Vogelwelt ist trotz der Unruhe durch die militärischen Übungen artenreich vertreten. Kiebitze und Bekassinen haben hier ihr Brutgebiet. Da der wichtigste Teil des Geschwemms leider im miltärischen Sperrgebiet liegt, ist es nur zugänglich, wenn keine Schießübungen stattfinden. Eine Erlaubnis zum Betreten sollte auf alle Fälle beim Standortkommandanten eingeholt werden. 1919/20 versuchte man hier den Abbau von Torf, der sich jedoch nicht lohnte und bald eingestellt wurde. An vielen Stellen entlang der Bachläufe um den Stegskopf befinden sich Schlackenhügel und Kohlplatten, Überreste mittelalterlicher und vielleicht, die Spatenforschung müßte es zeigen, vorgeschichtlicher Eisenverhüttung. Die Flurnamen „Aufm Köhlerschwald", „Köllerswald" und „Köhlerswald" bezeugen die einstige kohlenbrennende Tätigkeit der Köhler. Hin und wieder findet man an den Hanglagen noch deutlich sichtbar die fast kreisrunden, im Durchmesser ca. 8 - 10 m großen Plateaus der Meilerplätze. Am Westhang des Berges beweisen Abraumhalden und ein durch die Basaltdecke getriebener Schacht eine Braunkohlengrube, die im Jahre 1846 durch Schürfungen erschlossen wurde und wo in der Nachkriegszeit, als Brennmaterial knapp und kostbar war, 1949 die letzte Abbauphase endete.

Durch Köhlerei und Eisenverhüttung verloren auch der Stegskopf und seine Umgebung schon früh den Waldbestand. In den letzten Jahrzehnten ist jedoch viel aufgeforstet worden. Allein vom 2000 ha großen Übungsplatz der Bundeswehr sind 890 ha Waldfläche, die aus 80 % Nadelholz und 20 % Laubholz bestehen. Der hohe Anteil von Fichten soll abgebaut werden, dafür werden Laubholzbestände angepflanzt. Die Heimat- und Wanderfreunde hätten gerne gesehen, daß der Stegskopf in seiner ursprünglichen Form und Eigenart erhalten geblieben wäre. Zum Trost kann gesagt werden, daß trotz aller notwendigen Eingriffe die Schönheit der Landschaft um den zweithöchsten Berg des Westerwaldes weitgehend erhalten blieb. Die Bundeswehr ist mit Erfolg bemüht, die Natur, Flora und Fauna vor der Zerstörung oder vor dem Aussterben zu bewahren.

Die großen Flächen des Truppenübungsplatzes bleiben frei von Mineraldüngergaben und Giften aller Art, so daß sich viele seltene Pflanzen weiter behaupten können. Das Geschwemm wäre sicher, läge es nicht im Übungsplatzgebiet, ein interessantes Studienobjekt vieler Naturfreunde, aber gerade dadurch kann uns der Artenreichtum erhalten bleiben.

*

An der Straße Friedewald - Lautzenbrücken, nahe am Truppenübungsplatz Daaden, an einem Südhang zwischen der Kleinen
und Grünen Nister liegt
Nisterberg (520 m; 404 E., VG Daaden)

◻ Der Ortsname bedarf keiner besonderen Namensdeutung: Berg an
der Nister; Ort am Nisterberge.
Nisterberg wird in einer Urkundenkopie für 1262 zuerst genannt. Lehns-
männer des Klosters Marienstatt sind uns durch ein Zinsregister von
1537 bekannt.
1776 zählte Nisterberg 134 Einwohner. 1790 waren es 166 Einwohner.
Längst erloschene Eisenerzgruben in der Gemarkung waren: Gustav-
segen, Antonsglück, Eisensteinzeche, Oswald, Oswald I - IX.
🏛 **Ev. Kapelle** mit romanischem Ostteil mit dreiseitigen Chorabschluß,
im Lichten 6,40 m lang und 3,40 m breit, mit 2 rundbogigen Fenstern,
vermutlich aus der 2. Hälfte des 12. Jh. Schiff von 1965. Auf dem West-
teil der Dachreiter, der die alte Glocke trägt, deren Inschrift lautet:
IHESVS MARIA HEISSE ICH. PETER VAN ECHTERNACH GOSS MICH
1523.
🎿 Schutzhütte mit Grillmöglichkeit.
✕ Gaststätte mit Mittagstisch.
☉ Im Gemeindebackhaus „Backes" wird noch regelmäßig nach alter
Tradition gebacken.
🚌 nach Bad Marienberg und Hachenburg
☎ Ortsgemeindeverwaltung 5439 Nisterberg, Tel. (0 26 61) 64 62
👣 Von Nisterberg bieten sich verschiedene Wandermöglichkeiten an:
Hofer- und Pfuhler Hecke und durch den Langenbacher Wald. Im
1 km entfernten Lautzenbrücken Anschluß an die markierten Rund-
wanderwege des Urlaubsparks Hoher Westerwald.

✱

8 km östlich von Bad Marienberg liegt an der B 54 das höchstgelegene Dorf des Westerwaldes
Stein - Neukirch (638 m; 357 E., VG Rennerod)

◻ 1287 wird Neukirch als NOVA ECCLESIA namentlich erstmals erwähnt.
Die Loslösung der Kapelle von der Herborner Mutterkirche erfolgte
schon vor 1231. Neukirch war eins der drei Kirchspiele der Herrschaft
zum Westerwald. Es bildete zusammen mit Liebenscheid und Weißen-
berg das Zentgericht, das bei der Kirche seinen Sitz hatte. Ihm war das
Landgericht zu Emmerichenhain mit dem Zentgrafen und 7 Schöffen
übergeordnet. 1825 hatte Stein - Neukirch 404 Einwohner. In der Nähe
liegen die Wohnplätze der Ortswüstungen Königshofen, Kühfeld und
Kißhain. Königshofen war zusammen mit Neukirch eine frühkarolingische
Straßensicherung. Von den frühesten Zeiten her durchzogen einige
Fernstraßen den Westerwald und vereinigten sich östlich von Stein -
Neukirch zu einem Straßenknotenpunkt. Bodenfunde belegen eine vor-
geschichtliche Besiedlung und mittelalterliche Eisenverhüttung.
🏛 Eine Kirche mit trutzigem Charakter in beherrschender Lage ist die
ev. Pfarrkirche, deren gotischer Chor mit dreiseitigem Schluß dem
14. Jh. angehört. Ein breiteres Schiff wurde 1748 gebaut. Nachdem die
Kirche 1813, durch einen Blitzstrahl entzündet, zugleich mit der Bad
Marienberger Kirche abbrannte, wurde 1816 der niedrige Westturm mit
geschiefertem Glockengeschoß und niedrigem Spitzhelm erstellt. Die
Flachdecke, Westempore, Chorempore und Ausstattung sind aus der
Zeit um 1822.
🎿 Skilift am Salzburger Kopf am schneesicheren Osthang.
🛏 ✕ Speisegaststätte mit Übernachtungsmöglichkeit.
Die **Siegfriedhütte** im Bereich des Truppenübungsplatzes kann unter beson-
deren Bedingungen von Mitgliedern des Westerwald-Vereins benutzt werden.
Auskunft erteilt der Truppenübungsplatzkommandant Daaden auf dem
Stegskopf.

⊙ Der alljährlich am 1. Montag im August auf der Festwiese an der B 54 stattfindende Neukircher Markt ist von überregionaler Bedeutung.

🚌 nach Burbach, Rennerod und Bad Marienberg

☎ Ortsgemeindeverwaltung 5439 Stein - Neukirch, Tel. (0 26 67) 2 42

Lit.: Truppenübungsplatz Daaden, Stegskopf 1977

🌳 6 alte Eschen und 9 Bergahornbäume sind Naturdenkmäler auf dem Kirchplatz.

✳ Vom Salzburger Kopf (653 m) weite Aussicht, bei klarem Wetter können mehr als 50 Orte gezählt werden.

🚶 Gute Wandermöglichkeiten bieten sich von Stein - Neukirch aus an. Auf dem Salzburger Kopf Einstieg in das Wanderwegenetz „Hoher Westerwald". Dankbare Ziele sind der Ketzerstein (ND), die Fuchskaute und der Tierpark Hof. 3 km nördlich liegt rechts der B 54, gegenüber des Dorfes Lippe, der Siegerland - Flughafen. Der Besuch ist lohnend. Rundflüge über Wiesen und Wälder der Umgebung lassen die Faszination einer großen Flugreise spüren. Dort angelegte Rundwanderwege führen erneut durch eine reizvolle Landschaft.

In einer weiten Talmulde am Oberlauf der Schwarzen Nister liegt an der B 414

Hof (530 m; 1220 E., VG Bad Marienberg)

◪ Der Ortsname Hof, früher „zum Hoff" und „Hove", deutet auf eine Hube, ein Gehöft in früher Zeit hin. Die unweit von Hof im Geschwemm entspringende Kleine Nister, die in einer Urkunde aus dem Jahr 1048 als Hovenistra bezeichnet wird, deutet den Ort an. Längst vor der Reformation gab es eine Kapelle zu Hof, die am Anfang des vergangenen Jahrhunderts funktionslos wurde. Von Hof ist bekannt, daß hier viele Fuhrleute wohnten, wohl bedingt durch die stark ansteigende Köln-Leipziger-Straße, die als Sommer- und Richtweg über Hof -Salzburg - Nister verlief. 27 Pferde - eine stattliche Zahl - gab es 1610 in Hof. Hof bekam schon früh eine eigene Schule. Johann Baptista von Langenbach, genannt Sassenroth hatte im Verlauf des 16. Jh. mehrere Güterstücke zur Gründung einer Schule an die Gemeinde Hof geschenkt, die dann erst zustande kam. Im Krieg zwischen den Österreichern und Franzosen fand 1795 bei Hof ein Reitergefecht statt, bei dem die Österreicher von ihrem Gegner in Richtung Herborn zurückgedrängt wurden. Hilgershain, Schauernt, Sperwersheim, Kunnenmollen, Backhofen und Kontenrod sind Orte, die schon vor dem 30jährigen Krieg wüst geworden sind.

🏛 Im Ortskern steht noch ein typisches Westerwälder Fachwerkhaus.

✖ Gießerei und 5 Betriebe mit spezialisiertem Fertigungsprogramm sind hier ansässig.

✚ Arzt, Zahnarzt

✈ Segelflugplatz Bad Marienberg/Oberroßbach östlich Hof.

Schutzhütte mit Grillmöglichkeit. Kegeln im Gasthaus Tannenhof.

🛏 ✖ 2 Gasthöfe mit Übernachtungsmöglichkeiten. 2 Gaststätten mit Mittagstisch. Café. 500 m nördlich der Ortsmitte im Tierpark der „Gasthof zum Tierpark".

🚌 nach Bad Marienberg - Rennerod - Burbach

☎ Gemeindeverwaltung 5439 Hof, Tel. (0 26 61) 53 06

Die Wanderkarte „Urlaubspark Hoher Westerwald" 1 : 20 000 ist im Buchhandel und bei den Zweigstellen der Kreissparkasse Westerwald Bad Marienberg erhältlich.

🌳 Herzog-Adolf-Buche (ND), die zu Ehren des letzten Herzogs von Nassau im Hofer Wald gepflanzt wurde.

✳ Von der „Höh" (584 m) gute Aussicht über die Westerwaldhöhen.

🚶 Am Parkplatz in der Ortsmitte Einstieg in das Wanderwegenetz „Hoher Westerwald".

Markierung K 1 - Rund um den Krummbach (6 km);
Markierung K 2 - Um die Adolfsbuche (11 km).

Am Weg K 2 liegt nahe am Dorf der Hofer Tierpark mit in- und ausländischen Tierarten. Bemerkenswert ist die sogenannte Bärenburg.

DAS NEUNKHAUSER PLATEAU

Bearbeiter: Karl Kessler *Übersichtskarte Seite 115*

Nur durch eine schmale paläozoische Ems-Zone, die sich im nördlichen Vorland des Stegskopfes über Friedewald in Richtung Kirburg erstreckt, ist die Basaltdecke des Neunkhauser Plateaus von der ebenfalls über dem Devonfundament lagernden und ca. 80 qkm umfassenden großen basaltischen Landoberfläche des Hohen Westerwaldes getrennt und stellt sozusagen ein kleineres Abbild der letzteren dar. Das Neunkhauser Plateau - der Namen läßt es erkennen - ist eine Fastebene aus Deckenbasalt, die ein Höhenniveau von 450 - 500 m erreicht und nicht von kuppenbildenden Gängen und Schloten durchstoßen wird. Der zu Staunässe neigende tonige Untergrund der Basaltverwitterungsböden bildet für die Tier- und Pflanzenwelt und als Grundwasserreservoir wünschenswerte Feuchtgebiete, wie u. a. den Rothhäuser Bruch, den Weidenbruch und die Quellgebiete des Elbbachs und Lindianseifens. Wie in den meisten Basaltberglandschaften verlassen die Gewässer radial das nahezu unbewaldete Plateau, dessen freie Flächen einer ertragsarmen landwirtschaftlichen Nutzung dienen. Weil man weiß, daß nach Klima und Bodenart der Wald die standortgerechte Nutzung wäre, hat man in jüngster Zeit auch hier eine Wiederaufforstung in die Wege geleitet.

Durch moderne Abbaumethoden finden nur noch wenige Arbeiter Beschäftigung in den noch in Betrieb befindlichen Basaltsteinbrüchen. Die meisten Arbeitskräfte gehen als Pendler im Siegerland und im nördlichen Kreis Altenkirchen ihrem Broterwerb nach. Zunehmend bemüht man sich um die Steigerung des Fremdenverkehrs. Die derzeitigen Ansätze berechtigen zu einigen Hoffnungen und schaffen weitere Erwerbsmöglichkeiten.

Das Neunkhauser Plateau umfaßt etwa den Bereich der Ortsgemeinden Neunkhausen, Mörlen, Nauroth, Elkenroth, Weitefeld und Langenbach bei Kirburg.

Am Sonnenhang südlich der Landesgrenze Nordrhein-Westfalen/Rheinland-Pfalz zwischen Kirburg an der B 414 und Friedewald

Langenbach bei Kirburg (480 m; 650 E., VG Bad Marienberg)

◘ Erste urkundliche Erwähnung 1261 „Langinbach“ am „langen Bach“ gelegen. Eine niederadelige Familie, der ein Teil des Hochgerichts im Kirchspiel Kirburg übertragen wurde, nannte sich von Langenbach. Eine Linie der Familie erlosch 1654, eine andere, die sich zuletzt von Langenbach genannt Sassenroth schrieb, kurz vor 1621. Eine davon abgezweigte Linie von Langenbach lebt in Löhnberg in bürgerlichem Mannesstamm. Das Patronatsrecht einer 1465 geweihten Kapelle hatte der Abt von Marienstatt. Die 1825 baufällige Kapelle brannte 1827 ab. Flurnamen zeugen auch in Langenbach von spätmittelalterlicher Eisenverhüttung. Die Langenbacher Mühle an der Kleinen Nister wurden wegen schlechtem Zustand der alten Klosterbannmühlen 1715/16 erbaut. Neben der Mahlmühle wurden später noch eine Loh- und eine Ölmühle betrieben. Langenbach hatte 1610: 9 Feuerstellen = Familien, 1650, nach dem 30jährigen Krieg, wohnten nur noch 2 Personen dort.

Viehweide im Hohen Westerwald

🏊 Hallenbad im Hotel Wiesengrund; Schutzhütte mit Grillmöglichkeit.
🛏 ✕ Hotel, Gasthaus mit Mittagstisch; 22 Fremdenbetten; Café.
Wanderheim des Deutschen Alpenvereins, Sektion Witten.
🚌 nach Betzdorf und Bad Marienberg
☎ Gemeindeverwaltung 5241 Langenbach, Tel. (0 26 61) 58 99
🌳 Eine große, ca. 600jährige Eiche im Dorf ist als Naturdenkmal vorgesehen.
✳ Vom Buchenstrauch (532 m) umfassender Rundblick über das Neunkhauser Basaltplateau.
🥾 Gute Wandermöglichkeiten im Tal der Kleinen Nister.

2 km westlich von Langenbach bei Kirburg liegt der Mittelpunkt des danach benannten Plateaus.
Neunkhausen (450 m; 820 E., VG Bad Marienberg)
◪ 1259 wird Neunkhausen als „Nanninchusin" erstmals erwähnt. Marienstatt hatte hier 1262/1537 17 Lehen. Alle 17 Männer im Dorf hatten noch 1575 klostereigene Höfe. Die Kapelle St. Wendelin 1575, Maria und Wendelin 1464 war von den Voreltern Graf Gerhards von Sayn gestiftet worden. Der Pfarrer von Kirburg hatte vor 1658 alle 14 Tage und noch später die Kirchmeßpredigt in der Kapelle zu halten. In Neunkhausen waren 1560: 18 Räuche, 1617: 12, 1650: 3, 1793 247 Einwohner (40 Häuser).
Südlich des Ortes lag der Altklosterhof, wo 1215 „apud locum sancte Marie", die erste Klostergründung von Marienstatt erfolgte. Nach dem Abzug des Konvents an die Große Nister wurde der Hof von einem Mönch, der auch die Kapelle bediente, für die Abtei bewirtschaftet. Die bald nach 1215 erbaute Kapelle, die der hl. Maria geweiht war, stand seit der Reformation unbenutzt und wurde wohl 1634 von Kaiserlichen zerstört. Eine in dieser Zeit errichtete hölzerne Kapelle wurde 1804 abgebrochen. 1950 wurde nahe der Mühle eine Kapelle „Regina pacis" erbaut. Zum Hof gehörte 1457 eine Mahl- und Ölmühle. Die Mühle wurde 1819 verkauft, der Hof blieb Domänenbesitz.
🏛 In der Gemarkung wüster Wohnplatz mit Ruinenresten des im 13. Jh. erbauten Altklosterhofes (vetus claustrum).

✗ Überregional bekannt: Fingerhut - Fertighausbau GmbH & Co. KG.

⇔ ✗ Gasthaus mit Übernachtungsmöglichkeit und Mittagstisch.

☎ Gemeindeverwaltung 5241 Neunkhausen, Tel. (0 26 61) 59 80

⚑ Die offene Landschaft um Neunkhausen regt zum Wandern an. Friedewald mit seinem saynischen Schloß aus dem 16. Jh. und das zusammenhängende Waldgebiet an der Kleinen Nister und der Nauberg sind reizvolle Ziele.

Ein Parkplatz als Ausgangspunkt für Wanderungen liegt an der alten Kirburger Straße.

Südwestlich von Neunkhausen liegt 2 km entfernt
Mörlen (420 m; 520 E., VG Bad Marienberg)

◨ 1048 Mörlens erste urkundliche Erwähnung als Bachname „nigra Morla". 6 Lehen hatte Marienstatt 1262/1537 in Mörlen und 1798 noch Güter und Zinsen. 1866 wurde eine katholische Kirche erbaut und 1882 sowie 1949 erweitert. Die 1871 eingerichtete Missionsstation wurde 1887 Kuratie und 1891 selbständige Pfarrei." Mörlen hatte 1747 eine Winterschule und seit 1821 mit Neunkhausen zusammen eine gemeinsame Schule. An der Kleinen Nister wurden 1728 eine Ölmühle und eine Schneidmühle erbaut und 1754 als Mahlmühle ausgebaut. Mörlen hatte 1579: 11 Häuser, 1793 waren es 20.

⇔ ✗ Gasthaus mit Übernachtungsmöglichkeit und Mittagstisch.

🚌 nach Bad Marienberg, Westerburg, Hachenburg / Marienstatt und Betzdorf

☎ Gemeindeverwaltung 5241 Mörlen, Tel. (0 26 61) 59 68

⚑ Der Nauberg und das Tal der Kleinen Nister sind beliebte Wanderziele. (Siehe auch Seite 167!)

Westlich an Mörlen angrenzend
Nauroth (460 m; 988 E., VG Gebhardshain)

◨ Schon 1222 wird ein Heinrich von Nauroth (Nuenrode) als Ministeriale des Grafen von Sayn genannt. 1262 sind Albero und Hertwin von Nauroth Zeugen bei einer Urkundenunterzeichnung. In Nauroth wurde vor einigen Jahren die alte Kirche abgerissen und die zur Pfarrei Rosenheim gehörende neue Kirche der Hl. Familie erbaut. 1882 hatte Nauroth: 64 Wohnhäuser, 71 Haushaltungen und 347 Einwohner.

✗ Maschinenbau Schuster. Besichtigung möglich.

⚕ 2 Ärzte in Gemeinschaftspraxis.

✎ Schutzhütte mit Grillmöglichkeit. Kegeln im „Keglerstübchen".

⇔ ✗ 2 Gasthöfe mit Übernachtungsmöglichkeit und Mittagstisch.

🚌 nach Bad Marienberg, Westerburg, Hachenburg / Marienstatt und Betzdorf

☎ Verbandsgemeindeverwaltung 5241 Gebhardshain, Tel. (0 27 47) 21 11

⚑ Gute Wandermöglichkeiten im Staatsforst Hachenburg Nord „Nauberg" und im Tal der Kleinen Nister.

Nach 3 km kommt man nördlich von Nauroth nach
Elkenroth (450 m; 1560 E., VG Gebhardshain)

◨ 1048 wird der Lindiansseifen, ein kleiner Bach zwischen Elkenroth und Dickendorf, als „Lindehdunaha" ein Teil der Grenze des Haigerer Kirchensprengels angegeben. Die Burg „Hildburg" der von Gevertzhagen - Luitgenrode - 1400 zuerst erwähnt - lag am linken Ufer des Elbbachs. Ein heute noch sichtbarer **Steinwall der Burganlage** wurde auch als Relikt einer Talschlingenwallburg gedeutet. Schlackenhalden - Reste mittelalterlicher Eisenverhüttung - wurden am östlichen Wallende festgestellt. Die alte, schon 1501 erwähnte Kapelle zu Elkenroth wurde im Jahre 1869 durch einen Neubau ersetzt. Elkenroth ist heute eigene kath. Pfarrei mit der **Pfarrkirche St. Elisabeth.** Der Ort hatte 1882 69 Wohnhäuser, 78 Haushaltungen und 425 Einwohner.

✚ Arzt, Apotheke

🎣 Angelmöglichkeit im Elkenrother Weiher an der Straße nach Weitefeld.

🛏 ✗ Hotel, 6 Gasthöfe, 6 Pensionen; 80 Fremdenbetten; Café und
Eisdiele.

🚌 nach Betzdorf, Hachenburg, Wissen und Daaden

☎ Verbandsgemeindeverwaltung 5241 Gebhardshain, Tel. (0 27 47) 21 11

🚶 Ein Wanderparkplatz liegt am Beginn des Elbbachtales. Noch nicht
hinreichend markierte Wanderwege sind doch wegen der reizvollen
Landschaft empfehlenswert.

1. Buchenkopf - Lindiansseifen und zurück mit Parkplätzen am Anfang
   und am Ende (6 km);
2. Elkenroth - Grundwasser - Badeanstalt Dickendorf und zurück mit
   Parkplätzen am Anfang und am Ende (6 km);
3. Elkenroth - Grundwasser - Bisenstück - Badeanstalt Dickendorf und
   zurück mit Parkplätzen am Anfang und am Ende (6 km).

1,5 km östlich von Elkenroth liegt am Oberlauf des Dreisbachs
das aufstrebende große Dorf
Weitefeld mit dem Ortsteil **Oberdreisbach** (450 m; 2168 E.,
VG Daaden)

◪ Aus einer Schenkungsurkunde geht hervor, daß ein Folcmar von
Weitefeld (Whitaveld) mit anderen im Jahre 848 einen Hof in „Gurdes-
heim marca" oder in „Rungrafa marca" am Dreisbach „Dreisafa" besaß.
1270 erhielt Marienstatt die Hälfte des Zehnten zum Hof Weitefeld von
Rorich genannt von Lützelau. Reste von alten Rennhütten, den Vorläufern der heutigen Hochöfen und Schürfmulden (Pingen) in den umliegenden Wäldern beweisen, daß schon in früher Zeit Eisenerz im
Tagebau und im Stollenbetrieb gewonnen und verhüttet wurde. Vor
etwa 100 Jahren kamen im „Schloßsteinchen" die letzten Kohlenmeiler
zum Erlöschen.

✗ Die Firma Nickel - Klima- und Lufttechnik zählt zu den größten
Herstellern von Klimaanlagen in der Bundesrepublik Deutschland. Die
VFG - Vertriebsgesellschaft ist eine Tochtergesellschaft der Basalt AG
Linz und baut zwischen Weitefeld und Elkenroth tertiäre Sande und
Tone ab, die für die feuerfeste und keramische Industrie ein wichtiger
Rohstoff sind. Das Westerwälder Eisenwerk Dr. Paul Gerhard stellt
Lagertanks und Container her und exportiert international. Alle Betriebe
können besichtigt werden.

✚ Facharzt für innere Krankheiten.

🎣 Schutzhütte mit Grillplatz.

🛏 ✗ Hotel, Gasthaus; 15 Fremdenbetten; Café.

🚌 nach Betzdorf, Hachenburg, Daaden und Bad Marienberg

☎ Gemeindeverwaltung 5241 Weitefeld, Tel. (0 27 43) 22 83

🌳 Alte Linde - Naturdenkmal im Wochenendhausgebiet.

🚶 Ausgangspunkt für Wanderungen ist der Parkplatz in der Ortsmitte.
Beliebte Wanderziele: Elkenrother Weiher, Hasselichskopf - zu
Standorten seltener Pflanzen -, Friedewald und Daadetal.

Wäller Zungenbrecher

Hönnä Hännersch Hannpittersch Haus
henke hunnert Hemder raus;
hunnert Hemder henke raus
hönnä Hännersch Hannpittersch Haus.

Machen Die mit im „Arbeitskreis Westerwälder Mundart"!
Auskunft: Karl Kessler, Hauptwart für Kulturarbeit im WWV,
Landschaftsmuseum, 5238 Hachenburg.

DER HOHE WESTERWALD UM BAD MARIENBERG
Bearbeiter: Karl Kessler

Mit Bad Marienberg verbindet sich der Begriff „Hoher Westerwald", der in seiner räumlichen Ausdehnung die höchsten Erhebungen des Westerwaldes umschließt. Bad Marienberg, dessen
Altstadt mit der Kirche sich auf einem mit mäßiger Böschung abfallenden Basaltriedel in 485 m ü. NN erhebt, ist die Eingangspforte zum Hohen Westerwald.

Die höchsten Erhebungen im Bad Marienberger Raum sind der
Saalberg (653 m) und der Galgenberg (645 m), die beide zusammen den Salzburger Kopf bilden. Der Wilsberg (593 m) bei Salzburg, die Höh (584 m) bei Hof und die Marienberger Höhe
(567,5 m) sind weitere bemerkenswerte Westerwaldberge. Zur
Marienberger Höhe hin ist die Basaltdecke durch eine Devon-
quarzitoberfläche unterbrochen. Unter dem basaltischen Wolfsteinrücken, der zwei interessante Phänomene des Westerwälder
Tertiärs, den Kleinen und den Großen Wolfstein (ND), miteinander verbindet, liegt, wie fast überall hier oben unter Basalt-
und Tuffdecken, Braunkohle, die noch in den ersten Jahren nach
dem 2. Weltkrieg zuletzt abgebaut wurde. Zwischen Bad Marienberg, Bölsberg und Unnau fallen mächtige Basaltblockfelder auf.
Es sind Rutschmassen, die während der Eiszeit von den Basaltdecken der Berge abgeglitten sind und hier unmittelbar am
Plateaurand das Devonfundament überlappen.

Der Basaltpark, ein rekultivierter Steinbruch bei Bad Marienberg,
die Steinbrüche im Stöffel bei Enspel, Neuhochstein, Nisterau,
Lautzenbrücken und eine ganze Anzahl kleinerer Aufschlüsse
ermöglichen hervorragende Einblicke in die Vulkantätigkeit vor
etwa 30 Millionen Jahren. Deutlich kann man die verschiedenen
Basaltdecken, Tuffitschichten und die Kristallisationsform des
Basaltes erkennen: fünf- oder sechseckige Säulen in verschiedener Stärke, die häufig in Meilerstellung sichtbar sind. Östlich von
Hahn erhebt sich der Höhenzug des Hochsteins (ND), der ebenfalls von einem ausgedehnten Blockmeer aus Basalt überzogen
ist.

Der Krummbach und der Zeilerbach sind die Zuflüsse der
Schwarzen Nister, die im Tal bei Nisterau-Bach ein Braunkohlenflöz freigespült hat und vermutlich durch die schwarze Kohle
ihren Namen erhielt. Die Schwarze Nister, der Alte Dreisbach,
der Enspeler Bach, Bölsbach und Wäschbach sind über die
Große Nister und Sieg dem Rhein angeschlossen. Der Hohe
Westerwald ist waldarm, und doch ist er durch die kleinen, nicht
zusammenhängenden Wälder im Wechsel mit Wiesen, Weiden
und einsamen Höhen eine große Parklandschaft, wo der Fremdenverkehr eine zunehmend wichtige Stellung einnimmt.

Der Urlaubspark „Hoher Westerwald" mit dem Kneipp - Heilbad
und Höhenluftkurort Bad Marienberg und den benachbarten

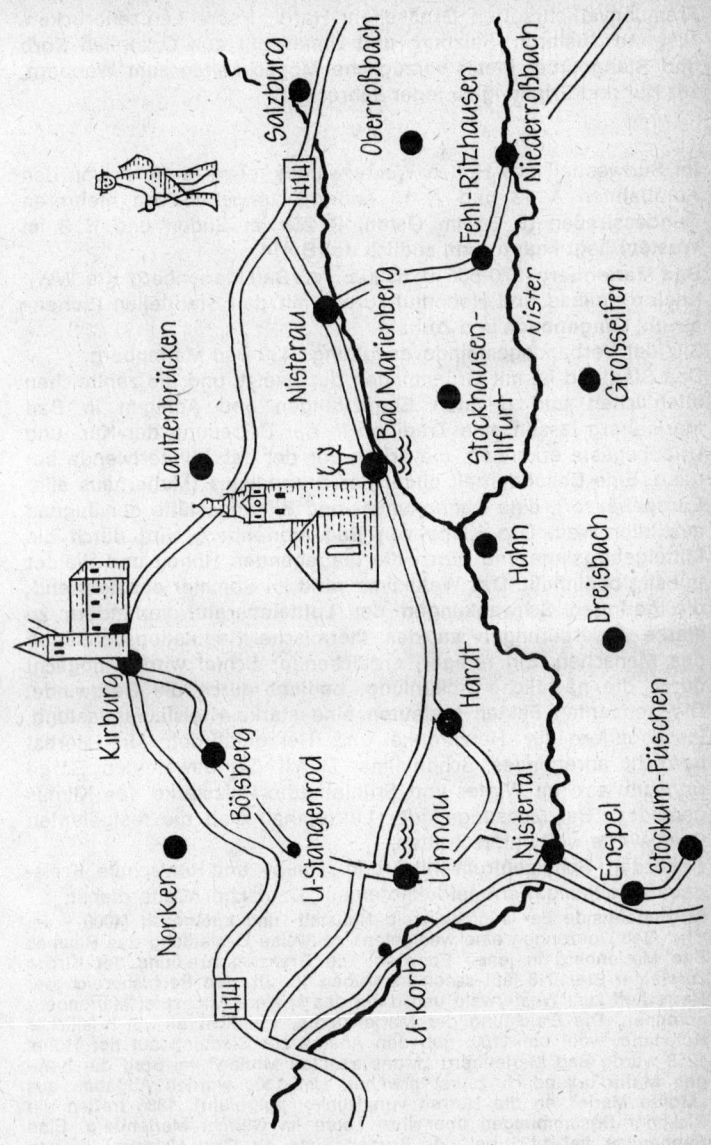

Der Hohe Westerwald um Bad Marienberg Seite 114 - 134
Das Neunkhauser Plateau Seite 110 - 113

Fremdenverkehrsorten Großseifen, Hardt, Hahn, Lautzenbrücken, Nisterau, Nistertal, Salzburg und Unnau mit den Ortsteilen Korb und Stangenrod, bietet vorzügliche Möglichkeiten zum Wandern, zur Kur und Erholung zu jeder Jahreszeit.

✱

Im Südwestteil des Hohen Westerwaldes, etwa je 25 km von den Autobahnen A 13 und A 15 entfernt, umgeben von mehreren Bundesstraßen (B 54 im Osten, B 255 im Süden und B 8 im Westen) liegt knapp 1 km südlich der B 414
Bad Marienberg (370-535 m; 5300 E., VG Bad Marienberg, Krs. WW) Kneipp-Heilbad und Höhenluftkurort, mit den Stadtteilen **Eichenstruth, Langenbach** und **Zinhain.**
Sitz der Verbandsgemeindeverwaltung 5439 Bad Marienberg.
Das Stadtbild ist mit Grünanlagen durchsetzt, und die zahlreichen öffentlichen und privaten Einrichtungen und Anlagen in Bad Marienberg lassen eine Tradition in der Betreuung der Kur- und Urlaubsgäste erkennen, die schon vor der Jahrhundertwende begann. Eine Besonderheit bildet das **Europahaus** (Mutterhaus aller Europahäuser), eine Begegnungs- und Bildungsstätte der Jugend aus aller Welt. Das Klima von Bad Marienberg wird durch die Mittelgebirgslage und durch die umgebenden Höhen und Wälder günstig beeinflußt. Das Waldklima wirkt im Sommer ausgleichend; die geringen Schwankungen der Lufttemperatur verhindern zu starke Anforderungen an das thermische Regulationsvermögen des Menschen. Ein ruhiger, erquickender Schlaf wird ermöglicht durch die nächtliche Abkühlung, bedingt durch die Bergwinde. Die genannten Fakten bedeuten eine starke Kreislaufentlastung, insbesondere für Herzkranke und Herzgefährdete. Im Herbst herrscht anregendes Schonklima. Durch die bewaldeten Berge ringsum wird im Winter und Frühjahr die Reizstärke des Klimas gemildert. Bei Messungen der Luftreinheit sind die festgelegten Grenzwerte weit unterschritten.
Behörden: Schulzentrum mit Grund-, Haupt- und Realschule, Kreisgesundheitsamt, Fernmeldeknotenamt, Deutscher Wetterdienst.
◪ Bodenfunde der Jungsteinzeit, Hallstatt- und Latènezeit (4000 - um Chr. Geb.) bezeugen eine wenigstens zeitweise Besiedlung des Raumes Bad Marienberg in jenen Epochen. Die Grenzbeschreibung der Kirche zu Haiger 914/1048 läßt schon im frühen 10. Jh. den Rechtsbereich der Herrschaft zum Westerwald und darin das spätere Kirchspiel Marienberg erkennen. Die Errichtung der Marienkirche, vielleicht an vorchristlicher Kultstätte, wohl um 1100, gab den Anstoß zur Siedlung auf der Höhe. 1258 wurde Bad Marienberg „Mons sanctae Mariae" = Berg der heiligen Maria urkundlich zuerst erwähnt. Um 1300 wurden Abgaben aus „Monte Marie" an die Herren von Runkel aufgeführt. 1336 treffen die Bickener Bestimmungen über ihre Leute im Gericht Marienberg. Eine Bannmühle fiel 1425 bei der Bruderteilung an Graf Heinrich III. von Nassau - Beilstein. Johann von Seelbach erhielt 1440 eine Geldabgabe von Liechte zu Marienberg. Marienstatt bekam 1480 von Graf Heinrich von Nassau einen Hörigen aus Marienberg: Hen, Greten Elsen Sohn. 1614 lebte aus nassauischem Adel Hermann von Waldmannshausen in Marienberg.

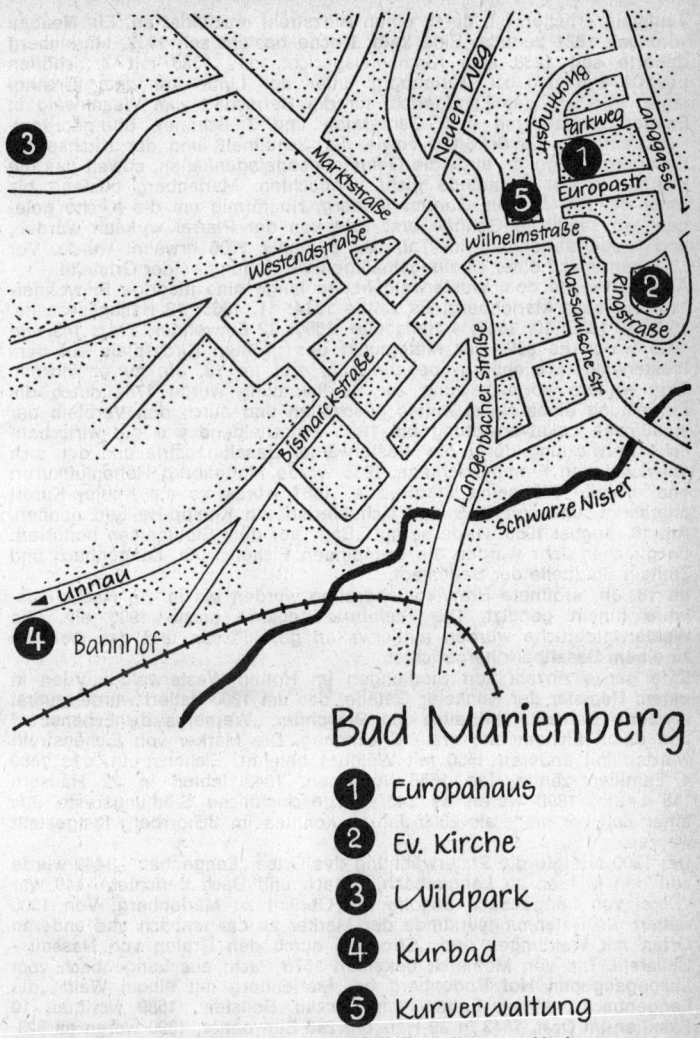

Bad Marienberg

1 Europahaus

2 Ev. Kirche

3 Wildpark

4 Kurbad

5 Kurverwaltung

Die Kirche zu Marienberg war als Filialkapelle von Herborn aus gegründet worden. Die Loslösung von der Mutterkirche erfolgte schon vor 1231. Während diese 1231 an den Deutschen Orden überging, wurde das Patronat der Kirche zu Marienberg 1287 den Grafen von Nassau zugesprochen. Zum Kirchspiel gehörten 22 Dörfer und Filialkapellen in Fehl - Ritzhausen, Hof und Unnau. Als erster Geistlicher wurde ein „gerhard cappelan pastoir zu Mérgynberg" erwähnt. An der Kirche bestand bis zur Reformation eine geistliche Bruderschaft. Das Kloster Marienstatt hatte noch bis 1660 einen Hof in Marienberg. Die ev. Lehre gelangte 1561 zum Durchbruch und herrschte wohl schon 1547. 1813 brannte die alte Kirche, von der nur noch der alte spätromanische

Taufstein erhalten ist, durch einen Blitzstrahl entzündet ab. Ein Neubau wird seit 1821 benutzt. Eine kath. Kirche besteht seit 1932. Marienberg gehörte seit 1258 zum Kirchspielsgericht, das 1336 mit 7 Schöffen besetzt war und zu Marienberg unter der Linde vor dem Kirchhof tagte. Ihm war das Landgericht für die Herrschaft zum Westerwald in Emmerichenhain mit dem Zentgrafen und 7 Schöffen übergeordnet. Der Zentgraf, die Schöffen sowie der Schultheiß und der Kirchspiels-heimberger regelten auch die Gemeindeangelegenheiten, soweit das die Männer in der Gemeinde nicht vermochten. Marienberg bestand bis Ende des 17. Jh. aus Obermarienberg, ringförmig um die Kirche gele-gen, wo sämtliche Gehöfte erst 1614 von der Pfarrei verkauft wurden, und Niedermarienberg im Tal, das erstmals 1506 erwähnt wurde. Vor 1800 kam es zu einer siedlungsmäßigen Verbindung beider Ortsteile.

Alle Dörfer auf dem Westerwald hatten lange eine niedrige Einwohner-zahl, so auch Marienberg. Es zählte 1514: 11, 1565: 12 Hausgesessene, 1589: 9, 1635: 10, 1645: 4 Haushalte. 1650: 32 Einwohner, 1741: 149 und 1905 waren es 969. Der Mittelpunkt des größten Kirchspiels auf dem Westerwald, Marienberg, begann sich erst im 18. Jh. zu entwickeln. Eine weitere Voraussetzung zur Stadtwerdung wurde 1782 durch die Einrichtung eines Nass. Amtes geschaffen und durch den Verbleib der staatlichen Lokalverwaltung bis 1932. Entscheidend war die wirtschaft-liche Entwicklung durch die Westerwälder Basaltindustrie und den sich entwickelnden Fremdenverkehr. 1936 wurde Marienberg Höhenluftkurort und erhielt 1939 eine Stadtrechte. 1961 wurde es als Kneipp-Kurort anerkannt, und seit 1969 darf sich Marienberg Kneipp-Heilbad nennen. Am 18. August 1969 wurde es mit „Bad" vor dem Stadtnamen honoriert. Im gleichen Jahr wurden die Gemeinden Eichenstruth, Langenbach und Zinhain Stadtteile der Badestadt.

Im 18. Jh. eröffnete Braunkohlengruben wurden bis in die Nachkriegs-jahre hinein genutzt. Die Steinbruchindustrie setzte 1905 ein. Die Westerwaldbrüche wurden mittlerweilen geschlossen und das Gelände zu einem Basaltpark hergerichtet.

Eine ganze Anzahl von Siedlungen im Hohen Westerwald wurden in einem Register der Runkeler Gefälle, das um 1300 datiert wurde, zuerst erwähnt. Damals fand auch ein Bewohner „Wernerus de Echenstrut" und damit **Eichenstruth** erste Erwähnung. Die Märker von Eichenstruth wurden mit anderen 1500 mit Wäldern belehnt. Eichenstruth, das 1589 4 Familien zählte, lag 1648 verlassen. 1843 lebten in 22 Häusern 118 Leute, 1890 waren es 146. Vorgeschichtliche Siedlungsreste aus einer Zeit vor mehr als 2000 Jahren konnten im Schorrberg festgestellt werden.

Um 1300 erfolgte die Ersterwähnung des Ortes „Langenbac". 1440 wurde von den Mühlen zu **Langenbach**, Erbach und Bach berichtet. 1449 war Wiikel von Langenbach Schöffe am Gericht zu Marienberg. Von 1500 datiert die Belehnungsurkunde der Märker zu Langenbach und anderen Orten mit Waldungen und „Stroden" durch den Grafen von Nassau - Beilstein. Die von Molnarck bekamen 1575 Pacht aus Langenbach vom ausgegangenen Hof Rodenberg bei Marienberg mit einem Wald „die Langenbach", einem Lehen von Nassau - Beilstein. 1589 wohnten 10 Familien im Dorf, 1843 in 39 Häusern 240 Einwohner, 1890 waren es 323.

In **Zinhain** erhielten 1393 die von Sottenbach Güter pfandweise von Reinhard Herrn zu Westerburg. Wilhelm von Obentraut gab 1398 seinen Zehnten in Zinhain (Zeenhaen) dem Kloster Marienstatt. 1487 wurde Contzgen von Zinhain die Klostermühle zu Hardt vom Abt von Marien-statt zu Lehen gegeben. Die Westerburger hatten in Zinhain Zehnten, die 1617 an Nassau kamen. 1589 wohnten hier 5 Familien. 1890 hatte das Dorf, das 1969 zum Stadtteil wurde, 173 Einwohner. Latènezeitliche Bodenfunde kamen im Wildparkgelände ans Tageslicht.

🏛 Die **ev. Kirche** wurde 1818-21 in spätklassizistischem Baustil von Johann Schrumpf erbaut. Ein großer schlichter Saalbau, an einer Lang-seite, der Eingangsfront, dreiachsiger Mittelrisalit mit Pilastern und

Ev. Pfarrkirche in Bad Marienberg

Flachgiebel, vor der anderen der Turm mit Zeltdach und Haubenlaterne.
Spiegeldecke, hohe dreiseitige Emporen auf schlanken Rundstützen.
Der Kanzelaltar befindet sich an der Turmwand. Bei der Kirche steht
ein spätromanischer Taufstein, Eifeler Weichbasalt, der Andernacher
Bauhütte zugehörig, aus dem 13. Jh., ein Rundbecken auf Sockel und
8 Säulchen.
Altes Amtshaus (Wilhelmstraße 8). 1784 erbaut. Zweistöckiger Bau mit
Walmdach, kleinem Zwerchhaus und Stuckgirlanden.
✗ Lebek - Damenmäntelfabrikation; Schmehmann - Rohrschlangenwerk;
Menk - Apparatebau; Kasper - Büromöbelfabrik; Kurt Schneider - Obst-
importe; Edwin Groß - Holzgroßhandel; Heyser - Ladenbau; Kunststoff-
Apparatebau Uden; Hostert Automata - Entwicklungsmaschinen für Bild-
und Filmwerk; Scholl - Apparatebau und Großkücheneinrichtungen;
Kempf - Fahrzeugbau; Werner Schneider - Nährmittelfabrik.
(Eine Besichtigung der Betriebe ist nach Vereinbarung möglich).
✠ 6 Ärzte (2 Fachärzte), 3 Zahnärzte, 2 Apotheken, 1 Heilpraktiker,
Gymnastiklehrerin für Kur- und Schwangerschaftsgymnastik.
Heilanzeigen: Erschöpfungszustände, vegetative Regulationsstörungen,
verzögerte Rekonvaleszenz, Herz- und Gefäßerkrankungen, Stoffwechsel-
störungen, Krankheiten des rheumatischen Formenkreises (arthrotische
Erkrankungen, Bandscheibenerkrankungen und Gefügestörungen), **Frauen-
krankheiten** (endokrine Störungen, chronische entzündliche Prozesse),
und alle sonstigen Indikationen für Kneipp-Heilbäder.
Bad Marienberg ist anerkannt von den RVO- und allen Ersatzkassen,
sowie beihilfefähiger Kurort für den öffentlichen Dienst.
Sozialstation Hachenburg/Bad Marienberg, Tel. (0 26 62) 67 50.
⚓ **Kurbad** mit Hallenbad und beheiztem Freibad mit Kurmittelabteilung,
2 Hallenbäder, 2 Warmschwimmhallen, 3 Kneippanlagen, Kleingolfplatz,
1 Tenniscenter und Tennisplätze, Reithalle für Reitsport und Reitunterricht (Pferdepension), Segelflugplatz Bad Marienberg/Oberroßbach in
Hof, Schulverkehrsgarten. Schießsportmöglichkeit im Schützenhaus,

Wildpark mit Ponyhof, Kurgarten und Basaltpark, Seniorentagesstätte
sowie eine Bücherei mit Lesezimmer.
Wintersport: Skilift mit Flutlicht, Langlauf-Skiwanderloipen auf der
Marienberger Höhe, Rodelmöglichkeiten.
Angelmöglichkeiten - Auskunft bei der Kurverwaltung, ornithologische und
naturkundliche Exkursionen und Ausflugsfahrten, geführte Wanderungen
und alles Aktuelle werden regelmäßig in der „Bad Marienberger Kur & Urlaubs-
revue" angekündigt.
Kegeln ist im Landhaus Kogge und im Marienberger Hof möglich. Blockhütte
mit Grillplatz auf dem Weidling. Trimm-Dich-Weg am Wildpark.

Wildpark Bad Marienberg

Auf der Zinhainer Höhe, westlich der Stadtmitte, wo dem Besucher sich
vom Westerwaldblick eine herrliche Aussicht bietet, liegt der ca. 20 ha
große Wildpark, eine beliebte Einrichtung der Kurstadt. Rotwild, Dam-
wild, Rehwild, Schwarzwild, Stein- und Muffelwild, Ziegen, Schafe,
Ponys, Pfauen und Enten gibt es in sauberen Gehegen zu beobachten.
Eine Mini-Autobahn macht den Kindern den Besuch des Wildparks
zusätzlich interessant.

Basaltpark Bad Marienberg

Einen Blick ins Erdinnere des Hohen Westerwaldes läßt ein rekultivierter Basaltsteinbruch zwischen Bad Marienberg und dem Stadtteil Zinhain
zu. Durch die Vulkaneruptionen in der Tertiärzeit erfolgten für weite
Teile des Westerwaldes typische Basaltdurchbrüche. Die Lava erstarrte
nach den Eruptionen und bildete dabei oft eckige Säulen, die ein be-
gehrter Rohstoff des Bergbaus sind. Es ist geplant, den Basaltpark in
den nächsten Jahren noch weiter zu einem Basalt-Freilichtmuseum
auszubauen. Die verschiedenen Abbaumethoden und die geologischen
Vorgänge sollen anschaulich dokumentiert werden.

🛏 ✕ 540 Fremdenbetten; Kneippkurhotel, 6 Hotels, 3 Kneippkurheime,
8 Pensionen und Gasthöfe, 13 Gaststätten mit Mittagstisch, 36 Privat-
bettenvermieter, 5 Cafés, 2 Eisdielen, Pizzeria, 4 Ferienwohnungen,
Erholungsheim, 1 Ferien auf dem Bauernhof. Kneippkurhotel Wildpark
und Waldcafé liegen westlich der Stadt am Wildpark. An der B 414 in Lautzenbrücken Ortsteil Eisenkaute Gasthof Waldfrieden. Jugendherberge am Erlenweg beim Schulzentrum. Im OT Langenbach Schnapsbrennereien (Proben).
🚌 Ab Bahnhof Erbach: Altenkirchen - Köln, Westerburg - Limburg -
Frankfurt. Von und nach Erbach Busverbindung.
🚌 nach Hachenburg, Westerburg, Burbach, Betzdorf, Köln, Koblenz
und Rennerod. Im Sommer auch Busverbindungen nach Essen, Duisburg
und Gelsenkirchen.
☎ Kurverwaltung 5439 Bad Marienberg, Tel. (0 26 61) 2 31
Ein Ortsprospekt und Wohnungsnachweis ist bei der Kurverwaltung
erhältlich. Das Wandern wird erleichtert durch die Wanderkarte
„Urlaubspark Hoher Westerwald", die im Bad Marienberger Buchhandel
und bei der Kreissparkasse erhältlich ist. Westerwaldliteratur ist ebenfalls im Buchhandel zu haben.
📖 Die Wolfsteine durch den sogenannten Wolfsteinrücken miteinander
verbunden, nordwestlich von Bad Marienberg gelegen, sind Relikte einer
im Tertiär (vor ca. 30 Millionen Jahren) entstandenen Schlot - und
Gangform des Basaltes. Der in einer Urkunde aus dem Jahre 1048
„Drutgerestein" genannte Große Wolfstein, gab den Anlaß zur Annahme einer keltischen Opferstätte.
Auf dem Hofe der ev. Kirche, zwischen dem Turm und der umgebenden
Ringmauer, ist der Standort einer mächtigen alten Ulme, die zum
Naturdenkmal erklärt wurde.
⊙ Alljährlich am letzten Sonntag im Juni findet die „Marmer Kirmes"
mit Umzügen der Kirmesjugend in alten Trachten statt und gestaltet
sich zu einem großen Volksfest.

Vom Parkplatz an der Kurverwaltung führen eine Anzahl gepflegter und gut markierter Wanderwege in die landschaftlich reizvolle Umgebung der Badestadt:

A 1 - Nistertal - (3,5 km; ca. 55 Minuten)

Die Wilhelmstraße hinab, zwischen Café Bück Dich und Hotel Westerwälder Hof biegen wir nach links und folgen der Mkg. A 1 ins Tal der Schwarzen Nister. Die Nister abwärts kommen wir an einem Steg vorbei durch ein idyllisches Wiesental zum Stadtteil Langenbach. Hier geht es nach rechts aufwärts auf schattigen Waldwegen nach Bad Marienberg.

A 2 - Schorrberg - (5,0 km; ca. 1 Stunde 15 Minuten)

Hinab die Nassauische Straße, an der kath. Kirche vorbei, über die Nisterbrücke, gehen wir nach rechts einen Fußpfad den Schorrberg hinauf. Nach 50 m Anstieg biegen wir oberhalb des Mühlgrabens halbrechts ab. Der Weg führt uns durch Laubwald mit artenreichem Pflanzenbewuchs unterhalb eines alten Steinbruchs vorbei. An der Wegegabelung biegen wir nach links ab und folgen der Mkg. A 2 bald wieder nach rechts talwärts bis zur Blockhütte mit Grillplatz auf dem Weidling. Oberhalb der alten Bahntrasse gelangen wir bald wieder in die Stadt zurück.

A 3 - Wolfsteine - (5,0 km; 1 Stunde 15 Minuten)

Um zu den Wolfsteinen zu gelangen, folgen wir der Mkg. A 3 die Büchtingstraße, Langgasse, vorbei an der Stadthalle ca. 150 m die Kirburger Straße aufwärts. Vor der Telefonzelle halblinks, ein Stück entlang dem Waldrand „Unter den Eichen" und weiter nach rechts einen schmalen Pfad bergan. Über die Marienberger Höhe gelangen wir vorbei an einem kleinen Wacholdervorkommen, entlang einer Schützhütte, ein Stück parallel mit dem Trimm-Pfad (Vita-Parcour) zum Großen Wolfstein. Durch Fichtenwald, dann ein kurzes Stück den Bölsberger Weg hinauf kommen wir rechts abbiegend nach etwa 500 m zum Kleinen Wolfstein. Zurück gehen wir auf einem hochführenden Pfad und kommen nach kurzer Zeit wieder zu einer Schutzhütte, biegen dann nach links ab und nach etwa 300 m wieder nach rechts abwärts in die Kurstadt.

Wolfsstein bei Bad Marienberg

A 4 - Kurbad, Basaltpark - (5,5 km; 1 Stunde 25 Minuten)
Bis nach Langenbach führt unser Weg parallel mit dem Wanderweg A 1. In Langenbach gehen wir den Zinhainer Weg aufwärts und kommen zum Kurbad. Hier überqueren wir die Bismarckstraße und befinden uns schon im Basaltpark. Aufwärts bis zur Höhe führen uns die gut ausgebauten Wege im rekultivierten Steinbruch. Dann geht es hinab den alten Unnauer Weg wieder ins Städtchen.

A 5 - Marienquelle, Pfaffenmal - (6,5 km; ca. 1 Stunde 40 Minuten)
Wir folgen der Mkg. A 5 bergan bis zur Marienquelle, von der die Sage erzählt, daß zu ihr in alten Zeiten die Pilger von weither kamen, um vom Wasser, dem man Heilkräfte zuschrieb, zu trinken und von dem Kranke und Sieche gesund wurden. Weiter geht es durch die Bacher Lei entlang der Schwarzen Nister und durch einen stillgelegten Basaltsteinbruch. Vor Nisterau-Bach biegen wir nach rechts ab zum Pfaffenmal, einem ca. 18 m hohen Säulenbasaltkegel (ND). Aufwärts zur Höhe, am Friedhof von Stockhausen - Illfurth vorbei, überqueren wir die Kreisstraße und kommen nach 1 km zum Stadtteil Eichenstruth und von dort den Schorrberg hinab wieder zum Ausgangspunkt.

A 6 - Reithalle, Hölzerstein - (8,5 km; ca. 2 Stunden 10 Minuten)
Bis zur Stadthalle folgen wir der Wegebeschreibung von A 1, biegen oberhalb des Sportplatzes nach rechts in den Erlenweg ein und kommen nach etwa 1 km nach Nisterau-Pfuhl zur Reithalle. Durch Pfuhl und östlich durch die Feldflur kommen wir zur Anhöhe am Hölzerstein. Mit dem Wanderweg des Westerwald-Vereins der „weißen I" und dem Europäischen Wanderweg „weißes X" gelangen wir über Nisterau-Bach durch die Bacher Lei, wo uns am Waldrand die Bad Marienberger Kirche wieder grüßt.

A 7 - Wildpark, Westerwaldblick - (10,0 km; ca. 2 Stunden 30 Minuten)
Die Wilhelmstraße hinab, ein Stück Bismarckstraße, nach rechts 200 m die Marktstraße hoch, nach links die Westendstraße und den alten Unnauer Weg leicht bergan bis zur Höhe. Hier am Westerwaldblick bietet sich ein selten schönes Panorama. Bei klarer Sicht kann man die Taunusberge mit dem 880 m hohen Großen Feldberg erkennen. Am Waldcafé vorbei gelangen wir auf einen Weg, der in nördlicher Richtung in den Wald hinein führt. Unterhalb des Großen Wolfsteins vorbei biegen wir an einer Waldwegekreuzung nach rechts ab und folgen nach 250 m einer Fichtenschneise nach links. Am Fernsehturm (185 m hoch) vorbei kommen wir nach dem 1 km entfernten Nisterau-Pfuhl und zur Reithalle. Zurück wandern wir in südwestlicher Richtung an einem Fischteich und am Erlenhof (Ferien auf dem Bauernhof) entlang wieder nach Bad Marienberg, das wir am Schulzentrum erreichen.

Bad Marienberg ist Wanderwegeknotenpunkt einiger Hauptwanderwege des Westerwald-Vereins. Hier kreuzen und begegnen sich folgende Wege: X = Europäischer Wanderweg, 5 = Herdorf - Diez 67 km, I = Königswinter - Herborn 106 km und der Kölner Weg = K 210 km.

1 km vom Stadtteil Zinhain entfernt liegt an einem Südhang das schöne

Hardt (410 m; 390 E., VG Bad Marienberg)

◪ 1332 wurde Hardt (Hart) in einer Rechnung des Klosters Marienstatt über dessen Rechte im Kirchspiel Höhn und an der Mühle zu Hardt erstmals genannt. Die Schönhals von Alpenrod hatten hier 1398 Hörige. Heinz von Hardt kaufte 1406 ein Viertel eines Gutes im Kirchspiel Höhn. Kloster Marienstatt ersuchte 1438 Graf Johann von Nassau-Beilstein, keine Mühle an der Nister zu bauen, um die vorhandene Klostermühle nicht zu schädigen. 1457 wurde „de mole zor Hart under Dreysbach" im Inventar von Marienstatt aufgeführt. 1589 wohnten in Hardt 3 Familien.

Von 1843 bis 1890 war die Zahl der Einwohner von 220 auf 202 abgesunken. Die Wüstung Gilhain, westlich des Dorfes, war schon nach 1440
ausgegangen. Am Wartenberger Kopf wurden Mauerreste und Eisenteile
gefunden, die auf den erloschenen Hof Wartenberg hinweisen. Zeitweilig wurde in der Nähe von Hardt Quarzit abgebaut. Das schöne und
gastfreundliche Hardt, wo man es versteht, die neue Zeit mit Tradition
und altem Brauchtum zu verbinden, wurde 1977 beim Wettbewerb
„Unser Dorf soll schöner werden" mit einer Goldmedaille auf Bundesebene bedacht.

🏛 Typisch für das Westerwälder Fachwerkhaus ist das oft zur Wetterseite tief herabgezogene Dach, der „Nirrerloß" (Niederlaß). Das einst
strohgedeckte Haus in Hardt steht am Ortsausgang nach Nistertal. Es
birgt Wohnhaus, Stall und Scheune unter einem Dach. Stabiles, kunstvoll zusammengefügtes Fachwerk zeugt vom handwerklichen Können
der alten Westerwälder. Die heutigen Hausbesitzer haben es verstanden,
den Bau beispielhaft zu renovieren.

🎣 Schutzhütte mit Grillplatz.

🛏 ✕ Gasthaus mit Mittagstisch, 21 Fremdenbetten;
Pension, 7 Fremdenbetten.

🚌 nach Bad Marienberg und Hachenburg

☉ Nach altem Brauch trifft man sich in Hardt im Winterhalbjahr noch
zur **Spinnstube**. Jung und Alt kommen zusammen, um Handarbeiten
zu machen, um Geschichten von früher weiterzugeben, um miteinander
fröhlich zu sein und um hin und wieder auch einmal noch beim „Wäller
Kümmel" Lieder zu singen.

☎ Gemeindeverwaltung 5439 Hardt, Tel. (0 26 61) 57 15;
Kurverwaltung 5439 Bad Marienberg, Tel. (0 26 61) 2 31

Die Wanderkarte des Urlaubsparks Hoher Westerwald ist im Bad Marienberger Buchhandel und bei den Zweigstellen der Kreissparkasse
Westerwald zu erhalten.

🚶 In die schöne Umgebung führen gut markierte Wanderwege:
C 1: Zum Hahn (2,4 km; ca. 35 Minuten);
C 2: Um die Struth (3,8 km; ca. 1 Stunde);
C 3: Hardter Mühle (7,8 km; ca. 2 Stunden).
Weitere lohnende Wanderziele sind der Stöffel und der Götzenberg.

Von Hardt 2 km entfernt im Nistertal kommt man nach
Nistertal (320-350 m; 1297 E., VG Bad Marienberg)

🔲 Die erste Urkunde belegt die Besiedlung des Ortsteils Büdingen für
1274. Um 1300 wurden von den Herren von Runkel hier Rechte abgetreten. 1617 kaufte der Graf von Nassau Zins von Wied-Runkel und
Leiningen-Westerburg. Eine Hafergülte besaß 1372 die Hachenburger
Katharinenkirche. 1628 hatte die Kirche zu Marienberg Gülten in
Büdingen.
1354 erscheint erstmals Erbach in einer Urkunde. Nassau-Beilstein verfügte 1425 über die Mühle zu Erbach. Nach der Reformation wurde
Büdingen aus dem Kirchspiel Marienberg nach Rotenhain umgepfarrt.
Erbach verblieb, rechts der Großen Nister, im Kirchspiel Marienberg
und kam erst in diesem Jahrhundert an die Pfarrei Unnau. Der Bahnhof
Erbach, seit 1886 in Betrieb, die Arbeit der Büdinger und Erbacher in
den Basaltsteinbrüchen im Stöffel und der Stolz auf die kurz vor dem
1. Weltkrieg fertiggestellte 300 m lange Eisenbahnbrücke waren Schritte
auf dem Weg zur Gemeinsamkeit. Im Rahmen der Verwaltungsreform
1969 kam es zum Zusammenschluß der beiden Dörfer, zu Nistertal.

🏛 In der **kath. Pfarrkirche Mariä Himmelfahrt** befinden sich der Hochaltaraufsatz und die beiden 1715 datierten Seitenaltäre aus der abgebrochenen Kirche in Burgbrohl/Krs. Mayen, sowie eine Kanzel, Anfang
18. Jh., aus Merzig an der Saar. Relief der Hl. Familie, Mitte 18. Jh.

Die **Eisenbahnbrücke** bei Nistertal galt vor dem ersten Weltkrieg als „Wunder der Technik". Die damals größte Betonbrücke in Deutschland wurde von Technikern und Ingenieuren aus aller Welt besucht. 1911 wurde die über sie führende eingleisige Strecke Erbach - Marienberg - Fehl - Ritzhausen eröffnet. Die Brücke bleibt heute wohl als Baudenkmal erhalten.

✚ Arzt, Apotheke

🏹 Kegeln im Westerwald-Hotel und im Gasthof Wisser; Reiten auf dem Reiterhof Möser, Hardter Mühle.

🛏 ✗ 2 Hotels, 5 Gasthöfe mit Mittagstisch und Übernachtungsmöglichkeiten, 4 Cafés.

🚌 nach Limburg - Frankfurt, Altenkirchen - Köln

🚌 nach Bad Marienberg und Hachenburg

☎ Gemeindeverwaltung 5439 Nistertal, Tel. (0 26 61) 57 02

Eine örtliche Wanderkarte ist bei der Gemeindeverwaltung erhältlich, ebenso Ortsprospekte. Die Wanderkarte des Urlaubsparks Hoher Westerwald gibt es bei der Zweigstelle der Kreissparkasse Westerwald.

🌳 Bemerkenswert ist auf dem Scharfenstein noch eine große und alte Buche (ND) und ein schöner Rundblick ins Tal der Großen Nister.

👫 Sechs gut ausgewählte Wanderwege erschließen das Nistertal um Nistertal und beginnen am Parkplatz in der Nähe des Bahnhofs.

D 1 („Weißes Kreuz"): - Zur Erbacher Brücke - (4 km; ca. 1 Stunde);

D 2 („Weißes Dreieck"): - An den Stöffel -
(4,7 km; ca. 1 Stunde 10 Minuten);

D 3 („Weißes Viereck"): - Um den Enspeler Bach -
(5,0 km; ca. 1 Stunde 15 Minuten);

D 4 („Gelber Punkt"): - An die Hardter Mühle -
(6,0 km; ca. 1 Stunde 30 Minuten);

D 5 („Weißer Kreis"): - Zur Alten Dreisbach -
(6,5 km; ca. 1 Stunde 40 Minuten);

D 6 („Weißer Punkt"): - Philosophenweg -
(8,5 km; ca. 2 Stunden 10 Minuten).

Auf dem Basaltfelsen des Scharfensteins oberhalb von Nistertal planten Herr Johann von Westerburg und Graf Johann von Nassau-Merenberg 1354 gemeinsam einen Burgbau. Die Burg, die zunächst wohl gegen den Schwiegervater Herrn Johanns, den Grafen von Sayn, gerichtet war, kam jedoch nach einem Vergleich mit diesem nicht zustande.

Nach Süden aufwärts führt die Straße zum von Nistertal 2 km entfernten

Enspel (390 m; 310 E., VG Westerburg)

◧ 1261 als „Encenmulen" zuerst genannt. Begütert waren hier die von Steinebach 1531, Gülten und Renten bezogen um 1330 Kloster Seligenstatt bei Seck, die Armen zu Hachenburg 1584 und 1625 die Kirche in Marienberg. Leibeigene hatten vor 1450 die Schönhals und etwas später die Grafen von Sayn. 1505 kommen auch nassauische Vogtleute vor. 1607 hatte Enspel 37 Einwohner, 1851 sind es 119. Der wüste Ort „Molhusen" liegt etwa 500 m nordwestlich des Dorfes.

✗ Basaltinwerk Enspel, Basaltsteinbrüche zwischen Enspel und Stockum - Püschen am Stöffel (Besichtigung nur nach vorheriger Vereinbarung möglich).

✗ Gasthaus

🚌 Ab Bahnhof Enspel nach Hachenburg - Köln, Westerburg - Limburg.

☎ Gemeindeverwaltung 5239 Enspel, Tel. (0 26 61) 34 17

👫 Zum Wandern bieten sich folgende Ziele an: Wald und Flur am Osthang des Stöffels, Nistertal mit Erbacher Brücke und Hardter Mühle.

Weiter aufwärts an den großen Steinbrüchen am Stöffel vorbei gelangt man bald nach

Stockum - Püschen (465 m; 636 E., VG Westerburg)

☒ Stockum begegnet zuerst 1235. 1351 versetzte Volprecht von Neuroth seine Güter zu Stockum an Gerhard von Sottenbach. 1447 und 1453 überließ Diemant von Sottenbach dem Lehnsherrn Nassau-Beilstein hier eine Gülte. Abgaben fielen 1512 an Nassau-Beilstein, 1547 nach Erbach und 1738 von in das Kirchspiel Höhn gehörenden Gütern nach Hardt. Die von Vetzberg schenkten 1416 einen Leibeigenen in Stockum dem Kloster Marienstatt. Die von Stockheim hatten Besitz an Rhein, Lahn und Westerwald. 1413 taucht Püschen als „Phüßgin" auf. 1471 wurde ein Einwohner Heinrich von Püschen (Pussen) genannt. Stockum und Püschen hatten 1801 eine gemeinsame Winterschule. 1850 hatten beide Orte zusammen ca. 200 Einwohner. „Im Baumerstück", ein 1628 erwähnter Flurname erinnert an den erloschenen Hof zu den Beumen.
✗ 3 Gasthäuser, davon 1 mit Mittagstisch.
🚌 Ab Bahnhof Rotenhain nach Hachenburg - Köln, Westerburg - Limburg - Frankfurt.
☎ Gemeindeverwaltung 5439 Stockum - Püschen, Tel. (0 26 61) 54 09
👣 Lohnende Wanderziele sind der Götzenberg mit seinen Steinwällen, der Osthang des Stöffels und das Tal der Großen Nister.

Von Stockum - Püschen nur 2 km entfernt liegt an einem sanft geneigten Nordhang

Dreisbach (450 m; 460 E., VG Bad Marienberg)

☒ Der zum Kirchspiel Höhn gehörige Ort wurde 1385 erstmals in einer Aufstellung des Stiftes St. Florin als „Dryesbach" genannt. 1492 dürften hier 12 und 1525 16 Familien gewohnt haben. Ihre Zahl stieg 1566 auf 24 an. Um 1583 waren es noch 13. Der 30jährige Krieg hatte auch hier große Lücken gerissen, so daß nach seinem Ende nur noch 6 Familien anwesend waren. 1825 war die Einwohnerzahl auf 247 und 1890 auf 296 angestiegen. Trotz der Kriegsverluste hat sie sich wohl vorwiegend durch Zuzug aus den Ballungsgebieten an Rhein und Ruhr und aus den Ostgebieten auf 435 im Jahre 1976 erhöht. (Dr. K. Kempf).
✒ Grillplatz; Steinbruchweiher ca. 1/2 ha.
✗ 2 Gasthöfe, Fremdenheim (Bauernhof).
🚌 nach Bad Marienberg, Hachenburg, Westerburg und Koblenz
☎ Gemeindeverwaltung 5439 Dreisbach, Tel. (0 26 61) 57 73
🌿 2 km östlich von Dreisbach, dort wo die Bahnstrecke Rennerod - Westerburg und die B 255 sich kreuzen, steht die zum Naturdenkmal ernannte Herzog-Adolf-Linde. Eine weitere „Hohe Linde" soll unter Schutz gestellt werden.
👣 Auch bei Dreisbach findet man Anschluß an das Wegenetz des Urlaubsparks Hoher Westerwald. Lohnende Ziele sind: der Hochstein, Erbacher Brücke und das Tal der Großen Nister.

Am Westhang des Kackenberger Steins auf der linken Talseite der Großen Nister gelangt man zum 2 km von Dreisbach und nur noch 3 km von Bad Marienberg entfernten Dorf

Hahn (395 m; 352 E., VG Bad Marienberg)

☒ Ein Apel von Hahn (van dem Haen) kaufte 1406 ein Teil des Gutes zu den Bäumen im Höhner Kirchspiel. Sayn hatte hier 1526 und 1563 Zehnten, den es von Else von Bell erworben hatte. 1843 wohnten in 28 Häusern 203 Einwohner und 1890 waren es nur noch 196.
✗ Weltbekannt ist das Unternehmen Hörster's Büroorganisation. Tel. (0 26 61) 2 42 (Besichtigung möglich).
✒ Reiten - Privater Reitstall Franz Jos. Möser, Hardter Mühle.

⊨⊣ ✕ 2 Gasthäuser, Fremdenheim; 22 Fremdenbetten; Ausflugslokal
Reiterhof Möser auf der Hardter Mühle 1 km westlich des Dorfes.
🚌 nach Bad Marienberg, Westerburg, Hachenburg und Koblenz
☎ Gemeindeverwaltung 5439 Hahn, Tel. (0 26 61) 63 79
✳ Am Waldrand unterhalb des Kackenberger Steins schöner Blick auf
Bad Marienberg.
🎇 Ein Phänomen des Vulkanismus ist der Höhenzug des **Hochsteins**
(ND) bei Neuhochstein, der von einem ausgedehnten Basaltblockmeer
überzogen ist. Unmittelbar westlich davon befindet sich ein stillgelegter
Steinbruch, an dessen Ostseite ausgedehnte Tuffschichten zu beobachten
sind.
🏃 Auch hier ist der Einstieg in das Wanderwegenetz des Urlaubs-
parks Hoher Westerwald möglich. Man wandert gerne zum Hoch-
stein und in den umliegenden Wäldern.

✳

Über die 1 km von Bad Marienberg entfernte B 414 gelangt man
nach 3 km in Richtung Köln nach dem Kirchdorf
Kirburg (480 m; 520 E., VG Bad Marienberg)

🔲 1215 als „Kircberg" zuerst genannt. Um 1490 Kyrpurgh. Kirburg war
Mittelpunkt eines karolingischen Rodungsbezirks an der Grenze des
Haigerer Kirchsprengels um 914, im Jahre 1048 bestätigt wurde -
das heutige Kirchspiel Kirburg. Zweimal wurde das Dorf schwer ver-
wüstet. 1453 überfielen die Schenk zu Schweinsberg und von Rolls-
hausen Kirburg. 1796 waren es französische Revolutionstruppen, die das
Dorf plünderten und niederbrannten. Außer Kirche und Pfarrsitz war
Kirburg auch wirtschaftlicher Mittelpunkt. Es hatte schon 1725 zwei
Jahrmärkte. 1831 wurde ein mittelalterlicher Töpferofen gefunden. In
Kirburg waren 1560: 11 Räuche, 1650: 2, 1798: 141 Einwohner. Aus der
Gemarkung sind folgende wüstgewordene Orte bekannt: Birken 1440,
Parkhausen 1262, Gerstenbach 1354, Marlingen 1440 und Moringhausen
1440.
✚ Arzt
🎿 Skipiste mit Liftanlage, Schutzhütte und Grillplatz.
✕ 2 Gasthöfe mit Mittagstisch.
🚌 nach Bad Marienberg, Hachenburg, Westerburg und Betzdorf
☎ Gemeindeverwaltung 5239 Kirburg, Tel. (0 26 61) 53 83
Die Wanderkarte Urlaubspark Hoher Westerwald ist bei der Zweigstelle
der Kreissparkasse Westerwald in Kirburg zu bekommen.
🏃 5 Wanderwege haben ihren Ausgangspunkt in der Ortsmitte von
Kirburg.
I 1: - Zur Hölle durch das Tal des Wäschbachs - (2,8 km; ca. 45 Minuten);
I 2: - Um die Grillhütte - (3,5 km; ca. 55 Minuten);
I 3: - Zur Kleinen Nister - (6,5 km; ca. 1 Stunde 40 Minuten);
I 4: - Zur Langenbacher Mühle - (7,0 km; ca. 1 Stunde 45 Minuten);
I 5: - Nach Hohensayn - (7,0 km; ca. 1 Stunde 45 Minuten).
Beliebte Wanderziele: Großer und Kleiner Wolfstein.

Westlich Kirburg kommt man in 1 km Entfernung zu dem auf der
Norkenhöhe, einem Hochplateau, gelegenen
Norken mit dem Ortsteil Bretthausen (460 m; 840 E.,
VG Bad Marienberg)

🔲 Für 1262 wurden Norken als „Nordeck" und Bretthausen als „Bredehusen" in einem 1537 erneuerten Zinsregister erstmals erwähnt. Wie
in fast allen Orten des Kirburger Kirchspiels hatte Marienstatt hier im
Mittelalter Lehen. Norken brannte dreimal 1717, 1803 und 1810 zum
größten Teil ab. 1569 war in Bretthausen eine Kapelle zum Hl. Kreuz.

Eine kath. Pfarrkirche wurde 1895 erbaut. Eine Schule ist 1707 in Bretthausen bezeugt. Die Einrichtung einer für Norken und Bretthausen
gemeinsamen Schule wurde 1754/55 ermöglicht. Eine Ölmühle an der
Kleinen Nister wurde 1819-32 erwähnt. 1769-70 wurde der „Gute Born"
westlich von Bretthausen als Heilbrunnen benutzt und das Wasser in
Krügen mit dem Zeichen SH = Sayn-Hachenburg verkauft. (Ein Wasser-
krug aus jener Zeit mit SH-Stempel wird im Landschaftsmuseum Westerwald in Hachenburg gezeigt).
Norken und Bretthausen hatten zusammen 1617: 15 Räuche, 1663: 9.
Seit 1813 gehört Bretthausen zu Norken. In der Gemarkung liegt der
Wohnplatz der noch nicht lokalisierten Wüstung „Schnabelsberg".
🗡 Schutzhütte, Grillplatz, Kegelmöglichkeit im Gasthaus Schuster.
🛏 ✕ 3 Restaurants und Gaststätten mit Mittagstisch und Übernachtungs-
möglichkeit.
🚌 nach Bad Marienberg, Hachenburg, Westerburg und Betzdorf
☎ Gemeindeverwaltung 5239 Norken, Tel. (0 26 61) 60 87
Die Wanderkarte Urlaubspark Hoher Westerwald mit vielen Informationen
ist bei der Zweigstelle der Kreissparkasse in Norken erhältlich.
⛏ Südlich von Norken, knapp oberhalb der B 414, liegt eine Abraum-
halde der ehemaligen Braunkohlengrube „Späth". Dort ist eine wahre
Fundgrube tertiärer Blätterkohle (Disodyl).
🧗 Schöne Wanderwege erschließen die Umgebung Norkens:
    H 1: - Durch die Bretthäuser Hardt zum Wäschbach im Höllental -
    (4,5 km; ca. 1 Stunde 10 Minuten);
H 2: - Die alte Köln - Leipziger Straße hinab bis ins Nistertal und am
    Nauberg aufwärts nach Norken zurück -
    (6,0 km; ca. 1 Stunde 30 Minuten);
H 3: - Ums Birkenstück durch Wald und Flur nördlich Norken -
    (7,0 km; ca. 1 Stunde 45 Minuten).
Ausgangspunkt, wie überall im Urlaubspark Hoher Westerwald, der
Parkplatz in der Ortsmitte.

Von Norken wieder zurück zur B 414, die man nach etwa 3 km
Talfahrt verläßt. In östlicher Richtung gelangt man zum 1 km
entfernten

Unnau-**Korb** (300 m; E. siehe Unnau)

🗝 Korb „zuw dem Korffe" begegnete zuerst 1262. Der Wäschbach, der
mitten durch den Ort verläuft, war bis 1818 Grenze zwischen Sayn -
Hachenburg und der Herrschaft Beilstein und Kirchspiel Marienberg.
Der geteilte Ort wurde erst dann zu einer Gemeinde im Kirchspiel
Kirburg vereinigt. 1725 wurde unterhalb Korb ein Eisenreckhammer mit
einem Drahtzug und einer Nagelschmiede betrieben. Der Kalkofenseifen
hat seinen Namen von einem 1697 bei Korb erwähnten Kalkofen. Mit
Stangenrod hatte Korb 1824 eine gemeinsame Schule. Bis in die Gegenwart hat sich eine Haubergsgenossenschaft erhalten. Die land- und forst-
wirtschaftliche Nutzungsform des Hauberges für den Westerwälder
Raum ist erstmals 1447 urkundlich erwähnt. 1617 hatte Korb ca. 30 Einwohner, 1663 waren es ca. 10. Der Sage nach soll in der Flur „Im
Kirchelchen" eine Kapelle gestanden haben, die noch nicht bewiesen
werden konnte. 1969 erfolgte der Zusammenschluß von Unnau, Korb
und Stangenrod zur Gemeinde Unnau.
🛏 ✕ 3 Pensionen und Gasthöfe mit Betten.
🚌 in Richtung Köln und Frankfurt
🚌 nach Bad Marienberg, Hachenburg, Betzdorf, Frankfurt und Essen
☎ Gemeindeverwaltung 5239 Unnau, Tel. (0 26 61) 53 08;
Kurverwaltung 5439 Bad Marienberg, Tel. (0 26 61) 2 31
Die Wanderwegekarte Urlaubspark Hoher Westerwald ist bei der Zweigstelle der Kreissparkasse Westerwald in Unnau zu haben. Die Gemeindeverwaltung hält Ortsprospekte bereit.

JJ Die Bachtäler um Korb bieten sich für erholsame Wanderungen an. Ausgangspunkt der markierten Wege ist der Parkplatz in Ortsmitte.

F 1: - Ins Wäschbachtal und zur Bretthäuser Hardt -
  (4,7 km; ca. 1 Stunde 10 Minuten);

F 2: - Über Dehlingen und Hirtscheid durchs Hirzbachtal -
  (6,3 km; ca. 1 Stunde 35 Minuten);

F 3: - Entlang der Großen Nister - (7,0 km; ca. 1 Stunde 45 Minuten).

Man bleibt in Fahrtrichtung und kommt nach 1 km zum Luftkurort Unnau (400 m; 1750 E. mit den Ortsteilen Stangenrod und Korb, VG Bad Marienberg)

◻ Die erste Ortsnennung erfolgte um 1300: in Unna, quod dicitur Retro . . . 1563 unterscheidet man Kirchundau und Underundau. Die beiden längst zusammengewachsenen Orte wurden auch Groß- und Kleinunnau genannt. Schon seit jeher gehörte Unnau zum Kirchspiel Marienberg. Von dort erfolgte im Spätmittelalter die Gründung einer Filialkapelle in „Kirchunnau", die dort bis in das 19. Jh. hinein stand. Hier in Unnau auf ältestem Siedlungsboden im Westerwald läßt eine Urkunde um 1300 einen Runkeler Besitzschwerpunkt erkennen. Kloster Marienstatt war ebenfalls in Unnau begütert. Schon 1634 bestand eine Schule in Unnau. 1589 hatte Unnau 56 Einwohner, 1890 waren es 488. Die Wüstungen Warmenau um 1300 und Wolfbach innerhalb der Gemarkung sind der Lage nach noch unbekannt.

X Im vergangenen Jahrhundert spielten die Schnapsbrennereien eine besondere Rolle: „Unnauer Kümmel und Korn"; auch war die Spinnraddrechslerei über die Grenzen hinaus bekannt. Der Abbau von Braunkohle, Eisenerz und Basalt trat nur vorübergehend in Erscheinung. Seit dem 20. Jh. Fremdenverkehr. Die Schilderfabrikation ist heute ein bedeutender Wirtschaftszweig. Verschiedene Schilderfabriken und Brennereien mit Besichtigungsmöglichkeiten (in den Brennereien Schnapsproben).

✚ Arzt

✦ Beheiztes Freibad, Weiher mit Angelmöglichkeit, 2 Schutzhütten, Grillplatz.

⊷ ✕ Hotel, 4 Gasthäuser mit Mittagstisch und Übernachtungsmöglichkeiten, Café, Struthof (Ferien auf dem Bauernhof) 800 m südöstlich Unnau.

🚌 nach Köln - Frankfurt

🚌 nach Bad Marienberg, Hachenburg, Betzdorf, Frankfurt und Essen

☏ Gemeindeverwaltung 5239 Unnau, Tel. (0 26 61) 53 08;
Kurverwaltung 5439 Bad Marienberg, Tel. (0 26 61) 2 31

Die Wanderkarte des Urlaubsparkes Hoher Westerwald ist bei der Zweigstelle der Kreissparkasse Westerwald in Unnau erhältlich. Ortsprospekte gibt es bei der Gemeindeverwaltung.

⬚ Östlich von Unnau am Waldrand befindet sich ein bemerkenswerter Säulenbasaltaufschluß. Meterhohe, oft fünfeckige Säulen, kennzeichnen die rückseitige Steilwand. Häufig sind die losgelösten Steine von Mangandentriten mit moosähnlichen Gebilden überzogen.

JJ Um Unnau findet man ein herrliches Wandergebiet, das durch 5 Wanderwege erschlossen ist, die Anschluß an weitere 45 Wanderwege im Hohen Westerwald haben. Ausgangspunkt ist der Parkplatz unweit der Kirche am Ostrand des Dorfes.

E 1: - Ums Schwimmbad - (2,8 km; ca. 45 Minuten);

E 2: - Um den Katzenberg - (5,0 km; ca. 1 Stunde 15 Minuten);

E 3: - In die Nisterauen - (5,6 km; ca. 1 Stunde 25 Minuten);

E 4: - Durch das Wäschbachtal - (6,5 km; 1 Stunde 40 Minuten);

E 5: - Zu den Wolfsteinen - (7,5 km; 1 Stunde 55 Minuten).

Knapp 1 km nördlich Unnau gelangt man zu dem am Westhang des Ziest gelegenen Unnau-Stangenrod (380 m; E. siehe Unnau)

◨ 1262 hatte Kloster Marienstatt ein Gut in „Stangenroide", das damit erste Erwähnung findet. Um 1300 wurden dort Runkeler Rechte abgetreten. Die von Haiger hatten in Stangenrod 1337, 1428 und 1489 eine Hafergülte und den Zehnten von Nassau-Saarbrücken. Die Adeligen von Irmtraut besaßen hier 1503 Geld- und Naturalgefälle von Nassau-Saarbrücken zu Lehen. 1583 verzeichnete man 3 Familien, 1843: 31 Häuser und 194 Einwohner. 1890: 177 Einwohner. Am Wäschbach, 1048 Abelebach, unterhalb Stangenrod ist der Wohnplatz des erloschenen Hofes Kaldenborn zu suchen.

🏛 Im Ortskern altes Fachwerkhaus mit schöner Fassade.

🛏 ✕ Hotel (20 Fremdenbetten), Ferienwohnung.

🚌 nach Köln und Frankfurt ab Bahnhof Unnau-Korb

🚌 nach Bad Marienberg, Hachenburg, Betzdorf, Frankfurt und Essen

☎ Gemeindeverwaltung 5239 Unnau, Tel. (0 26 61) 53 08

Ortsprospekt ist bei der Gemeindeverwaltung erhältlich. Die Wanderwegekarte des Urlaubsparkes Hoher Westerwald bekommt man bei der Zweigstelle der Kreissparkasse Westerwald in Unnau.

✱ Vom Ziest, östlich vom Dorf, schöner Rundblick ins Nistertal.

🔯 Gut markierte Wanderwege führen
   G 1: - Um den Ziest - (3,5 km; ca. 55 Minuten);
G 2: - Durch die Hölle - (3,7 km; ca. 55 Minuten);
G 3: - Rund um die Steinweise - (3,7 km; ca. 55 Minuten);
G 4: - Ums Dörfchen - (4,0 km; ca. 1 Stunde).
Beliebte Nahziele sind die Wolfsteine und das Wäschbachtal sowie der Wildpark und die Wälder um die Marienberger Höhe.

Nordwestlich von Stangenrod kommt man nach 1 km nach dem im oberen Wäschbachtal gelegenen

Bölsberg (480 m; 290 E., VG Bad Marienberg)

◨ Das Dorf wurde zuerst um 1300 erwähnt, damals schrieb man „Bolgesberg". Von der Wüstung Frankenstein, zwischen Bölsberg und Kirburg gelegen, verkaufte Westerburg 1617 seine Zehnten an Nassau. Der Flurname „Vorm Ziest" weist auf alten Besitz der Zisterzienser von Marienstatt hin. „Auf der Ölmühle" heißt ein Flurstück - der Flurname spricht für sich - am dorfnahen Wäschbach, der am Nordwesthang der Marienberger Höhe entspringt, und an Bölsberg und Stangenrod vorbei, in Korb in die Große Nister mündet. 1589 lebten in Bölsberg 2 Familien, 1843: 145 Einwohner, 1890: 178. Ab 1745 wurde nach Braunkohle gegraben, später noch in der Grube Concordia. Eisenerz (Glaskopf) wurde in den Schwarzen Kauten gewonnen.

🎣 Schutzhütte mit Grillplatz in Ortsnähe.

🚌 nach Betzdorf und Bad Marienberg

☎ Gemeindeverwaltung 5239 Bölsberg, Tel. (0 26 61) 61 72

⚜ Ein Rest eines einst ausgedehnten Basaltblockmeeres ist auf der früher auch mit Wacholder bestandenen Steinwiese unweit östlich des Dorfes erhalten.

🔯 In Bölsberg ist der Einstieg in das Wegenetz des Urlaubsparks Hoher Westerwald möglich. Gewandert wird gerne zu den Wolfsteinen, im Wäschbachtal durch die Hölle und zum Wildpark Bad Marienberg.

✱

An einem sanft nach Nordwesten geneigten Hang zwischen der B 414 und dem Tal der Kleinen Nister, nur 2 km von der zentral gelegenen Kurstadt Bad Marienberg entfernt, liegt das Straßendorf

Schafweide im Hohen Westerwald

Lautzenbrücken (500 m; 360 E., VG Bad Marienberg)

◻ Zum Dorf zählen die Ortsteile: das 1268 zuerst erwähnte, im Nistertal gelegene Hohensayn und Eisenkaute an der B 414. 1262 wird Lautzenbrücken als „Luytzenbrucke" in einer Urkundenkopie von 1537 genannt. Marienstatt hatte hier 5 Lehen, von den 8 Mann im Dorf hatten
um 1575 7 Mönchshöfe. Nach altem Brauch hob Nassau-Beilstein 1547
an Martini 1 Gulden Schirmgeld. Den großen und kleinen Zehnten bezog
1676 der Pastor zu Kirburg. Eine Schule wurde 1775 erbaut. Seit 1747
wurde mit geringem Erfolg nach Eisenstein gegraben. Die Grube „Eisenkaute" bestand noch bis 1928. Daneben wurde seit 1752 und noch um
1925 in der Grube „Paulsrod" Braunkohle abgebaut. In Lautzenbrücken
waren 1560: 5 Räuche, 1650: 2 Mann, 1798: 122 Einwohner. Der Hof
Hohensayn war bereits 1321 im Besitz der Abtei Marienstatt; er wurde
erst später verpachtet und befindet sich heute in Privathand. Im Flur-
bereich liegt die mittelalterliche Ortswüstung „Pautzenrod - Paulsrod",
deren Name ebenfalls seit 1262 überliefert ist. Noch 1048 gehörte der
Bereich um Lautzenbrücken zum „Menginheresfanc", einem karolingischen Rodungsbezirk eines „Meginher", dem späteren Kirchspiel Kirburg. Die bis zur Jahrhundertwende intensiv betriebene Landwirtschaft
ist heute bedeutungslos geworden.
Die brachliegenden Flächen werden von der Gemeinde gepflegt. Durch
Schaffung eines Naherholungsgebietes mit Vogelschutzgehölz und An-
gelsportmöglichkeiten werden gute Voraussetzungen für den Fremden-
verkehr, nicht zuletzt im Hinblick auf Bad Marienberg, geschaffen. Der
Gewinn der Staatsehrenpreise „Gold, Silber und Bronze" im Wettbewerb
„Unser Dorf soll schöner werden" sind Anreiz zur Weiterarbeit an einer
kontinuierlichen Entwicklung des reizvollen Westerwalddorfes.
🏛 Einige Beispiele Westerwälder Einheitshäuser (Wohnhaus, Stall und
Scheune unter einem Dach) und, das ist eine Besonderheit, mit den zur
Straßenseite zugekehrten Hausgiebeln, fallen in der Ortsmitte ins Auge.
✖ Einen Blick ins Erdinnere läßt der Basaltsteinbruch der Basalt AG
nahe westlich des Dorfes zu. Eine Besichtigung bedarf jedoch der
Erlaubnis der Betriebsleitung, Tel. (0 26 61) 51 14.
🎣 Schutzhütte mit Grillmöglichkeit am Wanderparkplatz Kirchholz.

⊨ ✕ Hotel, Gasthaus mit Pension, Pension; 39 Fremdenbetten;
Etwas außerhalb des Ortskerns im Ortsteil Eisenkaute ist das Auflugs-
lokal, Gasthaus und Pension Waldfrieden.
🚍 nach Bad Marienberg und Hachenburg
☎ Gemeindeverwaltung 5439 Lautzenbrücken, Tel. (0 26 61) 51 94;
Kurverwaltung 5439 Bad Marienberg, Tel. (0 26 61) 2 31
Eine Wanderkarte „Urlaubspark Hoher Westerwald" 1 : 20 000 ist im
Bad Marienberger Buchhandel und bei den Zweigstellen der Kreisspar-
kasse Westerwald erhältlich. Bei der Gemeindeverwaltung gibt es einen
Ortsprospekt.
🌿 Naturdenkmäler sind 4 Holzapfelbäume, 1 Hutebuche und eine zu-
sammengewachsene Baumgruppe von 6 Rotbuchen und 5 Roterlen „In
der Bitze" nordwestlich Lautzenbrücken.
🏃 Ausgangspunkt der Wanderwege ist der Parkplatz am Kirchholz
am Ortsausgang nach Kirburg. Der Weg J 1, mit einer grünen
Fichte markiert, ist ein 3 km langer Rundwanderweg in Ortsnähe.
Mit einer Felssilhouette markiert ist der Weg J 2, der zum Großen Wolf-
stein (ND) führt. Er verläuft zum Teil der alten Herrschaftsgrenze entlang,
die von alten Grenzsteinen mit den Buchstaben ON = Oranien-Nassau
und SH = Sayn-Hachenburg gekennzeichnet wird. Weglänge des Wolf-
steinweges: 5 km.
Zum Fernsehturm bei Bad Marienberg und zur Reithalle bei Nisterau
gelangt man über den - Hufeisenweg - J 3, der 7 km fast nur durch die
Feldflur verläuft.
Der Weg J 4 = Mühlenweg ist 9 km lang und verläuft durch Wald an
Hohensayn vorbei zur Langenbacher Mühle und jenseits der Kleinen
Nister wieder zurück.

2 km von Lautzenbrücken entfernt liegt südlich der B 414
Nisterau (500-540 m; 740 E.,
mit den Ortsteilen Bach und Pfuhl, VG Bad Marienberg)
🔲 1416 wurde Bach zuerst erwähnt, als die von Seelbach ihren Hof zu
Bach an Wilhelm von Hönningen verkauften. 1440 wurde die Mühle zu
Bach als Lehen Graf Heinrichs von Nassau an Johann von Seelbach
genannt. In Bach lebten 1589 4 Familien. 1843 standen hier 20 Häuser
mit 161 Einwohnern. 1890 wurden 171 Einwohner gezählt. 1746 begann
der Braunkohlenabbau bei Bach. Braunkohlen waren damals noch eine
große Seltenheit, das geht daraus hervor, daß Proben davon an die
Akademien nach Paris und Berlin gesandt wurden. Im Steinbruch in der
Bacher Lei wurde noch nach dem letzten Krieg Basalt abgebaut.
Pfuhl wurde um 1300 als „Pule" urkundlich zuerst genannt. Die ersten
Einwohner von Pfuhl, deren Namen durch ein Verzeichnis der Vogtleute
der Herrschaft zum Westerwald aus der Zeit zwischen 1440 bis 1470
überliefert wurden, waren ein Hermann und ein Henn Sone von Polle.
1589 wohnten im Dorf 7 Familien. 1648 war es durch die Notzeiten des
30jährigen Krieges unbewohnt. 1843 standen 24 Häuser hier mit 167 Ein-
wohnern. 1890 war die Bevölkerung auf 222 Einwohner angestiegen.
Wüst wurden in der Gemarkung Nisterau die Ansiedlungen: Pfingsthofen,
Hinterhofen, Scheydongen und nahe bei Hof Schwarzhahn (Sperwersheim).
✕ Emil Krumm - Betonwerk und Fertighausbau.
🐎 Reithalle für Reitsport und Reitunterricht (Pferdepension); Grillplatz.
✕ 2 Gasthöfe mit Mittagstisch, Pension.
🚍 nach Bad Marienberg, Westerburg, Hachenburg und Betzdorf
☎ Gemeindeverwaltung 5439 Nisterau, Tel. (0 26 61) 57 38
🌿 Das **Pfaffenmal** (ND) ist ein sagenumwobener Basaltkegel, Säulen-
basalt in Meilerstellung, im Tal der Schwarzen Nister westlich Nisterau-
Bach.

👪 In beiden Ortsteilen ist der Einstieg in das Wanderwegenetz des Urlaubsparks Hoher Westerwald gegeben. Lohnende Ziele in der Umgebung sind: Pfuhler Hecke, Hölzerstein und die Bacher Lei mit dem Pfaffenmal.

Am Südosthang des Salzburger Kopfes, von Schutzhecken vor den Stürmen, die über die Höhe brausen, geschützt, findet man, 5 km östlich von Nisterau, das schmucke Westerwalddorf

Salzburg (600 m; 163 E., VG Rennerod)

◪ Salzburg wurde um 1300 als „Salberg" bezeichnet. Ein Cointze von Salsszberg war um 1400 wohl ein Westerburger Gefälleeinnehmer. 211 Einwohner hatte Salzburg 1890. Ein früher Sommer- und Richtweg verlief wohl von Hof kommend über Salzburg - Nister - Möhrendorf durch die quellige Salzburger Hochfläche. Auf die frühkarolingische Straßenfestung Königshofen - Neukirch weisen der Ortsname Salzburg und der frühere Name des Salzburger Kopfes „Saalberg" hin. Noch 1645 wurde hier das höchste Gericht für die Herrschaft zum Westerwald gehalten, das mit 24 Schöffen besetzt war. Auf der westlich liegenden Kuppe, dem Galgenberg, wurden früher die Urteile vollstreckt.
🎿 Skilift am Osthang des Salzburger Kopfes.
Schutzhütte mit Grillmöglichkeit.
🛏 ✗ Hotel, 20 Fremdenbetten, Ferienwohnungen.
🚌 nach Bad Marienberg, Rennerod und Burbach.
☎ Gemeindeverwaltung 5439 Salzburg, Tel. (0 26 67) 2 12
Prospekte und die Wanderkarte des Urlaubsparks Hoher Westerwald sind im Hotel Salzburger Kopf erhältlich.
✳ Galgenberg 645 m ü. NN und der Saalberg 653 m ü. NN bilden zusammen den **Salzburger Kopf.** Von hier hat man einen einmaligen Rundblick über den Westerwald. Bei klarem Wetter können mehr als 50 Orte gezählt werden. Nördlich sieht man die Berge des Siegerlandes, das Rothaargebirge, die Kalteiche, südlich die Taunushöhen mit dem 880 m hohen Großen Feldberg. Im Südwesten liegen im Vordergrund die Montabaurer Höhe und dahinter die Höhen von Hunsrück und Eifel, im Westen das Siebengebirge.
👪 Gute Wanderwege, die durch die Landschaft des höchsten Westerwaldes führen, beginnen am Parkplatz des Hotels Salzburger Kopf.
L 1: - Salzburger Kopf und Galgenberg - (3,0 km; ca. 45 Minuten);
L 2: - Ums Lästerholz zum Hofer Tierpark -
       (7,0 km; ca. 1 Stunde 45 Minuten);
L 3: - Zum Segelflughafen bei Hof - (7,0 km; ca. 1 Stunde 45 Minuten);
L 4: - Zum Ketzerstein - (11,0 km; ca. 2 Stunden 45 Minuten);
L 5: - Zur Fuchskaute - (10,0 km; ca. 2 Stunden 30 Minuten).

2 km südlich von Salzburg kommt man nach

Oberroßbach (525 m; 319 E., VG Rennerod)

◪ Schon vor 1470 bekamen die von Molnarck Geld, Butter, Gänse und Hühner vom nassau-beilsteinischen Lehen in Oberroßbach. 1438 und noch 1490 hatten die Westerburger das Hubengericht Roßbach in Besitz. Aus den Vogtrechten der Herren von Runkel ist Forsthafer hier herzuleiten, den die Grafen von Leiningen-Westerburg 1617 an Nassau-Beilstein verkauften. 1843 lebten in 41 Häusern 244 Einwohner. Ende des vergangenen Jahrhunderts wurden Braunkohlen in der Grube Adolf abgebaut.
✗ Verzinkerei
🎿 Segelflugplatz Bad Marienberg/Oberroßbach bei Hof.
🚌 nach Rennerod, Westerburg und Bad Marienberg.
☎ Gemeindeverwaltung 5439 Oberroßbach, Tel. (0 26 67) 2 65.

👪 Nahe Wanderziele sind der Salzburger Kopf, der Segelflugplatz Bad Marienberg/Oberroßbach bei Hof, der Hofer Tierpark und die Wälder in Richtung Fehl - Ritzhausen.

Von Oberroßbach knapp 1 km entfernt im flachen Wiesental des Roßbachs liegt

Niederroßbach (500 m; 645 E., VG Rennerod)

◘ Die Adeligen von Irmtraut hatten in Niederroßbach 1431 und in vielen Jahren danach bis vor 1685 Gülte vom Nassau-Saarbrücker Lehen. 1446 und 1448 besaßen sie Pfandrechte am Zehnten der von Sottenbach. Forsthafer zu Niederroßbach verkauften die Westerburger 1617 an Nassau-Beilstein. 1843 hatte Niederroßbach 56 Häuser und 367 Einwohner.
♂ Schutzhütte mit Grillmöglichkeit.
✗ Gasthof mit Mittagstisch.
🚌 nach Rennerod, Westerburg und Bad Marienberg
☎ Gemeindeverwaltung 5439 Niederroßbach, Tel. (0 26 64) 2 92
👣 Als Ziele für Wanderungen bieten sich der Salzburger Kopf und die Wälder zwischen Fehl - Ritzhausen und Niederroßbach an.

2 km westlich Niederroßbach liegt rechts der Großen Nister
Fehl - Ritzhausen (480 m; 710 E., VG Bad Marienberg)

Die Ortsgründung von Fehl ist der ungünstigen Höhenlage wegen, ähnlich wie Löhnfeld und Kuhfeld, spät anzusetzen. 1307 bestätigte Graf Heinrich von Nassau dem Kloster Marienstatt Einkünfte in Fehl (Velde). Der erste Einwohner „Henrici de Vele", der namentlich aufgeführt wurde, ist aus einer Urkunde um 1300 bekannt geworden. 1500 wurden Märker von Fehl von Nassau mit Waldungen belehnt. 1340 wurde ein „Roitshusen" genannt. 1449 hatten die von Irmtraut Pfandrechte am Westerburger Gülten. Ein Hunsbach'sches Lehen ging 1476 an Christian Bastard von Nassau-Beilstein über. In Ritzhausen waren 1484 die von Seelbach-Gilsbach von den Bickenern mit Zehnten und Haferabgabe belehnt. Eine Kapelle aus der Zeit vor der Reformation wurde Anfang des 18. Jh. niedergelegt. 1589 wohnten 12 Familien in Fehl und Ritzhausen. 1890 waren es 369.
✗ 3 Gasthäuser.
🚌 nach Rennerod und Westerburg - Köln - Frankfurt
🚌 nach Bad Marienberg, Hachenburg, Rennerod, Herborn und Westerburg
☎ Gemeindeverwaltung 5439 Fehl - Ritzhausen
Die Wanderkarte des Urlaubsparks Hoher Westerwald ist bei der Zweigstelle der Kreissparkasse Westerwald erhältlich.
👣 Vom Parkplatz am Feuerwehrgerätehaus in der Ortsmitte führen schöne Wanderwege in die Umgebung:
M 1: - Um den Berg - (5,5 km; ca. 1 Stunde 25 Minuten);
M 2: - Zur Dammühle - (8,0 km; ca. 2 Stunden).

Von Fehl - Ritzhausen nicht weit entfernt zu dem im Westen gelegenen Dorf
Stockhausen - Illfurth (500 m; 410 E., VG Bad Marienberg)

◘ 1329 erhielten Dienstleute des Herrn von Westerburg den Zehnten zu Illfurth (Eylsfurth). 1425 verfügte Beilstein über die Mühle zu Stockhausen. Der Sage nach soll Stockhausen seinen Namen von einem Heiligenstock haben, der an der Wallfahrtsstraße nach Marienberg stand. Eine fromme Frau Else von Seck benutzte eine Furt in der Großen Nister bei ihrem Gang nach Marienberg, das soll Illfurth zum Namen verholfen haben. Westlich Illfurth lag das ausgegangene Dorf Giebelhausen.
6 Höfe wurden 1438 und um 1490 in Illfurth genannt. 1589 lebten in Stockhausen - Illfurth etwa 25 Leute. Stockhausen lag nach dem 30jährigen Krieg verlassen. 1843 waren es wieder 209 Einwohner und 1890: 253.
Braunkohlen wurden in den Gruben „Segen Gottes" und „Oranien" Ende des 19. Jh. abgebaut.

🦌 Schutzhütte mit Grillmöglichkeit.
🛏 ✕ Gasthof mit Mittagstisch und Übernachtungsmöglichkeit.
🚌 nach Rennerod, Bad Marienberg, Westerburg und Hachenburg.
☎ Gemeindeverwaltung 5439 Stockhausen - Illfurth, Tel. (0 26 61) 61 93
✳ Schöne Aussicht vom Schellpüsch, einer Anhöhe westlich des Dorfes, auf die Höhen des Westerwaldes.
🏃 Wandern im Urlaubspark Hoher Westerwald ab Parkplatz in Illfurth.
    N 1: - Oranienrunde - (2,3 km; ca. 35 Minuten);
N 2: - Höhenring - (3,3 km; ca. 50 Minuten);
N 3: - Um Giebelhausen - (6,5 km; ca. 1 Stunde 40 Minuten).

Südwestlich in 2 km Entfernung kommt man nach
Großseifen (460 m; 530 E., VG Bad Marienberg)
◪ Die früheste bis jetzt bekannte Ortsnennung des schon immer zum Kirchspiel Marienberg gehörenden Dorfes stammt aus dem Jahre 1307, als Graf Heinrich von Nassau dem Abt von Marienstatt die bestehenden Einkünfte bestätigt. Die damalige Schreibweise war „Graynsiven", später grasyffen, graseiffen und schließlich Großseifen. 1511 wurden 7 Familien verzeichnet, 1534 sogar 10, von denen nach dem 30jährigen Krieg jedoch nur noch 2 Familien übrig geblieben waren. 1780 waren es bereits wieder 15 und 1849 sogar 51 Familien mit 228 Personen.
(Dr. K. Kempf)
✕ Flott - Maschinenbau, Flottstraße 25 (Besichtigung möglich).
🦌 Schutzhütte mit Grillplatz.
🛏 ✕ Hotel, Gasthof mit Mittagstisch und Übernachtungsmöglichkeiten, Gasthof mit Mittagstisch.
🚌 nach Bad Marienberg und Rennerod
☎ Gemeindeverwaltung 5439 Großseifen, Tel. (0 26 61) 53 36
🏃 In der Ortsmitte am Rathaus Parkplatz als Ausgangspunkt für Wanderungen.
B 1: - Um den Weidling - (3,6 km; ca. 55 Minuten);
B 2: - Um den Albert - (4,2 km; ca. 1 Stunde 5 Minuten).
Bevorzugte Wanderziele sind: der Hochstein, der Schorrberg und die Wälder nordöstlich des Dorfes.

Alles ka Norke net

Der Kowese Willem von Norken war sein Lebtag nicht weiter gekommen als bis nach Marienberg und Hachenburg. Er vermißte aber darum nichts, es gefiel ihm gut auf dem Westerwald und besonders von seinem Heimatort Norken behauptete er: „Eich sein schunt vill erum gekommen, awwer ech han noch kenen Ort angetroffen, wo et su schün war we en Norken".
Als er schon auf die Fünfzig ging, zog seine verheiratete Tochter nach Wiesbaden, wohin ihr Mann versetzt worden war. Und so kam es, daß er auf seine alten Tage zum erstenmal die Reise nach Wiesbaden antrat, um die Tochter zu besuchen. In Wiesbaden konnte er sich nicht genug wundern über alles, was es dort zu sehen gab, die hohen Häuser, die breiten Straßen und großen Schaufenster, über die vielen Leute, die in Sonntagskleidern herumliefen und nach seiner Meinung den ganzen Tag nichts arbeiteten. Alles war ihm neu und interessant. Als es nach ein paar Tagen wieder heimwärts gehen sollte, fragte ihn seine Tochter: „Na, Vadder, wie hat dir's denn gefallen?"
„Et wor arg schien, awwer alles kaa Norke net", sagte der Willem.
Und denselben Bescheid gab er auch jedem Norkener, der ihn nach seinen Erlebnissen in Wiesbaden fragte.

Lina Müller-Klöckner

IM GEBIET DER LASTERBACH

Bearbeiter: Jochem Hellmig, Willy Mehr und Hermann-Josef Hucke

Der Westerwälder gehört zu einem eigenen Menschenschlag; er hat seine Besonderheiten auch in der Sprache. Wo ein „a" stehen soll, setzt er ein „o". So heißt es nicht Soldat, sondern „Zaldot" und nicht Kolraben, sondern „Kallroben". Seine Bäche sind fast alle weiblich, **die** Lasterbach, **die** Krummbach und andere. Vermutlich wurde der Anhang „Bach" erst ab 12./13. Jahrhundert verwendet.

Aber ob nun **die** oder **der** Lasterbach: An ihm spürt man noch die Luft seines 600 m hoch liegenden Ursprungs um den Gallpüsch nördlich von Westernohe. Genau genommen bildet er drei Quellbäche, denn der Gallpüsch ist eine Wasserscheide zwischen Krummbach (oder Kluppesbach) und Lasterbach. Der eine zieht von der Wendelinuskapelle geradewegs nach Westernohe, ist dort leider verrohrt und trifft sich südlich von Hüblingen mit dem Lasterbach. Doch entspringen beide Bäche nur wenige hundert Meter voneinander entfernt. Einen Arm des Lasterbaches finden wir im Wacholdergebiet von Westernohe, ein zweiter hat seinen Ursprung unter einer verkrüppelten Erle im Gebiet des „Kirschbaum". Diese beiden Quellbäche ziehen in langen Schleifen bis zur Oberroder Viehweide, wo ihnen der Knoten den Weg versperrt und sie geradewegs in Richtung Oberrod-Elsoff zwingt. Unterwegs nimmt der inzwischen vereinigte Lasterbach eine Reihe von kleinen Rinnsalen auf, weshalb er bei Hüblingen schon eine ansehnliche Größe hat, ohne aber den Charakter eines über Steine polternden und stark rauschenden Bergbaches anzunehmen.

Sein Quellgebiet um den Gallpüsch ist sehenswert. Ringsum grüßen die Kuppen des „Ochsbergs" und des „Lichtenbergs". In der Ferne erblickt man das Massiv des Knotens. Das Wacholdergebiet mit übermannshohen Büschen und die Gemarkung „Kirschbaum" (obschon kein solcher zu sehen ist), mit starken Basaltblöcken und den mächtigen Buchen - die leider ihr Mannesalter vielfach überschritten haben - üben einen besonderen Reiz aus. Will man die munteren Sprünge des Lasterbachs verfolgen, kann man gut zwei Stunden lang von der Gemarkungsgrenze Rennerod aus dem Lauf nachgehen, ohne auf einen Menschen zu stoßen. Im Sommer trifft man hin und wieder eine Schafherde mit einem gesprächigen Hirten, der ob dieser Abwechslung froh ist. Wer behutsam geht, was wegen der Wildnis nicht ganz einfach ist, wird manchen Rehbock erspähen. Hin und wieder auch hört man das Grunzen von Wildsauen, bei viel Glück sieht man eine ganze Herde mit Bache und Frischlingen über eine Lichtung ziehen.

Bei einem Gewitter sollte man das Quellgebiet meiden. Die „Kirschbaumgewitter" sind weit und breit bekannt. Hier treffen

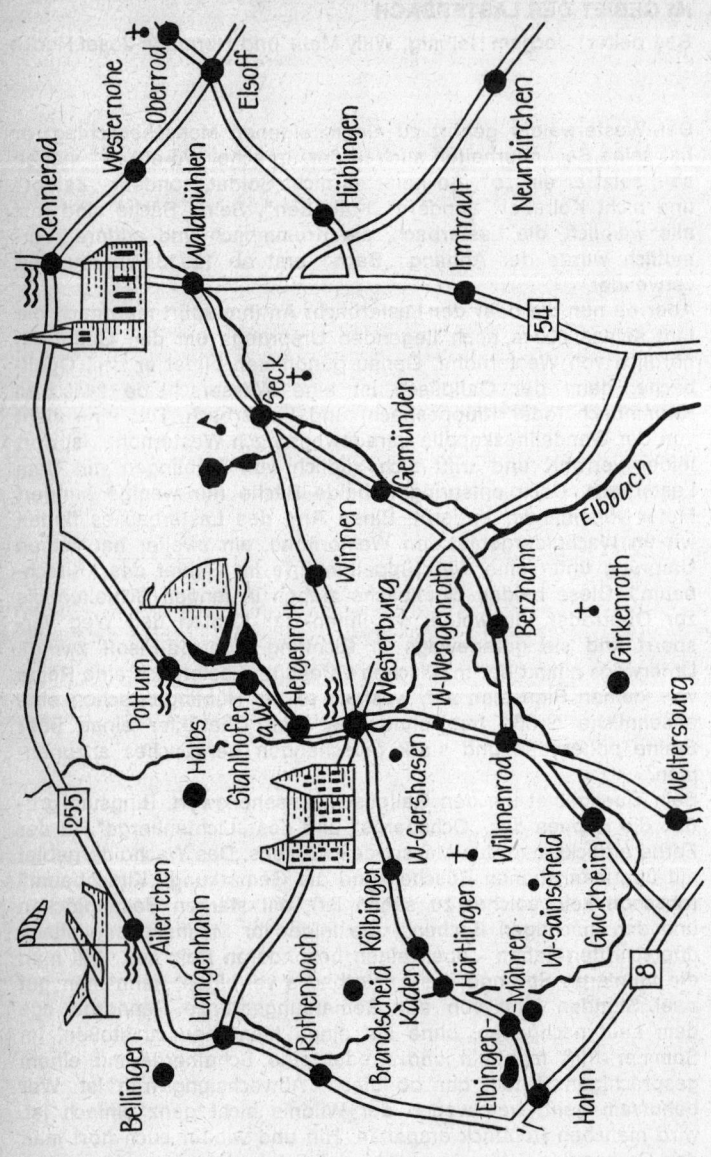

alle Gewitter der Umgebung zusammen, zusätzlich noch angezogen von der naheliegenden Krombachtalsperre. Die Wendelinuskapelle auf der ehemaligen Viehweide ist einem Viehhirten zu verdanken, der bei einem furchtbaren Gewitter dem Schutzpatron der Schäfer, St. Wendelin, eine Kapelle gelobte, wenn seine Herde und er heil und sicher nach Westernohe gelangen würden. St. Wendelin half, und der Hirte machte sein Gelöbnis wahr. Noch heute ziehen am Wendelinustag die Westernöher, Oberroder und Elsoffer in Prozession zur Kapelle.

Krummbach und Lasterbach gaben den Orten Westernohe und Elsoff ihre vorgermanischen Namen (westernaha, elsaffa). Die Endungen „aha", „affa", später nur „a" sind keltischen Ursprungs und bedeuten immer Wasser, wobei nicht immer ein Flußlauf gemeint ist, es kann auch eine Quelle sein oder ein mooriges Gebiet. Wasser war früher wie heute Vorbedingung für eine Siedlung. Die Rodungsnamen (Oberrod, Rennerod) oder „hofen" (Mittelhofen) und „ingen" (Hüblingen) bezeichnen Orte einer späteren Siedlungsschicht. Die Nähe der Limburger Straße zum großen Marktort Emmerichenhain oder zum Königshof bei Stein-Neukirch mag diese frühen Siedlungen hervorgebracht haben. Mehr als zwei oder drei Höfe dürfen wir uns unter einem solchen Ort nicht vorstellen. Gewiß spielten die Lasterbachorte im Mittelalter noch eine gewisse Rolle (Westernohe war einmal Amtssitz, Hüblingen unterstreicht sein Alter durch eine vor wenigen Jahren restaurierte Wehrkirche, Neunkirchen und Elsoff sind alte Pfarrorte aus dem 12. Jahrhundert), doch fand sich außer spärlichen Funden bei Oberrod nichts aus der Frühgeschichte. Vielleicht ist auch an den abseits gelegenen Ortschaften die Zeit vorübergegangen. Flurnamen erinnern zwar an weitere Höfe, Wallgräben vielleicht an ältere Fliehburgen, aber das wird man erst feststellen, wenn Forscher dieses lohnenswerte Ziel ansteuern und Grabungen vornehmen.

Heute beginnt eine allmähliche Industrialisierung, aber noch immer gehört ein Großteil der Bewohner zu den „Auspendlern". Der Trend, modern zu sein, verkehrt oft die Bilder eines alten Dorfes. Ein Backhaus mit gut erhaltenem Fachwerk wird nicht schöner, wenn es verputzt wird. „Museumsdörfer" sind nicht unbedingt erstrebenswert, aber hohe Lindenbäume auf einem Kirchplatz sind eben doch schöner als ein großer, gepflasterter Parkplatz, auf dem im Laufe der Woche ohnehin nur zwei Pkw stehen. Die Landschaft außerhalb des Dorfes erfährt von dieser Dorfverschönerung glücklicherweise noch nichts. Gewiß sind versteppte Wiesen manchem ein Dorn im Auge; aber auch sie haben ihren Reiz, weil längst vergessene Pflanzen, die wegen der wirtschaftlichen Nutzung seit Jahren ausgeblieben waren, nun zu neuem Leben erwachen. Manch scheuer Vogel kommt auf dieses Brach-

land zurück, manche Eidechsenart siedelt sich wieder an. Es
entstehen vielfach Feuchtgebiete, die ein idealer Biotop für
manches Getier sind.

Verlassen wir schweren Herzens das Quellgebiet der Lasterbach,
sehen wir Mühlen und alte Höfe, zwischen den Ortschaften großflächige Weideräume und Äcker. Der weitere Verlauf des Baches
liegt gut geschützt zwischen Bergkuppen in nur 350 m Höhe. Der
Bach hat Zeit, Wiesen und Feld zu bewässern, wenn nicht begra-
digte und ausgesteinte Bachbetten ein Versickern verhindern.

Die vielen Forstnamen in unserm Wandergebiet deuten darauf
hin, daß sich im Mittelalter um das Gebiet der Lasterbach fränkischer Staatsbesitz befand. Relikte aus dieser Zeit sind lediglich
noch die vielen „Staatsforsten". Geschichtlich standen die Laster-
bachgemeinden immer zwischen verschiedenen Territorialherren
und dem Gebiet der „Herrschaft zum Westerwald" um die Kirchspiele Emmerichenhain, Neukirch und Marienberg. Ein einheitliches Herrschaftsgebiet ist in den Lasterbachorten nur vereinzelt
und für kurze Zeit festzustellen. Reformation und 30jähriger Krieg
schufen erneute Gegensätze, die heute noch einer Zusammen-
fassung kleinerer Orte im Wege stehen.

Der karge Boden des oberen Lasterbachgebiets verhinderte den
Wohlstand. Landfahrer aus den Lasterbachorten waren noch bis
in dieses Jahrhundert hinein bekannt; Landfahrer nicht nur nach
Koblenz oder Limburg, die mit der Kiepe zu Fuß ihre bäuerlichen
Erzeugnisse auf die Märkte brachten, sondern auch Musikanten,
Kesselflicker, Strohflechter verbrachten den Sommer mit halber-
wachsenen Kindern im Ausland und zogen mit dem beginnenden
Winter in die Dörfer zurück. Geldmangel und bittere Armut waren
im 18. und 19. Jahrhundert die Begleiter der Kleinbauern. Um
1900 versuchten kluge Leute, eine widerstandsfähige Viehrasse zu
züchten, die den Unbilden des Wetters besser standhalten konnte.
Doch fehlte die nötige Futtergrundlage, da die Weiden nur im
Sommer (und oft genug auch dann noch nicht) genügend Gras
oder Heu aufbrachten. (Die mittelalterlichen Eichen- und Buchen-
bestände brachten reichliche Viehmast, doch die Landschaft war
allgemein verfichtet). Das machte sich wiederum deutlich in dem
geringen Milchaufkommen und der damit verbundenen knappen
Erzeugung von Milchprodukten. Man sieht es den sauberen Dörfern heute nicht mehr an, wie ihre Bewohner darbten und erst
allmählich zu einem gewissen Wohlstand gekommen sind.

Fleiß und sprichwörtliche Zähigkeit des Westerwälders haben das
Bild gewandelt. Das sollten wir bei unsern Wanderungen durch
das Lasterbachgebiet bedenken, wobei die Gegensätze zwischen
der oberen Lasterbach und dem Gebiet in der Nähe der Elb in
der Limburger Bucht mit dem milderen Klima und dem besseren
Boden besonders deutlich werden. Das Lasterbachgebiet ist ein
Landstrich, der zum Denken anregt über die Unzulänglichkeiten
des Lebens, die dem einen grünende Wiesen und kraftstrotzende

*Grauer Stein bei Rennerod,
geograf. Mittelpunkt der Bundesrepublik.*

Bäume bis vor die Haustür setzen und dem andern den Buckel krumm machen läßt und die Möglichkeit versagt, eine ausreichende Ernährungsbasis zu finden.

Trotzdem können die Lasterbacher feiern. Hier blieb noch ein Stück Urwüchsigkeit der „Wäller" lebendig: Kirmesse und Markttage werden vom ganzen Dorf gefeiert, die ganze Sippe versammelt sich, von weit her kommend, als wolle man sich schadlos halten für die früheren kargen Jahre.

✱

Die B 54 Limburg - Siegen führt ziemlich genau von Süden nach Norden durch den Westerwald und durchschneidet zwischen Langendernbach und Rennerod den westlichen Teil der „Lasterbach", die in der Verbandsgemeinde Rennerod das östlichste Gebiet im nördlichen Rheinland-Pfalz darstellt und halbkreisförmig nach Hessen hineinragt.

Rund 100 m steigt die B 54 von Langendernbach zur Basalthochfläche des Lasterbach-Gebiets auf und erreicht
Irmtraut (360 m; 600 E., VG Rennerod)

◻ Den Zehnten hier schenkte Graf Udo 879 an das Stift Gemünden; zur Hälfte war er nachher an die Herren von Runkel gekommen. Als Vögte vermutlich des Stifts Gemünden erscheinen hier, wo sie ihren Burgsitz hatten, seit 1215 die Adeligen von Irmtraut, die erst 1740 ausgestorben sind. - Die Bevölkerung tendiert sehr stark zum Raum Limburg.

🏛 **Kath. Filialkirche Mariä Geburt** mit frühgotischem Chorturm. Romanisches Taufbecken und Muttergottes aus dem 18. Jh.

🌳 4 Friedhofslinden

🛏 Hotel (41 Betten), Gasthöfe und Pensionen mit Übernachtung und

✕ Mittagstisch

🚌 in Richtung Limburg, Rennerod und Westerburg

Die B 54 führt fast schnurgerade weiter nach Norden und erreicht hinter dem kleinen **Waldmühlen** (405 m; 280 E.,) im Quellgebiet des Holzbachtales die Stadt

Rennerod (450 m; 3800 E., VG Rennerod, Krs. WW)

Die Stadt liegt windgeschützt in dem nach Süden sich neigenden Tal des Holzbachs. Ausgedehnter Wald reicht bis unmittelbar an das Stadtgebiet heran. Im Schnittpunkt der Bundesstraßen 54 und 255 besitzt Rennerod seit 1971 Stadtrechte, ist seit 1972 Verbandsgemeindesitz, Sitz einer Bundeswehrgarnison mit der Alsberg-Kaserne und Einkaufszentrum von 22 umliegenden Gemeinden. Grund-, Haupt- und Realschule. Rennerod ist der geographische Mittelpunkt der Bundesrepublik Deutschland.

◻ Rennerod wird bereits 1313/15 als „Reidenrode" genannt. Eine Urkunde von 1217 belegt, daß Siegfried von Runkel den Zehnten in Reiderode für 30 Mark an die St. Nikolauskirche in Seligenstadt (Kloster bei Seck) verpfändet hatte. 1362 wurde in Rennerod eine **Kapelle zu Ehren von St. Maria von Hubrecht (Hubertus)** errichtet. Rennerod hatte schon im Mittelalter eine verkehrsgünstige Lage. Die Mainzer Straße, deren Verlauf etwa dem der B 54 entsprach, führte durch diesen Ort. 1444 wird in Rennerod bereits das Centgericht genannt, 1552 wird von einem Landgericht in Rennerod gesprochen. In der Zeit von 1475 - 1516 entstand das Zehntgrafhaus, das am 16. März 1945 den Bomben zum Opfer fiel. In der Zeit von 1792 - 1797 hatte Rennerod unter der französischen Revolution zu leiden. Erst 1813 nahm Wilhelm VI. von Nassau-Oranien wieder Besitz von seinem Land. Unter nassauischer Herrschaft wird im Jahre 1816 eine Verwaltungsreform vollzogen und Rennerod wurde zu dieser Zeit schon Amtssitz, zu dem 33 Gemeinden gehörten. Der Bereich des Amtes dehnte sich bis in den Raum Westerburg aus. 1866 wurde Rennerod preußisch und kam zu der Provinz Hessen-Nassau. 1875 wurde mit dem Bau der kath. Kirche begonnen, die 1884 eingeweiht werden konnte. Am 1. Oktober 1906 wurde die Bahnstrecke Rennerod - Herborn - Westerburg mit der Station Rennerod in Betrieb genommen.

In den Jahren des 2. Weltkrieges glich der Ort des öfteren einem Heerlager. Bis zum 16. März 1945 blieb er auch von Luftangriffen verschont; an diesem Tag erlebte Rennerod den dunkelsten Tag seiner langen Geschichte.

Die Verbandsgemeinde Rennerod zählt heute 23 Gemeinden mit rund 15 000 Einwohnern.

🎿 Steinsberg-Stadion, Tennisplätze und Minigolfanlage

⚒ Kunststoffwerk, Mühlenbau, Maschinenfabrik

🛏 ✕ Mehrere Hotels, Pensionen, Gasthöfe und Restaurants.

Imbißstube, Café, Eisdiele.

🚂 Bahnhof in Richtung Emmerichenhain.

Bahnverbindungen nach Westerburg.

🚌 Busverbindungen in Richtung Limburg (teilweise über Lasterbach), Frankfurt, Westerburg, Koblenz, Bad Marienberg, Hachenburg, Herborn, Dillenburg, Siegen, Burbach.

☎ Stadt- und Verbandsgemeindeverwaltung 5439 Rennerod, Tel. (0 26 64) 10 34

🏃 Rennerod bietet für Wanderungen den idealen Ausgangspunkt. In einem Talkessel, nach zwei Seiten mehr oder weniger offen, findet sich ringsherum Wald: Laubwald, Mischwald und überwiegend Nadelhölzer.

Spazierwege: Flur- und Waldwege sind gut zu begehen.

Wanderungen: Zur Krombachtalsperre, Wanderweg II (ca. 4 km Hinweg);
Zum Knoten, Wanderweg II (ca. 18-20 km Hin- und Rückweg);
Zum Salzburger Kopf, Wanderweg 6 (ca. 20 km Hin- und Rückweg);
In die Holzbachschlucht, Wanderweg 6 am Secker Weiher vorbei (10 km Hin- und Rückweg).
Tageswanderung nach Westerburg, Wanderweg 6 und II bis zum Secker Weiher, dann Wanderweg II
oder Wanderweg 6 bis zur Holzbachschlucht, von dort bis Gemünden, durch den Ort und den alten Gemündener Weg bis Westerburg.
Tageswanderung nach Burg Greifenstein, Wanderweg II (ca. 32 km Hin- und Rückweg).

✳

Wer von Rennerod in Richtung Westernohe fährt, dem öffnet sich auf der Anhöhe nordwestlich dieses Ortes bei klarer Sicht ein großartiger Ausblick bis zum Hochtaunus mit dem Feldberg und den Bergen des Rheingau-Gebirges. Die Straße führt hinunter ins alte Kirchdorf

Westernohe (425 m; 750 E., VG Rennerod)

◻ Der Ort wird 1059 erstmals erwähnt, als Kaiser Heinrich IV. dem Stift in Limburg einen Hof in Westernohe schenkte. Bereits 1577 stand hier eine Kapelle, die 1744 und 1891 erweitert wurde, und seitdem ist Westernohe eine selbständige Pfarrei. Zwei verheerende Feuersbrünste im Dreißigjährigen Krieg und im Jahre 1809 legten Teile des Dorfes in Schutt und Asche. Weitsichtige Planer ließen damals ein Dorf mit geradlinig angelegten Straßen entstehen. Am alten Dorfplatz mit seinen Linden und Grünanlagen der wuchtige Turm der 1957 erbauten Pfarrkirche. Im Innern Kreuzigungsgruppe aus dem 18. Jh. Bemerkenswerter Tabernakel von W. Horsten. Der Laufbrunnen des 19. Jh. stammt aus der Sayner Hütte.
Am Südhang des 590 m hohen Gallpüsch Wochenendhäuser und ein großes Sozialwerk der Deutschen Pfadfinderschaft St. Georg für körperbehinderte Kinder.

✗ Elektrogerätefabrik Zoth.
🛏 ✗ 2 Gasthöfe
🚌 Postlinie Rennerod - Limburg; Privatlinie Rennerod - Westerburg.
☎ Ortsgemeinde 5439 Westernohe, Tel. (0 26 64) 2 19
🌿 Naturschutzgebiet Wacholderheide.

🏃 Die Feld- und Wanderwege sind gut ausgebaut. Spaziergänge zum Pfadfinderheim, zur Wacholderheide und zur Wendelinuskapelle.
Wanderungen zur Krombachtalsperre über die Wacholderheide, zum Knoten über den Wanderweg II, zum Seeweiher nach Waldernbach.

Östlich von Westernohe liegt am Fuße des Knoten-Gebietes im oberen Tal der Lasterbach

Oberrod (430 m; 640 E., VG Rennerod)

◻ Oberrod ist das nördlichste Dorf der Lasterbach und damit das östlichste Dorf im Nordteil von Rheinland-Pfalz. Im 15. Jh. bestand in Richtung Mademühlen noch der ausgegangene Ort Holzmenningen.
Auf einer Basaltkuppe östlich des Ortes die 1882 erbaute neugotische Kapelle, gestiftet von Fürst Johann Ludwig von Hadamar, 1976 restauriert. Spätromanisches Westportal.
Mehrere Bäume erinnern dort an die Klause des Einsiedlers „Holzmännchen".

⊨ ✕ 1 Fremdenheim, 1 Hotel
ℐ   Skigelände am Knoten
🚌 Postlinie Rennerod - Oberrod - Limburg;
Privatbuslinie Rennerod - Oberrod - Westerburg.
☎ Ortsgemeinde 5439 Oberrod, Tel. (0 26 64) 2 37

▟▙ Zur Krombachtalsperre und zum Adolf-Weiß-Denkmal über den
▜▛ Oberroder Knoten. Zum Seeweiher bei Mengerskirchen über den
Grauen Berg.
Jenseits der Landesgrenze liegt am Oberroder Knoten ein großes Ski-
sportgebiet.

Im zentralen Rodungsgebiet der Lasterbach liegt die Doppelgemeinde
Elsoff (360 m; 900 E., VG Rennerod)
mit dem Ortsteil Mittelhofen.

◪ Elsoff am oberen Lasterbach oder Steinbach wird 1059 als „**Elsapha**"
erstmals urkundlich erwähnt. Diese Bezeichnung geht auf das Gewässer
zurück und enthält die gleichen Stammformen wie Ellar, Els und Elb
(Elbbach).
Um das Jahr 1000 kam Elsoff zur Grafschaft Diez und 1114 zur Grafschaft Ellar. Das katholische Pfarrdorf war ein besonders zur Herrschaft
Ellar gehörendes Gericht. Es unterstand ehemals der Mutterkirche in
Seck. Zwischen 1236 und 1301 sind die Adligen von Elsoff urkundlich
belegt. Im 13. und 14. Jh. hatte Elsoff ein eigenes Gericht. In nassaui-
scher Zeit gehörte der Ort zum herzoglichen Amt Rennerod.
Von 1394 bis 1606 gehörte Elsoff dem Grafen von Nassau-Dillenburg,
von 1606 bis 1650 zur Grafschaft und von 1650 bis 1711 zum Fürstentum
Hadamar. Nach Erlöschen der Hadamarer Linie waren von 1711 bis 1743
die Fürsten von Nassau-Diez und von 1743 bis 1815 die Fürsten von
Nassau-Oranien die Herren im Lande.
Im 12. Jh. wurde die erste Kapelle gebaut. Seit 1532 gibt es eine Pfarrei
in Elsoff.
🏛 Die neuromanische **Pfarrkirche St. Peter und Paul** besitzt einen gotischen
Turm mit Spitzhelm, der neben dem Chor steht. Der Unterbau ist noch als
romanischer Wehrturm angelegt. Das hübsche Fachwerk-Pfarrhaus aus dem
Jahre 1674 wurde 1976 aus Platzgründen abgerissen. Mit der Verrohrung des
durch die Ortsmitte fließenden Lasterbachs hat Elsoff sein Aussehen verändert.
Mittelpunkt des unterhalb gelegenen Ortsteils Mittelhofen ist die 1788
erbaute kath. Kapelle, ein zweiachsiger Saal mit dreiseitigem Schluß.
Im Innern ländliche Figuren aus dem 18. Jh.
ℐ Wintersport am nahegelegenen Knoten. Schutzhütte mit Grillplatz.
⊨ ✕ In beiden Ortsteilen Gaststätten ohne Speisen und Übernachtungs-
möglichkeit.
🚌 Postbus Rennerod - Elsoff - Limburg;
Privatbus Rennerod - Elsoff - Westerburg.
☎ Ortsgemeinde 5439 Elsoff, Tel. (0 26 64) 61 02

▟▙ Das Wegenetz der Gemeinde ist gut ausgebaut.
▜▛ Tageswanderung zum Seeweiher nach Waldernbach;
Tageswanderung zur Krombachtalsperre.

✱

Etwas westlich im von Westernohe herabkommenden Krummbach-
tal liegt
Hüblingen (365 m; 320 E., VG Rennerod)
◪ **Ev. Kapelle** 1385 als Marienkapelle erbaut. Wuchtiger Wehrturm mit Satteldach und Dachreiter. Mittelalterliches Schiff mit dreiseitigen Emporen und einfacher Barockausstattung. 1961 wurden bei Renovierungsarbeiten Wandmalereien aus der Zeit um 1420 - 30 freigelegt. Zarte Ranken umgeben Darstellungen

der Hl. Drei Könige, der Passion Christi und des Jüngsten Gerichts. Die Kapelle stand unter dem Patrozinium der Gottesmutter Maria, des Evangelisten Matthäus und des Bekenners St. Jodocus. Man findet ihn dargestellt mit Rock, Stab, Pilgertasche und Pilgermuschel.

1385 ist Neunkirchen als Pfarrei beurkundet, in deren **Filiale Hüblingen** eine Kapelle erbaut wird, in der der Pfarrer zu Neunkirchen eine Wochenmesse zu lesen hat. Mit der Einführung der Reformation durch die Weilburger Grafen, zu deren Gebiet H. gehörte, wurde es 1526 lutherisch und gehört bis heute als Filialort zur Ev. Kirchengemeinde Neunkirchen.

⚒ Tongrube

✗ 2 Gaststätten, eine in der ehem. Mühle „Zum Mühlstein".

🚌 Postbus Rennerod - Limburg; Privatbus nach Westerburg.

☎ Ortsgemeindeverwaltung 5439 Hüblingen, Tel. (0 26 64) 82 16

🚶 Die Feld- und Waldwege im Gemeindebereich befinden sich in sehr gutem Zustand.

Wenn wir von Mittelhofen im Lasterbachtal abwärts fahren, liegt der Hof Krempel, eine der ältesten Mühlen am Lasterbach. Dann sind wir in

Neunkirchen (320 m; 500 E.)

◨ 1059 schenkte Kaiser Heinrich IV. dem St. Georgs-Stift zu Limburg drei Mansen (= Bauernhöfe) zu **Brechelbach.** Diese Siedlung ging später wieder unter. In der Nähe auf einer Anhöhe errichtete das Stift zum Schutz der Bevölkerung eine Wehrkirche. Um den Hügel, auf dem diese Kirche stand, entwickelte sich im Laufe der Zeit die heutige Siedlung Neunkirchen. Der **Ortsname** leitet sich von der **neuen Kirche** ab, die in der Urkunde als **„nova ecclesia"** bezeichnet wird.

In der Nähe des untergegangenen Brechelbach lag auch die nassauische Kykenburg, die aber verschwunden ist.

Von 1232 bis 1514 gehörte die Parrei samt Ländereien zum St. Georg-Stift in Limburg. Im Mittelalter gehörte der Ort zu Nassau-Weilburg, an das er im Jahre 1328 mit der Herrschaft Merenberg übergegangen war.

1526 traten die Grafen von Nassau-Weilburg zur **Reformation** über, so daß **Neunkirchen lutherisch** wurde. In der ersten Hälfte des 17. Jh. gehörte Neunkirchen vorübergehend zu Nassau-Hadamar. Der Hinweis auf die letztere Herrschaft und auf den Schutzpatron Johannes den Täufer gibt das Siegel, das wahrscheinlich erst 1639/40 entstanden ist.

🏛 **Die ev. Pfarrkirche St. Johannes der Täufer** ist neben der Daadener Pfarrkirche die bedeutendste protestantische Barockkirche des Westerwaldes. Der romanische Turm (12. Jh.) trägt einen achteckigen Spitzhelm. Das quadratische Kirchenschiff mit Eckpilastern, Rundbogenfenstern, Spiegeldecke und dreiseitigen Emporen wurde 1740 von Julius Ludwig Rothweil im Stil einer Predigtkirche erbaut. Der stattliche barocke Kanzelaufbau fällt dem Besucher sofort ins Auge. Sehenswert außerdem der romanische Taufstein in der Mitte der Kirche. Die aus dem Jahre 1755 stammende alte Schöler-Orgel mußte 1975 durch einen Neubau ersetzt werden (Günter Hardt, Weilmünster-Möttau).

⚒ Sektionaltore, Rolltore und Regale produziert das Metallwerk Günther KG. am nordöstlichen Ortsrand (120 Beschäftigte).

🛏✗ Tanzlokal und Diskothek „Heidi-Bar" (16 Betten); Pension „Haus Marianne" (11 B.); Pension Klipp (20 B.); Gasthaus „(Zum Deutschen Haus" (18 B.); Gasthaus „Zum Westerwald" (10 B.); Mittagstisch.

🚌 nach Rennerod-Limburg, nach Westerburg.

☎ Ortsgemeindeverwaltung 5439 Neunkirchen, Tel. (0 64 36) 40 70

🚶 Zahlreiche schöne Spazierwege, besonders in die Staatsforste Rennerod, Hadamar und Merenberg.

An der Landesgrenze vorbei zum Naherholungsgebiet Seeweiher bei Waldernbach (4 km).

2. Oberer Westerwald

IM OBEREN ELBBACHTAL   *Übersichtskarte Seite 136*

Bearbeiter: Willy Mehr und Hermann-Josef Hucke

Die Elb entspringt in einem der heute noch vereinzelt im Westerwald vorkommenden Hochmoore bei Ailertchen (480 m) und umschließt sichelförmig das weite Gebiet der Westerburger Bucht.
Sie bringt in ihren Nebenbächen Holzbach und Schafbach noch
den Hauch des Hohen Westerwaldes mit, ehe sie von der Lahn
aufgenommen wird. Nicht Basaltkegel, unbelaubt und zerklüftet,
sind ihr Charakteristikum - wenn auch hin und wieder solche
Bilder zu sehen sind - sondern mehr sanfte Kuppen, ausgedehnte
Laubwälder und ein breites Wiesental zeichnen sie aus. Sie
schließt damit die unterschiedlichsten Landschaftsformen in einem
relativ kleinen Gebiet ein. Hinter hervorspringenden Bergkuppen
bieten sich immer wieder neue Einblicke in die Landschaft, sei
es der Blick auf den Hohen Westerwald oder in die liebliche
Limburger Bucht bis hin zu den Taunusbergen, oder nach Süden
und Südwesten zu den Einzelkuppen des unteren Westerwaldes.
Die Elblandschaft ist vielseitig. Sie formte auch das geschichtliche
Bild dieses Landstrichs, der nie die Bedeutung erlangte wie etwa
die Rheinlandschaft. Dafür gab der Boden nicht genug her, war
zu wenig zu „verteidigen" und wenig zu gewinnen. Eine Ausgangsbasis für den Handel war kaum gegeben. Wer hier lebte,
mußte mit dem zufrieden sein, was die Natur ihm gab. Kelten
Germanen, Alemannen, Karolinger und Ottonen gaben im Altertum
und Mittelalter der Landschaft ihr Gepräge. Unzählige kleinere Territorien bildeten sich vom ausgehenden Mittelalter an bis zum Ende
des 18. Jahrhundert. Jede Epoche ließ ihre Spuren zurück. Zur
Geschichte unseres Reisegebiets sprechen die geschichtlichen
Anmerkungen bei den Ortsbeschreibungen. Es wird empfohlen,
je nach Neigung, Tempo und Absicht an Ort und Stelle seine Studien
zu betreiben. Der Dornröschenschlaf von etwa 1700 bis 1900, als
andere, günstiger gelegene Landesteile zu ihrem Industrie- und
Handelsstil fanden, wurde hier erst mit Beginn dieses Jahrhunderts
beendet. Das Aufwachen geschah bedächtig, wie es dem Westerwälder Menschenschlag eigen ist. Das hatte aber auch den Vorteil,
daß die Ursprünglichkeit der Landschaft im großen Maße erhalten
blieb und Brauchtum und Heimatsinn bis heute lebendig sind.

Territorialherr des Elbbachgebietes war im frühen Mittelalter das
„Reich". Einige Straßen durchzogen das Gebiet. An strategisch
wichtigen Punkten, an Raststätten (Königshöfen) oder in Kloster-
bezirken entstanden „Reichsvogteien". Meist niederadelige Herren
schützten das Reichsgut. Mit dem Niedergang des alten Reiches
stiegen die Vögte zu Territorialherren auf, eigneten sich ehemaliges Reichsgut an, setzten Untervögte ein, die wiederum so ver-
fuhren und meist in alte Geschlechter einheirateten, so ihren
Besitz vermehrend. Fehden blieben dabei nicht aus, ganze Ge-

schlechter starben aus, der 30jährige Krieg tat das Übrige. Im Bereich der Elb waren es die Herren und späteren Grafen von Westerburg-Leiningen mit ihren vielen Nebenlinien, die bis heute die Westerburg bewohnen. Kurtrier und verschiedene Linien der Nassauer sind nur noch in der Geschichte erhalten. Ganz zur Grafschaft Nassau gehörte das Elbgebiet nur von 1815 bis 1866, als Adolf von Nassau, der letzte regierende Herr, im österreichisch-preußischen Krieg sein Land an Preußen abtreten mußte, das es als Regierungsbezirk bis 1945 weiterführte. 1945 von den Franzosen besetzt, gehört unser Reisegebiet heute zum Bundesland Rheinland-Pfalz.

Sucht man nach „lebendigen Zeugen" dieser Vergangenheit, finden wir Burgen (Westerburg), Burgreste (Weltersburg), Klöster (Gemünden und Seligenstadt), Bodenfunde (Landschaftsmuseum Hachenburg, Wiesbaden) und Relikte untergegangener Dörfer (bei Westerburg, Gemünden, Höhn, Herschbach u. a.). Mancher geschichtliche Zusammenhang läßt sich nur noch aus den Flurnamen erkennen. Vieles ist unwiderruflich verloren. Archivalische Nachrichten fehlen über viele Jahrhunderte. Die erhalten gebliebene Burg in Westerburg ist dem Publikum nicht zugänglich, ähnliches ist von Schloß Molsberg zu sagen. Von dem ehemaligen Kloster Seligenstadt stehen armselige Reste, die Weltersburg ist nur bruchstückhaft erhalten. An alten und geschichtsträchtigen Kirchen ist das Elbgebiet reich; manche wurden vom Staub der Jahrhunderte befreit und zeigen wieder das Bild des Spätmittelalters.

Die Landschaft ist faszinierend, manchmal ein wenig verträumt anzusehen und zu erleben wie ein Märchen, oft erinnernd an grausige Feldschlachten, an rauhe Rittergeschlechter und hart arbeitende Bauerngenerationen.

Das Bild der Dörfer änderte sich in den letzten Jahrzehnten: Wohlstand und Zeitformen ließen vielfach den dörflichen Charakter zusammenschrumpfen. Mancher Ort will „städtisch" erscheinen und verliert dabei die Eigenart als Dorf, ohne die einer städtischen Siedlung zu erhalten. Doch: Natur und Mensch formen immer noch in besonderer Weise das Bild dieser Landschaft.

Verkehrsmäßig ist das Gebiet relativ gut erschlossen. Mit der Bundesbahn erreichen wir das Elbbachtal ab Mainz (Frankfurt) und Köln mit durchgehenden Zügen. Westerburg ist Knotenpunkt dieser und der Linie Montabaur - Rennerod. Busverbindungen werden einen Teil der Bahnstrecken im Laufe der Zeit ersetzen. Es ist daher ratsam, sich vor Antritt einer Reise genaue Auskunft einzuholen. Auf den Bundesstraßen 54, 255, 414, 8 finden Sie genügend Abzweigungen, mit dem Auto schnell und nach einigen Kilometern ihr Reiseziel zu erreichen. Die Bundesautobahn verlassen Sie in Montabaur (Köln - Frankfurt, Trier - Koblenz, Koblenz - Dernbacher Dreieck). Die Hauptwanderwege des Westerwald-Vereins führen von Süden nach Norden (Hww V) durch das ganze

Reisegebiet, der Hww II berührt den nördlichen Teil von Westen nach Osten. Alle Strecken sind gut ausgeschildert und werden im jeweiligen Streckenabschnitt beschrieben. Die im Bereich der Verbandsgemeinde Westerburg liegenden Ortschaften haben an zentralen Punkten Ortstafeln mit Rundwanderwegen aufgestellt.

Information: Auskunft erteilen die Verbandsgemeinden Westerburg und Wallmerod sowie die Stadtverwaltung Westerburg. Wanderführer für diese Einzelgebiete liegen teilweise vor, sie sind in den Buchhandlungen erhältlich oder über die Verkehrsämter zu bekommen.

Einzelheiten erfahren Sie bei den angegebenen Orten.

Vom Ursprung der Elb aus auf der B 255 südwärts

Der Ort des Ursprungs heißt nach Vogel „in den Elben", Erlen oder Ellern, daher ihr Name. Meist wird die Elb aber erst bekannt, wenn sie bei Gemünden den Schafbach und Holzbach aufgenommen hat und eine ansehnliche Breite erreicht. Ein Wasserlauf entwickelt sich aber meist aus einer kleinen Quelle oder kleinen Rinnsalen. Bei der Elb vereinigen sich viele Rinnsale. Bei Ailertchen liegt ein Hochmoor, das Quellgebiet ist ein wenig schwer erreichbar, und man weiß schließlich am Ende immer noch nicht, wo die Elb entspringt. Das Hochmoor bis Dreisbach gibt wie ein Schwamm noch so viel Wasser her, daß schon bei Langenhahn ein beachtliches Wiesenbächlein entstanden ist. Der weibliche Artikel der Elb stammt aus der fränkischen Zeit, wo man kleinere Flüsse so bezeichnete. Etwas eigenwillig ist der Weg der Elb schon, hierin ähnelt sie den ganzen Westerwaldbächen, und nicht nur diesen. Von Ailertchen aus zieht sie zuerst nach Süden hin zur Westerburger Bucht, die sie bis Langendernbach ziemlich gleichmäßig ostwärts verlaufen läßt und wendet sich dann wieder stark südlich bis zur Mündung in die Lahn. Das hat den Vorteil, daß man 3/4 des Elbverlaufs verfolgen kann, wobei eine Wanderung entlang seiner Ufer, die man teilweise noch überspringen, oft auch durchwaten kann, ein wenig schwierig ist. Aber spannend ist eine solche Exkursion schon, wenn man Stacheldrahtzäune an Viehweiden übersteigen muß, nasse Füße und vom Vieh zertrampelte Stellen in Kauf nimmt. Die „Elb vom Ursprung aus" ist noch ein kleines Abenteuer, Bandscheibengeschädigten nicht zu empfehlen.

Nordöstlich der Elbquelle liegt an der Kreuzung der B 255 mit der Straße Westerburg - Bad Marienberg

Ailertchen (478 m; 600 E., VG Westerburg)

◪ Ailertchen liegt an der Stelle, wo die alte Verbindungsstraße, die vom Köln-Frankfurter Weg nach Osten abzweigt, über die Wasserscheide der Elb und der Nister in das Gebiet um den Salzburger Kopf führt. - Ailertchen wird 1482 im Gericht Höhn genannt. An der B 255 Richtung Langenhahn Gedenkstein an einen Mord (1868).

🏛 An der Straße nach Dreisbach 1931 erbaute Wendelinus-Kirche aus heimischen Basaltsteinen.

✈ Südlich auf der Hochfläche Landeplatz für Segel- und Sportflugzeuge. Im Sommer großer Flugtag. Kleines Freibad.

⚄ ✕ Gasthaus mit Mittagstisch.
🚌 nach Hachenburg, Bad Marienberg, Westerburg, Montabaur und Rennerod

Die B 255 überquert auf einem Damm das Sumpfgelände im Ursprungsgebiet der Elb. Hinter dem kleinen Langenhahn-Hölzenhausen überqueren wir die um 1970 fertiggestellte Nistertalstraße Westerburg - Hachenburg und die Bahnstrecke und sind in

Langenhahn (450 m; 1300 E., VG Westerburg)

◻ Der zentral gelegene Ort gehört zu den „Hain"- oder „Hahn"-Orten, die meist nicht vor dem 11. Jh. entstanden. (Frühere Namen: Landenhein, Langenhan, Langenhayn). Erstmals 1334 genannt. Bis 1631 war Langenhahn Filiale der Pfarrei Willmenrod. Mit dieser wurde es um 1570 lutherisch. 1611 kam Willmenrod an Westerburg. Langenhahn blieb nassauisch und reformiert. Von 1631 bis 1925 gehörte Langenhahn nach Wiedereinführung des Katholizismus im Hadamarischen nach Rotzenhahn (= Rotenhain).
🏛 **Herz-Jesu-Kirche,** erbaut 1922, ein stattlicher Bau mit Walmdach.
Auf dem Friedhof hinter der Schule steht die alte Pfarrkirche, die **St. Sebastianskapelle.** Sie wird 1525 erstmals genannt, stand aber wahrscheinlich schon im 13. Jh. Romanisches Schiff, im 17. Jh. nach hinten verlängert, da auch mit Haube und Spitzhelmlaterne versehen.
In der Ortsmitte die **St. Annenpumpe.** Eine Schwengelpumpe, die an einem Annentag in Betrieb genommen wurde und auch heute noch in Notzeiten Wasser spendet. Sie war eine der vier oder fünf Brunnen des Dorfes. Am Annentag jeden Jahres wird sie von der Dorfjugend geschmückt.
Nördlich der Straße nach Wölferlingen und östlich des Wölferlinger Weihers steht der **Dreiherrenstein.** Hier trafen die Territorien Nassau-Oranienstein, Churtrier und Sayn-Hachenburg zusammen. Die Mär erzählt, daß sich an dem unmittelbar dabei befindlichen Brunnen die drei Territorialherren trafen, gemeinsam aus dem Brunnen tranken und doch jeder auf seinem eigenen Territorium stand.
⚄ ✕ Mehrere Gasthäuser mit Mittagstisch und Übernachtung. Imbißhalle.
🚋 Bahnhof der Strecke Hachenburg - Westerburg.
🚌 nach Rennerod, Montabaur und Koblenz

✳

1 km nordwestlich von Langenhahn liegt über der Nistertalstraße
Bellingen (435 m; 490 E., VG Westerburg)

🏛 Sehr schönes Fachwerkhaus (Baldus) von 1637 mit fränkischem Erker.
👣 Südwestlich über die Bahnlinie hinweg führen befestigte Gemarkungswege in die flache Wiesenmulde eines hübschen Tales bis hoch zu den Feldfluren am Kramberg (460 m).

✳

Die B 255 bringt uns ab Langenhahn hinab ins Elbbachtal und nach Durchfahren der Ortsteile Langenhahn-Hintermühlen und Rothenbach-Pfeifensterz sind wir an der Einmündung des kleinen Rotbachs in
Rothenbach (390 m; 650 E., VG Westerburg)

◻ Als die älteste Siedlung innerhalb des Ortsbereichs gilt das unterhalb der Rothenbacher Ley gelegene **Himburg** (Säulenbasaltbruch). Dieser Ortsteil findet bereits um 1300 im Zuge einer Straßenverbindung Hartenfels - Haiger Erwähnung. Etwas südlich davon lag das ausgegangene Dörfchen Himdorf. Oberhalb am Fuße des Wetzstein (475 m) lag die karolingische Straßenfestung „Hermannsburg".

In einer Urkunde von 1334 ist erstmals von **Pfelfensterz** die Rede und
erst 1403 hören wir von **Rothenbach** (Rodinbach). Das Gebiet gehörte
zum Niederlahngau. Später fiel das Dorf an die Grafschaft Diez und
durch den „Diezer Vertrag" 1564 an Kurtrier, wo es bis 1802 blieb. An
der Elb findet sich noch ein Grenzstein zwischen Nassau-Oranien und
Kurtrier.

🏛 In Rothenbach-Himburg Fachwerkhaus mit hübschem Laubenvorbau
von 1696.

🛏 ✕ Speiserestaurant; Alte Mühle mit 7 Fremdenbetten.

🚌 nach Montabaur und Bad Marienberg

🚶 Zu beiden Seiten das Elbbachs Gemarkungsspaziergänge möglich.

2 km südwestlich von Rothenbach liegt neben der B 255 im Quell-
gebiet des Kleinen Saynbachs der Ortsteil Rothenbach-Obersayn
(Siehe unter „Selters mit Großem und Kleinem Saynbach!"). Der
Elbbach fließt von Rothenbach nach Kaden (Siehe Seite 145!).

Im Trierschen Land

Warum heißt es heute noch „Triersches Land" für alle westlich
und südwestlich von Westerburg liegende Orte? Die Vogtei und
spätere Herrschaft Westerburg gehörte zwar von der Christianisierung an kirchlich zur Erzdiözese Trier, unterstand aber nie der
Territorialherrschaft der Trierer Kurfürsten. Die Westerburger
Herren führten immer den Titel „Des Heiligen Römischen Reiches
Semper Frey", d. h., sie waren keinem andern Herrn untertan als
den Kaisern. Die Grenzen des fränkischen Niederlahngaues lagen
an der Elb. Als nach Auflösung der Gaue die Vögte mehr oder
weniger Herren ihrer neugebildeten Vogteien wurden, verschärfte
sich der Widerstand gerade der Westerburger gegen die erzbischöflichen Kurfürsten. In kaiserschwachen oder kaiserlosen
Zeiten nutzten die Westerburger ihre Überlegenheit in ihrem Terri-
torialbereich weidlich aus und erweiterten ihre spätere Grafschaft
durch zahlreiche Lehen weit über die Grenze des Herrschafts-
bereichs aus. Ihre Untervögte wußten sie immer in Grenzen zu
halten. Als in der Reformation Westerburg evangelisch wurde,
während die Lande über der Elb den alten Glauben behielten,
verstärkten sich die Gegensätze noch. Zwar versuchte Trier eine
Gegenreformation in Gemünden, Willmenrod und Salz, doch beim
Herannahen der Schweden endete diese überstürzt. Die Gegen-
sätzlichkeiten verwischten sich zwar mit der Zeit langsam und
bedächtig, sind aber nie ganz geschwunden. So bestehen heute
noch die Namen „Krautschisser" für die Westerburger wegen
ihres früher starken Zwetschenbestandes und der damit verbundenen Krautkocherei und „Treertsche" für alles, was im Westen
und Südwesten der Stadt liegt.

✱

Westlich von Westerburg und südlich des großen Waldgebietes um den Westerburger Kopf liegt

Kölbingen (um 380 m; 800 E., VG Westerburg)

mit den Ortsteilen Schönberg und Möllingen.

◘ Kolpinheim (1253) gehörte zu den Siedlungsorten, die bis zum 6. Jh. bei Eingliederung in den fränkischen Staatsverband entstanden. Es gehörte zum Stift bzw. dem Kirchspiel Salz, das später die Zeche Schönberg bildete (mit Möllingen, Kölbingen, Härtlingen, Witzelbach, Elben, später Caden). Zeche bedeutet ein Unteres Kirchengericht. Solch ein Gericht war in der Regel auf die Zivilgerichtsbarkeit beschränkt, während die Kriminalgerichtsbarkeit ab 1564 vom Amt Montabaur unter Hinzuziehung von gemeindlichen Gerichtspersonen der jeweiligen Zechen ausgeübt wurde. Bereits 1270 sind Burgmannen von Kölbingen in Westerburg bekannt. 1564 kamen bei der Teilung der ausgestorbenen Grafschaft Diez die Kirchspiele Hundsangen, Nentershausen, Meudt, Salz, Hahn und Schönberg an Kurtrier. Bis 1802 blieben sie dort im Amt Montabaur und gehörten nacheinander Nassau-Weilburg, Herzogtum Nassau, Preußen und Rheinland-Pfalz an.

🏛 **Kath. Kirche Schönberg:** 1494 erstmals genannt, 1515 Patronat „zu Ehren unserer lieben Frau und St. Pankratius", umbenannt 1657 in „Maria Heimsuchung". Schönberg war Mittelpunkt des Oberkirchspiels Salz. Seit 1696 ist das Küsterhaus bekannt, über 100 Jahre diente es als Volksschule (Pfarrschule). Neben der Kirche herrliche Fachwerkbauten, früher Hofgüter der Herren von Brambach, von Esch und ab 1733 der Grafen von Walderdorff (Wohnung des gräflichen Försters). Die 1714 neuerbaute Kirche ist jetzt Friedhofskirche, 1974 restauriert; sie besitzt einige Bildnisgrabsteine früherer Adeliger. - Benachbart gut erhaltene **Fachwerkhäuser.**

Berühmt berüchtigt wurde der streitbare Wilhelm von Irmtraut, der in Härtlingen einen Hof besaß und in Schönberg begraben liegt. Der alte Haudegen widersetzte sich mit Faust und Schwert erfolgreich, wenn auch nicht immer auf feine Art, den Versuchen, die Reformation im Kirchspiel Salz einzuführen. Den doch in der Schönberger Kirche erschienenen reformierten Pfarrer verprügelte er kurzerhand; damit waren die Versuche einer Reformation gescheitert.

Zehntscheune in Schönberg bei Kölbingen

Kath. Pfarrkirche, Neubau im Ortsteil Möllingen, mit schöner Oberlichteinwirkung.

St. Josefskloster, Möllingen, heute Ortsteil von Kölbingen (Nieder- und Obermöllingen), 1244 ein niederadeliges Geschlecht von Millingen, 1525 besaß Westerburg in Obermöllingen einen Hof.

Kapelle, achteckig 1728 erbaut; seit 1928 Kriegergedächtnisstätte.

🚐 Bahnhof an der Strecke Montabaur - Westerburg.

🚌 Bahnbus nach Westerburg und Montabaur.

🏃 Nördlich des Ortes führen Gemarkungswege in das große Waldgebiet um den Westerburger Kopf (476 m).

Ab der idyllisch gelegenen Friedhofskirche Schönberg südlich des Ortes führen Wege ins Otterbachtal, in den Guckheimer Wald und zum Hof Westert.

Von Kölbingen-Möllingen führt eine Straße nördlich nach
Brandscheid (420 m; 380 E., VG Westerburg)

🏛 Schönes **Fachwerkhaus** von 1672, genannt „Adam-und-Eva-Haus", am nordwestlichen Ortsrand.

Am **Geisenwald** nordwestlich des Ortes waren früher Märker aus den Dörfern Brandscheid, Kölbingen, Möllingen, Sainscheid, Kaden und Härtlingen beteiligt. An der Südspitze des Bundeswehr-Depots der **„Große Weißenstein"**, einst Grenze zwischen Kurtrier und Nassau-Diez.

🛏 ✕ Ferien auf dem Bauernhof.

🚌 nach Montabaur und Westerburg

🏃 Spaziergänge und Wanderungen in den Geisenwald (vom Waldrand schöner Elbbachtalblick) und in die Elbbachtalhänge.

Westlich von Kölbingen liegt auf der westlichen Elbbachseite
Kaden (375 m; 570 E., VG Westerburg)

❑ Der Ortsteil Elben liegt in Richtung Kölbingen. Kaden wird 1564 erstmals genannt. Allerdings war schon vorher ein Gräflicher Isenburgischer Rat Dr. iur. Michael von Kaden bekannt.

✕ Nordwestlich Kaden an der Straße zur B 255 stillgelegte Braunkohlengrube Anna. Südlich Kaden am Friedhof ehemaliges Zechenhaus. Rolladenkästen-Fabrik.

🚐 Bahnhof Kölbingen der Strecke Montabaur - Westerburg.

🚌 Bahnbus nach Westerburg und Montabaur.

🏞 Beiderseits des Elbbachtals zahlreiche kleinere Basaltkuppen, teilweise mit hübscher Aussicht. Die Geographie bezeichnet dieses Gebiet daher auch als „Westerwälder Kuppenland".

1 km südlich von Kaden liegt
Härtlingen (370 m; 305 E., VG Westerburg)

❑ Im Mittelalter Sitz mehrerer niederadeliger Geschlechter, so der Herren von Brambach und der von Irmtraut, deren Geschlecht 1774 erlosch. Das Hofgut Witzelbach wird bereits 1254 genannt. Das Härtlinger Oberdorf wird auch „Spatzenburg" genannt.

1,5 km südlich sind wir in der Doppelgemeinde
Elbingen-Mähren (360 m; 405 E., VG Westerburg)

❑ Der Ort wird 1511 als zum Oberkirchspiel Salz gehörend genannt.

🏛 Auf der anderen Seite des Elbbachs liegt in Richtung Schönberg das **Hofgut Westert.** Hohes, burgähnliches Hofhaus aus dem Jahre 1568 mit Fachwerk-Obergeschoß. Ehemaliger Adelshof der Grafen von Walderdorff. Nahebei Schwanenweiher.

⛴ ✕ Reiterhof Westert. 4 Ferienwohnungen und 3 Ferienhäuser. Haus Seeblick mit Campingplatz am Waldsee zwischen Elbingen und Hahn. Mittagstisch.

🚃 Haltepunkt an der Bahnstrecke Montabaur - Westerburg.

🚌 nach Westerburg, Montabaur und Limburg

⚓ Zwischen Elbingen und Hahn wurde der 60 ha große Waldsee aufgestaut. Auf einem Damm inmitten ein Hochspannungsmast. Angeln.

🧗 Ab Hof Westert in den Guckheimer Wald und zur Friedhofskirche Schönberg. Ab Elbingen in das Waldgebiet der Elbinger Lei.

An der B 8 und unweit der B 255 (Kreuzung „Hahner Stock") liegt westlich von Elbingen

Hahn bei Wallmerod (420 m; 460 E., VG Wallmerod)

🏛 Sehenswert die **kath. Pfarrkirche St. Margaretha** (1740). Hoher Saalbau mit Flachtonne aus Holz. Innenausstattung mit zahlreichen Kunstwerken der „Hadamarer Schule". Brüstungsmalereien. Westturm romanisch.

✕ 2 Gasthäuser mit Mittagstisch. Unterhalb des Ortes Waldsee mit Haus Seeblick.

🚌 in Richtung Montabaur und Westerburg.

Westerburg mit Holzbachschlucht und Wiesensee

In diesem Kapitel wollen wir die Oberwesterwaldstadt Westerburg kennenlernen und das landschaftlich so reizvolle Gebiet am Steilabhang der Basalthochfläche mit den in diese Randzone eingekerbten Tälern von Schafbach und Holzbach, mit dem Holzbachdurchbruch und dem neuen Wiesensee.

Von der B 255 kommend, erreichen wir über Langenhahn die Stadt **Westerburg** (400 m; 6000 E., VG Westerburg, Krs. WW)

Luftkurort in schöner waldreicher Umgebung. Das mittelalterliche Städtchen mit Ober- und Unterflecken wird überragt von der Westerburg der Grafen von Leiningen-Westerburg, die heute zwar noch Wohnsitz der Grafenfamilie ist, aber fast ganz von der Lebensabendbewegung benutzt wird. Geschäfte aller Art. Behörden: Verbandsgemeindeverwaltung, Stadtverwaltung, Katasteramt, Kulturamt, Finanzbauamt, Amtsgericht. Schulen aller Art. Vier Altersheime, zwei Schullandheime. Bundeswehr-Garnison mit Wäller-Kaserne.

◪ In Westerburg wurden Gräber der Späten Urnenfelderkultur aufgefunden. Eine Schale mit Leichenbrand von dort befindet sich im Landschaftsmuseum Westerwald in Hachenburg, weitere Funde sind verschollen. Wahrscheinlich ab dem 9. Jh. wurde Westerburg Sitz einer Reichsvogtei; ab dem 11. Jh. treten die „Herren zu Westerburg" auf, ein semperfreies Geschlecht, das nur dem Kaiser untertan war.

Im 15. Jh. heiratet Reinhard IV. Margaretha, Gräfin zu Leiningen. Westerburg wird Grafschaft. 1292 erhält es durch König Konrad von Nassau, der mit dem Herrenhaus durch Agnes von Limburg verschwägert ist, Stadtrechte, die gleichen Rechte wie das ein Jahr zuvor mit Stadtrechten belehnte Wetzlar. Im Mittelalter ist Westerburg ein bedeutender Marktflecken. Aus Westerburg stammt Reinhart II., Minnesänger und erfolgreicher Kriegsmann, besonders gegen den mächtigen Balduin von Lützelburg, den Erzbischof von Trier, den er 1347 bei der Burg Grenzau jämmerlich schlägt. Berühmt auch Siegfried von Westerburg (1240 - 1297), Erzbischof von Köln und Städtegründer von Kempen und Uerdingen am Niederrhein, als Herzog von Westfalen auch von Menden und von Attendorn/Sauerland.

Der Grafschaftbezirk umfaßte neben Westerburg das Oberkirchspiel Halbs, Hergenroth und Stahlhofen, zeitweise Willmenrod und die „Stadt" Weltersburg. Vogtrechte besaß er fast in allen umliegenden Gemeinden bis hinauf zum Hohen Westerwald. Durch unglückliche Bruderteilungen verzettelte sich die Leiningisch-Westerburger Linie in viele Nebenlinien, die teilweise nur zwei Generationen bestanden. 1806 wird Westerburg französisch, dem Großherzogtum Berg unter Murat, später Napoleon unterstellt. Zuerst Kanton, dann Mairie bis 1813, 1813-15 Nassau-Oranien, 1816 - 1866 Herzogtum Nassau, 1866 Preußen, 1945 Rheinland-Pfalz. Westerburg war von 1887 bis 1974 Sitz der Kreisverwaltungen des Kreises Westerburg (bis 1932) und des Oberwesterwaldkreises.

🏛 **Schloß** (nicht zu besichtigen), Bauanfänge 12. Jh., großzügiger Ausbau im 15. und 18. Jh. Schmuckloser Zweckbau, zur Verteidigung eingerichtet, mehrere Türme (verfallen), Burgmauern und Wallgraben teilweise erhalten. Im Innern reicher Besitz, allerdings erst meist durch den jetzigen Burgherrn angekauft, da Schloß in der Franzosenzeit fast restlos geplündert. Bauliche Veränderungen (Heizung und dadurch Herunterziehen von Decken) lassen Rundbögen an Türen und Fenstern nur noch in Ansätzen erkennen. Innerhalb und außerhalb der Burgmauern zahlreiche Burgmannshäuser, so Vasallenhaus des Untervogt von Irmtraut mit Wappen (Geißbock) an der Mittelpforte, eines der drei Stadttore, an die Gemündener Tor, Oberes Tor und Mittelpforte erinnern. Tore

Verbandsgemeinde Westerburg

Die Verbandsgemeinde Westerburg ist mit rd. 21.000 Einwohnern und 24 Ortsgemeinden eine der größten Verbandsgemeinden im nördlichen Rheinland-Pfalz. Sie stellt mit ihrer abwechslungsreichen Mittelgebirgslandschaft - ausgedehnte Wälder, stille Seen und gepflegte Orte - ein besonders reizvolles Wandergebiet dar, wo von gastlichen Unterkunftsbetrieben aus auch Tageswanderungen auf gut beschilderten Rund- und Weitwanderwegen durchgeführt werden können. Das im Ausbau befindliche Ferien- und Freizeitgebiet „Wiesensee" ermöglicht Schwimmen, Segeln, Angeln und auch Wandern; ein Teil des Sees ist als Naturschutzgebiet ausgewiesen worden.

Westerburg bietet neben seiner Burg und dem eindrucksvollen Stadtbild ein Sportzentrum, wo u. a. ein beheiztes Freibad zur Verfügung steht. Auch für Biologen und Geologen ist das Gebiet der Verbandsgemeinde interessant. Wer Geschichte sucht, findet sie hier. Erwähnt sei hier nur die Stiftskirche in Gemünden, die 879 gegründet wurde. Das Wappen der Verbandsgemeinde vereinigt die früheren Grafschaften Nassau, Westerburg, Leiningen und Kur-Trier.

Im Verbandsgemeindebereich ist der größte Zweigverein des Westerwaldvereines tätig.

Weitere Auskünfte erteilt:

Verbandsgemeindeverwaltung Westerburg,
Neustraße 39, 5438 Westerburg
Telefon 0 26 63 / 80 63

Westerburg

drehten sich in Rundsteinen, zu sehen: an der Mauer des Hauses Baier, Mittelpforte und am Boden gegenüber Gasthof „Zur schönen Aussicht".

Ev. Kirche unterhalb des Schlosses, jetziger Bau Anfang 16. Jh., vorher Georg- und Marienkapelle. Unter dem Chor Grablege der Westerburger Grafen, vorher Beisetzung in der Stiftskirche zu Gemünden. 3 Grabsteine aus dem 15. Jh., Grabplatte (an der Emporentreppe) des „gräflichen Kantzleyrats Kohlrabe", zwei Kronleuchter 16. Jh., Kanzel 16. Jh., mehrfach übermalt, links neben dem Chor Retabel des Annenaltars, 16. Jh., früher in Liebfrauen, vermutlich übermalt. Auf der Empore früher „gräflicher Stuhl", mehrere Gedächtnistafeln von Grafen aus dem 19. Jh., Marmoraltar Ende 19. Jh., viele Wappen.

Liebfrauenkirche. Frühe Wallfahrtskirche an der Grenze nach Hergenroth, schon vor 1400 Wallfahrtskapelle mit zahlreichen Wallfahrten besonders aus den Niederlanden und Belgien, 1499 großzügig ausgebaut. Gnadenbild der „mater dolorosa", um 1430, früheres Gnadenbild der „thronenden Madonna", um 1350, wohl aus der Kölner Schule stammend, heute in der kath. Stadtkirche Christkönig. 1499 Einweihung durch Erzbischof Johann von Trier, nach Reformation zerstört, 1899 auf alten Trümmern und Fundamenten in alter Form wieder aufgebaut.

Christkönigskirche, Neubau 1961/63, kath. Pfarrkirche mit Pfarrzentrum, „thronende Madonna" (siehe Liebfrauen) natur, da älteste Malerei nicht mehr festzustellen.

Ehrenhain (hinter Kreissparkasse), Friedhof von 1600 - 1900. Heute Gedenkstätte für den Freischärler Balzar von Flammersfeld, der am 3. Okt. 1797 auf dem Schloßhof von französischen Soldaten erschossen wurde.

Eisenbahnbrücke, errichtet 1906/07 für Bahnlinie Westerburg - Rennerod, 267 m lang, größte Höhe über Talsohle 31 m.

✗ Industriegelände bei Sainscheid und am Bahnhof; Mutternspezialfabrik Ernst E. Fastenrath; Eugen Johanns, Schraubenfabrik; Niveau-Fensterwerke Steinebach; Chemiewerk Westerburg (Kosmetika); Spezialfabrik für Glasfilter; Molkereigenossenschaft Westerburg; zahlreiche größere Gewerbebetriebe.

✚ Allgemein- und Fachärzte, 3 Apotheken.

♪ Große Stadionanlage mit Tennisplätzen; Bowlinghalle, Tennishalle; im Sommer beheiztes Schwimmbad; Skihang mit Hütte und Skilift.

Tier- und Märchenpark: Privater Park mit vielen Tieren, Märchengestalten, Ponyreiten, Westernbahn, Café, Gastwirtschaft mit Saal.

⇌ ✕ Hotels, Gasthäuser und Pensionen mit 80 Fremdenbetten, Restaurants, Cafés, Eisdiele, Imbißhalle, Pizzeria. Campingplatz in Richtung Gemünden unter dem „Katzenstein".

⊙ Am Sonntag nach dem 1. August viertägige Kirmes (Sa-Di); Dienstag vor Palmsonntag großer Ostermarkt; Dienstag nach Nikolaus Weihnachtsmarkt; im Oktober „Westerburger Heimatabend".

🚌 Durchgehende E-Züge nach Köln, Frankfurt, Mainz. Schienenbusse nach Rennerod und Montabaur (Sa und So nur Bahnbusse).

🚍 in Richtung Bad Marienberg, Hoher Westerwald, Montabaur, Limburg

☎ Verbandsgemeindeverwaltung 5438 Westerburg,
Tel. (0 26 63) 80 63 - 80 66
Stadtverwaltung nur vormittags; Tel. (0 26 63) 2 24.
Wanderführer, Stadtprospekt und Stadtplan erhältlich. „Westerburger Hefte" des Westerwald-Vereins Westerburg. Wanderkarte 1 : 20 000 „Westerburger Land".
Im Stadtgebiet und an anderen interessanten Plätzen der Umgebung Hinweistafeln mit Kurzbeschreibungen über geschichtliche, kulturelle oder naturwissenschaftliche Fakten.

🅿 Neumarkt, Bahnhof, Waldfriedhof, „Zur schönen Aussicht", Tiefgarage Kaufhaus „peha", Kaufhaus „Schwinn", Sa und So zahlreiche Parkplätze der Verwaltungsbehörden.

🚶 Die waldreiche Umgebung ist reich an Wanderwegen, wovon mehrere ca. 1 - 1¹/₂ stündige Wanderungen ab den Parkplätzen Neumarkt, Friedhof und „Zur schönen Aussicht" (im Oberflecken) markiert sind. Über 200 Ruhebänke und Sitzgruppen.
Durch das Westerburger Land führen fünf rosettenförmig von Westerburg ausgehende größere, miteinander verbundene Rundwanderwege, und zwar der **Alexandriaweg**, der **Stiftsweg**, der **Wotansweg**, der **Kapellenweg** und der **Stöffelweg**. Innerhalb dieser größeren Rundwanderstrecken bestehen Abkürzungsmöglichkeiten, die auch kürzere Rundwanderungen ermöglichen. Die Wegstrecken sind nachfolgend näher beschrieben.
Der **Alexandriaweg** – Gesamtlänge ca. 20 km mit Abkürzungsmöglichkeiten – (Mkg.: braune Rosette) führt von Westerburg aus südlich unter dem Waldgebiet „Hub" entlang, sodann über den Hergenrother Kopf (Aussichtspunkt) nach Halbs, dort den Schafbach überquerend, durch den Fichtenhochwald im Bereich des Harschbacher Feldes über Höhn-Neuhochstein zum Hochstein (526 m ü. M.), der höchsten Erhebung im „Westerburger Land" (Aussichtspunkt), von da aus durch das Waldgebiet an der Nister entlang in das Gebiet der ehemaligen Braunkohlengrube **Alexandria,** die dem Weg seinen Namen gab.
In der 1961 stillgelegten Grube, an die heute nur noch das alte Grubengelände mit dem Förderturm erinnert, wurde seit mehr als 125 Jahren Braunkohle abgebaut. Die Kohlenflöze waren nicht allzu mächtig. Während dieser Zeit gab die Grube vielen Einwohnern aus Höhn sowie der näheren und weiteren Umgebung Arbeit und Brot. Gegen Ende der 40er Jahre erreichte die Grube eine Grundstreckenlänge in südlicher Richtung von ca. 3,2 km; in nördlicher Richtung von ca. 4,2 km. 1914 wurde ein Kraftwerk zur Stromgewinnung angeschlossen. Die Belegschaftstärke von Grube und Kraftwerk zählte Ende der 20er Jahre mehr als 1000 Kräfte
Der Weg führt sodann über Höhn und Höhn-Oellingen nach Pottum, von da aus über Stahlhofen a. W. und Hergenroth zurück nach Westerburg.
Abkürzungsstrecken bestehen von Halbs bis vor Pottum und von da aus zurück nach Westerburg (Strecke 1). Diese Strecke bietet eine schöne Verbindung von Hochwald- und Seelandschaft (Wiesensee). Eine weitere Abkürzungsstrecke (Strecke 2) führt vom Ahlsberg über Höhn-Oellingen wieder zurück.
Der **Stiftsweg** – Gesamtlänge ca. 15 km mit Abkürzungsmöglichkeiten (Mkg.: blaue Rosette) – führt von Westerburg am Schafbach entlang zum Wiesensee, von da aus über Winnen (Aussichtspunkt über das Elbbachtal bis zu den höchsten Erhebungen des Taunus) zu dem Naturschutzgebiet „Holzbachdurchbruch", an den bewaldeten Basalterhebungen Hahnscheid (typische Westerwälder Basalterhebung) und Galgenberg (Aussichtspunkt) vorbei nach Gemünden zur St. Severus-Stiftskirche, auf die der Name des Weges zurückgeht (siehe unter Gemünden).

Von Gemünden aus führt der Weg sodann am bewaldeten Ziehenberg (Aussichtspunkt) entlang durch das ausgedehnte Hochwaldgebiet − größtenteils Buchenwald − des Gräflichen Forstes zurück nach Westerburg.

Eine Abkürzungsstrecke führt von Winnen unmittelbar durch den Gräflichen Wald, der durch seinen Buchenbestand beeindruckt, zurück nach Westerburg.

Der **Wotansweg** − Gesamtlänge ca. 18 km mit Abkürzungsmöglichkeiten (Mgk.: gelbe Rosette) − führt von Westerburg über Westerburg-Wengenroth und Berzhahn in das ausgedehnte Bergwaldgebiet ,,Watzenhahn''. Das ausladende Basaltmassiv um den Watzenhahn (475 m ü. M.) ist auf einer Fläche von ca. 6 x 4,5 qkm mit Wald bedeckt, gibt jedoch an verschiedenen Stellen, vor allem von Berzhahn aus in Richtung Girkenroth sowie auch von den Höhen der steilen Randbereiche zwischen Berzhahn und Dornburg-Wilsenroth, interessante Ausblicke bis zum Hohen Westerwald frei und erweist sich als ein stilles Wandergelände mit vielen idyllischen Fleckchen. Schnell zu erreichen sind der Blasiusberg bei Dornburg-Frickhofen sowie das Naturschutzgebiet Dornburg mit dem ,,Ewigen Eis'' bei Dornburg-Wilsenroth. Es bestehen Anhaltspunkte dafür, daß sich auf dem Watzenhahn eine vorgermanische Kultstätte befand, weshalb auch der Name ,,Watzenhahn'' von ,,Wotanshain'' abgeleitet wird. Diese Bezeichnung führte dazu, daß der Rundwanderweg ,,Wotansweg'' genannt wurde.

Der Weg führt sodann durch den südlichen Bereich des Watzenhahn am Girkenrother Kopf vorbei nach Girkenroth und Westerburg am Weltersburger ,,Burgberg'' Küppel vorbei (Aussicht über das weitgeöffnete südliche Tal bis zu den höchsten Erhebungen des Taunus) über Guckheim und Westerburg-Sainscheid zurück nach Westerburg.

Eine Abkürzungsstrecke führt von Westerburg-Sainscheid über Willmenrod und Westerburg-Wengenroth (Strecke 1) wieder nach Westerburg zurück, und zwar vermittelt diese Strecke in freier Landschaft einen interessanten Fernblick bis zu den höchsten Erhebungen des Taunus. Eine weitere Abkürzungsstrecke (Strecke 2) führt über Weltersburg, Willmenrod, Westerburg-Sainscheid wieder zum Ausgangspunkt zurück; bei Weltersburg/Willmenrod sind vor allem die Tonabbaugebiete in Augenschein zu nehmen.

Der **Kapellenweg** − Gesamtlänge ca. 18 km mit Abkürzungsmöglichkeiten (Mkg.: rote Rosette) − führt von Westerburg über den Stadtteil Gershasen und den Nickelstein (426 m ü. M.) zum Ortsteil Schönberg von Kölbingen, dem früheren Mittelpunkt des sogenannten Oberkirchspiels von Salz. Die Kapelle ,,Maria Heimsuchung'' von Schönberg wurde 1494 erstmals genannt, seit 1696 ist das Küsterhaus bekannt, das über 100 Jahre als Volksschule (Pfarrschule) diente. Nach Zerstörung wurde die Kapelle im Jahre 1714 neu erbaut. Sie dient jetzt noch als Friedhofskirche; sehenswert sind einige Bildgrabsteine früherer Adeliger. Neben der Kapelle gibt es einige gut erhaltene Fachwerkbauten, die als Wirtschaftsgebäude früherer Hofgüter dienten.

Von den Adeligen, die mit der Geschichte der Kapelle von Schönberg verbunden sind, hat der streitbare Junker Wilhelm von Irmtraut eine berühmt-berüchtigte Bekanntheit erlangt.

Der Weg führt sodann in das Gebiet des Elbbachtales bei Härtlingen, das durch seine ursprüngliche Schönheit und seine Stille beeindruckt und den Wanderer zum Verweilen einlädt.

Von Härtlingen aus führt der Weg schließlich über R.-Obersain an der ,,Rothenbacher Lay'', einem ehemaligen Basaltbruch, vorbei über Rothenbach und von dort aus durch das ausgedehnte Hochwaldgebiet am Geisenwald und am Roten Kopf wieder nach Westerburg zurück.

Abkürzungsstrecken bestehen über Kölbingen/Brandscheid (Strecke 1) sowie über Kaden/Rothenbach (Strecke 2) zurück nach Westerburg. Die Abkürzungsstrecke über Kölbingen/Brandscheid vermittelt vor allem im Bereich Brandscheid einen interessanten Rundblick; die Strecke über Kaden/Rothenbach führt durch eine interessante Wiesen- und Feldlandschaft.

Der **Stöffelweg** − Gesamtlänge ca. 25 km mit Abkürzungsmöglichkeiten (Mkg.: graue Rosette) − führt von Westerburg aus durch das ausgedehnte Hochwaldgebiet am Roten Kopf und Geisenwald, sodann den Elbbach bei Langenhahn-Hintermühlen überquerend, an Langenhahn, Bellingen und Rotenhain vorbei zu dem mächtigen Basaltberg − Basaltabbaugebiet − ,,Stöffel'' bei Enspel und Stockum-Püschen, nach welchem der Weg benannt ist.

Das hochwertige Basaltvorkommen am Stöffel steht bereits seit vor dem Jahre 1900 im Abbau. Obgleich die Basaltgewinnung in allen anderen Bereichen des „Westerburger Landes" in den letzten Jahrzehnten rückläufig wurde und schließlich vor einigen Jahren völlig zum Stillstand kam, wurden Abbau und Weiterverarbeitung (Basaltinwerk) im Gebiet Stöffel ständig ausgedehnt. Die Jahresproduktion liegt im Abbau heute bei mehr als 1 Mio Tonnen und erstreckt sich auf ein Gebiet von ca. 40 ha. Die hohen Steilwände im Abbaugebiet sind aus weiter Entfernung zu sehen.

Zurück führt der Weg an Ailertchen und Halbs vorbei über den Hergenrother Kopf, das Waldgebiet „Hub" westlich umgehend, am Hülsbach entlang wieder zurück nach Westerburg.

Abkürzungsstrecken führen über Langenhahn an Ailertchen vorbei wieder nach Westerburg (Strecke 1), wobei die Wegstrecke vor Langenhahn den Blick freigibt über die bewaldeten Höhenzüge des Westerwaldes bis zu seinen höchsten Erhebungen. Eine weitere Abkürzungsstrecke (Strecke 2) führt über Bellingen, Stockum-Püschen, Langenhahn, Hölzenhausen wieder zurück nach Westerburg; diese Strecke vermittelt einen interessanten Eindruck von der typischen Westerwälder Kuppenlandschaft.

3 km östlich von Westerburg liegt am Fuße der Basalthochfläche
Gemünden (310 m; 1160 E., VG Westerburg)

◪ Der Name leitet sich von den Mündungen des Holzbachs und des Schafsbach in die Elb ab. Im Tal zahlreiche alte Mühlen, die früher meist in gräflichem Besitz waren. 879 verlegt Gebhard, Graf des Nieder-

Stiftskirche St. Severus in Gemünden

Iahngaues und Urahn der Konradiner, ein Chorherrenstift mit 12 Chorherren nach Gemünden. Diese wohnten in eigenen Häusern. Eine
Zeitlang besaß Gemünden als selbständige Reichskirche ein Eigen-
gericht, das jedoch später nach Westerburg kam. Als das Stift 1570
reformiert wurde, verfiel es; als Stift hatte es nie großen Einfluß erhalten.
Die Chorherren versahen den Gottesdienst auch in den umliegenden
Ortschaften.

🏛 Die **ehemalige Stiftskirche St. Severus** (ev.) ist eine prächtige romanische Pfeilerbasilika aus der Zeit um 1100, die 1973 musterhaft restauriert wurde. Dabei wurde das um 1510 eingezogene Langhausgewölbe
des Mittelschiffs entfernt und der ursprünglich romanische Zustand
wiederhergestellt. Alte Fresken wurden freigelegt. - Die Kirche war bis
ins 15. Jh. Grablege der Westerburger Grafen.

Lit.: Helmut Schossau, St. Severus Gemünden und die Vogtei Westerburg,
     Nr. 7 der Westerburger Hefte, Westerburg 1977
     Helmut Schossau, Beiträge zur Geschichte des Dorfes und des Kirchspiels
     Gemünden in der Herrschaft Westerburg, Gemünden 1979

Ev.-luth. Kirche aus dem 19. Jh.

🛏 ✕ Pension mit 9 Betten.

🚌 nach Westerburg und Rennerod

☎ Ortsgemeindeverwaltung 5439 Gemünden, Tel. (0 26 63) 7 37

✳ Von der Straße Gemünden - Winnen sehr schöner Rückblick ins
Elbbachtal bis ins Limburger Becken.

🚶 1. Holzbachschlucht (NSG), Durchbruch des Holzbachs durch Basalt-
     felsen; oberer Weg ab Lochmühle bis Fohlenhof und Dappricher
     Hof.

2. Über Winnen zu den Secker Weihern - Seck (s. d.).

3. Über Winnen zum Wiesensee - rund um den See.

4. Nach Berzhahn über Watzenhahn - Willmerod.

Von Gemünden nach Seck führt eine Landesstraße und durch die
Holzbachschlucht über Wiesen ein ausgeschilderter Weg bis

Seck (410 m; 1100 E., VG Rennerod)

◩ Der schon auf der Basalthochfläche liegende Fremdenverkehrsort
gehört seinem Namen nach zu den ältesten Siedlungen. („seckaha",
„affa" und „aha"-Namen sind keltischen Ursprungs). Seck wird 1059
erstmals genannt. Seit dem 12. Jh. ist es Kirchspielsort. Das Patronat
hatten die Herren von Merenberg, dann die von Westerburg. 1637 verkaufen die Grafen von Westerburg Seck an Johann Ludwig von Nassau-
Hadamar. Dieser kauft auch die Güter der Eigengemeinde Dapperich
und errichtet dort 1637 einen Hof. Fürst Moritz Heinrich läßt 1672 die
Secker Weiher anlegen. 1788 kommt Seck an den Fürsten von Nassau-
Oranien, 1806 an das Großherzogtum Berg, 1815 an das Herzogtum
Nassau.

In Richtung Hellenhahn liegen auf der linken Straßenseite die spärlichen
Ruinenreste des 1181 erstmals erwähnten **Klosters Seligenstadt**. Es
wurde um 1210 durch Siegfried von Runkel gestiftet, geriet aber Mitte
des 15. Jh. trotz großer Zuwendungen in Verfall.

In der Gemarkung liegen die Wüstungen Schnurrenberg (1274), Stöck-
chen (1212), Oberndorf (1265), Bruchhausen (1330) und Fackenhahn
(14. Jh.).

🏛 **Kath. Kilianskirche.** Stifter war wohl der Konradiner Bischof Rudolf
von Würzburg (892 - 908). Die Kirche wurde 1878 durch Feuer vernichtet.
Der Neubau von 1880 aus Basaltlava steht auf den alten Fundamenten.
Taufstein aus dem 13. Jh., Kanzel 17. Jh.

Südlich von Seck steht auf dem Röthchen (440 m) die **St. Michael-
Kapelle.** Sie wurde 1903 errichtet und dient heute als Ehrenmal für die
Kriegsgefallenen.

Rechts der Straße nach Hellenhahn mit Blick auf den Weiher die Ruine
der **alten Burg**; eine kleine ottonische Schanze, wohl Sitz der ersten
Vögte des Klosters.

Das **Schloß oder Jägerhaus** wurde 1725 bei den Mauern des Klosters Seligenstadt erbaut, 1824 aber versetzt, um es als Schule zu benutzen, heute Rathaus. Mit 16 m Länge und 8 m Breite war der Fachwerkbau ein bescheidenes Jagdschlößchen des Landesherrn.

🛏 ✗ , Hotel, Gasthof und Pension mit insgesamt 41 Betten; Mittagstisch.
Feriendorf Fohlenwiese auf dem Gelände des alten Hofgutes Dapprich mit 15 Ferienblockhäusern, Ferienwohnung im Ort. Großer Campingplatz mit Wochenendhäusern am Großen Weiher.

⚓ Im Feriendorf Fohlenwiese, Hallenbad mit Sauna und Solarium. Angel- und Reitmöglichkeit. Tontaubenschießen.
Rudern auf dem Secker Weiher.

🚌 in Richtung Rennerod, Limburg, Westerburg.

☎ Ortsgemeindeverwaltung 5439 Seck, Tel. (0 26 64) 2 29

🦋 Landschaftlich sehr reizvoll ist das Gebiet um die drei **Secker Weiher,** wovon der Große Weiher mit 10 ha am größten ist.
Die **Holzbachschlucht** zwischen dem Dappricher Hof und Gemünden gehört neben der Ruppertsklamm bei Lahnstein und der Erdbachschlucht bei Breitscheid/Erdbach zu den schönsten Bachdurchbrüchen des Westerwaldes. Der Holzbach, ein Nebenbach des Elbbachs, hat hier auf 1 km Länge den Basalt durchbrochen und ein wildromantisches Tal mit steilen Felswänden und mächtigen Felsbrocken geschaffen.

🚶 1. Richtung Hellenhahn - alte Burg - See- und Streckweiher - Waldesruh - Seligenstadtruinen - Rathaus;
2. Ausgang des Dorfes in Richtung Westerburg links durch Wiese und hinab zum Dappricher Hof (Feriendorf), dann durch die Holzbachschlucht und zurück in Richtung Seck;
3. Oberhalb der Secker Weiher in Richtung Wiesensee, über Winnen, Stuhlheck (altes Gericht mit Galgenberg) zurück.

Naturschutzgebiet
Holzbachtal

Von Seck zurück in Richtung Gemünden und dann rechts ab durch
Wald nach

Winnen (430 m; 400 E., VG Westerburg)

⬧ Das auf der Basalthochfläche gelegene Dorf war früher Sitz des
Stuhllindengerichts. (Schultheiß und Schöffen sowie Vertreter des Terri-
torialherren saßen auf Stühlen, das „Volk" stand). In der Nähe gegen
Seck zu stand der Galgen des Gerichts.
🏛 Hübscher Basalt-Dorfbrunnen.
🛏 ✕ 2 Pensionen mit 8 Betten.
🚌 nach Westerburg
✳ Von der Straße nach Gemünden schöner Elbbachtalblick.
👫 Auf festen Wegen schöne Gemarkungs- und Waldspaziergänge
über die Hochfläche.

Von Winnen führt nordwestlich eine Straße hinab zum **Wiesensee.**
Der 1971 angelegte 80 ha große Stausee erfreut sich wegen seiner
landschaftlichen Schönheit und der Wassersportmöglichkeiten besonderer Anziehungskraft. Bereits um 1270 war hier ein See angestaut worden, der aber im 19. Jahrhundert verlandete.
Wir erreichen hinter dem Abschlußdamm

Stahlhofen am Wiesensee (400 m; 220 E., VG Westerburg)
Wie alle Wiesenseegemeinden hat auch Stahlhofen durch den
hohen Freizeitwert des Wiesensees in den letzten Jahren an
Bedeutung gewonnen.

⬧ Der Ortsname leitet sich von Stadelhoben - Stadelhof her und stammt
wohl von einem freien Adelshof, dessen Besitzer eine niederadelige
Familie war, die als Wappen fünf zu einem Kreuz gestellte Jakobskreuze
trugen.
Zwischen Stahlhofen und Hergenroth liegt der sogenannte Eigenwald.
„Eigenwald" = bäuerliches Eigengut, das aufgeteilt war in 10 Stämme
und diese wiederum in „Petermännchen", womit nicht der Westerburger
Schloßgeist gemeint ist, sondern die Trierische Münze, die als Prägung
den Hl. Petrus hatte. Die Anfänge dieses bäuerlichen Waldbesitzes sind
nicht mehr feststellbar, wohl vor 1578. Der Wald ist bis in die neuere
Zeit hinein erhalten geblieben. Die Erbenwaldbesitzer hatten eine eigene
Gerechtsamkeit für dieses Gebiet.

Am Wiesensee

🏛 **Alte Schule** an der Straße nach Hergenroth, ein Fachwerkbau aus dem Jahre 1830.

🏊 Auf dem Wiesensee Segel- und Bademöglichkeit; Lagerwiese; Angeln am Ausgang des Sees.

🛏 ✕ Gasthaus mit 7 Betten.

☉ Im Oktober wird der Wassereinlauf in den See gedrosselt und der See abgelassen. Das Abfischen ist zu einem Volksfest der Wiesenseeorte geworden. Aalräuchereien. Im Sommer Lichterfest mit beleuchteten Segelbooten.

🚌 in Richtung Westerburg und Bad Marienberg.

☎ Ortsgemeindeverwaltung 5439 Stahlhofen a. W., Tel. (0 26 63) 7 47

🏃 Der See kann ganz umwandert werden, ist aber nach dem Herbstfischzug fast ausgetrocknet. Zahlreiche Rundwanderwege.

Am Nordrand des Wiesensees liegt
Pottum (420 m; 970 E., VG Westerburg)

◨ Ursprüngliche Schreibweise des Ortsnamens: Pottheim - Potheym (6. Jh.). Pottum gehörte zum Bifang des Stifts Gemünden und unterstand dem Gericht der Vogtei Westerburg. Im 16. Jh. bildete Pottum mit dem „Oberkirchspiel Westerburg" (Halbs, Hergenroth, Stahlhofen und dem untergegangenen Hilse) einen Gemeindeverband. Ein großer Teil von Pottum wurde 1667 an Nassau abgetreten.

🏛 **Turm** als Rest der ehemaligen Pfarrkirche, die 1961 einem Neubau weichen mußte. Heute Kriegergedächtniskapelle.

Alter Dorfbrunnen aus dem 17. Jh.

🌳 Linde, Dreikaisereichen

🏊 Wassersport siehe Stahlofen a. W.!

🛏 ✕ 2 Gasthäuser mit 20 Betten.

☎ Ortsgemeindeverwaltung 5439 Pottum, Tel. (0 26 64) 2 78

🏃 Schöner Rundweg um den Wiesensee.

Westlich des Wiesensees liegt hinter dem Eigenwald
Halbs (450 m; 305 E., VG Westerburg)

◨ 1270 erstmals genannt. Ein Ritter Heinrich von Halbs war damals Truchseß des Herrn Gottfried von Eppstein. - Bei Halbs lag die Wüstung „Hof Ballenberg", heute Flurname „im Balmberg".
Westlich von Halbs der Landeplatz Ailertchen.

🚃 Haltepunkt der Strecke Westerburg - Rennerod.

🏃 Schöne Gemarkungsspaziergänge in Richtung Hergenroth.

Südöstlich von Halbs und südwestlich von Stahlhofen a. W. liegt
Hergenroth (395 m; 400 E., VG Westerburg)

◨ Der Ort wird bereits 879 genannt. Hergenroth gehörte zum Untergericht Westerburg, wovon sich der Leininger Adler im Ortswappen wiederfindet. - Bis in die jüngste Zeit wurde nördlich des Ortes Säulenbasalt abgebaut. Das nach dem Abbau eingedrungene Wasser bildet heute gefährlich Tiefseen.
An der Straße nach Westerburg ehemalige Öl- und Mahlmühlen. Zwischen der Straße und der Liebfrauenkirche befand sich das „Röhrenfeld", durch welches Holzrohre das Wasser in die Westerburger Oberstadt beförderten.

Im Elbtal zwischen Westerburg und Watzenhahn

Vom Elbknie bei Guckheim bis zur Landesgrenze bei Berzhahn durchfließt die Elb ein weites, offenes Tal. Kurz bevor sie nach Hessen einfließt, nimmt sie den von Westerburg kommenden Schafbach und den von Seck herbeieilenden Holzbach auf. Das waldarme Becken wird im Norden von den Basalthöhen des Roten Kopfes und des Forstwalds beidseitig Westerburg und dem Hohen Hahnscheid östlich Gemünden begrenzt, im Süden vom Weltersburger Küppel und dem von der Landesgrenze durchschnittenen Basaltmassiv des Watzenhahns.

Die Grenze des früheren kaiserlichen Niederlahngaues lag zum Süden hin an der Elb. Doch hat es die Herrschaft Westerburg verstanden, ihren Besitz auch über den Bach auszudehnen. Dabei blieben Streitigkeiten - blutige und unblutige - mit den Nachbarn nicht aus. Das galt für die Grafschaft Diez und nach deren Aussterben mit Kurtrier wie auch mit den verschiedenen nassauischen Territorialherren. So finden wir in Westerburg als Burgmannen oft niederadelige Geschlechter aus dem Raum südlich der Elb und auch „Eigenleute" Westerburgs innerhalb nichtwesterburger Gemarkungen.

✷

Wenn unser Elbbach das „Trierische" durchflossen hat, knickt er von der südwestlichen in die nordwestliche Richtung ab und erreicht

Guckheim (338 m; 710 E., VG Westerburg)

◩ Guckheim ist mit dem oberhalb sich anschließenden Ortsteil Wörsdorf als Straßendorf angelegt und wurde 1299 erstmals erwähnt. Die seit 1528 bestehende Guckheimer Mühle und die Fischerei in der Elb waren Westerburger Lehen.

🏛 Vom Gipfel der kleinen Vulkankuppe des Rothenberges grüßt die 1951 erbaute Guckheimer Wallfahrtskirche zu uns herunter. - Im Ort moderne kath. Kirche (1962) aus heimischem Basalt.

🐾 Im Hang des Rothenberges Vogelschutz-Lehrpfad.

✗ Zwischen Guckheim und Willmenrod verunstalten zahlreiche Tongruben das Elbtal.

🛏 ✗ Gasthaus mit 12 Fremdenbetten.

🚌 nach Westerburg, Montabaur und Limburg

🧍 Zum Hof Westert (siehe unter Elbingen-Mähren).
Zur Friedhofskirche Schönberg (siehe unter Kölbingen).

In Talhöhe von Guckheim liegt auf der Höhe der südlichen Talseite
Weltersburg (385 m; 235 E., VG Westerburg)

◩ 🏛 Im Hang des Küppel (436 m) über dem Dorf stehen noch geringe Reste der Weltersburg, die wohl zur Sicherung der Köln - Frankfurter Straße um 1200 erbaut wurde. Am Ortsrand Rundturm der mittelalterlichen Befestigung. Das Dorf erhielt 1314 Stadtrechte; der Burgfrieden umfaßte etwa die heutige Gemarkung, später wurde er auf die Ringmauern eingeengt. Ursprünglich war Weltersburg saynisch, wurde 1355 westerburgisch und war seit 1415 geteilt. 1422 „Schlacht" um Weltersburg zwischen Westerburg und Nassau; Westerburg siegte. Bis 1803 gehörten Dorf und Burgruine den Grafen von Westerburg, der größere Teil der Gemeinde aber Kurtrier. Die Besitzer der Burg wechselten oft innerhalb des niederen Adels. Bereits seit dem 18 Jh. ist die Weltersburg verfallen.

Das „Reifenberger Schlößchen" bei Weltersburg

🏛 Im Hang des Berges steht am Westrand des Ortes das **Reifenberger Schlößchen** (zeitweise irrig. „Brambacher Schlößchen" genannt), ein gut-erhaltener Burgsitz der Wäller Linie der von Reifenberg. Das im 16. Jh. erbaute Schlößchen ist ein zweistöckiger, rechteckiger Steinbau mit Giebeldach und zwei Zwerchhäusern; an den Ecken je ein Rundturm mit Spitzhelm.
Die **kath. Kapelle** am Burghang wurde 1518 von Erzbischof Richard von Trier eingeweiht, der ihr auch eine Reihe von Privilegien gab. Es wurde katholischer Gottesdienst in ihr gehalten, „als ob sie trierisch wäre".
Das **Windrad** diente früher der Wassergewinnung und wird als techni-sches Denkmal erhalten.
An der Kreuzung der Straßen Guckheim - Salz und Herschbach - Welters-burg steht zwischen Fichten die **St. Leonhardskapelle.** 1525 erstmals erwähnt, jetziger Bau von 1863. Eine Wallfahrtskirche wohl an einer Nebenstrecke der Köln - Frankfurter Straße. Am Erntedankfest Reiter-prozession. Die Jagden werden meist von der Kapelle aus angeblasen.
Von Salz hoch führt hierher ein Kreuzweg.
🛏 ✕ Burgpension mit 10 Betten.
🚌 nach Montabaur, Westerburg und Limburg
☎ Ortsgemeindeverwaltung 5439 Weltersburg, Tel. (0 64 35) 13 34
✳ Vom Küppel (436 m, NSG; Schutzhütte) prächtige Aussicht ins Elbtal und über das ganze Westerwälder Kuppenland.
🏃 Kurzspaziergang rund um den Knüppel.

Östlich von Weltersburg liegt im Südhang des mächtigen Watzen-hahn

Girkenroth (400 m; 600 E., NG Westerburg)

🔲 Das katholische Dorf pfarrt zum Kirchspiel Salz. Noch 1525 gehörte es zum Gerichte Höhn und zum Kirchspiel Willmenrod. Damals waren sämtliche Einwohner westerburgische Leibeigene.

An **Dreiherrenstein** stießen der westerburgische und der trierische Teil der Gemarkung Girkenroth an die nassauische Gemarkung Dorndorf.

✗ Basaltsteinbruch mit Verbundpflasterproduktion am Girkenrother Kopf.

⇔ ✗ Pension mit 8 Betten.

✱ Vom Haus Welterswald (kein Gasthaus) vor dem Watzenhahn schöne Aussicht.

🏃 Aussichtsreiche Wanderung mit Blick ins untere Elbtal rund um den Girkenrother Kopf (464 m).

✱

Von Weltersburg fahren wir wieder hinab ins Elbtal nach

Willmenrod (300 m; 630 E., VG Westerburg)

◘ Willmenrod wird erstmals 879 genannt und ist bereits 1344 Pfarrei. Im 14. Jh. kommt ein niederadeliges Geschlecht von Willmenrod vor. 1611 bildete Westerburg hier ein Kirchspielgericht, als es Willmenrod von Nassau-Beilstein erwarb. Westerburg hatte aber schon eine Anzahl von Eigenleuten am Anfang des 13. Jh. in Willmenrod sitzen und betrieb drei von fünf Mühlen an der Elb. Bis 1823 noch war die heutige Mühle Baumann gräfliche Erbleihmühle. Sie wurde erst dann dem Besitzer „frei und eigentümlich" übereignet. Infolge Besitzergreifung Willmenrods durch die Westerburger 1611 erhielten diese freien Zugang zu ihrer Stadt und zur Burg Weltersburg. Willmenrod wurde von Westerburg aus reformiert, in der trierischen Gegenreformation mit seinen Kirchspielorten katholisch, wobei aber später nur die Gemeinden Girkenroth und Langenhahn katholisch blieben, während Willmenrod, Wengenroth und Berzhahn wieder reformiert wurden.

Ober- und Unterwillmenrod waren durch eine Furt miteinander verbunden. Der „Eselsweg" erinnert noch heute daran, daß durch die Furt die Fracht (Mehl, Roggen, Raps, Ölkrüge) mit Eseln transportiert wurde.

1787 wurde in Willmenrod in der Weltersburg verstorbene Katharina Susanne Schuler geb. Lindheimer beigesetzt. Sie war die Großtante mütterlicherseits von Johann Wolfgang von Goethe. Ihre Schwester war Anna Marg. Textor geb. Lindheimer, die Großmutter Goethes. Weltersburg war ab 1786 im Besitz der Herren von Schuler. Der Vater Goethes war Taufpate eines der Schulerkinder.

Der von hier stammende einst bekannte Fernsehkoch Clemens Willmenrod (bürgerliche Name: Clemens Hahn) liegt gleichfalls in Willmenrod begraben.

🏛 In den Hang duckt sich die kleine **ev. Pfarrkirche;** spätromanischer Westturm mit Schiff von 1894.

⇔ ✗ Gasthaus mit 6 Betten, 2 Pensionen mit 37 Fremdenbetten; Mittagstisch.

🚂 Bahnhof der Strecke Westerburg - Limburg.

🚌 nach Westerburg, Limburg und Montabaur

☎ Ortsgemeindeverwaltung 5439 Willmenrod, Tel. (0 26 63) 7 48

🪨 An der Straße nach Weltersburg Basaltbruch mit fächerförmigen Basaltsäulen.

Auf der Straße nach Berzhahn fahren wir durch ein ungewöhnlich welliges Gelände, das 1957 einmal Schlagzeilen gemacht hatte. Der Untergrund besteht hier im Hang überwiegend aus Ton und Lehm; oberhalb im Wald hatte man nach einem Basaltabbau mächtige Abraumhalden angelegt. Der Druck dieser Halden und des von ihnen aufgenommenen Wassers brachte nun die gesamte Bergflanke in Bewegung und schob sie auf mehrere hundert Meter Länge talwärts. Glücklicherweise sind die Hangmassen wieder weitgehend zum Stillstand gekommen. Eine Erläuterungstafel erzählt vom **„wandernden Berg".**

🏃 Der 6 km lange und 4,5 km breite Basaltberg **Watzenhahn** (475 m), fast ganz mit Wald bedeckt, ist ein stilles Wandergelände. In einem stillgelegten Basaltsteinbruch südöstlich von Willmenrod hat sich ein idyllischer Waldsee mit steilen Felshängen gebildet. Die Wege sind beschildert. Über den Berg führt der Hauptwanderweg 5 des Westerwald-

Vereins von Willmenrod nach Girkenroth. Schnell zu erreichen sind der Blasiusberg und das Naturschutzgebiet Dornburg mit dem „Ewigen Eis" (Siehe unter Dornburg-Wilsenroth und Dornburg-Frickhofen!) Vermutlich war auf dem Watzenhahn eine vorgermanische Kultstätte. Man will den Namen von „Wotanshain" ableiten.

Nächster Ort im Nordhang des Watzenhahn ist

Berzhahn (325 m; 470 E., VG Westerburg)

◨ Der Ort wird 1338 erstmals als Bertilshayn (= Bertoldshain?) erwähnt.

🛏 ✕ Gasthaus mit 11 Fremdenbetten.

🚌 nach Westerburg und Limburg

🧗 In das ausgedehnte Waldgebiet des Watzenhahn. Siehe auch unter Dornburg-Wilsenroth!

Lernen wir nun noch die drei eingemeindeten Westerburger Vororte zwischen dem Elbtal und der Kernstadt kennen:

Zwischen Willmenrod und Westerburg liegt am Fuße des Strombergs (408 m)

Westerburg-Wengenroth (300 m; 270 E.)

◨ Hier war ein niederadeliger Adelssitz, der wohl von der Hauptburg Westerburg profitierte. Diese Adelssitze bestanden meist aus größeren Höfen; in Wengenroth war es eine (jetzt verschwundene) Wasserburg.
An der Straße nach Westerburg der **„Tiergarten"**, teilweise mit Fichten bepflanzt. Er bezeichnete einen „Schindanger", auf dem das tote und kranke Vieh vergraben wurde, um Seuchen nicht in die Stadt zu tragen. Der Flurname „Tiergarten" ist im Westerwald noch häufig.
Lit.: Aus unserem Stadtteil Wengenroth. Nr. 14 der „Westerburger Hefte", Westerburg 1979

✕ Großes Basaltwerk und Tonabbau.

🎣 Fischteiche mit Angelmöglichkeit.

🌳 Neben der Straße nach Westerburg zwei alte Linden, die 1977 fachgerecht konserviert wurden.

Abseits der Durchgangsstraße liegt zwischen Guckheim und Westerburg

Westerburg-Sainscheid (380 m; 300 E.)

◨ Der Ort gehörte zur Grafschaft Diez, später zu Kurtrier im Oberkirchspiel Salz. Zahlreiche Grenzsteine weisen noch heute auf die Grenzziehung hin. Alter Wallgraben als Grenze von Diez (Kurtrier) mit Sayn zwischen Sainscheid und Willmenrod, 1564 als Verteidigungsanlage angelegt.
Lit.: Willy Schlag, Aus unserem Stadtteil Sainscheid, Nr. 9 der
    Westerburger Hefte, Westerburg 1978

✕ Auf der alten Viehweide befindet sich heute ein Industriegebiet Westerburgs.

🌳 Lindenallee

🚌 Haltepunkt der Bahnstrecke Westerburg - Montabaur.

Zwischen Westerburg und Kölbingen liegt der eingemeindete Ort

Westerburg-Gershasen (420 m; 300 E.)

◨ Bekannt als das Dorf der Backofenbauer, die aus dem Trachyttuff Steine fertigten, mit denen weit über die Grenzen des Westerwaldes hinaus die Ofenbauer ihre Backöfen setzten. Der Beruf ist heute ausgestorben, da eine Industrialisierung nicht gelang.
Im Mittelalter standen hier an der Grenze zwischen Westerburg und Diez zwei Burgmannshäuser.
Nördlich von Westerburg-Gershasen der „Geisenwald" oder „Brandscheid", ein früher mit Buchen und Eichen bestandenes Waldstück, das wegen der Eichel- und Buchenmast zu jahrhundertelangen Streitigkeiten führte, was als „Schweinekrieg" bezeichnet wurde.

führte, was als „Schweinekrieg" bezeichnet wurde.

🌳 Mächtige Friedhofslinde

ZWISCHEN NISTER UND WIED: RUND UM HACHENBURG

Bearbeiter: Dr. Walter Kwasnik † und Hermann-Josef Hucke

Zwischen der oberen Wied und der Nister dehnt sich ein breitge-
lagerter Rücken mit Höhen bis fast 500 m aus, der größtenteils von
den ausgedehnten Waldungen des Staatsforstes Hachenburg und
des Stadtwaldes Hachenburg bedeckt wird. Unterbrochen wird
dieses Waldgebiet von einer Rodungsinsel rund um den Ort
Gehlert, von wo sich der Hatterter Bach an Hachenburg vorbei
zum Hatterter Grund hin absenkt. Im Norden dieses Gebietes, wo
sich das Nistertal steil einsenkt, liegt auf einer rund 350 bis 390 m
hohen Basaltkuppe, der Wasserscheide zwischen Wied und Nister,
damit auch zwischen Rhein und Sieg, die Stadt

Hachenburg (350 - 390 m; Ortsteil Altstadt 315 - 325 m; 5200 E.)
Sitz der Verbandsgemeinde Hachenburg, Luftkurort, Kneippbäder,
Einkaufszentrum, Fußgängerzone, Arbeitsamt, Finanzamt, 2 Forst-
ämter, Landeswaldarbeiterschule, Postamt, Landschaftsmuseum
Westerwald, Stadtbücherei, Banken, Schulungsinternat der Deut-
schen Bundesbank, Kreiskrankenhaus mit Schwesternschule und
Schwesternwohnheim, Hauptschule, Realschule, Volkshochschule,
Sonderschule.
Die „Gartenstadt auf dem Westerwald" liegt südlich der Großen
Nister. Den Anblick auf sich ziehend das wuchtige Schloß (ehemalige Residenz der Grafen von Sayn), auf einem Basaltschlot
errichtet, dicht daran angeschmiegt die malerische, ehemals befestigte Stadt mit Kleinstadtcharakter. Bei klarem Wetter Fernblicke bis an die Sieg und an den Rhein. Vom Burggarten aus
schöner Blick ins Tal der Großen Nister mit Abtei Marienstatt,
Nistermühle, Dorf Nister und Nauberg-Gelände.

◪ Hachenburg (Haginberg = durch Dorngebüsch umhegter Berg) hat
seinen Ursprung im heutigen Ortsteil Altstadt, südwestlich vom Ortskern gelegen, wo bereits in der Karolingerzeit ein Rastplatz an der
mittelalterlichen Fernstraße Köln - Leipzig bestanden hat. Hier stieß auch
der aus dem Siegerland kommende „Alte Eisenweg" hinzu, und von
hier zweigte eine weitere Fernstraße nach Frankfurt ab. Erst später, um
1180, wurde die Burg errichtet, die dem Schutz dieser Straße diente
und bis 1799 als Residenz der Grafen von Sayn fungierte.
Der Bezirk von Hachenburg kommt zum ersten Male 1221 als kurkölni-
sches Lehen im Besitz der alten Grafen von Sayn vor. Diese starben
bereits 1246 mit Heinrich III., dem Großen, aus, welcher sein Land seinen
Schwestersöhnen, den Grafen von Sponheim hinterließ. Es entstanden
zwei Linien: die Johannsche, welcher Hachenburg zufiel, und die Engelbertsche Linie. Letztere erbte 1360 die Wittgensteinschen Lande, und
als 1606 die Johannsche Linie ausging, auch Hachenburg. 1636 erlosch
auch die Engelbertsche Linie des Sayn-Sponheim-Wittgensteinschen-
Hauses. Nach dem 30jährigen Kriege wurde das Land 1652 der Witwe
des letzten Grafen und deren beiden Töchtern, Ernestine und Johan-
nette, zugesprochen. Sie teilten. Ernestine, vermählt mit dem Grafen
Salentin von Manderscheid-Blankenheim, erhielt Hachenburg und Umgebung als Grafschaft Sayn-Hachenburg. Johannettes Teil bildete die
Grafschaft Sayn-Altenkirchen. Von Ernestine ging die Grafschaft 1715
auf den einzigen männlichen Nachkommen, einen Enkel, den Burggrafen
Georg Friedrich von Kirchberg, über. Als die Kirchberger 1799 auch

Zwischen Nister und Wied: Rund um Hachenburg   Seite 167 - 177
In der Kroppacher Schweiz   Seite 178 - 187
Oberes Wiedtal und Hatterter Grund   Seite 188 - 192

Hachenburg, Alter Markt mit kath. Kirche (ehemals Franziskanerkirche)

ausstarben, wurden die Fürsten von Nassau-Weilburg ihre Erben, infolge der Verheiratung der letzten Erbin Louise mit dem Fürsten von Nassau-Weilburg.

Stadtrechte erhielt Hachenburg 1314, als Kaiser Ludwig der Baier sich hier bei den Grafen von Sayn aufhielt. Im Schutze der Burg konnte sich die Stadt als eine Siedlung von Ackerbürgern, Handwerkern, Kaufleuten und später auch Beamten der Residenz der Grafschaft Sayn-Hachenburg entwickeln. Der Verlust der Residenz führte im 19. Jh. zu einem Rückgang, erhielt jedoch der Stadt bis auf den heutigen Tag ihr historisches Bild aus dem 17. bis 19. Jh.

🏛 **Schloß Hachenburg** thront als „Krone der Stadt" beherrschend über den Häusern des alten Hachenburg. Graf Georg Ludwig und nachfolgend sein Sohn Wilhelm Ludwig ließen es ab 1717 durch den nassauischen Barockarchitekten Julius Ludwig Rothweil auf der Stelle der alten Burg erbauen. Der aus fünf Flügeln bestehende Hauptbau gruppiert sich hufeisenförmig um den Innenhof, der sich zum weiträumig angelegten Burggarten (heute von der Straße durchschnitten) hin öffnet. Südlich umschließen im Halbkreis die Gebäude der Vorburg das Hauptschloß. Das Schloß kam 1816 an das Herzogtum Nassau, 1866 an Preußen und 1946 an Rheinland-Pfalz. 1971 ging es in den Besitz der „Schloß Hachenburg GmbH" über, die es für über zehn Millionen Mark restaurieren ließ und ein repräsentatives Hotel mit Eigentumswohnungen einrichtete. Nach dem Konkurs der Gesellschaft 1974 erwarb die Deutsche Bundesbank den Gebäudekomplex, die nun darin eine Fortbildungsschule mit Internat betreibt. Eine Innenbesichtigung ist nicht möglich.

Kernstück der alten Stadt ist der **„Alte Markt",** der wohl schönste im ganzen Westerwald, mit den beiden Kirchen und den größtenteils gut renovierten Giebelhäusern aus dem 17. und 18. Jh. und einem Marktbrunnen mit dem vergoldeten Saynschen Löwen (1702). Gegenüber der kath. Kirche eine historische Uhr im Fenster des Wohnhauses. Ausblick auf die mit Giebelhäusern bestückte, zur Fußgängerzone erklärte Wilhelmstraße.

Ev. Schloßkirche, mit dem Schloß durch einen Bogengang baulich verbunden (malerischer Durchblick). Chor und Turm stammen aus der Mitte des 15. Jh., das Schiff von 1775. Gräfliche Familiengruft im Chor. Typische Predigerkirche mit dem Übereinander von Altar, Kanzel und Orgel (Barockprospekt) an der Ostseite und dem hölzernen Einbau von Emporen an den übrigen Wänden.

Kath. Kirche Mariä Himmelfahrt, ursprünglich Franziskanerkirche, 1734 bis 1738 erbaut, 1907 bis 1909 erweitert und mit einem Turm versehen. Der hölzerne Aufbau des Hochaltars (1738) ist eine Stiftung des Erzbischofs von Prag, Graf von Manderscheid-Blankenheim. Das Altarbild „Mariä Himmelfahrt" ist eine Kopie eines Gemäldes des italienischen Meisters Guido Reni (1554 bis 1642), ausgeführt von Philipp Albrecht aus Limburg (1782 bis 1866). Sehenswert auch die beiden Seitenaltäre, Barockkanzel und Ewige Lampe. Unter der Kirche eine Mönchsgruft mit 19 Grabnischen (1754 - 1811) und leider stark verwittertem Totentanzfresko. Hinter der Kirche eine Hoheitssäule des Großherzogtums Nassau, bis 1866 als Grenzstein an einer Ausfallstraße verwendet.

Neben der kath. Kirche das **„Steinerne Haus"** (Hotel Krone), 1439 erbaut, 1531 im Spätrenaissancestil erneuert und mit steinernem Erker versehen. Heutige Giebelform von 1585. Die am Haus angebrachte Jahreszahl 1322 ist irrig und bezieht sich auf die erste Erwähnung eines Hauses an dieser Stelle.

Zahlreiche **Patrizierhäuser** am Alten Markt, an der Wilhelmstraße, Friedrichstraße und Herrenstraße.

Ev. Kirche in Altstadt (700 m vom Ortskern gelegen), 1131 erwähnt, spätromanische dreischiffige Pfeilerbasilika. Durch spätere Anbauten hat sie heute Kreuzform. Inneres von 1664. Gut erhaltener Taufstein aus der spätromanischen Zeit. Auf dem eingeebneten Friedhof (ehemaliger Wehrkirchhof) Grabtafel der Hachenburger Dichterin aus der Goethe-Zeit Albertine von Grün (1769 bis 1792).

Landschaftsmuseum Westerwald im Burggarten

Naturkundliche Schausammlungen aus der Geologie des Westerwaldes. - Fossilien der Devon-, Karbon- und Tertiärzeit. - Ur- und frühgeschichtliche Funde von der Altsteinzeit bis zur fränkischen Zeit.

Sammlungen zur Volkskunde. Bäuerlicher Hausrat des 17. bis 19. Jh. Westerwälder Ern, Stube und Schlafstube. Vom Flachs zum Leinen und Blaudruck. Landwirtschaftliche Geräte aus Haus und Hof.

Altes Handwerk. Ofenplatten der Hütten im Siegerland, aus dem Lahn-Dill-Gebiet und dem rheinischen Raum. Nagelschmiede. Schmiede- und Schlosserarbeiten. Architekturteile des Westerwälder Bauernhauses. Modell einer Ölmühle.

Kirchliche Kunst. Holzschnitzfiguren und Altäre.

Wissenschaftliche Vereine und Arbeitsgemeinschaften, Heimatforscher, Studenten, Diplomanden und Doktoranden haben hier die Möglichkeit an Unterlagen zu lohnenden Themen aus dem Westerwald zu gelangen. Ständige Vorträge zur Landes-, Geschichts- und Volkskunde tragen dazu bei, das Museumsgeschehen mit Leben zu erfüllen. - Immer stärker wird das Museum von Schulklassen besucht. Unterricht im „Strahlungsbereich der Objekte" ist besonders wirkungsvoll.

Öffnungszeiten: 10 bis 12 und 14 bis 17 Uhr, montags geschlossen. -
                        Eintritt frei !

✗ Leder-, Holz-, Möbel-, Kunststoff- und Feinmechanikbetriebe. Brauerei Hachenburg (Westerwaldbrauerei).

✚ 7 Ärzte, 5 Zahnärzte, 4 Apotheken, Kreiskrankenhaus, Sozialstation

✦ Minigolfanlage, Tennisplätze, Hallenbad mit Sauna und Solarium, Freibad, Rudern auf dem Bootsweiher, Kegeln im Burggartenhotel und im Hotel „Zur Krone". Reiterverein Hattert-Hütte.

⊨ 4 Hotels und 9 Pensionen verschiedener Kategorien.

♣ Alte Eibe im Burggarten

✗ 11 Restaurants und Gaststätten mit Mittagstisch, 1 Imbißstube, 5 Cafés, 1 Eisdiele, 1 Pizzeria.

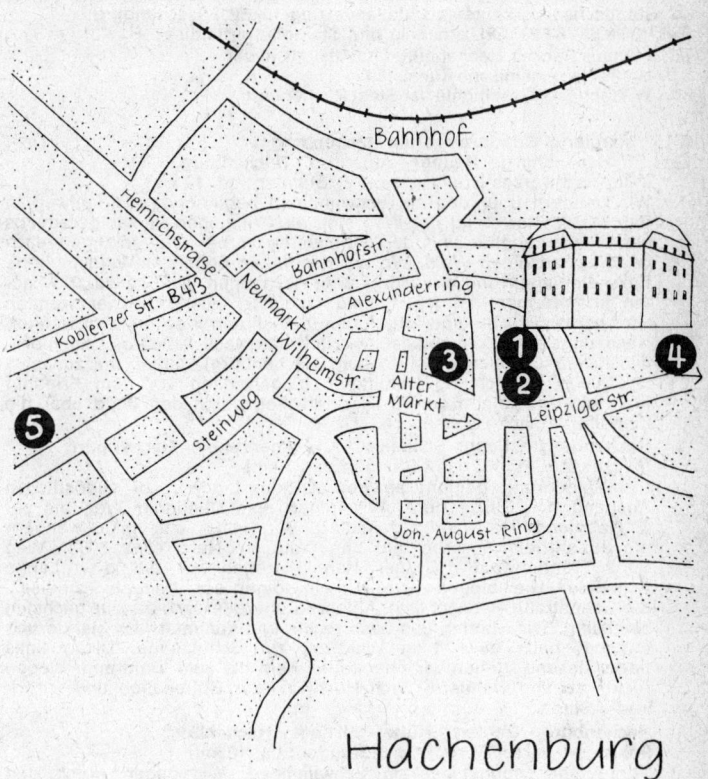

Hachenburg

1 Schloß Hachenburg

2 Ev. Schloßkirche

3 Kath. Kirche Mariä Himmelfahrt

4 Landschaftsmuseum Westerwald

5 Roman. Pfarrkirche Altstadt

🚌 in Richtung Köln, Essen, Frankfurt.
🚆 in Richtung Köln, Essen, Koblenz, Duisburg, Düsseldorf.
☎ Städtisches Verkehrsamt, Alexanderring 10, 5238 Hachenburg,
Tel. (0 26 62) 63 83. Ortsprospekt und Stadtplan erhältlich.
Lit.: Magnus Backes, Hachenburg und Altstadt, in der
      Heftreihe „Rheinische Kunststätten".
      W. Söhngen, Geschichte der Stadt Hachenburg.

🚶 Markierte Wanderwege um Hachenburg

1. Hachenburg - Neuhof - Alpenrod - Hachenburg
(Mkg.: schwarzes Dreieck; ca. 3^1/$_2$ Stunden; ca. 12 km)
Wir wandern über den am Schwimmbad beginnenden Birkenweg in
den Wald. Hier steigt der Weg steil an. Wir gehen immer geradeaus
am Wasserbehälter und der Schutzhütte vorbei und gelangen nach
ca. 2 km an einen Wald. Wo auf der linken Seite der Wald beginnt,
links einbiegen und der Markierung nachgehen. Nach etwa 15 Minuten kommt man auf freies Feld (schöner Ausblick). Hier wenden
wir uns nach rechts und folgen dem befestigten Weg bis zum Neuhof.
Nach ungefähr 300 m biegen wir links ab nach Alpenrod. Am nordwestlichen Ortsausgang (Richtung Hachenburg) gehen wir zunächst
ca. 200 m in Richtung Dehlingen, biegen dann vor dem Friedhof
links ein und folgen dem markierten Weg durch den Wald über die
Ziegelhütte nach Hachenburg.

2. Hachenburg - „Lange Schneise" - „Helenenruhe" - Hachenburg
(Mkg.: roter Punkt; ca. 2 Stunden; ca. 7 km)
Die Wanderung beginnt an der „Dicken Linde", am südöstlichen
Ausgang des Burggartens. Wir folgen dem Dehlinger Weg bis zur
1. Gabelung (Holzhandlung Müller). Wir halten uns links, wandern
am Judenfriedhof vorbei auf den Wald zu. Nach etwa 200 m Weg
durch Tannenwald („Grüner Hahn") treffen wir auf die „Lange
Schneise". Hier biegen wir rechts ein, folgen der „Langen Schneise",
die Landstraße Hachenburg - Alpenrod überquerend, bis zur nächsten
Kreuzung. Wir wenden uns nach rechts und kommen, der Markierung
folgend, nach etwa 1 km Waldweg zur Schutzhütte. Diese links
liegenlassend, gehen wir über freies Feld bis zum Waldrand, biegen
rechts ab und wandern durch Hochwald zur Birkenallee und zurück
in die Stadt.

3. Hachenburg - Gehlert - Hütte - Altstadt - Hachenburg
(Mkg.: schwarzer Punkt; ca. 3 Stunden; ca. 10 km)
Der Ausgangspunkt ist am Schwimmbad. Wir gehen durch den
Birkenweg und den Hochwald bis auf die Höhe hinauf, halten uns
immer geradeaus und kommen übers Gehlerter Feld zur „Langen
Schneise". Jetzt rechts abbiegen nach Gehlert. Nach Überschreiten
der kleinen Brücke im Dorf halten wir uns wieder rechts. Der
„Langen Schneise" folgend überqueren wir zwei Straßen (Altstadt -
Steinebach, Hachenburg - Merkelbach) und gelangen nach Hütte.
Bei den letzten Häusern in Hütte biegen wir rechts ab, wandern
durch Wiesen und Felder zur Höhe hinauf auf eine Landstraße, der
wir nach rechts bis zur Einmündung in die Straße Hachenburg -
Merkelbach folgen. Uns nach links wendend, verlassen wir diese
jedoch bald wieder, indem wir den Heimweg über Altstadt ein-
schlagen.

4. Hachenburg - Philosophenweg - Erbach - Rückfahrt mit Bundesbahn
(Mkg.: waagerechter gelber Strich; ca. 3 Stunden; ca. 10 km)
Die Wanderung beginnt an der „Dicken Linde", am südöstlichen
Ausgang des Burggartens. Wir folgen dem Dehlinger Weg bis zur
1. Gabelung (Holzhandlung Müller). Wir halten uns links, wandern
am Judenfriedhof vorbei, auf den Wald zu. Nach etwa 200 m Weg
durch Tannenwald („Grüner Hahn") treffen wir auf die „Lange
Schneise". Diese überquerend folgen wir der Markierung bis zum
Hirzbach.

Über eine kleine Brücke erreichen wir sein rechtes Ufer, an dem wir talabwärts entlanggehen. Wir biegen rechts ab und wandern dem Philosophenweg nach auf halber Hanghöhe durch den Wald weiter bis Hirtscheid (links herrlicher Blick auf die Große Nister und das Dorf Korb). Über Nistertal - Ortsteil Büdingen erreichen wir die Bahnstation Erbach. Es besteht außerdem die Möglichkeit, von Hirtscheid der Fahrstrecke entlang nach Alpenrod und dann über Wanderweg Nr. 1 (schwarzes Dreieck) nach Hachenburg zurückzugehen.

5. Hachenburg - Steinebach - Wiedbachtal - Altstadt - Hachenburg
Mkg.: blauer Punkt; ca. 4¹/₂ Stunden; ca. 15 km)
Vom Schwimmbad aus steigen wir durch die Birkenallee und den Hochwald zur Höhe hinauf und kommen, uns immer geradeaus haltend, durch Wald und übers Gehlerter Feld zur „Langen Schneise". Diese gehen wir rechts hinunter nach Gehlert. Am Ende des Dorfes (Forsthaus) verlassen wir die „Lange Schneise", wandern links ab in den Wald hinauf und der Markierung nach nur durch Wald bis nach Steinebach. In der Dorfmitte gehen wir rechts ab und folgen dem Lauf der Wied bis zu den Kliniken Wied. An der Gedenkstätte „Schönwetters Eck" biegen wir rechtwinklig rechts ab und wandern durch den Wald zurück über Altstadt (Pelzfabrik Preisser) nach Hachenburg.

6. Hachenburg - Kleeberg - Müschenbach - Astert - Marienstatt - Hachenburg
(Mkg.: waagerechter grüner Strich; ca. 3 Stunden; ca. 10 km)
Wir wandern über den Kleeberger Weg am Hofgut Kleeberg vorbei. Am Ende der Viehweide biegen wir rechts ab und erreichen den Haltepunkt Marienstatt der Bundesbahn. Hier überqueren wir die B 414, wenden uns nach links übers Feld und wandern am Waldrand entlang nach Müschenbach. Im Ort links halten und kurz vor der Bundesstraße rechts in den Wald einbiegen. Der Markierung folgend gelangen wir durch Wald und ein Wiesental hinunter zur Nister und nach Astert. Am Nordausgang des Dorfes biegen wir rechts ab und erreichen nach ca. 200 m linker Hand den Waldweg, der auf halbem Hang nach Marienstatt führt. Hier überqueren wir den großen Parkplatz und wählen den ersten links abbiegenden Weg an der Nister entlang. Am Ende des Waldes steigen wir den Hang rechts hoch und kommen auf den befestigten Weg, der nach Hachenburg führt.

7. Hachenburg - Marienstatt - Kroppacher Schweiz - Bahnhof Ingelbach
(Mkg.: gelbes Dreieck; ca. 4 Stunden; ca. 14 km)
In der Nisterstraße nehmen wir die Wanderung auf und benutzen den links vor dem letzten Haus beginnenden Fußweg bis zum Wald. Wir gehen am Waldrand abwärts, biegen nach etwa 300 m links ein und wandern parallel zur Nister bis Marienstatt. Nach Überqueren der Fahrstraße (rechter Hand das Klostergelände) wenden wir uns halblinks in den Wald hinein und gehen über den Fußweg in Richtung Astert (ca. 500 m von der alten Brücke bei Marienstatt entfernt liegt rechts des Weges der „Kaiserliche Friedhof"). Mitten in Astert biegen wir rechts ab über einen Steg und nehmen den gut sichtbaren Fußpfad am rechten Ufer der Nister entlang durch den Wald bis zum Zusammenfluß der Großen und Kleinen Nister bei Heimborn. Nach Überqueren der Großen Nister auf massivem Steg wandern wir zunächst am linken Ufer entlang nisteraufwärts. Nach ungefähr 1 km biegen wir am Wilhelmssteg rechts ab. Eine ausgebaute Landstraße führt uns nach Kroppach und weiter hinauf zum Bahnhof Ingelbach.

8. Hachenburg - Nistermühle - Kellershof - Marienstatt - Hachenburg
(Mkg.: grünes Dreieck; ca. 2 Stunden; ca. 7 km)
In der Nisterstraße nehmen wir die Wanderung auf und benutzen den links vor dem letzten Haus beginnenden Fußweg Richtung

Marienstatt. Nach etwa 200 m biegen wir rechts in den Feldweg ein,
der uns zu der im Tal sichtbaren Nistermühle führt. Nach Überschreiten des Mühlgrabens und der großen Nister schwenken wir
links zum Kellershof ein. Hinter dem Kellershof halten wir uns
immer links. Wir kommen an den Ökonomiegebäuden des Klosters
vorbei und gelangen gleich zum Kloster Marienstatt. Nach Verlassen
des Klostergeländes überqueren wir auf der alten Brücke die Nister
und gehen an ihrem linken Ufer bachaufwärts zum Wald hin. Am
Ende des Waldes steigen wir den Hang rechts hoch und kommen
auf den befestigten Weg, der nach Hachenburg führt.

9. **Hachenburg - Altstadt - Mühlental - Marceaudenkmal - Höchstenbach**
(Mkg.: waagerechter roter Strich; ca. 2^1/$_2$ Stunden; ca. 9 km)
Wir nehmen unseren Weg durch Altstadt über den Lindenweg. Hinter
der Pelzfabrik Preisser biegen wir links in den Feldweg ein und
gehen geradeaus durch das Wiesengelände. Jetzt führt uns der
Weg durch prächtigen Laub- und Nadelwald, die „Lange Schneise"
Hütte - Gehlert kreuzend, bis in das idyllische Wiedbachtal. Wir
überschreiten die Wied und kommen zum Hotel Mühlental. Geradeaus über die breite Schneise wandern wir zur Höhe hinauf, wenden
uns dort nach rechts und verfolgen den Weg bis zur B 8. Wenn wir
die Straße überqueren, stoßen wir direkt auf das Marceaudenkmal.
Über einen Feldweg gelangen wir hinunter in das Dorf Höchstenbach. Zum Rückweg benutzen wir entweder den Linienbus von
Höchstenbach nach Hachenburg oder wandern vom Denkmal aus
zurück zu den Kliniken Wied und von dort über Steinebach nach Hachenburg (s. Wanderweg Nr. 5, Mkg.: blauer Punkt noch einmal 3 1/2
Stunden, ca. 12 km).

10. **Hachenburg - Gehlert - Langenbaum - Dreifelder Weiher - Lochum -
Neuhof - Hachenburg**
(Mkg.: waagerechter blauer Strich; ca. 5 Stunden; ca. 20 km)
Vom Schwimmbad aus gehen wir durch die Birkenallee und den
Hochwald zur Höhe hinauf und kommen, uns immer geradeaus
haltend, übers Gehlerter Feld zur „Langen Schneise". Diese gehen
wir rechts hinunter nach Gehlert. Am Ende des Dorfes (Forsthaus)
verlassen wir die „Lange Schneise", wandern links ab in den Wald
hinauf und der Markierung nach bis auf die Höhe. Hier wenden wir
uns nach links und kommen nach etwa 500 m zur Landstraße, die
nach Langenbaum führt. Im Dorf schlagen wir den Weg nach links,
am Transformatorenhäuschen vorbei, zum Dreifelder Weiher ein.
An der scharfen Rechtskurve biegen wir links ab in den Wiesenweg
und gelangen über die Höhe durch Wald und Feld nach Linden.
Von hier bis Lochum benutzen wir die Landstraße. In Lochum biegen
wir links ab und wandern über den Gräbersberg zum Neuhof. Vor
dem Wald wenden wir uns nach rechts und wandern etwa 200 m am
Waldrand entlang. Jetzt biegen wir nach links in den Wald ein und
kommen, der Markierung folgend, zum Gehlerter Feld. Ein ausgebauter Feldweg führt uns an der Schutzhütte und am Hachenburger
Wasserbehälter vorbei zur Birkenallee und zurück zur Stadt.

11. **Hachenburg - Kleeberg - Oberhattert - Hatterter Grund -
Hofgut Farrenau - Bahnhof Ingelbach**
(Mkg.: rotes Dreieck; ca. 3^1/$_2$ Stunden; ca. 12 km)
Wir wandern über den Kleeberger Weg am Hofgut Kleeberg vorbei
geradeaus bis Oberhattert. Bei der Gastwirtschaft Weyer überqueren wir die Straße und gehen geradeaus am Hofgut Sophiental
vorbei bis Hanwerth. Hier biegen wir rechts ab auf die Landstraße
nach Mudenbach, der wir ca. 400 m folgen. In der Haarnadelkurve
biegen wir links in den Wiesenweg ein, der uns zum Hofgut Farrenau
führt. Wir wandern in gerader Richtung weiter bis zur Landstraße
Borod-Mudenbach (Knochenmühle). Hier schwenken wir rechts ein
in den Wald und erreichen über einen Pfad und ein Stück Landstraße den Bahnhof Ingelbach.

12. Hachenburg - Korb - Bretthausen - Norken - Nauberg - Nister - Hachenburg

(Mkg.: blaues Dreieck; ca. 5 Stunden; ca. 20 km)

Die Wanderung beginnt an der „Dicken Linde", am südöstlichen Ausgang des Burggartens. Wir folgen dem Dehlinger Weg bis zur 1. Gabelung (Holzhandlung Müller). Wir halten uns links, wandern am Judenfriedhof vorbei und wiederum linkshaltend bei der nächsten Abzweigung zum Wald hin. Etwa 10 m gehen wir am Waldrand entlang, dann rechts ab, der Markierung folgend, durch den Laubwald zum Hirzbachtal hinunter. Kurz vor dem Hirzbach links abbiegen, auf befestigtem Weg unter der Bahnunterführung durch, rechts ab durch den Wiesengrund zur Nisterstraße hin. Wir überqueren die Autostraße und sehen Korb vor uns liegen. Am Ortseingang (Schule) steigen wir links hoch zur Landstraße, die wir überschreiten, und weiter linkshaltend zum Waldrand hinauf. Wir wenden uns nach rechts und steigen durch den Wald, die B 414 überquerend, nach Bretthausen hinauf (herrlicher Ausblick). Jetzt führt uns der Weg durch Bretthausen über Norken und die Norkener Höhe zum Nauberg. Etwa 100 m nach Betreten des Waldes biegen wir rechts ab und folgen der Markierung durch den Hochwald des Naubergs hinab nach Nister. Gegenüber dem früheren Café Röder führt uns ein Weg zunächst parallel zur Nister und dann diese überquerend zur Nistermühle und hinauf nach Hachenburg. Um die Wanderung abzukürzen, besteht die Möglichkeit, mit dem Bus von Nister zurück nach Hachenburg zu fahren.

✱

Nördlich von Hachenburg liegt im jenseitigen Nisterhang an der Straße nach Betzdorf

Nister (270 m; 900 E., VG Hachenburg)

◨ Nister wurde wiederholt Sieger beim Wettbewerb „Unser Dorf soll schöner werden".
Auf Hachenburger Gebiet liegt unterhalb Nister die **Nistermühle,** der älteste nachweisbare Gewerbebetrieb des Oberwesterwaldes. Hier fand Konrad Adenauer im September 1944 für drei Wochen Unterschlupf vor der Gestapo (Gedenktafel).
✕ Nisterhammer Maschinenbau GmbH.
⇔ ✕ Hotel mit 30 Betten; 2 Gastwirtschaften.
▭ nach Hachenburg und Betzdorf
☎ Verkehrsverein Kroppacher Schweiz, 5231 Kroppach,
Tel. (0 26 88) 2 24
▥ Das **Tal der Großen Nister,** links von dem bewaldeten „Grünen Hahn" (432 m) und dem Hachenburger Hochwald, rechts vom Nauberg-Gelände eingegrenzt, ist hier ein breiter, ebener, mit Wiesen bedeckter Talboden. Beachtlich das neue Wehr mit dem Stauweiher und die Straßenabzweigung „Schneidmühle", bei der die Straßen und der Bach in zwei Ebenen übereinandergeführt sind.
Der westliche Ausläufer des basaltischen Hohen Westerwaldes ist das **Nauberg-Gelände.** Von der Marienberger Höhe ist er im Osten durch den Wäschbach abgetrennt. Die natürliche Nordgrenze bildet die Kleine Nister, die Südgrenze die Große Nister.
Morphologisch hat das Gebiet ähnliche Formen wie der Hohe Westerwald. Es besteht aus den drei flachen Basaltkuppen Norkenhöhe **(470 m),** Welsche Hütte **(456 m)** und Weiße Ley **(432 m).** Geologisch ist noch nicht geklärt, ob die drei auf dem unterdevonischen Grundgebirge (Grauwacke, Sandstein, Tonschiefer, Quarzit) aufsitzenden tertiären Kuppen, Subvulkane, Vulkanschlote oder vom fließenden Wasser aus der großen Basaltdecke des Hohen Westerwaldes herausmodellierte Deckenreste sind. Das Gebiet ist von Norken - Bretthausen ab mit Laub- und Nadelbäumen stark bewaldet.

◨ Durch das Gebiet führt eine historische überregionale Richtstrecke, die Vorläuferin der „Köln-Leipziger Straße", die von Marienstatt über die Höhe ostwärts bis Kirburg ging und heute noch an den Flurnamen „Höhweg" und „Am Höhweg" auszumachen ist. Eine weitere historische Straße war der „Alte Eisenweg", der von Norden nach Süden den Nauberg überquerte und auf Hachenburg-Altstadt zusteuerte. - Auch wichtige historische Grenzen gibt es im Nauberggelände. Rodungsbezirke der Erzbistümer Trier und Köln waren durch die Bäche Bodenbach („Kalkofenseifen") und Krumbach in Süd-Nord-Richtung voneinander abgegrenzt. Die Grafschaften Sayn-Hachenburg und Sayn-Altenkirchen hatten seit 1652 im Nauberg-Gelände eine 3 km lange Ost-West-Grenze (Historische Grenzsteine SA/SH sind auf der Waldschneise „Höhweg" noch vorhanden). Später galt diese Grenze bis 1866 als Landesgrenze zwischen dem Herzogtum Nassau und dem Königreich Preußen (Grenzstein HN-GLKH / KP - GNRH). Im Wald des Naubergs befinden sich viele Köhler- und Eisenverhüttungsplätze aus historischer Zeit.

Von der Weißen Ley führte von 1900 bis 1920 ein Bremsberg bis auf den heutigen Sportplatz in Nister zwecks Quarzit-Abtransport. Auf der Kuppe der Weißen Ley ist z. Z. ein großer Basaltsteinbruch in Betrieb.

✻ Von der Südseite des Naubergs schöne Aussicht auf Hachenburg, von der Nordseite auf das Kirchdorf Nauroth.

🥾 Das Nauberg-Gelände ist ein beliebtes Wandergebiet. Es hat ausgewiesene Parkplätze mit Sitzgelegenheit in Nister (Nauberg-Straße) und an der Straßenabzweigung „Schneidmühle". Im Gelände befinden sich befestigte, z. T. asphaltierte Waldwege sowie Schutzhütten, Ruhebänke und Vogelfutterplätze. Am Dorf Nister ist ein Lehrwald angelegt worden.

Von Hachenburg aus hat der Westerwald-Verein folgende Wanderwege ausgeschildert:
Hachenburg (Nistertalstraße) - Nistermühle - Marienstatt - Hachenburg (Mkg.: dunkelgrünes Dreieck; 7 km).
Hachenburg (Dehlinger Weg) - Korb - Norken - Nauberg - Nister - Hachenburg (Mkg.: 2 blaue Dreiecke; 20 km).
Hachenburg (Burggarten) - Schneidmühle - Nauberg - Morgensonne - Hachenburg (Mkg.: grüner Punkt; 12 km).
Wanderwege des Verkehrsvereins Kroppacher Schweiz ab Nister:
U 1: Nister - am westlichen Waldrand des Naubergs vorbei, über die Straße Nister - Atzelgift hinweg nach Westen, nach 1,2 km links abbiegen zum Kellershof, von dort nach links zurück nach Nister (5,5 km).
U 2: Rundwanderweg Nister - Nauberg - Nister (5,0 km).
U 3: Nister - Forsthaus Nister - Schneidmühle - Nauberg - Nister (9,5 km).
X 1: Rundwanderwege um den Nauberg (4,5 km).
X 2: Rundwanderwege um den Nauberg (6,5 km).

✻

2 km südlich von Hachenburg liegt an der K 24 in Richtung Westerwälder Seenplatte
Gehlert (420 m; 535 E., VG Hachenburg)
Wohngemeinde. 300 ha der 519 ha großen Gemarkung sind bewaldet.
✕ Stahlmöbelfabrik, Rolladenbau.
🚌 nach Hachenburg
☎ Ortsgemeinde 5239 Gehlert, Tel. (0 26 61) 2 48
🥾 in die ausgedehnten Waldungen des Hachenburger Stadtwaldes und des Staatsforstes Hachenburg.

4 km südöstlich von Hachenburg liegt hinter der mächtigen Anhöhe, die vom Hachenburger Stadtwald bedeckt wird, im Osthang zum Nistertal hin

Alpenrod (425 m; 1300 E., VG Hachenburg)

◨ Funde beweisen eine Besiedlung schon in der jüngeren Eisenzeit. Seit dem 12 Jh. bildete das Dorf den Mittelpunkt eines Kirchspiels, zu dem auch Dehlingen, Hirtscheid und Ober-Lochum gehörten. 1320 wird der Ort „Albrechtsrode" genannt. Von hier stammen die Adligen Schönhals von Albrechterode, deren Burg auf dem Nüchel oberhalb des Dorfes stand.

Das kleine Alpenrod-Dehlingen nördlich im Hang des Hirzbachtals trägt seinen Namen von einem Ansiedler namens Dillingen, der sich 1618 hier niederließ.

🏛 Schon 1131 stand an der Stelle der jetzigen **ev. Kirche** eine Kapelle. Erstere wurde 1843/44 als großer Saalbau mit dreiseitiger Empore errichtet. Der Turm stammt im Kern noch von der Vorgängerkirche. Glocke von 1488 mit beachtenswerten Gußreliefs, u. a. vom Kloster Einsiedeln in der Schweiz und von Trier.

✚ Arzt für Allgemeinmedizin.

⚔ Schutzhütte mit Grillplatz.

🛏 ✕ 2 Gasthöfe mit 17 Betten; Mittagstisch.

🚌 nach Hachenburg und Selters

☎ Ortsgemeindeverwaltung 5239 Alpenrod, Tel. (0 26 62) 75 73

🚶 Auf guten Gemarkungswegen mit schönen Ausblicken. In den Hachenburger Wald siehe unter Hachenburg!

Knapp 3 km südlich in Richtung auf die Westerwälder Seenplatte
Lochum (445 m; 300 E., VG Hachenburg)

◨ Der Ortsname leitet sich von Loheheim = Lohwald-Heim ab. Lange war das Dorf durch den Lochumer Bach (= Weißer Graben) in zwei Ortsteile, Ober- und Nieder-Lochum, geteilt. Oberlochum gehörte seit 1654 zur Grafschaft Sayn-Hachenburg, Niederlochum seit 1620 zur Grafschaft Nassau-Hadamar.

Von Lochum nach Hachenburg führt die **„Alte Poststraße".** Graf Salentin Ernst von Manderscheid-Sayn hatte diese Straße im 17. Jh. ausbauen lassen und versuchte, den Verkehr von der Köln - Frankfurter Straße (heutige B 8) über Hachenburg zu leiten. Doch der Kurfürst von Trier widersetzte sich diesen Plänen, und die Umleitung über Lochum mußte rückgängig gemacht werden. Noch heute ist der Verlauf der „Alten Poststraße" über den Höhenrücken hinweg deutlich zu erkennen.

🚌 nach Hachenburg und Selters

🚶 Aussichtsreiche Gemarkungswanderungen in die nördlich gelegene Hazemer Heide und zum Weißenstein (510 m).

Als südlichsten Ort des Raumes um Hachenburg erreichen wir
2 km südwestlich über der Landesstraße Westerburg - Hachenburg
Rotenhain (460 m; 425 E., VG Westerburg)

◨ Der Ort hieß ursprünglich Rotzenhahn (vom Personennamen Rozo); man hat diesen etwas anrüchigen Namen in den 30er Jahren in die neutralere Form Rotenhain umbenannt.

Rotenhain wurde vermutlich im 11. Jh. gegründet und besaß später ein Centgericht und eine Vogtei. Zum heutigen kath. Kirchspiel Rotenhain gehören sechs Gemeinden.

🏛 **Kath. Pfarrkirche St. Martin,** großes barockes Schiff von 1743, das 1938/39 verlängert wurde. Die Basaltsteine des (verputzten) Turmes stammen von einer 1 km südwestlich gelegenen **„Alten Burg",** die einst zur Straßensicherung diente.

🚌 Bahnhof Rotenhain der Strecke Hachenburg - Westerburg.

🚶 Ein ausgedehnter, ziemlich ebener Wald in Richtung Westerwälder Seenplatte lädt zu stillen Wanderungen ein.

IN DER KROPPACHER SCHWEIZ

Bearbeiter: Dr. Walter Kwasnik †, Hermann Josef Roth und
Hermann-Josef Hucke   *Übersichtskarte Seite 168*

Wer die wohltuende Stille einer reizvollen Landschaft liebt, der muß einmal den Unterlauf der Nister besucht haben. Hier wird ihn die Landschaft zwischen der Abtei Marienstatt und Helmeroth, nach dem alten Kirchspielort Kroppach die „Kroppacher Schweiz" genannt, in ganz besonderem Maße ansprechen.

Zwischen hohen, steilen, felsigen Rücken, die sich von allen Seiten herandrängen, windet sich der Bach, oft scheinbar zurückfließend, in mannigfachen Krümmungen hindurch und bietet dem Wanderer immer neue, reizende landschaftliche Bilder. Man wandert an grünen Wiesen vorbei zwischen hohen bewaldeten Bergen, an den Ufern der Nister entlang; man erklimmt die Hänge, um von steilen Felswänden herab herrliche Umschau zu genießen, etwa von der Hohen Lay (270 m) zwischen Limbach und Astert oder von der Spitz-Ley (265 m) nördlich von Wingert. Man überschreitet auf schmalen Stegen den schäumenden Bach; man durchwandert stille Dörfchen, die wie eingeklemmt an hohen Felsen liegen, man wandert schließlich an hohen Bergen entlang auf Wanderpfaden, die teils durch die Felsen gehauen sind, tief unten der fließende Bach. Deutlich zu erkennen sind die Ablagerungsschichten des devonischen Meeres (Grauwacke, Sandstein, Tonschiefer, durchsetzt mit Quarzit- und Eisenerzgängen), durch Seitendruck bei der Gebirgsbildung stark in der Lage verändert, zum Teil sogar senkrecht aufgestülpt. Eruptivgesteine sind hier nicht vorhanden. Dafür aber lassen sich besonders im Raume Stein-Wingert zahlreiche Versteinerungen finden. Unterhalb Helmeroth weitet sich das Tal wieder und geht in das „Wissener Land" über.

Das ganze Tal steht von dem Ort Nister bei Hachenburg bis zur Mündung in die Sieg unter Landschaftsschutz.

Die Bevölkerung der Kroppacher Schweiz betreibt noch größtenteils Landwirtschaft, insbesondere Viehzucht, und widmet sich in zunehmendem Maße dem Fremdenverkehr. Viele Arbeitnehmer pendeln nach den benachbarten Städten aus.

Die Kroppacher Schweiz ist durch ein einheitliches Wanderwegenetz erschlossen. In jedem Ort befindet sich eine Wanderwegetafel, von der gut markierte Rundwanderwege ausgehen. Die Wanderwege haben für jeden Ort einen bestimmten Kennbuchstaben und sind numeriert.

Fahr- und Fußbrücken über die Große Nister:

Marienstatt:
Moderne Fahrbrücke und mittelalterliche Bogenbrücke.

Astert:
Fahrbrücke bei Astert. Zwei Fußbrücken oberhalb, eine unterhalb des Dorfes.

Heuzert:
Eine Fußbrücke oberhalb, eine unterhalb des Dorfes.

Heimborn:
Zwei Fußbrücken an der Einmündung der Kleinen Nister in die Große Nister. Private Fahrbrücke auf den Zeltplatz. Fahrbrücke nordwestlich von Heimborn in Richtung Kroppach.

H.-Ehrlich:
Fahrbrücke bei Ehrlich und Fußbrücke am Krag.
Unterhalb Fußgängerbrücke in Richtung Koppach.

Stein-Wingert:
Fußbrücke oberhalb von Stein-Wingert, Fahrbrücke zwischen den Ortsteilen Stein und Wingert.

St.-W.-Alhausen:
Fußbrücke in Richtung Idelberg.

M.-Altburg:
Fußbrücke in Richtung Flögert.

Helmeroth:
2 Fußbrücken in Richtung M.-Burbach.

Helmerother Mühle: Fußbrücke in Richtung M.-Burbach.

B.-Langenbach:
Fußbrücke oberhalb des Ortes, Fahrbrücke in Richtung Nisterstein.

Roth:
Fahrbrücken zwischen Thal und Weidacker und bei Nisterau.
Von Hachenburg bis Idelberg führen die Wanderwege K und I des Westerwald-Vereins auf wechselnden Ufern durch unser Gebiet. Der Wanderweg 4 führt von Hachenburg bis Heimborn in Richtung Betzdorf und bis St.-W.-Alhausen in Richtung Wissen.

Information:
Verkehrsverein Kroppacher Schweiz, 5231 Kroppach, Tel. (0 26 88) 2 24
Fremdenverkehrsverein Westerwald e. V., Kirchstraße 48 a, 5430 Montabaur, Tel. (0 26 02) 38 10 oder 33 35
Gebietsprospekt erhältlich.
Wanderkarte 1 : 25 000 „Kroppacher Schweiz". Herausgegeben vom Verkehrsverein „Kroppacher Schweiz".

Am oberen Eingang der Kroppacher Schweiz liegt idyllisch in einer Schleife der Großen Nister

Kloster Marienstatt (235 m; VG Hachenburg)

◙ Zisterzienser-Abtei, Gemeinde Streithausen. Stiftungsurkunde im Jahr 1212 ausgestellt, 1215 Niederlassung von Mönchen bei Kirburg („Altenkloster"), wegen Besitzstreitigkeiten mit den Erben der Stifterin (Aleydis von Molsberg) 1222 Ausweichsgründung am jetzigen Ort innerhalb einer Flußschleife der Großen Nister, 1227 Einzug der Mönche in das Provisorium. Gotischer Kirchenbau bis 1243 in den Ostteilen fertiggestellt, 1324 auch Querschiff und Langhaus (drei Joche) vollendet, in diesem Jahr Einweihung der Kirche und Ausstellung der Weihurkunden („Marienstatter Tafeln"). Später nach Westen Anbau um vier Joche, um 1425 abgeschlossen. Zahlreiche Heimsuchungen des Klosters durch Pest und Kriege. In einer Phase finanziellen Aufschwungs während des 18.

Zisterzienser-Abtei Marienstatt, 13.Jhh.

Jh. Abriß der mittelalterlichen Klosteranlage und vergrößerter Neubau im klassizistischen Stilempfinden der Zeit. 1803 Aufhebung der Abtei, die mit ihrem ausgedehnten Grundbesitz dem Haus Nassau-Weilburg zufiel. Wechselnde Eigentümer, 1864-75 und seit 1888 wieder Kloster. Seit 1832 Pfarrei. Neubauten entlang der Südfront (1909, 1958, 1978) beherbergen ein öffentliches Gymnasium. Seit Ende des 15. Jh. Ziel einer populären Wallfahrt. In der Kirche regelmäßig Konzerte.

🏛 **Kirche,** eines der ältesten gotischen Bauwerke in Deutschland. Prächtiger Altaraufsatz im Chor, um 1360, als Reliquienschrein gestaltet: obere Reihe Krönung Mariens und Apostelfiguren, darunter Frauenbüsten zur Aufnahme von Reliquien, untere Reihe Nischen zum gleichen Zweck. Bedeutendes Kölner Kunstwerk mit nur zwei Parallelen in Deutschland (Oberwesel, Bad Doberan/DDR). Gut erhaltenes Chorgestühl mit spärlichem Schnitzwerk, nur der Sitz des Abtes reicher ausgestattet, um 1300. Grabmal des Grafenpaares Gerhard II. von Sayn († 1493) und Elisabeth von Sierk († 1489), lebensgroße Holzfiguren, Werk des niederrheinischen Meisters Tilman van der Burch. „Gnadenbild", eine Pieta aus Steinguß, Kunstwerk aus dem böhmisch-salzburgischen Raum, um 1430. Barocke Seitenaltäre und Beichtstühle (18. Jh.). Gußeiserne und marmorne Grabplatten. Moderne Orgel. - **Schloßähnlicher Klosterbau** (1747), wohl von dem Trierer Hofbaumeister Johannes Everhard aus Ehrenbreitstein. Gegliederter Portalbau, innen mit reichgeschnitzter Treppe und Heiligenfiguren der sogenannten Hadamarer Schule (18. Jh.), Deckengemälde. Beachtliche Stukkaturen in den Privatgemächern des Abtes.

Alte Brücke über die Nister, im Kern mittelalterlich, 1721 erneuert. Oberhalb derselben im Felsen Fundamente der unvollendeten **Burg Froneck** (Vroneck, Gemeinde Müschenbach), nach 1340 geschleift. Von diesem „Felsenstübchen" lohnender Ausblick!

1 km von Marienstatt entfernt liegt an den Westerwald-Vereins-Wanderwegen K und 4 am linken Ufer der Nister der **Kaiserliche Friedhof** (Gedenkstein). Hier wurden 1796 im Hilfslazarett Marienstatt verstorbene französische und vor allem österreichische Soldaten begraben. Die Österreicher waren in den Kämpfen gegen die französische Revolutionsarmee bei Höchstenbach und Altenkirchen verwundet worden.

⊭ ✕ Klostergaststätte
🚌 nach Betzdorf und Hachenburg
🌿 Im Klostergarten schöne Koniferen.

Rundwanderwege mit dem Kennbuchstaben R:
R 1: Vom Kloster Marienstatt an der rechten Nisterseite entlang bis zur Straße Heimborn-Astert, dort links über die Brücke nach Astert, links durch den Wald nach Marienstatt zurück (6,0 km).
R 2: Rundwanderweg Marienstatt - Kellershof - Marienstatt (4,0 km).
R 3: Von Marienstatt über die Straße 1 km in Richtung Streithausen, im Wald links, nach 1 km vom Waldesrand aus schöne Aussicht auf Limbach, halblinks bergab zur Nister, dann links nisteraufwärts nach Marienstatt zurück (5,5 km).

Durch Marienstatt führen der Kölner Weg des Westerwald-Vereins (Mkg.: K) und der Wanderweg I Herborn - Königswinter.

Besuchen wir auf unserer Wanderfahrt durch die Kroppacher Schweiz zunächst die **Ortschaften auf der südlichen Nistertalseite.**
Zwischen Kloster Marienstatt und der über den Bergkamm führenden B 414 Altenkirchen - Hachenburg liegt in einer Quellmulde
Müschenbach (330 m; 955 E., VG Hachenburg)

🔲 In der Gemarkung stand von 1747 - 1796 das Lustschloß „Luisenlust".
⊭ ✕ Hotel mit 50 Betten, Gasthaus mit 16 Betten, Pension mit 8 Betten.
🚃 Bahnhof Hattert der Strecke Hachenburg - Altenkirchen (1 km).
🚌 nach Hattert und Hachenburg

Rundwanderwege mit dem Kennbuchstaben S:
S 1: Rundwanderweg Müschenbach - Kloster Marienstatt - Müschenbach (3,5 km).
S 2: Variante zu S 1 (2,5 km).
S 3: Rundwanderweg Müschenbach - Bahnhof Hattert - Luisenlust - Müschenbach (3,5 km).

Von Müschenbach hinab ins Tal der Großen Nister nach
Astert (245 m; 220 E., VG Hachenburg)

🔲 1282 erstmals erwähnt als Asterade; kleine Wohngemeinde.
🏛 Fachwerkschule aus dem 18. Jh.
🎣 Jagd- und Angelmöglichkeiten.

Rundwanderwege mit dem Kennbuchstaben P:
P 1: Rundwanderweg von Astert durch die Luisenlust zum Bhf. Hattert, links nach Astert zurück (5,0 km).
P 2: Von Astert nach Müschenbach zum Kloster Marienstatt, über den K 4-Weg nach Astert zurück (4,5 km).
3 Gehsteige über die Nister (siehe Übersicht!).

2 km unterhalb auf einem flachen Bergsporn
Heuzert (230 m; 150 E., VG Hachenburg)

🔲 Die Heuzerter Mühle, 1268 erstmals erwähnt als Heuzerode, erzeugt heute Elektrizität.
⊭ ✕ 3 Pensionen mit 23 Fremdenbetten.
🎣 Bademöglichkeit, Zelten und Camping.
🚌 Privatbus Meutsch nach Wissen und Hachenburg.

Rundwanderwege mit dem Kennbuchstaben D:
D 1: Von Heuzert 400 m über die Straße Richtung Kroppach, links ab durch das Tal nach Marzhausen, durch den Ort, in östlicher Richtung durch den Dornhahn nach Astert, vor dem Ort links über die Straße nach Heuzert (5 km).
D 2: Von Heuzert nach Astert, durch den Ort, an der Weggabelung links ab über die Straße in Richtung Heimborn, über die Brücke, auf der Höhe links über den Harten-Berg, am Nistersteg links nach Heuzert zurück (5 km).

An der Straße von Heuzert zur B 414 auf der Höhe liegt im Hang

Marzhausen (305 m; 250 E., VG Hachenburg)

◘ Ländliche Wohngemeinde mit Fremdenverkehr. 1346 erstmals erwähnt als Mertzhausen.

🚌 Bedarfshaltestelle der Strecke Altenkirchen - Hachenburg.

👫 **Rundwanderwege mit dem Kennbuchstaben C:**
C 1: Rundweg in den Wald Richtung Kroppach (3,5 km);
C 2: Desgleichen, jedoch nicht bis zur Höhe (2,5 km);
C 3: Rundweg in den Wald Richtung Astert (3,5 km).

Namengebend für die Kroppacher Schweiz ist der auf der anderen Seitentalseite gelegene Fremdenverkehrsort

Kroppach (280 m; 580 E., VG Hachenburg)

◘ 1199 erstmals als „Crophae" erwähnt, jedoch schon seit dem 7./8. Jh. bestehend. Kroppach besaß bereits 1270 eine eigene Pfarrei, die von vier Dörfern den Zehnten erhielt.

🏛 Auf einem kleinen Hügel im Dorf steht die **ev. Pfarrkirche** St. Peter, der ursprünglich einschiffige Raum aus dem 12. Jh., später durch Seitenschiffe erweitert. Westturm von 1835. Spätgotische Fresken. Bildnisgrabstein aus Eisenguß von 1576.

🛏 ✕ 2 Gaststätten und 3 Pensionen mit 48 Fremdenbetten.

🚌 Bahnhof Ingelbach der Strecke Altenkirchen - Hachenburg (1 km).

🚍 Privatbus Meutsch nach Hachenburg und Wissen.

☎ Verkehrsverein Kroppacher Schweiz, 5231 Kroppach, Tel. (0 26 88) 2 44

👫 **Rundwanderwege mit dem Kennbuchstaben A:**
A 1: Von Kroppach durch die Gartenstraße zur Lauterbach, an der Jagdhütte vorbei links Richtung Stein-Wingert, auf der Höhe schöne Aussicht über die „Kroppacher Schweiz", in Stein-Wingert links ab über die Giesenhauser Höhe nach Kroppach (9 km).
A 2: Von Kroppach über die Straße Richtung Heimborn - Ehrlich, nach 1 km geradeaus über einen Waldweg durch die Eichelhardt, an der Straße 200 m links, dann rechts in die Lauterbach, an der Jagdhütte links nach Kroppach zurück (4,5 km).
A 3: Variante zu A 2 (5,0 km).
A 4: Von Kroppach über den Helmertalerweg, an der Jagdhütte links durch das Tal bis zum Wildpark, an der linken Nisterseite entlang bis zum Zusammenfluß der Großen und Kleinen Nister bei Heimborn-Ehrlich, scharf links ab durch die Eichelhardt nach Kroppach (5,5 km).
A 5: Von Kroppach zum Bahnhof Ingelbach, über den Bahnübergang in Richtung Mudenbach, im Wald links ab, nach 1 200 m wieder links, über den Bahndamm nach Kroppach zurück (6,0 km).

Als Abkürzung zwischen der B 414 Hachenburg - Altenkirchen und der B 256 Altenkirchen - Wissen führt ab Bahnhof Ingelbach eine Verbindungsstraße über die Wasserscheide zwischen Nister und Wied, damit auch zwischen Sieg und Rhein. Jenseits der aussichtsschönen Giesenhäuser Höhe (349 m) liegt in einer Quellmulde das noch zum Westerwaldkreis gehörende

Giesenhausen (290 m; 320 E., VG Hachenburg)

🚍 nach Altenkirchen, Berod, Hachenburg, Wissen

☉ Nach alter Tradition feiern hier im Sommer die Waldarbeiter das „Heckefest", auch „Zech" genannt und sammeln dazu im Dorf Eier für einen Schmaus im Wald.

👫 **Rundwanderwege mit dem Kennbuchstaben B:**
B 1: Rundwanderweg Giesenhausen - Weidchen - Giesenhausen (4,0 km).
B 2: Rundwanderweg Giesenhausen - Weidchen - Giesenhausen (4,0 km).

B 3:   Von Giesenhausen in nordöstlicher Richtung nach Stein-Wingert, im
       Wald 800 m westlich von Stein-Wingert links ab um den Bergrücken
       herum, bergaufwärts an einem kleinen Wasserlauf entlang bis zur Straße
       Eichelhardt - Giesenhausen, 400 m links, am Waldrand 100 m links, dann
       800 m rechts, dann rechts nach Giesenhausen zurück (7,0 km).

Nördlich von Giesenhausen liegt im unteren Nistertal beiderseits des
Baches
Stein-Wingert (182 m; mit Ortsteilen 200 E., VG Hachenburg)

◘ Häuser des idyllisch gelegenen Nistertaldörfchens werden zum Teil in
dem Buch „Dorfformen im Rheinland" von Justinus Bendermacher genau
inventarisiert. - Auf dem Burghardt befand sich eine keltische Fliehburg, von
der noch Reste erkennbar sind. Der frühgeschichtliche Mensch nutzte hier
eine Geländefaltung, in der Geologie Wehbacher Sattel genannt, geschickt
zur Anlage des Ringwalles aus.
Lit.: Manfred Hofmann, Ortssippenbuch Stein-Wingert 1957
✳ Oberhalb des Dorfes auf der rechten Nisterseite der Aussichtpunkt
„Spitz-Ley".
▨ **Rundwanderwege mit dem Kennbuchstaben G:**
       G 1:   Von Stein-Wingert über den Steg nach Ehrlich, an der Jagdhütte
       links ab, nach 200 m wieder links, nach 400 m alte Eiche, nach 500 m Weg
       zur „Spitzen Ley" mit schöner Aussicht auf das Nistertal nach 400 m an
       der Straße 200 m links, dann rechts ab in den Wald. Auf der Höhe Wall-
       anlage einer Höhensiedlung aus der 1. Hälfte des vorchristlichen Jahr-
       tausends. Über den Höhenrücken bis zum Fußballplatz (hier endet die
       frühgeschichtliche Siedlung), in Alhausen links über einen schmalen
       Fußweg an der Nister entlang bis nach Stein-Wingert (6,5 km).

G 2:   Von Stein-Wingert in Richtung Idelberg, nach 800 m rechts ab um den
       Bergrücken, 2 km bergaufwärts, am Waldrand links ab, nach
       800 m wieder links über eine fast gerade Schneise nach Stein-Wingert
       (7 km).

Von Stein-Wingert her nur auf einem Fußweg, auf der Straße ab
der B 256 bei Eichelhardt zu erreichen, ist das kleine Dörfchen
Idelberg (200 m; 65 E., VG Altenkirchen)
im Hang des unteren Nistertals.

▨   Durch Idelberg führt der Kölner Wanderweg des Westerwald-Vereins.

G 3:   Von Stein-Wingert in Richtung Burbach, am Ortsausgang links ab über
       Pfad an der Nister entlang nach Alhausen, dort links über den Steg nach
       Idelberg, durch den Ort bis zur Straße, die nach Eichelhardt führt (zur
       Abkürzung des Weges 100 m links, dann rechts an einer alten Ölmühle
       vorbei nach Stein-Wingert zurück), Umweg durch den Wald ca. 2 km,
       dazu den Fahrweg überqueren, nach 1 km scharf links ab nach
       Stein-Wingert (6,0 km).

Auf einem schmalen Sträßchen ist das winzige, versteckt liegende
H.-Flögert (180 m) zu erreichen. Gleichfalls ab der Helmerother
Höhe auf der B 256 die im Nistertalhang gelegene Gemeinde
Helmeroth (170 m; 250 E., VG Altenkirchen)
▨   Rundweg H 1: Helmeroth - Flögert , Altburg - M. Burbach - Grube
       Freischütz - Helmeroth (7 km).
Gute Wandermöglichkeiten ins untere Nistertal, nach Langenbach, Nister-
stein, Thal und Weidacker; alles aus wenigen Häusern bestehende
Siedlungen im unteren Teil der Kroppacher Schweiz.

Auf unserer Fahrt durch die Kroppacher Schweiz wechseln wir nun die Nistertalseite und fahren ab Luckenbach durch das Tal der Kleinen Nister nach Heimborn-Ehrlich und auf den nördlichen Talhöhen weiter bis zur Köttinger Höhe (Siehe diese unter „Das Gebhardshainer Ländchen und die Elbtalhöhen!").

An der Mündung des Rosbachs in die Kleine Nister liegt an der Straße von Hachenburg nach Betzdorf
Luckenbach (300 m; 500 E., VG Hachenburg)

◪ Der Ort wird 1366 erstmals urkundlich erwähnt. Bei Fredericksburg in Texas gibt es einen in Amerika durch einen Schlager recht bekannten Ort gleichen Namens, von Westerwälder Auswanderern gegründet.
🚌 nach Hachenburg und Betzdorf
🚶 **Rundwanderwege mit dem Kennzeichen W:**
   W 1: Luckenbach - Atzelgifter Mühle - Jägerwiese - Thalhäuser Berg - Luckenbacher Ley - Luckenbach (8,0 km).
W 2:   Rundwanderweg Luckenbach (4,5 km)

Im Talgrund zweigt eine Straße ab zum langgestreckten
Atzelgift (290 m; 500 E., VG Hachenburg)
◪ Bereits 1442 als „Hatzelgufte" erwähnt. Der eigenartige Namen bedeutet wahrscheinlich „Elstergeschrei".
🏛 Sehenswerte Kriegergedächtnisstätte auf freiem Platz an der Kleinen Nister.
🛏 ✕ Pension mit 24 Betten und Hallenbad.
🚌 nach Hachenburg und Betzdorf
🚶 Rundwanderweg V 1 (4,5 km).

1 km unterhalb sind wir in
Streithausen (280 m; 650 E., VG Hachenburg)
◪ 1279 „Strithusin" genannt.
🏛 Rechts des Weges vom Dorf zur Kempfsmühle (nördlich) liegen die Reste einer Turmhügel-Burg (Motte), im Volksmund Küppelweiher genannt. Vom ehemaligen Sitz der Herren von Nister ist noch ein 12 m breiter Hügel oder Küppel übrig, umgeben von einem 6 m breiten und 3 m tiefen Graben.
Lit.: Festschrift zur 700-Jahr-Feier
✕ Kunststoffwerk
🛏 ✕ Auf dem Naubergscheitel der Straße nach Hachenburg Gaststätte „Morgensonne". 2 Pensionen.
🚌 nach Hachenburg und Betzdorf
🚶 **Rundwanderwege mit dem Kennbuchstaben T:**
   T 1: Rundwanderweg Streithausen - Kempfsmühle - Limbach, über die Steinbrücke, dann links bergauf zum Wald, am Wegekreuz geradeaus nach Marienstatt, über die Straße nach Streithausen zurück (7,0 km).
T 2:   Rundwanderweg Streithausen - Morgensonne - Streithausen (6,0 km).

Die am Wiesengrund entlangführende Talstraße bringt uns 2 km weiter in den Fremdenverkehrsort
Limbach (260 m; 430 E., VG Hachenburg)
🏛 Das ehemalige Backhaus steht jetzt im Freilichtmuseum Sobernheim. Die **Limbacher Mühle**, 1802 als Drahtzug erbaut, wurde später Eisenblech-walzwerk, dann Mühle und ist heute Gaststätte und Pension.

Rundwanderwege mit dem Kennbuchstaben O:

O 1: Von Limbach über den Jägersteg, links ab, nach 500 m über den Seifen. Bei der anschließenden Waldwegkreuzung links abbiegen. 40 m nach der Kreuzung befinden sich auf der linken Seite zahlreiche Fuchsbauröhren. In diesem Bereich sind Schlackenfundstellen von alten Eisenschmelzöfen und Kohlenmeilerbrandstellen deutlich sichtbar. Nach 1 km die alte Lützelauer Mühle, die Kleine Nister überqueren, links den ersten Weg durch den Fichtenwald nach Limbach (5 km).

O 2: Wie O 1 bis zur Waldwegkreuzung, dann rechts ab, nach ca. 250 m wieder rechts, nach 500 m eine Schutzhütte, durch den Erchebach-Wald und das Erchebach-Tal führt der Weg zur Lützelauer Mühle wie O 1. Weiter wie O 1 (5,5 km).

O 3: Von Limbach, Hofgartenstraße, links hoch Richtung Jagdhaus, durch den Fichten- und Mischwald ca. 500 m, links ab, 500 m Feldweg, Feldwegkreuzung wieder links, nach 250 m durch den Mischwald, schließlich ca. 1,3 km durch das Lehmbachtal nach Limbach (5,0 km).

O 4: Von der Limbacher Mühle ca. 1 km bis zur Kempfsmühle. 500 m weiter links hoch, nach weiteren 500 m links ab zur Jagdhütte. Von hier weite Sicht über Limbach in weite Teile der Kroppacher Schweiz (3,5 km).

O 5: Von Limbach wie O 3 beschrieben bis zur Feldwegkreuzung, rechts ab, nach ca. 400 m links, nach weiteren 250 m wieder links ab. 1 km Richtung Hommelsberg bis zur Straße Hommelsberg - Limbach, von hier ca. 1,8 km durch das Lehmbachtal bis Limbach (6,5 km).

O 6: Von Limbach ca. 1 km Richtung Kloster Marienstatt, bei der Kreuzung am Waldrand rechts ab ca. 800 m bis zur Schutzhütte am alten Sportplatz auf dem Assberg. Von hier schöne Aussicht auf die Kroppacher Schweiz. Bis nach Limbach ca. 800 m (4,0 km).

Von Limbach nach Marienstatt

Von Limbach über die Hauptstraße Richtung Streithausen, am Friedhof vorbei bis zur Kreuzung am Waldrand, geradeaus durch den Wald (Weg T 1) bergab teils an der Großen Nister vorbei nach Marienstatt (2,2 km).

Die Nistertalstraße führt weiter über den Kamm zwischen Großer und Kleiner Nister, vereinigt sich mit der von Astert kommenden Straße, überquert die Kleine Nister an der Lützelauermühle und erreicht das

Hofgut Lützelau (216 m).

◪ Ehemalige Wasserburg derer von Lützelau, von Bicken, von Holdinghausen und anderen. Erstmals 1270 erwähnt als Luzzillinhan. 1826 wurden die Gebäude auf Abbruch verkauft. Übrig blieb allein die 1756 erbaute Mühle, die heute noch steht.

Dann sind wir in

Heimborn (220 m; 280 E., mit Ortsteilen, VG Hachenburg)

✔ Tennisplatz, Hallenbad

⇔ ✕ Hotel und mehrere Pensionen; hübscher Campingplatz an der Nister.

🚌 Privatbus Meutsch Hachenburg - Marienstatt - Wissen.

▨ Ein beliebtes Postkarten- und Bilderbuchmotiv vergangener Jahrzehnte war die Idylle am Zusammenfluß von Kleiner und Großer Nister unterhalb des Dorfes, im Volksmund „Deutsches Eck" genannt. Heute versteckt sich hier im Grün des Talgrundes der Campingplatz.

Rundwanderwege mit dem Kennbuchstaben E:

E 1: Von Heimborn in Richtung Limbach, nach 300 m links in Richtung Obermörsbach, am Knabenberg links ab nach Wintershof, links ab 200 m über die Straße, dann links durch die Ehrlicher Hardt nach Heimborn zurück (5,0 km).

E 2:   Rundwanderweg um den Knabenberg (4,5 km).
E 3:   Rundwanderweg an der Kleinen Nister entlang zur Lützelauer Mühle und
       zurück (3,0 km).
E 4:   Von Heimborn nach Lützelau, vor dem Wasserlauf links nach Kundert, in
       der Eichert links nach Heimborn zurück (6,0 km).

Unterhalb Heimborn fahren wir über die Nister und sehen rechts
an ihrem Ufer das kleine
Heimborn-**Ehrlich** (200 m)
🛏 ✕ 2 Hotels mit 55 Betten; Gasthaus.
🚌 Privatbus Meutsch Hachenburg - Wissen.

Rundwanderwege mit dem Kennbuchstaben F:
F 1:   Von Ehrlich in Richtung Stein-Wingert, bei der Jagdhütte gerade-
       aus, dann rechts nach Stein-Wingert, über den Steg, 400 m in Richtung
       Kroppach, am Waldesrand links ab, 2,5 km ebener Weg um die Nister-
       schleife (identisch mit 4), über die Straßenkreuzung in Richtung Heim-
       born, an der ersten Kurve links ab nach Ehrlich zurück (5,5 km).
F 2:   Von der Ehrlicher Brücke nach dem Dorf Ehrlich, übe den Steg nach
       Heimborn, scharf links durch die Siedlung, aufwärts in die Ehrlicher
       Hardt nach Wintershof, durch den Ort, dann links ab durch das Tal nach
       Ehrlich zurück (4,5 km).
F 3:   Von Ehrlich zur Jagdhütte, geradeaus zur Nister hinunter in Richtung
       Stein-Wingert, am Waldausgang links nisteraufwärts, schöner Aus-
       sichtspunkt „Krag", die innere Nisterschleife weiter bis Ehrlich (3,5 km)

Eine Straße führt von Heimborn-Ehrlich nordöstlich hoch nach
Mörsbach (320 m; 500 E. mit Ortsteilen, VG Hachenburg)
🛏 ✕ 1 Gasthaus, 1 Pension; 31 Fremdenbetten.
🚌 nach Wissen und Hachenburg

Rundwanderwege mit den Kennbuchstaben M und L:
M 1:   Von Obermörsbach nach Kundert, links über den Fahrweg in
       Richtung Schwedengraben, am Waldrand rechts bergauf, auf der Höhe
       links ab, an der Straße 400 m links, dann rechts durch die Fahrenschlade
       nach Obermörsbach (7,0 km).
M 2:   Rundwanderweg über befestigte Wege von Obermörsbach nach Nieder-
       mörsbach, Wintershof, Knabenberg nach Obermörsbach (5,0 km).
M 3:   Von Obermörsbach zur Fahrenschlade,links ab durch die „Lichter-
       bach", am Waldesrand oberhalb Brunken schöne Aussicht, an der Weg-
       gabelung links nach Obermörsbach zurück (5,0 km).
M 4:   Rundwanderweg durch die Lichterbach (4,0 km).
L 1:   Von Wintershof nach Niedermörsbach, am Ortsausgang Richtung Ober-
       mörsbach links zur „Lichterbach", am Waldrand links, vor der Ein-
       mündung in die Straße Burbach - Wissen links, (schöne Weitsicht), am
       Kautenkopf links ab nach Wintershof zurück (4,0 km).

An der Straße von Obermörsbach nach Limbach liegt in einem
Seitental
Kundert (315 m; 320 E., VG Hachenburg)

Rundwanderwege mit dem Kennbuchstaben N:
N 1:   Von Kundert Richtung Lützelauer Mühle, nach 1 km links ab durch
       das „Steinchen" nach Kundert zurück (3,0 km).
N 2:   Von Kundert auf der linken Talseite nach Lützelau, an der Wegegabelung
       im Wald halblinks, oberhalb der Lützelauer Mühle vorbei, durch die
       Erchebach nach Limbach, links ab über Bussen-Berg nach Kundert
       (6,5 km).

✳

In Niedermörsbach zweigt links eine Straße in Richtung Wissen
ab. Auf dem Kautenkopf (332 m) schöne Aussicht. Von dort hinunter ins kleine
Mörsbach-**Burbach** (280 m)

Rundwanderwege mit dem Kennbuchstaben H:

H 1: Von Burbach Richtung Stein-Wingert, am Waldrand rechts ab durch das Tal nach Helmeroth, am Ortsanfang von Helmeroth links nach Flögert (schöne Aussicht auf das Nistertal), in Flögert über den Steg nach Altburg, bis zum Fahrweg nach Burbach, hier links ab, auf der Höhe außerhalb des Waldes wieder links nach Burbach (7,0 km).

H 2: Von Burbach 1,5 km über die Straße Richtung Wissen, am Waldrand vor dem Ortsteil Kölbach links ab, bergaufwärts durch den „Schellert" bis zur Nister, links über einen Pfad am Fluß entlang, an der stillgelegten Grube links ab talaufwärts nach Burbach (5,0 km).

H 3: Von Burbach 1 km Richtung Alhausen, vor dem Wald rechts ab, der Markierung folgen durch herrlichen Laubwald (ca. 2 km) bis zum Fahrweg, dort links, nach 300 m wieder links, außerhalb des Waldes links ab nach Burbach zurück (5,5 km).

H 4: Rundwanderweg um den Kautenkopf über befestigte Wege (4,0 km).

H 5: Von Burbach in Richtung Stein-Wingert, am Wald rechts ab durch das Tal, an der Helmerother Brücke vorbei, nach 200 m links bergaufwärts zum „Eng", zurück nach Burbach (4,5 km).

Auf schmalem Sträßchen fahren wir von M.-Burbach aus westwärts. Wild sich verschlängelnd hat die Nister sich hier ein Tal gesucht. Für die 900 m Luftlinie Stein-Wingert - H.-Flögert braucht sie 6 km. Sackgassen führen in die Dörfchen St.-Wingert-Alhausen und

Stein-Wingert-**Altburg** (180 m; 9 E.)

🏛 Abgeschiedene Idylle mit zwei hübschen Fachwerkhäuschen.
An der Straßenkreuzung oberhalb liegt die vorgeschichtliche Wallanlage „Alte Burg" aus der Latènezeit.

Die weiteren Orte zwischen Nistertal und Selbachtal sind im Kapitel „Das Gebhardshainer Ländchen und die Elbtalhöhen" beschrieben.

Die nachfolgenden Rezepte mögen dem Leser Anregung geben, selbst einmal „Wäller Kost" zu kochen und zu backen oder auch Erinnerungen an längst vergangene Zeiten aufzufrischen.

Kartoffelkuchen (Rieweskuche)

Zutaten: 1/4 Ltr. Milch, 1 kg Kartoffeln, 500 g Mehl, 30 g Hefe, etwas Salz
Zubereitung: Ähnlich wie Kartoffelbrot, mehr mit lockerem Teig wird Kartoffelkuchen zubereitet.
Die alten Westerwälder gaben den Teig in einen gußeisernen Topf (Riewesdiehl), der dann zum Backen in den großen zweistöckigen Ofen gestellt wurde.
Noch um die Jahrhundertwende wurde der Kartoffelkuchen hier und da noch in einem Grapenfußtopf, der an der Hehl ins offene Feuer gehängt wurde, gebacken.

Kartoffelbrot (Riewesblatz)

Zutaten: 1/4 Ltr. Milch, 1 kg Kartoffeln, 500 g Mehl, 30 g Hefe, etwas Salz
Zubereitung: Mehl, Milch, Hefe und Salz zu einem Teig verrühren und aufgehen lassen.
Kartoffeln waschen, schälen und reiben - und in einem Sieb gut ablaufen lassen, anschließend in einem Tuch gut ausdrücken. Geriebene Kartoffeln zu dem Teig geben und gut durchkneten. Nochmals muß der Teig aufgehen, wird dann zu einem runden Brot geformt und im Backofen gebacken.
Eine Scheibe Kartoffelbrot dick mit Butter bestrichen ist eine besondere Delikatesse - nicht nur für Westerwälder!

OBERES WIEDTAL UND HATTERTER GRUND

Bearbeiter: Josef Becker und
             Hermann Josef Roth   *Übersichtskarte Seite 168*

Die Landschaft zwischen dem Holzbach und dem Hatterter Grund
wurde bisher in allen Reiseführern stiefmütterlich behandelt. Dies
hat seine Gründe: Erstens hat die Landschaft keinen einheitlichen
Namen und zweitens wird sie von den Fremdenverkehrszentren
Kroppacher Schweiz im Norden oberhalb der B 414 und der
Westerwälder Seenplatte im Südosten parallel der B 413 umgrenzt.
Wer aber einmal der Wied, dem größten Fluß des Westerwaldes,
nachwandert, spürt den Reiz dieser Landschaft. Weite Wiesen
und Felder wechseln mit herrlichen Mischwäldern und sanften
Seitentälchen.

Früher fuhr eine Kleinbahn von Hachenburg durch dieses Gebiet
bis Selters. Der Betrieb dieser originellen und romantischen Bahn
wurde vor Jahren eingestellt.

Die Wied, die oberhalb Linden entspringt und durch den Dreifelder Weiher (Seeweiher) fließt, schlängelt sich durch diese Landschaft. Sie hat nicht nur topografische, sondern auch geschichtliche
Spuren hinterlassen. Das starke Wasser der Wied brachte es mit
sich, daß sich viele Mühlen am Bachlauf ansiedelten, und gerade
diese Mühlen sind es, die die Geschichte dieses Raumes mitge-
schrieben haben.

Als erster Mühle begegnen wir der „Talmühle" im Mühlental unterhalb des Ortes Wied. Ursprünglich war sie eine Papiermühle, später
eine Weberei, dann ein Luxushotel, und 1965 wurde sie zu einem
Sporthotel umgebaut. Heute befindet sich in diesem Hotel eine
psychosomatische Klinik.

Die nächste Mühle ist die „Wied-Mühle" unmittelbar am Ort. Sie
war früher eine Mahlmühle und stellte 1958 ihren Betrieb ein.
Heute dient sie nur noch als Wohnhaus. Dasselbe gilt für die
„Krambergsmühle", die nach dem kleinen Berg „Kramberg" benannt ist. Sie liegt in der Nähe des Ortes Winkelbach und ist seit
dem ersten Weltkrieg als Mahlmühle außer Betrieb. Eine der
wenigen Mühlen, die heute noch mahlen, ist die „Marzauer
Mühle". Sie liegt unterhalb Laad, einem Ortsteil von Hattert, in
Richtung Wahlrod. Den Namen „Marzauer Mühle" hat sie von
dem französischen General Marceau, der 1796 im Höchstenbacher
Wald verwundet wurde. Er soll der Sage nach, als er zum Lazarett
Altenkirchen transportiert wurde, auf der „Marzauer Mühle" Zwi-
schenstation gemacht haben, um dort die Wunden zu pflegen.

Ebenfalls wie die „Marzauer Mühle" liegt auch die „Hammermühle" in der Gemeinde Wahlrod, gegenüber Hanwerth, einem
Ortsteil von Mudenbach. Die „Hammermühle", der Name sagt es
schon, war keine Mahlmühle, sondern hier befand sich ein Hammerwerk, das seine Existenz durch die nahegelegenen Eisenerzgruben in Winkelbach begründete. Heute ist sie Hotel-Pension
und Ausflugsziel (kleiner Fischweiher, Diskothek).

Es gibt kaum einen Bachlauf im Westerwald, der so viele verschiedenartige Mühlen wie die Wied aufweist. Das beweist uns auch die nächste Mühle, nämlich die „Pulvermühle" in der Farrenau, Gemeinde Mudenbach. Die „Pulvermühle" stellte im Auftrage der großen Pulverfabriken Köln-Rottweiler Schwarzpulver her. Das Pulver wurde in Spezialwagen (Pulverwagen) auf dem Landweg bis nach Österreich transportiert. Daß die Pulverherstellung gefährlich war, beweist, daß die Pulvermühle dreimal in die Luft flog. Das letzte Mal explodierte sie 1901, danach wurde die Produktion eingestellt. Heute sieht man noch die Schutzdämme, die das Gelände um das Hofgut Farrenau absichern sollten. Ebenfalls sind die Stollen erkennbar, in denen das Pulver abgelagert wurde.

Weiter abwärts begegnen wir unterhalb Borod der „Knochenmühle". Sie stellte zuerst Viehfutter her, später wurde sie in eine Getreidemühle umgewandelt. Die „Knochenmühle" teilt auch das Los vieler Mühlen. Heute wird nicht mehr gemahlen, sondern nur noch Landwirtschaft betrieben. Auf dem Hof befindet sich eine kleine Bauernhofpension.

✳

Auf der nördlichen Wiedseite liegt in Richtung Hachenburg an der B 413

Wied (300 m; 440 E., VG Hachenburg)
(Oberhalb das Dorf Merkelbach; 420 E.)

✕ 2 Speisegaststätten
🚌 nach Hachenburg, Selters und Dierdorf
✳ Vcm nahegelegenen „Einbaum" (360 m) hat man eine wunderschöne Fernsicht zum Siebengebirge.
🚶‍♂️ 1. Zur Westerwälder Seenplatte, Ausgangspunkt Mühlental über den Wanderweg A 2 nach Steinebach, entlang der Wied, durch Wald und über den Eulsberg (482 m) und zurück. Weglänge: 7,2 km. Von Steinebach aus können beliebige Wanderungen im Bereich der Westerwälder Seenplatte durchgeführt werden.
2. Wanderung der Wied entlang bis Farrenau unterhalb Mudenbach. Leider sind am Flußbett keine ausgebauten Wanderwege vorhanden. Diese Wanderung empfehlen wir daher Romantikern. Weglänge hin und zurück: 11 km.

Verkehrsgünstig an der Kreuzung B 8 und 413 liegt
Höchstenbach (420 m; 640 E., VG Hachenburg)
Im Norden im wesentlichen von landwirtschaftlichen Nutzflächen, im Südosten von ausgedehnten Laub- und Nadelwäldern eingegrenzt. Das Dorf liegt auf einem Randhang, der sich leicht zur weiten Talaue des Wiedbaches neigt.
◫ Neben der an Hartenfels angrenzenden Grundherrschaft Rückeroth gehörte die von Höchstenbach, die ihrerseits mit der Bilstein-Thüringer Grundherrschaft Wahlrod verzahnt war, als frühes Eigengut der Grafen von Wied zur schmalen Basis, die deren Macht im Westerwald begründete. Allerdings wurde diese Position kaum weiter ausgebaut. Vielmehr gelangte durch die Heirat der Tochter Friedrichs von Runkel 1488 das Kirchspiel Höchstenbach an die Grafen von Sayn. Nach der Reformation blieb der Ort nicht von konfessionellem Streit zwischen Reformierten

und Lutheranern verschont. Gräfin Juliane von Sayn gründete in ihrem Wittum 1651 in Höchstenbach eine lutherische Gemeinde, die 1653 einen eigenen Pfarrer erhielt. Daneben konnte sich erst seit 1670 wieder eine reformierte Pfarrei behaupten. Durch die über den Westerwald ziehenden Revolutionsheere und ihre Gegner hatte das Dorf manche Belastung zu ertragen. Oberhalb des Ortes wurde 1796 am Waldrand der französische General Marceau von einer österreichischen Militärstreife so schwer verwundet, daß er beim Weitertransport in Altenkirchen im Alter von 27 Jahren verstarb. Lokale Eisenerzvorkommen lohnten früher den Betrieb eines kleinen Hammerwerkes.

🏛 **Ev. Pfarrkirche St. Georg.** Ursprünglich einschiffige, spätromanische Kirche, außen teilweise mit Bogenblenden und Rundbogenfries gegliedert. Den Westturm krönt ein achteckiger Spitzhelm. Innen kuppelähnliches Kreuzgratgewölbe mit schönem Schlußstein. In der Apsis wurden 1952 Wandmalereien freigelegt, in denen Christus als Weltenrichter, umgeben von Evangelistensymbolen und Heiligengestalten, dargestellt ist. Vermutlich zweite Hälfte des 13. Jh. Das Seitenschiff wurde später angebaut und ist durch zwei Arkaden gegen das flachgedeckte Langhaus abgesetzt. Die Emporen stammen aus dem 18. Jh., die Kanzel noch aus der zweiten Hälfte des 17 Jh.

Denkmal für den 27jährigen General Napoleons, **Marceau,** der 1796 von einem Tiroler Kaiserjäger hier verwundet wurde, im Lazarett Altenkirchen starb und mit militärischen Ehren von den Österreichern den Franzosen übergeben wurde. Den einfachen Obelisk, etwa 1 km südlich des Ortes im Walde, stiftete 1863 Kaiser Napoleon III.

Etwa 700 m unterhalb ein schlichter **Gedenkstein** an einen tragischen Verkehrsunfall, der 27 Personen das Leben kostete.

🏊 Schönes Schwimmbad mit Liegewiese am Waldrand und Kinderspielplatz

✚ Zahnarzt.

✕ Speiserestaurant

🚌 nach Köln, Wissen, Koblenz, Altenkirchen, Hachenburg

☎ Ortsgemeinde 5239 Höchstenbach, Tel. (0 26 80) 3 30

🚶 1. Südöstlich durch den Wald zur Westerwälder Seenplatte (6 km);
2. Nordöstlich über Hattert nach Kloster Marienstatt (8 km);
3. Nordwestlich nach Wahlrod und zum Beilstein (Naturdenkmal) links kurz vor dem Ortseingang (2 km);
4. Südlich am Ers-Berg vorbei auf dem Fahrweg durch den Wald nach Mündersbach und zu den „Sieben Buchen" (Naturdenkmal) nordwestlich am Waldrand (4 km).

Die B 8 führt von Höchstenbach über Winkelbach in nordwestliche Richtung nach

Wahlrod (280 m; 730 E., VG Hachenburg)

🏛 Mittelpunkt des Dorfes ist die **ev. Pfarrkirche** von 1851, ein neuromanischer Saalbau mit schlankem Ostturm.

Erwähnenswert sind die Marzauer Mühle und die Hammermühle (Siehe Einleitungsbeitrag!)

✚ Arzt

🛏 ✕ Zwei Hotels und Speisegaststätten; Ferien auf dem Bauernhof; 40 Betten.

🚌 nach Altenkirchen und Hachenburg

🏛 Links vom Ortseingang aus Richtung Höchstenbach die mächtige Basaltgruppe des Beilstein.

Abseits der B 8 liegt 2 km westlich von Wahlrod die nun zum Kreis Altenkirchen gehörende Fremdenverkehrsgemeinde

Berod (309 m; 650 E., VG Altenkirchen)

🎣 Angeln im Quarzitbruch-Weiher.
🛏 ✕ Hotels und Pensionen mit 45 Fremdenbetten;
Im Gemeindewald Campingplatz mit Grillplatz.
🚌 nach Altenkirchen und Hachenburg
🚶 Schöne Wandermöglichkeiten südlich in den Beroder Wald.

Links der Hohen Straße in Richtung Altenkirchen
Gieleroth (315 m; 550 E., VG Altenkirchen)
🏛 Von der B 8 her zu sehen der Reinhardshof, ein charakteristisches Westerwälder Einfirsthaus aus dem 18. Jh., zeitweilig kaiserliche Reichs-Posthalterei.
An der Hohen Straße in Richtung Altenkirchen ein fast 4 m hoher Meilenstein aus Basalt.
🎣 Pferdehof
🛏 ✕ Pension, Gaststätte mit Mittagstisch.
🚌 nach Altenkirchen und Hachenburg.

Zwischen Hachenburg und dem Wiedtal zieht sich langgestreckt im Hatterter Grund
Hattert (265-330 m; 1670 E., VG Hachenburg)
mit den Ortsteilen Hütte, Niederhattert, Mittel- und Oberhattert, Laad und dem Hof Sophiental. Aus den vorgenannten Ortsteilen wurde 1972 die Gemeinde Hattert gebildet.
◻ Der fruchtbare **Hatterter Grund** war einst die „saynische Kornkammer" für die Hachenburger Residenz. Im Ortsteil Laad befand sich eine Verladestelle für Heu und Getreide. Daher der Ortsname und daher auch der heute noch übliche Ausdruck „Ich gehe in die Laad!" Im Ortsteil Hütte stand eine Lagerhütte. Entsprechend sagt man auch hier: „Ich gehe auf die Hütt!" Mittelpunkte des Bezirks waren seit jeher die Ortsteile Nieder- und Mittelhattert. Das Hofgut Sophienthal, wo einst die Getreidetransporte zusammengestellt wurden, soll folgenden Ursprung haben: Graf Johann August von Sayn-Hachenburg, ein Junggeselle und der letzte seines Geschlechts, mit dem die Dynastie 1799 ausstarb, soll sich mit drei auf dem Schloß wohnenden Witwen nicht vertragen haben. Für Luise sei das verschwundene Schloß Luisenlust beim Bahnhof Hattert erbaut worden und für Sophie, die Witwe des Burggrafen Georg-Friedrich von Kirchberg, dieser Hof Sophiental.
🎣 Reithalle und Reitschule in Hütte. - Bekannte Westerwälder Trachtengruppe.
🛏 ✕ 3 Speisegaststätten; 17 Betten.
🚌 nach Hachenburg
🚶 In die Kroppacher Schweiz und nach Hachenburg.

Im Hang eines nördlichen Seitentälchens der Wied zur Kroppacher Schweiz hin das langgestreckte Dorf
Mudenbach (318 m; 750 E., VG Hachenburg)
◻ Der Name Mudenbach soll von einem Ritter namens Muodo stammen. Mudenbach gehört zum Kirchspiel Kroppach und hat seit 1964 eine eigene Kirche. - Das Hofgut Farrenau und die ehemalige „Pulvermühle" gehören zu Mudenbach und liegen im romantischen Wiedtal.
🏛 Im Walddistrikt „Steinerner Pfeiler" unweit der B 414 steht ein alter Steinpfeiler. Er ist etwa 3,70 m hoch und trägt im Sockel die Jahreszahl 1595. Vermutlich stammt der Pfeiler vom zerstörten Lustschloß Luisenlust bei Müschenbach und wurde hier als Wegemal aufgestellt.

✚ Arzt
♟ Kegelbahnen
⊨ ✕ 4 Pensionen, 2 Speisegaststätten; 30 Betten;
Im Hof Farrenau Ferienwohnungen und „Ferien auf dem Bauernhof".
🚌 nach Hachenburg und Altenkirchen
🏃 Wandermöglichkeiten an der Wied entlang.

Im Wiedtalhang nordwestlich von **Wahlrod** in Richtung Kroppacher
Schweiz
Borod (260 m; 440 E., VG Hachenburg)

♟ Reitgelegenheiten; Kanu- und Schlauchbootfahren auf der Wied;
Hallenbad in der Pension Euteneuer.
⊨ ✕ 4 Pensionen und Speisegaststätten mit 80 Fremdenbetten.
🚌 nach Hachenburg und Altenkirchen
✳ Von der Höhe in Richtung Bahnhof Ingelbach Fernsicht bis zum
Siebengebirge.
🏃 Durch das Wiedbachtal und die angrenzende Kroppacher Schweiz.

Eine interessante Gegend

Die Kaiserin Augusta besichtigte einst ihr Leibregiment vor dem
Schloß in Koblenz. Es dienten in dem Regiment unter anderem auch
eine ganze Reihe Westerwälder. Die Kaiserin schritt mit ihrem Ge-
folge die Front ab und sprach in freundlicher Weise einige Soldaten
an.
„Nun, mein Sohn, wo bist du denn zu Hause?"
„In Kotzenroth, auf dem Westerwald."
Die Kaiserin guckte etwas verlegen und ging einige Schritte weiter.
„Wo bist du denn her?" fragte sie einen langen Kerl.
„Auch vom Westerwald, von Pfeifensterz."
Die Kaiserin mußte lächeln, und einige aus ihrem Gefolge fingen an
zu grinsen.
„Wo ist denn deine Heimat?" fragte sie einen dritten.
„In Rotzenhahn, auf dem Westerwald."
Nun mußten schon alle lachen, einschließlich die Kaiserin. Aber sie
fragte noch einen vierten: „Dann bist du wohl auch im Westerwald
daheim?"
„Jawohl, Majestät, ich bin von Kackenberg."
Unter lautem Lachen ihres Gefolges sagte die Kaiserin: „Der Wester-
wald scheint ja eine interessante Gegend zu sein. Aber die Haupt-
sache ist, daß ihr tüchtige Soldaten seid."

Lina Müller-Klöckner

DIE WESTERWÄLDER SEENPLATTE

Bearbeiter: Hermann Josef Roth   *Übersichtskarte Seite 204*

Die Westerwälder Seenplatte, auch als Dreifelder Weiherland oder Nassauische Seenplatte bezeichnet, ist als besonders reizvolle Kulturlandschaft einmalig im Westerwald. Sie breitet sich als wellige Hochfläche zwischen den Bergköpfen des Hachenburger und Höchstenbacher Waldes im Norden bis zum Tal des Saynbaches im Süden aus. Als besondere naturräumliche Untereinheit des (geographischen) Oberwesterwaldes schließt sie diesen im Westen ab, wo sich das Herschbach-Dierdorfer Becken um 100 m absenkt und im größeren Rahmen die Grenze zwischen Hoch- und Niederwesterwald markiert. Fast mauerartig wirkt der Aufstieg des Gebirges aus dem Becken, nur der junge Saynbach wetzt eine tiefe Kerbe in die Wand.

Der sich nach nordwärts über die Nister hinaus fortsetzende Teil des Gebietes mit gleichem Charakter bleibt in diesem Kapitel unberücksichtigt.

Die Höhenlage der Seenplatte bewegt sich zwischen 400 und 420 m; die Landschaft steigt im Hachenburger Forst am Gietzebeul auf 494 m, stürzt im Sayntal jäh ab bis auf 340 m bei Zürbach. Sieben Stauweiher haben dem Gebiet seinen Namen verliehen. Bei Dreifelden breiten sich See-, Haiden- und Hofmanns-Weiher aus, bei Freilingen Brinken-, Post- und Hausweiher. Etwas abseits liegt nordöstlich des gleichnamigen Ortes der Wölferlinger Weiher, der zu einem großen Teil verlandet ist. Die Dreifelder Weihergruppen stehen untereinander durch Kanäle in Verbindung, ebenso die Freilinger Weiher. Mit 123 ha ist der Seeweiher das größte Gewässer, der Hausweiher mit 9,6 ha das kleinste. Daneben existieren noch kleinere Teiche, die der Fischerei-Wirtschaft als Abfisch- oder Haltebecken dienen.

Das eigentliche Weihergebiet wird im wesentlichen aus einer mit Basalt flach überzogenen Devonfläche aus Emsquarzit aufgebaut. Das Oberflächenprofil zeigt eine durch mehrere Bergköpfe umsäumte Hochfläche mit wannenförmigen Dellen und Quellmulden. Diese Einsenkungen zwischen den kuppelförmigen Basaltauswerfungen bilden die natürlichen Auffangbecken für die Stauweiher. Oberflächlich entkalkter brauner Lehm, der von Lößablagerungen herrührt, hat den Muldengrund soweit abgedichtet, daß ein Einsickern der Gewässer verhindert wird. Demgemäß blieb das Gebiet bis zur Anlegung erster Teiche, angeblich schon im 12. Jahrhundert, den Vorläufen der heutigen, eine öde Heidefläche mit sumpfigen Partien. Im Namen „Lochumer Heide" lebt alte Erinnerung fort.

Im Regenstau der Kuppen des Hohen und Oberwesterwaldes kann die Menge des mittleren Jahresniederschlages recht hohe Werte (über 950 mm) erreichen. Die Seenplatte gehört zum Einzugsgebiet des Rheins: Die Wasserscheiden seiner Nebenflüsse

Sieg, Wied, Saynbach und Lahn treffen nördlich des Wölferlinger Weihers zusammen. Davon haben die Wied und der Saynbach und außerdem der Holzbach ihren Ursprung unmittelbar im Seenbereich.

Die Wied, der bedeutendste Fluß des Westerwaldes, beginnt ihren Lauf bei Linden und durchfließt den Seeweiher. Der Holzbach tritt beim Hof Schönerlen aus dem Hausweiher, während der Wölferlinger Weiher als Quelle des Saynbaches gilt.

Die zeitweilig trocken fallenden Uferzonen tragen eine für solche Standorte typische Pflanzendecke, die manche Kostbarkeit enthält. Wo nicht Laubwälder oder Fichtenforste bis unmittelbar an die Ufer der Weiher treten, säumen Erlen- und Weidengebüsche, Röhricht und Sumpfwiesen das offene Wasser. Seltene, zum Teil nur hier wachsende Pflanzen, haben der Westerwälder Seenplatte unter den Botanikern zu hohem Ansehen verholfen.

Die mehr oder weniger breiten Schilfgürtel, die Kleinseggenfluren und die beim Ablassen der flachgründigen Weiher entstehenden Schlamm- und Schlickbänke machen die Westerwälder Seenplatte zu einem nahrungsreichen Rast- und Brutplatz einer artenreichen Vogelwelt. Auch die Umgebung mit ihren ausgedehnten Wäldern und Sumpfwiesen gewährt diesen Tieren Nahrung und Unterschlupf. Wegen der botanischen und ornithologischen Bedeutung des Gebietes wurden Brinken-, Haiden- und Wölferlinger Weiher unter Naturschutz gestellt. Der gesamte Bereich der Seenplatte genießt Landschaftsschutz.

Die Weiher (korrekter: Teiche) werden für Fischerei wirtschaftlich genutzt. Vorwiegend Karpfen und Schleien sowie als Beifische Hechte, Forellen, Zander und Welse werden gezogen. Zum Abfischen im Herbst werden die Teiche abgelassen. Die Fische

werden durch die Schleusen der Dämme gespült und erst in den
Abfischteichen gefangen und sortiert, ein Ereignis, das geradezu
volksfestartigen Charakter annimmt. Die ausgetrockneten Becken
werden gepflügt und durch Düngung auf den Besatz des nächsten
Jahres vorbereitet. Die Fischbrut wird auf Hof Roth bei Dierdorf
„vorgestreckt". —

Als Ende des 5. Jahrhunderts das Rheinland in die Hände der
Franken fiel, lebte die Bedeutung der uralten Nord-Süd-Verbin-
dungen wieder auf. Sie überquerten zum Teil bereits in vorgeschichtlicher Zeit den Westerwald. Die wichtigste war die Heerstraße, die von Köln nach Altenkirchen führte und sich dort in die
Leipziger Straße nach Osten und in die Frankfurter nach Süden
gabelte. Diese „Frankfurter Straße" entsprach teilweise dem Verlauf der heutigen Bundesstraße 8. Ihre Sicherung diente in unserem Raum die Burg Hartenfels. Über die Straße bewegten sich die
Warentransporte rheinischer und flandrischer Kaufleute. Auf ihr
marschierten aber auch schwedische Truppen im Dreißigjährigen
Krieg und später französische Revolutionsheere, deren General
Marceau 1796 im Wald vor Höchstenbach tödlich verwundet wurde
(Denkmal!).

Größten Einfluß auf die Geschicke des Landstriches nahmen die
Grafen von Wied. Hauptort des wiedischen Oberkirchspiels Rückeroth, eingesprengt zwischen Kurtrier und Sayn, war Dreifelden.
In dessen Gemarkung lag die sagenumwobene Rohrburg. Graf
Friedrich von Wied, Gründer der Stadt Neuwied, erweiterte um
1650 die schon im 12. Jahrhundert erwähnten Weiher und gab
der Seenplatte die jetzige Gestalt. Oft weilte er auf der Seeburg
und in Schönerlen.

Heute gehört das hier beschriebene Gebiet politisch zum Westerwaldkreis, und zwar zu den Verbandsgemeinden Selters (Freilingen, Steinen, Wölferlingen) und Hachenburg (Dreifelden, Gehlert, Höchstenbach, Linden, Lochum, Merkelbach, Mündersbach,
Steinebach, Wied).

Mehrere Wanderwege durchziehen das Weiherland, darunter der
Europäische Fernwanderweg 1 sowie die beiden Hauptwander-
wege 4 und II des Westerwald-Vereins. Mit dem Kraftfahrzeug ist
das Gebiet am besten über die B 8 von Köln über Altenkirchen
oder von Frankfurt über Limburg zu erreichen. Der Bahnhof
Hachenburg liegt an der Bahnstrecke Köln - Limburg - Frankfurt.
Die Beschreibung folgt von Nord-Westen nach Süd-Osten dem
Verlauf der B 8.

Information:

Für den gesamten Bereich der „Westerwälder Seenplatte":
   Fremdenverkehrsverein Westerwälder Seenplatte e. V.,
   5419 Freilingen;
   Verkehrsverein Westerwald e. V., Kirchstraße 48 a,
   5430 Montabaur, Tel. (0 26 02) 33 35 oder 38 10;

Wanderkarte 1 : 15 000 „Erholungsgebiet Westerwälder
Seenplatte". Herausgegeben vom Zweckverband Westerwälder Seenplatte, Kreisverwaltung, 5430 Montabaur;
Eingehend über Geschichte, Geologie, Klima, Gewässer
und insbesondere Pflanzen- und Tierwelt informiert das
Heft „Die Westerwälder Seenplatte" (= Rheinische Landschaften 2/3) von Hermann Josef Roth, das erhältlich ist
bei: Rheinischer Verein für Denkmalpflege und Landschaftsschutz, 5000 Köln 21, Deutzer Freiheit 49.

✳

Von Höchstenbach führt die B 8 südöstlich durch den Wald, läßt
aber, anders als ihre Vorläuferin, die mittelalterliche „Hohe
Straße", den Hartenfelser Kopf südwestlich liegen und erreicht
nach etwa 9 km den Ortsteil Straßen, der zur Gemeinde Steinen
gehört. Etwa 2,5 km vorher kreuzt die B 8 beim Gasthaus Hohenborn die Landstraße zwischen Steinebach und Schenkelberg.

Steinen (400 m; 200 E., VG Selters)
liegt einerseits verkehrsgünstig nahe der B 8, andererseits doch
abseits genug, um nicht durch störenden Lärm beeinträchtigt zu
werden.

◧ Der alte Hof Schönerlen gilt seit 1792 als erloschen. An seiner Stelle
entstand das Fischhaus am Hausweiher, heute ein Bestandteil des
Fürstlich-Wiedischen Hofes Schönerlen. Er zählt zu den großen Besitz-
komplex, den das Fürstenhaus in dieser Gegend verwaltet.
🖘 ✕ Gaststätte und Pension Zum Westerwald, Spezialität: Karpfen,
Forellen, Schleien; Pension Wiesenhof. Campingplatz Hofgut Schönerlen.
🚍 nach Selters
☎ Ortsgemeinde 5419 Steinen, Tel. (0 26 66) 7 27
🦌 Unmittelbar südöstlich vor dem Ortsteil Straßen befindet sich der
Brinkenweiher (Naturschutzgebiet), der einmalige Naturbeobachtungen
zuläßt. Vor allem seltene Wasservögel können von einem versteckten
Hochstand aus beobachtet werden.
Im Süden am Hausweiher (Fischhaus) Campingplatz und Badegelegenheit. Die unscheinbaren Teiche beim Hof Schönerlen sind für Botaniker
von Interesse.
🥾 1. Steinen - Hartenfels (6,5 km).
        Südlich zum Fischhaus und Hof Schönerlen, am Hausweiher
(Mkg.: K), nach 250 m westlich über die Kauten- und Mehlingermühle
(Mkg.: II) bis Hartenfels und zurück nach Steinen.
2. Steinen - Herschbach - Hohenborn (14 km).
        Westlich nach Hartenfels, unterhalb des Burgberges durch das Holz-
bachtal nach Herschbach, nordöstlich Friedhof und Kapelle Oberherschbach, der Fortsetzung der Allee folgen etwa 3 km bis zum
südlich verlaufenden Wanderweg mit Markierung + (weißes Kreuz)
südlich nach Hohenborn. Zurück über Schenkelberg - Hartenfels oder
über die B 8.

Rundwanderwege ab Wanderparkplatz Steinen:
E 1: Parkplatz Steinen über die Zufahrt zum Hofgut Schönerlen (Camping mit Badebetrieb), am Fischhaus vorbei über die Kautenmühle
nach Hartenfels (sehenswerte Burgruine, genannt Schmanddippe),
kurz durch den Ort, dann durch Acker- und Weideland zurück nach
Steinen. Für hungrige Wanderer hier besondere Fischspezialitäten
zu empfehlen. Weglänge: 6,1 km.

E 2: Ab Parkplatz Steinen über den ausgebauten Feldweg zum Hofgut Schönerlen, am Fischhaus vorbei, dem Wanderweg E 1 folgend, durch Wiesen- und Ackerland die Straße Maxsain-Hartenfels überquerend, nach ca. 200 m rechts ab entlang der Untermühle, die Gemeinde Hartenfels umgehend, nach Schenkelberg, dann rechts ab am Waldrand entlang in Richtung B 8, weiter entlang des Waldlehrpfades parallel zum Wanderweg E 3, zum Parkplatz Steinen zurück. Weglänge: 9,8 km.

E 3: Ausgehend vom Parkplatz Steinen in Richtung Hartenfels, am Ortsausgang rechts durch Wiesengelände, in Richtung Schenkelberg, nach Waldlehrpfad die B 8 überquerend, durch den Wald zur Seeburg (Gaststätte), rechts ab am Haidenweiher entlang, rechts ab durch herrlichen Mischwald zurück zum Ausgangspunkt Parkplatz Steinen. Weglänge: 5,7 km.

E 4: Vom Parkplatz Steinen parallel zur Straße Steinen-Dreifelden verlaufend, später rechts ab zur Straße Steinen-Dreifelden, Überquerung derselben, zum Brinkenweiher über den Dammweg Post-/Brinkenweiher, rechts ab entlang der B 8 am Friedhof Steinen vorbei, zum Parkplatz zurück. Weglänge: 3,4 km.

E 5: Vom Parkplatz Steinen aus bis zum Ortsausgang in Richtung Dreifelden, rechts ab am Friedhof vorbei, entlang der B 8, parallel mit dem Wanderweg E 4 verlaufend, an der Einmündung des Dammweges B 8 überqueren, Weg zum Hausweiher, rechts ab über die ausgebaute Zufahrt zum Hofgut Schönerlen, parallel mit den Wanderwegen E 1 und E 2 zum Ausgangspunkt Parkplatz Steinen zurück. Weglänge: 2,2 km.

Von Steinen-Straßen ab führt die B 8 südöstlich an der Freilinger Weihergruppe vorbei und erreicht nach 2 km
Freilingen (450 m; 560 E., VG Selters)

bekannter Fremdenverkehrsort, im Tal des Saynbaches gelegen und von abwechslungsreicher Landschaft mit ausgedehnten Wäldern und landwirtschaftlich genutzter Fläche umgeben. Im Schnittpunkt mehrerer Straßen mit der B 8 ist der Ort verkehrsmäßig leicht von allen Richtungen zu erreichen.

◨ Ein Wychardus, wahrscheinlich Graf Wigger vom Engersgau, machte 1034 das Gut Freilingen (Vrilingoim, 1607: Vriling) dem Stift St. Kastor in Koblenz zur Schenkung. Zeitweilig bildete der Ort eine Saynische Vogtei, die später mit dem Banne Maxsain verschmolz. Infolge der verkehrsgünstigen Lage an der „Hohen Straße" war hier schon 1612 eine Poststation, die später durch den Fürsten von Thurn und Taxis betrieben wurde. Nur noch als Wegebezeichnung „Alte Poststraße" lebt die Erinnerung an einen ehemaligen Zubringer weiter, der von Hachenburg über Lochum, Linden, Dreifelden nach Freilingen führte.
✚ Arzt
⋈ ✕ 2 Hotels und 3 Pensionen mit insgesamt 65 Fremdenbetten. Hotel zur Post mit Fischspezialitäten. Campingplatz am Postweiher.
🚌 nach Selters, Weidenhahn, Hachenburg, Köln, Düsseldorf
☎ Ortsgemeinde 5419 Freilingen, Tel. (0 26 66) 2 10;
Prospekt, Wanderkarte.
🎿 Freilingen - Hachenburg (14 km).
Über Steinen-Straßen nordöstlich durch den Wald, dauernd dem Wegezeichen 4 folgend, Seeburg, Langenbaum, Gehlert und von dort gemäß Wegezeichen 4 etwa 300 m nordöstlich und dann nördlich dem Feldweg entlang ein kleines Stück Wald durchquerend nach Hachenburg.

Freilingen - Selters (7 bzw. 10 km).
Weg nördlich des Saynbaches, parallel zur Landstraße in südwestlicher Richtung bis Zürbach, von dort den Markierungen 4 und X folgen nach Maxsain, zum Ortsausgang südlich in Richtung Quirnbach, von da ent-

weder gemäß Markierung 4 und X direkt oder durch den Wald um den Kreuzberg gemäß Markierung X nach Selters.

Rundwanderwege ab 🅿 Freilingen:

C 1: Ausgehend vom Parkplatz Ortsmitte Freilingen parallel zum Saynbach bis nach Maxsain, Ortsteil Zürbach, dann rechts ab zurück in
Richtung B 8 bis zum Parkplatz Postweiher, von dort über den ausgebauten Fußweg zurück zum Ausgangspunkt Parkplatz Freilingen.
Weglänge: 3,7 km.

C 2: Ab Parkplatz Ortsmitte Freilingen entlang der B 8, ab Ortsausgang
über den Fußweg durch den Wald bis zur Gaststätte Waldfriede,
rechts ab, nach ca. 200 m wiederum rechts bis zur Straße Freilingen-
Dreifelden, wiederum ca. 100 m rechts, dann links am Waldrand
entlang zum Saynbach, diesen überqueren, zurück nach Freilingen
zum Parkplatz. Weglänge: 4,1 km.

C 3: Ab Parkplatz Ortsmitte Freilingen entlang der B 8, ab Ortsausgang
über den Fußweg durch den Wald bis zur Gaststätte Waldfriede,
rechts ab bis zur Schutzhütte, an dieser vorbei, nach ca. 250 m
rechts ab, die Straße Freilingen – Dreifelden beim Wasserhochbehälter überqueren, dann Zusammentreffen mit dem Wanderweg B 3
rechts ab, zum Rast- und Parkplatz Wölferlingen, am Friedhof vorbei, durch Wölferlingen hindurch in Richtung Wölfersberg (453 m),
rechts zurück nach Freilingen. Weglänge: 6 km.

C 4: Ab Parkplatz in Richtung Wölferlingen, kurz hinter dem Friedhof
links über den Saynbach zur Schutzhütte Freilingen, dann mit dem
Wanderweg C 3 gleichlaufend bis zur Gabelung mit dem Wanderweg B 3, diesen weiterlaufend bis zum Wölferlinger Kopf (460 m),
weiter zur Schutzhütte Wölferlingen, dann rechts ab die Straße
Wölferlingen-Rotenhain überqueren, zur Erhebung Himmrich (450 m),
weiter durch den Wald zur Straße Wölferlingen-Langenhahn, vorher
jedoch rechts ab an der Erhebung Schwengersberg (463 m) vorbei,
über Feld- und Waldwege nach Wölferlingen durch den Ort parallel
zu den Wegen C 3 und B 5, am Wölfersberg (453 m) vorbei nach
Freilingen zum Ausgangspunkt zurück. Weglänge: 10,4 km.

C 5: Ausgang Parkplatz Freilingen (wie C 4), in Richtung Wölferlingen,
dann über den Saynbach, nach ca. 200 m rechts ab durch Wald,
entlang des Sportplatzes am Friedhof Wölferlingen vorbei, weiter
zur Erhebung Wildsburg (454 m) zum Parkplatz Wölferlinger Weiher,
unmittelbar am Saynbach gelegen, von dort weiter zur Erhebung
Schwengersberg (463 m), über Wölferlingen, parallel zu C 3 und C 4
nach Freilingen zurück. Weglänge: 7,2 km.

C 6: Ausgehend vom Parkplatz Ortsmitte Freilingen bis zum Ortsausgang, entlang der B 8, dann parallel verlaufend zu C 3, C 4, C 5, am
Wölfersberg vorbei nach Wölferlingen, durch den Ort in Richtung
Ortsteil Düringen, durch Wiesen, später am Waldrand vorbei zur
Straße Düringen-Weidenhahn, dieser ca. 1 km in Richtung Weidenhahn folgend, dann rechts ab in Richtung Freilingen zum Ausgangspunkt Parkplatz zurück. Weglänge: 5,6 km.

2 km südlich von Freilingen liegt in einer flachen Quellmulde
Weidenhahn (380 m; 580 E., VG Selters)

🚩 Schon um 1525 bestand hier eine Kirche, die 1730 zum „Hinterkirch-
spiel" der Pfarrei Meudt erhoben wurde.

🏛 Jetzige Kirche typischer burgartiger Bau des ersten Drittels dieses Jh. in
Gemeinschaft mit dem Friedhofszugang und dem Kriegerehrenmal.

🏇 Reitschule

🛏 ✕ Pension mit 20 Betten.

🚌 nach Montabaur und Hachenburg

☎ Ortsgemeinde 5419 Weidenhahn, Tel. (0 26 66) 7 76

🧗 **Rundwanderwege ab Weidenhahn mit dem Kennbuchstaben D:**

D 1: Ausgehend vom Parkplatz Weidenhahn durch den Ort, durch
Acker- und Weideland, nach Maxsain - Ortsteil Zürbach - am Sayn-

bach entlang, parallel zu dem Wanderweg C 1 verlaufend bis Ortseingang Freilingen, dann rechts ab den Saynbach überquerend, ca.
600 m der Straße Freilingen-Weidenhahn folgend, dann links ab
wiederum durch Wiesenland zum Ausgangspunkt Parkplatz Weidenhahn zurück. Weglänge: 4,7 km.

D 2: Ab Parkplatz Weidenhahn in westlicher Richtung bis kurz vor die
Erhebung Kaltebaum (472 m), dann rechts ab in südlicher Richtung
zur Straße Kuhnhöfen-Weidenhahn, dieser folgend nach Weidenhahn
zum Parkplatz zurück. Weglänge: 3,3 km.

D 3: Gleichverlaufend mit dem Wanderweg D 2 zur Erhebung Kaltebaum
(472 m), jedoch in einem weiten Bogen um die Erhebung durch
Acker- und Wiesenland in südlicher Richtung verlaufend, die Straße
Kuhnhöfen-Weidenhahn überquerend, am Fuße der Erhebung Rin-
dersberg (458 m) vorbei, durch die Gemeinde Niedersayn mit ihren
Ortsteilen Karnhöfen und Blaumhöfen bis zum Ortsrand der Gemeinde Ewighausen, dann rechts ab, nach ca. 350 m wiederum links entlang der Erhebung Pfaffenstein (422 m) mit dem Wanderweg D 4
parallel zum Ausgangspunkt Parkplatz Weidenhahn zurück. Weglänge: 8,4 km.

D 4: Ab Parkplatz Weidenhahn über die Straße Weidenhahn-Kuhnhöfen
nach ca. 400 m rechts ab zu der Erhebung Pfaffenstein (422 m), hier
besteht die Möglichkeit der Rundwanderung um den Pfaffenstein
und den gleichen Weg zurück zum Ausgangspunkt oder
weiter über den Wanderweg D 3 nach Weidenhahn zurück. Weglänge: 3,2 km.

✱

Von Freilingen geht nach Osten eine Landstraße, zugleich Wanderweg II, nach Wölferlingen (1,5 km).

Wölferlingen (394 m; 450 E., VG Selters)
in waldreicher und industrieferner Gegend gelegen und daher als
Erholungsgebiet bevorzugt. Südlich der Ortsteil W.-Düringen.

◻ Vorübergehend spielte die „Hohe Straße" in die Geschichte von
Wölferlingen, als Graf Salentin von Manderscheid-Sayn im 17. Jh.
wiederholt versuchte, den Verkehr über Lochum nach Wölferlingen
umzuleiten. Kurtrier konnte das vereiteln. Sonst hatte der Ort lediglich
als Isenburger Vogtei eine geringfügige lokale Bedeutung.

🏛 Die **ev. Pfarrkirche** (erbaut 1751) verdient eine Hervorhebung wegen
ihrer Sonderstellung innerhalb der Westerwälder Barockbauten, die sie
wohl Einwirkungen süddeutscher Tradition verdankt. Es handelt sich um
einen großen Saalbau, dem im Osten ein Turm vorgesetzt ist, den breite
Ecklisenen und eine Zwiebelhaube schmücken. Im Innern befinden
sich eine bemerkenswerte Schölerorgel (um 1800) und eine eindrucksvolle
Bestuhlung.

Wo der Weg zum Wölferinger Weiher von der Straße nach Rotenhain
abbiegt, steht eine **Säule,** die das Unterteil eines alten Wegweisers
bildete. Drei Hände wiesen nach Langenhahn, Rotenhain und Wölferlingen. Als 1876/77 die jetzige Chaussee nach Langenhahn gebaut wurde,
verlor die bisherige Straße am Weiher entlang ihre Bedeutung. Der
Wegweiser blieb - bis vor dem 2. Weltkrieg Rotzenhahn in Rotenhain
umbenannt wurde. Da der Wegweiser den alten Namen trug, wurde er
von unbekannter (?) Hand zerstört! Eine Wiederherstellung durch die
Gemeinde Wölferlingen vor wenigen Jahren endete ebenso, so daß nun
eine revidierte Fassung vorgenommen wurde.

🛏 ✕ 3 Pensionen mit 35 Fremdenbetten.
🚌 nach Selters, Langenhahn, Hachenburg, Montabaur, Koblenz, Köln
☎ Ortsgemeinde 5419 Wölferlingen, Tel. (0 26 66) 2 22
Lit.: Busch, Ein Dorf im Westerwald: Wölferlingen (1978)
🏞 Nordöstlich des Dorfes der von breiten Schilfgürteln umgebene und
einsam gelegene **Wölferlinger Weiher,** der als Naturschutzgebiet be-

sondere Anziehungskraft besitzt; sein Wasser stammt aus den Quell-
mulden zwischen den Kuppen des Wölferlinger Kopfes (460 m), der
Wildsburg (454 m) und des Schwengersberges (463 m).
Im Steinbruch am Ortsrand wurde Trachyt für die Ausbesserung des
Kölner Domes und zur Gestaltung von Architekturdetails an der Marienstätter
Klosterkirche gewonnen.

🏃 Rundwanderwege mit dem Kennbuchstaben C siehe unter Freilingen!

Von Freilingen aus besteht über eine Landstraße direkte Verbindung nördlich nach Dreifelden.

Dreifelden (416 m; 215 E., VG Hachenburg)
unmittelbar am Seeweiher gelegen, erfreut sich deswegen großer
Beliebtheit als Ausflugsziel und Erholungsort. Wenn das Dorf auch
von keiner der großen Durchgangsstraßen berührt wird, so wird
dieser Umstand im Hinblick auf seine Funktion als „Sommerfrische" zum unschätzbaren Vorteil. Mit den Naturschutzgebieten
am Südufer des Seeweihers (Rundweg!) und am Haidenweiher
verfügt Dreifelden über besondere Anziehungspunkte.

◪ Ort und Kirche von Dreifelden liegen an einem Punkt, an dem die
im Westerwald miteinander konkurrierenden Mächte in alter Zeit auf-
einanderprallten: die Erzstifte Trier und Köln, die Grafschaften Wied
und Sayn-Hachenburg. Der „Dreiherrenstein" (= Sayn, Wied, Kurtrier)
in der Nähe des Dorfes erinnert noch an diese Verhältnisse. Trotzdem findet
Dreifelden erst 1319 urkundliche Erwähnung. Es war Hauptort des wiedischen
Oberkirchspiels Rückeroth. Der Name erinnert an eine alte Wallfahrt zur
Kirche der hl. Dreifaltigkeit.
Auf der Westseite des Seeweihers der **Ortsteil Seeburg,** ein Gehöft auf
einer Halbinsel. Hier weilte oft Graf Friedrich von Wied, der 1641 die
Niedergrafschaft Wied übernahm. Er baute 1683 den heutigen Gutsbe-
reich aus, der zuvor als Gestüt (1764) und Schäferei (1771) gedient hatte.
In der Gemarkung von Dreifelden lag der der Sage nach im See ver-
sunkene **Rohrburg,** die Graf Wilhelm von Wied 1342 Kurtrier zu Lehen
auftrug. Sie sollte den Besitz des Hauses in dieser Gegend sichern,
wird aber schon Ende des Mittelalters nicht mehr bestanden haben.
🏛 Die **ev. Pfarrkirche** dürfte die älteste erhaltene Steinkirche des
Westerwaldes sein. Schon ihre Lage im Schnittpunkt von zwei Straßen
und inmitten eines (ehemaligen) Friedhofes verweist auf ein hohes Alter.
Nach einer ersten Anlage um 1100 wurde um 1200 der viergeschossige
quadratische Chorturm mit Apsis errichtet und der Kirchensaal zu einem
dreischiffigen Langhaus erweitert. Die Gotik veränderte den Baukörper,
das Barock die Ausstattung. Die neueste Erweiterung erfolgte 1956-59
in sehr einfühlsamer Weise und hebt sich woltuend von manchen
architektonischen Mißgriffen im Westerwald ab. Schautafeln im Innern
der Kirche unterrichten ausführlich über die Baugeschichte. Die Sakri-
steitür ist wohl das ursprüngliche Westportal. Die Kanzel (1699) erinnert
an die in der Kirche von Altstadt.
🌿 Der Südteil des Seeweihers ist wegen seiner bemerkenswerten Vegetation und als Vogelfreistätte geschützt.
Östlich vom Seeweiher der Haidenweiher (geplantes NSG) mit hochinter-
essanter Vegetation (Kleinseggenfluren) und Flora (zum Teil nordische
Elemente).
🏊 Wassersportmöglichkeiten; Strandbad nördlich der Seeburg.
Großer Waldspielplatz an der Straße nach Steinen.
🛏 ✕ 3 Pensionen, 4 „Ferien auf dem Bauernhof", 7 Ferienwohnungen;
70 Fremdenbetten.
🚌 nach Selters und Hachenburg

Rundwanderwege mit dem Kennbuchstaben B ab P Dreifelden:
B 1: „Uferrundweg" um den Dreifelder Weiher. Parkplatz Ortseingang aus Richtung Steinen, entlang den Vogelbrutstätten zum Vogel-
beobachtungsstand, durch ein kurzes Waldstück zur Straße hin,
entlang derselben zum Haidenweiher, vorbei an der Seeburg (Gaststätte) zum Campingplatz mit Bade- und Bootsbetrieb (Gaststätte)
- Ausfluß der Wied aus dem Dreifelder Weiher - dann unmittelbar
am Wasser entlang bis kurz vor Dreifelden, entlang der bebauten
Ortslage über den Stelzenweg (Einfluß der Wied) zurück zum Parkplatz. Weglänge: 5,8 km.
B 2: Parkplatz wie B 1 in Richtung Linden, nach 300 m links in den Wald,
entlang der Schutzhütte mit Grillplatz durch herrlichen Mischwald
über Steinchesahlen (476 m) nach Linden zur Wiedquelle, dann
durch Hochwald in Richtung Wölferlinger Kopf, kurz vorher jedoch
rechts in Richtung Dreifelden zum Parkplatz zurück. Weglänge: 8 km.
B 3: Ab Parkplatz Ortseingang Dreifelden in Richtung Dreifelden an der
1. Kreuzung rechts ab, am Wasserhochbehälter vorbei in Richtung
Wölferlinger Kopf (460 m), dann rechts ab zum Waldspielplatz in der
Gemarkung Steinen gelegen, am gegenüberliegenden Parkplatz
wieder in den Wald, dann parallel zum B 1 entlang des Dreifelder
Weihers an der Aussichtskanzel vorbei, entlang des Vogelbrutge-
bietes zurück zum Ausgangspunkt Parkplatz. Weglänge: 5,1 km.
B 4: Vom Parkplatz Ortsausgang Linden in Richtung Dreifelden, gleich
links über den ausgebauten Weg in den Hochwald, nach ca. 1,5 km
rechts ab, wiederum nach ca. 500 m rechts zur Wied hin, entlang
derselben zurück zum Ausgangspunkt nach Linden. Weglänge:
2,8 km.

Knapp 2 km nordöstlich von Dreifelden das kleine

Linden (470 m; 150 E., VG Hachenburg)

Pension mit 8 Betten.
Am oberen Ortsrand nahe der Straße nach Lochum die gefaßte **Wiedquelle**
mit Ruhebänken.
Wanderwege mit dem Kennbuchstaben B siehe unter Dreifelden!
Zum Wildenhahn (497 m) 600 m; nördlich in die Hazemer Heide und
zum Großen Weißen Stein (520 m) 2 km.

1 km nordwestlich des Dreifelder Weihers liegt

Steinebach a. d. Wied (380 m; 600 E., VG Hachenburg)

inmitten ausgedehnter Wälder und dadurch zunehmend von Erholungssuchenden aufgesucht.
Steinebach ist Stammsitz des gleichnamigen Geschlechts, das 1273
erstmals erwähnt wird und um 1550 erloschen ist. Der Ort wird 1328
zuerst genannt. Der Besitz der von Steinebach gelangte wohl 1555 in das
Eigentum der Grafen von Sayn, die im 18. Jh. ihren Anteil an die
Fürsten von Wied-Neuwied abtraten. - An die Zeit der Kreuzzüge
erinnert die Volkssage, nach der ein Ritter von Steinebach in türkische
Gefangenschaft geraten, aber von einer Sultanstochter befreit worden
sei. Er habe sie geheiratet und sei mit ihr und ihrem Sprößling in die
Heimat zurückgekehrt, wo die rechtmäßige Gattin noch lebte. Seine erste
Frau ertrug es, und sie lebten zu dritt einträchtig in der Burg. Seitdem hat
deren Holz die Kraft, im Westerwald „jede Eifersucht zu überwinden, wenn
man es auf's Herz legte". (Heute ist in der Ruine Steinebach - leider - kein Holz
mehr zu finden.)
Nördlich des Ortes die Ruine der ehemaligen **Talburg,** die 1485 noch
intakt dastand. Heute ist nur ein Turmstumpf erhalten, in den ein hoch-
gotischer Torbogen Zutritt gewährt. Auch Reste des Grabens sind zu
erkennen.
1 Gaststätte mit Pension, 1 Pension mit 19 Betten. Campingplatz, Strandbad.
nach Selters und Hachenburg
Sehr gute Wandermöglichkeiten ins Wiedtal, zur Seenplatte und in die
Wälder des Staatsforstes Hachenburg.

Talburg-Ruine in Steinebach a. d. W.

Rundwanderwege ab Parkplatz Steinebach a. d. W. mit dem Kennbuch-staben A:

A 1: Parkplatz Steinebach in Richtung Schenkelberg, nach ca. 300 m rechts ab - unmittelbar neben der Straßenunterführung der Wied - ca. 1,5 km durch Wiesenland, ca. 400 m rechts zur Wied hin über Hardenbachsteg und der Wied aufwärts zum Ausgangspunkt zurück. Weglänge: 3,2 km.

A 2: Parkplatz Steinebach, entlang der Wied zur Thalmühle, durch den Wald über den Eulsberg (482 m) zurück zum Parkplatz. Weglänge: 7,2 km.

A 3: Parkplatz Steinebach an der alten Wasserburg vorbei zur Schutz-hütte mit Grillanlage, weiter zum Aussichtspunkt auf der Höhe 492, rechts ab, nach ca. 500 m wieder rechts durch den Wald zurück zum Ausgangspunkt Parkplatz. Weglänge: 3,5 km.

A 4: Parkplatz Steinebach, entlang des Waldrandes in Richtung Langen-baum, im Ortsteil Langenbaum rechts ab über Feld- und Waldwege in Richtung Dreifelden, kurz vor der Erhebung Steinchesahlen parallel zu dem Wanderweg B 2 in Richtung Dreifelden, hier auf den Wanderweg B 1 stoßend, mit diesem parallel zum Dreifelder Weiher und dort entlang am Zeltplatz Schneider vorbei in Richtung Hoffmannsweiher, vorher jedoch rechts ab entlang der Neumühle über die Wied nach Steinebach zum Parkplatz zurück. Weglänge: 7,8 km.

A 5: Ab Parkplatz Steinebach entlang der Wied über Neumühle zum Hoffmannsweiher, von dort in Richtung der Straße Schenkelberg - Steinebach, teilweise über dieselbe führend, dann rechts durch herr-liches Wiesengelände, teilweise parallel zu dem Wanderweg A 6 zurück nach Steinebach. Weglänge: 4,8 km.

A 6: Vom Parkplatz entlang der Straße in Richtung Schenkelberg, nach ca. 600 m rechts parallel zum Wanderweg A 5, vorbei an der Schutz-hütte „Hundsbaum", dann rechts ab zurück zur Erhebung Köpfchen, wiederum rechts parallel zum Wanderweg A 1, zurück zum Parkplatz nach Steinebach. Weglänge: 3,5 km.

3. Unterer Westerwald

HERSCHBACH UND DAS OBERE HOLZBACHTAL

Bearbeiter: Josef Becker, Helmut Frensch, Hermann-Josef Hucke
und Hermann Josef Roth

Größter Nebenfluß der Wied ist der knapp 40 km lange Holzbach.
Er entspringt in einem Wiesengelände nur 1 km südlich des Dreifelder Weihers, durch den ja die Wied fließt, gibt dem Brinkenweiher, dem Postweiher und dem Hausweiher sein Wasser, strebt
dann von der Westerwälder Seenplatte auf Hartenfels zu, durchfließt Herschbach (Uww.) und Freirachdorf, wendet sich dann von
Westen nach Süden und erreicht bei Marienhausen die Verbandsgemeinde Dierdorf im Kreis Neuwied. Bei Döttesfeld mündet er
in die Wied.
Das noch nicht sehr tiefe Tal seines Oberlaufs besticht durch den
reizvollen Wechsel von Wiesen, Feldern und Wäldern und hübschen Dörfern mit etwas Fremdenverkehr.

Wer von Steinen an der Westerwälder Seenplatte und der B 9
westwärts fährt, dem öffnet sich ein weiter Blick über den unteren
Westerwald und er kommt nach 2 km nach
Hartenfels (320 m; 680 E., VG Selters)
Weithin bekannt durch das ,,Schmanddippe'', seine Burgruine.

◘ Ebenso wie die Weltersburg und Burg Molsberg wurde auch die
Burg Hartenfels in der Salierzeit zum Schutze der alten Handelsstraße
Köln - Frankfurt, der Hohen Straße, heute B 8, erbaut. 1249 muß sie
schon bestanden haben. Damals wurde der gemeinsame Besitz der
Grafen von Wied und Sayn durch den Trierer Erzbischof Arnold II. von
Isenburg erworben. König Ludwig der Baier verlieh dem Flecken Stadtrechte, und Hartenfels wurde mit Mauern und Wällen umgeben. Burg
und Burgflecken bildeten zusammen das Amt Hartenfels, dessen Verwaltung einem trierischen Amtmann übertragen worden war. Im Jahre
1494 verwüstete ein Haufen schottischer, irischer und holländischer Frei-
beuter das Dorf. Am 30. Mai 1863 brannten binnen weniger Stunden
68 Häuser, 90 Stallungen und 62 Scheunen nieder. Schließlich zerstörten
am 21. März 1945 nochmals Brandbomben einen Teil des Dorfes.
🏛 Auf einer Basaltkuppe steht als Wahrzeichen der Umgebung der 28 m
hohe Rundturm der ehemaligen Burg; nach seiner Ähnlichkeit mit einem
Rahmtopf wird er allgemein von der Bevölkerung **„Schmanddippe"** genannt. Von der Burganlage sind sonst nur wenige Reste erhalten.
Die **kath. Pfarrkirche St. Antonius** von 1860-62 hat den großen Dorfbrand von 1863 als einziges Gebäude überstanden. Grabplatten aus dem
15. Jh.
✗ Huf Ideal Haus KG, ein bedeutender Hersteller von Fertighäusern,
hat hier sein Hauptwerk sowie einige Musterhäuser.
⊨ ✗ Pension mit 7 Betten; 2 Speisegaststätten.
☎ Ortsgemeinde 5419 Hartenfels, Tel. (0 26 26) 4 95
⚜ Am Waldrand südlich des Ortes die **„Zehntgarben"** (ND) eine interessante
Basaltsäulenformation. Die Sage erzählt, hier sei ein Bauer versteinert
worden, der seinen Zehnten nicht habe abliefern wollen.

Herschbach und das obere Holzbachtal   Seite 203–208
Selters mit Kleiner und Großer Sayn   Seite 209–217

Burgruine Hartenfels,
"Schmanddippe" genannt

✳ Gute Aussichtspunkte sind (neben der Bergkuppe des „Schmand-dippens") der Waldrand südöstlich des Dorfes.
🎎 Durch und um Hartenfels herum führen die mit dem Buchstaben E und Zusatzzahl gekennzeichneten Wanderwege des Zweckver-bandes Westerwälder Seenplatte, die am Wanderparkplatz in Steinen beginnen. Die Wegebeschreibungen siehe daher unter „Steinen"!
Weitere schöne Wanderungen führen über die Schloßstraße im Holz-bachtal nach Herschbach (3 km) und an den Zehntgarben vorbei zum Klingelweiher (3 km).

1 km nördlich von Hartenfels liegt in einer gegen Süden geneigten Quellmulde
Schenkelberg (420 m; 650 E., VG Selters)
◘ 1339 als Schönkillenberg genannt.
🏛 **Kath. Pfarrkirche zum Herzen Jesu,** erbaut 1750, erweitert 1929. Darin wertvolle Madonna.
⊙ Weithin bekannt waren einst die in Schenkelberg geflochtenen Körbe.
🛏 ✗ Hotel mit 24 Betten und Mittagstisch; Hotel Hohen Born, 10 Betten.
🚌 nach Montabaur, Ransbach-Baumbach, Dierdorf und Koblenz
☎ Ortsgemeinde 5419 Schenkelberg, Tel. (0 26 26) 4 94;
Prospekt und Wanderkarte mit der „Westerwälder Seenplatte".
✳ Gute Fernsicht vom „Kopf" (436 m) oberhalb des Ortes.
🎎 Weg E 2: Siehe unter „Steinen"!
🎎 Nordwestlich, nördlich und östlich des Ortes laden ausgedehnte Wälder zu Spaziergängen ein.

3 km in östlicher Richtung sind es bis zur großen Gemeinde
Herschbach (Uww.) (290 m; 2350 E., VG Selters)
Großer Erholungs- und Fremdenverkehrsort im flachen Tal des
oberen Holzbachs an der B 413 Bendorf - Hachenburg.

◨ Herschbach war anfangs Teil eines Besitzes der Grafen von Bilstein
und der von Wied am Nordostrand des Engersgaus. Gerlach von Isenburg-Arenfels erhielt es 1343 als Lehen, und Kaiser Karl VI. gewährte
dem Flecken bald darauf Stadtrechte. Kurtrier erwarb Herschbach 1664,
machte es zum Sitz eines kleinen Amtes, zu dem seit 1664 auch die
Herrschaft Horhausen gehörte, und umgab es mit Mauern, Türmen und
Wassergräben. Die Burg der Isenburger wurde in ein wohnliches Wasserschloß umgebaut. Es diente zuletzt als Oberförsterei und wurde 1880
abgebrochen. An seiner Stelle steht das alte Schulhaus. Die Wiesen
sind inzwischen wieder aufgestaut worden. - Die Stadtrechte sind heute
vergessen.

▥ In der Ortsmitte die **kath. Pfarrkirche St. Anna.** Sie wurde 1765 - 68
nach Plänen von Johannes Seiz (s. Ehrenbreitstein) errichtet; bedeutende
Rokokoschnitzereien der Hadamarer Kunstschule, Schölerorgel von 1773,
reiche Ausstattung. Die Außenbemalung wurde 1971 original erneuert.
Zum Ortsteil Oberherschbach führt eine Promenade auf dem ehemaligen
Bahndamm, zum Friedhof eine mächtige doppelte **Kastanienallee** mit Kreuzweg. Die **Wallfahrts- und Friedhofskapelle St. Laurentius** aus dem 13 Jh.
enthält Altäre der Hadamarer Barockschule (um 1650), eine Flachdecke mit
spätgotischem Überzug und Malereien an der Orgelempore.

▲ Klöckner-Humboldt-Deutz AG, Werk Herschbach; Keramik-Fabrik
Marzi & Remy.
✚ 3 Ärzte, Zahnarzt, Apotheke
✦ Großes Ferien- und Freizeitgelände mit beheiztem Freischwimmbad
(24⁰ C). Minigolfplatz, Tennisplätze; Sportzentrum „Waagweiher" an der
Grundschule.
In unmittelbarer Nähe von Herschbach liegen vier Fischweiher des Verkehrsvereins (Siehe auch unter „🐟"!), welche mit Karpfen, Schleien,
Forellen und Hechten besetzt sind.
🛏 3 Hotels, 2 Pensionen und Gasthöfe mit insgesamt 86 Fremdenbetten.
25 Betten in Privathäusern. Ferienbungalows und rund 100 Wochenendhäuser. Moderner Campingplatz.

Herschbach bei Selters, Brunnen vor der kath. Pfarrkirche

✕ 3 Restaurants, Café
⊙ Großer Frühjahrs- und Herbstmarkt. Großer Rosenmontagszug.
🚌 nach Montabaur, Koblenz, Dierdorf, Neuwied, Köln und Düsseldorf
☎ Kur- und Verkehrsverein 5419 Herschbach, Tel. (0 26 26) 2 54 u. 53 35;
Ortsgemeinde 5419 Herschbach, Tel. (0 26 26) 3 98.
Ortsprospekt, Wanderkarte;
🌿 Westlich und südlich des Ortes sind wir im sogenannten „Herschbacher Quarzitbecken". Hier wurden etwa zwischen 1900 und 1960 tertiäre Quarzite abgebaut. Sie waren durch Verkieselung von Sand- und Klebsandschichten entstanden und eignen sich wegen ihres hohen Gehalts von Kieselsäure (98 %) besonders für die Herstellung von Silikatsteinen, die beim Bau von Öfen mit hohen Temperaturen benötigt werden. Heute sind die Vorkommen fast erschöpft, und fischreiche Teiche haben sich gebildet: Waagweiher (5 ha), Heldenweiher (2,5 ha), Mühlenweiher (1,5 ha), Brohltalweiher (3,5 ha).
🚶 Große Wälder reichen bis dicht an den Ort und laden zu stillen Wanderungen ein. 5 Schutzhütten.
Markierte Rundwanderwege: Zum Waagweiher (1 km). Bettelpfad (7 km). Eichenheckweg (8 km). Steinches Schneise - Viehbach (10 km). Fischweiherweg (4 km). Rundweg durchs ehemalige Quarzitgelände (3 km). Kreuzweg-Stationen führen durch eine Allee nach Oberherschbach.

Der Holzbach umfließt unterhalb von Herschbach den Kreuzberg (330 m). An seinem Nordfluß liegt beiderseits des Holzbachs
Freirachdorf (270 m; 620 E., VG Selters)
Erholungs- und Fremdenverkehrsort
⬛ Erstmals erwähnt 1190. Von Freirachdorf führte der Edelfreie Rorich von Rechdorf 1190 seinen Namen her. Durch den Sitz der Edelfreien wird Freirachdorf von den anderen Rachdorforten unterschieden. Rorich war Stammvater der Walpoden von der Neuerburg und Herren von Reichenstein. Freirachdorf hatte schon 1471 eine Kirche und wurde 1581 von der Pfarrei Marienrachdorf getrennt. Die heutige Kirche stammt aus den Jahren 1851/52.
🌿 Tausendjährige Eiche (ND; Umfang 8 m) am Waldrand, 500 m östlich der Ortslage.
✕ Früher waren die nahegelegenen Quarzitbrüche die Haupteinnahmequellen für die Bevölkerung. Heute ist der Quarzit weitgehendst ausgebeutet (Siehe unter Herschbach!).
🎣 Freirachdorf ist ein Dorado für Petri-Jünger. In mehreren Fischweihern kann hier geangelt werden.
🛏 ✕ Hotel mit 22 Betten; 2 Speisegaststätten.
🚌 nach Herschbach und Dierdorf.
☎ Ortsgemeinde 5419 Freirachdorf, Tel. (0 26 80) 4 51
🚶 Wandermöglichkeiten im Holzbachtal und zu dem 2 km entfernten Waldsee bei Maroth.

✱

In der Quellmulde des hier zufließenden Mündersbachs liegt 2 km oberhalb in einer von Wäldern eingefaßten Rodungszone an der B 413 der Fremdenverkehrsort
Mündersbach (320 m; 630 E., VG Hachenburg)

🏛 Wahrzeichen des Ortes ist der um 1900 erbaute Turm der alten Schule, der von weitem wie ein Kirchturm wirkt.
Neben der Straße nach Höchstenbach ist noch die bereits zugewachsene Trasse der ehemaligen Kleinbahn Selters - Hachenburg zu erkennen.
✕ Klöckner-Humboldt-Deutz, Betrieb Mündersbach.
Elektrowerk Mündersbach.
🎣 Freibad

✉ ✕ 5 Pensionen und Gasthöfe mit 45 Betten; 3 mit Mittagstisch;
Blinden-Erholungsheim Hessen mit 50 Betten;
Ferien auf dem Bauernhof mit 12 Betten.
🚌 nach Koblenz und Hachenburg
🌳 Am Waldrand 1 km nordwestlich des Dorfes das Naturdenkmal
„Sieben Buchen".
🏃 Die riesigen Wälder, von denen Mündersbach umgeben ist, bieten
sehr gute Wandermöglichkeiten.
Blinden-Wanderweg auf der ehemaligen Bahntrasse.

Dem Mündersbach parallel fließt 3 km weiter westlich der Roßbach
dem Holzbach zu. An ihm liegt, abseits vom Verkehr, die idyllische
Landgemeinde
Roßbach (300 m; 690 E., VG Hachenburg)

❑ Das 1250 erstmals erwähnte Roßbach war Sitz einer Vogtei. Wilhelm I. von Isenburg-Wied verpfändete um 1262 Dorf und Gericht an die
Grafen von Sayn. Im Besitze der grundherrlichen Rechte und Zehnten
waren die von Helfenstein und Geislar, wovon sie Sayn erkaufte und
nach dem Tode Arnulfs von Geislar um 1460 einnahm. Es kam darüber
1462 zu einer Fehde mit Gerlach von Breidbach und Johann Meffert von
Heidesdorf, welche die alte Mutterkirche des Dorfes, auf dessen Turm
sich alle Bewohner mit dem Vogt zurückgezogen hatten, umlagerten und
anzünden wollten; erst nach erhaltener Brandschatzung zogen sie
wieder ab.
🏛 Die heute als Ruine dastehende **Kirche** mit ihrem mächtigen Wehrturm wurde von 1150 bis 1260 erbaut. Dies geht auch aus den Inschriften
der alten Glocken hervor. Es war eine dreischiffige Pfeilerbasilika
romanischen Stils, von der heute nur noch das Mittelschiff steht. Die
Ruine der Kirche wurde 1955 restauriert und steht unter Denkmalschutz.
🌳 Oberhalb der Ruine ein Arboretum.
✕ Im 19. Jh. wurde in Roßbach nach Eisenerz gegraben. Die Grube
wurde jedoch 1898 stillgelegt, da sie unrentabel war. Im Gebiet nördlich
von Roßbach werden Ton und Quarzite gegraben. So entstand hier
- allerdings nicht auf Roßbacher Gebiet - die Tonzeche „Guter Trunk
Marie".
✉ ✕ Modernes Hotel mit Hallenbad und Sauna; 2 Speisegaststätten.
🚌 nach Hachenburg und Dierdorf - Neuwied
🏃 Wandermöglichkeiten zum nahegelegenen Waldsee bei Maroth
(hin und zurück 2 km) oder in die nahegelegenen Mischwälder.

3 km südlich am Roßbach
Maroth (290 m; 170 E., VG Selters)

♪ Maroth ist einer der kleinsten Orte des Westerwaldkreises, besitzt
aber einen großen Freizeitwert durch den Ende der 60er Jahre errichteten 10 ha großen **Waldsee**, der zum Baden und Bootfahren geeignet
ist. Unmittelbar am Waldsee befindet sich ein großer Campingplatz mit
einem Bootshaus und einer Speisegaststätte.
🚌 nach Dierdorf und Herschbach
☎ Verkehrsverein 5419 Maroth, Tel. (0 26 89) 73 84;
Ortsgemeinde, Tel. (0 26 89) 76 71

Wir erreichen wieder das Holzbachtal und die B 413 in dem zum
Kreis Neuwied gehörenden
Marienhausen (287 m; 400 E., VG Dierdorf)

SELTERS MIT KLEINER UND GROSSER SAYN
Bearbeiter: Dr. Franz Baaden (Helferskirchen),
         Helmut Frensch und
         Hermann-Josef Hucke   *Übersichtskarte Seite 194*

Nördlich an das Kannenbäckerland grenzen die Einzugsgebiete
des Kleinen und dann des Großen Saynbachs, die sich bei Ellenhausen am Eingang zur kleinen Talbeckenlandschaft der Haiderbach vereinigen.

Der Kleine Saynbach entspringt unweit der B 255 bei R.-Obersayn.
Im stillen, noch wenig eingegrabenen, aber dennoch reizvollen
Tal reihen sich einige kleine Dörfchen aneinander, von der Bevölkerung als die „Kripp" bezeichnet. Helferskirchen, Quirnbach
und Vielbach sind die Ortschaften an seinem Mittel- und Unterlauf, ein Gebiet mit Rodungszonen in den flachen Talhängen und
ausgedehnten Waldungen auf den Höhen.

Lebhafter ist das Tal des Großen Saynbachs. Sein Quellgebiet
liegt am idyllischen Wölferlinger Weiher. An der stärker befahrenen Talstraße liegen größere Ortschaften: Wölferlingen und Freilingen, die zum Gebiet der Westerwälder Seenplatte gehören,
sodann Maxsain und Selters, das Zentrum des nördlichen Unter-
westerwalds. Auch hier im Oberlauf läßt das Große Saynbachtal
noch die Größe und Mächtigkeit seines Unterlaufs vermissen.
Aber auch die geringeren Höhenunterschiede zwischen Tal und
bewaldeten Höhen laden zu weniger anstrengenden, dennoch
schönen Wanderungen ein.

Zurück zum Tal der Kleinen Sayn, dem wir ab der B 255 abwärts
folgen wollen. Es folgen aufeinander R.-Obersayn (440 m), R.-
Haindorf, Arnshöfen (an der B 8, das ursprünglich Klein-Haindorf
hieß), Niederarnshöfen, Etzelbach und Kuhnhöfen (einst „auf der
Sayn" genannt), Karnhöfen und Blaumhöfen. In allen Orten zusammen leben nur etwa 400 Menschen.

Nördlich auf der Höhe
Ewighausen (400 m; 175 E., VG Selters)
🏛 Im Wald oberhalb des Ortes auf dem Renzenberg ausgedehnte Fundament-
flächen mit Mauer- und Wallresten der Siedlungshäuser und sonstigen An-
lagen des im Mittelalter wüstgewordenen Dorfes Kratzenbach. Ein seltenes
Bild.

2 km südlich Niedersayn liegt über dem Tal
Helferskirchen (350 m; 872 E., VG Wirges)
Erholungsort, zwischen den Hauptorten des Kannenbäckerlandes
und der Westerwälder Seenplatte gelegen, von Nadel- und Laub-
wäldern umgeben.

◪ **Wappen** der Gemeinde: Auf silbernem Untergrund befindet sich das
rote Trierer Kreuz mit der stilisierten Barockkirche.
Erste Erwähnung 959: In der bekannten Beschreibung des Montabaurer
Zehntbezirks wird die „terminatio Helperici", der Bezirk des Helperich
genannt. Diese Beschreibung des Montabaurer Pfarrsprengels basiert
auf einer noch älteren Aufzeichnung aus den Jahren 931 - 948. In einem
Weistum aus den Jahren 1211/14 sind die Rechte des Erzbischofs von
Trier im Wald Spurkenberg überliefert. Darin wird in der Grenzbeschrei-

bung des Waldbezirks erstmalig Helferskirchen erwähnt. Aus diesen beiden Nachrichten kann geschlossen werden, daß der vorgenannte Helperich eine eigene Grundherrlichkeit besaß und in der Zeit von 931 - 948 die Kirche gebaut hat. Kirche und Dorf hat er dann nach seinem eigenen Namen benannt.

Während 1211/14 die Grafenrechte im Kirchspiel Helferskirchen noch den Grafen von Wied zustanden, hat Kurtrier um die Mitte des 13. Jh. das Kirchspiel Helferskirchen unter seine Landeshoheit gebracht. Innerhalb des Bannes Montabaur bildete Helferskirchen um 1488, zusammen mit Quirnbach, Böhlingen und Hosten, eine „Zeche" (Verwaltungsbezirk). - Ende des 17. Jh. gehörte das Kirchspiel Helferskirchen zum Bann Wirges. Schon 1311 ist Helferskirchen als Pfarrei bezeugt. 1407 wird Isenburg als Patronatsherr genannt. 1376 gelangte die Hälfte des Zehnten von Helferskirchen an Salentin von Isenburg und Gerlach von Isenburg-Wied. Nach einer Übereinkunft von 1389 sollte Salentin das Zehntrecht an Gerlach von Isenburg-Wied überlassen. 1548 besaßen die Grafen von Wied mit den Steinebachs Erben die Hälfte des Zehnten, während die andere Hälfte dem Pfarrer zustand.

In Helferskirchen zählte man 1548 an Feuerstellen 25, 1563 30 und 1684 - nach den Schrecken des 30jährigen Krieges - nur noch 17. 1563 gehörten von den Einwohnern von Helferskirchen 17 Kurtrier, je drei den Grafen von Sayn und Isenburg, zwei den Grafen von Nassau, Wied vier und je einer den vom Staffel und den Hilchen von Lorch auf Burg Dernbach. - Bis 1803 blieb Helferskirchen kurtrierisch, kam dann zu Nassau und 1866 zu Preußen.

Seit 1235 bereits wird die **Böhlinger Mühle** erwähnt, die 1648 jedoch wieder verfallen war. Daneben bestanden die Zolles Mühle und die Erben-Ölmühle zu Helferskirchen.

🏛 **Kath. Pfarrkirche St. Maria,** angeblich zwischen 930 und 959 erbaut und 1222 neu gegründet. Romanischer Westturm mit spätgotischem Aufbau und achteckigem Spitzhelm aus dem Anfang des 13. Jh. Nach einem Brand wurde das Schiff 1769 als breiter Saalraum mit schmalerem, dreiseitig geschlossenem Chor neu errichtet, unter Beibehaltung des vor der Westseite stehenden viereckigen Wehrturmes. Dieser besteht aus anlaufenden Mauern von Bruchsteinen, ohne äußere Tür, hat im Erdgeschoß ein schmales rundbogiges Tonnengewölbe und außen an der Nordseite eine Rundbogenblende, schmale Lichtspalten, oben meist vermauerte gekuppelte Schallöffnungen. - Der Turm hat in gotischer Zeit noch ein weiteres Stockwerk mit Spitzbogenfenstern erhalten. - Der Innenraum hat eine Spiegeldecke mit Stichkappen; ferner eine Westempore. - Dekorative Ausmalung nach aufgefundenen Resten wiederhergestellt, u. a. Marienkrönung und Trinität. - Noch vollständig erhaltene Ausstattung der Barockzeit (Hadamarer Kunstschule): reicher Hochaltaraufsatz, zwei Steinaltaraufsätze, bez. 1778/79, Kanzel, Orgel und sonstige Ausstattung, darunter Stationsweggemälde, aus der Zeit des Kirchensaales. - Im Hochaltar Muttergottes auf der Mondsichel, um 1500. - Immaculata, zweite Hälfte des 18. Jh. Reichste Barockkirche des Westerwaldes.

Neugotische **Kreuzkapelle** vor dem Ort.

Einige **Fachwerkhäuser** 18. Jh.

🎣 Steinbruchweiher. Angelmöglichkeit. Reitschule. Grillplatz. Schutzhütte. Campingplatz. 2 Kegelbahnen.

🛏 ✕ Ferienzentrum Alte Viehweide (20 Bungalows mit 120 Betten); Deutsches Haus, 8 Betten. - 1 Café.

🚌 Rothenbach - Helferskirchen - Ransbach-Baumbach; Siershahn - Helferskirchen - Wirges - Dernbach

☎ Ortsgemeinde 5419 Helferskirchen (0 26 26) 56 17; Verbandsgemeindeverwaltung 5432 Wirges (0 26 02) 20 75

🚶 1. Helferskirchen - Leuterod - Malberg (3 km)
     2. Helferskirchen - Vielbach (2 km)
3. Helferskirchen - Siershahn (4 km)

1,5 km unterhalb von Helferskirchen liegt im Tal der Kleinen Sayn
Quirnbach (300 m; 300 E., VG Selters)

🏛 An der neuen Bachbrücke der hübsche Fachwerkbau des ehemaligen
Backes.
🛏 ✕ 1 Gasthaus mit 14 Betten; 1 Pension mit 28 Betten. Mittagstisch.
🚌 in Richtung Montabaur und Ransbach-Baumbach.
☎ Ortsgemeinde 5419 Quirnbach, Tel. (0 26 26) 3 07
🌋 Hinter Wohnhäusern an der Brücke **Basalt-Felswand** mit sackähn-
lichen Schichtungen.
🚶 Gute Wandermöglichkeiten in die ausgedehnten Waldungen nördlich und südlich des Dorfes. Wanderwege zum Feriendorf Helferskirchen (1,5 km), nach Vielbach (2 km) und nach Maxsain (3 km).

Unsere Straße führt oberhalb des Wiesengrundes weiter nach
Vielbach (270 m; 440 E., VG Selters)

🔲 Vielbach wird um 1300 erstmals erwähnt. Es besaß eine alte Bann·
mühle der Grafen von Sayn.
✛ An der Straße nach Nordhofen Rehabilitationszentrum für Alkohol-
kranke.
🚌 Montabaur - Ransbach-Baumbach
🚶 Schöne Waldwanderungen südlich in Richtung Helferskirchen und
Siershahn.

Auf der Höhe zwischen Kleinem und Großem Saynbach liegt nordwestlich von Vielbach und südlich von Selters der hübsche Fremdenverkehrsort
Nordhofen (280 m; 380 E., VG Selters)

🔲 Schon im 9. Jh. war Nordhofen Hauptort einer kleinen Grundherrschaft, deren Grundherren ursprünglich die Grafen von Nassau waren.
Die 1259 erstmals erwähnte Kirche besaß ein der hl. Walpurgis geweih-
tes Patrozinium und war Pfarrkirche der „vier Dörfer" sowie auch von
Selters. Die Stadtrechte, die dem Dorf 1357 verliehen worden waren,
wurden 1653 auf Neuwied übertragen. Wiedisch war das Dorf von 1357
bis 1806. Seit 1598 zählte es zum wiedischen und später nassauischen
Amt Selters.
🏛 Auf einer kleinen Basaltkuppe inmitten des Dorfes steht die **ev. Pfarrkirche St. Walburga.** Romanischer Westturm mit Haubenlaterne. Kleines
romanisches Schiff, Südwand barock. Spiegeldecke. Bronzene Grabplatten der Hilchen von Lorsch (1660 und 1665).
Auf dem ehemaligen Kirchhof Mahnmal an die Vertriebenen, **gestaltet**
von einem im Ort ansässigen Künstler.
🛏 ✕ 2 Pensionen mit 6 Betten. Südlich im Kleinen Saynbachtal Pension
Mausmühle mit 20 Betten
🚂 Haltepunkt an der Bahnstrecke Altenkirchen - Siershahn.
☎ Ortsgemeinde 5418 Nordhofen, Tel. (0 26 26) 4 84
✳ Rundblick von der „Wacht" zwischen Nordhofen und Selters.
🚶 Wandermöglichkeiten in die Täler von Kleiner und Großer Sayn und
rund um den Köppel (354 m) zwischen beiden Tälern.

✳

Von Freilingen an der Westerwälder Seenplatte fließt der Große
Saynbach in einer zunächst noch wenig eingekerbten Talmulde
südwestlich durch Selters der Haiderbach zu, wo er sich mit dem
Kleinen Saynbach vereinigt.

An der kleinen, auf der anderen Talseite gelegenen Siedlung
M.-Zürbach vorbei kommen wir nach
Maxsain (280 m; 960 E., VG Selters)

◻ Schon 1190 urkundlich erwähnt, gehörte es während des Mittelalters
den Grafen von Sayn und kam 1799 an die Fürsten von Wied. Der Bann Maxsain
war im Mittelalter eine ausgedehnte Grundherrschaft, die sich von Weidenhahn bis zur Wüstung Heiderhahn bei Ellenhausen (Haiderbach) erstreckte.
Bei Maxsain wurde von 1720 bis um 1840 ein Eisenhammer betrieben.
🏛 Mitten im Dorf auf einem Felsvorsprung die **ev. Pfarrkirche,** ein gedrun-
gener romanischer Bau, 1786 durch ein breites Querschiff erweitert. Kanzel
und Orgel von der berühmten Orgelbauerfamilie Schöler aus Ems, 1803
erbaut.
Im hier einmündenden Steinchesbachtal unweit der Kirche bemerkens-
wertes **Fachwerkhaus (Sahm)** aus dem 18. Jh. mit ungewöhnlich starken
Holzbalken.
Hammermühle: stattlicher Barockbau.
✖ Lederbekleidungsbetriebe, Fellgerbung.
🎣 Angeln am Hammermühler Weiher (Sayntal) und am Klingelweiher
(Richtung Rückeroth). Tennisplätze und Tretboote am Klingelweiher.
🍴✖ 3 Pensionen mit 24 Betten. Campingplatz am Klingelweiher.
🚌 in Richtung Freilingen und Selters.
☎ Ortsgemeinde 5419 Maxsain, Tel. (0 26 26) 4 96
🌿 Am südlichen Ortsrand Privatpark Vorwerk mit außergewöhnlich
schönem alten Baumbestand (unter Naturschutz).

🚶 **Rundwanderwege ab Wanderparkplatz in der Ortsmitte:**
   F 1: Ab Parkplatz über Saynbach in Richtung Hartenfels, nach ca.
   150 m rechts über ausgebaute Wege durchs Saynbachtal zum Ortsteil Zürbach, am Friedhof vorbei zum Campingplatz „Schönerlen",
   vorbei am Hausweiher zur Erhebung „Reisberg" - herrlicher Fernblick -, links ab durch Wald und Wiesen zurück zum Parkplatz.
   Weglänge: ca. 8 km.

F 3: Ab Parkplatz in Richtung Hartenfels bis Abzweigung „Steiner Markt-
weg", rechts ab durch die Flur Richtung Erhebung „Reisberg"
(440 m), links ab, gleichlaufend mit E 2, die Straße Maxsain-Hartenfels überquerend, entlang der Erhebung „Bittersberg", die Straße
Maxsain-Rückeroth überquerend - in unmittelbarer Nähe liegt das
Freibad „Klingelweiher" mit Campingplatz -, Richtung Hammermühle, kurz zuvor links ab über ausgebauten Feldweg zum Ausgangspunkt zurück. Weglänge: ca. 8 km.

F 7: Ab Parkplatz, die Straße Selters-Freilingen überquerend, an Backhaus und Kirche vorbei bis zur Abzweigung „Schönstraße", zum
Waldrand hin, durch herrlichen Laubwald über den Kreuzberg
(366 m) zum Quirnbacher Weg, diesem folgend zurück zum Parkplatz. Weglänge: ca. 3,5 km.

F 8: Ab Parkplatz gleichlaufend mit F 7 in Richtung Quirnbach, dann
jedoch links durch herrlichen Mischwald in Richtung Ewighausen
bis zum Wasserbehälter am Ortseingang, links der Straße Ewig-
hausen-Maxsain folgend zum Ausgangspunkt zurück. Weglänge:
ca. 7 km.

F 10: Ab Parkplatz ca. 500 m der Straße Maxsain-Freilingen folgend,
rechts ab ca. 1 km parallel zur Straße durch die Flur bis oberhalb
der Straßengabelung Maxsain-Weidenhahn, wiederum rechts zum
Steinchesbach hin, diesem folgend in Richtung Maxsain zum Erholungswald „Steinchen" und zurück zum Parkplatz. Weglänge:
ca. 4 km.

3 km weiter sind wir in

Selters (264 m; 2500 E., VG Selters)

Sitz der Verbandsgemeinde Selters (hierzu gehören 21 Ortschaften), Grund- und Hauptschule, Forstamt, Straßenmeisterei.

◻ Feuerstein - Werkzeugfunde von der „Wacht" zeugen von Jungsteinzeit - Menschen (4000 - 1800 vor Chr.), die hier ihre Geräte herstellten.

Der Name Selters geht auf „Saltres" zurück, was auf Salzheim schließen läßt. Gewichtig wird diese Vermutung durch die verschiedenen „Selters" in Hessen, wo heute noch Solequellen sprudeln.

Der Ort Selters wird 930 erstmalig urkundlich erwähnt, dürfte aber wesentlich älter sein. Ab 1589 gehörte er endgültig zur Grafschaft Wied. Seit 1598 saß hier ein Landschultheiß und seit 1728 ein Amtsverwalter. Nördlich des Saynbachs gehörte Selters bis zur Reformation zum Kirchspiel Marienrachdorf, dann, wie der Südteil seit altersher, zur Pfarrei Nordhofen.

Selters besitzt bemerkenswerte Mittelpunktfunktionen. 1848 bekam es bereits ein Postamt, das die umliegenden Gemeinden durch Landbriefträger versorgte. Heute steht hier ein Hauptpostamt, das 57 Ortschaften versorgt. 1850 kam ein Amtsgericht nach Selters. Das Gebäude ist heute der Sitz der Verbandsgemeinde. 1883 bekam Selters einen Bahnhof. Damals war der Westerwälder Basalt beim Ausbau der Reichsbahn für den Unterbau der Gleisanlagen unentbehrlich. Also wurde eine Verbindung mit der Rheinstrecke geschaffen, die heute noch der Selterser Industrie zum Vorteil gereicht.

1888 wurde in Selters der Westerwald-Verein gegründet.

Schon 1900 erhielt der Ort elektrischen Strom, lange vor wesentlich größeren Orten; er wurde in der „Hammermühle" erzeugt.

🏛 Heutige **ev. Kirche.** 1842 wurde an die Stelle einer morschen Kapelle die in klassizistischem Kolonialstil erscheinende Kirche erbaut. Das einzigartige Geläute von 1413 wurde samt Turmuhr übernommen. Als refor-

Ev. Kirche in Selters

mierte Kirche angelegt, ist der Blick der Gläubigen auf die Kanzel gerichtet, die in der Mitte der Vorderwand hinter dem Altar steht. Keine Gemälde, aber sehr gelungene Aufgliederung von Flächen und Formen. Der Kirche sind rechts und links je ein Flügel für eine vierklassige Schule angebaut: eine sinnhafte Darstellung der „Einheit von Staat und Kirche". Bemerkenswert sind die ungewöhnlichen Holzrundbogenfenster des breit dem Marktplatz vorgelagerten Gebäudes. Im Winkel zwischen Kirche und Schule das schöne Kriegerdenkmal von 1922.

Kath. Kirche. Hoch über Selters, der Glockenturm weithin sichtbar, wurde 1965 neben der zu klein gewordenen und baufälligen alten Kirche aus dem Jahre 1871 die neue Kirche errichtet. Es entstand ein rechteckiger Bau aus großen Trachytblöcken. Die hohen Seitenwände sind durch keine Fenster unterbrochen und leiten den Blick zum Altar, der vom halbkreisförmigen Chor umschlossen wird. Die flache Decke neigt sich zum Altar hin, schwingt zum Chor wieder in die Höhe und läßt Platz für zwei farbenprächtige Chorfenster. Wenden wir uns zum Eingang zurück, so ist die Rückwand durch zwei wandhohe Fenster untergliedert, die den Raum in angenehm gedämpftes Licht tauchen. Der interessante Kirchturm ist kein Campanile, sondern steht oben genau in der Achse der steil ansteigenden Amtsstraße, neigt sich scheinbar zu den Häusern herunter und leitet die Gemeinde über die hindurchführende Treppe zur Kirche hin.

Frühere Synagoge. Vor 100 Jahren bekannte sich ein Zehntel der Selterser Bevölkerung zum jüdischen Glauben. 1815 bauten sich die Juden mitten im Ort eine kleine Synagoge, die in der Kristallnacht 1938 in Flammen aufging. Zahlreiche aus Trachytsteinen gefügte Häuser - sie sind in dieser Gegend unüblich - erinnern als „Judenhäuser" ebenso wie der recht gut erhaltene Judenfriedhof bei der „Wacht" an diese alte Zeit.

Trotzendorff-Denkmal im Privatgarten der alten Pension mit Aufschrift: „Lernte lesen und schreiben beim Viehhüten mit Tinte aus Ruß, Federkiel aus Schilf, als Papier Birkenrinde." - Trotzendorff war Schüler und Freund Melanchthons und Luthers, berühmter Pädagoge in Schlesien. - Nahe dem Denkmal ein typischer Jugendstil-Kinderbrunnen.

✘ Firma Udo Schütz KG, Blechwarenfabrik, Apparatebau. Besichtigung möglich. Tel. (0 26 26) 7 71.
Westerwälder Natursteinwerk Peter Bell KG (Trachyt, Basaltlava).
Gesellschaft für Holzveredlung, Sägewerk mit moderner Verfahrenstechnik zur Herstellung von Biegeholz.
DECO-Glas Peter Böttger, spezielle Verfahrenstechniken der Glasveredelung.
Heese-Messebau KG. Heribert Neuhaus. Planung und Bau von Messeständen.
Töpferei mit Besichtigungsmöglichkeit:
Müller GmbH & Co., Bahnhofstraße 31, Tel. (0 26 26) 63 61, salzglasiertes Steinzeug, geöffnet Mo - Fr 8-18 Uhr, Sa 8 - 15 Uhr, So 8 - 12 Uhr.
✚ Krankenhaus mit 100 Betten; 3 Ärzte, 2 Zahnärzte, 3 Apotheken.
Sozialstation.
🎿 2 Tennisplätze am Campingplatz Klingelweiher
Angeln in den Fischteichen am Klingelweiher
Sportzentrum „Oberwald" mit einer dreifach teilbaren Groß-Sporthalle
Moderne Schießsportanlage mit getrennten Pistolen und KK-Ständen.
🛏 2 Hotels mit 24 Betten; Ferienwohnung.
✗ 4 Restaurants und Gaststätten mit Mittagstisch.
2 Imbißstuben, 2 Cafés.
🚌 in Richung Siershahn/Neuwied/Montabaur und Dierdorf/Altenkirchen.
🚌 in Richtung Montabaur, Koblenz, Herschbach, Maxsain, Hartenfels.
☎ Ortsgemeinde 5418 Selters, Tel. (0 26 26) 3 95;
Verbandsgemeindeverwaltung 5418 Selters, Tel. (0 26 26) 60 61
🌿 Mächtige Linde in der Amtsstraße; 2 Buchen am Bahnübergang und unterhalb des Bahndamms. - Starke Trachytsäulen im Bell-Steinbruch an der Straße nach Oberhaid.
Lit.: August Welker, „Selterser Hucha" - So spricht man in Selters im Westerwald. Selters 1979

Rundwanderwege:

1. Von der Straße nach Vielbach am Ortsende rechts auf asphaltiertem Weg den Berg hoch zur **„Wacht"**, einem Wetterschutzhäuschen mit sehr schöner weiter Aussicht, geradeaus zum Wald, davor alter **jüdischer Friedhof** (Schlüssel beim Ortsbürgermeister) mit zahlreichen mit hebräischen Schriftzeichen versehenen Grabsteinen, links um die Waldecke nach **Nordhofen,** hinter der Kirche rechts halten zum **Sayntal,** nach rechts bis zum Steinbruch, über den Saynbach und rechts zurück nach Selters. 4 km.

2. Vom Marktplatz über den Saynbach, links um das Fabrikgebäude, über den Berg, geradeaus (erst Straße, dann Feldweg) über die Eisenbahnlinie (Strecke Altenkirchen) nach **Goddert,** am rechten Dorfrand verbleiben bis zum Friedhof, rechts entlang durch dichten Wald abwärts zum **Klingelweiher** (auf Waldwiese gelegene Badeanstalt mit Campingplatz), rechts um den Weiher zur Landstraße Rückeroth-Maxsain, rechts bis zum freien Feld, rechts meist über asphaltierte Wege zum **Hammermühler Weiher** (Hammermühle ein altes Herrenhaus in einfachem Barock, alter Baumbestand; hier arbeitet ein kleines E-Werk, das schon 1900 Selters mit Strom versorgte, als in den Westerwälder Orten Elektrizität noch weithin unbekannt war. Über den Staudamm zurück nach Selters. 6 km.

3. Am Krankenhaus vorbei rechts zum Haus **„Vier Buchen"** (ein gewaltiger Baum steht noch), die **Ewighäuser Schneise** durch den Wald bergauf, am **Goldfischweiher** vorbei, immer geradeaus auch über schlechtere Wege bis zu einem geschotterten Querweg (rechts und 1 km Quirnbach). Wir gehen links immer durch Wald bis **Maxsain** Lederfabrik Weiß vorbei, über asphaltierte Wege zur **Hammermühle** (s. dort), über den Staudamm zurück nach Selters. 7 km.

4. Zum Kaffeetrinken in der **Mausmühle:**
   Vom Marktplatz Richtung Dierdorf, über den Saynbach, links erste Straße, später asphaltierter Weg bis links Steinbruch sichtbar wird, zur Landstraße, rechts (links wird jetzt oben Nordhofen sichtbar), noch 50 m Straße am Waldrand entlang, Schneise links aufwärts in den Wald, bei alter Schonung geradeaus, Weg führt nach links um den Berg bis rechts offenes Gelände kommt, rechts abwärts zur **Mausmühle.** In alter Richtung auf asphaltiertem Weg bis zur großen Buche (ND) an der Straße, links aufwärts bis **Nordhofen** (Weiter s. 1.). 5 km.

Wenn wir von Selters in Richtung Herschbach (Uww.) fahren, kommen wir zuerst nach

Goddert (270 m; 330 E., VG Selters)

✕ Firma Günter Müller KG (Mügo); Tank- und Torbau.

⌂ 14 Ferienhäuser und 2 Ferienwohnungen; Ferienheim des Bau- und Sparvereins Dortmund

🚂 Haltepunkt der Strecke Altenkirchen - Siershahn.

🚌 nach Selters und Hachenburg

☎ Ortsgemeinde 5419 Goddert, Tel. (0 26 26) 55 30

🚶 Spaziergänge zu zahlreichen kleinen Teichanlagen beiderseits des Godderter Tälchens. Zum Klingelweiher mit Campingplatz 1 km.

1 km nördlich liegt

Rückeroth (290 m; 340 E., VG Selters)

▣ Ersturkunde von 1259. Die Grafen von Wied richteten kurz vor 1346 die Hohe Feste zu Rückeroth als Landgericht für den nördlichen Teil ihrer Grafschaft ein.

🏛 **Ev. Pfarrkirche St. Pankratius** mitten im Ort auf einem steilen Hügel. Eine bemerkenswerte Kirche aus dem 13 Jh. mit gedrungenem quadratischem Turm und gotischem Chor. Flache Renaissance-Stuckdecke. Die Kirche diente noch vor 100 Jahren den Katholiken als Wallfahrtsort. Renaissance-Grabsteine. Riesige Kirchlinde, fünfstämmig (ND).

⊨ ✕ 1 Pension mit 8 Betten.
☎ Ortsgemeinde 5418 Rückeroth, Tel. (0 26 26) 3 63
🏃 Stille Gemarkungsspaziergänge zu den ehemaligen Quarzitgruben und zum Klingelweiher mit Campingplatz in Richtung Maxsain.

Westlich von Selters liegt an der Straße nach Dierdorf das kleine
Krümmel (260 m; 170 E., VG Selters)
◘ Bereits 1022 wird der Ort als Crumbele genannt. Der Besitz war den Burggrafen von Hammerstein verpachtet, die hier Gericht halten ließen. - Eine Ortssage weiß zu berichten, als der liebe Gott die Westerwalddörfer verstreute, seien ihm hier auch einige Krümel hingefallen.
Im Westerwald weitbekannt war die **Krümmeler Grit,** eine Landgängerin, die viele volkstümliche Weisen zu singen verstand.
☎ Ortsgemeinde 5418 Krümmel, Tel. (0 26 26) 2 22

Zur Haiderbach hin liegt südlich Krümmel
Sessenhausen (270 m; 620 E., VG Selters)
🏇 Reitschule
🏃 2 km westlich des Ortes liegt der große Autobahnparkplatz „Landsberg an der Warthe" mit Imbißhalle. Jenseits der Autobahn der große Hof Kutscheid, ein alter Isenburger Besitz, der später den Grafen von Walderdorff gehörte.
☎ Ortsgemeinde Sessenhausen, Tel. (0 26 26) 4 93

Zwischen Selters und Marienhausen, nördlich von Sessenhausen liegt, von Wäldern weitgehend eingerahmt, die gepflegte Landgemeinde
Marienrachdorf (280 m; 720 E., VG Selters)
◘ Dieses Kirchdorf, zu dem die Orte Krümmel und Sessenhausen gehören, wird bis ins 15. Jh. nur „Rachdorf" genannt. Erst 1488 wird es erstmals Martrachdorf bezeichnet. Isenburg hatte 1338 und später das Dorf, den Kirchenschatz und den Zehnten von Trier zu Lehen.
🏛 Die 1977 restaurierte **kath. Pfarrkirche St. Maria** besitzt einen romanischen Westturm mit Wehrcharakter, dessen oberer Teil klassizistisch erneuert wurde. Das kreuzförmige Schiff wurde 1837 erbaut: ein weiträumiger, spätklassizistischer Saalbau. Spiegeldecke mit gemalten Kassetten, Säulen mit griechischen Kapitelen. Eigenartiges Flügelornament an der Orgelempore. Die Heiligenstatuen stammen aus dem Kloster Marienstatt, die Seitenaltäre aus dem ehem. Mainzer Karthäuserkloster St. Michaelsberg.
✕ Zweigwerk Fa. Udo Schütz KG, Blechwarenfabrik, Apparatebau.
✚ Arzt
🏇 Angeln am 1 ha großen Rosenweiher.
⊨ ✕ 1 Hotel, 1 Pension; Mittagstisch Café während der Hauptsaison.
☎ Ortsgemeinde 5419 Marienrachdorf, Tel. (0 26 26) 2 47
🏃 Wanderparkplatz am Sportplatz im Süden der Gemeinde. Ab dort 3 km langer Waldlehrpfad.

Im Zirkus

Dae Julius ging moal met senger Frau noa Kowelenz. Du woar doa dae Zirgus Hagenbeck, on doa gengen se och hin. Oan da Kass' fraecht dae Julius noa em Preis. Doa saet dae Kassierer: „Loge 3 Mk., Sperrsitz 2,50 Mk., 1. Platz 1,50 Mk., 2. Platz 1 Mk., Galerie 50 Pfg., Programm 10 Pfennig." „Oach", soat doa der Julius, „batt maenst de, Phillebien, dann sätzen ma oas off et Programm."
Mundart von Brückrachdorf   Otto Runkel

IM KANNENBÄCKERLAND

Bearbeiter: Dr. Franz Baaden, Heribert Fries und
          Dr. Hans Spiegel

Im südwestlichen Westerwald liegt die Kulturlandschaft „Kannenbäckerland". Natur und Mensch haben sie geschaffen: die Natur,
indem sie den Ton hinterließ; der Mensch, indem er ihn zu nutzen
verstand.

Zehn Orte gaben dem Kannenbäckerland seinen Namen: die
Kannenbäckerstädte Höhr-Grenzhausen, Ransbach-Baumbach und
Wirges sowie Hillscheid, Hilgert, Hundsdorf, Siershahn, Mogendorf, Moschheim und Staudt. In ihrer Umgebung finden sich, teils
in Wäldern versteckt, teils dicht bei den Verkehrsstraßen liegend,
jene trichterförmigen Tongruben, aus denen das „weiße Gold",
der hochwertige Ton, gewonnen wird: Ton, der sich als Verwitte-
rungsprodukt feldspathaltiger und glimmerreicher Gesteine in
den Becken und Mulden stiller Seen zur Tertiärzeit vor rund 40
Millionen Jahren in einer Mächtigkeit bis zu 50 m abgelagert
hatte.

Diese Tonvorkommen bester Qualitäten und der Waldreichtum der
Gegend ließen schon früh ein Handwerk entstehen, das im wört-
lichen Sinne bodenständig zu nennen ist. Früheste Funde an
irdenen Gefäßen weisen in die Zeit der Urnenfelderleute um 800
v. Chr. Später haben Römer und Franken hier Gefäße hergestellt,
wobei mit großer Wahrscheinlichkeit heimische Tone verwendet
wurden. Einen ersten schriftlichen Nachweis bietet ein Weistum
der Herrschaft Vallendar von 1402, wonach in Höhr nur 3 Töpferöfen bestehen durften.

Wie neuere Funde belegen, muß schon im 13. und 14. Jh. die
Entwicklung von der porösen Irdenware zum dichtgebrannten
Steinzeug gelungen sein. Allerdings dürfen wir uns dabei noch
nicht das typische grau-blaue, salzglasierte Steinzeug des Westerwaldes vorstellen. Es handelt sich vielmehr um eine Ware mit
hellgrauem Scherben, der meist mit einer braunen Lehm-Engobe
überzogen ist (braune Ware) oder rötliche Flammungen zeigt (ge-
flammte Ware). Dieses einfache Gebrauchsgeschirr ist nach
Formen und Art den Gefäßen anderer Steinzeugzentren wie Siegburg, Köln und Raeren eng verwandt.

Ende des 16. Jh. wanderten Töpferfamilien aus Siegburg und
Raeren in den Westerwald ein und beeinflußten das heimische
Handwerk maßgeblich: das grau-blaue, salzglasierte Steinzeug
entstand.

In dieser Zeit - 1591 - entstand auch die erste „Handwerksord-
nung" für Höhr, die 1603 den veränderten Bedürfnissen angepaßt
wurde. 1632 erhielt Grenzhausen seine erste Zunftordnung.
Schließlich bestätigten die verschiedenen Landesherren von Kurtrier, Sayn-Wittgenstein, Isenburg-Grenzau und Wied 1643 eine
neue gemeinsame Zunftordnung für alle „Kannen- und Krugbäcker", die im Umkreis von 5 Meilen um Grenzhausen arbeiteten.

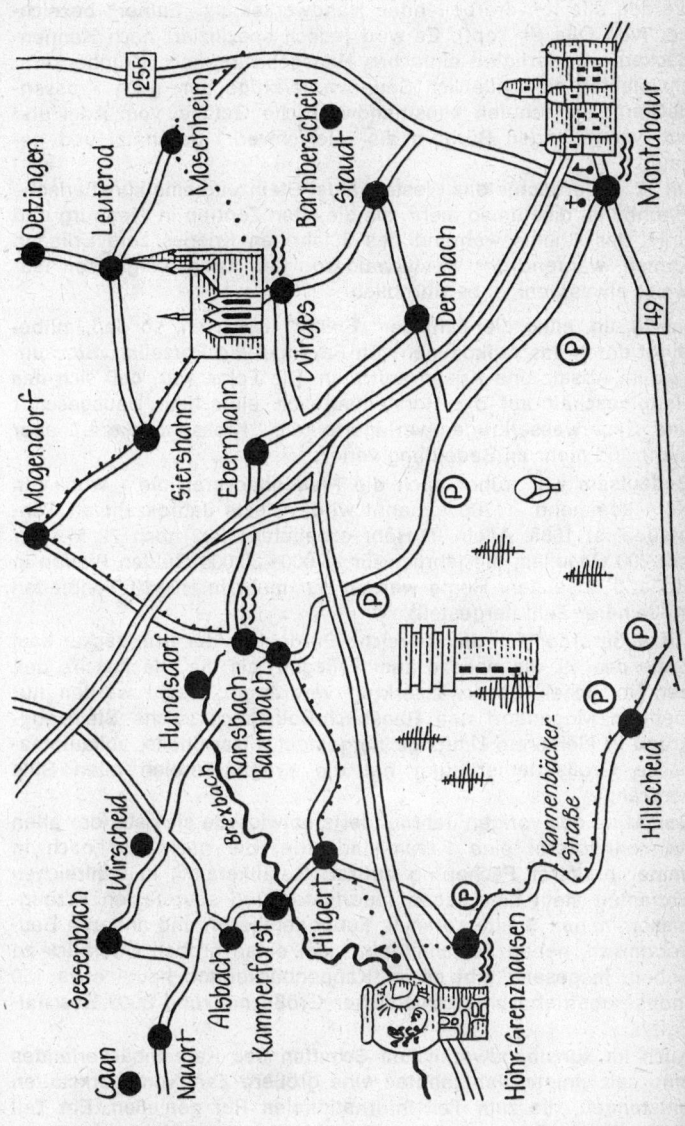

In den Ordnungen und sonstigen Urkunden der damaligen Zeit werden alle tonverarbeitenden Handwerker als „Eulner" bezeichnet (von Olla = Topf). Es wird jedoch spezifiziert nach Kannenbäckern: sie fertigten einfaches Hausgeschirr; nach Krugbäckern: sie stellten ausschließlich Sauerwasserkrüge her; nach Krossenbäckern: sie schufen kunsthandwerkliche Gefäße, vom Adel und von vermögenden Bürgern als „Herrenwerk" geschätzt und gekauft.

Im 17. Jh. erreichte das Westerwälder Steinzeug eine künstlerische Hochblüte, dies umso mehr, als die alten Zentren in Siegburg und links des Rheins während des 30jährigen Krieges zum Erliegen kamen, während der Westerwald von den Kriegsereignissen teilweise etwas weniger berührt blieb.

Im 18. Jh. stieg die Zahl der „Eulner" rasch an, so daß, mitbedingt durch das Aufkommen von Fayence und Porzellan, Stockungen im Absatz und Krisen auftraten. Die Folge war, daß sich das Hauptgeschäft auf die Herstellung von einfachem Hausgeschirr und Sauerwasserkrügen verlagerte, die „Krossenbäckerei" aber mehr und mehr an Bedeutung verlor.

Bedeutsam war früher auch die Pfeifenbäckerei, die - wohl von Köln kommend - 1708 genannt wird. Älteste Jahreszahl an Tonpfeifen ist 1685. Allein in Höhr arbeiteten 1822 noch 72 Meister mit 200 Gesellen, die jährlich für 25 000 - 30 000 Gulden Pfeifen in Holland absetzten. Heute werden nur mehr in Hilgert Tonpfeifen in kleinerer Zahl hergestellt.

Die außerordentlich umfangreiche Produktion der Krugbäcker kam Ende des 19. Jh. nahezu zum Erliegen, als die Glasflasche den herkömmlichen Sauerwasserkrug verdrängte. Heute werden nur mehr in Mogendorf und Ransbach-Baumbach solche Steinzeugkrüge in kleinerem Umfange hergestellt. Maschinelle, vollautomatische Großserienfertigung hat die Krugbäckereien alten Stils verdrängt.

Seit Mitte des vorigen Jahrhunderts entwickelte sich aus der alten Kannenbäckerei eine Keramikindustrie, die nach und nach in immer breiterer Fächerung auftrat: Gefäßkeramik in zahlreichen Varianten steht hier neben feuerfesten und säurefesten Erzeugnissen, neben Sanitärkeramik, Fußbodenfliesen und anderen Baukeramiken, neben Schleifmitteln - um einen groben Überblick zu geben. Insgesamt gibt es im Kannenbäckerland heute etwa 150 Industriebetriebe unterschiedlicher Größe mit rund 8000 Beschäftigten.

Auch im kunsthandwerklichen Schaffen des Kannenbäckerlandes sind seit einigen Jahrzehnten eine größere Zahl von Werkstätten entstanden, die zum Teil internationalen Ruf genießen. Ein Teil dieser Werkstätten pflegt die Tradition des salzglasierten Steinzeugs weiter, dies aber nicht in epigonenhafter Anlehnung an die alte „Krossenbäckerei", sondern in einer durchaus eigenen Formensprache. Heute arbeiten rund 30 Werkstätten im Kannen-

bäckerland, von denen die meisten in Höhr-Grenzhausen und Ransbach-Baumbach angesiedelt sind.
Für die neuere Entwicklung in Industrie und Kunsthandwerk leistete die 1879 gegründete „Keramische Fachschule" in Höhr-Grenzhausen einen wesentlichen Beitrag. Aus ihr gingen hervor:
1. Die Fachhochschule Rheinland-Pfalz, Abteilung Koblenz mit der Fachrichtung Keramik in Höhr-Grenzhausen.
   Abschluß: Keramik-Ingenieur (grad.)
2. Die Staatliche Fachschule für Keramotechnik.
   Abschluß: Staatlich geprüfter Keramotechniker.
3. Die Staatliche Fachschule für Keramik-Gestaltung.
   Abschluß: Staatlich geprüfter Keramik-Gestalter.

Wer das Kannenbäckerland durchreist, der wird allenthalben die vielfältigen Möglichkeiten kennenlernen, die dem einfachen und doch so gestaltungsfähigen Material Ton innewohnen. Er sollte auch nicht versäumen, die schönen Zeugnisse vergangener Epochen des Kannenbäckerlandes im neuen Keramikmuseum in Höhr-Grenzhausen zu besichtigen. Denn diese Landschaft wurde und wird durch die Keramik geprägt.
Hervorgehoben sei noch, daß die Kannenbäckerei ein besonders gutes Beispiel für die Aufnahme und Eingliederung von Flüchtlingen nach dem Kriege bietet. So wanderten aus Schlesien, wo zwischen Bunzlau, das eine Keramikschule besaß, und Höhr-Grenzhausen schon früher engere Beziehungen bestanden, nach dem Kriege Flüchtlinge zu, darunter Ton-Facharbeiter, die in ihrem Beruf weiterarbeiten konnten und die, wie sozusagen stellvertretend das Peltnersche Privatmuseum „Im Kannenofen" beweist, als Gegenleistung wesentlich zum Neuaufschwung der Keramikindustrie des Kannenbäckerlandes beigetragen haben.
Dabei wurde und wird von Einheimischen und Zugezogenen, von Durchreisenden und interessierten Besuchern allemal mit Erstaunen festgestellt, daß dieses „Industriegebiet" so gar nichts mit dem wenig geliebten Charakter anderer Industrielandschaften zu tun hat. Der größte Teil der Werke liegt in schönen Waldgebieten der Naturparke Nassau und Rhein-Westerwald.

Hillscheid (330 m; 2620 E.; VG Höhr-Grenzhausen)
Vier Kilometer südlich von Höhr-Grenzhausen, am Fuße der Montabaurer Höhe, deren Wald den Ort östlich unmittelbar umrahmt. Nach Westen führen tief eingeschnittene Waldtäler zum nahe gelegenen Rheintal.
◘ Hillscheid wird schon um die Jahrtausendwende erwähnt, als Erzbischof Liudolf von Trier den Zehnten von „Hirnsceit" dem Stift St. Florin zu Koblenz übergab. 1408 gehörte dieser Zehnt den Wentz von Niederlahnstein als trierisches Lehen und den Landesherren.
Nordöstlich des Ortes der **römische Limes.** Angelegt unter Kaiser Domitian im Jahre 84 n. Chr., ausgebaut unter Kaiser Hadrian. Insgesamt 584 km langes Bollwerk zur Verteidigung gegen Innergermanien. Spitzgraben mit einem der Innenseite vorgelagerten Wall, durch Palisaden bewehrt. Alle 500 bis 700 m standen Wachttürme, der Unterbau aus Stein,

das Obergeschoß aus Holz mit einem Brüstungsumgang. Der Limes kreuzte, heute nicht mehr erkennbar, die Straße Hillscheid - Höhr-Grenzhausen und führte dann, noch heute als Wall erkennbar, nordöstlich um den Ort herum in Richtung Arzbach.

Lit.: Alois Marzellin Rasbach, Hillscheider Mundart, Höhr-Grenzhausen 1974

🏛 **Kath. Friedhofskapelle** (ehem. Pfarrkirche) St. Peter und Paul. Wahrscheinlich 1681-83 errichtet. 1756 von Johann Theodor Kleudgen nach Westen verlängert. Hochaltaraufsatz 1769 dat., die Seitenaltäre um 1710. Kanzel, Ende 17. Jh.; Orgel, Ende 18. Jh. von Gebrüder Stumm. Barockes Gestühl. Barocke Holzbildwerke Mitte 18. Jh. Grabstein J. Th. Kleudgen. Taufstein bez. 1770.

Am **Hillscheider Stock** (B 49) auf der Montabaurer Höhe steinernes Wegkreuz mit 6 Wappen und einer Aufschrift von 1580.

✖ Pelargonien-Fischer, größte Geranienzüchterei Deutschlands (am Waldrand in Richtung Vallendar).

Töpfereien, die besichtigt werden können:

AKRU, Ringstraße 19, Tel. (0 26 24) 25 50, Klinkerkeramik, geöffnet Mo-Fr 8-12, 13-16, Sa 9-11 Uhr

Becher, Bahnhofstraße, Tel. (0 26 24) 35 63, salzglasiertes Steinzeug (grau-blau), geöffnet Mo-Fr 8-12, 14-18, Sa 9-12 Uhr

Hümmerich & Sohn, Schulstraße 16, Tel. (0 26 24) 25 03, Klinkerkeramik, geöffnet Mo-Fr 9-12, 14-17, Sa 9-12 Uhr

Kruft, Auf den Dorfwiesen, Tel. (0 26 24) 72 39, salzglasiertes Steinzeug (grau-blau), geöffnet Mo-Do 9-12, 13.30-16 Uhr

✚ Ärzte

❊ ,,Thielshütte" mit Blick auf den Rheingraben.
,,Alarmstange" mit Blick auf Montabaur und Umgebung.
     Zwischen Hillscheid und Neuhäusel 0,8 ha großer Kaltebachsee, Erholungsanlage mit Rundwanderwegen; Trimmpfad am Parkplatz Waldstraße, am Waldrand

🛏 ✕ 1 Hotel

🚌 nach Koblenz, Höhr-Grenzhausen und Montabaur; im Sommer auch nach Köln und Düsseldorf

☎ Verkehrsamt der Verbandsgemeinde 5410 Höhr-Grenzhausen, Tel. (0 26 24) 20 55 - 20 58

🚶 Rundwanderwege im Vallendarer Stadtwald zwischen Feisternachtal und Hillscheider Bachtal.

Ab 🅿 **Römerstraße** (östlicher Ortsrand) sehr schöne Wandermöglichkeiten in das Waldgebiet der Montabaurer Höhe.

1. Limes - Lehrpfad Vogelschutz - Thielshütte (Schutzhütte) mit Eifel- und Rheintalblick - Alarmstange (höchste Erhebung der Montabaurer Höhe) - Köppel mit Aussichtsturm (Mkg.: Köppel-Silhouette und Kleeblatt; 11 km; 3 Stunden).

2. Limes - Basaltbruch (Säulen mit flachem Basalt) - Fernblick zur Eifel und ins Rheintal - Kreisjungviehweide (Mkg.: Wildschwein; 4 km; 1 Stunde).

Die L 310 bringt uns zur Kannenbäckerstadt

Höhr-Grenzhausen (250-300 m; 9070 E., VG Höhr-Grenzhausen)
Am Westrand der Montabaurer Höhe gelegen, Koblenz (SSW) 12 km entfernt. Im Osten von den bewaldeten Quarzitrücken der Montabaurer Höhe (540 m) überragt. Seit 1936 Stadt, gebildet aus den ehemaligen Gemeinden Höhr, Grenzhausen und Grenzau. Sitz der Verbandsgemeindeverwaltung. Keramisches Kunsthandwerk, bedeutende Keramikindustrie, Keramikmuseum; seit 1879 keramische Fachschule, heute: Fachhochschule Rheinland-Pfalz, Fachrichtung Keramik; Staatliche Fachschule für Keramik-Gestaltung; Staatliche

Töpfer an der Töpferscheibe

Fachschule für Keramotechnik. Außerdem Grundschule und Kreis-
sonderschule für Lernbehinderte sowie ein Schulzentrum, das vier
verschiedene Schularten umfaßt: Hauptschule, Staatliche Realschule, Kreisberufsschule Abt. Keramik und das „Staatliche Gymnasium im Kannenbäckerland". Partnerstadt von Höhr-Grenzhausen
ist Laigueglia (Italien).

◨ Tonvorkommen bester Qualitäten und der Waldreichtum der Gegend
ließen schon früh das bodenständige Töpferhandwerk entstehen. Funde
nahe der Stadt brachten irdene Gefäße der Urnenfelderleute (800 v. Chr.)
zutage. Auch aus der Zeit der Römer und Franken liegen Funde vor.
Erster schriftlicher Nachweis bildet ein Weistum von 1402, wonach in
Höhr nur drei Töpferöfen bestehen durften. Um 1600 wird das heimische
Töpferhandwerk durch einwandernde Töpfer aus Siegburg, Raeren bei
Aachen und Lothringen belebt, das „graublaue, salzglasierte Steinzeug"
entsteht. Heute arbeiten neben zahlreichen Industriebetrieben eine wachsende Zahl kunsthandwerklicher Töpfereien in Höhr-Grenzhausen, die
zum Teil internationalen Ruf genießen.

Lit.: Bernhard Sand; Kannenbäckerstadt Höhr-Grenzhausen,
      Höhr-Grenzhausen 1979

🏛 **Ev. Pfarrkirche.** Romanischer, ungegliederter Westturm, Anfang 13.
Jh., Schiff und Chor 1878.

Kath. Pfarrkirche St. Peter und Paul. Ab 1885 in neugotischem Stil als dreischiffige Hallenkirche erbaut. Das Chor im Osten ist flach geschlossen, das gesamte Maßwerk ist bis in den Westturm hinein vielfältig, die Raumwirkung im Innern nach glücklicher Purifizierung beeindruckend. Keramische Kunstwerke einheimischer Meister: Pietà (Eugen Keller), Steinzeug-Madonna (Elfriede Balzar-Kopp), zwei große Medaillons aus gebranntem Ton (keram. Fachschule), Weihnachtskrippe (Anneliese Degen), Sandstein-Madonna (Walter Fittler), Christophorus-Sgraffito (Ludwig Galasek), Georgs-Kachel (Wim Mühlendyck) usw. - Chorfenster aus der Erbauungszeit (kgl. Hof-Kunstanstalt München) und modernes Auferstehungs-Fenster (Elisabeth Steineke, Bremen). - Alte Grabplatten an der nördl. Außenwand.

Keramik-Museum Westerwald

Das im Jahre 1976 vom Westerwaldkreis in Höhr-Grenzhausen errichtet Keramik-Museum Westerwald ist zu einem nicht mehr wegzudenkenden Bestandteil der keramik-musealen Landschaft der Bundesrepublik Deutschland geworden.

Wenn es trotz der vorhandenen Keramikmuseen in anderen Teilen der Bundesrepublik in einem gewissen Sinne einmalig ist, liegt dies an der günstigen Lage inmitten des Kannenbäckerlandes mit seinen Tongruben, Töpferwerkstätten und Keramikfabriken; hier hat der interessierte Besucher die Möglichkeit umfangreicher Informationen.

Das Museum hat als Schwerpunkt zwei Sammelbereiche: Einmal die Sammlung und Darstellung des historischen Westerwälder Steinzeugs. Dazu kommen die Erzeugnisse der gegen Ende des 16. Jh. zugewanderten Töpfer aus Siegburg und Raeren sowie der anderen Zentren des rheinischen Steinzeugs. Nicht außer acht lassen wir die Tatsache, daß im Westerwald auch an einigen anderen Orten Irdenware hergestellt wurde.

Eine weitere Aufgabe ist die Sammlung zeitgenössischer keramischer Kunst aller Techniken der Zeit um 1900 bis heute. Diese Sammlung ist international ausgerichtet.

Einzel- und Gruppenausstellungen keramischer Künstler runden das Aufgabengebiet unseres Museums ab. Die größte deutsche Keramikausstellung „Deutsche Keramik", in deren Rahmen der Westerwaldkreis den „Westerwaldpreis für Keramik" vergibt, gehört in diesen Bereich.

Durch den Neubau eines nach dem neuesten Wissensstand geplanten Museums wird man dem Ziel „Deutsche Sammlung für historische und zeitgenössische Keramik" noch näher kommen.

Privates Töpfermuseum „Im Kannenofen". Töpferei Peltner, Kleine Emser Straße 4, Tel. (0 26 24) 72 51. Öffnungszeiten: täglich von 9-12 und von 14-17 Uhr. Eintritt frei.

Künstlerhof Galerie Starczewski, Kirchstraße 15, Tel. (0 26 24) 20 52. Wechselnde Ausstellungen zeitgenössischer Kunst.

✕ Töpfereien und Keramikfabriken, die besichtigt werden können:

Balzar-Kopp, Im Hinterfeld, Tel. (0 26 24) 71 90, salzglasiertes Steinzeug, geöffnet Mo-Fr 8-12, 13.30-17.30, Sa 8-12 Uhr

Böhm KG, Bergstraße 12/14, Tel. (0 26 24) 24 76, Feinsteinzeug, geöffnet Mo-Fr 9-12, 14-16 Uhr, Sa und So nach Vereinbarung

Corzelius, Bergstraße 4, Tel. (0 26 24) 72 93, Feinsteinzeug und grau-blau (salzglasiert), geöffnet Mo-Fr 9-12, 13-16.30, Sa 10-12 Uhr, So nach Vereinbarung

Dümler & Breiden, Rathausstraße 55-59, Tel. (0 26 24) 20 41, mod. Gebrauchskeramik, geöffnet Mo-Do 9.15-11, 13-15, Fr 9.15-11 Uhr

Gerhards, Töpferstraße 8 a, Tel. (0 26 24) 71 19, grau-blau (salzglasiert), geöffnet Mo-Sa 8-18 Uhr

Giefer-Bahn, Schützenstraße 42 a, Tel. (0 26 24) 23 81, salzglasiertes Steinzeug, geöffnet Mo-Fr 8-11.30, 13-15.30, Sa 8-13 Uhr

Gilles & Sohn, Mittelstraße 19, Tel. (0 26 24) 24 24, Steingut, geöffnet Mo-Do 8-12, 13-16 Uhr

Herkenroth-Keramik, Rathausstraße 64, Tel. (0 26 24) 24 78, Majolika und mod. Kunstkeramik, geöffnet Mo-Fr 8-12, 13-17, Sa 9-14 Uhr, So nach Vereinbarung

Töpferei Josef Krämer, Ringstraße 29, Tel. (0 26 02) 27 74

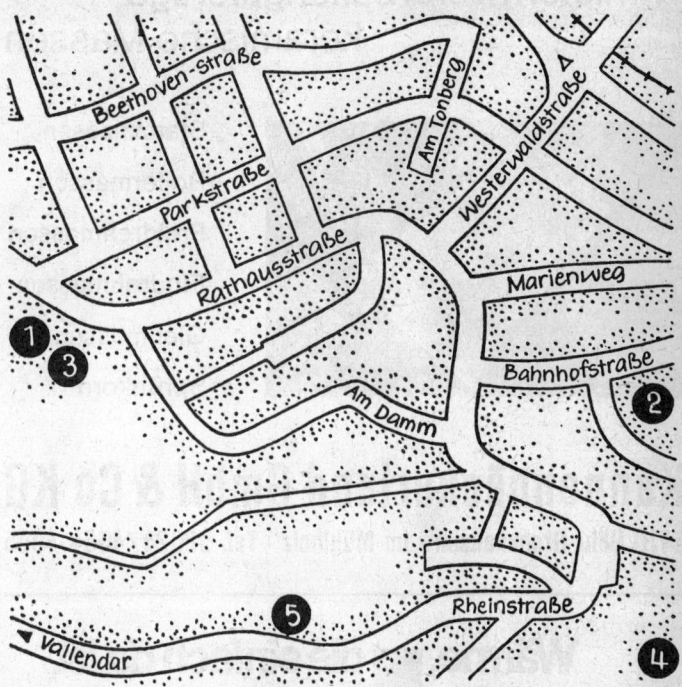

Höhr-Grenzhausen

1 Ev. Pfarrkirche

2 Kath. Pfarrkirche St. Peter u. Paul

3 Keramikmuseum Westerwald

4 Priv. Töpfermuseum „Im Kannenofen"

5 Fachhochschule Keramik

Lerchen, Kasinostraße 12, Tel. (0 26 24) 70 50, grau-blau und Feuerstein-zeug (Bierkrüge), geöffnet Mo-Fr 9-12, 14-16 Uhr, Sa und So nach Vor-anmeldung
Manufaktur Merkelbach, Kirchstraße 17, Tel. (0 26 24) 30 21, salzglasiertes Steinzeug, geöffnet Di 10-11.30, Do 14-15.30 Uhr
Walter Merkelbach, Rathausstraße 99, Tel. (0 26 24) 71 34, salzglasiertes Steinzeug, geöffnet Mo-Fr 9-12, 14-16 Uhr

Mühlendyk, Lindenstraße 39, Tel. (0 26 24) 24 53, salzglasiertes Steinzeug, geöffnet Mo-Do 9.30-12, 13.30-17, Fr 9.30-12, Sa 10-12.30 Uhr

Peltner, Kleine Emser Straße 4, Tel. (0 26 24) 72 51, Bunzlauer Feinsteinzeug, geöffnet Mo-Sa 9-12, 14-17, So 13-17 Uhr. Museum

Rastal-Werk, Lindenstraße, Tel. (0 26 24) 16-1, Gebrauchskeramik, Gläser, Zinnartikel, geöffnet Mo-Fr 14.30-18, Sa 9-12.30 Uhr

SGRAFO, Schneebergstraße 33, Tel. (0 26 24) 40 41, Porzellan, Stein- und Feinsteinzeug, geöffnet Mo-Fr 9-12, 13-17, Sa 9-12 Uhr, So nach Vereinbarung

Stahl, Wiesenstraße 4, Tel. (0 26 24) 72 24, Steinzeug, geöffnet Mo-Fr 8-12, 13-16, Sa 9-13 Uhr

Hobbytöpfern von Gästen möglich in:
Manufaktur Merkelbach, Kirchstraße, Tel. (0 26 24) 30 21
Töpferei Mühlendyck, Lindenstraße, Tel. (0 26 24) 24 53
Töpferei Peltner, Kleine Emser Straße 4, Tel. (0 26 24) 72 51
Töpferei Stahl, Weiherstraße 4, Tel. (0 26 24) 72 24
Künstlerhof Galerie Starczewski, Kirchstraße 15, Tel. (0 26 24) 20 52
Urlaubs-Seminare im: Malen, Zeichnen, Modellieren, Fotografieren
Weitere große **Industriebetriebe** ohne Besichtigungsmöglichkeit:
Steuler Industrie-Werke GmbH, Feuerfeste Steine, Baukeramik, Wandfliesen. Kunststoffe, Anlagenbau
Marzi u. Remy, Feinsteinzeug, salzglasiertes Steinzeug
Getefo (Marke „Gimetall"), Gummi-Metall-Bauteile zur Schwingungsdämpfung
🌱 Private „Geo-Station" (Mineralien und Gesteine) Ecke Römerberg/Bergstr.
✚ Ärzte, Zahnärzte, Apotheken
🐎 Reitschule mit Reithalle; Freibad; Hallenbad, Sauna und Solarium im Kurhotel; Abenteuerspielplatz und Grillplatz am Hainchen; Tennisplatz; Grillplatz am Sportplatz Flürchen, Grillplatz „Am Sängerplatz" mit Schutzhütte.
🛏 ✗ Kurhotel, zahlreiche Gasthäuser mit Fremdenbetten und Mittagstisch u. a. Hotels, Restaurants, Cafés, Imbißstuben, Pizzeria, Eisdielen
Außerhalb liegen: Pension „Nies-Mühle" am Schwimmbad nahe Autobahn Restaurant Schützenhaus „Am Zoll" in Richtung Grenzau
Waldschänke „Uhlenhorst" an der L 307 hinter der Autobahn in Richtung Bendorf
☉ Jedes Jahr im Oktober die Gewerbeausstellung „Kannenbäckerland-Schau".
🚌 Kevag-Bus nach Koblenz; Firma Griesar nach Bendorf und Wirges; Bahnbus nach Montabaur; Bahnbus nach Hillscheid und Stadtteil „Grenzau".
🚆 Bahnhof Grenzau der Bahnstrecke Engers-Siershahn
☎ Verkehrsamt der Verbandsgemeinde Höhr-Grenzhausen, Tel. (0 26 24) 20 55 und 20 58; Stadtprospekt u. Wanderkarte vorhanden.
👣 **Vorschläge für Wanderungen im Bereich der Kannenbäckerstadt:**
   Weg 1
Ausgang Sportplatz am Flürchen, Kaltebornsberg bis Höhe 442, links ab in nordöstlicher Richtung bis zur Höhe 397. Dann in westlicher Richtung dem gut ausgebauten Fahrweg folgend bis zum Sportplatz.
Weg 2
Ausgang Sportplatz am Flürchen, dem Weg 1 folgend bis zur Höhenlinie 400, links ab durch die Walddistrikte Strüthen und Delleweg, entweder bei der Höhe 374 oder bei der Höhe 362 links abbiegen und dem Weg 1 folgend zurück zum Sportplatz.
Weg 3
Mit dem Bahnbus nach Hillscheid. Von hier über die Höhe 363, rechtshaltend diesem Weg folgend bis zur Höhe 499 (Thielshütte) bis zur nächsten Wegkreuzung im Walddistrikt 27. Von hier besteht die Möglichkeit, entweder dem Wegzeichen von Weg 1 in Fortsetzung des gekommenen Weges folgend, oder aber in westlicher Richtung dem Wegzeichen folgend zurück zum Flürchen.

Weg 4

Von der Bergstraße in der Richtung Eishaus den Walddistrikt „Heide-kopf" umschlagend in der Richtung nach der Höhe 329, kurz hinter dieser rechts abbiegend am Forsthaus Landshube vorbei bis zur Höhe 362 (Hinterster Bach). Rückweg von hier, entweder dem Zeichen von Weg 1 oder dem Zeichen von Weg 2 folgend bis zum Sportplatz am Flürchen.

Weg 5

Von der Bergstraße in Richtung Eishaus, von hier halbrechts bis zum „Stern", dann halblinks bis zum Forst Neuwied, diesen bis zur Höhe 302 durchquerend und von hier durch das Selbachtal bis zum Wald-schwimmbad.

Weg 6 und Weg 6 a

Ausgang von Sportplatz am Flürchen, in westlicher Richtung die ehem. Eisenbahnlinie Höhr-Grenzhausen-Hillscheid überquerend, durch den Vallendarer-Wald über den Wandhof und an der Anbetungskirche vorbei bis zum Kloster Schönstatt, von hier Rückfahrt mit dem Kevag-Bus.
Der Weg 6 a kann auch ausgehend vom Café Serwazi durch die Schützenstraße angetreten werden.

Weg 7

Ausgehend von dem Weg 6 oder 6 a vor dem Walddistrikt 28 Puschen-kopf in der Richtung nach der Bembermühle durch das Feisternachttal bis zur Einmündung auf die Straße Vallendar-Hillscheid. Kurz oberhalb der Einmündung auf diese Straße liegt das Ausflugslokal „Tannenhof". Zurück dem Fahrweg folgend bis Kloster Schönstatt, von dort Rückfahrt mit dem Kevag-Bus.

Weg 8

Ausgehend von der Paul-Viehmann-Allee rechts durch die Walddistrikte „Bringert" und „Moorsberg" (auf diesem Weg liegt die Schweden-schanze) bis zur Einmündung auf die Straße zwischen den Stadtteilen Grenzhausen und Grenzau. Von hier zurück in Richtung Grenzhausen oder Grenzau.

Weg 9

Ausgehend vom Zoll, über Uhlenhorst kurz hinter der Höhe 302 dem Weg geradeaus folgend über die Höhen 273 und 269 bis zum Meisenhof. Kurz vor dem Meisenhof rechts dem Feldweg folgend bis zum Römer-turm. Vom Meisenhof dem Feldweg folgend bis zur Abtei Sayn. Rückfahrt mit der Bundesbahn (nur bis Bahnhof „Grenzau") oder mit dem Bus möglich.

Weg 10

Vom Zoll dem Weg 9 folgend bis zum Uhlenhorst. Von hier links die alte Vallendarer Straße über den Schwarzenberg bis zur Höhe 196, dann rechts ab zum Wüstenhof. Von hier nach Vallendar, von dort Rück-fahrt mit dem Bus.

Weg 10 a

Ausgehend vom Stadtteil Höhr bis Höhe 198, dann links abbiegend (vom Stadtteil Grenzhausen geradeaus) bis zum Haus „Waldfriede", über „Nagelschmiedskopf" bis zu dem Zeichen 10, diesem links folgend in Richtung nach dem Wüstenhof.

Weg 11

Ausgehend vom Zoll bis zur Höhe 288, rechts abgehen bis zur Höhe 259. Von hier in das Brexbachtal mit dem Aufstieg (Serpentinen) zum „Kaiserstuhl". Von hier dem Wegezeichen 13 folgend über die Burg-ruine nach dem Stadtteil Grenzau und zurück nach dem Stadtteil Grenz-hausen.

Weg 12

Ausgehend vom Zoll dem Weg 9 folgend bis Höhe 288, dann dem Weg 11 folgend bis zur Höhe 259. Hier links ab durch den Walddistrikt „Klingelbach" bis zum alten Schützenplatz. Von hier aus dem Weg 9 folgend zurück nach dem Stadtteil Grenzhausen.

Weg 13
Ausgehend vom Zoll der Kreisstraße 116 folgend nach dem Stadtteil
Grenzau und von hier über die Burgruine Kaiserstuhl, Felswäldchen in
der Richtung des Bachlaufes nach Sayn bis zur Steinebrück. Von hier
durch den Buchenwald bis zur Höhe 273. Dann dem Zeichen des Weges
9 folgend in Richtung Grenzhausen oder Meisenhof.
Ab ▣ **Flürchen** (südöstlicher Stadtrand):
E 1 (3,1 km; 40 m Steigung); E 2 (5,4 km; 90 m Steigung); E 3 (5,8 km;
90 m Steigung); E 4 (6,6 km; 160 m Steigung); E 5 (7,2 km; 160 m Steig.).

Nördlich von Höhr-Grenzhausen liegt in einem Talkessel der Brex
Höhr-Grenzhausen-**Grenzau** (195 m; 140 E.)
Idyllisch gelegener kleiner Talort mit Burgruine und lebhaftem
Fremdenverkehr.
◩ 🏛 Die **Burgruine Grenzau** war im 13. Jh. stolzer wehrhafter Sitz der
Herren von Isenburg-Grenzau aus dem **edelfreien Geschlecht der Herren
von Isenburg.** Dieses heute noch blühende deutsche Adelsgeschlecht, das
älteste mit ununterbrochener Mannesfolge, leitet seine Herkunft von
Reginbold (Mitte des 9. Jh.) und dem Vicecomes Reginbold (963) ab und
nennt sich seit 1095 nach dem **Stammsitz Isenburg** an der Iser im Saynbachtal. Nach der Erbteilung mit seinem älteren Bruder Gerlach (1167 bis
1209) begann daher **Heinrich I. von Isenburg** (1181 bis 1222) zur Verwaltung und Sicherung seines Westerwälder Besitzes mit dem Bau eines
eigenen, wehrhaften Wohnsitzes dort, wo die „Rhynstraß" (aus Westfalen
über Hachenburg - Bendorf - zum Rheinübergang und weiter nach Trier
führend) das Tal der Brachysa (Brexbach) überquerte.
Steil abfallende Felshänge eines an drei Seiten vom Bach umflossenen
Bergrückens schützten einen Felssporn, der einen weiten Überblick über
die Landschaft gewährte. Der Südsporn des Felsens wurde durch einen
in den Fels geschlagenen breiten und tiefen Graben, den Halsgraben,
vom Bergrücken abgetrennt. Auf dem höchsten Punkt dieses Berg-
abschnittes wurde eine **wehrhafte Burg** als Wohnsitz mit mehrstöckigem
Palas und Wirtschaftsgebäude angelegt und als Wehrbau gerüstet und
geschützt durch hohe Ringmauern, dem dreigeschossigen Torhaus und
dem über 32 m hohen dreieckigen Bergfried, der mit einer seiner spitzwink-
ligen Dreieckskanten gegen den hinter dem Halsgraben ansteigenden Berg,
also gegen die Angriffsseite, gestellt wurde: vom Berg gegen die Burg ge-
schleuderte Steinkugeln (im Burghof liegen einige ausgegrabene, große
Kugeln) und Brandsätze mußten an den schräg verlaufenden Mauern des
mächtigen Bergfrieds abgleiten, der als ein Schild vor den Burggebäuden
und dem Burghof gestellt war.
Über dem steil abfallenden Osthang führt aus der Vorburg der Weg
über dem Ostzwinger unterhalb der Ringmauer zum Burgtor, der Ein-
dringling mußte nach Überwindung der Vorburg und der über den Halsgraben führenden Zugbrücke an der mit Wehrgang und Schießscharten
ausgerüsteten Wehrmauer entlang sich den Weg zum Tor erkämpfen,
wobei seine rechte Seite dem Verteidiger zugewandt, also vom Schild
nicht gedeckt war. Noch heute ist die gesamte Befestigungsanlage, auch die
Schutzanlagen am Torhaus (Abwurferker, Pechnase, Poterne, Zisterne),
innerhalb der von einer geschlossenen Ringmauer umgebenen 27 x 60 m
großen Kernburg, der Zwinger und der Vorwerke gut zu erkennen.
Heinrich I. gab ihr den Namen **Gransiole** (grande joie - Große Freude),
später im Sprechgebrauch umgeformt zu Grensove, Grentzawe, Grentz
und Grenzau.
An der **Burganlage** ist burgenkundlich besonders bemerkenswert der in
Deutschland einmalige dreieckige Bergfried; innerhalb der 3,50 m dicken
Mauern führen Steintreppen von dem in 12 m Höhe liegenden Zugang
(über dem tiefen Vorratskeller) zu den drei engen Turmgeschossen und

Burg und Dorf Grenzau

Braunewell – Soltau

hinauf zur Wehrplattform. Zu der Zugangstüre konnte man nur über eine hölzerne Treppe gelangen, die bei einer Belagerung abgeworfen werden konnte; der Bergfried, der Befehlsstand der Burg, war dann praktisch uneinnehmbar und konnte als letzte Zuflucht den Burgherrn, die Burgmannschaft und Hab und Gut „in Frieden bergen".

Nur wenige Reste von Steinmetzarbeiten (gemauerte Gewölbe, Fenstersäulchen, Türeinwölbungen, Konsolsteine, der gotische Rundbogenfries, der gotische Kamin im Torhaus) berichten von der künstlerischen Ausstattung der einstmals bedeutenden Burg, einer **Sporenburg** aus der typologischen Gruppe der Ringmauerburgen.

Am Südende des Bergsporns liegt auf einem Felsen über dem Brexbachtal die **Vorburg,** bestehend aus der „Dicken Mauer" mit Geschützständen und mit einer turmähnlichen Bastion, die um 1540 von den Grafen von Isenburg gebaut und mit Mauerbüchsen und Feldschlangen bewehrt wurde, – eine

sehr seltene, interessante und sehenswerte Anlage, die von der Straße aus sichtbar ist.

Die Dynastengeschlechter des Westerwaldes lagen mit Kurtrier und insbesondere mit dem streitbaren Erzbischof Balduin (1307-1354) in ständigem Kampf um ihre Selbstbehauptung. Philipp von Isenburg-Grenzau (1324-1370) aus der **Linie Ysenburg-Büdingen** (zwei schwarze Balken im goldenen Schild) gelang es zwar, den von Trier eingesetzten Burggrafen nochmals zu vertreiben und die Streitmacht der dem Erzbischof verbündeten Koblenzer in einem Überfall auf dem Gumschlag bei Grenzhausen zu vernichten - 1347 -, doch konnte der Erzbischof durch Koadjutor Kuno von Falkenstein später die Burg Grenzau einnehmen und lehnspflichtig machen.

Noch im 16. Jh. wird die Burg als ein schönes, großes, festliches Schloß beschrieben; doch geriet die Grenzau in die zerstörenden Auseinandersetzungen des großen Krieges der dreißig Jahre. Das Dorf Grenzau wurde von schwedischen Truppen zerstört; die Burg selbst wurde in der Nacht vom 24./25. März 1635 durch eine Hundertschaft französischer Truppen (als Verbündete der Schweden) überrumpelt und in Brand gesteckt. Zu erwähnen wäre ein Gefecht nördlich von Grenzhausen, in dem ein hessisch-schwedischer Provianttransport trotz starkem Schutz durch Bewaffnete auf dem Wege zur Festung Ehrenbreitstein am 31. Januar 1637 von dem kaiserlichen Feldobristen Jan von Werth aufgerieben wurde.

1664 nahm der kurtriersche Amtmann mit Amt, Gericht und Finanzverwaltung Sitz auf der nur teilzerstörten Burg Grenzau, „aufm Schloß". 1700 wurde unter dem Trierer Erzbischof Hugo von Orsbeck noch die Mühle am Brexbach unterhalb der Burg gebaut (schönes Hauswappen). 1735 wurde das Strohdach der Burgscheune durch Sturm abgedeckt. 1788 werden die Steine der Burgkapelle (Standort ist nicht mehr bekannt) freigegeben zum Bau der 1792 vollendeten Kapelle im Dorf Grenzau. 1793 stürzte das Wehrdach des Bergfrieds ein. Die Burg (1664 an Kurtrier, 1803 an Nassau, 1866 an Preußen, 1918 an die Provinz Hessen-Nassau verfiel, bis sie 1922 in Privatbesitz (Zichner) kam.

Seit 1954 wurde unter Prof. Dr. Spiegel als Besitzer, die Burg in denkmalpflegerische Obhut genommen und im Bergfried und im Torhaus **Wohnräume und auch Museumsräume** geschaffen. Heute befindet sich im Torhaus eine Sammlung von Ofenplatten und von feinem **Eisenkunstguß** des 19. Jh. aus der benachbarten Sayner-Hütte, aus der Gleiwitz-Berliner Hütte und anderen Eisengießereien. Im Bergfried und im Torhaus ist eine umfassende **Keramik-Sammlung** untergebracht, welche die **Entwicklung des Steinzeugs** vom Mittelalter bis heute zeigt mit schönen Arbeiten der großen Töpfereien im Rheinland, um Aachen-Raeren-Bouffiaulx, in Hessen, Westfalen, Pfalz, Elsaß, Franken, Altbayern, Thüringen, Sachsen und Schlesien, auch Arbeiten aus Frankreich, England und USA. Besonders ausführlich werden die **Steinzeugarbeiten des Kannenbäckerlandes** vom 13. Jh. bis heute gezeigt; manche dieser heimische Keramikarbeiten sind aus den Schuttbergen der Burg geborgen, in der in der Notzeit des Dreißigjährigen Krieges die Krug- und Kannenbäcker aus Grenzau Zuflucht gesucht haben und getöpfert haben.

So hat die Ruine der mittelalterlichen Burg Grenzau heute als Heimatmuseum und als Burgwohnsitz wieder eine lebendige Aufgabe gefunden, der sie dient und die wiederum die Burg als Denkmal der Heimat- und Kulturgeschichte erhält.   (Spiegel - 30. April 1971)

Gasthaus Burg Grenzau von 1631. Zweistöckiger Fachwerkbau mit geschweiftem Giebel und breitem Mittelerker; reiche Schnitzerei.

Kath. Kapelle St. Peter und Paul (1796) mit gestelztem Altarraum und Dachreiter. Marienkrönung vom 1636.

Größte freihandgedrehte Vase der Kannenbäckerstadt an der Brexbachbrücke. Höhe 1,08 m; Breite 1,05 m.

Erinnerungstafel an den **ersten Töpfer** und an den **Lügedores**, den Grenzauer Eulenspiegel, in der Brexbachstraße.

♂ Tischtennis-Freizeitzentrum, Tennisplätze, Minigolf

🏨 ✕ Sporthotel, Gasthäuser mit Mittagstisch, Pension, Ferienhäuser, „Ferien auf dem Bauernhof". Speiserestaurant Schützenhaus an der Straße nach Grenzhausen.

🚌 nach Höhr-Grenzhausen, Bendorf-Stromberg und Siershahn

🚂 Bahnstrecke Neuwied-Siershahn

☎ Verkehrsamt der Verbandsgemeinde 5410 Höhr-Grenzhausen, Rathaus, Tel. (0 26 24) 20 55 - 20 58

👫 Siehe unter Höhr-Grenzhausen!
Am Bach in der Ortsmitte Wanderwegetafel für obige Wege.
Hübsche Wanderung nordwestlich auf die Nauorter Hochfläche.
Nicht nur schön, auch originell ist das **Brexbachtal** zwischen dem Bahnhof Grenzau und dem Bahnhof Bendorf-Sayn. Eine Luftlinienstrecke von 6,5 km durchschlängelt der Bach mit 18 „Wasserkilometern" durch steile, dicht bewaldete Hänge der Mündung in den Saynbach entgegen. Eine durchgehende Straße gibt es nicht. Nur die Deutsche Bundesbahn schafft die Ab- bzw. Auffahrt mit 9,5 km durch sechs Tunnel an zwei Burgen vorbei über 30 kleine Brücken, die nach zahlreicheren Bachwindungen überspannen. Zu jeder Jahreszeit, besonders aber im Herbst, bietet diese Bahnfahrt von 12 Minuten fast jede Sekunde wechselnde, mal liebliche, mal wuchtige Hochwald- und Felsbilder. Erst recht aber kann der Wanderer auf dem markierten Weg (3,5 Std.) in dieser prächtigen Natur schwelgen.

An einer Wegekreuzung liegt 1 km oberhalb an der Einmündung des von Ransbach-Baumbach herabkommenden Masselbachs in den Brexbach der Bahnhof Grenzau. Vor diesem im Wald aufwärts nach

Kammerforst (300 m; 220 E.; VG Höhr-Grenzhausen)

◻ Der Ort wurde vor 1684 als Wohnsiedlung wallonischer Hüttenarbeiter der Hundsdorfer Eisenhütte errichtet. Der Name leitet sich von einem Kammerforst ab, von einem besonders geschützten Wald.

🏨 ✕ Gasthaus mit 5 Betten.

Südlich Kammerforst an der Straße von Höhr-Grenzhausen nach Ransbach-Baumbach

Hilgert (305 m; 1400 E.; VG Höhr-Grenzhausen)
Breit an einem Südhang, von Wäldern umgeben.

◻ Bis zu Beginn dieses Jahrhunderts arbeiteten hier zahlreiche Kleinbetriebe, die Tonpfeifen und Tonspielzeuge herstellten. Heute sind nur noch wenige Betriebe dieser Art vorhanden. Über die Tonpfeifenbäcker drehte die Rheinische Landesstelle für Volkskunde 1974 hier einen Dokumentarfilm.

✕ **Töpfereien,** die besichtigt werden können:
Gelhard, Hauptstraße 54, Tel. (0 26 24) 21 75, braunglasiertes Steinzeug, geöffnet Mo-Fr 8.30-12, 13.30-1830, Sa 9-12, So 13.30-18 Uhr.
Auch Hobbytöpfern für Gäste.
Jung, Hauptstraße, Tel. (0 26 24) 27 82, Pflanzgefäße, geöffnet Do 14-17 Uhr
Letschert-Meudt, Hauptstraße 33, Tel. (0 26 24) 73 97, rustikale Gebrauchskeramik, geöffnet Mo-Do 7-12, 13-17, Fr 7-11, 13-16 Uhr
🏨 ✕ Privatpension mit 6 Betten.
🚌 nach Höhr-Grenzhausen, Koblenz und Montabaur

👫 Zum Aussichtsturm auf dem „Köppel";
Zur Burg Grenzau über Bahnhof Grenzau.

Von Höhr-Grenzhausen aus, auf der L 307, an Hilgert vorbei, erreichen wir
Ransbach-Baumbach (300-370 m; 6217 E., VG Ransbach-Baumbach) im Herzen des Kannenbäckerlandes, eingebettet zwischen herrlichen Laub- und Nadelwäldern, die bis an den Ortsrand herantreten; der Ortsteil Ransbach in der Talmulde des Masselbachs, am Fuße des Hölzeberges gelegen, der Ortsteil Baumbach am aufsteigenden Nordhang der Montabaurer Höhe, welche das gesamte Landschaftsbild überragt (540 m).

Ransbach-Baumbach, seit 1975 Stadt, gebildet aus den 1969 zusammengeschlossenen ehemaligen Gemeinden Ransbach und Baumbach, ist Sitz der Verbandsgemeindeverwaltung.

Zufahrten über Autobahn Köln-Frankfurt, Abfahrt Ransbach-Baumbach (2 km) und Dernbacher Dreieck-Koblenz, Abfahrt Höhr-Grenzhausen (5 km).

◪ Erste Erwähnung 1330: Kirche von Ransbach und Adelsfamilie von „Ranspach". Erste Erwähnung von Baumbach: 1344 wird ein Conzo „Babinbecher" zu Großholbach genannt. 1373 Ortsname „Babenbach". Eine Grundherrschaft Ransbach bestand schon Mitte des 10. Jh., wie aus den in der Montabaurer Zehntbeschreibung von 959 angegebenen Grenzpunkten zu erkennen ist, wo u. a. der vor 1488 ausgegangene Ort Desper (Dedinsburg) bei Ransbach genannt wird. Bei der Teilung der Herrschaft Grenzau zwischen 1304 und 1310 wurde das Kirchspiel Ransbach einschließlich Baumbach den Herren von Isenburg-Arenfels zugeteilt, die das Kirchspielsgericht seit 1347 von Kurtrier zu Lehen trugen. Im Erbgang gelangte das Kirchspiel 1376 an die Nieder-Isenburgische Linie, auch jüngere Grenzauer Linie genannt. Als die Grafen von Isenburg-Grenzau 1664 ausstarben, kam das Kirchspiel als heimgefallenes Lehen an Kurtrier.
Urkunden über den am östlichen Rand des Stadtteils Ransbach gelegenen **Erlenhof** bestehen von 1398, 1404, 1476, 1745 und 1818. Mitte der 70er Jahre wurde das Gelände um den **Erlenhofsee** zu einer großen Erholungsanlage mit Hotel, Hochhäusern und Wohnhäusern ausgestaltet.
Die südlich der Autobahn gelegene Försterei **Landshube** hatte als Vorgänger den gleichnamigen Hof, der bereits nach 1200 nachgewiesen ist, später 1243, 1386, 1534, 1730 und 1787.
🐚 In dem benachbarten, landschaftlich sehr schönen Sumpfwald-Quellgebiet des Brexbachs die bereits 1666 angelegten Fischteiche „**Landshuber Weiher**", wovon einer zur Wasserrosenblütezeit ein prächtiges Bild bietet.
Aufgrund der reichen und ausgedehnten Tonvorkommen in unmittelbarer Umgebung von Ransbach-Baumbach stand das **Töpfergewerbe** hier seit Jahrhunderten in hoher Blüte. Durch den Zuzug von auswärtigen Töpfern aus Raeren um 1600 wurde das heimische Töpferhandwerk befruchtet. 1660 verarbeiteten 18 Krug- und Kannenbäcker in Ransbach-Baumbach das „weiße Gold". 1723 waren es bereits 99. Im 18. und 19. Jh. waren bis zu 2/3 der Einwohner von Ransbach-Baumbach vom Frühjahr bis Martini als sogenannte „**Landgänger**" unterwegs nach Süddeutschland, Holland und sonstigen Ländern, um die heimischen Töpferwaren zu verkaufen. Aufgrund der günstigen Standortbedingungen entstanden in Ransbach-Baumbach seit dem Ende des 19. Jh. zahlreiche keramische Industriebetriebe mit maschineller Serienfertigung. Daneben haben sich nur einige wenige Familienbetriebe erhalten, die die alte Tradition des Töpferhandwerks aufrechterhalten und grau-blaues, salzglasiertes Steinzeug herstellen. - Insgesamt genießt die Gebrauchs- und Zierkeramik von Ransbach-Baumbach heute Weltruf.
Lit.: Ransbach-Baumbach im Spiegel der Geschichte
        Herausgegeben von der Stadt Ransbach-Baumbach 1975

Verbandsgemeinde Ransbach-Baumbach

Stadt Ransbach-Baumbach
- im Herzen des Kannenbäckerlandes -
Sitz der Verbandsgemeindeverwaltung.

Verbandsangehörige Gemeinden:
Alsbach, Breitenau, Caan, Deesen,
Hundsdorf, Nauort, Oberhaid,
Sessenbach, Wirscheid und Wittgert.

Fläche: 4.986 ha - Einwohner: z. Z. 11.616

Waldreiche Landschaft zwischen den Naturparks Rhein - Westerwald und Nassau, mit einem gut ausgebauten Wanderwegenetz und Möglichkeiten zur Ausübung des Reit- und Angelsports sowie herrlich gelegenen Schutz- und Grillhütten.

Besonderer Anziehungspunkt für Erholungsuchende ist der Wohn- und Freizeitpark „Erlenhofsee" in Ransbach-Baumbach mit seinen neuzeitlichen Anlagen: 8 ha großer See mit Rundwanderwegen, Bewegungsbad, Sauna, Solarien, med. Kur- und Bäderbehandlung.

Ein modernes beheiztes Waldschwimmbad mit Liegewiesen und Aufwärmhalle, das gut ausgebaute Kannenbäckerlandstadion, zwei Turnhallen, eine Tennishalle, Trimm-Dich-Pfad und eine neu errichtete Kleinspielfeldanlage (Roll- oder Schlittschuhbahn, Tennisplätze, Basketball) stellen im Zentralort Ransbach-Baumbach hohe Freizeitwerte dar.

Ortsgemeinde Nauort: modernes Hallenbad, große Turnhalle, Sportplatz und Tennisplätze.

Ransbach-Baumbach, an der Kannenbäckerstraße, ist das Zentrum der Keramik. Besondere Attraktion: Besichtigung der Töpfereien und Keramikbetriebe sowie Hobbytöpfern.

Ideale Anbindung der Verbandsgemeinde an das regionale Verkehrsnetz.

Auskünfte und Prospekte erhalten Sie bei der Verbandsgemeindeverwaltung Ransbach-Baumbach, Mozartstraße 4, 5412 Ransbach-Baumbach, Telefon 0 26 23 / 30 61

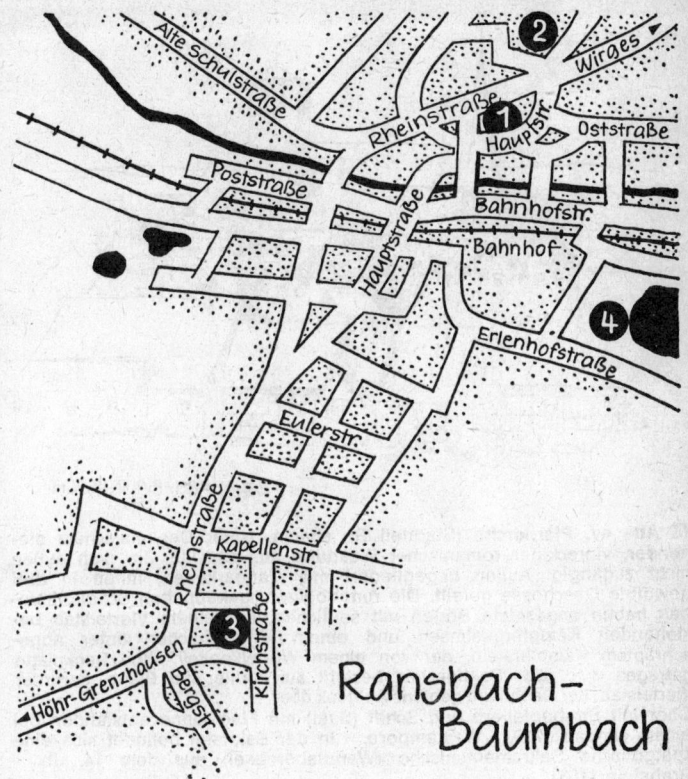

Ransbach-
Baumbach

1 Alte ev. Pfarrkirche

2 Kath. Pfarrkirche St. Markus

3 Kath. Pfarrkirche St. Antonius

4 Erlenhofkapelle a. Erlenhofsee

RANSBACH-BAUMBACH

🏛 **Alte ev. Pfarrkirche** (Stadtteil Ransbach). Unter Denkmalschutz stehender, viereckiger romanischer Westturm aus dem 12. Jh., von außen nicht zugänglg. Außen ungegliedert mit Klangarkaden, innen in drei gewölbte Geschosse geteilt. Die rundbogigen, gekuppelten Schallöffnungen haben angesetzte Bögen mit seitlichen, aus einem Viertelstab bestehenden Kämpfergesimsen und einem Mittelsäulchen unter abgeschrägtem Kämpferstein, der von einem Würfelkapitell ohne Deckplatte getragen wird. Das Dachgesims besteht aus Kehle und Platte, darunter Viertelstab; der Dachhelm geht ins Achteck über.
Chor mit Strebepfeilern und Schiff (Saal) mit Flachtonne entstanden bei einem Umbau 1719. - Westempore. - In der Sakristei befindet sich eine spätgotische Sakramentsnische (Wandtabernakel) aus dem 14. Jh. - Grabstein 1703.
1953/54 wurde der Kirchenraum umgestaltet und renoviert.
In der modernen **kath. Pfarrkirche St. Markus** von 1950/52 (Stadtteil Ransbach), einem imposanten Bau mit starkem Turm, von P. Johannbroer erbaut, innen reicher ehemaliger Hochaltaraufsatz, 1770 von den Kapuzinern aus Dierdorf erworben. Immakulata, barock und hl. Joseph, Mitte des 18. Jh.
Kath. Pfarrkirche St. Antonius (Stadtteil Baumbach) erbaut 1930/31. Die alte Kirche von 1881 ist nur noch in dem zur Taufkapelle umgestalteten ehemaligen Chorraum erkennbar. 1968 wurde die Kirche wegen Schäden völlig restauriert, Innenraum neugestaltet.
Erlenhofkapelle, eine Hauskapelle der Herren auf dem Erlenhof, 1767 erstmals erwähnt.
✕ Zentrum der **Keramik.** Zahlreiche größere Betriebe, die Gebrauchs- und Zierkeramik, Industrie- und Baukeramik herstellen. Daneben einige kleinere Familien-Werkstätten, welche die altüberlieferte Kunst des Töpferhandwerks pflegen und in Handarbeit salzglasiertes, grau-blaues Westerwälder Steinzeug herstellen.
Lohnend und interessant ist eine Besichtigung der folgenden Betriebe:
Fohrkeramik, Hauptstraße 60, Tel. (0 26 23) 30 01, Zierkeramik, Besichtigung und Warenverkauf nach Vereinbarung
Gerhards KG, Rheinstraße 191, Tel. (0 26 23) 70 30, moderne Kunstkeramik, geöffnet Mo-Do 13-15 Uhr

Gerharz & Manns, Hauptstraße 46, Tel. (0 26 23) 24 07, salzglasiertes
Steinzeug, geöffnet Mo-Do 8-11.30, 13.30-16, Fr und Sa 8-12 Uhr
Jasba, Rheinstraße 100, Tel. (0 26 23) 20 01, moderne Keramik, Majolika,
Steingut, geöffnet Mo-Do 8.15-11.30, 13-16.30, Fr 8.15-13 Uhr
J. L. Knödgen, Weiherstraße 1-3, Tel. (0 26 23) 20 27, Zierkeramik, Besich-
tigung und Warenverkauf nach Vereinbarung
Letschert, Bergstraße 20, Tel. (0 26 23) 22 71, salzglasiertes Steinzeug,
geöffnet Mo-Fr 8-18, Sa 8-12 Uhr
Steuder, Erlenhofstraße 10, Tel. (0 26 23) 23 98, Gartenkeramik, geöffnet
Mo-Fr 7.30-17, Sa 8-12 Uhr
Jakob Vetter KG, Jahnstraße 12, Tel. (0 26 23) 30 06, Pflanzgefäße,
Besichtigung und Warenverkauf nach Vereinbarung
Zinko, Südstraße 10, Tel. (0 26 23) 22 27, salzglasiertes, grau-blaues
Steinzeug, geöffnet Mo-Fr 9-12, 13.30-18, Sa 9-12 Uhr, Hobby-Töpferkurse
für Gäste
Zöller, Töpferstraße 1, Tel. (0 26 23) 23 16, salzglasiertes, grau-blaues
Steinzeug, geöffnet Mo-Fr 9-12, 14-16 Uhr
- **Brauerei Fohr,** seit 1676.
✚ 3 Ärzte, 4 Zahnärzte, 2 Apotheken, Sozialstation
🏊 Beheiztes Freibad. - Kannenbäckerland-Stadion. - Ferien- und Frei-
zeitzentrum am Erlenhofsee, Wohnpark, Bewegungsbad, Sauna, Sola-
rium; med. Kur- und Bäderbehandlung. Angelmöglichkeit am See. -
Tennishalle, Kleinspielfeldanlage mit 4 Tennisplätzen, Volley-Ball, Roll-
schuh- bzw. Schlittschuhbahn. Minigolfanlage, Freischachanlage, 3 Kegelbahnen. Trimm-Dich-Pfad am Waldrand. Grillplatz, Schutzhütte.
🛏 ✕ Hotels und Gasthöfe mit insgesamt 50 Fremdenbetten. Restaurant.
Ferienwohnungen: Appartement-Hotel und Restaurant „Am Erlenhofsee",
40 Appartements. Tagungsräume. - 2 Cafés. - 1 Eisdiele. - Vollbewirt-
schaftete **Schutzhütte beim Aussichtsturm am „Köppel".** Tel. (0 26 23)
27 14; bis 50 Plätze. Montag Ruhetag. Spezialität: Aschenbraten
🚆 Bahnhof: Strecke Engers-Siershahn
🚌 Montabaur - Höhr-Grenzhausen; Koblenz - Siershahn; Hartenfels -
Ransbach-Baumbach; Westerburg - Ransbach-Baumbach
☎ Verbandsgemeindeverwaltung 5412 Ransbach-Baumbach,
Tel. (0 26 23) 30 61
🚶 1. Zum Aussichtsturm auf den Köppel mit bewirtschafteter Hütte
     (3 km)
2. Forsthaus Landshube - Landshuber Weiher- oberes Brexbachtal -
   Heide - Kopf - Schinderhannes-Klause - Kurhotel Höhr-Grenzhausen
   (5 km)
3. Hundsdorf (Fuchsmühle, Scheyers Mühle) - Faulbach - Kammerforst -
   Bahnhof Grenzau - Burg Grenzau (6 km)
4. Teufelsbrücke - Junkerwald - An den sieben Wegen - Forsthaus
   Rembser Hof - Adenrother Hof (Fischweiher) (6 km)
5. Hölzeberg - Mogendorfer Weiher - Mausmühle bei Oberhaid (5 km)
6. Hortenbach - Siershahn - Leuterod - Oetzingen - Malberg (7 km)
🅿 Ransbach-Baumbach - a) Gashäuschen an der Kreisstraße Dernbach-
Ransbach-Baumbach; b) Forsthaus Landshube, unmittelbar an der Autobahn; c) Dernbach-Elgendorf an der Kreisstraße Dernbach-Ransbach-
Baumbach; d) An den sieben Wegen; e) am Freibad Ransbach-Baumbach

Von Ransbach-Baumbach erreichen wir über die K 116 nach 1 km
den Ort
Hundsdorf (310 m; 285 E., VG Ransbach-Baumbach)
mit Fuchsmühle und Scheyer-Mühle im Masselbachtal inmitten
eines ausgedehnten Waldgebietes gelegen.

🔲 Erste Erwähnung „Hundisdorp" 1243, wo Heinrich von Isenburg ein
Eigengut besaß, das er gegen den Hof Landshube tauschte. Vermutlich

war Hundsdorf bereits im 9. Jh. als „Hohdorf" Besitz der Abtei Fulda. - Grundherrlich gehörte Hundsdorf ursprünglich nach Ransbach, seit dem 16. Jh. Lehen von Wied. 1536 zahlte die Mühle von Hundsdorf einen Kornzins an die wiedische Kellerei.

X Seit 1604 wurde in der **Hundsdorfer Hütte** (Schmelzofen und Eisenkammer) Eisenerz von der Eisensteingrube bei Dernbach verarbeitet. Die Hütte wurde nach ihrem Niedergang 1747 in eine herrschaftliche Mühle umgewandelt. Die Namen „Hüttenmühle" und „Masselbach" (Massel = Roheisenbarren) erinnern noch an die frühere Eisenverhüttung.

- Oberhalb von Hundsdorf errichtete Peter Fuchs 1838 in einer mit **Wasserkraft** betriebenen Mühle die „Erste Naxosschmirgelfabrik" Deutschlands. Die dort seitdem hergestellten Schleifscheiben fanden internationale Anerkennung.

🚤 ✕ Wald-Restaurant Haus Berlin, 12 Betten
🚌 Bedarfshaltestelle für Schienenomnibus (Siershahn-Engers)
🚏 Hillscheid - Siershahn; Neuwied - Siershahn
☎ Ortsgemeinde 5412 Hundsdorf, Tel. (0 26 23) 38 48; Verbandsgemeindeverwaltung 5412 Ransbach-Baumbach (0 26 23) 30 61

🏃 1. Faulbach - Kammerforst - Bahnhof Grenzau - Burg Grenzau (4,5 km)
2. An den sieben Wegen - Rembser Hof (,5 km)
3. Forsthaus Landshube- Landshuber Weiher (4 km)

Von Ransbach-Baumbach führt die L 307 in nördlicher Richtung, über die Autobahn hinweg, nach

Mogendorf (280 m; 1149 E., VG Wirges)

in einer Mulde gelegen, von ausgedehnten Wäldern umgeben. Im NW von Mogendorf der Mogendorfer Weiher, den die Grafen von Wied im 17. Jh. angelegt haben. - Zufahrt über Autobahn Köln-Frankfurt, Abfahrt Kannenbäckerland (1 km).

⬛ Erste Erwähnung um 1385: Das Stift St. Florin in Koblenz besaß den Zehnten in „Oberdorffe" = Mogendorf, auch „Mugydorffe" genannt. Noch 1781 stand dem Stift der Zehnte in Mogendorf zu. 1463 waren die Herren von Helfenstein Grundherren von Mogendorf. 1516 bezogen die Mant von Limbach als „Lehnherrn" in Mogendorf Zinsen und Gefälle. Durch Tausch mit Nassau-Dillenburg wurden 1581 die Grafen von Wied in Mogendorf zehntberechtigt. Bis 1803 gehörte Mogendorf zu Wied und zum Gericht und Kirchspiel Nordhofen; von da an zu Nassau; ab 1866 zu Preußen.

X Mogendorf ist seit Jahrhunderten das Dorf der **„Krugbäcker"**. In unmittelbarer Nähe wurde schon gleich nach dem 30jährigen Krieg wertvoller Ton, sogenannte „Eulererde", gefunden, deren Ausbeute meist verpachtet wurde. Um 1770 werden 12 Krugbäcker in Mogendorf erwähnt. Um 1890 gab es in Mogendorf 44 Krugbäcker, die jährlich 1,1 Millionen Mineralwasserkrüge nach Niederselters und Fachingen lieferten; später Steinhägerkrüge. In den vergangenen Jahrzehnten ging der Absatz an Steinzeugkrügen und damit die Zahl der Krugbäckereien stark zurück (Glasflasche; rationellere Massenherstellung).

- An der Autobahnabfahrt hat die Gemeinde ein neues Industriegebiet erschlossen.

Töpfereien und Keramikfabriken, die man besichtigen kann:
KJW Ströder KG, Hauptstraße 46, Tel. (0 26 23) 22 31, salzglasiertes, grau-blaues Steinzeug, geöffnet Mo-Fr 8-17 Uhr
Oswin Ströder, Bahnhofstraße 3, Tel. (0 26 23) 23 52, Steinzeug, geöffnet Mo-Fr 10-12, 14-17, Sa 10-15 Uhr
Wolf-Keramik, Hauptstraße, Tel. (0 26 23) 22 80, salzglasiertes, grau-blaues Steinzeug, geöffnet Mo-Fr 8-12, 13-18, Sa 8-16 Uhr
🚤 ✕ Hotel mit 18 Betten; Gasthaus mit 10 Betten

🚌 Bedarfshaltestelle für Schienenbus nach Altenkirchen, Koblenz, Montabaur, Limburg

🚌 Wölferlingen - Ransbach-Baumbach; Montabaur - Hartenfels; Koblenz - Siershahn - Altenkirchen

☎ Ortsgemeinde 5431 Mogendorf, Tel. (0 26 23) 24 38; Verbandsgemeindeverwaltung Wirges (0 26 02) 20 75

🥾 1. Oberhaid (Mausmühle) - Sayntal - Breitenau - Hofgut Adenroth - Adenrother Weiher (5 km)
2. Siershahn - Leuterod - Malberg (4 km)
3. Ransbach-Baumbach (Erlenhof) - Köppel (8 km)
4. Mogendorf - Nordhofen - Wacht - Selters (5 km)

Von Mogendorf gelangen wir nach 1 km über die L 313 in südöstlicher Richtung nach

Siershahn (290 m; 2741 E., VG Wirges)

Industrieort und zentral gelegener Bahnknotenpunkt, in unmittelbarer Nähe schöne, ausgedehnte Laub- und Nadelwälder; Zufahrt über Autobahn Köln-Frankfurt, Abfahrt Mogendorf (2 km).

◻ Erste Erwähnung 1211/14 „Sigarshagen": Kurtrier besaß als Grund- und Gerichtsherr hier einen Fronhof, der jährlich 1½ Scheffel Hafer an den Kurfürsten liefern sollte. 1324 wird berichtet, daß das Koblenzer Stift St. Florin sich mit gewissen Edelleuten über Güter und Zehnten zu „Sigathishain" geeinigt hat. Um 1385 besaß das Stift Florin den großen und kleinen Zehnten in Siershahn. Siershahn gehörte ursprünglich zum Montabaurer Pfarrsprengel, in welchem die Herren von St. Florin schon seit 959 als Zehntherren genannt werden. Noch 1699 war das Stift im Besitz der Zehntrechte von Siershahn. Siershahn und Ebernhahn bildeten in frühester Zeit einen gemeinsamen Verwaltungsbezirk: die sogenannte „Zeche" Siershahn. In dieser gab es 1495 zusammen 25 „Feuerstätten" = 25 Familien. 1563 hatte Siershahn allein 22 Feuerstätten. Die Hilchen von Lorch (Burg Dernbach) besaßen 1563 einen Lehenhof in Siershahn. - Bis 1803 gehörte Siershahn zu Kurtrier, dann zu Nassau, ab 1866 zu Preußen.
Noch Mitte des 19. Jh. war der Ort von der Landwirtschaft bestimmt, so daß 1863 berichtet werden konnte, daß „keine Fabrikation in Siershahn betrieben wird". Mit der Eröffnung der Westerwaldbahn 1884 wurde Siershahn aufgrund seiner zentralen Lage zum wichtigsten Verkehrsknotenpunkt der Eisenbahnen im Westerwald. Der Tonversand von Siershahn nahm einen so bedeutenden Umfang an, daß der Ort sein ungeahnten Aufschwung erlebte und sich, nach Ansiedlung namhafter Industriebetriebe, rasch zu einem bedeutenden Industrieort entwickelte.

🏛 **Kath. Pfarrkirche,** erbaut 1905/08 anstelle einer früheren kleinen Kapelle.
Ev. Kirche von 1961, moderne Bauform mit dreieckigen Flächen und freistehendem Turm.
Wasserturm, dessen obere Plattform als Aussichtsturm für Besucher ausgebaut ist. - Unter Denkmalschutz stehende Fachwerkhäuser.
🗡 Hauptort der **Tonförderung** mit zahlreichen Tongruben rund um den Ort. Der Ton wird sowohl im Tagebau wie im Tiefbau (Untertagebau) gefördert. Versand zu den zahlreichen tonverarbeitenden Betrieben im Kannenbäckerland sowie nach dem In- und Ausland. Sitz des bedeutendsten Industrieunternehmens im Westerwald: **Fa. Gewerkschaft Keramchemie** (Säurebau; Anlagenbau; Laboreinrichtungen; Spaltplatten und Baukeramik; Kunststoffbehälter). 1550 Beschäftigte. Kein Warenkauf möglich; Betriebsbesichtigung nach Vereinbarung
Siekera-Keramik GmbH, Bunzlauer Straße, Tel. (0 26 23) 30 30, Zier- und Gebrauchskeramik; Besichtigung nach Vereinbarung
✚ 3 Ärzte, 1 Zahnarzt, 1 Apotheke
🏊 Hallenbad zwischen Wirges und Siershahn. Tennisplätze. Kegelbahn. Grillplatz. Schutzhütte. - Tonweiher
🛏 🍴 Hotel Busch 30 Betten; Westerwälder Hof 6 Betten; 1 Café

Frühere Tonförderung im Glockenschacht-Verfahren

🚂 Eisenbahnknotenpunkt der Strecken Altenkirchen - Siershahn; Siershahn - Engers - Koblenz; Siershahn - Montabaur - Limburg
🚌 Wölferlingen - Ransbach-Baumbach; Limburg - Siershahn; Höhr-
Grenzhausen - Montabaur; Montabaur - Siershahn - Hartenfels; Koblenz
- Engers - Siershahn
☎ Ortsgemeinde 5433 Siershahn, Tel. (0 26 23) 22 33; Verbandsgemeindeverwaltung 5432 Wirges (0 26 02) 20 75
🚶 1. Leuterod - Malberg (3 km)
    2. Wirges - Eschelbach - Montabaur (Schloß) (7 km)
3. Mogendorf - Oberhaid (Mausmühle) - Breitenau - Sayntal - Adenrother
   Weiher (6,5 km)
4. Zum Steimel bei Wirges (2 km)

Entlang der L 313 erreichen wir in östlicher Richtung nach 2 km
Wirges (270 m; 5338 E., VG Wirges)
in einer Hochmulde des vorderen Westerwaldes zwischen Steimel-
Malberg und den Hängen der Montabaurer Höhe gelegen, um-
rahmt von schönen Wäldern, angrenzend an den Naturpark
Nassau.

Wirges, seit 1975 Stadt, ist Sitz der Verbandsgemeindeverwaltung. Zufahrt über Autobahn Köln-Frankfurt und Dernbacher Dreieck-Trier, mit Abfahrt Mogendorf (Ransbach-Baumbach; 4 km) und Abfahrt Montabaur (5 km).

◘ Erste Erwähnung 958: König Otto I. schenkte Reginlind, der Witwe des Herzogs Hermann von Schwaben, den Hof zu „Widhergis". Von Reginlind ist der Hof später an das Stift St. Florin in Koblenz übergegangen, dessen Gründer ihr 949 verstorbener Gatte Hermann von Schwaben war. - Da Wirges im Zehntbezirk der alten Humbacher (= Montabaurer) Terminei von 959 lag, standen die Zehntrechte in Wirges dem Koblenzer Florinstift zu.

1211/14 besaß Kurtrier einen Fronhof in Wirges, der jährlich 3 Scheffel Hafer an den Grund- und Gerichtsherrn zu liefern hatte. - 1218 besiegelt ein Adliger Manegoldus **von Wirges"** eine Urkunde des Klosters Rommersdorf. 1235 ist ein „Conradus de Widergis" als Burgmann der Burg Montabaur verpflichtet. Das Adelsgeschlecht „von Wirges" führte als Wappen eine weiße Rose in blauem Feld.

1243 tauschte Propst Konrad vom Florinstift die zum Hof Wirges gehörige Landshube gegen ein Gut in Hundsdorf; 1249 wird ein Hof des Stiftes in Wirges erwähnt. 1367 wird der Zehnte zu Wirges verpachtet. Um 1385 standen zwei Drittel des Zehnten zu Wirges dem Stift Florin zu, während das restliche Drittel vom Stift als Lehen an Adelsfamilien übertragen wurde. Auch in der Folgezeit blieb es bei dieser Aufteilung. So waren 1548 im Rahmen des 1/3-Zehnten die Junker von Staffel am Zehnten von Wirges beteiligt, 1670 die Freiherrn von Schönborn, 1687 die Freiherrn von Friesensee, 1710 durch Lehensübertragung die Grafen von Wied und 1786 die Herren von Sohler, von Eltz-Rübenach und von Walderdorff.

Das Stift setzte mehrfach einen Schultheißen zu Wirges ein, so 1629 und 1654. 1664 bestätigte das Stift den neuen Schulmeister und Glöckner und gleichzeitig den Schultheißen zu Wirges, während es 1676 das Schultheißenamt zu Wirges auf weitere 12 Jahre verlehnte. - Noch im 18. Jh. verpachtete das Stift Florin meistbietend den Zehnten zu Wirges. Bis 1803 gehörte Wirges zum Erststift Kurtrier, fiel dann mit dem Amt Montabaur an Nassau, um schließlich 1866 unter preußische Verwaltung zu kommen.

Lit.: Stadt Wirges, Herausgegeben von der Stadtverwaltung 1975

🏛 **Kath. Pfarrkirche St. Bonifatius, „Westerwälder Dom" genannt,** erbaut 1885-87 im neugotischen Stil. Der weite Innenraum birgt einen spätgotischen Altarschrein aus der Zeit um 1520; Muttergottes auf der Mondsichel mit Kind und Traube zwischen den Hl. Laurentius und Jakobus der Ältere, Flügel mit 4 gemalten Heiligen; ferner 2 Holzfiguren, die Hl. Agnes und Agatha, um 1500. - **Ev. Pfarrkirche** erbaut 1889, Neubau 1974. - Stationenberg mit kleiner Marienkapelle auf dem **Steimel** (Wallfahrtsstätte). Erbaut 1865; erweitert 1922/23.

✕ Das Töpferhandwerk wurde in Wirges bereits vor mehr als 4 Jahrhunderten betrieben. 1566 taucht ein „Eulner zu Wirges" auf; 1654 werden „Christ Eulners Erben" in Wirges erwähnt. Die Töpferei in Wirges ist zur damaligen Zeit ausgegangen. In der Amtsbeschreibung von 1786 heißt es, daß die „Nahrungsquelle" der Wirgeser bisher „Viehzucht (Mastung) und Leinentuchverkauf" waren. Erst 1803 bürgerte sich die Krugbäckerei in Wirges ein. Ende des vorigen Jahrhunderts gab es 11 Krugbäckerbetriebe in Wirges, von denen 1928 nur noch 3 arbeiteten. Nach Eröffnung der Westerwälder Eisenbahn wurden 1891-95 in Wirges umfangreiche Fabrikanlagen erbaut, um feuer- und säurefeste Produkte herzustellen. Die Industriefirma errichtete neben der Schamottefabrik eine Glashütte und eine Schwefelsäurefabrik. 1902 wurden die Anlagen von der Fa. Siemens übernommen. Heute stellt die Fa. Westerwald-AG mit 950 Beschäftigten als Nachfolgebetrieb in ihrer Glashütte Glasbausteine und Flaschen in Großserien her; in ihrer Schamottefabrik werden

feuer- und säurefeste Steine und Anlagen produziert, während im Wandler- und Transformatorenwerk Spezialtransformatoren sowie Strom- und Spannungswandler hergestellt werden.
Aufgrund der reichen Tonvorkommen in unmittelbarer Nähe sind in Wirges eine Anzahl Tongrubenbetriebe, mehrere Krugbäckereien und Steinzeugbetriebe ansässig.
Großes Einkaufszentrum am nordwestlichen Stadtrand.
🦅 Vogelschutzgehölz auf dem Steimel.
✚ 3 Ärzte, 2 Zahnärzte, 2 Apotheken
🎿 2 Kinos. Hallenbad, Freibad, Tennisplätze, Jugendverkehrsübungs-platz. 2 Kegelbahnen. - Angelmöglichkeit am Silbersee/Birkensee. Wald-Freizeitanlage Steimel. Grillplatz. Schutzhütte.
🛏 ✗ Hotels und Gasthöfe mit 56 Fremdenbetten. Restaurants. 2 Cafés. 2 Eisdielen
🚂 Bahnhof; Strecke Engers - Siershahn - Montabaur - Limburg
🚌 Köln - Limburg; Köln - Hahn; Westerburg - Ransbach-Baumbach; Höhr-Grenzhausen - Montabaur; Hartenfels - Montabaur; Altenkirchen - Siershahn - Montabaur; Koblenz - Wirges
☎ Stadt- und Verbandsgemeindeverwaltung 5432 Wirges, Tel. (0 26 02) 20 75
👥 1. Zum Aussichtsturm Köppel (540 m), (6 km)
2. Zum Malberg mit Felsterrassen, darin Reste der ehemaligen keltisch-germanischen Fliehburg.
3. Hauptwanderung 4 des WwV nach Dernbach - Eschelbach - Montabaur (6 km).
4. Zum Steimel (2 km)

Von Wirges führt uns die L 300 zu dem 1 km westlich gelegenen **Ebernhahn** (310 m; 1340 E., VG Wirges)

In einer Talmulde zieht sich das Dorf am bewaldeten Hang des Massenbergs entlang. - Zufahrt über die Autobahn Köln-Frankfurt, Abfahrt Ransbach-Baumbach (5 km).

◘ Ebernhahn lag im alten Montabaurer Pfarrsprengel von 959, in welchem das Koblenzer Stift St. Florin die Zehntrechte besaß.
Erste Erwähnung des Ortes 1362 „Evehan". - Das Koblenzer Florinstift blieb im Besitz des Zehnten von Ebernhahn bis 1803, denn noch im 18. Jh. wird wiederholt über Verpachtungen der Zehnte in Ebernhahn berichtet, wobei neben Korn und Hafer auch Käse und Hühner zu liefern waren.
Daß Ebernhahn wesentlich älter ist, als es die Zehntenverzeichnisse von St. Florin bekunden, geht daraus hervor, daß bereits 1235 ein Adliger „Elicham von **Everhain**" in der Burgmannschaft der Burg Humbach (= Montabaur) Dienst tat. 1239 sind die Ritter von Ebernhahn bereits ausgestorben. - Südlich von Ebernhahn lag der 959 erwähnte Ort Desper (Dedinsburg), der jedoch bereits vor 1488 eine ausgegangene Wüstung war. 1495 hatten Ebernhahn und Siershahn zusammen 25 „Feuerstätten" = Familien. 1563 zählte Ebernhahn allein 12 Feuerstellen. Nach den verheerenden Auswirkungen des 30jährigen Krieges gab es in Ebern-hahn und Siershahn 1684 zusammen nur noch 42 Einwohner! 1580 be-lehnten die Grafen von Wied den Philipp von Reiffenberg auf dem Erlenhof bei Ransbach mit dem „Rohr **Rohrbruch** oder **Hof Ebernhan**" genannt, samt Wiesen. Diesen Hof Ebernhahn, der zwischen dem Erlen-hof und dem Dorf Ebernhahn gestanden haben dürfte, hatten die Herren von Reiffenberg bereits vor 1561 von Wied an sich gebracht. 1596 bittet von Reiffenberg um erneute Belehnung über „das Rohr".
Das Dorf „Ebernhahn" gehörte, wie es 1589 heißt, dem Kurfürsten von Trier. Bis 1803 war Ebernhahn kurtrierisch, von da an nassauisch und ab 1866 preußisch. Seit 1867 gehörte es zum Unterwesterwaldkreis, seit 1971 zur Verbandsgemeinde Wirges und seit 1974 zum Großkreis Westerwald.

🏛 **Kath. Pfarrkirche „Zur unbefleckten Empfängnis Mariae"**, 1911 erbaut, 1958 wesentlich erweitert. Schlichter Hochaltar als Schifflein Petri gebaut, mit Tabernakel in der Mitte. Ländliches Vesperbild, Mitte 15. Jh. - 1964 wurde der alte Glockenturm, der bei dem Neubau stehengeblieben war, durch einen neuen Turm ersetzt.

✕ Ebernhahn liegt in einer Ton-Einzelmulde innerhalb der Ransbacher Senke. Da das einstmalige Devonmeer in dieser Mulde verhältnismäßig tief war, sind die dort abgelagerten Tone von besonderer Reinheit und Güte. So nimmt es nicht wunder, daß die Tonausbeute in der Umgebung von Ebernhahn seit Jahrhunderten meist an Kölner Handelsleute, jeweils auf 12 Jahre, verpachtet wurde. Neben der Versorgung der Töpfereien in den Kannenbäcker-Orten diente die „weiße Erde aus den Ebernhahner Wiesen" vor allem dazu, durch Ausfuhr größter Mengen nach Holland der kurtrierischen Regierung erkleckliche Einnahmen zu verschaffen. Zahlreiche Einwohner von Ebernhahn fanden dabei Arbeit und Brot, indem sie entweder als Tongräber den Ton abbauten oder als Fuhrleute die wertvolle Fracht zum Schiff nach Vallendar transportierten. Andere Einwohner zogen als „Landgänger" von Ort zu Ort, um die Töpferwaren des Kannenbäckerlandes zu verkaufen. So gab es 1847 in Ebernhahn zehn „Steinen- und Erdengeschirrhändler", die sich vom Hausierhandel ernährten und meist bis nach Holland zogen.

Im Dreieck zwischen Ebernhahn, Siershahn und Wirges liegt heute eine Großtongrube der Keramchemie.

Töpferei mit Warenverkauf:

Hübinger, Dernbacher Straße 61, Tel. (0 26 23) 21 22, Majolika, geöffnet Mo-Fr 9-11, 13-14.30 Uhr

🛏 ✕ Ferienwohnung; Café; Eisdiele

🚌 Bahnhof Siershahn (1 km); Strecke: Engers - Siershahn; Siershahn - Altenkirchen; Siershahn - Montabaur - Limburg.

🚌 Westerburg - Ransbach-Baumbach; Höhr-Grenzhausen - Montabaur; Neuwied - Siershahn - Altenkirchen; Koblenz - Höhr-Grenzhausen - Ebernhahn

☎ Ortsgemeinde 5431 Ebernhahn, Tel. (0 26 23) 72 28; Verbandsgemeindeverwaltung Wirges (0 26 02) 20 75

🚶   1. Zum Aussichtsturm Köppel (540 m), (3,5 km)
     2. Siershahn - Leuterod - Malberg (4 km)
3. Ebernhahn - Erlenhof - Ransbach (5 km)

Von Wirges gelangen wir über die L 312 nach 2 km nach
Dernbach (310 m; 3026 E., VG Wirges)

am sanften Osthang der Montabaurer Höhe, in der welligen Landschaft der Montabaurer Senke gelegen, im „Naturpark Nassau".

Zufahrt über die Autobahn Köln-Frankfurt mit Abzweigung nach Koblenz-Trier am „Dernbacher Dreieck", über die Abfahrt Montabaur (5 km) und Ransbach-Baumbach (6 km).

Sitz des Mutterhauses der Armen Dienstmägde Jesu Christi (Dernbacher Schwestern) mit Noviziat, Kinderheim St. Marien, Sanatorium St. Josefshaus, Herz-Jesu-Krankenhaus mit Krankenpflege und Pflegevorschule im Katharina-Kaspar-Haus.

🔲 Fundort eines jungsteinzeitlichen Steinbeil-Kopfes („Schuhleistenkeil"). Erste Erwähnung 1211/14: Der Erzbischof und Kurfürst von Trier erhielt von seinem Hof in „Derinbach" eine jährliche Abgabe von 2 Scheffel Hafer. Der Ort ist jedoch älter, wie der Turm der 1901 abgebrochenen St. Laurentiuskapelle beweist, der aus dem 12. Jh. stammte.

1223 und 1235 kommt ein Adelsgeschlecht der Ritter von Dernbach vor, das als Erbauer der ehemaligen Wasserburg Dernbach anzusehen ist.

Es führte als Wappen eine weiße Rose in blauem Feld. Unter den Burgmannen des Erzbischofs von Trier in der Burg Humbach (= Montabaur)
ist 1235 Herr Manthove mit Gütern in „Dernbach". 1380 verkauften die
Adligen von Dernbach Haus und Hof Dernbach an Dietrich von Grenzau,
der den Besitz dem Erzstift Trier zu Lehen auftrug. Nachdem Dietrich
vor 1415 verstorben war, wurden seine Schwiegersöhne Wilhelm von
Staffel und Friedrich Hilchen von Lorch von Kurtrier mit Haus und Hof
Dernbach und einer Mühle daselbst belehnt. Die Hilchen von Lorch
erwarben auch den Anteil der von Staffel und besaßen die Dernbacher
Burg als trierisches Lehen bis zu ihrem Aussterben 1722. Das Burglehen
kam an die von Erffa, von denen es 1746 an Kurtrier heimfiel. Die ehemalige Burg wurde nun als Gutshof verpachtet, und schließlich um die
Jahrhundertwende verkauft.
Dernbach lag von Anfang an in dem Zehntbezirk des Montabaurer Pfarrsprengels von 959, so daß die Zehntrechte in Dernbach - wie in der
ganzen Humbacher Terminei -, dem St. Florinstift in Koblenz zustanden.
Um 1385 und 1495 wird berichtet, daß der Zehnte von Dernbach allein
beim Stift lag. Später wurden der Zehnte zu Dernbach in Teilen verlehnt
und verpachtet. So erhielten 1606 und 1675 die Herren von Reiffenberg
einen Anteil am Zehnten von Dernbach, 1770 die Freiherrn vom Stein.
Von alters her gehörte der Ort zum Erzstift Trier. 1533 gab es in Dernbach 22 „Feuerstätten" = Familien; 1684: 24 Feuerstätten (30jähriger
Krieg!) - Durch den Reichsdeputationshauptschluß kam Dernbach 1803
an Nassau, 1866 dann an Preußen, 1867 zum Unterwesterwaldkreis, 1971
zur Verbandsgemeinde Wirges.
Dernbach ist durch die 1851 hier gegründete „Genossenschaft der armen
Dienstmägde Jesu Christi" weit über die Landesgrenzen hinaus bekannt
geworden. Stifterin und erste Generaloberin der Ordensgenossenschaft
war ein einfaches Bauernmädchen: Maria Katharina Kasper (1820-1898).
1978 wurde sie seliggesprochen. Die Genossenschaft widmete sich
hauptsächlich der Krankenpflege in Krankenhäusern und Familien sowie
der Betreuung von Waisenkindern. Heute zählt sie rund 3000 Schwestern
in ca. 200 Filialen in Deutschland, den USA, Holland und England.
Lit.: Dr. M. Pöller-Salzmann: Chronik von Dernbach, Eigenverlag 1977
        125 Jahre Arme Dienstmägde Jesu Christi, Dernbach 1976
        Sr. M. Gottfriedis Amend ADJChr: Maria Katharina Kasper, ihre Zeit
        und ihr Werk, Dernbach 1978
🏛 Die heutigen Anlagen des **Burghofes** lassen noch deutlich die Umrisse der alten **Wasserburg** erkennen. Von dieser sind 2 runde Ecktürme
der Südseite teilweise erhalten. Dazwischen wurde 1769 ein Wohnhaus
erbaut (heute Gutshof, Besitzer J. Müller).
Kath. Pfarrkirche St. Laurentius, 1901 erbaut. Darin befinden sich einige
Holzfiguren aus der ehemaligen romanischen Kirche, die 1900/01 abgebrochen wurde: im Pfarrhaus hl. Laurentius, Anfang 15. Jh.; ferner in
der Kirche 2 weitere Figuren der Muttergottes und des hl. Joseph, Mitte
18. Jh. (Hadamarer Kunstschule). Aus Dernbach stammt die berühmte
„**Dernbacher Beweinung**", eine in Ton gebrannte Figurengruppe eines
mittelrheinischen Meisters des Weichen Stils aus dem Anfang des 15. Jh.
Sie befindet sich nun im Diözesanmuseum in Limburg.
Kleine **Kapelle** am **Heilborn** südlich von Dernbach, erbaut um 1692; Schiff 1875.
Kreuzgewölbter Chor aus 1 Joch und 5/8 Schluß mit abgetreppten Strebepfeilern. Am Eingang die mächtigen Stämme zweier Linden. (ND)
✗ Seit 1614 wurde in der Umgebung von Dernbach **Eisenerzbergbau**
betrieben. Die Eisensteingrube „Schöne Aussicht", heute über der Autobahn
am „Dernbacher Dreieck", wurde von Kurtrier verlehnt. Seit 1639 war der
Lütticher Kaufmann und Hüttenfachmann Joh. Marioth mit der Eisensteingrube belehnt, der das Eisensteinlager unter Tage abbaute und die Erze
auf der Hundsdorfer und Vallerauer Hütte sowie in Eschelbach verarbeitete.
Nach rund 300 Jahren wurde die Grube 1772, angeblich wegen Erzmangel,
stillgelegt. Spätere Versuche, den Bergbaubetrieb nochmals in Gang zu
bringen, wurden wegen mangelnder Rentabilität wieder eingestellt.
✚ 1 Arzt, 2 Zahnärzte, Apotheke; Krankenhaus

⊨ ✕ Hotel Wehler 20 Betten; Gasthof Lenz 14 Betten; 2 Cafés; Restaurant und Hahnenbraterei am Rathausplatz

🚍 Bahnhof; (Strecke: Siershahn - Montabaur - Limburg; Siershahn - Koblenz)

🚌 Westerburg - Ransbach-Baumbach; Höhr-Grenzhausen - Montabaur; Montabaur - Siershahn - Hartenfels; Siershahn - Dernbach

☎ Ortsgemeinde 5434 Dernbach, Tel. (0 26 02) 32 29; Verbandsgemeindeverwaltung 5432 Wirges (0 26 02) 20 75; Ortsplan mit Ortsprospekt erhältlich.

🍃 Linden (ND) mit Gnadenkapelle am **Heilborn** in Richtung Montabaur.

👫 1. Zum Aussichtsturm Köppel (540 m), (3 km)
2. Wirges - Leuterod - Malberg (4 km)
3. Wanderweg 4 des WwV nach Montabaur.

🅿 1. Parkplatz Dernbach - Elgendorf an der Kreisstraße Dernbach - Baumbach
2. Parkplatz Baumbach - Gashäuschen an der Kreisstraße Dernbach - Baumbach

Von Wirges aus kommen wir nach 2 km über die K 145 nach
Staudt (270 m; 937 E., VG Wirges)
am Rand der Montabaurer Senke gelegen. Der Ort gehört seiner Struktur nach zum Kannenbäckerland.

◨ Erste Erwähnung 1367 „Stude". 1383 wird Staudt als Herkunftsort einer Familie in Montabaur genannt. In einem Nekrolog des Klosters Marienstatt werden bereits um 1246 ein Jongh Hans Peter zu Stude und ein Jongh Hen Welter zu Stude (= Peter Jonghans und Walter Jonghen) aufgeführt.
Da Staudt innerhalb des Montabaurer Pfarrsprengels lag, in dem nach der bekannten Urkunde von 959 die Herren von St. Florin in Koblenz die Zehntrechte besaßen, stand nach dem Zehntverpachtungsregister von 1367 der große und kleine Zehnten in Staudt dem Florinstift zu. Um 1385 bezog das Stift den ganzen Zehnten in „Stude" und „Nyeder Stude". Der Ort Niederstaudt ist offenbar während des 30jährigen Krieges ausgegangen, während der Name sich in der Flurbezeichnung „Niederstaudter Feld" erhalten hat. - Wie aus den Zehntversteigerungsprotokollen zu entnehmen ist, war das Koblenzer Florinstift noch 1771 im Besitz der Zehnteinnahmen und des „Sendhafers" in Staudt.
Das Dorf Staudt gehörte von altersher zum Erzstift Trier. Es zählte zum Bann Montabaur, später Bann Wirges und war Teil der „großen Zeche", eines Verwaltungsbezirks mit 7 Orten. Nach Teilung der „großen Zeche" um 1653 gehörte Staudt zur Zeche Leuterod, zusammen mit Ötzingen und Hosten. 1563 gab es in Staudt 10 Feuerstätten = Haushaltungen. Während 1605 in Staudt 18 Familien aufgeführt werden, waren diese nach den verheerenden Auswirkungen des 30jährigen Krieges 1678 auf 7 Familien zusammengeschrumpft.
Bis 1803 war Staudt kurtrierisch, ab dann nassauisch und ab 1866 preußisch.

🏛 **Kath. Filialkirche** St. Bartholomäus, erbaut 1958/59 auf einer Anhöhe, mit schlankem weißem Turm, weithin sichtbar; als Ersatz für die zu klein gewordene St. Bartholomäus-Kapelle von 1865, erweitert 1922/23, welche nun an die Zivilgemeinde verkauft wurde. - Fachwerkhäuser.

✕ Aufgrund der umfangreichen Tonlager in der Umgebung wird 1826 von einer „starken **Tonausfuhr** aus der Gemarkung" Staudt berichtet. Mitte des 19. Jh. waren in Staudt 8 Ton-Belehnungen von der nassauischen Regierung verliehen worden.
Wichtiger tonverarbeitender Betrieb: Westerwälder Elektro-Osmose (Steinzeugrohre, Töpfe, Stallartikel).

🎣 Angelmöglichkeit; Tennis- und Squash-Center

🚍 Bahnhof Bannberscheid-Staudt (1 km), (Strecke: Montabaur - Westerburg)

🚌 Siershahn - Helferskirchen - Wirges; Richtung Montabaur

☎ Ortsgemeinde 5431 Staudt, Tel. (02602) 60318; Verbandsgemeindeverwaltung 5432 Wirges (02602) 2075

⚒ 1. Schloß Montabaur (5 km)
2. Zum Malberg (Naturschutzgebiet), (3 km)
3. Zum Fussenacker in Richtung Montabaur mit hübschen Weihern

Über die K 82 erreichen wir von Staudt aus nach 1 km
Bannberscheid (270 m; 499 E., VG Wirges)
in einem Wiesengrund mit allmählich ansteigendem Hang gelegen.
- In der Nähe Buchardweiher.
Zufahrt über Autobahn Köln-Frankfurt, Abfahrt Montabaur (4 km).

◘ Erste Erwähnung 1211/14: Der Kurfürst von Trier erhielt von seinem Hof in „Berenscheit" jährliche Hafergefälle. 1495: „Bergenscheid".
1235 erscheint ein Adelsgeschlecht derer von Bannberscheid: Ludwig von „Vrencede" = Bannberscheid ist von Kurtrier mit Haus, Hof und Gütern in Bannberscheid belehnt. Dafür ist er dem erzbischöflichen Hof in Humbach (= Montabaur) zu Diensten in der Burgmannschaft verpflichtet. - Ende des 13. Jh. bezog die Abtei Arnstein Gefälle und Einnahmen von „Berenscheyt", wie aus einem alten Zinsregister des Klosters hervorgeht. - 1383 wird Bannberscheid als Herkunftsort einer Familie in Montabaur erwähnt.
Da Bannberscheid zum Zehntbezirk des Montabaurer Pfarrsprengels gehörte, wie er in der Urkunde von 959 näher beschrieben ist, stand der Zehnte in Bannberscheid dem Koblenzer Florinstift zu.
Der Ort Bannberscheid gehörte von alters her zu Kurtrier. 1563 zählte er 14 „Feuerstätten" = Familien, 1684 dagegen nach den Schrecken des 30jährigen Krieges nur noch 8 Feuerstätten. Bannberscheid lag im ehemaligen Bann Montabaur, später im Bann Wirges. Es gehörte ursprünglich zur sogenannten „großen Zeche", in der es mit weiteren 6 Dörfern einen Verwaltungsbezirk bildete. Nach der Teilung der Zeche um 1653 gehörte Bannberscheid zur Zeche Moschheim. 1803 kam Bannberscheid von Kurtrier an Nassau, 1866 an Preußen.
⌂ Kath. Kirche St. Maria, als Kapelle erbaut 1895/96, erweitert 1949, Neubau eines Turmes, renoviert 1967/68. Von der alten Kapelle steht nur noch der Chorraum. Im Innenraum Immaculata, Mitte des 18. Jh.
✗ Umfangreiche Tonvorkommen begünstigten die Ansiedlung von Industriebetrieben vor einigen Jahren.
♪ Reitschule
🚂 Bahnhof Bannberscheid-Staudt, (Strecke: Montabaur - Westerburg)
🚌 Siershahn - Helferskirchen - Wirges; Richtung Montabaur; Richtung Koblenz
☎ Gemeindeverwaltung (0 26 02) 33 38; Verbandsgemeindeverwaltung Wirges (0 26 02) 20 75

Von Bannberscheid aus sind wir nach 1,5 km über die K 82 im Ort
Moschheim (275 m; 628 E., VG Wirges)
am Fuße des Malbergs gelegen.

◘ Erste Erwähnung 1362 „Joeden von Muscheim". Moschheim lag im Zehntbezirk des Montabaurer Pfarrsprengels, wie er in der Urkunde von 959 beschrieben ist. Da in diesem Zehntbezirk die Herren von St. Florin in Koblenz die Zehntrechte besaßen, stand der Zehnte in Moschheim nach einem Pachtregister von 1367 ebenfalls dem Koblenzer Florinstift zu.
Nach der Montabaurer Amtsbeschreibung von 1786 erhält das Florinstift von Moschheim anstelle des kleinen Zehnten $52^1/_2$ Pfund Butter jährlich. Heuzehnten wird keiner mehr gegeben. Blutzehnten, der von Hähnen, Ferkeln und Lämmern in natura gegeben wird, gehört dem Stift Florin. - Das Stift blieb bis ins 18. Jh. im Besitz des Zehnten von Moschheim.

1450 vermachte die Witwe des Henne von Gebhardshan den sogenannten Bohnenstengel-Hof in Moschheim durch notarielles Testament zur Hälfte der Abtei Marienstatt, zur anderen Hälfte dem Kloster Bärbach; außerdem Renten und Gülten an die Kirchen von Helferskirchen und Montabaur.

Moschheim gehörte grundherrlich von Anfang an zu Kurtrier. 1563 gab es in Moschheim 21 „Feuerstätten" = Familien. Davon waren 25 trierische Leibeigene, 1 nassauisch, 2 baldensteinisch und einer Leibeigener der Hilchen von Lorch auf Burg Dernbach. - Infolge der schrecklichen Ereignisse im 30jährigen Krieg waren 1684 nur noch 16 Feuerstellen in Moschheim vorhanden.

In der Zeit von 1604 bis 1784 hatte das Kloster Arnstein ebenfalls Zinsen, Renten und Gefälle von Moschheimer Gütern.

Bis 1803 blieb Moschheim kurtrierisch, kam dann zu Nassau und 1866 unter preußische Verwaltung.

✗ Die reichen Tonvorkommen in der Umgebung von Moschheim werden seit geraumer Zeit mit modernsten Mitteln ausgebeutet. - In jüngster Zeit siedelten sich Produktionsbetriebe dort an, u. a. ist dort auch das Verwaltungsgebäude der Kreismülldeponie Westerwald.

✿ In nächster Nähe von Moschheim das Naturschutzgebiet **Malberg.** Der Vulkankegel des Malbergs (422 m) besteht aus Phonolith, der früher als Grundstoff für die Glasherstellung abgebaut wurde. - Auf dem Gipfelplateau mächtige Felsblöcke; nach Leuterod hin Felsterrassen mit Resten des Ringwalls einer keltisch-germanischen Fliehburg im Umfang von 1000 m, darin eine Steinkastenmauer (murus germanicus). Von den alten Befestigungsanlagen ist nur ein Kranz von Steinblöcken übriggeblieben. - In fränkischer Zeit war der Malberg Thingplatz und Versammlungsort. - 1892 Bergkapelle erbaut.

🛏 ✗ Quirmbach 6 Betten

🚌 nach Wirges, Dernbach, Montabaur

☎ Ortsgemeinde 5431 Moschheim, Tel. (02602) 3977; Verbandsgemeindeverwaltung 5432 Wirges (02602) 2075

🚶 Zum Malberg (422 m), (1 km).
Unweit der Straße Moschheim-Leuterod liegt am Fuße des Malbergs ein Wanderparkplatz. Die rote Mkg. (Urne) führt 2 km weit mit Steigungen bis 10 % rund um den Malberg. Braun markiert (Symbol: Beil) sind Stichwege zur Grillhütte im Steinbruch und zur Höhe.

Von Moschheim gelangen wir auf der K 144 nach 1,5 km zu dem Dorf

Leuterod (300 m; 735 E., VG Wirges) am Westhang des Malbergs gelegen.

Ausgedehnte Tonvorkommen. - Hoster Weiher.

◪ Erste Erwähnung 1362 „Wendel de lutereide". Leuterod lag im Montabaurer Pfarrsprengel, dessen Zehntbezirk in der Urkunde von 959 beschrieben ist. Wie im ganzen Zehntbezirk, so besaßen auch in Leuterod die Herren von St. Florin in Koblenz die Zehntrechte.

Der Ort Leuterod gehörte von alters her zum Erzstift Trier. 1563 gab es in Leuterod 12 „Feuerstätten" = Familien. Diese bestanden aus 11 trierischen Leibeigenen, zwei nassauischen und einem baldensteinischen. Infolge der furchtbaren Auswirkungen des 30jährigen Krieges zählte Leuterod 1684 - nach 120 Jahren - nur 13 Feuerstätten.

Die Abtei Arnstein hatte in der Zeit zwischen 1500 und 1800 Zinsen und Gefälle in Leuterod. Eine Erben-Mahlmühle der Gemeinde Leuterod wird bereits 1563 erwähnt.

Bis 1803 blieb Leuterod kurtrierisch, kam dann zu Nassau und 1866 zu Preußen.

Ortsteil Hosten
Erste Erwähnung 1311, als Dietmar von Steinebach und seine Frau Aleydis ihre Güter in **„Hovesteden"** im Kirchspiel Helferskirchen der Abtei Marienstatt übertragen. - Bei der Zehntenverpachtung im Jahre 1362 durch das Florinstift begegnet uns ein Conrad von „Hovesteden" als Bürge. Da Hosten im Montabaurer Pfarrsprengel lag, besaßen die Herren von St. Florin auch den Zehnten in Hosten.
1363 wird von Übergriffen des Grafen Johann von Nassau auf kurtrierisches Gebiet berichtet, die durch ein Schiedsgericht abgeurteilt wurden. Danach hatten die Nassauer dem Arnold von „Hoifsteden" zwei Pferde im Wert von 10 Gulden abgenommen; dem Berthold von „Hoifsteden" gar drei Pferde, wofür Graf Johann 30 Gulden bezahlen mußte und weitere 5 Gulden Strafe, weil Giselbrecht von Aldendorf den Sohn von Berthold von Hosten gefangengenommen hatte.
1495/1505 gehörte Hosten zur „Zeche" Helferskirchen, weshalb 1548 noch beträchtliche Teile des Zehnten von Hosten, Leuterod und Ötzingen zum Zehntbezirk der Pfarrei Helferskirchen gehörten.
1589 gab es in „Hobsteden" sechs „Bedpflichtige" (= Abgabepflichtige), 1612 sieben. - Bis 1782 gehörte Hosten noch zum Kirchspiel Helferskirchen, bis der Ortsteil 1786 dem Kirchspiel Wirges zugeteilt wurde.
🏛 **Kath. Pfarrkirche St. Joseph,** erbaut 1885/86. Strohgedeckte Fachwerkhausgruppe (erneuert) in Leuterod-Hosten.
🚌 Siershahn - Helferskirchen - Wirges; nach Montabaur; nach Koblenz
🚶 1. Zum Malberg (Naturschutzgebiet), (1 km)
     2. Zum Steimel (1 km)
3. Leuterod - durch den Wald nach Helferskirchen - Quirmbach - Große Buche - Leuterod (8 km).

Von Leuterod führt die K 142 zu dem Nachbarort
Ötzingen (310 m; 1160 E. mit Niedersayn; VG Wirges)
nördlich des Malbergs gelegen.

🔲 Erste Erwähnung 1362: Nach dem Zehnt-Register im Bann Wirges aus diesem Jahr war der Zehnte in „Ozingen" an Heinz von Ozingen verpachtet für 8 Malter Korn und 8 Malter Hafer. Ötzingen lag im Zehntbezirk des Montabaurer Pfarrsprengels, wie er in der Urkunde von 959 beschrieben wird. Wie im ganzen Bezirk, so besaßen auch in Ötzingen die Herren von St. Florin in Koblenz die Zehntrechte.
Wie im Zehntenverzeichnis um 1385 ausgewiesen wird, hatte das Florinstift zwei Drittel des großen und kleinen Zehnten in „Oezingin" sowie den Heuzehnten ganz. 1495/1505 wird bestätigt, daß der Zehnte zu **Ober- und Niederötzingen** dem Koblenzer Florinstift zusteht. Das restliche Drittel des Zehnten in Ötzingen besaß der Pastor zu Wirges.
Das Dorf Ötzingen gehörte von alters her zu Kurtrier, anfangs innerhalb des Bannes Montabaur, später innerhalb des Bannes Wirges. - In dem Weistum der Vogtei Windeshain von 1476 erscheint unter den 8 Schöffen ein „Heypel von Uitzingen". Ober- und Niederötzingen gehörten 1476 bereits zur Pfarrei Wirges. Verwaltungsmäßig bildete Ötzingen, zusammen mit sechs weiteren Dörfern, 1495/1505 die sogenannte „große Zeche", die insgesamt 71 „Feuerstätten" = Familien zählte. Nach dem sogenannten „Feuerbuch" von 1563 gab es in **Ober- und Niederötzingen** in diesem Jahr 24 „Feuerstätten", die nach den Wirren des 30jährigen Krieges auf 6-7 Familien zusammengeschrumpft waren. - Um 1653 wurde die „große Zeche" geteilt. Ötzingen bildete nun mit Staudt, Leuterod und Hosten die Zeche Leuterod.
Von 1531 bis 1783 wird eine Mahlmühle in Ötzingen erwähnt, die aber seit 1648 verfallen war. Seit 1673 erscheint eine Ölmühle, die zwischen Ober- und Niederötzingen errichtet worden war.
1803 kam Ötzingen von Kurtrier an Nassau, 1866 an Preußen.
Lit.: Dr. Franz Baaden,
       Aus der Heimatgeschichte der Gemeinde Ötzingen; 1977

🏛 **Kath. Filialkirche,** erbaut 1885/86, erweitert 1949, renoviert 1975/76. **Alte Straßenkapelle** an der Kreuzung zweier Dorfstraßen, eine offene Kapelle aus dem 17. Jh. Das geschweifte Dach mit zierlichem Glockenstuhl hat zur Straße drei Rundbogenöffnungen. Der Bau ist eine gute Leistung ländlicher Zimmermannskunst.

✗ Umfangreiche Tonvorkommen in der Umgebung. Größere Industrieansiedlung: Fa. Jasba-Mosaik, im Petersborn; 550 Beschäftigte. Kein Warenverkauf. Besichtigung nach Vereinbarung.

🦋 Über den Malberg, siehe unter Moschheim!

🚍 Rothenbach - Helferskirchen - Ransbach-Baumbach; Siershahn - Helferskirchen - Wirges - Dernbach

☎ Ortsgemeinde 5419 Ötzingen, Tel. (02602) 4625; Verbandsgemeindeverwaltung 5432 Wirges (02602) 2075

🚶 1. Zum Malberg (Naturschutzgebiet; Ringwallanlage), (1,5 km).
　　 2. Zur Felsgruppe Herrenheck bei Niedersayn.

🅿 Außerhalb des Ortes Ötzingen an der Straße nach Moschheim befindet sich ein Parkplatz zum Malberg. Die rote Mkg. (Urne) führt 2 km weit mit Steigungen bis 10 % rund um den Malberg. Braun markiert (Symbol: Beil) sind Stichwege zur Grillhütte im Steinbruch und zur Höhe.

Die Kannenbäckerstraße

Die „Kannenbäckerstraße" verbindet Städte und Dörfer des Kannenbäckerlandes miteinander, soll den Touristen in die Töpfereien und Keramikbetriebe des Westerwaldes führen und gleichzeitig zu einem Besuch der Keramik-Museen und der Landschaft mit ihren Sehenswürdigkeiten einladen.

Sie ist 36 km lang, beginnt in Neuhäusel an der B 49, 9 km von Koblenz entfernt, und führt durch die Orte Hillscheid, Höhr-Grenzhausen, Hilgert, Ransbach-Baumbach, Mogendorf, Siershahn, Wirges und Moschheim und endet in Boden auf der B 255. Die „Kannenbäckerstraße" kann auch in umgekehrter Richtung durchfahren werden. Die Rückfahrt erfolgt dann jeweils über Montabaur.

45 Töpfereien und Keramikbetriebe laden zu einem Besuch ein. Die meisten Betriebe ermöglichen eine Betriebsbesichtigung und günstigen Keramikeinkauf, von der Kunstkeramik bis zur industriell gefertigten Ware. Wer die Geschichte des Kannenbäckerlandes kennenlernen will, dem bieten sich dafür drei Museen in Höhr-Grenzhausen an: das Keramikmuseum des Westerwaldkreises sowie die privaten Museen Peltner und Prof. Spiegel (in der Burg Grenzau).

Auch touristisch bietet das Kannenbäckerland interessante Abwechslung. Sehenswert ist das Kaltebachtal mit seinem kleinen See zwischen Neuhäusel und Hillscheid, eine romantische Idylle erlebt der Besucher in Grenzau mit der gleichnamigen Burg. Von dort aus empfiehlt sich eine Wanderung durch das Brexbachtal oder durch das friedliche Wald- und Wiesental des Masselbachs von Ransbach-Baumbach bis Kammerforst. Gern besucht werden auch die mächtige Phonolithkuppe des Malbergs bei Moschheim und Ötzingen sowie die Montabaurer Höhe mit dem Aussichtsturm auf dem „Köppel".

Immer beliebter wird auch die von insgesamt acht Töpfereien angebotene Möglichkeit des Hobbytöpferns, wozu Wochenkurse angeboten werden. Ein ausführlicher Prospekt der „Kannenbäckerstraße", in dem das Kannenbäckerland beschrieben ist und in dem die Anschriften der Töpfereien und Keramikfabriken aufgeführt sind, kann beim Fremdenverkehrsverein Westerwald, Kirchstraße 48 a, 5430 Montabaur, Telefon: (0 26 02) 40 60, angefordert werden.

Westerwälder Tonbergbau

Rechtsanwalt Gerhard Schlotmann, Montabaur

Der Westerwälder Rohstoff Ton war seit jeher die maßgebliche Grundlage für die große Tradition der Westerwälder Keramik. Ton ist der Rohstoff, aus dem die Keramik geformt und gebrannt wird. Heute wird der heimische Ton überall zur Herstellung keramischer, feuerfester und säurefester Erzeugnisse eingesetzt. Seine Verwendungsmöglichkeiten sind breit gestreut und nahezu unbegrenzt. Beispielsweise werden Wand- und Bodenfliesen, Klinker- und Spaltplatten, Steinzeugrohre, Sanitär- und Porzellanartikel sowie feuerfeste Erzeugnisse für die Eisen- und Stahlindustrie mit diesem bewährten Rohstoff im In- und Ausland produziert. Die großen Westerwälder Tonbecken bieten eine reiche Palette qualitativ hochwertiger Tone an mit individuellen technologischen Eigenschaften. Dank dieser Vorkommen ist der Westerwald die bekannteste und bedeutendste Tonregion in Deutschland und in der EG.
Der Tonbergbau geht im Westerwald nachweisbar schon seit dem 13. Jh. um. Heute wird der Ton hier vorwiegend in Tagebauweise und mit einem kleinen Anteil in Tiefbaubetrieben gewonnen. Gerade in den letzten Jahren sind moderne und großflächige Tagebaue entstanden. Rohstoffgewinnung und Rohstoffaufbereitung vollziehen sich wegen der erhöhten industriellen Anforderungen an den Rohstoffeinsatz inzwischen voll mechanisiert. Lag im Jahr 1830 die Tonförderung des Westerwaldes noch bei 7.500 Jahrestonnen, so wurden bereits im Jahr 1930 in 46 Betrieben etwa 520.000 t Ton gefördert. Derzeit werden in ca. 70 Tongruben ungefähr 2,2 Millionen Tonnen Ton pro Jahr gewonnen. Für den Westerwald ist die Tongewinnung ein Wirtschaftsfaktor ersten Ranges, basieren auf ihr doch allein schon in dieser Region mehrere Tausend Arbeitsplätze der hier ansässigen und weithin bekannten Gewinnungs- und tonabhängigen Produktionsbetriebe. Die gesamtwirtschaftliche Bedeutung des Westerwälder Tonbergbaus wird auch durch die zahlreichen übrigen tonabhängigen Unternehmen in der Bundesrepublik mit ihren vielen Tausend Beschäftigten unterstrichen.
Die Rohstoffvorkommen im Westerwald sind, wie alle Bodenschätze, aus natürlich-geologischen Gründen begrenzt. Zudem sind sie zwangsläufig standortgebunden, weshalb ihrer Verfügbarkeit und Sicherstellung für Gewinnungszwecke eine große volkswirtschaftliche Bedeutung zukommt. Im wohlverstandenen Gemeininteresse ist es deshalb zu begrüßen, daß die vorhandenen Tonreserven in die öffentlichen Gebietsplanungen flächenmäßig rechtzeitig integriert werden. Nicht zuletzt gebieten auch Erhaltung und erstrebenswerte Verbesserung der regionalen Wirtschaftsstruktur den Schutz dieser wertvollen Lagerstätten. Zugleich wird auf diese Weise ein wichtiger Beitrag für die dringend notwendige langfristige Rohstoffversorgung unserer Wirtschaft mit heimischen Industriemineralien geleistet.
Der Abbau des Tons, der - wie jeder Bergbau - zwangsläufig mit Eingriffen in die Erdoberfläche verbunden ist, vollzieht sich unter staatlicher Behördenaufsicht. Genaue und langfristige Betriebspläne, umfassende Genehmigungsverfahren, detaillierte staatliche Bewilligungsbescheide mit exakten Auflagen und die amtlichen Überwachungen bezwecken, solche Eingriffe in die Landschaft - soweit irgend möglich - gering zu halten und entstandene unvermeidbare Beeinträchtigungen durch eine naturnahe Gestaltung (Rekultivierung) weitgehend auszugleichen. Bereits vor Abbaubeginn wird die landschaftsgerechte Wiederherstellung des Landschaftsbildes verfahrensmäßig angestrebt und sichergestellt. Umfangreiche abgebaute Flächen sind inzwischen wieder rekultiviert worden und fügen sich harmonisch in die Landschaft ein.
Tonvorkommen und Tonbergbau werden auch zukünftig eine herausragende wirtschaftliche Bedeutung für den Westerwald haben.

RUND UM MEUDT UND WALLMEROD

Bearbeiter: Hermann-Josef Hucke und Willy Mehr

Diese Landschaft umfaßt das Gebiet der Verbandsgemeinde Wallmerod und die Ortsgemeinde Boden. Wir sind hier im Bereich der Oberläufe von Ahrbach und Eisenbach, zwei der vier großen Quellbäche des Gelbachs. Diese Übergangszone zwischen oberem und unterem Westerwald mit Höhenlagen um 300 m hat nicht mehr den herb-rauhen Charakter unserer Höhengebiete, läßt aber auch noch die großartigen Talformen der Randzonen des Westerwaldes vermissen. Der Wald tritt hier etwas zugunsten der Landwirtschaft zurück; wir finden ihn im wesentlichen nur auf den zahlreichen kleineren Basaltkuppen.

Neben der Landwirtschaft prägen einige kleinere Industriebetriebe und eine Vielzahl von Handwerksbetrieben das Bild der Dörfer, von denen nur Meudt und Hundsangen über 1000 Einwohner erreichen.

Dennoch finden wir auch hier manches Sehenswerte, etwa das Barockschloß Molsberg oder die Wasserschlösser Neuroth und Langwiesen, die sehenswerten Kirchen von Salz oder Berod, manch schönen Aussichtspunkt und auch gute Wandermöglichkeiten im Raum Wallmerod-Salz.

✱

Besuchen wir zuerst die an der B 255 von Montabaur in Richtung Rennerod aufgereihten Dörfer ,,an der Ahr''. - Von großen Tongruben auf beiden Seiten geprägt ist

Boden (262 m; 450 E., VG Montabaur)
Hier beginnt die 36 km lange Kannenbäckerstraße.

🏺 Fundort von geglätteten Votivbeilen der Jungsteinzeit und eines Mammutzahns.

🏛 Im Bodener Talgrund liegt in Richtung Ruppach-Goldhausen das ehemalige **Wasserschloß Langwiesen** (1525), heute ein landwirtschaftlicher Betrieb der Grafen von Walderdorff. Ein rechteckiger Bau mit vier dicken Rundtürmen an den Ecken. Treppenturm mit Haubendachreiter von 1608. Gutsscheune und Stallungen aus dem 18. Jh.

🛏 ✕ Gasthöfe mit Mittagstisch; Imbißstube.

🚌 in Richtung Montabaur, Westerburg und Rennerod.

Schnurgerade führt die B 255 2 km weit nach

Niederahr (330 m; 670 E., VG Wallmerod)

✕ Die Firma Westfalia Separator stellt mit 250 Beschäftigten Spezialmaschinen her.

🛏 ✕ Gasthaus mit 10 Fremdenbetten; 2 Pensionen mit 26 Fremdenbetten; Mittagstisch.

🚃 Bahnhof Niederahr der Strecke Montabaur - Westerburg.

🚌 Privatbus Beul nach Montabaur, Westerburg, Rennerod.

☎ Ortsgemeindeverwaltung 5431 Niederahr, Tel. (0 26 02) 71 90

🚶 Westlich von Niederahr liegt das Naturschutzgebiet des Malberg. Siehe unter Moschheim!

Nach Osten über den Leimenstein nach Meudt.
Nordwestlich die Oberahrer Berge mit dem Beulstein (483 m).
Basaltkuppen mit romantischen Felsspalten. Tongrube.
Südlich der Bahnstrecke und östlich des Dorfes hübsche Weiher.

Salz

Herschbach

Bilkheim

Oberahr

Niederahr

Meudt

8

255   Arrbach

Wallmerod

Molsberg

Berod

Boden

Weroth

Ruppach-Goldhausen

Steinefrenz

Hundsangen

Girod

Dreikirchen

Eisenbach

Großholbach

Obererbach

Heiligenroth

Montabaur

49

Nomborn

Nentershausen

Niedererbach

Gelbach

Heilberscheid

Eppenrod   Görgeshausen

Hinter einer kleinen Kuppe sind wir gleich in
Oberahr (330 m; 400 E., VG Wallmerod)
✦ Grillplatz und Angelweiher
🛏 ✕ Pension mit 10 Betten; Gaststätte mit Mittagstisch.
🚌 Privatbus Beul nach Montabaur, Westerburg und Rennerod.
☎ Ortsgemeindeverwaltung 5431 Oberahr, Tel. (0 26 02) 54 99
🚶 Auf dem Hauptwanderweg des WwV einerseits nach Meudt (3 km),
andererseits nach Sainerholz - Jagdhaus. Siehe auch unter Niederahr!

Die B 255 ist zwischen Boden und dem nun folgenden Etting-
hausen um 120 m angestiegen. Jetzt sind wir schon im typischen
Oberwesterwald mit seinen welligen Hochflächen. Im Winter erreichen wir hier häufig die Schneefallgrenze. Die nachfolgenden
Orte finden Sie im Kapitel „Im Elbbachtal" auf S. 142 beschrieben.

✱

Größter Ort der Verbandsgemeinde Wallmerod ist das gewerbereiche
Meudt (320 m; 1660 E., VG Wallmerod)
▯ Im Jahre 1077 schenkte die Pfalzgräfin Adelheid sechs Bauerngüter
zu Muede (= Meudt) und Isena (= Eisen) dem St.-Georg-Stift in Limburg, das dadurch in den Genuß des Zehnten aus dem Kirchspiel Meudt
kam. In Meudt gab es durch Erbschaft drei Herrschaften: Die der Grafen
von Diez, die der von Isenburg-Grenzau und die der von Wied-Isenburg.
Der Diezer Anteil kam 1564 durch den sogenannten Diezer Vertrag an
Kurtrier, während der Isenburg-Grenzauer Anteil 1666 nach dem Aussterben dieser Linie und der Wied-Isenburger Teil und die wiedische
Leibeigenschaft erst 1774 durch Tausch Kurtrier einverleibt wurde. Bereits 1786 besaß der Ort 112 Häuser mit 555 Einwohnern und gehörte
damit zu den größeren Siedlungen im Westerwald. Groß war bis zum
2. Weltkrieg die Zahl der im Ort ansässiger Juden. Eingemeindet wurden inzwischen die Nachbardörfchen Dahlen, Eisen und Ehringhausen.

Meudt, Gangolfsbrunnen

🏛 Die auf das Jahr 1033 zurückgehende schlichte **St. Gangolfkirche** wurde 1957 wegen Baufälligkeit abgetragen.

Die in Form einer Kreuzbasilika errichtete **kath. Pfarrkirche St. Petri Thronerhebung** wurde 1910/11 errichtet, hat einen romanischen Turm und im Innern einige barocke Bildwerke.

Das hübsche **Fachwerk-Rathaus** von 1596 mit geschweiftem Zwerchhaus ist das älteste erhaltene Rathaus im Westerwald.

Im südlichen Vorort Dahlen **kath. Kapelle** mit achteckigem Turm.

✗ Keramik-Fabrik **PAN W. Goebel & Co.**, Kirchstraße 32, Tel. (0 64 35) 60 01, Keramikleuchten, geöffnet Mo-Do 10-12, 14-15 Uhr.

🚌 In Richtung Boden Kreismülldeponie.

✚ 2 Ärzte, 2 Apotheken

☉ Am östlichen Ortsrand entspringt im **Gangolfsbrunnen** die starke Quelle des Eisenbachs. Die Sage erzählt, einst habe der hl. Gangolf den Brunnen aus Frankreich mitgebracht, und hier habe er erneut gesprudelt. Eine Jüdin habe an einem Pfingstmontag darin Wäsche gewaschen, woraufhin die Quelle versiegte und mit lautem Rauschen aus dem Dorf zog. Eine Bittprozession habe die Quelle zu ihrem jetzigen Standort zurückgezwungen. Heute noch wird am Pfingstsamstag der Gangolfusbrunnen von den 20jährigen Kirmesburschen unter Teilnahme des ganzen Dorfes ausgeschöpft und gereinigt. Am Pfingstmontag zieht eine feierliche Prozession zum Brunnen, dessen Wasser gesegnet wird.

🛏✗ Pension im Ortsteil Ehringhausen mit 10 Betten; Gaststätten mit Mittagstisch; 2 Cafés.

🚃 Bahnhof der Strecke Montabaur - Westerburg.

🚌 in Richtung Westerburg und Montabaur

☎ Ortsgemeindeverwaltung 5431 Meudt, Tel. (0 64 35) 12 25.

Fahren wir in Richtung Westerburg weiter, kommen wir hinter dem kleinen Meudt-Eisen am Schnittpunkt mit der B 8 nach

Herschbach/Oww. (330 m; 800 E., VG Wallmerod)

◻ Der Ort wird im 9. Jh. erstmals als Haderichsbach erwähnt und bildete mit dem Ortsteil Wahnscheid eine Heimgereide. Aus letzterem stammte die adelige Familie Koeth von Wahnscheid.

🏛 Einige typische alte Fachwerkhäuser.

✗ **Töpferei Wico,** Ortsteil Wahnscheid, Tel. (0 64 35) 14 89, salzglasiertes grau-blaues Steinzeug, geöffnet Mo-Fr 7-12, 13-17 Uhr, Sa und So nach Vereinbarung. Hobbytöpfern für Gäste.

Rechts der Straße in Richtung Salz **Böhler AG** (Edelstahlverarbeitung).

🛏✗ 2 Gasthäuser mit 13 Fremdenbetten und Mittagstisch.

🚃 Bahnhof Herschbach der Strecke Montabaur - Westerburg.

🚌 in Richtung Montabaur, Westerburg und Limburg

☎ Ortsgemeindeverwaltung 5431 Herschbach, Tel. (0 64 35) 13 12

👣 Beiderseits der Straße nach Salz Spazierwege zum Sengelberg (444 m) und zu den Herschbacher Leien.

2 km östlich liegt im Osthang des jungen Salzbachtals

Salz (330 m; 900 E., VG Wallmerod)

◻ Salz(a) oder Salz(aha) ist wohl ein germanischer Siedlungsname. Salz wurde schon vor 1150 Pfarrort einer ausgedehnten Pfarrei. Vor 1255 wurde durch die Grafen von Diez ein Kollegiatstift begründet, das sie 1289 nach Diez übertrugen. Bis 1564 waren die Grafen von Diez und die Herren der Grafschaft Gerichtsherren, dann bis 1802 Kurtrier. Das Gericht wurde vor der Kirche gehalten. Kurtrier führte im benachbarten Weltersburg die Gegenreformation durch und verhinderte die Einführung der Reformation im gesamten Kirchspiel Salz. - Mittelpunktschule.

🏛 Die anmutig ins Salzbachtal blickende **kath. Pfarrkirche St. Adelphus** gehört zu den ältesten Kirchengründungen im Westerwald und ist eine romanische Pfeilerbasilika mit spätgotischem Chor. Hochaltar der Hada-

marer Barockschule um 1700, Sakramentsnische und Levitenstuhl aus
dem 15. Jh., Chorstuhl und Kanzel aus dem 17. Jh.; Bildnisgrabsteine
und sieben weitere Grabsteine niederadeliger Geschlechter.
Grabtafel für Joh. Heinrich Keverich, Großvater Beethovens aus Ehrenbreit-
stein, wo er Oberhofkoch des Kurfürsten und Erzbischofs von Trier, Johann
Philipp von Walderdorff (1756-68) aus Molsberg war.
St. Leonhardskapelle siehe unter Weltersburg!
Einige hübsche alte **Fachwerkhäuser,** besonders Untergasse 4.
🛏 ✕ Hotel Berghof mit 14 Betten; Café; Eisdiele.
🚌 nach Westerburg, Dornburg, Limburg, Montabaur
☎ Ortsgemeindeverwaltung 5431 Salz, Tel. (0 64 35) 12 30
🧗 Wandermöglichkeiten zum felsigen Neurother Hahn (westlich) und
ins Salzbachtal in Richtung Molsberg.

In einer Talmulde südlich von Salz
Bilkheim (290 m; 370 E., VG Wallmerod)
🏛 Im Talgrund das **Wasserschlößchen Neuroth** (1664), ein fast quadrati-
scher Bau, eine Ecke turmartig mit 4 Geschossen; Mansarddächer. Das
Schlößchen war Witwensitz der Grafen von Walderdorff.
Im Rheinischen Freilichtmuseum in Kommern steht ein strohgedecktes
Fachwerkhaus, das erstmals 1687 in Bilkheim errichtet wurde.
An der Straße nach Salz Gedenkstein mit der Kreuzigung Christi.
🚃 Bahnhof Wallmerod unweit Bilkheim, Strecke Montabaur-Westerburg.
🚌 in Richtung Montabaur und Westerburg
☎ Ortsgemeindeverwaltung 5431 Bilkheim, Tel. (0 64 35) 15 82

Südlich Bilkheim auf der Wasserscheide zwischen Salzbach und
Eisenbach
Wallmerod (320 m; 900 E., VG Wallmerod, Krs. WW)
🔹 Das Dorf verdankt dem uralten Handelsweg zwischen Köln und
Frankfurt, der ehemaligen „Hohen Straße" und heutigen B 8, seine
Gründung. Urkundlich erwähnt wurde „Wallmerode" erstmals im Jahre
1212, als das Kloster Seligenstadt bei Seck einen Gutshof in Wallmerod
erhielt. - Seine heutige Bedeutung erhielt das Dorf im Jahre 1831.
Damals verlegte Graf Karl-Wilderich von Walderdorff aus Molsberg als
Minister des Herzogs von Nassau den Amtssitz von Meudt nach Wallme-
rod. Damit erhielt Wallmerod eine Apotheke, Ärzte und Zahnärzte, ein
Amtsgericht, Post-, Forst- und Katasteramt. Seit 1974 ist Wallmerod Sitz
einer Verbandsgemeinde.
Im Wettbewerb „Unser Dorf soll schöner werden" war Wallmerod Lan-
dessieger; auf Bundesebene erreichte der Ort eine Silbermedaille.
🏛 Spätgotisches Haus mit Treppenturm in der Kirchstraße 3. - Einige
hübsche Fachwerkhäuser aus dem 18. Jh. - Dorfbrunnen aus Basaltsäulen. -
Moderne **kath. Pfarrkirche** mit Campanile, Farbfenster und schöner neuer
Keramik-Madonna mit Kind, Kannenbäcker Kunstwerk.
✕ An der B 8 in Richtung Hundsangen Betonsteinwerk Meudt.
🏊 Freibad, Sauna, FKK-Hallenbad
🛏 ✕ 2 Hotels mit 34 Betten; Gaststätten mit Mittagstisch; 3 Cafés.
🚃 Bahnhof der Strecke Montabaur - Westerburg.
🚌 in Richtung Limburg, Montabaur und Westerburg.
☎ Verkehrsverein 5431 Wallmerod, Tel. (0 64 35) 12 67
Ortsprospekt vorhanden.

Einen knappen Kilometer östlich schmiegt sich an eine Basaltkuppe
Molsberg (400 m; 430 E., VG Wallmerod)
🔹 Über dem Dorf erhebt sich auf einem wuchtigen Basaltkegel das Schloß
der **Reichsgrafen von Walderdorff.** Die Molsberger, Gaugrafen des

Schloß Molsberg bei Wallmerod

Haigergaus, waren schon zu Beginn des 11. Jh. im Westerwald bekannt.
1273 übertrug ein Graf Florentinus von Molsberg seine Burg den Trierer
Erzbischöfen, die ihn unter ihre Lehensmänner aufnahmen und ihm
Burg und Herrschaft als Lehen Kurtriers übergaben. Die Dynastie der
Molsberger erlosch im 14. Jh. 1657 kamen sie in den dauernden Besitz
der reichsfreiherrlichen, seit 1797 reichsgräflichen Familie von Walderdorff.
Die alte Burg wurde 1760 abgebrochen und durch den heutigen Bau ersetzt.
Die Familie von Walderdorff war ursprünglich in der Gegend von Dillenburg
ansässig und gehörte schon im 13. Jh. zum nassauischen Adel.
Die in Molsberg residierende Linie stammt von dem in Limburg wohnenden
Freiherrn Philipp von Walderdorff ab. Die Walderdorffer stellten in der
Folgezeit verschiedene hohe geistliche Herren, so Fürstbischöfe von
Wien, Fulda, Trier und Speyer. Die Grafen von Walderdorff standen in
Deutschland stets in hohem Ansehen und zeigten sich auch gegenüber
ihren Untertanen in Stiftungen großzügig.
🏛 ❋ 🌿 Das **Schloß** der Grafen von Walderdorff wurde von dem Barock-
architekten Johannes Seiz als hufeisenförmige Anlage geplant, doch
kamen nur der linke Teil des Mittelbaus und der sich anschließende
Seitenbau zur Ausführung (1766), ein schöner zweistöckiger Bau mit
Mansarddach. Hauptportal mit zwei Wappenlöwen und schönes Schmie-
degitter. - Der Aussichtspunkt von einer Basaltkuppe im Schloßbereich
ist in der Regel nicht zugänglich. - An der Zufahrt zum Schloß prächtiger alter Baumbestand.
Sehr gute **Fachwerkhäuser.**

⊫ ✕ 2 Hotels und 1 Pension; 65 Fremdenbetten; Mittagstisch.
🚌 nach Limburg, siehe auch Wallmerod!
☎ Gemeindeverwaltung 5431 Molsberg, Tel. (0 64 35) 14 87
✳ Vom Berg Hohensehn südlich des Ortes umfassender Blick nach Norden ins Limburger Becken mit 26 Dörfern.
🥾 Spaziergänge in die Wälder der beiden südlich des Ortes gelegenen Kuppen. Wanderungen nördlich in den Struthwald und ins Salzbachtal.

1 km westlich von Wallmerod liegt im Westhang einer Basaltkuppe
Berod b. Wallmerod (315 m; 450 E., VG Wallmerod)

🏛 **Kath. Pfarrkirche St. Ägidius** in vier verschiedenen Stilarten: Romanischer Turm mit gotischer Halle, Querschiff barock (1728/29), Hauptschiff neuromanisch (1898-1900). Schmiedeeisern beschichtete Tür aus dem 12. Jh.; Querschiffaltar und zwei hervorragende Bildwerke aus der Hadamarer Barockschule.
✕ In Richtung Meudt wird Ton unter und über Tage abgebaut.
🚌 nach Limburg, Westerburg und Montabaur.

Im noch recht flachen Eisenbachtal liegt 2 km südlich
Steinefrenz (280 m; 620 E., VG Wallmerod)

🔲 Der Ort wird schon 930/959 als Brencede genannt. Höfe besaßen hier die Abtei Marienstatt und die Köth von Wahnscheid; ein Hof war Burglehen von Montabaur.
🏛 Die 1746 erbaute **Kapelle St. Michael** stürzte 1948 ein (heute Ruine). Doch schon 1914-17 hatte man an der Straße nach Weroth die jetzige **Pfarrkirche St. Matthias** aus Dahlener Trachyt erbaut und den aus der Hadamarer Schule stammenden Barockaltar der alten Kirche übernommen.
🚃 Bahnhof Steinefrenz unweit Dreikirchen. Strecke Montabaur - Limburg.
🚌 nach Montabaur und Limburg
☎ Ortsgemeindeverwaltung 5431 Steinefrenz, Tel. (0 64 35) 14 29

Östlich über der Quellmulde des Erbachs
Weroth (290 m; 480 E., VG Wallmerod)

🔲 Der Ort wird 1322 Weroyde genannt und gehörte zum alten Kirchspiel Hundsangen und gelangte mit diesem 1564 aus der Herrschaft der Grafen von Diez zum Kurfürstentum Trier. Damals hatte der Ort 14 Feuerstätten. Der schwere Aderlaß des Dreißigjährigen Krieges verminderte diese auf 9. Doch der Aufbauwille der verbliebenen Einwohner setzte sich durch und schon 1787 konnte der Ort wieder 134 Einwohner in seinen Mauern beherbergen.
🏛 **Kath. Kapelle St. Sebastian** (1860), neugotisch.
✕ An der Straße nach Wallmerod Wick-Werke (Keramik).
⊫ ✕ Gasthaus mit Fremdenbetten.
🚃 Ab dem südlich gelegenen Bahnhof Steinefrenz nach Limburg und Montabaur.
🚌 nach Limburg und Montabaur
☎ Ortsgemeindeverwaltung 5431 Weroth, Tel. (0 64 35) 12 30
🥾 2 markierte Wanderwege in die Gemarkung ab Wanderparkplatz „Am Markwald" nördlich am Sportplatz.

In den sanften Hängen beiderseits des jungen Erbach liegt 2 km südöstlich die Doppelgemeinde
Dreikirchen (250 m; 790 E., VG Wallmerod)

🔲 Benannt nach drei im Ort stehenden Kirchen, hat sich Dreikirchen 1969 aus den früheren Gemeinden Pütschbach und Oberhausen gebildet. Pütschbach wird erstmals 1292 als Putzebach, erwähnt, Oberhausen 1290.

🏛 Leer steht in Pütschbach die kleine **kath. Kirche St. Antonius Abbas und Barbara;** Wehrkirche, Bau und alte Friedhofsmauer aus Basaltsäulenstücken, der achteckige, schießschartenbewehrte Turm gleichzeitig Chor der Kirche. Chor und Schiff frühgotisch. Die Filialkirche in Oberhausen wurde 1861 eingeweiht.

✕ Am Ortsrand von Oberhausen großer Basaltbruch.

🚃 Westlich des Ortes der Bahnhof Steinefrenz der Strecke Limburg-Montabaur; Haltestelle in Oberhausen.

🚌 nach Limburg, Montabaur und Wallmerod

👣 Spazierwege im Eichwald.

Auf einem Bergsporn über dem sich nun absenkenden Erbachtal liegt etwa 500 m südöstlich

Obererbach (230 m; 430 E., VG Wallmerod)

◘ Am Miltenberg 1944 Fund eines Münzdepots von 820 römischen Münzen aus der 1. Hälfte des 3. Jh. (jetzt im Städt. Museum, Wiesbaden).

🏛 **Kath. Kapelle St. Johann Baptist** von 1883 mit Muttergottes aus dem frühen 18. Jh.

👣 ✱ Ausgangspunkt für Wanderungen in die südlich gelegenen stillen Wälder und ins Erbachtal. Schöner Blick vom Kopf (274 m) südlich über dem Dorf.

Nordöstlich von Obererbach liegt auf einer Hochfläche zwischen Erbach und Elbbach nahe der Landesgrenze zu Hessen, durchschnitten von der B 8

Hundsangen (245 m; 1660 E., VG Wallmerod)

◘ Hundsangen lag an der aus merowingischer Zeit stammenden „strata publica" Trier-Koblenz-Montabaur-Wetzlar. Es wird erstmals 1096 erwähnt, als hier die Abtei Siegburg eine Hube erhielt. Das Gebiet der vier Westerwälder Kirchspiele Hundsangen, Nentershausen, Meudt und Salz war vor 1053 an die Grafen von Diez gekommen. Das Erbe dieses 1386 ausgestorbenen Grafengeschlechts wurde durch den Diezer Vertrag von 1564 aufgeteilt und die obigen „vier Kirchspiele" wurden an Kurtrier abgetreten, dessen geschlossenes Herrschaftsgebiet sich nun von Trier über Koblenz und Montabaur bis nach Hundsangen und Limburg erstreckte. Die Verwaltungsreform von 1932 schlug den nördlichen Teil der „vier Kirchspiele" dem Oberwesterwaldkreis zu, den südlichen mit Hundsangen und Nentershausen dem Unterwesterwaldkreis. Hundsangen gehört heute mit Wallmerod und Meudt zur Verbandsgemeinde Wallmerod, während Nentershausen zur Verbandsgemeinde Montabaur zählt.

🏛 Die kath. **Pfarrkirche St. Goar** besitzt noch einen romanischen Westturm. Der Barockbau von 1722-26 wurde 1966 durch ein Querhaus mit Chor erweitert. Die reiche Ausstattung aus der Hadamarer Barockzeit wurde dabei teilweise entfernt.

Sehenswert einige Fachwerkhäuser sowie das große Ehrenmal für die 135 Gefallenen der Gemeinde.

✕ 🏭 Der riesige Basaltbruch im westlich gelegenen Ölberg (344 m) hat lange Zeit zum Wohlstand der Gemeinde beigetragen. Sehenswert sind bis zu 40 m hohe Sechskantsäulen. In mehreren Etagen wurde der Berg über 100 m tief in sein Inneres ausgehöhlt.

Nördlich am Ortsrand die Baumschule Alzen, mit 50 ha eine der größten im Westerwald. Rosenschau. Wandermöglichkeit innerhalb der Anlagen.

✚ Arzt, Zahnarzt; Krankentransport MHD

🏊 Beheiztes Freibad mit Sport- und Spielplatz, Spielzone, Volleyball, Angel- und Schießsport.

🛏 ✕ 3 Gaststätten mit Mittagstisch; Ferienwohnungen. Campingplatz am Schwimmbad.

🚌 nach Wallmerod, Limburg und Hadamar

☎ Ortsgemeindeverwaltung 5431 Hundsangen, Tel. (0 64 35) 12 27, tägl. 18 - 19 Uhr

Lit.: Dr. Joseph Wagenbach: Hundsangen - Heimat, 1964 (im Rathaus erhältlich)

✳ Der Aussichtspunkt Oelberg gewährt Sicht über die ganze Taunuskette, Limburger Becken, Westerwald.

🏃 Ab Schwimmbad (Wanderwegetafel) 6 km langer Rundwanderweg ums Dorf, der überall durch einen zum Dorf zurückführenden Feldweg abgekürzt werden kann. Schutzhütte am Weg gelegen, 3 km Wanderweg (örtliche Wanderkarte).

Die B 8 führt über das kleine, schon zu Hessen gehörende Elz-Malmeneich hinab nach Elz im Elbtal.

Finkche em Berkebaam

Finkche em Berkebaam,
Ich dich beneid.
Hepst fruh von Ast zou Ast,
Flink ohne Sorg un Last -
Eß dat net Zeihe aam
Von Gottes Gejt?

Ä doch dich hält un nährt,
Su net aach mich?
Wie lang et ihm gefällt,
Kaa Hoar vom Kopp aam fällt,
Muß mer net unbeschwert
Do freje sich?

Gott, jo, ä läbt un webt,
Sät mer dei Kehl,
Finkche, dei munter Lied
Mir werre Hoffning gitt.
Wie dat mich frisch erhebt -
Herz, dich net quel.

Pfr. Wilhelm Reuter †

ZWISCHEN AHR- UND ERBACH

Bearbeiter: Hermann-Josef Hucke   *Übersichtskarte Seite 254*

Dieses schöne Wandergebiet wird begrenzt durch Ahrbach und
Gelbach im Westen, Erbach im Osten, etwa die Bahnstrecke
Montabaur - Limburg im Norden und die Esterau im Süden.

Hier beginnen größere Westerwaldbäche mit ihren kleineren
Nebenbächen sich tiefer in das devonische Grundgebirge einzuschneiden: Wir treffen nicht mehr die flach eingewellten Talformen
des zentraleren Westerwaldes an, aber auch noch nicht die
schroff-steilen Talschluchten seiner Randzonen. Ausgedehnte
Waldungen, meist in den Hangzonen der Täler, wechseln mit
landwirtschaftlich genutzten Hochlagen.

Durchschnitten wird das Gebiet von der weitgehend die Wasserscheiden nutzenden A 3 und von der etwa parallel verlaufenden
B 49 zwischen Montabaur und Limburg, einer uralten Handelsstraße. Südlich der Autobahn gehört unser Raum zum Naturpark
Nassau.

Von dem zur Esterau im Rhein-Lahn-Kreis gehörenden Eppenrod
abgesehen, gehört unsere Landschaft politisch zum Ostteil der
Verbandsgemeinde Montabaur im Westerwaldkreis. Nur Heiligenroth, Ruppach-Goldhausen und Nentershausen haben Industrie;
Landwirtschaft spielt nur eine untergeordnete Rolle, auch noch
der Fremdenverkehr. Arbeitsstätten findet die Bevölkerung in den
Räumen Montabaur, Kannenbäckerland und Limburg.

Von der zum Hohen Westerwald ansteigenden B 255 und der nach
Limburg führenden B 49 zu erreichen ist das nordöstlich von
Montabaur im Osthang des Ahrbachs gelegene

Heiligenroth (235 m; 1200 E., VG Montabaur)

◻ Heiligenroth ist mit seinem großen Neubau- und Industriegebiet schon
fast ein Vorort von Montabaur.

Der Ort wird als „Hildegerode" 1211/14 erstmals erwähnt. In der Gemarkung ist Windeshain wüst geworden, das einst Sitz einer Vogtei
über Bauern mit besonderen Freiheitsrechten war. - Auf einem Heiligen-
rother Acker hat man Gefäßreste und gebackene Lehmstücke aus der
Eisenzeit gefunden. - Durch ein Großfeuer wurden 1870 22 Gebäude
vernichtet, dennoch sind noch einige alte Fachwerkhäuser sehenswert.

🏛 **Kath. Pfarrkirche St. Petrus und Marcellinus.** Der romanische Westturm
aus Basaltbruchstein wurde im 12. Jh. errichtet. Die eigentliche Kirche wurde
1782 erbaut und 1933 durch ein Seitenschiff erweitert. Auch nach der Renovierung vor 1970 blieben die barocke Ausstattung aus der Bauzeit und die
Spiegeldecke erhalten. Wertvolle Pieta aus der Zeit um 1740/50. Außen Grabsteine aus dem 18. und 19. Jh.

Alte **Kreuzkapelle** von 1747, neu errichtet 1926, am Sträßchen in Richtung Himmelfeld.

✖ Im Winkel zwischen Autobahn und B 255 hat die Ortsgemeinde seit
1966 ein großes Industrie- und Gewerbegebiet erschlossen. U. a. Kunst-
stoffolien-Produktion Klöckner-Pentaplast GmbH, Stahlbau Montabaur
GmbH und Allkauf-Einkaufszentrum.

🛏 ✖ BAB-Motel mit 62 Betten; Hotel Kneipp-Mühle mit 24 Betten
(Hallenbad und Sauna); Gasthaus mit 9 Betten; 2 Pensionen mit 22 Betten; Restaurant im Allkauf-Einkaufszentrum.

🚌 nach Montabaur, Westerburg und Limburg

✳ Aussichts-Pavillon auf dem Mühlberg (292 m) östlich über dem Ort. Schöner Blick auf die Montabaurer Senke.

🚶 **Wanderparkplatz am Festplatz im Ahrbachtal:**
   H 1: Zum Aussichtspunkt auf dem Mühlberg (2 km; 45 Minuten);
H 2: Zur Raststätte Heiligenroth und durch den Fuchskauten-Wald (3 km; 1 Std.);
H 3: Durchs Ahrbachtal zur Hermolter und zur Bildches-Eich-Kapelle (4,5 km; 1,5 Std.). An der Hermolter (= Herrenmühle) quert die alte „Napoleonsbrücke" (B 49) auf hohem Damm das Ahrbachtal. Die dicke Steinkugel markierte einst die Grenze zwischen den Kreisen Montabaur und Westerburg. Sie soll sich mitternachts 12 mal um ihre Achse drehen. 1825 wurde hier ein preußischer Postwagen überfallen. Die fünf Täter wurden zum Tode verurteilt, doch nur zwei wurden hingerichtet.

Dort, wo die A 3 zur Umgehung von Heiligenroth und des Ahrtals in Richtung Frankfurt ausnahmsweise einmal nach Nordosten ausholt, unterqueren wir sie und kommen nach

Ruppach-Goldhausen (265 m; 1000 E., VG Montabaur)

🏛 In der Ruppacher Kirche ausdrucksvolles Mosaik an der Stirnwand.
✕ Die Doppelgemeinde lebt vom Ton. Nördlich und östlich des Dorfes finden wir riesige Tongruben, in denen nach Abtragung des 2 - 12 m dicken Deckgebirges der Ton im Tagebau, aber auch in Stollen gewonnen wird. Die ersten Gruben wurden inzwischen zu Angelseen und zu einer Freizeitanlage insbesondere für Kinder hergerichtet. - Die Bergbaugesellschaft Marx ist der größte private Schamottehersteller Westeuropas. - Am westlichen Ortsrand Umspannanlage von 110 000 Volt auf 20 000 Volt.
✚ Arzt
🍴 ✕ Gasthaus mit 13 Fremdenbetten; mit Mittagstisch.
🚂 Bahnhof der Strecke Montabaur - Limburg.
🚌 nach Montabaur und Westerburg

🚶 ✳ Ein Gemarkungsspaziergang rund um den Rupberg (356 m) mit seinen roten Lavaschlacken belohnt mit einer umfassenden Aussicht auf die Montabaurer Senke bis hinüber zur Montabaurer Höhe.

Unter Bahn und Autobahn hinweg kommen wir südlich in das neben der B 49 liegende

Großholbach (280 m; 600 E., VG Montabaur)

🔲 Die Wohngemeinde mit etwas Landwirtschaft gliedert sich in ein Unter- und Oberdorf. - Im 13. und 14. Jh. wohnte hier ein Adelsgeschlecht von Holbach.
🏛 Auf einer kleinen Anhöhe des Unterdorfes steht inmitten des inzwischen aufgelassenen Friedhofs, beschattet von zwei mächtigen Eichen, die 1738 erbaute **kath. Pfarrkirche Heilige Dreifaltigkeit.** Die sehr gute Barockausstattung Hadamarer Schule, insbesondere der Hochaltar, wurde 1971/72 restauriert. Kirchturm im Kern romanisch.
Im Ort einige schöne **Fachwerkhäuser,** so Haus Johannes Bender (1687) mit Balkeninschrift und Hofanlage an der Kirche.
🚌 nach Montabaur und Limburg

🚶 🌿 Am Waldrand südlich des Ortes an der B 49 Wanderparkplatz **Dickheck** mit **Waldlehrpfad** und Arboretum. Rundweg über die Dickheck (1 Std.).
Im Holbachtal kurz vor der Einmündung in den Ahrbach **Wallfahrtskapellchen Bildches Eich.** Gnadenbild in einem ausgehöhlten Eichenstamm.
Zugang zum Gelbachtal.

Östlich Großholbach die von der Autobahn durchschnittene Doppelgemeinde

Girod (260 m; 570 E., VG Montabaur)
mit dem eingegliederten Ortsteil Kleinholbach.

❑ Girod wird 1335 erstmals genannt, Kleinholbach 1350 als Wingen-
holbach. Südöstlich lag das um 1500 wüst gewordene Dorf Wenigen-
frenz am Fuße des durch einen Basaltbruch verschwundenen Wenigen-
frenzer Kopfes.

🏛 In Girod die schlichte **kath. Kirche St. Jakobus** (1786) mit romanischem
Westturm. Innenausstattung in Rokoko und Übergangsstil. - In Kleinholbach
kath. Kapelle St. Peter und Paul (1771-74) mit Barockwerken aus der Hadamarer Kunstschule und Barock-Altargemälden auf der Empore. An der Kirch-
mauer Sühnestein für einen Mord.

🛏 ✕ Im südlich gelegenen Eisbachtal am Fuße des Bornkastens (Siehe
unter Nomborn!) Hotel-Restaurants Freimühle und Studentenmühle.
Campingplatz.

🚌 Haltepunkt der Strecke Montabaur - Limburg.

🚍 nach Montabaur, Diez und Limburg

🏃 Dickheck siehe unter Großholbach!
Schöne Gemarkungswege ins obere Eisenbachtal zu alten Mühlen,
einer Ziegelei und zum Münchwald. - Die Autobahn weist im Eisenbachtal eine breite, anscheinend nutzlose Unterführung auf. Dort sollte nach
einer längst überholten Vorkriegsplanung die Autobahn in Richtung
Gießen abzweigen.

Die B 49 durchquert nun das Eisenbachtal und führt unter der Autobahn hindurch, vorbei an dem Schotterwerk der Wellerstein-Basalt-
brüche und an einem alten kurtrierischen Meilenstein, hinauf in das
in einem leichten Nordosthang gelegene große

Nentershausen (280 m; 1600 E., VG Montabaur)

❑ Nentershausen wird zuerst 841 genannt, als ein Diakon die dortige
Klause dem St.-Lubentius-Stift in Dietkirchen schenkte. Durch den Diezer
Vertrag von 1564 kamen die vier Westerwälder Kirchspiele Hundsangen,
Nentershausen, Meudt und Salz zu Kurtrier (Näheres siehe unter Hundsangen!). Zählte das Dorf 1525 noch 33 Feuerstellen, so sank die Einwohnerzahl nach dem 30jährigen Krieg auf 37. Durch seine exponierte
Lage wurde Nentershausen mehrfach von Truppen gebrandschatzt, so
besonders in den Französischen Revolutionskriegen 1795/96. - 1955 beging
der Ort feierlich sein 1100jähriges Bestehen. Seit 1951 wird eine handschrift-
liche Dorfchronik geführt. - Mit der französischen Gemeinde Vieux-Berquin
besteht seit 1975 eine lebendige Partnerschaft.

🏛 Dreischiffige neugotische **Hallenkirche St. Laurentius** von 1863 - 1866.
- An der Straße nach Görgeshausen kleine Wegekapelle (17. Jh.).

✕ Industriegebiet mit Tongruben- und Betonmischanlage, Tankanlagen-
bau, Kunststoffverarbeitung, Dachpappen- und Bitumenfabrik. Beim Bau
der Autobahn wurde ein Braunkohlenflöz angestochen, das zeitweise
auch abgebaut wurde.

✚ Arzt, Zahnarzt

⚽ Stadion der „Eisbachtaler Sportfreunde".

🚍 nach Limburg, Diez und Montabaur

🏃 Jeweils zwei schöne Wiesentäler mit waldbestandenen Hängen
führen von Nentershausen westlich nach Isselbach im Gelbachtal
und östlich nach Niedererbach im Erbachtal.

An der Anschlußstelle Diez der A 3 vorbei führt die B 49 zu dem
an Hessen und den Rhein-Lahn-Kreis grenzende Ort

Görgeshausen (280 m; 600 E., VG Montabaur)

🛏 ✕ 2 Gasthäuser mit Mittagstisch und 30 Fremdenbetten.

🚍 nach Diez, Limburg und Montabaur

❋ Vom Waldrand der Issel-Kuppe westlich des Dorfes umfassende Aussicht vom Hohen Westerwald bis zum Feldberg im Taunus.
 Schöne Waldwanderungen südlich in den Staatsforst Diez und in das Hambacher Tal mit stillgelegten Eisenerzgruben bei Hambach. Die Autobahn durchzieht östlich des Dorfes den Elzer Wald mit der bekannten Geschwindigkeits-Radarkontrolle. Hier nahe dem Heidekopf Fundstelle eines vorgeschichtlichen Gräberfeldes, beim Autobahnbau angeschnitten.

❋

Nordöstlich liegt hübsch im Erbachtal, eingebettet von mehreren Seitentälern
Niedererbach (170 m; 770 E., VG Montabaur)
◪ Niedererbach war schon 1291, als es zuerst „Erlebach" genannt wurde, Sitz einer eigenen Pfarrei. Von der Kirche blieb der romanische Westturm erhalten, als man 1906 Schiff und Chor neu erbaute. In Niedererbach wurde schon 1413 eine „Steinkaute", 1566 eine „Decksteinkaute" betrieben. Diese Schiefervorkommen sind bis in die Nachkriegszeit genutzt worden.
🍖 Grillplatz mit Schutzhütte.
🚌 Haltepunkt der Bahnstrecke Montabaur - Limburg.
 Gute Wandermöglichkeiten durchs Erbachtal, in die Täler in Richtung Nentershausen sowie in die angrenzenden hessischen Wälder.

❋

Südlich Nentershausen und westlich von Görgeshausen liegt in der Quellmulde des Bornbachtals das schon zur Esterau und damit zum Rhein-Lahn-Kreis gehörende evangelische Pfarrdorf
Eppenrod (300 m; 480 E., VG Diez)
◪ Eppenrod ist vermutlich die Gründung eines Konradiners Eberhard-Eppo aus dem 10. Jh. und hatte stets enge Bindungen zum Stift Limburg. Vor seiner Zerstörung im 30jährigen Krieg lag der Ort rings um die alte Kirche, die nun an den Ortsrand gerückt ist.
🏛 **Ev. Pfarrkirche** aus dem 12. Jh. Romanischer Westturm mit Tonnengewölbe und Spitzhelm. Im Chor Kreuzrippengewölbe. Spiegeldecke und dreiseitig Emporen Orgel/Kanzel-Altar mit großen farbigen Wappen gekrönt. 1973-75 außen und innen restauriert.
🍖 Grillplatz mit Schutzhütte nördlich am Sportplatz.
🚌 nach Limburg und Nassau
 Rundwanderparkplatz „In der Hasel" am nördlichen Ortsrand neben dem Sportplatz:
D 1: Grenzbachtal - Hohe Ley über Isselbach im Gelbachtal - Kirchweg (3¹/₂ Std.);
D 2: Zur Meckelheck (rund um die Waldhöhe zwischen Bornbachtal und Grenzbachtal), (2 Std.);
D 3: Durch die Hasel (1 Std.).
Eine sehr schöne **Streckenwanderung:** Durch die südliche Gemarkung, dann durch ein Waldwiesental nach Heistenbach im Lahnhang.

Die schönsten Wandermöglichkeiten des ganzen Raumes bieten die großen, landwirtschaftlich noch voll genutzten Riedelhochflächen der Dörfer Nomborn und Heilberscheid zwischen Eisen- und Isselbachtal, zwischen Autobahn und Gelbachtal.

❋

Nordwestlich von Nentershausen liegt in einer Mulde das hübsche
Nomborn (280 m; 510 E., VG Montabaur)

◪ Als „Numburne" (vermutlich „neuer Born" oder auch „Nornenborn")
wird das Dorf 1289 erstmals erwähnt. Die alte Handelsstraße Montabaur -
Limburg führte ursprünglich an der Studentenmühle vorbei durch das
Dorf. Der gepflegte Ort hat mehrmals beim Wettbewerb „Unser Dorf soll
schöner werden" gewonnen. Hier wohnt der bekannte Jugendbuchautor
Frederik Hetmann, bürgerlich Hans-Christian Kirsch. - In Nomborn spielt
auch Franz Bossongs humorvolle Erzählung „Die Erfrischung".

🏛 Im Hang des nördlich gelegenen Bornkastens Reste einer **Ringwallanlage**
aus der Zeit der Hunsrück-Eifel-Kultur. Die kleine **Gipfelkapelle** ist der hl.
Mutter Anna geweiht.
Uralte, horizontal über Balkengerüste gezogene Linden (ND) führen zur
Filialkirche St. Kilian. Romanisch-frühgotisch das Querhaus mit dem wuchtigen Turm, 1950 in Kreuzform erweitert. Beachtenswert der barocke Altar
und die spätgotische Traubenmadonna. Die Turmglocke, eine der ältesten
im Westerwald, stammt aus der Zeit um 1300.

⇥ ✗ Gasthaus mit 5 Fremdenbetten; im Eisenbachtal Studentenmühle
(Bauernhof) und Freimühle mit je 14 Fremdenbetten; Kautenmühle mit
9 Fremdenbetten. Mittagstisch und Café in der Studenten- und in der
Freimühle.

🚌 nach Montabaur und Limburg

❋ Hervorragende Aussichtspunkte: **Bornkasten** mit Blick in das idyllische Eisenbachtal, in die Montabaurer Senke und auf die Montabaurer
Höhe. Die Höhe südwestlich des Dorfes am **Aussiedlerhof** mit Rundum-
blick: Montabaurer Höhe, Malberg, Ahrer Berge, Hoher Westerwald,
Höchst in der Esterau, Buchfinkenland.

🏃 Am Sträßchen zur Studentenmühle Wanderparkplatz „**Kaisereiche**"
(ND). Markierte Rundwanderwege führen zum Bornkasten, ins stille
Eisenbachtal und in die Nomborner Gemarkung.

Etwas abseits liegt südwestlich über dem Gelbachtal die landwirtschaftlich geprägte Gemeinde
Heilberscheid (310 m; 450 E., VG Montabaur)

◪ Das mundartlich „Bersched" genannte Dorf wird 1362 erstmals genannt. Seit dem Diezer Vertrag von 1564 gehörte es zum „Trierischen
Land". Erst 1902 wurde die Straße zum Gelbachtal hin gebaut. Dort lag
das verschwundene Dorf Oberisselbach. Über das zur Gemarkung gehörende ausgegangene Dorf Sespenrod, dessen Einwohner nach Amerika auswanderten, siehe unter Gelbachtal! In der Waldgemarkung zeugen noch zahlreiche „Kohle-Plätz" vom ausgegangenen Köhlerhandwerk.

🏛 Neugotische **Marienkapelle** (1889-91). - Im stillgelegten Steinbruch
„im Heckstein" am östlichen Ortsrand Muttergottes-Grotte. - In der
Mulde zwischen beiden Ortsteilen ein in seiner Art einmaliger, bruch-
steinummauerter Brandweiher.

🚌 Privatbus Roßbach nach Montabaur und Limburg.

❋ Hervorragender Rundblick vom Eichheider Berg (323 m) über dem
Schönbergerhof in Richtung Nomborn.

🏃 Sehr schöne Wege über die auf der Hochfläche liegende Feldflur,
ins stille Isselbachtal mit seinen Fischweihern, ins Gelbachtal nach
Bladernheim und Sespenrod.

Heimatliche Sprichwörter

Um Kinner un Hähner givt et de meiste Streit.

De Hund verliert die aale Hoor, awer net die
aale Naube (Fehler, Launen).

En Meister kann dem Deiwel de Dreck vom Leiv schrabbe (kratzen).

Muhre (Möhrchen) noh Christda', Aeppel no Ostere,
Mädercher no dreißig Johr, hon de Geschmack verlore.

IN DER MONTABAURER SENKE

Bearbeiter: Hermann-Josef Hucke   *Übersichtskarte Seite 277*

Die Montabaurer Senke wird begrenzt etwa vom Stelzenbachtal zwischen Niederelbert und der Mündung im Süden, von der Montabaurer Höhe im Westen und von den bewaldeten Bergen und Kuppen jenseits von Wirges, Boden und Heiligenroth.
Diese rund 300 m hoch gelegene Senke wird geformt durch die Quellarme und Ursprungsmulden des zur Lahn fließenden Gelbachs. Dazwischen erheben sich, etwa 50 bis 75 m über den Talgründen, sanfte Hänge und Dellen. Unter den zahlreichen Kuppen und Kegeln aus Basalt, Trachyt und Phonolith ragen zwei besonders hervor: Die 422 m hohe, unter Naturschutz stehende Phonolithkuppe des Malbergs nordöstlich von Wirges und im Zentrum Montabaurs die schloßgekrönte, 321 m hohe Kuppe des Schloßberges.
Das meist unter 250 m Höhe gelegene Grundgebirge schaut aus einer von den Bergen herabgeschwemmten Decke aus Verwitterungsböden, Lehmen, tertiären Tonen, Sanden und Kiesen nur vereinzelt heraus.
Harmonisch passen sich diesem Baustil der Natur die Wiesen in den Talgründen, die Äcker und Weiden sowie die verstreuten Walddistrikte auf den Scheiteln und den Hängen der Rücken an. Im Zentrum dehnt sich Montabaur nach Westen und Nordosten in die Mulde hinaus aus, im Norden und Nordosten liegen die großen Industrieorte des beginnenden Kannenbäckerlandes am Rande der Geländemulden.

✳

Die nördlichen Orte der Montabaurer Senke: Dernbach, Staudt und Bannberscheid, finden Sie im Kapitel über das Kannenbäckerland beschrieben. Die östlichen Orte Heiligenroth und Boden stehen in der Beschreibung des Gebietes „Zwischen Ahr- und Erbach". Alle Orte südlich Montabaur sind im Gebiet „Zwischen Montabaurer Höhe und Gelbachtal" erfaßt.

✳

Montabaur (Kernstadt; 210-320 m; 12 000 E., VG Montabaur, Kreis WW)

Kreisstadt des Westerwaldkreises, Sitz der größten Verbandsgemeinde in Rheinland-Pfalz (33 000 E.; 151 qkm), Amtsgericht, Arbeitsamt, Finanzamt, Forstamt, Gesundheitsamt, Katasteramt, Autobahnamt, Westerwald-Kaserne der Bundeswehr, Grund- und Hauptschule, Realschule, Gymnasium, Aufbaugymnasium, Sonderschule, Landwirtschaftsschule, Volkshochschule, Akademie Deutsche Genossenschaften, Krankenhaus, Sozialstation, Werkstatt für Behinderte.

◨ Im Jahre 260 durchbrachen die Franken den Limes und vertrieben die Römer aus dem westlichen Westerwald. Montabaur, damals noch Humbach genannt, war eine fränkische Siedlung, deren Ursprungsalter unbekannt geblieben ist. Humbach gehörte mit dem Unterwesterwald des Frankenreiches zum Engersgau; mit einem Umkreis von etwa 15 km bildete Montabaur einen eigenen Zentbezirk. Bereits um 600 wird dieses Gebiet christianisiert.

Bereits in dieser, der Merowingerzeit, - so nehmen die Historiker an - bestand die erst im 9. Jahrhundert urkundlich nachgewiesene „strata publica", die Heer-, Missions- und Handelsstraße Trier-Koblenz-Humbach/Montabaur-Weilburg-Wetzlar-Osten, und mit ihr eine Siedlung auf dem Platz der heutigen Stadt, eng an den befestigten Burgberg angelehnt, mit dem Angebot von Fuhrwerk und Vorspann zur Überwindung der Ahr-(heute Au-)bach-Steigungen.
Diese Straßenfeste Humbach erwählte der Konradiner Herzogssohn Graf Hermann zum Vorort seiner ihm wohl von König Konrad I. (911-918) als Königsgut verliehenen Grundherrschaft zwischen Lahn und Saynbach. Humbach war gleichzeitig Pfarrort dieses großen, dem Unterwesterwald entsprechenden Gebietes. Als er 926 von König Heinrich I. (919-936) zum Herzog von Schwaben erhoben wurde, behielt er die Grundherrschaft Humbach. Er schenkte dem Erzbischof Ruotbert von Trier (ab 931) den Zehnten seiner Eigenkirche dem Marienstift Koblenz, das von ihm auch Reliquien des Vintschgauer Heiligen Florin erhielt und sich später „St. Florinstift" nannte. Als Gegenleistung hatte das Stift für die Kirche Humbach zu sorgen.
In dieser Zeit zählte Herzog Hermann unter König Otto I. (als Kaiser: Otto der Große) bereits zu den vier Inhabern der „Erzämter" des Thrones, also zu den ersten Beratern Ottos I. Seine Tochter Ida wurde mit dem einzigen Sohn Ottos, Liudolf vermählt. Im Jahr 936 bewahrte Hermann den König bei einem Rückzugsgefecht gegenüber Andernach, also in seinem Engersgau, vor der Niederlage.
Erst 10 Jahre nach seinem Tode, im Jahr 959, kündet eine Urkunde zum bisher einzigen Male von dieser Zeit: von der Weihe der ersten Steinkirche in Humbach, die als Vorgängerin - nach der gleichen Urkunde - eine zwischen 931 und 948 errichtete Holzkirche hatte, mit der sorgfältigen Beschreibung der Pfarreigrenzen. Diese Urkunde ist für viele Gemeinden im Westerwald der erste schriftliche Bestehungsnachweis. Die Gemahlin des Herzogs, Reginlindis, mit ihm u. a. Begründerin der Benediktinerabtei Einsiedeln in der heutigen Schweiz - damals mit Zürich in Schwaben gelegen -, erhielt in ihrem Todesjahr 958 den Hof Wirges als Wittum, das dann aber sofort wieder an das Marienstift Koblenz fiel. Ihre Enkelin Mathilde verwaltete als Äbtissin des Damenstifts Essen bis kurz vor das Jahr 1000 den befestigten Hof Eschelbach (heute Stadtteil von Montabaur). - Nach zweihundertjährigem Einvernehmen zwischen dem Konradinerhaus und den Erzbischöfen von Trier erwarb das Erzstift Trier 1018 Humbach und damit das ehemalige Königsgut Spurkenbergforst - unter Einsatz hoher Mittel, wie Erzbischof Poppo betonte: - das beste zeitgenössische „Gütezeichen" für Humbach!
Hat die Ortsgeschichte der kleinen deutschen Stadt Montabaur bis hierher in die Entstehungszeit des Deutschen Reiches im 10. Jahrhundert geführt, so jetzt ins 13. Jahrhundert, in die Kampfzeit der Kreuzzüge und damit ins „Heilige Land" im heutigen Staat Israel.
Aus dem Geschehen des weiteren Mittelalters ragt der Burgbau durch Dietrich II. von Wied, Erzbischof von Trier (1212 - 1248) heraus. Die ständige Spannung zwischen Erzstift und Vögten, vor allem aus dem Hause Nassau, die offizielle Anerkennung der Erzbischöfe als Landesherren durch die Kurfürstenwürde, vor allem aber die jahrelangen Kämpfe der Staufer gegen die Welfen im Thronstreit, bei denen Erzbischof Dietrich II. von Trier auf staufischer Seite stand, während sein Bruder Georg auf welfischer Seite sogar Feldherr war - all das erforderte dringend die Sicherung der rechtsrheinischen Trierer Besitzungen. Zu diesem Zweck errichtete Erzbischof Dietrich um 1220 anstelle der alten einfacheren Straßenburg eine umfangreichere Landesburg auf dem Berg über Humbach, nannte sie laut Urkunde von 1227 „muntabur",

Großer Markt mit Rathaus und „Trichter"

offenbar in Erinnerung an seinen Bruder Georg, der als einer der Führer des 5. Kreuzzuges 919 am Mons Tabor, angeblich Berg der Verklärung Christi, erfolgreich gekämpft hatte und danach im ägyptischen Damiette im Nildelta am Fieber gestorben war. Dietrich II., der Burgenbauer, genoß unter dem Staufenkaiser Friedrich II., dem Sieger im Thronstreit, hohes Ansehen, er wurde Kanzler des Reiches und führte als erster den Titel Kurfürst.

Aus dem Burgnamen muntabur, französisch Mont Tabour, entwickelte sich der Stadtname Montabaur.

Die Burg war von nun an mit einer starken Burgmannschaft unter einem Burghauptmann belegt. Sie wurde Sitz eines kurtrierischen Amtes, dem die Verwaltung des dazugehörigen trierischen Besitzes unterstand. Das Amt umfaßte etwa die Dörfer der Montabaurer Senke und die im Einzugsbereich des Gelbachs liegenden Siedlungen.

Das Dorf Montabaur entwickelte sich dank seiner günstigen Lage an der zweitausendjährigen Straße Koblenz - Limburg und des Schutzes durch die starke Grenzburg bald zum Mittelpunkt für den unteren Westerwald. Im Jahre 1291 verlieh Kaiser Rudolf von Habsburg die Stadtrechte. Nun erhielt Montabaur eine Stadtmauer mit acht Türmen und dreizehn Toren. In der 1. Hälfte des 14. Jh. wurde die heute noch stehende Pfarrkirche „St. Peter in Ketten" in ihren wesentlichen Teilen erbaut.

Jetzt gelangte die Stadt zu großer Blüte. Unter dem Schutz des deutschen Kaisers genossen die Montabaurer Kaufleute Zollfreiheit zwischen Köln, Wetzlar, Frankfurt und Mainz. Es entwickelten sich dreizehn Zünfte, deren bedeutendste die der Wollweber war. Ihr Tuch hatte Weltruf und wurde vor allem in Süddeutschland gehandelt.

Als Nachfolger der einstigen Burgmänner verwaltete ein Amtmann das kurtrierische Amt Montabaur. Ihm unterstanden der Schutz der Burg, des Amts und der Leute sowie Schutz und Erhalt des Gerichts. Der kurtrierische Amtskeller, der Finanzbeamte, verwaltete die Güter des Bistums und zog die Einkünfte ein, meistens Naturerzeugnisse. Dem Erzstift und Kurfürstentum Trier unterstand auch die Gerichtsbarkeit. Ein Schultheiß hatte das Gericht zu hegen und den Vorsitz bei den Verhandlungen. Gerichtsplatz war am Rathaus.

Oft weilten die Trierer Landesherren in Montabaur, um sich von ihren Untertanen huldigen zu lassen, nach dem Rechten zu sehen oder auch auf der Montabaurer Höhe der Jagd nachzugehen.

Zwei verheerende Brände, 1492 und 1534, sowie die Unruhen des Dreißigjährigen Krieges zerstörten, was Fleiß und Können der Bürger geschaffen hatten. Der Wohlstand war dahin, die Handwerker arbeiteten nur noch für die Bevölkerung der näheren Umgebung. Es kam nicht mehr zu einer neuen Blüte. Montabaur wurde ein bedeutungsloses Landstädtchen.

Um das 17./18. Jh. erlebte Montabaur eine neue wirtschaftliche Blüte, wovon die rege Bautätigkeit zeugt.

Den Stürmen der Französischen Revolution schließlich war unser Kurstaat nicht mehr gewachsen. Der letzte Kurfürst Clemens Wenzeslaus mußte seine rechtsrheinischen Besitztümer 1802 den Fürsten zu Nassau überlassen. Das Schloß wurde nassauisches Jagdschloß, doch blieb Montabaur Amtstadt über 38 Dörfer.

Auch unter Nassau konnte Montabaur zu keiner neuen Blüte gelangen. Die Bürgerschaft litt unter schweren Kriegslasten, und zum Rhein hin war nun eine Zoll- und Landesgrenze entstanden. Infolge des „Deutschen Krieges" von 1866 kam Nassau an Preußen. Montabaur blieb Amtstadt und wurde 1867 Kreisstadt des Unterwesterwaldkreises im Regierungsbezirk Wiesbaden.

Mit dem Bau der Westerwaldbahn 1884 und der Entwicklung des Straßenverkehrs kam unsere Heimat aus ihrer Isolierung. Seither ist ihr wirtschaftlicher Aufschwung stetig gewesen, denn auch die beiden Weltkriege haben sie vergleichsweise verschont.

Die Besatzungspolitik trennte 1946 die vier nassauischen Kreise Unterwesterwald, Oberwesterwald, Unterlahnkreis und Loreleykreis vom Regierungsbezirk Wiesbaden ab, schuf damit einen neuen Regierungsbezirk Montabaur, den an Einwohnern kleinsten in der Bundesrepublik, und schlug diesen dem neugeschaffenen Land Rheinland-Pfalz zu. Er wurde 1968 dem Regierungsbezirk Koblenz angegliedert.

Seit 1973 besteht die Verbandsgemeinde Montabaur aus der Stadt Montabaur und 24 Ortsgemeinden. Im Jahre 1974 wurde die Stadt Sitz des aus den Ober- und Unterwesterwaldkreisen gebildeten neuen Westerwaldkreises.

Partnerschaften bestehen mit Tonnerre in Burgund und Brackley in der Nähe von Oxford.

🏛 **Schloß Montabaur** entstand vermutlich zur fränkischen Zeit als „Kastell Humbach" zur Sicherung der alten Handelsstraße von Koblenz nach Thüringen. Vom Bergfried aus dem 13. Jh. abgesehen, errichteten es die Trierer Erzbischöfe Johann von Baden (1456 - 1503), Richard von Greiffenklau (1511 - 1531) und Johann Hugo von Orsbeck (1676 - 1711), der dem Schloß unter dem Hofarchitekten Joh. Honorius Ravensteyn seine heutige Form verlieh. Unter ihm und unter dem Kurfürsten Georg von Schönborn entstanden die reichen Stuckdecken und Deckengemälde. Im vorigen Jahrhundert war das Schloß Sitz eines Lehrerseminars, dann bis 1945 Sitz des Landratsamtes und anschließend der Bezirksregierung Montabaur. 1969 kaufte es für 1,3 Millionen Mark die Deutsche Genossenschaftskasse und richtete darin nach gründlichen Ausbau die Akademie Deutscher Genossenschaftsbanken ein.

Wer heute zu dem ockerfarbenen Schloßkomplex emporwandert, trifft links vor der Vorburg und rechts hinter der Vorburg auf Neubauten, die sich harmonisch in den alten Baubestand einfügen. Das Torgebäude ist nach Wappen und Jahreszahl unter dem Erzbischof Johann VII. von

Schönborn 1538 erbaut worden. Dahinter links Holzgalerie mit geschweiftem Schieferdach. Vor dem Hauptgebäude links ein moderner Brunnengarten mit schönem Stadtblick.

Hinter dem großen Steinportal (1687) des Hauptbaus, der sich mit vier zweistöckigen Flügeln um einen quadratischen Hof gruppiert, stoßen wir auf den 33 m hohen Bergfried und den 70 m tiefen Brunnen aus den Jahren 1482/1608. Dreistöckige Rundtürme flankieren die Außenecken des Hauptbaues. Der 132 qm große Rittersaal im ersten Stock des rechten Flügels entstand um 1700; ihn schmückten Stuckarrangements, allegorische Deckengemälde und Ölgemälde, so das des letzten Kurfürsten Clemens Wenzeslaus. Hier finden öffentliche Konzerte statt. Die übrigen Räume sind nicht zu besichtigen.

Kath. Pfarrkirche St. Peter in Ketten am dem Schloß gegenüber liegenden Ende der Altstadt. Nach einer Holzkirche wurde hier bereits 959 eine Steinkirche geweiht, von der jedoch nur Fundamentreste erhalten sind. Der jetzige Bau stammt im wesentlichen aus dem 14. Jh. Gotisches Langhaus mit drei durch Emporen gegliederten Seitenschiffen. Doppelturmfassade; zwei kleinere Treppentürme flankieren ans Chor beidseitig angebaute Kapellenquerhäuser. Über dem Triumphbogen des Mittelschiffes spätgotisches Weltgerichtsfresko mit Auferstehenden und Verdammten (16. Jh.). Jetzt in den Querhäusern aufgestelltes Chorgestühl aus dem Jahre 1489. Im rechten Seitenschiff steinerne Madonna aus dem 14. Jh., lebensgroße Madonna aus Holz aus dem 15. Jh.

Ehemalige Friedhofskapelle St. Anna auf der Südseite des Kirchplatzes in eine an die Innenseite der ehemaligen Stadtmauer angebauten Häuserzeile eingefügt. Gotisches Chor vermauert. Jetzt Kriegergedächtniskapelle. Der volkstümliche Name „Fuhrmannskapelle" hält die Erinnerung an die mittelalterlichen Ausspann- und Fuhrwerkshöfe aufrecht.

Joseph-Kehrein-Denkmal davor. (Joseph Kehrein, 1808 - 1876, Seminardirektor und Heimatforscher.)

Großer und Kleiner Markt mit zahlreichen dreistöckigen, farbig gestalteten oder verschieferten Fachwerkhäusern unter geschweiften Giebeln. Am Großen Markt neugotisches Rathaus, erbaut 1866 bis 1868.

Polizeiamt in der Bahnhofstraße, 1768 von Joh. Seiz entworfener zweistöckiger Bau mit Mittelpavillon und Mansarddach, einst Kurfürstliches Gestüt.

Die Stadtbefestigung führte vom Schloßberg zum Steilhang zwischen Altstadt und Gelbachtal (Sauertal) und weiter zum „Gebück" am Finanzamt. Von dort an der Fuhrmannskapelle entlang zum jetzigen Verkehrsamt und hinunter zur Biergasse, dann zum Wolfsturm und durch die Wallstraße zurück zum Schloß. Von der im 13. bis 15. Jh. errichteten Stadtmauer stehen nur noch geringe Reste und drei Türme.

Ⓟ **Großparkplätze**
auf dem Konrad-Adenauer-Platz hinter dem Rathaus (Tiefgarage);
auf der Kalbswiese unterhalb des Soldatenheims;
auf dem Festplatz Eichwiese zwischen Alleestraße und Altstadt.

✖ Montabaur ist zwar eine gewerbereiche Stadt, aber keine Industriestadt. Die in der Kernstadt ansässigen Industriebetriebe haben kaum überregionale Bedeutung.
Zu besichtigen ist die **Töpferei Andresen** in der Aubachstraße 4 a, die moderne Keramik und Steinzeug herstellt und auch Hobbytöpfern für Gäste veranstaltet. Tel. (0 26 02) 1 70 05, geöffnet montags - freitags von 8 - 17 Uhr, samstags von 8 - 16 Uhr, sonntags nach Vereinbarung.
✚ Krankenhaus, Sozialstation, Gesundheitsamt,
Ärzte aller Fachrichtungen
✦ **Hallen- und Freibad** an der Weserstraße (westlicher Stadtrand);
Freizeitanlage an der Fröschpfort mit Ballspielfeldern, Rollschuh- bzw. Schlittschuhbahn, Kinderspielplatzanlagen, Bocciabahn, Minigolf, Freiluftschach;

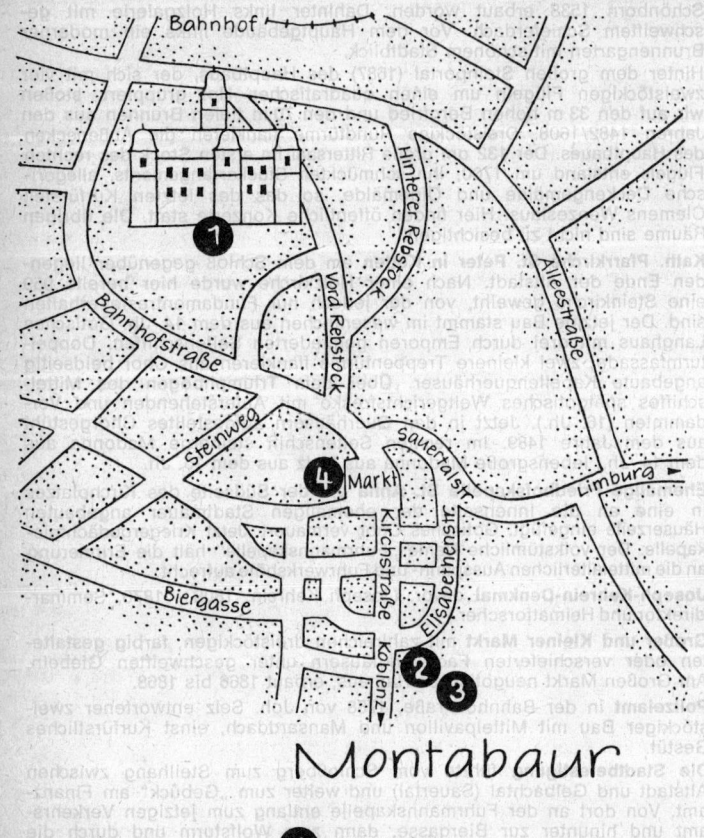

Bahnhof

Hinterer Rebstock

Alleestraße

Bahnhofstraße

Vord. Rebstock

Steinweg

Sauertalstr.

4 Markt

Limburg ►

Kirchstraße

Elisabethenstr.

Koblenz

Biergasse

2
3

Montabaur

1 Schloß

2 Kath. Pfarrkirche St. Peter in Ketten

3 St. Anna-Kapelle

4 Neugotisches Rathaus

Tennisplätze am Hallen- und Freibad und in der Koblenzer Straße, Tennishalle in der Weserstraße. Kleines Hallenbad mit Sauna im Brüderkrankenhaus;
Kneippanlage hinter dem Hallenbad am Trimm- und Waldlehrpfad;
Segelfluggelände an der Hollerer Straße.
Großer Umzug am Fastnachtsdienstag.
🛏 ✕ 5 Hotels und 7 Gasthäuser mit 252 Fremdenbetten; zahlreiche Restaurants; Soldatenheim mit Stadthalle und Restaurant; 5 Cafés, 3 Eisdielen, 2 Pizzerias, Imbißhalle; Jugendherberge mit 136 Betten.

Werktäglicher Personenverkehr ab Bahnhof Montabaur in die Richtungen Siershahn, Altenkirchen, Neuwied, Westerburg und Limburg.

Post-, Bahn- und Privatbusse in alle Richtungen.

Verkehrsamt der Stadt Montabaur, Rathaus, 5430 Montabaur, Tel. (0 26 02) 20 41

Stadtplan, Stadtprospekt und Broschüre über die Verbandsgemeinde erhältlich.

Verkehrsverein Westerwald e. V., Kirchstraße 48 a, 5430 Montabaur, Tel. (0 26 02) 40 60

Der Verkehrsverein Westerwald e. V. vermittelt Unterkünfte im ganzen Westerwaldkreis und vertreibt zahlreiche Schriften über den Westerwald.

Lit.: Löwenguth, Montabaur Anno dazumal; eine Bildersammlung, 1977; Montabaur einst und jetzt, Beiträge zur Geschichte und zum Leben der Stadt und ihres Raumes; herausgegeben vom Westerwald-Verein e. V.; Zweigverein Montabaur.

Wanderführer Montabaur, 72 Seiten, 0,70 DM. Zu beziehen über die Jugendherberge.

Hermann-Josef Roth, Stadt Montabaur, Rheinische Kunststätten, Heft 227, Neuß 1979

✻ Vorschlag für einen Altstadt-Rundgang: Montabaurs Altstadt liegt auf einem flachen Bergrücken zwischen dem größtenteils kanalisierten Biebrichsbach im Westen und dem Aubach bzw. Gelbach im Osten. „Kammstraße" ist zwischen der kath. Pfarrkirche und dem Schloß die Kirchstraße mit dem „Vorderen Rebstock". Die innerstädtische Verkehrsachse Koblenzer Straße - Kirchstraße - Großer und Kleiner Markt - Bahnhofstraße - Alleestraße zieht sich in einer Schleife um den Schloßberg herum.

Ausgangspunkt für einen Altstadtrundgang sei die zweitürmige kath. Pfarrkirche **St. Peter in Ketten** mit der nebenstehenden ehemaligen Friedhofskapelle St. Anna. Hinter der Kirche der moderne Bau des Finanzamtes, dahinter ein Stadtmauerturm am Rande des steilen Abhangs des **„Gebücks"**, des undurchdringlichen Heckenverhaus der mittelalterlichen Stadtbefestigung. Schöner Ausblick auf die Unterstadt.

Zurück zur Kirchstraße mit zahlreichen ansehnlichen Gebäuden aus dem 17./18. Jh. Der Kirche gegenüber Verkehrsverein in einem 1715 erbauten ehemaligen Schulgebäude. Nach rechts hinunter die Kirchstraße mit schönen Fachwerkhäusern, darunter ein Haus des Freiherrn vom und zum Stein.

Diesem schräg gegenüber kurzer Abstecher durch die **Schustergasse** zur **Elisabethenstraße** (ehemalige Judengasse); vom kleinen Parkplatz neben dem Gebücksturm der Stadtmauer schöner Blick auf den Festplatz „Eichwiese" mit der Alleestraße und hinüber zum Neubaugebiet am Himmelfeld. Durch die kurze **Werbhausgasse** zurück zur Kirchstraße. Abwärts zum **Großen Markt** mit dem neugotischen Rathaus und dem „Roten Löwen" in der Vorhalle. Am sich anschließenden **Kleinen Markt** rechts hoch durch den **Vorderen Rebstock** (im rechts abbiegenden „Hinteren Rebstock" weitere schöne Fachwerkhäuser) zum **Schloß**. Von der Kanzel an der Burgmauer Ausblick über Stadt und Umland.

Vom Parkplatz am Schloß führt oberhalb des Schloßweges am Katasteramt ein hübscher Spazierweg rings um den **Schloßberg** mit seinem schönen Waldbestand und mündet gegenüber der Post auf die **Bahnhofstraße**.

Auf der Bahnhofstraße mit ihren zahlreichen Geschäften wandern wir stadteinwärts, biegen am Kleinen Markt rechts ab in den **Vorderen Steinweg** mit seinen alten zweistöckigen Häuschen und gehen dann links zum **Konrad-Adenauer-Platz**, einst Klostergarten, dann „Juxplatz", seit 1979 mit Tiefgarage.

Westlich etwas außerhalb steht der **Wolfsturm** im Zuge der ehemaligen Stadtbefestigung mit kleiner Parkanlage.

Hinter dem Kaufhaus zur **Hospitalstraße;** dort an der rechts abzweigenden **Biergasse** Reste der Stadtmauer. Im Tal weitergehend kämen wir
zu einer größeren Freizeitanlage. Wir aber gehen links die **Kolpingstraße**
hoch am Soldatenheim vorbei zurück zur Kirchstraße.

Weitere Wandermöglichkeiten im Kernstadtbereich:
Zum **Naturschutzgebiet Spießweiher** zwischen der Umgehungsstraße und
dem alten Straßenzug der B 49. Zahlreiche seltene Wasserpflanzen, Seerosen,
alte Alleebäume, Stundenstein aus dem Jahre 1789.
Zum **Waldlehrpfad** und **Trimm-Dich-Weg** vom Hallenbad entlang des
Biebrichsbaches zur Horresser Straße und durch den Schleifmühlenwald
an den Tennisplätzen vorbei zurück.
Auf dem **Promenadenweg** (Wegemarkierung IV) ab der Koblenzer Straße
(abzweigend gegenüber dem Park des Krankenhauses) zum Hallenbad.
Über das **Beulköpfchen** (269 m) mit Blick auf die Montabaurer Senke von
der Staudter Straße nach Montabaur-Eschelbach und zum Fussenacker-
Wald. Dort auch die Anhöhe **Alter Galgen.** In dem Namen lebt die Erinnerung
an die ehemalige Richtstätte fort.
Zum **Himmelfeld** einer kleinen bewaldeten Basaltkuppe an der B 255 östlich
der Stadt. Im Wald zahlreiche, zum Teil mächtige Basaltblöcke, Spuren des
tertiären Vulkanismus, der im Unterwesterwald nur punktuell aktiv gewesen
ist.
Unter der Gelbachbrücke der Umgehungsstraße hindurch über den Stationenweg nach Montabaur-Wirzenborn (Wegemarkierung IV).

Unmittelbar hinter der 1974 neu errichteten Aubachtalbrücke der
Autobahn liegt im Osthang des Aubachs
Montabaur-**Eschelbach** (235 m; 680 E.)

🔲 Im Jahre 1008 überließ die Äbtissin Mathilde von Essen, die Enkelin Kaiser
Otto des Großen und Herzog Hermann von Schwaben, dem Trierer Erz-
bischof ihren Hof Eschelbach (Aschebach). Von 1639 bis 1749 wurden bei
Dernbach Eisenerze abgebaut, die in der Eschelbacher Hüttenmühle ge-
schmolzen wurden. Diese wurde später zur Mahlmühle umgebaut.
✖ Lederfabrik Ritzmühle mit Besichtigung.
🚌 nach Montabaur und Wirges
👣 ✳ Hübscher Spaziergang zum nordöstlich gelegenen Wald Fussen-
acker (289 m) mit idyllischen ehemaligen Tonweihern und schönem
Blick auf Montabaur.

Zwei große Vororte Montabaurs liegen westlich der Kernstadt
unmittelbar am Rande des Waldgebietes der Montabaurer Höhe,
Montabaur-Elgendorf und
Montabaur-**Horressen** (280 m; 1500 E.)

🔲 Als „Orusin" (vermutlich = Sumpfhausen) wird der Ort um 1200
erstmals erwähnt. Erst 1816 wurde er von Montabaur abgetrennt und
erhielt eine eigene Gemarkung. Seit 1973 ist Horressen wieder Stadtteil
von Montabaur. - Am Waldrand Wildgraben aus kurtrierischer Zeit.
🔖 Schöner Abenteuerspielplatz am Waldrand; Reiterhof; Grillplatz;
Kneippanlage im Wald Richtung Hallenbad;
Kleines Arboretum an der Waldschule in Richtung Elgendorf.
🛏 ✖ Gasthaus mit 14 Fremdenbetten; Pension mit 3 Fremdenbetten;
Mittagstisch.
🚌 nach Montabaur; ab Horresser Stock (B 49) nach Koblenz.

🏃 Ausgangspunkt für Wanderungen zum Köppel und zum Biebrichs-
kopf im Waldgebiet der Montabaurer Höhe. Wanderparkplatz am
Waldrand:
M 1: Kleiner Rundweg (2,2 km);
M 2: Um den Hirschkopf (4,5 km);
M 3: Zum Köppel (4,5 km).

1 km nördlich liegt
Montabaur-**Eigendorf** (260 m; 1120 E.)

◻ Im Ort und Umgebung Fundstellen eines jungsteinzeitlichen Steinbeils
von Schlackenhügeln und Eisenschmelzofen u. a.
Erstmals finden wir den Ort erwähnt, als 1211/14 von einem Hof in
„Elchindorf" jährlich 600 Holzschüsseln an den Trierer Erzbischof abge-
liefert werden mußten. - Bis zum 1. Weltkrieg war um Elgendorf ein
bekanntes Hopfenanbaugebiet.
🏛 **Kath. Pfarrkirche Mariä Geburt,** geschmackvoller moderner Kirchen-
bau (1976), der zum Teil in einen Pfarrsaal verwandelt werden kann.
✗ Kistenfabrik Hassenteufel, Kartonagenfabrik Wolf.
🚌 Postbus nach Montabaur und Montabaur-Horressen.
🏃 Ausgangspunkt für Wanderungen ins Gebiet der Montabaurer Höhe.
Wanderparkplatz im Wald an der Baumbacher Straße.
Im Walde oberhalb des Ortes Teil des 300 Jahre alten Wildschutzgrabens.

Su giehd et!

Off der Kowelenzer Strooß
sah ich näilich en Hoos.
Dä war om studiere
et Danze ze liere.
Ä danzd ganz alaan
off de Hennerbaan.

En Fuchs schleicht sich 'ron,
denkt: „Daich muss ich hon!"
Un säd dann zom Häsje:
Dot wär mer e Spässje,
dau danzd ganz alaan
off de Hennerbaan?

Komm, gemmer däi Piedsche,
aich pfeife e Liedsche.
Da danze mir zwaa,
dau als Mann, aich als Fraa.
Mir zwaa ganz alaan
off de Hennerbaan."

Dä Fuchs konnt good schwäzze.
Om en net ze verlezze,
gab de Hoos em en Puhd.
De Fuchs beß en duhd,
fraß en off ganz alaan
samt de Hennerbaan.

Aus: Mäi Mondebauer.
Gedichte von Jakob Hannappel,
Montabaur 1977

IM GELBACHTAL

Bearbeiter: Hermann-Josef Hucke

Zweifellos ist das Gelbachtal eines der reizvollsten und landschaftlich schönsten Täler des ganzen Westerwaldes. In seiner gesamten Länge von 19 km zwischen Montabaur und der Lahn gehört
es zum Naturpark Nassau.

Die Kräfte der Verwitterung und die Wirkung des fließenden
Wassers können wir im Gelbachtal und seinem Einzugsgebiet
besonders gut beobachten. Die weicheren Tonschiefer verwitterten
und wurden weggeführt, die härteren Quarzitgesteine aber wurden
als Rücken und Kuppen herausgearbeitet. So hat die Natur ein
enges Tal geschaffen, das sich in vielen Windungen der Lahn
zuschlängelt.

Der enge Talgrund ist meistens Wiesenland. Nur an etwas breiteren Stellen haben sich kleine Ansiedlungen gebildet, deren Ackerland in den flacheren Hängen liegt. Die steileren Berghänge zu
beiden Seiten sind mit Wald bestanden. Auf den Talhöhen ziehen
sich breitere Flurterrassen mit zahlreichen kleineren, idyllisch
gelegenen Dörfern den bewaldeten Höhenzügen entgegen.

Eine Gelbachquelle würden wir vergeblich suchen. Vielmehr bildet
der Bach sich aus vier verschiedenen Quellbächen. Drei kommen
vom oberen Westerwald herab und durchfließen die Montabaurer
Senke: Aubach, Ahrbach und Eisenbach. Einer dagegen strömt
ihm vom Südwesten her zu: der Stelzenbach. Die vier Nebenbäche
haben ein Einzugsgebiet von etwa 140 qkm, der eigentliche Gelbach nur ein solches von 60 qkm.

Eigentlich heißt er hier offiziell noch Aubach. Da sein Wasser aber
in früherer Zeit durch die Färberlohe der Lohgerber in der Stadt
(deshalb der Straßenname „Färberbach") gelblich getrübt wurde,
redet das Volk eben vom Gel-Bach.

✻

Die **L 313** begleitet uns von Montabaur aus als Gelbachtalstraße
abwärts.

Unmittelbar unterhalb der Stadt überspannt die etwa 150 m lange
Brücke der Umgehungsstraße (B 49) das hier nur etwa 30 m tiefe
Tal. An der Marauer Mühle fließt von Westen der Stelzenbach zu.
Das Tal mit seinem Wiesenboden wird enger, die mit Wald be-
standenen Hänge steigen beidseitig 80 m hoch: Wir verlassen die
Montabaurer Senke und dringen in den stärker zerfransten Außen-
saum des unteren Westerwaldes ein.

Mehrere Höhleneingänge zwischen der Marau und Reckenthal
erinnern an die nicht lohnenswerten Versuche, hier Silbererze zu
schürfen.

Weiter vorbei am Kurhotel „Waldesruh" nach

Montabaur-Wirzenborn (220 m; 130 E.)

idyllisch im Hang beiderseits des Wiesengrundes gelegenes Dörfchen mit ansehnlichen Fachwerkhäusern.

255

P

P

M-Elgendorf
Montabaur

M-Wirzenborn

P

M-Reckenthal

Holler

Gelbach

Niederelbert

M-Bladernheim

Simmern

49

Untershausen

Kadenbach

M-Ettersdorf

Neuhäusel

Oberelbert

Arzbach

Stahlhofen

Isselbach

Eitelborn

Daubach

I-Giershausen

261

Welschneudorf

Horbach

Gackenbach

G-Kirchähr

Hübingen

G-Dies

Weinähr

Lahn

Wallfahrtskirche Wirzenborn
bei Montabaur

🏛 **Wallfahrtskirche** Unserer Lieben Frau von Wirzenborn, auf einer vorspringenden Terrasse des dahinter steil ansteigenden Hanges. Kostbares Gnadenbild: holzgeschnitzte Madonna mit dem Jesuskind (14. Jh.).
Die jetzige, spätgotische Kirche wurde 1510 geweiht. Im Chor Sterngewölbe
mit Wappenschlußsteinen. Barocke Altäre, schmiedeeiserner Osterleuchter
aus dem 16. Jh., Halle vor dem Hauptportal aus dem 18. Jh. Wappen und
2 Altarfiguren der polnischen Heiligen Kasimir und Stanislaus aus der Zeit
des Deutschordensbesitzes (15. Jh.).
Die jetzige, spätgotische Kirche wurde 1510 geweiht. Im Chor Sterngewölbe mit Wappenschlußsteinen. Barocke Altäre, schmiedeeiserner
Osterleuchter aus dem 17. Jh., Halle vor dem Hauptportal aus dem
16. Jh.
Besonders an Marienfesten ist Wirzenborn Ziel zahlreicher Prozessionen.
Am „Verlobten Tag" der Pfarrei Montabaur versammeln sich hier die
Gläubigen zu einer Predigt im Freien.
Nach Montabaur Stationenweg mit den Sieben Schmerzen und Sieben
Freuden Mariens.
�)(1 Hotel und 2 Gasthäuser mit 40 Fremdenbetten;
in allen Mittagstisch.
🚌 nach Montabaur und Isselbach
✱ Schöner Blick beidseitig ins Gelbachtal von der schmalen Rumpfriedel-
hochfläche zwischen Wirzenborn und Reckenthal.
🌳 Linde (ND) an Stationenweg.

⚔ 1. Über den Stationenweg nach Montabaur (2 km);
⚔ 2. An der Wallfahrtskirche talaufwärts bis zur Fußgängerbrücke,
dann am Hotel Waldesruh vorbei nach Reckenthal hoch, auf der Höhe
dann zurück nach Wirzenborn (4 km);
3. Auf der linken Talseite talwärts bis Bladernheim, dann nach Reckenthal hoch und über die Höhe zurück (7 km);
4. Ins Holbachtal zur Wallfahrtsstätte Bildches-Eich, dann steil hoch
zum Waldlehrpfad Dickheck mit Arboretum und zurück ins Gelbachtal (5 km);
E 3: Durchs Gelbachtal über Sespenrod (Dorfwüstung) nach Ettersdorf
und über die Höhe zurück (11 km).

Unterhalb Wirzenborn wendet sich das Tal im „Wirzenborner
Krampen" von Norden nach Süden. Zunächst mündet der Ahrbach
ein, dann an der fichtenumstandenen „Dorotheenbrücke" der
Eisenbach.

Montabaur-Reckenthal (260 m; 120 E.)
rechts etwas aufwärts im Hang. Hübsche Kapelle, Ferienhäuser.

◑ Etwa 500 m unterhalb der Dorotheenbrücke erreichen wir über eine
Wiesenbrücke jenseits ein zwischen Fichten stehendes Holzkreuz: Etwas
oberhalb stand bis 1853 das Dörflein **Sespenrod**. Eine Tafel mit dem
Dorfplan gibt einige Hinweise auf seine Geschichte: 1852 besaß Sespenrod neben einigen Häusern noch eine Kapelle und ein Backhaus.
19 Familien mit 76 Personen lebten hier unter einem eigenen Schultheiß.
Auf kleinem Waldbesitz und kargem Ackerboden konnte sich die Ein-
wohnerschaft nur kümmerlich ernähren, weshalb ein Teil der Dorfleute
als Korbmacher, Strohdecker oder Besenbinder umherwandernd einen
Erwerb suchte. Nach den Notjahren um 1850 entschlossen sich die Einwohner bis auf drei Familien, welche in Nachbardörfer umsiedelten, zur
Auswanderung. Die Nachbargemeinde Heilberscheid erwarb die Gemarkung zu einem Preis, der gerade für die Überfahrt reichte. In Heilberscheid und Holler sollen heute noch wiederaufgerichtete Fachwerkhäuser aus Sespenrod stehen. Am Ostermontag, dem 23. März 1853,
war man aufgebrochen. Nach der Ankunft in Amerika teilte man sich in
zwei Gruppen; eine entschied sich für landwirtschaftliche Siedlung, die
andere zog nach dem Goldland Kalifornien. Die erste Gruppe gelangte
nach harter Arbeit zu Erfolg. Die andere wurde auf dem Weg nach
Westen von Indianern überfallen, erschlagen und skalpiert. Ein Nach-
zügler entkam und kehrte zu den Siedlern zurück.
🚌 nach Montabaur und Isselbach.

Auf der Gelbachtalstraße weiter abwärts nach
Montabaur-Bladernheim (180 m; 145 E.)
Gepflegtes, hübsches Dörfchen. Mehrfach Sieger im Wettbewerb
„Unser Dorf soll schöner werden".
🛏 ✕ Gasthaus mit 8 Betten, Pension mit 10 Betten; Mittagstisch und Café.
🚌 nach Montabaur und Isselbach
⚔ auf beidseitigen Gelbachtalhangwegen nach Ettersdorf.
⚔ Steil hoch auf Teerweg nach Stahlhofen.

Montabaur-Ettersdorf (170 m; 175 E.)
typisches Gelbachtaldörfchen, südlichster Ortsteil von Montabaur.
🛏 ✕ 2 Pensionen mit 17 Betten.
🚌 nach Montabaur und Isselbach
⚔ **Wanderwegetafel** an der Gelbachtalstraße:
E 1: Zur Kuhheck mit Aussichtskanzel (3,4 km; 14 % Steigung);
E 2: Auf der Straße nach Stahlhofen (15 % Steigung), hübscher Talweg
(Grillplatz mit Quelle) zurück (5,6 km);

E 3: Nach Reckenthal hoch, hinab nach Wirzenborn und auf der öst-
     lichen Talseite, vorbei an der Wüstung Sespenrod, zurück (11 km);
E 4: Stichweg zur Hohe-Ley-Hütte über Isselbach (7 km).

Mit der Brücke unterhalb Ettersdorf verlassen wir den Westerwaldkreis und sind im Rhein-Lahn-Kreis. Das Tal hat sich geweitet
und bildet einen gut 200 m breiten Wiesengrund.

Isselbach (165 m; 200 E., VG Diez)
bildet mit den benachbarten Dörfern Giershausen und Ruppenrod
eine Mehrortsgemeinde. In Isselbach zweigen Straßen in Richtung
Eppenrod und Limburg und nach Hirschberg und Diez ab.
◻ Während der südliche Westerwaldkreis mit den oberhalb liegenden
Gelbachtalvororten Montabaurs bis zur Auflösung des Kurfürstentums
Trier im Jahre 1803 politisch zu diesem gehörte und die dortige Bevölkerung bis heute überwiegend katholisch ist, gehört die Mehrortsgemeinde Isselbach zur Landschaft der Esterau, deren Mittelpunkt Holzappel ist, das, bedingt durch die einst gleichnamige Grafschaft, heute
noch fast ganz von einer evangelischen Bevölkerung bewohnt wird.
▥ Alte **Dorfkapelle** (erbaut vor 1500).
⋈ ✕ Speiserestaurant „Feiner Schnabel";
zwei Gasthäuser mit Mittagstisch und Fremdenbetten.
🚌 nach Diez und Nassau (Privatlinie);
nach Montabaur und Heilberscheid (Privatlinie).
☎ Ortsgemeinde 6251 Isselbach, Tel. (0 64 39) 71 03
✱ Vom Aussichtstempel am Hang nördlich über dem Ort über das Gelbachtal auf- und abwärts.
🏃 1. Aussichtsfels - Höhenweg nach Eppenrod - zurück durch das Born-
     bachtal.
2. Gelbachwanderweg Giershausen - Kirchähr - Hochwildschutzpark Westerwald - auf der Gelbachtalstraße zurück.
3. Straße aufwärts nach Horhausen - Herthasee - Holzappel.

Nur wenig talab liegt
Isselbach-Giershausen (165 m; 90 E.)
am Fuße des dahinter 300 m ansteigenden, 443 m hohen Quarzitrückens „Höchst". Straßenabzweigungen nach Horhausen und
Holzappel sowie nach Ruppenrod und Stahlhofen.
⋈ ✕ Gasthaus mit Mittagstisch; im Hang Mobilheim-Park.
🚌 nach Diez und Nassau (Privatlinie);
nach Holzappel und zur Lahn sowie zum Buchfinkenland und nach
Montabaur (Postbus).
🏃 in die Waldhänge des Höchst;
zum Grillplatz Stahlhofen (1 km) und zur Aussichtskanzel Kuhheck
über der Hüttenmühle (1 km);
Talwanderweg auf der linken Gelbachseite.

Die Talstraße wechselt die Seite. Wir sind wieder im Westerwaldkreis. Eine Talstraße führt erst seit 1930 von hier zur Lahn. Vorher
war dies eher noch als heute ein stilles, abgeschiedenes Tal, das
sogar einmal durch eine Eisenbahnlinie erschlossen werden sollte.

Nach der Abzweigung nach **Gackenbach** im romantischen **Buchfinkenland** mit dem **Wild- und Freizeitpark Westerwald** folgt auf
unserer Seite
Gackenbach-Kirchähr (165 m; 20 E.)
mit dem Jugendheim („Karlsheim") der Diözese Limburg.

Kirchähr im Gelbachtal,
Kirche aus dem 12. Jhh.

◘ Kirchähr bewahrt ebenso wie Weinähr den ursprünglichen Namen des Gelbachs „Ahr", der sich vom keltischen „ara" = Sumpf herleitet. Kirchähr wird schon 1346 als Pfarrort eines eigenen Kirchspiels bezeugt. Zur Pfarrei Kirchähr-Gackenbach gehören die Dörfer Gackenbach, Horbach, Hübingen und Dies. Die ungünstige Lage in dem früher straßenlosen und fast unwegsamen Tal veranlaßten deren Bewohner, 1879 eine neue Pfarrkirche in dem zentral gelegenen Gackenbach zu erbauen. Das alte Kirchlein wurde exsekriert und wäre wohl beinahe abgerissen worden, wenn es nicht mit staatlichen Mitteln 1907/08 wiederhergerichtet worden wäre. Es gehört heute zum Jugendheim, das sich aus dem ursprünglichen Pfarrhaus (1680), dem malerischen alten Fachwerkbau an der Gelbachtalstraße, heraus entwickelte und heute einen beachtlichen Gebäudekomplex darstellt.

🏛 Das alte **kath. Kirchlein St. Bartholomäus und Sebastian** stammt mit seinem romanischen Turm und dem im Kern noch romanischen Schiff aus dem 12. Jh. Gotisches Chor mit Netzgewölbe und Maßwerkfenster sowie Sakramentsnische. Wandmalereien mit Szenen aus der Leidensgeschichte 13./14. Jh. Türbeschläge und Turmkreuz sind gute spätgotische Schmiedearbeiten. Der aufgelassene ehemalige Pfarrkirchhof umgibt das Kirchlein mit einer der wenigen erhalten gebliebenen Torbogeneinfahrten. Unweit der Ampel-Anlage St. Georgs-Brunnen.

🚌 Durch das Buchfinkenland nach Montabaur und über Giershausen nach Holzappel und zur Lahn.

Wanderparkplatz Kirchähr: Auf dem Totenweg zur Gackenbacher
Linde und über den Langenacker zurück (2 Stunden);
Gackenbacher Linde - Hammerloch (1/2 Stunde);
Zum Herthasee (2 1/2 Stunden);
Schöner Talwanderweg auf der östlichen Bachseite.

Kurz vor dem Wanderparkplatz Kirchähr quert eine Erdgas-Pipe-
line das Tal, die von den Niederlanden in den Raum Frankfurt
führt. Das Tal wird nun wesentlich enger. Bewaldete Hänge und
steil abfallende Felsen (auf der gegenüberliegenden Rhein-Lahn-
Kreis-Seite die Aussichtspunkte „Mariaruh" und „Groblei") ge-
währen herrliche Blicke in das tiefe Tal. In Höhe der von Köln
nach Frankfurt führenden Hochspannungsleitung im Hang rechts
der von hier aus nicht zugängliche Hochwildschutzpark.
Nach 2 km liegt vor uns das kleine
Gackenbach-**Dies** (150 m; 60 E.)
Idyllisch gelegenes Dörfchen, südlichstes und tiefstgelegenes im
Westerwaldkreis. Nebeneingang zum Hochwildschutzpark Westerwald (Schlüssel im Hotel Tannenhof). Minigolfplatz. Startpunkt
der alljährlichen Kanurennen auf dem Gelbach.
◘ Am Hotel Tannenhof fordert ein Schild in schönstem Küchenlatein
zum Verweilen auf: „Ovum, ovum - sic ante apud?" - „Ei, ei - so vorbei?"
- In früherer Zeit hat das „Dieser Karlche"- ein weitbekanntes Original,
diese Wirtschaft betrieben. Honorige, doch schalkhafte Gäste hatten ihm
auf eigenen Wunsch diesen Spruch übersetzt.
⊯ ✕ Speisegaststätte Tannenhof 20 Betten; Pension Wilhelmi 5 Betten.
🚌 Durch das Buchfinkenland nach Montabaur und über Isselbach nach
Holzappel und zur Lahn.
☎ Kultur- und Verkehrsverein Buchfinkenland e. V., Tel. (0 64 39) 75 66;
Ortsgemeindeverwaltung Gackenbach, Tel. (0 64 39) 3 90. Wanderkarte.
Wanderparkplatz Dies:
1. Über die Felsenbank zum Langenacker (3 Std.);
2. Über die Groblei zur Bruchhäuser Mühle und zurück (2 Std.);
3. Zum Hirschenberg und an der ehemaligen Schmelzhütte vorbei durch
das Linsingertal zurück (2 Std.).

In Dies zweigen Straßen zum **Buckfinkenland** (Familienferiendorf
Hübingen, Hochwildschutzpark Westerwald) und zur **Esterau** (Horhausen, Holzappel mit dem Herthasee) ab. Unterhalb Dies führt
uns die Straße vorbei an der Bruchhäuser Mühle und am Hofgut
Eschenau (Campingplatz). Der Gelbach hat sich hier rund 200 m
tief in die Hänge eingegraben, die bis zu 50 Grad steil abfallen;
zudem schlängelt sich der Bach um einige Umlaufberge.
✕ Das Gelände auf der östlichen Talseite ist durchzogen von den Blei-
und Zinkerzstollen des einst bedeutenden Holzappeler Bergwerks. Der
Bergbau wurde um 1500 hier im Gelbachtal begonnen, später erreichten
die Schächte bei Holzappel eine Tiefe von etwa 1000 m. Die Bewohner
der Dörfer ringsum fanden hier Arbeit. 1952 wurde das Bergwerk stillgelegt. Die Schutthalden sind wegen ihres Bleigehaltes weitgehend un-
bewachsen geblieben (Siehe auch unter Holzappel!).

In einer kesselartigen Mulde liegt
Weinähr (130 m; 500 E., VG Nassau)
Staatlich anerkannter Erholungsort, Wein- und Erdbeerdorf. Anmutig-romantisches Dörfchen in einem Urstromtal der Lahn, die einst hier über den Bergsattel Richtung Obernhof floß.

◘ Weinähr bewahrt den alten Namen des Gelbachs, der 959 Anara hieß. Der Weinbau wird etwa seit der Jahrtausendwende durch hier zugezogene Moselwinzer gepflegt. Ein seit 1662 betriebenes Eisenhammerwerk ist verschwunden, der Erzbergbau ist eingestellt.

▥ Malerische **Fachwerkhaus-Gruppe** mit dem zweistöckigen, spätgotischen Fachwerk-Rathaus aus der Mitte des 16. Jh.

Kath. Filialkirche St. Trinitatis mit frühgotischem Chor und 1738 erneuertem Schiff.

Unterhalb des Dorfes befindet sich an der Gelbachtalmündung die einzige Wasserburg an der Lahn; Schloß Langenau mit Tier- und Märchenpark. (Siehe Kapitel „Lahntal zwischen Diez und Nassau"!)

✔ Tennisplätze, Trimm-Dich-Pfad, Boccia-Bahn.

⮢ ✕ 3 Hotels und 9 Pensionen mit 148 Fremdenbetten; mehrere Restaurants und Cafés; 3 Weinhäuser.

🚌 Obernhof im Lahntal.

🚃 Diez - Nassau (Privatlinie)

☎ Verkehrsverein 5409 Weinähr e. V., Tel. (0 26 04) 42 94

Lit.: Ortsprospekt, Wanderkarte, Orts-Chronik

✳ Gipfelkreuz oberhalb der Windener Straße: Talkessel mit Weinähr; Teil des Lahntals mit Kloster Arnstein.

Goethepunkt siehe unter Obernhof.

🧗 ✳ Auf die Gelbach- und Lahnhöhen rings um Weinähr lassen sich sehr schöne, aussichtsreiche, doch größtenteils recht steile Wanderungen unternehmen. **Markierte Wanderwege ab Rathaus Weinähr:**

1. Silzbachtal - Rother Höhe - Jo-Phi-Mi-Weg - Hohle Gasse - Weinähr (2 Std.);
2. Gasthaus Mühle - Bergkapelle - Jo-Phi-Mi-Weg - Altes Wasserhaus - Weinähr (90 Minuten);
3. Windener Straße - Büchert - Michaelskapelle Winden - Roth - Rother Pfad - Weinähr (3 Std.);
4. Windener Straße - Büchert Hochwald - Hof Eschenau - Gelbachstraße - Weinähr (3 1/2 Std.);
5. Windener Straße - Büchert - Gipfelkreuz - Arnsteinblick - Weinbergswege - Weinähr (100 Minuten);
6. Gelbachbrücke - Kipfelchen - Goethepunkt - Kipfelchen - Weinähr (90 Minuten);
7. Kipfelchen - Himmelsberg - Platzburg - 3 Aussichten - Weinähr (90 Minuten);
8. Parkplatz Naturpark - Grubenfeld - Kipfelchen - Weinähr (80 Minuten);
9. Silzbachbrücke - Wiesenhang - Ehrlich-Plateau - Hohe Lay - Räuberschlößchen - Weinähr (2 Std.).

In Weinähr beginnt der Westerwald-Vereins-Weg 4 Montabaur - Selters - Wissen. Durch Weinähr führt der nördliche Lahnhöhenweg.

Die L 325 führt nun an der Siedlung Miedziankit vorbei, läßt kurz auf die zwischen zwei Tunneln das Gelbachtal kreuzende Lahntal-Eisenbahnstrecke blicken und stößt am Wasserschloß Langenau (Siehe Kapitel „Lahntal") auf das Lahntal.

Der Naturpark Nassau

Der Naturpark Nassau erschließt und schützt eine der schönsten deutschen Mittelgebirgslandschaften. Das tief zwischen dem unteren Westerwald und dem westlichen Hintertaunus eingeschnittene, vielfach gewundene Tal der Lahn ist das Kernstück des Naturparks, das zwischen dem Limburger Becken bei Diez und dem Rhein bei Ober- und Niederlahnstein liegt. Die schroff aus dem Tal aufsteigenden Berge gehören im Norden zum Westerwald, im Süden zum Taunus, und beide Teile bilden etwa je zur Hälfte den 580 qkm großen Naturpark, die zum Westerwaldkreis und dem Rhein-Lahn-Kreis in Rheinland-Pfalz gehören. Seine Grenzen sind im Westen von Braubach bis Niederlahnstein der Rhein, von dort bis Simmern (Ww.) die Westerwaldkreisgrenze. Von hier folgt die Grenze den Straßen über Hillscheid nach Höhr-Grenzhausen, von wo an die Autobahn über Dernbacher Kreuz bis kurz vor der Abfahrt nach Diez die Grenze nach Norden und Nordosten ist. Die Straße Görgeshausen - Hambach - Diez und weiter die Straßen über Birlenbach - Schönborn halten die Grenze nach Osten. Nach Südosten begrenzt die Bundesstraße von Katzenelnbogen bis Rettert den Naturpark. Von dort springt sie etwas nach Süden bis zur Landesgrenze nach Hessen und reicht bis an den Grauen Kopf im Taunus. Von dort läuft die Grenze um das Römerkastell nach Holzhausen - Bettendorf - Miehlen - Dachsenhausen - Dahlheim nach Bornhofen und am Rhein entlang abwärts nach Braubach am Rhein.

Das ganze Gebiet ist landschaftlich überaus reizvoll; mit einem Höhenunterschied zwischen 65 bis 546 Meter ü. NN ist es typisches Mittelgebirge. Tiefe Täler haben von beiden Seiten die der Lahn zustrebenden stark verschlungenen Bäche in Westerwald und Taunus eingeschnitten, wobei von Norden her neben den kleinen Bächen bei Bad Ems, Dausenau und Nassau besonders der schöne Gelbach von Montabaur bis Burg Langenau bei Obernhof zu nennen ist. Ganz unberührt und sich durch überaus schroffe Täler windend, sind die Zuflüsse von Süden, vom Taunus her. Hier sind das Mühlbachtal südlich Nassau, das Jammertal mit Dörsbach und Hasenbach zwischen Katzenelnbogen und Obernhof und das Rupbachtal mit dem Nebenflüßchen Wasenbach nördlich Katzenelnbogen bis zur Lahn zu nennen. In den Tälern des Gelbaches, des Emsbaches und des Rupbachs mit dem Wasenbach führen Straßen entlang. Alle Täler sind von den benachbarten Orten und von Parkplätzen mit Rundwanderwegen leicht zu erreichen. Außer den Gaststätten in den Orten bieten die alten Mühlen in den Tälern, die heute meistens Gaststätten sind, Rast und Erfrischung.

Forst- und Landwirtschaft bestimmen daneben fast ausschließlich den Charakter der Landschaft. Weit über die Hälfte des Naturparks - 280 qkm - ist Wald, von dem wieder etwa zwei Drittel Laubwald, Buche und Eiche, ist, der sich in großen zusammenhängenden Forsten über das ganze Gebiet erstreckt. Nur am Westrand und am Nordrand ist am Rhein und bei Höhr-Grenzhausen und Montabaur bedeutendere Industrie, die jedoch den Naturpark selbst kaum berührt. Dagegen ist das untere Lahntal um Bad Ems und Nassau altes Fremdenverkehrsgebiet. Schon aber bilden sich um Holzappel, im Buchfinkenländchen und im Gelbachtal auf der Westerwaldseite, um Holzhausen, Dachsenhausen und Braubach auf der Taunusseite, neue Zentralorte für Erholung und Fremdenverkehr.

nach Waldemar Kühnel †

ZWISCHEN GELBACHTAL UND MONTABAURER HÖHE:

Gelbachhöhen - Buchfinkenland - Stelzenbachtal

Bearbeiter: Hermann-Josef Hucke   *Übersichtskarte Seite 277*

Südlich Montabaur, zwischen dem zur Lahn fließenden Gelbach und dem südlichen Teil der Montabaurer Höhe, liegen drei der reizvollsten Landschaften des südlichen Westerwaldes im Bereich des Naturparks Nassau: Gelbachhöhen, Buchfinkenland und Stelzenbachtal.

Der etwa 40 qkm große Raum liegt ganz im Einzugsbereich des Gelbaches, dessen westliche Nebentäler seine Oberfläche prägen. Über die Hälfte des Gebietes ist mit Wald bestanden. Im westlichen Drittel zieht sich von Süden nach Nordosten das Stelzenbachtal dem Gelbachtal entgegen. Von diesem durch den langgestreckten Quarzithöhenrücken des Stelzenbachforstes getrennt, liegen im östlichen Teil idyllisch in den Quellmulden kleinerer Täler die Dörfer der sogenannten „Gelbachhöhen" und des Buchfinkenlandes. Soweit sie zum Westerwaldkreis gehören, sind sie zu über 90 v. H. katholisch.

Infolge des nahen Montabaurer Zentrums vermochte keine der Gemeinden sich eine beherrschende Mittelpunktfunktion zu erobern. Einheitlich für den gesamten Raum ist seine wirtschaftliche Struktur: Industrielose und landwirtschaftsarme Dörfer, Wohngebiete benachbarter Arbeitsräume.

◻ Das Land zwischen Gelbachtal und Montabaurer Höhe war geschichtlich stets auf den Mittelpunkt Montabaur gerichtet. Eine erste Nachricht erhalten wir, abgesehen von verschiedenen Funden aus der Stein- und Eisenzeit, in einer Urkunde aus dem Jahre 959. Darin wird der Zehntbezirk der Pfarrei Montabaur beschrieben, dem das ganze Gebiet im wesentlichen angehörte. Im Süden bildete ein breiter Waldstreifen die Grenze des Engersgaues zum Unterlahngau. Später war der Gelbach die Ostgrenze des Reichsforstes Spurckenberch (= Wacholderberg, der ursprüngliche Name der Montabaurer Höhe). Als Nachfolger der Engersgaugrafen hatten hier die Trierer Erzbischöfe um 1200 die volle Landeshoheit erworben.

Etwa bis zu dieser Zeit hatten zwei kleine Grundherrschaften Bestand: eine um Ettersdorf, Isselbach, Giershausen und Ruppenrod, zu der auch Teile der Gemarkungen von Stahlhofen und Bladernheim gehörten; eine weitere im Raume Stahlhofen - Untershausen - Wirzenborn, deren ursprünglicher Herrensitz in einer kleinen Ringwallanlage auf dem Geiersberg bei Wirzenborn zu suchen ist.

Der ganze Bezirk zwischen Tal und Höhe gehörte später, abgesehen vom „Ährer Kirchspiel", dem „Buchfinkenland", zum Banne Holler im Amt Montabaur. Er unterteilte sich in einzelne Zechen. Dazu gehörten einzelne oder mehrere Gemeinden mit gemeinsamen wirtschaftlichen Einrichtungen wie Hirten und Weidgang.

Die Bauern waren ihrem Landesherrn hörig oder gar leibeigen und mußten an die kurfürstliche „Kellerei" in Montabaur ihre Abgaben entrichten. Diese bestanden meist aus Feldfrüchten und Geflügel, aber auch in Arbeitsleistungen. Das Kurfürstentum hatte in jeder Zeche einen Heimberger, der die kurtrierischen Verordnungen verkündete, Frondienste verteilte und Abgaben einnahm.

Besonders im Buchfinkenland sind zahlreiche Wüstungen nachgewiesen, Siedlungen, die die Bauern infolge des schlechten Bodens wieder auf-

geben mußten: Sespenrod und Obernhausen bei Reckenthal, Wilgenhausen und Nentzingen bei Horbach, Sarenberg bei Gackenbach und
Kürnberg bei Hübingen.
Im aufkommenden Industriezeitalter ließen stetige Erbteilungen, ein
schlechter Boden, häufige Mißernten und mangelnde Nebenerwerbs-
möglichkeiten die Bevölkerung verarmen. So sah sich ein verhältnismäßig hoher Prozentsatz zur Auswanderung gezwungen; die meisten
zogen nach Texas, wohin noch heute familiäre Bindungen bestehen.

„Gelbachhöhen" ist der noch junge Sammelname für die südlich
Montabaur auf den westlichen Höhen des Gelbachs gelegenen
Dörfer Holler, Untershausen, Stahlhofen und Daubach. In der
Beschreibung folgen wir der von Montabaur zum Buchfinkenland
führenden L 326.
Die L 326 führt ab Montabaur als Peterstorstraße am Friedhof mit
dem Ehrenhain vorbei über die Umgehungsstraße hinweg und am
Segelflugplatz vorbei südwärts. Nach 2 km queren wir den Stelzen-
bach (s. S. 276!) und fahren hoch nach

Holler (250 m; 850 E., VG Montabaur)
eine Wohngemeinde, die sich mit ihren Neubaugebieten im Asbachtal hochzieht, hübsch zwischen aussichtsreichen Höhen eingebettet.
🏛 **Kath. Pfarrkirche St. Margaretha,** erbaut 1756-59. Saalbau mit schmalerem Chor. Spiegeldecke mit Gemälden in Stuckrahmen. Vorzügliche
barocke Innenausstattung: Hochaltar, Seitenaltäre und Kanzel 1. Hälfte
des 18. Jh.
Einige typische Fachwerkhäuser des 18. Jh.
🏹 Grillplatz östlich der Straße nach Untershausen; Tennisplatz.
🚌 nach Montabaur, nach Niederelbert und durch das Buchfinkenland zur
Lahn.
☉ Karnevalszug am Sonntag vor Fastnacht.
👫 ✳ 1. durch das Stelzenbachtal zur Marau im Stelzenbachtal und
      zurück über die Waldhöhen.
2. über die Lindenstraße hoch zum Hähnchen (353 m; prächtiger Ausblick auf die gesamte Montabaurer Senke, auf das Stelzenbachtal
   und zum Oberwesterwald), dann über das Röthchen und Untershausen zurück.
3. gegenüber dem Sportplatz zum hüchschen Grillplatz mit Schutzhütte und
   Quelle und von dort in den Wald.

Die L 326 führt im nur wenig eingekerbten Asbachtal aufwärts nach
Untershausen (340 m; 360 E., VG Montabaur)
Wohngemeinde in der Kammlage des langgestreckten Quarzit-
höhenzuges „Stelzenbachforst".
🏠 Erstmals erwähnt 1220 als „Bungelshusen".
🛏 ✗ Gasthaus (13 Betten) mit Mittagstisch; Ponyhof Montabaur (beson-
ders für Kinder, die Reiten lernen wollen; 30 Fremdenbetten); gut einge-
richteter Jugendzeltplatz mit Blockhäusern in Richtung Oberelbert.
🚌 nach Montabaur und durch das Buchfinkenland zur Lahn.
☎ Ortsgemeinde 5431 Untershausen, Tel. (0 26 02) 71 66
🌳 An der Wendelinuskapelle in Richtung Stahlhofen stehen die wohl
größten Linden des ganzen Westerwaldes.
🅿 am Waldrand an der K 71 in Richtung Oberelbert;
Parkmöglichkeit auch an den Wendelinuslinden in Richtung Stahlhofen.

Ausgangspunkt für ausgedehnte Waldwanderungen.

� ✳ Rundwanderung auf geteertem Gemarkungsweg rund um das Röthchen mit herrlicher Aussicht über den Unterwesterwald hinweg zum Oberwesterwald.
Wanderung über den Kammweg in Richtung Reckenthal und über Stahlhofen oder Holler zurück.

Geradeaus über die leicht abfallende Hochfläche erreichen wir

Stahlhofen (300 m; 520 E., VG Montabaur)

ein ruhiger Wohnort mit etwas Landwirtschaft auf der Höhe über dem Gelbachtal, in der sanften Quellmulde des Hahnbachtals.

◪ Erstmals erwähnt wird der Ort 1387 als „Stadelhoben" (= Herrenhof). Hier befand sich ein Hof der Herren von Isenburg. - Auf dem Stein über dem Gelbachtal vorgeschichtliche Kammerfluren. Eine Ringwallanlage auf dem Dielkopf östlich des Ortes ist durch einen mächtigen Basaltsteinbruch verschwunden.

✚ Arzt

🎣 Schöne Grillplatzanlage mit Schutzhütte und Quelle im unteren Hahnbachtal.

🛏 ✗ Gaststätte

🚌 Postbus nach Montabaur und durch das Buchfinkenland nach Holzappel und zur Lahn.

✳ Sehr schöner Gelbachtalblick unterhalb des Dielkopfes und des Stein (302 m) oberhalb Ettersdorf.

� An der Pfarrkirche **Parkplatz mit Rundwanderwegetafel:**
S 1: Stahlhofen - ruhiges Sträßchen hinab nach Ettersdorf - Talhangweg in Richtung Holler - oberhalb Bladernheim zurück (4,2 km; Steigung bis 10 %);
S 2: Um den Berg Stein zum Grillplatz und durch das Hahnbachtal an Ruppenrod vorbei hoch (4,5 km);
S 3: Straße in Richtung Ettersdorf - oberhalb Ettersdorf rechts in den Kuhhecken-Wald zur Aussichtskanzel über Giershausen - Grillplatz im Hahnbachtal - Stahlhofen (4,8 km).

1 km westlich liegt in der Quellmulde des Daubachtals

Daubach (300 m; 320 E., VG Montabaur)
Landschaftlich hübsch gelegener Ort ohne Landwirtschaft.

◪ Erstes Zeugnis einer Besiedlung ist der Fund einer Urne aus der jüngeren Hallstattzeit (6. Jh. v. Chr.) am ehemaligen RAD-Lager. Der Bach wird erstmals 959 als „Diubach" (= Schwarzbach) genannt, der Ort 1343 als „Dupach". Er bildete eine Zeche (Verwaltungsbezirk) im Banne Montabaur. - Die einst brachliegende Feld- und Wiesenflur wird heute von Pferde- und Schafhaltern in Ordnung gehalten.

🚌 Postbus nach Montabaur und zur Lahn.

✳ Bei klarem Wetter vom gesamten Waldrand oberhalb Daubach herrlicher Blick bis zum Heidenhäuschen bei Hadamar (östlich) und zur Hohen Wurzel über Wiesbaden (südlich).

� Rundwanderwege ab **Wanderwegetafel am oberen Spielplatz:**
D 1: Schulstraße - am Waldrand nach rechts mit der Pipeline zur Stelzenbachstraße - Untershausen - Wendelinuskapelle - Basaltkuppe Krahbeul - Daubach (4 km);
D 2: Neben der Landstraße zur Austhecke im Rhein-Lahn-Kreis - in dieser hoch Richtung Ruppenrod - hinab zur Weismühle und zur Häusgesmühle im Gelbachtal - oberhalb dieser auf einem Wiesenweg zurück (4 km);
D 3: Waldstraße - Hauptgemarkungsweg - Glasbornsberg - Selgenwiesen im Wald - um den felsigen Wilgenhäuser Kopf herum - Häusgesmühle - Daubach (6 km);

Im Buchfinkenland

D 4: Den Schulweg hoch und immer geradeaus über die Höhe und
wieder hinab zur unbefestigten Kreisstraße nach Oberelbert. An der
ehemaligen Erbenmühle vorbei zur Forellenzuchtanstalt Bläser und
dort steil hoch über den Stelzenbachrücken nach Daubach zurück
(5 km).

Die Landesstraße führt im Daubachtal abwärts, vorbei an der ehemaligen Häusges-Mühle, in der jetzt afrikanisches Großwild prä-
pariert wird, und dann in Serpentinen hoch nach Horbach.
Hier sind wir im **Buchfinkenland.** Sein romantischer Name läßt
sich verschieden deuten. Tatsache ist, daß in den ausgedehnten,
bis an die Dörfer heranreichenden Wäldern besonders viele Finken
leben.
Der große Reichtum dieser abseits der großen Verkehrsströme
gelegenen Landschaft liegt in der Schönheit ihrer Natur. Tiefeingeschnittene Täler mit bewaldeten Hängen, herrliche Aussichtspunkte und die stille Abgeschiedenheit inmitten der Wälder laden
zum Erholen und Wandern ein.

In der Quellmulde eines gleichnamigen Bächleins liegt der Fremden-
verkehrsort
Horbach (325 m; 530 E., VG Montabaur)
◘ Horbach (= sumpfiger Bach) wird erstmals 1486 genannt. In der
Gemarkung sind die Siedlungen Wilgenhausen (westlich) und Lingsingen
(= Nentzingen) in Richtung Hübingen im 16. Jh. wüst geworden. -
Mehrere kleine Hügelgräber oberhalb des Sportplatzes.
🏛 Einige hübsche Fachwerkhäuser und Kapelle von 1923.
🏨✕ 2 Gasthäuser mit 27 Fremdenbetten, Pension mit 8 Fremdenbetten;
Café. Ignatius-Lötschert-Altersheim der Barmherzigen Brüder mit 36
Fremdenbetten und kleinem Hallenbad; Mittagstisch.
🚌 nach Montabaur und Laurenburg
☎ Verkehrsverein Buchfinkenland, 5431 Gackenbach und
Verkehrsverein Westerwald, 5430 Montabaur, Tel. (0 26 02) 40 60
Ortsprospekt und Wanderkarte erhältlich.
✳ Vom Waldrand am Sportplatz schöner Blick über die Tallandschaften
der Seitentäler des Gelbachs bis zum Hohen Westerwald.
🌳 Leider nur noch eine abgestorbene Baumruine ist die 1000jährige „Alt-
weiber-Eiche" unweit der ehemaligen Wüstung Willgenhausen. Umfang
8 m.

⚎ Rundwanderwege ab Parkplatz am Backesweg:
  B 17: Zum ehemaligen Steinbruch Eiskammer im Höllental, dann
  durch das Daubachtal aufwärts an der Häusgesmühle vorbei - auf
  der alten Horbacher Straße am Birkenhof vorbei zurück (2 Std.);
B 18: Altersheim - Blick auf das Lingsinger Feld - Sportplatz (1 Std.);
B 19: Auf dem Teufelspfad durch den Wald Hohe Heide zum Wald
  Eichelgarten und, das Willgenhäuser Feld berührend, nach Hor-
  bach zurück (2 Std.);
B 20: Zur Gemarkung des wüst gewordenen Dorfes Willgenhausen und
  zur Altweibereiche (2,5 Std.);
B 21: An Willgenhausen vorbei durch das Wildsäunest zum Forellenhof
  Texas im Stelzenbachtal und zurück (3 Std.).

Näher zum Gelbachtal liegt mit seinem gepflegten Ortsbild
Gackenbach (300 m; 400 E., VG Montabaur)
Der alte Ortsteil mit hübschen Fachwerkhaus-Ensembles liegt in
der Quellmulde eines Baches, auf einem schmalen Höhenrücken
der Ortsteil Wasem mit dem Neubaugebiet.
◨ Gackenbach, das um 1290 erstmals erwähnt wurde, ist Sitz der seit
jeher das ganze Buchfinkenland umfassenden Pfarrei Kirchähr. Unweit
des Hochwildschutzpark-Eingangs ist der Hof Sarnburg um 1600 wüst
geworden.
🏛 Schöne, neugotische **kath. Pfarrkirche St. Bartholomäus und Sebastian**, die seit 1879 die alte Pfarrkirche in Kirchähr ersetzt. Daraus
stammt auch ein Teil der alten Inneneinrichtung: Flügelretabel (um
1480) mit guter gotischer Pieta.
✕ In der Gemarkung von Gackenbach finden sich mehrere stillgelegte
Stollen, in denen man früher Erze und Dachschiefer abgebaut hat. Viele
Männer waren früher nicht nur Landwirte, sondern auch Bergleute in
den Holzappeler Gruben, die sie täglich zu Fuß erreichen mußten.
♪ In einer zum Gelbachtal hin steil abfallenden, hübsch gelegenen
Talmulde südlich Gackenbach der rund 100 ha große **Wild- und Freizeitpark Westerwald.** Auf kilometerlangen Wanderwegen kann man nicht nur
mächtige Rothirsche, Damhirsche und Sikahirsche, urige Keiler und
starke Muffelwidder, sondern auch den Wisent in natürlicher Wildbahn
beobachten. Von der Höhe zum Tal führt eine 400 m lange **Super-Mobil-
und Rutschbahn.** Aussichtsplätze und Gaststätten-Terrasse.
Waldlehr- und Trimm-Dich-Pfad südlich des Ortes links der Straße nach
Hübingen.
Kneipp-Anlage im Tal in Richtung Hübingen.
⊨ ✕ 2 Gasthäuser und 1 Pension mit 34 Fremdenbetten; Mittagstisch.
🚌 nach Montabaur und Laurenburg/Lahn
✆ Verkehrsverein Westerwald e. V., Kirchstraße 48 a, 5430 Montabaur,
Tel. (0 26 02) 40 60; Kultur- und Verkehrsverein Buckfinkenland e. V.,
5431 Gackenbach; Prospekt und Wanderkarte erhältlich.
✳ Sehr aussichtsreich mit Blicken über die Höhen des Gelbachtals ist ein
Kurzspaziergang rund um die Hurst (323 m) am Friedhof.
🌳 Totenlinde (ND) mit Bildstock am ehemaligen Totenweg nach Kirchähr.
⚎ Wanderparkplatz Wasem an der Kirche:
  B 1: Zum Waldlehrpfad im Hang des Hübinger Tales und zur Sarn-
  burg am Hochwildschutzpark (1¹/₂ Std.);
B 2: Am Waldrand entlang in Richtung Hochspannungsleitung, zum
  Hochwildschutzpark und von dort zurück (³/₄ Std.);
B 3: Durch den Gemarkungsteil Langenacker im Gelbachhang nach
  Kirchähr und über den Totenweg zurück (2 Std.; Rückweg recht
  steil);
B 4: Am Altersheim vorbei zum Wald Hohe Heide, dann ins Kirnberg-
  tal, zur Kneipp-Anlage und über die Landstraße zurück (2 Std.);
B 5: Zur Südhang-Gemarkung des wüst gewordenen Dorfes Linsingen
  (1 Std.).

Wanderparkplatz Alte Linde an der Straße Gackenbach - Gelbachtal:

B 6: Aussichtreiche Wanderung zum Wasem und um den Hurst ($^1/_2$ Std.);

B 7: Auf dem Totenweg steil hinab nach Kirchähr und im Hang und durch die Flur Langenacker zurück (2 Std.);

B 8: Auf dem geteerten Gemarkungsweg am Aussiedlerhof Lindenhof vorbei zum Mühlberg und über die Landstraße zurück.

B 9: Am Lindenhof vorbei hinab ins Daubachtal und über die Landstraße zurück (1$^1/_2$ Std.).

Hübingen (335 m; 335 E., VG Montabaur)

In einem Südosthang abgeschieden gelegener Ort mit sehr schönen Wandermöglichkeiten und Fremdenverkehr, vor allem durch ein Feriendorf.

In einem Südosthang abgeschieden gelegener Ort mit sehr schönen Wandermöglichkeiten und Fremdenverkehr, vor allem durch ein Feriendorf.

🔲 Der Ort wird erst 1486 als „Huebyngen" genannt. Der Name leitet sich von Hube oder Hufe ab, der Bezeichnung für eine alte bäuerliche Siedlungsstelle.

🏛 In der Ortsmitte **kath. Kapelle St. Wendelin** (1808). Barocke Wendelinusstatue und Kreuzigungsgruppe (Hadamarer Kunstschule).
Über dem Ort als Kriegergedächtniskapelle hergerichtetes Wendelinuskapellchen.

🛏 ✗ Sehr hübsch über dem Dorf am Waldrand mit Fernblick das **Familienferiendorf Hübingen** (Tel. (0 64 39) 6 10) der Diözese Limburg. 36 Ferienhäuser verschiedener Größe, Zentralgebäude mit Speiseraum, Clubräumen, Bibliothek, Gästewaschküche, Einkaufsladen, Kapelle für Gottesdienste, Kindergarten, Spielplätze und -räume. Aufgenommen wird jedermann, ohne Rücksicht auf Konfession und Herkunft.
Im Dorf Gasthaus mit 11 Fremdenbetten, Pension mit 8 Fremdenbetten; Mittagstisch.

🚌 nach Montabaur und Laurenburg/Lahn

✠ Kultur- und Verkehrsverein Buchfinkenland e. V., 5431 Gackenbach; Verkehrsverein Westerwald, 5430 Montabaur, Tel. (0 26 02) 40 60; Prospekt und Wanderkarte erhältlich.
Verkehrsverein Westerwald e. V., Kirchstraße 48 a, 5430 Montabaur, Tel. (0 26 02) 40 60

👥 Hübingen ist von idyllischen Tälern umschlossen. Besonders die in Richtung Winden gelegenen Täler Hohental, Seelbachtal und Götzental mit zahlreichen kleinen Fischweihern eignen sich für stille Wanderungen. Nach Westen dehnt sich ein großes Waldgebiet bis vor Welschneudorf, Hömberg und Nassau aus.
Rundwanderungen ab **Parkplatz Wendelinuslinden:**

B 22: Am Feriendorf vorbei ins Hohental zum Pferdehof Sonderlund, über die Straße Hübinger Stock - Nassau hinweg auf einem geteerten Waldweg zur Kreuzeiche, zurück parallel der Hübinger Straße durch das Kirnbergtal (2$^1/_2$ Std.);

B 23: Oberhalb des Feriendorfes in den Wald hoch und durch das Kirnbergtal zurück (1$^3/_4$ Std.);

B 24: Im Kirnbergtal zum Wald Hohe Heide aufwärts und auf einem Parallelweg zurück (1$^1/_4$ Std.);

B 25: An der Hübinger Dorfkapelle vorbei zum Aussiedlerhof und dann am Rande der Feldflur in großem Linksbogen zurück (1$^1/_2$ Std.).

✱

Neben Aubach, Ahrbach und Eisenbach zählt auch der **Stelzenbach** zu den Quellbächen des Gelbachs. Doch während die ersteren ihren Ursprung im oberen Westerwald haben, strömt der Stelzenbach aus entgegengesetzter Richtung dem Gelbach zu. 2 km unterhalb von Holler mündet er an der Marauer Mühle in den Gelbach. Bei einer Gesamtlänge von 10 km umfaßt er ein Einzugsgebiet von 25 qkm. Damit kann man ihn zu den großen Bächen des Westerwaldes rechnen.

Zur Tertiärzeit hat sich hier ein breites Sohlental zwischen den kräftigen Quarzitrücken der Montabaurer Höhe und des Staatsforstes Stelzenbach in nordöstlicher Richtung eingesenkt. Während sich der Bach nach Osten hin hart an den Waldrücken des Stelzenbachforstes und den Basaltrücken von Röthchen und Hähnchen anschmiegt, breiten sich in den Rodungszonen, die sich zum ausgedehnten Waldgebiet der Montabaurer Höhe hin erstrecken, die flach zum Talgrund abfallenden Feldfluren der sogenannten Elbertgemeinden Welschneudorf, Oberelbert und Niederelbert aus. (Die Stelzenbachgemeinde Holler wird unter den „Gelbachhöhen" aufgeführt.)

Wir entdecken das mittlere und obere Stelzenbachtal im Zuge der Landesstraße 327 ab Montabaur. Sie bringt uns von der Umgehungsstraße Montabaur am Truppenübungsplatz der Westerwald-Kaserne vorbei ins Tal. Rechts auf der Höhe die unter Naturschutz stehende Gruppe der Kreuzeiche mit drei Linden und zwei Fichten.

Niederelbert (245-270 m; 1700 E., VG Montabaur)

Wohngemeinde zu den Einzugsgebieten Montabaur und Koblenz mit starker Wachstumstendenz

◪ Interessant ist die Herkunft des Namens Elbert, mundartlich „Elwert": Im 13. Jh. bestand hier die Wildhube „Elewarthin", wo in alter Zeit der Jäger auf den Elen, den Elch wartete.

Der kräftige Stelzenbach durchströmt unverrohrt den von manchen alten Fachwerkhäusern belebten Dorfkern. Am Dorfplatz in der Ortsmitte zweigeschossiger, turmgekrönter Rathausbau aus dem Jahre 1833. Er beherbergte einst alle öffentlichen Gebäude des Dorfes unter einem Dach: Kapelle, Gemeindehaus, Schule und „Backes". Darüber drückt sich die hübsche neuromanische Pfarrkirche in den Hang des ansteigenden „Hähnchens".

🚌 nach Montabaur, Bad Ems, Nassau, Koblenz

✕ 3 Gaststätten mit Mittagstisch; 1 Café, 1 Imbißhalle.

☎ Gemeindeverwaltung 5431 Niederelbert, Tel. (0 26 02) 34 82

🏃 ❋ Zum Hähnchen (353 m), Basaltkuppe mit Heide- und Buschgebiet zwischen Niederelbert und Holler. Prächtige Aussicht auf die Montabaurer Senke. Feldkapelle.

Zum Röthchen (381 m), bewaldete Basaltkuppe mit Sirenenmast.

Ins Stelzenbachtal zur Oberelberter Erbenmühle oder zur Straße Oberelbert - Untershausen.

Vom Sportplatz am Rande der Montabaurer Höhe in das ausgedehnte Waldgebiet, etwa zu den schlanken Basaltsäulen des Niederelberter Dielkopfes oder zum Wolfskirchhof mit Wanderparkplatz.

Hinter Niederelbert aufwärts nach
Oberelbert (300 m; 900 E., VG Montabaur)

◧ 🏛 Im Jahre 1811 vernichtete eine Feuersbrunst, die durch eine brennende Pfeife entstanden war, fast das ganze Dorf samt der Pfarrkirche, die erst 1830-35 als klassizistische Saalkirche neu errichtet wurde. Ein 27 m hoher Turm wurde 1957 angefügt.

🏃 Zu den Forellenteichen Bläser im Stelzenbachtal. Angeln gegen Tagesschein. Unterhalb die Erbenmühle, ehemalige Mahlmühle im Besitz zahlreicher „Erben".

Zum Forellenhof Texas (16 Betten), beliebtes Ausflugslokal im Tal Richtung Welschneudorf.

Die L 327 führt weiter aufwärts nach
Welschneudorf (420 m; 750 E., VG Montabaur)
höchstgelegene Wohngemeinde des südlichen Westerwaldes, jeweils 9 km von Montabaur, Bad Ems und Nassau entfernt.

◧ Welschneudorf, das ursprünglich „nova villa", also Neudorf hieß, erhielt seinen Namen von wallonischen Zuwanderern, die den nur noch von drei Leuten bewohnten Ort im Dreißigjährigen Krieg wieder besiedelten. Familiennamen wie Lorenz und Labonte erinnern heute noch daran.

🏛 Am Waldrand nördlich des Dorfes liegt der 478 m hohe Basaltkegel „Dielkopf". **Ringwallanlage** an seinem Fuß, wahrscheinlich aus der Zeit der Hunsrück-Eifel-Kultur. Weiter Ausblick über den unteren Westerwald. Wildgattergraben am Hang, 17. Jh.

Ehemaliges kurtrierisches **Jagdzeughaus** aus dem Jahre 1705, einheitlicher langgestreckter Bau mit mächtigem Mansarddach und Haubendachreiter. In der dorfseitigen Hälfte jetzt die **kath. Kirche St. Johannes Baptist** mit Holzsäulen und Einrichtung aus dem 18. Jh. Zur Schule hin ehemalige Schule, jetzt Wohnung. Über dem Mittelportal Wappen des Trierer Erzbischofs Johann Philipp von Walderdorff.

Schönes Fachwerk-Rathaus aus dem Jahre 1954.

☉ Viele Besucher lockt alljährlich der Karnevalsumzug am Rosenmontag an. 🚌 nach Montabaur, Bad Ems, Nassau

🍴✕ 3 Gaststätten mit insgesamt 60 Betten; 2 Gaststätten mit Mittagstisch; 1 Café; 3 Ferienwohnungen, Ferien auf dem Bauernhof.

⚐ Abenteuerspielplatz am Waldrand (Arzbacher Straße).

☎ Gemeindeverwaltung 5431 Welschneudorf, Tel. (0 26 08) 2 04

🏃 Zum Forellenhof Texas (Bes. Wilhelmi; Ausflugslokal) im Stelzenbachtal. In den Staatsforst Stelzenbach jenseits des Stelzenbachs.

Rundwanderparkplatz am Waldrand (Arzbacher Straße) mit Rundwegen zwischen 2 und 7 km. Z. B. am alten Wildgraben entlang zum Weißen Stein (Quarzfelsen) und zum Limes; an den drei Kreuzen vorbei zu den Teufelsköpfen bei Arzbach, am Dielkopf vorbei (schöne Aussicht) zum Wolfskirchhof.

Durchs Unterbachtal nach Dausenau/Lahn.

Westerwald-Vereins-Wege: Europäischer Fernwanderweg Nr. 1
                                          Flensburg - Genua
                                          Verbindungsweg (=) nach Bad Ems.

Hinter Welschneudorf gabelt sich auf der Wasserscheide zwischen Stelzenbach und Unterbach die Straße. Die L 327 führt weiter über Kemmenau nach Bad Ems, die L 330 über Hömberg nach Nassau.

IN DER AUGST

Bearbeiter: Hermann-Josef Hucke   *Übersichtskarte Seite 263*

Wer von Koblenz auf der B 49 zum Westerwald hochfährt, erreicht in dem stark hängigen Gelände vor der Montabaurer Höhe die Dörfer der Augst: Neuhäusel beiderseits der Bundesstraße, Simmern nordwestlich zum Rhein hin, Eitelborn und Kadenbach südlich in Hanglage sowie Arzbach im Tal. Dieses stadtnahe, landschaftlich reizvolle Siedlungsgebiet liegt nach Arbeitsplätzen und Einkaufsstätten noch ganz im Einzugsbereich von Koblenz und hat in den letzten Jahren an Einwohnern stark zugenommen.

Der östlich über die Montabaurer Höhe verlaufende Limes erfaßte das Gebiet der Augst noch zum Römerreich. Doch ist der Name „Augst" wohl kaum, wie manchmal vermutet, von einer Colonia Auguste Usipetum herzuleiten, sondern nach einem 959 genannten Bach Ouvuza (keltisch = wilder Bach in der Au). 1018 kommt der Raum mit dem Reichswald Spurkenforst (heutige Montabaurer Höhe) zum Trierer Erzstift und teilt dann die Geschicke des Kurfürstentums Trier bis 1803. Arzbach gehört seit 1974 zum Rhein-Lahn-Kreis, die übrigen Gemeinden befinden sich innerhalb der Verbandsgemeinde Montabaur im Westerwaldkreis.

Diese abwechslungsreiche Kleinlandschaft ist mit ihren Wäldern, den großartigen Aussichtspunkten und kleinen Sehenswürdigkeiten ein hervorragendes Wandergebiet.

Die B 49 durchschneidet auf der Wasserscheide zwischen Rhein und Lahn die Wohngemeinde

Neuhäusel (340 m; 1500 E., VG Montabaur)

am Beginn der Kannenbäcker-Straße in Richtung Hillscheid - Höhr-Grenzhausen.

◪ Neuhäusel, jüngster Ort der Augst, entstand erst im 17. Jh. als Straßendorf an einem um 1300 errichteten „Neuen Haus"; begünstigt durch die Kreuzung von vier Kreisstraßen mit der B 49. Erst 1810 wurde Neuhäusel als selbständige Gemeinde von Eitelborn abgetrennt. Die Einwohnerzahl hat sich in den letzten 20 Jahren verdoppelt.

Aus der Zeit um 800 v. Chr. stammt eine **Hallstattsiedlung** nördlich am Waldberg Steinrausch zwischen Plätzerbach, Kalterbach und der uralten Straße Koblenz - Montabaur - Limburg. 1899 wurden die Reste rechteckiger hölzerner Pfostenhäuser freigelegt.

🏛 In der 1956/57 erbauten **kath. Pfarrkirche St. Anna** marmorner Altaraufsatz von 1674 aus der Ehrenbreitsteiner Festungskirche.

Vor und hinter Neuhäusel an der B 49 kurtrierische **Stundensteine** von 1789.

✚ Arzt, Apotheke

🏊 Grillplatz, Parkplätze mit Liegewiesen.

🛏 Hotels und Pensionen mit 41 Fremdenbetten.

✕ Mehrere Speisegaststätten, Imbißhalle

🚌 Postbusse nach Koblenz, Montabaur, Simmern, Eitelborn;
Privatbus Modigell nach Bad Ems und Hillscheid;
Privatbus Beul nach Westerburg, Rennerod, Dillenburg.

☎ Fremdenverkehrsverein Westerwald e. V., 5430 Montabaur,
Kirchstraße 48 a, Tel. (0 26 02) 40 60

Lit.: Karl Tilch, Die Augst - Porträt einer Landschaft.

🌿 Südwestlich von Neuhäusel beiderseits der B 49 befinden sich die größten Forstbaumschulen des Westerwaldes.

🍂 Am Ortsrand rechts der Simmerner Straße **Forstarboretum** mit 120 Baum-
arten.
An dem mit einem Kreuz markierten Wanderweg nach Koblenz - Immendorf
das Naturdenkmal „Herzogsbusch", aus 25 Stockausschlägen bestehende
Buschbuche.
Nordöstlich Neuhäusel führen der römische **Limes** und der Limeswanderweg
vorbei. Beschreibung siehe unter Arzbach und im Streckenwanderwegeteil.
✳ Hinter dem Forstarboretum steht die große Schutzhütte „Zur schönen
Aussicht" mit Blick in die zerklüfteten Waldtalhänge der Montabaurer
Höhe.
🏃 Neuhäusel ist Ausgangspunkt für viele schöne Wanderungen in
das Waldgebiet der Montabaurer Höhe sowie in die Waldungen
Richtung Koblenz und zur Denzer Heide.
An der Straße nach Hillscheid liegt am Ortsrand ein Wanderparkplatz
mit folgenden Rundwanderwegen:
1. Hallstatt-Siedlung - Rest des Limes - Fichtenkopf (2 Std.; 7 km;
   Mkg.: Fichte);
2. Dicke Buche - Eisenköppel (1¹/₄ Std.; 4,5 km; Mkg.: Eichhörnchen);
3. Zum Naturdenkmal Herzogsbusch (2 Std.; 6 km; Mkg.: Geweih).

✳

Westlich Neuhäusel liegt auf der Hochterrasse des Rheins die
Wohngemeinde

Simmern (290 m; 1000 E., VG Montabaur)

◨ Der Ort wird 1198 erstmals genannt, als die Nonnen von Schönstatt
bei Vallendar einen Teil ihrer Gemarkung bei „Sevenburnen" verpachten.
Mit dem Gericht Niederberg gehörte Simmern zum Amt Ehrenbreitstein.
Als es 1815 von diesem getrennt wurde, blieb es nassauisch und kam
damit später zum Unterwesterwaldkreis.
🏛 Ein Wahrzeichen Simmerns ist seit 1967 die kreuzgefirstete **kath. St.-
Rochus-Kirche** mit dem einzelstehenden Glockenturm.
Auf dem **Berg Sion** eine dem Schönstatt-Kapellchen nachgebaute Anbetungs-
kapelle der Sion-Patres mit Kloster. Auf der Anhöhe davor „Heiligtum Moriam"
mit Schönstatt-Kapelle und Priesterwohnungen.
✗ Schuh-Fabrik Gosi-Fußform GmbH mit 100 Beschäftigten.
🎋 Trimm-Dich-Pfad ab der Dicken Eiche in Richtung Neuhäusel;
Waldsee am Kaltererbach in Richtung Hillscheid.
🛏 Hotel Waldhof mit 28 Betten.
✗ Als Delikatesse bekannt sind die **Simmerner Käschen,** in Höhrer
Steinguttöpfen abgelagerte Handkäschen.
🚌 Postbus nach Neuhäusel.
✳ Der Hühner-Berg (260 m), jetzt „Berg Sion", bietet einen großartigen
Überblick über das gesamte Koblenz-Neuwieder-Becken.
🍂 Starke, schön gewachsene Buche an der Straße nach Neuhäusel.

🏃 **Weg 3 des Westerwald-Vereins:** Bad Ems - Höhr-Grenzhausen -
Sieg.
Weg 8 der VG Vallendar: Simmern - Siebenbornstraße - Talsohle -
Heidetal - Wambachtal - Schönstatt - vor Haus „Mariengart" links -
Hühnerberg (Berg Sion) - Simmern (9 km).
Weg 9 der VG Vallendar: Simmern - dann Weg 8 bis Schönstatt - vor
Haus „Mariengart" links - nach 500 m links - Schliffsteinweg - Ausblick
auf Tannenhof (Gasthof) - rechts abbiegen auf halber Höhe - Hillschei-
der Bach - Simmern.

Rundwanderwege ab ◨ Dicke Buche an der Straße nach Neuhäusel:
1. Zur schönen Aussicht (Siehe unter Neuhäusel! 1¹/₄ Std.; 3 km; Mkg.:
   Frosch);
2. Rund um die Nonnenheck (1¹/₄ Std.; 3 km; Mkg.: Reiher);
3. Spazierweg mit Blick in die Eifel und in das Neuwieder Becken
   (2 Std.; 4,5 km; Mkg.: Spinne).

Die Sporkenburg bei Eitelborn

Südlich Neuhäusel hoch über dem Emsbachtal und dem Kaden-
bachtal liegt die große Wohngemeinde
Eitelborn (280-340 m; 1920 E., VG Montabaur)

◘ Der Ort wird als Udelborn erstmals 1325 erwähnt. Er gehörte seit
1440 den Helfensteinern, den Besitzern der nahen Sporkenburg. Die
älteren Teile des in den letzten Jahren außerordentlich gewachsenen
Dorfes werden als Oberdorf, Unterdorf und Wilhelmshöhe bezeichnet.
In Eitelborn lebten die bekannten Westerwälder Heimatforscher und
Heimatschriftsteller, die Eheleute Willy und Johanna Arndt.

🏛 Ehemaliges **Backes,** jetzt Rathaus mit Eichenkreuz (Korpus aus dem
17. Jh.) und Backesglocke von 1670.

Im Hang des Emsbachtales unterhalb Eitelborn die **Sporkenburg.** Ihren
Namen erhielt sie von dem alten Reichsforst Spurkenwald, der jetzigen
Montabaurer Höhe. Die Burg wurde 1310 auf den Trümmern einer
älteren Burg zum Schutze des nahen Hofes Denzerheide und der **Emser
Silbergruben** durch Heinrich von Helfenstein erbaut und diesem von
Erzbischof Balduin von Trier als Lehen aufgetragen. Im Dreißigjährigen
Krieg (1635) wurde die kurtrierische Besatzung von den Franzosen
überfallen. Diese zerstörten die Burg, die jetzt rheinland-pfälzisches
Eigentum ist.

Die Sporkenburg ist 35 m lang und 18 m breit. Der Zugang zur Kernburg
führt aus Sicherheitsgründen rings um die Burg herum. Die fünf Ecken
der Hauptburg sind nach französischem Vorbild durch Ecktürmchen
("Tourellen") verstärkt. Die fünfstöckige Schildmauer über dem Rund-
bogenturm ersetzt den Bergfried. Das Landesamt für Denkmalpflege
ließ die zerfallene und überwucherte Burg 1966/67 freilegen und den
nördlichen Torturm wiederaufbauen.

🏌 Minigolfplatz; Reitschule Denzerheide; Golfplatz Denzerheide an der
B 261 mit Hotel (20 Betten).

🛏 ✕ 2 Gasthöfe mit 29 Fremdenbetten.

🚌 Postbus nach Neuhäusel und Koblenz.

☎ Verkehrsverein 5411 Eitelborn
Lit.: Karl Tilch, Eitelborn.
🌳 Große Forstbaumschulen zwischen dem Ort und der Denzerheide.
✷ Sehr schöne Aussicht über die Augst vom Nörrberg (389 m) südwestlich von Eitelborn.
👫 Wanderparkplatz Sporkenburg am südlichen Ortsrand.

An der Straße von Neuhäusel nach Arzbach liegt im Hang einer Quellmulde

Kadenbach (240-280 m; 950 E., VG Montabaur)

🎏 Der Ort wird um 1100 erstmals erwähnt. Wie auch die übrigen Augst-Gemeinden ist er in den letzten Jahren durch Neubaugebiete stark gewachsen.
🏛 St.-Josef-Kirche, ein 1951-53 erbauter wuchtiger Naturstein-Bau.
🎿 Waldspielplätze und Grillplatz mit aussichtsreicher Schutzhütte.
🍴 ✗ Pension mit 6 Betten.
🚌 Postbus ab Neuhäusel (1 km); Privatbus Modigell nach Arzbach, Bad Ems, Neuhäusel und Höhr-Grenzhausen.
👫 Markierte Wanderwege in das Gebiet der Montabaurer Höhe.
👫 Ab Ⓟ Schutzhütte „Schau ins Land" (✷) südöstlich des Dorfes aussichtsreiche Spazierwege.
Zu Fuß zum Limes und auf dem Limes-Wanderweg über Arzbach zum Römerturm auf dem Großen Kopf und zurück.

Fahren wir von Kadenbach aus weiter abwärts, kommen wir in das von 250 m höheren Bergen umschlossene Kennelbach / Emsbachtal mit

Arzbach (200 m; 1100 E., VG Bad Ems)

Einst Bergarbeiterdorf, heute Wohn- und Erholungsort in herrlicher Landschaft.
🎏 Der Name Arzbach, 1235 erstmals urkundlich erwähnt, könnte sich von Erzbach herleiten, da in der Nähe Erze gegraben wurden. Um 1350 löste sich das Kirchspiel Augst von der Mutterkirche in Montabaur und 1367 wird die Pfarrkirche Arzbach erwähnt, die Kirche „in der Augst" oder Bühelskirche (= auf dem Bühel, Hügel).
Diese Kirche steht auf dem Boden des römischen Limeskastells Arzbach-Augst, das sich mit einer Ausdehnung von 90,5 x 76,4 m bis unter den Friedhof und das Altersheim hinzog. Als Besatzung zählte das Kastell etwa 150 Mann Hilfstruppen der 22. Legion, deren Ziegelstempel man hier gefunden hat.
🏛 Von der Höhe östlich Kadenbach kommend kreuzt der Limes in Arzbach das Tal und führt östlich der beiden Arzbacher Teufelsköpfe zum „Weißen Stein" (458 m) hoch. Auf dem Großen Teufelskopf (423 m) wurde ein Wachtturm ziemlich originalgetreu rekonstruiert.
Mit dem Limes, angelegt unter Kaiser Domitian um 84 n. Chr. und ausgebaut unter Kaiser Hadrian, schufen die Römer ein insgesamt 584 km langes Bollwerk, mit dem sie die römische Rhein-Donau-Grenze gegen Innergermanien verteidigten. Zunächst bestand diese Grenze aus einem Flechtwerkzaun, den Holztürme und Erdkastelle begleiteten. Um die Mitte des 2. Jh. ersetzte man die hölzernen Wachtürme durch 500 bis 700 m voneinander entfernte Steintürme. Seit dem Beginn des 3. Jh. bestand noch ein Spitzgraben mit einem der Innenseite vorgelagerten Wall. Während die zur Überwachung und Signalisierung dienenden Türme unmittelbar hinter dem Wall errichtet wurden, lagen die der Unterkunft und Versorgung der Truppen dienenden Kastelle weiter zurück.
Auf freiem Gelände sind Wall und Graben eingeebnet. In den Wäldern dagegen haben sich Überreste des Limes und Fundamentreste von Türmen und Kastellen erhalten. Der Pfahlgraben beginnt südlich Bad

Hönningen, führt über die Randhöhen des Westerwaldes nach Bendorf, dann über Höhr-Grenzhausen durch die Augst nach Bad Ems. Der Westerwald-Verein hat einen Wanderweg gekennzeichnet, der meist dicht daneben verläuft. Er ist mit einem weißen Römerturm auf schwarzem Feld markiert. Von Arzbach über die Schöne Aussicht nach Bad Ems verläuft der mit einem behelmten Römerkopf markierte Limespfad.

Pfarrkirche St. Peter und Paul auf dem Bühel. Kreuzförmiger Saalbau mit Haubendachreiter, 1960-63 umgestaltet. Zahlreiche gute barocke Plastiken. Auf dem Kirchhof Sammlung von Grabsteinen aus dem 16. bis 18. Jh.

Hübsches **Fachwerk-Rathaus** von 1710 mit geschweiftem Zwerchgiebel, achteckigem Türmchen und Türschnitzereien.

⚒ Die Blei- und Silbererzgruben der Emser Hütte boten bis zum Ende des 2. Weltkrieges Arbeit.

Erloschen ist auch die Krugbäckerei, die Tonkrüge für das Emser Kränchen herstellte.

Von 1769 bis zum Ende des vorigen Jahrhunderts bestand eine Brauerei, woran das Gasthaus „Bierhaus" an der Straße nach Eitelborn erinnert.

✚ 1 Arzt

🏊 Waldschwimmbad mit 7000 qm großem Campingplatz.

🛏 ✕ Gasthaus mit 15 Fremdenbetten; Mittagstisch.

Altersheim St. Josef e. V. mit 130 Plätzen.

🚌 nach Bad Ems und Neuhäusel

☎ Verkehrsverein 5411 Arzbach, Tel. (0 26 03) 81 74

Lit.: Karl Tilch: Die Augst - Porträt einer Landschaft; Festschrift zur Renovierung der Pfarrkirche 1963 mit guten historischen Beiträgen.

🎖 Wahrzeichen des Arzbacher Augstraumes sind die beiden Teufelsköpfe aus Trachyt im Westhang eines langgestreckten Quarzitrückens: Der Kleine Kopf (369 m) und der Große Kopf (423 m).

❋ Vom Römerturm auf dem **Großen Teufelskopf** herrliche Aussicht über die Augst und die Waldberge der Montabaurer Höhe bis zum Köppel.

👫 Parkplätze für Wanderer ohne markierte Rundwanderwege befinden sich an der Straße nach Bad Ems (am Fuß der Ruine Sporkenburg) und an der Straße in Richtung Montabaur.

Rundwanderwegeparkplatz **„Am Kleinen Kopf"**:

1. Zum Aussichtsturm auf dem „Großen Kopf" (30 Minuten; Mkg.: Eule);
2. Zum Weißen Stein (1 Std.; Mkg.: Eichhörnchen);
3. Zur Schönen Aussicht bei Kemmenau (Restaurant mit Aussichtsturm), (2 Std.; Mkg.: Ente);
4. Über Welschneudorf zum Weißen Stein (3 Std.; Mkg.: Pilz).

Das nachfolgende Rezept möge dem Leser Anregung geben, selbst einmal „Wäller Kost" zu kochen und zu backen oder auch Erinnerungen an längst vergangene Zeiten aufzufrischen.

Eierkäse (Aijerkäs)

Zutaten: 8 Eier, 1/2 Ltr. Milch, etwas Salz und Zucker

Zubereitung: Eier und Milch miteinander verquirlen und in einen hohen Topf geben. Diesen in einem noch größeren Topf mit Wasser auf ca. 80° C. erhitzen. Nach Geschmack etwas Salz und Zucker hinzugeben. Danach stocken lassen und nach dem Erkalten in der Eierkäs-Seihe zum Servieren auf einen Teller stürzen.

Besser ist es natürlich wenn man statt eines Siebes eine Original irdene Westerwälder Eierkäseform zur Verfügung hat, wie sie bis vor einigen Jahren noch in der Gegend von Rabenscheid, Erdbach und Breitscheid hergestellt wurden.

Eierkäse wurde vorzugsweise als Belag für sogenannte Decke Kuche verwendet.

IM WALDGEBIET DER MONTABAURER HÖHE

Bearbeiter: Hermann-Josef Hucke   *Übersichtskarte Seite 208*

Die Montabaurer Höhe, so bezeichnet nach ihrer Lage zur nahen
Stadt Montabaur, ist Teil eines über 20 km langen, gekrümmten
Härtlingshöhenzuges aus Quarzit, der sich von der Lahnmündung
aus in nordöstlicher Richtung in den Westerwald hinein erstreckt
und die Wasserscheide zwischen Rhein und Lahn trägt. Als natürliche Grenze schließt er den unteren Westerwald gegen das
Rheintal hin ab.

Die eigentliche Montabaurer Höhe bildet in etwa jedoch ein von
folgenden Gemeinden oval umgrenztes Gebiet: Hillscheid, Höhr-
Grenzhausen, Hilgert, Ransbach-Baumbach, Dernbach, Montabaur-
Elgendorf, Montabaur-Horressen, Niederelbert, Oberelbert, Welschneudorf, Arzbach, Kadenbach und Neuhäusel.

🌿 Von der Montabaurer Senke her bietet die Höhe das Bild eines um
rund 200 m höheren, flachen Höhenzuges. Der Blick von Westen her
läßt erkennen, daß der Höhenzug die letzte der vom Rheintal aufsteigenden Terrassenstufen gegen den südlichen Unterwesterwald
abgrenzt.

In ihren oberen Teilen besteht die Höhe aus mehreren breiten, flachen
Buckeln und kleineren Mulden und Gräben der Quellbäche. Am Rande
ist sie von teils steilen, teils mittelsteilen Tälchen aufgerissen.

Der Höhenrücken weist beinahe ausschließlich Gesteine des unteren
Devon auf. Nördlich der B 49 tritt fast nur der Emsquarzit zu Tage, ein
in mächtigen Bänken auftretender, fester und zuweilen auch körniger,
heller Quarzitsandstein, der dank seiner Härte der Verwitterung am
meisten widerstand. Südlich der Straße überwiegen die weicheren Tonschiefer und Grauwacken. Durch tertiäre Hebungen und Senkungen ist
auch das Grundgestein der Montabaurer Höhe als Teil des Rheinischen
Schiefergebirges zerrissen und gegeneinander verschoben worden,
stellenweise so stark, daß die Tonschieferschichten senkrecht stehen
und sogar „überkippen". In tieferen Lagen hat sich auf weiten Flächen
auch noch der gegen Ende des Diluviums aus den Laacher-See-Vulkanen
angewehte Bimssand in bis zu 1 m Stärke erhalten.

Die **Alarmstange**, so genannt nach einer Signalstange, die unter Napoleon 1809 dort errichtet wurde, ist mit 546 m die höchste Erhebung. Auf
ihr ein 98,5 m hoher Fernmeldeturm, dessen Betriebsgeschoß 53 m
emporragt. Nahebei liegen der 540 m hohe **Köppel** mit seinem Aussichtsturm und der 534 m hohe **Lippersberg.** In Richtung Horressen erhebt
sich der 454 m hohe **Biebrichskopf.**

Die Menge des mittleren Jahresniederschlags schwankt zwischen 750
und 900 mm und ist abhängig von der Höhenlage des Gebietes. Die
aus Westen heranziehenden Regenwolken regnen sich hier gehörig aus.
Die Temperaturverhältnisse werden stark durch den Höhenkamm selbst
geprägt. Er zieht eine Trennungslinie zwischen dem Rheintal mit 9-10⁰
und dem Unterwesterwald mit 7,5-8,5⁰ mittlerer Jahrestemperatur. Letztere liegt auf der Montabaurer Höhe bei 7⁰.

Der unfruchtbare Boden und das rauhe Klima lassen weder Ackerbau
noch Besiedlung zu. So befindet sich denn hier ein zusammenhängendes,
rund 50 qkm großes Waldgebiet. Die tieferen Lagen sind in den älteren
Beständen mit reinem Laubwald und zum Teil mit Mischwald bestanden,
der zu den Höhen hin mehr und mehr zurücktritt und ab 450 m reinem
Nadelwald weicht. Allerdings fanden Nadelhölzer erst um 1800 Eingang
in unser Gebiet. Die Wälder bilden einen natürlichen Wasserbehälter
für ihre ganze Umgebung. Alle rings um die Höhe gelegenen Ortschaften
fanden hier ausreichende Trinkwasserquellen.

◨ Die Höhe wird überquert von der dreitausend Jahre alten Straße Koblenz - Montabaur, der heutigen B 49. Sie kam von Trier her, überquerte bei Koblenz den Rhein und führte als fränkisch-hessische Verbindungsstraße über Hadamar und Weilburg weiter nach Osten.

Von Bedeutung für die Siedlungsgeschichte des Westerwaldes ist eine große Hallstattsiedlung, die nördlich der B 49 am Steinrausch oberhalb Neuhäusel lag.

Auch die Römer haben hier wesentliche Spuren hinterlassen. Über den südwestlichen Rand der Höhe erbauten sie den Limes. Etwa 750 m östlich des ehemaligen Hillscheider Bahnhofes finden sich die Reste eines Kastells. Gut erkennbar führt der Limes von hier in süd-südöstlicher Richtung weiter. Nach jeweils rund 500 m erkennt man noch die Steinreste der Wachttürme. Einer stand unterhalb der Straße Hillscheid - Montabaur. Von dort führt der Wall durch das Kalterbachtal zum Steinrausch hoch und zur B 49, der er nördlich bis kurz vor den Parkplatz am Kadenbacher Weg folgt. Dann biegt er nach Arzbach hinab. Der Verlauf ist durch schwarze Metallschilder mit weißem Römerturm gekennzeichnet.

Zur Zeit der fränkischen Landnahme hatten sich durch Waldrodungen mehrere Siedlungen am Rande der Höhe gebildet. Der Wald in Dorfnähe kam so in den Besitz der Bewohner. Doch blieben noch weite Wälder, die niemandem gehörten. Diese Flächen beanspruchten die Könige als ihr Eigentum. Sie wurden mit dem Bann belegt, der zunächst nur die Jagd dem Herrscher vorbehielt. Diese Bannlegung wurde bald auf die Rodungserlaubnis ausgedehnt, und schließlich standen die Bannleger als Eigentümer des Forstes fest. So kam der Wald der Montabaurer Höhe im 10. Jh. als Teil des großen Reichsforstes Spurkenwald durch eine Schenkung Heinrich II. in den Besitz des Trierer Erzstiftes. Die Trierer Fürst-Erzbischöfe weilten hier bis zum Ende des 18. Jh. fast alljährlich wochenlang zur Jagd. Zu diesem Zwecke ließen sie auch das Schloß zu Montabaur ausbauen und dort sowie in Welschneudorf Tiergärten anlegen.

Der Holzbedarf war Jahrhunderte hindurch enorm und entsprach nicht dem Zuwachs. Man denke nur an den Bedarf für Heiz- und Leuchtzwecke, für den Hausbau, für Kohlenmeiler und für die Steinzeugindustrie. Zudem trieben die Anliegerdörfer und die zum alten Bann Montabaur gehörenden 25 Gemeinden zur Eichel- und Buchelmast ihre Schweine in den Wald, manchmal bis 4000 Stück. Im Sommer waren es die Rinderherden, die die jungen Triebe fraßen. Auch durch Laubentnahme zum Streuen in den Ställen wurde dem Wald schwerer Schaden zugefügt.

Die Wandlung des ausgebeuteten und kümmernden Waldes zum Forst setzte zu Beginn des 19. Jh. ein. Heute ist auf der Montabaurer Höhe das Bild des Niederwaldes gänzlich verschwunden, der aus den Stockausschlägen der Hainbuche bei einer durchschnittlichen Umtriebszeit von 20 - 30 Jahren Brennholz oder Eichenschälholz lieferte.

Für die Montabaurer Höhe ist heute die Form des Hochwaldes charakteristisch. In ihm soll ein möglichst gleichaltriger Bestand von Kernwuchshölzern hochwachsen, damit man wertvolles, hoch und breit gewachsenes Nutzholz (Stammholz) erzielt.

Das 50 qkm große Waldgebiet, das größte des ganzen Westerwaldes, befindet sich nur zu 7,4 % in privatem Besitz, 80 % sind Gemeindeeigentum und 12,6 % staatlich. Die Staatswaldungen sind meist aus den ehemals kurtrierischen Kameralwaldungen hervorgegangen. Die größte umfaßt in etwa den Einzugsbereich des Kaltenbachtales und das Gebiet zwischen Neuhäusel und Simmern. Ein weiteres, der Wald Masseroth, liegt zwischen Oberelbert und Arzbach, ein kleineres schließlich südlich Ransbach-Baumbach.

Die Waldanliegergemeinden besitzen ihren Kommunalwald in ihrem sich zur Höhe erstreckenden Gemarkungsbereich. Nach Montabaur hin teilen sich jedoch die ursprünglich zum Banne Montabaur gehörenden teilweise entfernter liegenden Gemeinden den Waldbesitz. Es sind im

einzelnen: Montabaur, Dernbach, Wirges, Siershahn, Ebernhahn, Leuterod, Ötzingen, Moschheim, Bannberscheid, Staudt, Boden, Heiligenroth,
Holler, Niederelbert, Oberelbert, Welschneudorf, Untershausen, Stahlhofen und Daubach. Ehemals besaßen sie den sogenannten Märkerwald
gemeinsam. Nach jahrelangem Streit mit der Stadt Montabaur wurde er
1818 entsprechend der Zahl der Mitmärker aufgeteilt.
An jagdbarem Wild kommen um die Montabaurer Höhe besonders Rot-,
Reh- und Schwarzwild vor. Hasen, Kaninchen, Fasanen, Tauben und
Schnepfen runden das Bild ab. Füchse und Dachse sind leider infolge
der Tollwut nahezu ausgemerzt worden. Wölfe traten im vergangenen
Jahrhundert nur noch vereinzelt auf. Der letzte wurde 1886 geschossen.
Distriktbezeichnungen wie „Wolfskirchhof" und nach ihnen benannte
Wildschutzgräben erinnern noch an sie. Als „Rotwildkerngebiet" be-
herbergt die Montabaurer Höhe rund 300 Stück Rotwild. Nach dem
letzten Kriege ausgesetztes Muffelwild hat sich auf etwa 70 Stück
vermehrt.

♂ Für den öffentlichen Verkehr ist die Montabaurer Höhe im wesentlichen
nur in Ost-West-Richtung erschlossen. Am Nordrande führt die Bundesautobahn vom Dernbacher Dreieck nach Höhr-Grenzhausen. Eine Kreisstraße wurde am Nordfuße der Höhe vorbei durch den Wald von Ransbach-Baumbach nach Dernbach und Elgendorf ausgebaut. Mitten hinüber
verläuft die B 49 zwischen Montabaur und Neuhäusel mit ihren Abzweigungen, den Landesstraßen 309 und 329 nach Hillscheid und Arzbach.
Eine ehemals bedeutende Handelsstraße, die vom Hillscheider Stock
nach Dernbach führte, ist nicht ausgebaut und für den Verkehr gesperrt.
So verbleibt im nördlichen Teil der Höhe ein rund 7 km langes und 4 km
breites Waldgebiet, das für jeden öffentlichen Kraftverkehr gesperrt ist.
Zusammen mit den morphologisch stärker gegliederten Waldgebieten
südlich der Bundesstraße bildet unsere Landschaft den „Großruheraum
Montabaurer Höhe" im „Naturpark Nassau". Er soll besonders den
erholungssuchenden und wandernden Menschen zur Verfügung stehen.

✳ Mittelpunkt dieses Erholungszentrums ist der moderne, 37,5 m hohe
Aussichtsturm auf dem Köppel. Von der zweiten Plattform, 567 m über
dem Meeresspiegel, erhält man bei klarem Wetter nicht nur einen
Überblick über die Weite des Waldgebietes, sondern auch einen prachtvollen Fernblick über die Höhen des Rheinischen Schiefergebirges.
Am schönsten ist der Blick von der nordwestlichen Seite des Turmes
aus: Im Westen erheben sich hinter dem Neuwieder Becken, dem Mai-
feld und der Pellenz die Berge der Hohen Eifel: Hohe Acht (747 m;
32 km) und Hochsimmer (588 m; 40 km) hinter Mayen sind ebenso deutlich auszumachen wie der Krufter Ofen (462 m; 32 km) vor dem Laacher
See. Am Andernacher Krahnenberg (25 km) verschwindet der Rhein
zwischen den Bergen und dahinter erheben sich die Kuppen des Siebengebirges (460 m; 45 km). Wie nahe liegen dagegen die Stadt Höhr-
Grenzhausen (5 km) und die Ransbacher Senke mit Baumbach und
Ransbach (4 km) vor uns.
Weiter wenden wir uns zur nordöstlichen Seite. Tief unter uns dehnt
sich die Montabaurer Senke mit Montabaur, Wirges (je 5 km) und den
anderen großen Ortschaften. Mitten hindurch führt die Autobahn als
rastloses Band. Wie klein scheinen uns Malberg (422 m; 8 km) und
Ahrer Berge (470 m; 11 km) vor den Wäldern des Hohen Westerwaldes.
Gegen Osten dehnt sich der Blick über den östlichen Unterwesterwald
hinweg bis ins Hessische: Molsberg (402 m; 17 km), Blaslusberg (410 m;
20 km) und Heidenhäuschen (398 m; 25 km) zeigen sich am Horizont.
Nach Südwesten hin erkennen wir südlich Montabaur das Einzugsgebiet
des Gelbachtales. Weiter westlich zieht sich ein 8 km langer Waldrücken
(Dielkopf 479 m; Weißer Stein 457 m; First 467 m) von Welschneudorf
nach Kemmenau. Dahinter verschwindet fast der langgestreckte Stelzenbachforst. In weiter Ferne erhebt sich der Große Feldberg im Taunus
(880 m; 60 km).

Köppelturm auf der Montabaurer Höhe

Die dem Köppel vorgelagerten Waldhöhen Alarmstange (546 m; 1300 m) und Lippersberg (535 m; 1300 m) beengen den Blick nach Südwesten. Zwischen beiden schauen die Arzbacher Köpfe (423 m) und der Nörrberg (390 m; 7 km) bei Eitelborn hervor. Rund 25 - 30 km weit in dieser Richtung sind die Hunsrückberge hinter Rhens und Boppard zu erkennen.

Wanderparkplätze mit ausgeschilderten Rundwanderwegen finden wir am Waldrand der Montabaurer Höhe unweit der Orte Neuhäusel, Hillscheid, Höhr-Grenzhausen, Montabaur-Horressen, Welschneudorf und Arzbach.

An den durch den Wald führenden Straßen finden sich folgende Wanderparkplätze:

🅿 **Großer Herrgott.** Ab B 49 am Hillscheider Stock in Richtung Hillscheid 400 m weit, dann rechts auf einem Waldweg.
1. Zum Köppelturm mit Ausflugsgaststätte (einfache Strecke: 3,5 km; Mkg.: Köppelturm-Silhouette und G 3);
2. Wanderweg in Richtung Köppel und zurück (2 km; Mkg.: Geweih);
3. Schöner Waldrundweg (1,5 km; Mkg.: Fichte).

🅿 **Butterweg** an der B 49 zwischen Neuhäusel und den Hillscheider Stock. Rundwanderwege führen in die Gemarkung von Kadenbach und ins Langscheidstal.

🅿 **Am Stundenstein** an der B 49 westlich des Hillscheider Stocks:
K 6 (17,5 km; 4,5 Stunden; Steigungen bis 10 %):
  Hang des Kennelbachtals bis Arzbach - Oberdorfer Bachtal - Drei Kreuze - Welschneudorf - Wolfskirchhof - 🅿 Am Stundenstein;

K 7 (8,5 km; 2,5 Stunden; Steigungen bis 15 %):
   Im Hang des Kennelbachtals nach Arzbach und durchs Kaltbachtal
   zurück;
K 8 (5,0 km; 1,5 Stunden; Steigungen bis 20 %):
   Pegel - Bolzplatz im Kennelbachtal - zurück.
P **Kaltenbachsee** im Tal an der Straße Neuhäusel - Hillscheid.
K 1: 2,5 km; 70 m Steigung
K 2: 3 km; 100 m Steigung
K 3: 5,5 km; 160 m Steigung
K 4: 6,5 km; 160 m Steigung
P **Köppel** an der Kreisstraße zwischen Ransbach-Baumbach und Monta-
baur.
1. Zum Köppelturm mit seiner Ausflugsgaststätte (Spezialität: Aschenbraten), (3 km; Mkg.: Köppelturm-Silhouette);
2. Schöner Waldweg (2 km; Mkg.: Fuchs);
3. Schöner Waldweg (1,5 km; Mkg.: Waldameise).
P **Dernbach - Elgendorf** an der Straße nach Ransbach-Baumbach:
1.) Zum Köppel (einfache Strecke: 3 km; 1 Std.; Mkg.: Köppel-Turm und
    E 3);
2.) Waldwanderung (1,5 km; 30 Minuten; Mkg.: Fichte);
3. Waldwanderung (2 km; 30 Minuten; Mkg.: Vogel).
P **Wolfskirchhof** an der Wegespinne Arzbach - Arzbacher Stock - Oberelbert. Die Wanderwege führen in die Hänge des Kennelbachtals in
Richtung Arzbach mit mehreren sehr schönen Ausblicken und in den
Staatsforst Montabaur in Richtung Welschneudorf. K 1 (4,5 km); K 2
(4,0 km); K 3 (5,2 km; Steigungen bis 30 %); K 4 (10,0 km; Steigungen
bis 10 %) K 5 (1,0 km).
Weitere Wanderparkplätze im Bereich der Montabaurer Höhe siehe unter
Kadenbach, Neuhäusel, Simmern, Hillscheid, Höhr-Grenzhausen, Monta-
baur-Horressen und Welschneudorf.
Von Montabaur über Köppel, Arzbacher Stock und Wolfskirchhof nach
Welschneudorf führt der Europäische Fernwanderweg Nr. 1 Flensburg -
Genua (Mkg.: Andreaskreuz). - Am Großen Herrgott zweigt von diesem
Weg ein Verbindungsweg nach Koblenz ab (Mkg.: Kreuz). - Von Höhr-
Grenzhausen über den Köppel nach Montabaur führt der Wanderweg IV
des Westerwald-Vereins. - Der Limes-Wanderweg verläuft von Hillscheid
über Kadenbach nach Arzbach.
Trotz guter Beschilderung ist ein Verlaufen in dem ausgedehnten Wald-
wandergebiet nicht ausgeschlossen. Kompaß und Karte werden daher
empfohlen.

Die nachfolgenden Rezepte mögen dem Leser Anregung geben, selbst
einmal „Wäller Kost" zu kochen und zu backen oder auch Erinnerungen
an längst vergangene Zeiten aufzufrischen.

Handkäse nach Westerwälder Art

Zubereitung: Dickmilch in ein Steingutgefäß geben, bis sich Molke von
Quark scheidet. Quark in einem Tuch fest auspressen, etwas Salz und
Kümmel hinzugeben und zu runden Handkäsen formen. Die Handkäse
werden dann in einen Topf gelegt und in kurzen Abständen mit Molke
abgewaschen und getrocknet.
Der Reifevorgang ist dann beendet, wenn man durch das duftende
Aroma aufmerksam wird.

Dicken Kuchen (Decke Kuche)

Zutaten: 1/4 Ltr. Milch, 500 g Mehl, 2 Eier, 30 g Hefe,
         1/4 Pfund Butter, etwas Zucker
Zubereitung: Aus den Zutaten einen Teig machen und in einer Kastenform
backen.

4. Vorderer und Rheinischer Westerwald

ZWISCHEN LEUSCHEID UND WIED
Bearbeiter: Erwin Katzwinkel und Hermann-Josef Hucke

Unser Gebiet im nördlichen Vorderwesterwald wird begrenzt vom großen Waldrücken der Leuscheid und der B 8 (Hohe Straße) im Norden und von den Höhen des Wiedtals im Süden. Im Osten sind dies Teile der Verbandsgemeinden Altenkirchen und Flammersfeld, im Westen die zum Kreis Neuwied gehörende Verbandsgemeinde Asbach. Mitten hindurch zieht sich von Norden nach Süden, der Wied entgegen, das nur langsam sich vertiefende Mehrbachtal.

Es ist durchweg ein kerngesundes Bauernland. Viele kleine landwirtschaftlich geprägte Dörfchen prägen das Gesicht der Landschaft. Die gepflegten Feldfluren werden an ihren Rändern aufgelockert von kleineren Wäldern und Heckenzonen, und nur auf den östlichen Mehrbachhöhen finden wir noch zwei größere Waldgebiete.

Haben die Gemeinden östlich des Mehrbachtals in der Nachkriegszeit keinen allzu großen Bevölkerungszuwachs zu verzeichnen gehabt, ja teilweise sogar Stagnation und Rückgang, so ändert sich dies westlich des Mehrbachtals im Bereich der Verbandsgemeinde Asbach. Zwar zählt die Landwirtschaft auch hier noch 400 Vollerwerbsbetriebe mit dem Schwerpunkt Vieh- und Weidewirtschaft, doch spürt man hier verstärkt den Siedlungsdruck aus dem Raum Bonn / Siebengebirge. In Asbach steigt die Einwohnerzahl jährlich um 2,2 Prozent, in Windhagen gar um 5 Prozent. So kommt es, daß die 160 Orte und Wohnplätze der vier Ortsgemeinden Asbach, Buchholz, Neustadt und Windhagen sich allmählich auffüllen. Außerdem ist es gelungen, hier eine ganze Anzahl von kleineren und mittleren Industriebetrieben anzusiedeln.

Wer nicht den Trubel um große Sehenswürdigkeiten sucht, aber die stille Ruhe einer offenen Landschaft, dem sei unser Gebiet zum besinnlichen Wandern empfohlen.

Wir erkunden unsere Landschaft zunächst entlang der „Hohen Straße", der B 8, die von Altenkirchen aus westlich nach Hennef an die Sieg führt.

Diese seit dem frühen Mittelalter bedeutende rheinische Kaufmannsstraße verband Frankfurt mit Köln, wurde im Westerwald auch Frankfurter, im Taunus auch Kölner Straße genannt. Sie war die wichtigste Postverbindung zwischen den beiden Städten, die von der Thurn- und Taxisschen Postverwaltung betrieben wurde. Zahlreiche Poststellen hielten Pferde bereit, die Posthalterei in Weyerbusch zeitweise über 20. Ein Teil der Bevölkerung verdiente sich auch sein Brot beim „Vorspann". Blutige Kämpfe erlebte die Hohe Straße, als in den Revolutionsjahren 1795-97

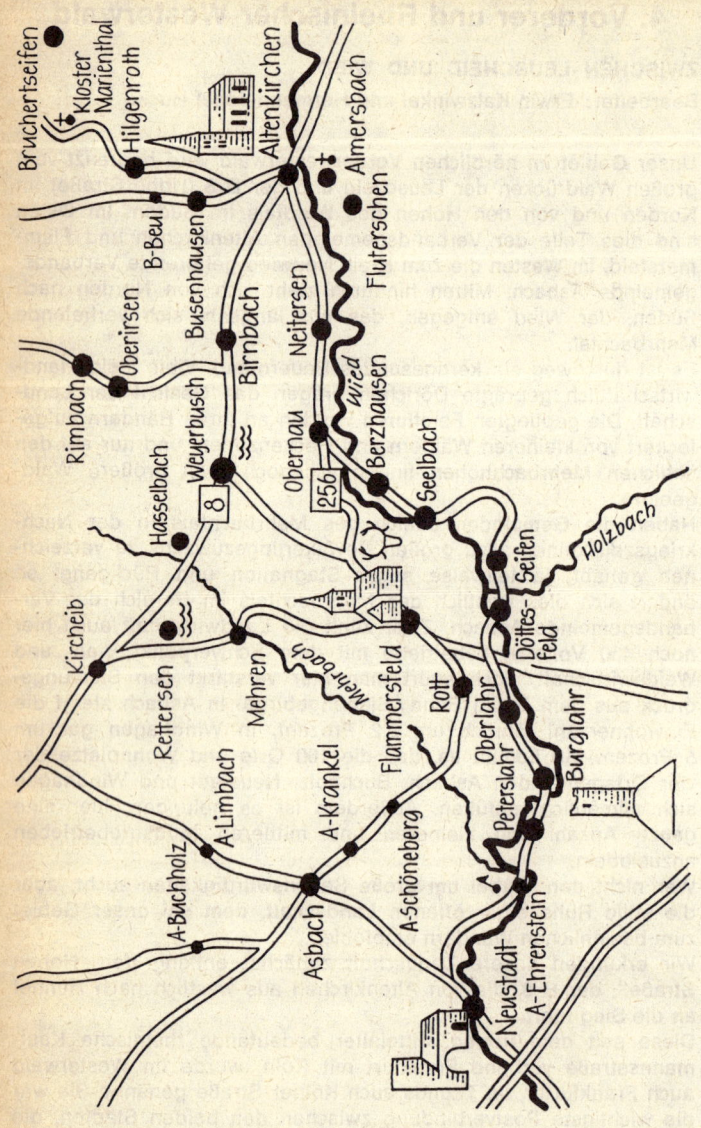

Kaiserliche und Franzosen in einer Feldschlacht bei Altenkirchen und in Gefechten bei Kircheib und Uckerath ihre Kräfte maßen.

Als 1860 die Siegtalbahn in Betrieb genommen wurde, wurde es ruhiger auf dieser Straße. Siedlungen, die von der Straße lebten, wurden völlig aufgegeben. Und schließlich hat auch der Bau der Autobahn Köln - Frankfurt der Straße weitere Bedeutung genommen.

Nach dem Aufstieg aus der Altenkirchener Wiedtalmulde erreichen wir auf der Wasserscheide zwischen Wied und Sieg

Birnbach (295 m; 490 E.)

◧ „Berremich", wie es von der Bevölkerung genannt wird, wird erstmals 1131 urkundlich erwähnt, als Papst Innozenz II. dem Stift St. Cassius in Bonn den Besitz der hiesigen Kirche bestätigt. Birnbach wurde ein wichtiger Kirchort, an dem auch ein „hohes Gericht" Recht sprach. Auf der Höhe hinter Birnbach links stand der Galgen. 1464 wurde das Hohe Gericht vor die Toren Altenkirchens verlegt und nun sprach man auf dem Galgenberg bei Helmenzen Recht. Seit 1662 gehörte das Kirchspiel zur Reichsgrafschaft Sayn-Hachenburg.

🏛 Die gut proportionierte, dreischiffige romanische **Pfeilerbasilika** (12./13. Jh.) wurde 1687 durch eine Fachwerk-Vorhalle erweitert. 1899/1900 wurde das Langhaus nach Westen vergrößert. Der Turm mit Treppenschnecke und das Kreuzrippengewölbe wurden erneuert.

🍴✕ Gaststätte mit Mittagstisch; Erholungsheim; Reiterhof Schwalm.

🚌 nach Altenkirchen, Weyerbusch, Eitorf

☏ Ortsgemeindeverwaltung Birnbach, Tel. (0 26 81) 51 94;
Verbandsgemeindeverwaltung 5230 Altenkirchen, Tel. (0 26 81) 30 41

🚶 Hübsche Wandermöglichkeiten in den **Staatsforst Altenkirchen.** Ein schöner Weg durch das Birnbachtal über Hemmelzen (220 m; 220 E.) zur B 256 bei Neitersen. Auch für PKW befahrbar.

Weiter auf der B 8 erreichen wir nun bald

Weyerbusch a. d. Raiffeisenstraße (300 m; 1180 E., VG Altenkirchen)
Waldreicher Luftkurort auf der Höhe zwischen Sieg und Wied.

◧ Aus wenigen Häusern an einem alten Straßenknotenpunkt entstanden, erhielt Weyerbusch erst Bedeutung durch eine Pferdewechselstelle „auf'm Weyerbusch". Neben der Kaufmanns- kam später noch eine Stadtpost zwischen beiden Orten auf, welche dann von Thurn und Taxis übernommen wurde. Ursprünglich war dieser Pferdewechsel in Birnbach. In Weyerbusch nahm in den Hungerjahren 1846/47 **Friedrich Wilhelm Raiffeisen** als Bürgermeister seinen Kampf gegen die Not der Landbevölkerung durch Gründung des „Weyerbuscher Brodvereins" auf. Das Backhaus in der Raiffeisenstraße ist das bekannteste „Denkmal" seiner heute weltweiten Idee der ländlichen Selbsthilfe: Das darin gebackene Brot ließ Raiffeisen zu zweierlei Preisen verkaufen: die Besitzenden zahlten mehr als die Armen. - Im Gästebuch haben sich Besucher aus Afrika, Skandinavien, von den Philippinen, Japan und Amerika eingetragen.

Als Raiffeisen 1848 als Bürgermeister nach Flammersfeld versetzt wurde, ließ er die Straße dorthin, die damals nur ein ausgefahrener Schlammweg war, befestigen. Daher wird heute allgemein die Verbindung Weyerbusch - Flammersfeld - Willroth - Neuwied als Raiffeisenstraße bezeichnet. Die Verbandsgemeinde Weyerbusch mit 18 Gemeinden wurde 1970 aufgelöst und größtenteils der Verbandsgemeinde Altenkirchen zugeschlagen.

Wegen seiner exponierten Lage erlitt der Ort 1945 beträchtliche Schäden durch Fliegerangriffe. Doch diese Schäden sind längst verheilt, und dank seiner hübschen Grünanlagen wurde Weyerbusch mehrfach beim Wettbewerb „Unser Dorf soll schöner werden" ausgezeichnet.

✚ Ärzte, Zahnärzte, Heilpraktiker, Apotheke
♂ Kleinschwimmhalle und Sauna; Ausflugsfahrten.
⊨ ✕ Moderne Pensionen, Cafés, Gaststätten
🚌 nach Eitorf, Leuscheid, Asbach, Altenkirchen
☎ Verkehrsverein 5231 Weyerbusch, Tel. (0 26 86) 5 31 + 14 74
Ortsprospekt vorhanden.
     Wandermöglichkeiten ins obere Mehrbachtal und in den Staatsforst
     Altenkirchen

Marklerte Rundwanderwege:
1. Weyerbusch - Staatsforst - Marenbach - Weyerbusch (Mkg.: Reh; 4 km);
2. Weyerbusch - Leingen - Werkhausen - Staatsforst - Weyerbusch (Mkg.: Fuchs; 5 km);
3. Weyerbusch - Irlen - Weyerbusch (Mkg.: Hase; 3 km);
4. Zwischen B 8 und Flammersfelder Straße (Mkg.: Fasan; 1,5 km);
5. Rundweg Weyerbusch - Leingen (Mkg.: Schmetterling; 2 km).

Halbtagswanderungen (ohne Verkehrsmittel)
1. Wanderung ins obere Birnbach- und Irsetal.
Weyerbusch - Irlen - Hilkhausen. Aufstieg zum Haus Weyerbusch; (Schwesternheim). Abstieg nach Birnbach-Unterdorf (alte Kirche; siehe Tafel am Eingang). Das Haus Meuler neben der Kirche war früher Station der Thurn- und Taxis'schen Post. Auf dem Friedhof: Ehrengräber der 1945 wegen der Remagener Brücke erschossenen Offiziere. Aufstieg zur B 8 (Vorsicht: Verkehr!). Abzweigung (l.) zum Weg nach Wölmersen. Weiter über Wölmersen - Heupelzen - Beul zum Beuelskopf. Abstieg ins Irsetal über Oberirsen-Marenbach. Zurück nach Weyerbusch.
2. Wanderung ins mittlere Irsetal und durch den Ortsteil der Leuscheid.
Weyerbusch. Straße nach Leuscheid (vor Eingang in Wald). Eingang in die Leuscheid ca. 150 m Waldweg (r.) nach Rimbach (früher Ringbach, wegen einer Wallanlage gegen Wölfe). Bei Rimbach, am Waldrande, Stelle der Erschießung der Offiziere von der Remagener Brücke (s. u. 1). Talab bis Mittelirsen. Dort (l.) ab nach Kuchhausen (interessantes Foto-Museum von A. Sander). Aufstieg zur Leuscheider Straße (am Waldausgang). Rückweg (verkehrsarm) über Waldstraße nach Weyerbusch (Basaltbrücke; am letzten Haus (r.) auf Waldweg Mehrbachquelle). Gesamtweglänge: ca. 15 km.
3. Wanderung durch die mittlere Leuscheid.
Weyerbusch - Leingen - Werkhausen - Waldweg zur Mehrbachquelle (hier bis 1637: Dorf Obermehren; zerstört durch Tilly'sche Truppen. Ortsanlage teils noch sichtbar; Sage vom Goldborn deutet auf vergrabene Schätze). Aufstieg auf Waldwegen zum Mönchskopf (345 m) und zu den Ringwällen (Fliehburgen). Dann Höhenweg bis Abzweigung nach Acker. Weiter über Hasselbach nach Weyerbusch. Gesamtweglänge: ca. 12 km.
4. Wanderung durch die westliche Leuscheid.
Weyerbusch - Hasselbach - Witthecke (mit Benutzung der alten Straßenzüge). Dann (r.) ab Waldweg bis Höhenweg der Leuscheid. Überqueren bis auf die Straße Hasselbach-Eitorf. Weg nach Rodder zum „Hohen Schaden" (Erinnerung an Balzar von Flammersfeld, der hier von Franzosen gefangen genommen wurde; s.: Spielmann, „Balzar von Flammersfeld"). Abstieg zur Eitdorfer Straße (Besuch des Forsthauses Hüppelröttchen). Weiter durchs Wohmbachtal zur Straße Eitorf-Kircheib. Über Obereib nach Kircheib (alte Wehrkirche). Dort am Friedhof (r.) ab über Fiersbach - Rettersen - Retterser Hahn - Schule - Witthecke - alte Straße nach Hasselbach und zurück durch den Wolfshahn nach Weyerbusch. Gesamtweglänge: ca. 20 km.
5. Wanderung ins mittlere Mehrbachtal und in die Niederhonschaft.
Weyerbusch - Heuberg - Kraam - Mehren - Hardt - Nieder Maulsbach - Maulsbach - Hirzbach - Hähnen - Neuenhof - Eckenbach - Reisbitzen. Straße nach Fiersbach - Ersfeld - Forstmehren - Hasselbach - Weyerbusch. Gesamtweglänge: ca. 14 km.

6. Wanderung ins untere Birnbach- und Wiedbachtal.
Weyerbusch - Heuberg - Aufstieg zum Asberg (334 m; ✳). Abstieg ins
Eschbachtal nach Walterschen und talab bis Birnbachmündung. Straße
nach Neitersen (Bahnstation) - Fladersbach - Waldweg über die Höhe
nach Hemmelzen und über Hilkhausen - Irlen nach Weyerbusch. Gesamtweglänge: ca. 14 km.

Die B 8 führt dann mit Kurven hinab ins Tal des jungen Mehrbachs nach
Hasselbach (250 m; 250 E., VG Altenkirchen)

Das **Mehrbachtal** bietet sich zu schönen Wanderungen an. Westlich
auf der Witthecke kreuzen sich die Hauptwanderwege 2, Eitorf -
Flammersfeld - Neuwied, und I, Königswinter - Altenkirchen - Herborn.

Weiter auf der B 8 erreichen wir, an Kleinsiedlungen vorbei
(Gefahrenstelle Retterser Berg!) die Gemeinde
Rettersen (300-340 m; 250 E., VG Altenkirchen)
⚓ Mit Bergwasser gefülltes Freibad.
⇥ ✕ 2 Gasthöfe mit Fremdenbetten und Mittagstisch; 2 Camingplätze.
Ausgedehnte Waldwanderungen in die **Leuscheid.**

Dann führt uns die B 8 schnell weiter nach
Kircheib (300 m; 430 E., VG Altenkirchen)
🏛 Rechts etwas abseits der Straße **ev. Pfarrkirche,** ehemalige St.
Michael-Kirche. An einen wuchtigen romanischen Wehrturm schließt sich
eine romanische Pfeilerbasilika mit drei queroblongen Jochen zwischen
Westturm und kleinerem Chor an. Taufstein aus dem 13. Jh.
✕ Zahlreiche Kleingewerbebetriebe.
⇥ ✕ Pension mit 15 Betten; 3 Speiselokale, 1 Imbißstube; Ferien auf
dem Bauernhof; Campingplatz.
🚌 nach Altenkirchen, Eitorf, Honnef, Köln
☎ Verbandsgemeindeverwaltung 5230 Altenkirchen, Tel. (0 26 81) 30 41
Gute Wandermöglichkeiten ins tiefeingeschnittene Eitorfer Bachtal
und in die Leuscheid.

Von hier sind es noch gut 2 km bis zu der unter dem Namen
Vierwinden bekannten Kreuzung. Hier kreuzt die B 8 die Straße
von Asbach nach Eitorf und bietet die Möglichkeit, die Fahrt in
jeder Richtung fortzusetzen.

Südlich der B 8 der mustergültig eingegrünte Ort
Hirz-Maulsbach (260 m; 250 E., VG Altenkirchen)
⇥ Ferienwohnungen auf dem Bauernhof mit Schwimmhalle
Dann im Mehrbachtal das hübsche

Mehren (220 m; 330 E., VG Altenkirchen)
⬛ Alter Kirchspielort, der von den Bewohnern „Mihr" und von den
Umwohnern das „Mihedscher Loch" genannt wird. Im 17. und 18. Jh.
waren hier zahlreiche Kannenbäcker ansässig, die ihren Ton aus den
nahen Gruben von Giershausen und Fiersbach bezogen. Der idyllisch
gelegene Ort ist von der Landwirtschaft geprägt.
🏛 Mehren ist einer der wenigen Orte, die noch ein fast geschlossenes
Bild **alter Fachwerkhäuser** bieten, teilweise sogar mit Stroh gedeckt.
Besonders prachtvoll die spätgotische „alte Schule" (1966 umgebaut).
Im Kaufhaus Kramer mittelalterliches Kellerverlies. Schmuckstück des
Dorfes ist die dreischiffige **Pfeilerbasilika** mit schlankem Westturm um
1200. Malerischer Fachwerkaufbau über dem Chor. Chor kreuzgratge-
wölbt, Schiff flachgedeckt. 1910/11 wurde die Kirche restauriert, die
Seitenschiffe wurden fast ganz erneuert.

AEK

Haus Cramer in Mehren

🏊 Kleines Hallenbad.
🛏 ✗ Gasthof und Pension mit Mittagstisch.
🚌 nach Altenkirchen, Eitorf/Sieg
☎ Ortsbürgermeisteramt 5231 Mehren, Tel. (02686) 576
Lit.: Erwin Katzwinkel, Mehren im Westerwald (1979)

🚶 Mehren ist Ausgangspunkt für Wanderungen ins untere **Mehrbach-tal.** Das Tal verliert seine breite Muldenform, wird enger und wald-reich. Einige kleine Bäche fließen aus dem Gebiet der „Niederhonschaft" rings um die hübsche kleine Gemeinde Hirz-Maulsbach zu. Der Bach bildet dann die Grenze zwischen den Kreisen Altenkirchen und **Neuwied.** Rundwanderwege um Mehren mit Längen zwischen 2 und 8 km sind erschlossen.

Über **Kraam** können wir zur Straße Weyerbusch - Flammersfeld fahren.
✽ Gegenüber der Siedlung **Heuberg** herrliche Aussicht vom Asberg (334 m) über die Niederwesterwälder Hochfläche rings um Altenkirchen.

Auf der alten „Rheinischen Straße" und jetzigen „Raiffeisenstraße" (siehe unter Flammersfeld!) fahren wir an **Glershausen** (Schlacht-hof) vorbei südlich, bis an der Hubertushöhe (Gasthaus) die von Altenkirchen kommende B 256 einmündet. Am Wildpark Waldhof vorbei erreichen wir in Kammlage zwischen dem tiefen Wiedtal und dem kleinen Ahlbachtal

Flammersfeld a. d. Raiffeisenstraße (270 m; 1000 E.,
VG Flammersfeld, Kreis Altenkirchen)

Ältester anerkannter Luftkurort im Kreis Altenkirchen mit lebhaftem Fremdenverkehr. Verbandsgemeindebezirk mit 9500 E.
und 26 Gemeinden.

◪ Flammersfeld stammt wahrscheinlich in seinen Ursprüngen aus dem
9. Jh.; seine erste Erwähnung datiert von 1096. Damals gehörte es zur
Abtei Siegburg. Es bildete dann eine kleine Grundherrschaft des Hoch-
stifts Worms, gehörte zur Grafschaft Sayn und seit der Landesteilung
von 1652 zu Sayn-Hachenburg. In preußischer Zeit wurde es Sitz einer
Landbürgermeisterei, die aus den ehemaligen Saynischen Teilen Flammersfeld und Schöneberg, dem Kurkölner Gebiet „Herrlichkeit Lahr"
und dem Kurtrierer Gebiet Horhausen und Peterslahr gebildet wurde.
Bedeutendster Bürgermeister war **Friedrich Wilhelm Raiffeisen,** der hier
1849 seinen „Hülfsverein für unbemittelte Landwirte" gründete und damit
den Grundstein zur Gründung der späteren Kreditgenossenschaft legte.
Als Vorsitzender des Westerwald-Vereins, der sich damals Westerwald-
Klub nannte, gründete Rentmeister Herbert Eich 1895 den Verkehrs-
und Verschönerungsverein und legte damit den Grundstein zum heutigen
Luftkurort.
Als historisch ist die Straßenführung von Neuwied bis Flammersfeld und
dann die über Weyerbusch zur Sieg führende Verbindungsstraße bekannt. So wird sie bereits 845 bei Gierend als „strata publica" erwähnt,
1524 und 1588 bei Honnefeld als „Hohe Straße" bzw. als „Rheinstraße"
bezeichnet, 1524 bei Horhausen ohne Namen genannt; 1553 spricht man
von der alten Straße bei Hümmerich, 1666 wird sie zwischen Flammersfeld und Weyerbusch als „Alte Rheinische Straße" bezeichnet.
Als Raiffeisen 1845 Bürgermeister in Weyerbusch wurde, war diese
Straße ein alter ausgefahrener Weg, in dem in Regenzeiten die Fahrzeuge stecken blieben. Raiffeisen sah jedoch die Notwendigkeit, für den
Rheinischen Westerwald eine gute Straßenverbindung zum Rhein zu
haben; so ließ er diese Straße von Weyerbusch aus chaussieren und
setzte das Werk als Bürgermeister von Flammersfeld und Heddesdorf
weiter fort, bis aus der alten Straße eine der ersten modernen Straßen
geworden war.
Ihm zu Ehren beschlossen die 1970 in Flammersfeld versammelten Vertreter des Landesfremdenverkehrsverbandes Westerwald-Lahn-Taunus,
soweit ihre Mitglieder im Bereich dieser Straße ansässig sind, ihr
zwischen Weyerbusch und Neuwied den Namen „Raiffeisenstraße" zu
geben.
Aus Flammersfeld stammt der Westerwälder Wildschütz und Freischar-
führer Andreas Balzar (genannt **Balzar von Flammersfeld),** der 1797 von
einem französischen Exekutionskommando im Westerburger Schloßhof
hingerichtet wurde. (Lit.: Spielmann, Balzar von Flammersfeld).
🏛 Sehenswert ist die restaurierte **ev. Pfarrkirche,** eine kleine dreischiffige, flachgedeckte Pfeilerbasilika mit wuchtigem Westturm (um 1100).
Durch spätere Um- und Anbauten entstand ein Mischstil, dessen Nebeneinander glücklich gelöst wurde. Romanische, spätgotische und Renais-
sance-Malereien, barockes Gestühl. Glocken aus den Jahren 1439, 1496
und 1514.
In der linksseitigen Taufkapelle eine Kreuzigungsgruppe aus dem 15. Jh.
Sie war dem Bildersturm von 1606 zum Opfer gefallen und beim Abriß
eines Kamins im ältesten Flammersfelder Haus 1948 in Bruchstücken
freigelegt worden. Seit 1973 schmückt das wertvolle Kunstwerk wieder
die Kirche. - Der mächtige romanische Basaltlava-Taufstein stand bis
1975 als Blumenschale auf dem Oberlahrer Kirchhof; ursprünglich stammt
er jedoch hier aus der Kirche.
(Auf Wunsch Führungen durch die Kirche; Pfarramt, Tel. (0 26 85) 2 42).
Im Ort noch einige alte **Fachwerkhäuser,** darunter Haus Engel, ehemaliger Amtssitz Raiffeisens.

Raiffeisenbrunnen in Flammersfeld

In der Ortsmitte der moderne **Raiffeisenbrunnen.**
✚ Ärzte, Zahnarzt, Tierarzt, Apotheke
🏌 Kurkonzerte, Tennis, Minigolf, Kinderspielplatz an der Ahlbacher Straße. Wassertretanlage am Ortsausgang Richtung Neuwied. 3 km langer Trimm-Dich-Pfad und Waldlehrpfad durch Wald am Ortsrand. Reiterhof. Beheiztes Freibad in der Lahrer Herrlichkeit / Wiedtal (3 km). 40 000 qm großes Wildgehege am Hotel Waldhof, Schürdt (1,5 km).
🛏 ✕ 2 Hotels, 11 Pensionen und Gasthöfe, davon 5 mit Mittagstisch; 1 Imbißstube, 2 Cafés, 1 Eisdiele.
🚌 Bahnhof Flammersfeld 3 km im Wiedtal.
Strecke Altenkirchen - Siershahn.
🚍 nach Altenkirchen - Betzdorf; nach Horhausen - Neuwied - Koblenz; nach Neustadt - Linz; von April bis Oktober nach Köln und Düsseldorf. Ausflugsfahrten werden angekündigt.
☎ Verkehrsverein Flammersfeld im Hause Raiffeisenbank, Tel. (0 26 85) 10 11 oder Verbandsgemeinde, Tel. (0 26 85) 10 26. Ortsprospekt und Wanderkarte erhältlich.
🔳 Waldreiche Umgebung mit vielen Wandermöglichkeiten in die Täler der Wied, des Ahl- und Mehrbachs und in die Ortschaften der Umgebung.
1. Zum Kloster Ehrenstein bei Neustadt a. d. Wied.
Flammersfeld - Waldweg nach Rott - Oberlahr - Wiedtal über Burglahr - Peterslahr bis zur Mehrbachmündung. Kloster Ehrenstein. Aufstieg zum Thurmberg (Rochuskapelle). Abstecher zum Bertenauer Kopf (352 m). Zurück nach Ehrenstein und Besuch der Burgruine. Auf Waldwegen zurück zur Asbacher Straße nördlich Rott. Über Rott nach Flammersfeld. Gesamtweglänge: ca. 15 - 19 km.
2. Durch den Hück nach Mehren.
Flammersfeld - Ahlbach - Püscheid - Kescheid. Auf Waldwegen durch den Hück (Waldgebiet zwischen Ahlbach- und Mehrbachtal) nach Mehren. Den Mehrbach aufwärts, dem Forsthaus gegenüber (r.) über Adorf - Seifen zur Höhe vor Ziegenhain. Abstieg nach Orfgen ins Ahlbachtal und über den Berg nach Flammersfeld. Gesamtweglänge: 12 - 15 km.

Verbandsgemeinde Flammersfeld

Die Verbandsgemeinde Flammersfeld/Ww., bestehend aus 26 Ortsgemeinden, mit einer Flächengröße von 7.526 ha, zählt rd. 9.100 Einwohner und bildet die südwestliche Spitze des Kreises Altenkirchen. Sie dehnt sich im Raume Horhausen-Willroth bis auf die Höhen des Rheines aus und ist durch die in diesem Bereich vorbeiführende Autobahn Köln-Frankfurt sowie durch die Bundesstraße 256, die von der Autobahnabfahrt Neuwied-Altenkirchen unsere Verbandsgemeinde auf einer Länge von 18 km durchquert und die durch das Wiedbachtal führende Landesstraße 269 verkehrsmäßig gut erschlossen.

Die Wirtschaftsstruktur der Verbandsgemeinde hat nach der endgültigen Stillegung des Erzbergbaues durch Ansiedlung neuer Industrie- und Gewerbebetriebe eine wesentliche Veränderung erfahren.

Im überwiegenden Teil der Verbandsgemeinde sind die Landwirtschaft und der Fremdenverkehr neben kleineren Handwerksbetrieben Haupterwerbszweig. Als vordringlich wird von der Verbandsgemeinde die Schaffung zusätzlicher Fremdenverkehrseinrichtungen angestrebt.

Neben dem Luftkurort Flammersfeld sind die Gemeinden Horhausen, Obersteinebach, Oberlahr, Burglahr und Rott anerkannte Fremdenverkehrsorte.

Durch den Bau des beheizten Freibades im Wiedbachtal und Schaffung eines größeren Freizeitzentrums in diesem Raum soll der Fremdenverkehr eine weitere Stärkung erfahren.

Der Besucher unserer Verbandsgemeinde wird von den gepflegten Orten in der reizvollen Mittelgebirgslandschaft mit ihren malerischen Aussichten begeistert sein.

Auskünfte erteilen:

Verbandsgemeindeverwaltung 5232 Flammersfeld	Tel. 0 26 85 / 10 26 - 10 27 - 10 28
Verkehrsverein 5232 Flammersfeld	Tel. 0 26 85 / 10 11
Verkehrsverein 5451 Horhausen	Tel. 0 26 87 / 4 27
Verkehrsverein 5232 Rott	Tel. 0 26 85 / 3 01

3. Ins obere Wiedbachtal bis Schöneberg und ins Birnbach- und Eschbachtal.

Flammersfeld - Abzweigung Krämgen (r.) ab über Reifferscheid (   ) - Strickhausen nach Obernau. Abstecher nach Neitersen. Neitersen - Schöneberg (alte Kirche). Zurück nach Neitersen - Fladersbach bis Mündung des Birnbaches. Birnbachtal aufwärts bis Mündung des Eschbaches und weiter bis Walterschen. Weiter zum Schlachthof Giershausen - Orfgen - Krämgen - Flammersfeld. Gesamtweglänge: ca. 15 km.

4. Wanderung bis Kreisgrenze bei Willroth (Grube Georg).

Flammersfeld - Rott - Oberlahr - Burglahr - Grube Luise - Nieder Steinbach - Luchert - Huf - Horhausen (Besichtigung der romanischen Kirche). Eisenerzgrube Georg bei Willroth (404 m). Zurück über Horhausen. Vor Güllesheim (l.) ab, um die verkehrsreiche Straße zu meiden, nach Bürdenbach mit Grube Luise. Von dort über Oberlahr - Rott nach Flammersfeld. Gesamtweglänge: ca. 20 km.

Südöstlich von Flammersfeld liegt in waldreicher Umgebung der Fremdenverkehrsort

Rott (280 m; 350 E., VG Flammersfeld)

🌿 Naturdenkmäler Rotter und Kaffrother Eiche.

🛏 ✕ 1 Hotel, 4 Pensionen, 2 Gaststätten mit Mittagstisch; hoteleigenes Hallenbad; Sanatorium; Ferien auf dem Bauernhof.

🚌 nach Altenkirchen

☎ Verkehrsverein 5232 Rott, Tel. (0 26 85) 3 01

👣 Gute Wandermöglichkeiten in die Täler von **Wied, Mehr- u. Ahlbach.** Kammwanderweg durch Wald (WwV-Weg II) zum Kloster Ehrenstein.

Die von Flammersfeld kommende Kammstraße (Siebengebirgsstraße) führt oberhalb von Rott in großen Kehren durch Wald hinunter ins Mehrbachtal. Hinter der Mehrbachbrücke das Hofgut

Diefenau (180 m)

mit nur noch einem Gebäude, dem ehemaligen Forsthaus.

👣 Vor der Brücke links unter dem Straßengeländer hindurch ein Waldweg für Fußgänger durch das Mehrbachtal. Unterwegs das **Bilderhäuschen**, Erinnerungsmal für eine in Diefenau als Kind verstorbene Grafentochter.

Weiter auf der Straße aufwärts kommen wir nach 2 km nach Asbach-**Schöneberg** (275 m; 1300 E.)

Ein aufstrebender Fremdenverkehrsort in waldreicher Umgebung und mit ausgezeichneten Wandermöglichkeiten.

🏛 Eine Straße führt zur Kapaunsmühle im Mehrbachtal und von dort zur Siedlung Niedermühlen. Hier steht die **kath. Wallfahrtskirche** zur Schmerzhaften Muttergottes. Ein neugotischer, achtseitiger Zentralbau von 1892/93 und Chor von 1861/62. Das Gnadenbild, die Pieta auf dem Altar, stammt der Überlieferung nach aus Flammersfeld, von wo es 1618 nach Niedermühlen entführt wurde.

✕ König-Kranbau.

☎ Verkehrsverein (Westerwald-Verein) 5464 Asbach-Schöneberg, Tel. (0 26 83) 46 11 (Häusler). Wanderkarte 1 : 10 000 erhältlich.

👣 **Ausgeschilderte Rundwanderwege im Raum Asbach**
Kalscheid - Kapelle Ütgenbach - Schöneberg - Krumbachsmühle - Krumscheid - Mehrbachtal - Niedermühlen (Jugendheim) - Kapaunsmühle - Schöneberg - Heide - Kalscheid (ca. 11 km; Mkg.: Herz).
Krumscheid - Hirzbach - Mehrbachtal - Harthmühle - Mehren - durch den schönen Staatsforst bis Kescheid - über die neue Brücke im Mehrbachtal - Krumscheid (ca. 12,5 km; Mkg.: Pilz).

Wildpark in Schöneberg - Krumbachsmühle - Krumbachsgrund - Kapaunsmühle - Schöneberg (ca. 6,5 km; Mkg.: Wildschwein).
Jugendheim Niedermühlen - über die neue Brücke - Altenhofen - über
den alten Schöneberger Kirchweg - Krumbachsgrund - Niedermühlen
(ca. 4 km; Mkg.: Fuchs).
Krumscheid - Sessenhausen - Krumbachsmühle - Krumscheid (ca. 3 km;
Mkg.: Schwalbe).
Kalscheid - Kapelle Ütgenbach - Schöneberg (Wildpark) - Heide - Kal-
scheid (ca. 4,5 km; Mkg.: Hase).
Asbach/Parscheid - Krankel - vorbei an der Kapelle Ütgenbach - Kal-
scheid - Dinspel - Jägertal - Asbach (ca. 8,5 km; Mkg.: Eichhörnchen).
Kapaunsmühle - Kescheid - durch den schönen Staatsforst bis Hahn -
Ahlbach - Püscheid - Kescheid (ca. 7,5 km; Mkg.: Fasan).
Kapaunsmühle - Kescheid - Püscheid - Hardt - Kaffroth (Naturdenkmal
„Alte Eiche") - Diefenau - Schöneberg (ca. 9 km; Mkg.: Eichenblatt).

2 km westlich von Asbach-Schöneberg liegt links der Straße das kleine
Asbach-**Krankel** (285 m)

🏛 In einer Waldfläche mit Quelle liegt 800 m südöstlich von Krankel die
einsame **Kapelle St. Florinus,** die von einer Siedlung übriggeblieben ist.
Das einschiffige flachgedeckte Langhaus stammt aus dem 12. Jh., der
Chor um 1500. West- und Südportal sind romanisch; Muttergottes von
1856. Das Wasser der hinter dem Chor entspringenden Quelle gilt als
heilkräftig bei Augenleiden.
Wenige Meter südlich der Kapelle und des ehemaligen Friedhofs die
Motte Uetgenbach. Nur ein etwa 4 m hoher Erdhügel und Gräben berichten von der ehemaligen Turmhügelburg, die vor 1499 zerstört wurde.
Anfahrt nach Uetgenbach: An der Kapelle in Krankel zweigt in südöstlicher Richtung ein Sträßchen nach Kalscheid ab. Wo es nach 500 m
den Waldrand erreicht, beginnt spitzwinklig zur Straße ein befahrbarer
Waldweg. 300 m weiter sind wir dort.

Die Straße von Schöneberg führt über die Höhe weiter nach
Asbach (280 m; 1340 E.; mit Vororten 5100 E.)

Sitz der 160 Orte und Streusiedlungen umfassenden Verbandsgemeinde Asbach. Aufstrebender, stark sich erweiternder Ort mit
Gewerbe und Industrie.

🏛 Bemerkenswerte, moderne kath. Pfarrkirche mit **Turmkapelle** unter
38 m hohem Turm aus dem 12. Jh.
✚ 3 Ärzte, 2 Zahnärzte, 2 Apotheken;
Kamillus-Klinik zur Erforschung und Behandlung der Multiplen Sklerose.
🎣 Angelpark Breuch an der Krumbachsmühle im Tal Richtung Schöneberg; Campingplätze in Köttingen und Germscheid.
🛏 ✕ Mehrere Pensionen und Gaststätten mit Übernachtung und Mittagstisch. Café, Eisdiele.
🚌 in Richtung Bonn, Hennef, Siegburg, Altenkirchen, Linz, Bad Honnef,
Königswinter, Neustadt (Wied)
☎ Verbandsgemeindeverwaltung 5464 Asbach, Tel. (0 26 83) 44 32

Nördlich von Asbach liegt auf der Höhe

Asbach-Limbach (280 m; 2220 E., mit Vororten 4900 E.,
VG Asbach, Kreis Neuwied/Rhein)

🏛 **Die kath. Kirche** in der Ortsmitte wurde nach starken Kriegsschäden renoviert und mit neuen Einrichtungsgegenständen versehen. Es lohnt sich wirklich, die kunstvollen Zeugen einer modernen sakralen Kunst zu besichtigen (z. B. der Tabernakel). In der Zeit vom 24. 12. bis 2. 2. eines jeden Jahres kann man hier eine Weihnachtskrippe bewundern, zu der Folklorefiguren aus der ganzen Welt zusammengetragen wurden.

In der nördlichsten Ecke des Kreises Neuwied liegt die aus vielen Einzelsiedlungen bestehende Gemeinde

Asbach-Buchholz (200-290 m; 2800 E., VG Asbach)

✗ Bleiakkumulatorenwerk VARTA in Krautscheid.

🪂 Fallschirmspringen und Modellflug auf dem Segelflugplatz Eudenbach südöstlich auf der Musser Heide.

🍴 ✗ 5 Pensionen und Gasthöfe, teilweise mit Mittagstisch. 1 Café.

🚌 nach Bonn, Siegburg, Hennef und Asbach.

🔲 Flurnamen wie „Asbacher Heide" oder „Mückenpfädchen" erinnern an die einstige Heidelandschaft, von der heute nur noch Reste vorhanden sind. Südwestlich von Buchholz der **Lökestein** (ND), ein mächtiger Felsblock aus Devonquarzit. In diesem Raum gedeihen stellenweise noch Reste einer Flora mit ausgesprochen subatlantischen Pflanzenarten, wie sie sonst nirgends im Westerwald mehr anzutreffen sind (ND).

Ech sein e Westerwäller

De Westerwahld, dat eß en Gähnd,[1]
su eß keen mihn ze fennen,
on wann et hej och manchsmohl rähnt,
keen bässer däht mer kännen.
Doch sahn se on dem Rhein elo,
hej dähten om Gehannsda jo
die Schliehne[2] gor erfreeren.

Domm Zeug! Mer sein zefriere hie,
de Himm'l eß närjends klohrer,
de Wahld eß voller Haas on Rih,
die Wisse sein voll Fohrer.
De Kappes wierd su groß wie'n Rood,
em Gorde wiest de scheenste Schloot[3]
on Ärwese on Bouhne.

On irscht die Grumbre![4] 's Laad! Schwernut!
Die gäwe Grumbrekoochen,
do dran fräß ech mech mausedut,
ihr kännt et och versoochen.
Hej honn ech Muhrn on Sauerkraut!
Dat domm Gebabbel schärt mech naut —
Ech sein e Westerwäller!

[1] Gegend.   [2] Schlehen.   [3] Salat.   [4] Kartoffeln.

Mundart von Hachenburg   Volksmund

AUF DER LINZER HÖHE

Bearbeiter: Elli Lind und Willi Bretz   *Übersichtskarte Seite 673*

Die Linzer Höhe umfaßt im wesentlichen die hochgelegenen Teile
der Verbandsgemeinden Unkel, Linz und Hönningen im Vorder-
westerwald. Hinzu kommen noch kleine Gebiete der Westerwald-
Verbandsgemeinden Asbach und Waldbreitbach.
Im Westen ist dieser etwa 200 - 350 m hohe Teil der Rheinischen
Schiefergebirgsplatte begrenzt durch die steilen Abhänge zum
Rheintal bzw. zu den dazugehörigen tief einschneidenden Seitentälern, während im Osten Wied, Pfaffenbach und Germscheider
Bach durch Erosion für entsprechende Taleinschnitte als Begrenzung sorgten. Der wenig gewölbte Scheitel dieses etwa in Nord-
Süd-Richtung verlaufenden Bergrückens ist somit auch Wasserscheide zwischen den genannten Flüssen. Beiderseits des in etwa
dem „Rheinhöhenweg" (L 253 und L 254) entsprechenden Schei-
tels reichen naturgemäß zwischen den Tälern die einzelnen Ausläufer dieser Hochfläche mit geringem Gefälle bis nahe an den
Rhein, bzw. die Wied usw. heran. Im Norden, zwischen dem Asberg und dem Himberg, endet die Linzer Höhe oder Asberghoch-
fläche und zugleich das Land Rheinland-Pfalz an der Stelle, wo
sich der Bergrücken zum Siebengebirge und zum Asbacher Land
hin gabelt. Das Siebengebirge ist Wasserscheide zwischen Rhein
und Sieg, während der nordostwärts verlaufende Bergrücken
Sieg und Wied scheidet und in dieser Richtung die Landesgrenze
fortführt. Im Süden endet die Linzer Höhe an der Einkerbung
bei Weissfeld und dem Staierbachtal zwischen Bad Hönningen
und Waldbreitbach. Zugleich befindet sich hier die Grenze der
rheinfränkischen gegenüber der moselfränkischen Mundart.
Überragt wird die schiefrige Hochfläche an zahlreichen Punkten
durch vulkanische Basaltkuppen, so daß ein vielgestaltiges, reizvolles Landschaftsbild mit den sanften Hügeln der Hochfläche,
den sie überragenden steilen Bergkegeln und den Kerben der
Täler ergibt, zumal Talhänge, Berge und ein Teil der Talsohlen
und Hochflächen mit Mischwald bestanden sind, wozu die Inseln
landwirtschaftlicher Nutzung mit den dazugehörigen Dörfern und
Einzelhöfen einen lebhaften Kontrast bilden. So gehört die Linzer
Höhe mit Recht zum Naturpark Rhein-Westerwald. Leider sind die
meisten zum Wandern geeigneten Wege in Wald und Flur noch
nicht ausgeschildert.

Die Zentren des politischen, geistigen und ökonomischen Lebens
liegen schon in den ersten mittelalterlichen Urkunden nach dem
Aufkommen der mittelalterlichen befestigten Orte im Rheintal,
einem Haupthandelsweg. Besonders die kurkölnische Festung
und Stadt Linz hat bis heute ihre Bedeutung erhalten. Eine Ver-
waltungsfiliale lag auf Burg Altenwied in Wied/Gemeinde Neustadt.
Seit dem Mittelalter bis in die jüngste Vergangenheit waren die
zahlreichen Steinbrüche für die Bevölkerung der Linzer Höhe die

einzigen örtlichen Erwerbsquellen neben der Landwirtschaft und den Dienstleistungen. Die verkehrstechnische Erschließung durch Straßenbau und die Einrichtung der Eisenbahnlinie von Linz nach Altenkirchen im vorigen Jahrhundert, die heute nur noch Gütertransport zwischen Kalenborn und Linz betreibt, wäre ohne das Basaltmaterial nicht möglich gewesen. Die Industrie zur Weiterverarbeitung der Steine entstand erst in den zwanziger Jahren dieses Jahrhunderts, sonstige Industrie erst nach dem zweiten Weltkrieg.

Das graue vulkanische Basaltmagma erkaltete teils zu fünf- bis siebenkantigen Säulen, teils zu völlig unregelmäßigen Blöcken, Platten und Nadeln. Im Mittelalter dienten die Säulen als widerstandsfähige Mauersteine für Burgen und Stadtbefestigungen, während sie heute im Wasserbau noch Verwendung finden. Behauener Basalt fand lange Zeit Absatz als Pflasterstein. Die zerkleinerten Blöcke eignen sich hervorragend für den Straßenbau. Für den Ausflügler ist die Besichtigung eines Basaltsteinbruches, auch eines stillgelegten, mit dem Einblick in den Aufbau des vulkanischen Berges empfehlenswert. Doch sollte man dabei die Bergrutschgefahr bedenken und Klettereien sowie das Betreten verbotenen Geländes unterlassen.

Die Kehrseite des weiterschreitenden Steinabbaus ist die Zerstörung des gewohnten Landschaftsbildes, des Standortes seltener Pflanzen und von beachtenswerten Kulturdenkmälern, z. B. den Resten keltischer, befestigter Wohnanlagen.

✳

Auf der Hochebene zwischen dem Rheintal bei Unkel und dem Kasbachtal liegt in der Quellmulde des Hähnerbachtals
Bruchhausen (200 m; 760 E., VG Unkel)

🏛 Ein Kleinod ganz besonderer Art ist das dreischiffige **Wallfahrtsgotteshaus** aus dem Jahre 1230 mit mehreren wertvollen Skulpturen: Stehende Madonna, Holz, Gnadenbild, 14. Jh.; Stehende Madonna, Kalkstein, 15. Jh.; hl. Sebastian, Holz, 17. Jh.; Totentanz, Ölbild, 17. Jh., einziges im Rheinland.

🚌 nach Unkel

🚶 Fußweg zur Erpeler Ley (³/₄ Std.). Fußweg Auge Gottes (Heiligenhäuschen im Wald) - Asberg - Kalenborn (1¹/₂ St.). Über die K 22 nach Orsberg (2 km), nach Erpel (3 km). L 253 nach Kalenborn (5 km), nach Unkel (3 km).

Zwischen Bruchhausen und Erpel am Rande der Hochterrasse
Erpel-Orsberg (190 m; VG Unkel)

🏛 **Kapelle** aus dem Jahre 1649.

🌿 Erpeler Ley. Die 190 m hohe Erpeler Ley steht wegen ihrer Flora mit vielen seltenen Pflanzen unter Naturschutz. Mit ihrer senkrechten Bergwand aus schlanken Basaltsäulen reicht sie bis auf wenige Meter an den Rhein heran. Ein heute vermauerter Tunnel führte die Eisenbahn von der Rheinbrücke, die im zweiten Weltkrieg zerstört wurde, deren Pfeiler aber noch stehen, nach Norden weiter.

🚶 Siehe unter Erpel!

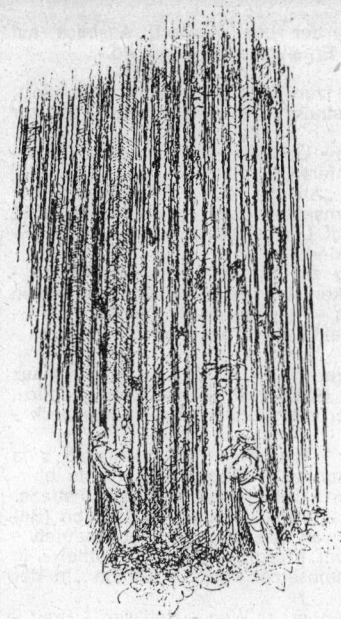

Schlanke Basaltsäulen
sind charakteristisch
für die Linzer Höhe.

Über Linz am Rhein liegt nordöstlich die Gemeinde
Ockenfels (150 m; 900 E., VG Linz am Rhein)

⬧ 🏛 Erstmals wurde der Ort Ockenfels 1257 benannt. Besonders bekannt ist die **Burg zur Leyen.** 1341 wurde die Burg Lehen des Kölner Erzbischofs. Nach dem Aussterben der Geschlechter zur Leyen Anfang des 15. Jh. kam die Burg an Ritter Rollmann von Dadenberg und von dessen Tochter Anna an Dietrich von Monreal. Dieser wurde mit der Burg belehnt, die seinen Nachkommen bis zum Aussterben der männlichen Linie Ende des 15. Jh. verblieb.
1475, wahrscheinlich im Neusser Krieg, wurde die Burg zerstört. Die Burg kam in den Besitz von Schmidt von Ellenbach, von Sponheim gen. Bacharach und von Hoheneck.
1623 kaufte Georg Gerolt das Lehen. 1667 erhielt Franz-Josef von Gerolt vom Grafen von Nassau die Bezeichnung „von Leyen". 1920 Verkauf durch die Erben von Gerolt an die Siedlungsgesellschaft „Rheinisches Heim". 1924 Verkauf an Vizekonsul a. D. Velden aus Köln. Ausbau unter Verwendung der Ruinen zu einer neuen Burg. 1936 Verkauf an das Kloster der Cellitinnen aus der Kupfergasse Köln. Erholungsheim des Klosters. Heute Hotel-Restaurant.
Die **Kapelle Trinitatis et. s. Donati** wurde 1700 errichtet, die kleine Kapelle der schmerzhaften Muttergottes 1853.
Ockenfels hat heute eine architektonisch sehenswerte neue Kirche, erbaut 1974.
✕ Vorhanden sind große Sandgruben. Besichtigung möglich - Vorsicht. Gartenbaubetrieb und Baumschule.
🛏 ✕ 4 Hotels und Gaststätten, davon 3 mit Mittagessen, rd. 60 Betten.
🚌 Busverbindung wird noch eingerichtet. Beschränkte Mitfahrmöglichkeit mit Schülerbussen.
☎ Ortsgemeindeverwaltung 5461 Ockenfels, Tel. (0 26 44) 31 90

✱ Burg Ockenfels, Hartenfels, von der Ley, Eschert; Ausblick auf Rheintal, Ahrtal, Goldene Meile, Eifel, Erpeler Ley, Westerwald.

Wanderwege:

Weinbergsweg in der Mark bis zur Kapelle - Weinbergsstraße - Hausener Talweg - Talstraße - Burgstraße - (Burg Ockenfels) Pfad zur Ley (Rabenhorst) - Kirchstraße.

Höhenweg - Hauptstraße - Bergstraße - Lohhohl - Mannenberg - Hausener Talstraße - Talstraße - Burg Ockenfels - Burgstraße.

Panoramaweg - Hauptstraße - Straße „Auf der Heide" 50 m abwärts bis zum Bildstock - links ab bis zum Fernsehumsetzer - weiter durch Wald bis zum Abenteuerspielplatz der Stadt Linz - Grüner Weg - Lohhohl - aufwärts durch den Hohlweg - In der Mark.

Bachweg - Kirchstraße - Verbindung zur Straße „Auf der Eschert" - Ohlenberger Weg bis zur Brücke - Ockenfelser Bach bis zum Tiefbrunnen - durch Wald bis zur Stromfernleitung - Aufstieg rechts zum Kirchpfad - abbiegen vor dem Hochbehälter - Wald „Am Fronacker" durchqueren - Waldstraße - Hauptstraße.

Basaltweg - Hauptstraße - Ohlenberger Weg - hinter dem letzten Haus nach links abbiegen - Pfad zum Naak (Steinbruch, Besichtigung möglich, Vorsicht) - über Kasbach K 10 unter der Bahnbrücke - Schießheck - Ohlenberger Weg - Hauptstraße.

Nach Kasbach - Zollweg - Talstraße - Hausener Tal - rechts ab Villa Beinhauer - durch die Mark - Falltorweg - Hauptstraße rechts ab - Rheinhöhenweg - Hödenbusch ↦ Eschert - Ohlenberger Weg - Hauptstraße.

Kiesgrubenweg - Hauptstraße - Bergstraße - Lohhohl - Kiesgrube (Besichtigung möglich, Vorsicht) - Feldweg bis zum Gartenbaubetrieb - rechts abbiegen (Blumenau) - an dem Kiesgrubengelände vorbei - in Richtung Linz - zurück zum Fernsehumsetzer vorbei - Straße „In der Mark".

Nach Ohlenberg - Hauptstraße - Ohlenberger Weg - Hohlweg - Breit - an der Kapelle (Gartenstraße) links abbiegen zur Hauptstraße (Kirche) - durch Ohlenberg bis zur Wegkreuzung Erl (Kindergarten) - rechts abbiegen in Richtung Landstraße - vor dem Gartenbaubetrieb rechts abbiegen vorbei am Hochbehälter nach Ockenfels - Hauptstraße.

Nach Linz - Zollweg - Talstraße - links Rheinhöller - Linz.

Auf der Hochfläche nördlich Linz

Kasbach-**Ohlenberg** (210 m; 570 E., VG Linz)

◻ Ohlenberg wird 1262, Erl 1257 erstmals benannt.
1293 hatte das Kölner St. Aposteln-Stift in Uhlenberg Besitz, seit 1308 auch das Kloster St. Katharinen.

🏛 Baulich interessante **Pfarrkirche,** die schon um 1381 in der „Taxa Generalis" des Erzstiftes Trier genannt wird und in ihrem Innern ein frühgotisches Triumphkreuz, ein Taufbecken aus dem Jahre 1605, alte Bänke von 1704 mit eingeschnitzten Familienwappen und eine Skulptur des hl. Nikolaus aus dem Anfang des 16. Jh. enthält. Kruzifix aus dem 13. Jh.

Über Feldwege oder die K 21 geht man über den Ortsteil **Erl** bis zur Antoniuskapelle, die anstelle eines alten Bildstocks errichtet wurde, der 1735 erstmals erwähnt ist.

✗ In Ohlenberg sind mächtige Sandgruben vorhanden und Basaltbrüche (Mehrberg, Minderberg). Besichtigung möglich, Vorsicht!
Schaumstoffverarbeitung.

✉ ✗ 2 Gaststätten, 1 mit Mittagstisch; 4 Betten.

🚌 Linz - Ohlenberg - Asbach.

✱ ✐ 1. Vom Antonius- oder Erler Kapellchen geht es in 15 Minuten leicht bergan durch den Wald zum 424 m hohen **Minderberg.** Schon 1304 werden die Basaltsäulen dieses Berges als Handelsartikel urkundlich genannt. Der Steinbruch hat die Form eines Trichters.

2. Überragt wird der Minderberg von dem 20 Minuten entfernten **Mehrberg,** als dem mit ehemals 448 m höchsten Berg der Linzer Höhe. Dieser

Basaltkegel wird mit Macht abgebaut. Als Zwillingskuppe war ihm einst
der Düstemich in nördlicher Richtung angegliedert, welcher bereits vollkommen abgetragen ist. Im Mittelalter soll der Düstemich als Begräbnisstätte für Hingerichtete gedient haben. Vom Mehrberg aus, wie von
anderen Erhebungen der Linzer Höhe, kann man bei gutem Wetter den
Kölner Dom und bis weit in die Eifel sehen.

☎ Gemeindeverwaltung 5461 Ohlenberg, Tel. (0 26 44) 25 46;
Verkehrs- und Verschönerungsverein, Tel. (0 26 44) 37 29

Wanderwege:
Ab Erpeler Rundweg - Kindergarten - Röttgenstraße - Feldweg -
links ab in Richtung Stuxhof, über Erpeler Kapellchen zur Einshardt,
über Feldweg in Richtung Scheid, Kirche (gelbe Mkg.).
Kasbachtalrundweg: ab Kindergarten - K 21 aufwärts, links an der roten
Bank abbiegen, am Weidenstück entlang, zum Kasbachtal herunter,
Kasbachtal abwärts bis Abzweigung Lenzert, das Scheid hoch in
Richtung Kirche Ohlenberg (grüne Mkg.).
Ockenfelser Rundweg: ab Kindergarten - Neubaugebiet - Kirchweg -
Untererl, Antoniusstraße, Röttgenstraße bis L 253, rechts Feldweg an
dem Gartenbaubetrieb entlang nach Ockenfels bis Ortsmitte (alte Kirche)
rechts ab Ohlenberger Weg, Kiesgruben, Gartenstraße, Kapellenstraße,
K 21, Kirche Ohlenberg (rote Mkg.).
Moto-Cross-Rundweg - Ecke Breitestraße - Gartenstraße, In der Mark,
Johannisbänkchen, Ohlenberger Weg, Gartenstraße (orange Mkg.).
Ohlenberg - Gartenbaubetrieb - Kühzoll - Asbacher Straße - Linz -
Rheinhöller - Ockenfels - Ohlenberg.

Auf der Wasserscheide zwischen Rhein und Wied nordöstlich des Mehrsbergs

Linz-**Kretzhaus** (bei Kalenborn; 365 m; 100 E.)

🚌 Linz-Kretzhaus - Asbach; Linz-Kretzhaus - Neustadt
🛏 ✕ Pension Zur Linde

🏛 1. 10 Minuten zum nördlich gelegenen, einst 435 m hohen
Asberg, nach dem die Asberg-Hochfläche ihren Namen trägt. 1927
war es noch möglich, zahlreiche Reste einer mächtigen, vorgeschichtlichen **Fliehburg** mit einem Steinwall und vorgelagerten Graben zu er-
forschen. Das Landesmuseum in Bonn soll spärliche Reste dieser keltischen, befestigten Wohnanlage gesichert haben, die wie eine ähnliche
auf dem Hummelsberg etwa auf das 6. oder 7. vorchristliche Jahrhundert
datiert wird. Die dazugehörigen landwirtschaftlichen Nutzflächen sind in
dieser kriegerischen Zeit nicht nur in den umliegenden Orten, wie
Schweifeld, Kalenborn, Bruchhausen, Himberg usw. zu suchen, sondern
auch in heutigen Waldflächen. Von der keltischen Fliehburg auf dem
Asberg ist nicht viel übrig geblieben, da der Berg, wie viele andere,
intensiv als Basaltsteinbruch abgetragen wird.
2. Kretzhaus - Mehrberg - Minderberg, 1 Std. (s. o.).

Auf der Autostraße (L 253 / L 143 und L 634) von Kretzhaus/Kalen-
born aus, Schweifeld rechts und den Himberg links liegen lassend,
über Rottbitze, an dem 351 m hohen Dachsberg (Basaltsteinbruch)
vorbei, erreicht man nach 6 km auf halbem Wege nach Asbach die
alte Siedlung

Windhagen-**Stockhausen** (290 m)

1,5 km von Stockhausen entfernt (K 25) liegt

Windhagen (Gemeinde, Ober- und Niederwindhagen; 300 m; 2250 E., VG Asbach)

◘ Erstmals urkundlich im 7. Jahrhundert bei einer Schenkung Pipins
von Landen an seine Tochter Gertrud (hl. Gertrud, † 659) erwähnt.
🏛 Die jetzige **Pfarrkirche** stammt aus dem Jahre 1250. 1906 wurde sie
erneuert und in den sechziger Jahren nach den Kriegseinwirkungen

nochmals überholt. Sie enthält einige künstlerisch bemerkenswerte Gegenstände: Ein vierpaßförmiger Schlußstein mit Ecce Homo aus der alten Kirche und eine kleine Konsolenfigur, die ein Buch hält, beide Tuff und um 1500; die Bekrönung eines Sakramentschreins aus Tuff mit Bogen und Fialenarchitektur, ebenfalls 15. Jh.; ein bottichartig geformter Taufstein etwa 1 m hoch, 80 cm ⌀, aus einem Trachyt gemeißelt, diente von 1906 bis in die sechziger Jahre den Frauen in Hohn als Waschfaß, bis man ihn wieder in die Pfarrkirche zurückholte und seiner ursprünglichen Bestimmung übergab (Tuff- und Trachytstein kommt im nahegelegenen Siebengebirge vor). Auf dem Kirchhof eine Anzahl barocker Grabkreuze.

✗ Agfa Photo Werke; Saunabau; Raiffeisenkasse
✚ Arzt
🛏 ✗ Gaststätten und Pension: Gasthof Josef Hecken; Gasthof Zur Post; Haus Adelheid.

🏃 🏛 ⚶ **1. Hecken - Birken - Hüngsberg** (alle Gemeinde Windhagen), K 30 (3 km). Die **Hüngsberger Kapelle,** 1822 erbaut, birgt eine schöne Madonna, auf Mondsichel stehend, geschnitzt um 1470. Das Antependium ist ein allegorisches Gemälde, welches 1700 entstand.

2. Abzweigung von der K 30 nach Windhagen-**Johannisberg,** 263 m, über die K 31 (2 km). Ehemals Sitz des Geschlechtes „von Schönebeck". Der alte Hof wurde nach dem II. Weltkrieg abgetragen.

3. Windhagen-**Vierwinden-Köhlershohn** (Gemeinde Windhagen). Die Höhe erreicht bei Vierwinden 320 m. Von dort aus geht es über die K 27 nach Köhlershohn (3 km). Einst ein versteckt liegender romantischer Weiler inmitten eines Waldgebietes, das früher eine reichhaltige Pflanzenwelt aufwies. Köhlershohn ist heute ein aufsteigender Ort mit modernen Bungalows und einer Hotel-Gaststätte.

Windhagen-**Hallerbach** (am Bachufer 171 m)

ist der tiefstgelegene Ort der Gemeinde.

🏛 **Dreifaltigkeitskapelle** aus dem Jahre 1614.
🛏 ✗ Gasthaus Peter Witt
⚓ Campingplatz an der Mühle.
Autostraßen nach Vettelschoß (3 km) und Windhagen (3 km), (K 25), Rederscheid (2 km) und ins Elsaffthal (6 km), (K 26).

Windhagen-**Rederscheid** (300 m; K 26)

🏛 **Sebastianuskapelle,** die im Jahre 1803 benediziert wurde.
🛏 ✗ Sporthotel
2 km von Hallerbach, 1 km von Windhagen-**Schweifeld** (305 m K 26), 1 km von Rottbitze (K 26).

Windhagen - **Frohnen - Hohn - Günterscheid**

Mit dem Auto oder zu Fuß durch diese Dörfer ins Elsaffthal (6 km). Im Elsaffthal finden wir die zur Gemeinde Neustadt gehörenden Flecken **Dinkelbach** (K 32), **Wahrenberg** (K 144), **Hammerhof, Wölsreeg, Unter-, Mittel-** und **Oberelsaff** (L 252), das eine beschauliche Kapelle und eine alte Mühle aufweist.

Vettelschoß-**Kalenborn** (313 m; 850 E.)

hat die wenigen Häuser des Linzer „Stadtteils" Kretzhaus als Anhängsel.

◨ Erste Erwähnung 1209; erhielt 1958 eine große moderne **Kapelle,** welche den wirtschaftlichen Aufschwung und die Bevölkerungszunahme beweist.

✗ Eine Eisenbahnlinie für Güterzüge sorgt für den Abtransport von Basalterzeugnissen. Außerdem besteht ein Mischwerk für Teer und Basaltsplitt, eine chemische Fabrik für Dichtungskitte in sanitären Anlagen und das für Deutschland einmalige, interessante **Schmelzbasaltwerk** Kalenborn Dr. Mauritz. Das Werk stellt durch Schmelzen und Umformen des Basaltes besonders verschleißfeste Verkleidungen für Großrohre, Rutschen u. ä. her und exportiert seine Erzeugnisse weithin.

✉ ✗ Bahnhofshotel Reufel; Gästehaus Ingo Kagel;
🏃 Wie von Kretzhaus aus!

Vettelschoß-**Oberwillscheid** (322 m; 49 E., K 20)

◪ Südlich von Kalenborn gelegen, war Oberwillscheid ursprünglich ein Einzelgehöft, das seit dem 13. Jh. zur Burg Leyen bei Ockenfels gehörte und seit 1623 Geroltshof genannt wurde.

Vettelschoß-**Willscheid** (327 m; 90 E.; L 252)

🏛 Kapelle aus dem Jahre 1570; Holzfigur des hl. Bernhard aus dem 17. Jh. Willscheid entstand ebenfalls aus einem adeligen Einzelgehöft. Heute 18 Häuser.

✉ ✗ Zum blauen See
🏃 **Seiferhof** (15 Minuten). Autostraße Hallerbach (Windhagen) 2 km, K 25.

Vettelschoß (ab 280 m; 2250 E., VG Linz a. Rh.)

mit den Ortsteilen Kalenborn, Oberkalenborn, Willscheid, Oberwillscheid, Kau, Seiferhof (ab 280 m; 2718 E.) und Kretzhaus (Ortsteil teilweise noch Stadt Linz).

🏛 Dem Sportplatz gegenüber steht für die ev. Christen der Linzer Höhe seit 1967 eine transportable **Kleinkirche** mit 130 Sitzen, die der Gemeinde leihweise von der Rheinischen Kirche Düsseldorf überlassen worden ist. Zu ihren Schätzen zählt die Altarbibel, ein Geschenk des ehemaligen Bundestagspräsidenten Eugen Gerstenmaier, und ein künstlerisches, im Pfingstmotiv fein ausgesticktes Antependium.

Das schöne **kath. Pfarrhaus** wurde in den Jahren 1896 - 1900 aus einheimischem vulkanischem Gestein, welches nur im Verbund haltbar ist, erbaut. Mit diesem Gestein war auch die Erstkirche in den Jahren 1896 - 1900 errichtet. 1974 wurde sie abgerissen, um einem modernen **Kirchenbau** Platz zu machen. Darin eine Pieta, ein Muttergottes-Torso und eine Figur des hl. Joseph mit dem Jesuskind, alle aus dem 18. Jh., sowie die holzgeschnitzten Apostelfiguren des Petrus und Paulus.

Außerdem fesseln den Besucher einige alte Bauernhäuser, besonders der aus dem 17. Jh. stammende Fachwerkbau Hauptstraße Nr. 21 und die Häuser Kirchgasse Nr. 2 und 4.

✗ Anziehungspunkt für zahlreiche Ausflügler ist „im alten Hohn" das Ausstellungsgelände für **Fertighäuser.** Die Firma Streif OHG hat sich außerdem im Schalungsbau spezialisiert und wurde hier in den fünfziger Jahren ansässig. Wenzel, Paul KG: Leder-Sport-Bekleidungswerk.

🎿 Der nahe, einstmals 370 m hohe Willscheiderberg weist heute (wie der Minderberg) einen Trichter statt der Spitze auf. Der Betrieb des Steinbruchs wurde aber Ende 1974 vorläufig stillgelegt. Zu seinen Füßen liegt der zum Schwimmbad hergerichtete **Blaue See,** ebenfalls ein ehemaliger Trichtersteinbruch, der sich mit Grundwasser gefüllt hat. Ihm angegliedert ist ein Campingplatz mit Gaststätte und ein Sportplatz.

✚ 1 Arzt, Tierarzt und Apotheke.

✉ ✗ 8 Gastwirtschaften, davon 3 mit Mittagstisch, 1 Café im Ausstellungsgelände der Firma Streif, Unterkunft ca. 50 Betten.

☉ Überregional bekannter Fastnachtszug am Fastnachtssonntag.
Sommerfest am Willscheider Berg im August.

🚎 Linz - Neustadt - Altenkirchen; Linz - Vettelschoß - Neustadt/Wied.
☎ Gemeindeverwaltung 5461 Vettelschoß, Tel. (0 26 45) 22 81;
Verkehrs- und Verschönerungsverein, Tel. (0 26 45) 23 85
✳ Willscheider Berg; Ausblick auf Wiedtal, Hoher Westerwald.

Vettelschoß - Kirche - Willscheid - Kalenborn - Oberkalenborn - Oberwillscheid - Willscheid - Vettelschoß.
Vettelschloß - Blauer See - Willscheider Berg.
Vettelschoß - Willscheid - Kalenborn - Steinhübel.
Vettelschoß - Willscheid - Kalenborn - Kretzhaus - Asberg.
Vettelschoß - Kau - Vettelschoß.
Vettelschoß - Willscheid - Seifert - Hallerbach - Frohnen - Hohn - Günterscheid - Unterelsaff - Hohnenmühle - Vettelschoß.
Vettelschoß - Oberelsaff - Rott - Rotterheide - Unterelsaff - Vettelschoß.
Vettelschoß - Kalenborn - Steinhübel - Mehrberg - Minderberg - Obererl - Streithard - Alt-Rennenberg - Notscheid - Kau - Vettelschoß.
Vettelschoß - Willscheid - Hallerbach - Rederscheid - Rottbitze - Himberg - Rottbitzer Straße - Schweifeld - Kalenborn - Vettelschoß.
Vettelschoß - Willscheid - Hallerbach - Rottbitze - Himberg - Rottbitzer Straße - Kretzhaus - Kalenborn - Willscheid - Vettelschoß.

Südlich auf der Wasserscheide zwischen Rhein und Wied, 1 km von Vettelschoß (K 19)

St. Katharinen-**Notscheid** (357 m; L 254)

🏛 In der Nähe ein **Wasserturm,** der im Volksmund nach seinem Erbauer „Leggewies" genannt wird.
Unter den gepflegten **Fachwerkhäusern** ist die Nr. 5 der Hochstraße das schönste. Es wurde 1701 erbaut, befindet sich noch immer im Besitz derselben Familie und steht inzwischen unter Denkmalschutz. Die 1803 im gotischen Stil errichtete St. Georgs-, heute **Herz-Jesu-Kapelle** birgt als Besonderheit ein barockes, gesticktes Bild des hl. Joseph, um 1857. Das von 1719 stammende Wegekreuz verdient ebenfalls Beachtung.
⊨ ✕ Gasthof Gerhard Kuth

🏛 Lohnendes Ausflugsziel eines Fußmarsches von Notscheid aus ist die **Burgruine Rennenberg.** Nach einem kurzen Stück auf der L 254 in Richtung Kretzhaus zweigt in westlicher Richtung ein Fußweg ab, der in einer Viertelstunde zum Ziel führt. Am „Ommessen Hüwel" wandert man an zwei stillgelegten Steinbrüchen vorbei, die man aber nicht erkennen kann, ohne den Weg zu verlassen. (Bei Besichtigung Vorsicht!). Bald hat man das zweihundertjährige gepflegte Bauernhaus „Alt Rennenberg Nr. 2" erreicht. Etwas weiter, inmitten einer Wiese, finden wir den uralten Hof „Alt Rennenberg Nr. 1", der nicht mehr bewohnt ist und vor dem Verfall steht. Wenige hundert Meter trennen ihn vom 354 m hohen Basaltgipfel des Rennenberges und der krönenden Burgruine. Neben Resten einer Kapelle aus dem 13. Jh. finden wir den aus älterer Zeit stammenden noch relativ gut erhaltenen Turm und die Grundmauern anderer Burgteile. Vom Bauernhaus aus führt ein schöner Waldweg am Peterhof und dem Schloß Neu-Rennenberg vorbei nach Linz (1 Std.).

Die Orte Kreuzchen, Hilkerscheid, Noll und Lorscheid bilden heute zusammen mit dem eigentlichen **St. Katharinen** eine zusammenhängende Wohnsiedlung. Alle genannten Orte weisen Gebetsstätten auf.

St. Katharinen-**Kreuzchen** (361,6 m; L 254)

🏛 **Heiligenhäuschen** mit St. Joseph-Figur.

Von hier aus über die K 17, am Elektrizitätswerk in die K 18 einbiegend, nach dem tiefliegenden St. Katharinen-**Homscheid,** vier Häuser, 2 km (Gemeinde St. Katharinen).

St. Katharinen-**Hilkerscheid** (L 254)

🏛 **Votivkapelle** zur hl. Barbara mit Stiftungsplatte folgenden Inhalts:
Marcus Ignatius Flöckher Churfürst. Ambtsverwalter und Zölner zu Lintz
Maria Eleonora Bilsteins Eheleute 1619 im Xber.
👣 Vom Kapellchen aus bergabwärts durch Fluren und Wald zum
Jägerhaus - Fischhaus - Peterhof - Schloß Neu-Rennenberg - Linz
(1¹/₂ Std.).

St. Katharinen-**Noll** (L 254)

🏛 **Kapellchen,** das dem hl. Wendelin, dem Schutzpatron des Weideviehs,
geweiht ist.
✗ Ranch-Klause
🚌 Linz - Neustadt

St. Katharinen (180 - 400 m; 2450 E., VG Linz a. Rh.)

mit den Orten Noll, Hargarten, Kaimig, Grendel, Ginsterhahn,
Kreuzchen, Notscheid, Hilkerscheid, Lorscheid, Hinterlorscheid,
Rödder, Steinshardt, Strödt, Wochenendgebiet Brochenbach, Sen-
genau, Rameckhöfe, Homscheid).

▣ 🏛 Im Hauptort St. Katharinen bestand schon vor 1201 ein Kloster der
Kanonessen, welches wegen Armut und Feuer 1201 aufgegeben wurde.
1208 wurde hier eine klösterliche Gemeinschaft nach den Regeln der
Zisterzienser gegründet. Nach wechselhaftem Schicksal wurde das
Kloster 1632 durch die Schweden zerstört. Von 1632 - 1654 wurde das
Kloster wieder aufgebaut. Starke Schäden entstanden durch französische
Truppen 1672 und 1688. Die Nonnen flohen in diesen Zeiten nach Linz
in ihren klostereigenen Katharinenhof (heute ev. Gemeindehaus).
1803 erfolgte der Auflösungsbeschluß. Die Kirche wurde den Bewohnern
der umliegenden Orte als Gotteshaus überlassen. Das Hauptgebäude
wurde durch einen gewissen Schmitz auf Abbruch verkauft. Die großen
Quadersteine kamen nach Köln und wurden dort zum Bau von Häusern
verwendet. Die Kirche wurde im II. Weltkrieg zerstört. Handwerkliche

St. Katharinen auf der Linzer Höhe

Meister schufen bei der Renovierung 1962 Altar, Taufbecken und Fußboden in grauem Trachyt. Bemerkenswert ist das hängende Eisenkreuz
im Chorraum, in dessen Rahmen ein Rumpf Christi eingearbeitet wurde,
der von einer Kreuzigungsgruppe, die Hans Backoffen 1530 schuf, nach
den Zerstörungen des zweiten Weltkrieges als einziges übrigblieb.
Mehrere historische Grabplatten und schön gemeißelte Grabkreuze aus
dem 17. Jh. runden das sakrale Bild dieses Gotteshauses ab.

X Firma Pahlke, Kunststoffe; Lorscheid.

Im Industriegebiet der Gemeinde:
Firma Niedax, Verzinkerei; Firma Löhr, Sitzkomfort; Getränke-Salz;
Firma Lahs, Holz; Firma Kraut, Dachdecker.

✚ Arzt für Allgemeinmedizin

⊨ X Gasthaus Spitz; Gasthaus und Pension Mönch.

🚌 Linz - St. Katharinen - Neustadt

☎ Gemeindeverwaltung 5461 St. Katharinen, Tel. (0 26 44) 23 47

🏃 St. Katharinen - Kirche - Kirchstraße - Kreuzchen - Notscheid -
Alt Rennenberg - Notscheid - Hilkerscheid - Bornstraße - Noll -
St. Katharinen.
St. Katharinen - Noll - Hargarten - Brunnenstraße - Hummelsberg - Auf
der Hardt - Hummelsberger Weg - Kaimig - Noll - St. Katharinen.
St. Katharinen - Noll - Kaimig - Grendel - Ginsterhahn - Sender - Linzer
Straße - Hargarten - Noll - St. Katharinen.
St. Katharinen - Noll - Klostermühlenweg links hoch - Brochenbach-
straße - St. Katharinen.
St. Katharinen - Lorscheid - Industrieweg - (Rundweg) Lorscheid.
St. Katharinen - Lorscheid - Steinsharderstraße - Hinterlorscheid - Röd-
der - Steinshard - Alsau (Wiedtal) - Brochenbachtal - St. Katharinen.
St. Katharinen - Kreuzchen - Notscheid - Homscheid - Strödt - Linzer
Straße - St. Katharinen.
St. Katharinen - Lorscheid - Anxbachtal - Steinshard - Rödder - Lor-
scheid.
St. Katharinen - Sportplatz - Brochenbacher Straße - St. Katharinen.
St. Katharinen - Hargarten - Hummelsberg - Schmitzhöfe - Dickert -
Kaimig - Noll - St. Katharinen.
St. Katharinen - Lorscheid - Strödt - Sengenau - Wiedtal - Anxbachtal -
Strödt - Lorscheid - St. Katharinen.

Nordöstlich von St. Katharinen

St. Katharinen-**Lorscheid** (350 m)

🏛 In seiner **Votivkapelle** ein Vesperbild in Holz im Stil des Manieris-
mus aus dem 18. Jh.

🏃 Nach Steinshardt, siehe St. Katharinen-Steinshardt.

Wenden wir uns von Lorscheid auf der L 251 ostwärts, so kommen
wir vorbei an **Strödt** und dem 341 m hohen Strödter Köpfchen
nach

Neustadt-**Rott** (295 m)

🏛 **Filialkapelle** aus dem Jahre 1828. Ein Vesperbild stammt aus der
Mitte des 15. Jh. In Holz gearbeitet sind Maria mit dem Kinde und
Joseph mit einem mächtigen Mantelbausch; die Entstehung des spätbarocken Kunstwerkes mit manieristischen Zügen wird in die Zeit vor
1800 geschätzt. Einen verwandten Charakter hat der flächig gearbeitete
116 cm hohe Crucifixus aus Holz.

X Maschinenbau

⊨ X Pension Waldesruh; Haus Fernblick

🚌 Linz - Rott - Neustadt

Neustadt-**Wied** (200 m)

🏰 Das Wiedtal beherrschend liegt auf einem hohen Felsen nicht weit von den Dörfern **Rott** und **Rotterheide** die **Burg Altenwied** mit ihrem fünfseitigen Bergfried. Ihre Mauern bestehen aus mächtigen Buckelquadern, größtenteils aus Basaltlava, und vereinzelt eingesprengten Tuffquadern. Bereits um die Mitte des 12. Jh. wird die Burg urkundlich erwähnt. Aus alter Zeit steht im Bergfried ein Fesselblock aus roh gezimmerten Eichenbohlen. In der unteren Bohle sind kreisbogenförmige Ausschnitte, in welche die Gefangenen ihre Unterschenkel stecken mußten. Die obere Bohle wurde dann auf die untere herabgelassen und mit ihr verriegelt, so daß die Beine von dicht umschließenden Ringen umgeben waren. Der also Gefesselte konnte nur auf dem Rücken liegen. (Vergleiche auch Wiedtal, S. 325!).

St. Katharinen-**Rödder** (350 m) und
St. Katharinen-**Steinshardt** (302 m; K 14 (3 km))

◪ 🏰 Von St. Katharinen-Lorscheid aus wenden wir uns einem anderen Ausläufer der Linzer Höhe in südöstlicher Richtung zu. Einige Stations-Reliefs des ehemaligen Kreuzwegs ziehen vorüber, bis hinter Rödder das idyllisch gelegene Bergmannsdörfchen **Steinshardt** erscheint. Seine Bewohner waren fast alle bis Ende des 2. Weltkrieges in den Silber-, Blei- und Kupferschächten des nahen Anxberges im Wiedtal beschäftigt. Auf der Hochebene der Steinshardt ein herrlicher Ausblick über die heimatlichen Höhen und in das Wiedtal. Hier steht auch die Kapelle zum hl. Petrus von 1797. Beachtenswert sind zwei Reliquienbehälter, etwa um 1700, und eine Reliquienplatte, um 1511. Über dem Portal steht seit der Erbauung in einer Nische St. Petrus. In der Nähe eine ehemalige jüdische Begräbnisstätte.
✗ Sonntags im Freien Getränkeausschank.
🏃 1. Fußweg zum Örtchen **Sengenau** im Wiedtal.
🏃 2. Auf dem Rückweg von Steinshardt - Lorscheid biegt linker Hand ein Weg nach **Hinterlorscheid** ein, dessen einziges bäuerliches Anwesen urkundlich auf das Jahr 1291 zurückgeht (15 Minuten).

Westlich von St. Katharinen (1,5 km) liegt der Ortsteil
St. Katharinen-**Hargarten** (335 m; K 15)

🏰 **Kapelle zur hl. Apollonia,** deren Erbauung in das Jahr 1690 fällt. Künstlerisch wertvoll in diesem kleinen Gotteshaus sind die Marienfigur aus dem 15. Jh. und die beiden Glocken aus den Jahren 1628 und 1718.
🏰 Beherrscht wird diese Gegend von dem ehemals 445 m hohen **Hummelsberg,** der einige interessante Pflanzen aufweist. Aus der Vorgeschichte fanden wir auf dem Hummelsberg (wie auf dem Asberg) eine befestigte Wohnanlage, die im Jahre 1936 eingehend untersucht wurde. Der Wall lag in einer Höhe von 430 m und hatte einen ⌀ von etwa 150 m. Das Landesmuseum in Bonn fand Reste einer Holz- und Steinmauer mit kleinem Graben, eines Tores und einzelner Wohnstellen. Nach diesen Forschungen ist eine ständige Besiedlung um 600 vor Christi anzusetzen. Zur Zeit herrscht am Hummelsberg reger Betrieb für die Gewinnung des besonders guten Steinmaterials, so daß die Kuppe mitsamt dem Wall inzwischen abgetragen ist.
Der Abbruch einer 100 m hohen Felswand in den Steinbruchsee hinein verursachte 1978 eine Flutwelle, die zwei Häuser wegschwemmte und vier Menschen tötete.
🛏 ✗ Pension zum Hummelsberg

St. Katharinen-**Kaimig, - Grendel, - Ginsterhahn** (350 m)

Auf der Landesstraße L 254 folgen nun die genannten kleinen Flecken mit dem Fernsehverstärker und dem 370 m hohen **Ginsterhahnerköpfchen.** Benachbart sind diesem der 396 m hohe **Stümperich** und der 386 m hohe **Römerich.**

🛏 ✕ Gasthaus Jakob Günter, daselbst Postfiliale.

🚌 Linz - Kaimig - St. Katharinen - Wied - Neustadt.

*

An der etwas weiter südlich gelegenen Wegekreuzung (L 254 / L 256) geht es in westlicher Richtung nach Linz, in östlicher Richtung auf der L 256 nach

Dattenberg-**Hähnen** (350 m; VG Linz)

🏛 Dort wurde im Jahre 1800 eine „sehr alte, baufällige" Kapelle erneuert. 1893 entstand an ihrer Stelle ein Neubau, der in den sechziger Jahren einem modern gehaltenen **Kapellenbau** weichen mußte. Auch hier bietet die Inneneinrichtung besinnlichen Kunstgenuß.
Jahren einem modern gehaltenen Kapellenbau weichen mußte. Auch hier bietet die Inneneinrichtung besinnlichen Kunstgenuß.

🚌 Linz - Hähnen - Roßbach

👣 Von Hähnen nach Leubsdorf-**Krumscheid** (auf der K 8) ist eine besonders schöne halbstündige Wanderung; benutzt man den linksseitigen Streckenpfad, so ist Krumscheid in einer Viertelstunde zu erreichen. Alter Dorfbrunnen, Fachwerkhaus (17. Jh.), 4 Häuser.

Östlich von Hähnen geht es über die L 256 nach **Heeg** (Gemeinde Dattenberg) und **Reifert** (Gemeinde Roßbach, Verbandsgemeinde Waldbreitbach) hinab ins Wiedtal. Überall bietet sich ein unvergleichlich schöner Fernblick in die hügelige Landschaft.
Westlich des Höhenwegs (L 254) führt die L 256 sanft bergab und alsbald ist man am

Linzer Ronig (248 m)

angelangt.

🏛 1870 erbaute **Kapelle.** Das sehr schöne Fachwerkhaus des Hofes brannte 1971 ab. In der Nähe das neue **Krankenhaus** der Stadt Linz. Der nahegelegene 178 m hohe Kaiserberg mit seinem modernen Stadion ist vom Linzer Ronig aus bequem und schnell zu erreichen.

*

Vom Linzer Ronig kommt man auf der K 10 zum

Dattenberger Ronig (237 m)

◨ Diese Siedlung mit ihrer kleinen Kapelle ist bereits 1270 bestätigt.

Auf der Hochterrasse des Rheins

Dattenberg (150 - 200 m; 1250 E., VG Linz a. Rh.)

◨ Dattenberg ist ein Ort auf der Hochterrasse des Rheins, geprägt früher von Landwirtschaft und Weinbau. Auf dem Stürzberg wurden beim Bau der Transportbahn zahlreiche Frankengräber aus dem 7. Jh. entdeckt. 877 bestätigte Karl der Kahle dem Stift Nivelles seine Grundherrschaft u. a. über den Hof in Wallen und Grundstücke in der „Wehrdiestel" in Richtung Burgberg in Dattenberg.
Von den Roniger Höfen empfiehlt sich ein Besuch des stillgelegten Steinbruchs **„Schwarzer See"** (38 m tief) und des 202 m hohen Dattenbergs mit seinem Basaltreichtum, der seit 1816 bis zum Ende des 2. Weltkrieges der einheimischen Bevölkerung Beschäftigung gab.

🏛 Bekannt ist die **Burg Dattenberg** mit noch bestehenden Mauerresten und dem Turm. 1242 wird sie als Stammsitz des Ritters Werner von Dadenberg aufgeführt. Wilhelm von Dadenberg verkaufte die Burg an Erzbischof Heinrich II. von Köln. - 1331 erhielt Ritter Rollmann von Sinzig die Burg als Lehen. Seine Nachkommen führten den Namen „von Dattenberg". - 1572 kam die Burg durch Elisabeth von Dattenberg, Gattin des Goddart von Lülsdorf, an Albrecht von Lülsdorf. - 1664 nach Aussterben der männlichen Linie der von Lülsdorf an Johann Friedrich Raitz von Frentz zu Gustorf. - 1667 erlosch das Lehen. Im 19. Jh. kam die Burg als Ruine in den Besitz des Amtmanns Stopperich, dann in Besitz des Baron von Mengershausen. - 1880 wurde in unmittelbarer Nähe eine Villa mit Wirtschaftsgelände errichtet. - 1887 kam das gesamte Anwesen in Besitz der Familie Fuchs. Nach 1933 war hier ein Landjahrlager stationiert. Heute ist sie ein Landschulheim des Erftkreises. 1890 wurde die sehenswerte **Pfarrkirche** gebaut. An anderer Stelle stand eine uralte Kapelle (Nähe Antoniusbrunnen). Diese wurde 1897 abgerissen bis auf den Chor, heute Kriegergedächtnisstätte.
Alte Höfe, besonders auf dem Burgberg. Fachwerkhäuser.
🛏 ✕ 5 Gaststätten, Mittagessen in 3 Gaststätten; 40 Betten; Café.
⊙ Erntedank- und Winzerfest, 1. Wochenende im Oktober mit weithin bekanntem Festzug.
Der „Daddeberger Rude", ein feuriger Rotwein, ist Feinschmeckern zu empfehlen.
🚌 Linz - Dattenberg - Hähnen - Roßbach
☎ Ortsgemeinde 5461 Dattenberg, Tel. (0 26 44) 32 59;
Verkehrs- und Verschönerungsverein, Tel. (0 26 44) 41 40
✱ Steinbruchgelände, Angstberg, Giersberg, Parkplatz unterhalb des Krankenhausneubaues. Ausblick: Rheintal, Ahrtal, Goldene Meile, Eifel, Westerwald, Leubsdorfer Tal.
🚶 Wandertafeln am Ortseingang (Parkplatz Bach), Marktplatz, Ortsausgang (Friedhof) Markierungsschilder weiß mit roter Schrift.
VVD Dattenberg ab Marktplatz, Hauptstraße, Friedhof bis Heiligenhäuschen, links über den Steinbruch, Sportplatz, Burg, Bachweg, runter bis Parkplatz, links hoch über den Ringhell (Rheinheller) nach Leubsdorf, aufwärts an der Kirche vorbei nach Dattenberg.
Ab Marktplatz, Kirche vorbei, Heister hoch bis Parkplatz unterhalb des neuen Krankenhauses, rechts bis Roniger Hof, rechts bergab zum Döttesbach, dann rechts nach Leubsdorf, vor dem Sportplatz rechts hoch über Koppe Kreuz, Schwarzer See nach Dattenberg.
Marktplatz in Richtung Sportplatz, Verschönerung, Mariensäule hoch bis Neubaugebiet Ronigerhof, links nach Gut Frühscheid, hinter dem neuen Krankenhaus runter bis Roniger Hof, rechts hoch bis Parkplatz, dann links runter über neuen Wirtschaftsweg Heister zurück.
Marktplatz K 10 über Roniger Hof, Parkplatz bis Löse, dann links parallel mit der K 10 bis Schutzhütte mit Parkplatz, rechts zum Römerich (Steinbruch, Besichtigungsmöglichkeit, Vorsicht), Rothe Kreuz, dahinter rechts ab Richtung Leubsdorf, Fischweiher, vor dem Sportplatz rechts hoch über den Schwarzen See zurück nach Dattenberg.
Marktplatz, Roniger Hof, Kreuzung K 10 / L 256 links durch Löse, Wegweiser, Hähnen, Krumscheid, rechts ab Wegweiser, rechts nach Rothe Kreuz, Hesseln etwa 200 m über die L 252, Tannenschonung rechts, Hubertushof vorbei, Leubsdorf, Schwarzer See, Dattenberg.
Marktplatz, Heiligenhäuschen, nach links über den Steinbruch, Sportplatz, links runter in die Verschönerung aufwärts, 2. Weg links aufwärts zum Ronigerweg, diesen aufwärts bis Hotel Gut Frühscheid, Löse bis Wegstock überqueren, Hähnen, rechts runter bis Wochenendgebiet Brochenbach, Arnsau, Wied aufwärts, rechts hoch über Spreitchen, Reifert, Hähnen, Wegstock zurück nach Dattenberg.
Marktplatz - Wallen - In der Au - Linz.
Marktplatz - Angstberg - Verschönerung - Linz.

Leubsdorf-**Rothe Kreuz** (355 m)

🏛 ♂ In Rothe Kreuz stand bis vor wenigen Jahren eine aus dem 17. Jh. stammende Kapelle. Neben einem Gasthaus und mehreren Jagdhütten entstand zu Anfang der siebziger Jahre der **Nurda-Park**, ein Wochenendhausgebiet mit spitzgiebeligen Wohnhäuschen; die Häuschen werden einzeln an Private verkauft.

🧍 Durch Hochwald von Rothe Kreuz nach Krumscheid (90 Minuten); Roniger-Höfe, Dattenberg, Leubsdorf s. oben.

Von der L 254 auf die K 9 nach
Leubsdorf-**Hesseln** (325 m)

🏛 **Kapelle** aus dem Jahre 1784, neu errichtet 1936.

🧍 Schöner Fußweg durch den Wald nach Krumscheid.

Bad Hönningen-**Reidenbruch** und **Girgenrath** (325 m)

🔲 Inmitten herrlicher Hochwälder liegen Reidenbruch (K 7), das bereits 1215 erwähnt wird, und östlich des Rheinhöhenweges (L 254) Girgenrath (K 7) mit einem Kapellchen auf einem Hügel.

🍴 ✕ In Reidenbruch Pension Küpper, Ponyhof.

🧍 1. Durch den Hochwald nach Weissfeld zum Mahlberg (Ski-Piste);
2. Reidenbruch - Weissfeld - Frorath - Hausen - Klöster auf dem Kapellenberg;
3. Reidenbruch - Weissfeld - Stopperich - Westerwaldklinik;
4. Reidenbruch - Moorbachtal - Hönningen (1 Std.).

Ortsneckereien aus dem Rheinischen Westerwald

Gesammelt von August Welker

Neiwidd, Neiwidd, du orme Stadt,
Ärbelschlood un den nett satt,
Zichoriebrieh, onn die net worm,
Ach Gott, wat ess Neiwidd su orm.

Wer durch Oberbieber kommt,
Ohne dat er geschollen wird,
Durch Niederbieber,
Ohne dat er geschlohn wird,
Durch Melsbach,
Ohne dat er mit Stein geworfe wird,
Der kann von Gleck sohn.

Emm Dürrholz onn en de Säukrisch,
Do gih net hin,
Do honn se gruße Schotteln,
Un nix drin.

(Die Gemeinde Dürrholz umfaßt die Orte
Daufenbach, Werlenbach und Muscheid.
Säukrisch heißt das Niederdreiser Tal
mit den Ortschaften Hilgert und Dendert.)

IM WIEDTAL VON ALTENKIRCHEN BIS NEUSTADT

Bearbeiter: Dr. Emil Haas †, H.-J. Hucke,   *Übersichtskarte S. 304*
Erwin Katzwinkel u. Fritz Wiegard

Die Wied, der größte Bach des Westerwaldes, entspringt oberhalb
des Dreifelder Weihers und strebt in einer noch wenig eingetieften, breiten Talmulde nordwestlich auf Altenkirchen zu. Nun
fließt sie in vielen Windungen mit der Hauptrichtung Südwest auf
Neustadt zu.
Während Altenkirchen noch in einer weiten Hochmulde liegt, gräbt
sich die Wied unterhalb zusehends ein und hat sich bei Neustadt
bereits ein rund 100 m tiefes, mächtiges Tal geschaffen.
Im Bereich der durch das Wiedtal führenden B 256 westlich Altenkirchen finden Gewerbe und kleinere Industriebetriebe noch Platz.
Dann erst entwickelt es zunehmend seine landschaftlichen Reize
und ist dann ab Döttesfeld und im Bereich der Lahrer Herrlichkeit
ein ausgesprochenes Fremdenverkehrsgebiet.
Dort also, wo das Flüßchen beginnt, sich in den Grundgebirgs-
sockel des Vorderwesterwaldes einzugraben, liegt die Kreisstadt

Altenkirchen (200 m; 5160 E., VG Altenkirchen, Kreis AK)
Während die bewaldeten Höhen auf der linken Seite in unmittelbarer Nähe des Flusses steil ansteigen, weicht das Bergland auf
der rechten Seite der Wied bis zum Beulskopf (Basaltkegel)
zurück. Die breiten Terrassen, über die der Anstieg von 220 m
auf über 300 m erfolgt, boten sowohl der Stadt als auch zahlreichen Dörfern günstige Siedlungsmöglichkeiten. Erschwerend
für die Stadt wirkte sich dabei allerdings die Tatsache aus, daß
diese Terrassen durch eine Reihe von Nebenflüssen der Wied
nochmals in einzelnen Bergrücken und Tälern zerlegt wurden.
Altenkirchen liegt dabei in einer Mulde, die von Laub- und Tan-
nenwäldern eingerahmt ist.
Infolge seiner günstigen Verkehrslage im Grenzgebiet von Oberwesterwald und Unterwesterwald bindet Altenkirchen seit Jahrhunderten ein weites Hinterland an sich. Darauf beruht seine
zentralörtliche Bedeutung.
In Altenkirchen treffen sich heute die B 8 (Köln - Limburg - Frankfurt), die B 414 (Altenkirchen - Hoher Westerwald - Obere Lahn -
Mitteldeutschland), die B 256 (Neuwied - Altenkirchen - Au - Bergi-
sches Land) und die L 267 (Neuwied - Altenkirchen - Au).
Die seit Jahrhunderten bestehenden Straßenverbindungen wurden
durch eine Reihe von Eisenbahnlinien ergänzt. Die Strecken Alten-
kirchen - Au, Altenkirchen - Westerburg - Limburg, Altenkirchen -
Sieshahn - Limburg und Siershahn - Engers schufen zum ersten
Male die Möglichkeit zum Transport von Massengütern. Ein
Städteschnellverkehr fährt heute zweimal täglich über Alten-
kirchen nach Köln und Frankfurt. So verbinden Schiene und
Straße Altenkirchen mit dem Niederrhein und dem Oberrhein, mit
Mittel- und Süddeutschland, mit dem Neuwieder Becken und dem

Versuchen Sie es doch einmal mit einem U r l a u b im schönen W E S T E R W A L D !

Den Kreis Altenkirchen mit seiner reizvollen Mittelgebirgslandschaft, mit seinen herrlichen Wäldern, seinen Schlössern und Burgen erreichen Sie schnell über die Autobahn Köln-Frankfurt oder die „Sauerlandlinie" Dortmund-Siegen-Gießen, mit der Deutschen Bundesbahn: Köln-Au-Altenkirchen und Frankfurt-Limburg-Altenkirchen.

Hotels und Privatpensionen und neuerdings auch „Ferien auf dem Bauernhof" erwarten Sie auch zu Ihrem Wochenendurlaub. Sie können dabei in aller Ruhe Ihr Hobby pflegen: Fliegen, Reiten, Schwimmen, Fischen, Kleingolf, Camping, Paddeln und vieles andere mehr. Würzige Waldluft gibt es umsonst.

Auskunft erteilen:

Kreisverwaltung Altenkirchen, Abt. Wirtschaft und Verkehr, 5230 Altenkirchen/Ww., Telefon: (0 26 81) 8 11

sowie die Verbandsgemeindeverwaltungen:

5230 Altenkirchen
5240 Betzdorf
5244 Daaden
5232 Flammersfeld
5241 Gebhardshain
5249 Hamm (Sieg)
5242 Kirchen (Sieg)
5248 Wissen

und die Gemeindeverwaltung:

5243 Herdorf (Sieg)

Alt-Zinnernes, deftige Humpen aus Westerwälder Keramik und eisernes Küchengeschirr haben noch mehr Wert als ihre „Kostbarkeit" in Borden und Vitrinen der Sammler. Sie sind dekorative Zeugen der gastlichen Tradition an Sieg und Wied.

In der Tat: Gastfreundschaft hat hier seit jeher einen hohen Stellenwert. Ob als Durchreisender, vertrauter Gast oder gar als Freund - man erfährt sie mit der im Land üblichen kernigen Herzlichkeit immer wieder.

In Gaststuben hinter anheimelndem Fachwerk wurde schon
vor vielen Generationen Gemütlichkeit „gelebt". Nach harter
Arbeit in der Grube, am Hochofen, im Hauberg oder hinter
dem Pflug durfte man hier „schon einmal Feierabend"
sagen. So lustig und munter ging es zuweilen in vorgerück-
ter Stunde zu, daß sich selbst jahrhundertealte Eichen-
balken vor Vergnügen bogen. Nicht möglich? Auch jetzt
soll dies noch passieren.

Gemütlichkeit und Gediegenheit, wie sie dem Wesen der
mit ihrem Land verwurzelten Menschen eigen sind, prägen
noch heute die heimische Gastronomie. Den gestiegenen
Ansprüchen ihrer Gäste hat sie sich dabei freilich nicht
verschlossen. Rustikal oder exklusiv, hier kann man mit
Bedacht wählen.

Weilt man schon im Lande, dann sollte man auch nach
Spezialitäten fragen. Sie sind oft von Haus zu Haus, im
Norden und im Süden des Kreises verschieden. Aus alten
Zeiten überliefert sind „Hausgemachtes", Westerwälder
Schlachtplatte, Siegerländer Krüstchen, „Rieweskooche"
(Kartoffelbrot) oder ein knuspriges „Schanzenbrot" aus dem
mit Haubergsholz „gefeuerten" Backes. Dazu einen der hier
gebrannten Klaren oder ein Apfelkorn und schmackhaftes
heimisches Bier.

Mann kann dabei sogar unter die Haube kommen - eine
alte Sudhaube über dem Tresen an traditionsreicher
Braustätte.

Siegerland, mit dem Limburger Becken und dem Bergischen Land. Bei dieser Verkehrslage ist es sicherlich kein Wunder, daß im Laufe der geschichtlichen Entwicklung auf die Stadt immer wieder besondere Aufgaben zukamen. Sie ist dadurch reich an öffentlichen Einrichtungen.

Altenkirchen ist Sitz der Kreisverwaltung für den Landkreis Altenkirchen und Sitz der Verwaltung der Verbandsgemeinde Altenkirchen sowie zahlreicher anderer Behörden. Die Verbandsgemeinde selbst mit ihren 43 Ortsgemeinden und 20 000 Einwohnern reicht von der Nister bis über den Mehrbach.

Nach dem Kriege konnte Altenkirchen seine Höhere Schule zum Westerwaldgymnasium ausbauen. Neu errichtet wurden eine Mittelschule sowie die Hauptschule für alle Kinder der Verbandsgemeinde. Diese 3 Schulen sind durch eine Orientierungsstufe zu einer Kooperativen Gesamtschule miteinander verbunden, die zur Zeit von 2500 Schülern besucht wird. Mit Hilfe des Landes und des Landkreises konnten für alle Schulen auf der Glockenspitze neue Gebäude errichtet werden. In der Stadt haben weiter ihren Sitz eine Landwirtschaftsschule mit einer Beratungsstelle, eine landwirtschaftliche Berufsschule, die Rheinische Landvolkshochschule und die Landjugendakademie der ev. Kirche.

◩ Die Kreisstadt Altenkirchen gehört zu den ältesten Siedlungen des inneren Westerwaldes. Sie verdankt ihre Entstehung und Entwicklung der zentralen Lage im Schnittpunkt alter Fernverkehrsstraßen. Die bedeutendste dieser Straßen war die heutige B 8, die als Köln - Frankfurter Straße eine Brücke zwischen dem Niederrhein und dem oberrheinischen Raum bildete. Eine Abzweigung in Altenkirchen führte als Leipziger Straße (heutige B 414) über den Hohen Westerwald nach Mitteldeutschland. Diese Köln - Frankfurter bzw. Köln - Leipziger Straße war Post-, Handels- und Heerstraße zugleich. Auf ihnen marschierten und kämpften im Jahre 1796 während der französischen Revolutionskriege Österreicher und Franzosen.

Am 16. 12. 1314 verlieh Ludwig der Baier „den Städten und Plätzen Hachenburg, **Altenkirchen** und Weltersburg und den Leuten beiderlei Geschlechtes, die jetzt oder in Zukunft in eben diesen Städten bzw. Plätzen wohnen, alle Freiheiten, Rechte und Ehren, deren sich die Stadt Wetzlar und andere Städte des Reiches erfreuen". Die erste urkundliche Erwähnung erfährt die Stadt Altenkirchen allerdings schon zwei Jahrhunderte früher. In einer Urkunde aus dem Jahre 1131 bestätigte Papst Innozenz II. dem Stift St. Cassius und Florentius zu Bonn den Besitz der Höfe zu Altenkirchen und Birnbach. Dem Bonner Stift gehörten zu dieser Zeit bereits die Kirchen und Zehnten zu Birnbach und zu Altenkirchen mit den Kapellen zu Altstadt, Kroppach und Almersbach.

Aus der überlieferten kirchlichen und grundherrschaftlichen Organisation zu Beginn des 12. Jh. und dem Namen der Siedlung selbst dürfen wir schließen, daß es sich bei Altenkirchen um eine fränkische Gründung handelt.

Vögte des Stiftes St. Cassius und Florentius waren die Grafen von Sayn, die als Gaugrafen des Aulgaues im 12. Jh. auch das Kirchspiel Altenkirchen besaßen. Damit wurden sie die ersten Landesherren unserer Heimat.

Die Grafen von Sayn sicherten den Besitz der Stadt und der zu ihr führenden Straßen durch die Anlage einer Burg, die im Laufe der Zeit zum Altenkirchener Schloß ausgebaut wurde. Zu Beginn des 17. Jh. war die mit Mauern und Türmen geschützte Stadt bereits Sitz des Saynischen Amtes.

Bei der Teilung der Grafschaft Sayn im Jahre 1662 wurde Altenkirchen Sitz der Zentralverwaltung für die gesamte Teilgrafschaft Sayn-Altenkirchen und damit Landeshauptstadt. Doch vom Glanz fürstlicher Hofhaltung hat die Stadt wenig gespürt. Die Landesherren, bis 1741 die Herzöge von Sachsen-Eisenach und anschließend die Markgrafen von Brandenburg-Ansbach, blieben in ihren Stammlanden außerhalb des Westerwaldes; nur gelegentlich kamen sie zu kurzen Besuchen nach Altenkirchen.

Die Stadt kam im Jahre 1791 an Preußen, 1802 an Nassau-Usingen und 1806 zum Herzogtum Nassau. Im Jahre 1815 fielen Stadt und Amt Altenkirchen endgültig an Preußen. Altenkirchen wurde Sitz der Kreisverwaltung für den Landkreis gleichen Namens.

Wer heute in der Kreisstadt nach sichtbaren Zeugen dieser geschichtlichen Vergangenheit sucht, bemüht sich vergebens. Das alte Schloß der Grafen von Sayn wurde wegen Baufälligkeit in den Jahren 1820 und 1862 abgebrochen, die Stadtmauer mit ihren 11 Türmen und 2 Toren dem Erdboden gleichgemacht, alte und sicher erhaltenswerte Gebäude wurden durch Katastrophen vernichtet. Zwei große Brände in den Jahren 1728 und 1893 sowie schwere Bombenangriffe im Frühjahr 1945 haben den Kern der Stadt immer wieder zerstört. Bei dem Unglück von 1893 brannte die nach den Plänen von Schinkel erbaute ev. Kirche nieder, den Angriffen von 1945 fielen beide Kirchen, nahezu alle Schulen und auch das barocke Gouvernementgebäude am heutigen Schloßplatz zum Opfer. An Baudenkmälern aus dem Mittelalter sind in der näheren Umgebung Altenkirchens nur noch die beiden einen Besuch lohnenden Kirchen in Almersbach und Hilgenroth vorhanden.

Doch der zähe Fleiß und der ungebrochene Lebenswille der Bürger schufen trotz der umfassenden Kriegsschäden des Frühjahres 1945 aus den Trümmern der Vergangenheit ein n e u e s Altenkirchen.

✕ Neben zahlreichen hochentwickelten Handwerksbetrieben ist die Industrie vor allem mit den **WERIT-Kunststoffwerken** vertreten (elektrotechnisches Installationsmaterial, Heizöltanks).

Ein leistungsfähiger Einzelhandel hat Altenkirchen zu einer Einkaufszentrale mit einem weiten Hinterland gemacht, zugleich gibt die Stadt mit ihren Behörden, mit Bahn und Post und ihren wirtschaftlichen Betrieben vielen Landbewohnern den notwendigen Arbeitsplatz.

✛ Der Landkreis unterhält in der Stadt ein Krankenhaus mit 210 Betten, die Evangelische Kirche ein Altenheim mit 85 Plätzen. Außer 8 Fachärzten des Krankenhauses praktizieren in der Stadt drei Fachärzte, vier Allgemeinärzte und fünf Zahnärzte. Vier Apotheken.

♂ Sportzentrum mit Stadion, Kampfbahn, Sporthalle, Hallenbad;
5 Tennisplätze, Reithalle.

Altenkirchen ist anerkannte Fremdenverkehrsgemeinde.

⇌ ✕ 4 Hotels, zahlreiche Pensionen, Restaurants und Gaststätten, 5 Cafés, 3 Eisdielen, 4 Imbißstuben. Jugendherberge mit 80 Betten; mehrere Erholungsheime.

🚌 in Richtung Köln, Frankfurt, Siegen, Koblenz, Neuwied und Limburg.
🚎 in Richtung Siegburg, Linz/Rh., Eitorf, Hamm (Sieg), Wissen, Betzdorf, Hachenburg; Horhausen - Neuwied - Koblenz.

☎ Verbandsgemeindeverwaltung und Verkehrsverein 5230 Altenkirchen, Tel. (0 26 81) 30 41. Ortsprospekt und örtliche Wanderkarte erhältlich.

✳ Schöne Blicke auf die Stadt vom Bismarckturm und dem Ehrenmal am Dorn, beide in den Wiedtalhängen südlich der Stadt. Weitere Aussichtspunkte sind die Giershausener Höhe südlich Weyerbusch und die Höhen hinter Fluterschen.

Stadtnahe Wälder im **Naherholungsgebiet „Dorn"** südlich der Stadt und im **Dieperzberg** nördlich der Stadt.

Höhenweg „Rund um Altenkirchen"

Wer Altenkirchen und seine landschaftlich bemerkenswerte Umgebung wirklich kennenlernen will, dem sei folgende Wanderung empfohlen:

Altenkirchen - An der Sieg. Diese überqueren, talab nach Busenhausen und weiter über Beul zum Beulskopf (388 m); trigonometrischer Bismarckturm - Richtung Amteroth B 8 - gegenüber der Gastwirtschaft Reinhard Waldweg nach Ingelbach - Bahnhof Ingelbach - Giesenhausener Höhe - Eichelhardt - Iserterhöhe - Racksen. Kurz vor Racksen Abzweigung in Richtung Hilgenroth - an der alten Schule vorbei nach Beul - Heupelzen - Richtung Ölsen - Abzweigung eines ausgebauten Waldweges nach Wölmersen - Helmenzen - Rehardt - Schöneberg - Waldweg nach Fluterschen - über die Höhe in Richtung Oberwambach. Vor dem Ort Abzweigung zum Johannisberg - Bismarckturm.
Die Gesamtlänge dieses Höhenweges beträgt 40,5 km. Er führt mit Ausnahme der Strecke Wölmersen - Schöneberg über ausgebaute Straßen.
Mit dem Fahrrad wird ab Wölmersen folgende Strecke empfohlen:
Wölmersen - Birnbach - Obernau - Schöneberg - Fluterschen - Oberwambach - Bismarckturm.

Weitere Wandervorschläge:

1. Ins Wiedbachtal oberhalb von Altenkirchen

Schloßplatz Altenkirchen, Köln-Frankfurter-Straße bis Abzweigung nach Michelbach. Dort talwärts über Widderstein nach Nieder- und Oberingelbach. Aufstieg zur Straße Bahnhof Ingelbach-Mudenbach. Dort rechts ab bis Ausgang des Waldes oberhalb Mudenbach (∗). Zurück und weiter bis Bahnhof Ingelbach. Bahnübergang überschreiten - Hachenburger (Leipziger) Straße - am Gasthaus Müller rechts ab nach Kroppach (Mittelpunkt der „Kroppacher Schweiz") ins Tal der Großen Nister. Weiter zur Giesenhausener Höhe (350 m; ∗). Durch Giesenhausen ins Tal des Sörther Baches, durch Sörth und links ab auf Feld- und Waldwegen zurück nach Altenkirchen.

2. Zum Kloster Marienthal bei Hamm (Sieg)

Altenkirchen - Erbach. Vor dem Tunnel rechts durch den Wald. Aufstieg zum Plateau. Waldweg zum Kloster Marienthal (Wallfahrtsort). Aufstieg über Kreuzberg nach Hilgenroth (schöne alte Kirche); oberhalb des Ortes ∗. (Osten): Wasserscheide zwischen Hamm und Altenkirchen; (Süden): Talkessel Altenkirchen). Rückweg: Hilgenroth - Obererbach - der Bahn entlang über Cobersteiner Hof - Honnerroth - Altenkirchen.

3. Zwei Wanderungen zum Beulskopf

a) Altenkirchen - über Landjugendakademie zur Bedarfshaltestelle Dieperzen. Unter der Bahn hindurch, durch Dieperzen zur Straße Altenkirchen - Hachenburg. Diese überqueren, talab nach Busenhausen und weiter über Beul zum Beulskopf (388 m) trigonometrischer Punkt; ∗ (Osten): Hoher Westerwald; (Süd-Westen): Lahnhöhen; (Westen): Siebengebirge; (Norden): Sieg, Berg. Land. Rückweg: Heupelzen - Hellenhof - Kettenhausen - Altenkirchen.

b) Altenkirchen. Kumpstraße nach Kettenhausen - Heupelzen - Beul (Beulskopf) wie unter a). Zurück nach Heupelzen - links ab durchs Wiesental zum Wald. In der Mitte des Waldes Wanderweg nach Helmenzen. Dort an der Schule links durch Driescheid nach Altenkirchen.

4. Zwei Wanderungen in den Südteil der Verbandsgemeinde Altenkirchen

a) Altenkirchen. Koblenzer Straße - über Wiedbrücke - links ab zum Aufstieg (steil durch Tannenwald) zur Höhe des Dorn. Dem Weg durch den Wald rechts nach bis zum kleinen Schild rechts („Löns-Denkmal"). Dann links ausgetretenem Pfad nach zum Denkmal (∗; gegenüber der „Rauhe Stein"). Abstieg durch den Wald ins Tal des Almersbaches. Links am Waldrand vorbei (Gasthaus „Waldhaus") bis Amteroth. Dann über den Dorn (Westerwaldheim) nach Altenkirchen.

b) Altenkirchen. Koblenzer Straße bis Schule Almersbach. Am Sportplatz vorbei bis Fluterschen. Dort am Gasthaus Koch vorbei links ab durch den Wald nach Oberwambach. Weiter durchs Löwental nach

Almersbach (sehr schöne alte Kirche mit Wandmalereien: ✱). Nach Altenkirchen zurück.

5. Ins Eschbach-, Birnbach- und Ölfebachtal

Bahnfahrt Altenkirchen - Neitersen. Straße Altenkirchen - Flammersfeld bis Mündung des Birnbaches in Wied (vor Obernau). Talauf bis Einmündung des Eschbaches. Dann links ab dem Eschbachtal folgen bis Walterschen. Aufstieg zum Aßberg. Abstieg über die „Dor(nen)heck" nach Hemmelzen. Weiter nach Birnbach. An der alten Schule rechts ab durch Wald ins Ölfenbachtal unterhalb Oberölfen. Aufstieg durch den Wald zum Galgenberg vor Altenkirchen.

Auf der südlichen Wiedseite liegt unterhalb Altenkirchen im Hang
Almersbach (225 m; 480 E., VG Altenkirchen)

🏛 Auf einem vorspringenden Bergsporn über der Wied steht, von alten Bäumen umgeben, die spätromanische **ev. Pfarrkirche,** eine flachgedeckte Pfeilerbasilika aus dem 2. Viertel des 13. Jh.; der schwere Westturm mit barocker Haube. Der Chor außen mit lisenengegliederter Apsis, innen Gratgewölbe. Bei der Restaurierung 1915 wurden Fresken aus dem 13. bis 15. Jh. freigelegt.

✗ Im Wiedtal Firma Ferdinand Jagenberg & Söhne, Industrie-Spezialpapiere.

🚶 In den Staatsforst Altenkirchen oder durchs Wiedtal nach Schöneberg.

Oberhalb Almersbach dann
Fluterschen (280 m; 700 E., VG Altenkirchen)

◻ Aus Fluterschen stammt der Heimatschriftsteller Karl Ramseger-Mühle (1900-1961).

🚌 Altenkirchen, Oberwambach, Steimel, Fluterschen

✱ Das Gelände steigt zum südlichen Waldrand auf 320 m und bildet die Wasserscheide zwischen Wied und Holzbach (Wambach). Von dieser Höhe aus hat man eine ausgezeichnete Fernsicht zur Willrother Höhe (ehemalige Grube Georg) und zum Siebengebirge.

🚶 Durch Fluterschen führen die Wanderwege 1 und 3 des Westerwald-Vereins.

Schöne Wandermöglichkeiten an der Almersbacher Kirche vorbei durch die Leuzbacher Wiesen nach Altenkirchen, nach Schöneberg oder ins Wambachtal.

Wenn wir von Altenkirchen durch den Vorort Leuzbach wiedabwärts fahren, sehen wir hinter der leichten Höhe „Bergenhäuser Heckelchen" auf der anderen Wiedseite
Schöneberg b. Altenkirchen (210 m; 400 E., VG Altenkirchen)

◻ Seit dem 10. Jh. Kirchspiel, von ca. 1500 - 1742 Standort eines Schlosses, im 18. und 19. Jh. zeitweise Amt. Durch einen großen Brand wurden 1854 über die Hälfte des Dorfes und die romanische Kirche vernichtet.

🏛 Neugotische **ev. Kirche** aus dem Jahre 1864.

🛏 ✗ Gasthof Lücker, 11 Betten

🚌 Postbus Betzdorf - Neuwied; Bahnbus Koblenz - Altenkirchen

🚂 Bedarfshaltestelle der Strecke Siershahn - Altenkirchen

☎ Ortsgemeinde, Tel. (02681) 4721

✱ Südwestlich Schöneberg Aussicht auf das Wiedtal (Neitersen, Obernau, Niederölfen). Südlich Schöneberg Aussicht auf Altenkirchen und Fluterschen (besonders abends reizvoll).

ŧŧ Zum Waldhof (bei Ratzert), von dort weiter nach Steimel (Süden). - Über die Wiesen nach Almersbach und Altenkirchen (Osten). - Richtung Westen: Durch den Wald nach Kahlhardt, Obernauer Kopf, Berzhausen, Strickhausen.

Wir kommen dann nach

Neitersen (200 m; 820 E., VG Altenkirchen)

◑ Das Modell einer einst hier arbeitenden Ölmühle steht im Landschaftsmuseum Westerwald.

✕ Firma **Edgar Georg,** Fahrzeugbau, Maschinenbau, besonders Mülltransportfahrzeuge, Müllpressen, Müllcontainer.

Firma **Karl Georg,** Stahlwerk (Pufferbau).

Bus- und Transportunternehmen.

Weiter führt die B 256 nach

Obernau (200 m; 150 E., VG Flammersfeld)

✔ Hinter der Gastwirtschaft am Ortseingang rechts Einfahrt zum versteckt in einem Tälchen liegenden Campingplatz mit Frei- und Hallenbad.

Die B 256 führt nun in großen Kehren über Schürdt zur Schürdter Höhe (Hubertushöhe). Hier mündet die von Weyerbusch kommende Raiffeisenstraße in die B 256 und gibt dieser bis zum Rhein ihren Namen. Über das nun folgende Flammersfeld siehe im Kapitel „Zwischen Leuscheid und Wied"!

In Obernau verlassen wir jedoch die B 256 in der großen Rechtskurve und folgen nach links der Wied und der Eisenbahn, ohne diese zu überqueren. Auf einem befestigten Sträßchen, das bis Bahnhof Flammersfeld mit PKW befahrbar ist, erreichen wir sehr schnell

Berzhausen-Strickhausen (192 m)

✕ Alte Mühle, einst Bannmühle des Kirchspiels Flammersfeld. Von ihr sagt man heute: „Früher wurde hier Mehl und heute wird hier Strom gemahlen". Die Wied treibt hier Turbinen, deren Strom der allgemeinen Elektrizitätsversorgung zugeführt wird.

Hinter der Mühle überqueren wir die Wied und gleich darauf die Eisenbahn und sind in

Berzhausen (200 m; 160 E. einschl. Strickhausen, VG Flammersfeld)

𐂂 Vor der Unterführung links 150 m weit zu einem Steinbruch, wo sich Versteinerungen finden lassen.

🚌 Haltepunkt der Bahnstrecke Siershahn - Altenkirchen.

Ab der Bahnunterführung folgen wir unserem alten Weg und sind sehr bald in

Seelbach-Bettgenhausen (186 m)

und nach wenigen Metern in

Seelbach/Wied (230 m; 360 E., VG Flammersfeld)

◑ Nahebei der Bahnhof Flammersfeld. Hier befand sich 1940 für mehrere Wochen im Salonzug „Heinrich" Ribbentrops Hauptquartier.

ŧŧ Wanderer haben die Möglichkeit, hinter dem Bahnhof Flammersfeld statt über die Brücke links ab, unter der Eisenbahn hindurch entweder über den Berg zum Dorf Seifen oder im Wiedtal entlang zum Bahnhof Seifen zu wandern.

Ab Bhf. Flammersfeld kann man mit dem PKW über die neue Wiedbrücke nach Flammersfeld hochfahren und dort die B 256 erreichen.

Wer jedoch weiter nach Seifen und Bruch fahren will, der muß bereits in Bettgenhausen links ab durch Seyen fahren und erreicht oberhalb des Ortes die Straße Altenkirchen - Neuwied. Wir folgen ihr nach rechts eine kurze Strecke und fahren dann wieder rechts ab nach

Seifen (220 m; 130 E.)

und zum Bahnhof Seifen im Holzbachtal.

Hier bei Seifen durchstoßen wir den, wie der Geograph sagt, „Siegener Sattel", einen aufgefalteten Höhenzug, der vom Rhein her in nordöstliche Richtung, von Quertälern natürlich unterbrochen, durchlaufend bis Siegen zu verfolgen ist.

Etwa 800 m südöstlich vom Bahnhof Seifen wurde beim Straßen- und Bahnbau ein Fundpunkt für fossile Fauna der **Siegen-Seifener-Schichten** angeschnitten. Auch hier gehört Glück zum Finden.

Vom Bhf. Seifen sind wir in wenigen Minuten an der Einmündung des Holzbaches in die Wied und in

Döttesfeld (200 m; 620 E., VG Puderbach)

Anerkannter Erholungsort mit Fremdenverkehr.

Angelsport, Reiten, Schießsport

Hotel mit 21 Betten, 2 Gaststätten, Pension; 3 Campingplätze

Bahnhof Seifen der Strecke Au - Altenkirchen - Siershahn.

Brucher Brücke (2 km)

Verkehrs- und Verschönerungsverein 5419 Döttesfeld,
Tel. (0 26 85) 14 83; Verbandsgemeinde Puderbach, Tel. (0 26 84) 2 35

Schöne Wandermöglichkeiten in die Wälder und ins Grenzbachtal. Wanderparkplatz am Ortsausgang Richtung Bruchermühle.

1. P - Wiedstraße - Teiche - Waldlehrpfad - Feriendorf - Haus Hoffnungsthal (Grenzbachtal) - Wiedbachtal - L 269 - P (8 km; Mkg.: Geweih);
2. P - Döttesfeld - Friedhof - Grenzbachtal - Haus Hoffnungsthal - Wiedbachtal - L 269 - P (5 km; Mkg.: roter Ring);
3. P - Döttesfeld - Schießstand - Grenzbachtal - L 269 - P (3,5 km; Mkg.: rotes Dreieck);
4. P - Holzbachbrücke - Bahnlinie - Holzbachbrücke - P (2,5 km; Mkg.: rotes Viereck);
5. P - Döttesfeld - Teiche - Waldlehrpfad - Bahnlinie - Holzbachsteg - Seifen - Holzbachstraße - P (6 km; Mkg.: rotes Karo).

2 km wiedab kreuzt unsere Talstraße die von Flammersfeld nach Horhausen führende Raiffeisenstraße (B 256). Wir sind hier an der Bürdenbach-**Brucher Mühle** (170 m)

Hier trafen sich ehedem die Landesgrenzen von Sayn, Kurköln und Kurtrier. Man erzählt, daß sich früher hier viel Diebsvolk herumtrieb. Waren ihm die Häscher auf den Fersen, so brachte es sich mühelos auf fremdes Hoheitsgebiet jenseits der Wied in Sicherheit.

Im Jahre 1978 wurde bei Reparaturen an der Wiedbrücke durch Zufall eine gußeiserne **Platte** gefunden, die nun auf einem Basaltfindling in unmittelbarer Nähe angebracht ist. Auf ihr steht zu lesen, daß Friedrich Wilhelm Raiffeisen 1852 als Bürgermeister von Flammersfeld diese Brücke erbauen ließ.

Bruch besitzt noch Reste eines Freigräflichen Hofes der von Sayn-Wittgenstein-Berleburg. Das Gelände wurde 1974 an die Gemeinde Oberlahr verkauft und in das Freizeitgebiet einbezogen. Siehe darüber unter Bürdenbach im Kapitel „Zwischen Autobahn und Wied!"

✤ Auf dem ehemaligen Bahnhofsgelände der Strecke Linz - Döttesfeld großes Freibad der Lahrer Herrlichkeit mit 3 Becken, Sprungturm. Café.

Das Wiedtal bringt uns nun in die Lahrer Herrlichkeit und nach
Oberlahr (280 m; 730 E., VG Flammersfeld)

◨ Über die Geschichte der Lahrer Herrlichkeit siehe unter Burglahr!

🏛 **Neugotische Pfarrkirche** St. Antonius Abbas von 1876. Rheinischer Taufstein aus dem 13. Jh.

✕ Oberlahr war Zentrum eines regen Erzbergbaus im Wieder Bergrevier, einem Ausläufer des Siegerländer Eisenspatgebietes. Jenseits der Wied „bergte" man im Harzberg und auf Martini. Auch die Gruben Lammertskaul und Louise im Lahrbachtal waren von hier gut zu erreichen. Noch bis 1941 förderte man in der modern eingerichteten Grube Silberwiese (nördlich in einem Seitental) Kupfer- und Eisenerze in großen Mengen.

🛏 ✕ 4 Hotels und Gasthöfe mit 80 Fremdenbetten; in allen Mittagstisch.

🚌 Strecken Altenkirchen - Linz und Koblenz - Betzdorf

☎ Ortsgemeindeverwaltung 5231 Oberlahr, Tel. (0 26 85) 2 79

🏃 Sehr waldreiche Umgebung mit schönen Wanderwegen nach Rott, Flammersfeld, ins Horhausener Gebiet und abseits der Straße nach Peterslahr.

Wir fahren auf der Wiedtalstraße weiter und sehen rechts am Hang den Lusthof liegen, einst Sitz der kurkölnischen Verwaltung der Herrlichkeit Lahr. Nach insgesamt 1,5 km sind wir dann in
Burglahr (170 m; 330 E., VG Flammersfeld)

◨ Auf einem einstigen Umlaufberg der Wied erbauten die Grafen von Isenburg vor 1276 das „Veste Haus zu Laere", wie ihre Burg im Wiedtal damals genannt wurde. Sie war der Mittelpunkt ihrer Herrschaft, zu der die Orte Oberlahr, Burglahr und Heckerfeld gehörten. Graf Salentin von Isenburg verpfändete die Lahrer Herrschaft 1325 an Kurköln. Unter kurkölnischer Hoheit wurde die Lahrer Herrlichkeit, wie sie fortan genannt wurde, von dem Amtmann von Altenwied verwaltet. Ein bodenständiges Rittergeschlecht war nie hier ansässig. Bei der Auflösung des Kölner Erzstiftes 1803 fiel die Lahrer Herrlichkeit zunächst an Nassau und 1815 an Preußen. Heute gehört die Lahrer Herrlichkeit zur Verbandsgemeinde Flammersfeld im Landkreis Altenkirchen.
Der Name **„Lahrer Herrlichkeit"** hat also nichts mit der herrlichen Wiedlandschaft zu tun. Heute meint man damit das gesamte Wiedgebiet zwischen Bruch und Peterslahr.

🏛 Der alte Ort liegt im Halbrund um den Burgberg. An seinem Fuße unweit der einst kurfürstlichen Bannmühle (Reitermühle) eine kleine **Kapelle** aus dem 17. Jh. Auf dem Barockaltar eine alte Plastik: die Muttergottes mit dem Kind.
Burg Lahr war um 1700 noch bewohnbar; später überließ man sie ihrem Schicksal und benutzte sie als Steinbruch. Erhalten blieb der „Große Turm", ursprünglich fünfgeschossig. Er hat einen Durchmesser von 9 m; in etwa 10 m Höhe Reste einer Türöffnung. Die Ruine befindet sich in Gemeindebesitz und wurde 1967/68 restauriert.

✤ Angeln, Reiterhof

🛏 ✕ 2 Hotels mit 30 Betten

🏃 Wandermöglichkeiten in alle Richtungen.

Burglahr in der Lahrer Herrlichkeit

Am kleinen Straßendorf Heckerfeld vorbei kommen wir nach
Peterslahr (160 m; 340 E., VG Flammersfeld)

◪ Der Ort hieß ursprünglich Niederlahr und erhielt seinen heutigen
Namen Mitte des 16. Jh., als er Reliquien des hl. Petrus erhielt und
Wallfahrtsort wurde. Über die Isenburger kam Peterslahr später an Trier
und bildete mit Horhausen das Trierische Amt Horhausen. Zu Beginn
des 19. Jh. nassauisch geworden, verlief seine Geschichte seit 1816
parallel mit der des Kreises Altenkirchen.

🏛 Von der um 1150 erbauten romanischen **Kirche St. Peter** steht noch
der stattliche Westturm. Aus ihr sind noch zwei wertvolle Glasfenster
erhalten, Vertreter der rheinischen Glasmalerei des 12. Jh. Sie befinden
sich seit 1900 im Landesmuseum zu Bonn. Die neuromanische Kirche
stammt von 1901. Erhalten ist das alte Petrusbild vom früheren Barockaltar (1714) sowie einige gute Holzplastiken aus dem 15. Jh. Grabplatten
aus Basaltlava einiger Junker von Überlahr und Düsterau.

🚌 nach Altenkirchen und Neustadt - Linz

☎ Ortsgemeinde 5231 Peterslahr, Tel. (0 26 85) 16 26

Hinter Peterslahr schneiden wir eine Wiedschleife ab und fahren dann mit einer Kehre hinunter in die nach einer Häusergruppe benannte **„Mettelshahner Schweiz"**. Links noch vereinzelt Reste der stillgelegten Bahnstrecke. Dann mündet von rechts das Mehrbachtal, und 500 m einwärts in einem Talkessel liegt das idyllische

Asbach-Ehrenstein (152 m)

◪ 🏛 Wenn Kirche, Kloster und Burgruine Ehrenstein als „Kleinod des Wiedtals" bezeichnet werden, so muß man dem zweifelsohne zustimmen. Die mittelalterlichen Bauten und die wenigen Fachwerkhäuschen liegen auf einem Bergsporn und einer vom Mehrbach umflossenen Landzunge und passen sich malerisch der Landschaft an.

Die **Burg** wurde 1333 erstmals erwähnt. Sie gelangte später an den Ritter Bertram von Nesselrode, Erbmarschall des Landes vom Berge. Er erwirkte im Jahre 1477 die Erhebung der Schloßkirche zu einer Pfarrkirche. Einige Jahre darauf stiftete er ein **Kloster** für **Kreuzherren**. Im Dreißigjährigen Krieg wurde die Burg durch die Schweden zerstört. Erhalten ist noch der behelmte Bergfried, während die übrigen Mauern zerfallen sind. Burg und umliegender Wald sind heute noch im Besitz der von Nesselrode.

Die **Dreifaltigkeitskirche** ist einheitlich spätgotisch (1477), der Chor mit Netzgewölbe von 1486. Ganz vorzüglich sind die figürlich gemalten Glasfenster im Schiff und im Chor von einem Kölner Künstler (um 1480; 1896 und 1962 restauriert). Im Schiff gute Vedutenmalereien. Priorenstuhl und Chorgestühl tragen künstlerisches Schnitzwerk von 1700 bzw. 1752. Taufbecken von 1500. Glocken von 1475 und 1537. Meßgewänder vom Ende des 15. Jh. Spätgotische Figuren. Prächtige Barockkanzel.

Das im Kern gleichfalls spätgotische **Klostergebäude** wurde 1974 gründlich restauriert und teilweise neuerrichtet. 1812. wurde das Kreuzherrenkloster aufgehoben. 1893 zogen hier Franziskanerpatres vom hl. Kreuz ein, mußten aber die Stätte wegen Nachwuchsmangel 1953 verlassen. Es folgten wieder Kreuzherrenpatres, die mit vierjähriger Unterbrechung

Kreuzherren-Kloster Ehrenstein mit Burgruine

auch heute hier wirken und das Kloster seit 1975 zu einer allen Menschen offenstehenden Stätte der Einkehr, der Besinnung und des Dialogs hergerichtet haben.

Lit.: Heft „Ehrenstein" in der Reihe „Rheinische Kunststätten" des Rheinischen Vereins für Denkmalpflege und Landschaftsschutz.

Durch Ehrenstein führt der Kölner Wanderweg und der Weg II, Katzenfurt - Flammersfeld - Linz, des Westerwald-Vereins. Die Brücke über den Mehrbach wurde vom Westerwald-Verein erbaut. Schöne Wandermöglichkeiten in die Nesselrodschen Wälder, über den Kreuzweg nach Altenburg oder in die **Mettelshahner Schweiz**. Neuer Wiedsteg zum Bertenauer Kopf.

Vorbei an der in der Pestzeit um 1542 errichteten Rochuskapelle im Wiedtal und an **Reeg** mit Gasthaus und Holzindustrie fahren wir nach

Neustadt/Wied (150 m; 1370 E. ohne Ortsteile, VG Asbach)

Schulzentrum mit Grundschule, Realschule, Gymnasium und Sportanlagen.

◘ Zentraler Ort an der mittleren Wied, einst Sitz einer Amtsverwaltung, jetzt zur Verbandsgemeinde Asbach gehörend. Ein sauberes, freundliches Dorf mit vielen Geschäften, das nie „Stadt" gewesen ist.

Hinter dem neuzeitlichen Namen verbirgt sich die uralte Siedlung „Nuwinstat", die schon 1185 als Kirchdorf bestand und urkundlich belegt ist. Das zweite Gotteshaus wurde 1229 erstellt.

Von 1912 - 1966 war Neustadt (Wied) ein Umschlagplatz der „Westerwaldbahn", die von Linz über das „Gebirge" der „Linzer Höhe" (Höhenunterschied 303 m) über Neustadt nach Altenkirchen führte. Beim Kriegsende waren auf dem Streckenabschnitt Neustadt - Bahnhof Flammersfeld neun Wiedbrücken zerstört worden, so daß ein Wiederaufbau unterblieb. 1966 wurde auch der Betrieb auf der Reststrecke bis Neustadt (Wied) eingestellt.

🏛 **Kath. Pfarrkirche St. Margareta** (1869 - 73, neugotisch). Taufstein aus dem 14. Jh.

✗ M. u. C. Schiffer, Zahn- und Nagelbürsten; M G F Maschinen- und Gerätebau

✚ 3 Ärzte, 1 Zahnarzt, 1 Apotheke

⛨ ✗ 3 Hotels, mehrere Pensionen und Gasthöfe, auch mit Mittagstisch, 2 Cafés; Campingplatz, Altenheim St. Josef.

🚌 nach Altenkirchen, Linz, Neustadt, Asbach. Ferienbusse in Richtung Siegburg, Köln, Düsseldorf, Duisburg.

☎ Verkehrsverein 5466 Neustadt (Wied), Tel. (0 26 83) 37 09 u. 3 12 21. Ortsprospekt erhältlich.

🌿 Nur 1 km vom Ortsrand entfernt erstreckt sich ein geologisches Naturschutzgebiet mit vulkanischen Basalt-, Tuff und Lava-Vorkommen. Aus den Steinbrüchen im Kraterrand gewann man das Material (Schweißschlacke), von welchem im Mittelalter hier Handmühlen gefertigt wurden.

Über den Bertenauer Kopf siehe unter „Im Wiedwinkel"!

Ein von Wanderwegen gut erschlossenes Naherholungsgebiet ist leicht zu erreichen.

Wanderziele: Burg und Kloster Ehrenstein (2,5 km), Mettelshahner Schweiz (3,5 km), Uetgenbacher Waldkapelle (4,5 km), Burg Altenwied (3 km), Weißenfelser Ley (5 km). Alle Ziele sind in Rundwanderwegen zu erreichen.

1979 fertiggestellter Wiedsteg unterhalb Neustadt bei Krummenau.

AB NEUSTADT IM WIEDTAL ABWÄRTS

Bearbeiter: Doris Engel, Toni Frorath, Hermann-Josef Hucke
           und Fritz Wiegard

Haben wir das obere Wiedtal zwischen der Westerwälder Seenplatte und Altenkirchen und das mittlere zwischen Altenkirchen
und Neustadt kennengelernt, so wollen wir das Tal nun auf
seinem schönsten Abschnitt im Unterlauf der Wied durchfahren.
Aus unerklärlichen Gründen bezeichnet jedoch die neuere Geographie und der Fremdenverkehr im Bereich der Verbandsgemeinde Waldbreitbach diesen rund 30 km langen Wiedabschnitt
bis Neuwied-Altwied als „mittlere Wied".
Die Wied hat sich hier etwa 250-300 m in die sie beidseitig ein-
fassenden Hochflächen eingegraben und fließt nach Süden dem
Rhein zu. Zwischen Burg Altwied und Roßbach und auch noch
zwischen Datzeroth und Altenwied ist das Tal kerbförmig eingeengt; die devonischen Schiefer- und Grauwackeschichten sind
häufig in den Talhängen angeschnitten. Fast überall lassen sich
an den Außenkurven des Baches gut die Prallhänge, auf den
Innenseiten die flacheren Gleithänge erkennen. Im Raum Datzeroth durchbricht das Wiedtal den Siegener Sattel, den wir auch
bei Seifen an der Holzbachmündung kennengelernt haben.
Im Raume Waldbreitbach hat sich eine breitere Talaue gebildet,
die mehreren Orten Platz läßt und hangwärts in gestaffelten
Flußterrassen hochsteigt.
Eine Bummelfahrt durch diesen reizvollen Talabschnitt mit vielen
kleinen Abstechern zu den aussichtsreichen Randhöhen ist ein
Genuß.

Lit.: Kremer, Caspers: Land zwischen Rhein, Sayn und Wied, Heft 12
      der Reihe „Rheinische Landschaften", Rheinischer Verein für Denk-
      malpflege und Landschaftsschutz, Köln 1977.

✳

Unterhalb Neustadt (Wied) umspannen in 56 m Höhe und mit
einer Länge von 400 m die quaderverkleidete Bogenbrücke
(1939/1954) und die moderne Betonbrücke (1974) der Autobahn
Köln - Frankfurt das Wiedtal.
Von rechts mündet das von der Asbachhochfläche kommende
Elsafftal, wo wir auch zur Linzer Höhe abbiegen könnten. Doch
wir bleiben im Wiedtal und sehen auf einem von drei Seiten
umflossenen Bergsporn

Neustadt-Burg Altenwied (230 m)

◪ 🏛 Im Jahre 1187 wurde Burg Altenwied kurkölnisch und kam dann
an die aus Thüringen stammende Gräfin Mechthild von Sayn, deren
Name mit der Geschichte der hiesigen Gegend eng verknüpft ist. 1262
wurde die Burg endgültig an die Kölner Kurfürsten verkauft. Heute
gehört sie zum Besitz der Fürsten zu Wied. Unter der Wölbung des
Eingangstors das Wappen der wiedischen Herrschaft.
Der Burghof ist ringsum von einer Mauer eingefaßt. In ihm steht ein
mächtiger, 13 m hoher und im Umfang 46 m messender fünfeckiger
Bergfried aus mächtigen Basaltblöcken. Die Eingänge sind neu. (Vergl.
Seite 309!)

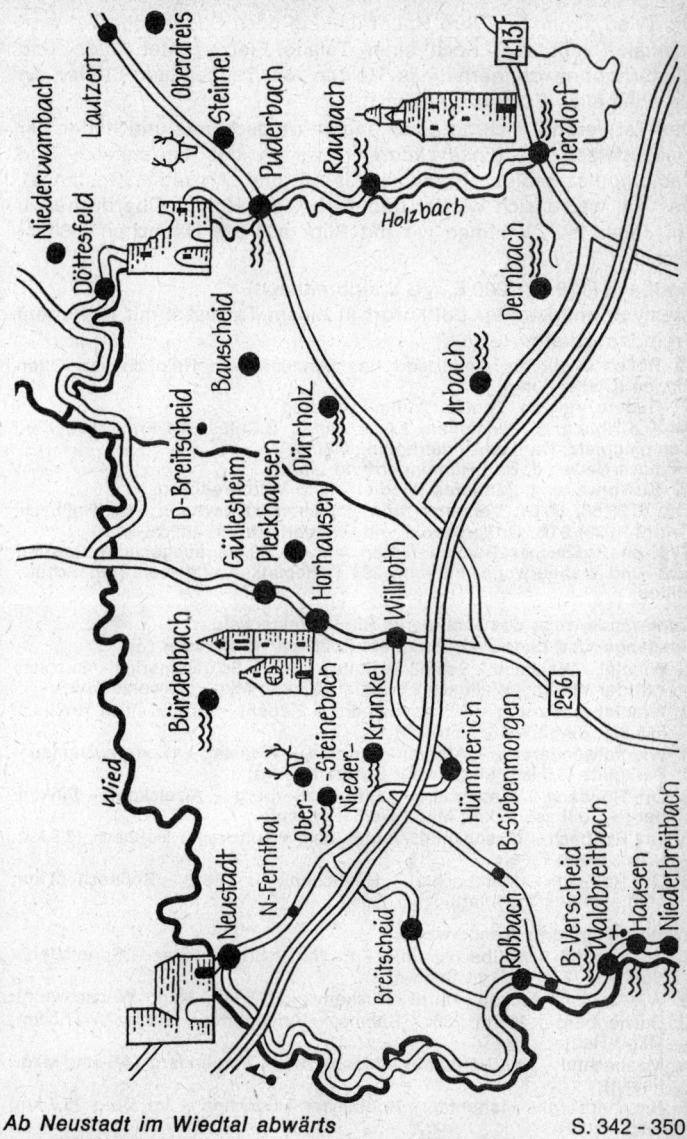

Die Wied nimmt nun ihre Hauptrichtung nach Süden, das Tal wird schmäler, läßt aber noch einer Talaue Platz. Hinter Ober- und Niederhoppen erinnern links Halden am Sengenauer Stollen an die ehemalige Erzgrube Anxbach.

Das Tal verengt sich zu einer engen Waldschlucht und hinter der Weißenfelser Lei (links) kommen wir in das Ferienhaus- und Campingplatzgebiet „Paradies Als-Au und Arnsau" (Gasthaus). Das Tal weitet sich wieder und vorbei am Hofgut Oberbuchenau (im Jugendstil) kommen wir mit Blick auf das Häubchen (360 m) nach

Roßbach (118 m; 1200 E., VG Waldbreitbach)
Staatlich anerkannter Luftkurort in einem Talkessel mit lebhaftem Fremdenverkehr.

◪ Roßbach gilt als Geburtsort des Minnesängers Heinrich von Ofterdingen (Ochtendung).

⚓ Rudern, Angeln, Tennis, Trimm-Dich-Weg

⇨ ✕ 8 Hotels, 13 Pensionen, 2 Gaststätten, 2 Cafés; 431 Fremdenbetten; Campingplatz; Caritas-Altenerholungsheim.

🚌 nach Neuwied, Bad Hönningen und Linz

☎ Kurverwaltung „Mittleres Wiedtal", 5451 Waldbreitbach, Tel. (0 26 38) 50 01. Verkehrs- und Verschönerungsverein 5461 Roßbach, Tel. (0 26 38) 2 06. Ortsprospekt und Wanderkarte erhältlich.

🏃 Im Roßbacher Bereich finden wir ca. 30 km ausgebaute Spazier- und Wanderwege mit rund 200 Ruhebänken und mehreren Schutzhütten.

Rundwanderwege des Naturparks Rhein-Westerwald
Ausgangs- und Endpunkt: Parkplatz Roßbach/Wiedbrücke
1. Wiedtal - Wallbach - Schloß Walburg - auf'm Schrammerich - Gasbitze - In der Wernd - Wallbach - Wiedtal (6,8 km; Mkg.: schwarze Eule);
2. Wiedtalwanderung - Schimmelshahn - Kapelle - Straße nach Roßbach (3,5 km; Mkg.: weißer Frosch);
3. Wiedtalwanderung - Arnsau - Brücke - Wolfstal - Niederbuchenau - Parkplatz (5,5 km; Mkg.: roter Schmetterling);
4. Ort Roßbach - Finkenberg - Buchenauerberg - Atzelskopf - Finkenberg - Roßbach (5 km; Mkg.: weißer Baum);
5. Ort Roßbach - Masbachtal - unter dem Häubchen - Roßbach (2,5 km; Mkg.: blaue Ente);
6. Ort Roßbach - Membachtal - Häubchen - Im Berg - Roßbach (3 km; Mkg.: weißes Kleeblatt).

Weitere markierte Wanderwege
1. Wallbachtal - Wallbachsmühle - Reifert - Scheuerchen - Spreitchen - Roßbach (7 km; Mkg.: Schwalbe);
2. Wiedtalweg - Arnsau - Hardt - Buchenweg (6,5 km; Mkg.: Wildschwein);
3. Buchenberg - Höhe 286 - Rahms - Vingenberg - Roßbach (7,5 km; Mkg.: Reh);
4. Masbachtal - Neschermühle - Masbachtal - Vingenberg (4,5 km; Mkg.: Fasan);
5. Nescherberg - Manental - Roßbacher Häubchen - Im Berg (5,7 km; Mkg.: Eule);
6. Membachtal - Roßbacher Häubchen - Breitscheid - Auf der Kunst (5,8 km; Mkg.: Schmetterling);
7. Gräbenburg - Hornstoßhütte - Auf der Kunst - Elsbachtal - Breitscheider Straße (5,1 km; Mkg.: Pilz);
8. Wallbachtal - Spreitchen - Reifert - Arnsau - Wiedtalwanderweg - Roßbach (7,9 km; Mkg.: Fuchs).

Weiter wiedab. An der Siedlung Lache mündet das Elsbachtal mit guten Wandermöglichkeiten. (Siehe Kapitel „Im Wiedwinkel!") Am Straßenrand steht zur Wiedseite hin ein markanter Stein mit der Jahreszahl 1680, der „Hannestein". Vor dem Bau der Straße war es ein Felsvorsprung, und nur ein Durchschlupfpfad für Fußgänger zwischen Stein und Felsen führte hindurch. Er gibt die Höhe eines verheerenden Wiedhochwassers an.

Eine große Wiedschleife bringt uns nach
Waldbreitbach (107 m; 2327 E., VG Waldbreitbach, Kreis NR)
Beliebter Luftkurort in geschützter Lage auf dem Schwemmkegel eines Seitenbaches der Wied.

◘ 🏛 Der Ort wird erstmals 847 und dann als Pfarrei 1239 genannt. Dieses Kirchspiel deckte sich mit der Herrschaft und dem Amt Neuerburg (bis 1972), dessen Verwaltungs- und Gerichtssitz Waldbreitbach war. Die Dörfer der Pfarrei und die „neue Burg über der Wied", die Neuerburg, finden wir im Besitz der Gräfin Mechtildis von Sayn, die hier als Witwe ihren Wohnsitz hatte.
Um 1260 wurde den Deutsch-Herren das Patronat über die Pfarrei Waldbreitbach übertragen, wogegen die weltliche Hoheit an Kurköln überging. Das alte Gebäude der Kommende stand unweit der großen Linde oberhalb der Kirche; das heutige Haus vom Jahre 1703 ist nur der Rest der damaligen Kommende. Die drei Weiher an der Straße nach Verscheid dienten der Fischzucht. Das Kommende-Anwesen ist seit 1929 im Besitz der Franziskaner-Schwestern, die in dem heutigen **„Rosa-Stift"** älteren Damen eine Heimstatt schenken und Werke der Caritas verrichten.
Die **kath. Pfarrkirche Mariä Himmelfahrt** wurde in den Jahren 1876 - 79 an Stelle eines alten Kirchenbaues errichtet, von dem nur der ungegliederte Westturm aus dem Anfang des 13. Jh. übrigblieb. Man beachte das gratgewölbte Erdgeschoß und die Schallarkaden. Der Schlußstein der ursprünglichen Kirche wurde 1956 nach Beseitigung starker Kriegsschäden in die Turmkapelle eingemauert.
Die **kath. Heilig-Kreuz-Kapelle** (um 1700) liegt 1 km unterhalb in Richtung Hausen. Man erzählt sich, ein an die Felswand eingemauertes und von ruchloser Hand in die Wied geworfenes Pilgerkreuz sei Anlaß für den Bau gewesen.
Ein **Steinkreuz** (1737) am Parkplatz zeigt an, wo die ersten Häuser von „Breitbach" standen.
Restaurierte **Ölmühle** mit kleinem Museum. (Zu besichtigen!)
Beachtenswert ist dann noch die Geschichte der beiden Franziskaner-Genossenschaften, die beide in der Kreuzkapelle ihre Anfänge haben. - So die **Franziskaner-Schwestern,** die das **„Marienhaus",** ein auf dem Berge erstelltes Gebäude, als ihr Mutterhaus wissen. In der ehrwürdigen Kreuzkapelle begann das Werk einiger Frauen, darunter Margarethe Flesch, die spätere Mutter Rosa. Sie widmeten sich der Pflege von Kranken und Waisen, erstanden mit Unterstützung gutgesinnter Gönner für 80 Taler ein Grundstück, etwa 2 Morgen groß, ein mit dichtem Dornengestrüpp bewachsenes Felsgelände. Die Überlieferung erzählt, daß die rührigen Frauen das Baumaterial, wie Holz, Steine und weiteres mit eigener Körperkraft den hohen beschwerlichen Berg hinauf trugen und so nach hartem Opfer zu „Martini" im Jahre 1861 in ihrem errichteten Bau mit 7 Zimmern Einzug hielten. Bereits 1863 legten die ersten drei Jungfrauen ihr Gelübde ab und gründeten die Genossenschaft, die sich durch viele Filialen im In- und Auslande sehr bekannt machte. Ein alter Mühlstein vor der jetzigen Klosterkirche - 1886 bis 1887 erbaut - erinnert an die Gründerin, die „Mutter Rosa", die zeitweilig, und zwar in den Jahren 1839 bis 1851, in einer Mühle im Fockenbachtal unweit der Ruine Neuerburg ihren Wohnsitz hatte. In den letzten Jahren wurde

von den jetzigen Schwestern der in der Nähe des Klosters gelegene Friedhof und die Gedenkkapelle in würdigen Zustand versetzt, was, wie auch das wenige Minuten von dem Mutterhaus gelegene „Antoniushaus", in welchem eine weltbekannte Nervenklinik eingerichtet ist, von dem Geist und der hohen Aufgabe der Franziskaner-Schwestern zeugt.

Nachdem der letzte Krieg auch in Waldbreitbach empfindliche Spuren hinterließ, sind im Laufe der Jahre die größten Schäden beseitigt. Gepflegt wird heute, besonders in den Sommermonaten, der Kurbetrieb, der schon vor dem Kriege das Tal beliebt machte. Den Haupterwerb finden die Bewohner im nahegelegenen Industriegebiet des Neuwieder Beckens und im Kölner Raum, ferner in der Land- und Holzwirtschaft und als Gewerbetreibende. Aus der alten Zeit wird berichtet, daß der Exlstenzkampf im Wiedtal sehr schwer war, wenn auch die beiden Bergwerke, „Grube Lück" und „Katzenschleife" jenseits der Wied, wo zeitweise Erz gefördert wurde, eine vorübergehende Besserung brachten.

✚ Ärzte, Zahnärzte, Apotheke

� Waldbreitbach ist seit Jahrzehnten ein beliebter Luftkurort mit freundlich-ländlichem Niveau.

Angelsport, Kahnfahren, Boccia, Fahrradverleih, Schießsport, Skisport, Tennis, Minigolf, Schwimmbad siehe unter Hausen !

🛏 ✕ 6 Hotels, 3 Gasthöfe, 20 Pensionen mit 502 Fremdenbetten; Ferienwohnungen; Campingplätze; Kinderkurheim der Stadt Bottrop; Erholungshaus der Arbeiter-Wohlfahrt; Erholungsheim der Kevelarer Schwestern; Erholungshaus der Schönstätter Schwestern; St.-Rosa-Stift als Schwestern-Altenheim; Freizeitheim einer freireligiösen Gemeinschaft auf Schloß Walburg.

☉ Weit über die engen Grenzen hinaus ist die **Waldbreitbacher Kirmes** bekannt, die alljährlich am 15. August oder dem nachfolgenden Sonntag gefeiert wird. Ein imposantes **Feuerwerk** und ein großer Fackelzug am Vorabend sind besondere Höhepunkte.

🚌 nach Linz - Bad Hönningen - Roßbach; nach Neuwied - Neustadt (Wied); im Sommer nach Köln und Duisburg.

☎ Kurverwaltung der Verbandsgemeindeverwaltung 5451 Waldbreitbach, Tel. (0 26 38) 50 01. Verkehrs- und Verschönerungsverein Waldbreitbach, Tel. (0 26 38) 3 35. Erhältlich sind eine Wanderkarte für das „Mittlere Wiedtal" und Ortsprospekte.

🌐 Der Raum um Waldbreitbach ist auch **geologisch** interessant. Im Bereich von Waldbreitbach wechseln Sättel aus Rauhflaser-Schichten der Devonzeit (Wechsel von sandigem und tonigem Gestein der Siegener Schichten; z. B. Sättel zu beiden Seiten des Fockenbachtales) mit Mulden aus Tonschiefern, Grauwacke und Sandsteinen (Herdorfer Schichten). Absatz von Spateisenstein (Siderit) in den Klüften. Waldbreitbacher Gangzug mit mehreren ehemaligen Gruben, z. B. Grube Katzenschleife; Reste am rechten Hang der Wied erhalten. Die Faltung des Gebirges in zahlreiche kleine Sättel und Mulden kann man am Hang bei der Hausener Brücke beobachten. Basaltgänge treten bei Waldbreitbach nur spärlich auf, z. B. am Hüxel und bei der Grube Katzenschleife (Kontaktmetamorphose!). Aus Säulenbasalt aufgebaute Berge der Umgebung sind aber beliebte Ausflugsziele (Mahlberg, Roßbacher Häubchen). Die Genese des Wiedtales läßt sich an den Terrassenresten in verschiedener Höhe, die z. T. mit Flußschotter bedeckt sind, erkennen.

🚶 Dank des lebhaften Fremdenverkehrs und der Erholungsheime ist auch das Spazier- und Wanderwegenetz rings um Waldbreitbach gut ausgebaut.

Rundwanderwege ab Parkplatz Drei Weiher

1. Wiedbrücke - Wabelsau - Frühmarkt - Mühlenberg - Wied (5,1 km; Mkg.: Hase);

2. Mühlenberg - Over - Schloß Walburg - Wallbachtal - Wiedtalwanderweg - Gasbitze - Katzenschleife - Wiedbrücke (6,7 km; Mkg.: Frosch);

3. Mühlenberg - Over - Stopperich - Hausen - Kreuzkapelle (7,2 km; Mkg.: Fuchs);

4. Wiedpromenade - Hausen - Eckwinkel - Niederbreitbach - Fockenbachtal - Ackerhof - St. Antoniushaus - Kapellenberg - Im Kaltberg
(10,4 km; Mkg.: Kleeblatt);
5. Wiedpromenade - Hausen - Eckwinkel - Hochbehälter - Hausen -
Fratzehölzchen - Wiedbrücke (6,8 km; Mkg.: Fisch);
6. 3 Weiher - 13 Linden - Glockscheid - St. Marienhaus - Stationenberg -
Kreuzkapelle (4,2 km; Mkg.: Tanne);
7. Deutschherrenstraße - 3 Weiher - Struht - Tannenwald - Kaltenberg -
Marienstraße (3,1 km; Mkg.: Käfer);
8. Schmittenberg - Dankelshardt - Dienert - Weißes Kreuz - Hängebrücke
- Walbelsau (4,2 km; Mkg.: Igel).

Ausgangs- und Endpunkt: Parkplatz Auffahrt Marienhaus

1. Schutzhütte - Klosterblick - Ackerhof - Fockenbachtal - Niederbreitbach - Weihergasse - Strandbad - Eckwinkel - Hausener Au - Wiedbrücke Hausen - Parkplatz (7,5 km; Mkg.: Steinbock);
2. Schutzhütte - Klosterblick - Auf der Held - Niederbreitbach - Acker-
weg - Ackerhof - St. Antoniushaus - Parkplatz (5,5 km; Mkg.: Kleeblatt);
3. Auffahrt St. Marienhaus - St. Antoniushaus - St. Marienhaus - Friedhof - Stationenberg - Wiedtalstraße - Parkplatz (3 km; Mkg.: Luchs);
4. Auffahrt St. Marienhaus - Lohköpfchen - Verscheid - Hochscheider
Seifen - Schutzhütte - Dankelshart - Schmittenberg - Kaltberg - Stationenberg - Wiedtal - Parkplatz (8,6 km; Mkg.: Ahornblatt);
5. Stationenberg - Marienhaus - Glockscheid - 13 Linden - Struht -
Kaltberg - St. Antoniushaus - Parkplatz (5,8 km; Mkg.: Eichenblatt);
6. Kreuzkapelle - Wiedpromenade - Wiedbrücke - Gasbitze - Frühmarkt -
Overer Berg - Fratzenhölzchen - Brücke - Hausen - Parkplatz (7,6 km;
Mkg.: Ente);
7. Kreuzkapelle - Wiedbrücke - Fratzenhölzchen - Katzenschleife - Jun-
kerbüsch - Hängebrücke - Schmittenberg - Kaltberg - Stationenberg -
Wiedtal - Abstellplatz (5,7 km; Mkg.: Schnepfe).

Die Wiedtalstraße läßt Marienhaus und Antoniushaus im Hang
liegen und führt an der oben erwähnten Kreuzkapelle vorbei nach
Hausen (Wied) (120 m; 2065 E., VG Waldbreitbach)
Der dritte Luftkurort im Feriengebiet „Mittleres Wiedtal".
🔲 🏛 Siehe auch Waldbreitbach !
Auch das Kloster der **Franziskaner-Brüder** in Hausen nahm seinen Anfang in der Kreuzkapelle. Um 1860 wurde den späteren Gründern, Peter
Wirth aus Niederbreitbach und Anton Weber aus Roßbach, die Kreuzkapelle überlassen, da sie sich ebenfalls dem großen Werk der Caritas
verschrieben hatten. In Anerkennung ihrer Aufgabe schenkte man ihnen
im Jahre 1863 in Hausen ein anderes Haus, in welchem die ersten
Brüder, deren Anzahl bereits gestiegen war, unter ihrem ersten Vorsteher, Bruder Jacobus, wohnten: das St. Josephshaus, dem später neue
und größere Anlagen folgten. 1880 erbaute man eine Kapelle und 1905
die Klosterkirche. In vorbildlicher Verrichtung ihrer Aufgabe stellte sich
die Genossenschaft in den Dienst der Krankenpflege, besonderes der
Betreuung von Geistesschwachen, so daß bereits im Jahre 1912 bis zu
500 armen, pflegebedürftigen Menschen hier eine neue Heimstatt gewährt wurde. Und so hat die Genossenschaft bis heute ihr hohes Ziel,
trotz Verfolgung und Bekämpfung in den Nazi-Jahren, immer beachtet
und ist nach vorübergehender 10jähriger Abwesenheit, wieder in den
hohen Dienst der Krankenpflege getreten. (Heute Alten-Krankenheim).
An der Hausener Brücke Erinnerungsstein an Feuerwehrleute, die 1909
bei einem Wiedhochwasser ums Leben kamen.
Im Kurmittelhaus des **Margaretha-Flesch-Institutes** medizinische Bäderbehandlung mit Massagen, Fango, Stangerbad und Kneippanwendungen.
Die auf der westlichen Höhe gelegene **„Westerwaldklinik"** ist ein Haus
zur Pflege von an TBC erkrankter Menschen und weit über die Grenzen
der engeren Heimat hinaus bekannt. Das Haus steht unter der Verwaltung der LVA Rheinprovinz. Der Dienst wird unter Obhut anerkannter

Ärzte von den Schwestern des weltverbreiteten Agnes-Karll-Verbandes vorbildlich verrichtet.

♂ Modernes „Wiedtalbad" (1972). Wassertemperatur im Sommer 25^0, im Winter 27^0. Kombiniertes Hallen- und Freibad (beheizt).
In Richtung Bad Hönningen auf dem Malberg Skilift und künstlich beschneite Schneepiste (500 m lang). Skischule. Auskunft: (0 26 36) 56 69
⊨▪ ✕ 1 Hotel, 1 Pension, 5 Gasthäuser mit 93 Fremdenbetten; Mittagstisch; Cafe.
▰ nach Linz, Bad Hönningen, Neuwied und zu den Wiedtalorten.
☎ Verkehrsamt der Verbandsgemeindeverwaltung 5451 Waldbreitbach, Tel. (0 26 38) 50 01. Örtliche Wanderkarte und Ortsprospekt erhältlich.
✱ Vom Hang über Hausen sogenannter „Drei-Klöster-Blick".

🚶 Wanderungen ab Hausen:
  9. Stopperich - Over - Waldbreitbach - Fratzehölzchen - Hausen (5,8 km; Mkg.: Meise);
10. Tannenwinkel - Viele Wege - Bremscheid - Scheid - Stopperich - Krausbuche (6,4 km; Mkg.: Pilz);
11. Hausen - Reuschenbach - Bitze - Weißfeld - Mahlberg - Hähnen - Frorath - Krausbuche (7,8 km; Mkg.: Baum);
12. Dickt - Frorather Gleichen - Rheinhöhenweg - Marienhof - Wurbach - Wied - Hausener Au (6,4 km; Mkg.: Geweih);
13. Dickt - Wasserbehälter - Frorather Gleichen - Grubenhalden - Hausener Au (3,6 km; Mkg.: Schnecke).
Über Hausen steigt zum Rhein hin steil der Mahlberg-Rücken an, ein ausgedehntes, langgestrecktes Waldgebiet zwischen Wied und Rhein. Südlich des Mahlbergs finden wir als Folge fürstlich-wiedischer Besiedlungspolitik fast nur Einzelhöfe, während nördlich des Mahlbergs die für den nordwestlichen Westerwald typischen Weilersiedlungen überwiegen (Siehe Kapitel „Auf der Linzer Höhe I).
Am Mahlberg mit dem hübschen See im stillgelegten Basaltsteinbruch liegt der zu Hausen gehörende **Wanderparkplatz Hähnen:**
1. Kammweg - Grenzbach - Langscheider Pfad - Marienhof - Hähnen (4,2 km; Mkg.: weißes Kleeblatt);
2. Hähnen - Frorather Berg - Auf der Dickt - Wurbachtal - Kammweg (5,8 km; Mkg.: roter Pilz);
3. Mahlberg - Frorather Berg - Straße nach Hausen - Auf der Dickt - Frorather Berg - Hähnen (4,8 km; Mkg.: roter Schmetterling);
4. Weißfeld - Mahlberg - Kammweg - Parkplatz (3,2 km; Mkg.: weißer Baum).

Letzter Luftkurort in der Breitbacher Talweitung ist an der Einmündung des Fockenbachtals

Niederbreitbach (105 m; 1200 E., VG Waldbreitbach)
Auf dem Schwemmkegel des Fockenbachs gelegen, wächst der Ort immer mehr in das Fockenbachtal hinein.
◘ Siehe Waldbreitbach!
▦ Die neue **kath. Pfarrkirche St. Laurentius** von 1966/69 überragt den Ort. An die alte Pfarrkirche, die heute wieder den Namen St. Nikolaus trägt und deren quadratischer Ostteil aus dem 13. Jh. stammt (beachtenswerte Dachreiter, doppelte Laterne um 1700), baute man 1912 den westlichen Teil an, der im Jahre 1975 wieder abgerissen wurde. Heute ist dieselbe als Friedhofskapelle eingerichtet.
Bei Niederbreitbach über dem Fockenbachtal liegt die Ruine **Neuerburg**. Die Burg wurde vermutlich im 12. Jh. erbaut; 1218 nannte sich nach ihr ein edelfreies Geschlecht der Walpoden (Vasallengeschlecht der Gräfin Mechthild von Sayn, 1250 von dieser dem Erzstift Köln übergeben). Neuerburg war seit 1290 Sitz eines kurkölnischen Amtes, das häufig verpfändet wurde (z. B. zeitweise an Isenburg-Grenzau, Familie von der Leyen). Seit dem 17. Jh. Verfall der Burg, um 1850 Niederlegung der Restgebäude durch die Fürsten zu Wied, die Besitzer der Ruinen. Erhalten blieben nur der fünfeckige Bergfried, die Ringmauer (Mauer-

technik des späten 12. Jh.) und die Vorburg. Elisabeth von Thüringen soll die Neuerburg besucht haben. Ein Neuwieder Zahnarzt hat sich einen Teil der Burg als Wohnung ausgebaut.

🌿 Das schöne und ruhige **Fockenbachtal,** das viele Wandermöglichkeiten bietet, macht einen Aufenthalt in Wald- und Niederbreitbach besonders reizvoll. Dieses Tal weist mit seinen Nebentälern Reste eines artenreichen Eschenschluchtwaldes auf, der sowohl botanische als auch zoologische Besonderheiten bietet (Silberblatt, Märzenbecher, Aronstab, Fieberklee; Eisvogel, Wasseramsel, Weidenmeise, Feuersalamander; früher zahlreiche Fledermäuse in den Erzabbaustollen etc.).
Das Fockenbachtal gehört zu den sagenumwobenen Tälern des Westerwaldes. Hier befanden sich früher mehrere Mühlen, deren Gebäude z. T. noch erhalten sind. Neben dem Erzabbau (Willrother Gangzug mit der Grube Georg) spielte im Fockenbachtal die Glasverhüttung früher eine große Rolle. Das quarzhaltige Rohmaterial zur Verhüttung lieferten die günstigen Quarzitvorkommen im Tal. Im Bachlauf liegen noch zahlreiche Quarzitblöcke; unterhalb der Hümmericher Mühle befindet sich das Quarzitfelsenmeer „Weißer Stein" (Naturdenkmal), bei Kurtscheid der Stangenstein (ND). An der Abzweigung des Fußweges aus dem Fockenbachtal nach Verscheid kann man noch Mauerreste der ehemaligen Glashütte, deren Betrieb zu Anfang des 19. Jh. eingestellt wurde, finden.
Bei der Niederhonnefelder Mühle kann man eine nach Süd-Osten geneigte Überschiebung beobachten; ältere Tonschiefer lagern über jüngeren Rauhflaser-Schichten.
Im Fockenbachtal, in einer Mühle zwei Kilometer von der Neuerburg entfernt, verbrachte Margarethe Flesch, die Gründerin des Franziskanerinnenordens einige Jugendjahre, hier faßte sie in enger Verbundenheit mit der Natur ihre religiösen Entschlüsse, die sie dann allen Widerständen zum Trotz in die Tat umsetzte.
Etwa zwischen Verscheid und Kurtscheid stürzte am 9. März 1945 nach einem Angriff auf die Remagener Rheinbrücke ein zweistrahliges Düsenflugzeug der deutschen Luftwaffe vom Typ Arado Ar 234 B 2 ab. Die Trümmer und Gebeine des Piloten wurden 1975 aus dem Talboden gegraben.
✒ Siehe auch Hausen und Waldbreitbach!
Tennis, Tischtennis, Minigolf, Angeln, Freischach und Freimühle; Fahrradverleih.
🛏 ✕ Hotel, Gaststätten und Pensionen mit insgesamt 146 Fremdenbetten; Restaurants; 1 Café; Campingplatz.
🚌 nach Neuwied, Bad Hönningen und Linz
☎ Kurverwaltung „Mittleres Wiedtal", 5451 Waldbreitbach,
Tel. (0 26 38) 50 01

🎌 **Wanderungen ab Parkplatz Wiedbrücke und**
🎌 **im Raum Niederbreitbach**

1. Famesau - Höhe 236 - Wolfenacker - Eimerstal - Niederbreitbach (5,5 km; Mkg.: Libelle);
2. Sportplatz - Platzberg - Wiedbrücke (3 km; Mkg.: Pilz);
3. Golfplatz - Heidehütte - Platzberg - Sportplatz - Weihergasse (2,8 km; Mkg.: Fuchs);
4. Wurbach - Malberg - Frorather Berg - Dickt - Hausen - Eckwinkel (7,1 km; Mkg.: Hase);
5. Golfplatz - Wurbach - Ratzeberg - Heidehütte (3,2 km; Mkg.: Milan);
6. Fockenbachtal - Neuerburg - Kelterhof - Kurtenacker - Besenacker (5,5 km; Mkg.: Eichenblatt);
7. Ackerhof - St. Antoniushaus - Stationenberg - Hausen - Eckwinkel (5,6 km; Mkg.: Storch);
8. Ackerhof - Mühlheld - Klaushütte - Kirchruh (3,2 km; Mkg.: Habicht);
9. Nonnenbachtal - Solscheid - Langscheid - Ratzeberg - Golfplatz (8,3 km; Mkg.: Kleeblatt);
10. Wolfenacker - Bechsruh - Burgfrieden - Hegerhof - Neuerburg - Fockenbachtal (7,3 km; Mkg.: Sonnenblume);
11. Wied und Waldwanderung über Hausen (2,8 km; Mkg.: Reh).

Unterhalb von Niederbreitbach wechselt die Talstraße die Wiedseite, um die große Wiedschleife mit dem Bürder Campingplatz zu umgehen. Am „Würgloch" durchbricht sie den Berghals. Wir sind hier an der ehemaligen Grenze zwischen den Kurbistümern Trier und Köln, die sich als Dialektgrenze zwischen dem Rheinfränkischen und dem Moselfränkischen erhalten hat. - Die heutige Landesstraße durch das Wiedtal wurde in der Mitte des 19. Jahrhunderts erbaut; vor dieser Zeit erforderte die Benutzung des alten Talweges von Waldbreitbach nach Neuwied die 15malige Durchquerung der Wied.

Am Steilhang entlang erreichen wir
Datzeroth (93 m; 180 E., VG Waldbreitbach)
🚄 ✗ Hotel, Gasthaus, Pension mit 33 Betten; halbwegs Altwied Gasthaus Laubachsmühle.
🚌 nach Neuwied und Waldbreitbach
☎ Kurverwaltung „Mittleres Wiedtal", 5451 Waldbreitbach,
Tel. (0 26 38) 50 01
🚶 **Rundwanderungen ab Parkplatz Datzeroth:**
  1. Datzeroth - Hangert - Höhe 236,9 - Dombachtal - Datzeroth (3,7 km; Mkg.: Ahornblatt);
2. Datzeroth - Dombachtal - Friedrichsthal - Firnbachtal - Datzeroth (5,5 km; Mkg.: brauner Frosch);
3. Alte Schule - auf den Gleichen - Grenzelberg - L 255 - Datzeroth (4 km; Mkg.: grüner Baum);
4. Alte Schule - Firnbachtal - Höhe 222,5 - Parkplatz (4 km; Mkg.: roter Pilz);
5. Datzeroth - Dombachtal - Forsthaus Gommerscheid - Wiedtal - Datzeroth (7,1 km; Mkg.: schwarze Eule);
6. Dombachtal - Wiedbrücke - Friedrichstal - Meinhof - Altwied - Monrepos - Forsthaus Friedrichstal - Firnbachtal (12,4 km; Mkg.: Fisch);
7. Firnbachtal - Gotteseiche - Monrepos - Forsthaus - Friedrichstal - Firnbachtal (8,5 km; Mkg.: Igel).

Noch einmal umfängt uns der stille Charakter des tiefen Wiedtals, dann sind wir in der Stadt Neuwied mit ihrem hübschen Vorort Altwied. (Siehe unter Neuwied - Altwied!)

DER NATURPARK RHEIN-WESTERWALD

Der Verein „Naturpark Rhein-Westerwald e. V." wurde am 27. 11. 1962 gegründet. Er ist Rechtsträger des Naturparks Rhein-Westerwald, dessen Geschäftsführung die Verbandsgemeindeverwaltung Bad Hönningen wahrnimmt. Mit einer Fläche von 446 qkm ist der Naturpark der kleinste in Rheinland-Pfalz. Er umfaßt das Rheintal von Neuwied bis zur Landesgrenze nach Nordrhein-Westfalen, die Linz-Erpeler Terrassenstufe, die Linzer Höhe (Asberg-Hochfläche), den Mahlberg-Rücken, das Wiedtal zwischen Neustadt und Neuwied, die Sayn-Wied-Hochfläche, das Asbacher Land und einen Teil der Altenkirchener Hochfläche als Erweiterungsgebiet. Diese Naturräume liegen in den Verbandsgemeinden Asbach, Bad Hönningen, Dierdorf, Linz, Puderbach, Rengsdorf, Unkel und Waldbreitbach.
Etwa 53 % der Naturparkfläche sind bewaldet, 46 % Acker- und Wiesengelände und etwa 1 % Weinberge. Man hat in den vergangenen Jahren 32 Wanderparkplätze angelegt, von denen aus 72 markierte Rundwanderwege ausgehen.

VON DER DIERDORFER SENKE DURCHS
HOLZBACHTAL ABWÄRTS

Bearbeiter: Doris Engel, Ernst Heydorn,   *Übersichtskarte Seite 343*
                H.-J. Hucke und Ernst Zeiler

Die Dierdorfer Senke, eine flache Einsenkung des Niederwesterwaldes, liegt im Regenschatten der Sayn-Wied-Hochfläche
(= „Märker Wald" - Hochfläche), die im Dernbacher Kopf (427 m)
ihre höchste Erhebung erreicht, und zeichnet sich gegenüber
dieser durch ein milderes Klima aus. Dierdorf bildet den Hauptort dieser Senke, die als offene Zone mit weiten Feld- und
Wiesenfluren im Landschaftsbild hervortritt und tektonisch angelegt ist. Der devonische Untergrund ist z. T. mit Flußschotter,
-sand, Tuff, Lößlehm und Bims überlagert und bei Herschbach
von einem ausgedehnten Süßwasserquarzitfeld bedeckt. Eine
mächtige Verwitterungsdecke, die stellenweise aus wasserun-
durchlässigen Tonen besteht, ermöglichte bei Hof Roth die Anlage
einer eindrucksvollen Fischzuchtweiherlandschaft mit vielseitiger
Pflanzen- und einer besonderen Vogelwelt. Der Holzbach durchfließt diesen Raum. Besonders auffällig ist das Umbiegen des
Holzbachlaufes bei Brückrachdorf aus der Nordsüd- in die Nord-
west-Richtung. Flache Hügel, zahlreiche Nebenbäche des Holzbaches, Dellen und Hohlwege bedingen ein unregelmäßiges Relief
mit geringen Höhenunterschieden. Die Senke ist eine deutlich von
der Umgebung abgesetzte Kleinlandschaft.
Der Holzbach fließt unterhalb Dierdorf in nordwestlicher Richtung
etwa 19 km weit der Wied zu. Mit seinen Seitentälern durchschneidet er eine sanfte Hochebene mit kleinen Anhöhen und
herrlichen Laub- und Nadelwäldern.
Das Gebiet ist durch Straßen gut erschlossen. Durch das Holzbachtal führt die Bahnstrecke Limburg - Siershahn - Altenkirchen
(erbaut 1884) und die Landesstraße Dierdorf - Altenkirchen. Die
Autobahn A 3 Köln - Frankfurt führt nahe an diesem Gebiet vorbei und ist an den Anschlußstellen Neuwied - Altenkirchen (Willrother Höhe) und Dierdorf schnell zu erreichen.
Das Gebiet gehörte zur Zeit der Karolinger zum Engersgau, dann
später zur Grafschaft bzw. zum Fürstentum Wied. Nach dem Ende
der Napoleonischen Kriege (1815) kam diese Landschaft zum
neu gebildeten Kreis Neuwied, damit zur Rheinprovinz und zum
Lande Preußen.
Die waldreiche Landschaft (über 4000 ha Laub- und Nadelwälder)
war früher, von kleinen Erzgruben und der Eisenhütte in Raubach
abgesehen, ein reines Bauernland. Heute befinden sich hier
mehrere Industriebetriebe, und die Landwirtschaft ist meist nur
noch Nebenerwerb. Eine Reihe Ortschaften sind aufstrebende
Orte für den Fremdenverkehr.

Dierdorf

1 Kath. Pfarrkirche
2 Ev. Pfarrkirche
3 Hallenbad
4 Reithalle

Mittelpunkt der Dierdorfer Senke ist
Dierdorf (240 m; 4300 E., VG Dierdorf, Kreis NR)
Zentrales Städtchen zu beiden Seiten des Holzbachs. Die Verbandsgemeinde Dierdorf besteht aus der Stadt Dierdorf (mit den eingemeindeten Orten Elgert, Giershofen, Brückrachdorf und Wienau), aus Marienhausen, Großmaischeid, Stebach, Kausen, Kleinmaischeid und Isenburg mit insgesamt etwa 8200 E. Schulzentrum mit Grund- und Hauptschule, Realschule, Gymnasium (mit Internat). Anerk. Fremdenverkehrsort.

◪ Die Herren von Isenburg-Braunsberg errichteten 1324 zur Sicherung ihres grundherrlichen Besitzes in der Dierdorfer Senke eine Wasserburg. In der Erbfolge kam Dierdorf, das seit 1357 Stadtrechte besitzt, an die Grafen von Wied-Runkel. Diese erbauten an der Stelle der Wasserburg 1701-25 ein Residenzschloß, welches 1902 abgetragen wurde.

Mit dem Aussterben des Geschlechtes der Grafen und späteren Fürsten zu Wied-Runkel 1824 verlor das Städtchen seine Bedeutung als Residenz, beharrte mehr als 100 Jahre in beschaulicher Beschränkung und fand verhältnismäßig spät den Anschluß an die fortschrittliche Entwicklung.

Zum Kriegsende wurde Dierdorf durch Bombenangriffe stark zerstört. Bei einem Großangriff kamen am 25. März 1945 in Dierdorf 70 Menschen ums Leben.

🏛 Von der mittelalterlichen **Stadtbefestigung** stehen im wesentlichen nur noch zwei Türme: der Rundturm an der Parkanlage neben dem Holzbach und der Mittelturm in der Stadt, ein kubischer Turm mit der ehemaligen Stadtwächterwohnung von 1776. An ihm Turmuhr von 1772 von dem berühmten Neuwieder Uhrmacher Christian Kinzing.

Ev. Pfarrkirche, erbaut aus den Steinen des abgebrochenen Schlosses, ein neuromanischer Bau von 1903/04 in Staffelform mit niedrigen Schiffen. Erhalten blieb der spätromanische Westturm.

Kath. Pfarrkirche St. Clemens unweit der B 413, ein Nachkriegsbau; im Innern spätromanischer Taufstein.

Unweit von B 413 und Hallenbad fällt ein **Mausoleum** auf, das im ehemaligen Schloßgarten um 1816 errichtet wurde. Es enthält bedeutende Grabdenkmäler (z. B. des Kölner Kurfürsten Salentin von Isenburg, † 1610), die aus verschiedenen anderen Grablegen hier zusammengetragen wurden.

Jenseits der B 413 liegt der mit schönen Spazierwegen erschlossene ehemalige **Schloßpark** mit alten Baumgruppen. Die größte der drei Inseln im Schloßweiher weist die Schloßterrasse auf, auf der einst das Schloß der Fürsten stand.

✗ Bis vor wenigen Jahrzehnten war der Bereich um Dierdorf erwerbs- und produktionsmäßig stark durch die Land- und Forstwirtschaft gekennzeichnet. In Dierdorf selbst war aber auch seit altersher ein vielverzweigtes Handwerk heimisch, dazu mittelständische Gewerbebetriebe, bei denen auch Gerbereien ihre besondere Tradition hatten.

Eine etwa seit 1960 zunehmend ansässig gewordene Kleinindustrie, auf deren umweltfreundlichen Charakter geachtet wurde, konnte die Arbeitskräfte (auch im Prozeß des landwirtschaftlichen Strukturwandels) weitgehend an den heimischen Raum binden.

✚ Krankenhaus, 2 Allgemein-Ärzte, 8 Fachärzte, 2 Apotheken

🏊 Hallenbad am Schloßpark, Kahnfahrten auf dem Schloßteich, Segelflugplatz in Dierdorf-Wienau, Minigolf, Tennis, Reithalle mit Reitplatz.

🛏 ✗ 6 Hotels mit 145 Fremdenbetten; Restaurants; Eisdiele; Cafè

⊙ Zeitweise Kunstausstellungen im alten Uhrturm.

🚌 Bahnhof der Strecke Siershahn - Altenkirchen.

🚌 nach Neuwied, Hachenburg und Koblenz

☎ Verbandsgemeindeverwaltung 5419 Dierdorf, Tel. (0 26 89) 2 48.

Wanderkarte 1 : 25 000 „Verbandsgemeinde Dierdorf". Ortsprospekt.

🍃 Bemerkenswert ist der beiderseits der Autobahn gelegene 600 ha große **Märkerwald,** der der Dierdorfer Markgenossenschaft gehört und zahlreiche alte Baumriesen enthält.

👫 Der **Dierdorfer Weg** ist ein 25 km langer, abwechslungsreicher Rundwanderweg. Seine Route: Dierdorf/Schloßpark - Dernbach - Kleinmaischeid - Thalhausener Mühle - Isenburg - Großmaischeid - Landschaftsweiher - Giershofen - Dierdorf (Mkg.: D).

Der **Malscheider Weg** ist ein 16 km langer Rundwanderweg: Dierdorf - Rother Weiher - Landschaftsweiher - Großmaischeid - Kleinmaischeid - Autobahnunterführung - Dierdorf (Mkg.: M).

In den Wald nordwestlich der Stadt führt ein mit einem Fuchs markierter, 4 km langer Rundweg.
Ab Wanderparkplatz hinter dem Heidehof ein 6 km langer Rundweg (Mkg.: Raubvogel) zum Wienauer Bachtal hinter dem Segelflugplatz.

Unterhalb von Dierdorf macht die Holzbachtalstraße mit dem Bach einen großen Bogen und führt an Dierdorf-Wienau vorbei nach

Raubach (225 m; 1500 E., VG Puderbach)
Sommerfrische inmitten ausgedehnter Laub- und Nadelwälder, Ort mit Gewerbe und Industrie.

◩ Raubach ist eine sehr alte Siedlung; sie besaß um 1000 eine Kirche, die Anfang des 13. Jh. zum Gut des Probstes des Koblenzer Kastor-Stifts gehörte. Nach der Reformation erwarb 1570 der Graf zu Wied die Rechte.

🏛 **Ev. Pfarrkirche St. Kastor** (13. Jh.) mit mächtigem romanischem Ostchorturm. Bruchsteinbau mit Rautendach und eingezogener Apsis. Flachgedecktes Schiff, 1937 um ein Seitenschiff erweitert. Gründliche Restaurierung 1976.

✕ Unterhalb Raubach liegt im Holzbachtal die **Papierfabrik Hedwigsthal,** die über 800 Menschen beschäftigt. Sie stellt Zellstoffwatte und hygienische Papierwaren her (Damenbinden, Taschentücher, Babywindeln und Toilettenpapier). Hier befand sich von 1714 - 1870 eine Eisenhütte.
Die **Fruchtsaftfirma Ackermann** stellt verschiedene Fruchtsäfte her und beschäftigt rund 100 Personen.
In den Räumen der ehemaligen Molkerei Raubach arbeitet eine **Geflügelschlachterei** mit 30 Beschäftigten.
Landwirtschaft wird nur als Nebenerwerb betrieben.
In Raubach endete die Grubenbahn der Oberdreisbacher Eisenstein- und Tonerdegrube „Guter Trunk Marie".

St.-Kastor-Kirche in Raubach

✛ Moderne Schießanlage
⚕ Arzt
🛏 ✕ 3 Gaststätten
🚂 Strecke Siershahn - Altenkirchen
🚌 nach Neuwied
☎ Verkehrs- und Verschönerungsverein 5419 Raubach, Tel. (0 26 84) 3 49

Im Holzbachtal weiter abwärts kommen wir an der Papierfabrik
Hedwigsthal (s. o.) vorbei, und hinter der Einmündung des Dreis-
bachtals (siehe Kapitel „Rund um Steimel") sind wir dann in
Puderbach (200 m; 1900 E., VG Puderbach, Kreis NR)

⬛ Puderbach ist ein sehr alter Ort, der 1256 erstmals erwähnt wurde.
Hier richteten die Grafen von Wied vor 1480 die Hohe Feste als Land-
gericht für den Nordteil ihrer Grafschaft ein. Mit Dierdorf gehörte Puder-
bach seit 1591 zur Grafschaft Wied-Runkel.
Puderbach ist Verwaltungssitz der gleichnamigen Verbandsgemeinde,
zu der 16 Gemeinden mit 42 Dörfern gehören. Der Verbandsgemeinde-
bezirk hat sich nach dem Kriege zum zweitgrößten Wirtschafts- und
Industriebereich im Kreis Neuwied entwickelt.
Es besteht eine Partnerschaft mit dem Canton Baranton/Normandie.
🏛 **Ev. Pfarrkirche**, erbaut 1886/87.
✗ Bödenpresserei Afflerbach mit 400 Beschäftigten.
✛ 2 Ärzte, Zahnarzt, Apotheke
⚕ Modernes Hallenbad
🛏 ✕ Hotel mit 15 Betten
🚌 Bahnhof der Strecke Siershahn - Altenkirchen
🚌 nach Neuwied
☎ Verbandsgemeindeverwaltung 5419 Puderbach, Tel. (0 26 84) 2 35-2 37
👥 Schöne Wandermöglichkeiten in die das Holzbachtal einrahmenden
Wälder.

2 km talwärts an einer Talbiegung das Dorf Puderbach-Reichen-
stein mit der gegenüber auf einem Bergsporn stehenden
Burgruine Reichenstein
⬛ Die Edlen Ludwig Walpode von der Neuerburg (an der Wied) und
Ernst von Virneburg (aus der Eifel) haben die Burg Reichenstein erbaut.
1256 nahmen sie von dem Erzbischof Conrad von Köln (1238-61) den
ihnen bis dahin als Allod gehörigen Berg an der Holzwiede - so hieß
damals der Holzbach - mit der darauf zu erbauenden Burg als Lehen
des Erzstiftes Köln, dem zugleich das Öffnungsrecht an der Burg zu-
stehen sollte. In der Folge finden wir nur noch die Herren von Neuerburg hier, welche die Burg seit 1331 von dem Grafen von Wied zu
Lehen trugen. Sie wurden jetzt als Walpoden der oberen Grafschaft
Wied bezeichnet und nennen sich von hier an auch Herren von Reichenstein. Kurz nach 1503 starb Heinrich von Reichenstein, der letzte männliche Sproß seines Geschlechts. Die Burg fiel als erledigtes Lehen an
die Grafen von Wied. Diese ließen sie verfallen. Schon 1595 war sie
Ruine. 1698 kaufte Freiherr Franz von Nesselrode († 1707) den Namen
und Titel von Reichenstein als einer unmittelbar dem Reiche steuerbar
gewesenen Herrschaft, um aufgrund dessen vom Kaiser Leopold I. die
reichsgräfliche Würde und damit zugleich Sitz und Stimme im Reichs-
und auf dem westfälischen Kreistage zu erwerben. Die Ruine selbst
blieb aber im Besitz der Grafen, späteren Fürsten zu Wied.
Vor einigen Jahren hat die Ruine Reichenstein einen Burgenfreund als
Käufer gefunden, der an den Bauresten Sicherungsarbeiten zu Erhaltung
der Burg durchgeführt hat.

2,5 km unterhalb führt unsere Straße im hier einmündenden Wambachtal in Richtung Altenkirchen aufwärts. Nahe den Orten Nieder- und Oberähren ein Fossilienfundpunkt. In dem Steinbruch an der Straße schön ausgebildete Ribbelmarken.
Die weitere Talstrecke ist beschrieben im Kapitel „Im Wiedtal von Altenkirchen nach Neustadt".

RUND UM STEIMEL

Bearbeiter: Ernst Zeiler   *Übersichtskarte Seite 343*

In diesem kurzen Kapitel wollen wir einige Orte rund um den alten Marktort Steimel im nordöstlichsten Teil des Kreises Neuwied kennenlernen. Die sanften Täler von Dreisbach, Rodenbach und Wambach fließen hier von Osten her dem Holzbach zu. Eine stille, abseits der großen Verkehrsstraßen gelegene Westerwaldlandschaft mit viel Wald und Landwirtschaft. Die Bevölkerung findet vor allem in den Räumen Puderbach - Raubach und Altenkirchen - Neitersen Arbeit.

Steimel (330 m; 710 E., VG Puderbach)

◪ Hier in Steimel (= Stein-Mal) war zu germanischer Zeit eine Thing- und Opferstätte. In christlicher Zeit errichtete man an der Stelle dieses Steinmals eine dem hl. Martin geweihte Kapelle, die zur Zeit des 30jährigen Krieges zerfiel.
Schon früh entwickelte sich Steimel zu einem Marktort, der urkundlich erstmals 1559 erwähnt wird. Auch heute werden hier noch Märkte abgehalten. Der mit uralten Eichen und Hainbuchen bestandene Marktplatz inmitten des Dorfes dient jedoch heute hauptsächlich als Kurpark.
✦ Minigolf-Anlage, Bocciabahn, Freiluftschach, Tennisplätze, Freibad, Wassertretbecken, Kleinwildpark
⊨ ✕ 4 Hotels, 2 Gasthöfe und 2 Pensionen mit ca. 170 Fremdenbetten. Jährlich über 20 000 Übernachtungen. Campingplatz im Wiesental.
🚌 nach Altenkirchen und Neuwied
☎ Verkehrs- und Verschönerungsverein 5231 Steimel, Tel. (0 26 84) 3 31
🏃 30 km Rundwanderwege mit über 100 Ruhebänken.

Nordöstlich von Steimel liegt an der Grenze zum Westerwaldkreis und dem Kreis Altenkirchen die von viel Wald umgebende Gemeinde

Oberdreis (270 m; 720 E., VG Puderbach)

◪ Der Ort Oberdreis ist etwa im 11. Jh. gegründet worden, die zur Gemeinde gehörenden Orte Lautzert und Dendert im 12. Jh. Ev. Kirche aus dem 16. Jh.
Lautzert wurde 1972 und 1973 Kreissieger im Wettbewerb „Unser Dorf soll schöner werden" und erhielt auf Landesebene eine Silbermedaille.
Ein großer Sohn der Gemeinde Oberdreis ist der im Jahre 1845 geborene Philosoph und Professor **Paul Deussen,** der sich als Mitarbeiter von Nietzsche und Gründer der Schopenhauer-Gesellschaft sowie als Übersetzer der indischen Vedanta und Upanitschad einen wissenschaftlich weltbekannten Namen erwarb. Am 6. 7. 1919 verstorben, wurde er auf dem Friedhof in Oberdreis beigesetzt.
Im nahen Dorf Woldert (475 E.) wirkt der bekannte Maler Karl Bruchhäuser.

Hainbuchenallee in Steimel

✠ In der Gemarkung Oberdreis liegt die **Tonzeche „Guter Trunk Marie",**
welche Ton abbaut und feuerfeste Produkte herstellt. Das inzwischen
teilweise rekultivierte Tonfeld hat bei einer Mächtigkeit von 30 m eine
Ausdehnung von 30 ha. Bis in die Nachkriegszeit wurde der Ton auf
einer Grubenbahn von hier zum Bahnhof Raubach transportiert.

🛏 ✕ Gaststätten und Pensionen

🚌 nach Altenkirchen und Neuwied

Schöne Wandermöglichkeiten in die waldreiche Umgebung.

Rundwanderwege ab Ortsmitte Lautzert:

1. Rundweg zu den Fischweihern (3 Std.; Mkg.: Fisch);
2. Rundweg Pilzplatz - Schöne Aussicht (1 Std.; Mkg.: Reh);
3. Rundweg zum Beilstein (1 Std.).

Nordwestlich von Steimel liegt an der Einmündung des Roden-
bachs in den Wambach
Niederwambach (215 m; 420 E., VG Puderbach)
mit Lahrbach, Ascheid, Seyen und Breitbach.

◻ Im nahegelegenen Rodenbach wirkte der bekannte Heimatschriftsteller
August Schöneberg (1896 - 1977) als Lehrer.

🏛 **Ev. Pfarrkirche.** Untergeschoß des Turmes aus dem 12. Jh. Turmaufbau und langgestreckter Saalbau (spätklassizistisch) von 1831. - 1977
restauriert.

🏃 Gute Wandermöglichkeiten durch das stille **Wambachtal** bis hoch
nach Oberwambach (Gaststätte mit Mittagstisch).
Desgl. schöne Wanderungen ins **Rodenbachtal** und auf die umliegenden
Waldhöhen.

ZWISCHEN AUTOBAHN UND HOLZBACHTAL

Bearbeiter: Ernst Zeiler

Über die Wasserscheide zwischen Wied und Holzbach führt die
Autobahn; nordöstlich in etwa parallel verläuft als Nebenflüßchen
der Wied der Holzbach. Dazwischen liegt unser Gebiet.

Im Süden liegen in einer von Wäldern umrahmten Mulde die
Dörfer des Urbacher Kirchspiels, gut zu überblicken von der Rast-
stätte Urbach der Autobahn. Hinter der Kammzone des Urbacher
Kirchspielwalds wird das Gelände im Bereich der Gemeinden
Dürrholz und Döttesfeld dann abwechslungsreicher und zertalter.
Der sich von der Willrother Höhe nach Döttesfeld herunterziehen-
de Grenzbach bildet die Nordwestgrenze unseres Raumes, der im
Gegensatz zum jenseitigen Raum Horhausen noch zum Kreis
Neuwied gehört. Durch die frühere Zugehörigkeit zum Fürstentum
Wied ist die Bevölkerung noch weitgehend protestantisch ge-
blieben. Die waldreiche Landschaft war früher, von kleinen Erz-
gruben abgesehen, ein reines Bauernland. Heute wird die Land-
wirtschaft meist nur noch im Nebenerwerb betrieben, und kleinere
Industriebetriebe, besonders im Holzbachtal, bieten der Bevölkerung Arbeit.

Am Ostabhang des Dernbacher Kopfes (427 m) liegt als südlichster
Ort dieses Raumes in einer Mulde der Erholungsort
Dernbach (310 m; 780 E., VG Puderbach)
Nur 1 km zur Anschlußstelle Dierdorf der Autobahn. Auf drei
Seiten von stillen Wäldern umgeben.

✗ Die Firma Graßmann stellt im Lizenzbau mit 250 Beschäftigten Fertig-
häuser vom Typ „Nordhaus" her. Musterhäuser können besichtigt werden.
✦ Trimm-Dich-Parcours am Wanderparkplatz; Hallenbad und Sauna im
Country-Hotel
🛏 ✗ Country-Hotel mit 260 Betten; 2 Pensionen, Gaststätten mit 40 Betten. Jährlich zählt man in Dernbach rund 80 000 Übernachtungen.
🚌 nach Neuwied und Dierdorf
☎ Verbandsgemeindeverwaltung 5419 Puderbach, Tel. (0 26 84) 2 35
🏃 Günstiger Ausgangspunkt für Wanderungen in das Urbachtal, in
das Aubachtal und zum Dernbacher Kopf durch ausgedehnte Laub-
wälder.

Rundwanderungen ab Wanderparkplatz:

1. Trimmpfad - Martons-Brücke (1,3 km; Mkg.: rotes Quadrat).
2. Kandelaber-Buche - Dschungelbrücke - Martons-Brücke (2,1 km; Mkg.: blaues Quadrat).
3. Martons-Brücke - Stiller Winkel - Zwillingsbuche - Schutzhütte (3,5 km; Mkg.: gelbes Quadrat).
4. Birkenallee - Steinstraße (1 km; Mkg.: rotes Dreieck).
5. Autobahn-Unterführung - Dernbacher Kopf - ND Kosakenbuche - Karlshütte - Tannenduft - Wolfsschlucht (4,5 km; Mkg.: blaues Dreieck).
6. Nullweg - Autobahn-Unterführung - Karlshütte - ND Kosakenbuche (4,8 km; Mkg.: gelbes Dreieck).

Durch Dernbach führt der Kölner Weg des Westerwald-Vereins, an Dernbach vorbei der Dierdorfer Weg (25 km; siehe Dierdorf!)

Zwei km nördlich von Dernbach liegt das Kirchspieldorf
Urbach (280-300 m; 920 E., VG Puderbach)
Der Urbach-Kirchdorfer Bach trennt das Urbacher Kirchdorf vom Urbacher Überdorf.

◨ Urbach ist einer der ältesten Orte im vorderen Westerwald. Er gehörte zur Zeit der Karolinger zum Engersgau, dann zur Grafschaft Wied bzw. zum Fürstentum Wied. (Die Grafen von Wied wurden Ende des 18. Jh. in den Fürstenstand erhoben). In Urbach errichteten die Grafen von Wied ihr erstes Hochgericht im Westerwald. Wann dies geschah, ist nicht bekannt. Urkundlich erwähnt wird das Hochgericht in einer Urkunde von 1323. Ende des 15. Jh. wurde das Hochgericht, zugleich mit dem Schöffengericht in Raubach und den Gerichten zu Puderbach und Rückeroth, aufgelöst. Für gerichtliche Angelegenheiten war nunmehr nur noch der gräfliche Amtmann in Dierdorf zuständig. Zu dem Kirchspiel Urbach, das ca. 1200 ha Wald (sogenannter Märkerwald) besitzt, gehören die Dörfer Dernbach, Harschbach, Linkenbach und Niederhofen.
🏛 **Ev. Pfarrkirche.** An den spätromanischen Westturm wurde 1825-30 von Ferdinand Nebel ein kleiner achteckiger Zentralbau angefügt, der dem Grundriß des Aachener Münsters ähnelt. Im Innern Empore. Orgel von 1976.
✕ Süßmosterei
✛ Arzt
⚢ Freibad. Zwischen Überdorf und Kirchdorf Weiheranlage (Angeln, Kahnfahren)
⊷ ✕ Jagdhaus Vatter 23 Betten; Privatquartiere, 3 Gaststätten
⊙ Markt am 1. Dienstag im Oktober
🚌 Neuwied, Raubach und Dierdorf
☏ Verbandsgemeindeverwaltung 5419 Puderbach, Tel. (0 26 84) 2 35
🏃 Urbach ist Ausgangspunkt für schöne Wanderungen zum nahe gelegenen Dernbacher Kopf, jenseits der Autobahn ins Urbachtal mit seinen herrlichen Wäldern. An der Mündung des Urbachs in den Aubach liegt der Burgberg mit Resten einer keltischen Fliehburg.

Unterhalb Urbach liegt das kleine **Niederhofen,** nördlich Urbach im Quellgebiet des gleichnamigen Baches **Harschbach.**
Von der Autobahnabfahrt Neuwied-Altenkirchen an der Willrother Höhe kommt man nach wenigen Kilometern in das Gebiet der Gemeinde
Dürrholz (250-350 m; 890 E., VG Puderbach)
◨ Ein Dorf „Dürrholz" gibt es nicht. Vielmehr haben sich hierzu die Dörfer Daufenbach, Muscheid und Werlenbach zusammengeschlossen. Der Name Dürrholz, in früherer Zeit „Dorrholz" geschrieben, deutet darauf hin, daß die Siedlungen in einem Waldgebiet entstanden sind, wohl in der Zeit der großen Rodungen zwischen dem 11. und 14. Jh. Der Ort Daufenbach wird urkundlich erstmals im 14. Jh. erwähnt.

✖ Landwirtschaftlich ausgerichtete Gemeinden. - In Dürrholz-Daufenbach Galvanik- und Metallschleiferei Hammesfahr mit 80 Beschäftigten.
⛔ ✕ Restaurant-Pension in Linkenbach; Café in Werlenbach
🚌 nach Neuwied, Puderbach und Steimel
☎ Verbandsgemeindeverwaltung 5419 Puderbach, Tel. (0 26 84) 2 35
🚶 Alle Ortschaften sind von Wald umgeben. Besonders schöne Wanderungen ins Grenzbachtal. Es bildet die Grenze zwischen den Kreisen Neuwied und Altenkirchen.

Hübsch über dem Grenzbachtal liegt das Dörfchen
Döttesfeld-Bauscheid (282 m)
⛔ ✕ Gasthaus und Pension
🚶 Gute Wandermöglichkeiten in das nahe Grenzbachtal.

An der Kammstraße dann
Döttesfeld-Breitscheid (283 m)
⛔ ✕ Gasthaus; Siedlung mit Wochenendhäusern
🌲 Waldlehrpfad
🚶 **Rundwanderungen ab Wanderparkplatz:**
    1. Waldlehrpfad (4 km; Mkg.: Fichte).
2. Waldlehrhütte - Feriendorf - Holderstein - Grenzbachtal - Wiedtal - Döttesfeld - Fischteiche - Schutzhütte (8 km; Mkg.: Geweih).
3. Waldlehrhütte - Waldlehrpfad - Tunnel - Fischteiche - Schutzhütte (2,5 km; Mkg.: Eichhörnchen).
4. Döttesfeld - Friedhof - Feriendorf - Grenzbachtal - Wiedtal - Döttesfeld (5 km; Mkg.: roter Punkt).
5. Döttesfeld - Schießstand - Grenzbachtal - Wiedtal - Döttesfeld (3 km; Mkg.: rotes Dreieck).
6. Döttesfeld - Holzbachbrücke - Bahnüberführung - Rundweg am Stellberg - Bahnüberführung - Döttesfeld (2,5 km; Mkg.: rotes Quadrat).
7. Döttesfeld - Friedhof - Schutzhütte - Waldlehrpfad - Holzbachtal - Seifen - Bahnhof - Döttesfeld (6 km; Mkg.: Karo).
Schöner Blick an der Schutzhütte in Richtung Oberähren. Im Grenzbachtal Trakehner-Gestüt Altpeter, sowie Landschulheim Hoffnungsthal der Kölner Realschulen.

IM HORHAUSER KIRCHSPIEL (ZWISCHEN WIED UND AUTOBAHN)

Bearbeiter: Erwin Katzwinkel und   *Übersichtskarte Seite 343*
Hermann-Josef Hucke

Der Südzipfel des Kreises Altenkirchen reicht über die „Lahrer Herrlichkeit" an der Wied hinaus bis zur Autobahn A 3, die über die Wasserscheide zwischen oberer und mittlerer Wied führt.
Da die Wied sich im Raume der „Lahrer Herrlichkeit" nach Aufnahme des Holzbachs bereits eine beachtliche Erosionsbasis geschaffen hat, andererseits aber die Autobahn auf der Willrother Höhe mit 390 m ihren höchsten Punkt im Westerwald erreicht, senkt sich der Raum des Horhauser Kirchspiels auf einer Tiefe von etwa 8 km um rund 200 m gegen Nordosten ab. Zwei Täler begrenzen unser kath. Kirchspiel zum Kreis Neuwied: das romantische Grenzbachtal im Osten und das kurze und daher schluchtartige Altehütterbachtal im Westen. Zwischen letzterem und dem Steinebach erstreckt sich der große Altenkirchener Staatsforst,

während sich zwischen Lahr und Grenzbach die zentralen Orte
Horhausen (Ww.) mit Güllesheim an die zentrale Achse der über
den Bergrücken führenden Bundesstraße 256 Neuwied - Olpe
schmiegen.

Die B 256 wird zwischen der Autobahn und Weyerbuch auch die
„Raiffeisenstraße" genannt.

Kommen wir auf der B 256 aus dem Raum Straßenhaus in unser
Gebiet, so grüßt uns schon von weitem als ein Wahrzeichen des
Westerwaldes der Förderturm der Grube Georg auf der Will-
rother Höhe.

Willroth (380 m; 580 E., VG Flammersfeld)

✠ Seit 1965 drehen sich die Räder des 46 m hohen Förderturms der
ehemaligen **Grube Georg** nicht mehr. Er ist zum Wahrzeichen der Landschaft geworden und wird als technisches Denkmal und als letzter großer
Zeuge des einst blühenden Eisenerzbergbaus im Siegerland und im
Westerwald der Nachwelt erhalten bleiben. Von der Montabaurer Höhe
her ist er ebenso zu sehen wie vom Hohen Westerwald, vom Siebengebirge oder gar von den Bergen der Hohen Eifel.
Hier wurde Spateisenstein abgebaut, bis in eine Tiefe von 800 m, also
noch 500 m tiefer als der Rheinspiegel. Eine Belegschaft von rund 500
Mann förderte täglich rund 700 Tonnen. Das Eisenerz wurde hier in
Röstöfen auf einen Eisengehalt von rund 40 % aufbereitet und dann
zu den Hochöfen des Siegerlandes weiterbefördert. Heute arbeitet hier
die große Gesenkschmiede der Firma Karl Georg mit 190 Beschäftigten,
darunter vielen ehemaligen Bergleuten. Sie stellt monatlich 2000 t
Gesenkschmiedestücke her. Mineralienfreunde aber durchsuchen noch
häufig die Abraumhalden.
🚌 nach Horhausen, Neuwied und Neustadt; Am Ortsrand Autobahnanschlußstelle Neuwied/Altenkirchen
🏇 Siehe unter Horhausen!

Die B 256 (Raiffeisenstraße) führt nun über den Kamm leicht
bergab zum Kirchspielort

Horhausen (330 m; 1380 E., VG Flammersfeld)

Einst ein Hauptort des Erzbergbaus in der Verbandsgemeinde
Flammersfeld, heute Mittelpunkt eines jungen Fremdenverkehrs-
gebietes.

◻ Grundherr des frühen „Horhusin" (= Siedlung am sumpfigen Gelände) war das Stift St. Florin in Koblenz. Die Vogtei besaßen seit dem
13. Jh. die Herren von Isenburg, die auch den Besitz der Abtei Herford
bei Güllesheim an sich bringen konnten. Das Kirchspiel kam 1664 endgültig an das Kurfürstentum Trier und bildete mit dem Kirchspiel
Peterslahr die Herrschaft Horhausen im Trierischen Amt Herschbach.
1802 kam es an Nassau. Die weitere Geschichte teilte es mit Flammersfeld.
Horhausen ist u. a. Geburtsort des Sozialreformers und Begründers der
kath. Presse, Kaplan Georg Friedrich Dasbach (1846-1907), sowie des
Kölner Erzbischofs Joseph Kardinal Höffner.
🏛 Sehenswert die große neuromanische **Pfarrkirche,** die wie die Pfarr-
kirche von Wirges häufig auch „Westerwälder Dom" bezeichnet wird.
Ihr 50 m hoher, wuchtiger Turm ist weit über die Grenzen des Kirch-
spiels hinaus zu sehen.
✠ Hutfabrik Meißner
✚ Ärzte, Zahnarzt, Apotheke
🏊 Freibad „Lahrer Herrlichkeit" nördlich im Wiedtal; Wassertretbecken;
Angelteich im Grenzbachtal an der Grenzbachmühle; Reiten ab Hotel

St. Georg; Golfplatz mit 12 Löcher am Gasthof Dasbach; 2 Tennisplätze; Trimm-Dich-Parcours; Trakehner-Gestüt Altpeter im Grenzbachtal; Grillhütte.

🛏 3 Hotels, 5 Pensionen und Gasthöfe mit 135 Betten

✕ Mehrere Restaurants und Gaststätten, Imbißstube, 2 Cafés

🚌 nach Altenkirchen-Betzdorf, Neuwied-Koblenz, Linz; im Sommer nach Köln-Düsseldorf-Duisburg

☎ Verkehrsverein oder Gemeindeverwaltung 5451 Horhausen, Tel. (0 26 87) 4 27 oder 2 88

👫 Ortsprospekt; Wanderkarte 1 : 15 000

🅿 im Grenzbachtal und auf dem Galgenhügel südliche des Ortes (schöne Aussicht)

Verlauf der Wanderwege

1 Raiffeisenstraße bis zum Wald · links in den Wald ca. 500 m rechts über Pleckhausen nach Horhausen (ca. 1 Std.). Wo Sie rechts nach Pleckhausen abbiegen, geht links eine Abbiegung über Güllesheim nach Horhausen (ca. 1 Std., ohne Mkg.).
   Eine längere Ausdehnung bietet der Talweg bis zum Grenzbachtal · rechts an der ehemaligen Mühle vorbei über Pleckhausen nach Horhausen (ca. 3,5 Std.)

2 Schulstraße · erste Querstraße rechts bis zum Schild „Grenzbachtal" · links bis zur Schutzhütte · über den Grenzbach · rechts zur Grenzbachmühle. Von hier entweder die Steilstraße oder den weniger ansteigenden Weg nach Horhausen (ca. 1,5 Std.)

2 a Von der Schutzhütte im Grenzbachtal ausgehend zur gegenüberliegenden Talseite, nur mäßig ansteigend über Muscheid, Linkenbach wieder im Tal zum Campingplatz des Heinrichshauses (ca. 2 Std.)

Luftkurort Horhausen

Der Luftkurort Horhausen liegt auf einem sonnigen Plateau im rheinischen Westerwald.

In idealer Höhenlage (300-400 m ü. d. M.) bietet Horhausen ein von allen Erholungsuchenden bevorzugtes Reizklima. Ausgedehnte Waldungen geben Gewähr für reine, ozonreiche Luft. Der Kurgast findet im Luftkurort Horhausen günstige Voraussetzungen für die Regeneration des Gesamtorganismus, besonders auch für die Erlangung neuer Nervenkraft. Losgelöst von der Hast und Unruhe des Alltags findet der Urlauber hier in freier Natur Ruhe und Erholung. Eine ganze Reihe gutgeführter Gasthäuser und Pensionen erwartet Sie. Mit herzlicher, jedoch unaufdringlicher Gastlichkeit wird während Ihres Aufenthaltes in Horhausen für Ihr Wohl gesorgt. – Sportplatz - Turnhalle - Minigolf - Tennisplatz - Reithalle - beheiztes Freibad in der Nähe - VITA-PARCOUR. — Sehenswürdigkeit: romanische Kirche (sog. Westerwälder Dom). BAB Köln - Frankfurt (Abfahrt Neuwied/Altenkirchen)

2 b Ausgangspunkt wie vor, jedoch links bis Bruchermühle und zurück nach Horhausen (ca. 3 Std.)
(ab Bruchermühle auch zurück mit Linienbus)

3 Wie Nr. 2 zur Grenzbachmühle · am Schwanenteich vorbei rechts zur anderen Talseite · zum Campingplatz des Heinrichshauses Engers · rechts im Seitental entlang bis zur Wasserpumpstation · rechts nach Horhausen (ca. 2 Std.). Sie können auch ruhig das Grenzbachtal entlang bis Willroth gehen, dann zurück nach Horhausen (insgesamt ca. 3,5 Std., nicht markiert)

4 Grenzbachstraße zur Pumpstation · gegenüber ca. 50 m in den Wald · diesen Weg entlang ca. 2,5 km bis zur Steinstraße vor Willroth · rechts bis zum Sportplatz · rechts nach Horhausen (ca. 3 Std.)

5 Oberhalb des Erholungsheimes Phrix rechts in den Wald · nach 100 m links zur Wiesenlichtung · rechts nach ca. 400 m wieder rechts an der Schutzhütte Waldeck vorbei nach Horhausen (ca. 1,5 Std.)
Eine andere Möglichkeit (nicht markiert); an der Wiesenlichtung links durch den Mischwald, dann in einer Linksbiegung zur Bundesstraße Horhausen (ca. 1,5 Std.)
Der Wald bietet viele Möglichkeiten der Querbegehung. Er ist rundum von Wegen begrenzt, daher ist ein Verlaufen unmöglich.

6 Tannenstraße · zur Theresienwiese · hier durch die Flur am gegenüberliegenden Wald entlang bis Luchert (übernächste Ortschaft) zurück nach Horhausen (ca. 2 Std.)

7 Anfang wie Nr. 6 · Theresienwiese zur Schutzhütte Waldeck · rechts nach ca. 500 m links nach Krunkel (1/2 Std.). Hier ist ein Hallenbad mit Sauna. Von Krunkel über Obersteinebach, Niedersteinebach, Luchert nach Horhausen (ca. 3 Std.).
Von diesem Wanderweg bieten sich auch andere nicht beschilderte Wandermöglichkeiten:
    a) von der Schutzhütte Waldeck gerade aus · nach ca. 1 km rechts über Luchert, Huf nach Horhausen (ca. 1,5 Std.)
    b) von Obersteinebach zum Ausflugslokal und Fremdenpension Heiderhof (ca. 1/2 Std.)

8 Kirchstraße · Heldenfriedhof links bis zur Kleiderfabrik · gegenüber am Waldrand vorbei (wo 2 Bänke stehen) · durch den gegenüberliegenden Wald links ins Tal bis nach Horhausen (ca. 1 Std.)

9 Anfang wie Nr. 8, jedoch an der Kleiderfabrik vorbei bis zum Bildstock · rechts nach Burdenbach · links über Niedersteinebach, Luchert nach Horhausen (ca. 2,5 Std.)
Sie können auch durch Burdenbach über Güllesheim nach Horhausen wandern (ca. 1,5 Std.).
Eine andere Möglichkeit ist am Bildstock links vorbei bis ehemalige Grube Luise, dann links über Niedersteinebach nach Horhausen (ca. 1,5 Std.) oder rechts ins Wiedbachtal nach Oberlahr und Bruchermühle (zeitmäßige Ausdehnung ca. 2 Std.)

0 (erster Teil) Wie Wanderweg 2, jedoch unterhalb der Hutfabrik Meißner rechts in die Flur · am Müllplatz vorbei zum gegenüberliegenden Waldrand · rechts zur Bundesstraße · Amschweg zur Schutzhütte Waldeck · rechts nach Horhausen (ca. 1,5 Std.)

0 (zweiter Teil) Kirchstraße über die Bundesstraße ·nach ca. 200 m rechts zur Raiffeisenstraße und in der Dell rechts nach ca. 200 m links in die Gartenstraße · Schulstraße (ca. 1 Std.)

R Schöne Rundwege von Horhausmühle aus (1 bzw. 2,5 Std.)
Alle Wanderwege führen durch reizvolle Fluren, Wälder und Täler. Sie sind alle gefahrlos gut begehbar und ausreichend mit Bänken und Schutzhütten versehen.
Bei genügender Beachtung der Beschreibungen und der Wanderkarte ist ein Verlaufen unmöglich. Sollte dies doch einmal geschehen, versuchen Sie irgendwo die Kirchturmspitze von Horhausen zu erspähen, nach der dann eine schnelle Orientierung möglich ist.

Kath. Pfarrkirche in Horhausen, genannt der „Westerwälder Dom"

Nordöstlich von Horhausen liegt zum Grenzbachtal hin das lang-
gestreckte
Pleckhausen (305 m; 250 E., VG Flammersfeld)
🐎 An der Pleckhauser Mühle Trakehner-Gestüt Altpeter
🛏 ✕ 1 Café-Restaurant, 1 Pension
🚶 Siehe unter Horhausen!

An der B 256 schließt sich an Horhausen
Güllesheim (290 m; 670 E., VG Flammersfeld)
🏛 Moderne **kath. Kapelle** von 1974/75; **Kriegsgräberfriedhof** zwischen
Güllesheim und Horhausen. Vom 22. - 26. 3. 1945 fanden hier schwere
Abwehrkämpfe statt.
✕ Herrenbekleidungsfabrik Dürselen-Webefa GmbH
🐎 Siehe unter Horhausen!
🛏 ✕ Gasthaus mit 12 Betten

🚌 Siehe Horhausen!
☎ Siehe Horhausen!
🕴 Siehe Horhausen!

Die B 256 (Raiffeisenstraße) führt nun abwärts und durchquert am Freibad „Lahrer Herrlichkeit" das Wiedtal.
Parallel zu dieser Straße fließt westlich der Lahrbach mit mehreren kleineren Siedlungen. In seinem Quellgebiet liegt fast auf der Höhe nahe der Autobahn
Krunkel (330 m; 370 E., VG Flammersfeld)

🏛 1963 geweihte Filialkirche
🏊 Pension mit Hallenbad und Sauna
🚌 nach Horhausen, Neuwied und Neustadt
☎ Siehe unter Horhausen!
🕴 Gute Wandermöglichkeiten nördlich ins Gebiet des Lahrbachs und südlich jenseits der Autobahn in den Raum Hümmerich.

Über den Ortsteil Epgert fahren wir hinunter nach
Obersteinebach (260 m; 230 E., VG Flammersfeld)

🦌 Wildgehege Heiderhof nordwestlich am Rande des großen Altenkirchener Staatsforstes
🏨 ✕ Waldhotel Heiderhof mit 22 Betten
🚌 nach Altenkirchen und Neustadt
🕴 Ausgebautes Wegenetz mit herrlichen Ausblicken.

1 km unterhalb liegt im Mündungsgebiet eines Seitenbachs
Niedersteinebach (230 m; 190 E., VG Flammersfeld)

✕ Ehemaliger Bergmannsort. Die Erzgrube Louise des Krupp-Konzerns wurde schon 1930 stillgelegt. Die Trasse einer Grubenbahn zum Bahnhof Oberlahr dient heute teilweise als Wanderweg. Oberhalb des Ortes der ehem. Paul-Schacht und die Friedrich-Wilhelm-Zeche.
🚌 nach Altenkirchen und Neustadt
🕴 Siehe unter Horhausen!

Im Hang des Lahrbachtals liegt unterhalb das kleine
Bürdenbach (240 m; 320 E., VG Flammersfeld)

🏨 ✕ Hotel-Pension Waldfrieden mit Hallenbad, 25 Betten; Pension Petershof (20 Betten)
🚌 Bahnbus nur ab B.-Brucher Mühle im Wiedtal
🕴 Siehe unter Horhausen!

Kurz vor der Mündung des Lahrbachs lag schon im Wiedtal das Forsthaus
Bürdenbach-**Bruch** (170 m)

⬛ 🦌 Hier stand im 18. Jh. noch die **Wasserburg Bruch,** Sitz einer kleinen Grundherrschaft, die anfangs zu Isenburg gehörte und später durch Heirat zu Sayn kam. 1976 kaufte Oberlahr die letzten Gebäude an deren Stelle nun eine Gaststätte erbaut wurde. Seit 1977 sind hier Freizeitanlagen entstanden: 200 Stellplätze für Dauer-Camper, 100 Wochenendhäuser, Sportplätze, Tennishalle, Café und Kegelbahn, Diskothek.
Alte Kellergewölbe der Burg bleiben erhalten. Ebenfalls einer der Burgteiche mit dem interessanten Pflanzenwuchs, so bleibt auch noch einiges für den Naturfreund zu sehen.
Auf dem angrenzenden ehemaligen Bahnhofsgelände befindet sich jetzt das moderne, beheizte Freibad der Lahrer Herrlichkeit.
Die Lahrbachtalstraße endet hier im Wiedtal.

AUF DER NAUORTER HOCHFLÄCHE
Bearbeiter: Dr. Franz Baaden

Wie eine Nase schiebt sich der Westerwaldkreis in seinem westlichen Teil in Richtung auf Bendorf vor. Dieses Gebiet bildet
landschaftlich gesehen eine geschlossene Einheit - die Nauorter
Hochfläche.
Sie findet ihre natürliche Begrenzung nördlich und westlich mit
dem Sayntal, südlich mit den Tälern von Masselbach und Brexbach. Im Osten schließt der Raum etwa mit der Kreisstraße zwischen Ransbach-Baumbach und Wittgert ab. Seine West-Ost-Aus-
dehnung beträgt etwa 10 Kilometer, die Nord-Süd-Breite durchschnittlich vier Kilometer.
Betrachten wir einmal die Oberflächenform dieser Landschaft.
Beinahe in unmittelbarer Nachbarschaft hat sich das Neuwieder
Becken eingesenkt. Das hatte zur Folge, daß sich die wasserreichen Bäche Brex und Sayn tief in die Randzone des Westerwaldes
einschnitten und dabei steile und gewundene Kerbtäler mit nur
teilweise angeschwemmten Talböden gebildet haben. Die Steilhänge sind fast ausschließlich mit Laubbäumen bewaldet. Die
oberen Talhänge brechen in scharfem Knick zu einer teils hügeligen Riedelhochflur ab. (In der Erdkunde versteht man unter
Riedel die zwischen zwei Tälern sich hinziehenden, höher gelegenen Zwischenstücke, die Reste einer einstmals ebenen Fläche
tragen.) Der Höhenunterschied zwischen Talsohle und Hochfläche
beträgt im Osten etwa 100 Meter und steigt gegen Westen mit
fortschreitender Tiefenerosion auf etwa 200 Meter an.
Die Höhen bedecken ausgedehnte, wenn auch durch Abtragung
zerfranste Löß- und Bimsdecken, die neben dem auf den Höhen
bloßgelegten Devongestein aus Tonschiefer und Grauwackesand-
stein ebenfalls vielfach bewaldet sind. Der Bims hat im westlichen
Teil noch eine abbauwürdige Mächtigkeit. Vereinzelt finden sich
auch noch pliozäne Terrassenkiese, so auf der Höhe nordwestlich von Stromberg. Selbst vulkanische Eruptionen sind in diesen
Raum vorgedrungen. Erinnert sei an den Trachytbruch an der
Kreisstraße Caan-Isenburg und an ein Diabas-Vorkommen bei
Sessenbach. Nach Osten hin schließt der Raum mit dem Quarzit-
höhenzug des Staatsforstes Selters als Fortsetzung der durch die
Ransbach-Baumbacher Senke unterbrochenen Montabaurer Höhe
ab.
Die Kammzone der Hochfläche schwankt zwischen 300 und 330 m
über NN. Sie verläuft von Westsüdwest nach Ostnordost und bil-
det die Wasserscheide zwischen den beiden großen Bachsyste-
men. Auf ihr verläuft eine von Bendorf zur Haiderbach führende
Landesstraße.
Entlang und beidseitig dieser Straße sind die Rodungsinseln der
Höhendörfer aufgereiht: Bendorf-Stromberg, Caan, Nauort, Sessenbach, Alsbach, Wirscheid, Rembser Höfe. Dazwischen trennen

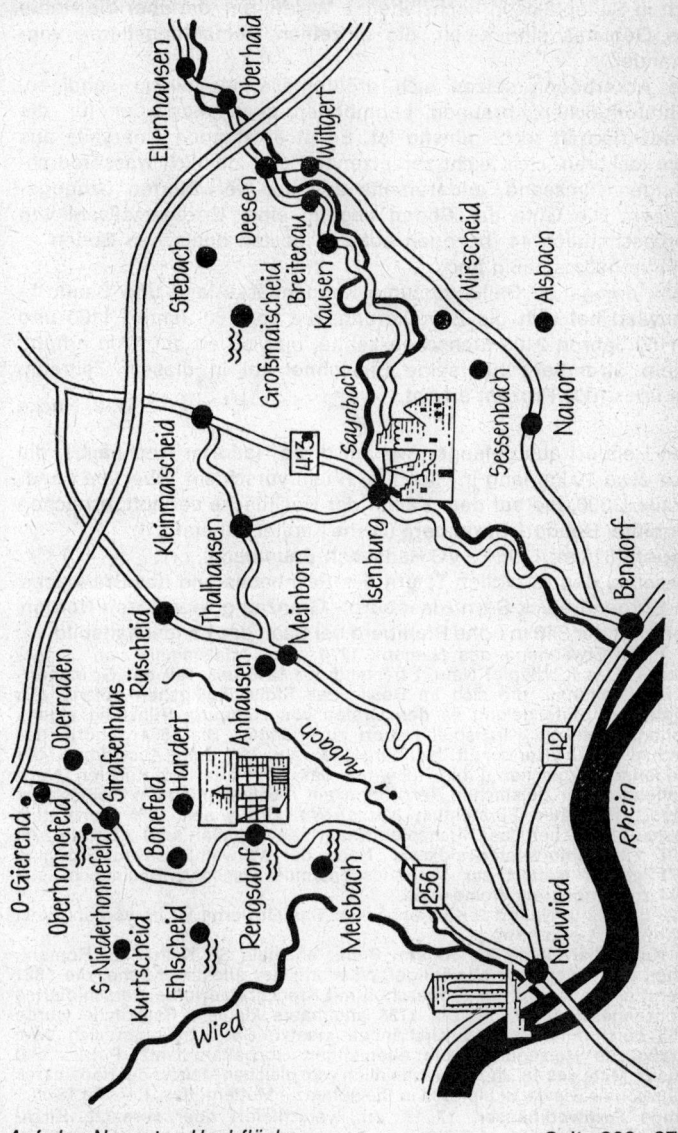

sich in Seitentälchen hochziehende Waldfluren, die über die Hälfte des Gebietes einnehmen, die einzelnen Gemarkungsfluren voneinander.

Die Ackerböden setzen sich größtenteils aus einem sandigen, nährstoffreichen, braunen Lehmboden zusammen, der für die Landwirtschaft recht günstig ist. Er ist entstanden einerseits aus dem lockeren, sich leicht zersetzenden und ziemlich wasserdurchlässigen Bimssand, andererseits aus den verwitterten Grundgesteinen. Die Güte der Böden liegt in einer Ertragsmeßzahl von durchschnittlich 44 (bezogen auf den besten deutschen Boden = 100) verhältnismäßig hoch.

Dank der nahen Ballungsräume Kannenbäckerland und Bendorf-Neuwied hat sich die Bevölkerung, die vor 160 Jahren 1100 und vor 50 Jahren 2100 Menschen zählte, inzwischen auf 4700 erhöht. Allein Stromberg hat seine Einwohnerzahl in diesem Zeitraum um über 1000 Prozent erhöht.

H.-J. Hucke

✳

Von Bendorf aus gelangen wir auf diese Nauorter Hochfläche, die sich etwa 10 km lang in Richtung Rhein vorschiebt. Über die Landstraße L 306, die auf dem Kamm der Hochfläche verläuft, erreichen wir hinter Bendorf-**Stromberg** (Siehe Kapitel „Rheintal"!)

Nauort (310 m; 1705 E., VG Ransbach-Baumbach)

zwischen den reizvollen Tälern des Saynbachs und des Brexbachs im Burgendreieck Sayn - Isenburg - Grenzau gelegen. Von Norden überragt der 346 m hohe Pfahlberg bei Caan das Landschaftsbild.

⬛ Erste Erwähnung des Namens 1279: eine Adelsfamilie von „Nuenrohde". Das Kirchspiel Nauort bestand vor 1316, als Teil der Grundherrschaft Breitenau, die sich im Besitz des Stifts Dietkirchen befand. Als Vögte des Stifts gelang es den Grafen von Isenburg, frühzeitig eigene Hoheitsrechte am Kirchspiel Nauort zu erlangen. Bis 1664 gehörte das Kirchspiel zur Herrschaft Isenburg-Grenzau. Mit dem Aussterben der Niederisenburgischen Linie 1664 fiel das Kirchspiel an Kurtrier. Nach Aufhebung der geistlichen Territorien auf rechtsrheinischem Gebiet kam Nauort 1803 zum Fürstentum Nassau-Weilburg - seit 1806 Herzogtum Nassau. 1866 fiel das Kirchspiel Nauort an Preußen und gehörte seit 1867 zum Unterwesterwaldkreis. Nach der Verwaltungs-Neugliederung 1971 gehört Nauort zur Verbandsgemeinde Ransbach-Baumbach, seit 1974 zum Großkreis Westerwald.

1723 gab es in Nauort 9 Kannenbäcker. Das Gewerbe ist im vergangenen Jahrhundert erloschen.

▥ **Kath. Pfarrkirche St. Johann Bapt.**, ehemals St. Katharina. Romanischer, ungegliederter ehemaliger Westturm der ältesten Kirche, die 1321 zuerst erwähnt wird. Im Erdgeschoß mit Kreuzgratgewölbe, verschiefertes Glockengeschoß 19. Jh. Die 1738 angebaute kleinere Saalkirche wurde 1955 durch einen neuen Kirchenbau ersetzt. Darin befinden sich zwei vorzügliche Holzfiguren vom ehemaligen Hochaltaraufsatz, Petrus und Paulus, Mitte des 18. Jh., wahrscheinlich vom gleichen Meister der Hadamarer Kunstschule wie die Skulpturen in Steinefrenz. - Muttergottes, 1. Hälfte 18 Jh.

Einige **Fachwerkhäuser**, 17./18. Jh., verschiefert oder verputzt, Kirchstraße 2 mit Vorbau auf Stützen.

✖ Umfangreiche Bimsablagerungen, einstmals als Flugasche während der Vulkantätigkeit des Laacher Sees herübergeweht, haben Nauort zu einem Mittelpunkt der heimischen Bimsindustrie werden lassen. Nachdem die Bimsvorkommen mittlerweile weitgehend ausgebeutet worden sind, wird eine Wiederbelebung des Fremdenverkehrs angestrebt.

✛ 2 Ärzte, 1 Zahnarzt, 1 Apotheke

⚐ Die Gemeinde bemüht sich mit Erfolg, den Freizeitwert für ihre meist in der keramischen Industrie des Kannenbäckerlandes beschäftigten Einwohner zu erhöhen. - Modernes Hallenbad. Grillplatz, Schutzhütte. Tennisplätze. Kegelbahn.

⊨ ✕ W. Freisberg, 7 Betten; Schwenzer (A. Günster), 10 Betten.

🚌 Bedarfshaltestelle Brexbach der Bahnstrecke Neuwied - Siershahn.

🚌 nach Koblenz - Engers - Siershahn; Höhr-Grenzhausen

☎ Ortsgemeinde 5411 Nauort, Tel. (026 01) 22 09 -
Verbandsgemeindeverwaltung Ransbach-Baumbach, Tel. (026 23) 30 61

🥾 1. Nauort - Bachweg - Steinbrück - Brexbachtal - Burg Grenzau - Hofgut Grenzau - Kaiserstuhl - Steinsträßchen (8 km);
2. Nauort - Nauorter Berg - Steinbrücker Berg - Hochwald - Schießheck - Steinsträßchen - Nauort (4 km);
3. Nauort - Sportplatz - Wasserhäuschen - Mehlbach - Brexbachhöhen - Augustushof - rund um den Pfahlberg - Nauort (9 km);
4. Nauort - Sessenbacher Kreuz - Sessenbacher Floß - Waldfelderhof (4,5 km);
5. Nauort - Erbachshof - Leutersberg - Großstück - Erbachswiese - Nauort (3 km).

✳

Zwischen Nauort und dem Sayntal bei Isenburg, doch noch auf der Hochfläche, liegt

Caan (346 m; 420 E., VG Ransbach-Baumbach)
beherrscht von dem 346 hohen Pfahlberg.

◪ Der Ortsname Caan deutet auf eine alte Siedlung hin. Von einem Hof in Caan führt ein Adelsgeschlecht „von Kane", das sich später „Reuber von Caan" nennt, seit 1250 seinen Namen. Das Adlerwappen weist auf das ehemalige Königsgut hin.
1310 schenkte Salentin von Isenburg der Kirche zu Isenburg Gefälle zu Caan. 1352 erwarb das Stift Dietkirchen von den Rittern „von Caan" einen Anteil vom Zehnten zu Caan und Nauort. 1723 werden 3 Kannenbäcker in Caan erwähnt, die den in unmittelbarer Umgebung liegenden Ton verarbeiteten. - 1756/57 war dort ein Steinbruch in Betrieb.

⊨ ✕ Zur Linde, 11 Betten; Terhorst, 6 Betten.

🚌 nach Koblenz - Engers - Siershahn; Höhr-Grenzhausen

☎ Verbandsgemeinde Ransbach-Baumbach, Tel. (026 23) 30 61

⚒ An der Straße nach Isenburg Steinbruch mit Trachytsäulen.

🥾 1. Zum Römerturm durch's Brexbachtal - Bendorf - Sayn (4 km);
2. Burgruine Isenburg durch's Sayntal (3 km);
3. Burg Grenzau über Nauort, Hofgut Grenzau (3 km).

✳

Von Nauort ostwärts, entlang der L 306 kommen wir nach 1 km zum

Waldfelderhof

◪ Der Hof liegt in der Gemarkung Nauort und wird 1723 erstmalig erwähnt. 1775 gehörte er zu Kurtrier.

Nach einem weiteren km auf der L 306 treffen wir auf eine Straßenkreuzung, von der in nördlicher Richtung die K 125 nach Sessenbach abzweigt, während in südlicher Richtung die K 118 nach Alsbach abbiegt.

Sessenbach (306 m; 511 E., VG Ransbach-Baumbach)
Dorf am gleichnamigen Bach.

◪ Anhand von Bodenfunden konnte in Sessenbach eine keltische Wohngrubensiedlung nachgewiesen werden. - Erste Erwähnung des Ortes

1321: Luther von Isenburg besaß Lehen zu „Sinsinbach". Der Isenburger Hof und das „Wollenschlägers Höfchen" zu Sessenbach waren bis 1664 isenburgisch, danach kurtrierisch. Der Saynhof in der Gemarkung Sessenbach, der schon 1331 als Hof „Uf der Seyne" erscheint, ist nach wechselvollem Schicksal in neuerer Zeit ausgegangen, nachdem er zuletzt 1723 im Besitz des Klosters Oberwerth war. Isenburg-Grenzau besaß im Jahre 1600 Anteile am Zehnten von Sessenbach. - Mitte des 18. Jh. waren Kannenbäcker in Sessenbach.

🏛 **Kath. Kirche** von 1949.

✕ Günstige Standortbedingungen haben vor einigen Jahren die Ansiedlung eines namhaften keramischen Betriebes ermöglicht.

🚌 nach Koblenz - Siershahn; Stromberg - Hillscheid

☎ Gemeindeverwaltung, Tel. (0 26 01) 24 36 -
Verbandsgemeindeverwaltung Ransbach-Baumbach, Tel. (0 26 23) 30 61

🚶 1. über Alsbach, Grenzau zur Burg Grenzau (5 km);
   2. ins Sayntal.

Alsbach (300-350 m; 547 E., VG Ransbach-Baumbach)
an einem Nordhang in eine Mulde eingebettet.

◘ Erste Erwähnung 1143. Schon früh im Besitz der Isenburger; kam 1376 bei der Erbteilung an die Grafen von Wied, 1806 zum Herzogtum Nassau, 1866 an Preußen, 1867 Kreis Unterwesterwald. Seit 1971 zur Verbandsgemeinde Ransbach-Baumbach, seit 1974 zum Westerwaldkreis. Nordöstlich von Alsbach, an der Straße Nauort nach Breitenau, hatten die 4 Herren zu Isenburg seit 1376 die **„Hohe Feste am Weißenstein"**, wo sie das sogenannte Landgericht abhielten (Flurnamen „Urtelsstühl" und „Galgenhecke").

🏛 **Ev. Pfarrkirche.** Querrechteckiger, romanischer Turm der 1338 erwähnten Kirche, 1750 erhöht. Schiff mit Apsis in 5/8-Schluß 1853/54 in neuromanischen Formen von Kreisbauaccessist Friedrich Schlichter, Hachenburg, mit gleichzeitiger einheitlicher Ausstattung.

✕ **Töpferei mit Besichtigung**
Kröber & Klauer, Bahnhofstraße 3, Tel. (0 26 01) 26 56, salzglasiertes Steinzeug, geöffnet Mo-Do 9-11.30, 14-17 Uhr, Fr 9-12 Uhr, Sa und So nach Vereinbarung.

🚃 Bahnhof Grenzau 1 km (Engers - Siershahn).

🚌 nach Koblenz - Siershahn; Hillscheid - Stromberg

☎ Gemeindeverwaltung, Tel. (0 26 01) 24 10 -
Verbandsgemeindeverwaltung Ransbach-Baumbach, Tel. (0 26 23) 30 61

🚶 1. Grenzau (Burg) - Hofgut Grenzau (2 km);
   2. Rembser Hof - Sieben Wege - Ransbach-Baumbach (4 km);
3. Felsgraben - Grenzau, zurück über Tiergarten (4 km).

Auf der L 306 kommen wir nach einem km an die Abzweigung nach Wirscheid und erreichen den Ort über die nordwärts führende K 117.

Wirscheid (300 m; 217 E., VG Ransbach-Baumbach)

◘ Erste Erwähnung 1547 „Wersched". Gehörte zu Isenburg-Grenzau. Die Grafen von Isenburg übertrugen Kurtrier 1600 einen Anteil des Zehnten von Wirscheid, vor 1674 einen weiteren Anteil an die Pfarrei Nauort.

🚌 nach Stromberg - Grenzau - Hillscheid; Koblenz - Siershahn

☎ Gemeindeverwaltung, Tel. (0 26 01) 25 53 -
Verbandsgemeindeverwaltung Ransbach-Baumbach, Tel. (0 26 23) 30 61

🚶 1. Burg Grenzau (3 km);
   2. Pfahlberg (2 km).

1¹/₂ km hinter der Abzweigung nach Wirscheid sehen wir zur Rechten der L 306 den

Hof Rembs

◘ Erste Erwähnung 1356 „Remsse". 1569 überfielen 400 Mann aus Bendorf (Sayn) den Hof, auf dem damals 3 Häuser standen. Im 19. Jh. kam der Hof ganz in den Besitz der Grafen von Wied.

Hinter dem Forsthaus Rembser Hof biegt die L 306 an der Wegespinne „Sieben Wege" links ab hinunter nach Wittgert in der sogenannten „Haiderbach" im Sayntal.

IN DER HAIDERBACH UND IM UNTEREN SAYNTAL

Bearbeiter: Dr. Franz Baaden,   *Übersichtskarte Seite 367*
Karlheinz Schönberger und H.-J. Hucke

Wer von Selters im Großen Saynbachtal oder von Mogendorf im Kleinen Saynbachtal abwärts fährt, der erreicht am Zusammenfluß beider Saynbäche bei Ellenhausen bzw. Oberhaid die „Haiderbach". Die vorher recht engen Sayntäler weiten sich hier zu einer etwa 2 km breiten, waldlosen Talmuldenlandschaft, die von der Autobahn A 3 zwischen Oberhaid und Deesen durchschnitten wird. Bis auf Ellenhausen gehören alle Gemeinden zur Verbandsgemeinde Ransbach-Baumbach; die Bewohner finden in der Mehrzahl auch in diesem Raum ihre Arbeitsstätten und Einkaufsmöglichkeiten. Besonders in Oberhaid und Breitenau gibt es auch noch Fremdenverkehr.

Unterhalb Breitenau verengt sich mit der Grenze zwischen dem Westerwaldkreis und dem Kreis Neuwied am Hof Adenroth das Tal wieder. Wir fahren ein in ein stilles, windungsreiches Tal mit sanften Waldhängen und durchlaufendem Wiesenboden.

Auf halbem Wege zum Rhein verändert sich dann unterhalb Isenburg das Gesicht des Tales. Die von Dierdorf herabkommende B 413 führt hier durch ein düsteres, von mächtigen, steilen Waldbergen eingeschnürtes Tal windungsreich nach Sayn. Hin und wieder begegnen uns einige ältere Gebäude ehemaliger Mühlen oder Hammerwerke, bis wir dann im sehenswerten Bendorf-Sayn das Koblenz-Neuwieder Becken erreichen.

Erstes Dörfchen von Selters her ist in der „Haiderbach" das kleine
Ellenhausen (230 m; 230 E., VG Selters)

◘ Ellenhausen, 1261 Elkinhusin, gehörte ursprünglich mit Sessenhausen und Selters zum Bann Maxsain. Die Grafen von Isenburg erwarben hier 1529 einen Hof.
🏛 Altes Fachwerkhaus
🚌 Hachenburg - Koblenz; Hartenfels - Montabaur

Südlich von Ellenhausen, noch im Hang des Kleinen Saynbachs
Oberhaid (245 m; 256 E., VG Ransbach-Baumbach)
zwischen herrlichen Wäldern am Kleinen Saynbach gelegene Waldrodungssiedlung.

◘ Erste Erwähnung 1376 „Heide". Oberhaid war Sitz eines besonderen Gerichtes der „Haiderbach" (1376 - ca. 1560), zu dem außer Ober- und Niederhaid noch Wittgert und Ellenhausen gehörten. Seit 1450 hatten die

Herren von Isenburg einen Hof in Oberhaid. 1700 wurde eine Ölmühle erbaut, die zunächst Hasenmühle, später „Fuchsenmühle" hieß. - Kurtrier besaß in der Gemarkung Oberhaid den Hof Niederhaid, mit dem es 1355 Heinrich v. Pfaffendorf belehnte. Der Hof ist nach 1751 ausgegangen. - 1760: 6 Euler zu Oberhaid (ausgegangen).

🛏 ✕ Restaurant; Ferienwohnungen mit insgesamt 34 Betten; im Kleinen Sayntal Pension Mausmühle mit 20 Betten

🚌 Koblenz - Siershahn; Hachenburg - Koblenz

☎ Gemeindeverwaltung (0 26 26) 2 06; Verbandsgemeindeverwaltung Ransbach-Baumbach (0 26 23) 30 61

🏃 1. Kl. Saynbach - Kl. Köppel (1,5 km)
      2. Unter der Autobahn - Mogendorfer Weiher (2 km)
3. Mausmühle (0,5 km) - 4. Hof Winterroth (1,5 km).

In einem Seitental des Kleinen Saynbachs unweit der Autobahn
Hof Winterroth

◻ Erste Erwähnung 1479, als die Bertram v. Herschbach den Hof von den Herren v. Reichenstein zu Lehen trugen. 1604 war Georg Hans von Reifenberg mit dem Hof belehnt. 1600 zogen die Grafen von Isenburg Gefälle von den Winterrother Gütern. Nach 1664 war der Hof im Besitz von Kurtrier. - 1738 wurde ein Steinbruch bei dem Hof betrieben.

🛏 Fremdenpension

Von Oberhaid nordwestwärts gelangen wir nach 2 km über die
L 304 nach
Deesen (220 m; 492 E., VG Ransbach-Baumbach)
an einer Schleife des Saynbachs gelegen.

◻ Erste Erwähnung des Dorfes „Desene" 1218, als Burggraf Heinrich von Isenburg der Abtei Rommersdorf einen Lichterzins schenkte. Das Dorf selbst ist einige Jahrhunderte älter, wie aus dem altertümlichen Ortsnamen zu schließen ist. 1271 verkaufte das Kloster Rommersdorf dem Hermann von Desene, genannt der Wale, verschiedene Güter in Deesen. 1531 hatten die Mant von Limbach einen Hof in Deesen. - Der Hof Kottenbach in der Gemarkung Deesen ist vor 1541 ausgegangen.
Deesen bis 1664 isenburgisch, dann kurtrierisch, ab 1803 nassauisch. 1866 zu Preußen. - Zollwirtshaus in der Gemarkung Deesen 1667 und 1723 erwähnt.

🚌 Hachenburg - Koblenz; Koblenz - Siershahn; Autobahn Köln - Limburg
☎ Verbandsgemeindeverwaltung Ransbach-Baumbach, Tel. (0 26 23) 30 61
🏃 1. Sieben Wege (3 km)
      2. Adenrother Hof (2 km)

Südlich von Deesen in flacher Hanglage
Wittgert (250 m; 460 E., VG Ransbach-Baumbach)
◻ Erste Erwähnung „Wergerode" 1376. Bis 1664 zu Isenburg-Grenzau gehörend, dann Kurtrier. Ab 1803 Nassau-Weilburg.
Ein adliger Hof „Jungfer Diligen Güter" in Wittgert wechselte mehrfach den Besitzer, zuletzt 1801 Kurtrier. Trierisch war 1746 auch die Dietrichswiese zu Wittgert, die vorher den Isenburgern gehörte.
🏛 Das „Alte Haus" von 1813. In den Fachwerkfächern sehr hübsche Schabkunst mit bäuerlichen Motiven und Lebenssymbolen. An Türen und Figuren im Hausinnern gleichwertige Schnitzkunst.
🚌 Koblenz - Siershahn; Ransbach - Baumbach
☎ Gemeindeverwaltung (0 26 23) 42 58; Verbandsgemeindeverwaltung Ransbach-Baumbach (0 26 23) 30 61
🏃 1. Sieben Wege (2 km)
      2. Adenrother Hof (2 km)
3. Stille Wanderungen in den angrenzenden Wäldern

Unmittelbar am Westrand von Wittgert schließt sich Breitenau an, das wir über die K 128 erreichen.

Breitenau (240 m; 578 E., VG Ransbach-Baumbach)
Hauptort der „Haiderbach", im landschaftlich reizvollen Saynbachtal, abseits von verkehrsreichen Straßen gelegen. Vorwiegend landwirtschaftlich strukturierte Wohngemeinde (Fremdenverkehrs- und Naherholungsgebiet).

◖ Erste Erwähnung 1265: „Bredenowe" = breite Aue. Sehr alte Siedlung, Mittelpunkt einer Grundherrschaft des St. Lubentius-Stiftes in Dietkirchen. 1343 erhielt Isenburg das Dorf von Trier zu Lehen. Bis 1664 Isenburg-Grenzau, ab 1664 Kurtrier, ab 1803 Nassau, 1866 an Preußen. Kloster Rommersdorf (1265), v. Erlen - v. Rodheim, v. Breitbach, Isenburg, Wied und Kurtrier besaßen Höfe bzw. Güter in Breitenau.
In Breitenau wirkte 13 Jahre lang der bekannte Westerwälder Dichter-Pfarrer **Wilhelm Reuter** († 1948).
Lit.: Pfr. Wilhelm Reuter, Wie schön . . ., wie schwer . . ., Poet zu sein. Emmelshausen 1978
Der Ortsteil **Hirzen**, 1329 Herlizhoven, war damals ein selbständiger Hof. 1355 hatte die Kirche von Marienrachdorf Güter in Hirzen. 1667 wird von einer Eisenerzgrube bei Hirzen berichtet.
In den Haiderbach-Gemeinden einschließlich Breitenau gab es 1771 insgesamt 21 Kannen- und Krugbäcker. Im 19. Jh. ausgegangen.
🏛 **Kath. Pfarrkirche St. Georg.** Von der ersten Pfarrkirche, um 1220 errichtet, steht noch der spätromanische Westturm in der Mitte der Kirchenlängsseite; das heutige Schiff (schlichter klassizistischer Saal) wurde 1809 und der Chor um 1840 angebaut. Der unter Denkmalschutz stehende ungegliederte Turm ist einfach viereckig und hat im Erdgeschoß ein kuppelartiges Kreuzgewölbe. Im obersten Geschoß umfaßt auf jeder Seite eine große Rundbogenblende die Schallöcher. Diese sind zu je drei, das mittlere höher, gruppiert und rundbogig geschlossen und ruhen auf dünnen Säulchen. Neuerer, oben achteckiger Spitzhelm. An der Nordseite mit Flachgiebel. Spiegeldecke, Nordempore auf dorischen Holzsäulen. 2 Seitenaltaraufsätze, 2. Hälfte 18. Jh. - Tabernakelaltaraufsatz, Kanzel, Kommunionbank, Anfang 19. Jh. - Prächtiger Beichtstuhl, Ende 17. Jh.
🏊 Freischwimmbad im Weiher
🛏 ✕ Pensionen und Gasthäuser mit 24 Betten
🚌 Hachenburg - Koblenz; Siershahn - Koblenz
☎ Gemeindeverwaltung (0 26 23) 33 90; Verbandsgemeindeverwaltung Ransbach-Baumbach (0 26 23) 30 61
☉ Karnevalszug der Breitenauer Möhnen und aller Ortsvereine sowie der St.-Georgsbläser am Fastnachtssamstag.
✳ Vom Köpfchen (Wasserwerk) schöne Aussicht über die Haiderbach bis zur Ruine Hartenfels und zum Oberwesterwald.
🚶 1. Breitenau - Adenrother Hof - Blumental - Stebach; zurück über die Heide (5 km)
2. Breitenau - Köpfchen mit Grillhütte - Malberg; zurück Belgierschlag - Quelltal - Wittgert (3,5 km)
3. Breitenau - Worbelskopf - Rembserhof; zurück über Malbergskopf - Belgierschlag - Quelltal - Wittgert (4 km)
4. Breitenau - Hirzen - Lindenberg - Deesen - Oberhaid - kl. Saynbachtal - Fuchsmühle - Mausmühle - Nordhofen (9 km)
Von Breitenau führt uns die L 304 nach wenigen hundert Metern zum Hofgut Adenroth im Sayntal. In der Nähe der Blumenthalsweiher (seit 1269; 16 000 qm groß; Angeln gegen Erlaubnisschein).

Hofgut Adenroth
◖ Erste Erwähnung von Gütern in Adenroth 1143, als der Hof noch ein Dorf war, mit einer Kapelle. 1266 schenkte Bruno von Isenburg den Hof dem Kloster Rommersdorf. 1803 kam der Hof an Nassau-Usingen, später an die Fürsten zu Wied, die heutigen Besitzer.

Das einzige, was an den früheren Bestand erinnert, ist die ehem. Kapelle, 1268 St. Maria, Katharina, Maria Magdalena und Allerheiligen geweiht. Ein einschiffiger Bau mit spitzbogigen, in Rundblenden liegenden Fenstern und barockem Dachreiter, im Außenbau erhalten, im Innern für Wohnzwecke umgestaltet. Ende des 19. Jh. ist der Hof vollständig umgebaut worden.

2 km saynabwärts im Hang der nördlichen Talseite das kleine Großmaischeid-**Kausen** (220 m)

Isenburg - Selters

Am Waldrand nordöstlich des Dorfes Wanderparkplatz mit 6 km langem Rundwanderweg (Mkg.: Kleeblatt): Adenrother Weiher - Wochenendhäuser bei Stebach - Stebach - Kausen.

Ohne jedes Haus ist nun der fast 7 km lange Talabschnitt bis **Isenburg** (185-313,3 m; 880 E., VG Dierdorf)
nahe der Autobahnabfahrt Dierdorf, den Städten Neuwied, Bendorf und Koblenz, mitten im schönen Saynbachtal und entlang den tief eingeschnittenen Seitentälern des Iser-, Ommels- und Wibbelsbaches, am Fuß der Burgruine Isenburg, die dem Ort den Namen gegeben hat, gelegen.

In den Herren von Isenburg haben wir eines der bedeutendsten, alteingesessenen edelfreien Geschlechter vor uns, das bis in die fränkische Landnahmezeit zurückreicht. Dieses heute noch blühende, uradelige Geschlecht leitet seine Herkunft von Reginbold (Mitte des 9. Jh.) und dem Vicecomes Reginbold (963) ab. Der Lebensraum der Dynasten von Isenburg lag ausgebreitet zwischen den Städten Trier, Köln, Limburg und Mainz. Die Orte Rommersdorf, Laach, Wied und Hönningen dürften von besonderem lokalen Interesse sein. Seit 1095 nennen sich die Herren von Isenburg nach der Burg, womit deren Bauzeit ungefähr feststehen dürfte. Die Herren von Isenburg führen zwei Balken im Wappenschild. Die Burg hatte den Charakter einer Ganerbenburg und umfaßte

Burgruine und Dorf Isenburg

vier Burghäuser: das Isenburger oder Alte Haus, das Runkelsche, Wiedische und Koberner Haus. Ferner ein Falkenhaus und zwei Pfortenhäuser. Bereits im 12. Jh. begannen die verschiedenen Linien des Hauses Isenburg mit dem Bau eigener Burgen, da die Verhältnisse in der Stammburg zu eng wurden. Bruno I. von Isenburg (1179-1198) erbaute die Burg Braunsberg, Gerlach von Isenburg-Covern erbaute 1194 eine neue Burg in Kobern, Heinrich II. von Isenburg errichtete 1213 die Burg Grenzau, Heinrich II. zu Isenburg und Sohn Gerlach erbauten 1232 die Burg Arenfels.

Sehr reichhaltig ist die Skala von Burgen, Schlössern, Kirchen und Abteien, die Zeugnis von der Baufreudigkeit der Herren von Isenburg geben. Aber auch Kirche, Staat und Gesellschaft verdanken diesem Geschlecht bedeutende Repräsentanten. Heerführer, Erzbischöfe und die Gemahlin eines deutschen Königs brachten dem Namen „Isenburg" Geltung und Wertschätzung ein.

Ernst, der letzte Graf von Isenburg, Ritter des goldenen Vließes, starb am 20. Mai 1664. Seine Beisetzung erfolgte in der Chorkapelle von St. Gudule in Brüssel. Die Burg wurde 1633 von spanischen Truppen gestürmt. Heute erinnern nur noch Mauerreste an die einst so mächtige Burg.

🏛 **Kath. Pfarrkirche St. Katharina** (1235 capella parochialis) auf einem schmalen Bergsattel gelegen. Völlige Restauration. Schöne Malereien, wertvoller Christuskopf des 15. Jh. aus Sandstein, alte Grabsteine. Talblick (*).

Die **Alte Porz** - eine mit Balken gedeckte, beiderseits von Spitzbogen eingefaßte Durchfahrt, darüber ein Fachwerkaufbau mit Satteldach und Glockentürmchen. Direkt an der B 413 (Ortsdurchfahrt) gelegen.

Kirchenruine „Hausenborn" aus dem Jahre 1441, hoch in den Sayntalbergen gelegen, hat auch heute noch als Ziel von Wallfahrten überörtliche Bedeutung.

Nordöstlich im oberen Sayntal liegt das ehemalige Krupp'sche **Jagdschloß „Sayneck"**, Besitzer Fürst zu Wied.

🌿 In östlicher Richtung hoch hinauf führt der Weg zum „Hermannstein" mit den Säulenwänden des Trachytsteinbruches unterhalb Caan. Herrlicher Ausblick auf das im Tal liegende Isenburg.

Im Isertal befinden sich ausgedehnte Teichanlagen, die zum Angeln einladen.

⚔ In und um Isenburg liegen eine Reihe stillgelegter Eisenerz- und Schiefergruben, die z. T. besichtigt werden können. Isenburg war früher das Dorf der Nagelschmiede.

🏨 ✕ 3 Hotels mit 64 Betten; Restaurants und Pensionen

🚌 DB: Isenburg - Bendorf - Koblenz; DB: Isenburg - Dierdorf - Betzdorf; DB: Isenburg - Selters - Hachenburg; Sterzenbach: Isenburg - Bendorf-Sayn - Neuwied; Sterzenbach: Isenburg - Klein- und Großmaischeid - Dierdorf - Dernbach

☎ Ortsgemeindeverwaltung, Tel. (0 26 01) 22 29

🌿 ✱ Der **Rabentisch** (ND) ist eine vorstehende Felsplatte unmittelbar vor Isenburg nahe der höchsten Erhebung und wie die Kirchenruine Hausenborn ab B 413 am unteren Ortseingang von Isenburg zu ersteigen. Herrlicher Ausblick über das tief eingeschnittene Sayntal zwischen Isenburg und Bendorf-Sayn.

🚶 Isenburg - Sayntal - Jagdschloß - Kettemers Mühle (Rundweg 4 km)
🚶 Isenburg - Ebenfeld - Thalhauser Mühle - Isenburg (Rundweg 6 km)
Isenburg - Hausenborn - Isertal-Teichanlage (Rundweg 3,5 km)
Isenburg - Caan - Stromberg - Isenburg (Rundweg 11 km)

🅿 Ortsmitte rechts und links der B 413; Ortsausgang, Richtung Kausen, am Sportplatz; Kirche

Nun auf der B 413 durch das tiefeingekerbte untere Sayntal nach Bendorf-Sayn.

ZWISCHEN SAYN UND AUBACH

Bearbeiter: Karlheinz Schönberger   *Übersichtskarte Seite 367*
          und Dietrich Schabow

Unser Gebiet wird begrenzt durch die über die Wasserscheide
zum Holzbach hinführende Autobahn Köln-Frankfurt sowie die
Täler von Sayn und Aubach.
Zwischen diesen großen und reizvollen Waldtälern (das Sayntal
ist durchfahrbar, das Aubachtal nur zu durchwandern) sind wir auf
einer für die Randzonen des Westerwaldes typischen Hochfläche
(um 300 m), die wiederum von kleineren Bachtälern angeschnitten
wird. Verhältnismäßig große Westerwalddörfer, sowohl in Kammlage als auch in der typischen Quellmuldenlage, haben sich in
den Höhengebieten große Feld- und Wiesenflächen geschaffen,
die meist von prächtigen Buchenwäldern, so etwa dem ausgedehnten Dierdorfer Märkerwald, eingerahmt werden.
Hier im Naturpark Rhein-Westerwald finden wir ein gut markiertes
Wanderwegenetz mit zahlreichen schönen Ausblicken über diese
reizvolle Landschaft und auch hinunter ins Neuwieder Becken.
Die beiden Autobahnzubringer Bendorf-Dierdorf und Neuwied-
Dierdorf erschließen uns diesen abwechslungsreichen Raum.

Wenn wir auf der B 413 aus dem Sayntal von Isenburg in Richtung
Dierdorf hochfahren, müssen wir auf der Hochfläche durch
Kleinmaischeid (290 m; 1000 E., VG Dierdorf)
unmittelbar an der Autobahnabfahrt Köln-Frankfurt, nahe der
Stadt Dierdorf. Der Ortsmittelpunkt liegt im Straßendreieck der
B 413 und der K 117.

◘ Kleinmaischeid wird mit Recht von Touristen, die vom Rhein aus
durch das landschaftlich so reizvolle Sayntal kommen, als das erste
„wirkliche Westerwalddorf" angesehen. Sehr alt ist die Geschichte
dieses Ortes. Die erste urkundliche Erwähnung stammt aus dem Jahre
1376. Der Ortsname Maischeid lautete um 1147 „Metschet" und hat
mancherlei Deutung erfahren. Man nimmt an, Maischeid sei auf eine
Gründung des Grafen Reginbold von Isenburg zurückzuführen. Kleinmaischeid als Kirchspielsort unterstand über Jahrhunderte der Grafschaft
Nieder-Isenburg.
🏛 Nach einem großen Brand, dem fast das ganze Dorf zum Opfer fiel,
errichtete man 1692 eine Kapelle zu Ehren der hh. Antonius des Einsiedlers, Antonius von Padua und Wendelinus mit dem Versprechen,
deren Festtage als Votivfeiertag kirchlich zu begehen. Doch die Kapelle
konnte auf Dauer den Bedürfnissen einer ständig wachsenden Gemeinde nicht mehr gerecht werden. Man sprach sich einhellig für die
Errichtung einer **Kirche** aus, die in den Jahren 1951-53 nach den Plänen
des Architekten Lünenborg erstellt wurde.
✗ Metallverarbeitender Betrieb, Betonwaren.
🎣 Kleinmaischeid, in reizvoller Lage, ist Ausgangspunkt für Wanderungen und Ausflüge in eine waldreiche Umgebung. Angelsportgelegenheit
ist in näherer Umgebung durch viele Fischweiher gegeben.
🛏 ✗ Gasthaus Böhm, 20 Betten; Dorfschenke; Café-Restaurant zum
Isertal, H. Schulz
🚌 DB: Kleinmaischeid - Bendorf - Koblenz; DB: Kleinmaischeid - Dier-
dorf - Betzdorf; Sterzenbach: Kleinmaischeid - Sayn - Neuwied; Klein-
maischeid - Großmaischeid - Dierdorf
☎ Ortsgemeinde 5419 Kleinmaischeid, Tel. (0 26 89) 3 51

Wanderungen:
1. Hohes Feld - Wickert-Höhe - Parkplatz (Rundweg 4 km)
2. Auf der Zeil - Isertal - Forellenteich - Parkplatz (Rundweg 4 km)
3. Auf der Zeil - Siehrsbachtal - Buchholz - Parkplatz (Rundweg 5 km)

Rundwanderwege, ausgehend vom Naturpark-Parkplatz:
Weg 1: Mkg. Eichenlaub (4 km); Weg 2: Mkg. Laubbaum (7 km); Weg 3: Mkg. Hirschgeweih (13 km)
℗ Ortsausgang, Richtung Dierdorf, mit Imbißstube

2 km östlich
Großmaischeid (250-313 m; 1920 E., VG Dierdorf)
zwischen Saynbach und Autobahn Köln-Frankfurt gelegene Wohngemeinde

◨ 1147 erstmals urkundlich erwähnt, 1204 Pfarrei, seit 13. Jh. Grafschaft Isenburg, seit 1665 gemeinsamer Besitz der Grafen zu Wied und der Freiherren von Walderdorff.
🏛 kath. **Pfarrkirche St. Bonifatius**, 18. Jh., Madonna 15. Jh.
✗ Kunststoff- bzw. metallverarbeitende Betriebe, Kohlepapierwerk.
✚ 2 Ärzte
🐎 Reithalle für Reitlehrgänge, Stausee mit Angelmöglichkeit.
🛏 ✗ 1 Hotel (erstkl.) und einige gutbürgerliche Gasthöfe
🚌 Sterzenbach: Großmaischeid- Kleinmaischeid - Isenburg; Großmaischeid - Dierdorf; Sayn - Neuwied; Dills: Dierdorf
℗ an der Kirche

Rundwanderwege nach der Wanderkarte 1 : 25 000
Verbandsgemeinde Dierdorf
Maischeider Weg: Großmaischeid - Kleinmaischeid - Autobahnunterführung - Dierdorf - Rother Weiher - Landschaftsweiher - Großmaischeid (ca. 16 km; Mkg.: M)
Spielplatz - Beetstraße - Mühlengrund - Seibertsheide - Landschaftsweiher - Rastplatz Dierdorfer Straße - Seibertsheide - Beetstraße (ca. 6 km; Mkg.: Reh)
Spielplatz Beetstraße - Kausener Straße - Langheck - Wolfshan - Beetstraße (ca. 6 km; Mkg.: Meise)
Rastplatz Dierdorfer Straße - Löh - Kleinmaischeider Grenze - Toter Franzose - Rastplatz (ca. 4 km; Mkg.: Hase)
Rastplatz Steinebach - Sayntal - Buchert - Rastplatz (ca. 3 km, Mkg.: Rabe)
Rastplatz Wolfshan - Asselbach - Sayntal - Langenheck - Rastplatz (ca. 4 km; Mkg.: Schmetterling)

Nordöstlich das idyllisch gelegene
Stebach (240 m; 170 E., VG Dierdorf)
von Wald umgebene Wohngemeinde.

✗ 1 Glasbläser (Besichtigung möglich)
🛏 ✗ Gasthof
Rundwanderung (nach Wanderkarte, s. Großmaischeid)
Stebach - Wochenendgebiet - Adenrother Weiher - Kausen - Stebach (ca. 6 km; Mkg.: Kleeblatt)

✶

An dem Autobahnzubringer Neuwied - A 3 liegt 10 km nordwestlich von Neuwied
Anhausen (340 m; 960 E., VG Rengsdorf)

◨ Die Gemeinde Anhausen ist von altersher der geographische und wirtschaftliche Mittelpunkt des Kirchspiels Anhausen. Die erste urkundliche Erwähnung stammt aus dem Jahre 1204. Fränkische Gräber in der Gemarkung „Ochsenstück" weisen darauf hin, daß der Ursprung wahrscheinlich bis ins 7. Jh. zurückreicht. Der bekannte Grenzwall des römischen Reiches, der Limes, lief durch Anhausen, wo ein starkes Kastell zum Schutze der alten Völkerstraße errichtet war.

🏛 Die ehemals **kath. Kirche** in Anhausen stammt aus der Mitte des 13. Jh. Als Gründer vermutet man die Grafen von Isenburg, die hier gegen 1200 die größten Grundherren dieses Kirchspiels waren. 1556 endete die katholische Zeit. Die Grafen von Wied führten als Landesherren die Reformation ein.

Braunsberg, eine alte Feste, von Bruno von Isenburg erbaut (1179-1198), nun längst Ruine, liegt noch im Bering der alten Pfarrei Anhausen.

🌿 Die Gemeinde Anhausen ist umgeben von grünenden Fluren und herrlichen Buchen- und Fichtenwäldern. Schöne Aussichtspunkte erreicht man auf erholsamen Spazierwegen. Die ozonreiche Wald- und Höhenluft ist nervenstärkend und kreislaufbelebend.

🛏 ✕ Mehrere Gasthöfe, insgesamt 35 Fremdenbetten

🚌 BP: Anhausen - Neuwied; BP: Anhausen - Dierdorf; Zickenheiner: Anhausen - Dierdorf; Zickenheiner: Neuwied - Anhausen - Dernbach - Raubach - Elgert

☎ Ortsgemeindeverwaltung, Tel. (0 26 39) 2 23

👫   1. Anhausen - Braunsburg - Anhausen (Rundweg 3 km)
     2. Anhausen - Mühlenweg - Aubachtal - Alsbachtal - Petershof (Rundweg 8 km)
3. Anhausen - Lehr- und Wanderpfad - Anhausen

Ⓟ Am alten Forsthaus; am alten Pfarrhaus

Auf der Höhe über dem nach Isenburg führenden Isertal
Thalhausen (280 m; 570 E., VG Rengsdorf)

zwischen den Autobahnzubringern der L 258 und B 413 gelegen.

🔳 Die erste urkundliche Erwähnung stammt aus dem Jahre 1492. Der Ort Thalhausen ist jedoch viel älter. Der Ursprung wird in einer Siedlung zu suchen sein, die in der Frankenzeit entstanden ist. Von einem einzelnen Haus, das im „Thal" gestanden haben soll, leitet man den Ortsnamen „Thalhausen" ab.

🏛 ⊙ In zentraler Lage des Ortes steht der Dorfbrunnen, wonach jährlich im Herbst das traditionelle „Brunnenfest" gefeiert wird. Das in der Mitte des Ortes gelegene **„Brotmuseum"** stellt eine kulturelle Bereicherung dar. (Besichtigung nach Voranmeldung Tel. (0 26 31) 2 36 83).

🌿 Der Ort bietet in einer waldreichen, hügeligen Umgebung den pflastermüden Städtern die sichere Gewähr für eine wirklich durchgreifende und nachhaltige Erholung. Ein schmuckes Ortsbild mit sauberen und freundlichen Straßen kennzeichnen den Charakter Thalhausens.

🛏 ✕ Hotel Thalhauser Mühle, 25 Betten; Gasthaus Hümmrich-Stein, 14 Betten

🚌 BP: Thalhausen - Anhausen - Neuwied; BP: Thalhausen - Rüscheid - Dierdorf

☎ Ortsgemeindeverwaltung, Tel. (0 26 39) 2 36

👫 Wanderungen:
    Thalhausen - Thalhauser Mühle - Thalhausen (Rundweg 6 km)
Thalhausen - Thalhauser Mühle - Ebenfeld - Thalhausen (Rundweg 8 km)

Mit Anhausen zusammengewachsen ist das südöstlich sich anschließende
Meinborn (330 m; 375 E., VG Rengsdorf)

🔳 Die Geschichte Meinborns führt wahrscheinlich zurück bis in die fränkische Landnahmezeit. Die älteste Aufzeichnung über Meinborn (Meineburum) stammt aus dem Jahre 821. Es handelt sich um eine Urkunde des Kaisers Ludwig des Frommen, die in der Abtei Prüm verwahrt wurde. Es ist anzunehmen, daß das Kloster Prüm in Meinborn begütert war, wie die Abtei Fulda, auf deren Besitz in Meinborn auch die Isenburger Grundherrschaft Anhausen-Meinborn zurückgeht.

Meinborn, zur Verbandsgemeinde Rengsdorf und zum Kirchspiel Anhausen gehörend, ist eine ländliche Wohngemeinde in waldreicher Umgebung. Hier findet der erholungsuchende Gast Entspannung von der Hast des Alltags. Traditionsbewußtsein und Gemeinschaftsgeist haben aus Meinborn eine schmucke Westerwaldgemeinde werden lassen.

Aus einem sehr alten Bauerndorf ist eine Gemeinde entstanden, die sich den veränderten Zeitverhältnissen angepaßt hat. Schon einige Male hat sie mit großem Erfolg am Landeswettbewerb „Unser Dorf soll schöner werden" teilgenommen.

▶ ✕ Gasthaus Siegel

🚌 BP: Meinborn - Anhausen - Neuwied; BP: Meinborn - Rüscheid - Dierdorf

☏ Ortsgemeindeverwaltung, Tel. (0 26 39) 6 35

Wanderungen:
Meinborn - Thalhauser Mühle - Thalhausen - Meinborn (Rundweg 6 km)
Meinborn - Steinebachtal - Isenburg - Meinborn (Rundweg 8 km)

Fahren wir auf der L 258 hinter Anhausen über die Kammzone weiter, kommen wir nach

Rüscheid (360 m; 605 E., VG Rengsdorf)

◨ Urkundlich wird Rüscheid 1280 erstmalig erwähnt. Der Ursprung führt wahrscheinlich zurück bis in die Frankenzeit.

Rüscheid gehört zur Verbandsgemeinde Rengsdorf und zum Kirchspiel Anhausen.

▶ ✕ Gasthof Gebr. Siegel, 8 Betten

🚌 BP: Rüscheid - Neuwied; BP: Rüscheid - Dierdorf

☏ Ortsgemeindeverwaltung, Tel. (0 26 39) 2 47

Wanderungen:
Rüscheid - Urbachtal - Dernbacher Köpfchen - Rüscheid (Rundweg 4 km)
Rüscheid - Siersbachtal - L 258 - Rüscheid (Rundweg 5 km)
Bis dicht an den Ort schieben sich die großen Wälder und laden zu Spaziergängen in nahe gelegene Täler ein.

BEIDERSEITS DER B 256 ZWISCHEN AUBACH u. FOCKENBACH

Bearbeiterin: Irene Rimsa   *Übersichtskarte Seite 367*

Zwischen Fockenbach im Westen und Aubach im Osten, die, in südlicher Richtung fließend, in die Wied münden, steigt vom Neuwieder Becken her bis zur Autobahn Köln-Frankfurt ein Höhenrücken auf 405 m an. Ein alter Völkerweg, größtenteils die jetzige B 256, windet sich auf der Wasserscheide nach Norden durch den Unteren Westerwald. Mit seinen bewaldeten Hängen und landwirtschaftlich genutzten Mulden, in die sich die alten Siedlungen schmiegen, lädt dieses Gebiet, das zur Verbandsgemeinde Rengsdorf gehört, zum rüstigen Wandern und erholsamen Verweilen ein.

Die soziale Struktur hat sich in den letzten Jahrzehnten gewandelt. Das bäuerliche Element herrscht nicht mehr vor; Landwirtschaft wird vorwiegend als Nebenberuf oder Liebhaberei ausgeübt. Kleine bis mittlere Gewerbebetriebe, Fremdenverkehr und Wohnen bestimmen das Bild der Dörfer. Die meisten Arbeitnehmer sind im Neuwieder Becken tätig.

Die ehemaligen Bauerndörfer sind schmucke Orte geworden mit vielen neuen Ein- und Mehrfamilienhäusern und sauberen Straßen. Im Wettbewerb „Unser Dorf soll schöner werden" haben mehrere auf hoher Ebene erste Preise errungen. Die Verkehrs- und Verschönerungsvereine sorgen durch gepflegte und ausgeschilderte Wanderwege und Bekanntgabe der Unterkunftsmöglichkeiten für das Wohl der Erholungsuchenden. Der Naturpark „Rhein-Westerwald" gibt vielen Autofahrern Gelegenheit, auf Schusters Rappen umzusteigen und Rundwanderungen zu unternehmen.

Rengsdorf, heilklimatischer Kurort

Rengsdorf (300-350 m; 2430 E., VG Rengsdorf, Kreis NR)
Staatl. anerkannter heilklimatischer Kurort, 12 km nördlich Neuwied, 8 km südlich der Autobahn Köln-Frankfurt. Ausfahrt Neuwied/Altenkirchen; an der B 256. Sitz der Verbandsgemeindeverwaltung, einer Kurverwaltung (mit Lesesaal) und eines Forstamtes.

◻ Rengsdorf ist urkundlich unter dem Namen „Rengeresdorf" (= Dorf des Ragingar) im Jahre 857 erstmals genannt bei der Abgrenzung des Zehntbezirks durch das St. Castorstift in Koblenz. Die dabei eingeweihte Kirche war wohl aus Holz. Ihr folgte ein Neubau im 12. Jh. mit einem quadratischen, bis zu den Klangarkaden ungegliederten Turm, der beim Neubau der Kirche 1904/05 seinen jetzigen steilen Helm erhielt. Während der Reformation ging die Kirche im Tauschverfahren an den Grafen Johann IV. von Wied, den Neffen des Kölner Erzbischofs Hermann von Wied, der zum protestantischen Glauben übertrat.
Dem Kirchspiel Rengsdorf gehören heute die Orte Bonefeld, Hardert, Ehlscheid und Kurtscheid an.
Rengsdorf ist älter, als seine erste Urkunde beweist. Dies bezeugt die Entdeckung eines Gräberfeldes in der Flur „Auf der Löw" mit Beigaben aus dem 7. Jh. Der **„Römergraben"** am Nordrand des Dorfes ist nach neueren Erkenntnissen nicht ein Teil des Limes, sondern wahrscheinlich ein mittelalterlicher Gebückgraben. Gebücke wurden durch das Kappen

junger Hainbuchen hergestellt. Die frischen Ausschläge wurden zur Erde niedergebückt; sie verwuchsen mit eingepflanzten Dornsträuchern zu einer undurchdringlichen Hecke. In Verbindung mit Wällen und Gräben dienten sie seit vorgeschichtlichen Zeiten als Annäherungshindernisse. Neben der Linie bei Rengsdorf finden sich in zahlreichen Orten des unteren Westerwaldes Hinweise auf Gebücke. Notwendige Durchgänge an den Gebückanlagen waren durch besondere Verschanzungen gesichert. An der Stelle, wo die Bayerstraße den Römergraben kreuzt, findet sich die alte Distriktbezeichnung „Am Schlag". Hier kreuzte der alte Völkerweg, vom Rheintal und Heddesdorf kommend und zur Eisenstraße bei Gierend führend, das Gebück.

꙳ Die Höhenlage des Ortes inmitten temperaturausgleichender Wälder und die staubfreie und ozonreiche Luft ergeben ein kräftiges Reizklima, das für die Behandlung von Herz- und Kreislauferkrankungen, Erkrankungen der Atemwege und nervösen Erschöpfungszuständen zu empfehlen ist. Alle Kneipp'schen Anwendungen sind möglich. Wassertret- und Armbecken in den Kuranlagen.

Anziehungspunkt für einen weiten Umkreis ist das **Westerwaldbad.** Dazu gehören das Hallenwellenbad und, durch eine Schwimmschleuse zu erreichen, das Außenbecken. Wassertemperatur in beiden 28° C. Hier können die Gäste bei Eis und Schnee unter freiem Himmel schwimmen. Solarium, Sauna und Massageabteilung runden diese Anlage ab. Im Foyer des Westerwaldbades finden regelmäßig Ausstellungen und Kurkonzerte statt.

Tennisplätze, Kinderspielplatz, Thermal-Freibad (23° C).

✚ 4 Ärzte, Zahnarzt, 2 Apotheken

🛏 1100 Fremdenbetten in 19 Hotels, 13 Pensionen/Fremdenheimen; 3 Häuser mit Ferienwohnungen und 2 Erholungsheime.

✕ 10 Restaurants, 7 Cafés, 1 Grillplatz

🚌 Postbus nach Neuwied, Horhausen, Steimel, Koblenz und Altenkirchen - Betzdorf; im Sommer nach Köln - Düsseldorf - Duisburg.

☎ Kurverwaltung 5455 Rengsdorf, Tel. (0 26 34) 23 41 und 25 55; Ortsprospekt; Wanderkarte für den Raum beiderseits der B 256.

✳ Nach Süden hat der Wanderer vom **Bismarckturm** und **Schauinsland** einen schönen Blick auf die Vulkanberge der Eifel, die Höhen des Hunsrücks, das hellschimmernde Band des Rheines und in das Neuwieder Becken.

🚶 **Markierte Wanderwege für Terrainkuren** ohne und mit leichten oder mäßigen Steigungen:

Ausgangs- und Endpunkt Kurpark Rosenberg:
Kurweg 1: (Mkg.: rotes Herz) 500 m, leichte Steigung
Kurweg 2: (Mkg. grünes Herz) 1000 m, mäßige Steigung
Kurweg 3: (Mkg.: blaues Herz) 2000 m, mäßige Steigungen

Ausgangs- und Endpunkt Kuranlage Römergraben:
Kurweg 1: (Mkg.: rotes Herz) 1000 m, ohne Steigungen
Kurweg 2: (Mkg.: grünes Herz) 1500 m, leichte Steigungen
Kurweg 3: (Mkg.: blaues Herz) 2000 m, mäßige Steigungen
17 ausgeschilderte Wanderwege zu markanten Punkten und sehenswerten Orten. An diesen Wegen gibt es 17 Schutzhütten. (Angegeben ist jeweils die Nr. in der Wanderkarte):

Ausgangspunkt Römergraben:
1. Tennis- und Kinderspielplätze - Sechs-Buchen-Eck - Echobank - Laubachtal - Almblick (Bänke und Schutzhütte; prächtiger Blick ins Wiedbachtal und auf großartige Waldhänge und Wiesen) - Wasserfall des Laubachs - Elisabethhöhe (Bänke und Schutzhütte; nochmaliger weitreichender Blick wiedtalaufwärts) - zurück nach Rengsdorf über die Kreisstraße oder den Waldweg über Schauinsland (nach ca. 100 m von der Straße links abzweigend). Mkg.: bis Elisabethhöhe: grünweißes Rechteck; im übrigen übersichtliche Beschilderung (3,5 km).
2. Almblick - Hollenbusch -
2 a Hinterfeld - Ehlscheid (3 km) oder

2 b Fürstenblick Ehlscheid (3,2 km)
     Alle 2er-Wege: Mkg.: gelb-weißes Rechteck
3. Tennisplätze - Schauinsland - Laubachtal - Almblick - Laubachsmühle (3,2 km) - Altwied - Altwieder Brücke - Schloß Monrepos (8,1 km)
     Mkg.: Von Tennisplätzen bis Altwieder Brücke: weißes R auf schwarzen Grund, Rheinhöhenweg nach Schloß Monrepos: grünes Dreieck.

Ausgangspunkt Andréestraße:

4. Laubachtal - Ehlscheid (2,3 km). Mkg.: gelb-weißes Rechteck)
5. Am Wasserturm vorbei zum Ehlscheider Stock (Schutzhütte, Wegweiser), dort links ab zum Laubachtal - Freibad Ehlscheid - Kurtscheid (4 km) - Ruine Neuerburg (7 km). Mkg.: schwarz-weißes Rechteck und „2"
6. Ehlscheider Stock - Laubachtal - Kurtscheider Straße (5 km) - Heiligenstock (6,5 km) - Fockenbachtal - Hümmericher Mühle (8 km) - Hümmerich (9,5 km). Mkg.: rot-weißes Rechteck
6 a Heiligenstock - Stangenstein (1 km). Mkg.: Blaues Kreuz
7. Finkenhain - Schutzhütte Waldheil - Jagdhaus Kurth - Bonefeld (2,8 km). Mkg.: roter Punkt

Ausgangspunkt Friedrich-Ebert-Straße:

8. Kuranlage Rosenberg - Kühler Grund - Wasserwerk - Butterpfad - Straßenhaus (5 km). Mkg.: grüner Punkt

Ausgangspunkt Gebückstraße:

9. Völkerwiesenbachtal - Birzenbachtal - Schutzhütte Burgweg - Aubachtal - Anhausen (6 km). Mkg.: blau-weißes Rechteck
10. Terrasse - Völkerwiesenbachtal - Schutzhütte Pfingstruhe - Burgweg - Aubachtal - Ruine Braunsberg (4,6 km). Mkg.: rot-weißes Rechteck
11. Terrasse - Völkerwiesenbachtal - Schutzhütte Pfingstruhe - Köppel - Schwanenteich (4 km). Mkg.: weißes „R" auf schwarzem Grund, Rheinhöhenweg
12. Terrasse - Schutzhütte Nonnenley (schöner Blick ins Engelsbachtal) - Schwanenteich (Restaurant) - Aubachtal - Oberbieber (4,5 km). Mkg.: gelber Punkt
13. Terrasse - Schutzhütte Nonnenley - Jonashütte - Oberbieber (3,5 km). Mkg.: grün-weißes Rechteck
13 a Oder: Jonashütte - Wingertsberg (Limes-Rekonstruktion, prächtige Fernsicht ins Neuwied-Koblenzer Becken) (3,9 km). Mkg.: roter Punkt

P **Rengsdorf / Melsbacher Stock am Wasserturm:**
Mkg. Schwalbe: Waldstraße - Andréestraße - Römergraben - Kinderspielplatz - Ehlscheider Kirchweg - Wanderparkplatz (2,2 km).
Mkg. Fasan: Ehlscheider Stock - Hütte Waldheil - Finkenhain - Luisenhöhe - B 256 - Wanderparkplatz (2,7 km).
Mkg. Hase: Hartmannshütte - Bayerstraße - Tennisplätze - Sechs-Buchen-Eck - Laubachtal - Ehlscheid - Freibad Ehlscheid - Wanderparkplatz Ehlscheid - Ehlscheider Stock - Wanderparkplatz Melsbacher Stock (5,3 km).
Mkg. Wildschwein: Bayerstraße - Tennisplätze - Schauinsland - Elisabethhöhe - Wasserfall Almblick - Laubachtal - Hütte Laubachswinkel - Hartmannshütte - Wanderparkplatz (5,5 km).

Wanderparkplatz an der Straße Rengsdorf-Hardert:
Mkg. Fichte: Butterpfad- Hütte Scheidchen - Hütte Wolfsdell - Wanderparkplatz (2,2 km).
Mkg. Eichhörnchen: Völkerwiesental - Bonefeld - Jagdhaus Kurth - Wasserwerk - Wanderparkplatz (3,0 km).
Mkg. Hirschgeweih: Jagdhaus Kurth - Ehlscheider Stock - Hütte Waldheil - Wasserwerk - Wanderparkplatz (3,0 km).
Mkg. Pilz: Mühlberg - Harderter Kirchpfad - Hardert - Hütte Wolfsdell - Völkerwiesental - Hütte Waldheil - Wasserwerk - Wanderparkplatz (5,1 km).
Mkg. Fuchs: Hütte Waldheil - Finkenhain - Luisenhöhe - Marienlust - Kurpark Rosenberg - Kühler Grund - Obere Mühle - Wanderparkplatz (3,5 km).

Südlich Rengsdorf in Kammlage

Melsbach (190 m; 1810 E., VG Rengsdorf)

◘ Das Dorf liegt am Rande des Neuwieder Beckens. Die ersten Funde - auf der Melsbacher Höhe - stammen aus der Bronzezeit. (Kreismuseum Neuwied). Der Limes führte, von Rheinbrohl kommend, südlich der heutigen Ruine Kreuzkirch vorbei. Zur Römerzeit war der Melsbacher Siedlungsraum im freien Germanien wegen der Bedrohung durch den römischen Schutzwall wahrscheinlich unbewohnt.

Die erste urkundliche Erwähnung stammt von 1267, als Graf Gottfried von Eppstein einen Hof in Melsbach dem Ritter Rudinger verkaufte. Dem Grafen zu Wied erkannte 1357 Kaiser Karl IV. zu, an der alten Völkerstraße (s. Rengsdorf) ein Geleitgeld zu erheben und dafür Kaufleute und Pilger auf dem Wege durch die Grafschaft zu beschützen. Die Dorfstraße „Zollweg" und die Flurnamen „Im hintersten Zoll", „Am Zollstock" und „Im Zollbitzchen" erinnern daran.

Von 1278 bis 1747 gehörte Melsbach zum Kirchspiel Rengsdorf, danach zu Altwied und später zur Verbandsgemeinde Niederbieber-Segendorf. Bei der Verwaltungsreform 1968 sollte es ein Stadtteil Neuwieds werden. Doch die Bürger bangten um ihre Selbständigkeit in dem großen Verbund und schlossen sich nach einer Abstimmung der Verbandsgemeinde Rengsdorf an.

✕ Um 1789 Entdeckung von Braunkohleflözen und Tonschichten. Erstes Alaunwerk im Rheinland (Verbindung von Kalium-Aluminium-Schwefel) bis 1880. In 80 m Tiefe nicht nur weißer, sondern auch blauer Ton. Er eignet sich zur Herstellung von feuerfesten Produkten, besonders für säurebeständige Gefäße. Zwei Tongruben sind in Betrieb. Im 18. Jh. wurde an 9 Stellen Dachschiefer gewonnen. Heute bestimmen kleingewerbliche Betriebe das Bild des Ortes.

🛏 ✕ 4 Hotels mit 50 Betten. Anerk. Fremdenverkehrsort

🚌 nach Neuwied, Rengsdorf und Kurtscheid

☎ Verbandsgemeindeverwaltung 5455 Rengsdorf, Tel. (0 26 34) 25 55; Ortsgemeindeverwaltung 5451 Melsbach, Tel. (0 26 34) 23 10

👥 Zur Elisabethhöhe (siehe unter Rengsdorf, ins Wallbachtal und nach Altwied ins Wiedtal.

🅿 **Melsbach/Elisabethhöhe**
1. Elisabethhöhe - Wasserfall - Almblick - Ladeplatz - Parkplatz (4 km)
2. Elisabethhöhe - Rheinblick - Wasserfall - Parkplatz (3 km)
3. Eulenhain - Wolfsberg - Keuls Mühle - Eulenhein - Parkplatz (2 km)

In südlicher Richtung

Melsbach-**Kreuzkirch**

◘ 🏛 Von der „Kapelle zum heiligen Kreuz Jesu", kurz „**Kreuzkirche**" genannt, wird aus dem 14. Jh. berichtet. Daß sie viel älter ist, dafür spricht ihre Lage an der Völkerstraße (s. Rengsdorf) und in der Nähe der Femeeiche, wo eine heidnische Kultstätte gestanden haben mag. Bis ins 16. Jh. stark besuchter Wallfahrtsort.

Nach der Reformation verlor die Kreuzkirche ihre Anziehungskraft. Das Ansehen wurde wieder hergestellt nach Stiftung eines Geldbetrages für die Armen der Kirchspiele Heddesdorf, Bieber und Feldkirchen, die vierteljährlich in der Kreuzkirche eine evangelische Predigt anhörten. Im 30jährigen Krieg teilweise zerstört und erst spät aufgebaut; in den Napoleonischen Kriegen so schwer beschädigt, daß sie Ruine geworden ist. Heute stehen die Seitenwände und die Rückwand unter Denkmalschutz.

✱

Vom Ehlscheider Stock an der B 256 nördlich Rengsdorf durch das Laubachtal nach

Ehlscheid (365 m; 1150 E., VG Rengsdorf)

Staatlich anerkannter Luftkurort in herrlicher Lage.

◨ Der Siedlungsname mit der Endung -scheid fällt in eine späte Rodungszeit. Ein siedelnder Grundherr schied durch Rodung aus dem Waldland des Fiskallandes oder der Allmende aus und schaffte sich seinen eigenen Besitz.

Ehlscheid ist in den letzten zwei Jahrzehnten aus einem Bauerndorf zum gepflegten Luftkurort geworden. Vom Lärm unserer Zeit noch unberührte wald- und tälerreiche Umgebung. Besonders interessant der dem Fürsten zu Wied gehörende Wildpark Gommerscheid.

🎿 Kurverwaltung mit Lesesaal; Kurkonzerte; beheiztes Freibad

🛏 ✕ 447 Betten in 8 Hotels, 8 Pensionen, 1 Reiterpension, Ferien auf dem Bauernhof (1); außerdem 1 Weinstube, 1 Café

🚌 nach Rengsdorf (3 km), Neuwied und Kurtscheid; nach Straßenhaus und Horhausen; im Sommer nach Köln-Düsseldorf-Duisburg

☎ Kur- und Gemeindeverwaltung 5451 Ehlscheid, Tel. (0 26 34) 22 07; Ortsprospekt vorhanden; Wanderkarte zusammen mit Rengsdorf

🚶 **Markierte Wanderwege ab Ortsmitte:**
1. Wasserfall - Elisabethhöhe (Mkg.: grün-weißes Rechteck; 4 km); schließt sich, wie auf der Wanderkarte angegeben, hinter „Almblick" (Mkg.: gelb-weißes Rechteck) an.
3. Almblick - Laubachsmühle - Altwied (2,6 km; Mkg.: weißes R)
4. Laubachtal - Rengsdorf (2,3 km; Mkg.: gelb-weißer Strich)
5. Schutzhütte Rennwegecke - mit der Mkg. „2" nach Kurtscheid - Ruine Neuerburg (5 km)
14. Freibad - Laubachtal - B 256 - Völkerwiesenbachtal - Hardert (4 km; Mkg.: schwarz-weißer Punkt)
15. Dernbachtal - Wiedbachtal - Forsthaus Friedrichstal (4 km) - Schloß Monrepos (6,1 km; Mkg.: blauer Punkt)

Rundwanderwege ab Ortsmitte bzw. Wildpark Gommerscheid:
1. Gommerscheider Höhe (herrlicher Fernblick) - Wildpark - Hangweg/Dombachtal - Kurtscheider Straße - Kuranlage (5 km; Mkg.: rote „1")
2. Ehlscheider Wiese - Wildpark - Heilweg - Forsthaus Gommerscheid - Gommerscheider Straße - Kurtscheider Straße - Kuranlage (4,5 km; Mkg.: grüne „2")
3. Ehlscheider Wiesental - Wildpark - Heilweg - Dernbachtal - Ehlscheid (3,5 km; Mkg.: schwarze „3")

Rundwanderwege ab Wanderparkplatz Freibad Ehlscheid:
1. Hütte „Im Keltertal" - Bonefelder Feld - Ehlscheider Stock - Laubachtal - Wanderparkplatz (2,3 km; Mkg.: Fuchs)
2. Laubachtalweg/Rengsdorfer Seite - Hütte Laubachswinkel - Laubachtalweg/Ehlscheider Seite - Wanderparkplatz (3,3 km; Mkg.: Hirschgeweih)
3. Hütte „Im Keltertal" - Ehlscheider Stock - Wanderparkplatz Melsbacher Stock - Rengsdorf/Bayerstraße - Tennisplätze - Sechs-Buchen-Eck - Laubachtal - Ehlscheid - Freibad Ehlscheid (3,0 km; Mkg.: Hirschkäfer)
4. Laubachtalweg/Ehlscheider Seite - Laubachtalbrücke - Hütte Laubachswinkel - Ehlscheid - Rengsdorfer Fußweg - Pfaffenbuche - Ehlscheider Stock - Hütte „Im Keltertal" - Wanderparkplatz (3,0 km; Mkg.: Pilz)

Über einen Höhenrücken führt die Straße nach

Kurtscheid (390 m; 980 E., VG Rengsdorf)

dem am höchsten gelegenen Ort des Kreises Neuwied.

◨ Seit altersher hatte Kurtscheid zum Kirchspiel Rengsdorf gehört. Nach dem Augsburger Religionsfrieden wurde die Grenze zwischen Kurköln und der Grafschaft Wied mitten durch Kurtscheid gezogen. Das Unterdorf sollte protestantisch werden, das Oberdorf katholisch bleiben. Da rissen im Frühjahr 1556 die Unterdörfer ihre Häuser ab und bauten sie im Oberdorf wieder auf. Sie brachen ihre Beziehungen zu Rengsdorf ab und wandten sich der katholischen Kirche in Waldbreitbach zu. Im Zuge der Verwaltungsreform 1968 kehrte die Gemeinde Kurtscheid zur Verbandsgemeinde Rengsdorf zurück.

Um 1700 erhielt der Ort eine Kapelle, 1720 wurde er Vikarie. Die Kirche wurde 1842/44 erbaut, 1945 zerstört, 1959 mit einem modernen Glockenturm wieder aufgebaut.

Wasserturm und Kirchturm überragen den Ort. Es herrscht ein reges Vereinsleben und ein guter Bürgersinn.

✗ Mittlere Gewerbebetriebe und kleine Industriebetriebe schaffen so viele Arbeitsplätze, daß die Einwohner nicht auszupendeln brauchen.

Nördlich im Ortsteil Escherwiese alteingesessene Baumschule.

🌿 Über das Fockenbachtal siehe unter Niederbreitbach!

Auf dem Weg zur Fockenbachsmühle (Whs.) ND Hangeley (devonische Quarzitblöcke).

☎ Gemeindeverwaltung, Tel. (0 26 34) 10 32

🚶 Reizvolle Wanderwege vom Parkplatz Kurtscheid des Naturparkes Rhein-Westerwald aus:

1. Becksruh - Wolfenacker - L 257 - Parkplatz (2,7 km; Mkg.: Fuchs)
2. Rehberg - Kurtscheid - Gebück - Parkplatz (3,5 km; Mkg.: Reh)
3. Hegerhof - Neuerburg - Fockenbachtal - Hangeley - Kurtscheid - Gebück - Parkplatz (8,5 km; Mkg.: Hase)
4. Hegerhof - Neuerburg-Hagert - Heinzenberg - Parkplatz (4,0 km; Mkg.: Milan)
5. Gebück - Kurtscheid - Wolfsley - Ilsenstein - Fockenbachsmühle - Brandleiserstück - Kurtscheid - Parkplatz (9,3 km; Mkg.: Eule)
6. Hegerhof - Neuerburg - Heinzenberg - Wodseifen - Parkplatz (3,5 km; Mkg.: Tanne)

✱

3 km nordöstlich von Rengsdorf liegt zwischen Aubachtal und Völkerwiesenbachtal

Hardert (350 m; 570 E., VG Rengsdorf)

Luftkurort, ganz ohne Industrie.

◼ Der Name Hardert wird hergeleitet von Hartman und Hartmuot (Hartenrode), den Zeugen, die die Rengsdorfer Urkunde bei der Gründung des Zehntbezirks 857 als Inhaber von Grundbesitz mitunterzeichnet haben.

Eine andere Erklärung besagt: Hart oder Hardt bedeutet Hochwald. Der 1408 urkundlich erwähnte Ort Hartenrode, später Harterot, 1670 Hartert, besagt einfach: Siedlung, die auf einer Rodung im Hochwald angelegt wurde.

Aus Hardert stammt der bekannte Pädagoge und Heimatforscher Otto Runkel (1873-1846).

🛏 ✗ 5 Hotels, 4 Pensionen, 4 Gaststätten, 1 Café, Altenerholungsheim des Landkreises Düsseldorf-Mettmann, Ferien auf dem Bauernhof; insgesamt 220 Fremdenbetten.

🎵 Kurkonzerte

☉ Im Harderter „Backes" wird bis auf den heutigen Tag nach herkömmlicher Art Brot gebacken.

🚌 nach Rengsdorf, Neuwied, Straßenhaus; während der Sommermonate nach Köln und Duisburg

🚶 **Wanderwege ab Ortsmitte:** (Numerierung der Wanderkarte 1 : 20 000 Rengsdorf und Umgebung):

14. Butterpfad - Völkerwiesenbachtal - Laubachtal - Freibad Ehlscheid - Ehlscheid (4 km; Mkg.: schwarz-weißer Punkt)
14./8. Butterpfad - Schutzhütte Philippsruhe - Straßenhaus (4 km; Mkg.: weißer Punkt / grüner Punkt)
14./8. Butterpfad - Obere Mühle - Rengsdorf (3,4 km; Mkg.: wie oben)
16. Almblick - Wasserwerk - Hardert (5,2 km; Mkg.: grünes Rechteck)
17./10. Burgweg - Aubachtal - Ruine Braunsburg (4,2 km; Mkg.: rotes Rechteck)
17./9. Burgweg - Aubachtalblick - Aubachtal - Anhausen (5 km; Mkg.: erst rotes, dann blaues Rechteck)

18. Fichtenhain - Burgweg - Almblick (3 km; Mkg.: blaues Rechteck)
19. Jagdhaus - Rheinblick - Hardert (3,2 km; Mkg.: roter Punkt)
Wanderparkplatz an der Straße nach Rengsdorf
Siehe unter Rengsdorf!

✱

Östlich der B 256 liegt, auf halbem Wege zwischen Rengsdorf und
Straßenhaus
Bonefeld (330 m; 640 E., VG Rengsdorf)

◘ Ein altes Dorf, dem Buovo, auch Mitunterzeichner der Rengsdorfer
Urkunde (s. Hardert), den Namen verliehen haben mag.
🏛 Nördlich in Richtung Straßenhaus-Jahrsfeld, im Quellgebiet des
Völkerwiesenbaches, liegt das Natur- und Kulturdenkmal **Alteburg**, eine
Wehranlage, quadratisch, 106 x 102 mit 20 m breiten Toreingängen.
Datierung: jüngere Hallstattzeit (ab 500 v. Chr.). Eine kleine Baumgruppe
erleichtert das Auffinden dieser historischen Stätte. In der Nachbarschaft,
500 m entfernt, 6 **Grabhügel**, von denen einer 1918/19 vom damaligen
Provinzialmuseum in Bonn ausgegraben wurde. Es wurden kleine Funde
geborgen, aber keine Überreste von Menschen.
🛏 ✕ 1 Gasthof-Pension, 2 Gasthöfe
🚌 nach Rengsdorf, Neuwied und Horhausen

Die B 256 führt weiter hoch über den Bergkamm in
das Kirchspiel Honnefeld.
Es ist landschaftlich im wesentlichen eine große Hochfläche, ein
weites Feld.
Honnefeld (im Dialekt „Hunnefeld") wird abgeleitet von Hundertschaft, dem kleinsten Kriegs-, Gemeinde-, Gerichts- und Wirt-
schaftsverband eines Gaues in der frühfränkischen Zeit um 800
mit ca. 100 Familien. Ihr gewählter Anführer war der Hun, Hon
oder Hunno, und so wurde noch lange der Vorsteher oder Bürgermeister bezeichnet.
Vier Wahrzeichen grüßen den Wanderer in diesem Gebiet: die
1965 stillgelegte Eisenerzgrube Georg mit ihrem Förderturm nördlich der Autobahn Köln-Frankfurt, die 300-400 Jahre alte Grenz-
eiche bei Hümmerich, der Kirchturm von Oberhonnefeld und eine
1977 gepflanzte Buche an der B 256 nördlich Straßenhaus, wo bis
1976 die 300jährige „Dicke Buche" ihre Äste ausbreitete. Sie ist
bei einem Verkehrsunfall umgerissen worden.
Dieses Gebiet wurde um das Jahr 1000 von der Pfarrei Rengsdorf
abgetrennt und erhielt um 1100 eine Eigenkirche, die vom St.
Castor-Stift in Koblenz auf eigenem Besitz erbaut wurde.
Vier Gemeinden gehören zum Kirchspiel: Straßenhaus, Oberraden,
Oberhonnefeld-Gierend und Hümmerich.

Straßenhaus (360 m; 1550 E., VG Rengsdorf)
Luftkurort; 18 km nördlich von Neuwied.

◘ 🏛 Bekannt durch den **Jahrsfelder Markt** auf seinem altehrwürdigen
Marktplatz. Straßenhaus heißt im Volksmunde kurz „Die Stroß". Es
besitzt drei denkwürdige Häuser. Auf der Ostseite das zweite Haus ist
das alte Straßenhaus, heute Gasthof Reinhard, das dem Ort den Namen
gegeben hat. Es wurde 1699 errichtet von Wilhelm Reinhard, dem
Wiedischen Schultheißen von Jahrsfeld. Eine Generation später erbaute
dessen Sohn schräg gegenüber auch einen Gasthof, das Philpe-Haus,
heute „Hotel zur Post". Beide Häuser wurden Stationen für Fuhrwerke,

So sah ein Gebäude des optisch-mechanischen Telegraphen aus.

die Eisensteine nach Neuwied transportieren, für Durchreisende und
für die Postkutsche. Da in Nebengebäuden auch Tanzsäle eingerichtet
waren, zog die Jugend der umliegenden Dörfer öfters zur „Stroß". Auf
dem höchsten Punkt des Ortes signalisierte von 1833-1852 der **57. optisch-
mechanische Telegraph** auf der Nachrichtenkette Berlin-Koblenz Meldun-
gen vom Bertenauer Kopf nach Anhausen. Der massive Turm ist in
seiner achteckigen Form am alten Wohnhaus der ED-Tankstelle gut zu
erkennen. Seit 1901 wird Straßenhaus von Feriengästen und Erholungsuchenden geschätzt.

✚ Arzt, Zahnarzt, Apotheke

🛏 ✕ In Straßenhaus und den umliegenden Ortsteilen 260 Betten;
Restaurant

⚓ Hotel-Hallenbad, Sauna, Solarium, Minigolfplatz, Kurpark, Natur-
Schwimmbad, Kurkonzerte während der Hauptsaison.

☎ Gemeindeverwaltung 5451 Straßenhaus, Tel. (0 26 34) 81 73; Wanderkarte mit Rengsdorf

🚶 **Wanderparkplatz an der B 256:**
   1. Niederhonnefelder Straße - Marktplatz/Straßenhaus - Hochbe-
      hälter - Wanderparkplatz (2,1 km; Mkg.: Fichte)
2. Niederhonnefelder Straße - Freibad - Niederhonnefeld - Motzerhütte -
   Heiligenstock - Kirchheck - Wanderparkplatz (6,5 km; Mkg.: Eichhörnchen)
3. Butterpfad - Steinkopf - Hütte Talblick - Butterpfad - Hochbehälter -
   Wanderparkplatz (4,1 km; Mkg.: Eichenblatt)
4. Butterpfad - Marktplatz/Straßenhaus - Kuranlage - Lindenstraße -
   Marktplatz - Wanderparkplatz (2,8 km; Mkg.: Hirschgeweih)
5. Butterpfad - Hütte Philippsruh - Hütte Rheinblick - Kreisstraße Richtung Straßenhaus - Butterpfad - Hochbehälter - Wanderparkplatz (5,2
   km; Mkg.: Reh)

Straßenhaus-**Jahrsfeld** (340 m)

◼ Altes ehemaliges Bauerndorf mit Fachwerkbauten und einer Brunnen-
anlage.

Straßenhaus-**Niederhonnefeld** (320 m)

◼ Wohl ältestes Dorf des Kirchspiels Honnefeld, verlassene Eisenerz-
stollen am Waldesrand, eine Schlackenhalde im Höllsbachtal. Die tief-

eingeschnittenen Täler mit alten Buchen- und Fichtenbeständen an den Hängen täuschen dem Wanderer eine Schwarzwaldlandschaft vor.
Der „**Stangenstein**" in der Gemarkung ist ein hochaufragender, allmählich zerbröckelnder Felsen, um den sich im Volksmunde die Sage von der „Teufelstreppe" rankt (ND). Im Honnefelder Holz befindet sich an einer alten Wegkreuzung der „**Heiligenstock**" in einem ehemaligen Eichenhain. Der Name weist zurück in die heidnische Vergangenheit. Nach der Christianisierung errichtete man an germanischen Kultstätten Heiligenhäuschen aus dem Holz gefällter Eichen, die ursprünglich dem Donnergott geweiht waren. Ein eigenartiger Zauber geht gerade von dieser Stelle aus, wenn man seine alte Bedeutung kennt.

Straßenhaus-**Ellingen** (345 m)

◨ Kleines, noch bäuerlich wirkendes, sauberes Dorf, das bis in die 40er Jahre des 19. Jh. eine eigene Gemeinde bildete und dann mit Niederhonnefeld vereinigt wurde.
Straßenhaus hat es als selbständige Gemeinde früher nicht gegeben. Die Nordwestseite gehörte zu Niederhonnefeld-Ellingen, die Ostseite zu Jahrsfeld, getrennt durch die B 256. Durch seine Geschäfte, Werkstätten, Bauunternehmen, Gaststätten und den Fremdenverkehr wuchs es jedoch zum weltlichen Mittelpunkt des ganzen Kirchspiels Honnefeld heran. Dem haben die beiden Gemeinden dadurch Rechnung getragen, daß sie sich am 1. August 1966 zur Gemeinde Straßenhaus zusammenschlossen.

Oberhonnefeld-Gierend (360 m; 665 E., VG Rengsdorf)

▥ Geistlicher Mittelpunkt ist die **evang. Pfarrkirche**, ein klassizistischer Saalbau mit halbrunder Apsis, 1829-1832 unter Aufsicht der kgl. Oberbaudeputation in Berlin, der damals der berühmte Architekt Schinkel vorstand, an der Stelle einer alten Kirche erbaut. Die noch erhaltenen Seitenmauern des Turmes mit aus Hausteinen gefügten Eckkanten deuten auf die Bauweise des 12. Jh. hin. In der alten Kirche hatte 1564 die erste wiedische Synode stattgefunden.
Der Kirchhof ist gleichzeitig Friedhof mit einem schlichten Gefallenenehrenmal von 1956 und einer modernen, freundlichen Friedhofshalle. Im alten Kern des Ortes stehen noch einige Fachwerkhäuser. Nach Osten hin bis über den Weyerbuscher Weg hin entstanden im letzten Jahrzehnt viele Neubauten an neuen Straßen. 1976 eingeweihtes Dorfgemeinschaftshaus.
⌸ ✕ Gasthof-Pension
☎ Ortsgemeindeverwaltung Oberhonnefeld-Gierend, Tel. (0 26 34) 81 18

1 km nördlich liegt geschützt im Tal
Oberhonnefeld-**Gierend** (350 m)

◨ Hier entspringt der Gierenderbach, der nach 2 km zum Fockenbach wird. Die Eisenerzgrube Georg beeinflußte hier lange Jahre das Erwerbsleben. Seit Anfang dieses Jahrhunderts ist das Streben zur Straße festzustellen, auch von Gierend aus.

Oberhonnefeld-**Gierenderhöhe** (380 m)

◨ An der Autobahnausfahrt Neuwied-Altenkirchen gelegen, mit Gewerbebetrieben an der Hauptstraße, aber auch Einfamilienhäusern an der alten Eisenstraße und ein Hotel. Die Entwicklungsmöglichkeit wie Straßenhaus hat es jedoch nicht.

Östlich der B 256
Oberraden (350 m; 450 E., VG Rengsdorf)

◨ Im windgeschützten Tal gelegen; Quellgebiet des Aubaches. Zusammengehörigkeitsgefühl der Bewohner drückte sich aus im Bau des Dorfgemeinschaftshauses und im Bemühen, dem Ort ein schmuckes Ansehen

zu geben. So errang er mehrmals Preise im Wettbewerb „Unser Dorf
soll schöner werden".
☎ Ortsgemeindeverwaltung Oberraden, Tel: (0 26 34) 16 41

Oberraden-**Niederraden** (300 m)

⇌ ✗ 1 Hotel und 2 Pensionen.

Von dort Wanderungen ins stille Aubachtal, vom Verschönerungsverein Straßenhaus betreut.

IM WIEDWINKEL

Bearbeiter: Irene Rimsa, Dietrich Schabow,   *Übersichtskarte*
            Fritz Wiegard, Erwin Katzwinkel,   *Seite 326*
            Toni Frorath, Hermann-Josef Hucke

Wo die windungsreiche Wied an der Einmündung des Elsafftals
ihre Hauptflußrichtung von West nach Süd ändert und die Autobahn A 3 über die Wasserscheide führt, liegt bis zum romantischen
Fockenbachtal im Süden unser „Wiedwinkel". Die meisten werden
diese abwechslungsreiche, von kurzen tiefen Tälchen eingekerbte
Hochflächenlandschaft nur von einer Fahrt über die Autobahn
oder einem Aufenthalt am Rasthaus Fernthal kennen. Doch gerade
hier finden wir auf der Fahrt zu vielen kleinen Streusiedlungen
auf schmalen, aber gut ausgebauten Sträßchen die schönsten
Landschaftspartien.

Westlich der Willrother Höhe liegt südlich der Autobahn auf einer
Rumpffriedelhochfläche zwischen den Tälern von Fockenbach,
Dasbach und Gierender Bach der Luftkurort
Hümmerich (360-380 m; 470 E., VG Rengsdorf)

◪ Das älteste Zeugnis einer Besiedlung in Hümmerich ist ein in einem
Garten gefundenes spitznackiges Steinbeil aus der jüngeren Steinzeit
(jetzt im Kreisheimatmuseum Neuwied).
An der schwelende Kohlenmeiler erinnert der alte Flurname „Rußhütt".
Bedauerlicherweise ist dieser klangvolle Name als „Auf der Rosenheide"
zum Straßennamen verwandt worden und von seiner Bedeutung her gar
nicht mehr wiederzuerkennen.
An der Landstraße 270 verläuft in der Nähe der Autobahn auch die
nördliche Kreisgrenze. Diese Linienführung war ehedem die Grenze
zwischen der Grafschaft Wied und den rechtsrheinischen Besitzungen
des Kurfürstentums Trier. Man fand noch drei Grenzsteine mit der
Jahreszahl 1788. Einer davon wurde unmittelbar neben der alten Eiche
am Ortseingang (Naturdenkmal) wieder aufgestellt.
✎ Bevorzugt durch seine schöne Lage an einem der höchsten Bergrücken des vorderen Westerwaldes, begünstigt durch die geringe Entfernung von der Autobahnausfahrt Neuwied-Altenkirchen, bewohnt von
einer aufgeschlossenen, gastfreundlichen Bevölkerung, hat der Ort in
den letzten 20 Jahren einen bedeutenden Aufschwung genommen und
der Fremdenverkehr sich gut entwickelt. In der Südhanglage des Neu-
baugebietes „Im Rott" haben viele Auswärtige ihren Zweit- oder Altersruhesitz. - Zweimal hat der Ort hervorragend beim Wettbewerb „Unser
Dorf soll schöner werden" abgeschnitten.
⇌ ✗ Hotel Fernblick 50 Betten, Gasthof Dreydoppel 14 Betten,
Pension Sonnenstübchen 16 Betten, 2 Fremdenheime mit 23 Betten, insges.
70 Fremdenbetten
🚌 Privatbus Kaul nach Buchholz, Neustadt, Neuwied; Postbus nach
Lautzert, Horhausen, Neuwied und Koblenz; im Sommer Bahnbus nach
Köln, Duisburg.

☎ Verkehrs- und Verschönerungsverein, Tel. (0 26 87) 3 52; Gemeindeverwaltung 5461 Hümmerich, Tel. (0 26 87) 10 26; Örtliche Wanderkarte
im Maßstab 1 : 8000 vorhanden.
⊙ Kurkonzerte während der Hauptsaison.
🏃 **Wanderwege** vom Parkplatz des Naturparks Rhein-Westerwald an
der Straße nach Epgert:
1. Im Rott - Stillewinkel - Bergstraße - Parkplatz (2 km; Mkg.: Fichte)
2. Im Rott - Promenadenweg- Schutzhütte - (Parkplatz (2,2 km; Mkg.:
   Schwalbe)
3. Langetal - Wildwechselweg - Promenadenweg - Stillewinkel - Parkplatz (3,5 km; Mkg.: Reh)
4. Langetal - Wildwechselweg- Dasbachtal - Fischweiher - Ameisenweg -
   Wiesental - Bergstraße - Parkplatz (5,5 km; Mkg.: Hirschkäfer)
Die örtliche Wanderkarte weist 8 verschiedene Wanderwege auf, darunter
zur Fockenbachmühle und zur Hümmericher Mühle im Fockenbachtal.
✳ An klaren Tagen sieht man das Siebengebirge und die Vulkanberge
der Eifel.

✳

In schöner Lage etwa 300 m über dem Wiedtal finden wir die
zerstreut liegenden Ortsteile der zur Verbandsgemeinde Wald-
breitbach gehörenden, 12,3 qkm großen Gemeinde Breitscheid.
Ein schmales Sträßchen führt von Waldbreitbach aus in Serpen-
tinen über W.-Wüscheid zur schmalen Hochfläche nach
Breitscheid-Verscheid (320 m)
🏛 Rechts der Straße die **Wallfahrtskapelle Zu den Sieben Schmerzen
Mariä.** Im 13. Jh. errichtet, Chor erhalten; übriger Bau aus neuerer Zeit.
Madonna aus dem 15. Jh.
🛏 ✕ Café-Restaurant Poststube; Café-Restaurant Gasthaus-Pension „Zur
Erholung"
🚌 Postbus nach Waldbreitbach, Neuwied, Breitscheid und Fernthal.
💎 Auf der schmalen Rumpffriedelhochfläche tiefgründig verwittertes
Schiefergestein und in der Eiszeit angewehter Lößlehm. Über das
Fockenbachtal siehe unter Niederbreitbach.
🏃 Wanderkarte "Mittleres Wiedtal" 1 : 20 000
Markierte Wanderwege (Nr. der Karte):
13. Goldscheid - Fockenbachsmühle - Dasbachtal - Siebenmorgen - Höhe
    354 - Hollig - Goldscheid - Verscheid (9,6 km; Mkg. Eichhörnchen)
14. Hochscheid - Gersthahn - Elsbach - Fichtelshohn - Sportplatz - Breit-
    scheider Straße - Hochscheid (7,1 km; Mkg.: Käfer)
15. Goldscheid - Fockenbachsmühle - Fockenbachtal - Glashütte - Ver-
    scheid (6,8 km; Mkg.: Fisch)
16. Glockscheid - Marienhaus - Glockscheid - Verscheid (7,3 km; Mkg.:
    Frosch)

An B.-Hochscheid vorbei nach
Breitscheid-Siebenmorgen (365 m)
🏛 Hinter Siebenmorgen an der Abzweigung nach B.-Nassen unter alten
Bäumen breit-gedrungene Quirinus-Kapelle.
✕ Stüber - Fertighaus-Fabrikation

Vor B.-Siebenmorgen links ab 2,5 km weit nach
Breitscheid (320 m; 1550 E. mit Ortsteilen, VG Waldbreitbach)
Wohngemeinde mit Fremdenverkehr und Gewerbeansiedlung.
Ortsteile: Breitscheid, Verscheid, Siebenmorgen, Nassen, Hoch-
scheid, Goldscheid, Hollig, Dasbach, Elsbach.

🗖 Niederadliges Geschlecht der von Breitscheid 1158 erstmals erwähnt,
schon 1310 ausgestorben, zur Herrschaft Neuerburg gehörig.

🏛 **Kapelle St. Anna** mit Altarschrein (um 1480)

🛏 ✕ 2 Hotels mit 36 Betten; im südlich gelegenen Ortsteil Elsbach Waldhaus Elsbachtal mit 15 Betten

🚌 nach Neuwied, Fernthal und Linz

☎ Gemeindeverwaltung Breitscheid, Tel. (0 26 38) 2 63; Verbandsgemeindeverwaltung Waldbreitbach, Tel. (0 26 38) 50 01; Kurverwaltung für das Mittlere Wiedtal, Waldbreitbach; Ortsprospekt, Gästepaß und Wanderkarte 1 : 20 000 für das Gebiet „Mittleres Wiedtal"

✳ Von der Höhe zwischen Breitscheid und dem Roßbacher Häubchen großartige Fernsicht auf die Rheinhöhen und die vordere Eifel, auf die Wiedberge um Neustadt, die Autobahn und das Siebengebirge.

🚶 Gut ausgebaute Wanderwege (durch Flurbereinigung), zahlreiche Ruhebänke.

Empfehlenswerte Rundwanderung:
Breitscheid (Unterdorf) - Brunnen - zunächst am Wald entlang - hinunter ins Masbachtal - Nescher Mühle - Neschen (an der Kreuzung zunächst rechts, nach ca. 50 m links) - bis zur Autobahn - an dieser entlang bis zur Straße nach Funkenhausen - Funkenhausen - Grübelsberg - eventuell Abstecher zur stillgelegten Grube Ferdinand - Breitscheid (ca. 7 km)

Wanderwege ab Ortsmitte (Nr. der Wanderkarte):
9. Brunnenstraße - Masbachtal - Birkenhof - Höhe 314,5 - Breitscheid (3,2 km; Mkg.: Kleeblatt)
10. Roßbacher Häubchen - Im Berg - Masbachtal - Nescherberg - Roßbacher Häubchen (5,6 km; Mkg.: Hase)
11. Wochenendhäuser - Elsbach - Fichtelshohn - Sportplatz - Nasser Heck (5,3 km; Mkg.: Fichte)
12. Kunst - Elsbachtal - Elsbach - Wochenendhäuser (4,6 km, Mkg.: Wildschwein)

Durch die Autobahnmeisterei Ammerich überregional bekannt ist das nördlich Breitscheid über der Autobahn gelegene
Neustadt (Wied)-Fernthal (250-300 m; 400 E.)

🗺 Fernthal wird im Volksmund „Dreischläg" genannt. Die Sage erzählt, im Dreißigjährigen Krieg habe das Glöckchen des früheren Pieta-Kapellchens von alleine drei Glockenschläge getan, wodurch die Bewohner noch rechtzeitig vor den heranrückenden Kriegshorden hätten fliehen können.

🏛 **Filialkirche St. Mariae Himmelfahrt** (1911) mit Madonna (um 1450) und Pieta (um 1700).

✕ Basaltbrüche, Basaltschotterwerk, Gewerbebetriebe. Die Firma Hermann Etscheid GmbH stellt Milchkühlsysteme her (300 Beschäftigte). Dr. Boy KG, Spritzgießautomaten

🛏 ✕ Autobahnrasthaus Fernthal; Dreischläger Hof Fernthal; Funkenburg in Funkenhausen

🚌 ins Wiedtal und nach Neuwied

🌋 An der Straße von N.-Fernthal nach Neustadt (Wied) der **Bertenauer Kopf** (352 m). Er soll der einzige wirklich aktive Vulkan des Westerwaldes gewesen sein. Ein Krater ist noch erkennbar, leider in früheren Jahren durch Steingewinnung in der ursprünglichen Form zerstört. Ein kleines „Maar" ist noch vorhanden, in früheren Jahren bei der Bevölkerung „Jungfernbad" genannt. Der Berg besteht aus miozänem Feldspat-Basalt. - Sehr schöner Blick über den Westerwald zum Siebengebirge und zur Eifel.

Der anschließende „**Telegraphenhügel**" hat seinen Namen erst im 19. Jh. erhalten, als hier das Gebäude eines optischen Telegraphen der Linie Berlin-Koblenz errichtet wurde.

🚶 nach der Wanderkarte „Mittleres Wiedtal"
3. Rahms - Vingenberg - Roßbach - Buchenberg - Höhe 286 - Rahms (7,5 km; Mkg.: Reh)
4. Neschermühle im Masbachtal - Vingenberg - Roßbach (4,5 km; Mkg.: Fasan)

Schöne Wanderwege in die Ortsteile Neschen (240 E.), Rahms (190 E.), Hombach (240 E.) und Borscheid (210 E.)

Zwischen Ammerich und Pfaffhausen im Schatten dreier Fichten das **Pestkreuz** zur Erinnerung an schreckliche Pestzeiten nach dem Dreißigjährigen Krieg.

Ganz abgeschieden liegt über der Weißenfelser Ley der Ortsteil **Weißenfels** (Pension Helmer).

Von der Weißenfelser Ley (✳) überwältigende Aussicht in das windungsreiche Wiedtal!

Westerwälder (Raubacher) Mundart
Ernst Zeiler

Schornsten, Kammer, Stuff un Äär
Ohles, Schouer, Daach un Käär,
Gorten, Haff un Bienenhaus;
De Abbab guckt zom Fänster raus.

Kaffikäppchen, Schottelbank,
Heerd, Desch, Stohl un Klelerschank,
Stollert, Kruhl, un Faß un Deppen;
De Wasserkrohnen eß om Treppen.

Schoaf un Oß un Hoahn un Gickel,
Hoand un Hähner, Kalv un Fickel,
Ziesch un Sau un Biehr un Koh;
Die Flejen lossen dem Veh kän Roh.

Hei un Groamisch, Plooch un Ääd,
Räjen, Häpchen, Sähns un Säht,
Greft un Schepp un Pärd un Woahn;
Hout mussen mir en de Kärner goahn.

Appel, Dofflen, sauer, seeß,
Strihsack, Kessen un Gemeß,
Botter, Käs un Stuwendiehr;
Marie, dir geht de Onnerrack fier.

Woarscht un Flesch un Späck un Schenken,
Kachen, stachen, äsen tränken,
Schien un schroa un Schnie un Rähn;
Grettchen komm mir wellen oas lähn.

Polderoamend, Feierdaach,
Elem, Schnärch un Huchzeitsnaacht,
Baben, Mamen, gruß und klän;
Alles wäl dat Brautpoor sähn.

Eierkäs un Sauermoos,
Doffelsopp und Zwiwelsooß,
Datschert, Pannekochen, Klies;
Annsefie sei net su bieß.

Läien, krawellen, goahn un stoahn,
Beggen, sträcken, hewen, troahn,
Heeß un glienich, woarm un kalt;
Die Ammam die es alt.

Speeldooch, Spillgescherr un Schlappen,
Backes, Strih un ahle Lappen,
Zingen, Feß un Fierch un Bein;
Fer hout sall dat genoch mal sein.

Erläuterungen:
Äär = Hausflur, Käär = Keller, Ohles = tieferes Gelaß neben der Tenne, Biehr = Eber, Ääd = Egge, Säht = Saatkiste, Elem = Schwiegersohn, Schnärch = Schwiegertochter, gliehnich = glühend, Fierch = Ferse.

5. Sieg - Westerwald

DAS HELLERBERGLAND

Bearbeiter: Otto Kipping † und   *Übersichtskarte 723*
            Hermann-Josef Hucke

Zum Hellerbergland rechnen wir die waldreichen Bergzüge zwischen Siegerland und Westerwald beiderseits der Heller mit ihren großen Nebentälern: dem Wildenbach und dem Daadenbach.
Die Heller, ein linker Nebenfluß der Sieg, entspringt auf der „Kalteiche", der Wasserscheide zwischen Sieg und Lahn. Sie mündet nach einem ca. 25 km langen Lauf in Betzdorf in die Sieg. Im Tertiär bildeten die unterhalb Herdorf vom Sportplatz bis zum Fronstein durchgehenden Grauwackeschichten eine Barriere, welche die Heller zu einem See anstaute, der bis nach Burbach reichte. Langsam hat sich die Heller durch das feste Gestein durchgenagt und das heutige Tal geprägt.

DER FREIE GRUND

Die Landschaft des Hellertales oberhalb Herdorfs, einschließlich des Wildetales, wird heute noch der „Freie Grund" genannt. Im Jahre 1048 ist allerdings das gesamte Gebiet westlich von Haiger bis nach Scheuerfeld an der Sieg als „predium virorum liberorum" = „Gebiet der freien Männer" bezeichnet. Seit etwa 1300 beschränkt sich der Begriff Freier Grund nur noch auf das Gebiet des früheren Gerichtes Seel- und Burbach. Landschaftlich gesehen, bildet auch Herdorf heute noch mit dem Freien Grund eine Einheit. Durch die saynische Erbteilung wurde 1652 zwischen dem zu Sayn - Altenkirchen gehörenden Herdorf und dem gemeinsam von Nassau und Sayn - Hachenburg regierten Gericht Seel- und Burbach eine Grenze gezogen.
Der Umstand, daß die Herdorfer nach der Reformation überwiegend katholisch geblieben waren, ihre Nachbarn im Gericht Seel- und Burbach aber die reformierte Lehre angenommen hatten, trug dazu bei, daß zwischen den blutsmäßig miteinander verwandten Herdorfern und Freiengründern eine Entfremdung eintrat, die heute noch erkennbar ist. Während sich die Herdorfer durch Humor, Lebensfreude und Leichtlebigkeit auszeichneten, blieben die Freiengründer ernster und verschlossener. Jeglichen Lustbarkeiten abhold, entwickelten sich in vielen Familien tüchtige Kaufleute, denen es gelang, fast alle in Herdorfer Gebiet gelegenen Eisenerzgruben zu erwerben, und selbst die große ehemalige Friedrichshütte in Herdorf befand sich anfangs völlig im Besitz eines Gewerken aus Neunkirchen. Es wird berichtet, daß die trinkfreudigen Herdorfer öfters ihre Grubenanteile für eine Flasche Schnaps verkauft hätten.
Etwa ab 1200 war im Freien Grund eine Adelssippe ansässig geworden, deren Angehörige sich alle „von Seelbach" nannten.

1816 wurde der Freie Grund dem Kreis Siegen und damit auch der neugegründeten Provinz Westfalen zugeteilt.

Zwei nordrhein-westfälische Großgemeinden bilden heute den Freien Grund: Neunkirchen und Burbach. Zur Großgemeinde Burbach gehört auch das Gebiet des Hickengrundes im oberen Haigerbachtal, das auf den Seiten 405 - 407 beschrieben ist.

Wir beginnen unsere Reise talabwärts an der Autobahnabfahrt Haiger/Burbach der Sauerland-Autobahn (A 45). Die Wasserscheide zwischen Heller und Haigerbach, damit auch zwischen Sieg und Dill, bildet die Siedlung

Burbach-Wasserscheide (430 m)

Bekannt ist der „Kulturkreis um die Wasserscheide", der in seinem Heimhoftheater im Winterhalbjahr ständig Theateraufführungen und Konzerte mit bekannten Künstlern veranstaltet.

🛏 ✕ 2 Hotels

🚌 Betzdorf - Gießen

🚍 nach Burbach, Siegen und Lützeln

👫 Hier beginnt der Wanderweg 7 des Westerwald-Vereins, der 38 km lang ist und nach Weilburg führt.

Mkg.: Raute: Der Weg führt zur Lipper Höhe (Siegerland-Flughafen);
Mkg.: Dreieck: nach Wilnsdorf.

Es schließt sich an

Burbach-Würgendorf (400 m; 1600 E.)

Altes Fuhrmannsdorf an der früheren Eisenstraße zwischen Siegerland und Westerwald.

✖ Am Nordrand des Ortes erkennt man die Schornsteine einer Dynamitfabrik, in der sich im Laufe der Jahrzehnte mehrere schwere Explosionen ereignet haben. Die Einwohner des Ortes sind vorwiegend in dieser Fabrik beschäftigt.

✕ Gastwirtschaft

🚌 Köln - Gießen

🚍 Burbach

👫 Wanderweg Würgendorf - Siegen (Mkg.: weißer Balken).
Schöne Wanderungen in die nahen Wälder.

Knapp 2 km westlich kommen wir in das eigentliche

Burbach (350 m; 3700 E.)

◻ Im Jahre 1219 wird Burbach, im gleichen Zusammenhang wie Daaden, erstmals urkundlich erwähnt. Bis um 1350 war Burbach der Mittelpunkt des alten Freien Grundes und gelangte zunehmend unter den Einfluß des Erzbistums Trier. 1367 wurde die Seelbach'sche Feste Snorrenberg, auf dem heutigen Kirchberg gelegen, von trierischen Truppen zerstört. Ab 1400 wurde Burbach Sitz eines nassauischen Amtmannes. 1816 kam der Ort zum Kreis Siegen und zur Provinz Westfalen.

Burbach war jahrzehntelanger Wirkungsort des Lehrers Matthias Dahlhoff, des Verfassers der „Geschichte der Grafschaft Sayn".

🏛 Schöne Fachwerkhäuser. Reste eines Ringwalls südlich auf dem Burgberg. **Ev. Kirche** mit Turm aus dem 12. Jh.

✚ 4 Ärzte, 2 Zahnärzte, 2 Apotheken, Krankenhaus

🏊 Freibad, Reitanlage

🛏 ✕ Mehrere Hotels, Gasthöfe und Restaurants, Café; Jugendherberge mit 122 Betten; Müttergenesungsheim mit 50 Betten.

🚌 Betzdorf - Gießen

🚍 nach Siegen, Neunkirchen und Limburg

☎ Gemeinde 5909 Burbach, Tel. (0 27 36) 5 41

Ev. Kirche in Burbach

Unweit der neuen B 54 Lipper Höhe - Wasserscheide türmen sich die Basaltblöcke des Kleinen Steins (580 m) und des Großen Steins (546 m) auf, die nordöstlichen Zeugen der tertiären Vulkane des Westerwaldes. Auf den Gesteinsblöcken wachsen seltene Moosarten. In dem Hainsimsen-Buchenwald stehen Linde, Vogelbeere, Eberesche und Bergahorn.
Südlich Burbach „In der Gambach" **Naturschutzgebiet** mit Wacholderheiden.

Wanderparkplatz am Freibad.
Weg 1: Ortsmitte - Jägerstraße - Haiger Weg - Siegerland-Höhenweg mit schönen Ausblicken in den jenseitigen Hickengrund. Abstecher zum NSG Großer Stein. Durch Fichtenwald und Hauberge zurück nach Burbach (8 km);
Weg 2: Durch ausgedehnte Waldbestände, ab Ortsmitte (4 km);
Weg 3: Lohainsweg - Wasserwerk Struth - NSG Großer Stein (6 km);
Weg 4: DJH - Osthang des Burgberges mit schöner Aussicht auf Burbach und das Hellertal - NSG „In der Gambach" - Burbach (8 km);
Weg 5: Krankenhaus - die Heister aufwärts - Gebirgskamm „Die Höh" (580 m) - Siegerland-Höhenring - B 54 - Kasernen - Buchhellertal - Burbach (8 km);

Weg 6: Wiesengrund des Burbachs und NSG „In der Gambach" (4 km);
Weg 7: Anfang am Waldrand 500 m westlich der DJH (Anmarsch über
Eicherweg und Langenwaldstraße) - Burg (591 m). Herrliche Ausblicke in
die umliegenden Täler.
Weg 8: Hof Eichen (über Eicherweg) - durch Felder und Wiesen ins
Buchhellertal - Haus Radenbach - Peterzeche (Vorkommen von Quarz,
Eisenspat und Bleiglanz; Gaststätte) - Lippe - Trasse der Grubenbahn -
Burbach (10 km). Kapelle.

✶

Im großen Waldgebiet zwischen Wildenbach und Heller liegt in
den Quelltälern des Gilsbachs das gleichnamige

Burbach-**Gilsbach** (400 m; 705 E.)

◨ Jahrhundertelang bildeten die benachbarten Erzgruben die Lebens-
grundlage für die Einwohner des Ortes. Nach Stillegung der Gruben
pendeln die Bewohner fast ausnahmslos zu den benachbarten Industrieorten aus. - Bis um 1500 war Gilsbach Sitz einer Adelsfamilie, welche
der großen Sippe der „Seelbacher" angehörte.

⇌ ✗ 1 Hotel
🚌 Burbach - Siegen
🏔 Schöne Wandermöglichkeiten in die Hauberge und waldreichen
Täler.

✶

Mit Burbach zusammengewachsen ist das anschließende

Burbach-**Wahlbach** (300 m; 2000 E.)

Wohnort für die Industriearbeiter der umliegenden Gebiete.

🏛 Am Ortsausgang nach Burbach steht das alte adelige Hofgut Heistern.
⇌ ✗ 2 Hotels
🚌 Schienenbushaltestelle der Bahnstrecke Betzdorf - Gießen.
🚌 nach Siegen, Neunkirchen und Burbach
🏔 Schöne Wanderwege führen im Süden des Ortes zur Rothenbach
und zu den Trödelsteinen und nördlich über Gilsbach zum Landeskroner Weiher.

Landschaftlich bereits zum Hohen Westerwald gehört

Burbach-**Lippe** (550 m; 520 E.)

🏛 Siegerlandflughafen mit Motorflugschule, Rundflügen, Segelfliegen.
(Siehe Seite 405!)
⇌ ✗ 2 Restaurants („Buchhellertal" und „Siegerland-Flughafen") und
2 Gaststätten.
🚌 Burbach - Siegen
🏔 Schöne Wanderwege führen zu den Trödelsteinen und ins landschaftlich reizvolle Buchhellertal.

Die Hellertalstraße bringt uns nach 2 km nach

Neunkirchen-**Wiederstein** (290 m; 720 E.)

Die Einwohner betätigten sich jahrhundertelang als Bergleute und
nebenbei als Landwirte.

⇌ ✗ Hotel, Gasthof
🚌 Schienenbushaltestelle an der Strecke Betzdorf.- Gießen.
🚌 Neunkirchen, Siegen, Burbach und Herdorf
☎ Gemeindeverwaltung Neunkirchen, 5908 Neunkirchen, Bahnhofstr. 3,
Tel. (0 27 35) 40 51
🏔 Wanderparkplatz mit Rundwanderwegen „Am Friedhof".
🏔 Rundwanderwege führen zum Leyenkopf (432 m), ins Schillerbach-
tal und nach Gilsbach.

🚲 Aus der Dorfmitte führt in südlicher Richtung eine befahrbare Straße
durch das reizende Mischenbachtal zum Wanderparkplatz „Rothenbach".
(NSG mit Wacholderberggheide; Traubeneichen; Weiß- und Moorbirken).

Es schließt sich an

Neunkirchen-Zeppenfeld (280 m; 2160 E.)

◪ Die Dorfchronik berichtet von zwei Wunderheilungen, welche sich im Jahre 1232 nach einer Wallfahrt zum Grabe der Hl. Elisabeth in Marburg ereignet haben sollen.

🏛 In der Ortsmitte das frühere Wasserschloß der Seelbacher. Die Gräben und Wälle sind völlig eingeebnet.

⊨ ✕ Hotel

🚌 An der Strecke Betzdorf - Gießen.

🚍 Neunkirchen, Burbach nach Siegen und Herdorf

☎ Gemeindeverwaltung Neunkirchen, 5908 Neunkirchen, Bahnhofstr. 3, Tel. (0 27 35) 40 51

🏃 Durch Zeppenfeld führt der mit einem Dreieck gekennzeichnete SGV-Wanderweg Hohenseelbachskopf - Siegen.
Wanderparkplatz „Eiecke" am Schieferberg südlich des Dorfes. Ausgangspunkt für Wanderungen zum Hohenseelbachskopf (504 m).

Am Zusammenfluß von Heller und Wildenbach liegt

Neunkirchen (270-350 m; 4600 E.)

Industrieort in schöner Landschaft. Seit 1969 bildet Neunkirchen mit den Nachbarorten Struthütten, Salchendorf, Altenseelbach, Zeppenfeld und Wiederstein eine Großgemeinde. Gymnasium, Realschule.

◪ Etwa um 1300 wurde hier auf Veranlassung der Adeligen von Seelbach eine „Neue Kirche" errichtet, welche vielleicht dem Ort seinen Namen gegeben hat. Zugleich wurde hier neben dem alten Kirchspiel Burbach ein neues Kirchspiel gegründet, dem sämtliche Orte im Untergrund bis einschließlich Wiederstein zugeteilt wurden.

🏛 Mehrere typische Siegerländer Fachwerkhäuser unter Denkmalschutz. Heimatstube des Heimatvereins Neunkirchen im Leyhof.
Das alte **Amts- und Rathaus** aus dem Jahr 1754 wurde im Freilichtmuseum für technische Denkmale in Hagen wiederaufgerichtet und in ihm ein Schmiedemuseum eingerichtet.

✕ Metallverarbeitende Betriebe (Blech, Aluminium, Kupfer); Elektroindustrie.

✛ Ärzte, Zahnärzte, Apotheken

🎿 Skipiste „Am Höchsten".

⊨ ✕ Hotels, Café, Pensionen und Gasthöfe, Imbißstuben, Pizzeria.

🚌 Bahnhof an der Strecke Betzdorf - Gießen.

🚍 nach Siegen, Burbach und Herdorf

☎ Gemeindeverwaltung Neunkirchen, 5908 Neunkirchen, Bahnhofstr. 3, Tel. (0 27 35) 40 51

🏃 Parkplätze mit Rundwanderwegen: ◨ „Liebach" nördlich des Dorfes; ◨ „Rassberg" zwischen Heller und Wildenbach.
Nördlich Neunkirchen liegt auf einer Höhe die **Grube Steimel.** Ausflugsgaststätte mit herrlichem Blick über das obere Hellertal und den Hohen Westerwald. Eine kleine Schlangenfarm ist bei der Gaststätte zu besichtigen.

Schon mit dem rheinland-pfälzischen Herdorf zusammengewachsen ist

Neunkirchen-Struthütten (250 m; 2200 E.)

◪ Der Ortsname wird auf eine frühere Eisenhütte „In der Struth" zurückgeführt. Seit undenklichen Zeiten boten die ergiebigen Eisenerzgruben im benachbarten Kunstertal den Einwohnern lohnende Beschäftigung. Auch auf den Gruben und Hütten in Herdorf waren immer zahlreiche Struthütter beschäftigt. Nach Stillegung der Gruben und Hütten im Hellertal wurden im Ortsbereich mehrere eisenverarbeitende Betriebe angesiedelt. Die überwiegend evangelischen Einwohner bilden mit den evangelischen Herdorfern eine Kirchengemeinde mit Pfarrkirche in Herdorf.

🏛 Mehrere Siegerländer Fachwerkhäuser in der Ortsmitte.

🚻 ✕ 5 Gaststätten, 1 Café

⚓ Freibad

🚌 nach Siegen, Herdorf und Burbach

🚊 Schienenbushaltestelle an der Strecke Betzdorf - Gießen.

☎ Gemeindeverwaltung Neunkirchen, 5908 Neunkirchen, Bahnhofstr. 3, Tel. (0 27 35) 40 51

Am Ortsausgang von Struthütten und im westlichen Neunkirchen führen Straßen nach

Neunkirchen-Altenseelbach (300 m; 1700 E.)

◻ Uraltes Bergmannsdorf, dessen Bewohner bis um 1964 fast ausschließlich auf den Erz- und Bleigruben im Ortsbereich beschäftigt waren. Stammsitz des bekannten Adelsgeschlechtes der „von Seelbach". Im Jahre 1785 wurde das Dorf durch ein Großfeuer fast völlig eingeäschert.

⚓ Freibad; Verkehrsübungsplatz

🚻 ✕ 3 Gaststätten; Ausflugsgaststätte auf dem zu Altenseelbach gehörenden „Hohenseelbachskopf"; Ferienblockhäuser am Hohenseelbachskopf.

🚊 Schienenbushaltestelle der Strecke Betzdorf - Haiger.

🚌 nach Siegen, Burbach und Herdorf

☎ Gemeindeverwaltung Neunkirchen, 5908 Neunkirchen, Bahnhofstr. 3, Tel. (0 27 35) 40 51

🚶 Schöne Waldwege zum Hohenseelbachskopf (504 m) und zur Rothenbach.

IM WILDENBACHTAL   *Übersichtskarte Seite 723*

Der 14 km lange Wildenbach entspringt am Forsthaus Zollhaus nahe dem 563 m hohen Hirschstein an der Straße Haiger - Wilnsdorf, unmittelbar an der Landesgrenze zwischen Hessen und Nordrhein-Westfalen.

Erste Siedlung im Wildenbachtal ist unterhalb der Autobahnabfahrt Wilnsdorf

Wilnsdorf-Wilden (320 m; 620 E.)

◻ Früher bestand der Ort aus den drei Dörfern Ober-, Mittel- und Unterwilden. Bis um 1950 führte von Herdorf aus eine Kleinbahn nach Wilden, die hauptsächlich zum Abtransport des Eisenerzes aus den zahlreichen benachbarten ehemaligen Bergwerken diente.
Kurz vor der Auffahrt zur Autobahn „Sauerlandlinie" geht rechts die B 54 nach Süden über Gilsbach nach Burbach im Hellertal. Beim Anstieg aus dem Wildenbachtal führt links eine Straße zum Landeskroner Weiher unter der Autobahnbrücke. Die östlich des Weihers gelegene ehemalige Grube „Ratzenscheit" oder „Alte Landeskrone" wird bereits 1298 urkundlich erwähnt und ist damit das älteste Bergwerk des Siegerlandes. Der aus der Sage bekannte „Wieland der Schmied" soll im benachbarten Wilnsdorf (früher Wilandisdorf) Eisen und Silber verarbeitet haben, das in der Grube Ratzenscheit gewonnen wurde.

🚶 Durch Unterwilden führt der Wanderweg Siegen - Würgendorf des SGV.

Wanderungen ins Wibbelhauser Tal mit dem Landeskroner Weiher; auf den Bautenberg (513 m) mit mehreren stillgelegten Erzgruben; auf den Höhenwegen durch Hauberge in die benachbarten Ortschaften.

Die Straße führt talwärts durchs romantische Wildenbachtal, vorbei an mehreren ehemaligen Erz- und Bleigruben, und erreicht nach 3 km

Neunkirchen-**Salchendorf** (280 m; 3750 E.)

◨ Geburtsort des ehemaligen holländischen Admirals von Kinsbergen. Grube Pfannenberg (geschlossen 1962): tiefster Grubenschacht Europas.

🏛 Viele schöne alte Fachwerkhäuser; Dorfmuseum.

✗ Sitz einiger international bekannter Großbetriebe, Blech- und Kunststoffverarbeitende Betriebe, Eisenkonstruktionen und Gießereien; u. a. Firma Schäfer Systeme International.

♪ Warmwasserfreibad, Tennis, Minigolf, Kegeln.
Geplant: Eislauf- und Rollschuhplatz; Hallenbad (alles im Freizeitpark Ludwigseck); Kleinschwimmhalle; Reitanlage.

🛏 ✗ 3 Gaststätten und Hotels

🚌 nach Siegen, Burbach und Herdorf

☎ Gemeindeverwaltung Neunkirchen, 5908 Neunkirchen, Bahnhofstr. 3, Tel. (0 27 35) 40 51

✱ Aussichtsturm auf dem 499 m hohen Pfannenbergskopf (nördlich von Salchendorf) mit Blick ins Siegtal und Hellertal.

👥 Wanderparkplatz „Große Rausche" mit Rundwanderwegen auf dem Rassberg zwischen Wildenbach und Heller.
Aussichtsturm auf dem 499 m hohen Pfannenbergskopf nördlich.

IM UNTEREN HELLERTAL

Bearbeiter: Otto Kipping † und   *Übersichtskarte Seite 723*
           Hermann-Josef Hucke

Herdorf (v. 200 m - 505 m ü. N. N.; 7750 E., verbandsgemeindefrei)

Industrieort in schöner Landschaft am Westrande der Neunkirchen-Herdorfer Hellertalweitung. Seit 1955 bildet Herdorf mit den Nachbargemeinden Dermbach und Sassenroth eine amtsfreie Großgemeinde.

◨ Die ersten menschlichen Ansiedlungen im Herdorfer Raum sind für die Zeit um 500 v. Chr. nachweisbar. Angehörige eines keltischen Volkes hatten am Südwesthang von Malscheid und Hohenseelbachskopf und auch in der Nähe des Druidensteins ausgedehnte Siedlungen errichtet und in zahlreichen Windöfen Eisenerz geschmolzen. In Gefahrenzeiten fanden die Siedler auf dem benachbarten Hohenseelbachskopf Zuflucht. Später hat sich die Siedlung in das geschützte Hellertal verlagert. Der alte Herdorfer Ortsteil „Königsmauer" (früher Königsmauth), an der Einmündung des Sottersbach in die Heller, läßt vermuten, daß sich hier vielleicht schon in fränkischer Zeit eine königliche Zollstelle befand. Jahrhundertelang galt die durch Herdorf fließende Heller als Grenze zwischen zwei verschiedenen Ortsteilen. Der nördliche Teil gehörte zum Amt Freusburg und dem Kirchspiel Kirchen und der Teil links der Heller zum Amt Friedewald und dem Kirchspiel Daaden. Aus diesem Grunde konnte Herdorf, obwohl es immer der größte und wirtschaftlich bedeutendste Ort im Hellertal war, nie eine entsprechende kommunalpolitische Bedeutung erlangen. Die Vorfahren des größten Teiles der heutigen Herdorfer Einwohner sind nach 1860 vom Westerwald her zugezogen. Die Mundart der Herdorfer wird daher als „moselfränkisch" bezeichnet.
Herdorf ist die Heimat des berühmten Fotografen August Sander, der Dichterin Maria Homscheid und des Heimatschriftstellers Josef Hoffmann.

✗ Herdorf war der ehemals bedeutendste Industrieort im Hellertal mit 3 Eisenhütten und 5 größeren Eisenerzgruben. Nach Erlöschen der Eisenindustrie 1963/64 Ansiedlung mehrerer Fabriken.
Die **Goetzewerke** sind der größte inländische Hersteller von Dichtungen für die Fahrzeug- und Maschinenindustrie. Im Werk Herdorf werden 250 Personen beschäftigt.
Die Firma **W. Ermert GmbH** fertigt Tanks und Großbehälter aus Stahl und Kunststoff.

Heimatstube in der alten Schule. (Überwiegend bäuerliche, handwerkliche und bergmännische Gegenstände.) Eintritt frei. Besichtigungsmöglichkeit nach Voranfrage. Tel. (0 27 44) 58 00 oder 7 61.

✚ 5 prakt. Ärzte, 2 Zahnärzte, 2 Apotheken, Praxis für physik. Therapie

🏹 5 Sportstätten, 4 Turnhallen, Faustballplatz, 2 Tennisplätze, Minigolfanlage, Skilift, Schießsportanlage, 7 Bundeskegelbahnen.

🛏 3 Hotels, 2 Gaststätten, 3 Pensionen, Jugenderholungsheim; 159 Fremdenbetten.

✗ 8 Hotels und Gaststätten, 2 Eisdielen, 4 Imbißstuben; Ausflugslokal: Gaststätte Erner, Hirtenwiese.

🚃 Bahnstrecke Köln - Gießen.

🚌 nach Siegen und Daaden

☉ Karnevalszug (seit 100 Jahren); Volksfest (1. Sonntag im Juli).

Am Ort befindet sich ein Theaterhaus, in dem von Oktober bis April Theaterveranstaltungen großstädtischer Prägung stattfinden. Die meisten deutschsprachigen Großstadttheater von Rang und Namen haben hier schon gastiert.

🌿 Die nördlich und südwestlich von Herdorf aus den Berghängen herausragenden Felsen sind devonische Meeresablagerungen, welche vor etwa 350 Millionen Jahren entstanden sind. Sie gehören zu der geologischen Formation der „Siegener Schichten" und werden neuerdings auch speziell als „Herdorfer Schichten" bezeichnet. Das Gestein ist in vielen Schichten durch tierische Fossilien aufgelockert, wodurch im Oberdevon die Bildung zahlreicher Eisenerzgänge begünstigt wurde.

☎ Gemeindeverwaltung 5243 Herdorf, Rathaus, Hauptstraße 46, Tel. 7 61, 7 62. Ortsprospekt mit Unterkunftsverzeichnis.

Lit.: Kipping †, Otto, Herdorf - Geschichte des Grenzraumes Siegerland-Westerwald; Kirchen 1978

🏰 **Die Waldschmiede,** etwa 500 m südwestlich von der Gaststätte „Hirtenwiese" gelegen, wurde von einigen Herdorfer Amateur-Archäologen teilweise freigelegt und rekonstruiert. Der überdachte Windofen wird von Fachleuten als „frühlatènezeitlich" angesehen, während die beiden freistehenden Rennöfen bis um 1300 in Betrieb gewesen sein sollen. Die Kreisverwaltung in Altenkirchen beabsichtigt, die Anlage unter Naturschutz zu stellen.

Von der Waldschmiede aus gelangt man nach 200 m südlich auf die ehemalige Basaltabfuhrbahn und dieselbe aufwärts nach 10 Minuten zum **Hohenseelbachskopf** (500 m), Gaststätte und Ferienhäuser.

Ehemals die größte und schönste Basaltkuppe Deutschlands. In vorchristlicher Zeit keltische Wall- und Fliehburg, welche um 1350 von den Adeligen von Seelbach zu einer modernen Burg ausgebaut wurde. Im Jahre 1352 wurde die angebliche Raubritterburg von Truppen des Erzbischofs Balduin von Trier zerstört. Um 1890 wurde mit dem Abbruch der Basaltkuppe begonnen. Um diese Zeit waren noch Reste der ehemaligen Burg vorhanden. Auf der Mitte der Kuppe wurden ein 20 m tiefer Brunnen sowie ein keltischer Urnenfelderfriedhof festgestellt. Die Basaltsäulen hatten eine durchschnittliche Länge von 20 m. Im Jahre 1924 wurde der Betrieb im Basaltbruch eingestellt. Die Gemeinde Altenseelbach errichtete 1950, anläßlich des 600. Jahrestages der ersten urkundlichen Erwähnung von Hohenseelbach, oberhalb der Gaststätte einen Gedenkstein mit dem Wappen der Seelbacher.

Rundwanderwege um Herdorf:

Hirtenwiese - Hohenseelbachskopf (10 km)

Aus der Ortsmitte in südlicher Richtung durch die Homscheidstraße zum **Josefshäuschen.** Diese Gedenkstätte wurde im Jahre 1874 als Sühne für einen Mord errichtet. Zwei Bänke laden zu einer kurzen Rast ein, und man genießt einen Blick über ganz Herdorf. Im Westen erkennt man den im Tertiär (vor ca. 60 bis 70 Millionen Jahren) entstandenen Hellerdurchbruch. Bis um diese Zeit war die Heller durch den Bergrücken, auf

dem der Sportplatz der DJK zu erkennen ist, gestaut und ein großer
See, der bis zum Josefshäuschen und dem auf dem gegenüberliegenden
Berghang stehenden Kreuz reichte, füllte das Tal aus bis hinauf nach
Burbach. Auf dem mit X bezeichneten Weg geht es in östlicher Richtung
weiter. Links hat man einen schönen Blick auf die Ortschaften des
unteren Freien Grundes bis nach Salchendorf.

Nach Überqueren der zur ehemaligen Müllhalde führenden asphaltierten
Straße gelangt man auf sanft ansteigendem Weg, auf dessen rechter
Seite eine uralte Grubenpinge zu sehen ist, zur ehemaligen **Grube
„Alte Malscheid"**, bekannt unter dem Namen „Blaue Halde". Die bläu-
liche Färbung des Gesteins ist auf das hier vorkommende kobalt- und
malachithaltige Erz zurückzuführen. In dem rechts, in süd-westlicher
Richtung liegenden Sottersbachtal, das auf dem Rückweg dieser Wander-
strecke durchschritten wird, erkennt man die Maschinenhallen der ehe-
maligen Gruben „San Fernando" und „Friedrich Wilhelm", welche im
Jahre 1964 stillgelegt worden sind.

Von der Blauen Halde aus steil bergauf, am Rande des Fichtenwaldes
entlang, gelangt man nach 300 m an den ehemaligen **Basaltbruch Malscheid.** Das Betreten des Kraters ist wegen drohenden Steinschlags
verboten, aber von den aufgeschütteten Wällen aus hat man einen guten
Einblick auf die gewaltigen Felswände und den großen Kratersee. In
südlicher Richtung kommt man nach 300 m wieder auf den Europäischen
Fernwanderweg. Nach Süden hin erkennt man Dorf und Schloß Friedewald, ganz links den Stegskopf und rechts den Doppelort Weitefeld-
Oberdreisbach. Genau in der Mitte sieht man am Horizont den großen
Sendeturm bei Bad Marienberg.

Auf dem mit X bezeichneten Weg nach links gelangt man nach 500 m
zur **Hirtenwiese.** Eine Gaststätte mit Fremdenzimmern und eine große
Spielwiese laden zu längerem Verweilen ein. Weiter in südlicher Richtung, dem Zeichen X folgend, erreicht man nach 15 Minuten den **Hohenseelbachskopf.** Eine Gaststätte, sowie Park- und Spielplätze, bieten auch
hier Gelegenheit zur Rast. Die Basaltkuppe ist seit 1890 restlos abgetragen worden. Der Krater ist wegen der darin wieder heimisch gewordenen seltenen Pflanzen besichtigungswert. Auf der Westseite führt von
dem Parkplatz aus ein fester Weg hinab in das Sottersbachtal.

Nach etwa 500 m auf dem zweiten Weg, der rechts in den Fichtenwald
führt, kommt man nach weiteren 200 m an die **„Waldschmiede".** Reste
von Verhüttungsanlagen aus vor- und frühgeschichtlicher Zeit sind hier
ausgegraben und rekonstruiert worden. Im Spätsommer ist das ganze
Gelände dicht mit Rotem Fingerhut bewachsen. Durch den Seifen abwärts erreicht man im Tal die Brecheranlage des ehemaligen Basaltbruchs Malscheid. Auf der rechts am Berghang weiter talwärts verlaufenden ehemaligen Grubenbahn wird das Betriebsgelände der ehemaligen
Gruben „San Fernando" und „Friedrich Wilhelm" durchschritten. Die
nicht mehr nutzbaren Hochbauten wurden noch kurz vor Stillegung der
Gruben errichtet. Auf der linken Seite ist in den ehemaligen Verwaltungsgebäuden und Werkshallen der Gruben ein neuer Industriebetrieb ansässig geworden. Weiter die alte Grubenbahn abwärts, gelangt man
nach etwa 20 Minuten an den Ausgangspunkt zurück.

Kreuz - Hinterberg - Stahlertskopf (8 km)

Durch die Burgstraße, dem mit X bezeichneten Weg folgend, kommt
man nach 15 Minuten zum **Missionskreuz.** Hier bietet sich ein malerischer Blick auf Alt-Herdorf. An der Mündung des Sottersbachs in die
Heller liegt der **Ortsteil Königsmauer** (ursprünglich „Königsmauth"). In
karolingischer Zeit soll sich hier, an der Grenze zwischen Franken und
Sachsen, eine königliche Zollstelle befunden haben.

Der Weg führt westlich weiter bis an den Fichtenwald und geht dann
rechts auf dem mit X markierten Pfad über den Bergrücken bis in das
Hinterbergtal. In der Wegbabiegung geht es auf dem rechts ansteigenden
Weg weiter. Nach etwa 200 m erkennt man an der rötlichen Boden-
färbung den auslaufenden Erzgang der Grube „Bollnbach". Rechts der
eingefallene Stollen der Grube „Habakuk". Nach links ein schöner Blick

in die **Talschlucht „Wolfskehle".** Dort befinden sich einige verlassene Grubenstollen, sowie Reste vor- und frühgeschichtlicher Verhüttungsstellen. Weiter an alten Grubenstollen vorbei erreicht man nach 15 Minuten den Dermbacher Sportplatz. An der Südseite des Platzes führt ein Weg in östlicher Richtung zur Sandhalde. Auf der linken Seite des Weges liegt im Tal der nach Herdorf eingemeindete Ort **Dermbach.** Die mächtige Sandhalde, mit deren Abtragung vor einigen Jahren begonnen wurde, ist in der Zeit von 1910 bis 1964 durch eine Seilbahn von der Herdorfer Friedrichshütte aus aufgeschüttet worden. Auf der Westseite der Sandhalde geht es weiter in südlicher Richtung in den Talkessel **Bollnbach,** in dem bis 1924 die gleichnamige Grube, eine der größten und bedeutendsten im ganzen Siegerland, in Betrieb war. In der großen Innenkurve des Weges zweigt ein Pfad links in das Tal ab. Überall sind noch die Spuren jahrhundertelanger Bergmannstätigkeit erkennbar. Am Sportplatz der Sportfreunde Herdorf vorbei gelangt man durch die Burgstraße wieder in die Ortsmitte.

Die Hellertalstraße erreicht 4 km weiter unterhalb Sassenroth
Grünebach (215 m; 540 E., VG Betzdorf)
Eine ruhig gelegene alte Ortschaft, heute ohne größere Industriebetriebe.

🛏 ✕ 3 Gaststätten mit Fremdenbetten und Mittagstisch.
🚌 Schienenbushaltestelle der Strecke Betzdorf - Gießen.
🚶 Durch das Hohlgrünebachtal führen schöne Wanderwege zum Druidenstein und zum Windhahn.

Das Daadetal mündet ein und die Bahnstrecken Betzdorf - Gießen und Betzdorf - Daaden vereinigen sich. Nach einem Talknick kommen wir nach

Das „Hüttenschulzenhaus" in Alsdorf

Alsdorf (200 m; 1830 E., VG Betzdorf)

🏛 Malerische alte Fachwerkhäuser (z. B. das „Hüttenschulzenhaus"),
z. T. mit Laubenvorbau. Die „Burg" oberhalb der Kirche gilt als vorgeschichtliche Wall- und Fliehburg.
Lit.: 700 Jahre Alsdorf im Wandel der Zeiten, Alsdorf 1978

✕ Am nördlichen Berghang befand sich die alte Grünebacher Hütte,
welche 1962 stillgelegt wurde. Heute werden dort Betonrohre angefertigt.
🚌 ✕ Gaststätten mit Mittagstisch.

🚍 Ab Betzdorf oder ab Schienenbushaltestelle am Ortsausgang bei
der ehemaligen Grünebacher Hütte.

🚏 nach Betzdorf, Herdorf und Daaden

🚶 Durch Alsdorf führen der Sieg- und der Hellerhöhenweg. Zum
Naturdenkmal „Königsbuchen" nördlich im Staatsforst Kirchen.
Durchs Imhauser Tal nach Herkersdorf und zum Druidenstein.

ZWISCHEN SIEG UND HELLER: DER WINDHAHN

Bearbeiter: Otto Kipping und   *Übersichtskarte Seite 723*
                 Hermann-Josef Hucke

Das Bergland zwischen Sieg und Heller ist, von einzelnen kleinen
Siedlungsrodungen abgesehen, vollkommen bewaldet. Die höch-
ste Erhebung, der 517 m hohe Windhahn zwischen Offhausen und
Dermbach, verlieh ihm den Namen.

Im Imhäuser Tal liegt, von Kirchen über den Bergsattel des Kahl-
berges (Ottoturm) erreichbar

Kirchen-**Herkersdorf** (320 m; 750 E.)

◨ Der Name des Ortes wird auf eine germanische Priesterin mit
Namen Herke oder Herka zurückgeführt, welche am nahen Druidenstein
gehaust haben soll.
🏛 In den Jahren 1924 - 1926 wurde von Herkersdorf aus bis hinauf zum
Druidenstein eine Kreuzweganlage errichtet. Die einzelnen Stationen
sind mit zum Teil wertvollen Erzstufen ausgeschmückt worden. Sehenswert ist die 1960 fertiggestellte **Heilig-Geist-Kirche** (Entwurf: Prof. Dr.-Ing.
Weyres, Köln), die mit dem Erlös der Freilichtspiele am Druidenstein
finanziert werden konnte.

Kirchen-**Offhausen** (350 m; 325 E.)

ist mit Herkersdorf baulich zusammengewachsen. Uraltes, früher
sehr wohlhabendes Bergmannsdorf. Die Bewohner sind wegen
ihrer derben und humorvollen Art weitbekannt. Pflege alter Sitten
und Bräuche.

🚌 ✕ In beiden Orten Hotels, Gasthäuser und Fremdenheime.
🚏 ab Herkersdorf bzw. Offhausen

🚶 Von Herkersdorf führt ein Wanderweg talabwärts an Fischweihern
und einem Minigolfplatz vorbei nach Alsdorf und Betzdorf (3 km).
Der Herkersdorfer Kreuzweg, gleichzeitig der Europäische Fernwanderweg
Nordsee - Mittelmeer, führt hoch zum **Druidenstein** (431 m; ND) der als
nördlichster Ausläufer der basaltischen Erhebungen des Westerwaldes
gilt. Von der ehemals mächtigen Kuppe ist heute nur noch ein Drittel
erhalten. Bereits während des 30jährigen Krieges ist ein Teil der Kuppe
abgetragen worden, nachdem festgestellt worden war, daß der weithin
sichtbare Berg als Orientierungspunkt für feindliche Kriegsheere galt.
Der Sage nach soll der Druidenstein, dessen Namen auf die keltische
Priesterkaste der Druiden zurückgeführt wird, bis um 800 eine heidnische Opferstätte gewesen sein. Um 1920 sollte der Druidenstein abgebrochen werden, er wurde aber noch rechtzeitig unter Schutz gestellt.
Nach 1948 fanden vor der Kulisse des Druidensteins mehrere Jahre
lang in der Sommerzeit Freilichtspiele statt.

Der Druidenstein bei K.-Offhausen zwischen Sieg und Heller

Auf dem Scheitelpunkt der Straße Offhausen - Dermbach liegt der **Wanderparkplatz Windhahn.** Von hier aus können auf fünf verschiedenen, gut ausgezeichneten Wegen Wanderungen rund um den Windhahn unternommen werden. Alle Wege führen wieder zum Ausgangspunkt zurück.
Der **Nordsee-Mittelmeer-Weg** führt auf der linken Seite neben der Landstraße nach Dermbach und Herdorf durch den bewaldeten Südhang des Windhahn an zahlreichen Grubenstollen und Halden vorbei. Mineraliensammler können hier noch interessante Erzstücke finden.

In einem Seitental der Heller liegt an der Straße Kirchen - Neunkirchen - Struthütten der anerkannte Erholungsort
Herdorf-**Dermbach** (300-350 m; 850 E.)
◨ Dermbach, unweit der Grenze zu Nordrhein-Westfalen, ist ein altes, idyllisch gelegenes Bergmannsdorf, dessen Bewohner seit undenklichen Zeiten auf den Gruben des am Nordrand des Ortes vorbeistreichenden

„Hollerter Erzgangzug" beschäftigt waren. Im Ortsbereich führten sechs verschiedene, kilometerlange Stollen zu dem ehemals bedeutendsten Erzvorkommen des ganzen Siegerlandes. 1955 wurde Dermbach mit Herdorf zu einer Großgemeinde zusammengeschlossen.

🎿 Liftanlage der Skiabteilung Dernbach, Tel. (0 27 44) 53 97 und 12 64

🛏 ✕ 3 Gaststätten; 4 Pensionen

🚌 Kirchen - Herdorf

☎ Gemeindeverwaltung 5243 Herdorf, Rathaus, Hauptstraße 46, Tel. (0 27 44) 7 61 und 7 62

🚶 Zahlreiche Wandermöglichkeiten in das Waldgebiet des Windhahns. Von Dermbach aus, durch die Lampertstraße, gelangt man nach 15 Minuten zur ehemaligen **Grube Concordia.** Ursprünglich wurde das hier geförderte Erz auf einer Schmalspurbahn nach Herdorf befördert. Ab 1924 war die Grube unterirdisch mit der benachbarten Grube „Eisenzeche" verbunden. Das Verwaltungsgebäude diente lange Zeit als Müttererholungsheim der Rheinisch-Westfälischen Frauenhilfe. 1970 wurde das Gebäude von der Diözese Trier übernommen und als Jugend-Ferienheim eingerichtet. Talaufwärts gelangt man nach etwa 20 Minuten zur Kreuzeiche an der Grenze zwischen Rheinland-Pfalz und Westfalen. Von hier aus führt in östlicher Richtung über den Bergrücken ein schöner Waldweg bis zur Gaststätte „Schränke", an der Straße von Salchendorf nach Eiserfeld. Der Aussichtsturm an diesem Wege vermittelt einen herrlichen Rundblick über das ganze nördliche Siegerland und nach Süden hin auf den Hohen Westerwald.

Vom Dermbacher Sportplatz aus führt der Europäische Fernwanderweg Nr. 1 (Nordsee-Mittelmeer) in südlicher Richtung in halber Hanghöhe durch ein schönes Waldtal. An einigen Grubenhalden vorbei geht bei der Weggabelung ein Pfad über den Bergkamm links hoch; nach 5 Minuten wird das Missionskreuz erreicht, und von einigen Ruhebänken aus genießt man einen herrlichen Blick auf Herdorf und das mittlere Hellertal.

IM DAADETAL

Bearbeiter: Otto Kipping † und   *Übersichtskarte Seite 723*
           Hermann-Josef Hucke

Durch den direkten Einfluß des Erosionsbereiches des Daadenbachs, der zwischen dem Stegskopf und dem Höllenkopf entspringt, von links den Derscher Bach, den Friedewalder Bach und den Dreisbach aufnimmt und bei Alsdorf in die Heller mündet, ist die Randzone des nordwestlichen Hohen Westerwaldes mit dem Neunkhauser Plateau und den von Basaltkuppen durchstoßenen unterdevonischen Siegener Schichten südlich der Heller tief zertalt und gegen die angrenzenden Bergländer mit deutlicher Stufe abgehoben.

Nur dort, wo das Bachtal östlich von Daaden sich weitet, lassen die tiefgründigen Böden eine landwirtschaftliche Nutzung zu, dagegen werden die steilen Hänge bis zur Heller hin von flachgründigen Gesteinsböden eingenommen, die der Waldwirtschaft vorbehalten sind. Zur ältesten Besiedlungsschicht, wahrscheinlich vordeutscher Herkunft, gehören die Orte Daaden, Derschen und Mauden. An Reichsgut aus fränkischer Zeit erinnern die Flurnamen „Fränkbüsch" und „Königswäldchen" zwischen Derschen und Emmerzhausen. Wie bei Daaden, so ging auch die Gründung der übrigen Orte im Daadetal mit dem Eisenerzbergbau einher, der zwar seit 1965 völlig erloschen ist; jedoch tragen heute zahlreiche kleine Industriebetriebe oder Betriebe mit spezialisiertem Fertigungsprogramm wesentlich zur Stärkung der Wirtschaftskraft der Gemeinden bei.

Das sogenannte „Daadener Land" besteht aus den Gemeinden Daaden, Biersdorf, Niederdreisbach und Schutzbach, auch „Talgemeinden" genannt, sowie aus den Höhengemeinden Emmerzhausen, Mauden, Derschen, Friedewald, Nisterberg und Weitefeld. Der Daadebach entspringt am Stegskopf und mündet nach einem 15 km langen Lauf bei der ehemaligen Grünebacher Hütte in die Heller. Es ist nicht mehr feststellbar, ob das Flüßchen seinen Namen von dem Ort Daaden erhalten hat, oder ob es umgekehrt war.

Bis um 1750 befanden sich in dem Tal unterhalb Daaden mehrere Eisen- und Kupferhütten sowie einige Hammerwerke. Das in diesen Betrieben verarbeitete Erz wurde ausschließlich in den Bergwerken bei Biersdorf, Niederdreisbach und Schutzbach gewonnen. Die im Jahre 1964 stillgelegte Grube Füsseberg bei Biersdorf war die letzte in Betrieb befindliche Erzgrube im ganzen Siegerland. Sie hatte eine Tiefe von 1100 m erreicht. Im Jahre 1885 wurde von Betzdorf aus eine Eisenbahnlinie durch das Daadetal in Betrieb genommen, welche später über den Westerwald hinaus weitergeführt werden sollte. Bis zum heutigen Tage ist jedoch Daaden die Endstation geblieben. Trotz der bis um diese Zeit ungünstigen Verkehrslage sind schon Spuren menschlicher Ansiedlungen aus vorchristlicher Zeit im Daadener Land nachweisbar. Um 850 hatte das St. Cassius-Stift in Bonn Güter zu „Witafelda", dem heutigen Weitefeld, zu Lehen. Vermutlich gehörte das Daadener Land etwa bis um 1300 zu dem schon 1048 erwähnten Freien Grund. Bis um diese Zeit befand sich in Daaden auch ein eigenes Gericht. Nachdem jedoch die Grafen von Sayn etwa ab 1320 das Gebiet fast völlig in ihren Besitz gebracht hatten, wurden alle Verwaltungsstellen in dem neuerrichteten Schloß in Friedewald untergebracht. Ab 1817, unter preußischer Regierung, wurde Daaden Sitz der Bürgermeisterei (Amt) Daaden, zu der sämtliche Gemeinden des Daadener Landes und bis 1954 auch Herdorf gehören. Der Westerwaldführer beschreibt in diesem Kapitel außer den Orten des Daadetals nur die in den Quellmulden der Zuflußbäche gelegenen Orte Emmerzhausen, Mauden, Derschen und Friedewald, die übrigen Orte des Daadener Landes werden dagegen dem Kapitel über das Neunkhauser Plateau zugeordnet.

In der Quellmulde der Daade liegt am Nordrand des Truppenübungsplatzes am Stegskopf

Emmerzhausen (480 m; 750 E., VG Daaden)

🛏 ✗ Gaststätten mit Übernachtungsmöglichkeit und Mittagstisch;

✦ Bei günstigen Schneeverhältnissen gute Wintersportmöglichkeiten Westlich des Dorfes 40 m hohe Skisprungschanze, Lifte, Langlaufstrecken Auskunft: Werner Eitze, Borngasse, Emmerzhausen

🚌 Betzdorf - Daaden - Bad Marienberg

⚜ Das Naturdenkmal **„Trödelsteine"** liegt auf dem Gebirgskamm nordöstlich von Emmerzhausen: Säulen und ein Blockfeld aus Feldspatbasalt, die hier das Grundgebirge durchbrochen haben.

🏃 Trotz des militärischen Sperrgebietes am Stegskopf können nach verschiedenen Richtungen ausgedehnte Wanderungen unternommen werden. Besonders die verlassenen und teils mit Wasser gefüllten Quarzit- und Basaltbrüche in der Nähe des Ortes sind zu beliebten Wanderzielen geworden.

Reizende Waldwanderwege führen nach Mauden (2 km), Derschen (4 km), Daaden (5 km), auch in den „Freien Grund".

Über den Gebirgskamm zwischen Trödelsteinen und Hohenseelbachskopf führen der Europäische Fernwanderweg Nr. 1 (früher Nordsee-Bodensee-Weg), der Hellerhöhenweg und der Siegerland-Höhenring. Der Gebirgskamm bildet gleichzeitig die Landesgrenze zwischen Rheinland-Pfalz und Nordrhein-Westfalen.

✱

3 km westlich von Emmerzhausen liegt das kleine
Mauden (380 m; 80 E., VG Daaden)

🔲 Das reizend gelegene Dörfchen liegt eingebettet in einem von herrlichen Wäldern umgebenen Tal. Zahlreiche Wiesen und Felder mußten für das Übungsgelände am Stegskopf abgegeben werden. Die Gemeinde hat mehrmals am Bundeswettbewerb „Unser Dorf soll schöner werden" teilgenommen und 1963 eine Goldplakette als Landessieger errungen.

🍖 Grillplatz
🚌 Betzdorf - Daaden - Bad Marienberg

🏃 Waldwanderwege nach Daaden (4 km), Emmerzhausen (4 km), Friedewald (2 km), Derschen (1 km), Nisterberg (5 km), Hof/Ww. (5 km) und Burbach-Lippe (7 km).

✱

1 km westlich liegt
Derschen (400 m; 970 E., VG Daaden)

🔲 Um 1350 Sitz eines Adelsgeschlechtes. Ausgedehnte Wald-, Wiesen- und Ackerflächen sind in das militärische Sperrgebiet des Stegskopfes einbezogen worden.

🍴✕ 2 Gaststätten mit Mittagstisch und Fremdenbetten.
🍖 Wanderhütte, Grillplatz.
🚌 Postbuslinie Betzdorf - Daaden - Bad Marienberg.
🌿 Das Hochmoor „Derscher Geschwämm" liegt jetzt im Bereich des Truppenübungsplatzes Stegskopf und ist nur noch an übungsfreien Tagen mit besonderer Genehmigung der Truppenübungsplatz-Kommandantur zu besichtigen. Siehe auch Seite 106!

Oberhalb des Dorfes die „Schimmerichs Buche", eine ca. 300 Jahre alte Rotbuche (unter Naturschutz).

🏃 Waldwanderwege nach Daaden (4 km), Emmerzhausen (4 km), Friedewald (2 km), Mauden (1 km), Nisterberg (5 km), Hof/Ww. (5 km) und Burbach-Lippe (7 km).

✱

Am Rande der sich absenkenden Hochfläche des Hohen Westerwaldes liegt in der Quellmulde des Friedewalder Bachtals
Friedewald (420 m; 1100 E., VG Daaden)

🔲 Im Jahre 1324 verlieh Kaiser Ludwig der Baier dem Grafen Gottfried von Sayn für geleistete Waffenhilfe gegen seinen Nebenbuhler Friedrich den Schönen von Österreich dem „Flecken Friedewald" die gleichen Rechte, über die die Freie Reichsstadt Frankfurt verfügte. Vermutlich befand sich damals schon auf der Bergnase mitten im Ort eine befestigte Anlage, welche im Laufe der Zeit zu einer schönen Burg ausgebaut wurde. Die Verwaltungs- und Gerichtssitze wurden von Daaden nach Friedewald verlegt, von wo aus mehrere hundert Jahre lang ein saynischer Amtmann den ganzen Bereich das damaligen Kirchspiels Daaden verwaltete. Nach 1800 geriet das Schloß in Verfall. Im Jahre 1885 erwarb Graf Alexander von Hachenburg das Schloß seiner Vorfahren für

Renaissance-Schloß Friedewald

5 Reichstaler und ließ es wieder in bewohnbaren Zustand versetzen. Im Jahre 1912 ging das Besitztum an Prinz Otto zu Sayn-Wittgenstein-Berleburg über, der kurz vor dem ersten Weltkrieg noch weitere große Nebenbauten errichten ließ. Im Jahre 1954 ist es von der Evangelischen Sozialakademie angekauft worden. Sie ist die einzige Einrichtung dieser Art der Evangelischen Kirche in Deutschland.

🏛 Der **Schloßkomplex** bildet einen etwa rechteckigen Bering. Das Erdgeschoß des straßenseits gelegenen Ostflügels mit dem Zwiebelhaubenturm und der Südflügel stammen aus dem 16./17. Jh. Das Obergeschoß des Ostflügels und der Nordflügel mit seinem Fachwerk wurden 1913-14 errichtet.

Wer durch den Torbogen des Ostflügels den Innenhof betritt, blickt auf das Hauptschloß, dessen Renaissancefassade reich mit Pilastern, Gesimsen, Reliefs und Figurennischen gegliedert ist. Der große Mittelsaal im Innern kann nur bei besonderen Anlässen besichtigt werden.

Im Hof schöner alter Brunnen. Von der Terrasse aus Blick in Richtung Daaden. - Sehenswert die Grafengruft „Auf der Burg", Richtung Derschen.

✈ Wanderhütte, Grillplatz.

🛏 ✕ Gasthöfe und Pensionen mit Fremdenbetten und Mittagstisch.

🚌 nach Betzdorf und Bad Marienberg

🚶 Gepflegte Wald- und Rundwanderwege in einer Länge von etwa 12 km.

Durch das ziemlich gerade Tal des Friedewälder Baches erreichen wir nach 3 km den Verbandsgemeindesitz

Daaden (296 m; 3230 E., VG Daaden, Kreis AK)

Als Mittelpunkt des Daadener Landes streckt sich der hübsch gelegene Ort sternförmig in drei Täler aus. Straßenknotenpunkt.

✚ Im Jahre 1219 wird Daaden zum erstenmal urkundlich erwähnt. Ein „Gerardus sacerdos de Dadene" = Gerhard, Priester zu Daaden, hatte im Kloster Seligenstadt bei Seck gemeinsam mit dem Pfarrer von Burbach und einigen anderen Geistlichen eine Urkunde mitbesiegelt. Daaden war also um diese Zeit schon Kirchspielort. Die heute ev. Kirche in Daaden wurde in den Jahren 1722-24 an der Stelle der baufällig und sicherlich auch zu klein gewordenen alten Kirche neu errichtet. Lediglich der untere Teil des Turmes der alten Kirche wurde wieder in den Neubau einbezogen.

Daaden, Barockkirche mit Fachwerkhäusern

Vermutlich seit der Gründung des Kirchspiels war Daaden auch Gerichtsort. Ab 1324, nach Errichtung des Schlosses in Friedewald, wurden das
Gericht und die sonstigen Verwaltungen nach Friedewald verlegt. Als
nach dem 2. Weltkrieg zahlreiche katholische Familien aus dem Eger-
land und aus Schlesien in dem bisher rein evangelischen Daadener
Land ansässig geworden waren, erbaute man eine kath. Kirche.
⌂ Die **ev. Pfarrkirche** wurde 1722-24 von Julius Ludwig Rothweil neu
erbaut. Einschiffige, weiträumige Anlage in Kreuzform mit Emporen.
Den trotzigen Turm schmückt als Wahrzeichen der „Hahnengel", ein
eiserner Engel. - Das hübsche Fachwerk-Pfarrhaus wurde 1974 original-
getreu an der Stelle des 1715 errichteten Vorgängerbaues nachgebaut.
In der „Alten Post", dem ehemaligen Sitz des gräflich-saynischen Ober-
amtmanns von Schütz, haben Daadener Heimatfreunde ein kleines
Heimatmuseum eingerichtet.
Schöne alte Fachwerkhäuser, darunter Haus Schupp, meist 17./18. Jh.
Oberhalb des Ortes liegt an der Straßengabelung nach Derschen die
bekannte **Steinchesmühle**, mit ihrem Strohdach ein beliebtes Motiv für
Maler und Fotografen. Um 1610 bereits saynische Bannmühle für die
Bewohner von Derschen, Mauden und Emmerzhausen, seit 1960 in
Privatbesitz.
⚒ Bis um 1800 befanden sich im Ort eine Eisen- und eine Kupferhütte.
Danach war die männliche Bevölkerung des Ortes überwiegend auf den
Gruben in Herdorf und Biersdorf beschäftigt. Seit 1964/65, nach Still-
legung der Erzgruben, haben die ehemaligen Bergleute in neuerrichte-
ten Kleinbetrieben Beschäftigung gefunden.

Größere Betriebe sind der Apparatebau Biersdorf Walter Krämer GmbH, die Lagerbehälter für Öl und Benzin herstellt, das Stanz-, Zieh- und Preßwerk Baumgarten KG sowie die Federn- und Maschinenfabrik Muhr & Bender.

✚ Ärzte, Zahnärzte, Apotheke

☄ Hallenbad, Freibad, Kleingolfanlage, Tennisplätze, Grillplätze, Skihang „Im Steinchen", Liftanlage, Auskunft: (0 27 43) 25 26

⋈ ✕ 3 Hotels, Restaurants und Gaststätten, Imbißstube, Café; 10 Ferienwohnungen. Anerk. Fremdenverkehrsgemeinde

🚆 Endstation der Eisenbahnstrecke Betzdorf - Daaden.

🚌 nach Betzdorf, Herdorf und Bad Marienberg

☎ Fremdenverkehrsauskünfte für den gesamten Bereich des Daadener Landes erteilt die Verbandsgemeindeverwaltung, Postfach 40, 5244 Daaden, Tel. (0 27 43) 20 82 und 20 83

Wanderkarte im örtlichen Buchhandel.

Lit.: Langenbach, Wilhelm, Stadt Friedewald 1324 - 1974, Friedewald 1974

🌿 Auf dem Silberberg zwischen Daaden und Friedewald liegt die **Kräuterfarm Paracelsus,** die auf ehemaligen Haubergsgelände Heil- und Gewürzkräuter ohne Kunstdünger anbaut und zu Tees verarbeitet. Zwischen Friedewald und Derschen im Wald ein stillgelegter Steinbruch, der wegen bemerkenswerter Amphibienvorkommen einstweilig als NSG geschützt wurde.

🧗 Mit weißem Kreuz auf schwarzem Grund markiert ist ein Rundwanderweg, der über die Hüllbuche (Denkmal des Daadener Haubergvorstehers F. Wollenweber, genannt Hanneswelme) zum **Hohenseelbachskopf** hochführt (Ausflugsgaststätte Hirtenwiese), (9 km).

Verbandsgemeinde Daaden

mit den Ortsgemeinden Daaden, Derschen, Emmerzhausen, Friedewald, Mauden, Niederdreisbach, Nisterberg, Schutzbach und Weitefeld.

Verwaltungs- und gewerbliches Zentrum mit einem gut ausgestatteten Dienstleistungsbereich ist die Gemeinde Daaden.

Günstige Verkehrslage am Rande des Siegerlandes und des Westerwaldes.

Guter Standort für Gewerbe- und Industrieansiedlungen.

Reizvolles Ferien- und Erholungsgebiet in einer mit Naturschönheiten reich ausgestatteten Landschaft (Mittelgebirge).

Sehenswürdigkeiten, wie Schloß Friedewald (Evangelische Sozialakademie), mit seiner dem Heidelberger Schloß nachempfundenen Renaissance-Fassade (1580/82), 250jährige schmucke Barockkirche in Daaden.

Moderne Sport- und Freizeitanlagen: Hallenbad, Freibäder, Spiel- und Sportplätze, Kleingolf, Tennis, Freiluftschach.

Leistungsfähige Hotels, gepflegte Gaststätten u. Pensionen.

Auskünfte: Verbandsgemeindeverwaltung Daaden
Postfach 40

5244 Daaden 1
Telefon: 0 27 43 / 20 82 - 20 83

Mit dem weißen Punkt wandern wir zum Hahnenkopf südlich Daaden und über die Steinches-Mühle zurück (6 km).
Rundwanderwege vom Rastplatz „Hüllbuche".
Durch Daaden führt der Wanderweg 5 des Westerwald-Vereins von Herdorf nach Diez.

Mit Daaden baulich verwachsen liegt etwas daadeabwärts

Daaden-**Biersdorf** (280 m; 1650 E.)

✗ Quer durch den Ort verlief ein über 1000 m tiefer Eisenerzgangzug, welcher von den Gruben Füsseberg und Glaskopf ausgebeutet wurde. Im Jahre 1965 wurden die beiden Gruben, welche unterirdisch mit den Gruben im Sottersbachtal bei Herdorf verbunden waren, als letzte Erzgruben des ganzen Siegerlandes stillgelegt; über 500 Arbeitsplätze gingen über Nacht verloren. Von den ehemaligen umfangreichen Betriebsanlagen sind kaum noch Spuren vorhanden. Die durch Röstofengase fast völlig vernichtete Vegetation an den Berghängen beginnt sich langsam zu erholen.
🛏 ✗ 3 Gaststätten
🚌 Strecke Betzdorf - Daaden
🚌 nach Betzdorf und Siegen
🏃 auf die waldreichen Höhen des Daadetales.
Rundwanderwege ab Rastplatz „Werrbach".

Weiter talabwärts gelangt man sowohl über die Landesstraße 280 als auch auf einem Fußweg auf der linken Seite des Baches nach

Niederdreisbach (260 m; 980 E., VG Daaden)

Der eigentliche Ort liegt etwas abseits in einem linken Seitental der Daade, dem Dreisbachtal.

🗨 Der Ort wird wegen seiner Sauberkeit und vermutlich auch wegen der Redlichkeit seiner Bewohner „Das Paradies" genannt. Begünstigt durch seine schöne landschaftliche Lage und einen guten Bürgersinn hat Niederdreisbach mehrmals an dem Wettbewerb „Unser Dorf soll schöner werden" teilgenommen und dabei drei Medaillen im Bundeswettbewerb gewonnen (1961 = Bronze, 1965 und 1975 = Gold).
🏛 Alter Ortskern mit reizenden Fachwerkbauten.
✗ Am Eingang des Dreisbachtales befand sich eine Eisenhütte, welche nach rund 250jährigem Bestehen im Jahre 1965 stillgelegt wurde. Auf dem Betriebsgelände produziert nun das gleiche Unternehmen, die Niederdreisbacher Hütte GmbH, die Betonfertigteile, z. B. Zementrohre und Verbundsteine, herstellt.
🏊 Freibad südlich des Ortes im Dreisbachtal.
🛏 ✗ Gaststätte
🚌 nach Betzdorf und Daaden
🚌 nach Betzdorf und Bad Marienberg
🏃 Aus dem Südrand des Ortes führen schöne Wanderwege nach Weitefeld und durch die verlassenen Basaltbrüche nach Elkenroth.

Von der ehemaligen Niederdreisbacher Hütte aus weitere 2 km talabwärts führen die L 280 und ein schöner Wanderweg („Alter Weg") nach

Schutzbach (230 m; 340 E., VG Daaden)

🗨 Uraltes Bergmannsdorf. Am Südwesthang des Ortes waren ehemals mehrere Erzbergwerke in Betrieb und an der Daade befanden sich bis um 1800 eine Eisenhütte und ein Hammerwerk.
🛏 ✗ 2 Gaststätten mit Fremdenbetten und Mittagstisch.
🚌 nach Betzdorf und Daaden
🚌 nach Betzdorf und Bad Marienberg
🏃 Ein 12 km langer Rundwanderweg um Schutzbach führt ausschließlich durch Waldungen.
Waldreiche Wanderwege nach Niederdreisbach (3 km), Weitefeld (6 km), Elkenroth (5 km) und Alsdorf (3 km).

Unterhalb Schutzbach verengt sich das Daadetal und läßt gerade noch Eisenbahn und Straße Platz. Nach 3 km ist man in **Alsdorf** am Zusammenfluß von Daade und Heller.

DAS GEBHARDSHAINER LAND UND DIE ELBBACHHÖHEN

Bearbeiter: Prof. Dr. Konrad Fuchs, *Übersichtskarte*
Benedikt Märzhäuser, Franz Solbach *Seite 734*
und Hermann-Josef Hucke

Zwischen dem Nisterbergland mit der Kroppacher Schweiz und dem Siegtal bei Betzdorf liegt beiderseits des zunächst nach Norden fließenden Elbbachs das Gebhardshainer Land.
Auf der Westseite des Tals liegt der Hauptort Gebhardshain, Sitz einer Verbandsgemeinde mit fast 10 000 Einwohnern.
Das Gebhardshainer Land lebte einst von der Landwirtschaft und dem Bergbau. Letzterer ist, von der Steinindustrie abgesehen, eingestellt. Kleinindustrie und Fremdenverkehr sind an seine Stelle getreten. Viele Berufstätige pendeln auch noch täglich in die nahen Ballungsräume um Betzdorf, Wissen und Siegen.
Zu den Besonderheiten der Region gehört der Haubergswald bzw. die hiermit zusammenhängende frühere Haubergswirtschaft, d. h. eine Wechselwirtschaft zwischen Niederwaldpflanzung und Ackerbau auf ertragsarmen Böden (16-20jährige Holzwirtschaft, 2-4 Jahre Anbau von Hafer, Roggen, Kartoffeln oder Nutzung als Weideland). Haubergswirtschaft, sie lebte im und nach dem 2. Weltkrieg nochmals auf, wurde im „Gebhardshainer Ländchen" deshalb betrieben, weil man den Niederwald vor allem für die Versorgung der Erzhütten, die das auf zahlreichen Gruben ge-förderte Eisenerz verarbeiteten, für Holzkohle benötigte. Die Baumrinde der Eichenstämme fand bei der im benachbarten Siegerland verbreiteten Lohgerberei vor allem Verwendung. Dort-hin wurden auch die Felle der Rinder geliefert. Rindviehherden waren im „Gebhardshainer Ländchen", wie im gesamten Wester-wald, zahlreich, denn große Teile der Böden konnten, weil zu feucht oder zu unergiebig, nur als Weideland verwendet werden.
Auch die schon auf dem Hohen Westerwald liegenden Orte Elken-roth und Nauroth gehören zum Gebhardshainer Land. Sie sind im Kapitel über die Neunkhäuser Platte beschrieben.

✳

Wer von Hachenburg in Richtung Betzdorf/Sieg fährt, erreicht oberhalb des zur Kroppacher Schweiz gehörenden Luckenbach
Rosenheim (410 m; 700 E., VG Gebhardshain)
◪ Der Ort hieß bis 1961 Kotzenroth, hat sich dann aber wegen des etwas anrüchigen Namens in Rosenheim umbenennen lassen.
🏛 Neugotische **Kath. Pfarrkirche St. Jakobus** aus einheimischem Basalt.
✘ Bis zur Jahrhundertwende fanden in der Grube „Hochacht" am nörd-lichen Ortsrand noch 100 Bergleute Arbeit.
Tief- und Straßenbaufirma mit 120 Beschäftigten.
⇥ ✕ 3 Gasthöfe und 2 Pensionen mit 15 Betten; Massageinstitut mit Kur- und Saunabad.

Rosenheim, Pfarrkirche und altes Backhaus

2 km westlich das hochgelegene

Malberg (370-410 m; 830 E., VG Gebhardshain)

✪ Die früher selbständigen Gemeinden Steineberg und Hommelsberg wurden 1969 zur neuen Gemeinde Malberg zusammengefaßt.

🏛 Im Ortsteil Malberg-Hommelsberg moderne **kath. Heiligkreuzkirche.**

⚔ In Hommelsberg ist noch die Halde der früheren Grube Krämer erkennbar, die bis 1903 120 Bergleute beschäftigte, dann aber wegen Wassereinbrüchen aufgegeben werden mußte.

☉ Die Bergmannstradition wird bis auf den heutigen Tag von der „Bindweider Bergkapelle" aufrechterhalten. Im Laufe ihrer mehr als hundertjährigen Geschichte hat sie in ihrer schönen Knappentracht alle Krisen gut überstanden. Als sie durch die Stillegung der Grube Bindweide ihren wirtschaftlichen Rückhalt verloren hatten, gaben die Musiker nicht auf, weil ihre Liebe zur Musik, zur Heimat und zum Brauchtum größer war als die Not, welche durch den Verlust ihrer Broterwerbsstelle entstanden war. Heute zählt die Bergkapelle 25 Aktive und 30 jugendliche Nachwuchsmusiker.

🛏 ✕ 4 Gasthöfe und 2 Pensionen mit 14 Betten.

🚌 Postbus nach Betzdorf und Hachenburg.

✱ Sowohl von Hommelsberg und erst recht von Steineberg aus hat man in südwestlicher Richtung eine wunderschöne Aussicht in den Hachenburger Raum. Kurz vor dem **„Schwedengraben"**, dessen Name von einem Gefecht der Schweden mit kurtrierischen Söldnern herrührt, kann man in westlicher Richtung sogar das Siebengebirge sehen.

Die L 288 führt vom „Schwedengraben" aus, wo auch die Straße nach Altenkirchen abzweigt, am Forsthaus Steinebach vorbei durch Mischwald und dann durch die „Königstannen" nach

Gebhardshain (390 m; 1720 E., VG Gebhardshain, Kreis AK) Anerkannter Fremdenverkehrsort, Sitz der gleichnamigen Verbandsgemeinde, Grund- und Hauptschule.

◘ Die bisher älteste auffindbare, urkundliche Erwähnung von Gebhardshain stammt aus dem Jahre 1220, obwohl mit Sicherheit angenommen werden kann, daß die hiesige Gegend schon viel früher besiedelt war. Diese Siedler haben sich wahrscheinlich an den Bächen seßhaft gemacht. So wurde z. B. in einer Urkunde das heutige Weiselstein (früher Wizzestein), zur Gemeinde Elben gehörend, um 920 genannt. Der Name Gebhardshain kommt von der adeligen Familie der **Ritter von Geverzhagen** (Gebhardshain), deren Stammburg im 13. Jh. in der Görsbach (Gebhardsbach) zwischen Gebhardshain und Fensdorf gelegen hat und die wahrscheinlich im 30jährigen Krieg zerstört worden ist. Der Görsbach fließt bei Selbach in den gleichnamigen Bach, der kurz vor Schönstein in den Elbbach einmündet. Eine weitere Linie dieses Rittergeschlechtes wohnte in der Burg auf dem „Junkerplatz" zwischen Rosenheim und Luckenbach und führte den Namen von Gevertzhagen-Kotzenrode. Die dritte Burg, genannt die Hildburg, stand zwischen dem „Sommer- und Winterberg" im Elbbachtal zwischen Elkenroth und Dickendorf, und die Bewohner waren die Ritter von Geverzhagen-Luitgenrode. Alle drei Ritter-Linien unterstützten tatkräftig ihre Gemeinden beim Bau der Kirchen in Gebhardshain im Jahre 1225, in Elkenroth um 1501 und in Rosenheim (Kotzenroth) 1469. Die Ritter von Gevertzhagen verzogen z. T. im 17. Jh. nach Attenbach bei Eitorf/Sieg und nach Sachsen. Die letzte Überlebende der Linie von Geverzhagen-Luitgenrode, die Freiin Olga, besuchte Gebhardshain Ende des vergangenen Jahrhunderts. Sie war Oberin des Clementinenhauses in Bonn. Durch ihre Vermittlung stiftete Kaiser Wilhelm II. der evangelischen Kirche in Gebhardshain neue Glocken.

Die **Pfarrei** hatte nach der Reformation die verschiedenartigsten Schicksale, weil die Landesherren damals nach dem Motto handelten „Cuius regio, eius religio", so daß der jeweilige Landesherr die Religion seiner Untertanen bestimmen konnte. Ein langwieriger Prozeß vor dem Reichskammergericht von 1623 - 1655 zwischen den Grafen von Sayn-Wittgenstein und dem Erzbischof von Trier, Philipp Christoph von Söteren, wurde dahingehend entschieden, daß die Burg Freusburg mit den Kirchspielen Kirchen, Gebhardshain und Fischbach dem Erzbistum Trier zugesprochen wurde. Dieses Gebiet umfaßt die heutige Trierische Insel und wird im Norden von der Diözese Paderborn (Siegen), im Westen von der Erzdiözese Köln (Wissen, Altenkirchen) und im Süden von der Diözese Limburg (Hachenburg, Kirburg) eingerahmt.

🏛 Das Wahrzeichen von Gebhardshain ist die weithin sichtbare im byzantinischen Basilikastil dreischiffig in den Jahren 1860 - 1863 neu erbaute **kath. Pfarrkirche St. Maria Magdalena.** Von der im 13. Jh. erbauten ursprünglichen Kirche ist nur noch der Turm bis in Höhe der Traufe des heutigen Mittelschiffes erhalten. Der ursprüngliche Kirchbau geht auf eine Stiftung der damaligen Ritter von Gevertzhagen (Gebhardshain) zurück, deren Wappen noch am Kirchturm zu sehen ist. Der jetzige Turm hat eine Höhe von ca. 40 m. Bis zur Erstellung der heutigen Kirche diente die alte Pfarrkirche beiden Konfessionen der damals noch die ganze heutige Verbandsgemeinde umfassenden Pfarrei Gebhardshain als Simultankirche. Fast gleichzeitig mit dem Neubau der kath. Kirche erbauten auch die ev. Christen eine neue Kirche in neugotischem Stil und ein eigenes Pfarrhaus. Damit nahmen die bisherigen Querelen zwischen den beiden Konfessionen ein Ende.

Fachwerkhaus Schuster, früher Posthalterei

Das im Jahre 1702 erbaute und bis jetzt im Urzustand erhaltene **Fachwerkhaus Schuster** war im Laufe der Zeit Posthalterei, Gastwirtschaft, Fremdenpension und wird noch von der Familie Schuster bewohnt. Die Inneneinrichtung gleicht einem Museum.

✗ Industriegebiet am südlichen Ortseingang. Mehrere holzverarbeitende Betriebe mit 60 Beschäftigten. - Ein Betrieb stellt mit 45 Mann gedruckte Schaltungen her. Ein Betrieb der Eisen- und Stahlveredlung mit 40 Beschäftigten.

⊙ Erwähnenswert ist die am ersten Sonntag im August stattfindende Kirmes, die seit einigen Jahren mit dem Schützenfest der St.-Sebastian-Schützenbruderschaft zusammen gefeiert wird.
Ein weiterer festlicher Höhepunkt sind die Karnevalsveranstaltungen mit weithin bekannten Kappensitzungen.

✛ 4 Ärzte, 1 Zahnarzt, Apotheke

🛏 ✗ 2 Hotels, 2 Gasthöfe, mehrere Fremdenpensionen; 70 Fremdenbetten; 2 Altersheime mit jeweils 70 Plätzen.

🚌 Post-, Bahn- und Privatbusse in Richtung Altenkirchen, Hachenburg, Betzdorf und Wissen.

☎ Verbandsgemeinde Gebhardshain, Rathaus, 5241 Gebhardshain, Tel. (0 27 47) 21 11. Örtliche Wanderkarte vorhanden.

🧍 Vom höchsten Punkt Gebhardshains (405 m), der Liebergstraße, gelangt man nach etwa 1 km an die „Zehn Tannen". Von hier führt ein Weg abwärts in nordöstlicher Richtung auf die Gehöfte Oberhombach zu. Das vor 40 Jahren von den Männern des damaligen Reichsarbeitsdienstlagers Gebhardshain gerodete Haubergsgelände zieht sich bei rund 17 % Gefälle zu einem Quellgebiet hin, das in einer idyllischen Talsenke seinen Ursprung hat. Kenner schätzen dieses Tal sowie den Anstieg als eine der schönsten Partien des gesamten Ländchens, läßt man die Anhöhe „Auf dem Köppchen" (mit Kuppelkreuz), die aus dem Elbbachtal aufsteigt, einmal unberücksichtigt.
Das etwa 40 Hektar große Gelände „Spielstück" (über 450 m hoch) diente vor dem Frankreichfeldzug (1940) den im Raum Gebhardshain einquartierten Pioniereinheiten als Übungsplatz. Daher rühren die noch heute gut erkennbaren Erdversenkungen und Reste von Betonbunkern, die Übungszwecken dienten.

Wanderwege ab Wanderparkplatz am südlichen Ortseingang:

1. **Dickendorf**
   (Molzhain-Steineroth) über Steinebach, Weißer Gaul, Dickendorf, Badeanstalt, zurück nach Gebhardshain über Biesenstück, Bindeweide, Steinebach (Mkg.: weißes Quadrat; 11 km).

2. Über Wiesengrundstraße ins **Steimelbachtal** - Weißer Gaul nach Dik-
   kendorf, Kausen, Käuser Steimel zurück durchs Elbbachtal, in Dickendorf Einmündung in Weg 1 (16 km).

3. **Dauersberger Mühle - Elben:**
   Über den Katzenbüsch, Dauersberger Mühle; zurück über Elben, Gebhardshain (Mkg.: grünes Quadrat; 8 km).

4. **Fensdorf:**
   Über Neubrendebach, Birnbaum, Fensdorf, Selbachtal, Spielstück,
   Gebhardshain (Mkg.: blaues Rechteck; 11 km).

5. **Kloster Marienstatt**
   Durch die „Hohen Eichen", „Am Weidenstein", Limbach, Marienstatt.
   Zurück über Kempfs Mühle, Hommelsberg, Gebhardshain (Mkg.:
   weißes Dreieck; 16 km).

6. **Kroppacher Schweiz:**
   Über Spielstück, Fahrenschlade, Ober- und Niedermörsbach, Winters-
   hof, Große Nister, Kroppacher Schweiz.
   Zurück über Nieder- und Obermörsbach, „Am Weidenstein", „Hohen
   Eichen", Gebhardshain (Mkg.: blaues Quadrat; 14 km).

7. **Altenbrendebach:**
   Über den Sonnenhof, Steimelberg, Altenbrendebach; zurück über
   Birnbaum, Fensdorfer Weg, Gebhardshain (Mkg.: weißes Rechteck;
   9 km).

8. **Mittelhof:**
   Über den Katzenbüsch, Dorn, Mittelhof.
   Zurück über Dorn, den Hümmerich, Gebhardshain oder Nieder- und
   Oberhombach (Mkg.: grünes Dreieck; 11 km).

Die einzelnen Wege können auch beliebig verkürzt oder verlängert
werden, da sie ineinandergreifen und sich öfters berühren. Darüber
hinaus ist eine Orientierung auch ohne Markierung leicht möglich.
Besonders hinzuweisen wäre noch auf die Parallelwege an der L 288
vorbei, in den „Königstannen" und in den „Hohen Eichen", wie auch
zu den „Zehn Tannen".

✳

2,5 km westlich von Gebhardshain liegt auf einer Hochfläche
zwischen zwei Tälern

Fensdorf (320 m; 420 E., VG Gebhardshain)

✗ Firma Bockmühl, Telegrafen-Zubehörteile; 25 Beschäftigte.
🏨 ✗ Gasthof, Ferien auf dem Bauernhof mit Ponyreiten;
Schullandheim der Stadt Wuppertal.

✳

Kehren wir zurück ins Quellgebiet des Steinebachs. Dort liegt

Steinebach (350 m; 1360 E., VG Gebhardshain)

🏛 In der früheren Schmiede der Grube Bindeweide wurde die kath.
St.-Barbara-Kapelle eingeweiht.
✗ Südwestlich über Steinebach am Nordrand des Steinebacher Waldes
die ehemalige **Grube Bindweide.** Anfang 1849 ließ die Gewerkschaft
Stein aus Kirchen die dort schon vorher betriebenen, jedoch zeitweise
stillgelegten Gruben „Herkules" und „Königszug" wieder befahrbar
machen und weiter betreiben.
Später fand man in den alten Gruben uraltes Werkzeug aus Eichenholz,
z. B. Schaufeln, sowie ein Gezähestück, das sowohl als Keilhau wie als
Treibfäustel diente. (Heute im Bergbaumuseum in Siegen). An einzelnen
Stellen erreichte der alte Betrieb eine Tiefe von 30 m. Wenn auch laut

Steinebacher Schulchronik der Stollenbau schon im Jahre 1810 begonnen wurde, so nahm doch erst im Jahre 1863 die Gewerkschaft Stein, Kirchen, die Anlagen größerer Gruben in Angriff. 1872 ereignete sich in der „Herkulessohle" ein Stolleneinsturz, der, vom Wasser verursacht, 7 Bergleuten und bei den Rettungsarbeiten weiteren 3 Bergleuten das Leben kostete. Nach diesem Unglück verkaufte die Fa. Stein die Grube an die Fa. Krupp in Essen, welche die Ausbeutung mit größerer Energie betrieb. Ein Obersteiger mit 10-15 Steigern leitete die Arbeit der ca. 400-500 Bergleute. Durchschnittlich wurden 10 000 - 12 000 Zentner Eisenstein geladen und per Achse nach Betzdorf gefahren, dort entweder auf dem Hüttenplatz gelagert oder direkt auf die Eisenbahn verladen. Im Jahre 1882 baute die Fa. Krupp von Steinebach bis Scheuerfeld eine schmalspurige Grubeneisenbahn. 1889 förderten 900 Bergleute 1 167 742 t Eisenerz, ein Fünftel des im ganzen Kreis Altenkirchen gewonnenen Eisenerzes. Gleichzeitig wurde ein zweiter Schacht bis zu einer Tiefe von 550 m getrieben. Die Erze enthielten 70 % Spat- und 30 % Glanz- und Brauneisenstein. Die Belegschaft sank 1914 wieder auf 513 Mann und 1924 sogar auf 317 Mann, die bis zur Stillegung 1932 beschäftigt blieben. Seit 1913 wurde der Eisenstein (statt mit der bisherigen Schmalspurbahn) von der normalspurigen Kreisbahn mit Anschluß an die Staatsbahn in Scheuerfeld befördert.
Doch 1932 wurde die Grube stillgelegt.
Außergewöhnlich starke Wasserzuflüsse waren einer der Hauptgründe; so mußte z. B. das 60fache der Eisenförderung herausgepumpt werden. Weiterhin spielten die langen Förderwege, die monatlich 38 000 km Leerlaufkosten ausmachten, eine große Rolle. Mehrere Menschenalter war die Grube „Bindweide" für die hiesige Bevölkerung Lebensinhalt und beste Einnahmequelle gewesen. Wenn auch ein Teil der Bergleute auf anderen Gruben des nahen Siegerlandes in seinen Beruf weiterarbeiten konnte, so brachte die gerade in dieser Zeit eingetretene Weltwirtschaftskrise in manche Familien eine mehr oder minder große Not, und man war wieder, wie in früheren Jahrzehnten, auf die karge Landwirtschaft angewiesen. Vor einigen Jahren sind nun auch die eigentlichen Wahrzeichen, die beiden Schornsteine und der Förderturm, verschwunden, was von alten, noch lebenden Bergleuten mit einer gewissen Wehmut aufgenommen wurde, waren sie doch mit ihrer Grube seit der Kindheit eng verbunden. Heute haben einige Klein- und Mittelbetriebe die noch stehenden Gebäude genutzt, wie auch 5 Familien in den Steiger- bzw. Verwaltungsgebäuden wohnen.
In Bindweide befinden sich außerdem Betriebsleitung, Werkstätten, Omnibushallen und Lokschuppen der 1913 vom Kreis Altenkirchen erbauten **Westerwaldbahn**, die jedoch vor einigen Jahren den Personenverkehr auf der Schiene einstellte und 14 eigene und 17 angemietete Busse stattdessen einsetzte. Der Güterverkehr zwischen Weitefeld und Scheuerfeld läuft auf der Schiene weiter.
🛏 ✕ 3 Gasthöfe, Café, Pension mit 27 Betten. Anerk. Fremdenverkehrsort.

An der ehemaligen Grube Bindweide und der Siedlung Biesenstück vorbei führt die Straße auf der Sommerseite des oberen Elbbachtals nach

Dickendorf (340 m; 300 E., VG Gebhardshain)
➷ Freibad
🛏 ✕ Gasthof und 5 Pensionen mit 27 Betten.
🌳 Am Ortsrand ersetzt die unter Schutz gestellte „Glockenbuche" den Kirchturm.
🚶 Wanderungen ab Wanderparkplatz am Schwimmbad:
1. Elbbachtal - Elkenroth (Wanderparkplatz) - Dickendorf (2 Std.; 8 km);
2. Weißer Gaul - Dickendorfer Mühle - Dickendorf (2 Std.; 5 km).
Weiterer Wanderparkplatz unweit der Hildburg an der Straße nach Elkenroth.

Oberhalb im Westhang eines Seitentals
Kausen (390 m; 700 E., VG Gebhardshain)

🏛 **Kath. Kirche** von 1936. Der eigenwillige Kirchturm ähnelt dem Turm eines Förderschachts.

✕ Der **„Käuser Steimel"**, der älteste Basaltbruch des Gebhardshainer Landes, wurde im Jahre 1894 erschlossen. Zeitweise waren hier mehr als 200 Arbeiter beschäftigt.

🚶 Nordöstlich von Kausen beginnt das große Waldgebiet zwischen Westerwaldhöhe und Siegtal mit schönen Wandermöglichkeiten.

An Molzhain vorbei führt uns die Landstraße nach
Steineroth (400 m; 620 E., VG Gebhardshain)

✕ Über das Umspannwerk siehe unter Betzdorf-Dauersberg!
REWE-Auslieferungslager mit 70 Beschäftigten.
✳ Vom Steinerother Kopf (480 m; 1 km entfernt) herrliche Fernsicht bis zum Siegerland und zum Siebengebirge.

In Richtung Gebhardshain im Elbbachtal das kleine
Elben (260 m; 320 E., VG Gebhardshain)

✕ Holzverarbeitungsfirma mit 20 Beschäftigten.
🚶 Herrliche Wanderwege in östlicher, westlicher und südlicher Richtung in die Täler von Elbbach und Steinebach.

Der Elbbach fließt im Gebhardshainer Land nach Norden der Sieg entgegen, bis ihm (nur 400 m vor seinem Ziel) ein steiler Gebirgsriegel den Weg versperrt, wo er nach Westen abknickt und erst nach weiteren 7 km, etwa parallel der Sieg fließend, in Wissen-Schönstein in die Sieg mündet. Wir sind hier im „Kölschland" nach der Zugehörigkeit des Raumes zum Erzbistum Köln.

Der Rücken zwischen Elbbach und Sieg wird von den zahlreichen kleinen Streuhöfen der Gemeinde
Blickhauserhöhe (200-312 m; 650 E., VG Wissen)
eingenommen. Gemeindesitz und Kirchdorf ist der Ortsteil Mittelhof. Anerkannter Fremdenverkehrsgemeinde.

✒ Westlich von Mittelhof liegt auf der Höhe zwischen Elbbach und Sieg der **Wanderpark Teufelsbruch.**
🏕 ✕ Im Rodderwald zwischen Mittelhof und Niederhövels der hervorragend eingerichtete Campingplatz im Eichenwald der Hatzfeld-Wildenburschen Kammer mit Vogelschutzgebiet, kleinem Weiher und Gaststätte. Gasthof-Pension mit Mittagstisch (20 Betten);
Privatpensionen; desgleichen in Altenbrendebach/Elbbachtal.
☎ Verkehrsverein Wisserland e. V., 5248 Wissen, Tel. (0 27 42) 26 86
🏞 Landschaftlich sehr reizvolles Gebiet mit schönen Ausblicken und stillen, meistens befestigten Wanderwegen.
✳ Vom **Hümerich** südöstlich von Mittelhof; vom **Birmigshöfchen** über Altenbrendebach; vom **Stuhl** an der Straße Mittelhof - Schönstein.
🚶 **Markierte Wanderwege:**
   1. Mittelhof - Steckenstein - Grube Friedrich (Mkg.: zwei mit der Spitze gegeneinandergestellte Dreiecke; 2 km; 30 Min.);
2. Teufelsbruch - Kohlschade - Grube Friedrich - Eisengarten - Niederhövels - Rasselskaute - Niederkrombach - Neukarweg (Mkg.: stehende Raute; 8 km; 2 Std.);
3. Sieghöhenweg: Teufelsbruch - Mittelhof - Karseifen - Dohm - Bodenseifen - Alte Burg - Endepfuhl - Hausen - Weidacker - Hahnhof (Mkg.: stehendes Dreieck; 9 km; 2¼ Std.);

4. Grabig - Hümerich (399 m) - Auf dem Katzenbüsch (Mkg.: zwei auf-
   einanderstehende Rauten; 2 km; 30 Min.);
5. Altenbrendebach - Birmigshöfchen - Neubrendebach - Neuhöfchen -
   Selbach (Mkg.: Doppelpunkt; 5,5 km; 1,5 Std.);
6. Bodenseifen - Neuhöfchen (Mkg.: Winkelbalken; 1,5 km; 30 Min.);
7. Ehemalige Schule Blickhausen - Kleehahn - Siegenthal - Frankenthal
   (Siegbrücke), (Mkg.: zwei aneinandergestellte Dreiecke; 4,5 km;
   1$^1/_4$ Std.);
8. Mittelhof - Grabig - Dorn - Struth - Hümerich (399 m) - Altenbrendebach - Schönstein - Neukarweg - Oberkrombach - Schlädchen -
   Hüngesberg - Mittelhof (Mkg.: stehender Balken; 12 km; 3 Std.).

Zwischen dem unteren Elbbach mit dem Selbach und der unteren
Nister liegt auf einer von steilen Waldhängen eingefaßten Rumpf-
riedelhochfläche
Wissen-**Köttingerhöhe** (250-300 m; 650 E.)

⇔ ✕ Landhaus Westerwald des Familienferienwerks der Kolpingfamilie
Wissen; Ferienhäuser in Wissen-Brunken; Gasthof „Jägerheim" in
Endehöhe (9 Betten).

Markierte Wanderwege:
1. Endehöhe - Kirchseifen - Brunken (= Kammstraße);
2. Hahnhof im Nistertal - Nisterstein - Nisterberg - Rottscheid - Alte Burg
   (Mkg.: zwei spitze Dreiecke; 6,5 km; 1$^3/_4$ Std.);
3. Hausen - Hunertskopf - Schloß Schönstein (Mkg.: zwei gegeneinandergestellte Halbkreise; 2 km; 30 Min.);
4. Hahnhof - Weidacker - Paffrath - Köttingen - Gymnasium - Wissen
   (Post), (Mkg.: stehender Doppelbalken; 4,5 km; 1$^3/_4$ Std.).

RUND UM DEN BEULSKOPF

Bearbeiter: Dr. Emil Haas † und   *Übersichtskarte Seite 304*
            Hermann-Josef Hucke

Unter diesem Sammelnamen wollen wir durch das Land zwischen
der Altenkirchener Wiedtalhochmulde im Süden, dem Siegtal im
Norden und den Bundesstraßen 8 und 256 wandern.
Viele freundliche Dörfchen beleben die freundliche, landwirtschaft-
lich geprägte und von kleineren Wäldern unterbrochene wellige
Landschaft. Nach Süden führen kleinere Muldentälchen der Wied
entgegen, während nördlich der Wied-Sieg-Wasserscheide von
Rimbach über den Beulskopf nach Isert die tiefere Erosionsbasis
der Sieg uns kürzere, steil eingekerbte Tälchen geschenkt hat.
Jedes kleine Dörfchen vorzustellen, würde den Rahmen dieses
Westerwaldführers sprengen. Wir wollen daher einige wenige
Sehenswürdigkeiten aufzeigen.
Zu erreichen ist der Raum auf schmalen Kreissträßchen, die von
den Bundesstraßen 8 und 256 abzweigen. Als Verkehrsverbindungen bestehen die Bahnstrecke Altenkirchen - Au mit Haltestellen
in Dieperzen, Obererbach und Kloster Marienthal, sowie folgende
Busstrecken: Postbus Weyerbusch - Rimbach - Leuscheid, Bahnbus Altenkirchen - Bachenberg - Hilgenroth - Hamm (nur sonntags) und Altenkirchen - B 256 - Wissen.

Auf der Wasserscheide zwischen Sieg und Wied liegt das Dörfchen
Busenhausen-**Beul** (365 m)

◨ Die Dorfstraße ist gleichzeitig Grenze zwischen dem zu Busenhausen
gehörenden östlichen und dem zu Heupelzen gehörenden westlichen
Ortsteil.

Die alte **Kohlstraße** führte früher von der Hohen Straße (B 8) über
Wölmersen und Birkenbeul nach Hamm. Auf ihr brachte man die Holzkohle vom vorderen Westerwald zur Heinrichshütte bei Hamm.

⊭ ✕ Pensionen mit Fremdenbetten und Mittagstisch.

✱ Eine ganz hervorragende Fernsicht genießt man vom 388 m hohen
Basaltkegel des Beulskopf über dem Dorf. Der Blick geht über das
Bergland an der Sieg weit hinein ins Bergische Land. Leider steht der
geplante Bau eines Aussichtsturmes immer noch aus.

Oberirsen/Rimbach (VG Altenkirchen)

◨ Zwei Dörfchen im Quellgebiet des zur Sieg hin fließenden, die
Landesgrenze bildenden Irsebachs. Hier wurden am 13./14. März 1945
vier deutsche Soldaten zum Tode verurteilt und erschossen, weil ihnen
vor der Rheinüberquerung der Alliierten nicht mehr die Sprengung der
Remagener Rheinbrücke gelungen war.

Nordöstlich des Beulskopfes liegt
Hilgenroth (300 m; 290 E., VG Altenkirchen)

🏛 **Ev. Pfarrkirche Unserer Lieben Frau.** Romanischer Westturm. Das
einschiffige Langhaus von 1433, ursprünglich Wallfahrtskapelle zu einem
Muttergottesbild.

🏃 Wanderparkplatz am Friedhof in Richtung Kloster Marienthal.

2 km östlich von Hilgenroth liegt in einem romantischen, von Wald
umgebenen Talschluß
Seelbach-**Kloster Marienthal** (225 m)

◨ 🏛 Die Legende erzählt, ein Hirte habe in stiller Andacht oft vor
einem selbstgeschnitzten Marienbild gebetet, und für dieses sei um 1460
eine erste Kapelle gebaut worden. Das Marienthaler Mirakelbüchlein
(15. Jh.) schildert mehrere Wunderheilungen und Wiedererweckungen
vom Tode "durch die Gnade unserer Lieben Frau".

Eine starke Wallfahrt setzte ein, und 1494 wurde eine neue Kirche erbaut.
1666 wurde ein Franziskanerkloster gegründet. Bruder Cornelius Schmitt
baute 1756 die jetzige Barockkirche, die jedoch nach der Säkularisation
verkleinert wurde. Von 1892 bis 1973/74 wirkten hier Franziskaner. Sie
haben den nicht abgebrochenen Teil des hohen, einschiffigen Kirchenbaues wiederhergestellt, einen Barockaltar eingefügt und Fresken freilegen lassen.

Seit 1973 besteht hier eine Außenstelle der kath. Landvolkshochschule
des Erzbistums Köln. Neben Bildungsveranstaltungen werden auch
Exerzitien abgehalten. Darüber hinaus besuchen aber auch zahlreiche
Einzelpilger und Prozessionen den Gnadenort.

⊭ ✕ Mehrere sehr gepflegte Hotels, Gasthöfe und Pensionen mit
Mittags- und Abendtisch, Café und 82 Fremdenbetten.

🚌 Haltepunkt Marienthal der Strecke Au - Altenkirchen.

☎ Verbandsgemeindeverwaltung 5249 Hamm, Tel. (0 26 82) 19 25

🏃 **Wanderparkplatz Marienthal I (oberer Parkplatz):**
   1. Marienthal - Obererbach - Niedererbach - Hacksen - Marienthal
   (4 km; 1 Std.; Mkg.: Orange);
2. Marienthal - Volkerzen - Nassen - Racksen - Poststraße - Marienthal
   (5 km; 1¹/₂ Std; Mkg.: Türkise);

3. Marienthal - Hilgenroth - Pfaffenseifen - Unterschützen - Bahnhof Breitscheid - Marienthal (5 km; 1¹/₄ Std.; Mkg.: Gelbe);
4. Marienthal - Hilgenroth - Beulskopf - Beul - Obererbach - Marienthal (8 km; 2 Std.; Mkg.: Grüne).

Wanderparkplatz Marienthal II (unterer Parkplatz):
1. Marienthal - Seelbacher Weg - Hümerich - Marienthal (3,5 km; 1¹/₂ Std.; Mkg.: Weiße);
2. Marienthal - Klostermauer - Hohlweg - Poststraße - Racksen - Oberseelbach - Seelbachtal - Waldschwimmbad - Jagdhaus - Schulzhahn - Seelbacherweg - Marienthal (10 km; 2¹/₂ Std.; Mkg.: Blaue).

Weitere Wandermöglichkeiten siehe unter Hamm!

Zwischen Kloster Marienthal und der Kroppacher Schweiz liegt an der über den Kamm führenden B 256
Bruchertseifen (272 m; 450 E., VG Hamm)

◪ Hier befand sich die Erzgrube „Güte Gottes", auch **„Eselsberg"** genannt. Doch bereits 1901 mußte der Betrieb wegen Unrentabilität eingestellt werden. Dagegen arbeitete die Grube Petersbach im benachbarten Eichelhardt bis 1937. Vom „Eselsberg" erzählt die Sage, die Bergleute hätten sich einen prächtigen unterirdischen Saal aus Gold und Silber gebaut. Eines Tages, als sie dort ein wüstes Fest feierten, sei ein Vöglein eingeflogen und habe gesungen: „Seit die Leute dem Gold nachlaufen, läßt kein Vater sein Kind mehr taufen, kein Hirte bleibt bei seiner Kuh. Eselsberg, falle zu!" Da fiel unter Getöse der Saal ein und alle Menschen wurden auf immer begraben.

🎎 Sehr schöne Wandermöglichkeiten östlich hinab ins Nistertal mit der Kroppacher Schweiz und den Orten Helmeroth, Langenbach und Nisterstein.

Döppe-Kooche für 4 Personen

Nehmen Sie: 5-6 Pfund Kartoffeln, 1/2 Pfund durchwachsenen Speck, 2 Zwiebeln, 1-2 Eier, 1 Brötchen, 1/4 l Milch, Salz und Speiseöl (vorsichtig salzen).

Weichen Sie das Brötchen in Milch ein und erhitzen Sie beides. Nachdem die rohen Kartoffeln gerieben sind, lassen Sie das Kartoffelwasser ablaufen. Währenddessen haben Sie Zeit, den Speck und die Zwiebeln in kleine Würfel zu schneiden. Alle Zutaten vermengen Sie nun gründlich miteinander und füllen diese Masse in eine gußeiserne Kasserolle (Schmortopf), deren Boden ca. 1 cm mit Öl bedeckt ist. Jetzt passen Sie auf! Während Sie einfüllen, steigt das Öl zwischen Teig und Kasserollen-Wand hoch und bedeckt zum Schluß die Oberfläche des Kuchens. Haben Sie sehr mehlige Kartoffeln verwendet, sollten Sie noch etwas Öl nachgeben. Einen gut vorgeheizten Backofen braucht unser Kuchen und nach ca. 1 1/2 Stunden müßte er bei mittlerer Hitze gar sein. Kontrollieren Sie zwischendurch das Braunwerden der Kruste, denn der mittel- bis dunkelbraune, sehr knusprige Überzug ist das Leckerste. Auf einen großen Teller gestürzt wird der Döppe-Kooche serviert, und wenn Sie dazu leicht gezuckerten Malzkaffee geben, verraten Sie Ihre Kennerschaft dieser reizvollen rheinischen Spezialität.
Eine reizvolle Variante ist eine Zwischenlage Apfelscheiben. Außerdem wird Ihnen Apfelmus als Beilage ausgezeichnet schmecken.

Aus einer Werbung der Lohmann KG, Neuwied-Fahr

6. Beiderseits des Dilltals

WESTERWALDTÄLER WESTLICH DER DILL

Von der Basaltfläche des Hohen Westerwaldes fließen der mittleren Dill einige mittellange, doch recht wasserreiche und im Unterlauf auch ziemlich tief eingetalte Bäche zu. Jedes Tal hat seine Eigenarten, seine landschaftlichen Reize; kleinere und größere Talorte sind alle in ihrer Art charakteristisch.

IM HICKENGRUND

Bearbeiter: Willi Krumm

Ketzerbach, Winterbach und Dresselndorfer Bach nennt sich der Haigerer Bach von der Quelle unweit des Ketzersteins abwärts bis in den Haigerer Raum. Mit den von Westen zufließenden Bächen Weiherbach und Lützelnbach bildet er den **Hickengrund.** In ihm liegen die Ortsteile Ober- und Niederdresselndorf, Holzhausen und Lützeln der Großgemeinde Burbach (Siehe unter „Freier Grund"!). Der Hickengrund ist eng mit dem heutigen hessischen Nachbarraum Haiger verbunden, ist aber schon seit 1815 dem Siegerland zugeteilt und gehört daher jetzt zu Nordrhein-Westfalen.

Sein Name leitet sich von der hecken- und waldreichen Landschaft des Tales her, das von beiden Seiten von Bergen umschlossen liegt und daher klimatisch im Kontrast zum unmittelbar benachbarten Hohen Westerwald steht.

In einer Beschreibung der nassauischen Länder aus dem 19. Jh. heißt es: „Im Hickengrunde unterscheiden sich die Einwohner, die Hicken, sehr merklich von allen Nachbarn ringsum, haben einen schlanken Wuchs und schöne Gesichtsbildung. Sie scheinen eine fremde Kolonie zu sein, obwohl man in der alten Landesgeschichte keine Spur davon findet. Die Mannsleute sind alle Fuhrleute; gehen nach Brabant, Hessen usw." - Trachten, Sitten und Bräuche blieben hier noch lange erhalten.

Nördlich des Siegerland-Flughafens liegt geschützt in einer Talmulde
Burbach-**Lützeln** (460 m; 850 E.)
◳ Auf einem 600 m hohen Plateau des Hohen Westerwaldes wurde 1967 der **Siegerland-Flughafen** fertiggestellt. Er schließt das Land an der Sieg und den Westerwald an das Nahluftverkehrsnetz der Bundesrepublik an. Die Landebahn ist 1700 m lang. Rundflüge sind möglich.
✕ 2 Gaststätten
🏃 Am nördlichen Ortsrand Wanderparkplatz. Markierte Wege führen nördlich zum „Großen Stein", und südlich zum Naturschutzgebiet „Auf dem Kreuz" (586 m) mit alten Säulenwacholdern und Heide.

Wir kommen in den eigentlichen Hickengrund beiderseits des Dresselndorfer Bachs. Südlichster Doppelort ist
Burbach-**Oberdresselndorf** (370 m; 820 E.) mit
Burbach-**Niederdresselndorf** (350 m; 1620 E.)

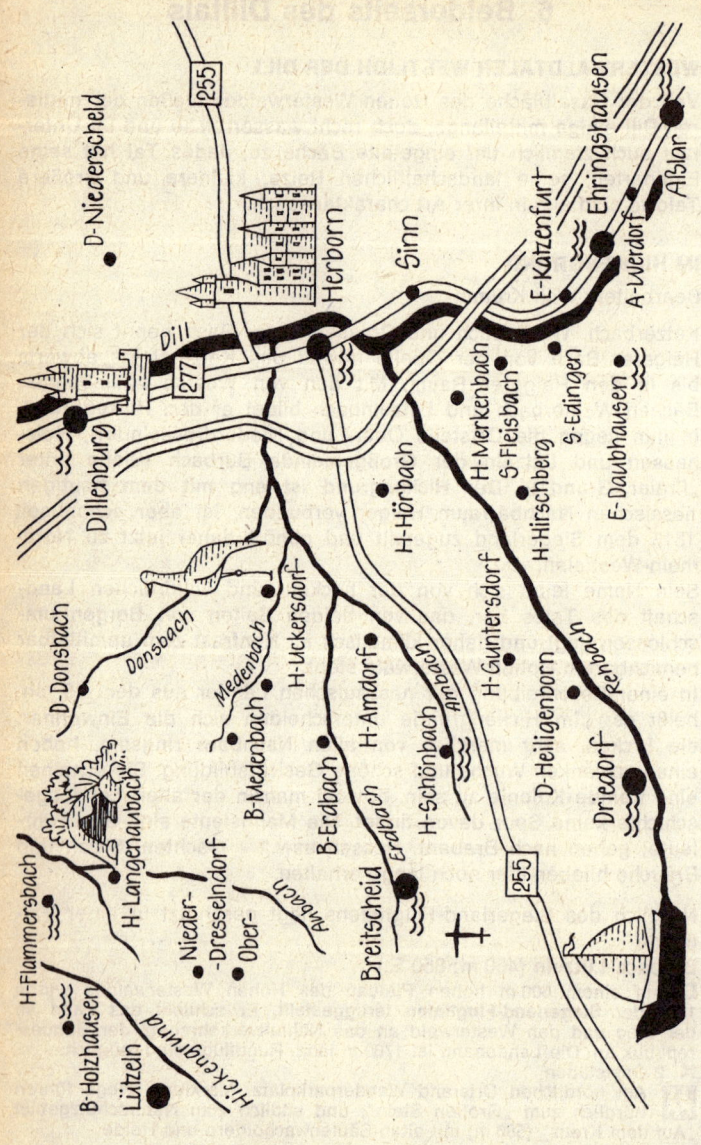

◘ Die beiden Orte sind praktisch zusammengewachsen. Die Bahnlinie Haiger - Betzdorf, die in einer großen Schleife die beiderseitigen Hänge des Hickengrundes durchzieht, bildet etwa die Grenze zwischen den beiden Ortsteilen, ermöglicht aber zugleich den verkehrsmäßigen Anschluß an den Haigerer Raum, in dem ein großer Teil der Bevölkerung seine Arbeit findet.
✚ Arzt, Zahnarzt, Tierarzt, Apotheke
🛏 ✕ Gaststätte mit 6 Betten; Bewirtschaftete „Hickengrundhalle".
Bahnhof der Strecke Haiger - Betzdorf.
🚌 nach Siegen
Südlich des Ortes auf der östlichen Hangseite das **„Wildweiberhaus"**, eine sagenumwobene Felsgruppe mit teilweise mehr als 10 m hohen Felszacken und höhlenartigen Auswaschungen.
Wanderparkplätze südlich im Winterbachtal und an der Hirzgabel. Markierte Rundwege nach Liebenscheid, Rabenscheid und zum Ketzerstein. Desgleichen in die Nähe des Dreiländerecks, wo am Winterbach die Bundesländer Nordrhein-Westfalen, Hessen und Rheinland-Pfalz zusammenstoßen (Die Stelle ist in der Natur jedoch nicht näher bezeichnet).

Im nördlichen Hickengrund liegt
Burbach-**Holzhausen** (350 m; 2000 E.)

◘ Der Ort ist nach dem letzten Krieg durch den starken Zustrom von Flüchtlingen und die Ansiedlung von Industrie stark gewachsen. Mehrfach Sieger im Wettbewerb „Unser Dorf soll schöner werden".
Im Ortskern schöne alte Fachwerkhäuser mit Inschriften.
Ev. Kirche mit besonders massivem Turm und einer für das Siegerland einmaligen Turmhaube (Anfang des 18. Jh.). Architektonisch geglückte Erweiterung.
⚒ Röhrenwerk, Betonwerk
Hochwasser-Rückhaltebecken in Richtung Allendorf zur Benutzung für Wassersportler
🛏 ✕ Gaststätte mit 7 Betten; Pensionen, Eiscafé.
Familienferienheim des Blauen Kreuzes.
Haltepunkt der Strecke Haiger - Betzdorf.
🚌 nach Siegen
☎ Gemeindeverwaltung 5909 Burbach, Tel. (0 27 36) 5 41
Südwestlich von Holzhausen liegt der „Große Stein" (546 m). Basaltsäulenkegel aus zahlreichen schweren, regelmäßig geschichteten Blökken. Die höchste Stelle ist von einem runden Steinwall umgeben, in dessen Mitte einige schwere Steine stehen.
Sehenswert die **Burbacher Pilzfarm** an der Straße Holzhausen - Wasserscheide. Die Pilzfarm liegt in einem 10 Hektar großen Waldgelände, das früher als Hauberg genutzt wurde. Bis zu 200 natürlich wachsende Pilzarten werden in einem Forst- und Pilzlehrgarten ständig von Fachleuten gekennzeichnet und beschriftet. An Wochenenden werden Führungen durchgeführt. Hobbyurlauber werden in die Pilzzucht eingeführt.
Rundwanderwege ab Parkplatz Holzhausen:
K: Über den Großen Stein zum Wanderparkplatz Wasserscheide (2,5 Std.);
K 1: Kleiner Rundwanderweg über das Familienferienheim (1,5 Std.);
K + K 2: K-Weg mit Umweg. Ausblick über das Siegerland und den Freien Grund (2,5 Std. + 45 Min.).

IM AUBACHTAL

Bearbeiter: Willi Krumm und H. C. Bender †

Unmittelbar östlich der Fuchskaute (656 m), der höchsten Erhebung des Westerwaldes, entspringt westlich Driedorf-Waldaubach (s. Seite 89) der Aubach. 14 km weit fließt er ziemlich geradenwegs nach Nordnordosten, um in Haiger in die Dill zu münden.

Mit der endenden Basalthochfläche senkt er sich hinter Breitscheid-Rabenscheid (s. Seite 89) recht tief ein. Seine Randhöhen
überragen den Talboden um über 150 m. Wir kommen nach

Haiger-Langenaubach (352 m; 2060 E.)

Langgestrecktes Straßendorf im Westteil des Tales.

�‚ Ersterwähnung 1447 als „Ubach". Nach großen Bränden in den Jahren 1718 und 1813 straßendorfähnlich angelegt. Langenaubach war ehemals das Dorf der Bergleute und Steinbrecher.

🏛 Im Dorf sind einige bemerkenswerte Fachwerkhäuser. Die **Kapelle**
mit einer schmiedeeisernen Wetterfahne und einer Glocke von 1400
stammt aus dem Jahre 1749 und stellt zusammen mit dem Gemeindeamt den Mittelpunkt der Gemeinde dar.
Der Waldreichtum in Verbindung mit der Verwertung der Bodenschätze
brachte in früheren Jahren Wohlstand und teilweise Befreiung von
steuerlichen Lasten.

✖ Keramikwerk, Mahlwerk für Terrazzo.

✚ Zahnarzt

✐ Tennisplatz, Sauna, Solarium

🛏 ✕ 1 Hotel, 2 Pensionen mit 35 Betten; Imbißstube.

🚌 nach Haiger und Breitscheid

🚍 nach Haiger, Dillenburg, Wetzlar

☎ Heimatverein 6342 Langenaubach, Tel. (0 27 73) 52 49

🐚 Um Langenaubach herum interessante geologische Verhältnisse
(Galgenbergmulde), Versteinerungsfundorte im Korallenkalk.
Der bunte Wechsel devonischer Schichten hat in früheren Jahren den
Abbau von Schiefer, Grünstein, Basalt, Kalk, Grauwacke, Sandstein,
Eisenstein, Ton, Braunkohle und Walkerde ermöglicht. Zur Zeit wird
nur noch Ton abgebaut. Die um 1960 stillgelegte Grube „Constanze"
(Roteisenstein) besitzt geologisch interessante Lagerungsverhältnisse
und wertvollen Flußeisenstein.
Die Vielfalt der Gesteinsvorkommen ermöglicht auch eine artenreiche
Flora, wie man sie sonst selten so vielfältig an einem Ort antrifft. Ober-
halb Langenaubach in dem Gemarkungsteil „In den Heistern" und südlich der „Horte Linn" Pflanzenbestände mit Akelei, Süßer Wolfsmilch,
Wunderveilchen, Schuppenwurz, Morcheln, Lerchenspornen.
Auf der Steilseite der „Horte Linn" bemerkenswerte Vorkommen wärmeliebender Pflanzen: Nordischer Streifenfarn, Schuppenfarn, Trauben-
gamander, Kohllauch, verschiedene Fetthennen u. a.
Oberhalb Langenaubach auf der östlichen Talseite ein großer Kalkfels,
der **Wildweiberhausfelsen** (NSG). Diese 40 m hohe Felswand steigt ca. 10 m
vom Aubach entfernt senkrecht auf und birgt in halber Höhe eine kleine
Höhle. Dieselbe ist 1903 vom Nassauischen Altertumsverein ausgeräumt
worden, hat aber nichts Merkwürdiges ergeben. Sie ist durch eine steile
Felsentreppe von oben zu erreichen (Vorsicht!). Im Herbst 1903 ward
am Fuße des Felsens eine weitere vielverzweigte, enge Höhle bei
Steinbrucharbeiten entdeckt, deren Besuch wegen der Gefährlichkeit
verboten ist. Sie wurde nach Forstmeister Behlen „Behlenhöhle" genannt. In ihr fanden sich einige Knochen, darunter der Unterkiefer
eines starken Höhlenbären (im Naturhistorischen Museum in Wiesbaden).
Im Schuttkegel des Felsens zwischen Felswand und Aubach, direkt über
der neuerschlossenen tiefen Höhle, ruht eine interessante Ablagerung
von diluvialen Tierresten, zwischen die sich in den oberen Schichten
eine Lage Bimssand einlagert. Von Charaktertieren der diluvialen Tund-
ren sind zu nennen: der hochnordische Halsband-Lemming, der in un-
geheuren Mengen daselbst vorkommt (aus den Gewöllen der diluvialen
Eulen, die damals, wie heute ihre waldbewohnenden Schwestern, die
Klüfte des Felsens bewohnten), ferner eine Reihe nordischer Wühlmausarten, dann das schottische und Alpenmoorhuhn, Eisfuchs und,
in überwältigender Fülle Rentiergeweihe, weiß abgeworfene jugendliche Stangen. Die Rentierherden hatten wohl hier ihren Winterstand
zur Zeit des Geweihabwurfs (November bis Dezember). Diese Ablage-

rung in der Mitte mit Löß, also in der trockenen, kalten Steppenzeit Mitteleuropas, aber mit heutigen Waldtieren (jedoch reichen Rentier und Halsbandlemming noch über den Bimssand, haben also den Bimssteinausbruch des Laacher Sees noch erlebt), ist ca. 3 m stark und besteht aus durch Frost, Eis und Hitze, damals wie heute von der Felswand abwitternden Gesteinsbrocken. Aus der verschwindend geringen Menge des jährlich herabfallenden Gesteinsmaterials kann auf die ungeheure Länge der letztdiluvialen Periode in Mitteleuropa geschlossen werden, demgegenüber die heutige Waldzeit nur eine kurze Episode bedeutet. Der prachtvolle Buchenwald beiderseits des Tales ist hier wie vielfach erfüllt mit prähistorischen Ackerrotteln und -rainen. In den vom Nassauischen Altertumsverein aufgeräumten Rotteln (Steinhügeln) fanden sich große Mengen von Scherben laténezeitlicher Gefäße. Läufer (sogenannter Napoleonshut) u. a. m. Um den Felsen des Wildweiberhäuschens rankt sich ein reicher Sagenkreis: 1. Wohnort der „Wille Weiber" (Mätz, Ucksche, Els). Sie kämmen ihr goldnes Haar, singen schöne Lieder und sind allen guten Menschen zugetan. Sie zeigen heilsame Kräuter, backen gutes Brot und leisten bei der Ernte Hilfe. Ehrbaren Mädchen schenken sie Flachs. - 2. Der grausame wilde Reiter. - 3. Schatzsage im unteren Stollen, deren realer Gehalt 1953 durch einen Fund von 85 Münzen aus den Jahren 1195 - 1350 bestätigt wurde (Händelhellerfund). Siehe auch Zeitschrift Westerwald 1954, S. 58. - 4. Die Sage vom Gruimuchsmännche, eine Aufhockersage. - 5. Ein unterirdischer Gang soll zu den Erdbacher Steinkammern führen. - 6. Nördlich des Wildweiberhäuschens befindet sich ein Diabashügel, hart am Aubach, die „Horte Linn" genannt. Hier findet man die Sage vom alten jetzt verschwundenen Schloß und der goldnen Wiege im Berge.
Langenaubach mit Umgebung ist von Dr. Karl Löber weitgehendst erforscht. Man sollte sich bei einem Besuch des Ortes die einschlägige Literatur besorgen.

🏃 Gute Wandermöglichkeiten auf die beiderseitigen Talhöhen.

Nordwestlich über Langenaubach liegt in einer kleinen Mulde
Haiger-**Flammersbach** (355 m; 700 E.)
◘ Dieser Ort war geprägt vom Basaltvorkommen des Bernbergskopfes. Die Steinbrüche gaben den Bewohnern in ihrer Mehrzahl Arbeit. Heute zeugt nur noch ein Betonwerk an der früheren Verladestelle von dem eingestellten Betrieb.

✖ Haushaltsgeräte-Fabrik
✔ Freibad; „Trimm-Dich-Weg" zwischen Haiger und Flammersbach im Stadtwald „Petersbach". Angelsee am Bernbergskopf.
⊨ ✕ Übernachtung und Mittagstisch
🚌 nach Haiger und Breitscheid
🚌 nach Haiger, Dillenburg, Langenaubach
🏃 Über den Petersbachberg führt der Hellerhöhenweg von Haiger nach Betzdorf.
Ausgedehntes Spazier- und Wanderwegenetz.

IM DONSBACHTAL

Bearbeiter: H. C. Bender †   *Übersichtskarte Seite 424*

Ostwärts von Haiger-Langenaubach entspringt unterhalb der Alten Rheinstraße der Donsbach. Etwa gleichweit von Haiger und Dillenburg entfernt liegt in einer Talweitung des oberen Donsbachtales
Dillenburg-**Donsbach** (454 m; 1730 E.)
◘ Schöngelegenes Dorf im oberen Donsbachtal, bereits 914 als in der Herborner Mark liegend bezeugt, 1048 Donesbach (vielleicht von kelt. dun = Höhe). Das Dorf bestand vor 1500 aus zwei Siedlungen: Ober- und Niederdonsbach.

1791 großer Brand, der fast das ganze Dorf vernichtete. Früher zahlreiche Gruben in der Umgebung auf Eisenstein und Kupfer, heute stillgelegt. Grünerde und Rotschieferbrüche.

Heute ist Donsbach staatlich anerkannter Erholungsort mit schönem Dorfgemeinschaftshaus, Sportgelände und einem ganz im Walde liegenden Wildpark.

🏛 Die **ev. Kirche** ist eine mittelalterliche Anlage mit quadratischem Chor. Das rechteckige Schiff wurde 1754 erneuert.

Mehrere gute Fachwerkbauten mit aufschlußreichen Inschriften.

✦ Waldspielplatz „Auf der Haarst"; Wildpark mit Rot-, Dam-, Muffel-, Reh- und Schwarzwild.

⇔ ✕ Pension, Restaurant, Café

🚌 nach Herborn und Dillenburg

🏕 Der nördlich Donsbach liegende **Kornberg** (453 m) bildet einen markanten Punkt in der Landschaft mit hervorragender Aussicht (auf Haincher Höhe, Hinterland, Dünsberg, Hohensolms, Stoppelberg bei Wetzlar, Greifenstein, Westerwald). Die Fichtenreihe steht unter Naturschutz.

🚶 An der Nordflanke zieht die uralte Rheinstraße am Kornberg vorbei, ein schöner abwechslungsreicher Wanderweg zwischen Langenaubach und Dillenburg.

Eine Wanderung durch das Donsbachtal abwärts bis in seine Einmündung in das Ambachtal ist reizvoll und lohnend.

2 km unterhalb liegt links oben in einem Wiesengrunde das Ruinenfeld des 1631 von Graf Ludwig Henrich von Dillenburg erbauten Jagd- und Lusthauses Ludwigsbronn („Altes Haus"). Es wurde 1640 aufgegeben und an der Talmündung wurde auf einem Bergvorsprung das **„Neue Haus"** als Jagdhaus Katharinenbronn erbaut. (Bis 1804 bestand „auf dem Alten Haus" ein Gestüt; 1794 war das Jagdhaus Ludwigsbronn abgerissen worden). Gastwirtschaft und Landgut.

Von dort Wanderweg über Burg nach Herborn.

IM MEDENBACHTAL

Bearbeiter: H. C. Bender †   *Übersichtskarte Seite 424*

Unweit des Tunneleingangs der Bahnstrecke Breitscheid - Haiger entspringt der Medenbach, der nach 5 km langem Lauf bei Breitscheid-Medenbach in den Ambach mündet.

In der Talmitte liegt an der Straße Breitscheid - Burg

Breitscheid-**Medenbach** (307 m; 1100 E.)

◲ Die **ev. Kirche** hat einen gotischen Chorturm mit Kreuzgewölbe. Das Schiff wurde 1965/66 neu erbaut. Sehenswert an den Emporenbrüstungen Blumenmalereien aus dem 18. Jh.

✦ Freibad; Grillplatz „auf der Gatte".

⇔ ✕ 4 Pensionen und Gasthöfe; in dreien Verpflegung möglich.

🚌 nach Breitscheid und Herborn

🏕 Medenbach ist bekannt durch seinen großen Kalksteinbruch im oberdevonischen **Korallenriffkalk**. Das Kalkvorkommen ist ein Teil des großen Langenaubacher - Breitscheider - Erdbacher urzeitlichen Korallenriffs, das nach neuesten Forschungen ein Ringriff (= Atoll) gewesen ist. Sein westlicher Teil liegt unter dem Basalt des Westerwaldes.

Man findet im Bruch nicht nur schöne Kalkspatmineralien, sondern auch auf Verwitterungsflächen sehr schöne Korallenstockabdrücke. - Besuch nur mit Genehmigung der Verwaltung am Brucheingang.

🚶 Gute Wandermöglichkeiten nördlich in den Stadtwald Herborn.

An der Einmündung des Medenbachs in den Ambach (in einigen Karten und Schriften fälschlich „Amdorfbach") liegt im Hang der nördlichen Talseite

Herborn-**Uckersdorf** (248 m; 1300 E.)

◘ 1269 Okirsdorf genannt (= Dorf des Ockardt).
Schöne alte Fachwerkkirche und verschiedene Fachwerkhäuser.

◈ Der **Vogelpark Uckersdorf** ist das Ergebnis der Freizeitarbeit von Vogelliebhabern und Vogelschützern. Fast 100 Vogelarten, darunter Kraniche, Flamingos, Störche, sprechende Papageien und viele andere Gefiederte aus aller Welt beleben die gepflegten Anlagen, Volieren und Teiche. Ein Vogelschutzlehrpfad führt durch das Gelände. Der Vogelpark ist von April bis Oktober an Sonn- und Feiertagen von 9-12 Uhr und von 13-18 Uhr geöffnet. Für Besuchergruppen und Schulklassen wird auch an Werktagen geöffnet. Telefonische Voranmeldung erforderlich (Tel. (0 27 72) 4 03 47).

🚌 Herborn - Schönbach   🚌 Herborn - Breitscheid

🌿 100 m hinter dem Bahnübergang in Richtung Amdorf ein gut aufgeschlossener Diabaslavastrom der Devonzeit. Der Diabas ist kissenförmig ausgebildet und hat sich untermeerisch ergossen.

🚶 In die stark hängigen Wälder zwischen Medenbach und Donsbach.

IM ERDBACHTAL

Bearbeiter: H. C. Bender †   *Übersichtskarte Seite 424*

Dort, wo der Erdbach nach seinem unterirdischen Lauf wieder aus dem Kalkgebirge zutage tritt, liegt in einem engen Talkessel, von steilen Höhen und Felsgruppen eingerahmt

Breitscheid-**Erdbach** (309 m; 640 E.)

◘ Erdbach ist seit uralter Zeit besiedelt gewesen. 1230/31 erscheint es als Erdinebach = am unterirdisch fließenden Bach. Später liest man von zwei Siedlungen: Ober- und Nieder-Ertpach.

🏛 Interessant ist in Erdbach die alte **ev. Kapelle.** Sie ist ein kleiner gotischer Rechteckbau mit ursprünglich kreuzgewölbtem Chor. Kunstgeschichtlich bemerkenswert sind die Wandmalereien (Apostel) aus der 1. Hälfte des 16. Jh. Reiche Ausmalung an Wänden und Emporen, die in Blumengirlanden und Sprüchen bestehen. Schlüssel beim Küster.

🍴 Pensionen mit 20 Betten; Mittagstisch; Dorfgemeinschaftshaus; Grillplatz am Sportheim.

🚌 nach Herborn und Schönbach   🚌 nach Herborn

🌿 Berühmt geworden ist Erdbach einmal durch den unterirdisch fließenden Bach, zum andern durch vorgeschichtliche Funde und als Fundort geologisch-paläontologisch wichtiger Objekte.
Schon 1884 grub Oberst von Cohausen in den beiden **Steinkammern,** vorgeschichtlichen Höhlen im Rollsbachtal. Dabei wurden in der Großen Steinkammer einige unbedeutende, in der Kleinen Steinkammer jedoch aufsehenerregende Funde gemacht. Hier handelt es sich um die Bestattung mehrerer Personen, darunter eines Kindes, mit Grabbeigaben, darunter der Erdbacher Wendelring. Die Funde befinden sich im Landesmuseum in Wiesbaden.
In den letzten Jahren wurden wiederholt Funde in der Umgebung von Erdbach gemacht, die wie die der Kleinen Steinkammer der späten Hallstattzeit 600 - 500 v. Chr. angehören.
Aber auch geologisch ist Erdbach interessant. Im Kalksteinbruch stehen Schichten des **oberdevonischen Korallenriffs** (Atoll, siehe Medenbach) an. Im Steinbruch am Homberg stehen die fossilienreichen Schiefer des Unterkarbon (Kulm) an. Diese Fundstelle hat sehr viele Funde hergegeben, die der Wissenschaft neu waren. Sie wurde deshalb auch international beachtet. Naturschutz ist beantragt.
Die paläontologischen und vorgeschichtlichen Funde sind in einer musealen Schau im Dorfgemeinschaftshaus in Vitrinen ausgestellt. Anmeldung zur Besichtigung bei Willi Hofmann, Breitscheider Straße 14,
Tel. (0 27 77) 10 18.

Die alte geschützte Dorflinde ist über 600 Jahre alt.

🏃 Von Erdbach aus Spaziergänge nach Schönbach oder Breitscheid. Ein schöner Weg führt nach Breitscheid durch die tief eingeschnittene Gassenschlucht (alter Erdbachlauf) hinauf auf die Höhe. Die Gassenschlucht beherbergt viele seltene Pflanzen (Naturschutzgebiet!).

Unterhalb des Ortes öffnet sich das Tal zu einem breiteren Wiesengrund. Nach 3 km sind wir dann

IM AMBACHTAL

Bearbeiter: H. C. Bender †   *Übersichtskarte Seite 424*

Unser Bach entspringt unweit der Straßenkreuzung Rennerod - Haiger und Hachenburg - Herborn, durchfließt den Heisterberger Weiher, um dann als Mühlbach oder Gusternhainer Bach den Steilabstieg von der Basalthochfläche nach Schönbach zu bewältigen. Unterhalb nimmt er in einem Kastental mit durchlaufendem Wiesenboden noch den Erdbach, den Medenbach und den Donsbach auf, um bei Herborn-Burg in die Dill zu münden.

Herborn-**Schönbach** (340 m; 1500 E.)

◪ Das Dorf ist eine alte Siedlung. 1239 Schoninbach = am schönen Bach.

🏛 Die **ev. Pfarrkirche** hat einen schlanken Westturm mit Spitzhelm. Das Schiff wurde 1733 erbaut und bildet einen Saalbau mit umlaufenden Emporen.

Im Dorf einige schöne alte Fachwerkhäuser.

✚ Arzt, Zahnarzt

🏊 Freibad mit Ausflugsgaststätte „Zur Mühle".

Hallenbad in einer Pension.

🛏 ✕ Dorfgemeinschaftshaus; 5 Pensionen; Speisegaststätte.

🚌 Endstation der Linie Herborn - Schönbach.

🚍 Herborn - Breitscheid

🏵 Dort, wo der Gusternhainer Bach den Namen Ambach annimmt, bildete sich eine kesselartige Talausweitung, die Salzlück (= Salzlecke für Weidevieh oder Wild), mit zahlreichen seltenen Pflanzenbeständen.

Die Salzlück zeigt im westlichen Teil ein tiefeingeschnittenes Bachbett = Absprungstelle des Ambachs von der Westerwaldhochfläche mit unzähligen Basaltblöcken.

🏃 Schöne Wandermöglichkeiten nach Erdbach (Weg mit herrlichen Ausblicken) und Herborn.

Bergauf ist das Wanderheim des Westerwald-Vereins Herborn (das „Herborner Haus") bei Gusternhain leicht zu erreichen (Weg H 3). Als Talwanderweg kann auch die Strecke Schönbach - Amdorf - Uckersdorf - Burg empfohlen werden.

3 km unterhalb von Herborn-Schönbach liegt im malerischen Wiesengrund des Ambaches

Herborn-**Amdorf** (256 m; 260 E.)

◪ 1347 Amberfe genannt, heute in der Mundart noch „Ameruff".

🏛 **Ev. Kirche** und alte Schule von 1833; gemeinsames zweigeschossiges Gebäude. Im Kirchenraum schlichte Ausstattung der Zeit.

🚌 🚍 Schönbach - Herborn

🏃 Schöne Wanderungen in die aussichtsreichen Wälder zwischen Ambach und Herborn.

An Herborn-Uckersdorf vorbei (s. o.) fließt nun unser Ambach in einem Bogen, einerseits von der Straße, andererseits von der Bahnstrecke begleitet, zur Dill.

Basaltbruch bei Roth

IM UNTEREN REHBACHTAL

Bearbeiter: H. C. Bender †   *Übersichtskarte Seite 424*

Mit einer Länge von 28 km ist der Rehbach der längste wester-
waldseits gelegene Nebenbach der Dill. Das Sträßchen Homberg-
Waldaubach führt über die Wasserscheide zwischen Sieg und Dill.
Während westlich das Einzugsgebiet der Nister beginnt, entquillt
den Wiesen östlich der Rehbach. Sein Wasser füllt unterhalb Rehe
die Krombachtalsperre und bei Driedorf einen weiteren Stausee.
(Dieses Gebiet ist beschrieben auf S. 95).

Unterhalb Driedorf verläßt er dann die Basalthochfläche, weitet
sein Tal unterhalb von Herborn-Guntersdorf und mündet unterhalb der Autobahnanschlußstelle Herborn-Süd in die Dill.

Wo der Rehbach sich tief einzuschneiden beginnt, liegt noch am
Rande der Basalthochfläche das anmutige kleine
Driedorf-**Heiligenborn** (475 m; 200 E.)
◩ 1398 genannt Heiligenborn (= Siedlung an einem heilkräftigen
Brunnen (?).
Wasserturm zur Speisung eines bei Merkenbach gelegenen Kraftwerks.
🚌 Herborn - Koblenz.

Über dem Rehbachtal liegt in einer flachen Mulde am Osthang
des Westerwaldes, dort wo die Höhen in das Dilltal absinken,
südlich der B 255 (alte Köln - Leipziger Straße)
Driedorf-**Roth** (470 m; 800 E.)
◩ 1324 Royde = Rodung; ein typisches Westerwalddorf.
✗ Am ehemaligen Bahnhof Roth die Firma Selzer & Co. KG (Präzisions-
fassondrehteile, Preß- und Stanzwerk).

✦ Ski-Ranch. 300 m langer Skihang mit Skilift. Kinderskischule, Skiverleih. Hallenschwimmbad. Tennis, Reiten. Auskunft. Tel. (02775) 334
🛏 ✕ 2 Gasthöfe mit 20 Betten; Mittagstisch; Imbißstube.
🚌 Herborn - Montabaur und Herborn - Limburg
☀ 🍂 Fußpfad durch den schönen Wiesengrund unterhalb des Dorfes. Herrliche Aussicht über das Rehbachtal, das Dilltal bei Herborn, das untere Aartal, das Hinterland, über Hohensolms und den Dünsberg bei Gießen.
Südlich des Dorfes geht über die Bahngleise ein Weg durch die tiefeingeschnittene **Taufenbachschlucht** hinunter nach Guntersdorf. Lohnend nicht nur für landschaftsbegeisterte Wanderer, sondern besonders für Botaniker, da hier reiche Bestände bemerkenswerter Pflanzen stehen.

Vom ehemaligen Bahnhof Roth führt die Straße steil hinab nach
Herborn-**Guntersdorf** (334 m; 380 E.)
◻ Der Erholungsort liegt als Reihendorf malerisch am Beginn des Rehbachunterlaufes.
Auf dem Weg talab in Richtung Hörbach links auf einer vorspringenden Bergnase „Ritterslöh", die früher oft als Malstätte Ruchesloh des Erdahagaues angesehen wurde. Nach Dr. Löber bestehen aber vielleicht Zusammenhänge kultischer Art mit dem oberhalb gelegenen „Steinringsberg" (416 m; Steinring = Ringwall oder Steinsetzung einer Gerichtsstätte?). Der Steinringsberg wurde am Karfreitag von der Bevölkerung zum Kräuterholen besucht.
🛏 ✕ 1 Pension, 1 Gasthaus, insgesamt 9 Betten; Mittagstisch; Grillplatz.
🚌 Herborn - Koblenz
✕ Westlich des Ortes ist der Rehbach zu einem Rückhaltebecken aufgestaut, dessen Energie zur Stromerzeugung benötigt wird. Das Turbinenkraftwerk oberhalb der Talsperre wird dagegen durch das Wasser angetrieben, das in dem Becken bei Driedorf aufgestaut und unterirdisch hierher geleitet wird.
Von Guntersdorf aus kann man in den ausgedehnten Waldgebieten erholsam wandern.

Im breitgewordenen Rehbachtal liegt in sonniger Lage
Herborn-**Hörbach** (270 m; 1280 E.)
◻ Erstmals erwähnt 1297 als Herbach (zu hera = Sumpf, Siedlung am sumpfigen Bach).
Früher Ober- und Niederherbach. Das Dorf wurde wiederholt von großen Bränden heimgesucht (1748, 1893).
✦ Segelfliegergelände mit Hallen. Grillplatz neben dem Fußballplatz.
✕ Speisegaststätte
🚌 nach Herborn und Koblenz
Die Umgebung ist waldreich und lädt zu Spaziergängen ein. Herborn ist leicht zu Fuß zu erreichen.

Südlich Hörbach liegt zwischen dem Rehbachtal und dem kurzen Merkenbachtal
Herborn-**Hirschberg** (344 m; 250 E.)
◻ Der in veränderter Form vorkommende Ortsname wie Hisperg, Hirsperg, Hirtsberg, Hirssberg und seit 1686 fast nur noch Hirschberg geht auf das mittelhochdeutsche Wort hirz = Hirsch zurück.
Eine erste urkundliche Erwähnung stammt aus dem Jahre 1351. 1971 war Hirschberg Landessieger im Wettbewerb „Unser Dorf soll schöner werden".
🏛 Die **Kapelle,** die von vier etwa 150 Jahr alten Linden umgeben wird, wurde schon mehrere Male erneuert (1761, 1860, 1926) und mit einem Vorbau (Treppenaufgang) versehen. Der Fußboden besteht aus altem Fischgrätenpflaster. Bemalte Emporenfüllungen.

Segelflugplatz Hörbach und Hirschberger Koppe

Neben anderen schönen Fachwerkbauten zeigt die im Jahre 1728 erbaute „alte Schule" recht gut erhaltenes Fachwerk. Eiserner Dorfbrunnen von 1870 und noch benutztes Backhaus.
✕ Speisegaststätte
🚌 nach Herborn und G.-Arborn
✳ Die Lage des kleinen Dörfchens am Nordhang der reichbewaldeten Hirschbergskoppe (538 m) gewährt von der Viehweide aus einen herrlichen Blick über das Tal der Dill auf die Ausläufer des Rothaargebirges.

Westlich liegt im Merkenbachtal an den südöstlichen Ausläufern des Westerwaldes
Herborn-**Merkenbach** (245 m; 1570 E.)
🔲 Der alte urkundlich bezeugte Name Murginbach ist ursprünglich ein landesherrlicher Hof gewesen (1313). Im 14. Jh. werden weitere Höfe genannt. Das Dorf wird erstmals 1398 genannt. Zahlreiche Brände suchten es heim. Bis Anfang des 19. Jh. reines Bauerndorf; später Wandlung zum Industriearbeiterdorf.
✕ In Richtung Herborn steht auf dem Baugrund der alten Rehmühle das Drahtwerk der zur Thyssen-Gruppe gehörenden Berkenhoff & Drebes GmbH. Es stellt dünne Drähte aus Kupfer und Kupferlegierungen her.
Das bei Driedorf gestaute Wasser des Rehbachs wird durch mächtige Rohre ins Tal geschickt, und aus der so gewonnenen Wasserkraft wird hier in einem vollautomatisch arbeitenden Kraftwerk Strom erzeugt.
🚌 Herborn - Fleisbach; Herborn - Hirschberg
👫 Um Merkenbach herum gibt es viele schöne Wandermöglichkeiten; ausgedehnte Wälder.
Östlich auf dem Katzenstein (332 m) weithin sichtbarer Wasserturm.

Jenseits des Katzensteins das von der Hirschberger Koppe herabkommende kurze, doch tief eingeschnittene Fleisbachtal. Im Hang des Dilltals dann in ruhiger Lage abseits der großen Verkehrsstraßen

Sinn-**Fleisbach** (287 m; 1530 E.)

🔲 Fleisbach wurde bereits 1298 als Vlysbach genannt. Doch 1447 bestand es nur aus vier Häusern.

🏛 Schöne alte Fachwerkhäuser mit Zierat verschiedener Art. Sie verraten in Schmuck und Hofanlage deutlich hessischen Einfluß. Besonders bemerkenswert das Fachwerkhaus in der Edinger Straße mit Flachschnitzereien um 1700.

🛏 ✕ Speisegaststätte; Höherwald-Grillplatz im Welgersberg 200 m vom Ort.

🚌 nach Sinn

🏃 Umfangreiche Waldgebiete laden zum Wandern ein. Von Fleisbach aus ist auf schönen, landschaftlich eindrucksvollen **Waldwegen** die Burgruine Greifenstein zu erreichen.

Sagen aus dem Dillgebiet

Das Stoppelkalb

Vor 60 Jahren war das „Stoppelkalb" den Bewohnern von Niederscheld, Uckersdorf und Medenbach wohlbekannt. Wenn im Herbst der Wind über die Stoppeln wehte, zeigte es sich zur Nacht öfters in der Gegend und ängstigte manchen einsamen Wanderer

Ein Bergmann aus Medenbach, der bei Dillenburg und Herborn auf eigne Faust zu schürfen pflegte, um durch seine Funde zu Reichtum zu gelangen, kam in einer Nacht aus dem Schelder Wald, wo er geschürft hatte. Alle Plage war aber umsonst gewesen. Enttäuscht und verdrossen wanderte er nach Hause. Bei Niederscheld wandte er sich ins Lützelbachtal, um den Weg abzukürzen. Während er so dahinging, hockte sich ihm plötzlich eine schwere Last auf den Rücken und die Schultern. Zwei haarige Beine umschlangen seinen Hals. Tödlich erschrocken suchte er die unheimliche Last loszuwerden. Aber nichts half. Erst als er den Bach überschritt, fühlte er sich von seiner Last befreit. Auf der anderen Seite stand ein riesiges Geschöpf, das wie ein Kalb aussah.

Eine ähnliche Sage wird in Uckersdorf erzählt. Hier ist es aber der Teufel, der den Wanderer belästigt.

nach Presber, Nies, Löber

Der kopflose Reiter im Schelder Wald

Der Herzog von Nassau war einmal zur Auerhahnjagd im Schelder Wald. Beim Morgenritt überraschte er mit seinen Begleitern eine Schar Wilddiebe, die sich aus dem Staube machen wollten. Ein berittener Begleiter des Herzogs nahm die Verfolgung auf und konnte zwei Wilderer stellen. Da sie sich in auswegloser Lage sahen, setzten sie sich zur Wehr. Einer legte sein Gewehr an, da schrie der andere: „Bruder halt tiefer!" Es war aber zu spät. Pferd und Reiter stürzten zu Boden. Seit der Zeit wollen nächtliche Wanderer im Schelder Wald häufig einen kopflosen Reiter gesehen haben.

nach Nies, Löber

Der Mann an „Butzemanns Wieschen"

Die alten Bergleute, die in der Dunkelheit von Donsbach nach Langenaubach gingen, wollten bei „Butzemanns Wieschen", einem Platz, an dem es sowieso nicht geheuer war, des öfteren einen unheimlichen Mann gesehen haben. Der war „su lang wej en Weesbaam", hatte aber keinen Kopf und trug ein rotes Tuch um die Brust. Oft ging er vor den Bergleuten her, so daß sie auf dem schmalen Bergmannspfad nicht rechts oder links an ihm vorbeikonnten.

Volksmund, Löber

SCHELDETAL UND SCHELDERWALD

Bearbeiter: Heinzcarl Bender †

Das Scheldetal ist von den linken Nebentälern der Dill ohne Zweifel eines der schönsten. Das Tal ist überall von hohen Wäldern umgeben. Die Schelde entsteht aus zwei Flüßchen: aus der eigentlichen Schelde, die an der Königswiese am Schwarzenstein in 501 m zwischen Tringenstein und Lixfeld entspringt, und der Irrschelde, die von der Hohen Gansbach nördlich von Tringenstein herunterkommt und ein eignes reizvolles Tälchen bildet. Im Talkessel von Oberscheld vereinigen sich beide Flüßchen und nehmen rechts den Eibach auf. Bei Niederscheld mündet die Schelde in die Dill.

Die das Tal durchziehende gut ausgebaute Schelde-Lahn-Straße führt von Niederscheld über Oberscheld durch den Schelderwald und über Lixfeld nach Wilhelmshütte im Lahntal.

Früher lagen im Tal der Schelde eine Anzahl großer Eisenerzgruben, die die Erzschätze des Schelderwaldes förderten. Heute liegen diese Anlagen still und sind zum Teil zu häßlichen Ruinen geworden. Auch die große Hochofenanlage ist stillgelegt und abgebrochen worden. Sie ist heute ein Ruinenfeld, auf dem sich wieder Industrie angesiedelt hat. Sie war seit 1905 in Betrieb.

Die Eisenerzlager im Schelderwald gehörten zu den größten in Deutschland. Die Erzgänge stammen aus dem mitteldevonischen Erdaltertum, das hier in diesem Gebiet eine besondere Ausprägung erfahren hat. Das Erz ist an den Schalstein gebunden und kommt als Roteisenstein (meist Eisenglanz), Flußeisenstein und kieseliger Eisenstein vor.

Der Eisenstein des Schelderwaldes wurde bereits in frühgeschichtlicher Zeit in Rennöfen verhüttet (mit der Holzkohle des nordwestlichen Dillkreises), später im Hochofen in Oberscheld, der wiederum als Energieerzeuger (Überlandzentrale) und Erzeuger von Baustoffen einst große Bedeutung erlangte.

Das Tempererz der Grube Auguststollen hatte einmal Monopolstellung.

Das gesamte Gebiet des Schelderwaldes ist nicht nur für Geologen, sondern auch für Mineralogen und Botaniker interessant. Markante Berge des Schelderwaldes sind:

Angelburg (609 m); Schmittgrund (591 m); Stockseite (516 m); Hohe Koppe (540 m); Hohe Gansbach (590 m); Wasenberg (461 m); Volpertsberg (433 m); Kisselberg (438 m).

Ein schönes Seitental ist das Siegbachtal. Der Siegbach kommt oberhalb Wallenfels von der Koppe und mündet bei Bischoffen. Er wird von den hohen Niederschlägen an der Angelburg gespeist und gestaltet einen von Bergen umgebenen, kammerartigen Talgrund, der gegen das Aartal deutlich durch den knickartigen Abschluß unterhalb Übernthal und die Offenbacher Schwelle abgesetzt ist. Wenig Ackerbau, ehemals Bergmanns-

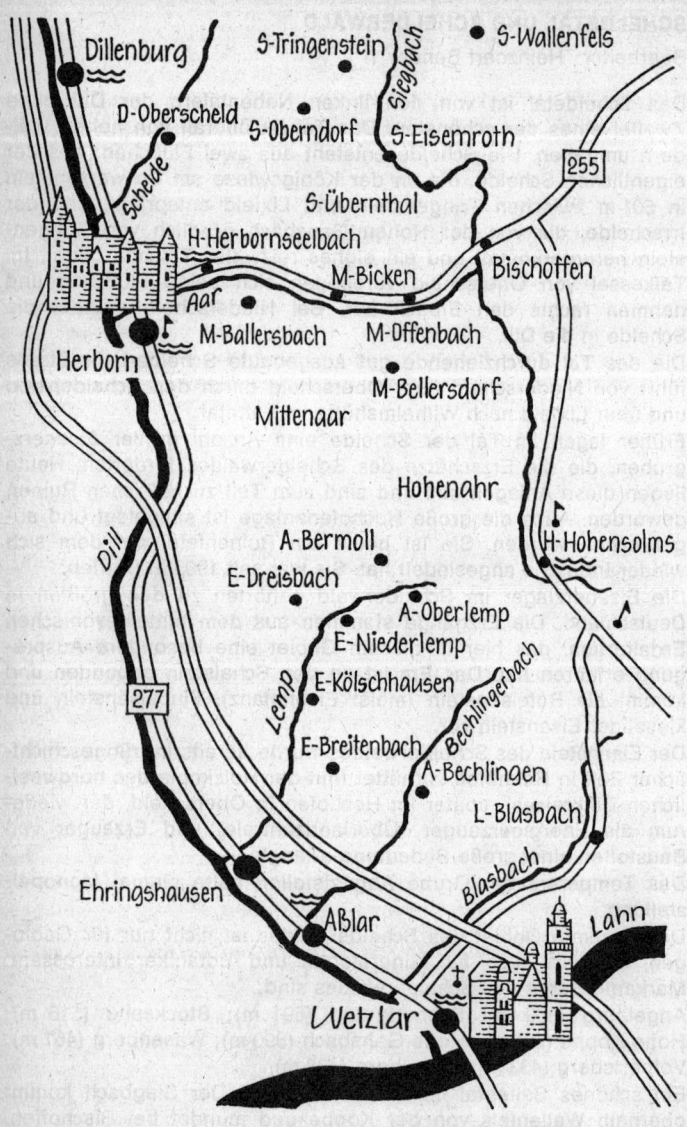

Dillenburg
S-Tringenstein   S-Wallenfels
Sicybach
D-Oberscheid   S-Oberndorf   S-Eisemroth
255
Schelde   S-Übernthal
H-Herbornseelbach
M-Bicken   Bischoffen
Aar
M-Ballersbach   M-Offenbach
Herborn
M-Bellersdorf
Mittenaar
Hohenahr
Dill   H-Hohensolms
A-Bermoll
E-Dreisbach
A-Oberlemp
E-Niederlemp
277   Lemp   E-Kölschhausen   Bechlingerbach
E-Breitenbach   A-Bechlingen
L-Blasbach
Ehringshausen   Blasbach
Aßlar   Lahn
Wetzlar

dörfer. Der Talgrund ist Einflüssen aus dem Raum Hartenrod-Botten-
horn ausgesetzt gewesen.

Bei Bicken münden der Weibach und das romantische Weibachtal,
in dessen Mitte das Forsthaus Moorsgrund einsam liegt.

3 km scheldeaufwärts liegt
Dillenburg-Oberscheld (265 m; 2600 E.)

◻ Pfarrdorf und altes Bergmannsdorf am Zusammenfluß von Irrschelde
und Schelde, in waldreicher romantischer Tallage.

🏛 Die **ev. Pfarrkirche** von 1692 ist ein kleiner Saalbau mit Fachwerk-
obergeschoß und Haubendachreiter. An der Decke befindet sich ein
Stuckrelief des Pelikan, der seine Jungen atzt. Vierseitige Emporen,
Ausstattung des 17. Jh.

✗ Eine Eisenhütte (Rennhütte) ist in Oberscheld um 1440, 1540, 1605 und
1745 bezeugt. Auch wird 1829 ein Holzkohlenofen erwähnt. Früher wurde
auch Kupfererzbau in kleinerem Umfang betrieben. Hier wohnten viele
Bergbeamte und Bergleute. Der große Hochofenbetrieb wurde 1968 stillgelegt und abgebrochen. Die Grube Falkenstein wurde 1975 als letzte
Eisenerzschachtanlage stillgelegt. Andere stillgelegte Gruben: Auguststollen, Handstein, Eiserne Hand (jetzt Mülldeponie); im Scheidetal:
Königszug (Nikolausstollen), Friedrichszug, Herrnberg u. a.
Hier wurde der Strukturwandel dieses Gebiets am deutlichsten spürbar.
Das ehemalige Hochofengelände beherbergt jetzt andere Firmen; Nieder-
lassung der Elektrizitäts A. G. Mitteldeutschlands (EAM).

✚ Arzt, Zahnarzt

✦ Turnhalle, Kegeln; beheiztes Freibad, privates Hallenbad, Sauna;
Reitplatz.

⇥ ✕ Speisegaststätten, 5 Ferienwohnungen;
Ausflugsgaststätte „Nikolausstollen" (Richtung Hirzenhain).

👥 Die bei Oberscheld mündenden Täler der Schelde und Irrschelde
laden mit ihren verträumten Winkeln zu herrlichen und genuß-
reichen Wanderungen ein.

Wanderungen von Oberscheld aus in den Scheider Wald:

1. Oberscheld - Richtung alter Hochofen - Turnhalle - Grube Falkenstein
- kleiner Abstecher zum Nesselhofer Weiher - zurück zur Grube
Falkenstein - Hohe Straße, an der Mülldeponie vorbei (rechts) zum
Fußballplatz Oberndorf - Richtung Tringenstein. Ca. 2 Stunden.

2. Oberscheld - Irrscheldetal aufwärts (Badeweiher bleibt links liegen).
Nach 1 Stunde hört Asphaltstraße auf, nach weiteren 20 Minuten sieht
man links die Hohe Koppe (540 m) liegen, rechts geht es steil nach
Tringenstein hoch; unser Weg führt im Irrscheldetal aber weiter geradeaus bis zur Landstraße Tringenstein-Hirzenhain. An der anderen
Straßenseite Schutzhütte (darin Basaltplatte mit Wegweisungen). An
der Hütte vorbei, Richtung Osten. Nach ca. 1 km gelangt man zur
alten Hohe Straße (einem breiten Waldweg). Nördlich weiter. Rechts
im Wald liegen die Wilhelmsteine, große Eisenkieselfelsen in romantischer Umgebung. Weiter nördlich bis zum Fernsehturm der Angelburg (609 m), (Asphaltstraße der Post). 200 m zurück und links Richtung Bottenhorn, nach 500 m rechts weiter auf gut ausgebautem Weg
nach Wallenfels hinunter (1 Stunde).
Von da verschiedene Möglichkeiten des Rückweges.

3. Oberscheld - Irrscheldetal - am Ende des offenen Tales links hoch.
Zur Hohen Koppe (540 m), jetzt auf dem breiten Höhenweg zurück bis
zu den Wochenendhäusern, links ab zum Badeweiher in Oberscheld.
Bei allen Wanderungen empfiehlt sich, eine Karte und einen Kompaß
mitzunehmen. Landschaftlich reizvoll sind sie alle.
Die Wege sind nicht markiert!

Unterster Siegbachtalort ist
Siegbach-**Übernthal** (308 m; 615 E.)
Übernthal liegt an der östlichen Grenze des Dillkreises im Schelderwald, eingebettet in Wälder und Wiesen. Sonnige Tallage.
Der Siegbach biegt hier nach erst südlichem Lauf östlich um.

🏛 Das schöne Fachwerk-Rathaus mit Schnitzereien stammt von 1781,
der Dachreiter von 1830.
In der alten Schule ist eine **Heimatstube** eingerichtet, die die dörfliche
Kultur im vergangenen Jahrhundert anschaulich zeigt.
Anmeldung bei Erwin Pfeifer, Offenbacher Straße 4, Tel. (0 27 78) 23 90.
Einige Fachwerkhäuser stammen aus der Zeit um 1700.
🗡 Naherholungsgebiet „am Austück" mit Blockhütte, Trimm-Dich-Pfad,
Naturlehrpfad, Wassertretbecken, Kleinsportplatz und Kinderspielplatz.
🏨 ✕ Hotel, Speisegaststätte; Café
🚌 Herborn - Niederwalgern
🚶 Schöne Wanderungen von hier aus in den Schelder Wald auf die
Berge mit herrlichen Fernsichten. 15 km markierte Wanderwege.
A: Mühlberg (60 Minuten); B: Blockhütte (90 Minuten); C: Siegbachtal
(60 Minuten); D: Schützenhaus (45 Minuten); E: Kaltenbach (80 Minuten);
F: Grünebach (80 Minuten); G: Königsköppel (50 Minuten).
Eine Wanderkarte der Umgebung von Übernthal (1 : 20 000) ist bei
Herrn Pfeifer und im Hotel - Café „Zum Siegbachtal", Albin Parnet zu
bekommen.

2 km oberhalb liegt
Siegbach-**Eisemroth** (346 m; 1201 E.)
Schön im Talkessel gelegenes altes Dorf. Mittelpunkt des Eisemrother Grundes.

❏ Eisemroth ist eine alte Siedlung mit reicher geschichtlicher Vergangenheit. 1276 als Isenmarroden = Rodung des Ismars erwähnt. Vor 1400
bestand die Siedlung aus zwei Teilen, Ober- und Nieder-Isenburgerode.
Im 14. Jh. bestand hier eine Burg der Landgrafen von Hessen, die aber
kurz nach ihrer Fertigstellung von den Nassauern zerstört wurde. Sie
stand vermutlich auf dem heutigen Kirchberg.
1424 wurde in Eisemroth eine der ersten Eisenhütten der Grafschaft
Nassau-Dillenburg errichtet (Eisenhammer).
Historisch interessant ist, daß am 19./20. Dezember 1575 Anna von
Sachsen, die unglückliche Gemahlin Wilhelms von Oranien, auf ihrem
Transport von ihrem Verbannungsort Beilstein nach Sachsen in einem
Bauernhaus in Eisemroth übernachtete.
🏛 Die **ev. Pfarrkirche** hat einen romanischen Chorturm, Satteldach mit
Haubendachreiter (1723).
🗡 Schön gelegenes Freibad.
🏨 ✕ Speisegaststätten, Weinstube; Grillhütte (gen. „Glück-auf-Hütte")
„Auf Weißenstein".
🚌 Herborn - Niederwalgern
☎ Gemeindeverwaltung Siegbach, Tel. (0 27 78) 4 34
🚶 Von Eisemroth aus gute Wandermöglichkeiten in den Schelder
Wald.

Siegbach-**Oberndorf** (370 m; 550 E.)
❏ Oberndorf ist in eine enge Talschlucht eingebettet. Um 1000 Oberendorph genannt. Vielleicht war einmal ein Unterdorf vorhanden, das aber
nicht mehr auszumachen ist.
In Übernthal, Eisemroth und Oberndorf weist Löber auf hessische Einflüsse im Hausbau hin: Häuser mit Treppenvorlaube, Fachwerke mit
blauen Linien, älterer (geometrischer) und neuerer (figürlicher) Kratzputz (besonders in Oberndorf), hessische Scheunentore mit gekreuztem
Balkenschmuck, Brustschwellen und Eckständer mit Schnitzereien (besonders Weintrauben).

✝ Schützenhaus
✕ Speisegaststätten
🚌 Herborn - Niederwalgern;
der Bahnhof liegt aber weiter vom Dorfe ab (2 km).
🏃 Die engen Seitentäler laden zu herrlichen Spaziergängen im
Schelder Wald ein.

Siegbach-**Tringenstein** (558 m; 585 E.)
Hoch und sehr malerisch gelegenes Burgdorf (Burgberg 558 m).

◪ Graf Heinrich I. von Nassau (gest. 1343) erbaute 1323-25 in der so-
genannten Dernbacher Fehde gegen Hessen die Burg Tringenstein. Der
Name der Burg erscheint urkundlich aber erst im Jahre 1356 als Drin-
genstein. Das Zehntgericht von Wallenfels wurde 1344 hierher verlegt
und die Burg gab dem aus den beiden Kirchspielen Eisemroth und
Hirzenhain bestehenden Gerichte und späteren Amte Tringenstein den
Namen.
1428 Belagerung durch die Adeligen von Haiger in einer Fehde gegen
Nassau. 1472 Erweiterung und Verschönerung der Burg durch Graf
Johann IV. von Nassau-Dillenburg.
Die Burg wurde Ausflugspunkt und Jagdschloß. 1471 weilte in ihr Herzog
Otto von Braunschweig und 1566 Herzog Johann Friedrich von Sachsen
zu Besuch. 1625 Wiederherrichtung der Burg als Notasyl in der Zeit der
Pest. Seit 1739 (Aussterben der Dillenburger Linie) nicht mehr benutzt,
zunehmender Verfall. 1773 öffentlicher Inventarverkauf. Heute nur noch
Gemäuerreste vorhanden. Auf dem Burgberg kleines Modell der Burg.
🛏✕ Speisegaststätte; Sommerferienlager Berlin-Wedding.
🚌 Dillenburg - Biedenkopf
✳ Vom Burgberg aus einzigartige Aussicht (Rundblick) auf folgende Berge:
Sackpfeife bei Biedenkopf, Frauenberg bei Marburg, Dünsberg bei
Gießen, Hohensolms, Taunus, Greifenstein, Dianaburg, Westerwald und
über den ganzen Schelder Wald.
🌳 Auf dem Burgberg alte geschützte Galgenlinde (Gerichtsort).
🏃 Von Tringenstein aus ist Gelegenheit zu unzähligen schönen
Höhenwanderungen, z. B. nach den **Wilhelmsteinen,** einer romanti-
schen Felsgruppe aus Eisenkiesel (Devonzeit) mit Schutzhütte und Grill-
plätzen.
Die Wilhelmsteine sind besonders am Himmelfahrtstage Treffpunkt der
Bewohner umliegender Dörfer mit uraltem Brauchtum (Sammeln von
Heilkräutern).

Ganz abgeschieden, hart an der Kreisgrenze in einem engen
Waldtal
Siegbach-**Wallenfels** (500 m; 63 E.)
◪ Es ist nach Löber das einzige Dorf im Dillkreis mit ausgeprägten
offenen Vierseithöfen und ungeteilter Erbfolge wie im hessischen Hinterland.
Bemerkenswert sind alte Fachwerkhäuser mit schönen Schnitzereien
und Kratzputz.
Hier stand früher eine Burg, von der bauliche Reste kaum noch vorhanden sind. Nur noch einige Flurnamen erinnern an sie. Sie wurde
von Graf Otto von Nassau (gest. 1328) in der Dernbacher Fehde gebaut.
1334 wird sie als Waldinfels = Fels, Burg im Walde, genannt und von
Graf Heinrich I. an Hessen, 1344 an den schwarzen Stamm der Herren
von Bicken (bis 1486) gegeben, der hier seinen Sitz hatte, gleichzeitig
aber das hier bestandene Zehntgericht nach Tringenstein verlegte.
Die von Dernbach hatten hier einen Burgsitz.
Im Mittelalter war die Burg strategisch von Bedeutung. Sie galt als Gegen-
burg zu Burg Tringenstein, die den Grafen von Nassau gehörte.

IM AARTAL

Bearbeiter: Heinzcarl Bender †,   *Übersichtskarte Seite 436*
              Günter Herbel

Die Aar entspringt in der Nähe von Hohensolms und nimmt unterwegs kleinere Bäche auf. Ihr Tal ist nicht so schön wie etwa das
der Schelde oder das Dietzhölztal. Südlich wird es begrenzt von
den flachen Höhen der Hörre, nördlich von den Kuppen des
Schelderwaldes.
Durchs Tal verläuft die Bahnstrecke Herborn - Niederwalgern.
Talwanderungen sind weniger reizvoll, die Talorte können aber
Ausgangspunkte zu reizvollen Wanderungen in die Hörre oder
den Schelderwald sein.

Ab Herborn 2 km aaraufwärts sind wir in
Herborn-**Herbornseelbach** (230 m; 3407 E.)
◻ Großes Dorf im Tal der Aar. Sicherlich sehr alte Siedlung, 1336
Selbach (= Häuser am Bach).
Hier hatten verschiedene Adelsgeschlechter ihre Höfe, z. B. die Herren
von Bicken, von Eibach, von Schelte, von Fleckenbühl und von Selbach.
Dicht an der Aar liegt ein Erdhügel, der die geringen Reste der ehemaligen Wasserburg Dernbach birgt. Diese Burg der Ritter von Dernbach
wird 1263 zuerst genannt, von den Ganerben in der Dernbacher Fehde
mit Nassau 1309 Hessen übergeben und von diesem neu befestigt. Bei
erneuten Streitigkeiten wird sie von Nassau 1312 zerstört, 1337 wieder
hergestellt. Dann brannte sie ab und blieb Ruine.
Das althessische Adelsgeschlecht der von Dernbach hat bedeutende
Männer in Staats-, Kriegs- und Kirchendienste gegeben. Ein Dernbach
erschlug 1233 den fanatischen Ketzerrichter und Beichtvater der Heiligen
Elisabeth auf der Hanerheide bei Beltershausen unweit Marburg.
Von Herbornseelbach führt die **Hohe Straße,** ein sehr alter Fernweg
nordwärts auf die Höhen des Schelderwaldes.
NATO-Garnison (Bundeswehr und US-Army).
🏊 Turnhalle, Hallenbad
🚉 Herborn - Niederwalgern
🚌 Dillenburg - Marburg
🛏 ✕ Speisegaststätten; Café.
Grillplatz „Hinter dem Hain", daneben Schutzhütten.

2 km oberhalb auf der südlichen Talseite
Mittenaar-**Ballersbach** (250 m; 1335 E.)
◻ Ballersbach, Pfarrdorf in einem Seitental des Aartals, wurde 1270
zuerst erwähnt. 1343 stiftete Priester Konrad die St. Antoniuskapelle,
die 1588 von Herborn getrennt wurde und die Rechte einer Pfarrkirche
erhielt.
Hier wirkte ab 1634 der Pfarrer Johannes Philibertus Muscinus, der
Ballersbacher Bienenpfarrer. Er war der Verfasser „der wertvollsten
Schrift über die ältere Imkerei im nördlichen Nassau" (1638) und der
Konstrukteur von Sonnenuhren und Pendeluhren mit Mondlauf und
Glockenspiel.
🏛 Die **Kirche** ist kunstgeschichtlich sehr interessant, und man sollte
sie besichtigen. Schlüssel beim Küster.
Es handelt sich um eine spätromanische Chorturmanlage (3. Viertel des
13. Jh.). Die Turmobergeschosse sind abgetragen. Die Kirche (ursprüng-
lich einschiffig) wurde erweitert (1914 - 1916). Dabei wurden herrliche
Wandmalereien freigelegt. Auf der Nordwand Verkündigung, Geburt
Christi, Anbetung der Hl. Drei Könige und des Hl. Christophorus; vier
weitere Szenen dieser Wand (Erschaffung des Menschen, Sündenfall,

Wacholderheide bei Großaltenstädten

Vertreibung und häusliches Leben Adam und Evas) wurden 1915 auf
die Ostwand übertragen. Die Fresken der abgebrochenen Südwand
(Kreuztragung und Kreuzaufrichtung) wurden im **neuen** Chor wieder
aufgetragen. Die Wandmalereien zeigen viele interessante Züge mittelalterlichen Volkslebens.

X Holzverarbeitung, Steinverarbeitung.

🛏 X Hotel, Speisegaststätten; Café

🚌 Herborn - Niederwalgern

🚃 Dillenburg - Marburg.

3 km oberhalb von Herbornseelbach dann

Mittenaar-**Bicken** (236 m; 1611 E.)

🔲 Bicken, größeres Dorf im Aartal, wurde bereits 1249 als Biccenaha
= Bach des Bicco genannt. Früher zweigeteilt (Groß- und Kleinbicken).
Stammsitz des einst mächtigen und ausgedehnten Rittergeschlechtes
von Bicken, das 1249 zuerst genannt wird. Es starb 1732 aus.
Reste der einst mächtigen Wasserburg sind nicht mehr vorhanden;
Flurnamen bezeugen aber ihren Ort.

🏛 Die **ev. Pfarrkirche** hat einen mittelalterlichen Chorturm mit ver-
schiefertem Glockengeschoß und Spitzhelm von 1559. Schiff 1756;
Emporen, Altar und Kanzel um 1787.
Mehrere alte Fachwerkhäuser mit Vorlauben Mitte 18. Jh. Gute Haus-
türen 18 - 19. Jh.

X Ansässig ist ein großes Furnier- und Parkettwerk.

🛏 X Hotel, Speisegaststätten, Imbißhalle.

3 Grillplätze und 1 Schutzhütte.

🚌 Herborn - Niederwalgern

🚃 Dillenburg - Marburg

☎ Gemeindeverwaltung Mittenaar, Tel. (0 27 72) 4 00 18

Im weiten Wiesental weiter aufwärts. Auf beiden Talseiten auf
meist guten, z. T. kalkreichen Hangböden Ackerbau. Am rechten
Aarufer dann

Mittenaar-**Offenbach** (265 m; 1330 E.)

🔲 1274 Uffinbach = Ort über dem Bach. Der Ort hat eine alte Geschichte. Die im Aartal ansässigen Herren von Dernbach werden 1333

urkundlich als Hofbesitzer genannt, um 1315 auch als Vögte. - Um 1590 wurde die hier bestehende Pfarrei aufgehoben und mit der von Bicken vereinigt. Die Kirche wurde 1719 erbaut.   7

Die Bedeutung der alten Adelssitze geht auch aus der Tatsache hervor, daß ein in Offenbach ansässiger Adeliger von Fleckenbühl sich später von Offenbach nannte (1487-92).

🛏 ✕ Speisegaststätten; Grillplätze.

🚍 Herborn - Niederwalgern

🚌 Dillenburg - Marburg

🧗 Von Offenbach führt ein schöner Weg über die Höhe nach Übernthal. Auf der Höhe schöne Aussicht.

Aaraufwärts verlassen wir nun den ehemaligen Dillkreis. Im breiten Oberlaufgrund liegen große Bauerndörfer des alten Erdahegaus. Wir kommen nach

Bischoffen (261 m; 2300 E.)

◻ Bischoffen liegt oberhalb der Mündung des Siegbachs in die Aar im hier noch engen Talgrund.

Der Ort wird bereits 1356 erwähnt bei einer Verpfändung Heinrichs von Solms, der seine Dörfer Nydernbisschoben und Obernbisschoben dem Philipp von Kalsmunt übergibt.

1629 kam Bischoffen an Hessen. Kirchlich gehörte aber das Dorf bis 1827 zur preußischen Pfarrei Altenkirchen. 1866 wurde es preußisch.

🏛 Die ev. Kirche ist eine kleine romanische Anlage mit ehemals wehrhaftem Chorturm und flachgedecktem Schiff. Geschnitzte Kanzel aus der Mitte des 17. Jh.

🛏 ✕ Speisegaststätten; Grillplätze.

🚍 Herborn - Niederwalgern   🚌 Dillenburg - Marburg.

Im Quellgebiet der Aar und ihrer Zuflüsse liegt die Großgemeinde **Hohenahr** (275-410 m; 4151 E.)

bestehend aus den Orten Ahrdt, Altenkirchen, Erda, Groß-Altenstädten, Hohensolms und Mudersbach. 14 km nördlich von Wetzlar, durch das landschaftlich schöne Blasbachtal zu erreichen. Schloß und Ort Hohensolms, 410 m hoch gelegen, blicken von stolzer Höhe auf die anderen Orte der Großgemeinde herab. Harmonische Landschaft, kein Verkehrslärm, Wacholderheide bei Ahrdt, Altenkirchen und Groß-Altenstädten. Wanderungen durch die abwechslungsreiche Landschaft in der reinen Luft großer Mischwälder bieten sich an. Wenig Industrie, nur Kleinbetriebe.

◻ Ersterwähnung der Orte jeweils in Klammern: Ahrdt und Erda (771 Erdehe, Ardahe), Altenkirchen (1285 Aldenkirchen), Groß-Altstädten (1309 Aldinsteden), Hohensolms (1351 Hoesolms), Mudersbach (1264 Mudersbach). Um das Jahr 1323 erbauten die Grafen Solms-Burgsolms-Braunfels auf dem Altenberg, an einem Knotenpunkt wichtiger Handelsstraßen die **Burg Hohensolms.** Diese wurde 1328 von dem Landgrafen Heinrich II. von Hessen zerstört, dann wieder aufgebaut und 1349 endgültig vernichtet. 1351 wurde die Burg an dem jetzigen Platz, 2 km nördlich, errichtet, mehrfach zerstört, doch immer wieder aufgebaut. Sie wurde dann zum Schloß erweitert, in dem die Grafen von Solms-Hohensolms von Anfang des 15. Jh. bis Anfang des 18. Jh. ihre Residenz hatten. Heute ev. Jugendburg. - Schanzen aus dem 7jährigen Kriege bei Erda.

✚ Ärzte, Zahnärzte, Apotheke

🎿 Skipiste am Schloßberg in Hohensolms; Langlaufloipen und Rodelbahnen; nicht beheiztes Freibad; Minigolf, Schutzhütten; Freizeitanlage auf der „Heide" in Groß-Altenstädten.

🛏 ✕ 2 Gasthäuser mit insgesamt 22 Betten;

Ausflugsgaststätte „Eiserne Hand", 2 km nordostwärts von Erda.

🚌 Wetzlar, Gießen

Hohensolms

☎ Gemeindeverwaltung 6331 Hohenahr, Tel. (0 64 46) 12 27
🅿 Wanderparkplatz Altenberg, Wanderparkplatz Groß-Altenstädter Heide
und 🅿 Freibad Groß-Altenstädten.
👫 Helfholz - Dünsberg (6 km; markiert); Königsberg (2 km) - Hofgut
Bubenrod (6 km). Weitere markierte Wanderwege sind vorhanden.

Zur Großgemeinde Hohenahr gehören:

Ahrdt (281 m; 153 E.)   **Groß-Altenstädten** (295 m; 442 E.)
Altenkirchen (370 m; 650 E.)   **Hohensolms** (410 m; 787 E.)
Erda (295 m; 1714 E.)   **Mudersbach** (275 m; 410 E.)

AUF DER HÖRRE

Bearbeiter: Günter Herbel   *Übersichtskarte Seite 418*

Die Hörre, ein Gebirgszug, zwischen der Aar und der Lemp, steigt
aus dem Dilltal steil empor, verläuft in ungefähr östlicher Richtung
und senkt sich im Osten in das Tal der hier nordwärts fließenden
Aar. Ein geschlossener, abwechslungsreicher Mischwald bedeckt
die Hänge und den Höhenrücken der Hörre, ab und zu von kleinen
Wacholderheiden unterbrochen. Stille Täler und befestigte Wege,
die zum Teil sogar asphaltiert oder betoniert sind und die Hörre
nach allen Richtungen hin durchziehen, laden zu ausgedehnten
Wanderungen ein. Zu empfehlen sind Wanderungen durch das
schöne Stippbachtal bei Sinn oder das reizvolle Roßbachtal bei
Niederlemp.
Im Mittelalter zog sich über den Rücken der Hörre ein wichtiger
Handelsweg, der „Rennweg", der als Querverbindung von der
Handelsstraße Köln - Frankfurt bei Herborn abzweigte und über

die Hohensolmser Hochfläche nach Osten führte. Der Rennweg ist in den mit „D" markierten Dillhöhenweg des Westerwald-Vereins einbezogen. Die höchsten Erhebungen in der Hörre sind Hohe Warte (406 m), Stellbeutel (429 m), Alteburg (445 m) und Hörrkopf (400 m). Die Koppe bei Kölschhausen ist 354 m hoch und bietet von ihrem Gipfel einen schönen Rundblick in die harmonische und schöne Landschaft. In ihrem Naturschutzgebiet finden sich außer Wacholder und seltenen Pflanzen auch ein sehr ebenmäßiger Säulenbasalt.

Mittenaar-**Bellersdorf** (343 m; 284 E.)

liegt am Osthang des Hörrkopfes in einem Bergsattel, durch den eine Straßenverbindung vom Lemp- zum Aartal führt. Es hat eine reizvolle Umgebung und war erfolgreich im Wettbewerb „Unser Dorf soll schöner werden".

◨ Frühgeschichtliche Siedlungsspuren am Hörrkopf. Man findet dort Ackerraine und Wohnpodien, jedoch relativ wenig Scherbenfunde, die in die Latène-Zeit einzuordnen sind (500 v. Chr. bis Chr. Geb.). - Erste urkundliche Erwähnung 1294 als Beldirsdorf (nach dem Personennamen Beldir benanntes Dorf), am Ende des 14. Jh. eingegangen und 1432 als Wüstung genannt. Im Jahre 1618 hat Bellersdorf wieder einen Hof. Der erste Neusiedler soll ein Schuster aus Thüringen gewesen sein. 1699 hatte sich wieder ein Dorf entwickelt. - Unter preußischer Verwaltung kam Bellersdorf nach 1815 zur Landbürgermeisterei Hohensolms. Im Jahre 1972 wurde es aus dem Kreise Wetzlar herausgelöst und in die Großgemeinde Mittenaar eingegliedert. - Nordwestlich von Bellersdorf, an einem im Mittelalter interessanten Knotenpunkt von wichtigen Handelsstraßen, befinden sich die Überreste einer alten **Schanze,** die diese strategisch wichtige Höhe sichern sollte. Trafen doch ganz in ihrer Nähe die Interessengebiete einiger Landesherren aufeinander, deren ständige Fehden das Land häufig mit Krieg überzogen. Je nach Heftigkeit dieser Fehden wurde der Bau der Schanzen verstärkt oder vernachlässigt. Wer die Schanzen baute, ob es die Nassauer, die Hessen, oder die von Dernbach waren, ist heute kaum noch festzustellen. Es wird vermutet, daß die ersten Befestigungen etwa im 13. bis 14. Jh. angelegt wurden. Die politische Entwicklung und der damalige Grenzverlauf lassen den Schluß zu, daß sie 1320 schon vorhanden waren und im Laufe der folgenden Jahrhunderte erweitert und vervollständigt worden sind. Interessant ist die Anordnung der Schanzen, die insgesamt etwa 250 m lang sind und aus zwei ungleichseitigen, viereckigen Wallanlagen bestehen.

🚪 ✕ 2 Gasthäuser

🚌 Herborn - Altenkirchen und Wetzlar - Altenkirchen

ℙ westlich Bellersdorf in Richtung Bicken rechts am Waldrand.

🧗 **Gute Wandermöglichkeiten in die Hörre:**
   1. Bellersdorf - Aßlar (18 km; Mkg.: „D");
2. Bellersdorf - Herborn (14 km; Mkg.: „D" und gelbes „X";
3. Bellersdorf - Alte Schanze - Kassberghütte - Windfeld - Bellersdorf (12 km).
   Zunächst auf der Landstraße in Richtung Bicken bis zum Waldrand. Am Parkplatz rechts auf breiter Straße (gesperrt für Verkehr) nach Norden bis zur alten Schanze. An der zweiten Anlage genau nach Norden, erst durch Niederwald, dann durch Mischwald bis zur Offenbacher Heide. Über die Heide weiter nach Norden bis zur Kassberghütte mit Grillplatz. Von dort auf dem Waldlehrpfad um den Gipfel des „Windfeldes" herum und von der „Mittagshütte", einer Schutzhütte an einem Teich, talabwärts bis zur Landstraße Bicken-Bellersdorf. Auf dieser zurück über die Höhen nach Südosten bis Bellersdorf.

IM TAL DER LEMP

Bearbeiter: Günter Herbel   *Übersichtskarte Seite 436*

Südlich vom Aartal verläuft das Tal der Lemp, die nach dem Zusammenfluß der drei Quellbäche zunächst nach Westen, dann ab der Grundmühle bei Kölschhausen nach Süden fließt und bei Ehringshausen in die Dill mündet. In dem landschaftlich reizvollen Tal liegen die Orte Oberlemp, Niederlemp und Kölschhausen. An den Zuflüssen der Lemp liegt im Osten Bermoll am Hange des Buchenberges (391 m), und an einem von Norden kommenden weiteren Zufluß liegt Dreisbach in einer Talmulde an der Hörre. Eine Landstraße mit BAB-Anschluß, Abfahrt Ehringshausen, führt durch das Lemptal nordwärts.

Aßlar-Bermoll (324 m; 171 E.)
der höchste Ort des Lemptales, das sich bei Oberlemp in drei Täler aufteilt. Das nach Norden abzweigende Tal wird die Westerlemp genannt, das nach Osten gehende Tal führt am Adlerhorst entlang zur Lempquelle, und das dritte Tal windet sich nach Nordosten zum Buchenberg hin und wird vom Bermoller Bach durchflossen. Bermoll ist von abwechslungsreichen Mischwäldern umgeben und bietet, am Südwesthange des Buchenberges liegend, einen schönen Blick hinüber zum Westerwald.

◪ Scherbenfunde aus dem Neolithikum (4500-2000 v. Chr.). Im Distrikt „Hocker" befinden sich mehrere Hügelgräber, aus denen verschiedene Funde geborgen wurden, die sich im Museum zu Herborn befinden. Die Gräber sind aus der Urnenfelder- bzw. Hallstattzeit und beweisen eine frühe und ständige Besiedlung des oberen Lemptales. - Im Jahre 1277 wird Bermoll als Berenbuhele urkundlich erwähnt, 1432 kommt es wie alle Dörfer des Amtes Hohensolms durch Erbteilung in den Besitz des Grafen Johann, der die Linie Solms-Lich begründete, und bleibt auch später in der Landbürgermeisterei Hohensolms. Seit dem 1. 1. 1972 gehört Bermoll zur Großgemeinde Aßlar.
✕ Gasthaus
🚌 Wetzlar - Aßlar - Bermoll; Ehringshausen - Bermoll
🏃 **1. Bermoll - Großaltenstädter Heide - Oberlemp - Bermoll (11 km).**
Markierung: gelbes X bis Großaltenstädter Heide, dann nach Westen im Tal der Lemp bis Oberlemp, am Ortsausgang in Richtung Bermoll nach links auf die Höhe, von dort zurück nach Bermoll.
2. Bermoll - Bellersdorf - Oberlemp - Bermoll (12 km).
Straße in Richtung Altenkirchen, nach etwa 1 km links, einen befestigten Weg hinab ins Tal, dann in nordwestlicher Richtung hinauf nach Bellersdorf. Von dort Markierung „D" den Weg hinab ins Tal der Westerlemp bis nach Oberlemp. Am Ortsausgang in Richtung Bermoll links hinauf und auf der Höhe zurück nach Bermoll.

1,5 km unterhalb liegt im Lemptal
Aßlar-Oberlemp (244 m; 498 E.)
mit reizvoller Umgebung, 8,5 km nordostwärts von Ehringshausen. Große, stille Wälder, vorwiegend Mischwald, mit guten Wandermöglichkeiten in der nördlich gelegenen Hörre oder dem im Süden aufsteigenden Adlerhorst (435 m) mit frühgeschichtlicher Bedeutung (siehe Bechlingen!). Nebenberuflich wird noch Landwirtschaft betrieben.

◘ Siehe Bechlingen und Niederlemp. In der Umgebung von Oberlemp wurde ein Armring aus der Latène-Zeit, mit einfachen Petschaftsenden und einem Durchmesser von 7,5 cm gefunden, der im Museum von Braunfels aufbewahrt wird. Wahrscheinlich gab es schon in der Hallstattzeit (800-500 v. Chr.) im Gebiet von Oberlemp Siedlungsstätten. - Der Name „Lemphia" wird zum ersten Male im Jahre 778 urkundlich erwähnt und bezieht sich auf den Lempbach und die Orte Ober- und Niederlemp, die 845 „Lempha" genannt werden. - Im Jahre 1432 fiel durch eine Erbteilung des Stammbesitzers der Solmser, zwischen den Grafen Johann und Bernhard II. von Solms-Braunfels, Oberlemp an den Grafen Johann, der in Lich residierte. Damit wurden die beiden Lemporte durch eine Landesgrenze getrennt, da Niederlemp bei Solms-Braunfels blieb. - Oberlemp gehörte später zur Landbürgermeisterei Hohensolms, seit 1972 zur Großgemeinde Aßlar.

🗡 Reiterhof, Reitschule, Mietpferde

⇔ ✕ Gaststätte Adam Münch, Hauptstraße 44

🚌 Wetzlar - Aßlar - Bermoll und Ehringshausen-Bermoll

🌿 Wacholderheide

🥾 **Oberlemp - Adlerhorst - Groß-Altenstädter Heide - Oberlemp (12 km).** In südlicher Richtung etwa 1 km auf der Landstraße Oberlemp - Bechlingen, dann nach der Markierung „D" links hinauf zum Adlerhorst und bis zu den Dreiherrensteinen, von dort zunächst nach Osten bis zur „Hohen Straße" und diesem alten Handelsweg (heute nur noch ein Waldweg) nach Norden entlang und hinab auf die Groß-Altenstädter Heide. Dort Grillplatz, Schutzhütte, Kinderspielplatz und Quelle. Etwa 0,5 km weiter nördlich führt links ein befestigter Weg durch ein sehr schönes Tal in westlicher Richtung zurück nach Oberlemp.

1 km weiter

Ehringshausen-**Niederlemp** (229 m; 422 E.)

Ein 7 km nördlich von Ehringshausen im Tale der Lemp liegender Ort.

◘ Der Fund eines Rechteckbeiles aus dem Neolithikum bei Niederlemp läßt den Schluß zu, daß das obere Lemptal schon zwischen 4500 und 2000 v. Chr. besiedelt gewesen sein muß. Das Beil wird im Museum von Berlin aufbewahrt. Weitere Funde bei Bermoll und Oberlemp (siehe auch Bermoll und Oberlemp). Zwischen Niederlemp und Oberlemp verlief im Mittelalter eine Landesgrenze, die die beiden nur 1 km auseinanderliegenden Orte trennte. Die Grenze bestand wahrscheinlich schon früher und war die südliche Grenze der „Erdaher Mark". Kirchlich gehörte Niederlemp zum Dillheimer Cent, während Oberlemp zum Altenkirchener Cent gehörte. Nach der Reformation wurden im Jahre 1600 die Gemeinden Kölschhausen, Bechlingen, Breitenbach, Dreisbach und Niederlemp zu einer selbständigen Pfarrei zusammengeschlossen. - Niederlemp gehörte später zur Landbürgermeisterei Aßlar mit Amtssitz in Ehringshausen. - Die Bewohner von Niederlemp verdienen ihren Lebensunterhalt zum größten Teil als Pendler in Wetzlar, Aßlar und Ehringshausen. Einige betreiben noch Landwirtschaft. Niederlemp hat keine eigene Industrie. - Laut Beschluß vom 13. 5. 1974 wurde Niederlemp am 1. 1. 1977 in die Großgemeinde Ehringshausen eingemeindet.

🏛 **Ev. Kapelle.** Kleine spätgotische Wehranlage; über dem Erdgeschoß des Wehrturms zwei Wehrgeschosse mit waagrechten Schießscharten.

⇔ ✕ „Grundmühle" 1 km südlich zwischen Niederlemp und Kölschhausen.

🚌 Wetzlar - Aßlar - Bermoll und Ehringshausen - Bermoll

🌿 Das Tal wird hier im Norden von der Hörre mit dem 367 m hohen „Gebrannten Berg" und im Süden von einem nach Osten strebenden Höhenzug mit dem 362 m hohen Mühlberg beherrscht. Ein besonderer Leckerbissen für Liebhaber der Stille und einer ausgeglichenen Mittelgebirgslandschaft ist das **Roßbachtal**, das sich etwa 1 km westlich von Niederlemp in nördlicher bzw. nordöstlicher Richtung in die Hörre hineinzieht. - Wacholderheide.

Niederlemp - Roßbachtal - Bellersdorf - Niederlemp (9 km).
Etwa 1 km nach Westen talabwärts, dann nach Norden, im Roßbachtal aufwärts bis Bellersdorf. Von dort nach Süden (Mkg.: „D")bis
zur Untermühle bei Oberlemp und Landstraße zurück nach Niederlemp.

In einem nur nach Süden, zur Lemp hin offenen Talkessel liegt
am Fuße des Seebergs
Ehringshausen-Dreisbach (245 m; 270 E.)
Idyllischer Ort, der nur auf einer an der Grundmühle von der
Lemptalstraße abzweigenden Straße zu erreichen und 5 km von
Ehringshausen entfernt ist. Kein Durchgangsverkehr; nur an
Wochentagen gibt es für den Berufsverkehr, über einen ausge-
bauten Waldweg, noch eine Verbindung nach Sinn. Ausgespro-
chen ruhige und klimatisch milde Lage.

Infolge seiner günstigen klimatischen Lage und des vorhandenen
fruchtbaren Lößbodens war die Gegend um Dreisbach schon früh besiedelt. An dem Südosthang des Hasenberges liegt ein **Monolith aus
Quarzitkonglomerat** aus der Hallstattzeit (800 bis 500 v. Chr.); unweit
davon, zum Seeberg hin, sind Ackerraine, Wohnpodien und alte Wege-
führungen zu erkennen. Scherbenfunde beweisen, daß seit mindestens
2500 Jahren hier Menschen lebten. - Urkundlich wird Dreisbach im Jahre
1300 als Dreispach erstmalig erwähnt, ein ehemaliger Pfarrer zu Wetzlar
mit Namen Walther vermachte die Hälfte seines Hofes zu Dreisbach an
das Kloster Altenberg. - Bis zum Jahre 1600, in dem der Ort, als zur
„Reformierten Kirche" gehörend, der Pfarrei Kölschhausen angeschlossen wird, ist er mehrfach urkundlich erwähnt. - Unter preußischer Verwaltung wurde Dreisbach nach 1815 der Landbürgermeisterei Aßlar
angeschlossen, deren Amtssitz Ehringshausen war. Seit 1972 gehört
Dreisbach zur Großgemeinde Ehringshausen.
Kleine **ev. Kapelle** mit Fußboden aus Bachkieselsteinen (leider über-
plättet).
✕ 2 Gasthäuser
Ehringshausen - Bermoll
P am Seeberg; am Sinner Weg am Waldrand; am Sinner Weg auf der
Höhe im Walde.

Guter Ausgangspunkt für Wanderungen in der Hörre, ein Höhenzug, der sich vom Dilltal unterhalb von Herborn und oberhalb von
Ehringshausen zwischen den Tälern der Aar und der Lemp von West
nach Ost erstreckt und im Osten bei Ahrdt zum Aartal hin ausläuft. -
Über den Höhenrücken der Hörre zieht sich eine im Mittelalter wichtige
Handelsstraße, der „Rennweg", die heute als Wanderweg nördlich von
Dreisbach an dem Gipfel der **„Alteburg"**, mit 445 m höchste Erhebung
der Hörre, vorbeiführt. - Stille, wildreiche Mischwälder, Täler, in denen
der klare Bach noch murmelt, ozonreiche und reine Luft, etwas für den
ruhesuchenden Wanderer, der dem Lärm entfliehen will. Ein markiertes
Wanderwegenetz ist in Ausarbeitung.

Wanderungen:

1. Seeberg - Bellersdorf - Rennweg - Müncheiche - Dreisbach (14 km).
An der Schutzhütte und dem Sportplatz auf dem Seeberg vorbei in
nordöstlicher Richtung zum Hasenberg und dort rechts am Waldrand
entlang. Bei dem ersten Weg, der links in den Wald abbiegt, etwa
150 Meter links oben im Walde der Monolith. Weiter nach Nordosten
durch Wald nach Bellersdorf. Etwa 0,6 km Landstraße in Richtung
Bicken bis zum Wald, dann befestigten Weg (Rennweg) links ab nach
Westen. Markierung: gelbes X und großes „D" bis zur Müncheiche
(beschildertes Naturdenkmal mit Sitzgruppe). Nun links oben betonierten Waldweg, der das gesamte Amstelbachtal nördlich umrundet,
in südwestlicher Richtung hinab, und nach Durchqueren der Talsohle
nach Süden hinauf, bis der Weg bei einem Parkplatz auf den „Sinner

Weg" stößt. Von da nach links, in östlicher Richtung hinab nach
Dreisbach.

2. Dreisbach - Ballersbach (6 km).
In nordwestlicher Richtung über einen Höhenrücken hinauf zu Höhe;
rechts guter Aussichtspunkt (Taunusblick, beschildert), weiter zum
Kamm, über den „Rennweg" hinweg, und einen betonierten Waldweg
nach Norden talabwärts bis Ballersbach.

**3. Dreisbach - Rennweg - Westerwaldblick - Stippbachtal - Dreisbach
(12 km).**
Nach Westen auf dem asphaltierten „Sinner Weg" hinauf bis zum
Parkplatz im Walde (rechts), hier rechts auf einem betonierten Weg
in nördlicher Richtung. Nach etwa 0,6 km an einer Wegegabel nach
links auf einem breiten befestigten Weg in vielen Windungen sanft
ansteigend bis zum Rennweg. Nun Markierung gelbes „X" und
großes „D" immer dem „Rennweg" entlang nach Westen bis zur
Schutzhütte und dem Grillplatz am „Westerwald-Blick". Weiter etwa
0,3 km nach Nordwesten, dann links nach Süden, Markierung „H 8"
zunächst auf gleicher Höhe, dann nach Südosten hinab ins Stippbachtal. An mehreren Fischteichen vorbei nach etwa 3 km auf asphaltiertem Weg (Sinner Weg) ohne Markierung links hinauf nach Osten
und über die Höhe nach Dreisbach.

In einem Kessel des Lemptales, am Fuße der „Koppe" (354 m),
liegt

Ehringshausen-**Kölschhausen** (211 m; 682 E.)

Altes Pfarrdorf 3 km nördlich von Ehringshausen. Kölschhausen
liegt an der Lemptalstraße, von Ehringshausen talaufwärts in
Richtung Bermoll, und ist von der Autobahn „Sauerlandlinie",
Abfahrt Ehringshausen (2 km), leicht zu erreichen.

◨ Erste urkundliche Erwähnung im Jahre 1253 im Lorscher Codex als
Kapelle in Culshusen und 1299 als Colshusen. Im 14. Jh. gab es dort
eine Vogtei, und in der 1. Hälfte des 14. Jh. wurde die Kirche von
Reisigen der freien Reichsstadt Wetzlar, die in ständiger Fehde mit
den Grafen zu Solms lag, bei Kampfhandlungen gegen das solmsische
Kölschhausen beschädigt. Dies war eine von mehreren kriegerischen
Handlungen der Wetzlarer gegen die damaligen Wehrkirchen, und Wetzlar verfiel in den Kirchenbann, erhielt jedoch schon bald wieder Abso-
lution. Zwischen Wetzlar und dem Hause Solms zeichneten sich im
Jahre 1351 Friedensschlüsse ab, die dann etwas Ruhe ins Land brachten.
- Nach der Reformation wurde Kölschhausen im Jahre 1600 selbständige
Pfarrei, der die Dörfer Bechlingen, Breitenbach, Dreisbach und Nieder-
lemp, alle zur „Reformierten Kirche" gehörend, angehörten. - Im Jahre
1715 wurde für die Jagdleidenschaft der Solmser Grafen ein Fasanen-
garten in Kölschhausen eingerichtet. - Nach 1815, unter preußischer
Verwaltung, wurde Kölschhausen der Landbürgermeisterei Aßlar, mit
Amtssitz in Ehringshausen, angeschlossen. - Kölschhausen gehört ab
1. 1. 1977 zur Großgemeinde Ehringshausen.
🏛 **Ev. Kirche,** erbaut 1697, mit zwei alten Glocken, die die Namen
„Anna" und „Maria" tragen und 1478 und 1518 gegossen wurden. Be-
merkenswerte Wehranlage. Chorturm mit Wehrgeschoß und Zeltdach.
Im Kirchenschiff in Sockelhöhe zugemauerte Schießscharten. - Zwischen
Ehringshausen und Kölschhausen die Lemptalbrücke der Sauerlandlinie.
✗ Kölschhausen hat nur wenig Industrie, eine fotochemische Werkstatt
für gedruckte Schaltungen und einen Möbelsupermarkt, deshalb pendeln
die meisten Berufstätigen nach Wetzlar, Aßlar und Ehringshausen. Nur
wenig Landwirtschaft, meist nebenberuflich.
⚮ Tontaubenschießstand
⇥ ✗ Grundmühle, 1 km nördlich an der Straße nach Niederlemp;
Gaststätte „Zum Steinberg", Sinner Weg.
🚌 Ehringshausen - Bermoll und Wetzlar - Kölschhausen

🌿 Säulenbasalt auf der Koppe in eindrucksvoller Regelmäßigkeit (NSG). Unterhalb interessante Vegetation im Wacholdergebiet am Waldrand.

🧗 Wanderungen über Felder, durch schöne Täler und in abwechslungsreichen Mischwäldern auf den bewaldeten Höhen, sowie zur Koppe, einem der schönsten Aussichtsberge der Hörre, bieten sich an.

Wanderungen:
Kölschhausen - Koppe - Mühlberg - Edingen (Ortsrand) - Sinn (Ortsrand) - Stippbachtal - Kölschhausen (14 km).
Zunächst keine Markierung. Über Felder nach Westen hinauf zur Koppe (354 m). Am Waldrand kleine Wacholderheide, durch den Wald hinauf zum Gipfel. Seitlich Basaltbruch (stillgelegt, Naturschutzgebiet) mit schönem Säulenbasalt. Guter Rundblick.
Nach Nordosten hinab bis zum nächsten festen Weg (breiter Waldweg), dann nach Westen der weißen Markierung „H 8" nach, über den Höhenrücken und den Mühlberg (356 m) durch Mischwald. Dann abwärts bis zur Autobahn, von dort schöner Blick in das Dilltal und auf Greifenstein, unter uns Edingen. Rechts an der Autobahn entlang nach Norden bis kurz vor Sinn, und rechts hinab in das Stippbachtal.
Talaufwärts auf asphaltiertem Waldweg, Wassertretanlage, Fischteiche. Nach etwa 3 km vor einem Fischteich ersten befestigten Weg rechts hinauf nach Südosten und über die Höhe, durch den Wald zurück nach Kölschhausen.

Etwa 1 km ostwärts von Ehringshausen-Kölschhausen in einem Seitental der Lemp, das sich bis Bechlingen hinaufzieht

Ehringshausen-Breitenbach (225 m; 215 E.)
Ruhige Lage in dem von bewaldeten Höhen umgebenen Tal.
Schöne Wanderungen in den abwechslungsreichen Mischwäldern.

◨ Aus der Frühgeschichte ist uns nichts bekannt. Erste urkundliche Erwähnung 778 im Lorscher Codex „am Bache Lemphia gelegen" (siehe auch die anderen Gemeinden an der Lemp). - Nach der Reformation gehörte Breitenbach der reformierten Kirche an und kam im Jahre 1600 zu der Pfarrei Kölschhausen. - Es wurde später in die Landbürgermeisterei Aßlar eingegliedert und am 1. 1. 1977 der Großgemeinde Ehringshausen angeschlossen.
🏛 Einige schöne Fachwerkhäuser, Wochenendhausgebiet.
⚒ Eine Eisenerzgrube (Schöner Anfang) mit reichem Vorkommen in guter Qualität wurde unmittelbar nach dem 2. Weltkrieg stillgelegt, weil die erschlossenen Erzlager erschöpft waren. - Heute keine Industrie mehr, wenig Landwirtschaft, meist nebenberuflich. Die Einwohner arbeiten in Wetzlar, Aßlar und Ehringshausen.
🛏 ✗ Breitenbacher Hof
🚌 Wetzlar - Aßlar - Bermoll und Ehringshausen - Bermoll

🧗 **Wanderungen:**
1. Breitenbach - Behlkopf - Holzerbachtal - Bechlingen - Breitenbach (9 km).
Keine Markierungen. In südlicher Richtung, an den Abbauspuren der Grube „Schöner Anfang" vorbei, hinauf zur Höhe und in einem stillen Tälchen wieder hinab bis zur Autobahn. An dieser links am Waldrand entlang in südöstlicher Richtung bis zum Holzerbachtal, dort links aufwärts bis zur ersten Brücke und nun nach Norden über die Höhe nach Bechlingen. Von dort führt ein befestigter Weg zwischen Bach und Waldrand durch Wiesen hinab nach Breitenbach.
2. Breitenbach - Mühlberg - Bechlingen - Breitenbach (6 km).
Keine Markierungen. Am Friedhof auf befestigtem Weg durch Felder und Wiesen nach Norden hinauf zum Waldrand. Von dort sehr schöne Aussicht über das Dilltal nach Greifenstein. Nun den Weg über den Kamm nach Osten bis zur Landstraße Bechlingen-Oberlemp. Etwa 100 Meter weiter ostwärts führt ein Weg durch die Felder, parallel zur Landstraße nach Bechlingen. Von dort befestigter Weg zwischen Bach und Waldrand durch Wiesen hinab nach Breitenbach.

IM BECHLINGERBACHTAL

Bearbeiter: Günter Herbel   *Übersichtskarte Seite 436*

Südlich der Lemp und zu ihr ungefähr parallel verläuft das gewundene, nicht so weit nach Osten ausbiegende Tal des Bech-
lingerbaches. Der Bach entspringt bei Bechlingen am Fuße des
Adlerhorstes (435 m) und windet sich durch das hübsche Tal hinab
nach Aßlar, wo er in die Dill mündet. Kurz vor Aßlar wird das Tal
von der architektonisch interessanten Bechlingertalbrücke der
BAB Sauerlandlinie überspannt. Eine Landstraße, die in Aßlar von
der B 277 abzweigt, führt durch das Tal und über Bechlingen in
das Lemptal.

Aßlar-**Bechlingen** (280 m; 550 E.)

Ein 5 km nördlich von Aßlar liegender Ort an der durch das idyl-
liche Bechlingerbachtal führenden Straße von Aßlar nach Oberlemp, am Fuße des 435 m hohen Adlerhorstes.

🔲 🏛 Auf dem Höhenrücken des **Adlerhorstes** Siedlungsspuren und Scherbenfunde aus der Latènezeit (etwa 500 v. Chr.), sowie Spuren eines
Ringwalles und einer, vermutlich keltischen, Kultstätte. - Eine Sage
berichtet, daß die einst auf dem Adlerhorst nistenden Adler das Kind
einer heumachenden Bäuerin von der Wiese geraubt und zum Adlerhorst verschleppt hätten. Die sofort hinaufziehenden Bauern, die das
Kind retten wollten, fanden es, mit ausgehackten Augen, tot vor den
jungen Adlern. In ihrem Zorn töteten sie die Adler mitsamt ihrer Brut
und fällten die Horstbäume. Seit dieser Zeit soll es keine Adler mehr
dort geben. - Bechlingen wird als Bechelingen 1298 erstmals urkundlich
erwähnt. Die kleine **Kirche,** deren Bauzeit nicht bekannt ist, wurde im
Jahre 1713 erneuert und neu geweiht. Sie ist als Wehrkirche erbaut
worden und wurde bei Gefahr von den Bewohnern des Ortes aufgesucht.
Bei den ständigen Fehden der freien Reichsstadt Wetzlar mit den Grafen
von Solms, zu Beginn des 14. Jh., wurde die Kirche beschädigt und
wahrscheinlich auch in Brand gesetzt. - Im Zuge der Reformation wurde
Bechlingen, zusammen mit Kölschhausen, Breitenbach, Dreisbach und
Niederlemp im Jahre 1600 selbständige Pfarrei. - Am Bechlingerbach
befinden sich mehrere Fischteiche (Tagesangelkarten möglich).
❌ Außer einer Bürstenfabrik keine Industrie. Der größte Teil der Einwohner fährt als Pendler in die Industriebetriebe von Wetzlar und Aßlar.
🚌 Wetzlar - Aßlar - Bechlingen - Oberlemp
👫 Von der Straße Bechlingen-Oberlemp oberhalb von Bechlingen
schöner Blick nach Westen auf die Westerwaldberge und Greifenstein. Schöne Wanderungen durch stille, vorwiegend aus Laubwald
bestehende Mischwälder.
1. **Bechlingen - Schwarze Steine (Diabasbrüche) - Dreiherrensteine -
   Adlerhorst - Bechlingen (12 km).**
   Markierung: zunächst keine, ostwärts über die Höhe und dann hinab
   ins Tal, weiter talaufwärts, nach etwa 1,5 km rechts bergauf zu den
   Steinbrüchen, weiter nach Osten, auf befestigtem Weg hinauf bis zur
   Höhe. Ab dort Markierung „D" (Dillhöhenweg) zunächst nach Norden,
   dann nach Nordwesten über die Dreiherrensteine zum Adlerhorst. Ab
   dort wieder ohne Markierung hinab nach Bechlingen.
2. **Bechlingen - Breitenbach - Bechlingen (8 km).**
   Keine Markierung. Auf befestigtem Weg durch Wiesen talabwärts bis
   Breitenbach. Von dort in südöstlicher Richtung bergauf bis zur Höhe.
   Auf dem Höhenrücken dann in östlicher Richtung auf stillen Waldwegen zurück nach Bechlingen.

IM BLASBACHTAL

Bearbeiter: Günter Herbel   *Übersichtskarte Seite 436*

Das letzte von Nordosten in das Dilltal einmündende Tal ist das
Blasbachtal, das sich von Hermannstein nach Norden, bis in die
Hohensolmser Hochfläche, erstreckt. Der Blasbach entspringt am
Fuße des Altenberges (442 m), durchfließt ein liebliches Wiesental
und den Ort Blasbach, nimmt unterhalb des Ortes den aus einem
sehr schönen und langen Tal kommenden Grundbach auf und
mündet bei Hermannstein in die Dill. Bei Blasbach steht der
„Wällerhorst", ein Haus des Westerwald-Vereins, Ortsgruppe
Wetzlar-Niedergirmes. In einer sehr hübschen Umgebung bieten
sich gute Wandermöglichkeiten durch Wälder, über Höhen und
durch reizvolle Täler. Südlich von Blasbach, in dem Dreieck zwischen Lahn, Dill und Blasbach erhebt sich nördlich von Wetzlar
der aus Kalk bestehende Simberg (256 m) mit dem Rasthaus
„Schauinsland", von dem sich eine schöne Aussicht nach Süden
bietet.

Über das Lahntal von Gießen, bis hinab nach Burgsolms und über
die zu Füßen des Simberges beginnende Stadt Wetzlar bis hin zu
den fernen Taunusbergen, schweift der Blick über eine Landschaft, die schon Goethe bei seinem Aufenthalt in Wetzlar be-
geisterte.

In Hermannstein zweigt von der B 277 eine Landstraße ab, die
durch das Blasbachtal hinauf nach Hohensolms und weiter zur
B 255 führt; sie gilt als Direktverbindung in das Hinterland.

Wetzlar-**Blasbach** (230 m; 900 E.)
ein im idyllischen Blasbachtal gelegener Ort. Über die vorgenannte Landstraße nach 5 km zu erreichen. - Keine Industrie, Landwirtschaft vorwiegend nebenberuflich, die meisten berufstätigen
Einwohner sind in dem nahegelegenen Wetzlar beschäftigt.

◼ Aus der vorgeschichtlichen Zeit sind bisher keine Funde bekannt.
Etwa 1 km südlich von Blasbach, am Melmesberg, 3 Hügelgräber ohne
Funde, die jedoch in der Gemarkung Naunheim liegen. - Erste urkundliche Erwähnung im Lorscher Codex, durch die Schenkung einer Kirche
in Blasbach an das Kloster Lorsch, im Jahre 797. - Im Mittelalter wird
das Blasbacher Gericht, meist mit Naunheim, zu dem auch Waldgirmes
gehörte, als der dritte „Dill-Cent" genannt, dessen Gerichtshoheit das
Haus Solms hatte. - 1359 verpfändete Graf Heinrich VI. von Braunfels
den Blasbacher Cent an den Grafen Johann von Nassau-Weilburg. -
Graf Bernhard II. von Solms-Braunfels erhielt in den Jahren 1432 und
1436 den Blasbacher Cent bei einer Erbteilung wieder zugesprochen,
allerdings erschienen die Landgrafen von Hessen jetzt ebenfalls als
Mitbesitzer. - 1972 schlossen sich die Gemeinden Blasbach und Hermannstein zusammen.

🚏 ✕ 2 Gastwirtschaften; Wanderheim des Westerwald-Vereins.
🚌 Wetzlar - Hohensolms - Altenkirchen
👫 Gute Wandermöglichkeiten über die bewaldeten Höhen, die das
Blasbachtal umsäumen und in stillen Seitentälern.

Wanderungen:
1. **Blasbach - Hofgut Bubenrod - Hohensolms (7 km).**
   Nach Nordosten hinauf zum Sportplatz, dann Markierung roter Strich (siehe Wanderung 2. bei Hermannstein);
2. **Blasbach - Hirschkopf - Hohensolms (7 km).**
   Bei dem Friedhof hinauf nach Nordwesten, auf befestigten Wegen zum Hirschkopf (389 m) und weiter nach Norden bis zum Waldrand. Ab dort Markierung weißer Strich und weißes Dreieck nach Hohensolms;
3. **Blasbach - Hofgut Bubenrod - Hohensolms - Hirschkopf - Blasbach (14 km).**
   Wanderung 1. und 2. als Rundwanderung zusammengefaßt;
4. Weitere Wanderungen vom Wanderheim „Wällerhorst" aus markiert, (Übersichtstafel).

Die erste Kartoffel im Nassauer Lande

Um das Jahr 1621 lebte zu Herborn der Professor der Arzneikunde Johannes Matthäus, dessen Name in Deutschland und selbst in England bei den Ärzten in hohem Ansehen stand; denn der gelehrte alte Herr war nicht nur einer der besten Pflanzenkenner, sondern hatte auch mehrere bedeutsame Bücher über die Pflanzen und ihre Heilkräfte geschrieben. Bei seinem eifrigen Studieren war er unverheiratet geblieben und hatte seine Gunst und Liebe den Pflanzen zugewandt. So grünte und blühte es denn in seinen Zimmern wie in einem Gewächshause.

Er hatte aber einen guten Freund in der Stadt Oxford in England, und die beiden schrieben sich wohl dann und wann einmal, teilten auch ihre Beobachtungen über die Pflanzen einander mit, und wenn der eine oder andere eine seltene Art gefunden hatte, so machte er damit auch seinem Freunde ein Geschenk. Damals waren gerade die Kartoffeln in England bekannt geworden, und am königlichen Hofe aß man sie als etwas Seltenes mit großem Wohlbehagen. Der Oxforder Professor bekam von einem Bekannten am Hofe einige Kartoffeln zugeschickt und dachte dabei sogleich an seinen Freund Matthäus. Er wählte eine der schönsten Knollen aus, packte sie in eine Schachtel und übersandte sie seinem Freunde in Herborn.

Der Herr Professor Matthäus freute sich dieses freundlichen Gedenkens und war der Meinung, das ist wieder eine neue schöne Blume aus dem Lande Amerika; und die Engländer haben's gut, sie holen sich das alles selbst. Er nahm daher die Kartoffelknolle, pflanzte sie in einen schönen Blumentopf und stellte diesen vor sein Fenster, wohin die Maisonne gar lieblich schien. Der Herr Professor aber fand die Blüte außerordentlich schön. Er freute sich ihrer gar sehr, zeigte sie jedermann und war ordentlich stolz darauf.

Um diese Zeit, als die Kartoffel im Blumentopf des Professors blühte, heiratete die Tochter eines angesehenen Bürgers der Stadt Herborn einen braven Mann. Ihr Vater aber war ein Nachbar und guter Bekannter des Professors Matthäus. Als er daher den Herrn Nachbar und vielguten Freund zur Hochzeit seines lieben und einzigen Töchterleins einlud, die am folgenden Tage sein sollte, da flüsterte ihm die junge Braut errötend ins Ohr: „Bringt mir doch auch ein schönes Sträußlein zu meinem Hochzeitsfeste mit!" und der Vater nickte ihr freundlich zu und ging.

Als er nun seine Einladung gar schicklich vorgebracht und der Herr Professor sein Erscheinen zugesagt hatte, da rückte der Vater auch mit des Bräutleins Bitte heraus. Der gutmütige Professor lächelte, trat ans Fenster, pflückte eine Kartoffelblüte ab und reichte sie dem Vater.

Die Braut aber wußte die seltene Gabe des alten Herrn gar wohl zu würdigen. Mit Stolz auf den ungewöhnlichen Schmuck schritt sie an ihrem Ehrentage, die Blüte der Kartoffel an der Brust, zum Traualtar, und niemand von den Teilnehmern an dem Hochzeitsfeste ahnte, welche Bedeutung die unscheinbare Pflanze, deren Blüte man als seltenen Brautschmuck bewunderte, dereinst für ihre Enkel und Urenkel erlangen würde.

Aus: Rudolf Nies, Nassauische Sagen

7. Lahn-Westerwald

IM KROFDORFER FORST

Bearbeiter: Günter Herbel   *Übersichtskarte Seite 536*

Der Krofdorfer Forst ist zusammen mit dem Wißmarer Wald ein riesiges Waldgebiet, in dem das Rotwild heimisch ist. Er erstreckt sich zwischen Lahn, Salzböde, Vers und Bieber und ist landschaftlich besonders reizvoll. Die Wald- und Wiesentäler von Wißmarbach, Chattenbach (im unteren Laufe Gleibach), und Fohnbach, die alle in die Lahn münden, bieten Ruhe und lockern die Landschaft auf.

Sagenumwoben ist dieser herrliche Wald. An den Dreiherrensteinen, dem Frauenkreuz und den Fundamenten des „Alten Schlosses" an der Salzböde, das in karolingischer Zeit gebaut wurde, raunt die Vergangenheit. In der Gaststube der Wirtschaft Schmelzmühle, deren alte Gebäude außer der Mühle im Mittelalter auch eine Eisenschmelze beherbergten, dreht sich noch das Mühlrad. Bei dem Plätschern des Mühlrades und einem guten Trunke kann der Wanderer nach seiner Wanderung durch die großen Wälder ausruhen.

Von dem Gießener Ring, mit Autobahnanschluß, führt eine Landstraße über Krofdorf nach Gladenbach. Eine schmale Landstraße windet sich durch den Krofdorfer Forst, an dem Waldhaus und der Schmelzmühle vorbei, nach Salzböden.

Wettenberg-Krofdorf-Gleiberg (215-308 m; 4600 E.)
Ein 6 km nördlich von Gießen gelegener schöner Ort, der von der Ruine der Burg Gleiberg überragt wird. Anschluß an die B 429 und den Gießener Ring (beide 4spurig).

◪ Neolithische Funde (4000-1800 v. Chr.), Hügelgräber aus der Hallstattzeit (800-450 v. Chr.), Gründung des Ortes Krofdorf Anfang des 6. Jh. Im Jahre 720 wurde das „Alte Schloß" an der Salzböde durch Karl Martell erbaut. Erste urkundliche Erwähnung Krofdorfs 774. Anfang des 10. Jh. Erbauung der Burg Gleiberg, 1103 Zerstörung der Burg durch Heinrich V.; von 1180 - 1333 befand sich die Burg in der Hand der Herren von Merenberg, 1331 erhält Gleiberg durch Ludwig den Baier dieselben Stadtrechte wie Frankfurt, 1333 - 1816 befand sich Gleiberg in der Hand der Grafen von Nassau. Im hessischen Erbfolgekrieg wurde die Oberburg in Brand geschossen und nicht wieder aufgebaut. Erste Erwähnung der Krofdorfer Kirche 1271.
Im „Siebenjährigen Krieg" (1756 - 1763) war der Raum um Krofdorf Truppenaufmarschgebiet, daher viele Schanzen rund um Krofdorf-Gleiberg.

🏛 Der Gleiberg-Verein hat die **Burg** 1879 erworben. Vom besteigbaren, 30 m hohen Bergfried aus dem 12. Jh. großartiger Blick ins Gleiberger Land und in die Lahnebene mit Gießen und Wetzlar. Im erhalten gebliebenen Albertusbau und Nassauer Bau befindet sich ein Restaurationsbetrieb. Sehenswert der Rittersaal mit schönen Glasfenstern. Die Ruinen der Oberburg mit Resten von Palas und Burgkapelle können besichtigt werden.
Ev. Burgkapelle mit kleinem gotischem Chor zum Tal hin und sich nördlich anschließendem Langschiff. Zweigeschossige Emporen mit Brüstungsmalereien. Im Chor freigelegte Wandmalereien aus dem 15. Jh. Sehr schöne Kanzel von 1643.

Burg Gleiberg bei Gießen

Die **ev. Pfarrkirche** in Krofdorf ist das bedeutendste Beispiel einer spät-
gotischen Holzpfeilerkirche in Hessen. **1271** erstmals erwähnt. Langer
Saalbau mit steilem Satteldach und kleinerem Rechteckchor. Kanzel
ähnlich der der Gleiberger Burgkapelle.
✚ Ärzte, Zahnärzte, Apotheke
🏌 Grillplätze, Schutzhütten, Freibad (unbeheizt), Minigolf, Kegelbahnen,
Bowlingbahnen, Sporthalle.
🛏 ✕ Sporthotel Wettenberg; 2 Gasthäuser
🚌 nach Gießen und Wetzlar
☎ Gemeindeverwaltung Wettenberg-Krofdorf-Gleiberg, Tel. (0641) 82011
Ⓟ am Waldhaus und an der Schmelz.
🚶🚶 Chattenbachtal - Waldhaus - Fohnbachtal - Krofdorf (mkt.; 11 km);
Krofdorfer Forst - Schmelzmühle (Ausflugsgaststätte) (mkt.; 10 km);
weitere markierte Wander- und Rundwanderwege.

BIEBERTAL UND DÜNSBERG

Bearbeiter: Günter Herbel   *Übersichtskarte Seite 558*

Außer den der Dill zufließenden Bächen fließen, von der Hohensolmser Hochfläche oder dem Dünsberg her, mehrere Bäche durch
meist reizvolle Wiesentäler entweder nach Osten zur Salzböde
oder nach Süden in die Lahn.
Das Tal der am Dünsberg entspringenden und bei Reimers-
hausen in die Salzböde mündenden Vers zählt zu den schönsten
Tälern in diesem Gebiet. In ihm liegen Krumbach und der Kneipp-
kurort Kirchvers.
Die Bieber entspringt unweit von Hohensolms. In das tief ein-
schneidende Biebertal schaut von der Höhe der Ort Königsberg,
ehemals Residenz der Grafen von Solms-Königsberg, an die
noch das kleine Schloß erinnert. Bei der Obermühle und dem

Kalksteinbruch am Eberstein mündet der Dünsbergbach in die Bieber (🐚). Der Eberstein wurde durch seine Kalkflora weithin berühmt. Sie ist heute leider auf geringe Reste zusammengeschmolzen, die aber noch immer höchst bemerkenswert sind (NSG). Gewaltig erhebt sich von hier aus die mächtige Kuppe des Dünsberges mit vor- und frühgeschichtlichen Ringwällen. Die geschichtliche Bedeutung des Dünsberges, auf dem sich ein „Oppidum" befunden hat, wird in vielen Büchern gewürdigt. Obwohl der Dünsberg seiner Kegelform nach vulkanischen Ursprunges sein könnte, besteht er nicht aus Basalt sondern aus Kalkstein und Kieselschiefer. Im weiteren Verlauf durchfließt die Bieber die Orte Bieber und Rodheim. Das Tal wird nun breiter, von der Höhe grüßen Vetzberg und Gleiberg mit ihren Burgruinen, und bei Heuchelheim, wo die Bieber in die Lahn mündet, läuft das Tal im Gießener Becken aus. Hier sind zwar kaum noch landschaftliche Reize, dafür hat Heuchelheim aber eine blühende Industrie.

Durch das Biebertal führt eine Landstraße, die bei Heuchelheim vom Gießener Ring und der B 429 abzweigt und über Königsberg und Hohensolms, oder über Fellingshausen, Verbindung zu den ins Hinterland führenden Straßen hat.

Biebertal (192-360 m; 9377 E.)

Großgemeinde, bestehend aus den Ortschaften Fellingshausen, Frankenbach, Königsberg, Krumbach, Rodheim-Bieber und Vetzberg. Die Orte gruppieren sich rund um den Dünsberg, der mit seinem mächtigen Kegel die Landschaft beherrscht. Fellingshausen, an der Südflanke des Dünsberges, Rodheim-Bieber im Tal der Bieber, Königsberg auf dem westlich des Dünsberges verlaufenden Höhenrücken, Frankenbach nördlich des Dünsberges und Krumbach nordostwärts, im Tal der Vers liegend, sind Ziele vieler Ruhe- und Erholungsuchender, fernab von dem Verkehrslärm großer Straßen. Vetzberg, als südlichster Ort, liegt 6 km nördlich von Gießen auf einem steilen Basaltkegel und umschließt malerisch die Burgruine, die auf dem Gipfel des Kegels den Ort überragt.

◪ Auf dem **Dünsberg** gewaltige Ringwallanlage, mit 3 konzentrischen Ringen, die zusammen 12 km lang und heute noch stellenweise 10 m hoch sind. Ursprünglich von den Kelten erbaut, wurde die Anlage dann von den Germanen (Chatten) weiter ausgebaut. Wahrscheinlich ständig besiedelt, also ein „Oppidum". Reichhaltige Funde aus der Latène-Zeit (500 - Chr. Geb.) und dem 4. Jh. Zerbrochene Schwerter und andere Waffen aus dem 5. Jh. weisen auf kriegerische Auseinandersetzungen auf dem Dünsberg zu jener Zeit hin.

Erste urkundliche Erwähnung der Orte Fellingshausen (Velinghishusen 1263), Königsberg (1257 Cuningsberg), Krumbach (1263 Crumbach), Frankenbach 1285, Bieber (9. Jh. Biberaha), Vetzberg (1152 Vogdisberg, eine Vogtsburg der Gleiberger). Die Vetzberger schlossen sich im Mittelalter mit einem großen Teil der einheimischen Ritterschaft zu einer Ganerbschaft zusammen, und waren stark an dem Fehdewesen des späten Mittelalters beteiligt. Königsberg, zunächst Reichsburg, Anfang des 13. Jh. von den Solmsern zur Burg ausgebaut, 1257/1350 an Hessen.

🏛 **Ev. Kirche in Rodheim-Bieber:** Spätromanischer Chorturm mit Fachwerkobergeschoß, gotisches Schiff, dreiseitige Emporen. Mehrere Bildnisgrabsteine.

Am südlichen Ortsrand **Hof Schmitte;** altes Herrenhaus mit zwei Fachwerkobergeschossen von 1654, neues Herrenhaus mit Mansarddach und Zwerchhaus von 1790.

Ev. Kirche in Krumbach: romanisches Ährenmauerwerk; Chorturm mit Fachwerkobergeschoß und Haubenhelm. Spätgotischer Taufstein.

Ev. Kirche in Frankenbach: Kleines gotisches Schiff mit kleinerem Rechteckchor. Spätgotischer Taufstein, Emporen mit bemalten Brüstungen; Wandmalereien aus dem 15. Jh.

Burgruine Vetzberg, weithin sichtbare Gipfelburg auf einem Basaltkegel, gegenüber der Burgruine Gleiberg. Prächtige Aussicht vom runden Bergfried.

✗ Im Gebiet um den Dünsberg gab es früher ergiebige Eisenerzgruben, die aber alle stillgelegt sind. Kalkstein wird heute noch am Eberstein gebrochen; sonst besitzen die Orte, außer einigen Zigarrenfabriken, wenig Industrie.

✚ Ärzte, Zahnärzte, Apotheke (alle in Rodheim-Bieber).

➤ Kegelsport (Bürgerhaus Rodheim-Bieber, Dünsbergheim Fellingshausen), Minigolf, Waldlehrpfad, Grillplätze, Schutzhütten.

⫘ ✗ Gasthöfe und Pensionen mit insgesamt 48 Betten; Cafés, Eisdiele. Campingplatz in Königsberg, Gipfelrasthaus auf dem Dünsberg.

🚌 nach Gießen und Wetzlar

☎ Gemeindeverwaltung Biebertal, Tel. (0 64 09) 70 71

Ⓟ Obermühle und Dünsberg am Krumbacher Kreuz.

🚶 Dünsbergrundwege (markiert);
Dünsberg - Helfholz - Hohensolms (markiert, 6 km).

GREIFENSTEIN UND DAS ULMTAL

Bearbeiter: Rudolf Anschütz, Heinzcarl Bender †, Günter Herbel,
Hermann-Josef Hucke und Friedhelm Müller

Westlich der Dill zieht sich von der Lahn zum Hohen Westerwald ein mächtiger Waldrücken hin: ein reizvolles, beliebtes Wandergebiet mit geschichtsträchtigen Wanderzielen und schönen Aussichtspunkten. Im Norden dieses Raumes erhebt sich als das bekannteste Wahrzeichen des östlichen Westerwaldes Burg Greifenstein über die Höhen.

Gegen Westen wird dieses ausgedehnte Wald-Wandergebiet vom Ulmtal begrenzt. Die Ulm entspringt an der Nordseite des Knotens, fließt zunächst nach Osten durch Münchhausen, an Seilhofen und Rodenberg vorbei, und wendet sich bei Beilstein, wo die Ruine der Burg Beilstein in das Tal schaut, nach Süden.

Wallendorf durchfließend, wird sie bei der Ruine der Burg Lichtenstein, oberhalb von Holzhausen in der Ulmtalsperre gestaut. Sie fließt dann gezähmt durch Holzhausen, Ulm und Allendorf nach Biskirchen, wo sie in die Lahn mündet.

Das Ulmtal, das von bewaldeten Höhen eingerahmt wird, zählt zu den schönsten Tälern im heimischen Raum. Viele Feriengäste finden hier Erholung. Die großen Wälder, die bis Wetzlar und Herborn und nach Westen bis Weilburg reichen, und ein markiertes Wanderwegenetz laden zum Wandern ein. Ein Rundwanderweg führt um das gesamte Ulmtal. Ehemalige Gerichtsstätten am Steimel bei Ulm und die Hinrichtungsstätte auf dem Galgenberg nahe Bissenberg, versunkene Dörfer, alte Eisenschmelzen

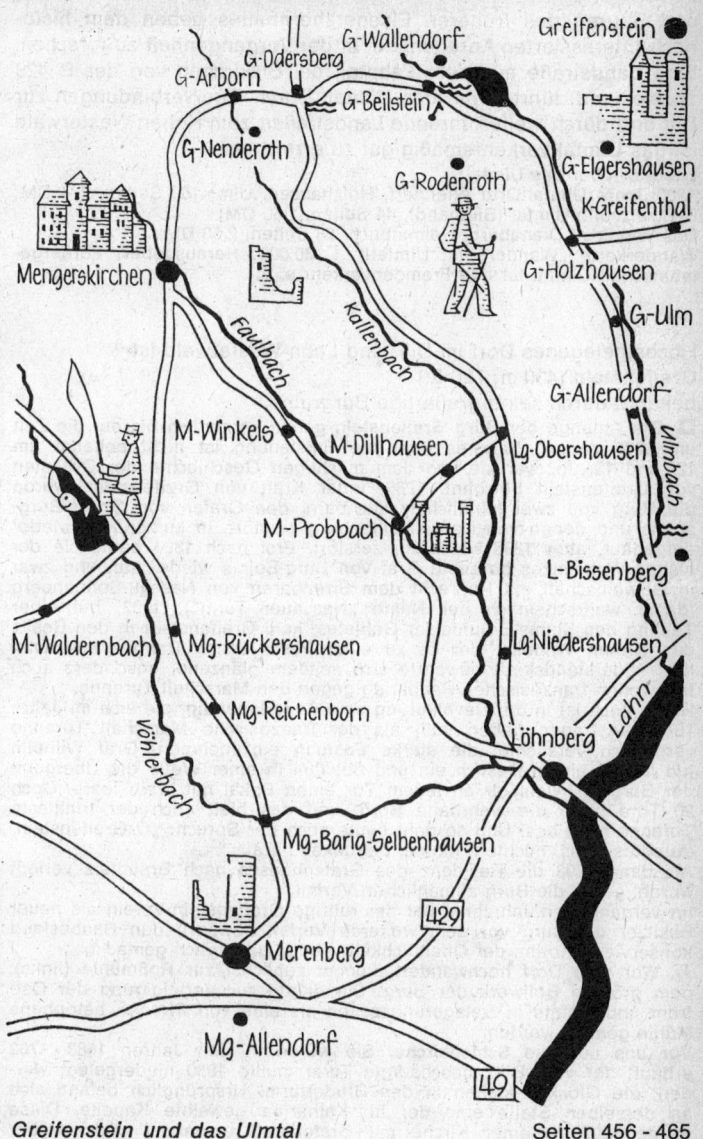

Greifenstein
G-Wallendorf
G-Odersberg
G-Arborn
G-Beilstein
G-Nenderoth
G-Elgershausen
G-Rodenroth
K-Greifenthal
Mengerskirchen
G-Holzhausen
Faulbach
Kallenbach
G-Allendorf
G-Ulm
M-Winkels
M-Dillhausen
Lg-Obershausen
Ulmbach
M-Probbach
L-Bissenberg
M-Waldernbach
Mg-Rückershausen
Lg-Niedershausen
Mg-Reichenborn
Vöhlerbach
Löhnberg
Lahn
Mg-Barig-Selbenhausen
429
Merenberg
Mg-Allendorf
49

und Spuren des früheren Eisenerzbergbaues geben dem historisch Interessierten Anregungen, in der Vergangenheit zu forschen. Eine Landstraße aus dem Lahntal, bei Biskirchen von der B 429 abzweigend, führt durch das Ulmtal. Durch Querverbindungen zur Dill und durch weiterführende Landstraßen zum Hohen Westerwald ist das Ulmtal verkehrsmäßig gut zu erreichen.

Literatur über das Ulmtal:
1200 Jahre Ulmtal-Orte Allendorf, Holzhausen, Ulm; 160 Seiten, 5,– DM;
Das reizvolle Ulmtal (Bildband), 44 Seiten, 1,50 DM;
Das Waldidyll Dianaburg, Heimatbuch, 68 Seiten, 2,50 DM.
Wanderkarte „Wandere im Ulmtal!" 1 : 30 000; Herausgeber: Fördergemeinschaft Ulmtal für den Fremdenverkehr e. V.

Höchstgelegenes Dorf im Dill- und Lahn-Westerwald ist
Greifenstein (430 m; 720 E.)
bekannt durch seine großartige Burgruine.

◪ Die Anfänge der **Burg Greifenstein** gehen vermutlich bis auf die Zeit um 1000 zurück. Näheres über die Entstehung ist nicht bekannt. Im 12. und 13. Jh. war sie von dem mächtigen Geschlechte der Dynasten von Greifenstein bewohnt. 1280, unter Kraft von Greifenstein, wurde die Burg von zwei feindlichen Nachbarn, den Grafen von Solms-Burgsolms und denen von Nassau-Dillenburg zerstört, in kurzer Zeit wieder aufgebaut, aber 1298 wiederum zerstört. Erst nach 1384 baute sie der seines Wohnsitzes beraubte Graf von Burg-Solms wieder auf, und zwar in Gemeinschaft mit Ruprecht dem Streitbaren von Nassau-Sonnenberg (daher wahrscheinlich der Name „Nassauer Turm"). 1602, bei einer Teilung des Solms-Braunfelser Gebietes, kam Greifenstein in den Besitz des Grafen Wilhelm, der es zu einer Feste ersten Ranges ausbaute. Ihre Widerstandskraft bewährte sich seitdem glänzend, besonders auch im zweiten französischen Raubkrieg gegen den Marschall Turenne.
Heute noch ist in der Bevölkerung eine Sage lebendig, die sich im Jahre 1673 zugetragen haben soll, als der französische Marschall Turenne vergeblich versuchte, die starke Festung einzunehmen. Graf Wilhelm lud ihn zu einem Besuch ein und bot ihm in einer Wette die Übergabe der Burg an, wenn er an jedem Tor einen Pokal mit Wein leere. Doch 20 Tore hatte die wehrhafte Burg, und das hielt auch der trinkfeste Turenne nicht aus. Und so geht heute noch der Spruch: „O Greifenstein, du edles Haus: nüchtern hinein, betrunken heraus".
Als dann 1693 die Residenz des Grafenhauses nach Braunfels verlegt wurde, geriet die Burg allmählich in Verfall.
Im vergangenen Jahrzehnt hat der rührige Greifenstein-Verein als neuer Besitzer die Burg vor dem weiteren Verfall bewahrt, den Baubestand konserviert und ihn der Öffentlichkeit wieder zugänglich gemacht.
🏛 Wer vom Dorf hochwandert, kommt zunächst zur **Roßmühle** (links), dem größten Bollwerk der Burg. Sie diente zur Verteidigung der Ostfront und konnte in Belagerungszeiten als eine von Pferden betriebene Mühle genutzt werden.
Vor uns nun die **Schloßkirche**. Sie wurde in den Jahren 1683 - 1702 erbaut; der vom Blitz beschädigte Turm mußte 1830 niedergelegt werden, die Glocken kamen in den Bruderturm. Ursprünglich befand sich an derselben Stelle eine der hl. Katharina geweihte Kapelle. Diese wurde 1602 zu einer Kirche mit Grafengruft umgebaut und darüber später die jetzige Kirche errichtet. Wir haben also hier zwei Kirchen übereinander. Die verschüttete gotische Unterkirche wurde erst 1969 freigelegt. In der barocken Oberkirche sind vor allem die vorzüglichen barocken Stuckarbeiten sehenswert. An der Orgelbühne zwei Wappenschilder, von Greifen gehalten. - Beide Kirchen können besichtigt werden.

Greifenstein, Straße nach Edingen

Gegen Gebühr können die umfangreichen inneren Burganlagen besichtigt werden. Wahrzeichen der Burg sind die beiden Bergfriede. Rundbehelmt der 1384 errichtete **Nassauer Turm**. Mit ihm durch einen Zwischenbau verbunden der 1390 erbaute spitzbehelmte **Bruder-Turm**, der die alte Turmuhr enthält und die Glocken von Greifenstein birgt. Der **Greif** auf seiner Turmspitze erinnert an die Dynasten von Greifenstein. Im **Bollwerk Kuchen** kann man sich Gedenkmünzen selbst prägen. Raiffeisen-Gedenkstätte.

In den freigelegten Kellern des ehemaligen Küchentraktes das **Deutsche Glockenmuseum** mit 20 historisch sehr wertvollen Glocken, die älteste aus der Zeit um 1200. - **Ortsmuseum.**

Öffnungszeiten: Vom 1. April (bzw. ab Ostern, wenn im März) bis 31. Oktober täglich von 10-12 Uhr und von 13.30-18 Uhr.

✦ Trimmpfad rund um die Burg; Grillkeller in der Burg; Skipiste am Tiergarten.

⊨ ✕ Speisegaststätten, Café, Pensionen

🚌 nach Herborn, Katzenfurt, Wetzlar

☎ Gemeindeverwaltung 6349 Greifenstein-Beilstein, Tel. (0 27 79) 6 21; Greifenstein-Verein e. V., Kreisverwaltung, 6330 Leun-Wetzlar
Auskünfte über die Burg: Tel. (0 64 49) 8 26 (Neeb)

Lit.: Kurt Hinze / Bernd Reese: Greifenstein - Die Burg und ihre Kirche
      C. Seiler und H. Schellenberg: Burg Greifenstein im Westerwald, ihre Baugeschichte
      Bastelbogen „Burg Greifenstein", Schreiber-Verlag, Esslingen

🌿 Waldlehrpfad in Richtung Beilstein. Unterhalb der Burgruine Greifenstein Vogelschutzgehölz mit Vogellehrpfad.

Unweit der neuen Straße nach Beilstein die botanisch interessante Beilsteiner Heide und die Basaltkuppe des Hinstein (515 m). Südöstlich davon die Hammelsheck (auch „Hameslheck", ND) mit Flechtenflora auf den Steinblöcken.

👫 Ausgangspunkt für herrliche Wanderungen in die Waldberge. Siehe auch die Streckenwanderwege II und „Dillhöhenweg"!

Südlich von Greifenstein liegt unweit der Straße am Dillhöhenweg

Greifenstein-**Waldhof Elgershausen** (345 m)

◪ Im 15. Jh. war hier eine Wallfahrtskapelle mit Kaplanei. Aus frommen Stiftungen erwuchsen ihr weitere Gebäude und reicher Grundbesitz. Heute befindet sich hier eine Heilanstalt.

An der Straße von Katzenfurt / Dill nach Greifenstein-Holzhausen
im Ulmtal liegt die Straßensiedlung
Katzenfurt-Greifenthal (246 m)

◨ Als Hugenottenkolonie 1689 von Wilhelm Moritz Graf zu Solms, Burg-
herr auf Greifenstein, gegründet. Hier und in Daubhausen/Dill wurden
190 Familien französischer Protestanten aufgenommen, die sich mit Hut-
manufaktur, Strumpfmanufaktur und Seidenhandel beschäftigten. Französische Familiennamen wie Vasserot, Arabin, Goubeaud, Bernard,
Brunet, Robin und Thibaud erinnern heute noch an diese Ansiedlung. -
Im Dialekt haben sich bei älteren Leute viele Sprachreste aus dem
Französischen erhalten.

✕ Speisegaststätte
🚌 nach Herborn und Greifenstein

🏃 Gute Wandermöglichkeiten in das Grundbachtal nördlich des
Ortes und in die riesigen Wälder in Richtung Dianaburg. Dort
findet sich auch die Waldquelle **Welscherborn** mit einem Erinnerungsstein von 1685. Hier soll Graf Wilhelm Moritz die französischen Hugenotten auf ihrer Flucht angetroffen haben.

Rodenroth

Westlich des Ulmtals, südlich von Greifenstein-Beilstein, liegt im
Osthang der Höhe, malerisch in Wiesen, Weiden und Äcker ein-
gebettet, das Dorf
Greifenstein-Rodenroth (440 m; 445 E.)

◨ Nahe bei Rodenroth lagen das ausgegangene Dorf Fryssendorf und
der verschwundene Hof Helmsdorf.
🌶 Grillplatz und Schutzhütte am Rasenberg (499 m).
🛏 CVJM-Heim mit 90 Betten.
🚌 nach Herborn und Dillenburg
🐛 Westlich des Dorfes liegt der Rasenberg (499 m), ein Basaltmassiv
an der Grenze der Westerwälder Basaltdecke, mit umfangreichen Beständen
von Bärlauch.

🏃 Landschaftlich schöne Waldwanderungen hinab in das Kallenbach-
tal zum ehemaligen Jagdhaus Johannisburg, zum Obershäuser
Sauerborn (Mineralquelle mit hervorragendem Trinkwasser) und zur
Sauerbornsmühle.

Beilstein, Blick vom Schloßturm

Lernen wir nun das **Ulmtal** von Beilstein bis zur Mündung kennen:
In der Übergangszone zwischen den beginnenden Hochflächen
des Westerwaldes und der tiefeingeschnittenen Talzone des Ulm-
baches liegt, umgeben von Hochwald und Viehweiden
Greifenstein-**Beilstein** (361 m; 1580 E.)
⬧ 🏛 Inmitten des Ortes steht auf einem Basaltfelsen die **Burgruine
Beilstein.** Die Burg war von 1341 - 1561 Sitz der älteren Linie der Grafen
von Nassau-Beilstein, deren Erbe an Nassau-Dillenburg fiel. Residenz
war Beilstein nur bis zum Jahre 1620 unter Graf Georg. Beilstein war
auch Sitz des Oberhofes für die einzelnen Landgerichte und zuletzt des
Amtes, wozu auch die Herrschaft zum Westerwald gehörte. - Das ehe-
malige Schloß war Verbannungsort der Gemahlin Wilhelms von Oranien,
Anna von Sachsen, die nach ihrem Ehebruch mit Jan Rubens hier von
1572 bis 1575 weilte.
Die Burgruine, deren Baubestand heute gesichert erscheint, ist im
Laufe langer Jahrzehnte leider stark verfallen gewesen. Heute ist ein
rühriger Heimatverein dabei, durch Ausgrabungen unbekannte Baureste
zutage zu bringen. Bemerkenswert ist das im Baubestand gut erhaltene
Torhaus der Burg. Der Burgturm, von dem man eine gute Aussicht auf
Beilstein und seine Umgebung hat, ist besteigbar.
Neben der Burgruine neue Parkanlage mit Brunnen aus heimischen
Basaltsäulen.
Sehenswert ist die **Schloßkirche** (ev. Pfarrkirche), 1614 bis 1616 aus
Basaltstein erbaut. Typ einer ev. Predigtkirche der Spätrenaissance.
Anmeldung beim Küster.
🚲 ✕ Café, Speisegaststätten;
Nördlich des Ortes Wanderheim des Westerwald-Vereins Wetzlar.
🚌 nach Herborn und Dillenburg
💠 Beilstein ist geologisch bekannt durch seine bedeutenden Basaltvor-
kommen. Es empfiehlt sich, dem Steinbruch Schmalburg einen Besuch
abzustatten (Anmeldung beim Pförtner). Dort sind Säulenbasalte, die
durch ihre Regelmäßigkeit sich sehr gut zum Deichbau in Holland eig-

nen. Sie wurden vornehmlich beim Ausbau der Ijselmeer-Polder verwendet. Vor dem Senckenberg-Museum in Frankfurt stehen Säulen aus
diesem Basaltbruch.

✱ Schöne Aussicht von der Beilsteiner Heide am Wanderheim.

🏃 In der Hangzone führt rund um Beilstein der insgesamt 56 km
lange **Ulmtal-Rundweg**. Von hier bis zur Lahn verläuft er zu beiden
Seiten des Ulmtals. Von den einzelnen Orten sind Zugänge zum Rundweg vorhanden, die besonders gekennzeichnet sind. Man kann den
Rundweg auch wieder nach Belieben verlassen und einen der Ulmtal-
orte ansteuern (Mkg.: weißer Punkt).

Mit Greifenstein-Beilstein zusammengewachsen ist der talab gelegene Ortsteil

Greifenstein-Beilstein-**Wallendorf** (320 m)

◨ Von Wallendorf (im Volksmund „Wallroff" genannt), stammen die
Adligen von Walderdorff, die seit 1297 in den Urkunden erscheinen und
1767 in den Grafenstand erhoben wurden (jetzt auf Molsberg). Die alte
Kirche von Wallendorf (1840 abgebrochen) war lange Zeit der Sitz der
Pfarrei Beilstein.
In der Gemarkung „Grünwieser Schloß" lag nördlich über dem Ulm-
bachstausee **Burg Lichtenstein**. Nur noch ganz geringe Mauerreste
erinnern an den Besitz der Herren von Beilstein.

⚔ Unterhalb in Richtung Ulmtal-Holzhausen das um 1967 angelegte
Ulmtal-Rückhaltebecken. Bade- und Angelmöglichkeit. Campingplatz.
Bootsverleih. Restaurant Ulmbachklause.

🌿 Ab Ulmbach-Stausee führt ein Forstlehrpfad in Richtung Greifenstein
hoch. An ihm die Ruine Lichtenstein, der Grünsee in einem stillgelegten
Quarzitbruch und das geheimnisvolle „Trompetersloch".

Unterhalb der Ulmtal-Staustufe sind wir in

Ulmtal-**Holzhausen** (260 m; 845 E.)

eingebettet in ausgedehnte Wälder, umgeben von Wiesen und
Feldern.

◨ Erste urkundliche Erwähnung 774. Holzhausen wurde im Laufe der
Jahrhunderte mehrmals geplündert und gebrandschatzt. Oberhalb des
Ortes führt das „Thyphusbrückelchen" über die Ulm. Es erinnert an eine
Thypusepedemie, als die Dorfbewohner ihr Wasser jenseits des Dorfes
an einem Feldbrunnen holen mußten.

🏛 Als Dorfmuseum hergerichtet ist das **„Alte Haus"**. In dem kleinen
Fachwerkhaus kann man nacherleben, wie der Westerwälder um die
Jahrhundertwende lebte. Alle Räume sind noch originalgetreu einge-
richtet. - Der Heimat- und Verkehrsverein Holzhausen hat ein Faltblatt
„Das „Alte Haus" in Ulmtal" herausgegeben.

⚔ Siehe unter Ulmbach-Staustufe; Reitsport; Grillplatz.

🛏 ✕ Gasthäuser mit Mittagstisch.

🚌 Bahnbus Stockhausen - Beilstein

☎ Verkehrsverein Ulmtal e. V., 6331 Ulmtal-Allendorf, Rathaus,
Tel. (0 64 78) 5 66

🏃 Beidseitig im Talhang der Ulmtalrundweg (Mkg.: weißer Punkt).
Siehe auch Ulmtalsperre!

2 km unterhalb sind wir in

Ulmtal-**Ulm** (220 m; 666 E.)

◨ Das Dorf leitet seinen Namen vom Ulmbach ab, der ursprünglich
„Olmena" hieß. Urkundlich wird Ulm 1325 erstmals erwähnt.
Rund um Ulm finden sich die Siedlungsplätze mehrerer verschwundener
Dörfer.

🏛 **Ev. Pfarrkirche** mit wuchtigem Turm von 1741. Neues Kirchenschiff.

🏃 Auf der östlichen Talseite Trimm-Dich-Pfad, Wassertretbecken, Schutz-
hütte.
🛏 ✕ Moderne Ulmtalhalle, Richtung Allendorf, bewirtschaftet.
Speisegaststätten.
🚌 Bahnbus Stockhausen - Beilstein
☎ Verkehrsverein Ulmtal e. V., 6331 Ulmtal-Allendorf, Rathaus,
Tel. (0 64 78) 5 66
✳ Schöner Ausblick vom Gelände oberhalb des Bahnhofs und vom
Steimel am Ulmtalrundweg.
🏃 Zu beiden Seiten des Ulmtals der insgesamt 56 km lange Ulmtal-
Rundweg. Zuwege sind gekennzeichnet. Zur Dianaburg siehe unter
Ulmtal-Allendorf.
Als Gerichtsstätte des Olmentales (= Ulmtal) ist das sogenannte **Stein-
mal** bekanntgeworden, ein zum Lahntal hin offener Höhenzug an der
Gemarkungsgrenze Allendorf-Ulm-Holzhausen-Rodenroth. Hier tagte bis
1791 zweimal jährlich das „Landgericht Ulm".

Größter Ort des Ulmtals ist
Ulmtal-**Allendorf** (205 m; 1300 E.)

◲ Im Lorscher Codex von 774 wird der Ort erstmals erwähnt. Ältester
Teil Allendorfs soll der „Frankenhof" sein, dessen Name sich bis auf
den heutigen Tag erhalten hat. Um den Ort gruppierten sich bis Anfang
des 17. Jh. einige Dörfer (Niederhausen, Schönhausen, Doberg), die
verschwunden sind und deren Überlebende sich in Allendorf niedergelassen haben sollen.
🏛 **Ev. Kapelle.** Breitgedrungener spätromanischer Chorturm mit kuppel-
förmigem Kreuzgratgewölbe und Zeltdach. Kleines, um 1700 erneuertes
romanisches Schiff. Vierstimmiges Geläute. Neben der Kirche Dorf-
brunnen.
✕ Rund um Allendorf wird bis auf den heutigen Tag in mehreren
Gruben Basalt und Ton abgebaut. Eisenerzgruben sind schon seit
langem stillgelegt.
🏃 Unterhalb Allendorf an der Talstraße der **Sagen- und Märchenwald
„Ulmtal".** Dazu gehört ein kleiner Tierpark. Gastwirtschaft und Café.
Öffnungszeiten etwa Ostern bis Ende Oktober täglich von 9 - 18 Uhr.
Minigolfplatz, Kneipptretbecken, Schwimmbad.
🛏 ✕ Speiserestaurants, Pensionen, Gaststätten mit Fremdenbetten.
Bewirtschaftete Ulmtal-Halle in Richtung Ulm.
An der Straße nach Bissenberg Waldgaststätte „Zum Grubchen".
🚌 Bahnbus Stockhausen - Beilstein
☎ Verkehrsverein Ulmtal e. V., 6331 Ulmtal-Allendorf, Rathaus,
Tel. (0 64 78) 5 66
✳ Dianaburg siehe folgende Seite!
Aussichtsturm unterhalb auf der östlichen Hangseite.
Schöne Aussicht von der Vogelschutzhütte.
🏕 Südlich Ulmtal-Allendorf ist der Ulmtalrundweg auf der westlichen
Seite als Forstlehrpfad beschildert.
🏃 Der insgesamt 56 km lange **Ulmtal-Rundwanderweg** erschließt zwi-
schen Biskirchen und Beilstein die schönsten Hangwanderwege
beiderseits des Ulmtals. An ihm befinden sich zahlreiche Schutzhütten,
eine große Anzahl von Ruhebänken, zwei Kneipptretbecken, drei Grill-
plätze, ein Forstlehrpfad, ein Aussichtsturm, ein Minigolfplatz, eine
Vogelschutzhütte, ein Schwimmbad, die Ulmbachtalsperre und der Mär-
chen- und Sagenwald. Von vielen Stellen aus hat man eine herrliche
Sicht in das Ulmtal, besonders aber auf die schöngelegenen Orte Allendorf, Ulm und Holzhausen. Markierte Zuwege ab allen Talorten.
Ab Ortsmitte Allendorf (Wanderwegetafel) vier Rundwanderwege mit
einer Wanderdauer zwischen 2 und 3 Stunden.

Die Dianaburg auf dem 412 m hohen Kesselberg

⬧ ✳ Der Wanderweg III des Westerwald-Vereins führt von Allendorf zum
Waldidyll Dianaburg auf dem 412 m hohen Kesselberg, dem Bergzug
zwischen den Tälern der Ulm und der Dill. Sie wurde 1842/43 durch den
großen „Jägerfürsten" Fürst Ferdinand von Solms-Braunfels nach dem
Vorbild eines Prager Brückenturmes errichtet. Von der Plattform des
Turmes hat man einen unbeschreiblich schönen Rundblick auf das Wäl-
dermeer zwischen Lahn, Dill und Ulm bis hinüber in den Taunus. Zwar
wurde das ehemalige Gast- und Wohnhaus unterhalb des Basaltgeröll-
hangs 1969 abgerissen, doch hat man im Turm eine kleine Gastwirtschaft
eingerichtet, die an sommerlichen Wandertagen geöffnet ist. Wanderzeit
ab Allendorf 2 Stunden.
Über den Waldkamm, vorbei an der Dianaburg, führte einst die **Hohe
Straße** von Wetzlar zum Hohen Westerwald. Als „Lebensader des Solmser Landes" verband sie das Maingebiet mit dem Niederrhein.

Von der Hohen Straße zweigte der „Grafenweg" bei Greifenstein ab
über Allendorf nach Löhnberg-Waldhausen. Südwestlich Allendorf findet
sich in der Nähe des Hofgutes Doberg noch die alte „Bollerbrücke",
über die dieser Weg führte.
Die Wasserscheide zwischen Ulm und Kallenbach mit dem Kreuzberg
(411 m; Ringwallrest) bildete die Grenze zwischen dem Königreich
Preußen und dem Herzogtum Nassau, heute zwischen den Kreisen Lahn-
Dill und Limburg-Weilburg. Es finden sich noch alte Grenzsteine.

Im Dreieck zwischen Lahn und Ulm liegt auf einer zum Lahntal
hin abfallenden Bergkuppe
Leun-Bissenberg (215 m; 620 E.)
▣ Bissenberg wurde wie die anderen Orte der „Cente Olmena" um
900 besiedelt und wird 1313 als „Bissynberg" urkundlich erwähnt. Im
Mittelalter unterhielten die Solmser Grafen bei dem Ort eine Wald-
schmiede. - Der 246 m hohe Galgenberg war vermutlich die Richtstätte
für die vom Centgericht Olmena verurteilten Missetäter.
🏛 Reizvolle **ev. Kapelle** aus romanischer Zeit, ein Rechteckbau mit
Fischgrätenmauerwerk. 1723-26 erweitert, verschieferter Turmaufbau.
✚ Biologisch-homöopathisches Kurzentrum Bissenberg (private Kranken-
anstalt). Grillplatz, Schutzhütten
🛏 ✕   2 Gasthäuser mit 20 Fremdenbetten.
🚌   Bissenberg - Biskirchen - Leun - Wetzlar
☎   Stadtverwaltung 6337 Leun/Lahn, Tel. (0 64 73) 7 01 oder 7 02
🧗   Bissenberg - Heisterberger Hof - Leun (Lahnhöhenweg = „L";
      9 km).
Ulmtalrundweg siehe unter Ulmtal-Allendorf!
Bissenberg - Dianaburg (6 km) - Greifenstein (12 km); (Mkg.: Winkel).
Südlich von Leun-Bissenberg sind wir in Leun-Biskirchen im
Lahntal (Siehe Seite 576).

IM KALLENBACHTAL

Bearbeiter: Heinzcarl Bender †   *Übersichtskarte Seite 457*
            Dr. Heinrich Schwing †
            und Hermann-Josef Hucke

Der 13 km lange Kallenbach (ursprünglich Kahlenbach nach dem
Kahlenberg [402 m]) entspringt in einem kleinen Hochmoor an der
Südseite des Knotens oberhalb von Arborn in einer Höhenlage
von 480 m. Im oberen Drittel hat er mit etwa 5 % ein verhältnismäßig starkes Gefälle und fließt dann zwischen hohen, bewaldeten
Bergen in wechselnder Breite südöstlich der Lahn entgegen.
Nachdem er bei L.-Niedershausen den von Mengerskirchen
herabkommenden Faulbach und den von Mengerskirchen-Waldernbach herabströmenden Vöhlerbach aufgenommen hat, mündet er
beim Augusta-Viktoria-Sprudel nördlich Löhnberg in die Lahn.
Die Talstraße Arborn - Löhnberg ist 15 km lang.

* * *

An der Straße von Mengerskirchen über Beilstein nach Herborn
liegt
Greifenstein-Arborn (410 m; 500 E.)
Schön am Südabhang des Westerwaldes am Knoten (605 m) gelegenes Dorf in geschützter Lage mit lebhaftem Fremdenverkehr.
Staatlich anerkannter Erholungsort. Hier wachsen Walnüsse von
guter Qualität.

◘ Der Ort wird 1391 erstmals als Alborn genannt. Bemerkenswert in der Ortsmitte der Fachwerkbau der „Alten Schule". Schöne geschnitzte Hinweisschilder.

✦ Skipiste mit Schlepplift am Knoten. 11 km Langlaufloipen. Kegeln im Dorfgemeinschaftshaus. Beheiztes Freischwimmbad.

⊨ ✕ 5 Pensionen und Gasthöfe; Ferienhäuser am Knoten; Ferienwohnungen „Ferien auf dem Bauernhof".
Mittagstisch.

🚌 Postbus nach Herborn (18 km);
nach Limburg und Weilburg mit Umsteigen in Mengerskirchen.

☎ Heimat- und Verkehrsverein 6349 Greifenstein-Arborn,
Tel. (0 64 77) 2 74. Ortsprospekt vorhanden.

Weg zum Knoten und zur Wetzlarer Hütte

🐏 Der **Knoten** (605 m) ist der letzte Vorposten des Hohen Westerwaldes nach dem Lahntal zu. Er ist am besten von Arborn in kurzer Zeit zu erreichen. Früher führte die Rheinstraße von Haiger/Dillenburg - Mademühlen kommend über den Berg.

Der Berg bildet einen wirklichen Knoten, da er im Schnittpunkt verschiedener Längs- und Querwellungen liegt. Außerdem befinden sich auf ihm die Wasserscheiden zwischen Ulm, Kallenbach, Faulbach und Lasterbach. Er bildet auch eine deutliche Klimascheide. Sein sanfter Nordhang gehört zum Hohen Westerwald und ist den kalten Nordwestwinden ausgesetzt; sein Südhang ist steil und dem Lahntal zugewandt, sonnenoffen, warm und geschützt.

Im Knotengebiet liegen die Dörfer Rehe, Mademühlen, Driedorf, Arborn, Mengerskirchen und Westernohe. Sie haben sich durch die Schönheit der Landschaft auf Fremdenverkehr eingestellt.

Mitten in der Wacholderheide auf dem Knoten steht der vom Westerwald-Verein dem Bauerndichter (und Schöpfer des Westerwaldrufes „Hui! Wäller? - Allemol!") Adolf Weiß errichtete Gedenkstein. Schutzhütte.

🅿 an der Wetzlarer Skihütte am Waldrand.

🏃 Wenn man der Landstraße von Arborn nach Mengerskirchen folgt, kommt man auf der Höhe an einer Erhöhung vorbei, die im Volksmund die **„Klipp"** (485 m) heißt. Hier war im Mittelalter ein vom

Kaiser privilegierter Markt für die Westerwälder Bauern. Der Markt bestand in Mengerskirchen noch bis in unser Jahrhundert fort.
In der Nähe der „Klipp" steht eine große alte Linde, und neben ihr stand vor Jahrhunderten die **„Heiligkreuzkirche"**, deren Mauern aber bis auf kümmerliche Reste verschwunden sind. Über ihre Geschichte ist nichts bekannt, sie muß aber sehr alt sein und aus der Zeit der Christianisierung stammen. 1926 wurde ein Skelett geborgen, vermutlich von einem Opfer der Pest aus dem Jahre 1623.
An der Heiligkreuzkirche vorbei führt ein alter Weg (der Hellkreuzweg) von Arborn nach Mengerskirchen. Im Volksmund heißt die Kirche „Abbekirch" (= Abteikirche?). Aus ihrer Nähe sind einige Spukgeschichten bekannt.
Rundwanderweg zum Wacholderschutzgebiet Hahrehausen auf dem Knoten (6 km);
Waldrand-Rundweg um den Knoten und zur „Knotenquelle";
Über die „Alte Rheinstraße" und den Knoten zur Krombachtalsperre bei Mademühlen (6 km);
Wanderweg zum Sauerbrunnen nach Nenderoth.

2 km östlich liegt im Hang des Kallenbachtals
Greifenstein-Nenderoth (340 m; 430 E.)
Nenderoth hat in den letzten Jahren eine deutlich erkennbare Veränderung von der Landwirtschaft zur gewerblichen Tätigkeit und zum Fremdenverkehr hin erlebt. Wiederholte Auszeichnungen im Wettbewerb „Unser Dorf soll schöner werden".
◘ Nenderoth ist ein sehr alter Ort; er wird bereits 993 in einer Schenkungsurkunde Kaiser Ottos III. als Nanthersrode genannt. Die Siedlung wurde später Mittelpunkt des Calenberger Cents, der dem Bistum Worms gehörte und dessen Vögte die Herren von Merenberg waren. Ab 1310 gehörte Nenderoth zu Nassau. Die Bewohner waren wohlhabend, bis im Dreißigjährigen Krieg durch den Mansfeldschen Einfall 1635 und durch die Pest die ganze Gegend verarmte.
🏛 Die **ev. Pfarrkirche** aus der 1. Hälfte des 13. Jh. mit flachgedecktem Hauptschiff und einem südlichen, später abgebrochenem Seitenschiff. Die Ausstattung ist schlicht barock. Kirchhofsummauerung mit romanischem Portal östlich der Kirche. In einem verschwundenen, aber in seinen Bauelementen noch erkennbaren Abseitenanbau befand sich eine Gerichtshalle, die „Halle zu Nenderoth".
Auf halbem Wege nach Obershausen steht die **Oberförsterei Johannisburg**, ein nassauisches Jagdschlößchen von 1593, einst Mittelpunkt des großen Staatsforstes Johannisburg.
☉ Eine Besonderheit von Nenderoth ist die **„Hochzeit auf dem Lande"**. Stadtbewohner lassen sich in der alten Kirche unter Beteiligung fast des ganzen Dorfes trauen, sägen anschließend Holz und pflanzen einen Baum.
✦ Schwimmbad. DGH mit Kegelbahn.
🛏 ✕ Gasthof mit Mittagstisch, Café-Pension mit Sauna.
Ferien auf dem Bauernhof.
🚌 Postbus nach Arborn, Beilstein, Herborn und Mengerskirchen.
☎ Gemeinsamer Ortsprospekt mit Arborn.
🚶 Für Wanderungen ist der Talgrund zwischen Arborn und der unterhalb Nenderoth gelegenen **Sauerbornsmühle** der schönste Teil des Kallenbachtals. Bei der Mühle ist das Tal am engsten, der Wald tritt bis an den Bach heran, rechts steigt der Kahlenbergskopf bis auf 402 m an, links der Rasenberg bis auf 499 m. Bei der Mühle liegt, wie der Name sagt, ein kohlensäurehaltiger **Sauerbrunnen**, daneben steht eine tausendjährige Eiche. Grillplatz. Schutzhütte auf dem Weg zum Sauerborn. Waldlehrpfad.
Ansonsten Wanderungen wie ab Arborn möglich.

2 km nördlich von Nenderoth liegt in der Quellmulde eines kleinen Nebenbaches am Knotenrand
Greifenstein-**Odersberg** (470 m; 320 E.)
Dorf am Südhang des Hohen Westerwaldes in Übergangslage von der Hochfläche zum Hang-Abbruch der Westerwälder Basaltplatte.

⤚ ✕ Ferien auf dem Bauernhof.
🚌 nach Herborn (14 km)
✳ 🌿 Am südlichen Dorfrand hat man nach Süden hin eine herrliche Aussicht auf das Kallenbachtal, die Lahnhöhen (Gegend um Löhnberg und Weilburg) und den fernen Taunuskamm.
Hier - am Standort - bricht die Basaltdecke (Tertiär) des Westerwaldes ab und schiebt sich nur noch mit einigen „Inselbergen" südlich vor; darunter liegt das devonische Schiefergebirge.

✳

Die bisher genannten Orte liegen im neuen Großkreis Lahn-Dill (einst Dillkreis), die folgenden im Kreis Limburg / Weilburg.
4 km unterhalb von Nenderoth liegt
Löhnberg (3)-**Obershausen** (220 m; 515 E.)
🏛 Der Ort wird 1310 zuerst als Oberrulshusen genannt. Die damals erwähnte **alte Kirche** steht weithin sichtbar über dem Dorf: ein im Kern romanisches Schiff mit schmalerem Chor, darüber Dachreiter. Außen romanisches Taufbecken.
1,5 km oberhalb steht an der Straße nach Nenderoth der **Hof Johannisburg;** ursprünglich eine richtige Burg, errichtet im Jahre 1593 von Graf Johann VI. von Nassau-Dillenburg, dem Bruder Wilhelms des Schweigers, an der Stelle eines 1340 erwähnten Hofes Cödingen. Nach Brand im Jahre 1835 schmuckloser Neubau mit Sitz eines Forstamtes, jetzt Hofgut.
✕ Die Eisensteingrube „Eppstein" ist stillgelegt.
Lufttechnik Happel & Co.
🌿 Oberhalb des Dorfes im Talgrund ein Sauerbrunnen, der bis vor kurzem als „Prinz-Heinrich-Quelle" als Mineralwasser abgefüllt wurde, doch jetzt stillgelegt ist.
🥾 Gute Wandermöglichkeiten in die ausgedehnten Waldungen des Staatsforstes Johannisburg beiderseits des Tales.

Nach 3 km kommen wir nach
Löhnberg (2)-**Niedershausen** (180 m; 1200 E.)
Staatlich anerkannter Erholungsort, oberhalb der Einmündung des Faulbachs in den Kallenbach. Waldreiche Gegend.
◪ Das Kirchdorf Niedershausen (früher Niederolshausen, erste Erwähnung 1296) gehörte bis 1492 zur Grafschaft Solms, kam dann an Nassau-Beilstein und 1621 an Nassau-Diez.
In dem unteren Teil des hier einmündenden Faulbachs, Elbertal genannt, landete am 8. 11. 1836 der als erster mit Leuchtgas gefüllte Luftballon „Royal-Vauxhall-Nassau" mit dem Luftschiffer Green und zwei Begleitern, nach 18stündigem Flug von London kommend. Wilhelm Heinrich Riehl behandelt die Ereignisse nach der Landung und bei der Ausstellung in der gräflichen Reithalle in Weilburg in seiner Novelle „Der verrückte Holländer". Die beiden Flaggen des Ballons sind im Weilburger Heimatmuseum ausgestellt.
In der Zeit vom frühen Mittelalter bis zum Dreißigjährigen Krieg wurde in Niedershausen und in Löhnberg Weinbau betrieben, daher heute noch die Flurnamen „Wingert".

🏛 Der kleine, fast quadratische Saalbau der **ev. Pfarrkirche** mit Hauben-
dachreiter und Spiegeldecke stammt aus den Jahren 1805 - 1808.
✗ Waldschlößchen-Brauerei
⛳ Kleingolfanlage
🛏 ✗ Restaurant, Gaststätten und Pensionen mit insgesamt 46 Betten.
🚌 nach Weilburg
👫 Gut markierte Wanderwege; Wanderkarte.
👫 Aussichtsreiche Gemarkungs- und Waldwanderungen in die beider-
seitigen Talhänge.

Wo der Vöhlerbach dem Kallenbach zufließt, erreichen wir 1,5 km
unterhalb die

Löhnberger Hütte

◪ ✗ 1403 erstmals als „Waldsmeede" erwähnt. 1650 von Graf Wilhelm
Friedrich von Nassau-Diez neu erbaut, von 1880 bis 1930 große Zellstoff-
fabrik. Heute befindet sich hier die Kleiderbügelfabrik Sinram & Wendt.
Wenig unterhalb kreuzen wir die B 49a und sind dann in Löhnberg
(Siehe Seite 554!).

IM FAULBACHTAL

Bearbeiter: Robert Becker, Mengerskirchen;   *Übersichtskarte*
            Hermann-Josef Hucke   *Seite 457*

Wie das Kallenbachtal, so beginnt auch das Faulbachtal am
Knoten (605 m), einem der höchsten Erhebungen am Rande des
östlichen Westerwaldes. In seiner Nähe verläuft die Landesgrenze
zwischen Hessen und Rheinland-Pfalz, und es stoßen dort der
Landkreis Limburg-Weilburg und der Lahn-Dill-Kreis aneinander.
Das Quellgebiet des Faulbachtales liegt an der Südwestseite des
Knotens in einer Höhenlage von 480 m. Der Bach wird zwischen
Winkels und Probbach noch durch weitere Zuläufe gespeist, bis
er nach etwa 12 km Länge sich unterhalb von Niedershausen mit
dem Kallenbach vereint. Die Talauen werden flankiert durch die
das Landschaftsbild prägenden verbuschten Erhebungen: Mittel-
ster Kopf 418 m - Mengerskirchen, Maienburg 416 m, Rübel 420 m
- Winkels, Hermannsberg 360 m und Stein 322 m - Probbach,
Almerskopf 336 m - Probbach. Die Hauptstraße verläuft etwa
parallel zum Bachbett von Mengerskirchen nach Weilburg.

Im Wind- und Regenschatten des 492 m hohen Graubergs (Buch-
wald) liegt im Quellgebiet des Faulbachs
Mengerskirchen (420 m; 1550 E.)
Sitz der aus fünf Dörfern bestehenden Großgemeinde Mengers-
kirchen mit fast 5000 Einwohnern. Freundliche Sommerfrische mit
Schloß.
◪ Mengerskirchen wird 1279 erstmals urkundlich erwähnt. Es war im
Besitz des Deutschen Ordens und kam 1307 an Nassau. Unter dem
Grafen Johann von Nassau erhielt es 1321 Stadtrechte. In der alten
Kirche hatten die Nassau-Beilsteiner Grafen ihr Erbbegräbnis. Das
Gericht Mengerskirchen gehörte von 1621 - 1711 der Nassau-Hadamarer
Linie an und ging, nachdem diese ausgestorben, an die Dillenburgische
über.

Schloß Mengerskirchen um 1900

Als ummauerter Ort und durch seine Lage an zwei mittelalterlichen
Handelsstraßen gewann Mengerskirchen Bedeutung als Ausspann- und
Zollstätte für Handelsleute. Im Ort selbst blühte das Handwerk der
Nagelschmiede. - Mengerskirchen wird nach raumordnungsplanerischen
Zielsetzungen zum Kernort und Kleinzentrum ausgebaut.
🏛 Das Mengerskirchener **Schloß** von 1341, ein trotziger Talbau mit vier-
stöckigem Wohnturm mit Satteldach und Wehrgang; mittelalterlicher
Baustil in Form eines sechsseitigen Polygons, durch Rundtürme verstärkt. Der frühere Wassergraben wurde aus zwei Teichen von Norden
her gespeist und gehörte zur engeren Stadtbefestigung, deren Mauer-
und Stadttorreste heute noch vorhanden sind. 1818 wurde das Schloß
für 1220 Gulden von der Gemeinde gekauft und bis 1973 als Schulgebäude benutzt. Die Gemeinde plant den Ausbau des Schlosses zum kommunalen Zentrum.
Die nebenanstehende **kath. Pfarrkirche St. Maria Magdalena** wurde
1957 unter Verwendung des Chorraums der Vorgängerkirche neu erbaut.
✕ BUS-Büromöbelwerk
✚ Arzt, Zahnarzt, Apotheke, Sozialstation
⚡ Durch seine Lage unterhalb des Knotens ist Mengerskirchen Aus-
gangspunkt für den Wintersport (Rodeln, Skilift, 30-km-Langlaufloipe).
🛏 ✕ Gasthaus; Speiselokal ,,Hubertusklause''; Gasthaus ,,Knotenblick'',
Knotenstraße
🚌 nach Weilburg, Limburg und Herborn
☎ Gemeindeverwaltung 6296 Mengerskirchen 1, Verkehrsamt,
Dammstraße 12, Tel. (0 64 76) 5 18. Ortsprospekt vorhanden.
Lit.: Heinrich Messerschmidt, 700 Jahre Mengerskirchen; 1979
🐾 Über den Knoten und das Naturschutzgebiet Hahrehausen siehe unter
Arborn (Seite 466).
Am **Galgenkopf** in Richtung Arborn flächenhaftes Naturdenkmal mit inter-
essanter Felsbildung und alter Linde neben dem Standort der ehemaligen
Heilig-Kreuz-Kirche.
2,5 km südlich der **Seeweiher** mit Freibad, Campingplatz und Feriendorf.
Oberhalb des Sees hervorragendes Feuchtgebiet mit reichlichem Wasserwild.
🧗 Wanderparkplätze an der Straße nach Elsoff, am Galgenkopf, am
Seeweiher, an der Schule in Richtung Zimberg.
Wandermöglichkeiten:
Am Zimberg vorbei zur Ruine Maienburg bei Winkels.
Am Zimberg vorbei 4,5 km weit durch herrlichen Buchenwald in Richtung
Nenderoth zum Hansenberg mit vorgeschichtlicher Fliehburg.
Zum Galgenberg und zum Knoten. Am Galgenberg prächtiger Fernblick
bis tief in den Taunus.

Ab 🅿 am Sportplatz in die Waldgebiete an der Landesgrenze nach Rheinland-Pfalz.
Gute Wanderkarte mit ausführlichem Text über die Großgemeinde Mengerskirchen vorhanden.

Die Faulbachtalstraße führt uns mit Blick auf die von der Ruine Maienburg gekrönte Bergkuppe 3 km weit nach
Mengerskirchen (3)-**Winkels** (315 m; 1000 E.)

◘ Winkels wird 1266 erstmals erwähnt und gehörte zum Gericht Mengerskirchen. Der Ort entwickelte sich zu einer typischen Arbeiterwohngemeinde mit landwirtschaftlichen Nebenerwerbsbetrieben.
🏛 Die **Maienburg,** eigentlich **Burgruine Elgenberg,** steht auf einer Basaltkuppe in Richtung Mengerskirchen. Sie wurde um 1303 von Johann von Nassau-Dillenburg erbaut und war später im Besitz der Ritter von Mudersbach. Bereits 1632 stürzte der Bergfried ein. Erhalten ist noch der untere Teil des Bergfrieds mit dem Burgverlies sowie die Ringmauer mit Scharten. Der Name Maienburg ist von einem Dorf abgeleitet, das noch 1472 am Fuß des Burgbergs lag.
Im Buchenwald halbwegs Dillhausen die Wallfahrtskapelle Heiligenhäuschen.
⚓ 1,5 ha großer „**Stausee im Faulbachtal**" östlich des Ortes, erbaut 1975. Badegelegenheit, Rudern, Angeln.
🛏 ✕ Pension mit 8 Betten.
🏃 Zur Maienburg 1,5 km; zum Stausee 500 m; zum Heiligenhäuschen 2 km.

2 km unterhalb von Mengerskirchen-Winkels dann
Mengerskirchen (4)-**Probbach** (244 m; 500 E.)

🏛 In der neuromanischen **kath. Kirche St. Michael** schöne geschnitzte Muttergottes aus der Zeit um 1500. 1977 restauriert.
✚ Arzt
⚓ Westlich des Ortes der „Stausee im Faulbachtal" mit Bademöglichkeit, Angeln und Bootsfahren.
🛏 ✕ 2 Gasthäuser; Ferienhaus.
⚙ Im Jahre 1720 plante Fürst Christian von Nassau, Probbach als Kurort auszubauen, nachdem vorher namhafte Mediziner wie der Dillenburger Hofarzt Prof. Theodor Phil. Schacht in wissenschaftlichen Untersuchungen die Bedeutung des bis dahin nur der Probbacher Bevölkerung bekannten, 1459 erstmals erwähnten **Sauerbrunnens** als Heilquelle und deren Nutzanwendung nachgewiesen hatte.
Der Säuerling galt als Allheilmittel und wurde in Tonkrügen massenweise abgefüllt und z. T. bis nach England versandt. 1721 wurde die Quelle in Marmorquader gefaßt und mit einer Allee zum Dorf verbunden. Anlage und Brunnenfassung ließ die Einheitsgemeinde nach dem geschichtlichen Vorbild unter Verwendung der 250 Jahre alten Marmorsteine ausbauen; eine Freizeitanlage mit Parkplätzen, Schutzhütte und Grillplatz ist angelegt. Das Mineralwasser hat nach wissenschaftlichen Untersuchungen seine Heilwirkung als Tafelwasser und eisenhaltiger Calcium-Magnesium-Hydrogenkarbonat-Säuerling unverändert behalten.
🏃 1 km zum Heiligenhäuschen im Buchenwald nördlich des Ortes. Schöne Waldwanderungen beiderseits des Tales.
Zum Almerskopf südöstlich siehe unter Mengerskirchen-Barig-Selbenhausen!

Etwas abseits des Faulbachs liegt in der Quellmulde des vom 402 m hohen Kahlenbergkopf heranfließenden Welschbaches
Mengerskirchen (5)-**Dillhausen** (237 m; 700 E.)

◘ Obwohl die erste Erwähnung des Ortes erst dem Jahre 1307 angehört, unterliegt es nicht dem geringsten Zweifel, daß Dillhausen wesentlich älter ist. Die unweit von Dillhausen im Hansenberg gelegene frühgeschichtliche Fliehburg (Rentmauer) bot in Notzeiten der umwohnenden

Bevölkerung hinter einer dreifachen Steinwallung Schutz, setzte also dauernde oder wenigstens vorübergehende Besiedlung der Landschaft zu dieser Zeit unbedingt voraus.
Mit der einsetzenden Industrialisierung, insbesondere dem Bau von Eisenhütten im Lahn-Dillgebiet, wurde auch in der Gemarkung Dillhausen eine Grube eröffnet, um Eisenstein zu fördern. Die Landwirte aus Dillhausen und Umgebung konnten in diesem Grubenbetrieb ihr Brot verdienen, der landwirtschaftliche Betrieb wurde in der Regel von den Frauen und Kindern als Nebenerwerb aufrechterhalten. Der Rentabilität der Grube waren Grenzen gesetzt, da der Eisenerzanteil im Verhältnis zu anderen Gruben sehr niedrig war; so war es auch nur eine Frage der Zeit, bis nach dem 1. Weltkrieg die Grube geschlossen wurde. Der verbliebene Stollen dient heute als zusätzliches Wasserreservat für die Trinkwasserversorgung der Gemeinde.
🏛 Von der ehemaligen **Kirche** (jetzt Kriegergedächtnisstätte) steht noch der mächtige spätromanische Chorturm mit Zeltdach.
🛏 ✕ 2 Gasthäuser; eines mit Mittagstisch.
🏕 Nördlich des Ortes liegt 15 Minuten entfernt in einer reizvollen Talaue der **Mineralbrunnen „Waldborn"** mit Schutzhütte, Grillplatz und anderen Freizeiteinrichtungen. Die Quelle wurde, wie die in Probbach, als eisenhaltiger Calcium-Magnesium-Hydrogencarbonat-Säuerling und als Mineralwasser im Sinne der gesetzlichen Tafelwasserverordnung bestätigt. Er zeichnet sich u. a. durch hohen Kohlensäure- und Eisengehalt aus und wird von seiner Qualität her wie die Probbacher Quelle mit dem in so weltbekannten Bäderorten wie St. Moritz/Schweiz und Marienbad/CSSR verglichen.
🚶 Ausgedehnte Waldwanderungen nördlich zum Kahlenbergskopf.

Der Welschbach mündet oberhalb der Engelmannsmühle in den Faulbach. Hier hat der Bach schon eine relativ starke Wasserführung, so daß er in früheren Zeiten zwei Mühlen betreiben konnte. Nach der Lochmühle verengt sich das Faulbachtal durch die Erhebungen „Köppel" (250 m) und „Bühl" (268 m), um dann in der Gemarkung Löhnberg-Niedershausen im Kallenbachtal zu enden.

IM VÖHLERBACHTAL

Bearbeiter: Heinrich Velten   *Übersichtskarte*
           Hermann-Josef Hucke   *Seite 457*

Der Vöhlerbach ist der südliche Parallelbach des Faulbachs und fließt wie dieser südöstlich 14 km weit dem Kallenbach entgegen. Seinen Namen leitet er von der Wüstung Vöhl her, die am jetzigen Vöhler Weiher bei Merenberg lag. Als Seebach entspringt er oberhalb des Seeköppels westlich von Mengerskirchen und durchfließt den Waldernbacher Seeweiher. Bis auf Mengerskirchen-Waldernbach gehören alle Orte des Tales zur Großgemeinde Merenberg.

Mengerskirchen (2)-**Waldernbach** (350 m; 1100 E.)
Staatl. anerkannter Erholungsort in schöner Lage.
◪ Erste urkundliche Erwähnung 1296. Zur Unterscheidung von anderen -dernbachorten wird es seit dem 16. Jh. Waldernbach genannt.
Das einst blühende Handwerk der Besenbinder wurde seit etwa 1927/28 vom Fremdenverkehrsgewerbe abgelöst. Der Ort zählte 1978 über 30000 Fremdenübernachtungen. Im Sommer 1979 wurde das Feriendorf „Am Seeweiher" mit 26 Häusern in Betrieb genommen.

🏛 Hübsche Fachwerkhäuser in der Westerwaldstraße (Anwesen Weimer und Gaststätte „Bauernschänke").

✚ 2 Ärzte, Zahnarzt

🏊 Am fast 3 ha großen Seeweiher Sand-Badestrand, der auch Kindern gefahrloses Baden erlaubt. Kneippanlage, Rudern, Angeln, Boccia, Freischach Trimm-Dich-Weg oberhalb der Westerwaldhalle.

🛏 ✗ 2 Speisegaststätten, 16 Pensionen und Privatzimmer mit 273 Fremdenbetten. Campingplatz am Seeweiher. Feriendorf Seeweiher. Jugendheim Hildegardishaus. Westerwaldhalle mit Gastwirtschaft.

🚌 nach Weilburg, Limburg und Herborn

☎ Siehe Mengerskirchen!

Gute Wanderkarte vorhanden; desgleichen Ortsprospekt mit Informationstasche.

🌿 Am oberen Seeweiher hervorragendes Feuchtgebiet mit reichlichem Wasserwild.

🚶 Zahlreiche gut ausgebaute Wanderwege im Bereich des Seeweihers, im Waldgebiet nach Rheinland-Pfalz und in die Wiesengründe.

Unterhalb des Seeweihers liegt das kleine

Merenberg (4)-**Rückershausen** (360 m; 100 E.)

🌿 Am Seebach südlich des Dorfes kleines und fast abgestorbenes Hochmoor mit seltenen Pflanzen. Nahebei Fischteiche.

🚌 nach Weilburg und Waldernbach

1 km weiter talab

Merenberg (4)-**Reichenborn** (350 m; 300 E.)

landschaftlich herrlich hoch über dem Vöhlerbachtal gelegen.

🏛 **Ev. St.Barbara-Kapelle,** eine frühgotische Chorturmanlage.

🛏 ✗ Gasthaus mit 4 Betten; Dorfgemeinschaftshaus.

🚶 nach Weilburg und Waldernbach
    Schöne Gemarkungswanderungen.

Merenberg (2)-**Barig-Selbenhausen** (225 m; 550 E.)

Schön im Südhang des Rödern (397 m) in Waldnähe gelegenes Straßendorf 1 km nördlich von Merenberg.

▶ Das oberhalb gelegene Barig wird 1489, das anschließende Selbenhausen 1279 erstmals erwähnt. Selbenhausen wird vom Volksmund „Schelmenhausen" genannt.

Östlich des Ortes der 336 m hohe Almerskopf mit guterhaltener **Wallanlage** aus der Latènezeit.

🛏 ✗ 2 Pensionen mit 14 Betten. Dorfgemeinschaftshaus mit Kegelbahn.

🚌 nach Weilburg und Löhnberg

Das große Waldgebiet zwischen Merenberg und Weilburg tritt nun an das Südufer des Vöhlerbachs heran, das Tal verengt sich und endet an der Löhnberger Hütte (s. S. 451) im Kallenbachtal.

Auf der Höhe zwischen dem Einzugsgebiet des Vöhlerbachs und dem des Kerkerbachs liegt die Zentralgemeinde

Merenberg (314 m; 1000 E.)

seit 1971 eine 23 qkm große Mittelpunktgemeinde mit den Ortsteilen Merenberg, Allendorf, Barig-Selbenhausen, Reichenborn und Rückershausen. Markantes Wahrzeichen: die Burgruine.

▶ Der Ort Merenberg wird 1090 erstmals erwähnt. **Burg Merenberg** war der Stammsitz eines mächtigen Dynastengeschlechts, der Herren von Merenberg, meistens Hartrad mit Vornamen, deren erster 1129 in Urkunden erscheint und die Burg zu Lehen trägt. Der letzte des Geschlechts hinterläßt die Burg und Herrschaft seiner Tochter Gertrud, vermählt mit dem Grafen Johann I. von Nassau (Walramischer Linie).

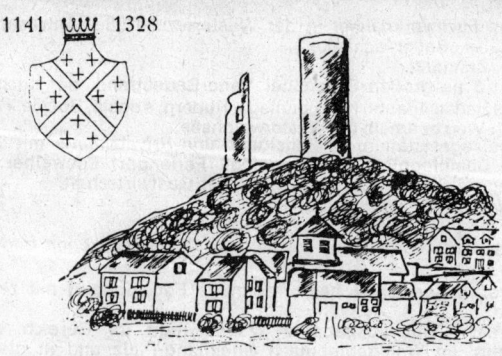

1141 ᵾᵾᵾ 1328

Burgruine Merenberg über dem gleichnamigen Ort

Die Burg war im 17. Jh. noch bewohnt; 1634 brannte sie mit einem
großen Teil des Ortes ab und wurde nicht wieder aufgebaut. Eigentliche Stadtrechte erhielt der Ort 1331 von Ludwig dem Baier. Nach der
Burg nennen sich die Nachkommen des Prinzen Nikolaus von Nassau
und der Tochter des russischen Dichters Alexander Puschkin: „Grafen
von Merenberg".
Merenberg ist auf dem Titelbild des Merian-Heftes „Westerwald".
🏛 Die **Burgruine** steht weithin sichtbar auf dem Gipfel eines markanten
Basaltkegels. Wer die 107 Stufen des runden Bergfrieds hochsteigt,
dem bietet sich ein prächtiger Rundblick.
Ein **Torturm** gibt Zeugnis von der Stadtbefestigung des 14. Jh.
Mehrere sehr schöne **Fachwerkhäuser**, u. a. mit fränkischem Erker und
Schnitzereien.
Die **ev. Pfarrkirche** ist ein einfacher Saalbau von 1719 mit spätgotischer
Sakristei.
Auf dem Friedhof Richtung Vöhler Weiher die schlichte romanische
„Appenkirche" (Jakobskirche).
Auf der Höhburg (395 m) östlich des Dorfes Reste einer **Wallanlage** aus
der Latènezeit.
⚔ Industriegebiet mit Holz- und Kunststoffverarbeitungsbetrieben, u. a.
die Firmen Silva Bauelemente, Nowa-Plast; Verkehrsunternehmen Legner
und Nord-Süd-Industrievertrieb.
✚ 2 Ärzte, 1 Apotheke
🏊 Bademöglichkeit im Vöhler Weiher.
🛏 ✕ 5 Pensionen und Gasthäuser, davon 2 mit Mittagstisch.
Ausflugsgaststätte am Vöhler Weiher.
Campingplätze „Vöhler Weiher" und „Mühlheide" mit Kleingolfanlage
🚌 nach Weilburg und Limburg
☎ Gemeindeverwaltung 6295 Merenberg, Tel. (064 71) 5 23 65
🚶🚶 4 markierte Rundwanderwege. Schöne Wanderungen zum 5,35 ha
     großen Vöhler Weiher, zur Höhburg und zum Pilsberg.
Lit.: Heimatbuch „850 Jahre Merenberg", 1979

Südlich Merenberg liegt neben der „Langen Meil" (B 49)

Merenberg (3)-**Allendorf** (273 m; 500 E.)

◼ Früher Altendorf. Sitz eines gleichnamigen Rittergeschlechtes, das
eine Zeitlang durch Räuberei die Gegend unsicher machte, bis 1363
Erzbischof Kuno von Trier die Burg zerstörte und Giselbert von Alten-
dorf gefangen nahm.
🏛 **Ev. Pfarrkirche** von 1729, kleiner Saalbau mit Haubendachreiter.
🛏 ✕ Rasthof - Pension mit 8 Betten. 2 Gasthäuser mit Mittagstisch.
🚌 nach Waldernbach, Weilburg und Limburg
🚶🚶 Schöne Gemarkungswanderungen, u. a. ins Sonnerbachtal.

RECHTS UND LINKS DER LANGEN MEIL (B 49)

Bearbeiter: Leonhard Borbonus und Hermann-Josef Hucke

Noch zum Limburger Becken gehört die fruchtbare und daher waldarme Ebene nordöstlich von Limburg zwischen den Tälern von Lahn, Elbbach und Kerkerbach. Markanter Mittelpunkt ist der bewaldete Beselicher Kopf (265 m), der sich jedoch nur wenig über die Feldfluren mit einer Durchschnittshöhe von 220 m erhebt. Durchschnitten wird dieser Raum von der „Langen Meil", einer alten Handelsstraße, die nun bald vollständig vierspurig ausgebaut ist und ziemlich gerade von Limburg in Richtung Weilburg und Wetzlar als B 49 führt. Wer in den Raum um Beselich will, muß zwangsläufig diese Straße benutzen.

Wenn wir, aus Limburg herausfahrend, unter der Autobahn Köln - Frankfurt hindurch sind, sehen wir rechts hinter Massa und dem Pharma-Werk das Gelände des ehemaligen Reckenforstes, der Malstätte des Lahngaues in merowingisch-fränkischer Zeit. Links bis an unsere „Lange Meil" das Industriegebiet „Offheimer Höhe" von

Limburg-**Offheim** (180 m; 1700 E.)

◘ Die Adeligen von Ufheim oder Offheim kamen hier seit 1194 vor, sind jedoch 1419 ausgestorben.
Der Ort zählte vor 100 Jahren kaum 500 Einwohner und hat seit dem 2. Weltkrieg sich durch die Schaffung eines großen Industrie- und Gewerbegebietes stark entwickeln können.
✘ Auf der Offheimer Höhe neben einem Umspannwerk der Mainkraftwerke zahlreiche Großhandelsbetriebe, u. a. Elektrogroßhandlung Stiebing, Schreibwarengroßhandlung Müller & Höhler, Möbelgroßhandlung Hingott, Eisenwarengroßhandlung Eisen-Fischer, Werkzeugmaschinenhandlung Weyrauch.
✦ Hallenbad, Dietkircher Straße.
⮛ ✘ Hotel, 2 Restaurants mit Mittagstisch, 2 Imbißstuben, Bürgerhaus Offheim mit Gaststätte.

Die „Lange Meil" führt schnurgerade allmählich aufwärts, kreuzt die Straße Limburg-Offheim (1 km) - Runkel-Schloß Dehrn (1 km), bis dann die B 54 in Höhe von Limburg-Ahlbach in Richtung Rennerod abzweigt.

Limburg-**Ahlbach** (200 m; 1100 E.)

◘ Die erste urkundliche Erwähnung datiert von 772, als eine Komtesse Rachild Güter und Leibeigene dem Kloster Lorsch an der Bergstraße schenkte. Ein adeliges Geschlecht von Ahlbach erscheint in Urkunden des 14. und 15. Jh.
Die Einwohner von Ahlbach waren früher meist Bauern, aber nicht mit eigenem Besitz, sondern Hofleute auf Höfen von Adeligen, Stiften und Klöstern. Daher sind die Höfe großzügig angelegt. Erst im 19. Jh. ging das Land allmählich in Privatbesitz über. Das Acker- und Wiesenland von Ahlbach gehört dank der Bodenbeschaffenheit zu den ertragreichsten Böden im Westerwald. Der Urselthalerhof in Richtung Limburg-Offheim steht auf dem Boden des verschwundenen Dorfes Niederahlbach.
✘ Über 100 Jahre lang wurde am Käfernberg oberhalb des Dorfes ein feinkörniger Feldspatbasalt mit schönen Säulen abgebaut.
🚌 nach Limburg, Weilburg und Rennerod.

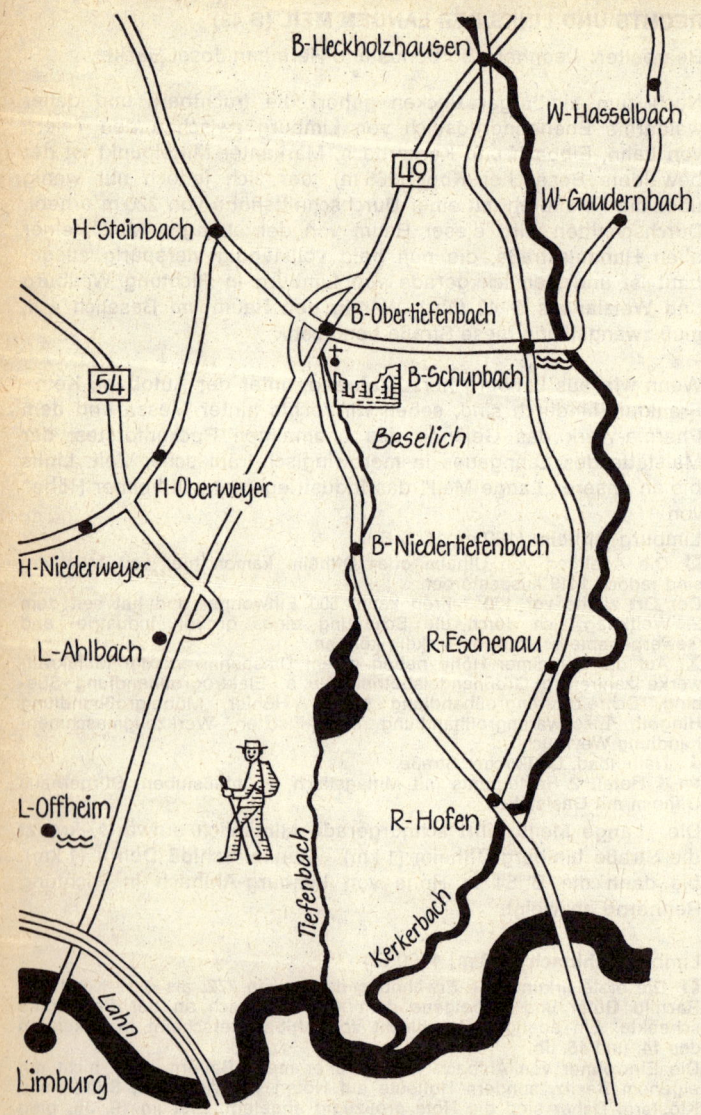

Rechts und links der Langen Meil (B 49)   Seiten 475 - 479
Im Kerkerbachtal   Seiten 479 - 481

Muttergottes-Kapelle in Steinbach

Nördlich von Limburg-Ahlbach liegen die ländlichen Gemeinden Hadamar-**Niederweyer** (220 m; 200 E.) und Hadamar-**Oberweyer** (230 m; 700 E.)

⬧ Niederweyer war immer schon eine kleine Landbaugemeinde. Zum Kirchgang mußte man in das benachbarte Oberweyer, welches 1564 selbständige Pfarrei und Kirchspielort wurde. Die Pfarrkirche hat im Innern einen interessanten Figurenschmuck. Oberweyer legt großen Wert auf die schöne Ausgestaltung der Häuser, Straßen und Plätze und erhielt dafür schon Wettbewerbspreise.

🏨 ✕ Dorfgemeinschaftshaus mit Kegelbahn.

🚌 nach Limburg, Weilburg und Rennerod.

2 km nördlich von Hadamar-Oberweyer liegt am Fuße des bewaldeten Basaltrückens als nördlichster Ort des Limburger Beckens Hadamar-**Steinbach** (255 m; 900 E.)

⬧ Steinbach ist ein alter Straßenknotenpunkt. Straßen von Siegen und Dillenburg kommen hier zusammen, um weiterzuführen nach Weilburg, Wetzlar, Limburg, Mainz und Frankfurt und nach Hadamar - Koblenz.

🏛 Sehenswert sind mehrere Fachwerkhäuser an der Hauptstraße aus der Zeit um 1700 sowie die **Muttergottes-Kapelle** an der Straßenkreuzung mit den 14 Nothelfern (1707) und einer bäuerlichen Muttergottes.

🛏 ✕ Pension mit 14 Betten; Mittagstisch.

🚌 nach Limburg, Weilburg, Rennerod und Hadamar

☉ Bekannt und viel besucht ist der **Steinbacher Markt** am 2. Dienstag nach dem Michaelistag.

🏃 Ein beliebter Ausflugsort ist das **Heidenhäuschen** (398 m), zu dem von Steinbach her ein **Waldlehrpfad** hochführt. Mit seinen wildzerklüfteten ausgedehnten Basaltfelspartien steht es unter Naturschutz. Der Sage nach sollen hier die letzten göttertreuen Bewohner der Umgebung, die Heiden, ihre heimlichen Opferfeiern abgehalten haben. Deutlich erkennbar sind noch rings um den Gipfel Reste eines keltischen Ringwalls. - Sehr schöner Blick ins Elbtal und ins Limburger Becken.

Wir kehren zurück zur Langen Meil (B 49), die den Ort Beselich-Obertiefenbach halbkreisförmig umgeht.

Beselich (5000 E.)

ist eine am 31. 12. 1970 durch freiwilligen Zusammenschluß der ehemaligen Gemeinden Obertiefenbach, Heckholzhausen, Schupbach und Niedertiefenbach gebildete Großgemeinde, benannt nach dem zentral gelegenen Beselicher Kopf. Ein Dorf Beselich gibt es nicht.

An der B 49 liegt
Beselich (1)-**Obertiefenbach** (224 m; 2100 E.)

◪ Die Kerngemeinde von Beselich liegt am Nordostrand des Limburger Beckens. Nordöstlich des Ortes hat man am Rande einer Tongrube eine Hallstatt-Siedlungsstelle entdeckt. - Wied-Runkel verkaufte den Ort 1649 an Nassau-Hadamar. 1773 wurde er an Nassau-Oranien abgetreten. Obertiefenbach ist der Geburtsort Georg Lebers (8. 10. 20)

🏛 Die **kath. Pfarrkirche St. Ägidius** wurde 1871/75 erbaut.
Ein Wahrzeichen des Ortes ist der noch romanische Turm mit Klangarkaden aus dem 12. Jh.

✕ Im vergangenen Jahrhundert hat sich im Bereich des Bergbaus (Roteisenstein, Mangan, Kalkstein, Basalt und Ton) eine rege Entwicklung angebahnt, die jedoch mit dem Ende des 2. Weltkrieges ihren Abschluß fand. Heute wird in der Gemarkung nur noch Ton abgebaut. Mehrere kleinere Industriebetriebe bieten 610 Arbeitsplätze. Eine Geflügelschlachterei verarbeitet pro Tag 50 000 bis 60 000 Hähnchen.

🛏 ✕ Mehrere Pensionen und Gaststätten mit Mittagstisch und insgesamt 36 Fremdenbetten.

🚌 nach Limburg, Weilburg und Rennerod

☎ Verkehrsverein 6251 Beselich-Obertiefenbach.

🏃 ◪ Südöstlich des Ortes liegt an der Straße nach Beselich-Schupbach der **Beselicher Kopf** (295 m) mit Hof und Kirche.
Auf dem Beselicher Kopf die noch heute vorhandenen Teile eines zwischen 1140 und 1160 von einem Priester namens Gottfried von Beselich erbauten **Prämonstratenserinnenklosters**. Es wurde im Jahre 1162 durch Erzbischof Hillin von Trier eingeweiht.
Das Kloster stand im 13. und 14. Jh. in hohem Ansehen. Hier war zu dieser Zeit u. a. eine der ersten Mädchenschulen für Töchter „Privilegierter" unseres Heimatgebietes. - Durch häufigen Besitzerwechsel in der Reformationszeit geriet das Kloster in Zerfall. 1568 zogen die letzten Schwestern des Konvents aus; 1632 stürzten große Teile des Klostergebäudes ein, darunter auch die Decke der Pfeilerbasilika. Die Ländereien des Klosters wurden verpachtet und zu Beginn des 19. Jh. annektiert.

🏛 Die heutige **Wallfahrtskirche** in unmittelbarer Nähe der Klosterruine verdankt ihren Ursprung der Initiative eines Franziskaner-Eremiten Georg Niederstraßen, des „Bruders Leonhard" (geb. 1709, gest. 1782). Die Kirche wurde 1767 auf den Titel „Maria Hilf" und zu Ehren der 14 Nothelfer geweiht. Reiche Innenausstattung, u. a. mit barocken Holzfiguren der 14 Nothelfer. Beachtenswert auch eine Arbeit des Bildschnitzers Konrad Juppe (16. Jh.): Der heilige Georg tötet den Drachen.

✱ Der Beselicher Kopf ist heute ein beliebtes Ausflugsziel und von allen Orten aus auf größtenteils markierten Wanderwegen zu erreichen. Von hier aus hat man einen herrlichen Ausblick in das Kerkerbachtal, auf die Burg Merenberg, den Großen Feldberg und in das Limburger Becken.

🌿 Man versäume nicht, das in unmittelbarer Nähe gelegene ehemalige **Steinbruchgelände** aufzusuchen. Es hat sich - seit vielen Jahrzehnten sich selbst überlassen - zu einer urwüchsigen Erholungsanlage entwickelt (Grillplätze, Parkbänke). Für Mineralogen interessant ist hier das Vorkommen des sonst seltenen Palagonits, eines glasharten, braunen plutonischen Gesteins.

Am Südrand des Beselicher Kopfes liegt beiderseits des Tiefenbachs

Beselich (4)-**Niedertiefenbach** (207 m; 950 E.)

🔲 Hier hatten die Grafen von Katzenelnbogen seit etwa 1150 eine Vogtei und beliehen damit verschiedene Kleinvasallen; auch gab es mehrere adelige Höfe. **Pfarrkirche Mariä Geburt** aus den Jahren 1867/69. Kirchberg und Kirche überragen das **Dorf**.

🔲 Ungefähr 200 m nordwestlich des Tiefenbach-Stausees wurde im Jahre 1961 ein fast vollständig erhaltenes **Steinkistengrab** aus der Zeit um etwa 2000 v. Chr. entdeckt und von Prof. Schoppa freigelegt. Es ist im Wiesbadener Landesmuseum genauso wie es vorgefunden wurde wieder aufgebaut.

🛏 ✕ Speisegaststätte mit Fremdenbetten.

🚌 nach Limburg, Weilburg

🏃 Gepflegte Wanderwege rund um den Beselicher Kopf.
Südlich des Ortes Tiefenbach-Stausee.

✱

Wir wollen nun das Kerkerbachtal zwischen Beselich-Heckholzhausen an der Langen Meil und der Lahn aufsuchen.

Der **Kerkerbach** entspringt im Bereich der Großgemeinde Waldbrunn und mündet nach etwa 18 km zwischen Runkel und Runkel-Steeden in die Lahn. Ein recht abwechslungsreiches, reizvolles Tal. Gute Wandermöglichkeiten finden wir oberhalb Beselich-Heckholzhausen an der Schlagmühle, zwischen Beselich-Heckholzhausen und Beselich-Schupbach sowie ab Beselich-Schupbach auf der waldreichen Ostseite, während wir die flachere Westseite noch als Randzone des Limburger Beckens mit weiten Feldfluren betrachten können. Im ganzen Talverlauf gibt es noch ehemalige Eisenerzgruben und ihre Hütten.

Sie waren auch der Grund für den Bau der **Kerkerbachbahn,** die auf ihrer Schmalspur von 1887 bis etwa 1960 32 km weit von Kerkerbach an der Lahn bis nach Mengerskirchen im Hohen Westerwald puffte. Böse Zungen behaupten, das Blumenpflücken sei während der Fahrt verboten gewesen.

Die B 49 (Lange Meil) überspannt das Kerkerbachtal mit einer Talbrücke bei

Beselich (2)-**Heckholzhausen** (206 m; 850 E.)

🔲 Der Ort, erstmals erwähnt 879, hieß ursprünglich Holzhausen und erhielt im 16. Jh. zur Unterscheidung von Lindenholzhausen die Beifügung „Heck-". Eine adelige Familie von Holzhausen besaß hier eine jetzt längst verschwundene Burg.

🚌 nach Limburg und Weilburg

🏃 An der **Schlagmühle** (Gasthaus) 20 Minuten oberhalb des Ortes
(Fußweg auf der westlichen Talseite) liegt ein Wanderparkplatz.
Hier beginnt ein 2 km langer **Waldlehr- und Naturpfad** mit insgesamt
33 Hinweistafeln (Mkg.: Dompfaff).
Zwei weitere bequeme Wanderwege von 4,5 und 6 km Länge haben als
Markierungszeichen die Eichel und den Marienkäfer.
Besonders schön ist der Weg längs des Kerkerbachs zwischen dem
alten Bahnhof und Schupbach (1 Std.) und von dort an stillgelegten
Erzgruben vorbei auf der ehemaligen Trasse der Kerkerbachtalbahn
bis Hofen (ca. 1 bis 2 Std.).
Am Sportplatz oberhalb des Dorfes findet man auf der stillgelegten
alten Trasse der B 49 einen Parkplatz, um in Richtung Merenberg in
den Wald zu wandern. Im Walddistrikt 9 sind **Grabhügel** mit Funden
der Hügelgräber-Bronzezeit, der Hallstatt- und Latènezeit; dicht bei den
Grabhügeln drei kleine umwallte Vierecke, die vielleicht mit dem Grab-
ritus zusammenhängen.

4 km südlich von Beselich-Heckholzhausen liegt über dem Kerkerbachtal

Beselich (3)-Schupbach (185 m; 1200 E.)

⬛ Das alte Kirchdorf gehörte seit 1053 zur Villmarer Kirche. Das Land-
gericht Schupbach umfaßte alle umliegenden Orte; es war runkelisch
von 1420 bis 1803.
🏛 Die **ev. Pfarrkirche** besitzt noch einen romanischen Wehrturm aus
dem 12. Jh.; der Laternenhelm wurde im 19. Jh. aufgesetzt. Auch das
Schiff ist im Kern romanisch, wurde aber um 1700 mit dreiseitigem
Schluß verlängert. Im Innern wurde 1969 ein Kreuzweg aus dem 14. Jh.
freigelegt.
Das Pfarrhaus mit Satteldach über dem Dreieckgiebel stammt aus der
1. Hälfte des 19. Jh.
✗ Großer Molkereibetrieb.
🚏✗ Gaststätten mit Fremdenbetten.
🚌 nach Limburg und Weilburg
💎 Zur Entstehungsgeschichte des **Schupbacher Lahnmarmors:** Der
Meeresboden der Mitteldevonzeit hatte sich durch Vulkanismus stellen-
weise bis dicht unter die Meeresoberfläche gehoben; dort konnten sich
Korallen ansiedeln und, wie heute noch in der Südsee, mächtige Koral-
lenriffe aufbauen. In ihnen hausten kleine Seetiere: Muscheln, Seesterne,
Schnecken, Seeigel. Die Überreste der Riffe verkitteten zu Massenkalk.
Ist dieser schleifbar, bezeichnet man ihn als Marmor. Über einzelne
Korallenriffe, so über das zwischen Schupbach und Gaudernbach, ist
im Oberdevon Lava geflossen. Eisenhaltige vulkanische Dämpfe sind
in den Kalk gedrungen und gaben ihm eine schöne Rotfärbung, die
ihn heute noch begehrt macht. - Ein Marmorbruch befindet sich östlich
Schupbach über dem Kerkerbachtal.
🏃 Zum Beselicher Kopf (Siehe Seite 460).
🏃 Ins mineralogisch und botanisch interessante Kerkerbachtal (1,5 km).
Rings um die ehemalige Christianshütte (nach Fürst Christian von
Wied-Runkel, 1791) zahlreiche ehemalige Eisenerzgruben.

✱

In einem kleinen Seitentälchen auf der östlichen Höhe des Kerkerbachtals liegen am Rande des langen Waldrückens zur Lahn hin
die Orte

Weilburg-Hasselbach (270 m; 360 E.) und

Weilburg-Gaudernbach (200 m; 750 E.)

⬛ Gaudernbach gehörte zum Landgericht Schupbach; es hieß 1395 bloß
Dernbach; in der Nähe die Stelle des um 1520 ausgegangenen Dorfes
Wenigshausen.

⮐ ✕ In Hasselbach Pension mit 50 Betten.
In Gaudernbach Gaststätte mit 7 Betten.
🚌 nach Weilburg

🚶 Schöne Wanderungen in die ausgedehnten Waldungen des nahen Staatsforstes Merenberg sowie auf guten Gemarkungswegen auf die Höhen des Kerkerbachtals.

✱

Südlich Beselich-Schupbach liegt im Kerkerbachtal das kleine
Runkel-**Eschenau** (180 m; 290 E.)
🚌 nach Kerkerbach und Limburg

🚶 Auf der gegenüberliegenden Talseite die sogenannte **„Wolfs-schlucht"**, eine wilde Kluft mit vielen durcheinanderliegenden Blöcken.

Südlichster und damit letzter Ort des Kerkerbachtals ist
Runkel-**Hofen** (185 m; 405 E.)

🚶 Schöne Wanderungen ins Kerkerbachtal und jenseits in den Hofener Wald mit mehreren Grabhügeln.
Die Straße quert unterhalb Runkel-Hofen das Kerkerbachtal und ist nach 2 km in Runkel an der Lahn.

IM RAUM WALDBRUNN
Bearbeiter: Walter Rudersdorf

Im südlichen Oberwesterwald, nördlich des Heidenhäuschens (398 m), liegt der Kern des alten Amts- und Landgerichtsbezirks **Ellar** („Herrschaft Ellar", „Vier Zenten")
Geologisch reicht diese Landschaft im Süden in den Bereich des Oberdevons am Nordrand der Lahnmulde. Dieser devonische Untergrund wird sichtbar, wo die Bäche tiefer einschneiden: im Kerkerbachtal bei Heckholzhausen und im Elbtal zwischen Langendernbach und Hadamar. Über den devonischen Schiefern liegen die tertiären Ablagerungen: Ton, Braunkohle, einige nutzbare Mineralien (Phosphorit, Kupfererz, Schwefelkies, Eisen- und Manganerz) und vor allem **Basalt** mit flächenhaften Deckenergüssen und Kuppen (Säulenbasalt). Es handelt sich meist um jüngeren Deckbasalt oder Feldspatbasalt. Das geschlossene Basaltgebiet des Oberwesterwaldes löst sich nach Süden hin allmählich auf in eine Art Zeugenberglandschaft. Im Bereich dieser **Basaltzeugenberge** liegt der Kern dieses Raumes.
Wie an vielen Berghängen des Westerwaldes finden wir auch hier ausgedehnte **Basaltblockmeere.** Sie sind wie auch der Gehängeschutt vorwiegend eiszeitlicher (periglazialer) Entstehung. Zur Eiszeit taute der Dauerfrostboden nur im Sommer tagsüber durch die Sonneneinstrahlung an der Oberfläche auf und gefror nachts wieder. Die Folge dieses kurzfristigen Temperaturwechsels war starke Verwitterung. Große Blöcke oder Brocken platzten von den Basaltsäulen oder -decken oben ab und rutschten auf der schmierigen, oberflächlich aufgetauten Schlammschicht den Berghang hinunter als **Gehängeschutt.** Da dieses **„Bodenfließen"** (Solifluktion) sich über Jahrhunderttausende hinzog und heute noch nicht abgeschlossen ist, nehmen diese **„Blockmeere"** an den Hängen oft erheblichen Umfang an. Wir finden sie rund um das Heidenhäuschen und den Remelsberg (Rommelsberg), die Lay, am Bühl, am Mühlwald, am Hirschberg, am Oberholz, am Honig usw.
Zur Klarstellung: der Westerwald war **nicht** von Gletschern bedeckt. Es gibt also weder hier „Urstromtäler" noch Moränen (Gletscherschutt). Die Gletscher reichten von Skandinavien bis zum Rand der deutschen

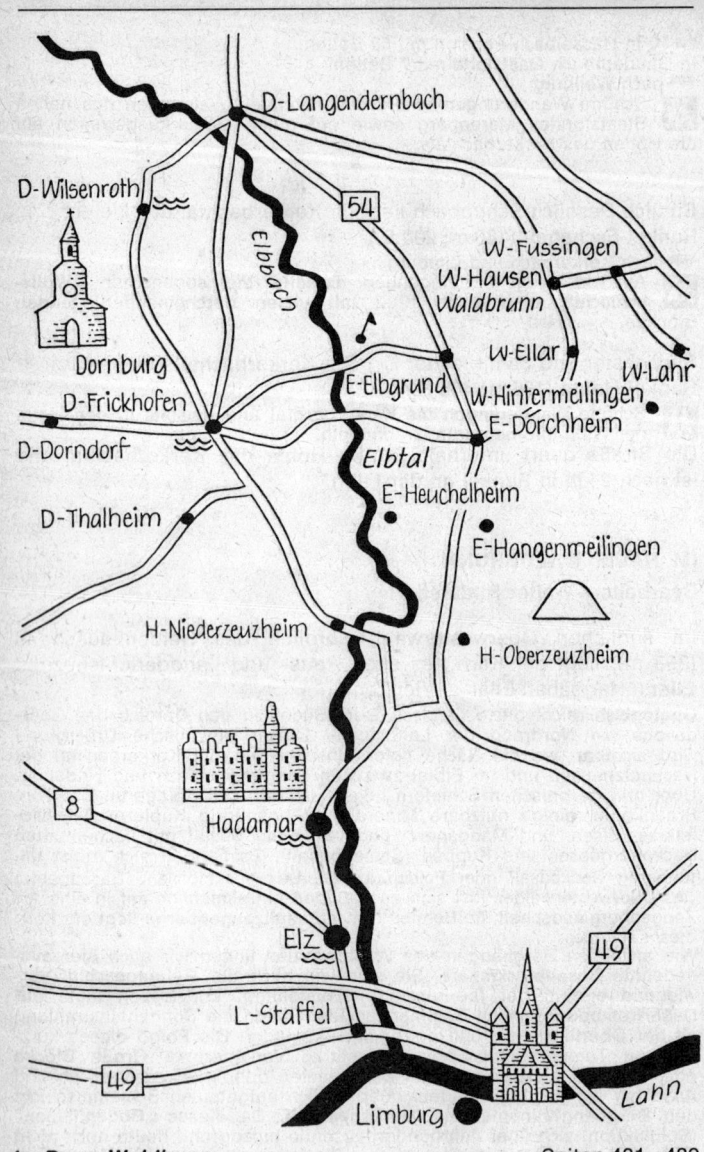

Im Raum Waldbrunn   Seiten 481 - 489
Im unteren Elbtal   Seiten 490 - 508

Mittelgebirge im Norden und von den Alpen her bis in den Alpenvorraum. Dazwischen lag das periglaziale (nicht vergletscherte) Gebiet. Zu den periglazialen Erscheinungen gehören z. B. die eiszeitlichen **LÖß-verwehungen.**

Hydrographisch-morphologisch bildet die alte „Herrschaft Ellar" mit ihren Vier Zenten oder Kirchspielen Lahr, Elsoff, Frickhofen und Niederzeuzheim eine **natürliche geographische Einheit:** die allmähliche Abdachung des Westerwaldes zur Lahn hin bzw. das Einzugsgebiet des Elbbaches mit Laster-, Seck- und Schafbach. Beherrscht wird dieses Gebiet von dem Basaltmassiv des Heidenhäuschens/Rommelsberges. Auf Grund von Funden, der Lage und vor allem der Auswertung von Flur-, Orts- und Personennamen, die in der Umgebung konzentriert vorkommen, sieht Prof. Dr. Heinrich Richter - Prähistoriker der Universität Gießen - auf dem Heidenhäuschen/Rommelsberg das alte Volksgericht dieses vorgeschichtlichen Siedlungsgaues neben der Kultstätte der drei Matronen Mahalinehae (Gerichtsgöttinnen der Ubier), deren Namen u. a. weiterleben in den Ortsnamen Hangen- und Hintermeilingen. Diese Zusammenhänge lassen sich an vielen Stellen Mitteleuropas belegen.

Es ist eine sehr abwechslungsreiche, wirklich schöne Landschaft mit viel Wald, fruchtbaren Feldern, saftigen Wiesen und Bachtälern, ausgezeichneten Wanderwegen sowie reiner und gesunder Bergluft. Dieser Raum gehört zum ausgesprochenen Fremdenverkehrsgebiet des Kreises Limburg-Weilburg mit vielen Pensionen, Gasthäusern und Cafés.

Die **Niederschläge** betragen im Jahr etwa 750-760 mm, d. h. die Regenmenge liegt etwa in der Mitte zwischen Hohem Westerwald und Limburger Becken. Die Jahresdurchschnitts**temperatur:** + 7,4 bis + 7,6° C. Die Zahl der **Nebeltage** ist gering. Das liegt daran, daß diese Landschaft eine Art Plateaulage hat über den Talnebeln des Elb- und Lahntales, aber noch nicht in den Bereich der Gebirgsnebel des Hohen Westerwaldes gehört.

Die **Mundart,** die hier gesprochen wird, ist vorwiegend eine Mischung aus Moselfränkisch (Kurtrierer Kulturkreis) und Oberhessisch. Östlich davon verläuft die sogenannte Wat-/Was-Linie, eine alte Grenze der Lautverschiebung.

Die Herrschaft Ellar:

Wohl entstanden aus dem Kern des erwähnten vorgermanischen Siedlungsgaues, aus dem sich später der Nordteil des fränkischen Niederlahngaues entwickelte - der letzte Gaugraf war zugleich der erste Graf von Diez -, wurde die **Herrschaft Ellar** mit ihren vier Zenten 1337 urkundlich erwähnt, als Graf Gottfried von Diez an Johann von Nassau-Hadamar für 1450 Mark Limburger Währung unter Vorbehalt des Wiederkaufsrechts: **Burg und Tal** (= Burgsiedlung) **Ellar** mit den zugehörigen **Vier Zenten** und allem Zubehör verkaufte. Es handelte sich um:

a) **Die Zente** (= **Kirchspiel**) **Lahr** (Lahr, Ellar, Hintermeilingen, Fussingen, Hausen, Waldernbach),

b) **Die Zente Elsoff** (Elsoff, Mittelhofen, Hof Krempel, Oberrod, Westernohe),

c) **Die Zente Frickhofen (Bleseberg)** (Frickhofen, Dorndorf, Dorchheim, Mühlbach, Waldmannshausen, Langendernbach, Wilsenroth [seit 1668] und von 1644 bis vor 1660 auch das Kirchspiel Wilmenrod),

d) **Die Zente Niederzeuzheim** (Niederzeuzheim, Oberzeuzheim, Thalheim, Heuchelheim, Hangenmeilingen).

Hinzu kommen noch einige ausgegangenen Orte (Wüstungen).

Ellar und die Vier Zenten bildeten eine **Verwaltungseinheit** besonderer Art:

Mit Urkunde vom 1. Februar 1368 bestätigte Kaiser Karl IV. anläßlich eines Besitzwechsels, zu dem der Kaiser seine Zustimmung geben

mußte, daß „die Burg Ellar" mit den „Vier Gerichten, die man nennet Zinten, die zu derselben Burg gehoren", mit allem Zubehör „von Uns und dem Heiligen Reiche zu lehen rurent" (herrühren). Diese Herrschaft Ellar war also **unmittelbares Lehen des Deutschen Reiches.**
Das alte Amt Ellar und die Kellerei (Finanzverwaltung) Ellar waren bis 1717 mit diesen Vier Zenten identisch. Der Amtssitz war Ellar.
Mit der Aufteilung des Fürstentums Hadamar **1717** erlitt das alte Amt Ellar das gleiche Schicksal.
Das Kirchspiel Elsoff fiel mit dem Amt Stuhlgebiet, bei dem es bis 1744 blieb, an Diez.
Das Kirchspiel Niederzeuzheim kam u. a. mit Stadt und Schloß Hadamar an den katholischen Fürsten Hyacinth von Siegen,
die **Kirchspiele Lahr und Frickhofen** wurden - zusammen mit dem Kirchspiel Mengerskirchen - von Nassau-Dillenburg übernommen. Die Verwaltung geschah teils von Mengerskirchen, teils von Hadamar aus.
1790 wurde **das neue Amt Ellar** mit den Kirchspielen Lahr und Frickhofen mit dem Amtssitz in Ellar errichtet. Es bestand bis zur neuen Ämtereinteilung im Herzogtum Nassau im Jahre 1816.

Alte Reichsstraßen und Burg Ellar

Für die Entwicklung Ellars waren zwei vor- bzw. frühgeschichtliche Fernverkehrswege (Reichsstraßen) von Bedeutung, die von Mainz über Limburg an der Lahn nach Steinbach, wo sie sich in nördlicher Richtung gabelten, an Ellar vorbei nach Siegen zogen: **„Die Alte Landstraße durch den Forstwald"** und **„Die Hohe Straße".**
Die erstere verlief von Steinbach aus über den Sattel zwischen Heidenhäuschen und Spitzberg, dann weiter zur Zollstation an der Brücke über den Steinbach bei der Gadelheimer Mühle westlich Ellar und in nördlicher Richtung durch den „Forstwald" zum „Braunstor" (östlich Irmtraut) und nach Rennerod.
„Die Hohe Straße" zweigte nördlich von Steinbach von der „Alten Landstraße durch den Forstwald" ab, führte am Bühl und am Ostende des Oberholzes vorbei entlang der „Huser Strut", am Heidersberg entlang zum Knoten und ins Siegerland. Der „Butterweg" über Fussingen ist ein hochmittelalterlich-frühneuzeitlicher Zug.
Der Ort Ellar liegt zwischen den beiden Straßen, kaum 2 km nördlich ihrer Verzweigung und ein kurzes Stück vor ihrem weiteren Auseinanderrücken unweit der Zollstation an der genannten Gadelheimer Mühle.
Diese **Lage** erklärt den **Standort der Burg Ellar** als **Straßenfestung** zum Schutze dieser Fernverkehrswege. Sie dürfte im Hochmittelalter, vielleicht auch schon früher, von der Reichsverwaltung unmittelbar oder wenigstens in deren Auftrag als Straßenfestung angelegt worden sein.
Karl IV. bestätigte 1368 anläßlich des Besitzwechsels Diez/Katzenelnbogen ausdrücklich diesen Reichscharakter. Urkundlich erwähnt wird die Burg Ellar erstmals 1323.
Sie dürfte bis zur Mitte des 16. Jh. benutzt worden und danach verfallen sein. Von den Einzelformen des 600 qm (21 x 27 m) großen Wehrbaues hat sich außer den mächtigen Umfassungsmauern und dem Eingangsgewölbe kaum etwas erhalten.
Nach einigen Vorläufern um 1970/73 ergibt sich für die im alten Kreis Limburg liegenden Teile des früheren Amts Ellar nach dem Hessischen Landesgesetz vom 6. Februar 1974 folgendes Bild:

a) Die Orte Ober- und Niederzeuzheim werden der **Stadt Hadamar** eingegliedert,

b) Die **Gemeinde „Dornburg"** umfaßt die Orte: Frickhofen, Dorndorf, Thalheim, Wilsenroth, Langendernbach,

c) Die **Gemeinde „Elbtal":** Hangenmeilingen, Heuchelheim, Dorchheim, Elbgrund,

d) Die **Gemeinde „Waldbrunn":** Ellar, Fussingen, Hausen, Lahr und Hintermeilingen.

Bereits ab 1. 1. 1971 hatten sich die Gemeinden Ellar und Hintermeilingen zur Gemeinde Ellar zusammengeschlossen. Die Gemeinden Hausen, Fussingen und Lahr bildeten ab 1. 1. 1972 die Gemeinde Waldbrunn. Durch die kommunale Gebietsreform entstand ab 1. 7. 1974 die Gemeinde Waldbrunn/Ww. mit ihren 5 Ortsteilen Ellar, Hausen, Fussingen, Lahr und Hintermeilingen. Die Gemeinde Waldbrunn hat jetzt 5200 Einwohner. Das Gemeindegebiet ist ca. 3000 ha groß. Etwa 35 % des Gemeindegebietes sind Waldflächen. Die Gemeinde verfügt über ein Wanderwegenetz von fast 100 km, mit einer ausreichenden Anzahl von Schutzhütten und über 500 Ruhebänken. Alle bei den einzelnen Ortsteilen aufgeführten Wanderwege gehen ineinander über und geben so die Möglichkeit zu ausgedehnten Wanderungen mit immer neuen Zielen.

☎ Gemeindeverwaltung 6251 Waldbrunn, Tel. (0 64 79) 3 35 oder 7 17

Bäche / Seen:
Bei Hintermeilingen und Lahr entsteht der Kerkerbach, der nach Süden der Lahn zufließt.
Südlich der Krombachtalsperre entspringt in 570 m Höhe der **Lasterbach,** berührt Oberrod, Elsoff, Mittelhofen, Neunkirchen, Hausen, Ellar, Dorchheim und mündet bei Heuchelheim in etwa 168 m Höhe in den Elbbach. Gesamtlänge etwa 30 km, Gefälle gut 400 m. Unterhalb von Ellar führt er den Namen **Steinbach.**

Die einzelnen Ortsteile:

Waldbrunn (1)-**Ellar** (270-320 m; 1200 E.)

Das breite Lasterbachtal ist umgeben von meist bewaldeten Basaltkuppen bzw. -rücken: Remelsberg (Rommelsberg) mit Heidenhäuschen (398 m), Spitzberg (331 m), Mühlhölzchen/Mühlwald (314 m), Hirschberg (310 m), Oberholz (331 m), Steinkopf (330 m), Honig (312 m), Bühl (303 m). Staatlich anerkannter Erholungsort.

◘ Überragt wird der Ort von der mächtigen mittelalterlichen **Burgruine** und der **katholischen Pfarrkirche St. Maximinus** (erbaut 1843/44). Ursprünglich am Berghang entstanden, dehnte sich die Siedlung nach und nach auch in die früher versumpfte Talsenke des Lasterbaches aus und ist heute weit darüber hinausgewachsen. Auch auf drei Seiten des Oberholzes hat sich der Ort erheblich ausgedehnt. 1957 entstand der **Weiler Ellar** (5 Aussiedlerhöfe) an der Steinbacher Straße. Hinzu kommen noch 4 frühere Mühlen.
Die **Entstehung Ellars** fällt in die 1. Siedlungsperiode (vorgermanisch, zum mindesten vorfränkisch), deren Ende gegen 400 nach Chr. anzusetzen ist. Das gilt auch für Lahr, Elsoff und Westernohe.
Im Codex Laureshamensis (Kloster Lorsch a. d. Bergstraße) wird am 18. Juli 807 eine Schenkung in der „Allarher/Allanaher Marca" erwähnt, die von namhaften Forschern für Ellar beansprucht wird.
Von 1319 an wird Ellar (oft Eller) urkundlich laufend erwähnt.

Zur Lage und Geschichte:
Die Entwicklung Ellars erklärt sich aus seiner geographischen Lage als einer der ältesten Orte in der Mitte des vorgermanischen Siedlungsgaues, aus dem sich später als Kern die **Herrschaft Ellar** entwickelte. Ferner durch die Lage am Fuße des alten Gaugerichts auf dem Rommelsberg/Heidenhäuschen. Durch diese zentrale Lage, die auch heute noch zutrifft, wie als Burgort wurde Ellar früh zum Mittelpunkt der Vier Zenten, des Amts Ellar.
Am 10. Juli **1372** verlieh Kaiser Karl IV. dem Ort Ellar **Stadt- und Marktgerechtigkeit** und Limburger Recht. Im 14. Jh. saß hier ein Geschlecht von Edelleuten, die von den Sprikasten von Waldmannshausen abstammten.
Um 1635/36 ließen sich die ersten **Juden** fest nieder im Amt Ellar. Im 18. Jh. bildeten die Juden von Ellar, Lahr, Hausen, Frickhofen, Langendernbach und Waldernbach den **Synagogalbezirk Ellar.** Diese **Israeliti-**

sche Kultusgemeinde Ellar errichtete hier eine Synagoge mit jüdischer Religionsschule und einen Judenfriedhof. In der Kristallnacht (9./10. 11. 1938) wurden Synagoge und Judenfriedhof erheblich beschädigt. Die Synagoge wurde 1946/47 abgerissen, der Judenfriedhof am Oberholz besteht noch heute. Die letzten Juden verließen Ellar 1939.

Aus Ellar gingen u. a. hervor:

32 kath. Geistliche, 10 Ordensschwestern; 2 Ellarer waren Mitglieder des Herzogl. Nass. Landstandes, 1 war Domdekan zu Limburg.

Bedeutend war Universitätsprofessor Georg Pasor aus Ellar (1570 - 1637).

🏛 Von der ehemaligen Stadtbefestigung (14. Jh.) sind noch Teile der Stadtmauer (Hintermeilinger Straße, Oberstraße, Fussinger Straße) mit dem früheren Hungerturm zu sehen. An der Pforte steht noch ein Rest des unteren Stadttores. Gegenüber die alte Burgschmiede (Fachwerk). An der oberen Bergstraße ein überdachter mittelalterlicher Ziehbrunnen.

Die Burgruine mit ihren mächtigen Basaltmauern ist zugänglich (✻). Zwei Aussichtsplattformen und ein Aussichtsturm.

Zwischen der Burg, die dem jeweiligen Landesherren gehörte, und der heutigen Pfarrkirche stand die 1419 erstmals erwähnte St. Maximinuskapelle, die 1843 wegen Baufälligkeit abgerissen wurde.

1843/44 wurde die jetzige kath. Pfarrkirche gebaut und 1962/63 renoviert. Der Kirchenpatron: St. Maximinus (Fest am 29. Mai). Der barocke Hauptaltar entstand um 1720 und stand zunächst in der St. Maximilianuskirche in Düsseldorf, von wo er 1867 in die Ellarer Kirche übertragen wurde. Das Maximinus-Bild in der Mitte entstammt der ersten Hauptaltar dieser Kirche (entstanden um 1844).

Der barocke rechte Seitenaltar, der letzte Hauptaltar der alten Maximinus-Kapelle, stammt zweifellos aus der Hadamarer Kunstschule des Martin Volk, entstanden um 1740. Das Altarbild ist wohl ein Weihnachtsbild. Zwei Statuen sind von Interesse: St. Maximinus mit dem Bären (links) und der Pestpatron St. Antonius der Eremit mit dem Schwein (rechts).

Der klassizistische linke Seitenaltar kam 1863 aus der Pfarrkirche zu Kiedrich im Rheingau. Spätgotische Madonna in der Mitte (vor der Renovierung 1962/63 bildete sie die Spitze dieses Altares).

Vier handgeschnitzte Barockfiguren der Evangelisten: Matthäus mit dem Engel, Markus mit dem Löwen, Lukas mit dem Stier und Johannes mit dem Adler.

Auf der linken Seite der Kirche zwei weitere handgeschnitzte Barockfiguren aus dem 18. Jh.: St. Barbara mit dem Kreuz und St. Margareta mit dem Palmzweig.

✠ Zentralstation Westerwald für ambulante Pflegedienste (Caritas).

🛏 ✕ 9 Pensionen, 5 Gasthäuser, 3 Cafés; (staatlich anerkannter Erholungsort mit 146 Fremdenbetten); Ferien auf dem Bauernhof; Ferienhof; Ausflugslokal Gadelheimer Mühle.

🅿 Parkanlage um die Burg.

📞 Bundespost nach Limburg, Hadamar, Rennerod, Fussingen.

Bahnbus im Sommer ins Ruhrgebiet.

☏ Verkehrsverein 6251 Ellar, Vorsitzender Werner Becher, Tel. (064 36) 45 60. Gemeindeverwaltung Waldbrunn, Tel. (064 79) 3 35 oder 7 17

🚶 Wanderwege (Rundwege um Ellar)

1. Straße nach Hangenmeilingen. Etwa 100 m nach Ortsende 1. Weg links (Holzweg), an der Wegegabelung vor dem Bildstock: rechter Weg hinauf in den Wald; am Waldrand guter Blick über Ellar mit Umgebung, das Lasterbachtal, Hausen und auf die Berge des Hohen Westerwaldes; diesen Waldweg weiter bis zur Höhe; oberhalb des Steinbruches Lai ein Steinkreis von ca. 60 m Durchmesser (Distrikt Sandheck); hier tagte das Landgericht Ellar am Landstein (15.-17. Jh.); nach etwa 3 km (^{3}/$_4$ Stunde Fußweg) auf der Höhe rechts das gewaltige Basaltblockmeer des Heidenhäuschens (398 m; Naturschutzgebiet), Ringwall; umfassender Blick über das Elbtal von Westerburg bis Limburg an der Lahn und auf die Berge westlich des Elbtales mit

Montabaurer Höhe.

Weiter den Weg am Fuße des Heidenhäuschens in südlicher Richtung hinunter, nach Überqueren der Straße halbrechts in 10-15 Minuten der Wallfahrtsort **„Sieben Schmerzen"** mit sieben Bildstöcken (sieben Schmerzen Mariens).

2. Straße Ellar - Steinbach; 1. Weg im Wald rechts ab, am Ende rechts halten, dann **Basaltsteinbruch Lai** (Basaltsäulen). Etwa $^3/_4$ Stunden.

3. Rundweg zu den **Gadelheimer Mühlen:** Straße nach Dorchheim; an der ersten Rechtskurve der Straße links ab, am Bildstock vorbei (Heckenweg) zur Obersten und Mittleren Gadelheimer Mühle (heute Pension und Café, Besitzer:˙ Familie Mons). Verschiedene Wandermöglichkeiten: zur Unteren Gadelheimer Mühle, zur Neumühle (links über die alte Zollbrücke über den Steinbach) und den sogenannten Ölmühlsweg und die Hangenmeilinger Straße zurück nach Ellar (ca. 2,5 bis 3 km. Dauer etwa 1 Stunde).

4. Richtung Dorchheim; vor Ortsende rechts ab den Kleier Weg hinauf, am Waldrand rechts (Hirschberg) entlang; guter Blick auf Ellar, das Lasterbachtal, Hausen, Fussingen. $^3/_4$ Stunde.

5. Rundweg von Ellar um das Oberholz und zurück. Mehrere Parallelwege. Etwa eine Stunde. In der Mitte der Ellarer Sportplatz mit Sportheim im Wald. Rundum gute Ausblicke auf Ellar, das Lasterbachtal, die jenseitigen Höhen, Hausen, Fussingen, den Hohen Westerwald, Lahr, Hintermeilingen und die bewaldeten Höhen im Süden (Remelsberg/Heidenhäuschen).

6. Von Ellar aus den Lahrer Weg hinauf (Oberholz), am Judenfriedhof vorbei, am Ende des Oberholzes (Waldes) das Wegekreuz links liegenlassend, gerade weiter den festen Weg durch den Honigwald; links vom Weg Steinkreis um den Steinkopf (330 m), an der Wegegabelung links hinunter nach Lahr (40 Minuten) oder halbrechts am Hintermeilinger Sportplatz vorbei nach Hintermeilingen (2,5 km; $^3/_4$ Stunde); Heckholzhausen (ca. 6-7 km; $1^1/_2$ Stunde).

Waldbrunn (2)-**Hausen** (290 m; 1150 E.)

Umgeben von mehreren Basaltrücken: Lattendel (413 m), Lindenberg, Stöcken (374 m), Heidersberg (388 m). Reger Fremdenverkehr seit 1918. Staatlich anerkannter Erholungsort.

◩ 1228 wird in einem Schiedsspruch zwischen Diez und Merenberg um Rechte im Gericht Neunkirchen der Ort Hausen (Husen) erstmals erwähnt.

In Hausen hatte 1360 Nassau-Weilburg ein vermutlich von der Herrschaft Merenberg stammendes Hubengericht. 1773 kam es durch Tausch an Nassau-Oranien.

3 Mühlen: Hauser oder Damm-(Damen-)Mühle (schon 1491), Birkenmühle (erbaut 1699), Feigenmühle (1699).

Vor der Reformation hatte Hausen schon eine eigene Kapelle. Bis 1838 gehörten die Hauser zum Kirchspiel Lahr und bildeten dann zusammen mit den Ellarern die Pfarrei Ellar-Hausen (Pfarrsitz Ellar) bis 1919. Im April 1919 wurden Hausen von Ellar und Fussingen von Lahr getrennt. Hausen und Fussingen bildeten nun eine eigene Pfarrvikarie und ab 1921 eine Pfarrei (Pfarrsitz Hausen).

Bau der Hauser Kirche 1871/1900.

🛏 ✕ 11 Pensionen, 5 Gasthäuser, 3 Cafés; 196 Fremdenbetten. Ferien auf dem Bauernhof.

🚌 Postbusse nach Limburg, Hadamar, Rennerod, Fussingen. Bahnbus im Sommer ins Ruhrgebiet.

☎ Verkehrsverein 6251 Hausen, Vorsitzender Paul Guckelsberger, Tel. (0 64 36) 46 02

⚑ Geologischer Lehrpfad

🥾 **Wanderwege:**
1. zum Lindenberg mit Kinderspielplatz;

2. zur Birkenmühle;
3. zur Wildweiberkirche mit Felsen.

Rundwanderwege:
1. Hausen - Sportplatz Fussingen - Waldweg zum Waldkreuz - Birkenmühle - Hausen;
2. Hausen - Godheckerweg - im Hain - Lorsbach - Hausen;
3. Hausen - Irmtrauter Weg (Waldweg) - Waldlehrpfad - Irmtrauter Weg
   zurück nach Hausen.
4. Von Hausen nach Ellar über den geologischen Lehrpfad.
Alle Wanderwege sind mit einer Reihe von Ruhebänken, die Rundwanderwege zusätzlich mit Schutzhütten versehen.

Waldbrunn (5)-**Hintermeilingen** (270 m; 1000 E.)
Basaltrücken (meist bewaldet) umgeben den Ort: Steinkopf
(330 m), Honig (312 m), Gleisenberg (308 m), Gackenberg (306 m),
Spitzberg (331 m) und Bühl (303 m). Staatl. anerkannter Erholungsort.

◧ Hintermeilingen gehörte zur Zente Lahr und damit zum Amt Ellar.
Nach dem Güterverzeichnis von 1599 hatte der Graf von Wied und
Runkel hier einen Hof von 60 Morgen Land.
Wied-Runkel hatte auch damals den Zehnten zu Hintermeilingen inne.
Bau der Kirche: 1932.
Schallplatte „Gruß vom Westerwald" (Westerwaldmarsch und Wester-
waldlied), besungen vom Sängerchor Hintermeilingen, erhältlich am Ort
in den Pensionen, beim Sängerchor und im Musikhaus Bühler, Limburg/
Lahn. Preis: DM 5,50.
⊨ ✕ 10 Pensionen, 7 Gasthäuser, Cafés; 141 Fremdenbetten. Ferien auf dem
Bauernhof; Ferienwohnungen.
🚌 Postbusse nach Limburg, Hadamar, Weilburg, Herborn.
Bahnbus im Sommer ins Ruhrgebiet.
☎ Verkehrsverein 6251 Hintermeilingen, Vorsitzender Helmut Gröschen,
Tel. (0 64 79) 3 19
🚶 Wanderwege / Rundwanderwege:
1. Durch den Honigwald nach Ellar (ca. 2,5 km; $^3/_4$ Stunde);
2. Durch den Honigwald nach Lahr ($^1/_2$ Stunde);
3. Zur Schlagmühle und nach Heckholzhausen (Kerkerbachtal), (1 Std.);
4. Zu den Hintermeilinger Tonweihern ($1^1/_2$ Std. / 2 Std.);
5. Entlang der Straße nach Steinbach oder über den Mühlweg und durch
   die Ellarer Fichten zum „Ellarer Gericht", von hier in westlicher
   Richtung auf dem beschilderten Waldweg hinauf zum Heidenhäuschen
   (1 Stunde).

Waldbrunn (3)-**Fussingen** (320-340 m; 660 E.)
Die bewaldeten Höhenzüge nördlich von Fussingen erreichen 388
(Heidersberg) bis 390 m. Abwechslungsreiche Landschaft. Reger
Fremdenverkehr seit 1934. Staatlich anerkannter Erholungsort.
◧ Für frühe Besiedlung dieses Gebietes sprechen zwei Funde:
a) 1907 fand man beim Bau der Kerkerbachbahn in der Gemarkung
Fussingen eine Urne aus der Zeit um 1000 v. Chr.
b) 1954 wurde bei Kanalisierungsarbeiten am Lahrer Weg ein Stein-
plattengrab aus dem späten 8. Jh. entdeckt.
Beide Funde im Landesmuseum in Wiesbaden.
1342 wird Heinze von Fussingen als Keller (Finanzbeamter) erwähnt.
1544 gibt es ein mit zwei Schultheißen besetztes nassauisches Vogt-
gericht zu Fussingen.
🏛 Im 17. Jh. bestand bereits die alte Fussinger Kapelle, die wegen
Baufälligkeit im 1. Weltkrieg abgerissen wurde. 1916-18 Neubau der
kath. Kirche. Innenausstattung durch den aus Fussingen stammenden
Künstler Paul Grimm (Christ-Königs-Bild, Mutter-Gottes-Bild, Kanzel,

Altar, Altarkreuz, Tabernakel mit Stele).
An der Straßengabelung nördlich von Fussingen an der alten Frank-
furter Straße läßt sich eine karolingische Straßenfestung vermuten.
⚡ Brunnen mit Wassertretbecken.
🛏 ✕ 25 Pensionen, 6 Gasthäuser, 3 Hotels, 3 Cafés; 335 Fremdenbetten;
Ferienwohnungen.
🚌 nach Limburg, Hadamar, Mengerskirchen, Herborn und Weilburg.
☎ Fremdenverkehrsverein 6251 Fussingen, Vorsitzender Horst Zipp,
Tel. (0 64 79) 4 93
     1. Rundweg von Fussingen über Lahr.
     2. Rundweg von Fussingen aus über den Sportplatz zur Birkenmühle.

Waldbrunn (4)-**Lahr** (245-280 m; 1300 E.)

Umgeben von Höhenrücken (bewaldet): Honig (312 m), Steinkopf
(330 m), Backenscheid (390 m), Füllburg (358 m), Pils-Berg (345 m).
Bei Lahr und Hintermeilingen entsteht der Kerkerbach, der in die
Lahn mündet. Staatlich anerkannter Erholungsort.
◻ Erste urkundliche Erwähnung: 1213/15.
Alter Kirchspielort im engen Kontakt mit dem 879 entstandenen Stift
des Hl. Severus in Gemünden.
Zum Kirchspiel Lahr gehörten im ausgehenden Mittelalter die Orte: Lahr,
Ellar, Hausen, Fussingen, Waldernbach, Hintermeilingen sowie mehrere
später ausgegangene Orte (Wüstungen): Oberlahr, Bortelbach, Brechel-
bach, Breitenbach, Wehnau (Winnau, Winnen, Winden), Renderode
(Reynderoytchen), Graleshofen, Oberndorf. Bis 1532 gehörte auch die
Appen- oder Jakobskirche bei Merenberg als Pfarrvikarie zu Lahr,
ebenso die Kirche am Seeweiher. 1583 wurde in Lahr durch den calvi-
nischen Pfarrer Eberhard Artopaeus (= „Bäcker") die Kirchspielsschule
eröffnet. Fast 400 Jahre lang wurde das erste Schulhaus in einem Garten
am Kirchhof benutzt. 1951/52 riß man es ab wegen der Erweiterung der
Straße. Im 18. Jh. errichteten die Filialorte eigene Elementarschulen,
Ellar z. B. 1743.
1630 wurde das Kirchspiel Lahr nach über 60 Jahren protestantischer
Zeit mit der gesamten Grafschaft Hadamar wieder katholisch, nachdem
der Landesherr, Graf Johann Ludwig von Nassau-Hadamar, ein Jahr
vorher diesen Schritt vollzogen hatte.
Als die Bevölkerung stärker zunahm, drängten im 18./19. Jh. die Filialgemeinden nach Eigenständigkeit. So wurden von der Mutterpfarrei Lahr
abgetrennt: Ellar und Hausen 1838, Fussingen 1919, Waldernbach
1894/98. Danach blieb noch Hintermeilingen mit Lahr verbunden.
🏛 Die **alte Wehrkirche** aus der Zeit um 1200 war für die Gemeinde zu
klein geworden. Eine Erweiterung war nicht möglich. So entwarf der
Dombaumeister von Würzburg, Hans Schädel, in unmittelbarer Nachbarschaft unterhalb der alten Kirche einen eigenen Kirchenraum in
Form eines Achtecks als **Zelt Gottes** mit einer **Unterkirche** (Pfarrgemein-
dezentrum, Jugendheim, Pfarrsaal usw.). Da die alte Wehrkirche weiter-
hin das Dorfbild prägen sollte, durfte der Neubau äußerlich nicht sehr
hervortreten. Der Innenraum ist konsequent als **Zentralraum** gestaltet.
Der Altar bildet den Mittelpunkt. Altar, Sakramentshaus, Ambo und
Hängekreuz über dem Altar sind von dem Bildhauer Paul Grimm aus
Fussingen entworfen und passen sich der monumentalen Wirkung des
Raumes an.
Der wuchtige Altar besteht aus einem 7 Tonnen schweren Block mit
leichten Nischen an den Seiten.
Das **Sakramentshaus** ist eine zweiteilige Stele. Die Panzertür ist mit
einem Bronzerelief verkleidet, das die vier lebenden Wesen aus der
Geheimen Offenbarung des hl. Johannes darstellt. Das Ewige Licht be-
findet sich in einer Nische im Sockel, die als gleichseitiges Dreieck -
Symbol für die Heilige Dreifaltigkeit - gestaltet ist. Das **Bronzekreuz**

über dem Altar zeigt Christus als Triumphator über den Tod (Christus steht als Sieger auf dem Totenkopf).

Auf der Rückseite des Kreuzes: Christus als Opferlamm, das die Sünde durch sein Opfer besiegt hat. Dies bedeutet den vollständigen Sieg des Lichtes über die Finsternis. Der Künstler drückt dies durch sieben Flammen aus, die aus dem Herzen des Lammes schlagen: die Flammen der Liebe. Um die Wehrkirche (romanisches Taufbecken!) Friedhof des alten Kirchspiels Lahr.

Pfarrhaus (Fachwerkhaus, 16. Jh.).

🏃 Trimm-Dich-Pfad, Wassertretbecken, Wildgehege

🛏 ✕ 12 Pensionen, 4 Gasthäuser, 2 Cafés; 184 Fremdenbetten.

🚌 nach Limburg, Weilburg, Mengerskirchen, Herborn

☎ Fremdenverkehrsverein 6251 Lahr, Tel. (0 64 79) 4 47

🚶 Etwa 25 km Rundwege:
a) durch den Honigwald nach Hintermeilingen, nach Ellar oder Fussingen;
b) zur Schlagmühle mit Waldlehrpfad;
c) nach Merenberg (Appenkirche, Burgruine mit Turm);
d) zum Vöhler Weiher;
e) nach Waldernbach und zum Seeweiher;
f) zum Erlenhof.

IM UNTEREN ELBTAL

Bearbeiter: Karl Josef Stahl und   *Übersichtskarte Seite 482*
Hermann-Josef Hucke

Wenn der Elbbach nach seinem Lauf durch den mittleren Westerwald südlich Westerburg das Basaltmassiv des Watzenhahns umflossen hat, biegt er in südlicher Richtung ab und durchfließt auf knapp 20 km hessisches Gebiet.

Unterhalb des beliebten Ferien- und Ausflugsgebiets der Dornburg weitet sich das Tal zu einer breiten Mulde, auf deren westlicher Seite die Dörfer der Großgemeinde Dornburg liegen, während die B 54 als alte Siegen-Mainzer-Straße die Ortschaften des Elbtals durchzieht.

Mit rund 10 000 Einwohnern ist dieser Raum von verhältnismäßig großen Westerwalddörfern besiedelt, bietet aber dennoch dem an Natur wie Kultur Interessierten mannigfach Sehenswertes.

Südlich der Orte Hadamar-Niederzeuzheim und Hadamar-Oberzeuzheim beginnt das waldarme und fruchtbare Limburger Becken. Die Stadt Hadamar und der große Ort Elz füllen den Talgrund. Besonders Hadamar ist sehenswert, während Elz zur rheinland-pfälzischen Landesgrenze hin einen reizvollen, von Tälern eingekerbten großen Gemeindewald als Wandergebiet besitzt.

Bei Limburg-Staffel ergießt sich dann unsere „Elb", wie sie im Unterlauf meist genannt wird, in die Lahn.

Wir beginnen unsere Wanderfahrt durch das untere Elbbachtal in der großen Zentralgemeinde

Dornburg (8200 E.)

Sie trägt ihren Namen von der Hochfläche der Dornburg (396 m) bei Frickhofen, auf der sich eine keltische Stadtanlage befand

(Siehe unter Dornburg-Wilsenroth!). Zur Dornburg gehören die Dörfer Frickhofen, Dorndorf, Wilsenroth, Thalheim und Langendernbach. Ein Dorf „Dornburg" gibt es nicht.

Unweit der Landesgrenze liegt im Hang nördlich des Dornburg-Plateaus

Dornburg (3)-**Wilsenroth** (280-360 m; 1300 E.)

Luftkurort mit lebhaftem Fremdenverkehr und ausgedehnten Wäldern. Vielfacher Sieger im Wettbewerb „Unser Dorf soll schöner werden".

◨ Wilsenroth wird erstmals 879 in einer Schenkungsurkunde des Grafen Gebhard an das Stift Gemünden als Wilsenrode genannt. Das Kloster Seligenstadt und die Scherre von Waltmannshausen hatten hier Besitz. Nach mehrmaligem Besitzwechsel zwischen den Grafschaften Westerburg und dem Fürstentum Nassau-Hadamar kam Wilsenroth 1668 endgültig zum Fürstentum Hadamar.

Die Einwohnerzahl betrug zu dieser Zeit 100.

Die Bewohner mußten ihrem Erwerb in der Ferne nachgehen, da der klägliche Basaltverwitterungsboden keine intensive landwirtschaftliche Nutzung zuließ.

Mit der Erschließung der am Fuße der Dornburg neu angelegten Steinbrüche kehrte im späten 19. Jh. ein gewisser Wohlstand ein, der die Wanderarbeiter am Ort seßhaft werden ließ.

🏛 Südlich über dem Ort liegt das Plateau der **Dornburg** (396 m), eine Fläche von 800 x 500 m. Hier befand sich, das beweisen verschiedene Ausgrabungen unter Leitung des Landesarchäologen Prof. Dr. Schoppa, die größte keltische Stadtanlage unserer näheren Heimat.

Gegen die steilabfallenden Nord-, Süd- und Ostseiten war sie von einem Wall umgeben und gegen den Sattel, der die Hochfläche mit dem Gebirgsmassiv verbindet, durch einen hohen Steinwall geschützt (3-5 m breit, 2-5 m hoch, im Volksmund Rödchesmauer genannt).

Im Abstand von ca. 80 m ist ihr ein zweiter Wall vorgelegt, der sich in Südrichtung im „Felsmeer" verliert. Der äußere Wall stammt aus der Zeit 400 v. Chr., die Rödchesmauer aus der Zeit des 1. Jh. v. Chr.

Scherben, Holzkohlenfunde etc. weisen auf die Latènezeit, eine wesentlich keltisch bestimmte Epoche hin. Die Dornburg gilt als typisches Beispiel ihrer Bauwerke. Auf die Anwesenheit von Familien deuten Spinnwirteln, Tontöpfe, Mühlsteine, Handwerks- und Ackergerätschaften hin.

Ausgrabungen 1963 beweisen, daß hier auch eine Kapelle mit den Seitenlängen 8,75 x 6,50 m gestanden hat.

Kapellen dieser Art und auch der aufgefundene „Hildegardisbrunnen", weisen in das 12. - 13. Jh. Sie bestätigen eine Besiedlung des Plateaus bis ins Hochmittelalter.

Hier auf der Dornburg dürfte eine der ältesten Siedlungen unserer Heimat nachzuweisen sein. Die Dornburg gab der Großgemeinde mit ihren um die Dornburg gelagerten Ortsteilen den Namen. Damit fand der Name dieser althistorischen Stätte auch in der Gegenwart und für die Zukunft den ihr gebührenden Platz.

Die neue **kath. St. Bartholomäus-Kirche** von 1960 ist ein architektonisch interessanter Zeltbau aus heimischem Basalt und hat mindestens 2 Vorgängerinnen.

⊙ Am Samstag vor dem Nikolaustag wird das „Zwicken" gespielt. Es geht bei diesem Kartenspiel um „Hos und Bopp", zwei im Westerwald bekannte hefeteigigen Vorweihnachtsgebäcke. Die Spielregel: „Vitus" sagt der Geber und macht das Spiel. Jeder der neun Mitspieler bekommt drei Karten eines Skatblatts. Nach drei blind gelegten Karten wird der Trumpf aufgedeckt. Jeder, der will, kann nun mitspielen.

🏃 Trimm-Dich-Pfad ab Sportplatz am westlichen Ortsrand; Sporthalle mit Fremdenverkehrstrakt, Aufenthalts- und Leseraum; Wassertretbecken, Freiluftschach, Minigolfplatz; Grillplatz mit Schutzhütte; Angeln im Wildwasser; Kegelbahn.

🚆 ✗ Luftkurort mit jährlich 20 000 Übernachtungen;
8 Pensionen, 5 Gaststätten, Waldcafé; 146 Fremdenbetten.

🚍 nach Westerburg und Limburg

🚌 nach Limburg und Westerburg

☎ Verkehrs- und Verschönerungsverein 6255 Wilsenroth;
Gemeindeverwaltung 6255 Dornburg 1, Tel. (0 64 36) 20 21 und 20 22.
Ortsprospekt vorhanden.

🌿 Am Südhang der Dornburg Basaltrosseln (Siehe unter Frickhofen!). Die Krautschicht des Naturschutzgebietes auf dem Dornburg-Plateau birgt manche floristische Kostbarkeit.

✳ Am Südrand der Dornburg liegt der **Hildegardisfelsen.** Die Sage erzählt, von diesem Felsen habe sich die Tochter des Bürgermeisters Arnulf der keltischen Dornburg-Stadt zu Tode gestürzt. Der Blick schweift über die zahlreichen Dörfer des Elbbachtals, über die Städte Hadamar und Limburg, und wird in der Ferne begrenzt durch den Zug des Taunusgebirges. Nach Osten sieht man Merenberg, nach Nordwesten das malerische Elbtal.

👫 Der Ortsteil Wilsenroth verfügt über 20 km ausgebaute und beschilderte Wanderwege mit 120 Bänken und Bankgruppen.

Wilsenroth ist Ausgangspunkt des Wandervorschlags **Nr. 8** des Faltblatts „Steig aus und wandere" des ADAC-Gaues Hessen ins Gebiet des Watzenhahns.

Markierte Wege:

Weg 1: Er führt zum Ewigen Eis (Siehe unter Frickhofen!) und zum „Steinernen Meer" am Südhang des Bergplateaus der Dornburg.

Weg 2: Zur alten Wallfahrtskapelle auf dem Blasiusberg (Siehe unter Dornburg-Frickhofen!).

J. KIEFER

St.-Blasius-Wallfahrtskirche auf dem Kleesberg

Weg 3: Zur „Biberschenke", einer netten Gaststätte am Fuße des Bla-
siusbergs.

Weg 4: Über die „Glockenwiese" auf den Watzenhahn zu einem Aussichtspunkt in der Nähe des Hauses „Welterswald" (keine Gaststätte).

Weg 5: Am Wilsenrother Sportplatz entlang auf einem Hangweg zum
selben Ziel wie beim Wanderweg 4.

Wegemarkierungen mit einem von einem Pfeil durchschnittenen Kreis
führen zurück nach Dornburg Wilsenroth.

Rundgang über die Dornburg:

Auf der Straße nach Frickhofen bis auf den Kamm zur ersten Wegeab-
zweigung nach links. - Bis vor den mit Bäumen bewachsenen Wall
(„Rödches-Mauer"). Hier befinden sich die Grabungsstellen, an denen
das Landesamt für kulturgeschichtliche Bodenaltertümer die Ringmauer,
die einst die keltische Bergstadt umgeben hatte, untersuchte. Blick in
den stillgelegten Steinbruch, in dessen Tiefgang ein kleiner See entstanden ist (Unterirdische Quelle, 25 m tief, als Fischweiher verpachtet).
- Auf Wiesenwegen über das Dornburgplateau zum Rand des mächtigen
Basaltbruches am Osthang (Gefährlicher Steilhang. Vorsicht!) Herrliche
Aussicht über das Limburger Becken, das Elbbachtal und auf die Höhen
des Westerwaldes. Dauer des Rundgangs etwa 1 Stunde.

Südlich des Dornburg-Plateaus liegt der zentrale Ortsteil
Dornburg (1)-**Frickhofen** (220 m; 2600 E.)

◘ Frickhofen, Ersterwähnung „802/817 als „Fridehuba", wurde 1230/31 von
Graf Heinrich dem Reichen von Nassau dem deutschen Orden geschenkt.
Es wurde Kirchspielmittelpunkt und Sitz des niederen Gerichts Blasius-
berg mit den Filialgemeinden Dorndorf, Wilsenroth, Langendernbach,
Mühlbach, Waldmannshausen und Dorchheim.

Die Befestigungen auf dem Blasiusberg und auf der Dornburg lassen
darauf schließen, daß die Gemarkung bereits vor Christus besiedelt war.
Dem Wechsel der Landeshoheit mußte auch Frickhofen mit seinen
Kirchspielgemeinden folgen. Mit der jeweiligen Religion des Landesherrn änderte sich die kirchliche Situation des Ortes. Das Wappen des
Gerichts Frickhofen (Blasiusberg) wurde Ortswappen Frickhofens und
nach dem Zusammenschluß auch das Wappen Dornburgs. In dem ehemals fast gänzlich von der Landwirtschaft bestimmten Lebenskreis ist
durch Erschließung der Bahn- und Straßenverkehrswege, auch durch
Ansiedlungen von Gewerbe- und Industrieanlagen, für die Bevölkerung
eine wesentliche Besserung eingetreten.

Neue Arbeitsplätze im Ortsgebiet haben zur Seßhaftmachung vieler
Bürger beigetragen. Mittelpunktschule, Postamt, Bahnhof, Sportzentrum,
Freibad, Rathaus und historische Bindungen, die über Jahrhunderte
nicht verloren gingen, betonen die Struktur des zentralen Ortsteils
Frickhofen.

In früheren Jahren verdienten sich viele Frickhöfer als Landgänger ihr
Brot. Sie vertrieben dabei hölzerne Kochlöffel, die sie an langen Winter-
abenden geschnitzt hatten. Heute noch ist der Dorfspitzname „Frickhöfer
Kochlöffel" bekannt.

🏛 In der Ortsmitte die **kath. Pfarrkirche St. Martin.** Nach einem großzügigen süd-nördlichen Neubau 1955-56 blieb von der 1732-34 erbauten
Kirche nur der dreiseitig geschlossene Chor (jetzt Sakristei mit Orgelempore) und der spitzbehelmte Westturm. Innen noch die reiche Barockausstattung aus der Zeit um 1735-40 mit dem mächtigen Hochaltar, zwei
Seitenaltären, Kanzel, Beichtstühlen und Figurenschmuck aus der Hadamarer Kunstschule des 18. Jh.

Das **ehemalige Fachwerk-Rathaus** schräg gegenüber mußte aus Ver-
kehrsgründen abgetragen werden. Es wurde im Hessenpark Neu-Anspach
wiederaufgerichtet.

Auf dem 388 m hohen Blees- oder Kleesberg steht die **St. Blasius Wall-fahrtskirche,** auf einer ursprünglich wohl heidnischen Kultstätte. Sie zählt in ihrem Ursprung zu den ältesten Kirchen des Westerwaldes. Die ersten Glaubensboten errichteten dort mit Vorliebe ein christliches Heiligtum, wo ein heidnisches stand. Durch St. Michael, dem ursprüng-lichen Patron der Kirche, soll Wotan verdrängt worden sein. Bis 1734 war sie Pfarrkirche des Kirchspiels Blesberg (Frickhofen). 1231 schenkte Heinrich der Reiche die Kirche an den deutschen Orden. Von dem alten, einschiffigen Bau, welcher 1868, durch den Blitz entzündet, niederbrannte, ist nur noch der Chor erhalten (Anfang 13. Jh.). Hochaltar (Hadamarer Kunstschule, 18. Jh.). Seiten-altar mit Gnadenbild (2. Hälfte des 17. Jh.). Großer, aus einem Basaltlavablock herausgehauener, uralter Taufstein. - Das Volk hatte von jeher für die Kirche eine besondere Verehrung. Auch heute werden noch zu den verschiedenen Zeiten Bittgänge zur Kapelle gemacht; so werden am St. Blasiustag (3. Februar), am Himmelfahrtstag und am St. Laurentiustag Gottesdienste im Freien gehal-ten. Auf dem Plateau vor der Kirche befand sich der alte Kirchhof des Kirchspiels.

Weiter Ausblick über den unteren Elbgrund nach Limburg und bis zum Taunus.

✖ Betonwerk Anton Opper Nachf. KG mit rund 50 Beschäftigten.
Tonbergbau (unter Tage). Eisengießerei Grimm GmbH.

✚ Arzt, Zahnarzt, Apotheke

⚲ Beheiztes Freischwimmbad; Trimm-Dich-Pfad am Watzenhahn,
Zugang von den Waldparkplätzen an der Biberschenke und vom Park-platz an der Straße Frickhofen-Wilsenroth (L 3278).
Tennisplätze, Kegelbahnen.

⇋ ✖ 4 Pensionen, 1 Hotel, 1 Café, 4 Gaststätten; 82 Fremdenbetten.

🚌 nach Limburg und Westerburg

🚐 nach Limburg, Westerburg, Salz

☎ Verkehrs- und Verschönerungsverein 6255 Dornburg-Frickhofen;
Gemeindeverwaltung 6255 Dornburg (1)-Frickhofen, Tel. (0 64 36) 20 21 und 20 22

⚜ Einmalig im ganzen Westerwald ist das **„Ewige Eis"** am Südfuß des Dornburg-Plateaus in Richtung Frickhofen. Dieses Naturwunder entdeck-ten Arbeiter 1839 beim Wegräumen von Basaltgestein. Die herzogliche Landesregierung beauftragte Oberbergrat Schaber und Dr. Thomä vom Naturkundlichen Museum mit der Untersuchung. Bei Grabungen im September des gleichen Jahres fand man in zwei Meter Tiefe zwischen lockerem Basaltgeröll festes Eis. In einer Tiefe von 5-6 m waren sogar noch Eiszapfen und vereiste Steine vorhanden. Geologisch handelt es sich um Eruptivgestein in gerichteter Formation und in zertrümmerten Basaltblöcken von etwa 25 bis 30 cm Durchmesser (Basaltrosseln). Die Vereisung beider Stollen im Hochsommer könnte sich wohl niemals halten, wenn der dahinter liegende Berg nicht selbst vereist wäre. Physikalisch erklärt man sich die Eisbildung so: Die an vielen Stellen im Berg eingesaugte Luft kühlt sich durch Verdunstung ab, wobei die Kühlgrenze den tiefst erreichbaren Wert darstellt. Hierbei nimmt die Luft Wasserdampf auf, der durch diese kalte Luftströmung auf etwas niedrigerer Temperatur gehalten wird. Diese eisfreie Geröllschicht dient als Isoliermantel und schützt das darunterliegende Eis vor direk-ter Wärmeaufnahme. Die eingesaugte Luft kühlt sich bei Erreichen der Eisgrenze erheblich ab, wird schwerer und drückt sich an der tiefsten Stelle der Eisstollen aus dem Berg heraus.
Im Winter dagegen wird hier Luft angesaugt, erwärmt sich, tritt in halber Hanghöhe der Basaltrosseln aus und führt zu einer Schneeschmelze.
Ein früherer Besitzer der Gaststätte an der Dornburg, der 1873 eine Brauerei errichtete, machte sich diese Naturspielerei zu Nutze und richtete einst in den Stollen natürliche Kühlkeller ein.
Ein Betreten der Stollen ist nicht möglich.
Auch in anderer Beziehung ist die Dornburg für den Naturfreund inter-essant: An ihren Abhängen lassen sich starke **Schwankungen** der **Mag-**

netnadel nachweisen. Bereits in größerer Entfernung zeigt der Kompaß eine entgegengesetzte magnetische Polarität an. Es ist daher nicht ausgeschlossen, daß sich im Bergmassiv Magneteisenstein befindet, der die Magnetnadel beeinflußt. (Nach Georg Seck).
Über das Dornburg-Plateau siehe unter Dornburg-Wilsenroth!
Auch das Gebiet der Blasiuskuppe mit der Kapelle steht unter Naturschutz.
✳ Sehr schöner Blick auf die Dornburg-Dörfer und ins Elbbachtal hinter der Blasius-Kapelle.
Über die Aussicht vom Hildegardis-Felsen an der Dornburg siehe unter Dornburg-Wilsenroth!
🏃 Wanderparkplatz am Blasiusberg.
Die Wanderwege im Gemarkungsbereich sind gut ausgeschildert.
Über den Blasius-Berg und die Dornburg führen die Wanderwege 6 und III des Westerwald-Vereins.

Spazier-, Wander- und Rundwanderwege:

1. Zum Watzenhahn: Ab Waldparkplatz am Blasiusberg in Richtung Haus Hettlage zum Watzenhahn und zurück (Rundweg) = ca. 9 km;
2. Dornburg-Rundweg: Ab Haus „Maria Waldrast", vorbei an den Eisstollen, Hildegardisfelsen, Dornburgplateau und zurück (Rundweg) = ca. 5 km;
3. Zur Biberschenke: Ab Waldparkplatz über den Blasiusberg zur Schenke und zurück (Rundweg) = ca. 4 km;
4. Zur Lochmühle: Ab Pfarrkirche Frickhofen, über Bärenhöhle zur Kapelle „Maria Hilf" - Lochmühle und zurück (Rundweg) = ca. 10 km;
5. Nach Schloß Molsberg: Ab Pfarrkirche Frickhofen oder Dornburg-Thalheim oder Dornburg-Dorndorf (jeweils Kirche) durch die Struth nach Schloß Molsberg und zurück = ca. 10 km.

Westlich von Dornburg-Frickhofen und südlich eines großen Basaltsteinbruchs am Fuße des Watzenhahns liegt der staatlich anerkannte Erholungsort
Dornburg (4)-**Dorndorf** (275 m; 1450 E.)
◨ Im Jahre 772 wurde durch Schenkung der Tochter Rachilde des Niederlahngaugrafen Kankor an das Kloster Lorch Dorndorf erstmals als „Tondorph" erwähnt.
Hier hatten die Adeligen von Dorendorf ihre Burg, die 1297 noch bestand und im Besitz von Daniel von Elkershusen war. Begütert waren hier die von Dehrn, Elkershusen und Dorendorf, später auch die Abtei Marienstatt. Nach mehrmaligem Besitzwechsel zwischen den Grafschaften Diez, Nassau-Hadamar, Katzenelnbogen kam Dorndorf 1607 zum Fürstentum Nassau-Hadamar.
Die Bewohner betrieben in der Hauptsache Landwirtschaft oder gingen als Händler in die Ferne. Mit dem Aufblühen der Steinindustrie vor der Jahrhundertwende wurde auch das Leben vieler Bürger erträglicher. Nach dem 2. Weltkrieg gab der Fremdenverkehr dem Ortsbild ein neues Gepräge.
🏛 **Kath. Pfarrkirche St. Margarethe** von 1932. Siebenfacher, sich verjüngender Bogenkranz über dem Altar.
🌿 Naherholungsanlage am Ortsrand;
Margarethenwiese mit Grillplatz und Schutzhütte.
🛏 ✕ 9 Pensionen, 6 Gaststätten; 146 Fremdenbetten.
Jährlich rund 20 000 Übernachtungen.
Nördlich Dorndorf am Waldrand Ausflugslokal Biberschenke.
🚌 nach Limburg, Salz und Westerburg
☏ Verkehrs- und Verschönerungsverein 6255 Dornburg-Dorndorf;
Gemeindeverwaltung 6255 Dornburg 1, Tel. (0 64 36) 20 21 und 20 22
🏃 Gute Wandermöglichkeiten in das Waldgebiet des Watzenhahns und ins Salzbachtal.

Von der Straße Dornburg-Frickhofen nach Hadamar-Niederzeuzheim zweigt eine Straße ab nach Hundsangen und
Dornburg (5)-**Thalheim** (165 m; 1250 E.)

☼ Thalheim wird 1230/31 erstmals urkundlich erwähnt. Mit halbem Zehnten mit der Kirche Niederzeuzheim gehörte es dem Deutschen Orden. Die andere Zehnthälfte war vom Grafen von Diez belehnt. Mehrmals in der Geschichte wechselte der Ort den Besitzer. 1806 kam Thalheim mit dem Fürstentum Hadamar, zu dem es bis dahin gehörte, vorübergehend zum Großherzogtum Berg (bis 1813).
Als Haupteinnahmequelle diente die Landwirtschaft. Ab 1451 wurde hier die Krugbäckerei betrieben. - Die Bezeichnung der alten, ersten Höfe findet sich wieder in den Namen der Ortsstraßen.
🏛 Einige schöne **Fachwerkhäuser** aus der Zeit um 1700 mit fränkischen Erkern und Schnitzereien.
✖ Leuchtend rote Kies- und Sandgruben, Steinbrüche
⚐ Grillplatz mit Schutzhütte; Segelfliegen.
ⵂ ✖ 3 Pensionen, 3 Gaststätten; 35 Fremdenbetten.
🚌 nach Limburg, Salz und Westerburg
☎ Gemeindeverwaltung 6255 Dornburg 1, Tel. (0 64 36) 20 21 und 20 22
🚶 Wandermöglichkeiten ins Salzbachtal und auf die Waldhöhen in Richtung Hundsangen.

Auf der Fahrt von Dornburg nach Hadamar kommen wir durch
Hadamar (2)-**Niederzeuzheim** (145 m; 1500 E.)
Vor allem bekannt als das „Reiterdorf".

☼ Im nördlichen Walddistrikt „Hohler Stein" wurde ein **Steinkistengrab** aus dem Ende der Jungsteinzeit (Anfang des 2. Jahrtausends v. Chr.) gefunden. Bei dieser Grabform handelt es sich um in den Boden eingetiefte Grabkammern, die durch Steinplatten begrenzt und oben mit Steinplatten oder Holz und einem Erdhügel bedeckt waren. Wie für viele andere Steinkistengräber ist die Randlage zwischen dem fruchtbaren Limburger Becken und der Höhenlage charakteristisch. Das Niederzeuzheimer Grab wurde im Städtischen Museum in Wiesbaden rekonstruiert.
Niederzeuzheim war seit dem 8. Jh. Kirchspielsort für fünf Gemeinden.
🏛 Sehenswerte **kath. Pfarrkirche St. Petrus** von 1726 - 1737 mit romanischem Westturm und Spitzhelm. Ähnlich wie in Dornburg-Frickhofen reicher Figurenschmuck auf den Altären und an der Kanzel aus der Hadamarer Kunstschule.
Vor dem Lohwald die **kath. Heilig-Kreuz-Kapelle,** ein kleiner sechseckiger Zentralbau mit Haubendach und Dachreiter. Geschnitzter Altar aus der 1. Hälfte des 18. Jh. Daneben 3 geschützte Linden.
⚐ Reit- und Fahrverein Niederzeuzheim mit jährlich internationalem Reitturnier. Reitmöglichkeiten im Struthof (Eisenmenger).
ⵂ ✖ 2 Pensionen mit 23 Betten; Mittagstisch; Imbißstube; Eisdiele.
🚌 nach Limburg und Westerburg
🚌 nach Dornburg, Westerburg, Hadamar und Limburg
☎ Stadtverwaltung 6253 Hadamar, Tel. (02 64 33) 20 16.
Ortsprospekt mit Hadamar.
🚶 Gute Wandermöglichkeiten in das hübsche Elbbachtal in Richtung Elbtal-Heuchelheim.
Auf befestigten Gemarkungswegen zu erreichen ist die zwischen Eisenbahnstrecke und Elbbach in der freien Flur unter knorrigen alten Linden stehende **Maria-Hilf-Kapelle.** Die Schrifttafel über dem Gekreuzigten lautet: „Ich Johann May und meine Ehefrau Margaretha geb. Kaltyer von der Hirsenmühle haben dieses Erbaut Ano 1757". - Im Tal mehrere alte Mühlen und das Ausflugslokal Hotel Lochmühle mit Campingplatz.

✳

Nach dieser Wanderfahrt durch die Dörfer westlich der Elb nun zu den Ortschaften auf der östlichen Talseite.
Wo sich die von Westerburg elbabwärts führende Straße mit der von Rennerod kommenden „Mainzer Straße" vereinigt, liegt unweit der Landesgrenze
Dornburg (2)-**Langendernbach** (245 m; 1650 E.)

◨ Im Jahre 1979 kann Langendernbach sein 1100jähriges Bestehen feiern.
Das Dokument, das den Beweis einer menschlichen Siedlung in diesem Raum erbringt, geht auf den 9. November 879 zurück. Damals wurde dem Besitzer eines Herrenhofes in Derembach feierlich im Beisein König Ludwigs III. und des Gaugrafen Gebhard vom Niederlahngau eine Urkunde übergeben, nach der auch sein Hof als Stiftungsgut für das Klosterstift St. Severus in Gemünden ausgewählt war.
Der Name wandelte sich im Laufe der Jahrhunderte von Derembach (879) in Dermbach-Dermich-Dermoch (1577) und schließlich zur Unterscheidung von Orten gleichen Namens in Langendernbach (1638).
Bemerkenswert ist die Vielzahl der Herrenhöfe im Mittelalter, deren Besitzer, ob ortsansässig oder ortsfremd, die Dorfbewohner „zehnten und fronden" ließen. So gab es im Jahre 1589 in Langendernbach 55 Haushaltungen, von denen mindestens 48 Familien leibeigene Bauern waren.

Über lange Zeit und noch vor hundert Jahren war Langendernbach das größte Dorf im Nordteil des ehemaligen Landkreises Limburg. Die Einwohnerzahl war schon im Jahre 1825 auf über 1000 (1005) angestiegen.
Die Lebensform hat sich jedoch inzwischen grundlegend geändert.
Während noch vor 200 Jahren 2/3 der Familien selbständige Bauernhöfe innehatten und das übrige Drittel als Knechte und Mägde in der Landwirtschaft tätig waren, ist der bäuerliche Anteil bis 1956 auf 1/8 und bis heute auf 1/20 gesunken.
Langendernbach ist Wohngemeinde für viele geworden, die in Fabriken, Tongruben und sonstigen industriellen Betrieben arbeiten und dem heutigen Dorf mit ihrer Arbeit und mit ihrem Fleiß ein modernes Gepräge gegeben haben.

🏛 An der Straße nach Rennerod steht der **Volenhof** (Hotel „Hofhaus"). Ein stattliches Gebäude von 1556 aus zwei rechtwinklig aneinanderstoßenden Flügeln bestehend, zwischen denen ein runder Turm mit Glockenhaube steht. Am Westgiebel zweistöckiger Erker.
Im Ort mehrere Fachwerkhäuser aus dem 18. Jh. mit Erkern und symbolischen Schnitzereien, darunter das sogenannte „Bäckerhaus".
Große neuromanische **kath. Pfarrkirche St. Matthias,** erbaut 1895/97, manchmals als „Dom des Westerwaldes" bezeichnet. Davor eine 800 Jahre alte **Linde** mit einem Umfang von 11,50 m. Vor rund 150 Jahren hat sich der Stamm geteilt, so daß der Abstand zwischen den beiden Stammteilen heute 1,50 m beträgt.

✓ Waldkinderspielplatz, Grillplatz am Waldlehrpfad.
🛏 ✕ 1 Pension, 2 Hotels, 3 Gaststätten; 42 Fremdenbetten.
🚌 nach Westerburg und Limburg ab Bahnhof Wilsenroth.
🚏 nach Rennerod, Limburg und Westerburg
☎ Gemeindeverwaltung 6255 Dornburg 1, Tel. (0 64 36) 20 21 und 20 22
🎒 Ein gut ausgebauter 3 km langer **Waldlehrpfad** liegt an der L 3280 in Richtung W.-Hausen. Die einzelnen Baumgruppen, Nistgelege, Ameisenhaufen usw. sind am Wege beschrieben. Möglichkeit zur Führung: Forstoberinspektor Hett, Tel. (0 64 36) 42 69.
Gute Wandermöglichkeiten zur Dornburg bei Dornburg-Wilsenroth und in die Staatsforste Rennerod und Hadamar beidseits der Landesgrenze nördlich und östlich des Ortes.

Die B 54 („Mainzer Straße") führt schnurgerade an der Grube
Birkenheck vorbei nach
Elbtal-**Elbgrund** (225 m; 600 E.)

◘ Die Ortsteile Mühlbach und Waldmannshausen bildeten von 1937 bis
1974 die Gemeinde Elbgrund. Sie wurden dann mit Dorchheim, Heuchel-
heim und Hangenmeilingen zur 2050 Einwohner zählenden Gemeinde
Elbtal mit Sitz in Elbtal-Dorchheim zusammengeschlossen.
Waldmannshausen war der alte Waltbotenhof der Grafschaft Diez, deren
Inhaber das sehr einträgliche Waltbotenamt bekleideten.
◘ Unweit des Elbbachs steht das ehemalige Burghaus **Waldmanns-
hausen,** ein dreigeschossiger spätgotischer Bau mit hohen Giebeln,
zwei runden Ecktürmen an entgegengesetzten Enden und einem runden
Treppenturm. Es ist der Stammsitz der 1136 erstmals erwähnten Adels-
familie von Waldmannshausen, die Ahnen der jetzigen Grafen Waldbott
von Bassenheim. Heute erholen sich hier Kinder des Adolf-Krüper-
Schullandheim-Vereins Hagen/Wf. Daneben klassizistischer Säulenbau.
Nur wenig bekannt sind die nordwestlich der Parkanlage gelegenen
Reste einer mittelalterlichen **Wasserburg.**
🚌 nach Limburg, Westerburg, Rennerod.

Nur wenig weiter sind wir im Zentralort
Elbtal-**Dorchheim** (230 m; 600 E.)

◘ Um 1300 erwarb die Abtei Marienstatt den Ort und errichtete hier
eine eigene Kellerei, die bis zur Aufhebung des Klosters bestand.
🏛 An die Marienstätter Zeit erinnert der **Marienstätter Hof** von 1702,
(auch „Zehntscheuer" genannt), in dem der Keller amtierte.
Neugotische **kath. Pfarrkirche St. Nikolaus,** ein Hallenbau mit Querschiff
von 1905/06.
Kunstgeschichtlich bedeutsam die **alte kath. Pfarrkirche** (jetzt Friedhofskapelle). Von der dreischiffigen romanischen Basilika ist das flachgedeckte Mittelschiff und der tonnengewölbte Rechteckchor erhalten. Die
um 1520 eingezogene Balkendecke ruht auf hervorragend geschnitzten
Eichenstützen. Im Chor Wandgemälde-Zyklus des späten 15. Jh., die
1960-61 freigelegt wurden.
✚ Arzt, Zahnarzt, Apotheke
🛏 ✕ 1 Hotel-Restaurant mit 11 Betten;
Ausflugsgaststätte „Gadelheimer Mühle" siehe unter Waldbrunn-Ellar.
🚌 nach Limburg und Rennerod
☎ Gemeindeverwaltung Elbtal, Tel. (0 64 36) 2 42.

Unweit des Elbbachs liegt abseits der B 54 das kleine
Elbtal-**Heuchelheim** (178 m; 220 E.)

◘ Im Jahre 772 schenkte Rachild, eine Frau aus dem fränkischen Hoch-
adelsgeschlecht der Rupertiner, dem Kloster Lorsch an der Bergstraße
ihren Besitz im Limburger Becken, darunter auch Heuchelheim. So kam
es, daß 1972 etliche Orte im Kreis Limburg ihre 1200-Jahrfeier begehen
konnten. Aus dem Geschlecht der von Heuchelheim stammt der kur-
pfälzische Reitergeneral Hans Michael Elias von Obentraut, der
„deutsche Michel". - Heuchelheim wurde mehrfach Sieger im Wettbewerb „Unser Dorf soll schöner werden".
✦ Grillplatz
🚌 nach Limburg und Rennerod
🧗 Ins Elbbachtal zur Loch-Mühle.
   Zur Maria-Hilf-Kapelle siehe unter Hadamar-Niederzeuzheim!

Am Nordwesthang des Basalrückens Heidenhäuschen (398 m)
liegt

Elbtal-**Hangenmeilingen** (270 m; 600 E.)

🏛 Gut restauriert wurde ein im südwestlichen Ortsbereich stehendes Fachwerkhaus von 1761 mit zwei fränkischen Erkern und reichem Schnitzwerk.

🏇 Gestüt Mikulski mit 40 Pferden. Reitunterricht.

🛏 ✕ Pension mit 10 Betten. Landschulheim für 35 Kinder.

Großes Wochenendhausgebiet am Fuße des Heidenhäuschens.

🚌 nach Limburg und Westerburg

✳ Vom Gipfel prächtige Aussicht über das untere Elbtal bis hinüber zum oberen Westerwald.

🚶 Ein beliebtes Wanderziel ist das **Heidenhäuschen** (398 m), dessen Wald oberhalb von Elbtal-Hangenmeilingen beginnt. Auf dem Hauptgipfel mächtige Basaltbrocken, am steilen Südhang ein Felsenmeer. Das Gipfelgebiet wurde zu einem schlichten Naherholungsgebiet mit Schutzhütte gestaltet (Siehe auch unter Hadamar-Steinbach!).

Am Südwestrand des Heidenhäuschens liegt im Zuge der B 54
Hadamar (3)-**Oberzeuzheim** (210 m; 1100 E.)

Staatlich anerkannter Erholungsort.

🏇 Trimm-Dich-Pfad, 800 m lang, in Waldnähe.

🛏 ✕ 2 Hotels und 3 Pensionen mit 115 Fremdenbetten; Gaststätten mit Mittagstisch;

Ausflugsgaststätte Lochmühle im Elbbachtal mit ruhigem Campingplatz.

🚉 Ab Bahnhof Niederzeuzheim nach Limburg und Westerburg.

🚌 Privatbus Klein nach Limburg und Rennerod.

☎ Verkehrsverein 6253 Hadamar-Oberzeuzheim, Tel. (0 64 33) 22 88

🚶 Zum Basaltmassiv des **Heidenhäuschens** (398 m) siehe unter Hadamar-Steinbach und Elbtal-Hangenmeilingen!

Am Fuße des Heidenhäuschens liegt, 1 km vom Ort entfernt die **Wallfahrtsstätte Sieben Schmerzen - Sieben Freuden**. Vermutlich Marienstätter Zisterziensermönche begründeten im 14. Jh. diesen Gnadenort an einer Waldquelle, die selbst bei strengstem Frost nicht einfriert. Die Stationen wurden in einer der alten Sgraffitoart ähnlichen Technik mit plastischen Kunstharz-Dispersionen neu gestaltet.

Unterhalb von Hadamar-Oberzeuzheim führt die B 54 auf neuer Trasse unter Umgehung von Hadamar und Elz zur B 49 (Lange Meil) bei Limburg - Ahlbach. Wir aber bleiben im Elbbachtal und kommen nach

Hadamar (120-390 m; 10 500 E.)

Hadamar, das „Tor zum Westerwald", besteht seit 1. 1. 1972 aus der Kernstadt mit Niederhadamar und den Gemeinden Nieder- und Oberzeuzheim, Steinbach, Ober- und Niederweyer.

Die Stadt liegt in einer Talweitung des Elbflüßchens am Schnittpunkt der B 54 und der Straßenverbindung von Koblenz - Montabaur nach Wetzlar - Gießen. Eisenbahnverbindung nach Köln und Frankfurt. 8 km zur Autobahn bei Limburg. Mehrere Omnibuslinien fahren in die Umgebung und bis Siegen und Frankfurt. Die Stadt hat eine Gesamtschule mit Gymnasium, ein musisches Internat im ehemaligen Konvikt (Limburger Domsingknaben), eine staatliche Glasfachschule mit glastechnischer Versuchsanstalt und die Bundesfachschule des deutschen Glaserhandwerkes. Dazu kommen Amtsgericht, Forstamt, Altersheim der Arbeiterwohlfahrt, Psychiatrisches Krankenhaus mit Suchtklinik, Krankenhaus, Stadthalle.

◪ Der **Ortsname** Hadamar sagt um 500 n. Chr., daß um einen Wasser-
platz Streit entstanden war. Das bedeutet, daß der Ort seinen Namen
von der Furt erhalten hatte, über welche hier die West-Oststraße die
Elb an einer günstigen Stelle überschreitet. Erste Nennung des Ortes
im Jahre 832. Soweit uns bekannt, hatten zuerst die Leininger Grafen,
dann die Nassauer diesen gewinnbringenden Flußübergang in ihrer
Hand. Hadamar entwickelte sich zu beiden Seiten der Elb und wurde
vor allem durch ein **Musterhofgut der Zisterzienser** in Eberbach (Rheingau) gefördert (1190 - 1320). Dann erwarb **Graf Emich I. von Nassau**
dieses reiche Hofgut, baute sich hier eine **Wasserburg als Residenz,**
förderte die umliegende Siedlung und erwarb für sie 1324 die Rechte
der Stadt Frankfurt. Aus dieser Zeit ist noch ein Stadttor (Hammelburg
genannt) im Süden der Stadt zu sehen, welches ursprünglich ein Doppeltor war; in Resten noch erkennbar. Die Stadt wurde von 1324 bis
um 1400 **Residenzstadt der Grafen von Nassau-Hadamar.**
1607 erhielt bei einer der nassauischen Erbteilungen Graf Johann Ludwig von Nassau die alte Grafschaft, eine der Kornkammern Nassaus; er
erneuerte die Wasserburg und baute sie im Renaissancestil zu einem
großen Residenzschloß aus. 1607 - 1743 war Hadamar nun wieder Residenzstadt der Grafen (ab 1650 Fürsten) von Nassau-Hadamar. Die alte
Stadt fiel fast ganz dem **Schloßbau** zum Opfer. In ihr wurde 1589 Peter
Eppelmann genannt Melander, der spätere Reichsgraf von Holzappel
und kaiserliche Generalfeldmarschall, geboren. Es entstand jetzt eine
großzügig um drei Marktplätze angelegte **barocke Neustadt,** von der
noch viele Zeugnisse erhalten sind. **Fürst Johann Ludwig** machte sich
einen bedeutenden Namen durch die Tatsache, daß er von 1638 - 1648
im Namen und als Vertreter des Deutschen Kaisers in Wien am europäischen Friedensschluß des Dreißigjährigen Krieges leitend und führend mitarbeitete und diesen dann auch für den Kaiser unterzeichnete.
Dafür wurde er als erster nassauischer Graf - neben anderen Ehrungen -
in den Fürstenstand erhoben.

**Hadamar
alte Brücke und Schloß**

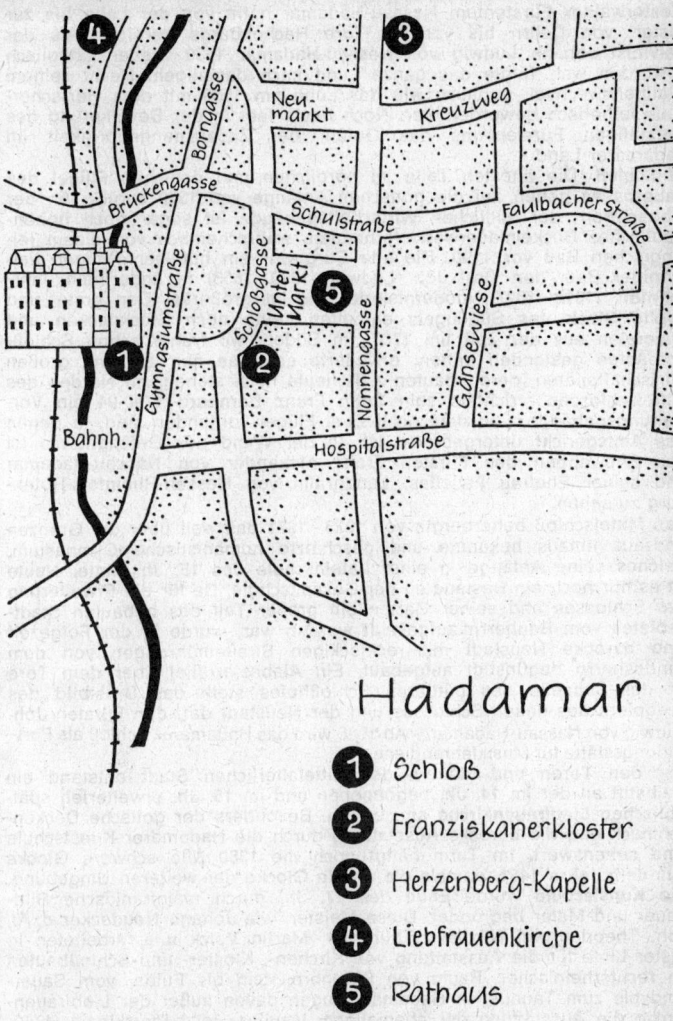

Hadamar

1 Schloß

2 Franziskanerkloster

3 Herzenberg-Kapelle

4 Liebfrauenkirche

5 Rathaus

Nach dem Aussterben dieser Fürstenlinie blieb Hadamar Amtsstadt und Verwaltungsmittelpunkt des Fürstentums Nassau-Hadamar, auch kurz **Hadamarer Land** genannt, bis 1885. Nachdem die Stadt mit Nassau 1866 preußisch geworden war, wurde sie 1885 eine der drei Städte des Landkreises Limburg/Lahn im Regierungsbezirk Wiesbaden der preußischen Provinz Hessen-Nassau. Nach dem zweiten Weltkrieg kam die Stadt zu dem von der Militärregierung gegründeten Lande Hessen, als Grenzstadt zum benachbarten Lande Rheinland-Pfalz (1939 waren die beiden Nachbarorte Faulbach und Niederhadamar eingemeindet worden). Das

Westerwälder Fürstentum Nassau-Hadamar hatte von der Lahn bis zur Nister, von Dehrn bis vor die Tore Hachenburgs gereicht. Als der Calvinist Johann Ludwig von Nassau-Hadamar 1630 wieder katholisch geworden war, folgte das ganze Land nach damaligem Recht seinem Glaubenswechsel, genauso wie das Land um 1535 mit dem Herrscherhaus lutherisch geworden war. Noch heute lebt in der Bevölkerung des ehemaligen Fürstentums das Gefühl der Zusammengehörigkeit im Hadamarer Land.

🏛 **Schloß.** Die ältesten Teile im nördlichen und östlichen Flügel des Hauptbaues gehen auf die gotischen Anfänge von 1320 zurück. An der Elbbachfront der südlichen Wirtschaftsgebäude ist sogar noch hohenstaufisches Buckelmauerwerk vorhanden, wahrscheinlich von einem leiningischen Bau vor 1190. Die alte Burg war ein hufeisenförmiger vieltürmiger Bau, den Graf Joh. Ludwig (1590 - 1653) in anderthalb Jahrzehnten (1612 - 1627) modernisierte und vergrößerte. Der erste und zweite Stock des Südflügels enthalten heute noch Stuckdecken und Malereien aus der Zeit um 1700. Im Süden, wo früher schon Schloßhofbauten gestanden hatten, erweiterte er diese nun zu zwei großen Wirtschaftshöfen, deren Bauten z. T. heute noch stehen. Im Norden des Mittelschlosses errichtete sein Sohn Franz Bernhard 1790-94 ein Verwaltungsgebäude, von dem noch zwei Flügel vorhanden sind, in denen das Amtsgericht untergebracht ist. In der Wand des Gefängnisses ist das Ehewappen des Fürsten Franz Alexander von Nassau-Hadamar und seiner Ehefrau Felicitas, Landgräfin von Hessen-Rheinfels-Rotenburg zu sehen.

Das Mittelschloß beherbergte von 1823 - 1971 das weit über die Grenzen Nassaus hinaus bekannte und geschätzte humanistische Gymnasium, welches seine Anfänge in einer Lateinschule des 15. Jh. hatte. Heute ist es nur noch ein Bestandteil der Gesamtschule. Da für die Erweiterung des Schlosses und seiner Gärten ein großer Teil des bebauten Stadtgebietes vom Bauherrn aufgekauft worden war, wurde in der Folgezeit eine barocke Neustadt mit rechteckigen Straßenführungen von dem Landesherrn begünstigt aufgebaut. Ein Alabasterrelief über dem Tore an der Südseite des mittleren Schloßhofes stellt das Brustbild des Schöpfers des neuen Schlosses und der Neustadt dar, den Fürsten Joh. Ludwig von Nassau-Hadamar. - Ab 1980 wird das Hadamarer Schloß als Fortbildungsstätte für Musiklehrer dienen.

Vor den Toren und Mauern der mittelalterlichen Stadt entstand ein Halbstift an der im 14. Jh. begonnenen und im 15. Jh. erweiterten spätgotischen **Liebfrauenkirche** an der Elb. Besonders der gotische Deckenschmuck und die barocke Ausstattung durch die Hadamarer Kunstschule sind sehenswert. Im Turm hängt noch die 1380 Kilo schwere Glocke aus dem Jahre 1451, damals die größte Glocke der weiteren Umgebung. Die **Kunstschule** wurde Ende des 17. Jh. durch mainfränkische Bildhauer und Maler begründet. Diese Meister, wie Johann Neudecker d. Ä., Joh. Theodor und Nikolaus Thüringer, Martin Volck u. a. arbeiteten in erster Linie für die Ausstattung von Kirchen-, Kloster- und Schloßbauten im rechtsrheinischen Raum von Ehrenbreitstein bis Fulda, vom Sauerland bis zum Taunus. In Hadamar zeugen davon außer der Liebfrauenkirche die Ausstattung der ehemaligen Jesuiten- jetzt Pfarrkirche (1752-55), die Herzenbergkapelle (1675), die Justitia- und Nepomukfigur und Schnitzereien an Bürgerhäusern. Diese **Fachwerkhäuser** des 17. und 18. Jh. stellten eine besondere Zierde der Stadt dar. Besonders das Rathaus (1639) und das benachbarte Duchscherersche Haus (1676) zeichnen sich durch gut erhaltenes reiches Schnitzwerk aus. Aber auch Fachwerkhäuser der Borngasse, des Neumarktes und der Schulstraße sind beachtenswert. Als Hadamar 1630 katholisch geworden war und es an Geistlichen fehlte, begründet der Fürst 1630 einen Jesuiten-Niederlassung (Bauten sind in der Schloßgasse noch vorhanden) und 1637 ein **Franziskanerkloster,** dessen Kirche an der Stelle der ehemaligen Pfarrkirche St. Ägidius auf der jetzt Mönchberg genannten Anhöhe steht;

in ihrer Fürstengruft ruhen die Gebeine der ehemaligen Fürsten von Nassau-Hadamar und ihrer Verwandtschaft. Diese Klostergebäude sind jetzt mit der ehemaligen Kirche Bestandteil des Psychiatrischen Krankenhauses und der Suchtklinik. 1678 begründete das Schwesternpaar Tonsor im elterlichen Besitz an der Schulstraße die Fortführung einer Mädchenschule und 1704 ein Dominikanerinnenkloster St. Anna, welches sich vor allem der Mädchenerziehung und der Krankenpflege widmete. Heute befindet sich hier das **St. Anna-Krankenhaus,** welches auf eine hochherzige Stiftung des Hadamarer Bürgers Johann Franz Genßler im Jahre 1829 zurückgeht.

Am nordöstlichen Stadtrand der **Herzenberg** mit der 1675 begonnenen barocken Wallfahrtskapelle und der Galgenberg, welcher bis 1815 den Galgen und die Richtstätte trug. Von beiden Höhen hat man einen weiten Blick zum Süden über das Limburger Becken hinweg bis zum Feldberg im Taunus und zur Schaumburg bei Balduinstein a. d. Lahn. Im Westen zieht sich die Montabaurer Höhe am Horizont hin und im Norden blickt man weit in den Westerwald hinein.

X Getränke-Fabrik Bernhard Heidermann KG (z. B. Coca-Cola); Glasindustrie (E. Wittig GmbH, Meltzer Glas GmbH); Textilindustrie; Deutsche Handelsgesellschaft für Spielwaren.

✚ 3 Ärzte, 3 Zahnärzte, 3 Apotheken, Krankenhaus, Sozialstation
🏊 Beheiztes Schwimmbad hinter der Hexenschlucht;
Trimm-Dich-Pfad im Naherholungsgebiet „Am Galgenberg" östlich der Stadt.
🛏 3 Hotels mit 48 Betten.
✗ 3 Restaurants, Imbißstube, Café, Eisdiele, Pizzeria, Stadthalle.

🚌 in Richtung Westerburg - Köln; Limburg - Frankfurt - Wiesbaden
🚌 in Richtung Westerburg, Waldbrunn, Rennerod, Limburg
☎ Stadtverwaltung 6253 Hadamar 1, Tel. (02 64 33) 20 16.
Ortsprospekt vorhanden. Wanderkarte in Vorbereitung.
Lit.: J. Stahl: Hadamar, Stadt und Schloß, 1974. Zu beziehen über die Stadtverwaltung und über den Buchhandel.

👣 Im Westen der Stadt führt ein schöner Weg zwischen den Felswänden der romantischen **Hexenschlucht** hindurch am Schwimmbad vorbei in den großen Hochwald, durch den man E.-Malmeneich in 1 Stunde erreichen kann.
In westlicher Richtung kann man auf einem schönen Pfad an der **Hohenholzkapelle** (1699) vorbei zum **Schnepfenhäuser Hof** gehen und von dort auf verschiedenen Wegen zu dem Schloß des Grafen von Walderdorff in Molsberg gelangen.
Vom Neumarkt führt der Herzenbergweg zum reizvoll gelegenen **Herzenberg** mit der Wallfahrtskapelle (s. o.), zum schön gestalteten neuen Friedhofsgelände und zum Naherholungsgebiet am **Galgenberg.**

Markierte Rundwanderwege:
Rundwanderweg 1 (9 km; 135 Minuten)
Hadamar (Liebfrauenkirche) - Elbbachufer - Niederzeuzheim - Struthof - Pletschmühle - Schnepfenhäuser Hof - Kapelle Hohes Holz - Hadamar.

Rundwanderweg 2 (14,5 km; 210 Minuten)
Hadamar (Liebfrauenkirche) - Elbbachufer - Niederzeuzheim - Ziegenfurter Mühle (Abstecher Hünengrab, ✱) - Mittelmühle - Oberzeuzheim (Trimmpfad, Grillplatz) - Sieben Schmerzen - Heidenhäuschen - Oberweyer (Abstecher Steinbach) - Niederweyer - Naherholungsgebiet Galgenberg (Grillplatz, Trimmpfad, ✱) - Hadamar.

Rundwanderweg 3 (11,25 km; 160 Minuten)
Oberzeuzheim (Schule) - Niederzeuzheim - Kreuzkapelle - Neumühle - Thalheim - Heuchelheimer Mühle (Einzug Maria Hilf, Loch-Mühle, Römische Aumühle, Trimm-Pfad Oberzeuzheim) - Heuchelheim - Hangenmeilingen - Heidenhäuschen - Sieben Schmerzen - Grillplatz - Oberzeuzheim.

Rundwanderweg 4 (6 km; 90 Minuten)
Steinbach - Heidenhäuschen - Ellarer Wald - Gericht - Steinbach.

Rundwanderweg 5 (11 km; 165 Minuten)
Oberweyer - Südliche Aussiedlerhöfe (Abstecher Schloß Dehrn) - Niedertiefenbach - Beselich (Beselicher Hof, Wallfahrts-Kapelle)- Obertiefenbach - Heckweg - Oberweyer.

Rundweg 6 (8,5 km; 120 Minuten)
Niederhadamar - Ahlbach - Käfernberg - Niederweyer - Naherholungsgebiet Galgenberg (Trimm-Pfad, Grillplatz, ✳) - Herzenberg (Kapelle) - Altstadt Hadamar (Marktplätze, Rathaus, Schloß) - Niederhadamar.

Rundwanderweg 7 (10,5 km; 150 Minuten)
Steinbach - Grube Niederstein - Heckholzhausen - Schlagmühle - Abstecher ✳, Naturlehrpfad am Gleisenberg - Grillplatz (Abstecher Spitzberg oder Hintermeilingen) - Steinbach.

Rundwanderweg 8 (7,5 km; 110 Minuten)
Niederhadamar - Finsterwald - Pletschmühle - Schnepfenhäuser Hof - Kapelle Hohes Holz - Schwimmbad - Konvikt - Sportplatz - Niederhadamar.

Rundwanderweg 9 (6 km; 90 Minuten)
Niederhadamar - Malmeneich - Offheimer Kopf - Flugplatz Elz - Niederhadamar.

Die Wegmarkierung erfolgt in der Wanderkarte (gemeinsame Karte der Städte Limburg a. d. Lahn, Diez, Hadamar und der Gemeinde Elz) in grünen Zahlen, so wie hier angegeben.
Bei der Berechnung der Wegzeiten wurden 4 km/Std. angenommen.

Mit Hadamar zusammengewachsen ist auch das südlich sich anschließende

Hadamar-**Niederhadamar** (120 m)

◘ Auch diese einst große Gemeinde ist seit dem 1. 4. 1939 mit Hadamar politisch vereint. Mindestens seit dem 14. Jh. war es für lange Zeit Gerichtsort der Dehrner Cent gewesen. Die Pfarrei wurde von den Rittern von Hadamar mit dem silbernen Adler im blauen Schild gestiftet. Das Patronatsrecht hatten jahrhundertelang deren Erben, die Herren von Braunsberg.
🏛 Die neugotische **Pfarrkirche** wurde 1886 an der Stelle der alten errichtet und ist ein schöner sakraler Raum.
Sehenswert sind noch eine Reihe von Fachwerkhäusern, vor allem das ehemalige Rathaus (1718).

Neben der Bahnlinie führt die Landesstraße elbabwärts geradewegs nach

Elz (120 m; 7200 E.)

Elz (bis ins 19. Jahrhundert auch Else geschrieben) liegt am Erbach und an der Elb sehr verkehrsgünstig: durch den Ort führen die alten Fernstraßen Frankfurt - Köln (B 8) und Mainz - Siegen (B 54), ferner 2 Eisenbahnlinien Frankfurt - Köln und Limburg - Montabaur. Im Süden grenzt der Ortsbering an die Autobahn Köln - Frankfurt und an die B 49.

◘ Das vor den hessischen Gemeindezusammenlegungen größte Dorf Hessens hat seine Selbständigkeit erhalten und 1972 den kleinen Wohnort **Malmeneich** bei Hundsangen eingemeindet.
Elz gehörte bis 1803 jahrhundertelang zum Kurfürstentum Trier; 1806 kam es zum neugegründeten Herzogtum Nassau, und zwar ab 1816 zum Amt Hadamar. In der preußischen Zeit wurde es in den Landkreis Limburg aufgenommen.
Im 19. Jh. war Elz vor allem als das **Dorf der Musik und des Gesanges** bekanntgeworden. Da in der Heimat zu wenig Verdienstmöglichkeiten vorhanden waren, zogen die „Elzer Tiroler" bis an die Grenzen Europas

Elz, Pfarrkirche und Rathaus

und trugen ihrem Heimatort den Namen „das musikalischste Dorf Nassaus" ein. Sie waren ebenso bekannt wie die Elzer Tabakwaren, vor allem
die Zigarren.
Auch heute noch ist Elz das Dorf der Musik und des Gesangs geblieben. Es bestehen 2 Kinderchöre, 1 Frauenchor, 1 Kirchenchor, 2 Männer-
gesangvereine und 2 Instrumentalvereine. Die 35 Ortsvereine zählen
mehr als 6000 Mitglieder.
🏛 Mehrere Ortsbrände in der Vergangenheit und Luftangriffe des
letzten Krieges ließen nur noch wenige schöne Fachwerkhäuser übrig.
Ein stattlicher Fachwerkbau ist das im Jahre 1974 hervorragend restau-
rierte **Rathaus.**
Die **kath. Kirche** ist 1851 erbaut und hat im Hochaltar ein schönes
Barockrelief, welches nach 1803 aus Kloster Ilbenstadt (Wetterau) nach
Elz gekommen war.
Vor dem Dorf steht die 1891 erneuerte **Johanniskapelle** als Erinnerung
an einen jetzt versiegten Heilbrunnen.
✖ Nährmittelfabrik, Werk für Betonwaren, Ziegelbrennerei, Kieswäsche-
rei, Lekkerlandbetrieb.
✚ 4 Ärzte, 4 Zahnärzte, 2 Apotheken
✤ Freibad; Fischteiche in der Mordschau, Angeln am Elbbach;
Segelfluggelände; Radfahrhalle, Reithalle, Schießstand, Minigolfplatz in
den Anlagen; Wildanlage Eufinger, Fleckenberg. Tennishalle und Tennis-
anlagen.
🛏 ✖ Hotel, Pensionen, 5 Restaurants mit Mittagstisch; 64 Fremdenbetten;
Imbißstube, Café, 3 Eisdielen.
🚌 nach Limburg - Frankfurt/M.; Montabaur - Siershahn;
Westerburg - Köln
🚌 nach Staffel-Limburg, Offheim, Hadamar - Westerburg, Hundsangen -
Wallmerod
☎ Gewerbe- und Verkehrsverein 6254 Elz; Ortsprospekt
Gemeinde 6254 Elz, Tel. (0 64 31) 56 01; Wanderkarte
☉ Seit mehr als 120 Jahren wird Ende September vier Tage lang die
Elzer Kirmes als das „Volksfest des Westerwaldes" gefeiert.
Elz ist Sitz der WESTA, der Gewerbeausstellung Westerwald - Taunus.

Im Naherholungsgebiet **Elzer Wald** sind 15 km Wanderwege gut ausgebaut. Dort befindet sich auch der durch seine zahlreichen Unfälle und ständigen Radarkontrollen berühmt-berüchtigte **Elzer Berg** der Autobahn Köln - Frankfurt.

Die Täler von Erbach und Hasselbach sind mit ihren vielen Fischteichen und Wäldern sehr reizvoll.

Am Heidekopf jenseits der Autobahn liegen noch 150 **Keltengräber.**

Ein Kreuz in der **Mordschau** nahe Malmeneich erinnert der Sage nach daran, daß hier im 30jährigen Krieg sich versteckende Elzer von schwedischen Soldaten aufgespürt und ermordet wurden.

Wanderweg im Elbtal:

1. Bahnhof - Offheimer Straße - Neumühle - Wildgehege - Aussichtsturm - Langgasse - Bahnhof (Mkg.: braunes Hirschgeweih; 60 Min.)

Wanderwege nördlich des Erbachs:

2. Friedhof - Lattengasse - Kieswerk - Vogelschutzgebiet - entlang des Erbachs - Mischwald „Kleine Seite" - Grillplatz (Mkg.: grüner Tannenbaum; 60 Min.)
3. Beginn wie 2. Weg - Fischteiche - Mischwald (Mkg. grüne Eule; 90 Min.)
4. Beginn wie 2. Weg - Mordschau - Gedächtniskreuz (Mkg.: blauer Igel; 150 Min.)
5. Beginn wie 2. Weg - Mischwald - Ortsteil Malmeneich - Mischwald (Mkg.: rotes Eichenblatt; 180 Min.)

Wanderwege südlich des Erbachs:

6. Ab der in Richtung Niedererbach führenden Weberstraße - Obstplantage - Aussichtsturm „Limburger Becken" (Mkg.: grüner Schmetterling, 75 Min.)
7. Beginn wie 6. Weg - Rundweg durch Mischwald (Mkg. blaues Schneeglöckchen; 100 Min.)
8. Beginn wie 6. Weg. - Mischwald - Alte Jagdhütte - Bahnhof Niedererbach (Mkg.: rotes Eichhörnchen; 120 Min.)

Wanderweg südlich der Autobahn:

9. Straße „Am Schönstein" südwestlicher Ortsrand - Autobahnunterführung - Birkenhof - Fischteiche - Staffeler Holz - Altes Forsthaus (Mkg.: grüner Pilz; 120 Min.)

Haben wir die Autobahnunterführung durchfahren, sind wir in Limburg-**Staffel** (130 m; 2500 E.)

🏛 Neue **kath. Hallenkirche** mit farbenreicher moderner Ausstattung.

✗ Industriell geprägter Vorort an der Mündung der Elb in die Lahn. Buderus'sche Eisenwerke, Werk Staffel; Keramik-Werk; Gartenhäuser-Fabrikation.

🛏 ✗ Gasthöfe mit Mittagstisch; Ausflugsgaststätte „Texelhof" an der B 49 in Richtung Montabaur.

🚌 nach Limburg, Montabaur, Westerburg

🚃 nach Limburg, Elz - Hadamar - Westerburg, Montabaur

Wer von hier zu Fuß nach Limburg will, kann über die Lahn-Eisenbahnbrücke in Richtung auf Neu-Staffel am Fuße des Limburger Schafbergs (St.-Vincenz-Krankenhaus) gehen.

In Staffel vereinigt sich unmittelbar neben der Elb unsere Straße mit der B 49 in Richtung Montabaur bzw. Innenstadt.

IN DER ESTERAU

Bearbeiter: Hermann-Josef Hucke   *Übersichtskarte Seite 605*

In den Winkel zwischen den mächtigen Tälern von Lahn und Gelbach ist die Landschaft der Esterau eingeklemmt. Im Norden wird sie durch den waldbedeckten Quarzitrücken des Höchst (443 m) begrenzt.

Die Esterau besteht im wesentlichen aus einer Hochfläche rund um den Hauptort Holzappel und einigen schmalen Riedeln, die von steilen zur Lahn führenden Kerbtälchen angeschnitten werden. Im Wechsel zwischen Feldern, Wiesen und Wäldern, Höhen und Tälern eine sehr reizvolle Landschaft, mit zahlreichen schönen Aussichtspunkten und guten Wandermöglichkeiten.

Der Name Esterau leitet sich von Esten ab, dem ehemaligen Namen des Hauptortes Holzappel. Über ihre Geschichte und über den Erzbergbau in der Esterau siehe unter Holzappel!

Als Mittelpunkt der Hochfläche, von Lahntal und Gelbachtal jeweils nur 2 km entfernt, liegt an der hier über die Höhe führenden Lahntalstraße B 417

Holzappel (280 m; 1100 E., VG Diez)
Vor allem durch den Herthasee lebhafter Fremdenverkehr. Grund- und Hauptschule.

◻ Bereits 959 war Esten, wie Holzappel ursprünglich hieß, Mittelpunkt einer die Esterau umfassenden Grundherrschaft und eines ausgedehnten Kirchspiels. Nach wechselnder Zugehörigkeit zu verschiedenen Herrscherhäusern (Nassau, Diez, Katzenelnbogen) wurde sie 1643 an den legendären Feldmarschall Peter Melander (1585 - 1648) verkauft, der als Heerführer im Dreißigjährigen Krieg zu Ehren und Geld gekommen war. Der Kaiser hatte den aus Niederhadamar stammenden einfachen Landreitersohn zum Reichsgrafen von Holzappel erhoben. Seine Witwe kaufte 1656 Schloß und Herrschaft Schaumburg. Die Grafschaft erbte die Tochter Elisabeth Charlotte, die mit dem Fürsten Adolf von Nassau-Dillenburg vermählt war. Sie erwirkte für den Flecken 1688 Stadtrechte, nannte ihn Holzappel und befreite die Einwohner aus der Leibeigenschaft. Ihre Tochter Charlotte heiratete den Fürsten von Anhalt-Bernburg, wodurch der anhaltinische Bär ins Holzappeler Wappen kam und 1734 seinen Platz auf dem steinernen Brunnen am Marktplatz einnahm. Holzappel fiel 1806 an Nassau und hörte damit auf, Hauptstadt eines kleinen

🏛 In der **ev. Pfarrkirche** am Marktplatz, einem klassizistischen Saalbau von 1824-25, liegt in der Gruft Reichsgraf Peter Melander von Holzappel begraben; er war 1648 in einer Schlacht bei Augsburg gefallen (s. o.). - Spiegeldecke, dreiseitig herumgeführte Emporen. Großes holzgeschnitztes Grabmal für Melander von Holzappel.

Hinter dem **Bärenbrunnen** (1734) das Goethehaus, in dem Goethe bei seinem Holzappeler Aufenthalte wohnte und Gesteinsstudien betrieb.

Im sogenannten **Melanderhaus,** einem dreistöckigen Fachwerkbau aus dem 17. Jh., ein Hotel.

✕ Seit der 2. Hälfte des 18. Jh. erreichte die Esterau eine hohe Blüte, als die reichen Erzschätze des Holzappeler Bergwerks abgebaut wurden. Seit dem Mittelalter schon waren Stollen vom Gelbachtal aus eingetrieben worden, jetzt baute man senkrechte Schächte, die mit der sogenannten ,,Roßkunst'' (Pferdegöpel) betrieben wurden. Eine Zerkleinerungsanlage, eine Erzwäsche und vier Schmelzöfen entstanden. 1783 zählte man 643 Beschäftigte, für die die Bergmannssiedlung Dörnberg-Hütte an der Straße nach Laurenburg errichtet wurde. 1815 besuch-

Holzappel, Marktplatz mit Melanderhaus und Goethehaus hinter dem
Bärenbrunnen

te der Dichter Johann Wolfgang von Goethe das Bergwerk (Goethe war
Mineraloge und leitete die Ilmenauer Gruben). Immer tiefere Schächte
und Stollen wurden angelegt, schließlich hatte man mit der 25. Sohle
eine Tiefe von 1000 m erreicht. Die geförderten Erze wurden mit einer
Seilbahn zur Aufbereitungsanlage nach Laurenburg transportiert, wo
man zur Zeit dabei ist, die mächtigen Abraumhalden im Lahntalhang
zu begrünen.
Wegen mangelnder Fündigkeit mußte der Abbau 1952 eingestellt werden.
Bis dahin waren 36 Stollen mit einer Gesamtlänge von 44 km vorge-
trieben worden. 17 Tages- und 8 Blindschächte mit 4,4 km Länge waren
abgeteuft worden. Gefördert wurden insgesamt 180 000 t Blei, 360 000 t
Zink und 130 000 kg Silber. - Heute zeugen nur noch zahlreiche Halden
und mehrere Weiher, darunter der Herthasee, von der Holzappeler
Grube.
✠ 3 Ärzte, Zahnarzt, Apotheke
🏊 Hauptanziehungspunkt der Esterau ist der nördlich oberhalb von
Holzappel gelegene 1,25 ha große **Herthasee,** der ursprünglich „Wacker-
hannes" hieß und für den Holzappeler Grubenbetrieb angelegt worden
war. Schwimmen, Rudern, Angeln, Minigolf. Ferienpark Herthasee mit 78
Blockhäusern.
🛏 ✗ Feinschmecker-Lokal Hotel Herrenhaus zum Bären; 4 Pensionen
und Gasthöfe mit Fremdenbetten; 3 Restaurants und Gaststätten mit
Mittagstisch; 2 Imbißstuben, 1 Weinstube, 1 Café.
🚌 in Richtung Diez, Limburg, Montabaur, Laurenburg, Katzenelnbogen
☎ Verkehrs- und Verschönerungsverein 5409 Holzappel,
Tel. (0 64 39) 78 49
✳ Unweit des Umspannwerks der Mainkraftwerke schöner Lahntalblick.
Gelbachblicke vom Höchst.
⊙ Markt an Peter und Paul.

Ein stilles Wandergebiet ist der bewaldete Quarzitrücken des Höchst (443 m) nördlich des Herthasees. Gleich hinter dem Freizeitgelände die **Römerkippel.** In diesen Hügeln hat man Gräber keltischer Stammeshäuptlinge freigelegt und zahlreiche Grabbeigaben gefunden, darunter Reste eines vierrädrigen Wagens.

Rundwege ab Parkplatz Herthasee:
1. Rund um den Höchst (2 Std.; 6 km; Mkg.: Fichte);
2. Zur Grobley und zurück (2 Std.; 6 km; Mkg.: Eichhörnchen);
3. Rund um den „Herrenkies" (1 Std.; Mkg.: Geweih).

Weitere Wandermöglichkeiten:
Goethepunkt hin und zurück (12 km); Lahnblick hin und zurück (3 km); Ruine Laurenburg und zurück (6 km); Schwarzlay und zurück (5 km).

Wenden wir uns nun den westlich zum Gelbachtal hin gelegenen Orten zu. - 1 km westlich des Herthasees liegt
Horhausen (320 m; 320 E., VG Diez)

⌁ ✕ Fremdenbetten; Mittagstisch; Grillplatz mit Schutzhütte.
🚌 nach Montabaur und Laurenburg
✳ Vom Wanderparkplatz am Friedhof herrlicher Blick ins tiefe Gelbachtal, hinüber ins Buchfinkenland und zu den jenseitigen Gelbachhöhen. - Siehe auch 1. Wanderung!

Ab Wanderparkplatz am Friedhof:
1. Maria Ruh mit herrlichem Blick auf Kirchähr und zur Feiershahn-Lei mit schönem Gelbachblick (1 Std.; 3 km; Mkg.: Kleeblatt);
2. Groblei mit schönem Blick auf Dies im Gelbachtal (1½ Std.; 5 km; Mkg.: Eichhörnchen); Siehe auch Seite 282.
3. Wanderweg um den Herthasee (1 Std.; 3 km; Mkg.: Ente);
4. Rund um den Höchst (2½ Std.; 8 km; Mkg.: Geweih).

Auf der schmalen Hochfläche zwischen dem Gelbachtal und dem von Holzappel zur Lahn führenden Waselbachtal
Charlottenberg (330 m; 200 E., VG Diez)

◻ Fürstin Elisabeth Charlotte von Nassau-Schaumburg gewährte wegen ihres Glaubens aus Savoyen vertriebenen Waldensern in der Esterau Asyl und ließ für sie 1699 Wald roden und dort zehn kleine Häuschen (Waldenserhäuser) errichten, in die 80 Flüchtlinge einziehen konnten. Aus Dankbarkeit gaben die Waldenser dem Dorf den Namen Charlottenberg.
Aus Charlottenberg stammt der bekannte nassauische Genealoge Dr. Rudolf Bonnet († 1977).
Dörfliche Partnerschaft mit Charlottenberg in Värmland/Schweden.
🏛 Auf dem **Waldenserdenkmal** am südlichen Ortsausgang sind heute noch die Namen der ersten Bewohner zu lesen.
⌁ ✕ Privatpension Bergerhof in Richtung Holzappeler Hütte.
🚌 nach Holzappel und Dörnberg

Ab Parkplatz am Waldenser-Denkmal:
1. Champlei - Gessertslei - Galgenkopf - Sportplatz (45 Minuten; 3 km; Mkg.: Kleeblatt);
2. Groblei mit herrlichem Blick ins Gelbachtal - Pfarrgut (1 Std.; 4 km; Mkg.: Fuchs);
3. Eschenauersberg - Jagdhäuschen (1 Std.; 5 km; Mkg.: Käfer);
4. Goethepunkt (Beschreibung unter Obernhof/Lahn) - Leopoldine (2 Std.; 9 km; Mkg.: Hase);
5. Zechenhof - Eisenkauten (1 Std.; 4 km; Mkg.: Fichte).

Hoch über der Lahn liegt als südlichster Ort der Esterau zwischen einer Lahnschleife

Dörnberg (290 m; 600 E., VG Diez)

🏛 **Ev. Pfarrkirche** von 1739, Saalbau mit Mansarddach und Haubendachreiter mit kunstvoll gestalteter Eisenspitze. - Alte Dorfpumpe.

🚌 nach Holzappel

🏃 Wandermöglichkeiten in die steilen Lahntalhänge und zum Goethepunkt über Obernhof.

∗

In ähnlicher Lage wie Dörnberg finden wir, eingezwängt von einer Lahnschleife und dem Waselbachtal auf einer Rumpffriedelhochfläche über Laurenburg das Dorf

Scheidt (245 m; 320 E., VG Diez)

⬢ Scheidt wird 1348 erstmals urkundlich erwähnt und war damals Sitz einer niederadeligen Familie.

🏃 Schöner Spazierweg über den Gemarkungskamm in die Lahntalschleife. Wir kommen zum stillsten Abschnitt des gesamten Lahntals, das hier nur von einem Wiesenweg erschlossen wird. Auf der anderen Lahntalseite allerdings die Bahnstrecke und steil aufragend der Gabelstein. Unterhalb Scheidt die Lahntalschleuse Scheidt.

∗

Über Balduinstein oder Hirschberg zu erreichen, liegt auf einer langgestreckten Rumpffriedelhochfläche über der nordöstlichen Seite der Cramberger Lahntalschleife

Langenscheid (245 m; 580 E., VG Diez)

⬢ Das Dorf Langenscheid und seine Flur werden südlich vom rechten Lahnufer, westlich vom Schwarbachtal und östlich vom Daubachtal tief und steil begrenzt. Nur vom nordwestlich gelegenen Hirschberg her ist es leicht zugänglich. Daher hatte man dort im Mittelalter den Gebückgraben und den Schlaggraben gezogen. Diese beiden Gräben bieten ein gutes Beispiel der alten Befestigung eines Dorfes samt seiner Ackerflur. Der Gebückgraben zieht am Friedhof 400 m lang von Tal zu Tal. Er ist jetzt noch deutlich zu erkennen. Der Schlaggraben liegt 1,5 km weit in Richtung Hirschberg und schützte die ganze Flur. Wo er auf dem Kamm durch den einzigen Zufahrtsweg zum Dorf durchschnitten war, sperrte ihn ein Schlagbaum.

🚌 nach Diez, Limburg, Holzappel

🏃 Hübsch zu durchwandern ist das Daubachtal, das nordöstlich des Dorfes von Hirschberg der Lahn entgegenstrebt. In ihm drei Mühlen und eine Hühnerfarm. Das südwestlich gelegene Schwarzbachtal ist ein düsteres Kerbtal, das am Geilnauer Mineralbrunnen ins Lahntal stößt.

∗

Zwischen den großen Waldgebieten des Höchst und des Staatsforstes Diez liegt an der B 417 in der Quellmulde des Daubachs

Hirschberg (310 m; 380 E., VG Diez)

🏛 Über dem Dorf neugotische **ev. Kirche** von 1892.

🛏 ✕ Pension

🚌 nach Diez, Limburg und Nassau

∗ Von den Kammlagen der Gemarkung schöne Aussicht bis zum Feldberg im Taunus.

🏃 Wanderparkplatz im Staatsforst Diez siehe unter Altendiez!
Schöne Wandermöglichkeiten in die ausgedehnten Wälder ringsum.

LAHNHÖHEN ZWISCHEN GELBACH UND EMSBACH

Bearbeiter: Dr. Hugo Rosenberg und   *Übersichtskarte Seite 605*
              Hermann-Josef Hucke

Auf verhältnismäßig kleinen Hochflächen und Riedeln finden wir zwischen dem Gelbachtal und dem Emsbachtal die Rodungszonen von vier Gemeinden: Winden, Hömberg, Zimmerschied und Kemmenau. Alle haben gemeinsam ihre Zugehörigkeit zum Rhein-Lahn-Kreis, eine herrliche Landschaft, von steilen Kerbtälern eingeschnürt, sehr viel Wald, herrliche Aussichtspunkte und natürlich auch lebhaften Fremdenverkehr. Die Bevölkerung ist nach ihren Einkaufs- und Erwerbsstätten sowie schulisch ganz auf die Städte Nassau und Bad Ems ausgerichtet.

Wer einmal die längste ununterbrochen durch Wald führende Straße des Westerwaldes kennenlernen möchte, der fahre in Nassau hoch in Richtung Winden und Untershausen.

In den ziemlich steilen Hängen der Ursprungsmulde des Sülzbachs liegt windgeschützt das anmutige

Winden (383 m; 664 E., VG Nassau)

1976 1. Landessieger im Wettbewerb „Unser Dorf soll schöner werden". Außergewöhnlich viele Zweitwohnungen, 33 Wochenendhäuser.

�‪ Der Ort wurde 1250 mit Grundherrschaft, Gericht und Pfarrkirche der Abtei Arnstein geschenkt. Winden war damals Sitz eines Landgerichtes, zu dem auch Weinähr und die im Dreißigjährigen Krieg ausgegangenen Dörfer Schirpingen, Ködingen und Hohenthal gehörten. Nach Auflösung der Abteiherrschaft 1803 kam Winden an das Herzogtum Nassau. - Früher waren viele Einwohner Bergleute. Die Grube Anna im Götzentälchen wurde 1902 stillgelegt.

🏛 **Kath. Pfarrkirche St. Willibrord,** ein Saalbau von 1788/89 mit dreiseitigem Chorschluß, die 3. Pfarrkirche auf demselben Platz, die 1. wurde im Jahr 1250 genannt. Der Kirchenheilige thront in einer Nische unter dem Dachgiebel.

Am Ortsrand in Richtung Weinähr die **Michaelskapelle,** ehedem eine Wallfahrtskapelle (1768), errichtet auf dem Gerichtsplatz des Landgerichts Winden. An zahlreichen Punkten von Dorf und Gemarkung Kruzifixe.

🍢 Grillplatz am Hübelskopf.

🛏 ✕ Gasthof mit 8 Betten, 5 Pensionen mit 22 Betten; Mittagstisch.

🚌 nach Nassau

☎ Anneliese Noll, Tel. (0 26 04) 52 89
Prospekt und Heimatheft erhältlich.

✳ Von zahlreichen Gemarkungspunkten schöne Aussicht über das Lahntal bis zum Feldberg im Taunus, so vom „Liehwäldchen" (422 m), von der Michaelskapelle und vom Katzenstein über dem Gelbachtal.

👣 Wanderparkplatz „Am Forst" in der Nähe des Sportplatzes. Ausgeschilderte Rundwanderwege zwischen 1 und 10 km Länge. Wanderwege nach Nassau, Weinähr, Hübingen und Gackenbach (Hochwildschutzpark).

✱

Wenn wir die Straße von Nassau über Welschneudorf in Richtung Montabaur hochfahren, liegt auf einem Riedel fast 300 m über dem Lahntal

Hömberg (372 m; 338 E., VG Nassau)

◪ Erstmals erwähnt finden wir Hömberg 1344 als Hohinberg, also das Dorf auf dem hohen Berg über dem Lahntal. Im Jahre 1795 wurde es beim Rückzug der französischen Revolutionsarmee völlig niedergebrannt. Um die Mitte des vergangenen Jahrhunderts wollte die Bevölkerung geschlossen nach Amerika auswandern, doch niemand fand sich, der Dorf und Flur abkaufen wollte.

➴ Kneippanlage westlich der Straße nach Montabaur.

⊨ ✕ Gasthaus mit 16 Betten, 4 Pensionen mit 31 Betten; Mittagstisch.

🚌 Postbus nach Nassau und Montabaur.

☎ Verkehrs- und Verschönerungsverein e. V., 5409 Hömberg, Tel. (0 26 04) 48 38; Prospekt und Heimatheft erhältlich.

✳ Zahlreiche hervorragende Aussichtspunkte. An der großen Kehre der Straße nach Nassau zwei Parkplätze mit herrlicher Aussicht auf den Burgberg, auf Nassau und das Lahntal. Ähnliche Sicht vom Parkplatz „Lahnblick" in der südöstlichen Gemarkung und vom Aussichtsturm auf der Gertrudishöhe sowie von der Adolfshöhe. Blick auf Dausenau von der Herrenley. Umfassender Blick bis zum Hunsrück vom Kreuzstein (390 m) an der Kneippanlage.

🚶 Am Ortsrand an der Nassauer Straße ADAC-Wanderparkplatz. Faltblatt mit Wegebeschreibungen durch den ADAC.
1. Südweg zum Lahnblick und zur Herrenlay (Mkg.: S; 2 Std.);
2. Westweg zum Lahnrundblick (Mkg.: W; 1 Std.);
3. Ostweg in das Kaltbachtal (Mkg.: O; 1 Std.).
Wanderparkplatz „Taunusblick" des Naturparks Nassau am Dorfeingang rechts.
Kaltbachtal und Spitzheckerrück (453 m) laden zu stillen Waldwanderungen ein. In diesem Wald mehrere ausgegangene Siedlungsplätze.

Zwischen Hömberg und Welschneudorf in einer kleinen Talsenke abseits der Straße das Dörfchen

Zimmerschied (400 m; 90 E., VG Nassau)

◨ Die Einwohner lebten früher von der Landwirtschaft und der **Köhlerei**. In den Wäldern ringsum findet man noch zahlreiche kreisrunde Plätze, auf denen einst Kohlenmeiler brannten. Unter dem Laub lassen sich noch die Holzkohlenreste aufspüren.
Nördlich in Richtung Welschneudorf stoßen wir im Wald auf den sogenannten **Landgraben**. Er grenzte das Gebiet des Nassauer Burgfriedens gegen den kurtrierischen Besitz ab und ist heute Kreisgrenze zum Westerwaldkreis.

⊨ ✕ Gasthaus mit Fremdenbetten.

Zwischen Bad Ems und Welschneudorf liegt auf einer schmalen Terrasse im Osthang in sehr schöner Hochlage

Kemmenau (380 m; 400 E., VG Bad Ems)

◨ Der Ort wird schon 1361 als Kemmenaw (= befestigtes Haus) erwähnt. In unmittelbarer Nähe die „First" (467 m) eine schon in vorgeschichtlicher Zeit befestigte Anhöhe. - Lange, gut erhaltene Limesstrecke oberhalb des Dorfes im Wald.

➴ Kneippanlage im Hang Richtung Welschneudorf.

⊨ ✕ Hotel mit 32 Betten und Mittagtisch.
Waldcafé „Schöne Aussicht" (459 m) mit Aussichtsturm.

🚌 nach Bad Ems und Montabaur

☎ Verkehrs- und Verschönerungsverein 5421 Kemmenau, Tel. (0 26 03) 38 08; Ortsprospekt

Lit.: Die Natur- und Kulturlandschaft von Bad Ems, Bad Ems 1979

✳ Vom Aussichtsturm „Schöne Aussicht" umfassender Blick bis zum Feldberg, zum Hunsrück, zur Hohen Acht in der Eifel und zum Siebengebirge.

🚶 Wanderparkplatz „Emser Buchwald" an der Straße nach Bad Ems. Limespfad parallel zum Limes.
Ausgedehnte Waldwanderungen möglich. Markierungen siehe unter Bad Ems!

8. Dilltal mit Dietzhölztal

AM OBERLAUF DER DILL UND IM ROSSBACHGRUND
Bearbeiter: Willi Krumm und Hermann-Josef Hucke

Der Oberlauf der Dill bis Haiger, der Roßbachgrund und das östlich parallel verlaufende Dietzhölztal bilden den waldreichen Norden des Lahn-Dill-Kreises, mit seinen hochragenden, gerundeten Bergen die Heimat des Rotwildes.

Land der Hauberge
In den Gemarkungen der Dörfer breitet sich auf den Hängen der Eichen- und Birkenniederwald der Hauberge aus. Diese eigenartige Form der Waldwirtschaft, die in Dorfgenossenschaften betrieben wird, geht auf die mittelalterliche Eisenverhüttung zurück, als die Waldschmieden und Hämmer am Wasser Holzkohle zum Schmelzen des Erzes brauchten.

Schon waren weite Waldstriche dem großen Bedarf an Holz zum Opfer gefallen, da ließ man den Wald durch 16-20jährigen Umtrieb sich selbst erneuern, indem die abgehauenen Bäumchen an den Stöcken wieder ausschlugen. Jedes Jahr hatte man nun einen schlagreifen Distrikt. Der geräumte Hauberg konnte überdies für den Getreideanbau und als Weide genutzt werden. Aus der geschälten Eichenrinde wurde damals in den zahlreichen Gerbereien im Lande die begehrte Lohe (Gerbsäure) gewonnen; ein willkommener Nebenerwerb aus der Haubergswirtschaft.

Heute hat die Haubergswirtschaft ihre Grundlage eingebüßt, wenn auch noch eine gewisse Nutzung durch die in diesem Raum entstandene Naturholzmöbelindustrie gegeben ist. Nach und nach werden die Hauberge zu Hochwald aufgeforstet.

*

Siegfried Holler

Der von Südwest nach Nordost verlaufende langgestreckte Waldrücken der Kalteiche und der Haincher Höhe bildet als Wasserscheide zwischen Dill und Sieg gleichzeitig die Grenze zwischen Hessen und Nordrhein-Westfalen, zwischen dem Land an der Dill und dem Siegerland. Im Süden überqueren die Sauerland-Autobahn und die B 277 die Höhe, im Norden die Straße von Siegen ins Dietzhölztal. Die Bahnstrecke Haiger - Siegen unterquert den Gebirgszug in einem fast 3 km langen Tunnel.

Höchster Ort des Dilltals ist
Haiger-Offdilln (387 m; 720 E.)

◨ Erstmals 1437 erwähnt als Offdilln = auf der Dill. Die in früheren Jahren an den Häusern und Scheunen noch oft anzutreffenden gekreuzten Pferdeköpfe und die Strohdächer mußten der Modernisierung weichen. - Durch einen großen Brand im Jahre 1558 brannten in zwei Stunden 68 Gebäude ab. Die Hauptstraße zeugt von dem danach erfolgten planmäßigen Aufbau.

🏛 Die **Kapelle** wurde 1776-77 von Joh. Heinrich Hofmann in barockem Stil erbaut. Schnitzereien an Empore und Kanzel. Reiche Ausmalungen mit prächtigem Blumendekor erfolgten 1781 von Ernst Julius Kayser.

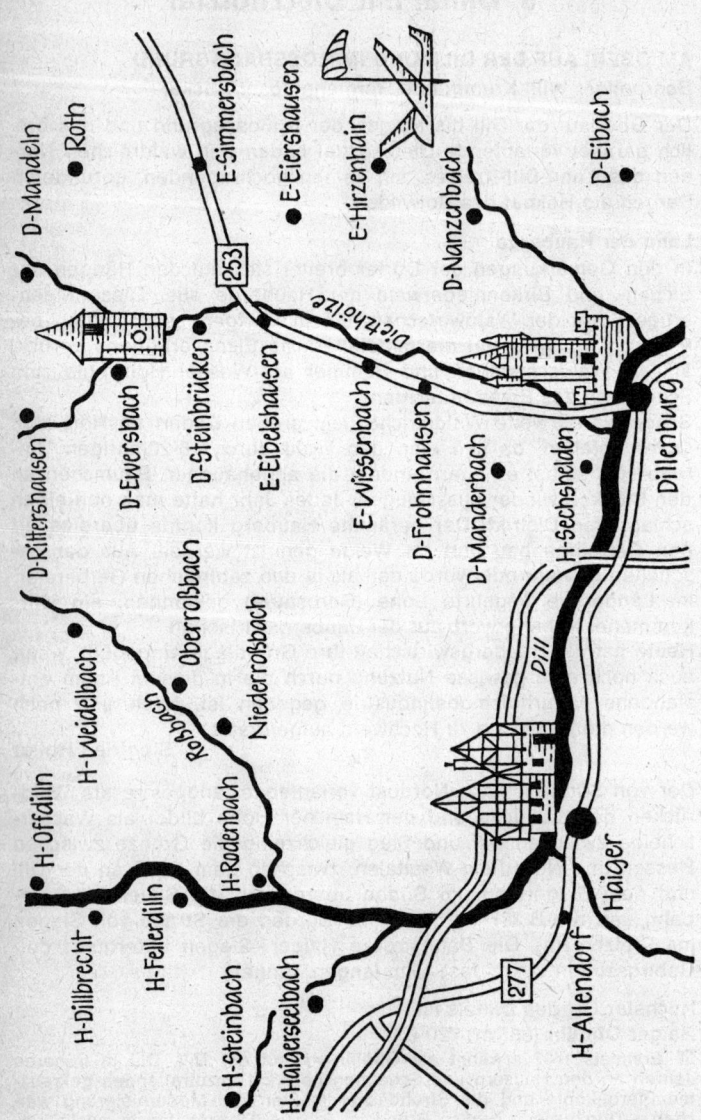

Am Oberlauf der Dill und im Roßbachgrund
Im Dietzhölztal
Im Haigerer Raum

⚓ Badeweiher
🏨 ✗ In der alten Mühle
🚌 nach Haiger
🥾 Markierte Wanderwege zur Dillquelle; gut eingerichteter Grillplatz. In ca. 500 m Entfernung führt der Siegerlandhöhenweg vorbei; markierter Wanderweg mit 126 km Länge.

Dem Lauf der Dill folgend, kommen wir nach 3 km nach Haiger-**Dillbrecht** (343 m; 650 E.)

◘ 1437 erstmals erwähnt als Dillbräch (= auf der Bracht [Höhe] über der Dill). Im Seitental Schwarzbach gelegenes Dorf. Seit 1971 Stadtteil von Haiger.
🏛 **Kapelle,** 1743 erbaut, mit schönen Malereien an den Emporen und Decken (Pelikan). Schnitzereien.
✗ Blechverarbeitender Betrieb.
✚ Arzt
🏨 ✗ 2 Gaststätten, 1 Pension
🚍 nach Siegen und Haiger
🚌 nach Haiger
🌿 Schönes Wacholdervorkommen am Sportplatz.
🥾 Markierte Wanderwege zur Kalteiche und nach Rudersdorf.

Im Westhang der Dill liegt 2 km unterhalb Haiger-**Fellerdilln** (320 m; 1330 E.)

◘ Im Jahre 1311 erstmals urkundlich erwähnt als Dyllen, von dem Flußnamen Dill abgeleitet. Seit dem 1. 1. 1977 in die Stadt Haiger eingegliedert.
Ein Arbeiterdorf, das bis zum Niedergang des Bergbaus im Siegerland eine große Zahl von Bergarbeitern stellte.
🏛 **Ev. Kirche und ehemaliges Rathaus,** erbaut um 1800. Im Erdgeschoß Kirchenraum mit Emporen und klassizistischen Säulen, im Obergeschoß einst Gemeindeverwaltung.
✗ Kleinere blechverarbeitende Betriebe bieten einem Teil der Bevölkerung Arbeitsplätze; die meisten finden jedoch in Haiger und im Siegerland Beschäftigung.
⚓ Dorfgemeinschaftshaus mit Gaststätte und Kegelbahn
✚ Zahnarzt
🚍 Privatbus Kreutz nach Haiger; Bus nach Wetzlar.
🌿 Die früher im gesamten Dill- und Roßbachtal bestehende Nebenerwerbslandwirtschaft ist ganz zum Erliegen gekommen, und es entwickelt sich ein ernstes Problem der Landschaftspflege.
Die kalkarmen Böden neigen in den Seitentälern zum Teil zu Moorwiesen, auf denen noch Sonnentau anzutreffen ist.

Zwei km abwärts, an der Mündung des Roßbachs in die Dill, liegt Haiger-**Rodenbach** (286 m; 780 E.)

◘ Seit 1971 Stadtteil von Haiger. - Rodenbach war bis zum 2. Weltkrieg rein landwirtschaftlich orientiert. In früheren Jahrhunderten Bergbau in begrenztem Umfang, der jedoch schon vor dem 1. Weltkrieg zum Erliegen kam.
✗ Maschinenfabrik Siegerland-Bremsen, K. H. Emde (Bremsanlagen für Förderbänder, Rührtrommeln u. ä.); 2 blechverarbeitende Betriebe.
⚓ Reithalle, Schützenhaus. Auf dem Köppel östlich des Ortes Schutzhütte mit Grillanlage.
🚍 nach Haiger und Siegen
🚌 zum Dill- und Roßbachtal und nach Haiger.
☎ Verschönerungs- und Heimatverein 6341 Rodenbach

Von Nordosten fließt der jungen Dill der Roßbach zu. Von Wald umgeben ist der oberste Ort

Haiger-**Weidelbach** (400 m; 750 E.)

◻ Erstmals 1364 als Wydelbach erwähnt. Seit 1. 1. 1977 Stadtteil von Haiger.

🏛 **Ev. Pfarrkirche** von 1817. Fast quadratischer verputzter Fachwerkbau mit Haubendachreiter.

Mehrere Fachwerkhäuser in der für diese Gegend charakteristischen Form mit verzierten Eckpfosten und Flachschnitzereien.

✗ Die Haubergswirtschaft hat die Landschaft mitgeprägt. Noch heute werden in verschiedenen Handwerksbetrieben des Roßbachtals aus Eichenschälholz Gartenmöbel hergestellt. - In verschiedenen Gemarkungsteilen sind noch alte Meilerplätze zu finden, die von der früheren in größerem Umfang betriebenen Holzkohlezubereitung zeugen.

Edelstahlverarbeitender Betrieb.

☉ Im oberen Roßbachtal hat sich bis heute der Brauch des **Maimannes** erhalten, wobei ein junger Bursche mit Birken- oder Buchenwald vollkommen eingebunden durch das Dorf geführt wird. Die Einwohner stiften Eier und Geld. Die Spenden ermöglichen der Dorfjungend ein Festmahl.

⚓ Badeweiher

⛟ ✗ Dorfgemeinschaftshaus mit Kegelbahn und Gaststätte.

🚌 nach Haiger

🄌 Gute Wandermöglichkeiten in die umliegenden Haubergswälder.

Dem Roßbach abwärts folgend, liegt vor uns

Haiger-**Oberroßbach** (330 m; 530 E.)

◻ Der Ort trug 1363 noch den Namen Rospe (= Pferdebach). Die Gemeinden Ober- und Niederroßbach hatten sich zunächst zur Gemeinde Roßbachtal zusammengeschlossen und wurden dann zum 1. 1. 1977 nach Haiger eingegliedert. - **Saalbau-Kirche** mit Mansarddach.

Viele alte Grubenstollen zeugen heute von dem schon lange eingestellten Bergbau auf Eisen, Kupfer, Blei und Silber.

⛟ ✗ 4 Pensionen und 1 Gaststätte (insgesamt 29 Betten).

🚌 nach Haiger.

Mit Oberroßbach fast schon zusammengewachsen ist

Haiger-**Niederroßbach** (315 m; 520 E.)

◻ Erstmals 1447 urkundlich erwähnt.

🏛 **Die frühere alte Schule,** das spätere Rathaus, ist ein Fachwerkbau aus dem Jahre 1770; er steht unter Denkmalschutz.

🚌 nach Haiger und Weidelbach.

3 km unterhalb mündet der Roßbach bei Rodenbach (s. o.) in die Dill.

Unterhalb Rodenbach mündet von Westen her ein weiterer Nebenbach, der im Oberlauf Steinbach, im Mittellauf Krummbach und im Unterlauf Treisbach genannt wird. An ihm liegt das frühere Bergmannsdorf

Haiger-**Steinbach** (350 m; 750 E.)

◻ Es wurde 1447 als Steynenbach erstmals erwähnt. 1538 brannte der Ort vollständig nieder. Seit dem 1. 1. 1977 ist er nach Haiger eingegliedert.

✗ Altbezeugte Vorkommen von Kupfer, Blei und Silbererzen lassen noch heute alte verlassene Stollen in der Gemarkung finden. Die unter dem Ort liegende Grube „Freudenzeche", wurde nochmals nach dem letzten Krieg in Betrieb genommen, doch die kostspielige Wasserhaltung und die geringe Rendite brachte sie nach wenigen Jahren wieder zum Erliegen.

✦ 250 m lange Skipiste mit Schlepplift am Grammelskopf.

⇌ ✕ Pension mit 8 Betten, Dorfgemeinschaftshaus mit Gaststätte.

🚌 nach Haiger

🕴 Gute Wandermöglichkeiten ins obere Steinbachtal und in die umliegenden Waldungen. Wanderparkplatz Sportplatz.

*

In Richtung Wasserscheide liegt
Haiger-**Haigerseelbach** (330 m; 970 E.)

◨ Seit 1. 1. 1977 nach Haiger eingegliedert. Da der Ort nur über eine von Haiger kommende Kreisstraße bzw. über die B 277 auf der Kalteiche zu erreichen ist, hat er eine bevorzugte ruhige Lage.
Das Dorf brannte 1769 bis auf ein Haus vollständig ab. Noch heute sind im Ortszentrum schöne, gutgepflegte Fachwerkhäuser aus der Wiederaufbauzeit erhalten.
Mit Erfolg beteiligte man sich am Wettbewerb „Unser Dorf soll schöner werden".

✕ Gasthof

🚌 nach Haiger

🕴 Schöne Wandermöglichkeiten in den nördlich anschließenden Staatsforst Haiger. Waldlehrpfad.
Nordwestlich zur Kalteiche, ein ehemaliges Auerhahnjagdrevier des Herzogs von Nassau. In der Nähe der früheren Jagdhütte vorgeschichtliche Wohnstätten und Ackerbaugebiete aus der Latènezeit in sehr hoher rauher Lage. Im Staatsforst 2 Grillplätze (Köhlerhütte und Sheiloranch), die auf markierten Wegen erreichbar sind.
Höhenwanderung über die Preuß. Kalteiche und die Haincher Höhe zur Straße Hainchen - Dietzhölztal-Ewersbach und weiter nach Dietzhölztal - Rittershausen. In den durchwanderten Waldungen viele alte Schlackenhalden, gewöhnlich an quelligen Mulden, die von alter **prähistorischer und mittelalterlicher Eisenindustrie** zeugen. Das Eisenerz (Roteisenstein) stammt aus dem Schelderwald und den Gebieten um Dillenburg und Haiger und wurde auf Lasttieren (Eseln) an die Verhüttungsstellen in den Waldungen gebracht, da die Menge des heranzuführenden Erzes geringer war als die zur Verhüttung nötigen Holzkohlen („Das Erz reist zur Kohle"). Das Erz ward in kleinen Rennöfen mit Handgebläse verhüttet und die Luppe ausgehämmert. Es gab zwar wenig, aber ausgezeichnetes Schmiedeeisen.

Westlich von Haigerseelbach die **Wasserscheide** zwischen Dill und Heller (Nebenfluß der Sieg) mit dem Ortsteil Burbach-Wasserscheide (s. Seite 377!). Über diese Wasserscheide führt die Sauerland-Autobahn; hier ist die Anschlußstelle Haiger/Burbach. Sie führt hier über den Höhenrücken von Scheidsberg (432 m) und Kratzeberg (365 m); in deren Südhang liegt
Haiger-**Allendorf** (300 m; 1850 E.)

◨ Erste Erwähnung 1362 als Aldendorff = zum alten Dorf.

🏛 Die **ev. Kirche,** ein kurzer Saalbau mit Mansarddach und Haubendachreiter, wurde 1742 erbaut. Kanzel mit Schnitzereien; barocke Ölgemälde.
Gute Fachwerkhäuser aus dem 18. Jh.; Fachwerk-Rathaus um 1700.

☉ Ein alter Volksbrauch hat sich in diesem Dorf bis heute erhalten: Zu Silvester wird seit über 250 Jahren in einem schweren, verzierten Zangeneisen ein Waffelgebäck hergestellt, die sogenannten **„Allendorfer Naujoahrn".**

✦ Im Bau befindet sich ein Hochwasser-Rückhaltebecken mit Dauerstau zur Benutzung für Wassersportler. Reitplatz.

⇌ ✕ 2 Gasthöfe

✱ Schöner Dilltalblick vom Kratzeberg (355 m).

IM DIETZHÖLZTAL

Bearbeiter: Willi Krumm, Hermann-Josef Hucke   *Übersichtskarte*
und Kurt Heppner   *Seite 514*

Das Dietzhölztal liegt im Grenzgebiet zwischen Westerwald und
Rothaargebirge, begrenzt durch den Höhenzug der Struth vom
Oberlauf der Dill im Westen, dem ehemaligen Wittgensteiner Land
im Norden und dem ehemaligen Kreis Biedenkopf und heutigen
Kreis Marburg-Biedenkopf im Osten.
An Größe, Bevölkerungsdichte und wirtschaftlicher Bedeutung
kann dieses Tal es beinahe mit dem Dilltal aufnehmen. Zudem ist
dieses schöne Tal auch das älteste Ferien- und Erholungsgebiet
im Dillgebiet. Die Orte des Tales und seiner Randhöhen gehören
heute zu den Großgemeinden Dietzhölztal und Eschenburg.
Die Feuer der Eisenhütten und Waldschmieden rauchten rund ums
Dietzhölztal in den Wäldern und in den holzkohlespendenden
Haubergen bis ins hohe Mittelalter hinein. Dann stiegen sie hinab
ins Tal, rückten als „Neuhütte" und „Eibelshäuser Hütte" dicht an
die Hammerwerke von Steinbrücken heran und nutzten mit diesen die Wasserkräfte der Dietzhölze und ihrer Nebenbäche. Und
heute noch sind sie mit einigen Nachfolge- und Zulieferungsbe-
trieben das Kernstück des wirtschaftlichen Lebens.

Im Dreieck zwischen Haincher Höhe, „Nordhöll" und Eichholzkopf
liegt nahe der Grenze nach Nordrhein-Westfalen am Oberlauf der
Dietzhölze
Dietzhölztal-**Rittershausen** (397 m; 1020 E.)
◪ Sehr ruhiger Erholungsort, der seiner waldreichen Umgebung wegen
von Feriengästen gern besucht wird. Nach alter Überlieferung feiert
man hier noch die „Maimänner" und „Pfingstbräutchen".
🏛 Charakteristisch für diese Landschaft ist die **ev. Kirche** mit ihrer
einheitlichen barocken Ausstattung, ein kleiner Saalbau mit Krüppel-
walmdach und Haubendachreiter aus der Mitte des 18. Jh.
✗ In früheren Jahren gaben Webereien Arbeit und Brot, aber sie muß-
ten der allgemeinen wirtschaftlichen Entwicklung weichen. Metallwaren-
fabrik Kreck GmbH, Feinblechartikel. Fa. Rittal, Schaltschrankbau. Fa.
Birkelbach, Naturholzmöbel.
⊙ Pfingstbrauch: Maimann und Pfingstbraut.
🛏 ✗ Empfehlenswerte Pensionen und Gasthöfe.
🚌 nach Dillenburg
🏃 Rundwanderwege ab Ortsmitte:
    R 1: Ins Quellgebiet der Dietzhölze, ein herrliches Wald- und Wie-
sental, beiderseits von prächtigen Bergen umgeben;
R 2: Zur Haincher Höhe und zurück beiderseits eines schönen Tales;
R 3: In die Hauberge;
R 4: Zur Scheidheck und auf den Steimel südlich des Ortes.
E 3: Zum Eichholzkopf (610 m) mit Resten einer keltischen Fliegburg.

Der Talstraße folgend kommen wir nach
Dietzhölztal-**Ewersbach** (337 m; 3100 E.)
Der Zentralort der Großgemeinde Dietzhölztal ist gewerblich und
industriell geprägt und stellt den gewachsenen Mittelpunkt des
obersten Dietzhölztales dar.

◧ Ewersbach wurde in den 30er Jahren aus den früher selbständigen Gemeinden Berg- und Straßebersbach zusammengeschlossen.
In der Nähe der Kirche befand sich das alte „Gericht Ebersbach", jahrhundertelang Stätte des Rechtes und der Verwaltung über 9 Orte.
🏛 Besonders sehenswert ist die **ev. Pfarrkirche „auf dem Berg".** Ein breiter, einschiffiger, spätromanischer Bau mit wuchtigem, quadratischem Westturm. Das Schiff wurde im 15. Jh. in eine spätgotische Halle umgewandelt. Aus dieser Zeit stammt auch die Steinkanzel auf einer Säule.
✕ Im Laufe der letzten Jahrzehnte haben sich die früher selbständigen Gemeinden und jetzigen Ortsteile der Gemeinde Dietzhölztal aus Notstandgebieten in eine wirtschaftlich vielseitige Gemeinde verwandelt. Während noch in den ersten Nachkriegsjahren 20 bis 25 Prozent der arbeitsfähigen Bevölkerung Auspendler waren, werden in den letzten Jahren etwa die gleichen Prozentzahlen an Einpendlern registriert.
Omnical Kessel- und Apparatebau der Buderuswerke; Fa. Gebr. Koch, Herdfabrik.
⚓ Naturschwimmbad, Tennisplätze.
Am Eichholzkopf (610 m) vorzügliches Skigelände mit Skilift.
⛟ ✕ Hotels, Pensionen und Gaststätten mit Mittagstisch. Café.
✚ 2 Ärzte, 1 Zahnarzt, 1 Apotheke; 2 Gemeindeschwestern-Stationen; 1 Altenheim.
🚌 nach Dillenburg
🚍 nach Dillenburg
✳ Wilhelmswarte: herrlicher Rundblick über das obere Dietzhölztal.
☎ Gemeindeverwaltung 6344 Dietzhölztal, Tel. (0 27 74) 20 44.
Heimat- und Verkehrsverein 6344 Dietzhölztal-Steinbrücken e. V., Tel. (0 27 74) 25 75
⚜ Die starke Industrialisierung nach 1945 brachte jedoch einen steten Rückgang der Landwirtschaft. Während noch in den ersten Nachkriegsjahren jeder Quadratmeter landwirtschaftlicher Nutzfläche bearbeitet wurde, ist die Brachlandfläche in der Gemarkung auf ca. 700 Hektar angestiegen. Bis vor wenigen Jahren boten die ehemals landwirtschaftlich genutzten Flächen mit Disteln, Dornen, Ginstern und Birken ein trostloses Bild. Die Landschaft war verwildert.
In Zusammenarbeit mit der Hessischen Lehr- und Forschungsanstalt für Grünlandwirtschaft und Futterbau in Bad Hersfeld gelang es der Gemeinde in wenigen Jahren, mit Hilfe des Einsatzes von Mulchgeräten und einer Schafherde von 1000 bis 1200 Stück der Versteppung Herr zu werden, so daß wieder eine gepflegte Landschaft entstehen konnte.
⚔ E 1: Rund um das Ebersbachtal; E 2: Im Hang des Gispel (528 m); E 3: Großer Rundwanderweg zum Eichholzkopf.
Zum **Sasenberg** (443 m) in Richtung Steinbrücken mit Aussichtsturm **Wilhelmswarte** (bewirtschaftet).

Dort, wo das Dietzhölztal seine Richtung von Osten nach Süden knickt, liegt
Dietzhölztal-**Steinbrücken** (330 m; 980 E.)
Staatlich anerkannter Erholungsort mit lebhaftem Fremdenverkehr.
◧ Daß **Ishibashi** auch „Steinbrücken" heißt, weiß man, seit der japanische Arzt und Wissenschaftler Dr. Dr. Ishibashi den Ort für sich entdeckte. Eine Anlage mit japanischen Gartenlaternen und Schrifttafeln sowie die jährlichen Begegnungen sind Ausdruck dieser fernöstlichen Freundschaft.
⚓ Freizeit- und Erholungszentrum am Hammerweiher (Badesee) in Richtung Mandeln.
✚ 1 Arzt
⛟ ✕ Zahlreiche Pensionen, Mittagstisch.
🚍 nach Ewersbach und Dillenburg
🚌 nach Dillenburg
☎ Heimat- und Verkehrsverein 6344 Dietzhölztal-Steinbrücken, Tel. (0 27 74) 25 75

Japanischer Garten
in Steinbrücken

Rundwanderwege:
S 1: Über das Mausköpchen (507 m) nach Simmersbach;
S 2: Auf die Burg (495 m) und über Eibelshausen zurück;
S 3: Über das Mausköpchen (507 m) nach Roth;
S 4: Vom Hammerweiher nach Mandeln und zurück;
S 5: Zur Wilhelmswarte mit bewirtschaftetem Aussichtsturm.

✳

In Dietzhölztal-Steinbrücken endet das Mandelbachtal mit dem Ort
Dietzhölztal-**Mandeln** (385 m; 1100 E.)
Staatl. anerkannter Erholungsort inmitten großer Hochwaldungen.
🏛 Kleine **ev. Kirche,** ein Fachwerkbau mit barocken Blumenmalereien
an den Emporenbrüstungen.
✗ Fa. Bach, Stahlradiatoren.
⮐ ✗ Pensionen mit Mittagstisch.
🚌 nach Dillenburg
Rundwanderwege:
M 1: Nach Roth;
M 2: Nach Fischelbach in Nordrhein-Westfalen;
M 3: Entlang der Landesgrenze zum aussichtsreichen Eichenwäldchen
(608 m);
M 4: Zur Kleinen Hardt (566 m);
M 5: Durchs Breidebachtal zu den Vier Buchen und nach Sohl (NW);
M 6: Zur Großen und zur Kleinen Hardt.

Nordöstlich von Dietzhölztal-Steinbrücken
Eschenburg-**Roth** (480 m; 500 E.)
◘ Höhendorf am 518 m hohen „Heiligen Berg", vorwiegend ländlicher
Charakter.

✳

1 km südlich von Dietzhölztal-Steinbrücken liegt
Eschenburg-**Eibelshausen** (302 m; 3480 E.)
Großer, industriell geprägter Ort, Verwaltungssitz und staatlich
anerkannter Erholungsort.
◘ Der 589 m hohe Tafelberg „Eschenburg", 7 km nordöstlich von Dil-
lenburg, gibt der aus den 6 Dörfern Eibelshausen, Eiershausen, Wissen-

bach, Hirzenhain, Roth und Simmersbach entstandenen neuen Gemeinde den Namen. Die Gemeinden Simmersbach und Roth lagen im ehemaligen Kreis Biedenkopf. Gesamteinwohnerzahl 9500.

Eibelshausen, der größte Ort unter den 6 Dörfern, nimmt die ganze Talbreite rechts und links der Dietzhölze ein und erweiterte sich in Richtung auf die Hauberge.

🏛 Die **ev. Kirche** ist ein Saalbau mit Mansarddach aus dem Jahre 1776/ 77, der im Jahre 1976 durch einen organisch eingefügten Erweiterungsbau dem Bevölkerungszuwachs angepaßt wurde.

Eibelshausen wird um 1000 erstmals erwähnt, 1314 wird es als Vogtei genannt. Die Eibelshäuser Hütte (heute Buderus) wurde 1700 gegründet. 1800 wurden dem Ort Marktrechte verliehen, 1815 zerstörte eine Feuersbrunst rund 200 Gebäude.

✘ **Buderus-Werk** (einst Eibelshäuser Hütte): Gußeiserne Öfen, Warmluftautomaten. Elena-Kleidung Rolf Erner.

✚ 2 Ärzte, 2 Zahnärzte

🏊 Hallenbad mit Kegelbahn, Grillplätze, Schießsportanlage, Tennisplätze

🛏 ✘ 1 Hotel, Pensionen, Gaststätte, Bürgerhaus

🚌 🚋 nach Dillenburg und Dietzhölztal

🏃 Waldlehrpfad. Markierte Wanderwege.
Rundwanderwege Eb 1 bis Eb 7 in die schöne Umgebung.

✱

Unterhalb von Eschenburg-Eibelshausen mündet das Simmersbachtal. Fast auf der Wasserscheide zum oberen Lahntal hin liegt in einer Paßmulde

Eschenburg-**Simmersbach** (480 m; 1060 E.)

🔲 In der Bemalung und dem Kratzputz seiner schiefergedeckten Fachwerkhäuser hat Simmersbach seine althessische Eigenart bewahrt.

In der Simmersbacher Gemarkung betrat 1552 Landgraf Philipp der Großmütige nach mehrjähriger kaiserlicher Gefangenschaft in den Niederlanden wieder hessischen Boden. Zur Erinnerung daran steht an der frühgeschichtlichen Straße Siegen - Marburg die „Philippsbuche". Nördlich hinter dem Forsthaus Streitwasser ein eigenartiger Stein mit einer Anzahl eingeritzer Kreuze.

🏃 Beliebte Wanderziele sind die Philippsbuche in Richtung Roth und die Heidelandschaft.

In der Quellmulde des Schwarzbaches, einem Seitental des Simmersbaches, liegt das schmucke Dörfchen

Eschenburg-**Eiershausen** (310 m; 820 E.)

Wegen seiner schönen Lage das „Schwarzwalddorf" des Dillgebietes genannt.

🔲 Eiershausen wird 1342 erstmals urkundlich erwähnt. Bemerkenswerte Fachwerkhäuser mit Balkenverzierungen und Inschriften.

🏃 Wintersport am Eiershäuser Hang (Skilift, Sprungschanze).

🛏 ✘ Pensionen und Gaststätten, Ferienhäuser

🏃 Rundwanderwege Ei 1 bis Ei 5.

Durch den steilen „Eiershäuser Hang" ist das Dorf verbunden mit Eschenburg-**Hirzenhain** (520 m; 1420 E.)

🏃 Das „Eldorado für Siegelflieger". Desgleichen auch für Drachenflieger. Skilift und Sprungschanze. Wassertretbecken.

🛏 ✘ Hotels, Pensionen, Restaurants, Privatzimmer.

Feriendorf „Hirzenhainer Höhe."

Aussichtsberge: Eschenburg (589 m), Eiershäuser Berg (585 m), Angelburg (611 m).

🏃 Zu den Wilhelmsteinen in den Schelderwald (s. Seite 439).

Von der Höhe zurück ins Dietzhölztal. Knapp 3 km unterhalb von Eschenburg-Eibelshausen kommen wir nach Eschenburg-**Wissenbach** (290 m; 1600 E.) am Fuße der Eschenburg (589 m).

✗ Während in früheren Jahren eine Schiefergrube und der Bergbau neben der Landwirtschaft Haupterwerbszweig waren, sorgen jetzt Industrie und Gewerbe für den Lebensunterhalt der Bevölkerung. Die Firma Giebeler GmbH mahlt Schiefermehl und stellt Werkzeuge und Kunststoffteile her.

✛ Arzt

✉ ✗ Pension, Gaststätten, Dorfgemeinschaftshaus

👫 Beim Wandern durchs „Hilgershäuser Tal" eröffnen sich vom 580 m hohen „Ebertshain" weite Ausblicke ins Land.

Die B 253 bringt uns geradenwegs nach Dillenburg-**Frohnhausen** (275 m; 4000 E.)

🏛 Das 1340 erstmals erwähnte Frohnhausen wurde 1778 durch Brand vollständig zerstört. Daraufhin wurde das Dorf unter Leitung des Dillenburger Amtmannes Rühle von Lilienstern planmäßig wieder aufgebaut: ein langgestrecktes Reihendorf mit Parallelstraßen beiderseits der ursprünglich offenen Dietzhölze, dazwischen verbindende Querstraßen. Typisch ist die einheitliche Bauweise der Häuser an der Hauptstraße, die alle mit dem Giebel zur Straße stehen. Die **ev. Pfarrkirche** steht inmitten der alten Friedhofsummauerung. Der gotische Westturm mit Schallarkaden stammt aus dem 14. Jh., das Schiff wurde 1780-84 errichtet und 1955 restauriert.

✗ Ziegelei, Holzverarbeitungsbetriebe, Großkesselfabrikation.

✛ 2 Ärzte, Zahnarzt, Apotheke

🏊 Freibad

✉ ✗ Pensionen, Gasthäuser mit Mittagstisch, 2 Imbißstuben.

🚌 Dillenburg - Frohnhausen - Dietzhölztal/Ewersbach und Dillenburg - Frohnhausen - Laasphe

🚌 Dillenburg - Frohnhausen - Ewersbach

✳ Schutzhütte „Schöne Aussicht" im Wald am Heunstein.

👫 Markierte Rundwanderwege.

👫 Zum **Heunstein** (2 km) (germanische Ringwallburg), hoch über dem Dietzhölztal. Gräben, Wehren und Mauern sind noch gut zu erkennen (siehe Dillenburg, Mkg.: 6), weiter auf diesem Weg nach der Eschenburg und Hirzenhain (8 km). Wanderung durchs Hundsbachtal nach Manderbach (3 km) oder zur Auerhahnshütte (3 km) (siehe Dillenburg, Mkg.: 5) und auf dem Höhenweg nach Weidelbach oder Ebertshain - Dietzhölztal/Ewersbach.

✳

Zwischen Frohnhausen und Haiger liegt oberhalb des Dietzhölztales in Terrassenlage am Fuße der Struth Dillenburg-**Manderbach** (315 m; 1550 E.)

◻ Erstmals 1225 als Mandiebahe erwähnt.

🚌 Dillenburg - Manderbach - Haiger

👫 Weg zur **Auerhahnshütte** (3 km; Jagdhütte des letzten nassauischen Herzogs bis 1866; siehe Dillenburg, Mkg.: 5), weiter nach Hainchen aber auch Weidelbach oder Ebertshain - Dietzhölztal. Durch die Struth führt ein direkter Weg nach Roßbachtal (4 km) (Ober-, Niederroßbach). Der **Grill- und Kinderspielplatz** „Fort Manderbeach" (2 km) im Hengstbachtal. Evtl. Weiterwanderung nach Sechshelden, Haiger oder Rodenbach (jeweils ca. 3 - 4 km).

Parallel zur unteren Dietzhölze an der Straße Dillenburg - Eschenburg-Hirzenhain das enge, idyllische Nanzenbachtal mit dem Talort Dillenburg-**Nanzenbach** (360 m; 1550 E.)

🏛 1772 wurde das Dorf von einem Dorfbrand vernichtet. In den darauffolgenden Jahren ließ der fürstlich-dillenburgische Baumeister Terlinden das Dorf nach einheitlichem Plan als Straßendorf wieder aufbauen: eine lange, gerade Hauptstraße mit kurzen Querstraßen. Die Fachwerkhäuser stehen giebelseitig zur Straße.

🚌 Dillenburg - Nanzenbach - Hirzenhain (Fa. Schneider)

👣 Zum **Heunstein** (3 km) (germanische Ringwallburg) und zur **Eschenburg** direkt (3 km) oder auch den Höhenweg (siehe Dillenburg, Mkg.: 6 bzw. X 15). Schöne Wege ins Schelderwaldgebiet, über Appersberg zum Nikolausstollen (3 km) (siehe Dillenburg, Mkg.: 7) oder über Heidehaus, Neue Lust ins **Scheldetal** (4 km), von hier weiter zur Hohe Koppe, Wilhelmsteinen. Direkte Verbindung auch nach Eibach (4 km).

In der Quellmulde eines kleinen Seitentälchens der Schelde liegt östlich von Dillenburg, geschützt durch Berge ringsum
Dillenburg-**Eibach** (310 m; 1300 E.)

🔼 Ein ehemaliges Bergmannsdorf, 1447 Ibach genannt.

🛏 🍴 1 Hotel, 1 Pension, 1 Restaurant; 31 Fremdenbetten. Ferienwohnung.

🚌 Dillenburg - Eibach (Fa. Zobus)

👣 Zum **Kanzelstein** (Naturschutzgebiet mit schönem Wacholderbestand) - Schmidthain (495 m) und **Appersberg** (525 m) mit herrlicher Aussicht (siehe Dillenburg, Mkg.: 7), weiter nach **Nikolausstollen** (7 km) und zurück über Grube Ölsberg (3 km). Direkte Wege nach Oberscheld (30 km), oder Nanzenbach (4 km) oder durchs **Kaap** nach Niederscheld oder zur Kernstadt (jeweils 3 km).

IM HAIGERER RAUM

Bearbeiter: Willi Krumm und   *Übersichtskarte Seite 514*
Hermann-Josef Hucke

Der Haigerer Raum erstreckt sich von den Randhöhen des Westerwaldes im Süden bis zum Rothaargebirge im Norden.
Er stellt eine typische Mittelgebirgslandschaft dar, bei der im Süden mehr der Mischwald und im nördlichen Teil mehr der Haubergswald, eine günstige Form des Waldes für die Lohegewinnung im nördlichen Dillkreis und südlichen Siegerland, vorherrscht.
Der Aubach entspringt südlich der höchsten Erhebung des Westerwaldes, der Fuchskaute (656 m), in einem Sumpfgebiet und mündet unterhalb Haigers in die Dill.
Das Tal des Haigerbaches führt nach Westen ebenfalls auf die Höhen des Westerwaldes, wo er als Winterbach und Ketzerbach bzw. Weierbach nördlich der Fuchskaute entspringt. Sein Weg führt durch den Hickengrund, der bis 1817 politisch mit unserem Raum verbunden war.
Die Dill erreicht Haiger aus nördlicher Richtung und nimmt bei Rodenbach den Roßbach auf. Sie entspringt auf der Haincher Höhe und gab außer verschiedenen Orten an ihrem Lauf auch dem Dillkreis, der bis Ende 1976 selbständig war, seinen Namen.
Die höchsten Erhebungen im Haigerer Raum sind in Richtung Fuchskaute der Grauborn (580 m), der Block der Kalteiche mit dem Sinnerhöfchen (572 m), im Zuge der Struth der Hemmrain

(560 m) und an der Gemarkungsgrenze Offdilln zu Nordrhein-Westfalen hin die Höhe (606 m).

Es ist eine verhältnismäßig frühe Besiedlung festzustellen, die von zahlreichen Funden aus der Latènezeit belegt wird.

Nähere Angaben in den Haigerer Heften (Heft II) von Dr. h. c. Löber. Allgemein ist zu sagen, daß die Landschaft des Haigerer Raumes mit einem verhältnismäßig hohen Waldanteil und einer abwechslungsreichen Formgebung ein herrliches Wandergebiet darstellt, das es wert ist, von einer größeren Zahl von Wanderern entdeckt zu werden.

Haiger (280 m; 4580 E.)

Am Fuße des Westerwalds und am Zusammenfluß von Dill, Haigerbach und Aubach gelegene alte Stadt des Dillgebietes. Gemeinsam mit Dillenburg ein Mittelzentrum. Zentralort mit großen Industriebetrieben an der Autobahn „Sauerlandlinie", aber auch „Stadt im Grünen". Am 1. 1. 1977 wurden sämtliche Gemeinden des Haigerer Raumes in die Stadt Haiger eingegliedert. Bei einer Gesamtfläche von 106,66 qkm und einer Gesamteinwohnerzahl von fast 18 000 gehören zu Haiger die früher selbständigen Gemeinden Allendorf, Dillbrecht, Fellerdilln, Flammersbach, Haigerseelbach, Langenaubach, Niederroßbach, Oberroßbach, Offdilln, Rodenbach, Sechshelden, Steinbach und Weidelbach.

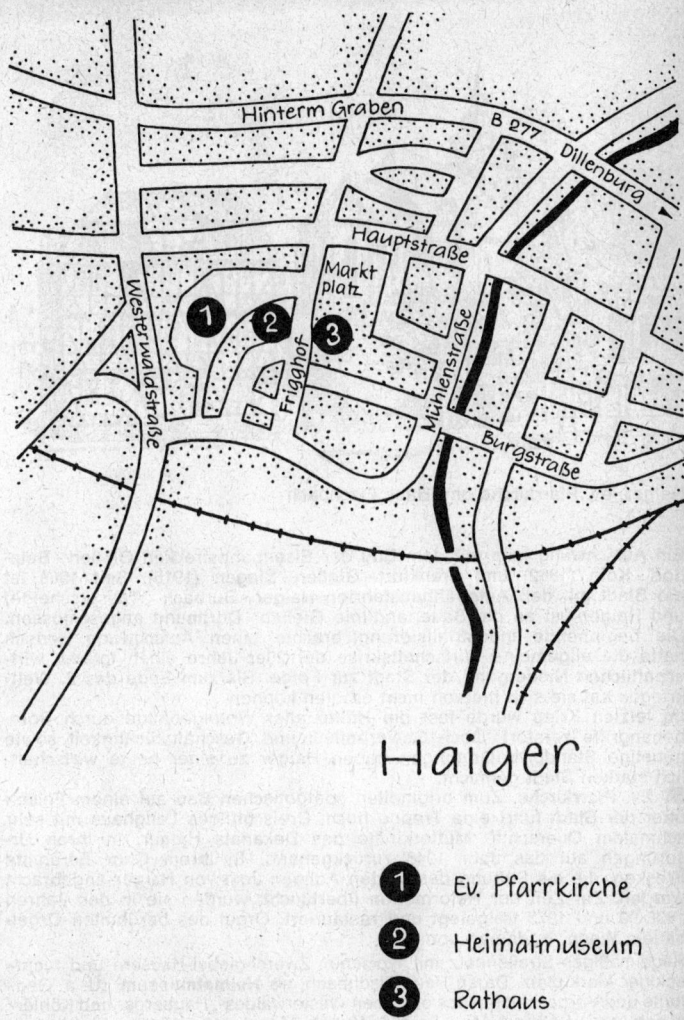

Haiger

1 Ev. Pfarrkirche

2 Heimatmuseum

3 Rathaus

◨ Haiger wird erstmals 778 als „Haigraha (= Reiherwasser) erwähnt. In frühmittelalterlicher Zeit wurde der Ort kirchlicher und politischer Mittelpunkt der **Haigerer Mark,** eine Grenzorganisation des fränkischen Königs; als Haigergau umfaßte sie bis ins 10. Jh. auch das Gebiet der späteren Herborner Mark. Im 12. Jh. faßten die Grafen von Nassau hier Fuß und gewannen bald nach 1300 die Landeshoheit. Haiger entwickelte sich nun zur Stadt, wurde aber durch die Verlagerung von Straßen und durch verheerende Brände von den benachbarten Schwesterstädten Siegen, Herborn und Dillenburg überflügelt.

Haiger, ev. Pfarrkirche und Haus Fischbach

Ein Aufschwung kam mit dem Bau der Eisenbahnstrecken Gießen - Betzdorf - Köln (1862) und Frankfurt - Gießen - Siegen (1915). Seit 1968 ist
die Stadt mit den Autobahnausfahrten Haiger - Burbach (Wasserscheide)
und Haiger-Ost an die Sauerlandlinie Gießen - Dortmund angeschlossen.
Die beginnende Industrialisierung brachte einen Aufschwung, jedoch
hatte die allgemeine Wirtschaftskrise der 20er Jahre einen totalen wirtschaftlichen Niedergang der Stadt zur Folge. Bis zum Ende des 2. Weltkrieges hat sie sich hiervon nicht erholen können.
Im letzten Krieg wurde fast die Hälfte aller Wohngebäude durch Bombenangriffe zerstört. Doch Gewerbefleiß und Geschäftstüchtigkeit sowie
günstige Standortbedingungen haben Haiger zu einer heute wirtschaftlich starken Stadt gemacht.
🏛 **Ev. Pfarrkirche.** Zum originellen spätgotischen Bau auf einem Felsen
über der Stadt führt eine Treppe hoch. Dreischiffiges Langhaus mit sehr
schmalem Querschiff. Mutterkirche des Dekanats Haiger, in ihren Ursprüngen auf das Jahr 1048 zurückgehend. In ihrem Chor berühmte
Fresken, die als Stiftung des letzten Adligen Jost von Haiger angebracht
wurden. Zur Zeit der Reformation übertüncht, wurden sie in den Jahren
1908/09 und 1973 freigelegt und restauriert. Orgel des berühmten Orgel-
bauers Wang, Hadamar, von 1732.
Regelmäßiges Straßennetz mit typischen Zwerchgiebel-Häusern und rechteckiger Marktplatz. Daran Haus Fischbach, als **Heimatmuseum.** (U. a. Geologie und Vorgeschichte des östlichen Westerwaldes-, Haubergs- und Köhler-
geschichte.) Geöffnet Mo - Sa 10 - 12 Uhr, Mo - Fr 15 - 17 Uhr; Eintritt frei.
Tel. (02773) 3006.
✗ An die Stelle der alten Leopoldshütte, die 1856 den ersten Koks-
Hochofen des Dillkreises errichtete, und der Gerbereien sind neue und
moderne Industriebetriebe mittlerer Größe getreten, die allein in der
Kernstadt über 4000 Arbeitsplätze zur Verfügung stellen:
Carl Cloos KG, Spezialfabrik für Autogen- und Elektroschweißanlagen;
Format-Möbelwerke: Einbauküchen, Raumtrennwände, Schrankwände;
Hailo-Werke Rudolf Loh KG: arbeitserleichternde Geräte für die Woh-
nung; Otto Heintz KG, Fertigerzeugnisse aus Stahl, Heizöltanks; C.
Klingspor GmbH, Hersteller von Hochleistungsschleifmitteln; Möbel-
Franz, eines der bedeutendsten Einrichtungs-Unternehmen; Internatio-

nale Spedition Pracht KG mit Niederlassungen in allen Kontinenten u. a. Transsibirien-Container-Dienst; Reifen-Weiß mit Regummierwerk; Kabelwerk Karl Thielmann KG; Ph. Carl Weiß, Leimfabriken; Weyel KG, Visuelle Einrichtungen (Europas größte Spezialfabrik für Schulbedarf).

✚ Städtisches Krankenhaus, 8 Ärzte, 3 Apotheken

❦ Hallenbad, 3 Turnhallen, Schützenhalle, Tennishalle, Trimmpfad mit Finnenbahn.

⊨ ✕ Mehrere Hotels, großes Bürgerhaus, Pensionen, Cafés, Eisdiele, Imbißstube, Pizzeria.

🚌 Gießen - Hagen; Betzdorf - Köln

🚌 nach Dillenburg, Wetzlar, ins obere Dilltal, ins Roßbachtal, in den Hickengrund, ins Aubachtal.

☎ Stadtverwaltung 6342 Haiger, Marktplatz, Tel. (0 27 73) 30 06 - 8

Lit.: Stadtbroschüre „Haiger - Stadt im grünen Mittelpunkt",
„Haigerer Hefte". Beiträge zur Geschichte und zum Leben der Stadt Haiger und ihres Raumes

Ortswanderstrecken in und um Haiger

Sämtliche Rundwanderwege beginnen am Marktplatz. Parkmöglichkeiten stehen an der verlängerten Kreuzgasse in ausreichendem Maße zu Verfügung.

1. **Wanderung zur Donsbacher Höhe und zum Kornberg (Markierung: zwei weiße Punkte nebeneinander)**
   Dieser Ortswanderweg führt parallel zur Wanderstrecke 8 und der Wanderstrecke 19 des Sauerländischen Gebirgsvereins bis zur Donsbacher Straße, um dann gemeinsam mit der Wanderstrecke 19 in die Bergstraße nach Osten einzubiegen. Während die Wanderstrecke 19 dann in gleicher Höhe weiterverläuft, biegt der Ortswanderweg halbrechts zum Frauenberg ab, und man erreicht in langsamer Steigung, den Frauenberg umwandernd, die Kreisstraße Haiger - Donsbach, um auf dieser bis kurz vor Donsbach weiterzugehen. Man biegt dann nach Osten in die sog. alte Rheinstraße ein und gelangt zum Kornberg, einem Aussichtsberg, (✳) der eine herrliche Blick in das Dietzhölztal, das obere Dilltal und zur Kalteiche ermöglicht.
   Von hier führt der Weg in nördlicher Richtung dann hinunter zur Hachelbach, einer stillgelegten Eisensteingrube, um dann nach Westen einbiegend über die Grubenstraße wieder das Stadtzentrum zu erreichen.
   Wanderdauer ca. 3 Std.

2. **Rundwanderweg durch den südlichen Stadtwald (Markierung: ein weißer Punkt)**
   Vom Marktplatz führt uns der Weg ebenfalls parallel zur Wanderstrecke 8 und der Wanderstrecke 19, die Donsbacher Straße aufwärts bis zum Hindenburghügel. Hier wird gemeinsam mit der Wanderstrecke 8 nach rechts abgebogen, um am oberen Ende des Hindenburghügels halbrechts den Fußweg zum Eduardsturm zu erreichen. Hier befindet sich ein Aussichtsturm (✳) zum Andenken an Eduard Schumacher (einem Gönner Haigers).
   Der Weg führt dann ohne Steigung zum Adolfstempel (✳), von wo eine herrliche Sicht hinüber nach Haiger und zur Kalteiche möglich ist. In steilen Serpentinen geht es abwärts zum Schillerstein und dann in nordöstlicher Richtung zurück nach Haiger.
   Wanderdauer ca. 2 Stunden.

3. **Rundwanderweg zur Blockhütte des Westerwald-Vereins Haiger (Wacholderberg) (Markierung: weißer Kreis)**
   Dieser Rundwanderweg zur Blockhütte führt parallel zur Wanderstrecke 8 bis unmittelbar an die Blockhütte. Von hier führt dann der Rundwanderweg durch das Lehmbachtal in westlicher Richtung abwärts bis in das Aubachtal, hier entlang am Budenberg, östlicher Richtung zurück nach Haiger. Interessante Gesteinsformationen säumen zum Teil den Rückweg.
   Wanderdauer ca. 2 1/2 Stunden.

4. Wanderstrecke Haiger zum Bernbergskopf und zurück über Flammersbach (Markierung: weißer Kreis mit Punkt)

Vom Marktplatz führt uns der Rundwanderweg parallel zum Hellerhöhenweg bis westlich des Sportplatzes. Während hier der Hellerhöhenweg in nördlicher Richtung abbiegt, gehen wir geradeaus, überqueren die Bundesbahnstrecke und biegen dahinter scharf nach rechts ab und gehen bis zum Waldrand. Hier ist ein Trimmpfad angelegt, der stark frequentiert wird.

Nun führt uns der Weg entlang dem Stadtwald Petersbach und wir haben, wenn wir zurückblicken, eine herrliche Sicht (✱) über die Stadt in das Dilltal und die Berge bis hinüber zur Haincher Höhe. Kurz vor dem Aussiedlerhof biegen wir halblinks ab und überqueren dann die Verbindung Flammersbach - Holzhausen, wandern ein kurzes Stück an der Landesgrenze entlang und dann den betonierten Weg zum Bernbergskopf. Dieses Gebiet ist zum Teil noch wild zerklüftet, weil es Jahrzehnte als Steinbruch (Basalt) diente. Man hat eine herrliche Sicht in die Landschaft.

Wir gehen wieder ein Stück den betonierten Weg zurück und biegen dann kurz hinter einem Wochenendhaus in östlicher Richtung nach Flammersbach ab und durchqueren den Ort in nördlicher Richtung bis zur Gaststätte Nordstern. Hier biegen wir nach rechts in östlicher Richtung ab und erreichen, parallel zur Bundesbahnstrecke wandernd, wieder die Bahnüberführung Petersbach, um von dort nach Haiger zu gelangen.

Wanderdauer ca. 3 1/2 Std.

5. Rundwanderung Haiger - Allendorf - Kalteiche und zurück (Markierung: weißer Kreis mit Querbalken)

Eine Wanderung mit herrlicher Fernsicht (✱), aber auch einem Anstieg von 270 m NN bis 460 m NN. Sie beginnt am Marktplatz und führt über die Rodenbacher Straße bis zur Haigerbachbrücke. Wir folgen zu Anfang dem liegenden Kreuz der Wanderstrecke 19 des Sauerländschen Gebirgsverein bis zur Höhe des Hauptweges, um dann nach links abzubiegen, vorbei an dem Fernsehumsetzer zur Höhe des Kratzenberges. (✱) Ein herrlicher Blick zurück in das Dilltal und hinüber in den Hickengrund ist der Lohn für den Anstieg. Weiter führt uns der Weg über die Autobahnüberführung. Hier biegen wir von der Wanderstrecke 19 ab und wandern nordwestlich in Richtung Scheidsberg, den wir an seiner nördlichen Seite umgehen, mit Blick nach Haigerseelbach. Der Weg führt wieder an die Autobahn, deren nördlichen Parallelweg wir folgen. Vorbei an dem Autobahnrastplatz gelangen wir nach dem Durchwandern eines Fichtenstückes in ein Wiesental und sehen das Ziel unserer Wanderung, die Kalteiche mit Rasthaus und Gasthof, vor uns liegen. Wer gerne noch eine weitere Strecke wandern will, kann von dort eine Rundwanderung zur Köhlerhütte (Grillplatz) und zur Shiloh-Ranch (Grillplatz) antreten.

Sonst führt uns der Weg in südlicher Richtung unter der Autobahnbrücke hindurch auf der früheren alten Trasse der B 277 bis zum Ortseingang von Allendorf. Auf Feldwegen umgehen wir Allendorf und kehren am Fuße des Kratzenberges entlang nach Haiger zurück.

Wanderstrecke ca. 4 Std.

Wir fahren auf der B 277 im Dilltal abwärts und kommen hinter der Autobahntalbrücke nach

Haiger-**Sechshelden** (250 m; 1820 E.)

◪ Erste urkundliche Erwähnung 1371 als Sexhelden. Eine Namensdeutung ist ungewiß (6 Helden, 6 Halden, 6 Häuser). In der Gemarkung finden sich Halden verlassener Kupfergruben. Seit 1. 1. 1977 zu Haiger gehörend.

🏛 Die **ev. Kirche** im klassizistischen Stil stammt aus der ersten Hälfte des 19. Jh. Den großen Brand im Jahre 1759 überstanden nur einige Fachwerkhäuser im Westteil des Dorfes.

✖ Gebr. Thielmann, Spezialfabrik für die Verarbeitung von Edelstahl.

🎾 Tennisplätze

🛏 ✖ Gasthöfe mit insgesamt 14 Betten, Mittagstisch.

🚌 🚎 nach Dillenburg und Haiger

IM DILLTAL ABWÄRTS

Bearbeiter: Kurt Heppner (Dillenburg)   *Übersichtskarte Seite 424*
und Heinzcarl Bender †
(Herborn und Sinn)

Die Dill, mit einer Länge von 68 km der größte Nebenfluß der
Lahn, bildet offiziell die Ostgrenze des Westerwaldes. (Unser Füh-
rer umfaßt jedoch auch große Teile des östlich gelegenen Berg-
landes). Das Tal der Dill ist mit seinen Städten, großen
Siedlungen und vielen bedeutenden Industrieunternehmen der
unbestrittene Lebensnerv des ganzen Dillgebietes. Eisenbahn und
Bundesstraße nutzen die Tallage, während die Autobahn A 45
(Sauerlandlinie) in dem dicht bebauten Talgrund keinen Platz
mehr fand und die stark zertalten Randhänge überwinden muß.
Die großartigen, meist bewaldeten und oft sehr aussichtsreichen
Randberge des Dilltals erschließen sich von den Talsiedlungen
her und finden sich gleichfalls in dem folgenden Kapitel, meist
unter den Wandermöglichkeiten, beschrieben. Die Nebentäler mit
ihren Höhen sind im Kapitel „Beiderseits des Dilltals" erfaßt.

Unterhalb Haiger-Sechshelden die Autobahnanschlußstelle Dillenburg. Hinter der Einmündung der Dietzhölze knickt die Dill in
ihrem Lauf von Osten nach Süden und wir sind in
Dillenburg (230-590 m; 25 000 E.)
bis 1. 1. 1977 Kreisstadt des Dillkreises, seitdem Mittelzentrum im
neugebildeten Lahn-Dillkreis.

Stadtteile: Dillenburg-Eibach, Dillenburg-Oberscheld, Dillenburg-
Niederscheld, Dillenburg-Nanzenbach, Dillenburg-Frohnhausen,
Dillenburg-Manderbach, Dillenburg-Donsbach.

Die Stadt ist landschaftlich schön gelegen im engen Tal der Dill;
über der **Altstadt** ragt die **historische Kulisse des Schloßbergs** mit
der gotischen Stadtkirche, der hohen Mauer und dem Wilhelmsturm eindrucksvoll heraus. Die Neubaugebiete ziehen sich an den
Talhängen entlang und reichen bis in die Seitentäler hinein. Der
Hochwald mit alten Buchen und Eichenbeständen tritt bis dicht
an die Stadt heran.

◘ Auf dem beherrschenden Berg über dem Dilltal erbaute um 1240
Graf Heinrich der Reiche von Nassau **die Dillenburg.** Von der unteren
Lahn bis zum Siegerland zeichnet sich durch den Erwerb verschiedener
Besitzungen um die Zeit eine politische Inanspruchnahme dieses Raumes durch das Geschlecht der Nassauer ab. Im Schutze der Burg
siedeln sich die Bürger an. 1344 erhält Dillenburg Stadtrechte, 1491 wird
die Stadtkirche geweiht. Unter Wilhelm dem Reichen von Nassau wird
nach 1500 der **Ausbau der Burg** vorangetrieben, die 25 m hohe Mauer
entsteht und die unterirdischen Befestigungsanlagen (Kasematten) werden ausgebaut. Die vier Bollwerke der Anlage (das Jäger- und das
Junkergemach, das Scharfe Eck und das Rondell) stehen unterirdisch
in Verbindung. 1533 wird **Wilhelm von Nassau,** der spätere Prinz von
Oranien, auf der Burg geboren. Dillenburg wurde zum Brennpunkt
europäischen Geschehens, als „Wilhelmus von Nassaue" (niederländi-
sche Nationalhymne) 1568 die holländische Gesandtschaft unter der

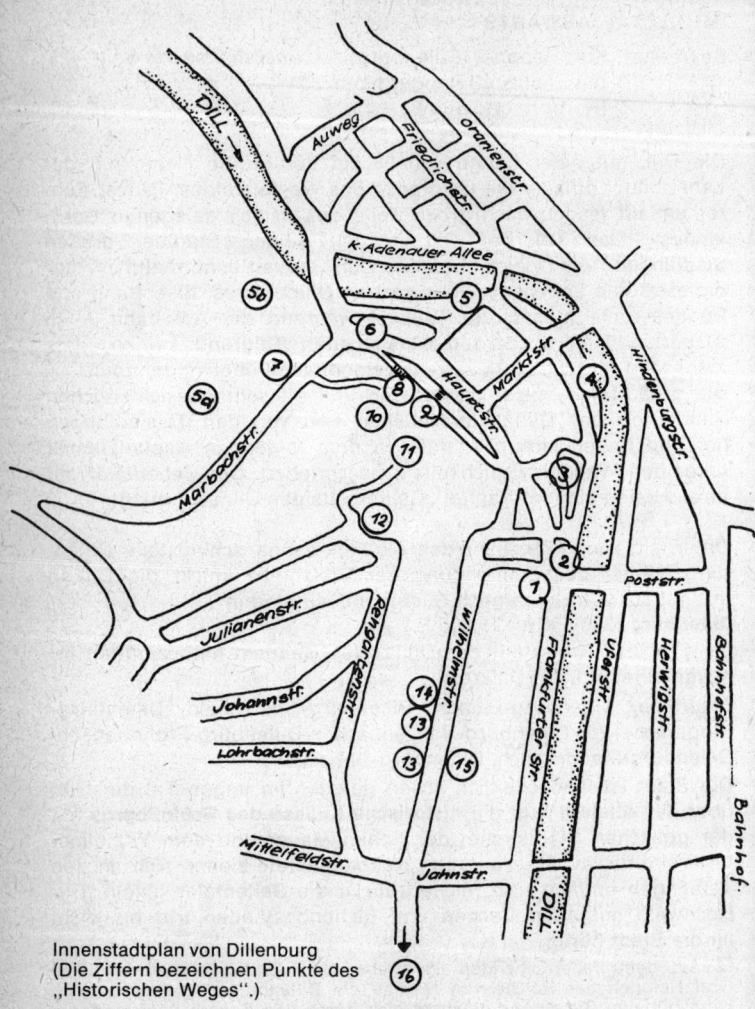

Innenstadtplan von Dillenburg
(Die Ziffern bezeichnen Punkte des
„Historischen Weges".)

Wilhelmslinde empfing, von Dillenburg aus die **Niederländischen Freiheitskriege** organisierte und dann in dieses bedrängte Land zur Befreiung von spanischer Willkür auszog (Philipp II., Herzog Alba). Wilhelm
tritt für die Glaubensfreiheit der Untertanen ein. Seine Brüder unterstützen ihn maßgeblich in diesen Freiheitskriegen. Ludwig, Adolf und
Heinrich fallen; Wilhelm, vom Kaiser geächtet, wurde 1584 in Delft
ermordet. Schicksalhaft blieb Nassau-Dillenburg mit den Niederlanden
verbunden.
1963 ist die **Oranierstadt Dillenburg mit den Partnerstädten** Breda/Nieder-
lande, Orange/Frankreich und Diest/Belgien eine oranische Städteunion
eingegangen, eine Partnerschaft, die auf historischen Beziehungen
gründet.

1760, während des Siebenjährigen Krieges, wurden das gewaltige Schloß, eines der größten Deutschlands, von französischen Truppen in Brand geschossen, die Reste in der nachfolgenden Zeit von den Bürgern der Stadt geschleift und mit den Steinen die Gebäude der Wilhelmstraße, das Archiv und das Gestüt in einem einheitlich klassizistischen Stil erbaut (Baumeister Skell).

🏛 „Historischer Weg" durch Dillenburg

1 Archivgebäude — 1766 — (Europaplatz, früher Paradeplatz)

Ein bedeutender Barockbau, die „Visitenkarte" Dillenburgs am Südeingang der Innenstadt, gehört zu den wenigen monumentalen Bauten Dillenburgs und ist der letzte großartige Ausklang des 18. Jahrhunderts. Vielfältige Schicksale: das nassau-dillenburgische Archiv mit 320 Schränken (Urkunden und Akten), bis 1970 Amtsgericht, seit 1971 Kriminalkommissariat.

2 Untertor-Gebäude mit Torturm (am Untertor)

1594 umgebaut, 1737 vom Stadtgericht der Fürstin Isabella als Wohnung bis zu ihrem Tode 1757 zur Verfügung gestellt, daher sog. „Fürstin-Haus", später „Kollegienhaus", da Sitz mehrerer Behörden und Domänen-Rentamt.

3 Haus Stremmel — 1650 — (Hüttenplatz 12)

Dreistöckiges Fachwerkgebäude, einst Gesindehaus mit fünf Scheunen für Heu. Im 18. Jahrhundert Gastwirtschaft „Schwarzer Adler".

4 Wicktor (altes Stadttor erneuert)

Von der Wickbrücke in die Maibachstraße versetzt.

5 Dillturm — 1597 — (im Zwingel, am Rathaus)

Mit Grabenturm (5a) und Köppelturm (5b) zur frühneuzeitlichen Stadtbefestigung gehörig.

6 Altes Rathaus — 1724 — (Hauptstraße 19)

Anstelle des 1723 abgebrannten, noch älteren Rathauses erbaut. „Zweigeschossiger Steinunterbau und als 3. Stockwerk hölzerner Teil, dessen Einzelheiten die Blicke des Vorübergehenden auf sich ziehen." Heute Sitz der historischen Bücherei und der Stadtbücherei, als Heimatmuseum geplant.

7 Haus Hartig — 1723 — (Marbachstraße 18)

Die sogenannte „Hartig'sche Forstschule'. Zweigeschossig, von einem mächtigen Mansardendach mit zum Zwerchhaus zur Straße und einem von zwei Säulen gestützten Vorbau zum Hof hin begleitet. Zweiflügelige Haustür mit drei übereinandergeordneten, kräftig profilierten Füllungen. In diesem Hause leitete Landforstmeister G. L. Hartig (1764—1837) eine der ersten deutschen Forstschulen 1797—1806, eine Vorläuferin der Forstakademie in Eberswalde bei Potsdam. 1979 Renovierung des alten Fachwerkbaues.

8 Altes Pfarrhaus — 1531 — (Kirchberg 16)

Neben der Stadtkirche. Errichtet von Graf Wilhelm dem Reichen für den sich zur Reformation bekennenden 1. Stadtpfarrer Heilmann Bruchhausen von Krombach. Mit seinem Bau wurde die in der Verlegungsurkunde der Kirche von Feldbach nach Dillenburg (10. 9. 1490) ausgesprochene Bedingung erfüllt, für eine würdige Unterkunft des Geistlichen zu sorgen. 1975 restauriert.

9 Stadtkirche — 1490/91 —

Am 3. 6. 1491 wurde anstelle einer älteren Marienkapelle die neue Pfarrkirche (mit sieben Altären und Priestern) Johannes dem Täufer geweiht. „1510 goß Heinrich von Prüm zwei Glocken, die Graf Wilhelm und seine Gemahlin Walpurgis von Egmont tauften. Die eine dieser Glocken befindet sich noch heute im Geläute der Kirche."

Dillenburg mit dem Wilhelmsturm

Grabstätte der Nassau-Dillenburger Grafen- und Fürstenfamilie. „Hier ruhen
die Ahnen des preußischen und holländischen Königshauses, Graf Wilhelm
der Reiche, gest. 1559, und Juliane von Stolberg, gest. 1580, die Eltern Wilhelms
des Schweigers und dessen Bruder Johann VI., gest. 1606." Eine 1680 errichtete westliche Seitengruft birgt die Bleisärge von vier bekannten Angehörigen
der fürstlichen Familie.
1594 wurden zwei Emporen eingebaut – ein typisches Zeichen der protestantischen Predigtkirchen des 17. Jahrhunderts, die von der spätgotischen Grund-
konzeption weitgehend abweichen. Seit der Reformation ist das Gebäude für
die evangelische Gemeinde Stadtpfarrkirche.

10 **Stockhaus** (Erhaltener Teil der nordöstlichen Schloßanlage)

Ein kleiner Raum im Obergeschoß war 1613 aus dicken Eichenholzbohlen aus-
geschlagen worden. Anfang 19. Jahrhundert als Untersuchungsgefängnis
genutzt. Heute zur Jugendherberge gehörend.

11 **Wilhelmsturm** – 1875 –

Erbaut auf dem Schloßberg. Nachdem die meisten Steine aus dem Bauschutt
der Dillenburg um 1770 zur Anlage der Wilhelmstraße gebraucht worden waren
und etwa 100 Jahre nur traurige Trümmer den Schloßberg bedeckt hatten, be-
sannen sich einige Bürger darauf, einen „Ausschuß zur Erhaltung und Verschönerung der Schloßruine" zu berufen. Ein moderner Kritiker umschrieb
den Turm als eine „Mischung aus romantischer Spielerei, historischer Imitation
und solider Zweckberechnung mit einem monumentalen architektonischen
Grundgedanken". Am 29. 6. 1872, dem 300. Jahrestag des letzten Abschieds
des Prinzen Wilhelm von Dillenburg, konnte der Grundstein gelegt und am
29. 6. 1875 der „Wilhelmsturm" eingeweiht werden. In den Innenräumenbe-
findet sich das „Oranien-Nassauische Museum".
Geöffnet: Dienstag - Sonntag von 9 - 12 Uhr und von 14 - 18 Uhr. Vom 2. November bis Karfreitag geschlossen. Tel. (0 27 71) 50 16. Eintrittsgeld.

12 **Wilhelmslinde**

Angeblich der Baum, unter dem Wilhelm von Oranien im April 1568 eine Gruppe
niederländischer Flüchtlinge aus Antwerpen zu einer Besprechung wegen der
Finanzierung des Feldzuges gegen den spanischen Herzog von Alba empfing.

13 **a) Reithalle** – 1790 –
     b) Marstall – 1771 – (Wilhelmstraße 26)

Die Reithalle besitzt ein rundbogig geschlossenes Portal mit einer schön geschnitzten zweiflügeligen Tür. Den 7 Achsen der Reithalle entspricht die

gleiche Aufteilung des benachbarten eingeschossigen Marstalles (für 48 Pferde gebaut). „Gehört heute zum Hessischen Landgestüt, das in seinem Ursprung auf den Prinzen Moritz von Oranien (gest. 1625) zurückgeht".

14 Prinzenhaus — 1772 — (Wilhelmstraße 24)

„Haus mit zwei Seitenflügeln, einer geräumigen Eingangshalle und einem zweistöckigen Treppenaufgang sowie hervorragenden Stuckarbeiten vor allem im ersten Geschoß" (Michels). Durch Verfügung des Fürsten Wilhelm V. von Oranien betr. Anlage einer neuen Straße („Wilhelmstraße") von Baumeister Joh. Friedr. Sckell gebaut (1. Hausherr: Justizrat R. v. Neufville), 1803 an den Fürsten verkauft, daher im Volksmund „Prinzenhaus" genannt, 1866 Eigentum des preußischen, 1945 des hessischen Staates. Heute Verwaltungsgebäude des Landgestüts Dillenburg und Dienstwohnung des Landstallmeisters.

15 Orangerie — 1563 — (im Hofgarten)

Die obere Orangerie diente bis zum Tode des Fürsten Christian als Gewächshaus für exotische Pflanzen und wurde 1809—1893 der katholischen Gemeinde Kirche überlassen; schon im 18. Jahrhundert als Reithaus verwandt, heute dem Landgestüt zugehörig. Seit 1978 Kutschenmuseum.

16 Feldbach-Ruine — 1480 — (Kirchenruine 2 km südlich, Hof-Feldbach-Siedlung, Rolfesstraße)

Eine erste Anlage (Name „Veltpach" zuerst 1232 bezeugt) um 1260 errichtet. 1480/81 spätgotisch umgebaut, dem Hl. Nikolaus geweiht. Pfarre zugleich für das jüngere Dillenburg, das 1491 eine eigene Pfarrkirche erhielt. Seit 1862 Ruine (Blitzschlag). Das südlich anschließende Dorf seit 1576 Wüstung, an seiner Stelle der ehemalige herrschaftliche Hof Feldbach.

Schulzentren. Gymnasium (geht auf die 1537 durch Wilhelm den Reichen gegründete Lateinschule zurück); Neubau Jahnstraße. Berufliche Schulen, Neubauten, Technikerschule (ehemalige Bergschule); Realschule, Gebäude 1912/13 erbaut; Hofgartenschule, Rotebergschule (Haupt- und Grundschulen), Sonderschule, Heilpädagogisches Zentrum, Volkshochschule, Musikschule, Wirtschaftsgymnasium.
Behörden. Amtsgericht, Arbeitsamt, Finanzamt, Forstamt, Hessisches Amt für Landeskultur, Hessisches Straßenbauamt, Industrie- und Handelskammer, Katasteramt, Wasserwirtschaftsamt, Außenstelle der Kreisverwaltung u. a.
✠ Der **Strukturwandel** der letzten Jahrzehnte ging nicht spurlos an Dillenburg vorbei. Der **Eisenerzbau** der seit 2000 Jahren eine entscheidende Rolle im heutigen Raume Dillenburg spielte, kam zum Erliegen. Die Roteisensteinvorkommen der Umgebung (vom Laufenden Stein bis zum Schelderwald) konnten nicht mehr mit den gehaltvolleren Erzen des Auslandes konkurrieren. Eine Grube nach der anderen wurde stillgelegt (Grube Falkenstein 1975 als letzte), der Hochofen in Oberscheld erlosch. Dennoch blieb die Verarbeitung des Metalls die **wirtschaftliche Grundlage** in diesem Raum (Eisen-, Blech-, Metallwarenindustrie). Bedeutende Betriebe und Handelsunternehmen geben der Stadt ihr Gepräge (Stahlwerke Südwestfalen, Franksche Eisenwerke u. a.). Doch nehmen bisher kaum bekannte Branchen mehr und mehr an Bedeutung zu. Für diese Entwicklung der Industrie und des Handels war der Ausbau der Infrastruktur von besonderer Bedeutung (u. a. Autobahn Sauerlandlinie).
Aus der Residenzstadt von einst wurde eine Behörden- und Beamtenstadt mit zahlreichen Verwaltungsinstitutionen, die ihre wirtschaftliche Kraft in Industrie, Handel und Handwerk gründet.
✚ 28 Ärzte, darunter Fachärzte fast aller Fachrichtungen. Notarztwagen. Modernes Krankenhaus mit Fachärzten und Chirurgie. 5 Apotheken.
✦ Traglufthallenbad. Sportstadion. 3 Tennisplätze, 3 Kegelbahnen.
2 Kinos. Stadthalle.
Reitsport: Hessische Landesreit- und Fahrschule (Hessisches Landgestüt), Wilhelmstraße 24, Voranmeldung Tel. (0 27 71) 56 00.

🛏 Hotels, Pensionen und Gasthäuser mit insgesamt 112 Betten.
Jugendherberge auf dem Schloßberg, direkt am Wilhelmsturm, 10 Zimmer
mit je 10 Betten.

✕ Zahlreiche Restaurants und Cafés, 3 Eisdielen, Pizzeria. Ausflugs-
lokale: Jagdschloß Neuhaus unweit der Autobahn an der Straße Burg -
Donsbach; Waldhaus „Meerbornsheide" an der Straße Dillenburg -
Donsbach.

🚆 Bundesbahnstrecke Frankfurt - Gießen - Dillenburg - Siegen - Hagen;
Dillenburg - Biedenkopf; Dillenburg - Breitscheid; Dillenburg - Dietz-
hölztal/Ewersbach.

🚌 Deutsche Bundesbahn: Dillenburg - Gönnern - Biedenkopf; Dillenburg - Eschenburg - Ewersbach; Haiger - Dillenburg - Wetzlar; Dillenburg - Marburg - Gießen; Dillenburg - Herborn - Breitscheid; Dillenburg
- Herborn - Driedorf - Rennerod.
Privat-Unternehmen: Nanzenbach - Hirzenhain (Fa. Schneider); Dietzhölztal - Mandeln - Lasphe (Fa. Messerschmidt); Dillenburg - Eibach
(Fa. Zobus).

☎ Verkehrsamt, Rathausstraße 7, Zimmer 8, Tel. (0 27 71) 70 61;
Stadtprospekt, Stadtplan.

🚶 **Wanderungen von Dillenburg aus:**
Markierungen des Westerwaldvereins. Wanderkarte: Topogr. Karte
mit Wegemarkierungen 1 : 50 000, Hessisches Landesvermessungsamt
L 5314 Dillenburg und L 5316 Gladenbach.

1. Dillenburg - Neues Haus (5 km; Mkg.: 1)
Ⓟ Jahnturnhalle, Mittelfeld, Forstdenkmal (1886 errichtet zur Erinnerung
an die erfolgreiche Tätigkeit oranischer und nassauischer Forstbeamten
u. a. von Witzleben und Hartig), Gaulskopfweg, Autobahnbrücke, auf
diesem Weg weiter, Abzweigung **Neues Haus** (Gasthaus, 1640 als Jagdhaus „Katharinenbronn" von Fürst Ludwig Henrich von Nassau am Tiergartenforst erbaut). Zurück nach Dillenburg entlang der Autobahn, Lützelbachtal (auch mit D bezeichnet; 4,5 km).

2. Dillenburg - Donsbach (4,5 km; Mkg.: 2)
Ⓟ Jahnturnhalle, Mittelfeldstraße, Vogelstange, Tal Tempe (Grill-, Kinderspielplatz, Waldlehrpfad), **Gaulskopf**, Haigerer Tor (ehemaliges Tor
des Forstes Tiergarten), **Donsbach** (Luftkurort, Pensionen, Gaststätten,
schöne Tallage, **Tierpark**). Zurück zunächst Landstraße, Abzweigung
Sandgrube, Marbach, Wilhelmsturm, Jahnturnhalle (4,5 km).

3. Dillenburg - Breitscheid (11 km; Mkg.: 3)
Ⓟ Am Wilhelmsturm, Alte Rheinstraße (frühgeschichtliche Hauptverkehrsstraße zum Rhein/Köln), vorbei an Unterkunftshütte Dillenburger Vereine
(200 m östlich Hütte des Westerwald-Vereins Dillenburg), **Kornberg** 454 m,
vorbei an Donsbach, weiter auf der Alten Rheinstraße (auch Mkg. I und
8; Tongruben, Westerwälder Tonindustrie, Flugplatz), Breitscheid.

4. Dillenburg - Haiger (6 km; Mkg.: 4)
Ⓟ Am Wilhelmsturm, Alte Rheinstraße (siehe Wanderung 3; auch Mkg.
D und X 19), Knochenplätze, Hachelbach, Industriegebiet Haiger, Stadt-
mitte.

5. Dillenburg - Hainchen (16 km; Mkg.: 5)
Ⓟ Galgenberg/Löhren (Galgenberg ehemalige Richtstätte, bis ins 19. Jh.),
Manderbach, **Auerhahnshütte** (1866 erbaut; der letzte nassauische Herzog
weilte hier zu Auerhahnjagd, Grill- und Kinderspielplatz), Weidelbach,
Huberg, Alte Dill (hier ebenfalls Auerhahnhütte des letzten nassauischen
Herzogs), **Dillquelle** (Grillhütte), **Hainchen** (Kreis Siegen) von hier Weiter-
wanderung zur Lahn-Sieg-Ederquelle möglich.

6. Dillenburg - Stadtwaldwanderung - Eschenburg - Hirzenhain
(12 km; Mkg.: 6)
Ⓟ Stadthalle, Weinberg (viele Wege und Ruhebänke, vor 150 Jahren als
Weinberg genutzt), **Bismarcktempel** (am 1. 4. 1885 zum 70. Geburtstag
Bismarcks geweiht), Adolfshöhe 280 m, herrliche Aussicht (1864 errichtet,
Erinnerung an Herzog Adolf von Nassau, 1817 - 1866), Forstdenkmal
(Hartig, Begründer der 1. deutschen Forstschule in Dillenburg), Kaiser-

linde (1873 gepflanzt, Schutzhütte seit 1886), **Presberslust** (Schutzhütte seit 1893, Fernsicht bis Feldberg/Taunus), Viehweide Breitscheid, **Heunstein** (Germanische Ringwallburg), Höhenweg zur **Eschenburg** und weiter nach **Hirzenhain** (Segelfliegerdorf).

7. Dillenburg - Nikolausstollen (Scheldetal) (9 km; Mkg.: 7)

Ⓟ Stadthalle, **Batterie** (von hier wurde 1760 das Schloß in Brand geschossen), Eibacher Landstraße, Abzweigung Häuslers Weiher, Neuelsberg, **Kanzelstein** (Naturschutzgebiet, Wacholderbestand, 428 m), Schmidthain (495 m), Appersberg (525 m), **Nikolausstollen** (Eisenerzvorkommen, ehemalige Grube Königszug, stillgelegt).
Fortsetzung der Wanderung über Hohe Koppe, **Wilhelmsteine** (mächtige Felsen), Grillplatz, **Angelburg** (609 m, Turm der Bundespost), (nicht markiert).

8. Dillenburg - Bicken (14 km; Mkg.: 8)

Ⓟ Stadthalle, Batterie (1884 errichtet), Eibacher Landstraße, Landstraße nach **Oberscheld**, Grube Falkenstein (Eisenerzförderung bis 1975), Nesselhofer Weiher, **Bicken.**

9. Dillwanderung östlich des Dilltales (19 km; Mkg.: D ,schwarz)
von Wetzlar über Herborn, Burger Hütte, Niederscheld, Kaap kommend.

Ⓟ Stadthalle, Dillfeld, Sechshelden, entlang der Autobahn, Rodenbach, Dillhöhenweg, Forsthaus Offdilln, Alte Dill, **Dillquellle** (Grillhütte).

10. Dillwanderung westlich des Dilltales (21 km; Mkg.: D, weiß)
von Wetzlar über Herborn, Forsthaus Neues Haus kommend (s. 1!).

Ⓟ Wilhelmsturm, Alte Rheinstraße (siehe 3, 4 und X 19!), Haiger, Haigerer Hütte, Rodenbach, weiter D (schwarz) wie Route 9.

11. Wanderung zur Lahnquelle (24 km; Mkg.: L)

Ⓟ Stadthalle, Dorotheenweg, Dietzhölztal, Stahlwerke Südwestfalen, Frohnhausen (1778 durch Brand zerstört, danach als Straßendorf aufgebaut), weiter nach Wissenbach, Hünchetskopf, **Dietzhölztal/Ewersbach,** Eichholzkopf, Weiler Sohl, Eisenstraße, **Lahnhof** (620 m, Gaststätten, Lahnquelle), wenige km weiter Siegquelle und Ederquelle.

Markierungen des SGV (Sauerländischen Gebirgsvereins):

12. Dillenburg - Hirzenhain - Laasphe - Hatzfeld - Wevelsberg (Mkg.: X 15)
Dillenburg - Hirzenhain (11 km).

Ⓟ Stadthalle, Kaiserlinde, Eichenrück, **Heunstein** (Germanische Ringwallburg; weiter siehe Wanderung 6).
Alternativvorschlag, ebenfalls markiert: Stadthalle, Roter Berg, Georg-Poppe-Straße, Lachseite, Heunstein, dann weiter über Höhenweg zur Eschenburg (589 m), Hirzenhain (Segelflug, Skilift) und weiter nach Laasphe.

13. Dillenburg - Kalteiche - Siegen - Düsseldorf (Mkg.: X 19)
Dillenburg - **Kalteiche** (Köhlerhütte, Grillhütte; 15 km).

Ⓟ Wilhelmsturm, Alte Rheinstraße, Haiger (siehe Wanderung 4!), Kratzeberg, Haigerseelbach, Köhlerhütte/Eulenbergquelle (Grillplatz, Kinderspielplatz), von hier weiter nach Siegen.

Wanderungen zu den Stadtteilen (Filialgemeinden) und Rundwanderweg um die Stadt

Markierung durch: Forstamt Dillenburg/Förderkreis.

a) Nach Stadtteil Dillenburg-Eibach (3,5 km; Mkg.: Rehbock)

Ⓟ Stadthalle, Weinberg, Batterie (siehe Wanderung 7;), Eibacher Landstraße, Abzweigung Heuslers Weiher, Neuelsberg, Eibacher Feld, **Eibach** (Schöne Lage, 1447 Ibach, ehemalige Eisenerzgruben in der Gemarkung, Bergmannsdorf).

b) Nach Stadtteil Dillenburg-Oberscheld (7 km; Mkg.: Mufflon)
Zunächst bis Eibach wie a), bei Dorfausgang Abzweigung über Höhe Aussiedlerhof **Dillenburg-Oberscheld** (Scheldetal, Irrscheldetal, ehemaliger Mittelpunkt der Eisengewinnung im Schelderwald, Hochofen, stillgelegt).

Fortsetzung der Wanderung durch Irrscheldetal, Tringenstein, über Wilhelmsteine, Hohe Koppe, Oberscheid ratsam, 20 km (s. Wanderung 7!).

c) Nach Stadtteil Dillenburg-Niederscheld (5 km; Mkg.: Roter Milan)
Ⓟ Stadthalle, Batterie, Eibacher Landstraße, Isabellenhütte, Kaap, **Dillenburg-Niederscheld** (1274 Schelte, Franksche Eisenwerke, Schelderhütte).

d) Nach Stadtteil Dillenburg-Nanzenbach (6 km; Mkg.: Fuchs)
Ⓟ Stadthalle, Roter Berg, Georg-Poppe-Straße, Lachseite, Viehweide Breitscheid, **Dillenburg-Nanzenbach** (1772 Brand, dann Aufbau als Straßendorf, ehemaliges Bergmannsdorf).
Fortsetzung der Wanderung über Heidehäuschen, Donnerfichte, Eschenburg, Nanzenbach ratsam (7 km).
Im Nanzenbachtal Parkplatz.
Wanderungen durch Heinzbach zum **Kanzelstein** (siehe Wanderung 7!) und durchs Burbachtal zum **Heunstein** (siehe Wanderung 6!).

e) Nach Stadtteil Dillenburg-Frohnhausen (6 km; Mkg.: Lindenblatt)
Ⓟ Stadthalle, zunächst wie Wanderung d) bis Viehweide Breitscheid, entlang der Starkstromleitung, Herberstruth, **Dillenburg-Frohnhausen** (1447 Fronhusen, 1778 durch Brand zerstört, als Straßendorf aufgebaut, Ziegelei, Spinnerei, Holzwerke u. a.).

f) Nach Stadtteil Dillenburg-Manderbach (3 km; Mkg.: Eichenblatt)
Ⓟ Galgenberg/Löhren, Manderbacher Heide, **Manderbach** (siehe Wanderung 5!), Grill- und Kinderspielplatz „Fort Manderbeach" (2 km).

g) Nach Stadtteil Dillenburg-Donsbach (5 km; Mkg.: Steinbock)
Ⓟ Wilhelmsturm, Tal Tempe (Grillhütte, Kinderspielplatz, Waldlehrpfad, Trimmpfad) unterm Gaulskopf, Haigerer Tor, **Dillenburg-Donsbach** (siehe Wanderung 2! - Tierpark, Gaststätten, schöne Fachwerkhäuser).
Zurück über Kornberg, Alte Rheinstraße (siehe Wanderung 3!); alternativ: Donsbachtal, Altes Haus (Mauerreste des ehemaligen Jagdschlosses „Ludwigsbronn" am Tiergartenforst, Weiher), Neues Haus entlang der Autobahn nach Dillenburg (siehe Wanderung 1;).

h) Rund um Dillenburg (ca. 31 km; Mkg.: Eichhörnchen)
Dieser Wanderweg verbindet alle obengenannten Stadtteile, er kann begonnen werden nach a) bis g) und beendet werden nach a) bis g); diese Wege laufen strahlenförmig auf den Rundwanderweg zu:
Dillenburg-Donsbach, Wildpark, Talwanderweg Donsbachtal bis Neues Haus, parallel zur Autobahn, Lützelbachtal (Schwimmbad), **Dillenburg-**Niederscheld (7 km), Hustenbach (Kinderspielplatz), Siebenwegekreuz, Diabassteinbruch, **Dillenburg-Oberscheld** (4 km) über Aussiedlerhof nach **Dillenburg-Eibach** (3 km), durchs obere Eibachtal nach **Dillenburg-Nanzenbach** (4 km), Ziegenheck, nach **Dillenburg-Frohnhausen** (4 km), durchs Hundsbachtal **Dillenburg-Manderbach** (4 km), über Grill- und Kinderspielplatz „Fort Manderbeach", Forsthaus Struth, Hengstbach, **Sechshelden** (4 km), Bickelbach, Kornberg, nach **Dillenburg-Donsbach** (5 km).
Es soll darauf hingewiesen werden, daß darüber hinaus eine Vielzahl von Wanderungen auf nicht markierten Wegen möglich ist. Dem Wanderer, der mit der Karte unterwegs ist, bieten sich eine Fülle von Alternativen und Kombinationsmöglichkeiten an. Die Ziele können ebenfalls beliebig erweitert werden. Eine Orientierung ist wegen der gut sichtbaren Bergrücken und Täler relativ leicht.
Der Anschluß an die vom Westerwald-Verein Haiger und Herborn markierten Wanderwege ist mit Hilfe der Wanderkarte leicht zu finden, ebenso an die des Sauerländischen Gebirgsvereins und des Oberhessischen Gebirgsvereins.

Südlich des Rangierbahnhofgeländes liegt
Dillenburg (3)-**Niederscheld** (220 m; 2528 E.)
Dorf an der Einmündung der Schelde in das Dilltal. Im Kriege zu 80 v. H. bombenzerstört (43 Todesopfer).

◘ ✗ Die **Adolfshütte** wurde am 27. 8. 1607 vom Grafen von Nassau -
Dillenburg als Hammerwerk gegründet. 1839 ging sie an die Firma Frank
und Giebeler über, die 1840 einen Holzkohleofen anlegte und bis 1888
betrieb. Heute Franksche Eisenwerke. Besichtigung möglich (Tel. (0 27 71)
9 81).
Die **Scheider Hütte** (hinter Niederscheid im Scheldetal) bestand von 1605
bis 1740 als Rennhütte und wurde 1840 in eine Eisenhütte verwandelt,
jetzt stillgelegt.
Die adligen Geschlechter von Schelte, Riedesel, Aberode, Rolshausen,
Walde, Hane und Schönbach besaßen Höfe in Niederscheid.
🏛 Die **ev. Pfarrkirche** ist ein kleiner, im Kern mittelalterlicher Saalbau
mit großem Chorturm. Sie brannte 1756 ab, wurde aber 1762 erneuert.
Das Dach des Schiffes und die oberen Emporen stammen aus dem
Jahre 1802. Der Kanzelkorb von 1722 soll aus dem „Alten Haus" im
Tiergarten (Donsbachtal) stammen.
✚ Arzt, Zahnarzt, Apotheke
🏊 Mehrzweckhalle, Turnhalle, Tennisanlage; Grillplätze im Hustenbach
(Freizeitzentrum mit Kinderspielplatz); Kegeln im Bürgerkeller. Freibad.
🛏 ✗ 2 Pensionen bzw. Gasthöfe mit Betten; 3 Speisegaststätten, Café.
Ausflugsgaststätte:
Jagdhaus Neues Haus unweit der Autobahn bei Uckersdorf.
🚌 Strecken Köln - Gießen und Dillenburg - Hirzenhain.
🚋 in Richtung Dillenburg, Herborn, Marburg und Biedenkopf.
☎ Heimat- und Verkehrsverein Niederscheid e. V., Tel. (0 27 71) 82 54
✳ Blick ins Dilltal und auf den Westerwald vom 1931 errichteten „Gleicher-
häuschen" auf einem Steilhang unmittelbar über dem Dorf.
⊙ Traditionelle Wanderungen am 1. Mai oder Himmelfahrtstag zum **Nessel-
hofer Weiher** (ehemals fürstlicher Hof), wo allerlei Buden und Verkaufsstände
aufgeschlagen werden.

🚶 Von Niederscheid aus kann man durch das Lützelbachtal (westlich),
das von einer Autobahnbrücke überspannt ist, in den großen
Staatsforst Tiergarten wandern. Dieses Waldgebiet wurde 1333 als Wald
„Schuppach" von Nassau den Ganerben von Dernbach abgekauft und
später als großes Wildgehege angelegt (1620).
Um 1700 wurden noch um 1000 Stück Rot-, Dam- und Schwarzwild gezählt.
1802 war das Gebiet völlig umhegt und mit Durchgangstoren (z. B.
Haigerer Tor im NW) versehen.
Im oberen Lützelbachtal wurde 1790 von Oberhägermeister von Witzleben
ein „Botanischer Garten" angelegt, von dem aber heute nur noch wenig
zu erkennen ist.
Ein Weg führt links ab und den Hang hinunter zum Alten Haus, den
Mauerresten des 1620 erbauten, später aufgegebenen Gräflich-Nassaui-
schen Jagdschlosses Ludwigsbronn (siehe auch Donsbachtal). (Siehe
Dillenburg, Mkg.: 1 und 2!).
Wanderungen:
1. **Niederscheid** - Eibach - Kanzelstein (Naturschutzgebiet) - Schmidthain -
   Appersberg - Ziel **Hirzenhain;** ca. 3 Stunden. (Siehe Dillenburg, Mkg.: 7!).
2. **Zum Volpertsberg:**
   Niederscheid - Kläranlage - links ab auf die Höhe - Monzenbachtal -
   östlich weiter zum Fischweiher - rechts liegt der Volpertsberg, den
   man auf dem ansteigenden Weg erreicht. Oben umfassenden Weg erreicht. Oben
   einzelne große Buchen. Weiter Blick in die Landschaft des Dilltals
   und des Aartals.
   Es empfiehlt sich, Karte und Kompaß mitzunehmen.
   Die Wege sind nicht markiert.
3. **Niederscheid - Neuhaus** (1 Std.)
   Durch das Lützelbachtal erreicht man an der Autobahnbrücke den mit
   weißem D bezeichneten Weg an der Autobahn entlang und durch den
   Forst Tiergarten zum Neuhaus (Siehe Dillenburg, Mkg. 1!). Weiterwanderung auf der H 4 über Uckersdorf (Vogelpark) oder Burg nach Herborn
   (Siehe Herborn, H 4!)

4. **Niederscheid - Nesselhofer Weiher** (2 Std.)
   Durch das Hustebachtälchen (Grillplatz, Schutzhütte, Kinderspielplatz)
   ins Monzenbachtal und dieses aufwärts, auf der Höhe links an der Schutzhütte vorbei und links abbiegen bis auf die alte Hohe Straße; diese überqueren und abwärts zum Weiher (Privatbesitz, nicht zugänglich). Siehe
   auch Dillenburg, Mkg. 8!) Weiterwanderung nach Bicken, mit Bahn oder Bus
   zurück.

Die Dilltalstraße durchfährt als nächsten Ort
Herborn-**Burg** (221 m; 2320 E.)
Burg ist ein Industriedorf im Dilltal an der Mündung der Aar und
des Ambaches.

◻ Der Kern der Siedlung ist vermutlich sehr alt. Auf der Talterrasse
westlich der Kirche wurden die Grundmauern eines Königshofes aus
karolingischer Zeit entdeckt und zum Teil im Baubestand gesichert.
Die Lage ist militärisch wichtig gewesen. Vermutlich wurde diese Burganlage errichtet zur Sicherung der bei Herbornseelbach im Aartal gelegenen Wasserburg der Adligen von Dernbach, die auch das Kirchen-
patronat innehatten.
Burg wird urkundlich zum ersten Mal 1184 erwähnt. Die Zerstörung der
Burganlage wird in der 1. Hälfte des 13. Jh. erfolgt sein.
🏛 Nördlich von Burg erhebt sich der Burger Hain, ein kegelförmiger
Berg mit vorgeschichtlicher Befestigung (Ringwälle).
Die ev. Kirche (erbaut nach 1250, „Unserer lieben Frau auf dem Berg"
geweiht), erhebt sich auf steilem Fels über der Dill. Sie ist ein Saalbau
mit gleichbreiter romanischer Apsis und rundem Chorbogen. Um 1840
wurde sie stark erneuert und ihr ein sehr schlanker Westturm angefügt.
✖ Die **Burger Eisenwerke AG,** ein Unternehmen der Buderus-Gruppe,
verfügt im Dillkreis über die Werke Burgerhütte, Schelderhütte und
Eisenwerk Herborn. Mit dem Markenzeichen „Juno" werden hergestellt:
Haushaltsgroßgeräte, Anlagen für die Großverpflegung in stationären
und mobilen Objekten, Einrichtungen für Laboratorien sowie Großtanks
und Behälter aus verstärkten Kunststoffen.
Die **Friedrich Hänche KG** stellt Stahlheizkessel für Öl, Gas und Koks her.
🪧 Grillplatz auf der Uckersdorfer Heide.
🛏 ✖ Hotel garni, Speisegaststätten. Café.
🚌 Köln - Gießen; Herborn - Niederwalgern; Herborn - Schönbach
🚌 Herborn - Dillenburg; Dillenburg - Marburg

Herborn (208 m; 10 597 E.)
Die Stadt Herborn macht mit ihren Mauern, den alten Eck- und
Tortürmen, den vielen alten Häusern mit überstehenden Stockwerken, Holzarchitektur und Giebeldächern fast einen mittelalterlichen Eindruck. Man nennt sie das „nassauische Rothenburg";
das mag übertrieben sein, das Attribut zeigt aber deutlich, wie
man das Bild des alten Stadtkerns einschätzt. Bemerkenswerte
alte Gebäude sind das Rathaus, das Nassauerhaus, die alte Universität (Hohe Schule), das Bast'sche Haus auf dem Kornmarkt,
Pauls Hof (die alte Druckerei) und viele andere.

◻ Die ältesten Teile der Stadt sind die Chaldäergasse (die alte Hauptstraße) und die Gebäude am Kirch- und Schloßberg. Im Jahre 1251
(Erhebung zur Stadt durch Wilhelm von Holland) bestand Herborn nur
aus diesen Teilen, erst im 16. Jh. scheinen die Ober- und Neugasse und
der Kornmarkt hinzugekommen zu sein. Und doch war der Ort seit dem
13. Jh. der Mittelpunkt allen Verkehrs und Handels für die weite Umgegend, in deren zahlreichen Urkunden alles nach Herborner Geld,
Maß und Gewicht bestimmt ist. Herborn wird zum ersten Mal 914 ge-

Herborn, Ecke Kornmarkt / Hohe Schule

nannt (1048 Herbore, 1269 Herberen, 1299 Herberin; der Name der Stadt
ist etymologisch schwer zu erklären). 1259 wird ein Münzmeister erwähnt. Berühmt war das Wollweberhandwerk, das seit dem 14. Jh. hier
in Blüte stand. Im 18. Jh. blühte in Herborn auch die Strumpfweberei.
Berühmt geworden ist Herborn durch seine **Hohe Schule,** die von 1584
bis 1817 bestand. Sie wurde vom Grafen Johann VI. von Nassau-Dillenburg gegründet. Sie öffnete ihre Pforten im Jahre 1584, dem Jahr der
Ermordung des Oraniers, und war Bestandteil der umfassenden politischen Pläne der Nassauer Grafen, die auf der Grundlage des Wetterauer
Grafenvereins, der protestantischen Stände des Reiches und der prote-
stantischen Mächte Europas eine Föderation des Protestantismus zur
Abwehr der katholischen Gegenreformation begründen wollten. Die
Pläne umfaßten eine Union der protestantischen Kirchen, eine politische
Korrespondenz und ein gemeinsames Verteidigungswerk der protestan-
tischen Mächte. Die Hohe Schule sollte die für die Durchführung dieser
Pläne erforderlichen Pfarrer, Lehrer, Juristen und Beamten ausbilden.
In der Zeit von 1584 bis etwa 1630 hatte die Hohe Schule europäische
Geltung.
1585 wurde die Schule mit einer akademischen Druckerei verbunden,
die sich im obengenannten „Pauls Hof" einrichtete. Erster Drucker war
Christoph Corvinus aus Basel. Aus ihr gingen im Laufe der Jahre
bedeutende Druckwerke hervor, einige darunter, die man in der Geschichte der Geisteswissenschaften als Bücher bezeichnete „die die
Welt veränderten" (Johannes Althusius „Politica" und Heinrich Alsteds
zweibändige „Enzyclopädie").
Von nah und fern strömten die Schüler herbei. Einer der bedeutendsten
war Amos Comenius, der später so berühmt gewordene Pädagoge und
Bischof der Böhmischen Brüdergemeinde (Gedenkplakette am Eingang
zum Hof der Hohen Schule).
Unter den bedeutenden Lehrern der Hohen Schule ist besonders zu
nennen Olevian, der Mitarbeiter am Heidelberger Katechismus.
Im Jahre 1817 bereitete die herzoglich-nassauische Regierung der Hohen
Schule ein Ende. Die theologische Fakultät nahm aber wenig später ihre
Tätigkeit auf und besteht heute noch in Form eines theologischen
Seminars im Schloß.

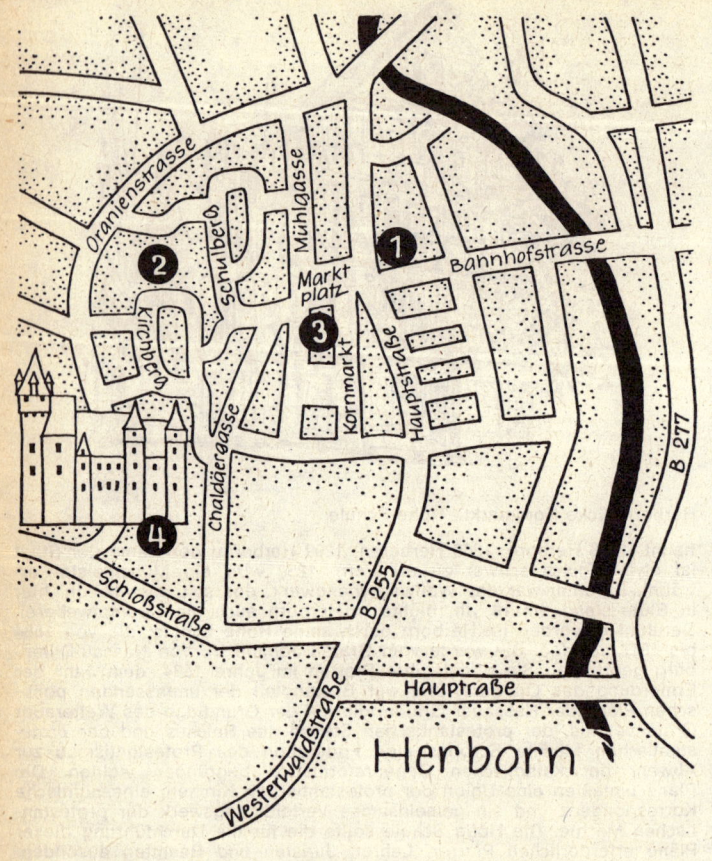

Herborn

1. Rathaus
2. Ev. Kirche
3. Hohe Schule
4. Schloß

Man überschaut die Stadt am besten von der Höhe des Dollenberges oder Homberges aus. Von hier aus hat man auch Aussicht auf weite Teile der Umgegend.

🏛 Um die **Altstadt** kennenzulernen, empfehlen wir folgenden Rundgang, der etwa 1 Stunde in Anspruch nimmt:

Ausgangspunkt der **Marktplatz** mit Brunnen, Rathaus, Nassauerhaus und einigen schönen Fachwerkhäusern; Kornmarkt, geschlossener alter Marktplatz mit vielen alten Häusern, darunter das Bast'sche Fachwerkhaus. Daneben das Gebäude der **Hohen Schule.** Dem Bast'schen Haus gegenüber am Hause Römer eine Gedenktafel für den Hohe-Schule-Apotheker Leers, der im 18. Jh. die berühmte Flora herbornensis schrieb, ein wissenschaftliches Werk, das 18 Jahre seines Lebens in Anspruch nahm. Durch den Torbogen in den Hof der Hohen Schule. Links das alte Gebäude, geradeaus der Fachwerkanbau.

Heimatmuseum in der Hohen Schule geöffnet Di, Do, Sa 15 - 18 Uhr; Eintritt frei; Tel. (0 27 72) 2 21 oder 2 39.

Zurück durch das Tor. Links an der Mauer eine Gedenkplakette für Amos Comenius. Wir folgen nun dem **Schulberg** und lassen links die alte Kirchtreppe (Große Grede) liegen. Rechts ein malerisches Höfchen, vor uns ein alter Übergang, der zwei Häuser verbindet. Halblinks weiter und gleich links die Treppe hinauf auf den Platz bei der **Kirche.** Von der Mauer aus sehen wir die Gebäude der akademischen Druckerei (Pauls Hof) liegen. Ehemals ein Adelshof der Herren von Mudersbach, 1212 zuerst erwähnt. Um die Kirche herum auf den Kirchvorplatz mit einigen alten Häusern. Rechts weiter auf den Platz vor dem Schulgebäude. Links sieht man jetzt das schöne alte Fachwerkhaus mit Treppenturm. Es gehörte einst dem Prof. Döring (1687 erbaut). Döring ist berühmt geworden durch die Einführung der Pockenimpfung in Nassau-Dillenburg. Weiter zum **Schloß** und in dessen Bibliothek des Theologischen Seminars mit wertvollen Buchbeständen, z. T. noch von der Hohen Schule.

Zurück zum Tor und rechts zur Treppe, die wieder in die Stadt zurückführt.

Die Möglichkeit einer Stadtführung kann beim Städtischen Verkehrsamt (im Rathaus) erfragt werden. Zeitig anmelden!

✕ Pumpenfabrik; Rittalwerk, Schaltschränke (Loh-GmbH) und Rittowerk, Elektrowechselsprechanlagen (Loh-GmbH); Eisenwerk Herborn der Burger Eisenwerke; Firma Overbeck, Fabrik für Präzisionsschleifmaschinen; Buderus'sche Maschinenfabrik; Sauerstoffwerk, Modellgießerei; Brauerei Bärenbräu Schramm; Sell Flugzeugküchen.

✚ Krankenhaus mit 4 Fachabteilungen und 130 Betten; Psychiatrisches Krankenhaus mit 800 Betten; 22 Ärzte, 10 Fachärzte, 4 Apotheken.

♂ Sportstadion Rehberg, Tennisplätze, Schießstände; Reithalle mit Reitschule, Ferienfahrschule; Trimm-Dich-Pfad an der alten Chaussee am Johannisberg; Wildgehege Kallenbach; Freizeitanlage am alten Friedhof jenseits der Dill; Wellenhallenbad, beheiztes Freibad.

🛏 ✕ Zahlreiche Hotels, Gaststätten, Pensionen, Restaurants (100 Betten), Pizzeria, Eisdiele, Cafés, Imbißstuben. Jugendherberge im Stadtteil Alsbach mit 79 Betten.

🚌 Strecken Köln - Gießen; Herborn - Niederwalgern.

🚌 nach Koblenz, Dillenburg (von da nach Marburg), Haiger, Wetzlar, Breitscheid

☎ Städtisches Verkehrsamt 6348 Herborn, Rathaus, Tel. (0 27 72) 30 11 (nach Dienstschluß: 23 27). Ortsprospekte und Wanderkarte 1 : 25 000.

⊙ Jeweils am letzten Wochenende im August 4 Tage große Herborner Kirmes mit großem Festzug am Sonntag (ca. 50 Wagen und Gruppen; 5 - 7 Kapellen).

Großer Herborner Martinimarkt jeweils 2 Tage Sonntag und Montag vor Volkstrauertag (großer Vergnügungspark und über 200 Verkaufsstände).

6348 Herborn

tausendjährige Stadt am Fuße des Wester-
waldes mit den Stadtteilen Amdorf, Burg,
Guntersdorf, Herbornseelbach, Hirschberg,
Hörbach, Merkenbach, Schönbach und
Uckersdorf. 208 m ü. M., 22.300 Einwohner,
D-Zug-Station der Strecke Frankfurt/Main-
Ruhrgebiet, zwei Auf- und Ausfahrten der BAB (Sauerland-
linie), gute Bus- und Bahnverbindungen nach allen Rich-
tungen. Mittelalterliches Stadtbild mit vielen Sehenswürdig-
keiten wie Rathaus, Hohe Schule, Heimatmuseum, alte
Fachwerkbauten, Schloß, Stadttürme und dergleichen.

Neuzeitliche beheizte Frei - Schwimmbäder, Hallenbad,
modernes Wellenbad, Minigolfanlage, Tennisplätze, Sport-
Stadion, Groß - Sporthalle, Schießstände, Reitschule für
Feriengäste, Wildgehege, Vogelpark, 115 km gut markierte
Wanderwege.

Herborn und auch der Stadtteil **Schönbach** sind staatlich
anerkannte Erholungsorte in einer landschaftlich reizvollen
Umgebung und besitzen dadurch alle Voraussetzungen für
einen erholsamen Urlaub.

Auskunft: Städt. Verkehrsamt und Verkehrsverein Herborn,
Rathaus, Tel. 75 - 2 23

Markierte Wanderwege ab und um Herborn
Die Markierung wurde vom Westerwald-Verein mit Farbzeichen
und Markierungsschildern durchgeführt.

H 0 Stadtwald-Rundwanderung - Nord, ca. 2 Stunden
Ab Kallenbachparkplatz wandern wir am Wildgehege vorbei zur Höhe
über der Autobahn mit schönem Fernblick ins Dilltal und ins Aartal.
Durch die Steinseite führt unser Weg zur **Uckersdorfer Viehweide** mit
Blick in Richtung Westerwald. Links abbiegend, vorbei an einem Blockhaus mit Rastmöglichkeit, erreichen wir die **Schutzhütte „Schöne Aussicht"** mit Blick auf Herborn, Greifenstein und Hirschbergs-Koppe. Wir
wandern abwärts und kommen wieder zu unserem Ausgangspunkt am
Wildgehege.

H 1 Herborn-Greifenstein, Edingen, ca. 3 Stunden
Ab Ecke Westerwaldstraße - Austraße wandern wir in Richtung Merkenbach und verlassen die Landstraße links abbiegend an der Maschinen-
und Drahtfabrik und steigen in südlicher Richtung zur Höhe - mit Blick
ins Rehbachtal und auf Herborn.
Rechts abbiegend am Wasserturm vorbei, erreichen wir die Straße nach
Fleisbach, biegen nach ca. 200 Meter nach rechts ab und kommen über

Herborn, Schloß

einen Waldweg ins **Fleisbachtal.** Nachdem der Bach überquert ist, geht unser Weg halbrechts abbiegend am Rand des Fleisbachtals bis zur Höhe aufwärts, wo wir links nach Greifenstein abbiegen. Von **Greifenstein** aus hat man einen herrlichen Ausblick.

Die Burgruine und die Burgkirche mit schönen italienischen Stuckarbeiten sind die Anziehungspunkte dieses Ausflugsortes.

Über die wenig befahrene Landstraße führt unsere Wanderung abwärts nach Edingen zum Bahnhof mit Rückfahrmöglichkeiten nach Herborn.

H 2 Herborn, Merkenbach, Hirschbergskoppe, Hirschberg, Hörbach und zurück nach Herborn, ca. 4 Stunden (Rundwanderung)

Ab Ecke Westerwaldstraße - Austraße wandern wir in Richtung Merkenbach. Hinter der Autobahnbrücke biegen wir rechts ab, überqueren den Rehbach und erreichen **Merkenbach.** Über die ansteigende alte Kniebrechstraße steigen wir bis zur Höhe, überqueren die Fahrstraße nach Fleisbach und gehen aufwärts den Fußweg weiter, bis dieser auf die Fahrstraße nach Beilstein einmündet. Nach einigen Metern biegen wir rechts ab und erreichen über schöne Waldwege den ca. 250 m langen Auf- und Abgang zur **Koppe** (538 m). Abwärts wandernd hat man vom Waldrand aus einen schönen Fernblick auf Herborn und ins Rothaargebirge mit Schelderwald. Über Hirschberg führt unser Weg weiter durch den Mühlengrund nach **Hörbach.** Am Ortsausgang gehen wir geradeaus weiter zur Autobahnunterführung, am Rehberg-Stadion vorbei, durch das Hintertal abwärts und kommen wieder in die Austraße.

H 3 Herborn, Schönbach, Gusternhain, Wanderheim „Herborner Haus", Breitscheid, ca. 3,5 Stunden

Ab Kallenbachparkplatz wandern wir in Westrichtung über die Johannisbergstraße zum Waldschwimmbad. Hier biegen wir rechts ab und gehen

durch die Autobahnunterführung, vorbei am Trimmpfad und an der Grillhütte, über die alte Chaussee bis zum **Amdorfer Weg.** Wir biegen hier
nach rechts ab in Richtung Amdorf bis zum Waldrand und wenden uns
dann wieder nach links. Am Waldrand entlang gehen wir weiter bis zum
Abzweig nach Schönbach. Hier überqueren wir die Fahrstraße und folgen
parallel mit der Fahrstraße nach Roth einem Pfad bis zum Waldweg
nach **Schönbach.** In Schönbach überqueren wir den Mühlbach und gehen
unter der Westerwaldbahn-Brücke hindurch über einen Waldweg, vorbei
an den Tongruben, bis **Gusternhain.** Am Ortseingang biegen wir rechts
ab und erreichen nach ca. 500 m Fahrstraße Richtung Breitscheid das
gleich hinter dem Waldrand links stehende **Wanderheim „Herborner
Haus"** (Eigentum des Westerwald-Vereines Herborn, nicht bewirtschaftet,
vom 1.4. bis 1. 11. Samstag von 14 Uhr bis Sonntag 16.30 Uhr von einem
Hausdienst offen gehalten).
Wir folgen noch ein Stück der Fahrstraße, biegen dann nach rechts ab
und erreichen **Breitscheid.** Rückfahrmöglichkeit mit Bahnbus nach Herborn. (Außer samstags und sonntags). Für noch frische Wanderer bietet
sich der Hauptwanderweg I (weißes I auf schwarzem Feld) zur Rück-
wanderung durch das Naturschutzgebiet Erdbachtal, über Erdbach nach
Herborn, (ca. 3,5 Stunden Wanderung), an.

H 4   Herborn, Burg, Neuhaus, Uckersdorf, Herborn, ca. 4 Stunden
(Rundwanderung)

Ab Kallenbachparkplatz steigen wir zum **Dollenberg** auf, gehen dann
rechts ab zum Waizberg und neben der Autobahn-Windelbachtalbrücke
ins Tal. Parallel mit der Westerwaldbahn links abbiegend folgen wir dem
Ambachtal, überqueren die Bahn und den Ambach und kommen nach
ca. 1,5 Stunden Wanderzeit zum **Ausflugs-Gasthaus „Neuhaus".**
(Außer samstags und sonntags Rückfahrmöglichkeit ab Bushaltestelle
Neuhaus und Uckersdorf nach Herborn).
Wir wandern weiter durch das Donsbachtal über einen schönen Feldweg
nach **Uckersdorf.** An den Wochenenden ist der dortige Vogelpark offen
und bietet sich zu einem lohnenden Rundgang an.
Am Bahnhof Uckersdorf biegen wir rechts ab und bleiben noch ca. 200 m
auf der Fahrstraße nach Amdorf. Dann gehen wir über den links abbiegenden Weg aufwärts bis zur Höhe mit schönem Fernblick. Vorbei
an einem Blockhaus und an der **Schutzhütte „Schöne Aussicht",** abwärts,
kommen wir zum Wildgehege und über den Uckersdorfer Weg zum
Kallenbachparkplatz zurück.

H 5   Stadtwaldwanderung - West, ca. 2 Stunden

Ab Kallenbachparkplatz wandern wir Richtung Wildgehege, biegen aber
vorher den steilansteigenden Weg zum Handkäs links ab.
Auf der Höhe wenden wir uns nach links zum **Gerichtsköppel.** Vor dem
Friedhof biegen wir rechts ab ins Tal, überqueren die Bundesstraße und
erreichen das **Rehbergstadion.** Wir wandern durch die Ostseite des
Rehberges und erreichen die Höhe über dem **Rehbachtal.** Hier biegen
wir links ab und kommen zur Landstraße. Wieder links abbiegend
gehen wir über die Austraße nach Herborn zurück.

H 6   Stadtwaldwanderung - Ost, ca. 2 Stunden

Ab Alsbachbrücke über die Bahn an der Jugendherberge vorbei, steigen
wir auf zum **Aussichtspunkt „Jahntempel"** mit Fernsicht ins Dilltal bis
Dillenburg, in den Schelderwald und ins Aartal. Über den Höhenweg
wandern wir zum Ballersbacher Weg. Rechts abbiegend führt unser Weg
zum **Hombergs-Aussichtstempel** und von dort über die Waldgaststätte
„Schützenhaus", abwärts. Er endet in Herborn am Schießplatz.

H 7   Herborn, Burg, Oberscheld, Niederscheld, ca. 4 Stunden

Hinter der Alsbachbrücke überqueren wir die Umgehungsstraße, gehen
über die Oststraße, Marburger Straße sowie Waldstraße bis zur Schiller-

höhe und dann über einen Waldweg abwärts bis ins Aartal nach Burg.
Hier überqueren wir die Aar, die Bahn und die Bundesstraße und steigen
auf zum **Elkersberg.** Nun biegen wir links ab und erreichen das obere
Hustebachtal mit Spiel- und Grillplatz sowie Schutzhütte. Wir gehen
rechts ab weiter und kommen ins obere **Monsebachtal.** Links abbiegend
kommen wir zur Höhe oberhalb Oberscheld. (Vom rechts liegenden
Steinbruchrand - **bitte Vorsicht** - herrlicher Blick ins Scheldetal und in
den Schelderwald). Abwärts geht unser Weg nach **Oberscheld,** unterhalb
des Friedhofes, oberhalb der Bahnstrecke links ab ins Scheldetal und
weiter bis zum **Niederschelder Bahnhof.**
Wer noch nicht müde ist, kann kurz vor der Scheldemündung links abbiegen und über den Dill-Wanderweg (schwarzes D auf weißem Feld)
in ca. 2 Stunden nach Herborn zurückwandern.

H 8   Herborn, Westerwaldblick, Stippbachtal, Kölschhäuser Koppe, Edingen-Bahnhof, ca. 4 Stunden

Ab Schießplatz wandern wir Richtung Sinn, biegen nach Überqueren der
Bahn und der Umgehungsstraße die zweite links abgehende Straße zum
Stützelberg ein und gehen mit dem Dill-Wanderweg D (schwarzes D auf
weißem Feld) und dem X-Wanderweg (gelbes X auf weißem Feld) über
die **Hohe Warte,** überqueren die Fahrstraße Sinn-Ballersbach und erreichen den **Rennweg** (mittelalterliche Handelsstraße) unterhalb des
herrlichen Aussichtspunktes Westerwaldblick mit Schutz- und Grillhütte.
Wir gehen halbrechts ab bis zum oberen **Stippbachtal,** folgen dem Stipp-
bachtalweg bis zum zweiten größeren Fischweiher abwärts und biegen
dann links ab über den Kölschhäuser Weg zum Abzweig Kölschhäuser
Koppe. Die **Kölschhäuser Koppe** ist ein Basaltkegel mit herrlichem
Rundblick. Über einen schönen Wald-Höhenweg erreichen wir Edingen.
Rückfahrt mit der Bahn nach Herborn möglich.

H 9   Herborn, Ballersbach, ca. 2 Stunden

Ab Schießplatz überqueren wir die Bahn und die neue Umgehungsstraße.
Danach biegen wir links und sofort wieder rechts ab zum Stadtteil
Reuterberg. Durch das Wiesental Fischweihergrund steigen wir auf zum
Ballersbacher Weg und weiter zur **Ballersbacher Viehweide.** Über Feld-
und Waldwege erreichen wir Ballersbach mit guten Rastmöglichkeiten.
Ab Bahnhof Ballersbach Rückfahrmöglichkeit nach Herborn.

Dort, wo die Sauerlandlinie ins Dilltal hinabführt, erreichen wir

Sinn (210 m; 3920 E.)

◪ Großes Dorf mit viel Industrie im Dilltal. 1270 Synde von althoch-
deutsch sinithi = Weide. Die Talweiden der Westerwalddörfer reichten
bis hierher.
Sinn hat eine reiche Geschichte. Im Jahre 1419 hatte Graf Johann II. von
Nassau einen Einfall in die Lahngegenden gemacht und dabei den
hessischen Landvogt gefangen fortgeführt. Die Hessen schlugen
Johann II. unter der Führung von Werner von Elben und Konrad von
Wallenstein.
Im 30jährigen Kriege wurde Sinn durch die Spanier 1629 geplündert.
Die Spanier führten unter Hauptmann von Tiras vom Sinner Hof
600 Schafe, 160 Stück Rindvieh, 50 Schweine und 13 Pferde fort. Das
geschah in einem Gebiet des Grafen von Dillenburg, der damals mit
dem Kaiser in Frieden lebte.
🏛 Die **alte ev. Kirche** (jetzt Kriegerehrenmal) stammt aus dem Jahre
1631. Es ist ein Fachwerkbau mit Dachreiter. Die Verzierungen an den
Deckenbalken stammen von Ph. Seiler aus Dillenburg. Umlaufende
Emporen.
Am Mühlberg (Richtung Edingen) steht eine Buche (die Ballonbuche).
Dort ließ sich am 15. Dezember 1870 ein französischer Ballon nieder.
Gedenktafel!

Sinn, Alte Kapelle

✗ Große Industriebetriebe, die besichtigt werden können:
Firma Haas und Sohn, Tel. (0 27 72) 7 41; Glockengießerei Gebr. Rincker,
Tel. (0 27 72) 20 04; Eisen- und Metallgießerei Doering, Tel. (0 27 72) 30 81.
✚ 3 Ärzte, 2 Zahnärzte, Apotheke
⚹ Beheiztes Freibad in Waldlage; Tennisplätze; Kegeln; Kneippanlage
im Stippbachtal.
🛏 ✗ 4 Speisegaststätten, 4 Imbißstuben, Eisdiele, Café;
Grillplatz am Höhenwanderweg H 10 am Rennweg mit schöner Aussicht.
🚌 Köln - Gießen
🚃 Dillenburg - Wetzlar
🚶 Wanderparkplätze am Ballersbacher Weg an der Gemarkungs-
grenze nach Ballersbach, im Lennelbachtal und im Stippbachtal.
Wanderkarte an der Gemeindeverwaltung.

Es folgt auf der westlichen Dillseite hinter der Autobahn-Talbrücke
Sinn-**Edingen** (190 m; 1125 E.)
Dorf in schöner Lage im Dilltal am Fuße der Burg Greifenstein.
◪ Der Ortsname Edingen, früher Oedingen, wird alemannischen Ur-
sprungs sein (Endung -ingen). Dorf und Vogtshof waren ursprünglich
Eigentum der Dynasten von Greifenstein und Lichtenstein. Später ging
das Eigentum an die Solmser über. 1326 Verpfändung an Haiger. Der
Hof kam 1315 an die Grafen von Nassau-Dillenburg (bis 1629). Im Vogts-
hof wurde zweimal im Jahr Gericht gehalten. Gerichtsverpflichtet waren
die Leibeigenen, später die Freien und Hörigen, die Vogtsländereien
inne hatten. Das Gericht bestand noch im 18. Jh. Ab und zu war der
Hof auch Residenz und Zollstätte. Hier wohnte auch der Scharfrichter
von Greifenstein. Bis 1810 bestanden in Edingen bedeutende Märkte.
🛏 ✗ 1 Speisegaststätte und Pension
🚌 Köln - Gießen
🚃 Herborn - Wetzlar
🚶 Von Edingen aus sind schöne Wanderungen möglich in die Hörre
und in den Westerwald. Von hier aus ist auf gutem Wege in Kürze
auch die Burgruine Greifenstein zu erreichen.

AN DER UNTEREN DILL

Bearbeiter: Günter Herbel   *Übersichtskarten Seite 424 u. 436*

Während das obere Dilltal in nord-südlicher Richtung verläuft, weist das Tal der unteren Dill nach Südost und ab Hermannstein, bis zur Mündung westlich von Wetzlar, nach Süden. Dieser letzte Flußlauf wurde allerdings von Menschenhand umgeleitet, denn früher mündete die Dill bei Niedergirmes, im nördlichen Wetzlar, in die Lahn.

Ein westlich der Dill bei Wetzlar beginnender Höhenzug zieht sich, ohne durch gravierende Taleinschnitte unterbrochen zu werden, bis zum Hohen Westerwald. Über seinen Rücken führte im Mittelalter ein Handelsweg, die ,,Hohe Straße'', von Köln über Driedorf und Wetzlar nach Frankfurt. Teile der ehemaligen Hohen Straße sind heute markierte Wanderwege des Westerwald-Vereins. Der Höhenzug wird bis zum Hirschbergskopf, südostwärts von Herborn, an nur drei Stellen von Landstraßen überquert, die zunächst Tälern folgend, dann mit erheblicher Steigung über die Höhe in südlich oder westlich gelegene Täler hinabführen. Die erste Querverbindung führt von Ehringshausen durch das Mühlbachtal über den hier 307 m hohen Höhenrücken nach Leun an der Lahn. Von Katzenfurt führt eine Landstraße über Greifental talaufwärts, überquert den Höhenrücken am „Stock" bei 325 m und gelangt bei Holzhausen in das Ulmtal. Eine dritte Landstraße, von der BAB-Abfahrt Herborn-Süd zu erreichen, bringt uns über Merkenbach, dann in Serpentinen aufwärts zur Höhe, deren Rücken wir bei dem Hirschbergskopf in 510 m Höhe überschreiten, nach Beilstein, ebenfalls ins Tal der Ulm.

Während westlich der Dill ein einigermaßen geschlossener Höhenrücken etwa parallel zur unteren Dill verläuft, bietet die Landschaft ostwärts der unteren Dill keine geschlossene Einheit. Mehrere parallel zueinander verlaufende Täler bringen der Dill Zuflüsse und zerteilen die Landschaft in ost- und nordostwärts verlaufende Höhenzüge.

Das Gebiet ostwärts der unteren Dill wird von der Lahn im Süden, der Aar im Norden und Nordosten und der Salzböde im Osten begrenzt. Fast alle Täler ziehen sich zur Hohensolmser Hochfläche oder zu dem gewaltigen Kegel des Dünsberges (500 m) hinauf. Durch die abwechslungsreiche Gliederung, die reizvollen Wiesentäler und die bis zu 500 m aufsteigenden Berge übt die Landschaft einen besonderen Reiz aus. Große zusammenhängende Wälder und das Fehlen von umweltfeindlicher Industrie und großen Verkehrswegen machen dieses Land zwischen den vier Flüssen zum bevorzugten Wandergebiet.

Durch das Dilltal führt die Bundesstraße B 277 von Wetzlar über Herborn nach Siegen, und an den links der Dill gelegenen Hängen verläuft die Trasse der Autobahn „Sauerlandlinie".

2 km unterhalb von Sinn-Edingen

Ehringshausen-**Katzenfurt** (187 m; 2000 E.)

◘ Im Tal der Dill an der B 277 liegend, ist der Ort in der Neuzeit beidseits
an den Hängen empor gewachsen. Die Herleitung des Namens Katzenfurt
von ,,Chattenfurt' ist sprachwidrig und daher unwahrscheinlich. Vermutlich
wird die ehemalige Furt durch die Dill nach der dort heimisch gewesenen
Wildkatze (Kacze) benannt worden sein.
Erste urkundliche Erwähnung als Kaczenfurt im Jahre 1233, im Mittelalter
gehörte Katzenfurt zum Dillheimer Cent, und im 19. Jh. unter preußischer
Verwaltung zur Landbürgermeisterei Aßlar, deren Amtssitz in Ehringshausen
war. Seit dem 1. 1. 1977 ist Katzenfurt ein Ortsteil der Großgemeinde Ehringshausen.

🏛 Der Chorturm der **ev. Kirche** wurde im 13. Jh. erbaut, seine große Laternen-
haube um 1760. In der Turmhalle gebustes Kreuzgewölbe über flachen, rechteckigen Rundbogennischen. Kanzel um 1700, Langhaus 1963-63 neugebaut.

⚲ Tennisplatz

🍴✕ Speisegaststätten; Grillplatz ,,hinterm Holz" mit Schutzhütte.

🚌 Köln - Gießen

🚌 Herborn - Wetzlar.

🧗 Von Katzenfurt erreicht man auf einem ansteigenden Wege mit immer
schöner Aussicht das Burgdorf und die Ruine Greifenstein.

Von Katzenfurt aus erreichbar liegt im Westhang des Dilltals
Ehringhausen-**Daubhausen** (228 m; 394 E.)

Ein etwa 1 km ostwärts der Dill in einem Talkessel liegender
ruhiger Ort. Durch eine Landstraße von Dillheim (2 km) und von
Katzenfurt (2 km) mit der B 277 verbunden. - Vorwiegend Landwirtschaft.

◘ Funde aus der Steinzeit: eine Steinhammeraxt, vermutlich aus dem
Neolithikum (4500 bis 2000 v. Chr.), und Gefäße aus Hügelgräbern an
der Südseite des Kernberges, vermutlich Latène-Zeit, weisen auf eine
frühe Besiedlung hin. - Daubhausen wird erstmalig urkundlich erwähnt
als Duphusen, im Jahre 1286. Im Jahre 1689 ließ Graf Wilhelm Moritz
von Solms-Braunfels die Bewohner von Daubhausen aussiedeln, um
den vertriebenen französischen Protestanten eine neue Heimat zu geben
und zur Belebung der Wirtschaft neue Fachkräfte ins Land zu holen.
Die nun in Daubhausen angesiedelten Hugenotten waren Strumpf- und
Bandwirker, sowie Leineweber und Hutmacher. 1722 gab der Graf ihnen
noch einen Freiheitsbrief, der ihnen Vorrechte und Erleichterungen
sicherte. Daubhausen war mit Greifental, das ebenfalls eine Hugenottensiedlung war, selbständige Pfarrei. - Später gehörte der Ort zur
Landbürgermeisterei Greifenstein, und mit Beschluß vom 13. 5. 1974
wurde er in die Großgemeinde Ehringshausen eingegliedert.
Über die westlich von Daubhausen liegenden Höhenrücken führte im
Mittelalter die wichtige Handelsstraße von Köln nach Frankfurt (Hohe
Straße). An ihr liegt eine Quelle, der ,,Welsche Born" genannt, weil hier
die Hugenotten vor ihrer Einbürgerung in Daubhausen gelagert haben
sollen.

🏛 Die alte **Wehrkirche** aus dem 14. Jh. mit mächtigem Chorturm, verstärkt durch halbrunde Ecktürmchen (Tourellen).

⚲ Freibad

🚌 Bahnhof Katzenfurt, Strecke Gießen - Wetzlar - Siegen.

🚌 Keine Busverbindung

☎ Gemeindeverwaltung Daubhausen (Ehringshausen),
Tel. (0 64 43) 33 77 (4 11)

ⓟ am Sportplatz und überall im Ort am Straßenrand.

Daubhausen - „Welscher Born" - Dianaburg - Ehringshausen - Daubhausen (12 km; Mkg.: weißes Viereck).
(Von der Dianaburg zum „Welschen Born" und zurück zur Dianaburg: „D" und „III").

Vorbei an der auf einem Bergvorsprung auf der östlichen Dillseite stehenden Dillheimer Kirche, erreicht die Dill die Großgemeinde Ehringshausen, mit den Ortsteilen Breitenbach, Daubhausen, Dreisbach, Greifenthal, Katzenfurt, Kölschhausen und Niederlemp (9123 E.).

Ehringshausen (174 m; 5416 E.)

Ein 12 km nördlich von Wetzlar, im Dilltal, an der Mündung des Lempbaches gelegener stattlicher Ort.

Frühgeschichtliche Funde: ein Flachgrab innerhalb des bebauten Ortsteiles aus der Hallstattzeit und Scherbenfunde am Höllenberg aus der Hallstatt- bis Latènezeit, weisen auf Siedlungsstätten ab etwa 800 v. Chr. hin. - Aus der Zeit der Völkerwanderung zeigen uns aufgefundene Gräber, daß auch bei Ehringshausen die große Völkerbewegung nicht spurlos vorübergegangen ist (etwa 500 n. Chr.). Im Jahre 801 erhält das Kloster Lorsch von einem Manne mit Namen „Irinc" als Geschenk einen Bifang, der in der Bardorfer Mark liegt, und 1284 erscheint erstmals der Ortsname „Iringeshusen".
Nach der Reformation, am Ende des 16. Jh., blieben nur Ehringshausen und Katzenfurt beim ehemaligen Dillheimer Cent, dessen Aufteilung durch den Bekenntniswechsel der Landesherren zwischen Lutherisch und Calvinisch die Änderung der mittelalterlichen Kirchenorganisation erschwert hatte. - Nach 1791 wurde Ehringshausen zu einem Gerichtssitz innerhalb der solmsischen Grafschaften. - Am 26. 4. 1848 wurde das Amtsgericht Ehringshausen dem Kreisgericht Wetzlar unterstellt. Später wurde Ehringshausen der Amtssitz der Landbürgermeisterei Aßlar.
Der angeschlossene Ortsteil **Dillheim** muß gesondert erwähnt werden. Dillheim war im Mittelalter Pfarrpatronat des Hauses Solms und reichte als „Dillheimer Cent" von Edingen dillabwärts bis Werdorf und lempaufwärts bis Niederlemp. Die auf einem Bergvorsprung, über einer alten Gerichtsstätte gebaute Wehrkirche wurde von Reisigen der Freien

Ehringshausen, Alte Kapelle

Reichsstadt Wetzlar, Anfang des 14. Jahrhunderts, bei kriegerischen Handlungen gegen das Haus Solms in Brand gesetzt. - Im Jahre 1529 nahm der Pfarrer Johannes Zaunschliffer von Dillheim in Marburg an den berühmten Religionsgesprächen zwischen Luther und Zwingli teil. - Die weitere Entwicklung Dillheims ist identisch mit der von Ehringshausen, dem es 1972 angegliedert wurde.

🏛 **Wehrkapelle** mit Schießscharten im Obergeschoß. Die Kirche in Dillheim. Die Lemptalbrücke der Autobahn.

✖ Kunststoffindustrie, Maschinenbau, Gießereien, Drahtseilherstellung und Holzverarbeitungsbetriebe. Früher noch reger Bergbau; die vorhandenen Bodenschätze waren Eisenerz, Kupfer, Schwerspat und Schiefer.

✚ Krankenhaus, Ärzte, Apotheke

⚓ Hallenbad, Sportzentrum, Volkshalle, Schutzhütten, Fischteiche und Grillplätze

🚻 ✖ Speisegaststätten

🚌 Bahnhof Ehringshausen, Strecke Gießen - Wetzlar - Siegen.

🚌 Wetzlar - Herborn

☎ Gemeindeverwaltung 6332 Ehringshausen, Rathausstraße 1, Tel. (0 64 43) 4 11

🅿 in der Dorfmitte, an der Volkshalle, am Krankenhaus, Parkmöglichkeiten auf Seitenstraßen

🚶 1. Ehringshausen - Daubhausen - Dianaburg - Ehringshausen - Daubhausen (12 km; Mkg.: weißes Viereck und weißes Dreieck);

2. Himmelberg - Junker Johannesplatz - Ehringshausen (8 km).
An dem Kriegerdenkmal hinauf zum Wald und an einem Wasserwerk vorbei auf den Himmelberg. Weiter in südlicher Richtung bis zur „Hohen Straße", nun nach rechts in südwestlicher Richtung nach Markierung „D" und „III" zum Junker Johannesplatz. Die gleiche Markierung weiter nach Westen bis zur Landstraße Ehringshausen - Leun und auf dieser, oder auf Waldwegen parallel dazu, nach Norden hinab nach Ehringshausen.

3. Lemperberg - Lemptal (Försterstein) - Ehringshausen (8 km).
Nach Norden hinauf zum Lemperberg, an dessen Kuppe vorbei, über die Autobahnüberführung und asphaltierten Waldweg abwärts bis ins Lemptal bei Kölschhausen. Am östlichen Waldrand (links der Lemp) talabwärts; bei Einmündung eines Seitentales links der Gedenkstein für einen von einem Wilddieb erschossenen Jagdaufseher. Nun auf einem Weg auf halber Höhe des Lemperberges am Hang entlang, in südlicher Richtung nach Ehringshausen.

Aßlar-**Werdorf** (172 m; 2430 E.)
Ein 9 km nordwestlich von Wetzlar, an der B 277 im Dilltal, gelegener Ort.

◨ 🏛 Frühgeschichtliche Funde beim Schulneubau 1951: ein Flachgrab mit einer Steinsäule in der Mitte, Hallstattzeit (800 bis 500 v. Chr.). Erste urkundliche Erwähnung im Lorscher Codex 782 als Wertorp. Im Jahre 875 wird die Kirche von Werdorf in einer Schenkungsurkunde erwähnt. - Im 13. Jh., als die Solmser Grafen ihre Machtansprüche immer weiter ausdehnten, gehörte Werdorf zum Dillheimer Cent. Die Höfe einer Großgrundherrschaft waren zu einem Vogteigericht zusammengefaßt. Es entstand ein „Festes Haus" (Schloß), das von Wassergräben umschlossen war, und das im 17. Jh. zum Witwensitz der Gräfin Ernestine Sophie von Greifenstein umgebaut wurde.
Die **Kirche** (1254 erneut urkundlich erwähnt) ist mit ihrem spätromanischen Chorturm, der zwei Wehrgeschosse besitzt, mit ihren Fresken aus dem 15. Jh. und ihrem Schiff von 1772, sehr interessant. Sie wurde bei den ständigen Fehden der Freien Reichsstadt Wetzlar mit den Solmser Grafen im 14. Jh., wie alle Kirchen der umliegenden Orte, bei Kriegshandlungen beschädigt.

Werdorf, Schloß

Im 17. Jh. gab es eine gräfliche Hütte zur Eisengewinnung in Werdorf. - Nach der Reformation wurde Werdorf 1688 mit Berghausen selbständige Pfarrei. Ab 1861 gab es im Ort eine Ackerbauschule. - Unter preußischer Verwaltung gehörte Werdorf zur Landbürgermeisterei Aßlar, in dessen Großgemeinde es mit Beschluß vom 13. 5. 1974 ab 1. 1. 1977 wieder eingegliedert worden ist.

X Betonsteinwerk und optisch-feinmechanische Werkstätten. Die meisten Arbeitnehmer pendeln in die nahegelegenen Industrieorte an Lahn und Dill. Im Mittelalter bedeutender Ort.

⇥ X Gastwirtschaft Greilich; Gasthaus „Einhaus" an der B 277 etwa 0,7 km in Richtung Aßlar; Ausflugslokal Jagdhaus am Pflanzgarten an der Autobahn.

🚌 Bahnhof Werdorf, Strecke Gießen - Wetzlar - Siegen

🚌 Wetzlar - Herborn

☎ Gemeindeverwaltung Werdorf, Hinterstraße 16, Tel. (0 64 43) 33 66

Ⓟ Autobahnüberführung, Pflanzengarten (Jagdhaus), Sportplatz.

🚶 1. Werdorf - Holzerbachtal - Bechlingen - Breitenbach - Werdorf (12 km).
 Nach Nordosten hinauf zur Autobahnüberführung (dann siehe Wanderung 1. bei Breitenbach);

2. Werdorf - Berghausen - Kleinaltenstädten - Werdorf (10 km).
 (Siehe Wanderung 1. bei Berghausen);

3. Werdorf - Berghausen - Kloster Altenberg - Berghausen - Werdorf (12 km).
 (Siehe Wanderung 2. bei Berghausen).

Südlich Werdorf liegt im Dilltalhang

Aßlar-Berghausen (220 m; 876 E.)

◫ Für die Umgebung von Berghausen kann eine frühe Besiedlung angenommen werden. Am Hackenberg befinden sich 3 Hügelgräber, deren Zeitstellung nicht klar festgelegt werden kann. - Wir finden weitere Hügelgräber in der unmittelbaren Nähe der „Hohen Straße", die in der Gemarkung Oberbiel (Rennkopf, Schäferburg und Herrenhölzchen) liegen. Die Funde auf der Schäferburg können in die Bronzezeit (2000 bis 1300 v. Chr.) eingeordnet werden. - Berghausen wird erstmalig im Jahre 1256 als Berchhusen in einer Fuldaer Schenkung erwähnt.

Stadt Aßlar

Aßlar ist eine Stadt mit 11.500 Einwohnern. Sie liegt an der unteren Dill unweit von Wetzlar und besteht aus den Ortsteilen Aßlar, Bechlingen, Berghausen, Bermoll, Oberlemp und Werdorf.

Die Anbindung der Stadt Aßlar an den überörtlichen Verkehr ist außerordentlich günstig. Die Autobahn Gießen - Siegen - Dortmund (Sauerlandlinie) und die Bundesautobahn Reiskirchen - Montabaur führen durch die Gemarkung Aßlar. Es ist eine eigene Abfahrt vorhanden. Die Ortsteile Aßlar und Werdorf liegen an der voll elektrifizierten Eisenbahnlinie Gießen - Hagen - Essen bzw. Gießen - Köln.

Aßlar verfügt über 90 ha Industrie-, Gewerbe- und Mischgebiet. Die Gemeinde ist als gewerblicher Entwicklungsschwerpunkt im Raumordnungsplan von der Regionalen Planungs-Gemeinschaft Mittelhessen vorgeschlagen. Hauptsächlich werden Erzeugnisse der Drahtindustrie, der Hochvakuumtechnik, der Feinmechanik und Optik sowie der Stein- und Holzverarbeitung hergestellt. 3000 Arbeitsplätze wurden in den letzten Jahren geschaffen.

Aßlar unterhält ein modernes Sportfeld mit Zuschauertribüne und weitere Sportplätze sowie ein nach den neuesten Erkenntnissen ausgestattetes Hallenbad. Weitere sportliche Einrichtungen sind Turnhallen, Tennisanlage, Segelfliegerflugplatz, Motor-, Schieß- und Hundesportanlagen.

Außerdem stehen neben der Grund- und Gesamtschule Kindergärten und Kinderspielplätze zur Verfügung. Zur Freizeiterholung können ca. 100 km Wanderwege mit Grillplätzen, Waldlehr- und Trimm-Dich-Pfaden benutzt werden.

Auskunft: **Stadtverwaltung**
                Telefon (0 64 41) 84 11 - 14

Die Kirche von Berghausen wurde, wie die Kirchen der Nachbardörfer, bei den Fehden der freien Reichsstadt Wetzlar mit dem Hause Solms, Anfang des 14. Jh. von den Wetzlarern in Brand gesetzt. - 1688 wurde Berghausen der selbständigen Pfarrei Werdorf angeschlossen. Beide gehörten der „Reformierten Kirche" an.

Im Jahre 1796 fand zwischen Berghausen und dem Wetzlarer Stadtteil Dalheim eine Schlacht zwischen den Franzosen und dem vom Erzherzog Karl von Österreich kommandierten österreichischen Heer statt, in der die Franzosen besiegt wurden. - Unter preußischer Verwaltung gehörte Berghausen nach 1815 zur Landbürgermeisterei Aßlar, und ist seit 1972, nach einer größeren Unterbrechung unter selbständiger Verwaltung, wieder Ortsteil von Aßlar.

Berghausen liegt unweit der südlich vorbeiführenden, im Mittelalter wichtigen Handelsstraße Köln - Frankfurt. Diese alte Handelsstraße ist heute noch unter dem Namen „Hohe Straße" bekannt und als Waldweg und Hauptwanderweg des Westerwald-Vereins (III) viel begangen. - Berghausen ist über eine Anschlußstraße von der B 277 (1,2 km) zwischen Werdorf und Aßlar zu erreichen und hat keinen Durchgangsverkehr.

✖ Außer einer Seilerei ist keine Industrie vorhanden. Wenig Landwirtschaft, meist nebenberuflich, aber noch einige Bergleute, die in der **Eisenerzgrube „Fortuna"**, südlich von Berghausen, beschäftigt sind. Die übrigen Arbeitnehmer haben ihre Arbeitsplätze in Aßlar und Wetzlar.

🏛 Die **Kirche** von Berghausen wurde in den Jahren 1966/67 umgebaut, erhalten blieb nur der alte Turm, der neue Glocken erhielt.

🏨 Gastwirtschaft, Dorfgemeinschaftshaus mit Saal.

🚆 Bahnhof Werdorf (0,5 km), Strecke Gießen - Wetzlar - Siegen.

🚌 Keine Busverbindungen.

☎ Gemeindeverwaltung Aßlar, Tel. (0 64 41) 84 11

🚶 **1. Berghausen - Kleinaltenstädten - Hohe Straße - Berghausen (8 km).**
Ohne Markierung. Nach Osten über die Felder und Wiesen hinab in ein Wiesental. Oberhalb des Wasserbehälters in den Wald und durch Mischwald zunächst leicht ansteigend, dann leicht bergab nach Kleinaltenstädten. Von dort in west-nordwestlicher Richtung hinauf zum Wanderheim der Ortsgruppe Aßlar des Westerwald-Vereins. Nun markierten Weg (weißes, auf dem Kopf stehendes, eckiges U) nach Westen folgend bis oberhalb von Berghausen und hinab ins Dorf.

2. Berghausen - Grube Fortuna - Kloster Altenberg - Berghausen (10 km).
In südlicher Richtung asphaltierten Weg über die Höhe und hinab ins Tal. Durch die Anlage der Grube Fortuna (einzige, noch in Betrieb befindliche Eisenerzgrube im heimischen Raum), weiter talabwärts ins Dernbachtal. - Etwa 1 km talabwärts von der Grube entfernt links im Wald leicht aufwärts (Mkg.: weißer Strich) zunächst durch Wald, dann über freies Feld zum Kloster Altenberg. Gute Fernsicht in das Lahntal und auf Schloß Braunfels. - Vom Kloster (Einkehrmöglichkeit im Gasthaus) nach Norden in einem Tal hinauf bis zur Hohen Straße. Nun wieder Markierung „D" und „III" bis auf freies Feld und auf dem befestigten Weg von vorhin zurück nach Berghausen in nördlicher Richtung.

Die B 277 führt in die Stadt Aßlar, mit den Orten Bechlingen, Berghausen, Bermoll und Oberlemp (9114 E.), seit 1. 1. 1977 mit Werdorf (11 520 E.).

Aßlar (Ortsteil Aßlar 185 m; 6940 E.)
4 km nördlich von Wetzlar, an der B 277, ein am Ausgang des sich zum Lahntal hin erweiternden Dilltales liegender Ort, mit viel Industrie und einer reizvollen Umgebung.

◨ 🏛 Funde aus dem Neolithikum (4500 - 2000 v. Chr.) deuten auf eine
frühe Besiedlung des Aßlarer Raumes. Der Ort Aßlar wird im Jahre 782
zum ersten Male im „Lorscher Codex" erwähnt. Später war Aßlar der
Gerichtsort des „Loher Oberlandgerichtes", das die Orte Aßlar, Mulenheim (Hermannstein) und Niedergirmes (jetzt Vorort von Wetzlar) umfaßte, und dessen Gericht meist vor der Kirche in Aßlar gehalten wurde.
Das „Loher Gericht" gelangte später in die Hand der Grafen von Solms
und ging an das Amt Greifenstein über. Die auf einem Bergvorsprung
gelegene **Kirche**, der Turm wurde 1688 erbaut, wurde im Jahre 1770
weitgehend erneuert. Sie ist über einer wesentlich älteren Kirche errichtet, und man erkennt in ihrem Kern noch die romanische Anlage.
Im Jahre 1587 wurden durch den Grafen Konrad von Solms-Braunfels
ein Hochofen und die **Aßlarer Hütte** erbaut. Durch das Wirken des
bekannten Geschützgießers Johannes Hüttenhenn war die Aßlarer Hütte
bis weit in das 17. Jh. hinein eine bekannte Kanonen- und Munitions-
fabrik und das bedeutendste Hüttenwerk zwischen Fulda und Mittelrhein.
In den Jahren 1606/07 wurde sie mit einer Drahtzieherei verbunden, die
in jüngster Zeit neuzeitlich ausgebaut worden ist.
Der zu Aßlar gehörende, südlich anschließende Ortsteil **Klein-Alten-
städten** entstand aus einem Hof, der den Adeligen vom Calsmunt (Ruine
bei Wetzlar) gehörte. Nach einer Erbteilung im Jahre 1283 wurde die
Hälfte des Hofes und der Gemarkung an das Kloster Altenberg verkauft
und gelangte später in den Besitz der Grafen von Solms.
Nördlich von Aßlar, am Ende des Bornbachtales oberhalb einer Quelle,
befinden sich drei dicht beeinanderstehende alte Grenzsteine, die **„Dreiherrensteine"**. Sie stammen aus der Zeit der Kleinstaaterei und markierten über Jahrhunderte die ständig wechselnden Besitzrechte der
angrenzenden Länder. Die letzten Inschriften zeigen die Grenze zwi-
schen dem Königreich Preußen (KP), dem Großherzogtum Hessen (GH)
und Hessen-Darmstadt (HD).
✕ Drahtzieherei, optisch-feinmechanische Betriebe, Apparatebau, Dia-
bassteinbrüche, Steinmetzbetriebe.
⚕ Ärzte, Apotheke
⚘ Hallenbad, „Trimm-Dich-Anlage", Grillplatz, Segelflugplatz;
Aßlarer Wanderheim unseres Zweigvereins Aßlar in sehr schöner Lage.
Veranstaltung von Volksläufen.
🛏 ✕ Hotel, Gasthaus, Restaurant, Café, Supermarkt
🚌 Bahnstrecke Gießen - Wetzlar - Siegen.
🚍 nach Wetzlar
☎ Stadtverwaltung 6334 Aßlar
🅿 Hohe Warte (hinter Autobahnbrücke); Bornbachtal; Grillplatz (nörd-
lich der Autobahn am Waldrand).
✳ Von der nordostwärts gelegenen „Hohen Warte" mit Schutzhütte gute
Aussicht in die Täler von Lahn und Dill, sowie in den Taunus und
Westerwald.
🥾 Gute Wandermöglichkeiten durch liebliche Täler und auf gepflegten
Höhenwegen in abwechslungsreichen Mischwäldern.
1. Aßlar - Hohe Warte (12 km; Mkg.: weißer Strich) - Hohensolms
   (14 km; Mkg.: weißer Strich mit weißem Dreieck);
2. Aßlar - Dreiherrensteine - Adlerhorst - Oberlemp - Bellersdorf - Rennweg - Herborn
   (27 km; Mkg.: schwarzes D (HW Dillhöhenweg links der Dill);
3. Aßlar - Wanderheim des WWV, OG Aßlar - Hohe Straße - Kloster
   Altenberg
   (6 km; Mkg.: weißes U (auf dem Kopf stehend) bis Wanderheim,
   dann weißer Punkt);
4. Aßlar - Hohe Straße - Junker-Johannesplatz - Dianaburg - Ehringshausen
   (17 km; Mkg.: weißes U (auf dem Kopf stehend) bis Hohe Straße,
   dann schwarze III (HWW) und weißes D (HWW, Dillhöhenweg rechts
   der Dill) bis Dianaburg, dann weißes Dreieck bis Ehringshausen
   (Bahnhof).

Wanderweg Aßlar - Koppe - Katzenfurt (15 km; Mkg.: weißes Dreieck)
Aßlar Rathaus - Bechlinger Straße bis Eingang zum Holzerbachtal. Dieses
schöne Tal bis zum Ende wandern und dann Aufstieg bis zur Höhe des Behl-
kopfes. Abstieg zur Straße Werdorf - Breitenbach. Südlich des Baches am
Waldrand nach Kölschhausen und zur Koppe (354 m; Basaltkegel, NSG) -
Weiherwerth - Koppe - an den Fischteichen vorbei zum Autobahnviadukt -
Katzenfurt - Bahnhof.

Ein fertiges Teilstück der zukünftigen Westerwaldautobahn trennt
Aßlar von

Wetzlar-Hermannstein (156 m; 4100 E.)
Ab 1. 1. 1977 Ortsteil der Stadt „Lahn", am Ausgang des Blas-
bachtales ins Dilltal, 3 km nördlich von Wetzlar, an der B 277.
Kalksteinbrüche, nur wenig Landwirtschaft, meist nebenberuflich. -
Hermannstein ist durch Schließung der Baulücken mit Wetzlar
zusammengewachsen.

◘ Einzelfunde aus der Altsteinzeit (etwa 10 000 v. Chr.) und steinzeitliche Funde am Galgenberg, vermutlich Neolithikum (4500 bis 2000 v.
Chr.); Hügelgräber im Distrikt 7 etwa 3 km nördlich vom Galgenberg,
vermutlich Hallstatt- bis Laténe-Zeit (etwa 800 v. Chr. bis Chr. Geb.).
Erste urkundliche Erwähnung 1239/40 als Mühlheim oder Mulenheim.
Als dieser Ort einging, errichtete Landgraf Hermann II. von Hessen
eine Burg gegen die Solmser, 1377 bereits Hermannstein genannt. -
1328 fand an dem Linsenberg ein Gefecht zwischen Hessen und dem
Erzbischof von Mainz statt, bei dem Graf Johann von Nassau-Dillenburg
fiel. - Nach der Einstellung der Feindseligkeiten zwischen den Land-
grafen von Hessen und den Grafen von Solms verlor die Burg ihre
Bedeutung und wurde 1484 an die Schencken von Schweinsberg als
Lehen vergeben. Diese bauten im Laufe der nächsten Jahrhunderte die
Burg weiter aus und fügten im 16. und 17. Jh. einen Gutshof aus
Fachwerkbauten an.
Ab 1866 gehörte das nur 3 km von Wetzlar entfernte Hermannstein zum
Landkreis Biedenkopf und damit zu Preußen. Diese ungewöhnliche
Grenze blieb bis 1932. - Im Jahre 1972 schloß sich Hermannstein mit
Blasbach zu einer Großgemeinde zusammen, wurde 1977 der Stadt „Lahn"
angegliedert und 1979 der Stadt Wetzlar.
🏛 **Burg Hermannstein** fällt durch die beiden hochragenden Kamine auf.
Wir unterscheiden eine Oberburg und eine Unterburg. Das Erdgeschoß
des oberen Baues liegt gleichhoch mit dem zweiten Obergeschoß der
Unterburg, die 1483 in spätgotischem Stil hinzugefügt wurde. Die Ober-
burg zählt zu den besten Beispielen einer gotischen Wohnturmanlage
mit französischem Einfluß: Abgerundete Ecken und Kreuzgratgewölbe
über einem Mittelpfeiler. Die Burg dient heute einem Privatmann als
Wohnung.
Gutshof unterhalb der Burg mit Gebäuden des 15. - 19. Jh. Gewinkelter
Wohntrakt mit spätgotischem Untergeschoß und Fachwerkobergeschoß.
Ev. Kirche, einheitlicher spätgotischer Bau von 1491-92; sehr gute
Inneneinrichtung.
🚌 Rasthaus „Hermannstein" an der B 277.
🚂 Bahnhof Wetzlar
🚌 Stadtverkehr Wetzlar - Hermannstein.
🅿 Gasthaus zur Post; am Sportplatz, am Simberg; hinter der Hohen
Warte.
🚶 **1. Hermannstein - Hohe Warte - Dreiherrensteine - Hohensolms**
        (15 km; Mkg.: ab Hohe Warte weißer Strich mit weißem Dreieck).
   Ab Hermannstein nach Nordwesten, an der Mittelpunktschule vorbei
   zur Hohen Warte (schöne Aussicht), ab Autobahnüberführung nach
   Markierung auf der „Hohen Straße" nach Norden.
2. Hermannstein - Simberg - Altenberg - Hohensolms (14 km).

Von Hermannstein an der Burg vorbei nach Nordosten hinauf zum Simberg (schöne Aussicht), Markierung ab Simberg roter Strich, nun nach Norden, immer auf dem Höhenrücken entlang. Links im Tale Blasbach, dann nach Durchqueren eines Mischwaldes rechts Hofgut Bubenrod. Erneut Mischwald, und am jenseitigen Waldrand links der Altenberg mit Ruine und Aussichtsturm. Weiter über Feld nach Hohensolms, dabei gute Sicht nach Osten auf Königsberg und den Dünsberg, sowie nach Südosten in die Wetterau.

Als gebloose, ihr Buwe!

Wäi aich noch su e ganz klaa Buibche wor, do hot mer mei Kermes-patt mol vum Herwerscher (Herborner) Mirtesmaad e Bloosdeng metgebrocht.

Wann mer dodroff gebloose hot, glaabt mer grood, de Gehannstrauwel wern off Ustern reif, or mer dät off de Kresdoog Vajule blecke - e su schie blous des Bloosdeng.

De Honn hu gehoilt, wann se's hurte, un de Annern sin fortgelaafe, de Leut maan aich.

Wann aich e su met mei'm Bloosdeng off'm Puddelfaß gesäße hu, aut schienersch gobs doch net off dr ganze Welt. Stonnelang konnt aich bloose, als immer däi aa Surt.

En wann daa däi annern Buwe aus dem Kerchspill zesome kome — bai maich — offs Puddelfaß, deß gob irscht en Spitokel! Mer hu allemol us Schlä kräit — en da wäil weirer saa'n aich dr naut!

Jo, su sein se, de gruße Leu.

Irscht kaafe se aam e Bloosdeng, daß mer bloose soll. Mer douts aach, su goud, wäis met dem junge Maul giht, un wann mer bläst, daa soll mer net bloose.

's eß alles verkihrt off der Welt. U meinem Bloosdeng hun aich dersch derallerirscht geprowiert.

Däi Schlä worn jo bal vergesse. Su aut haalt rasch. Daa hu mer sich off de Quetschebäm gesäßt un hun weirer gebloose, deß des Backes bal engesterzt eß wäi de Mauern vu Jericho.

Als gebloose, ihr Buwe!

Des wor mei Wort.

Als gebloose, ihr Buwe!

Us Herrgott hot de Bloosdenger gemoocht, un deshalb aach de klaane Buwe. Drim derfe mer aach bloose, su lang wäis uns gout dout.

Als gebloose, ihr Buwe!

En wenn aach de Stern um Himmel net mih leuchte, dei Fraad om Lewe derfe se dir net strebse.

Drim:

Als gebloose, ihr Buwe!

Un wann aach dr Hobch de Gaas noch helt!

Mundart im südöstlichen Westerwald   Ludwig Rühle †
Aus „Als gebloose, ihr Buwe!"

9. Lahntal

DAS LAHNTAL VOM GIESSENER BECKEN BIS WEILBURG

Bearbeiter: Günter Herbel

Zwischen dem Westerwald und dem westfälischen Rothaargebirge erhebt sich das gewaltige Massiv der Ederkopfgruppe (600-700 m). Zu ihr gehören: Epschloh, Oberste Henn, Jagdberg, Ederkopf und die Stiegelburg, letztere mit prächtigem Rund- und Fernblick. Am Lahnhof (600 m), etwa 5 Minuten von der Stiegelburg entfernt, entspringt unweit eines ehemaligen Forsthauses die Lahn. In der näheren Umgebung finden wir auch die Quellen der Sieg, Eder und Dill.

Nachdem die junge Lahn bis Feudingen Zufluß von Osterbach, von Ilse, Ilm und Groß erhalten hat, fließt sie, von Schloß Wittgenstein überragt, nach dem ersten größeren Ort, dem schmucken Landstädtchen Laasphe. Noch immer ist die Lahn ein unscheinbarer Bach, der weitere Bergbäche in sich aufnimmt, an Niederlaasphe, Wallau und mehreren kleinen Orten vorbeifließt, um nach etwa 30 km langem Lauf sein westfälisches Ursprungsland zu verlassen.

Von Biedenkopf, der Hauptstadt des hessischen Hinterlandes, an gehört das Lahntal landschaftlich zu den schönsten Gegenden des westdeutschen Raumes und ist auch infolge seiner historischen Entwicklung eines der interessantesten Reisegebiete. Große industriereiche Städte haben sich in diesem Tal nicht entwickeln können, doch waren die meisten Lahnstädtchen in früheren Jahrhunderten Residenzen bekannter Fürstengeschlechter, von deren Glanz manche Bauten, die wir heute noch bewundern können, Zeugnis geben. Altehrwürdige Dome und Kirchen, altertümliche Städte, stolze Schlösser und Burgen grüßen allenthalben von den Bergen. Gewaltige Felspartien, bewaldete Hänge und liebliche Wiesentäler begleiten den Lauf der Lahn.

Nachdem die Lahn bei Cölbe ihren bisher ostwärts gerichteten Lauf nach Süden richtet und sich mit der aus dem Vogelsberg kommenden wasserreichen Ohm vereinigt hat, durchbricht sie, nun schon als stattlicher Fluß, die herrlichen Marburger Berge. Schloß und Kirchen, sowie die bezaubernde Altstadt der Universitätsstadt Marburg spiegeln sich in ihren Wassern. Bald in einen breiten Talkessel eintretend, der sich bei dem Hangelstein zum sogenannten Gießener Becken ausweitet, erreicht der Fluß Gießen. Durch die Aufnahme der aus dem Vogelsberg kommenden Zwester Ohm, Lumda und Wieseck und der aus dem Hinterland zufließenden Allna und Salzböde, sowie vieler kleinerer Zuflüsse, führt die Lahn nun soviel Wasser, daß sie einstmals bis Gießen schiffbar war.

Die Wieseck mündete früher in einem breiten Delta in die Lahn, und dort, wo sich in einem versumpften Gelände ihre Wasser in

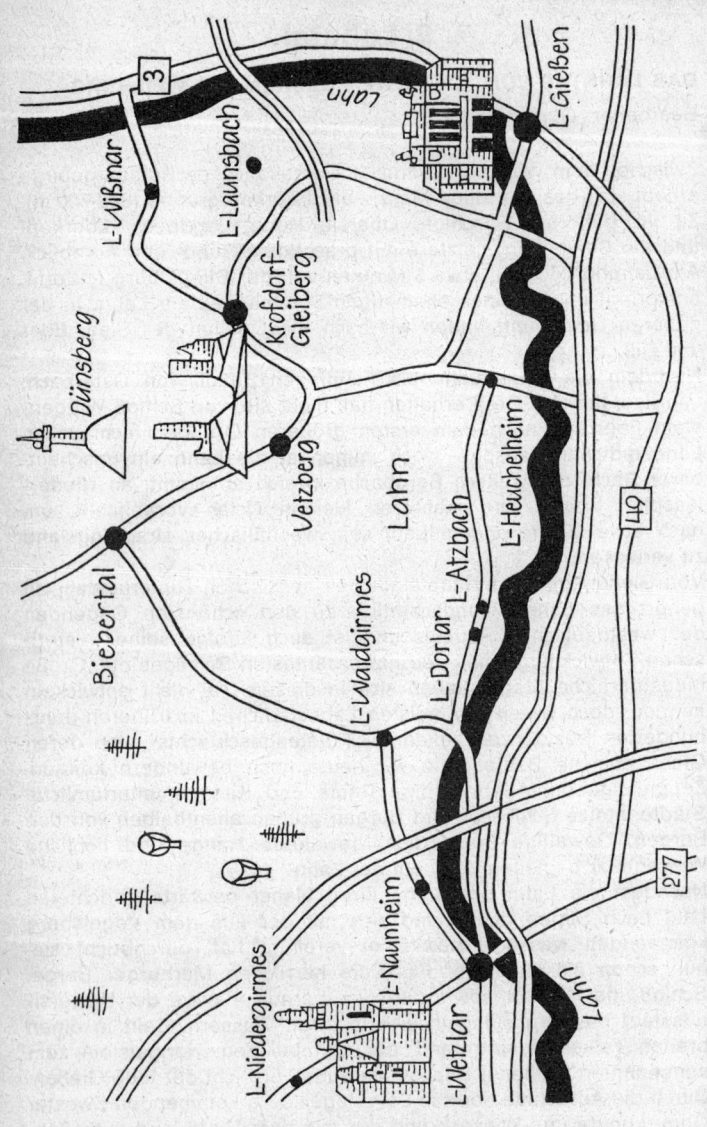

die Lahn ergossen (ergießen - Gießen), entstand eine Wasserburg, aus der sich die bedeutende Handelsstadt Gießen entwickelte, die wegen ihrer verkehrsgünstigen Lage zwischen Westerwald und Vogelsberg zum Zentrum wurde.

Ein breites Tal durchfließend erreicht der Fluß nun die bedeutende Industriestadt Wetzlar, deren mittelalterlicher Stadtkern von der Flußseite her wohl die schönste Ansicht bietet, und wo die Ruine der ehemaligen Reichsburg Kalsmunt auf einem Basaltkegel das Tal hoch überragt. An dem ehemaligen Prämonstratenser-Jungfrauenkloster Altenberg vorbei, das rechts der Lahn auf das breite Lahntal herabschaut, fließt sie nun in west-süd-westlicher Richtung weiter.

Auf der Westerwaldseite liegen die Ortschaften Ober- und Niederbiel, Leun, Stockhausen, Biskirchen und Löhnberg, wo die Ruine der Lahneburg das Tal überragt. Auf der Taunusseite befinden sich Steindorf, Albshausen, Burgsolms, Bahnhof Braunfels, von dessen Schloß die Türme und Zinnen herübergrüßen, Tiefenbach und Ahausen. Aus dem Taunus fließen der Lahn Solmsbach und Iserbach zu, vom Westerwald Ulmbach und Kallenbach, deren reizvolle Täler von vielen Erholungsuchenden aufgesucht werden.

Die Taleinmündungen der Zuflüsse in diesem Flußabschnitt weisen fast alle in südöstliche Richtung, ein Beweis dafür, daß einst der Urstrom im Lahntal nach Osten floß und sich weiter westlich gegen den Rhein hin eine Wasserscheide befunden hat.

Durch das Lahntal führt eine Bundesstraße, die B 429, die von Gießen bis Wetzlar vierspurig ist, dann als Schnellstraße weiterführt und bei Löhnberg die Lahn zum Westerwald hin verläßt.

Wettenberg-**Wißmar** (180 m; 3950 E.)

7 km nördlich von Gießen, im Lahntal nördlich der Lahn gelegen. Schöner Ort mit vielen Wandermöglichkeiten in die großen Wälder nördlich des Lahntals.

◘ Gefundene Artefakte aus Feuerstein, Kieselschiefer und Quarzit zeigen die Anwesenheit von Menschen im Paläolithikum (800 000 - 10 000 v. Chr.) in der Gegend um Wißmar an. Weitere Funde aus dem Neolithikum (4500 - 2000 v. Chr.) und den darauf folgenden Zeiten sprechen für eine ständige Besiedelung. Erste urkundliche Erwähnung 778 als Wisomaren, 1349 als Wisenmor. Im Siebenjährigen Krieg (1756 - 1763) wurden auf einer Höhe westlich und dem Homberg nordwestlich von Wißmar **Schanzen** angelegt, die noch heute sichtbar sind. - Heimatmuseum.

✕ Außer einer Zigarrenfabrik und handwerklichen Betrieben keine Industrie.

✚ Ärzte, Zahnarzt, Apotheke

✦ Sauna, Solarium. Baden, Angeln, Segeln und Wasserski in und auf dem Wißmarer See. Reitplatz (Reit- und Fahrverein Wißmar-Launsbach), 2 Schießstände, Minigolf. Kegeln in den Lokalen „Bürgerhaus", „Schnell" und „Pausch". 3 Grillplätze, 5 Schutzhütten.

⇔ ✕ Gasthäuser, Eisdiele, Campingplatz am Wißmarer See; Ausflugsgaststätten: Erlenhof, Badenburg, Wißmarer See. Wanderheim des Westerwald-Vereins Wißmar.

🚌 Gießen, Krofdorf - Gleiberg - Launsbach

🚆 Bahnhof Wißmar an der Strecke Wetzlar - Lollar.

☎ Gemeindeverwaltung Wettenberg, Tel. (0 64 06) 30 31

Ⓟ „Erlenhof"; Hochbehälter Kattenbachweg.

⚔ Badenburg (3 km); Krofdorf - Gleiberg (3 km); Wißmarbachtal - Schmelz an der Salzböde (markiert;10 km); Chattenbachtal - Fohnbachtal - Waldhaus - Krumbach - Dünsberg (markiert; 15 km).

Rundwanderwege

1. Mkg. Hase: Wißmarer See - Friedhof - Bürgerhaus - ev. Kirche - kath. Kirche - Bahnhof - Wißmarer See (75 Minuten).
2. Mkg. Vogel: Wißmarer See - Atschenbacher Wiesen, Fischteiche - Kattenbachstraße - Asselbach - Wißmarer See (2 Stunden).
3. Mkg. Fisch: Wißmarer See - Erlenhof - Fischteiche - Asselbach - Bürgerhaus - Wißmarer See (2 Stunden).

Wanderweg des Vogelsberger Höhen-Clubs: Wißmar - Dünsberg

Mkg.: schwarzer Strich

Wißmar - Krofdorfer Forst - Waldhaus (9 km) - Krumbach (12 km) - Dünsberg (17 km), Höhenunterschied 320 m.

Von Wißmar in nordwestlicher Richtung im Tal des Wißmarbaches aufwärts zum Waldhaus (Forsthaus). Etwa 1 km südlich des Waldhauses ein Gedenkstein, das Frauenkreuz. Hier soll ein eifersüchtiger Graf vom Gleiberg seine Gattin wegen vermeintlicher Untreue erstochen haben.

Nördlich des Waldhauses die „Dreiherrensteine", Grenzsteine dreier Länder aus der Zeit der Kleinstaaterei. In ihrer Nähe soll der Sage nach ein Schatz verborgen sein, um den es schon zu Mord und Totschlag gekommen sein soll.

Vom Waldhaus weiter in westlicher Richtung, hinab in das Tal der Vers, nach Krumbach, 1263 erstmals urkundlich erwähnt. Nun auf der Landstraße in südlicher Richtung zum Wanderparkplatz Dünsberg, und weiter auf einem gewundenen, asphaltierten Weg hinauf zum Dünsberggipfel. Bedeutende Ringwallanlage, Aussichtsturm, Raststätte, Sendeturm.

2 km südwestlich

Wettenberg-**Launsbach** (176 m; 2125 E.)

5 km nördlich von Gießen, im Lahntal nördlich der Lahn gelegen. Ruhiger Ort, ohne Industrie. Die Berufstätigen pendeln nach Gießen, Wetzlar und Heuchelheim.

◘ Funde aus dem Neolithikum (4500 - 1800 v. Chr.), erste urkundliche Erwähnung 1263 als Lunsbach. Launsbach kam 1585 zu Nassau.

✔ Segeln, Angeln und Schwimmen im Silbersee.

🚌 nach Gießen

🚂 Bahnhof Launsbach an der Strecke Wetzlar - Lollar.

⚔ Wettenberg - Krofdorf-Gleiberg (3 km).

Lahn (150-300 m; 155200 E.) aufgelöst am 31. 7. 1979

am Mittellauf der Lahn, zwischen den Ausläufern des Westerwaldes, des Vogelsberges, des Rothaargebirges und des Taunus gelegen. Vom 1. 1. 1977 bis 31. 7. 1979 kreisfreie Großstadt, in der die Städte Gießen und Wetzlar, sowie die Gemeinden Atzbach, Dutenhofen, Garbenheim, Hermannstein, Heuchelheim, Krofdorf-Gleiberg, Launsbach, Lützellinden, Münchholzhausen, Nauborn, Naunheim, Steindorf, Waldgirmes und Wißmar zusammengeschlossen waren.

Durch diese Zusammenlegung wurden uralte politische Grenzen zwischen Hessen im Osten und Nassau und Solms nördlich, westlich und südlich davon verwischt. Zählt man die östlichen Nachbarn Solms-Lich und Solms-Laubach noch zu den Solmsern, dann bleibt als Verbindung nach dem hessischen Lande hin nur ein schmaler Schlauch von Gießen nach Nordosten. Während

Gießen immer hessisch war und als dessen vorgeschobene
Festung galt, war das Umland im Besitz der anderen Territorial-
fürsten und deren Interessengebiet. Hinzu kommt noch, daß die
freie Reichsstadt Wetzlar ebenfalls eigene Ansprüche und Interessen hatte. So spiegelte sich im Gebiet der heutigen Stadt Lahn
der ganze Unsinn der mittelalterlichen Kleinstaaterei. Aber diese
alten politischen Grenzen übten sogar noch im vorigen Jahrhundert, bei der Grenzfestlegung der Landkreise Gießen und Wetzlar, ihren Einfluß aus.
Die wirtschaftliche, strukturelle und politische Einheit der Stadt
„Lahn" war sehr umstritten. Unter dem massiven Druck der Bürger
in den zur Lahn zusammen geschlossenen Gemeinden und dem
Wählervotum bei den letzten Kommunalwahlen 1977 sah sich die
Hessische Landesregierung gezwungen, die Stadt Lahn wieder auf-
zulösen.

Gießen (165 m; 74 300 E.)
Universitäts-, Handels- und Industriestadt am Mittellauf der Lahn,
am Fuße des Vogelsberges und an den Ausläufern von Westerwald und Taunus. Infolge der günstigen Verkehrslage bildete
Gießen schon ab dem 15. Jh. das Zentrum zwischen Westerwald,
Vogelsberg und der Wetterau. Es errang durch die Gründung der
alten hessischen Hochschule „Ludwig-Universität" im Jahre 1607
eine geistige Vormachtstellung. Die Universitäts-Tradition wird
jetzt von der Justus-Liebig-Universität fortgesetzt. Gießen hat
Krankenhäuser und Kliniken aller Art. Stadttheater, Oberhessisches Museum, Kunstausstellungen, die Universitäten, Polytech-
nikum, Schulen und Ausbildungsstätten aller Art runden das Bild
zu einem kulturellen Mittelpunkt des Oberhessischen Raumes.
◪ Die Hügel um Gießen waren seit der Altsteinzeit besiedelt, das
zeigen zahlreiche Funde und Hügelgräber. Auf dem Hangelstein gab es
eine vorgeschichtliche Ringwallanlage. In dem von den bewohnten
Höhen umschlossenen, sumpfigen Tal legten die Grafen von Gleiberg im
12. Jh. eine Wasserburg an. Erste urkundliche Erwähnung 1197. Die
Landgrafen von Hessen bauten diesen Vorposten ihres Machtbereiches
aus. Die bei der Burg entstandene Siedlung erhielt im 13. Jh. Stadtrechte (1248 bereits als Stadt erwähnt). Nach der Eroberung Gießens
durch den Erzbischof von Mainz gehörte es von 1327 bis 1368 zu Mainz,
fiel dann aber wieder in hessischen Besitz. Einführung der Reformation
und Ausbau zu einer starken Festung von 1560 bis 1566, weiterer Ausbau der Befestigungen von 1586 bis 1590, im Jahre 1604 Übergang an
Hessen-Darmstadt. Die Stadt konnte weder im 30jährigen Krieg, noch
in dem hessischen Erbfolgekrieg 1646 von Feinden eingenommen werden und widerstand allen Belagerungen. Im Siebenjährigen Krieg Eroberung durch die Franzosen im Jahre 1758. Dann wieder von 1797-
1799 unter französischer Herrschaft. Von 1805 bis 1810 wurden die Befestigungen geschleift und zu Grünanlagen umgestaltet.
Im zweiten Weltkrieg wurden 1944 zwei Drittel der Stadt mit allen
historischen Bauwerken zerstört. Wiederaufbau der Stadt mit verbreiter-
ten und begradigten Straßen.

🏛 **Ehemaliges Augustiner-Chorherrenstift Schiffenberg,** südostwärts der
Stadt, 1129 gegründet, ab 1323 dem Deutschen Orden gehörend, 1809
aufgehoben und hessische Domäne, heute Gaststätte und Pension.

Badenburg, Burgruine nördlich der Stadt an der Lahn. 1358 von Johann von Weitershausen als landgräflich-hessisches Lehen erbaut. Ab dem 17./18. Jh. verfallen, jetzt Ruine mit Kellergaststätte.

Botanischer Garten; Oberhessisches Museum und Gailsche Sammlung (z. Z. im Liebig-Realgymnasium. Geöffnet: Di - So 19 - 12 Uhr; Eintritt frei.)

Liebig-Museum. (Erinnerungsstätte an Justus von Liebig, der in Gießen maßgeblich wirkte.) Mo - Mi, Fr - So 10 - 12 und 14 - 16 Uhr. Eintrittsgeld. Tel. (06 41) 7 63 92.

✗ Wegen zahlreicher Groß- und Kleinhandelsgeschäften, Kaufhäusern und Supermärkten ist Gießen Einkaufszentrum für die ganze Umgebung. Die früher vorhandene und in den letzten Jahrzehnten neu herangezogene Industrie machen Gießen auch zu einer bedeutenden Industriestadt, in der Zigarren- und Tabakfabriken, Maschinenfabriken, Metallgießereien, chem. Werke, Ziegeleien und Tonwarenbetriebe, Gummifabriken, Glasmanufakturen, feinmech.-opt. Betriebe und andere mehr ihren Sitz haben. Kongreßhalle und Messegelände ermöglichen Großveranstaltungen, Tagungen und Ausstellungen.

♂ Freibad, Hallenbad, Sauna, Solarium. Rudern, Tennisplätze, Minigolfplätze, Sportplätze und zahlreiche andere Sportstätten sind vorhanden. - Schutzhütten, Naherholungsgebiet Stadtwald.

⇄ ✗ Zahlreiche Hotels, Gasthäuser und Pensionen, Cafés, Unterhaltungslokale, Imbißstuben, Eisdielen, Pizzerias.

🚂 Bahnhof Gießen, wichtiger Eisenbahnknotenpunkt an den Strecken Frankfurt - Kassel; Frankfurt - Köln; Kassel - Koblenz.

🚌 Ausgangspunkt vieler Buslinien in das Lahntal, das Hinterland, den Vogelsberg und die Wetterau.

☎ Stadtverwaltung Gießen, Tel. (06 41) 30 61;
Verkehrsverein Gießen e. V., Landgrafenstraße 2, Tel. (06 41) 3 41 66

🅿 Badenburg, Hangelstein, Schiffenberg, Stadtwald

🚶 Badenburg (5 km); Stadtwald - Schiffenberg (7 km); Hangelstein (5 km) und Hangelstein-Rundwanderwege (ca. 10 km).
Ausflugsgaststätten: Badenburg; Schiffenberg.

---

2 km westlich von Gießen auf der Nordseite der Lahn

Heuchelheim-Kinzenbach (165 m; 7500 E.)

Industrie- und Arbeiterwohnsitzgemeinde, mit Anschluß an die B 429 und den Gießener Ring (beide vierspurig).

⬡ Funde aus der vor- und frühgeschichtlichen Zeit. Die Orte sind um 650 - 700 n. Chr. entstanden. Erste urkundliche Erwähnung 1237. Heuchelheim wurde im 30jährigen Krieg bis auf zwei Hofreiten völlig zerstört.

🏛 **Martinskapelle,** Wehrkirche aus dem 12./13. Jh. mit mächtigem Chorturm und einschiffigem Langhaus. Wandmalereien. Fachwerkhäuser in Kinzenbach.

✗ Bedeutende Industrie, in der außer 1000 Einheimischen noch 3000 Pendler Arbeit finden. Zigarrenfabrik, Betonwarenfabriken, Elektrokohle-Fabrik, optische Industrie, Kiesbaggerei mit Fertigbetonwerk, Drahtzieherei und viele kleinere Betriebe. Betriebsbesichtigungen nach Vereinbarung möglich.

✚ Ärzte, Zahnärzte, Apotheken

♂ Hallenbad, Freibad, Bademöglichkeiten an den Baggerseen (FKK), Angeln, Waldlehrpfad, Naherholungsgebiet Baggerseen mit Rudern und Segeln.

⇄ ✗ 2 Gasthöfe, Cafés, Eisdielen, Grillplatz, Schutzhütten.

🚂 Bahnhof Gießen; Bahnhof Kinzenbach und Abendstern an der Strecke Wetzlar - Lollar.

🚌 Gießen, Wetzlar, Biebertal, Hinterland

☎ Gemeindeverwaltung Heuchelheim-Kinzenbach, Tel. (06 41) 7 27 09

🅿 am Kinzenbacher Wald

🚶 Kinzenbach - Schwalbenmühle (3 km);
Kinzenbach - Krofdorf (markiert; 6 km) - Vetzberg (4 km) - Fellingshausen (3 km) - Dünsberg (2 km). Gesamtstrecke 15 km.

Wanderweg des Vogelsberger Höhen-Clubs: Heuchelheim - Königsberg
Mkg.: schwarzes Dreieck.
Heuchelheim/Kinzenbach - Königstuhl (8 km) - Bubenrod (12 km) -
Königsberg (14 km); Höhenunterschied 200 m.
Nordwestlich von Kinzenbach am Waldrand Wanderparkplatz, dort in
nordwestlicher Richtung in den Wald, rechts hinauf zum **Königstuhl,**
vermutlich germanische Thingstätte, Schanzen aus der Zeit der Fran-
zosenkriege (Sternschanze). Wieder hinunter in das Tal des Schwarzbaches, die Landstraße Waldgirmes - Bieber überquerend und talaufwärts
zum Hofgut Bubenrod.
Weiter in nördlicher Richtung talaufwärts, auf einem asphaltierten Weg
nach **Königsberg;** erste urkundliche Erwähnung 1257, die Burg etwa um
1250 von einer Seitenlinie der Grafen von Solms erbaut. Von den Orts-
befestigungen noch ein Rundturm erhalten. Schöner Blick in das Biebertal und auf den Dünsberg.

Am Nordrand der Lahnebene liegt 5 km westlich von Gießen
Lahnau-**Atzbach** (160 m; 2920 E.)
Freundlicher Ort mit wenig Industrie und guten Wandermöglichkeiten im Lahntal und den Wäldern und Tälern nördlich der Lahn.
◩ Funde aus der Steinzeit (Paläolithikum 800 000 - 10 000 v. Chr.),
weitere Funde aus den darauf folgenden Zeiten weisen darauf hin, daß
die Gegend um Atzbach ständig besiedelt war. Erste urkundliche Er-
wähnung 771 (Ettisbach).
🌿 Naturdenkmäler: Linde, 20 m hoch, 2,20 m Umfang. Maulbeerbaum
aus der Zeit Napoleon I.
⊕ Arzt
🛏 ✕ 1 Gasthaus mit Übernachtungsmöglichkeiten; Bürgerhaus
Schwalbenmühle (3 km) in dem nach Norden verlaufenden Tal des
Schwalbenbaches.
🚌 Bahnhof Atzbach an der Strecke Wetzlar - Lollar.
🚍 Wetzlar, Gießen
☎ Verwaltungsstelle Lahn-Atzbach, Tel. (0 64 41) 6 16 16
🧗 **Lahnuferweg**
   Schwalbenbachtal - Schwalbenmühle (3 km) - Hof Bubenrod -
Königsberg (teilweise markiert; 8 km).
Waldlehrpfad - Königstuhl (Alte Schanzen), (4 km).
Trimm-Dich-Pfad.
Mit Atzbach zusammengewachsen ist
Lahnau-**Dorlar** (160 m; 1700 E.)
5 km ostwärts an der Lahn gelegen. An der B 429 Abfahrt Dorlar
angeschlossen von Wetzlar.
◩ Funde aus vor- und frühgeschichtlicher Zeit lassen auf eine frühe
Besiedelung und Funde aus den nachfolgenden Perioden auf eine
Dauerbesiedelung des Raumes um Dorlar schließen. Erste urkundliche
Erwähnung 1258.
🏛 Die heutige ev. Pfarrkirche wurde in der Mitte des 13. Jh. erbaut,
bei der Gründung des **Prämonstratenserinnen-Klosters** als Klosterkirche
erweitert, und 1437, als das Kloster in ein Mönchskloster umgewandelt
wurde, umgebaut. Das Kloster ist 1540 aufgelöst und 1641 verkauft wor-
den. Von der ehemaligen Klosteranlage sind noch vorhanden: Teile der
Mauer und ein Spitzbogentor (ehemalige Klosterpforte).
✕ Holzwerke H. Wilhelmi GmbH & Co. KG (300 Beschäftigte) sowie
2 Getreidemühlen.
🛏 siehe Wetzlar!
🚌 Bahnhof Dorlar, Strecke Wetzlar - Lollar.
🚍 Wetzlar, Gießen
Weitere Informationen, siehe Wetzlar!

1 km nordwestlich

Lahnau-Waldgirmes (170 m; 3200 E.)

ein **5 km** ostwärts von Wetzlar im Lahntal gelegener Ort mit Wandermöglichkeiten in die nördlich der Lahn gelegenen Wälder.

◪ Funde aus dem Neolithikum (4500 - 2000 v. Chr.) und der römischen Kaiserzeit (Chr. Geburt - 400 n. Chr.). 771 erste urkundliche Erwähnung in der Girmeser Mark. Alte Schanzen aus dem Siebenjährigen Krieg (1756 - 1763) am Königstuhl, der früher eine Gerichtsstätte gewesen sein soll.

🏛 Heimatmuseum in der Friedensstraße 20.

✗ Mittlere Industrie, Landwirtschaft, Rosenfelder.

🐝 Nördlich des Ortes das Gelände der ehemaligen Grube ,,Rothläufchen'', die wegen ihrer wertvollen Mineralien unter Sammlern und Wissenschaftlern einen bedeutenden Ruf genießt. Heute sind die Fundmöglichkeiten sehr beschränkt.

✚ Arzt, Zahnarzt, Apotheke

🏊 Hallenbad, Freibad, Sauna, Solarium. Angelsport (Lahn und Kies-grube), Minigolf, Grillplatz, Schutzhütten.

✗ Gasthäuser, Café

Ausflugsgaststätte:
Schwalbenmühle, 1 km nordostwärts (Richtung Biebertal).

🚌 Wetzlar, Gießen, Biebertal

☎ Gemeindeverwaltung Waldgirmes, Ludwigstr. 6, Tel. (0 64 41) 6 14 70

Ⓟ Haustädter Mühle; Schwalbenmühle

🏃 Blasbach (3 km); Dicke Eiche - Hof Bubenrod - Königsberg (6 km); Schwarzbachtal - Hof Bubenrod (4 km); Schwalbenmühle - König-stuhl (Alte Schanze) - Atzbach (7 km).

Wir fahren unter der Sauerlandautobahn A 45 hindurch und sind in Wetzlar-Naunheim (185 m; 3800 E.)

3 km ostwärts von Wetzlar gelegen. Großer Ort im Lahntal, mitt-lere Industrie.

◪ Hügelgräber und Funde aus dem Neolithikum (4500 - 2000 v. Chr.) lassen auf eine frühe Besiedelung schließen. Weitere Funde aus der Bronzezeit, Hallstattzeit, La-Tène-Zeit, der römischen Kaiserzeit und der fränkischen Zeit weisen auf eine ständige Besiedelung hin. Erste urkundliche Erwähnung 778/784 als Niuenheim.

🏛 Ev. Kirche, mächtiger Chorturm, erbaut 1543 (Besichtigung nach Ver-einbarung). Spätgotische Holzfiguren.

🐝 Naturschutzgebiet Lahninsel

✚ Ärzte, Zahnarzt, Apotheke

🏊 Hallenbad (Waldgirmes, 2 km). Angelsport (Lahn und Seeweiher), Grillplätze.

🛏 ✗ Rasthaus Schauinsland der A 45 auf dem Simberg.

🚌 nach Wetzlar und Gießen

🏃 Blasbach (3 km); Garbenheim (3 km); Königsberg (8 km).

Wanderweg Naunheim - Dünsberg, Mkg.: gelber Strich

Naunheim - Dicke Eiche (4 km) - Hofgut Bubenrod (6 km) - Obermühle (9 km) - Dünsberg (11 km); Höhenunterschied 320 m.
Von Naunheim nach Norden, auf einer Brücke über die Autobahn „Sauer-landlinie", dann im Tal des Längenbaches aufwärts, rechts über eine bewaldete Höhe in das Tal des Metzebaches, dort wieder rechts am Waldrand talaufwärts und rechts im Walde hoch zur **„Dicken Eiche".** Naturdenkmal, an dem Waldgottesdienste gehalten werden.
Der Weg führt weiter nach Nord-Nordwest durch Wald zum **Hofgut Bubenrod,** das bereits 1450 erstmals urkundlich erwähnt wird, dort nach Nordosten ins Schwarzbachtal, und über eine bewaldete Höhe hinüber in das Tal der Bieber zur Obermühle (Wanderparkplatz).

Vom Parkplatz nach Nordosten, zunächst in einen Taleinschnitt, dann
steil hinauf zum **Dünsberg.** Hier Ringwallanlage, drei konzentrische
Ringwälle aus der keltischen und germanischen Zeit. Sie umschlossen
wahrscheinlich ein Oppidum.
Rasthaus, Aussichtsturm, Sendeturm.

Wetzlar (150-300 m; 31 700 E.)
An der Einmündung der Dill in die Lahn gelegen, landschaftlich
und architektonisch reizvolle Stadt mit noch sehr einheitlich
erhaltener, schöner Altstadt.
Gepflegte Anlagen, die wie ein Grüngürtel die Altstadt umschließen. Wegen der zentralen Lage, der günstigen Verkehrsverbindungen (Anschluß an die Autobahnen Frankfurt-Gießen-Kassel und
Dortmund-Hanau (A 45; Sauerlandlinie), sowie seiner reizvollen
Umgebung ist Wetzlar ein idealer Ausgangspunkt für Wanderungen.
◘ Wer zum ersten Male in diese Stadt kommt, der weiß meistens schon,
daß Wetzlar einmal eine Reichsstadt war, daß es vor Zeiten das alte
Reichskammergericht beherbergte und daß hier einst der junge Goethe
weilte. Ganz bestimmt aber verbindet der Fremde den Namen Wetzlar
mit den weltbekannten Erzeugnissen seiner optischen und eisenschaf-
fenden Industrie. Damit ist die Bedeutung dieser Stadt in Vergangenheit und Gegenwart bereits kurz umrissen. Aber wir wollen einen etwas
tieferen Blick in Wetzlars Stadtgeschichte tun.
Lange Zeiten hindurch, von den Tagen des großen Hohenstaufenkaisers
Friedrich Barbarossa (1180) bis in die Napoleonszeit (1803), war Wetzlar
eine Reichsstadt, also seit dem Mittelalter bis weit in die Neuzeit hinein.
Diese Zeitepoche ist noch heute in Wetzlar unvergessen, und man begegnet ihren Zeugen und Denkmalen auf Schritt und Tritt im Stadtbild.
Aber nur in den ersten beiden Jahrhunderten dieser Reichsstadtzeit
kann man eine glückhafte Entwicklung der Stadt beobachten: sie gehörte damals zu den bedeutenderen Städten des Reiches; ihre Bürger,
meist Kaufleute und Handwerker, genossen weithin Ansehen und Achtung; die deutschen Kaiser verliehen und sicherten ihnen wesentliche
Rechte und Freiheiten, und über Märkte und Straßen der Stadt wogte
das Getriebe der wichtigen Fernhandelsstraße Köln - Frankfurt. Die Stadt
war nur dem Reiche und seinem Herrscher zu Treue und Gehorsam
verpflichtet; sie bildete einen kleinen Stadtstaat inmitten fremder Herrschaftsgebiete benachbarter Grafen, die allerdings zu immer größerer
Macht kamen. Solange Kaiser und Reich stark waren, konnte die Reichsstadt Wetzlar blühen und gedeihen; sie stand in Handelsbeziehungen
mit den wichtigsten Orten des Reiches und im engeren Bündnis mit den
nahegelegenen wetterauischen Reichsstädten Frankfurt, Friedberg und
Gelnhausen. Als jedoch gegen Ende des Mittelalters die alte Herrlichkeit und Macht des Reiches dahinsank, geriet auch Wetzlar in immer
größere Schwierigkeiten; die Bestrebungen seiner Nachbarn, die Stadt
dem Reiche zu entwinden und sie zu einer solmsischen, hessischen
oder nassauischen Stadt zu machen, zwangen die besorgten Stadtväter,
sich mit allen Mitteln dagegen zur Wehr zu setzen, und diese Anstren-
gungen überstiegen auf die Dauer das Maß des überhaupt Möglichen;
man mußte die Stadt mit kostspieligen Verteidigungsanlagen umgeben,
sich an verlustreichen und zeitraubenden Unternehmungen auf der Seite
der Bündnispartner beteiligen, Söldner unterhalten und die eigentlichen
bürgerlichen Tätigkeiten des Handwerks und des Handels arg vernach-
lässigen. Die Folge war eine Verschuldung ohnegleichen, die um 1370
zu einem völligen Stadtbankrott führte, nachdem in stürmisch ver-
laufenen inneren Unruhen die alten Patriziergeschlechter gestürzt waren
und die Zünfte die Herrschaft angetreten hatten.
Wetzlar gerät daraufhin in eine furchtbare wirtschaftliche und politische
Notlage, es droht ein früher Verlust der Reichsfreiheit. Die Bevölkerungs-

zahl von etwa 6000 im Mittelalter sinkt zusehends; einige Vorstädte veröden, die alte Handelsstraße, die durch die Stadt führte, wird von fremden Kaufleuten gemieden, die Bürger betreiben auf den viel zu engen Fluren der Stadtgemarkung etwas Landwirtschaft, nur um leben zu können. Aber man klammert sich mit Zähigkeit an das Reich, obwohl auch von dieser Seite kaum noch Hilfe zu erwarten ist.

Die Stadt durchlebt freudlose und armselige Zeiten, bis sie im letzten Jahrhundert ihrer Epoche als Reichsstadt noch einmal einen vorübergehenden wirtschaftlichen Aufschwung erreichen kann: das oberste Gericht des alten Reiches, das Reichskammergericht, wird gegen Ende des 17. Jh. aus dem durch Ludwig XIV. bedrohten Speyer nach Wetzlar verlegt. Die Stadt erwacht wie aus einem Dornröschenschlaf; denn fast 1000 Menschen mit ganz anderen Wohn- und Lebensansprüchen kommen nun plötzlich in ihre Mauern. Es wird viel gebaut, neue Zünfte entstehen, viele Fremde suchen das Gericht und damit die Stadt auf - sie kommt wieder in aller Munde und wird erneut im ganzen Reiche bekannt.

Der Anwesenheit des hohen Gerichtes verdankt Wetzlar darüber hinaus einen kurzen, aber durchaus bedeutsamen Aufenthalt des jungen Goethe, der hier als Rechtspraktikant den Gang eines Prozesses am obersten Reichsgericht kennenlernen sollte. Das war im Sommer 1772; zwei Jahre später erschien auf dem deutschen Büchermarkt Goethes Jugendroman von den „Leiden des jungen Werthers", und damit hatte die Stadt Eingang gefunden in die Weltliteratur.

Nicht lange danach, zu Beginn des vorigen Jahrhunderts, gab es dann erhebliche Veränderungen für Wetzlar. Die Stadt verlor im Zuge des Reichsdeputationshauptschlusses (1803) wie fast alle Reichsstädte ihre Reichsunmittelbarkeit und kam vorübergehend zu dem Staatswesen Karl Theodor von Dalbergs, dem „Großherzogtum Frankfurt". Drei Jahre danach, als das Heilige Römische Reich Deutscher Nation zusammenbrach, war auch das Ende des Reichskammergerichtes gekommen, und Wetzlar schien abermals einer sehr ungewissen Zukunft entgegenzusehen. Aber das Ende der Napoleonszeit brachte dann auf dem Wiener Kongreß (1815) doch noch eine günstige Wende im Schicksal der Stadt, als sie dort dem Königreich Preußen einverleibt wurde. Damit war nach Jahrhunderten der Vereinsamung Anschluß gewonnen an ein großes, geordnetes Staatswesen.

Es vergehen aber noch einige Jahrzehnte, bis in der zweiten Hälfte des 19. Jh. die Entwicklung zur Industrialisierung einsetzt; Voraussetzung dazu waren eine erste Schiffbarmachung der Lahn bis fast nach Gießen und die Bahnbauten der Strecke Gießen - Köln und Gießen - Koblenz. Als erste wird in Wetzlar um die Jahrhundertmitte, aus kleinsten Anfängen erwachsend, die optisch-mechanische Industrie seßhaft; zwei Jahrzehnte später wird der erste Hochofen angestochen. Beide Industriezweige haben sich seitdem in mehreren Unternehmungen so sehr weiterentwickelt, daß ihnen heute Zehntausende von Menschen des hiesigen Raumes ihre Existenzmöglichkeit verdanken.

Die eisenschaffende Industrie, die als erste hier die Formen eines Großbetriebes entwickelte, war im Wetzlarer Raum dank der seit altersher bekannten Eisenerzvorkommen von vornherein heimisch, während die optisch-mechanische Industrie ihre Entstehung (1849) auf den genialen Karl Kellner zurückführt und noch lange die Form spezialisierter Kleinbetriebe beibehielt.

Inzwischen war Wetzlar auch zum ersten Male in seiner Geschichte Garnison geworden, als hier das 8. Rhein. Jäger-Bataillon von 1818 bis 1877 lag. Die Soldaten waren in Gebäuden des ehemaligen Reichskammergerichtes untergebracht und hatten ein besonders herzliches Verhältnis zur Bevölkerung. Freilich blieb das nur eine Episode, für die Entwicklung der Stadt in keinem Verhältnis zu den wichtigen Industriegründungen des vorigen Jahrhunderts.

Die Folgen der Industrialisierung zeigten sich erst am Ende des vorigen Jahrhunderts in steigender Bevölkerungszahl und wachsender Be-

Wetzlar, Dom und Lottehaus

bauungsfläche: erst jetzt wird die in der mittelalterlichen Blütezeit schon einmal besiedelte Fläche wieder in ihrer ganzen Ausdehnung bebaut, und die Bevölkerung steigt von 5000 am Anfang des Jahrhunderts auf annähernd 9000 um die Jahrhundertwende.

Am Vorabend des Ersten Weltkrieges hat Wetzlar rund 15 000 Einwohner, bei Beginn des Zweiten Weltkrieges mehr als 19 000. Aber seitdem hat sich diese Zahl nahezu verdoppelt!

Der Luftkrieg schlug der Stadt schmerzliche Wunden; sie erlebte jedoch gottlob nur mittlere Tagesangriffe, keine Brandbombenangriffe, die in den engen Gassen verheerende Folgen hätten haben müssen. Die Industrie wurde fast völlig verschont, so daß bald nach Kriegsende ein bis dahin ungeahnter Aufschwung der heimischen Wirtschaft einsetzen konnte. Wetzlar wurde ein Mittelpunkt der hessischen Industrie, Tausende von Menschen siedelten sich hier neu an, und das Stadtgebiet dehnte sich nach allen Himmelsrichtungen über Hänge und Höhen weiter aus.

Dabei blieb das alte Stadtbild mit Dom, Altstadt und Lahnbrücke als Sinnbild der mittelalterlichen Reichsstadt wohlerhalten und ungestört von den modernen Bauten und Anlagen der Industrie, die sich weitflächig im Lahntal ausbreitete. Beide gemeinsam aber, das alte und das neue Wetzlar, sind Ergebnis und sichtbarer Ausdruck einer Jahrhunderte währenden geschichtlichen Entwicklung, an deren Anfang und an deren Ende in gleichem Maße fleißiges Schaffen und hoffnungsfrohes Streben stehen.

Herbert Flender

✗ In den neueren westlichen und nördlichen Stadtteilen bedeutende, weltweite Industrie. Optische Industrie: Ernst Leitz GmbH (Leica), Schwerindustrie: Buderussche Eisenwerke, Elektroindustrie: Deutsche Philips GmbH., und viele weitere Klein- bis Mittelbetriebe verschiedener Branchen.

🏛 Bedeutendes Baudenkmal ist der **Dom,** ehemalige Stifts- und Pfarrkirche St. Maria, 897 erstmals geweiht. Sehr interessantes Bauwerk, in dem über den beiden ersten Kirchen, von denen heute nichts mehr sichtbar ist, zwei weitere Bauwerke errichtet worden sind. Die älteste Anlage ist spätkarolingisch, sie wurde in salischer Zeit (11. Jh.) erweitert. Im letzten Viertel des 12. Jh. romanischer Neubau, dann 1235 - 1240 Beginn des gotischen Neubaues, in den das romanische Westwerk mit einbezogen wurde (Heidenturm und Heidenportal), und der bis heute noch nicht abgeschlossen ist.

Ein Rundgang durch Wetzlar

Unseren Rundgang durch die Stadt beginnen wir am **Domplatz** oder **Buttermarkt,** der seit jeher als Wetzlars wichtigster und zentraler Markt- und Versammlungsplatz gilt. Hier stehen wir zu Füßen des Domes am eigentlichen Ausgangspunkt der Wetzlarer Stadtgeschichte, aber auch im räumlichen und geistigen Mittelpunkt dieser Stadt.

Leider ist nur noch die westliche Häuserseite des Buttermarktes in ihrer schönen Geschlossenheit aus dem 18. Jh. erhalten, - in sie eingefügt gegenüber der Westfront des Domes Wetzlars altes Rathaus von 1790, das heute an städtischen Dienststellen nur noch das Standesamt und das Versicherungsamt beherbergt. Von hier aus erreichen wir über die abschüssige Baugasse hinab das jetzige **Rathaus,** das einst als Archivgebäude für das Reichskammergericht errichtet und benutzt wurde, sowie die **Post** in der Hausergasse. Über die steile Domtreppe hinauf kann man wieder den Domplatz gewinnen, der sich im Südwesten zum **Fischmarkt** erweitert. Hier steht ein noch älteres Rathaus, das aber seit 1693 dem **Reichskammergericht** als Sitzungsgebäude diente und deshalb an seiner Stirnseite den doppelköpfigen schwarzen Reichsadler auf goldenem Grunde **trägt.**

Die reizvolle Südseite des Buttermarktes, die dem ganzen Platz früher die harmonische Geschlossenheit verlieh, mußte nach dem Krieg wegen erheblicher Bombenschäden größtenteils abgerissen werden. So entstand Raum für die Abhaltung des Wochenmarktes genau an der Stelle, wo sich einst Wetzlars repräsentatives Hotel, das „Herzogliche Haus", befand, das auch einmal jahrzehntelang Kammergerichtsgebäude war. Einsam ragt daneben das ehemalige Gasthaus „Zum Kronprinzen" auf, in dem der junge Goethe im Kreise seiner hiesigen Freunde fröhliche Stunden verlebte.

Durch die enge Schmiedgasse kommen wir hinauf zum **Kornmarkt,** Wetzlars zweitem mittelalterlichen Marktplatz; wahrhaft idyllisch ist seine Westseite mit dem Blick über den reichsstädtischen Brunnen auf die beiden Fachwerkhäuser aus dem 17. Jahrhundert in die Gewands- und Schuhgasse. Auf der Südseite erkennen wir Wetzlars führendes Gasthaus während der Kammergerichtszeit, den „Römischen Kaiser", am farbenfrohen Standbild eines Kaisers aus dem 18. Jh.

Die erst in unserem Jahrhundert eingebaute Durchfahrt des „Römischen Kaiser" läßt uns zum **Säuturm** gelangen, dem letzten noch erhaltenen Turm in der mittelalterlichen **Stadtmauer.** Er war ursprünglich ein Bollwerk in der Stadtmauer und hatte weder selbst einen Durchlaß noch seitlich ein Tor. Erst viel später, als die Stadtbefestigung ihre Bedeutung als Schutz für die Stadtbevölkerung fast völlig verloren hatte, entstand hier eine Pforte durch die Mauer, um den Verkehr in die davor gelegene Feldmark zu ermöglichen. Turm, Wehrgang und an die Mauer gelehnte Schuppen dienten schließlich ganz anderen als Verteidigungszwecken, nämlich als Ställe, Backöfen und Flachsdarren. Und nach den hier untergebrachten „Säuen", die durch den Auslaß auf die Weide getrieben wurden, erhielt der einstige „Schneiderturm" endlich den etwas robusten

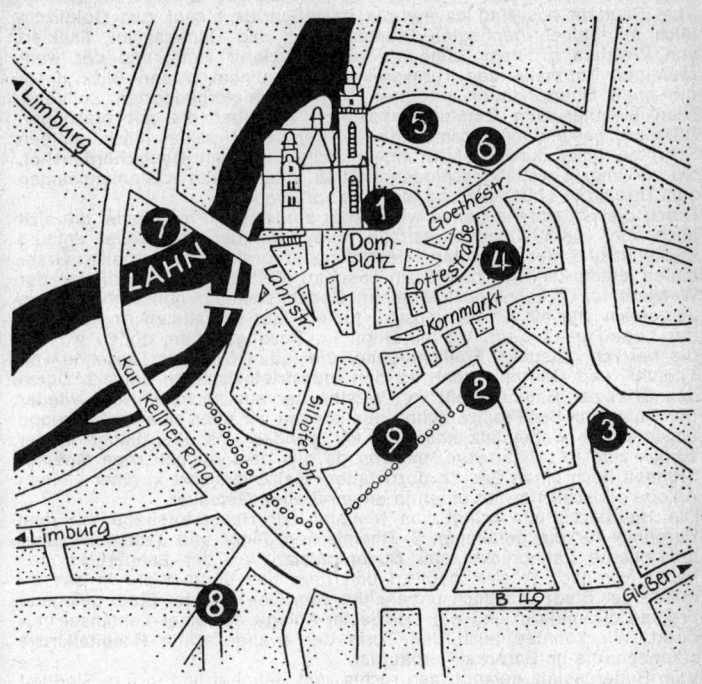

Wetzlar

1 Dom		**5** Freilichtbühne
2 Säuturm		**6** Goethebrunnen
3 Goldfischteich		**7** Hospitalkirche
4 Lottehaus		**8** Kalsmunttor
		9 Palais Papius

Namen „Säuturm". Unter- wie oberhalb dieses alten Stadtturmes sehen wir noch bedeutende Strecken der Ringmauer, die hier einst die Stadt nach Süden begrenzte und beschützte. Die vorgelagerten Gräben und Wälle sind zur **Avignonanlage** mit einem Ehrenmal für die Toten der beiden Weltkriege umgestaltet worden. Reizvoll ist der Blick über Stadtmauer und Anlagen hinüber zum Kalsmunt und über die untere Stadt ins Lahntal; jenseits des Tales können wir Kloster Altenberg mit seinem spitzen Türmchen und inmitten der bewaldeten Höhen des Westerwaldes die Dianaburg ausmachen.

Vom Säuturm aus sind es nur ein paar Schritte hinauf zum **Goldfisch-teich** mit seinen gepflegten Blumenbeeten und Ruhebänken, flankiert von Wetzlars größtem Saalbau, dem „Wetzlarer Hof", und der weiträumigen Turnhalle des Turnvereins. Nach einem kurzen Blick durch die enge Obertorstraße mit ihren beiden schieferbedeckten Zollhäuschen hinunter zum Domturm spazieren wir über die mit prächtigen Bäumen bestandene Promenade, biegen aber schon nach einigen Schritten links durch das Brunnengäßchen ab zum **Deutschordenshof,** wo wir uns in weltabgeschiedener Stille unter hohen Kastanienbäumen zum Besuch in **Lottehaus** und **Museum** vorbereiten.

Durch die Lottestraße gehen wir wieder zurück zur Promenade, die sich auch über die Wöllbachertorstraße hinweg an der Stadtmauer entlang ausdehnt und hier den **Alten Friedhof** beherbergt. Unter den alten Grabmalen entdecken wir den Stein für Karl Kellner, den Begründer der Wetzlarer optischen Industrie, einen Gedenkstein für den unglücklichen Jerusalem und ein Erinnerungsmal für die hier bestatteten Angehörigen der Lotte-Familie Buff. Weiter unten im Rosengärtchen stoßen wir auf die herrlich gelegene **Freilichtbühne,** die jeden Sommer Tausende von Theater- und Opernfreunden zu den **Industriefestspielen** anlockt. Durch das Grün der Bäume grüßt von Westen her aus nächster Nähe wieder der Dom. Von der Freilichtbühne aus können wir über eine steile Treppe abwärts zum Bebelplatz kommen; wir wenden uns aber lieber wieder zurück zum Rosengärtchen, um von da aus dem romantischen **Goethe-brunnen** noch einen Besuch abzustatten. Ganz versteckt in einer kleinen Anlage plätschert er tief unten in einem uralten Gemäuer.

Die Haarbachstraße bringt uns hinunter zur Hausertorstraße mit dem Ehrenmal für die gefallenen 8. Rheinischen Jäger und dann links über die eiserne Lahnbrücke zum **Buderusplatz.** Von der Lahnbrücke aus haben wir nach Westen geblickt und über das breite Wehr in das inmitten der Stadt und doch unbehelligt vom Getriebe der Stadt gelegene Freibad „Domblick" und die **Colchester-Anlage** auf einer Lahninsel entdeckt. Wir konnten auch den Turm der evangelischen **Hospitalkirche** erkennen, die im Barockstil erbaut ist.

Vom Buderusplatz gelangt man rechts zum Bahnhof und in den Stadtteil Niedergirmes, geradeaus zu den Anlagen der Schwerindustrie und links über den **Karl-Kellner-Ring** auf die neue Lahnbrücke. Von hier aus genießen wir den bekannten Blick über die Lahn mit ihrem Wehr auf die historische steinerne Lahnbrücke mit ihren formschönen Bögen und auf die schiefergraue Altstadt mit dem Dom als Bekrönung.

Rechts der Straße liegt hier das **Stadion;** vor uns am Fuße des Kalsmunt erheben sich die Hochbauten der Leitz-Werke. Hinter dem Leitz-Platz biegen wir noch einmal kurz nach rechts ab, um nach wenigen Schritten vor Wetzlars einzigem noch erhaltenen Stadttor, dem **Kalsmunttor,** zu stehen.

Wir wenden uns wieder zurück zum Leitz-Platz und von da durch die schmale Silhöfertorstraße zum **Schillerplatz.** In seiner Häuserfront steht das hübsche Fachwerkhaus mit dem **Jerusalemzimmer,** dessen Besichtigung sich der Freund und Liebhaber von Goethe's „Werther" nicht entgehen lassen wird. Auf der anderen Seite des Schillerplatzes erhebt sich das Gebäude des ehemaligen **Franziskanerklosters,** dessen Chor als Untere Stadtkirche der Evangelischen Kirchengemeinde und der Griech.-Orthodoxen Gemeinde als Gotteshaus dient. Dahinter steht am **Ludwig-Erk-Platz** das Geburtshaus des bekannten deutschen Liedersammlers und -komponisten.

Wir steigen noch ein paar Schritte die Kornblumengasse hinauf, um auf der rechten Seite das **Palais Paplus** mit seiner kostbaren Sammlung Europäischer Wohnkultur und auf der linken Seite das ebenfalls aus der Kammergerichtszeit stammende Avemann'sche Haus zu besichtigen; das letztere beherbergt neben der Stadtbibliothek auch das Stadtkulturamt. Man sollte von hier aus auch die neugeschaffene Umgebung des ehemaligen Franziskanerklosters in Augenschein nehmen, die „Zehntscheune" mit Straßenübergang und den Klostergarten.

Nun wenden wir uns zurück zum Schillerplatz, um nach einem Gang durch die eng gewundene Silhöfer Straße Wetzlars kleinsten ehemaligen Marktplatz, den **Eisenmarkt** zu besichtigen; ihn zieren zwei der anmutigsten Fachwerkhäuser, an der einen Seite die „Alte Münz" und schräg gegenüber die ehemalige Löwen-Apotheke. Durch Wetzlars belebteste und älteste Geschäftsstraße, die Krämergasse, gelangen wir vom Eisenmarkt zurück zum Buttermarkt und zum Dom, wo wir vor etwa 2 Stunden unseren Rundgang begonnen hatten.

Herbert Flender

Besichtigungszeiten:
Dom: (täglich geöffnet), Führungen nach Vereinbarung.
Lottehaus und Städtisches Museum (ehemaliges Deutschordenshaus) Lottestraße 8-10: Im Lottehaus Erinnerungen an Goethe und Charlotte Buff („Die Leiden des jungen Werthers"). Sammlung von Werther-Ausgaben; Möbel, Bilder, Briefe aus der Goethezeit.
Geöffnet: werktags außer montags 9-12 und 14-17 Uhr, sonntags 9-12 Uhr
Jerusalemhaus (Schillerplatz): Erinnerungen an den Legationssekretär K. W. Jerusalem, der sich hier im Oktober 1772 das Leben nahm. In der Gestalt von Goethes „Werther" wurde er unsterblich.
Geöffnet: werktags außer montags 10-12 und 15-17 Uhr, samstags 15-17 Uhr, sonntags 10-12 Uhr.
Palais Papius, Kornblumengasse 1: Eine einmalige Sammlung der Wohnkultur aus drei Jahrhunderten. Sie umfaßt die gesamte europäische Renaissance und das Barock.
Geöffnet: werktags außer montags 10-12 und 15-17 Uhr, sonntags 10-12 Uhr. Bei größeren Gruppen wird um Voranmeldung an die Stadtverwaltung (Museumsleitung) gebeten.
Ludwig-Erk-Sammlung, Schillerplatz 7/8: Handschriften, Briefe, Noten, Originale aus der Schaffensperiode des Komponisten und Dirigenten Ludwig Erk, zusammengestellt von Prof. Dr. Ernst Schade.
Geöffnet: montags, dienstags, donnerstags und freitags 10-12 Uhr.
Stadtführungen organisiert das Städt. Verkehrsamt, 6330 Wetzlar, Karl-Kellner-Ring 46, Tel. (0 64 41) 40 53 38 und 40 53 48.
✚ 47 Ärzte, 23 Zahnärzte, 14 Apotheken
⚓ Hallenbad, Freibad, Sauna, Solarium. Rudern, Angelsport, Segel- und Motorflugmöglichkeiten, Reitsport, Minigolfplätze, Tennisplätze. Wald- und Naturlehrpfad, Trimm-Dich-Pfad, 13 Schutzhütten, Grillplätze.
🛏 ✕ Campingplatz Wetzlar, Dammstraße, Tel. (0 64 41) 16 84 (Fischerhütte), 56 Restaurants und Gaststätten mit Mittagstisch, Imbißstuben, Cafés, Eisdielen, Pizzerias, 12 Hotels.
🚃 Bahnhof Wetzlar an den Strecken Kassel - Gießen - Wetzlar - Limburg - Koblenz; Frankfurt - Gießen - Wetzlar - Siegen - Köln; Bad Homburg - Usingen - Wetzlar; Wetzlar - Lollar.
🚌 Gießen, Dillenburg, Bad Homburg, sowie in alle Ortschaften des ehemaligen Landkreises Wetzlar.
☎ Städt. Verkehrsamt Wetzlar, Karl-Kellner-Ring 46, Tel. (0 64 41) 40 53 38
🅿 Neues Krankenhaus; Zentrum Stoppelberg; Kirschenwäldchen; Honigmühle; an der Straße nach Weidenhausen; Stadtwald Eisenhardt.
👣 Rundwanderweg um Wetzlar (10 km); Lahnuferweg (teilweise noch im Ausbau), (15 km); Rundwanderwege im Erholungswald Stoppelberg (ca. 25 km); Markierte Wanderwege in Westerwald, Taunus und Hinterland.

Ausflugsgaststätten:
Honigmühle; Kirschenwäldchen; Magdalenenhausen; Simberg.

Örtlicher Wanderweg: Wetzlar - Hohensolms, Mkg. roter Strich.
Wetzlar - Simberg (3 km) - Altenberg (11 km) - Hohensolms (14 km); Höhenunterschied 250 m.
Von Wetzlar/Niedergirmes in nördlicher Richtung hinauf zum **Simberg.** Kalksteinbrüche, Rasthaus „Schauinsland" mit schöner Aussicht in das Lahntal und auf den Taunus.

Der Weg führt in nördlicher Richtung weiter, überquert die Autobahn „Sauerlandlinie", dann durch Wald immer auf dem Kamm entlang. Links bietet sich ein schöner Blick in das Blasbachtal, auf den Ort Blasbach und wenig später auf die Wanderhütte des Westerwald-Vereines, den „Wällerhorst".

Bei dem Sportplatz von Blasbach führt der Weg weiter. In nördlicher Richtung leicht bergauf durch Wald, dann durch Felder und Wiesen, wo rechts im Tal die Gebäude des Hofgutes Bubenrod zu sehen sind, und wieder durch Wald zur Höhe des **Altenberges**, auch Alteburg oder Alt-Hohensolms genannt. Die Grafen von Solms errichteten 1323 hier eine Burg, die bereits 1328 von der Freien Reichsstadt Wetzlar zerstört, dann bald wieder aufgebaut und 1349 endgültig zerstört wurde. Heute befindet sich dort ein Aussichtsturm.

Der Weg führt nun über freies Feld und das letzte Stück auf der Landstraße nach Hohensolms. Die Burg Hohensolms wurde von den Solmser Grafen nach der Zerstörung der „Altenburg" Mitte des 14. Jh. hier erbaut.

3 km südlich von Wetzlar, an der Landstraße Wetzlar - Oberwetz

Wetzlar-**Nauborn** (175 m; 2 950 E.)

im idyllischen Wetzbachtal (Sieben-Mühlental)

mit schönen Rundwanderwegen nach Süden und Osten, durch Mischwälder und Täler, in denen noch klare Bäche fließen, bis hinauf zum Stoppelberg, einer Basaltkuppe von 401 m Höhe und einem Aussichtsturm, der einen ausgezeichneten Rundblick bietet.

◨ Am Stoppelberg zahlreiche frühgeschichtliche Funde (z. T. im Museum von Wetzlar) aus dem Mesolithikum (10 000 - 4500 v. Chr.) und verschiedenen späteren Perioden.

Erste urkundliche Erwähnung des Ortes Nauborn (Niuvora, Niuvaren) im 8. und 9. Jh. Grundherrschaft des Klosters Lorsch, ehemaliges Reichsgut der Konradiner. Im Jahre 1280 Reichslehen an Gottfried von Eppstein, später Aufteilung an den niederen Adel und an die Grafen von Solms. Etwa 1,5 km südlich von Nauborn, an der Straße Wetzlar - Oberwetz, gegenüber der „Dickes-Mühle" im Walde die 1927 freigelegten Grundmauern der **Theutbirg-Basilika**, die im Jahre 778 von der Nonne Theutbirg an das Kloster Lorsch geschenkt wurde. Die Kirche hatte eine Länge von ca. 20 m und war 6 m breit. Der Grundriß ist einfach und besteht aus Atrium, einem Langschiff mit eingezogenem Rechteckchor mit eingezogener, halbrunder Apsis. Scherbenfunde aus der 2. Hälfte des 8. Jh., Gräber mit ärmlichen Bestattungen.

✕ Optische und feinmechanische Industrie

✛ Ärzte, Apotheke

⚐ Ponyhof (Kirmesgrund) und Minigolfplatz am Kirschenwäldchen.

⌂✕ Hotel „Zum Stoppelberg", Pension „Am Kirschwäldchen", Gaststätte „Zum Siebenmühlental", Wetzlarer Straße 1.

🚌 Stadtbus: Wetzlar - Nauborn; Buslinien: Wetzlar Bhf. - Schwalbach; Wetzlar Bhf. - Oberwetz; Wetzlar Bhf. - Reiskirchen.

🄿 Am Kirschenwäldchen und am Stoppelberg (von Wetzlar aus); Honigmühle an der Landstraße Wetzlar - Oberwetz; Weißmühle, Ponyhof an der Landstraße Wetzlar - Oberwetz.

🚶 1. Nauborn - Stoppelberg - Nauborn (14 km); Nauborn - Theutbirg-Basilika - Honigmühle - Schafbachtal - (L = Lahnhöhenweg bis) - Stoppelberg - Kirschenwäldchen - Nauborn

2. Nauborn - Kirschenwäldchen - Nauborn (6 km); Nauborn - Weißmühle (Ponyhof) - Kirmesgrund - Kirschenwäldchen - Nauborn

3. Nauborn - Wilder Stein - Kirschenwäldchen - Nauborn (5 km).

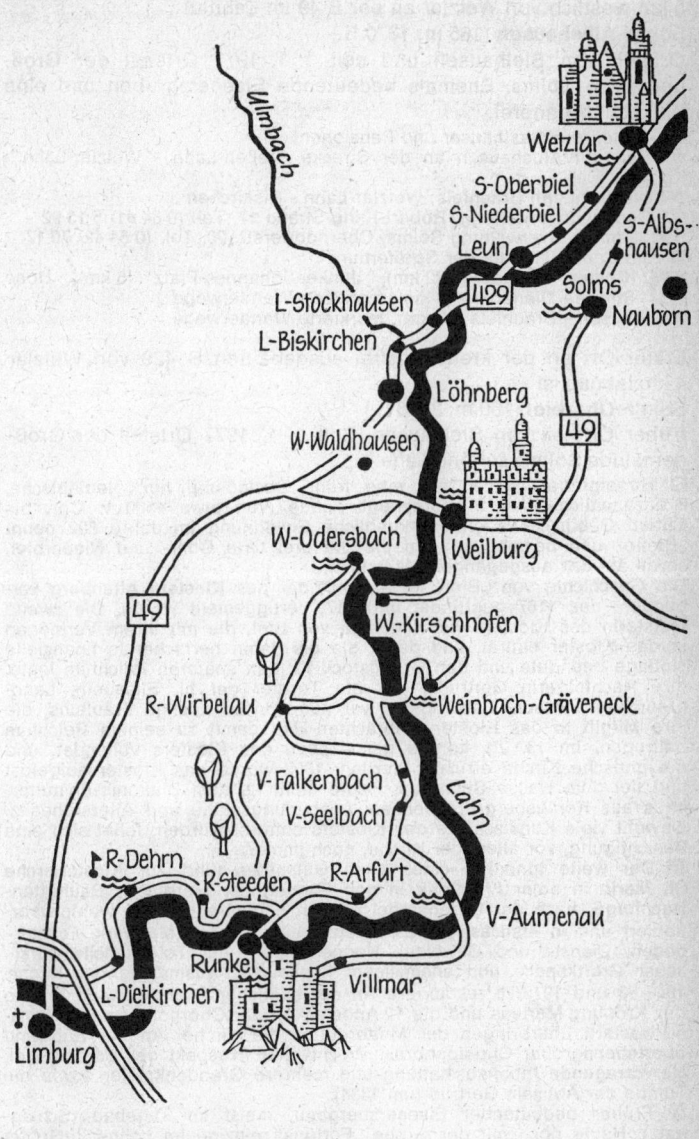

Lahntal zwischen Wetzlar und Limburg   **Seiten 574 - 589**

5 km westlich von Wetzlar an der B 49 im Lahntal
Solms-Albshausen (165 m; 1670 E.)
Ortsteil von Bielhausen und seit 1. 1. 1977 Ortsteil der Groß-
gemeinde Solms. Ehemals bedeutende Eisenerzgruben und eine
Kalksteinbrennerei.

⊨ ✕ Mehrere Gasthäuser und Pensionen.

🚌 Bahnhof Albshausen an der Strecke Gießen-Lahn - Wetzlar-Lahn -
Koblenz.

🚎 Wetzlar-Lahn Braunfels; Wetzlar-Lahn - Biskirchen

☎ Gemeindeverwaltung, Robert-Kling-Straße 17, Tel. (0 64 41) 5 15 92
und Gemeindeverwaltung Solms, Oberndorferstr. 20, Tel. (0 64 42) 70 17

🅿 am Sportplatz; auf der Schäferburg

🚶 Kloster Altenberg (2 km), Junker-Johannes-Platz (5 km), Hohe
Straße - Dianaburg (8 km), markierte Wanderwege
Albshausen - Braunfels (10 km), markierte Wanderwege.

Erster Ort an der kreuzungsfrei ausgebauten B 429 von Wetzlar
4 km lahnab ist
Solms-Oberbiel (160 m; 2675 E.)
früher Ortsteil von Bielhausen. Seit 1. 1. 1977 Ortsteil der Großgemeinde Solms, schöne Lage.

▣ Hügelgräber weisen auf eine frühe Besiedlung hin. Neolithische,
Bronzezeitliche und Schnurkeramik-Funde (von etwa 4500 v. Chr. bis
Christi Geburt). Die erste urkundliche Erwähnung im Jahre 802 nennt
„Bielle" und bezieht sich auf die die drei Orte Ober- und Niederbiel,
sowie auf das ausgegangene Mittelbiel.
Die Geschichte von „Biel" ist eng mit der des **Klosters Altenberg** ver-
bunden, das 1167 gegründet und 1179 fertiggestellt wurde. Die zweite
Meisterin des Klosters war Christina von Biel, die mit ihrem Vermögen
in das Kloster eintrat, und damit die bis dahin herrschende finanzielle
Notlage beendete und den Grundstock für den späteren Reichtum legte.
Ihre Nachfolgerin Gertrudis war die Tochter der hl. Elisabeth, Landgräfin von Hessen. Das Kloster war nun nur für adelige Fräuleins, die
ihre Mitgift in das Kloster einbrachten und damit zu seinem Reichtum
beitrugen. Im 13. Jh. konnte der Ausbau des Klosters vollendet, und
die gotische Kirche errichtet werden. 1802 wurde das Kloster aufgelöst
und fiel dem Hause Solms zu. Heute dient es dem Diakonissenmutter-
haus aus Königsberg/Preußen als Ausbildungsstätte und Altersruhesitz.
Obwohl viele Kunstschätze des Klosters entfernt wurden, lohnt sich eine
Besichtigung, vor allem der Kirche, noch immer.
🏛 Der weite Innenhof eines alten Gutshofes führt zur **Klosterkirche
St. Maria** in edler Frühgotik in den Formen der Marburger Bauhütten-
Nachfolge; nach der Ordensregel einfach und streng, doch wohlpropor-
tioniert und in erstklassiger Steinmetzarbeit gestaltet (Maßwerk, Fenster-
böden, Dienste und Gewölbe). Nonnenempore mit Totenkapelle, fürst-
licher Gruftkapelle und ehemaligem Kapitelsaal. Ausmalung der Kirche
1949/50 und 1975/76 restauriert. An der südlichen Vierungswand Fresko
der Krönung Mariens und die 12 Apostel. An der Chornordwand: Ordensschwestern überbringen der Muttergottes die Kirche. An der Südwand
überlebensgroßer Christophorus. Prachtvoller Prospekt der Barockorgel.
Hervorragende Innenausstattung und mehrere Grabdenkmäler sowie die
Tumba der Äbtissin Gertrud (um 1334).
✕ Früher bedeutender Eisenerzbergbau, meist im Tagebau (Schlag-
katz). Heute noch mit der Grube „Fortuna" einzige im Lahn-Dill-Gebiet
in Betrieb befindliche Eisenerzgrube. Vorwiegend Arbeitergemeinde,
Bergbau, Kugellagerfabrik, Pendler in die nahegelegenen Industrieorte.
✚ Arzt, Zahnarzt
🏊 Hallenbad (Ortsteil Burgsolms), Sauna (Ortsteil Albshausen) „Trimm-
Dich-Weg", Kegelbahn, Grillplätze, Schutzhütten.

🚏 ✕ 3 Pensionen, 18 Gasthöfe; 4 mit Mittagstisch.

🚌 Bahnhof Albshausen an der Strecke Gießen-Lahn - Wetzlar-Lahn - Koblenz.

🚌 Wetzlar - Biskirchen; Wetzlar - Braunfels

☎ Gemeindeverwaltung 6336 Solms

🚶 Siehe Albshausen und Niederbiel!

2 km lahnab in schöner Lage im Lahntalhang

Solms-**Niederbiel** (170 m; 1460 E.)

🏛 **Ev. Kirche.** Kleine romanische Chorturmanlage. Dreistöckiger Haubenhelm mit offener Laterne. Reicher Orgelprospekt um 1700.

⚒ Früher bedeutender Eisenerzbergbau, heute keine Grube mehr in Betrieb. Nur noch wenig Landwirtschaft, die meisten Einwohner pendeln in die nahe gelegenen Industrieorte.

🏕 Grillplätze, Schutzhütte, Minigolf, Angelsport (Fischteiche, 10 ha).

🌿 Waldlehrpfad (6 km lang), Kreisvogelschutzgehölz.

🚏 ✕ 2 Gasthäuser mit 10 Betten.

🚌 Bahnhof Burgsolms an der Strecke Gießen-Lahn, Wetzlar-Lahn - Koblenz.

🚌 Wetzlar-Lahn - Biskirchen

☎ Kultur- und Verkehrsverein Niederbiel Helmut Gaul, Egerstraße 22, Tel. (0 64 42) 18 27; Gemeindeverwaltung Solms, Oberndorferstraße 20, Tel. (0 64 42) 70 17

🅿 am Sportplatz; an der Schäferburg

🚶 Ausflugsziel Uhlenhorst, Bodenstraße 17;
Junker-Johannes-Platz (4 km) - Hohe Straße - Dianaburg (7 km), markierte Wanderwege; Burgsolms - Braunfels (6 km), markiert; Leun (4 km), markierter Wanderweg, „L" Lahnhöhenweg; Kloster Altenberg (6 km), markierter Wanderweg, „L" Lahnhöhenweg.

4 km lahnab

Stadt **Leun** (150 m; 2200 E.)

mit den Stadtteilen Biskirchen, Bissenberg, Stockhausen; Großgemeinde 5000 E. Ein schöner Ort mit alten Fachwerkhäusern, idyllisch an der Lahn, im Leuner Becken, gelegen.

◪ Siedlungsspuren aus dem Neolithikum (4500 - 1800 v. Chr., Bandkeramik) der Hallstattzeit (800 - 500 v. Chr.) und Freilandsiedlungen aus der Latènezeit (500 - Chr. Geb.). Erste urkundliche Erwähnung 771 und 912 als Liuun, oder Liuna (nach der Lahn benannt). Marktrechte seit 1469 und seit 1664 Stadtrechte. Junkerhof der Adelsfamilie Mohr von Leun aus dem Jahre 1500.

⚕ Ärzte, Zahnarzt, Apotheke

🏕 Angelsport (Lahn), Reitplatz, Mehrzweckhalle, Tennisplätze, Grillplatz, Schutzhütte; Campingplatz.

🚏 ✕ 2 Hotels, 6 Gasthäuser und Pensionen mit insgesamt 78 Betten.

🚌 Bahnhof Braunfels an der Strecke Gießen- Wetzlar - Koblenz.

🚌 Wetzlar - Biskirchen

☎ Stadtverwaltung 6337 Leun, Bahnhofstraße 25, Tel. (0 67 73) 7 01/7 02

🚶 1. Braunfels (6 km); Mkg.: schwarzes Dreieck bis Bahnhof Braunfels, dann rote 1 und schwarzer, waagerechter Strich, einseitig spitz zulaufend bis Braunfels.

2. Dianaburg (6 km) durch herrlichen Mischwald; Mkg.: schwarzes Dreieck.

3. Greifenstein (14 km); Mkg.: schwarzes Dreieck bis Dianaburg, dann großes „D" (Dillhöhenweg) bis Greifenstein.

4. Wanderung über Hof Heisterberg zum Ulmtalrundweg.

3 km lahnab hinter dem Lahnbogen des Leuner Beckens
Leun-Stockhausen (150 m; 807 E.)
Ein etwa 12 km westlich von Wetzlar im Lahntal liegender Ort in
schöner Lage. Von dem an den Hängen des Westerwaldes hinauf-
kletternden Ortsteil schöner Blick nach Süden, Osten und Westen.
Wenig Industrie, meist handwerkliche Betriebe.

◪ Auf eine vorgeschichtliche Besiedlung weisen zwei zerstörte Hügelgräber an dem Wege zur Dianaburg hin. Erste urkundliche Erwähnung
1245 als „Stochusin", aber bereits um 900 in der „centa olmena" vorhanden.

✘ Basaltindustrie, Maschinenbau, Handschuhfabrik

✚ Zahnarzt

🎇 Grillplatz, Schützhütte, Waldlehrpfad, Rundwanderwege, Dorfgemeinschaftshaus.

🛏 ✕ 2 Gasthöfe mit 8 Betten

🚌 Bahnhof Stockhausen an der Strecke Gießen - Wetzlar - Limburg -
Koblenz.

🚌 Bissenberg - Biskirchen - Leun - Wetzlar und Stockhausen - Beilstein

🏃 Biskirchen (4 km); zum Hof Heisterberg (hier lag früher das unterge-
gangene Dorf Mudersbach (5 km). Mkg.: großes „L" (Lahnhöhenweg).
Auf Heisterberg befindet sich eine private Jagdschießschule.

An der Mündung des Ulmbachs in die Lahn liegt
Leun-Biskirchen (145 m; 1314 E.)
Schöner und gepflegter Ort. Über die B 429 etwa 15 km westlich
von Wetzlar zu erreichen

◪ Besiedlung um etwa 900 (Cente Olmena). Die Kirche wurde von dem
Konradiner Rudolf, Bischof von Würzburg (892 - 908), dem Bruder König
Konrads I., gegründet. Der Ort wird 1245 als „Bischofskirchen" urkund-
lich erwähnt. Die Kirche, die ursprünglich in den hochwassergefährdeten
Lahnniederungen stand, wurde 1871 abgebrochen und durch einen Neu-
bau im oberen Dorf ersetzt. Der kohlensäurehaltige Gertrudisbrunnen
wird als Gemeindeborn bereits 1650 urkundlich erwähnt. Daneben 800
Jahre alte Eiche.

🏛 Unterirdischer Brunnentempel der Friedrich-Christian-Heilquelle,
Besichtigung nach Vereinbarung.

✘ Wenig Industrie. Mineralquellen mit anerkannter Heilwirkung (Karl-
sprudel, Friedrich-Christian-Heilquelle und Neuselters-Mineralquellen).

✚ Arzt, Apotheke

⚓ Kneippanlagen, Sportfeld, Grillplatz, Schutzhütten, Reitplatz, Minigolf,
Angelsport.

🛏 ✕ 3 Gasthöfe und 10 Pensionen mit insgesamt 80 Betten; Café;
Pension für Diabetiker.

🚌 Bissenberg - Biskirchen - Leun - Wetzlar

Ⓟ an den Heilquellen

🏃 Ulmtalrundweg (siehe Bissenberg und Stockhausen!).

In Höhe der Einmündung des Kallenbachtals biegen wir von der
Schnellstraße B 429 ab und fahren nach
Löhnberg (163 m; 3000 E.)
Großgemeinde mit den Orten Niedershausen, Obershausen und
Selters; 4800 E.

◪ Der ursprüngliche Ort Heimau (Funde aus dem 6. und 7. Jh. n. Chr)
lag im Tal zwischen dem Dreieck der heutigen B 429 und der Abfahrt
nach Löhnberg. Nach der Errichtung der Schutzburg Lahneburg verlagerte sich der Ort auf den Burghügel.

Burgruine Lahneburg in Löhnberg

Die **Lahneburg** wurde 1310 von Johann von Nassau-Dillenburg erbaut, in der Mitte des 16. Jh. zum Wohnschloß erweitert und war Residenz der Nassau-Dillenburger. Das Schloß wurde 1900 durch Brand zerstört und nicht wieder aufgebaut. Außer dem Bergfried ist in den umfangreichen Ruinen noch eine Ecke des Palas erhalten.

Nach dem 2. Weltkrieg mußten in der Großgemeinde 1500 Vertriebene, überwiegend aus dem Sudetenland, aufgenommen werden.

🏛 **Schloßruine „Lahneburg"** siehe oben!

Ev. Pfarrkirche, ehemalige Hof- und Schloßkirche. Gotischer Chor, Schiff von 1738. Vorzügliche Decken- und Brüstungsmalereien.

Fachwerkbauten aus dem 17. und 18. Jh.

Schöne dreibogige **Steinbrücke** über den Vöhlerbach.

✗ Im Mittelalter hatte Löhnberg große industrielle Bedeutung: Waldschmiede (1404), Eisenhammer (1609) und Eisenhütte (1617). Nach dem letzten Krieg vollzog sich allmählich die Umstrukturierung von einer überwiegend landwirtschaftlichen und Arbeiterwohnsitz-Gemeinde zu einer Industriegemeinde (1450 Arbeitsplätze).

Bekannte Unternehmen sind: Selters-Sprudel Augusta Victoria GmbH; Neuselters - Mineralquelle Selters - Blaue Quellen (Besichtigung möglich, Tel. (0 64 73) 7 31); Heinrich Göbel KG, Brauerei „Zum Waldschlößchen"; Glashütte Löhnberg des Glaswerkes Wertheim; Firma Molto (Heimwerker-Bedarf, Schwimmbad-Chemikalien); Fa. Happel KG (Wärmetechnik); Fa. Leico (Optik- und Bäckereimaschinen).

✚ 3 Ärzte, Zahnarzt, Apotheke

⚓ Rudern und Wasserski auf der Lahn; Angeln; Trimm-Dich-Weg; Grillplatz.

🛏 ✗ 8 Pensionen und Gasthäuser mit 52 Fremdenbetten, 5 Restaurants, Café.

🚌 Strecke Gießen - Wetzlar - Limburg - Koblenz

🚐 nach Weilburg, Mengerskirchen und Obershausen

☎ Gemeindeverwaltung 6293 Löhnberg, Tel. (0 64 71) 81 26

🅿 nördlich des Sportplatzes am Waldrand.

🚶 Löhnberg - Selters (3 km); Löhnberg - Jopps Weg - Merenberg (8 km); Lahnhöhenweg Löhnberg - Weilburg (4 km), (Mkg.: „L").

IM LAHNTAL VON WEILBURG NACH LIMBURG

Bearbeiter: Dr. Heinrich Schwing †   *Übersichtskarte Seite 573*
und Hermann-Josef Hucke

Zwischen Löhnberg und Weilburg liegt im flachen Tälchen des Walderbachs
Weilburg-Waldhausen (190 m; 1100 E.)
Ruhig gelegen, am Rande großer Waldungen.

🏭 Auf dem Hermannskopf (358 m) 1979 erbauter, 90 m hoher Fernmeldeturm.
✘ Südlich von Waldhausen ein Weilburger Industrie- u. Gewerbegebiet.
🐎 Reitmöglichkeit
🛏 ✘ Gaststätte und Pension; Kindergarten für Gästekinder.

Die Lahntalstraße Löhnberg - Weilburg (3 km) ist zwischen Steilhang und Eisenbahnstrecke eingeklemmt und erreicht am Weilburger Bahnhof die alte Residenzstadt.

Weilburg (130-250 m; 12 300 E.)

hat eine halbinselartige Lage, da die Lahn in einer Schlinge den 40 m höher gelegenen Stadtkern umfließt. Weite Wälder treten im Süden und Westen bis an das Stadtgebiet heran. Die vom Kleinen Feldberg im Taunus kommende Weil mündet 1 km südlich der Stadt in die Lahn. Steil abfallend überragen die umgebenden Höhen die Stadt, so daß man von hier besonders schöne Ausblicke genießt (Adolfstraße, Kanapee und „Tempelchen" über der Hauslei).

Weilburg zählte rund 6000 überwiegend evangelische Einwohner, nach dem Zusammenschluß mit zehn Nachbargemeinden jetzt etwa 14 000. Behörden: Stadtverwaltung, Nebenstelle des Landratsamtes, Amtsgericht, Bergamt, Forstamt, Finanzamt, Landesstraßenbauamt, Arbeitsamt-Nebenstelle, Katasteramt, Allgemeine Ortskankenkasse, Hessische Knappschaft. Schulen: das 1548 gegründete Gymnasium Philippinum mit rund 1500 Schülern (von 1817 - 1844 einziges Nassauisches Landesgymnasium), Grund-, Haupt- und Realschulen, Berufs- und Berufsfachschule, Sonderschule für Lernbehinderte, Staatliche Technikerschule, Krankenpflegeschule, Lehrbetrieb für Waldarbeit.

Weilburg ist staatlich anerkannter Luftkurort. Die reizvolle Lage und die waldreiche gebirgige Umgebung laden zu Spaziergängen auf bezeichneten Rundwegen, zu Wanderungen längs der Lahn, in Taunus und Westerwald ein.

◘ Die Anfänge liegen im dunkeln. Die einzigartige Lage des von der Lahn umflossenen Bergkegels in der Nähe der uralten Fernstraße vom Bergischen Land über den Westerwald zur großen Furt am Main regte im ausgehenden karolingischen Reich (9. Jh.) das Grafengeschlecht der Konradiner zur Anlage eines befestigten Gutshofs auf dem Felsabsturz über dem Fluß an, Wilinaburg genannt. Konrad der Ältere, das Oberhaupt des Geschlechts, fiel im Kampf um die Herrschaft im Herzogtum Franken und wurde auf der Wilinaburg 906 beigesetzt (erste Erwähnung des Ortes). Seinen Sohn wählten die deutschen Herzöge nach dem Ende des ostfränkischen Reiches zum König: Konrad I. (911 - 918), Begründer des Deutschen Reiches.

Er errichtete das mit einer Schule verbundene Walpurgisstift als kirchlichen Mittelpunkt der Umgebung von Weilburg, starb aber, im Kampf gegen die anderen Herzöge früh zermürbt, kinderlos auf der Wilinaburg. Seinen Bruder und Erben Herzog Eberhard beauftragte er, die Abzeichen der Königswürde seinem erbittertsten Gegner, Herzog Heinrich dem „Vogler" von Sachsen, zu überbringen, womit er diesen als seinen Nachfolger bezeichnete. Dieses „Testament von Weilburg" hat der deutschen und europäischen Geschichte eine entscheidende Wendung gegeben. Als Eberhard im Kampf gegen König Heinrichs I. Sohn Otto den Großen gefallen war (939), kam die Herrschaft Weilburg an das sächsische Haus und um 1000 durch Schenkung an das Bistum Worms. Die als Vögte (Gerichtsherren) eingesetzten Grafen von Nassau gewannen die Herrschaft Weilburg zunächst als Pfand, und Graf Adolf aus der walramischen Linie, von den deutschen Kurfürsten zum König gewählt (1291 - 1298), kaufte sie. Er verlieh Weilburg Stadtrechte (erste Aufzeichnung des Frankfurter Stadtrechts) und begründete einen Wochenmarkt. Graf Johann umgab im 14. Jh. die Stadt mit einer Basaltmauer; einer ihrer sechs hohen Türme steht heute noch. Graf Philipp III. führte die Reformation ein und gründete nach Aufhebung des Walpurgisstifts 1540 eine Lateinschule, aus der das heutige Gymnasium Philippinum hervorgegangen ist. Die Konradinerburg ließ er abreißen und erbaute das jetzige vierflügelige Hochschloß (Baumeister Balthasar Wolf aus Heilbronn).

Graf Johann Ernst (1675 - 1719), der in seiner Jugend die Bauten von Paris und Versailles kennengelernt hatte, beauftragte den Architekten Julius Ludwig Rothweil mit der großzügigen Erweiterung des Schlosses im Barockstil. Im Zusammenklang von Kunst und Natur bietet das Schloß heute das Bild einer fürstlichen Hofhaltung des 18. und 19. Jh. Auch die Stadt und die Landschaft gestaltete er mit Marktplatz, ganzen Häuserfronten und breiten, über die umliegenden Berge reichenden Lindenalleen im Stil des Barock.

In den Kriegen zwischen 1756 und 1815 hatte Weilburg vielfach zu leiden, dann wurde es nach dem Aussterben der anderen nassauischen Linien Hauptstadt des stark erweiterten Herzogtums Nassau, doch 1816 wurde die Regierung von Weilburg nach Wiesbaden verlegt. Im Krieg 1866 schloß sich Herzog Adolf an Österreich an und verlor dadurch sein Land, das Preußen einverleibt wurde, behielt aber sein Weilburger Schloß. Als er 1890 nach einem alten Erbfolgegesetz Großherzog von Luxemburg wurde, war das Weilburger Schloß luxemburgischer Besitz, bis es der preußische Staat 1934 durch Kauf erwarb. Seit 1945 gehört es dem Land Hessen, das es in hohem Maß pflegt und betreut. Weilburg wurde 1866 Kreisstadt des Oberlahnkreises, jetzt ist dieser durch Zusammenlegung Teil des Kreises Limburg/Weilburg mit Limburg als Kreisstadt. Bei der Gebietsreform 1973 wurde es durch zehn umliegende Dörfer erweitert. Im 2. Weltkrieg ist die Stadt von größeren Schäden bewahrt geblieben. Weilburg ist verschwistert mit den Städten Privas in Südfrankreich, Zevenaar in Holland und Tortona in Norditalien.

🏛 Das **Hochschloß,** Stil nordische Renaissance, erbaut 1535 - 1572 auf dem Felsen hoch über der Lahn. Vier Flügel mit malerischem Innenhof, dem Raum für Freilichtspiele und die Weilburger Schloßkonzerte mit bekannten Solisten (Juni). Im Ostflügel „alte Hofstube" mit gotischen Bauteilen, vorgelagert der Uhrturm mit zwei Aufgängen, die zum Mittelstock mit den herzoglichen Wohnräumen führen; von hier prächtiger Blick auf die über ein Wehr strömende Lahn und den Westerwaldteil der Stadt. Im Nordflügel über Rundbogenarkaden die Prunk- und Gesellschaftsräume, darunter Marmorbad und Gerichtssaal. Im Westflügel die große Hofküche und Schloßwache, darüber Wohnräume, vorgelagert der Schloßturm mit der Stadtpfeiferwohnung (Novelle von W. H. Riehl). Im Obergeschoß des Südflügels Thron- und Speisesaal. Die Inneneinrichtung des 18. und 19. Jh. ist geblieben (Besichtigung möglich und empfehlenswert). Ringsum angeschlossen großzügige Barockbauten des Grafen Johann Ernst: im Norden, tiefer als das Hochschloß, der **„Viehhof",**

Schloß Weilburg über dem Lahntal

umgeben von Prinzessenbau, Marstall und Reithalle, als Bürgerhaus
ausgebaut, 1974 abgebrannt, jetzt wiederaufgebaut; im Westen am
„Schloßplatz" Archiv und Regierungsgebäude **(Heimatmuseum);** im
Süden der in Terrassen angelegte **Schloßgarten** im englischen und
französischen Stil mit der unteren Orangerie (jetzt Café), nach dem Vorbild von Versailles-Trianon; neben dem Schloßgarten die **Schloßkirche**
(Hallenkirche mit Gemälden des Hofmalers Seekatz, Fürstenloge, Stuckarbeiten und der [nicht zugänglichen] Gruft der nassauischen Fürsten
und Großherzöge von Luxemburg); angebaut das **Alte Rathaus** der Stadt;
die Verbindung mit dem Schloß bildet die halbrunde obere **Orangerie,**
ausgestattet mit 1400 kachelförmigen Bildchen, gemalt von Seekatz,
und einem Mittelsaal mit versteckter Musikloge (in die Schloßführung
einbegriffen); der **Marktplatz,** von ehemals einheitlichen Wohnhäusern
umstanden, vor dem Rathaus ein **Laufbrunnen** mit Standbild des Meer-
gottes Neptun.
Am östlichen Ausgang der Altstadt das **Landtor,** 1759 im Stil eines
römischen Triumphbogens erbaut. Hier beginnt die Frankfurter Straße,
von Graf Johann Ernst bis zum Tiergarten (1 qkm, mit einheimischen
Tieren, deren Art ausgestorben ist, wie Wölfen, Luchsen, Auerochsen,
Wildpferden; Gaststätte) mit Linden bepflanzt; diese Allee ist teilweise
noch erhalten, wie auch die der Limburger Straße auf der Westerwaldseite. An der Frankfurter Straße oberhalb des Landtors der Alte Friedhof mit **Heilig-Grab-Kapelle,** im romanisierenden Stil 1505 erbaut, und
Kalvarienberg, Zeugnisse der Leiden-Christi-Verehrung am Beginn der
Neuzeit (Schlüssel bei den drei ev. Pfarrämtern und dem Küster, Bis-
marckstraße 7 b). Über dem Friedhof die neu errichtete katholische
Heilig-Kreuz-Kirche, tief darunter der (in Deutschland einzige) **Schiffahrts-
tunnel,** 1847 erbaut, an der oberen Einfahrt lateinische Inschrift, an der
unteren Schleuse, jetzt nur noch von Paddlern benutzt; parallel dazu
Eisenbahn- und Abwassertunnel.
Zu den Sehenswürdigkeiten gehörten das **Heimatmuseum am Schloßplatz,**
eines der besten in Hessen, mit neu eingerichteten **Bergbaumuseum** als
Denkmal des Eisenerzbergbaues im Lahngebiet mit Schaustollen bis unter
den Schloßplatz.
Öffnungszeiten: 1. 4. - 30. 10.: Dienstag bis Sonntag 10-12 und 14-17 Uhr.
1. 11. - 31. 3.: Montag bis Freitag 10-12 und 14-17 Uhr. Tel. (0 64 71) 20 11.
✱ Ausblick auf die tiefer gelegene Stadt von den jenseitigen Höhen Hauslei

und „Kanapee'' aus, Zugänge von der Limburger Straße aus, ferner über den Ernst-Dienstbach-Steg (früher Träger der fürstlichen Wasserleitung) und eine Fähre.

✕ Kleinindustrie (ohne Rauch und Lärm): Lackfabrik, zwei optische Betriebe, Brauerei, Gebäckfabrik, zwei Kleiderfabriken, Fabrik für Garderobenanlagen.

✚ Im Wald gelegenes, 1974 bezogenes Krankenhaus mit 230 Betten. 24 Ärzte, 5 Apotheken, zwei Altenwohnheime, ein Langzeitpflegeheim. Im Schloßpark Ausschank der Heilquelle „Karlssprudel''.

✦ Kleingolfplatz, Bootsverleih, Tennisplätze, Trimmpfad, Reithalle.

🛏✕ Zahlreiche Hotels, Gasthöfe, Pensionen, Eisdielen, Cafés, Pizzeria.

☉ Für Musikliebhaber ist Weilburg seit 1973 Anziehungspunkt durch die „Weilburger Schloßkonzerte'' geworden, die jährlich im Juni im Schloßhof selbst und in der Schloßkirche unter der Mitwirkung international anerkannter Solisten und des Frankfurter Kammerorchesters unter Hans Koppenburg stattfinden.

Unterhaltung bieten auch die „Brunnenkonzerte'' an Sonntagen im Schloßgarten.

🦌 In Weilburg-Hirschhausen ganzjährig geöffneter Tierpark mit „Hessenhaus''. Tel. (0 64 71) 3 90 75.

🚂 Bahnstation der Lahntalstrecke und der Strecke Weilmünster - Usingen.

🚌 in alle Richtungen

☎ Städt. Verkehrsamt oder Kur- und Verkehrsverein, 6290 Weilburg Örtliche Literatur, Ortsprospekte und Wanderfaltblatt erhältlich.

Bezeichnete Spazier- und Wanderwege:

1. Post - Odersbacher Weg - Hausleipfad - Rollschiff - Bangert - Mühlberg - Landtor - Gebück - Engelsmann Mühle (ca. 2,5 km, Mkg.: schwarzer Punkt auf weißem Feld).

2. Post - Limburger Straße - Adolfstraße - Hohl - Spielmannstraße - Kanapee - Odersbacher Weg in Höhe Tilmanns Eiche - Lindenallee - Tempelchen - Rollschiff - Ehemalige Hain-Kaserne - Denkmal (ca. 3,2 km, Mkg.: schwarze Punkte auf weißem Feld).

3. Krieger-Denkmal - Dienstbachsteg - Lache - Kanapee - Lehrbetrieb für Waldarbeit - Limburger Straße - Steinerne Bank - Adolfstraße - Post (ca. 3,5 km, Mkg.: weißes Dreieck - Spitze nach unten - auf schwarzem Feld).

4. Landtor - Eingang zum Alten Friedhof an der Hl.-Grab-Kapelle - Hl.-Kreuzkirche - Ausgang Frankfurter Straße - Riehlstraße - Im Geyer - Fußweg zum Erbstollen - rechts ab um den Gänsberg zur Guntersau - Bahnunterführung an der Siedlung - Leinpfad - Landtor (ca. 4,5 km, Mkg.: schwarzer Doppelstrich auf weißem Feld).

5. Landtor - Schmittbachweg - Freystädter Straße - Frankfurter Straße am Weilburger Stift - Beethovenstraße - Reuschenbachweg - Erbstollen - Leinpfad - Landtor (ca. 3 km, Mkg.: zwei weiße Punkte auf schwarzem Feld).

6. Weilburger Rundweg: Bahnhof - Flums Berg - Adolfstraße - Hohl - Steinbühl - Lindenallee - Tempelchen - Rollschiff - Alter Friedhof - Frankfurter Straße - Karlsberg - Eisenbahnbrücke (ca. 4 km, Mkg.: weißer Ring in schwarzem Feld).

7. Bahnhof - Eisenbahnbrücke - Karlsberg - Teehaus - Friedhof - Windhof - Sportplatz - Ahausen - Waldpfad über den Diabasfelsen zur Lackfabrik - Ahäuser Weg - Eisenbahnbrücke - Bahnhof (ca. 4,5 km, Mkg.: schwarzer Strich auf weißem Feld).

8. Denkmal - Ernst-Dienstbach-Steg - Hausleipfad - Campingplatz Odersbach - Fußbrücke nach Kirschhofen - Leinpfad - Guntersau - Schleuse (Schiffstunnel) - Landtor (ca. 7 km, Mkg.: weißer Strich auf schwarzem Feld).

9. Landtor - Schmittbachweg - Lessingstraße - Windhof - Johann-Ernst-Straße - Kubacher Straße - rechts ab zum Gänsberg - Guntersau - Leinpfad - Schleuse (ca. 6 km, Mkg.: schwarzes Quadrat auf weißem Feld).

10. Post - Limburger Straße - Adelheidstraße - Waldhäuser Weg - Kirchweg - Waldhausen - Jagdhaus - Runkeler Straße - zum Schlag oberhalb Odersbach (Aussicht) - Haus der Jugend (JH) - Odersbacher
Weg - Ernst-Dienstbach-Steg (ca. 9 km, Mkg.: schwarzes Dreieck auf
der Spitze stehend).

Das Lahntal ist von Weilburg bis Ennerich (4 km östlich von
Limburg) tief in das Rheinische Schiefergebirge eingeschnitten
und teilweise sehr eng, so daß die Eisenbahn auf diesem Abschnitt durch sieben Tunnel fährt. Da kein Platz für eine Straße
ist, verläßt die B 49 das Lahntal und erreicht es unter Umgehung
der Orte Allendorf, Heckholzhausen, Obertiefenbach und Ahlbach
erst wieder in Limburg.

Weil die B 49 über die Höhen führt, wird dem Wanderer empfohlen, bis Limburg den Lahnhöhenweg des Westerwald-Vereins auf
der rechten Talseite zu wählen (Wegezeichen L, Wegebeschreibung siehe im Kapitel „Streckenwanderwege"!).

Unterhalb Weilburg biegt die Lahn scharf nach Westen, umfließt
den Vorort Kirschhofen und strebt dann in südlicher Richtung
Aumenau entgegen. Zwischen Weilburg und Runkel reicht das
Gebiet des Naturparks Hochtaunus über die Lahn hinweg bis in
den Westerwald.

Südwestlich von Weilburg liegt im Lahntalhang
Weilburg-**Odersbach** (140-190 m; 1300 E.)
◻ Südlich Odersbach der Scheuersberger Kopf (269 m) mit vorge-
schichtlicher Wallanlage.
Im Dorf ist ein Fachwerkhaus von 1596 bemerkenswert.
🎣 Kleingolfanlage, Angeln, Reiten
🛏️ ✕ Mehrere Gaststätten, Pensionen und Privatpensionen. Jugend-
herberge mit 136 Betten am Waldrand oberhalb des Ortes. Großer
Campingplatz unmittelbar an der Lahn.
🚌 nach Weilburg
☎ Kur- und Verkehrsverein 6291 Weilburg-Odersbach
🅿 an der Straße nach Wirbelau.
👫 Schöne Spaziergänge im Lahntal und über die angrenzenden
Waldhöhen.

Eine 1978 fertiggestellte Fußgängerbrücke führt hinüber nach
Weilburg-**Kirschhofen** (140 m; 900 E.)
🛏️ ✕ Gaststätten, Pensionen und Privatpensionen
🚌 nach Weilburg
☎ Kur- und Verkehrsverein 6291 Weilburg-Kirschhofen
👫 Schöne Wandermöglichkeiten zum Schmidskopf (275 m) und im
Lahntal abwärts nach Gräveneck.

Lahnab gibt es nun keine durchgehende Talstraße mehr. Die
Bundesbahn erreicht nach zwei Tunneldurchstichen das auf der
Taunusseite hoch über der Lahn gelegene Dorf
Weinbach-**Gräveneck** (170 m; 900 E.)
◻ Über dem Eisenbahntunnel stand einst die **Burg Gräveneck.** Sie
wurde 1395 von Graf Philipp von Nassau-Weilburg-Saarbrücken genau
gegenüber der Burg Neu-Elkerhausen errichtet. Sie war 200 Jahre lang
Sitz nassauischer Burgmänner und wurde um 1700 abgebrochen. Geringe
Mauerreste des Beringes und der Stumpf eines quadratischen Turmes
sind erhalten.
Gegenüber Gräveneck mündet ein kleiner von Wirbelau herabkommen-
der Westerwaldbach. An seiner Mündung liegt die Mühle des **Alt-**

Schwartenberger Hofes. Darüber erkennen wir an der Straße nach
Falkenbach noch Reste der ehemaligen **Burg Neu-Elkerhausen.** Das
Geschlecht der von Elkerhausen besaß im Tal des Weinbachs südöstlich von Weilburg eine Wasserburg. Von da aus überfielen die Ritter
die Kaufmannszüge auf der Hohen Straße zwischen Weinbach und dem
Lahntal, die von Weilburg nach Mainz führte. Daher zerstörte Erzbischof
Balduin von Trier im Bunde mit anderen Fürsten 1352 ihre Burg und
verpflichtete sie, sie nie wieder aufzubauen. Aber noch im gleichen
Jahr errichteten sie dafür hier am Schartenberg (heute Schwartenberg)
die Burg Neu-Elkerhausen mit 1,5 m dicken Mauern. Sie beteiligten
sich an vielen Fehden und Händeln und banden sich sogar mit der
Stadt Frankfurt an, führten auch ihre Raubzüge weiter. Daher bildete
sich ein neuer Bund von Fürsten, um Neu-Elkerhausen niederzuzwin-
gen, und baute auf der Höhe der gegenüberliegenden Lahnseite 1381
die Steuerburg, doch wurde diese schon im nächsten Jahr von den
Elkerhäusern eingenommen und verbrannt. Graf Philipp von Nassau-
Weilburg-Saarbrücken belagerte dann von der neuerbauten Burg Gräveneck aus Neu-Elkerhausen, zwang es 1396 durch Aushungerung zur
Übergabe und zerstörte das Raubnest gründlich. Die „Limburger Chronik" des Tilemann von Wolfhagen berichtet: „Aus diesem ward geschin-
det und beraubt alles Land. . . . Der Zerstörung erfreuet sich alt und
jung und lobten Gott, daß es gebrochen sei".
🏛 Sehenswert die **ev. Kirche** von 1777, ein Saalbau mit Pilastergliede-
rung und Haubendachreiter.
🛏 Großer Campingplatz an der Lahn.
🚌 Bahnhof Gräveneck der Bahnstrecke Gießen - Koblenz.
☎ Gemeindeverwaltung 6294 Weinbach 1, Tel. (0 64 71) 47 25

2 km im Seitental westerwaldwärts kommen wir nach
Runkel-**Wirbelau** (200 m; 700 E.)

▣ Das kleine, immer schon runkelische, 1276 erstmals erwähnte Dorf
gehört seit dem 31. 12. 1970 zur Stadt Runkel.
An der alten Runkeler Straße finden wir in Richtung Weilburg **drei
Hügelgräber** und unweit davon eine Latène-Siedlungsstelle. Nordöstlich des Dorfes im Wald die stillgelegte Eisenerzgrube Georg Joseph, die
als Wasserversorgungsanlage ausgebaut wurde, im gegen Schupbach
gelegenen Wald ein stillgelegter Marmorbruch.
🏛 Auf dem Hahn östlich des Ortes die **ev. Kapelle,** ein kleiner, um 1100
errichteter Bau mit schmalem, quadratischem, tonnengewölbtem Chor.
Bruchsteinmauerwerk in ährenförmigem Verband.
🏃 Wirbelau ist ringsum von Wald umgeben und daher Ausgangspunkt für viele schöne Wanderungen zwischen Kerkerbachtal und
Lahntal.

Über dem Lahntal liegt auf der Westerwaldseite 1,5 km südlich
von Weinbach-Gräveneck und 2 km südöstlich von Runkel-Wirbelau
Villmar-**Falkenbach** (190 m; 350 E.)

🏃 Schöner Spazierweg hinab ins Lahntal zum Schleusenhaus gegenüber dem kleinen Dörfchen Weinbach-**Fürfurth,** das vorher zur
Gemeinde Elkerhausen gehörte.

Während die Lahn einen Winkel schlägt, liegt zwischen Falken-
bach und Arfurt in einer Quellmulde der kleinen Hochfläche das
Dorf
Villmar-**Seelbach** (200 m; 700 E.)

▣ Das Kirchdorf wird zuerst 1053 als Filiale von Villmar erwähnt und
1489 selbständig. Im Jahre 1873 ist es fast ganz abgebrannt.
🏛 Die Pfarrkirche wurde nach dem großen Dorfbrand 1874-76 wieder
aufgebaut. Ein breiter Saalbau mit barockisierender Ausstattung.
🛏 ✕ Ferien auf dem Bauernhof, Privatpension.
🚌 nach Weilburg und Limburg

Dort, wo der Lahnlauf von der südlichen in die westliche Richtung abknickt, liegt

Villmar-**Aumenau** (121 m; 1300 E.)

◼ Der zwischen 750 und 764 erstmals genannte Ort gilt als der älteste schriftlich belegte im Kreis Limburg-Weilburg. Die 1878 erbaute Lahnbrücke mit ihren Marmorpfeilern verbindet die beiden Ortsteile.

Am Verladebahnhof Aumenau endeten früher drei Seilbahnen, die Eisenstein aus den Gruben „Gloria Münster", „Alte Burg Laubuseschbach" und Friedegund Villmar" heranbrachten.

✖ Maschinenfabrik Clark
🚋 nach Weilburg und Limburg
🎣 Angelsport, Tennis, Kegelbahn
🛏 ✖ Hotel, Hotel-Restaurant, Pension, Café; Ferien auf dem Bauernhof. Insgesamt 88 Fremdenbetten; Saal für 400 Personen.
🚂 Bahnstation der Strecke Koblenz - Gießen.
🚋 nach Weilmünster und Limburg
☎ Kur- und Verkehrsverein 6291 Aumenau
🌿 Zwischen Runkel und Aumenau gedeiht an den warmen, südexponierten Hängen eine interessante Flora. - Oberhalb von Almenau auf der rechten Lahnseite weiße Kalkfelsen.
🧍 Der Erholungsort besitzt eine sehr reizvolle Umgebung. Die Wanderwege sind gut markiert.

Bei Aumenau mündet auf der Taunusseite das schöne Dernbachtal mit mehreren ehemaligen Mühlen, verlassenen Schiefergruben und einer früheren Silberschmelze. Wir erreichen dann das ehemalige Bergmannsdorf **Villmar-Langhecke** mit verlassenen Schiefer-, Eisenstein- und Silbergruben.

Unterhalb Aumenau endeten einst drei Drahtseilbahnen, mit denen Eisenstein zur Verladung herangeschafft wurde. Oberhalb Aumenau lage der Verladebahnhof Schafstall.

Nächster Lahntalort, doch mit dem Auto nur über Villmar-Seelbach zu erreichen, ist

Runkel-**Arfurt** (140 m; 980 E.)

🏛 **Kath. Pfarrkirche St. Lambert.** Erbaut 1827-29, ein breiter Saalbau mit innen halbrundem Chorschluß; in den Zwickeln Sakristeiräume, die außen querschiffartig vorspringen. Pilasterportal zwischen zwei Türmen mit quadratischen Zeltdachlaternen. Hochaltar in Naturholz mit Intarsien um 1760.
🛏 ✖ Mehrere Gaststätten und Pensionen; Eisenbahner-Erholungsheim lahnab.
🧍 Lahntal- und Gemarkungswanderungen möglich.

Hinter der Arfurter Lahnschleife biegt der Fluß südwärts und erreicht das auf der Taunusseite gelegene, doch vom Westerwald her nur über Villmar-Aumenau oder Runkel erreichbare

Villmar (130 m; 3000 E.)

◼ Zur 1970 geschaffenen Großgemeinde Villmar (6800 E.) gehören auch die Orte Seelbach, Falkenbach, Aumenau, Langhecke und Weyer, ein Gebiet von über 42 qkm.

Villmar und seine Ortsteile gehörten seit dem frühen Mittelalter politisch zunächst zum Diezer Centverband Saltrise, dessen Gerichtsstätte um 1270 auf dem Galgenberg bei Villmar lag, und ab dem 14. Jh. zum Diez-Runkeler Cent Aumenau.

Nach der Schenkung des „Königshofes Vilimar" im Jahre 1053 an die Abtei St. Matthias in Trier begannen die Villmarer Vögte und seit dem 16. Jh. die Kurfürsten von Trier mit der politischen Herauslösung des schon 1292 befestigten Fleckens Villmar aus der im 14. Jh. runkelisch gewordenen Cent Aumenau; 1596 kam dieser Prozeß zum Abschluß.

Das Villmarer Wappen mit Schlüssel und Hellebarde im auf das Trierer Kreuz aufgelegten Herzschild weist auf die über zweihundertjährige Zugehörigkeit der Grundherrschaft Villmar zum Kurfürstentum Trier bis zum Jahre 1803 hin.

An den seit 1485 schriftlich belegten und bis in die 1. Hälfte des 20. Jh. betriebenen umfangreichen Silber- und Eisensteinbergbau erinnern vor allem mehrere Villmarer Ausbeutetalerprägungen des 17. und 18. Jh. Über den Villmarer Marmor siehe unten!

🏛 Von der **Ortsbefestigung** finden wir am kath. Pfarrhaus noch Reste von zwei Rundtürmen und Mauern sowie einen quadratischen Turmstumpf am „Matthäser Eck".

Kath. Pfarrkirche St. Petrus und Paulus. Erbaut 1746, nach Brand 1886 erneuert, 1956 restauriert und erweitert. Mächtiger Saalbau; weithin sichtbarer Helmturm von 1886. Der dreiteilige barocke Hochaltar aus der Hadamarer Bildhauerschule erstreckt sich von Kirchenwand zu Kirchenwand; reiche, einheitliche barocke Innenausstattung. - Auf dem Kirchhof etwa 80 marmorne Grabkreuze aus dem 18. Jh.

Nördlich der Kirche bis zur Stadtmauer ehemaliger Hof der Abtei St. Matthias in Trier.

✗ Im Bereich der Lahnmulde zwischen Villmar und Diez finden wir neben zahlreichen Kalkvorkommen auch Marmor. Der Lahnmarmor, der von in der Farbskala leuchtendem Rot bis Tiefschwarz reicht, ist in der Innenarchitektur sehr geschätzt; die Marmorbrüche werden seit dem Jahre 1605 genutzt. Er fand selbst in den USA und in Rußland Verwendung. Die Villmarer Lahnbrücke aus dem Jahre 1895 ist die einzige aus reinem Marmor.

In Villmar sind noch zwei Brüche in Betrieb, in denen im Monat 180 Tonnen Rohstein gesägt werden. Der hellrote Marmor trägt die Bezeichnung Bongard. Etwa ein Drittel der Produktion wird in den Steinbruchbetrieben selbst durch Schleifen und Polieren veredelt, der Rest geht an weiterverarbeitende Handwerks- und Industriebetriebe.

➷ Angeln und Kegeln

🍴 ✗ Gaststätte und Pension

🚌 Auf der Westerwaldseite Bahnstation der Strecke Gießen - Limburg.

☎ Gemeindeverwaltung 6256 Villmar/Lahn, Tel. (0 64 72) 42 92. Ortsprospekt

🏃 Zum N. D. Friedenseiche in die Villmarer Struth gegenüber von Arfurt.

Etwa 1 km lahnab an der Straße nach Runkel steht auf der **Bodensteiner Lay** ein **Denkmal König Konrads I.** aus dem Jahre 1894. Die stattliche Gestalt ist von einem Mantel umhüllt, die Rechte stützt sich auf ein mächtiges Schwert, während die Linke die Krone hält. Die Inschrift lautet: „Conrad I., 911 - 918. Deutscher König und Graf des Lahngaues, übertrug in treuer Sorge für des Reiches Sicherheit und Macht sterbend Heinrich von Sachsen Krone und Herrschaft." - Vom Denkmalfelsen hat man einen schönen Blick aufwärts gegen Villmar und abwärts gegen

Runkel (120 m; 1800 E. mit Schadeck 2500 E.)
Malerische alte Stadt mit wuchtiger Burgruine.

⬛ Runkel bildet mit seinen Stadtteilen Steeden, Ennerich, Schadeck, Arfurt, Eschenau, Hofen, Wirbelau und Dehrn eine 8700 Einwohner zählende Stadt.

Die Herkunft der Herren von Runkel ist ungeklärt, vermutlich stammen sie aus einem sächsischen Geschlecht der ottonischen Zeit. 1159 wird Runkel zum erstenmal erwähnt. Die Burg weist mit ihren viereckigen Bergfrieden noch romanischen Baustil auf und war wohl wie Limburg Stützpunkt der staufischen Reichspolitik. Siegfried I. erhielt die Vogtei über das Stift Gemünden auf dem Westerwald und damit die Grundlage für die Herrschaft Westerburg. Nachdem Runkel und Westerburg zunächst gemeinsamer Besitz waren, trennten sich die Linien durch Teilung und führten langwierige Kämpfe miteinander, in denen die Westerburger die Runkel gegenüberliegende **Burg Schadeck** erbauten,

Burg Runkel über dem Lahntal

um von hier aus Runkel zu „schaden". 1454 erhielten die Runkeler durch Erbschaft das Gebiet Wied-Isenburg, wodurch ihnen der Weg zum Rhein geöffnet war. 1653 wurde Neuwied gegründet, und heute gehört die Burg Runkel mit allen Ländereien und weiten Wäldern dem Fürsten von Wied-Runkel. 1634 hatten im Dreißigjährigen Krieg Kroaten die Burg zerstört, nur der hintere Teil wurde wieder aufgebaut.

Östlich von Runkel erinnert die Gretenburg-Siedlung an die einst hier stehende **Zwingburg Gretenstein,** die Graf Philipp von Isenburg 1360 errichten ließ und nach seiner Gemahlin benannte. Sie wurde schon nach wenigen Jahren von den Trierern und Limburgern unter dem Domherrn Kuno von Falkenstein zerstört.

In den Hängen der Schadecker Lahnseite wuchs einst der berühmte **„Runkeler Rote",** etwas nach „Grund" schmeckend, aber von schöner Blume.

Das Sprüchlein **„In Runkel ist's dunkel,** in Schadeck ist's hell" ist wohl bloß eine Wortmalerei.

🏛 Eindrucksvoll über dem Lahntal thront wuchtig auf steilem Fels die dreitürmige Wehranlage der **Burg Runkel.** Zusammen mit der alten Lahnbrücke zu ihren Füßen gehört sie zu den Bilderbuchmotiven des Lahntals.

Burg Runkel besteht aus einer Kernburg und einer Unterburg. Durch ein mittelalterliches Doppelturmtor und über den Halsgraben gelangt man in die Unterburg. Sie hat guterhaltene Wohngebäude aus dem 14. - 18. Jh. mit zwei Innenhöfen. In ihr sind Privatwohnungen und ein kleines Museum untergebracht.

Eine hohe Ringmauer auf unübersteigbarem Felsen umschließt die höher gelegene Kernberg mit Palasruinen und Wehrtürmen. In der Mitte steht der besteigbare Bergfried. Der fünfeckige Wehrturm an der Schmalseite zeigt mit der Spitze auf die auf der anderen Lahnseite gelegene **Trutzburg Schadeck**. Es steht noch ein langgestrecktes, dreigeschossiges Wohngebäude mit Miet- und Eigentumswohnungen.

Die wuchtige, doch schmale **Lahnbrücke** mit ihren vier runden Steinbögen stammt aus der Zeit um 1440, Neubau von 1978.

Von der **Stadtbefestigung** ist noch der fünfeckige Schalenturm erhalten, der jetzt als Glockenturm der Kirche dient. Nach zwei Seiten schließen sich an den Turm Teile der alten Stadtmauer an.

↝ Angelmöglichkeit

⍆ ✕ Hotels, Pensionen, Restaurants und Gaststätten mit insgesamt 93 Fremdenbetten; Campingplatz mit 250 Stellplätzen.

🚃 Bahnstation der Strecke Koblenz - Gießen.

🚌 nach Weilburg und Limburg

☎ Stadtverwaltung 6251 Runkel

🚶 Markierte Wanderwege vorhanden;
Wandermöglichkeiten:

1. Über die Hochfläche nach Süden in den Goldenen Grund (Brechen).
2. Über Schadeck ins Kerkerbachtal.
3. Im Lahntal zur Bodensteiner Lay mit dem König-Konrad-Denkmal.
4. Lahnabwärts in den Ennericher Wald. Über dem Tunneleingang der Lahntalbahn befindet sich die sogenannte **Blücherschanze**. Sie wurde 1794 von den Österreichern gegen die vom Westerwald gegen Frankfurt vorgehende französische Armee erbaut. 1813 wurden die im Lazarett Schloß Runkel verstorbenen Preußen im Kehlgraben der Schanze begraben.

Zwischen Runkel-Schadeck und Runkel-Steeden mündet an der Siedlung Kerkerbach der vom Hohen Westerwald herabkommende Kerkerbach in die Lahn. Eine Stichlinie der Lahntaleisenbahn führt von hier zu den Industriebetrieben von Runkel-Steeden und Runkel-Dehrn.

Runkel-**Steeden** (120-160 m; 1500 E.)

◘ Der Ort ist durch seine mächtigen Kalksteinbrüche bekannt, noch mehr aber durch die jetzt verschwundenen **Höhlen Wildscheuer** und **Wildhaus**, die leider gänzlich dem Abbau des hochwertigen Kalkes zum Opfer fielen. Hinter Steeden befand sich eine Schlucht des Tiefenbachs, genannt „Steedener Leer", mit hohen Felswänden zu beiden Seiten. Hier lagen unter einer steilen Felswand die obengenannten Höhlen. Die Wildscheuer hatte ein spitzbogiges Eingangstor; sie war 6 m hoch, 6 m breit und 18 m tief. In der Lößschicht, die den Boden bedeckte und die vom Tal aus eingeschwemmt war, fanden die Anthropologen seit 1820 Knochen von Mammut, Nashorn, Höhlenbär, Rentier und von heute noch bei uns lebenden Säugetieren, dazu Feuersteinmesser, Aschenhaufen, Tonscherben und zuletzt auch Menschenknochen. In der kleineren Höhle, dem Wildhaus, fand man Waffen aus Knochen und eine bronzene Pfeilspitze. Die Funde befinden sich jetzt im Museum zu Wiesbaden.

✕ Rheinisch-Westfälische Kalkwerke AG Dornap, Werk Steeden.

🚃 Bahnstation der Strecke Limburg - Gießen.

🚌 nach Limburg und Runkel

Parallel der Industriebahn führt an den Kalkwerken vorbei die Straße nach

Runkel-**Dehrn** (115-145 m; 2000 E.)

◘ Wie Scherbenfunde aus der römischen Kaiserzeit beweisen, entstand Dehrn an einem bedeutenden Lahnübergang. Es war dann Sitz eines fränkischen Fürstenhofes, dessen Gräberfeld man westlich des Ortes nachgewiesen hat.

Die alte **Burg Dehrn** und die Freien von Dehrn kommen schon 1190 vor. Die Burg gehörte den Grafen von Diez, die sie 1317 zum Teil an Runkel verpfändeten. Die von Dehrn bemächtigten sich ihrer 1409, konnten sie aber anfangs nicht behaupten, sondern blieben bloß als Diezer Burgmänner hier, bis ihnen endlich doch der Erwerb gelang. Als die von Dehrn 1737 ausstarben, kam die Burg an die von Greiffenclau. 1844 erwarb sie von diesen der Freiherr von Dungern und ließ das neue Schloß erbauen, den schönen Park anlegen und eine große Landwirtschaft einrichten. Heute befindet sich hier die einzige Sprachheilklinik Hessens. - Das Schloß erhebt sich steil über dem Dorf. Markant der runde Bergfried mit achteckigem Zinnengeschoß. Südlich davon ist ein im Kern gotischer Wohnbau; die Gebäudegruppe westlich ist neugotisch.

Dehrn kam durch die Verwaltungsreform zur Stadt Runkel.

✖ Auslieferungslager der Firma Massey-Ferguson (Schlepper); Hallenbau Egenolf u. Söhne, Zweigbetrieb der Firma Leifheit.

✔ Wilhelm-Egenolf-Hallenbad

🚌 nach Limburg und Runkel

Lubentiuskirche in Dietkirchen

Zum Dehrner Schloß mit seinem Park und schönem Lahnblick. Über die Lahnbrücke in den Ennericher Gemeindewald.

Während die Lahn von Steeden nach Dehrn westwärts fließt, biegt sie nun wieder nach Süden und erreicht 1,5 km hinter Dehrn Limburg-**Dietkirchen** (140 m; 1300 E.)
Markantes Wahrzeichen des Ortes ist die auf steilem Lahnfelsen thronende Lubentiuskirche.

In Dietkirchen finden wir die Keimzelle des schon im 6. Jh. von Trier hierher vordringenden Christentums und die Mutterkirche für den gesamten Lahngau.
Hier soll der heilige Lubentius, ein in Kobern an der Mosel wirkender Priester, als Apostel der unteren Lahn im 4. Jh. missioniert und auf dem hohen Kalksteinfelsen unweit des in Richtung Offheim liegenden Reckenforstes, einer germanischen Gerichts- und Kultstätte, ein Kirchlein errichtet haben. Sein Leichnam wurde vor 841 von Kobern an der Mosel hierhergebracht (nach der Legende auf einem unbemannten Schiff) und hier beigesetzt. St. Lubentius ist daher der Patron der Lahnschiffer. Am Fest des hl. Lubentius (13. Oktober), an dem dessen Haupt gezeigt wurde, fand in Dietkirchen ein bedeutender Markt statt.
Dietkirchen war Sitz eines Archidiakonats, das während des ganzen Mittelalters als kirchlicher Mittelpunkt die Aufsicht über alle Dekanate des Erzbischofs Trier auf der rechten Rheinseite führte. Das Stift wurde 1803 aufgehoben.

Die ehemalige **Stiftskirche Dietkirchen,** die jetzige kath. Pfarrkirche St. Lubentius und Juliana, ist eines der bedeutendsten früh- und hochromanischen Bauwerke des Lahntals, großartig in ihrer Wirkung über dem Lahntal bei einer Länge von nur 39 m. Der heutige Bau, eine dreischiffige doppeltürmige Emporenbasilika, ist das Ergebnis mehrfacher Um- und Neubauten des 8. - 13. Jh.
Grabungen ergaben, daß sich an gleicher Stelle bereits eine urnenfelderzeitliche Siedlung, eine karolingische Saalkirche und ein ottonischer Neubau des 10. Jh. befanden.
Die Kirche wurde 1956-58 umfassend restauriert. Dabei wurde die ursprüngliche romanische Ausmalung freigelegt und wiederhergestellt.
Von der Ausstattung ist besonders das Kopfreliquiar des hl. Lubentius bemerkenswert, eine vorzügliche mittelalterliche Goldschmiedearbeit aus der Zeit um 1270 und die Kreuzigungsgruppe der Hadamarer Kunstschule (um 1700).
Der Unterbau der Sakristei wurde 1387 zu einer Dreifaltigkeitskapelle ausgebaut. Nordöstlich der Kirche die rechteckige Michaelskapelle.

* Von der Terrasse hinter der Kirche mit einem kleinen Friedhof prächtiger Blick auf die tief darunter fließende Lahn.
Südlich des Ortes vor der Hochspannungsleitung ein gepflegter Friedhof mit russischen Kriegsgräbern.

Lit.: W. Schäfer, Die Baugeschichte der Stiftskirche St. Lubentius im Lahntal. 1966.
L. Müller, St. Lubentius und Dietkirchen an der Lahn, Dehrn 1969.

✕ 2 Restaurants mit Mittagstisch.

🚌 nach Limburg und Runkel

Zum Dehrner Schloß mit seinem Park und schönem Lahnblick. Über die Lahnbrücke in den Dehrner Gemeindewald.

Wenn wir von Limburg-Dietkirchen nach Limburg fahren, erreichen wir vor der Autobahnunterführung mehrere große Industrie- und Handelsbauten: Den **Massa-Markt** mit 500 Parkplätzen; das nach den Plänen des weltbekannten Architekten Marcel Breuer, New York/Paris, 1976 erbaute Pharma-Werk der **Mundipharma GmbH;** die **Tetra Pak, Rausing & Co. KG,** wo fast 200 Personen Spezialverpackungsmaterial herstellen, und die **Nährmittelfabrik Vogeley.**

IM LAHNTAL VON LIMBURG BIS LAHNSTEIN

Bearbeiter: Hermann-Josef Hucke   *Übersichtskarte Seite*
          Dr. Hugo Rosenberg (Raum Nassau)
          Eugen Stille und Heinz Maibach (Stadt Limburg)

Limburg/Lahn (110 m; 29 000 E.)

Die Groß- und Mittelstädte ringsum meiden das Schiefergebirge rechts des Rheins. Koblenz, Wiesbaden, Frankfurt, Homburg, Gießen, Marburg liegen am Rande des Gebirges, keine größere Stadt befindet sich in der Mittelgebirgslandschaft des Taunus und Westerwaldes.

Im Schnittpunkt der Straßen aber, die die genannten Städte verbinden, hat sich mit Limburg ein wirtschaftlich und kulturell bedeutendes Zentrum gebildet. Die mit ihren Stadtteilen rund 30 000 Einwohner zählende Stadt bietet Arbeitsplätze für 13 000 Beschäftigte, von denen mehr als die Hälfte nach Limburg „einpendeln".

Heute wie vor Jahrhunderten liegt die entscheidende Bedeutung der Stadt in ihrer Rolle als Handelsmittelpunkt. Etwa 80 Großhandels- und über 300 Einzelhandelsunternehmungen haben einen ausgedehnten Einfluß- und Einzugsbereich, und etwa eine Viertelmillion Kunden findet hier die Dinge des alltäglichen wie gehobenen Bedarfs in reicher Fülle angeboten. Die mehr als ausgezeichnete Verkehrslage unterstreicht die Bedeutung noch. Sechs Eisenbahnlinien strahlen von der Stadt aus, sieben Fernstraßen verbinden Limburg nach allen Richtungen. Die Autobahn Köln-Frankfurt hat im Limburger Stadtgebiet zwei Abfahrten. Mit etwa 230 Zügen und 180 Linienomnibussen kommen täglich etwa 20 000 Menschen in die Stadt.

Im Zuge der Industrialisierung haben sich im vorigen Jahrhundert mehrere metallverarbeitende Betriebe in Limburg angesiedelt: Limburger Dampfwalzen und Blechwaren waren lange weithin bekannt. Außerdem hat sich eine wichtige holzverarbeitende Industrie entfalten können. Seit dem letzten Kriege sind viele weitere Unternehmen hinzugekommen, von denen vor allem die glasverarbeitenden Betriebe eine besondere Stellung einnehmen; aber auch eine Reihe von Textilwerken hat sich seitdem hier niedergelassen. Nicht zu übersehen ist, daß Limburg als Kreisstadt des Landkreises Limburg-Weilburg ein wichtiges Verwaltungszentrum mit zahlreichen Behörden darstellt: Neben den kommunalen Institutionen beherbergt die Stadt ein Landgericht, das Finanzamt, ein Kultur- und Katasteramt sowie weitere Dienststellen wie Zollamt und Arbeitsamt.

Als Schulstadt stellt Limburg für einen großen Einzugsbereich vielfältige Bildungsmöglichkeiten an weiterführenden Schulen, Gymnasien, Berufs- und Fachschulen zur Verfügung.

Mit der 1976/77 errichteten neuen Stadthalle besitzt Limburg eine repräsentative und funktionsgerechte Stätte für kulturelle und gesellschaftliche Aktivitäten: Theateraufführungen, Vorträge, Tagungen, Kongresse, Konzerte, Bälle und bürgernahe Geselligkeit.

Limburg, Alte Lahnbrücke mit Dom

Schließlich darf nicht vergessen werden, daß mit der kirchlichen Verwaltung des Bistums Limburg und der großen Niederlassung der Pallottiner und Pallottinerinnen auch das kirchlich-religiöse Leben der Stadt wesentliche Züge aufgeprägt hat.

Auch die 1945 geschaffene neue Grenzziehung, durch die Limburgs Stadtrand das Nachbarland Rheinland-Pfalz berührt, hat die Mittelpunktrolle der Stadt nicht wesentlich beeinträchtigen können.

Trotz der 1945 geschaffenen neuen Grenzziehung, durch die Limburgs Stadtrand das Nachbarland Rheinland-Pfalz tangiert, hat diese Grenze die Mittelpunktrolle der Stadt nicht wesentlich beeinträchtigt.

◘ Bei Limburg öffnet sich das Lahntal zu einem weiten Becken, und dieses zieht die Straßen, die von Nord und Süd kommen, an sich. Ein wichtiger Lahnübergang hat sich daher schon im frühen Mittelalter hier entwickelt und seine Bedeutung durch die Jahrhunderte erhalten. So konnte sich Limburg als Handels- und Verkehrsmetropole zu bedeutender Blüte entfalten. Die Rolle als Wirtschaftszentrum hat das Gepräge der Stadt weithin bestimmt. Die Kaufleute des Mittelalters erwarben sich z. T. erhebliche Vermögen und vermochten es, eine dem Adel gleichwertige Stellung zu erringen.

Wenn die Limburger mit dem Titel „Herr" bezeichnet wurden - wie es sonst nur für Geistlichkeit und Adel üblich war! -, wenn sie mit den Rittern zusammen turnierten oder in den Adel einheirateten, wie die Chronik zu berichten weiß, dann sind das die Zeichen für die überragende Rolle, die dieses Bürgertum spielte. Das gilt in ähnlicher Weise auch noch für die Gegenwart, und aus den letzten hundert Jahren sind ähnlich klangvolle Namen im allgemeinen Bewußtsein wie aus dem Mittelalter.

Eine andere, nicht weniger wichtige Wurzel für das Wesen und Werden der Stadt liegt in ihrer geistlichen Tradition. Mit der Gründung des Kollegiatstiftes auf dem Domberg zu Beginn des 10. Jh. tritt der **Name** Limburg erstmals auf, das Stift gibt den Mittelpunkt ab für das Wachsen der Stadt und bestimmt weithin Geist und Haltung der Bürgerschaft. Die Stiftskirche - der heutige Dom - ist nicht nur ein Glanzpunkt der Architektur, sondern auch der Mittelpunkt des religiösen Lebens der Stadt. Und nach der Säkularisation (1803) wird diese Linie fortgesetzt durch das neugegründete Bistum Limburg, das die einstige Stiftskirche als Kathedralkirche zugewiesen bekommt.

Neben dem Stift fördern zahlreiche andere Klöster diesen geistlichen Grundzug: Die Franziskaner, Wilhelmiten und Zisterzienser, die Beghinen und Augustiner und viele andere Orden wirkten auf das Leben der Stadt ein. Die zahlreichen sakralen Bauwerke, die noch heute die Altstadt zieren, zeugen von dieser geistlichen Provenienz.

Solch selbstbewußtes, im religiösen Bereich sich geborgen fühlendes Bürgertum entwickelte schon früh sein eigenes Traditions- und Geschichtsbewußtsein. Dies findet seinen Niederschlag in Chroniken und Geschichtswerken, die dem modernen Forscher vielfach wesentliche Grundlagen bieten. Am bedeutendsten unter ihnen ist der älteste, Tilemann Elhen von Wolfhagen, der in seiner „Limburger Chronik" nicht nur von Glanz und Größe der Stadt im 14. Jh. berichtet, sondern zugleich die Kulturströmungen seiner Zeit so sorgfältig und genau darstellt, daß wir durch ihn ein Bild vom kulturellen Leben der Deutschen zu dieser Zeit gewinnen. Trachten und Moden, Rüstung und Waffen, Seuchen und Sektierertum, die Entwicklung des Volksliedes, die sozialen Auseinandersetzungen in den Städten: all das wird von ihm in so genauer Darstellung gebracht, wie wir es anderswo nirgends aufgezeichnet finden. So ist Tilemanns Chronik zur Quelle für zahlreiche Wissenschaftler und Künstler geworden, für Lessing, Herder, Goethe, Brentano, Heyse, W. H. Riehl usw.

Dank dieser älteren Darstellungen liegt das Bild der Limburger Vergangenheit relativ klar vor uns.

Schon vor der Gründung des Stifts auf dem Kalkfelsen über der Lahn trug dieser Fels die Burg der Grafen des Niederlahngaues, die in merowingischer Zeit zurückreichen dürfte. Zu Füßen der Burg, an ihrer Südostecke, vermutet Schirmacher eine frühe Siedlung in der Nähe der alten Kirche St. Laurentius. Erst im 11. Jahrhundert hat sich vor dem westlichen Tor des Stiftsbereichs der Kern der späteren Stadt entwickelt. Um 1130 muß diese Stadt ihre erste Ummauerung erfahren haben, doch wird schon 100 Jahre später eine neue, weitergreifende Mauer längs der heutigen Grabenstraße angelegt. Damals besaßen die Isenburger die Herrschaft über die Stadt und die Vogtei über das Stift. Zu ihrer Zeit siedelten sich die Franziskaner in Limburg an, schufen die Mönche des Klosters Eberbach ihre Niederlassung in Limburg, wuchs vor allem der wunderbare Bau der Stiftskirche, des heutigen Domes, heran, Beispiele für die überquellende Lebenskraft dieses Zeitalters. Bis etwa 1350 hielt diese Blüte an. Am Ende dieser Epoche standen der Bau des Wilhelmitenklosters, der steinernen Lahnbrücke und des städtischen Hospitals. Vorstädte entstanden, und eine neue, abermals weiterreichende Stadtsicherung, der Schiedegraben, wurde angelegt (1343). Aber dieser Bering wurde nicht mehr ausgefüllt, denn um die Mitte des 14. Jh. endete der kraftvolle Aufschwung, den die Stadt in den letzten zwei Jahrhunderten erfahren hatte.

Kurz nach 1400 ging Limburg ganz in die Hände Kurtriers über, doch die jahrhundertelangen Verpfändungen von Teilen der Stadt verhinderten, daß sie zu politischer Geltung kam. Im Dreißigjährigen Krieg mehrfach heimgesucht, zeigte Limburg in der Folge nur einen schwachen Abglanz der einstigen Herrlichkeit. Und als 1803 der geistliche Besitz säkularisiert wurde - das Stift und die Klöster wurden aufgelöst -, da schien die Stadt einen wichtigen geistigen Integrationsfaktor verloren zu haben. Die langsame Aufwärtsentwicklung im 19. Jh. konnte diesen Eindruck zunächst nicht verwischen. Erst als 1827 das Bistum Limburg geschaffen wurde und der katholische Volksteil Nassaus einen religiösen Mittelpunkt erhielt, trat eine allmähliche Änderung ein. Zu dieser Zeit wurden auch mehr und mehr Verwaltungsbehörden in der Stadt angesiedelt, und mit dem Bau der Lahnbahn (1862) und etlicher Zubringerstrecken wurde Limburg zum

Eisenbahnknotenpunkt ausgebaut und erhielt im Eisenbahn-Ausbesse-rungswerk ein großes gewerbliches Unternehmen. Jetzt entstanden auch einige Fabriken der Metallindustrie, jetzt bekam auch der Handel wieder erheblichen Auftrieb, bis in die Gegenwart hinein entwickelte er sich zum entscheidenden Charakteristikum des Lebens der Stadt.

Bis zur Jahrhundertwende reichten die Wohnviertel nur an wenigen Stellen über den Schiedegraben hinaus, dann erst griff die Besiedlung in weitere Bereiche über, besonders kräftig in den letzten zwei Jahr-zehnten, in denen das Weichbild bis an die Grenzen der Gemarkung vordrang. Erst durch die Vereinigung mit den neuen Stadtteilen Ahlbach, Dietkirchen, Eschhofen, Lindenholzhausen, Linter, Offheim und Staffel konnte sich die Stadt im Zuge der Gebietsreform auch territorial wieder mehr Bewegungs- und Siedlungsraum schaffen. In der Zeit nach dem zweiten Weltkrieg setzte auch ein neuer Abschnitt der Industrialisierung ein, die vor allem zahlreiche Betriebe der glasverarbeitenden Industrie in Limburg ansässig werden ließ, Betriebe, deren Export den Namen der Stadt weit in die Welt hinaus-trägt. Erwähnen wir noch, daß mit dem Provinzialat der Pallottiner und dem Mutterhaus der Pallottinerinnen sich wieder große Ordensgemein-schaften in Limburg niedergelassen haben, dann spüren wir, wieviel Verwandtes die mittelalterliche und die gegenwärtige Stadt miteinander verbindet.   E. Stille

🏛 Wenn auch das moderne Limburg an beachtswerten Bauten manches aufzuweisen hat, das Auge des Fremden wird magisch angezogen von den Schätzen der Vergangenheit, die aus den Tagen des Mittelalters in die Gegenwart hinüberreichen. Limburg ist Brückenstadt - und von der gewaltigen, 60 m hohen und über 500 m langen **Lahntalbrücke** sehen die meisten erstmals das großartige Bild des Domes und der sich um ihn kuschelnden Altstadthäuser. Die Autobahnbrücke selbst, trotz ihrer Größe und Mächtigkeit ein leichter, fast zierlich wirkender Bau aus Spannbeton, fügt sich unauffällig in die Landschaft, lenkt den Blick durchs Tal mehr auf den Dom, als daß sie ihn hemmte. Wie anders dagegen die alte **Stadt-brücke**, die, nach 1315 erbaut, sich wuchtig in sechs Bögen über den Fluß legt und ihre Gewichtigkeit durch den mächtigen Brückenturm noch be-tonter zeigt. Seit dem Mittelalter hat diese Brücke den gesamten aus Koblenz, Köln, Siegen und Wetzlar kommenden Nord-Süd-Verkehr über die Lahn ge-tragen, und erst in jüngster Zeit wird sie durch eine zweite, 1968 fertiggestellte Stadtbrücke, die 200 Meter unterhalb in die Schiede einmündet, entlastet. Doch die alte Lahnbrücke verbindet nicht nur beide Ufer, sie bildet darüber hinaus einen wichtigen Teil jener Kulisse, die den **Dom** umrahmt. Hier wird deutlich, wie sehr die Wirkung des Dombildes mitbestimmt wird von seiner mittelalterlichen Umgebung, aus deren Geist er erwachsen und in der er organisch eingefügt ist. Aber erst, wenn man auf der Brücke selbst, wird sicht-bar, daß noch ein anderes Element dazu beiträgt, dem Limburger Dom seine geradezu überwältigende Wirkung zu verleihen. Auf einen senk-recht neben der Lahn emporragenden Kalkfelsen ist dieses Gotteshaus gestellt, unmittelbar an der Kante des Felsens steigen seine Mauern hinauf und scheinen den Fels fortzusetzen und weiterzuentwickeln. Mit seinen sieben Türmen, die sich paarweise an den steilen Mittelturm an-schmiegen, reicht das Bauwerk auf in gewaltige Höhe, so als wollte es den himmelstürmenden Geist der Gotik, deren erste Ansätze in seinem Innern sichtbar werden, vorwegnehmen. Nicht sonderlich groß ist die Kirche auf dem Fels, aber ihre Geschlossenheit, ihre innere Harmonie, ihre herausragende Lage machen sie zu einem der schönsten Bauwerke Deutschlands.

Wir steigen hinauf über Treppen und Gäßchen, und unversehens stehen wir vor dem Gotteshaus. Wuchtig erscheint uns die Westfassade, quader-förmig sind die Geschosse aufeinander getürmt, ganz noch im Geiste des romanischen Stils, wie er sich am Rhein ausgeprägt hatte. Aber eines ist anders hier in Limburg: Das große Radfenster im dritten Ge-schoß sprengt die Einheitlichkeit, wächst über die Höhe der seitlichen

schoß wächst über die Höhe der seitlichen Turmgeschosse hinauf und gibt erstmals der Senkrechten ein leichtes Übergewicht. Dadurch wird der Mittelgiebel höher gerückt als üblich, und das wirkt sich dann im Innern in aller Deutlichkeit aus. Seit der 1973 abgeschlossenen Fassadenrestaurierung trägt der Dom wieder einen Außenputz, dessen - nach originalen Restbefunden erschlossene - Farbgebung die architektonische Gliederung kongenial verdeutlicht.

Aber zunächst wandern wir um das Bauwerk herum. Die Einheitlichkeit der ursprünglichen Gestaltung bleibt noch gewahrt, wir sind allerdings erstaunt über die geringe Ausdehnung des Langhauses, das sich hinter den Westtürmen zu verstecken scheint und das von dem wuchtigen Querhaus sehr bald verschluckt wird. Und dann wird der Chor sichtbar, vom Schloßhof aus sehen wir ihn aus dem Felsen herauswachsen und sich mit seiner reizvollen Zwerggalerie und dem Laufgang zu immer gelösteren Formen emporschwingen.

Eine interessante Kulisse umgibt uns hier, das alte **Schloß** der Isenburger, in Jahrhunderten aus verschiedenen Baubestandteilen zusammengefügt: Der Südflügel mit seinem Laubengang, an den sich ein Zwischenbau mit der Schloßkapelle (heute Diözesanmuseum) anschließt, dann der älteste Teil, der Wohnturm aus der Zeit, da auch der Dom entstand, und schließlich der Nordbau mit Fachwerkgeschoß aus dem 17. Jh. Im Südflügel des Schlosses befindet sich das Stadtarchiv, dessen Arbeit der Pflege und Erforschung der Limburger Stadtgeschichte gilt.

Jetzt haben wir diese ganze Reihe von Bauten im Rücken, während wir auf die zierliche barocke Domvikarie und den Rundchor des Domes blicken. Von unten, vom Lahnufer aus aber sehen wir diese malerische Gruppe links neben dem Dom, und da bildet sie mit ihrer romantischen Buntheit, mit der zackigen Horizontlinie der Dächer einen reizvollen Gegensatz zu dem in seiner klassischen Harmonie so geschlossen wirkenden Dom und fügt sich mit ihm zu einer Baugruppe zusammen, die ihresgleichen sucht im Abendland.

Aber wenden wir uns in das Innere des Domes. Beim Eintritt streift der Blick zunächst die wuchtigen Wölbungen der Seitenschiffe und der Orgelempore, aber schnell und zwingend wird das Auge in das Mittelschiff gelenkt, das schmal und steil hinaufsteigt in Höhen, wie man es draußen nie geahnt hätte. In vier Geschossen wächst das Langhaus empor, wuchtig und schwer noch im Erdgeschoß, aber schon in den Emporen leicht und gelöst, so daß der Raum der Emporen in den des Schiffes übergeht. Wie dies zweite läuft auch das dritte Geschoß, das von zierlichen Säulchen getragene Triforium um Querschiff und Chor herum, einmalig in seiner Wirkung. Und darüber schließlich lassen die Fenster des Obergadens viel Helligkeit in den hohen Raum fließen und ziehen den Blick nach oben. Über der Vierung aber geht die Steigerung noch weiter. Hier wird durch geschickte Überwölbung ein Oktogon geschaffen, welches in zwei Fensteretagen hoch emporsteigt, ehe die Vierungskuppel ansetzt.

Immer freier und leichter wächst das Bauwerk nach oben. Und wir fragen nach den Ursachen. Wir wissen, daß der Dom in erstaunlich kurzer Zeit erbaut wurde, etwa zwischen 1220 und 1235. Wir sehen, daß der Dom in seiner Grundlage ganz im Geist des romanischen Stils entworfen und im Erdgeschoß auch durchgeführt wurde. Dann aber spürt man den Einfluß der damals in Frankreich schon fortgeschrittenen Gotik. Ihre Stilformen werden - besonders nach den Vorbildern von Laon und Soissons - in den höheren Geschossen des Domes angewandt, und zwar in so sicherer und eigenständiger Gestaltung, daß für den Betrachter kein Bruch im Gesamtgefüge des Baues sichtbar wird, auch wenn er kleinere Maßabweichungen feststellen mag.

Besonders wertvoll ist die Ausmalung, die noch aus der Entstehungszeit des Domes stammt und in einem Umfang erhalten ist, wie er bei Kirchen dieser Größenordnung in Deutschland kaum vorkommt. Die seit 1975 laufende Innenrestaurierung legt in sorgfältiger Kleinarbeit die Originalfassung in ihren ursprünglichen Farben wieder frei und besorgt die konservatorische Sicherung. Der Gesamteindruck der alten Freskofarben wirkt heute im Raum pastellartig, diskret und bleibt der Architektur dekorativ untergeordnet. Von den Figurenmalereien sind besonders die Darstellungen im südlichen Querhaus (Samson, Johannes der Täufer, Kruzifixus) und in der Vierung (Pantakrator) künstlerisch bemerkenswert.

Einige großartige Werke der Steinmetzkunst stehen im Dom: der Taufstein und das Grabdenkmal des Stiftsgründers Konrad Kurzbold. Beide Objekte gehören der ausgehenden Romantik an und zeigen sehr eindrucksvoll die typischen Merkmale des Spätstils: Sublimierung des steinernen Materials ins Organische, Auflösung der strengen Monolithik, Formenreichtum und Detailfreude. Bis ins Feinste ziseliert sind auch die Steinschneidearbeiten an den Kapitellen der Chorschranken, die heute im Chorumgang stehen.

Zum **Limburger Domschatz** sei nur weniges gesagt. Das kostbarste Werk, die Staurothek, ist über 1000 Jahre alt. Um das Jahr 960 ließen die oströmischen Kaiser Konstantinos und Romanus diese Lade anfertigen, in der Reliquien des Kreuzes Christi eine überaus kostbare Fassung fanden. Der Deckel wie das Innere der Lade sind nicht nur mit kostbaren Edelsteinen verziert, sondern mit zahlreichen Darstellungen in Zellenschmelztechnik von größter künstlerischer Kraft geschmückt. Erst in der Vergrößerung wird sichtbar, welch meisterhafte Hand hier am Werke war. Dagegen wirkt der Petrusstab bescheiden, der etwa zur gleichen Zeit wie die Staurothek in einer Trierer Werkstatt entstand. Doch auch dies Werk ist, für sich betrachtet, ein kostbarer Bestandteil des Domschatzes. Aus den vielen Stücken des Diözesanmuseums sei nur die „Dernbacher Beweinung" genannt, eine der schönsten mittelrheinischen Tonplastiken aus dem Beginn des 15. Jh. (Nur Führungen Mo - Fr 11 und 14 Uhr; Gruppen nach vorheriger Vereinbarung. Tel. (06431) 951.

Um diesen kostbaren Kern, den Dom und die ihm zugehörigen Schätze, legt sich eine Schale, die nicht minder kostbar ist. Eine **Altstadt,** deren Flair und Architektur dazu beitragen, den Menschen einzustimmen auf das Erlebnis des Domes oder das Erlebte nachklingen zu lassen. In dieser Altstadt verbinden sich aufs engste reizvolle Bürgerhäuser mit alten Adelsbauten, mit Kirchen und Kapellen, so daß sich ein mittelalterliches Stadtbild von erstaunlicher Geschlossenheit ergibt. Daß das flutende Gegenwartsleben in diese Altstadt hineindringt und sie belebt, fördert eher ihren Reiz, als daß es ihn mindert.

Unter den Kirchen besonders mächtig ist die **Stadtkirche,** die jahrhundertelang den Franziskanern als Klosterkirche diente und die gerade mit ihren einfachen, reingotischen Außenformen beeindruckt. Im Innern aber sieht man, welch kostbare Zutaten das Barock der schlichten Barfüßerkirche eingefügt hat.

Reizvoll ist die einstige Niederlassung der Zisterzienser aus Eberbach in der „**Erbach",** deren kleines Kapellchen aus dem 14. Jh. stammt. Einige kostbare Schätze birgt die etwa gleichaltrige **Annakirche,** mit einem großartigen Chorfenster aus der Zeit um 1380.

Und dazwischen die **Bürgerhäuser** aus Stein und Fachwerk, hoch und schmal, die sich, von Geschoß zu Geschoß vorkragend, über die engen Gassen neigen. Eng und winklig sind diese Gassen und „Ahlen", deren Häuser im 16.-18. Jh. ihre heutige Gestalt erhielten, wenn sie auch im Grundgeschoß und in der Anlage oft viel älter sind. Erker, die über mehrere Geschosse reichen, rund oder vieleckig gebaut und von mächtigen Stützen getragen, lockern die Häuserfronten auf. Vielfältige Durchblicke bieten sich dar, auf die Häuser am alten Fischmarkt oder an „Streichers Kapelle" vorbei zum Steinernen Haus „Schöneck": Am Römer 1 ergab sich bei der Restaurierung eines Fachwerkhauses, daß dieses nach der Analyse der Jahresringe des Eichenholzes im Jahre 1296 erbaut wurde und somit das älteste bekannte Fachwerkhaus in Deutschland ist. Spielerisch leicht scheint der reiche Fachwerkbau „Zum Goldenen Hirsch" am Kornmarkt emporzuwachsen, mit den Nachbarhäusern zusammen bildet er einen herrlichen Abschluß des Kornmarktes, der vor allem in der Weihnachtszeit in romantische Beleuchtung gehüllt ist. Denn die Altstadt ist nicht totes museales Gemäuer, sondern voller Leben, das nicht ins Hektische umschlägt, sondern eine wohltuende Gelassenheit ausstrahlt.

Behäbig und bunt ist auch das Leben und Treiben auf den Märkten. Sie haben in Limburg eine uralte Tradition und vermögen heute dem manchmal allzu großstädtischen Betrieb der Handelsstadt Betulichkeit und herzhafte Bürgernähe entgegenzusetzen.

Führungen:
Altstadtführungen von Reisegruppen; Anmeldung im Städt. Verkehrsamt, Hospitalstraße 2, Telefon (0 64 31) 9 32 22 und 61 66.
Gruppenführungen durch den Dom (nur außerhalb des Gottesdienstes) durch den Domküster. Die Domküsterei befindet sich auf dem Domplatz. Telefon (0 64 31) 66 87.

X Pharmacie-Werk Mundipharma; Tetra-Pak (Verpackungen); Glashüttenwerk Limburg; Kristalleuchterfabrik Palme; Vogeley-Puddingpulverfabrik.

✚ St. Vincenz-Klinik (Hessenklinik) auf dem Schafsberg; 34 Ärzte; 13 Zahnärzte, 9 Apotheken

✎ Theater: Gastspiele auswärtiger Bühnen in der Stadthalle; 2 Kinos; 3 Sportplätze; Tennisplätze am Schafsberg; Kleingolfplatz am Schafsberg; beheiztes Schwimmbad am Lahnhang; Hallenbäder zwischen Limburg und Diez sowie in den Stadtteilen Linter und Offheim; Campingplatz an der Lahn; Bootsverleih auf der Lahn, täglich von 8-20 Uhr: Schiffsfahrten auf der Lahn nach Fahrplan; Segelflug - Motorflug - Reiten.

🛏 ✗ 4 Hotels, 16 Pensionen und Gasthöfe mit Betten; 36 Restaurants und Gaststätten mit Mittagstisch; 6 Imbißstuben; 1 Weinstube; 9 Cafés; 4 Eisdielen; 2 Pizzerias;
Campingplatz der Stadt Limburg, Schleusenweg. Jugendherberge auf dem Guckucksberg mit 179 Betten.

🚌 in Richtung Frankfurt, Wiesbaden, Lahnstein, Gießen, Montabaur und Westerburg

🚍 in alle Richtungen

☎ Städt. Verkehrsamt, Hospitalstraße 2, 6250 Limburg,
Tel. (0 64 31) 9 32 21 / 2 22 und 61 66

🅿 Großraumparkplatz Marktplatz (Ste.-Foy-Straße); Parkplatz beim Postamt (täglich); unter der neuen Lahnbrücke (täglich); hinter dem Rathaus Einfahrt Diezer Straße/Werner-Senger-Straße (samstags); am Kreisgesundheitsamt (samstags); Parkplatz Rosengasse Einfahrt Plötze (täglich); Echhöferweg, ab Unterführung (täglich); Parkplatz Hospitalstraße und Graupfortstraße (täglich); Parkplatz Neumarkt und Kornmarkt; City-Parkhaus Fischer; Parkhaus Karstadt; Parkhaus unter der Stadthalle (Einfahrt Diezerstraße); Park- und Garagenhaus Altstadt (bei Drucklegung im Bau).

🚶🚶 **1. Rundweg - Gang durch die Limburger Altstadt**
(in den Abendstunden angestrahlt)
Ausgangspunkt: Parkplatz am Rathaus
Werner-Senger-Straße (Rathaus), über
Neumarkt, Bahnhofstraße, rechts durch die Fleischgasse zur
Stadtkirche. Ehemalige Klosterkirche der Franziskaner aus dem Anfang des 14. Jh., schlichter Bau mit zahlreichen Grabdenkmälern, u. a. des Herrn Johann von Limburg († 1312). In den ehemaligen Klostergebäuden jetzt Bischofssitz und Amtsräume des bischöflichen Ordinariats. Nach Austritt aus der Stadtkirche rechts weiter über die Stiege der großen Domtreppe in kurzem Aufstieg zum
Domplatz. Links die reizvollen Erker des alten Domküsterhauses, halbrechts von uns die imposante Westfront vom
Limburger Dom. Siebentürmiger Prachtbau, erbaut im Übergangsstil auf spätromanischem Grundriß, im Äußeren wesentlich romanische, im Innern schon frühgotische Bauformen. Erbaut Anfang 13. Jh., konsekriert 1235, zunächst Stiftskirche des Limburger St. Georgsstiftes, ab 1827 Kathedralkirche des Bistums Limburg. Im Querschiff Gruft der Bischöfe von Limburg. Beim Austritt aus dem Dom rechts zum alten

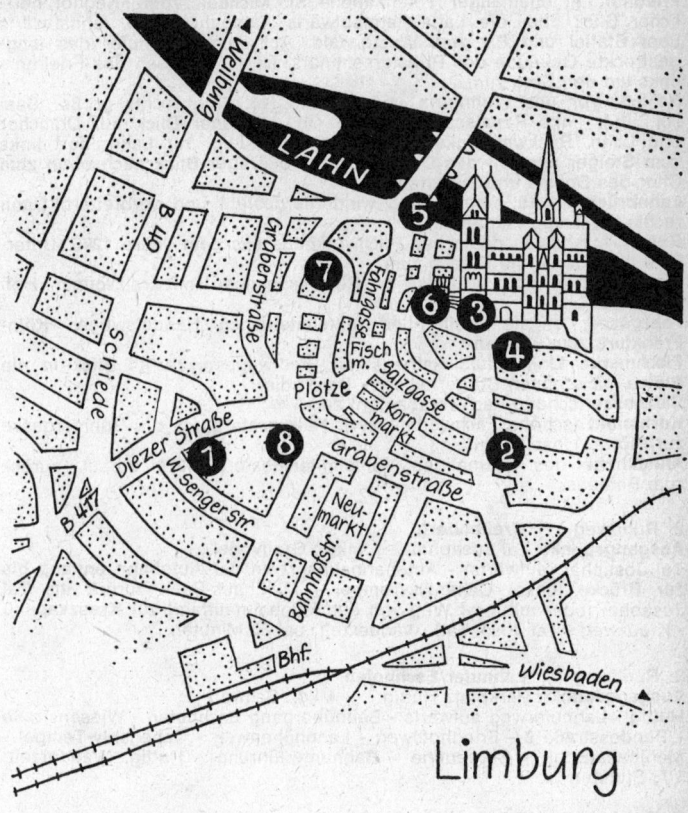

Limburg

1 Rathaus

2 Stadtkirche

3 Limburger Dom

4 Schloß

5 Lahnbrücke

6 Römer

7 Walderdorffer Hof

8 Annakirche

Friedhof mit ehemaliger Totenkapelle St. Michael. Vom Friedhof herrlicher Blick über die Lahn, lahnaufwärts Autobahnbrücke, lahnabwärts
über Staffel und Elz zum Westerwald. Auf dem Gegenufer das langgestreckte Gebäude des Priesterseminars. Nach Verlassen des Friedhofs
links um den Dom zum
Schloß. Vor uns Wohnturm und Kapelle (13. Jh.), rechts großer Saal
(14. Jh.), links Renaissancebau (16. Jh.). Schöner Blick auf Domchor
und Lahn. Rückweg links über Mühlberg, Huttig, zur Lahn, dort links
zum Steiger am Fuß des Domfelsens. Großartiger Blick nach oben zum
Chor des Domes und zur alten
Lahnbrücke, 1315 erbaut, 1948 wiederhergestellt und verbreitert. Dann
rechts die Treppe hinab zum
Römer 1. Ältestes deutsches Fachwerkhaus aus dem Jahre 1296. Unter-
halb links durch die Erbach zum
Walderdorffer Hof, malerischer Renaissancebau mit reizvollem Hof.
Oberhalb
Fahrgasse, engste Stelle des mittelalterlichen Handelsweges Köln-
Frankfurt, zum unteren
Fischmarkt. Links altes Rathaus mit Stadtwappen, rechts Blick in die
Plötze mit schönen Bürgerhäusern. Durch die
Salzgasse (schöne Fachwerkbauten) zum
Kornmarkt (schöne Fachwerkhäuser). Halbrechts durch die Böhmergasse
zur Plötze. Hospital mit
Annakirche des ehemaligen Wilhelmitenklosters, 1329 erbaut, zurück
zum Rathaus.

2. Rundweg - **Greifenberg**
Ausgangspunkt: Tal Josaphat - Mkg.: Greifvogel
Tal Josaphat (aufwärts) - Autobahnauffahrt an der Autobahn entlang bis
zur Brücke (links) Cahensly-Tempel - Mehlhaus-Bank zurück ins Tal
Josaphat (oder mittlerer Weg von der Autobahnauffahrt zur Kreuzkapelle
- Kreuzweg - Tal Josaphat). Wanderzeit: ca. 30 Minuten

3. Rundweg - **Lahnufer/Eschhofen**
Ausgangspunkt: Parkplatz Huttig - Mkg.: Schwan
Huttig - Lahnuferweg aufwärts - Bahnübergang Eschhofen - Wiesenstraße
- Bundesstraße 8 - Friedhofsweg - Lahnhöhenweg - Cahenshly-Tempel -
Mehlhaus-Bank - Serpentine - Bahnunterführung - Huttig. Wanderzeit:
1¹/₂ Stunden

4. Rundweg - Erholungsgebiet **Schafsberg**
Ausgangspunkt: Parkplatz Tilemannschule
Der Schafsberg ist an den Eingängen mit Orientierungstafeln versehen,
die eine Übersicht geben.

5. Rundweg - **Steiger - Schafsberg**
Ausgangspunkt: Bahnhofsplatz - Mkg.: Mühlrad
Bahnhofsplatz - Geisenweg - über Frankfurter Straße Bahnübergang an
der Bahn entlang durch die Unterführung bis zum Huttig - am Steiger -
am Katzenturm - Philippsdamm - Augärten - Joseph-Haydn-Straße -
Schafsberg - Beethovenstraße - Freiherr-vom-Stein-Platz - Weierstein-
straße - Bahnhofsplatz. Wanderzeit: 1¹/₂ Stunden

6. Rundweg - **Linterer Wäldchen**
Ausgangspunkt: Bahnhofsplatz - Mkg.: Eichhörnchen
Bahnhofsplatz - Bahnübergang - Blumenröder Straße - Egenolfanlage -
Am Löffelberg - Kreisberufsschule - Hof Blumenrod - Zeppelinstraße -
über Wiesbadener Straße - Linterer Wäldchen - über Kasselbach -
Jugendherberge - Eduard-Horn-Park - über Wiesbadener Straße - Tal
Josaphat - Frankfurter Straße - Kleine Wallstraße - Eisenbahnstraße -
Bahnhofsplatz. Wanderzeit: 2¹/₄ Stunden

Limburg, Salzgasse

7. Rundweg - **Lahnufer/Dietkirchen**
Ausgangspunkt: Parkplatz Schleusenweg - Mkg.: Lubentiuskirche
Parkplatz Schleusenweg - Am Schwimmbad - Seilerbahn - Höhenstraße -
Hangweg - Richtung Dietkirchen - (Lahnhöhenweg) - Kriegsgefangenen-
gräberstätte - Taunusstraße - Hohlstraße - Ludwigstraße - Lubentius-
straße - Römerstraße - Lubentiuskirche - Lahnstraße - Dietk. Friedhof -
Lahnuferweg - Campingplatz - Schleusenweg. Wanderzeit: 1^1/$_2$ Stunden

8. Rundweg - **Diersteiner Au/Oranienstein**
Ausgangspunkt: Parkplatz Tilemannschule - Mkg.: Geweih
Durch den Schafsberg - Heidegarten - Lahnhöhenweg - Bahnübergang -
Gärtnerei - Diersteiner Au - Oraniensteiner Wald - (200 m abwärts Gastst.
Mühlchen) - Lahnhöhenweg zur Teufelskanzel - links oberer Hang zum
Tennis- und Minigolfplatz - Waldweg bis Felke-Bad - Felkestraße -

Heckenweg - Schwimmbad - Diezer Straße - Bundeswehrkaserne - Heidestraße - Grenzweg - Südwestpforte bis Haupteingang des Friedhofs (oder am Friedhof entlang) - Tilemannschule. Wanderzeit: 2½ Stunden

9. Rundweg - Im Bauernfeld

Ausgangspunkt: Ende des Offheimer Weges a. d. Autobahn - Mkg.: Rabe Offheimer Weg - über die Autobahn - Offheimer Höhe - Lager Kurtenbach - Feldweg Fleckenberg (mit ganz besonders reizvollen Ausblicken auf das Limburger Becken, Limburg, Mensfelder Kopf, Schaumburg, Oranienstein, Elzer Berg, Elz, Elbbachtal) - links ab zur Autobahnunterführung - Am Finken - Offheimer Weg. Wanderzeit: 30 Minuten.

Zwischen Limburg-Staffel und Diez fließt die Lahn durch die noch unbebaute Diersteiner Au, so benannt nach einem ehemaligen Benediktinerinnenkloster, das an der Stelle des jetzigen Schloßes Oranienstein stand. In den Porphyrhängen der rechten Lahntalseite wuchs einst der begehrte „Gückinger Rote".

Mit der B 417 sind die Städte Limburg und Diez jedoch bereits zusammengewachsen und hätten sich sicherlich längst zu einer gemeinsamen Stadt zusammengeschlossen, wenn nicht die Stadtgrenze gleichzeitig auch Grenze zwischen den Ländern Hessen und Rheinland-Pfalz wäre.

Diez an der Lahn (119-190 m; 10 600 E.)

Sitz einer Verbandsgemeindeverwaltung, seit 1924 Felke-Naturheilbad, liegt am Westrand des Limburger Beckens zwischen den Taunus- und Westerwaldbergen an beiden Ufern der Lahn.

◨ Diez wird zuerst genannt im Jahre 790 in einer Urkunde Karls des Großen. Hier heißt es Theodissa, später Didesse, dann Dietze, Dietz, Diez.

Obwohl die Diezer Grafen schon um 1000 aufgetreten sind und der erste Graf Embricho (Emicho) oder Embreko (Emmerich) gewesen sein soll, dessen dem Namen nach unbekannter Bruder die Erbauung der mächtigen Diezer Burg - dem Wahrzeichen der Stadt - zugeschrieben wird, läßt sich erst Graf Heinrich von Diez (1101-1117) in einer Urkunde Kaiser Heinrichs IV. vom 3. August 1101 als frühester Vertreter des Grafengeschlechts nachweisen.

In besonderer Gunst standen die Grafen von Diez nicht nur unter den Saliern, auch unter den Staufen hielten sie zum Kaiserhaus. Die Diezer Grafen Heinrich II. und Heinrich III. begleiteten Kaiser Friedrich I. Barbarossa 1188 auf seinem letzten Kreuzzug. - Immer mächtiger wurden die Grafen von Diez, und ihren großen Besitz nannte man die „Güldene Grafschaft". Der niedere Adel des Lahngaues errichtete seine Wohnsitze um die Burg von Diez und legte somit den Grund zur späteren Stadt.

Graf Gerhard IV. (1253-1306) und seine Gemahlin Elisabeth von Sayn ließen 1289 am Fuße ihrer Burg die Marienkirche (Stiftskirche) erbauen und gleichzeitig ein Kanonikaten- und Vikarienstift entstehen.

Von Ludwig dem Baier erhielt Diez 1329 Stadtrecht, es wurde Landesstadt und mit einer Stadtmauer und fünf Toren umgeben. Sitz der Grafen und ihrer Nachfolger blieb die Diezer Burg.

1386 fielen Stadt und Grafschaft Diez im Wege der Erbfolge dem Hause Dillenburg zu. Erst 1564 beendete der Diezer Vertrag die langjährigen Gemeinherrschaften der Grafschaft. Im gleichen Jahr wurde durch Graf Johann VI. von Dillenburg die Reformation eingeführt, dessen Sohn Ernst Casimir 1606 die neue Linie Nassau-Diez gründete. Graf Ernst Casimir, Gatte der Gräfin Sophie-Hedwig und Neffe des berühmten Wilhelmus von Nassauen, fiel 1632 im Freiheitskampf der Niederlande vor Roermund.

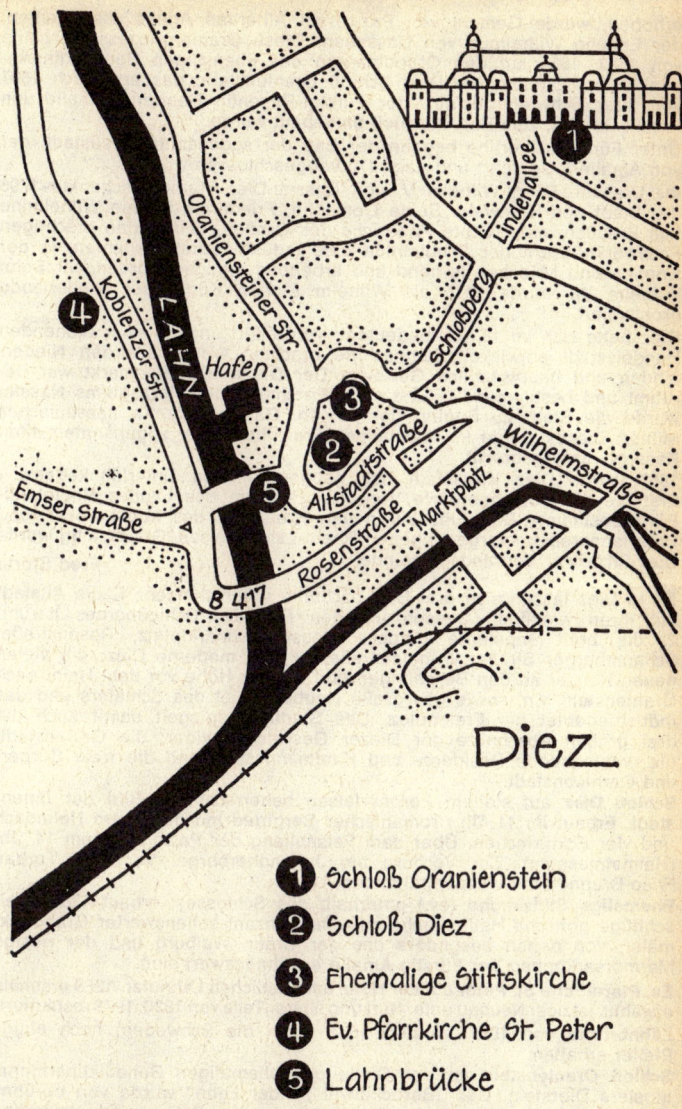

1 Schloß Oranienstein

2 Schloß Diez

3 Ehemalige Stiftskirche

4 Ev. Pfarrkirche St. Peter

5 Lahnbrücke

Als Stadthalter residierten die Grafen und Fürsten von **Nassau-Diez**-
Oranien in den Niederlanden und überließen die Verwaltung des Fürstentums Diez ihren Gemahlinnen. So schützte und verteidigte die
heldenhafte Gräfin Sophie-Hedwig in den Wirren des Dreißigjährigen
Krieges die oft hart von schwedischen und kaiserlichen Einheiten be-
drohte Stadt. Ihr Sohn Wilhelm Friedrich, 1656 in den Reichsfürstenstand

erhoben, wurde Gemahl von Prinzessin Albertine Agnes von Oranien, der Enkelin Wilhelmus von Nassauen. Diese Oranierprinzessin erbaute von 1672-1684 auf den Grundmauern des ehemaligen Benediktinerinnenklosters Dirstein bei Diez Schloß Oranienstein, das erst nach 1697 von ihrer Schwiegertochter, der Fürstin-Regentin Henriette Amalie von Anhalt-Dessau, zum Barockschloß umgebaut wurde.

Unter Fürstin Albertine begann der Bau der sogenannten Neustadt, der von Amalie fortgeführt und nach 1700 abgeschlossen wurde.

Ihr Urenkel, Fürst Wilhelm V. von Nassau-Diez-Oranien, schenkte 1796 der Stadt den Hainwald. Seine Gemahlin, Friederike Sophie Wilhelmine von Preußen, eine Nichte Friedrichs des Großen, ließ in den prächtigen Fachwerkhäusern der Schulstraße eine Industrieschule errichten, in der Knaben und Mädchen lernend und arbeitend erzogen wurden. Ihr Sohn Wilhelm VI. wurde 1815 als Wilhelm I. zum König der Niederlande proklamiert.

Diez hatte sich im 18. Jh. bedeutend vergrößert und zu einer blühenden Handelsstadt entwickelt. Lahnschiffe brachten Waren aus den Niederlanden und hauptsächlich Getreide. Der Diezer Getreidemarkt war berühmt und bestimmend. - Erst nach Errichtung des Herzogtums Nassau wurde die Stadt zu Beginn des 19. Jh. Garnisonsitz für nassauisches Militär. Dieses wurde im ehemaligen Fruchthaus, der sogenannten alten Kaserne, untergebracht.

1867 wurde Diez Kreisstadt des neugeschaffenen Unterlahnkreises. - Erst die 1971 durchgeführte Verwaltungsreform des Landes Rheinland-Pfalz bestimmte Bad Ems zur neuen Kreisstadt des aus Loreley- und Unterlahnkreis hervorgegangenen Rhein-Lahn-Kreises. Gleichzeitig wurde Diez Sitz einer Verbandsgemeinde.

Fred Storto

🏛 In Diez lassen sich drei Bauabschnitte unterscheiden: 1. die Altstadt mit ihren winkligen Gassen um den Fuß des Schloßberges herum; 2. die breit angelegte barocke Neustadt (Marktplatz, Rosenstraße, Schaumburger Straße, Wilhelmstraße); 3. das moderne Diez: die vielen neuen Häuser an den Berghängen und auf der Höhe vor dem Hain, nach Oranienstein hin, sowie das große Neubaugebiet des Schläfers und das Industriegebiet bei Freiendiez. Das Stadtbild spiegelt damit auch die drei großen Abschnitte der Diezer Geschichte wider: die Grafenstadt, die wohlhabende Residenz- und Kaufmannsstadt und die freie Bürger- und Garnisonstadt.

Schloß Diez auf steilem Porphyrfelsen beherrscht das Bild der Innenstadt. Erbaut im 11. Jh.; romanischer Bergfried mit gotischem Helmdach und vier Ecktürmchen. Über dem Felsabhang der Palas aus dem 14. Jh. (Heimatmuseum). Zur Vorburg hin Jugendherberge. Vor dem Torbau Friso-Brunnen mit wappenhaltendem Löwen.

Ehemalige Stiftskirche (ev.) unterhalb des Schlosses, erbaut 1289, dreischiffige gotische Hallenkirche mit einer Anzahl sehenswerter Grabdenkmäler, von denen besonders das der Gräfin Walburg und der riesige Marmorsarkophag der Fürstin Amalie erwähnenswert sind.

Ev. Pfarrkirche St. Peter auf der Höhe am westlichen Lahnufer. 1269 erstmals erwähnt, jetziger Neubau unter Nutzung älterer Teile von 1830. 1978 restauriert.

Lahnbrücke von 1552, zerstört 1634 durch die Schweden; noch einige Pfeiler erhalten.

Schloß Oranienstein an der Stelle des ehemaligen Benediktinerinnenklosters Dierstein. Das „Barockjuwel an der Lahn" wurde von berühmten Baumeistern aus Holland, Künstlern aus Italien und deutschen Gartenbaumeistern gestaltet. Der Mittelbau, der älteste und schönste Teil des Schlosses, wurde 1676 von der Fürstin Albertine von Nassau-Diez errichtet und von der Fürstin Amalie, die auch die Diezer Neustadt angelegt hat, im Innern prunkvoll ausgestattet. Die Glanzzeit des Schlosses waren die Jahre 1801-1806, als Fürst Wilhelm V. daselbst residierte. Da Wilhelm VI. sich weigerte, dem Rheinbund beizutreten, wurde er von Napoleon I. abgesetzt, die kostbare Einrichtung von Oranienstein wurde versteigert. Später diente das Schloß den Herzögen von Nassau als Jagdschloß. Im Jahre 1866 wurde das Schloß in eine preußische Kadettenanstalt umgewandelt, die mit dem Ende des 1. Weltkrieges aufgehoben werden mußte. Im Schloßhof befindet sich das im Jahre 1935 eingeweihte Gefallenenehrenmal. Heute liegt das Schloß inmitten eines großen Bundeswehrdistrikts und ist Sitz des Stabes der „5. Panzerdivision im nassauischen Land".

Nach Anmeldung am Kasernentor sind die schönsten Räume des Schlosses auch heute noch zu besichtigen. Sie beherbergen das sogenannte Nassau-Oranien-Museum mit wertvollen Stiftungen des niederländischen Königshauses. Initiator und Träger dieses Museums ist die Niederländisch-Deutsche Gesellschaft „Je Maintiendrai Nassau". Königin Juliane der Niederlande und ihr Gemahl gaben 1971 aus Anlaß eines Staatsbesuches in der Bundesrepublik Deutschland dort einen Empfang.

Besonders prachtvoll ist die mit wertvollen Stuckarbeiten versehene Schloßkapelle, in der noch regelmäßig Gottesdienste stattfinden. Von der sogenannten Punta hat man einen herrlichen Blick auf die nahe gelegene Domstadt Limburg und die umliegenden Ortschaften in den Westerwaldbergen. Die Rückseite des Schlosses ist besonders gut von dem gegenüberliegenden Ort Gückingen zu sehen. Zur Linken im Lahntal liegt das kleine Dorf Aull. Am Fuße des Felsens befindet sich ein gemütliches, altdeutsch eingerichtetes Restaurant mit großer Terrasse. Wassersportler und Angelfreunde finden hier die richtige Umgebung. Ehemalige Gäste haben sich in den alten Gästebüchern verewigt.

Besuchszeiten des Nassau-Museums „Oranienstein" nach Anmeldung an der Kasernenpforte: täglich von 9.30 - 16 Uhr; Eintritt frei. Tel. (0 64 32) 20 57 oder 26 61 oder 30 51.

𝄞 Das **Felke-Naturheilbad** hat Diez weithin bekannt werden lassen. Die auf natürlicher Ganzheitsbehandlung beruhende Kur zieht immer mehr erholungsbedürfte Menschen an. Die Kurmittel sind einfach und aufgrund jahrzehntelanger Erfahrung der Natur entnommen: Wasser-, Luft-, Sonnen- und Lehmbäder, Massagen, Kneippkuren, Sauna sowie eine gesunde Ernährungsweise. Das Kurgelände liegt am Rande der Stadt, angrenzend an den Stadtwald „Hain".

Bootsverleih an der Lahn. Tret- und Paddelboote vorhanden; Kleingolf im Stadtwald Hain (neue Anlage), mit Gartenschach- und Damespiel, Tischtennis; Vita-Parcours: Trimm-Dich-Strecke für jedermann im Stadtwald Hain; Platztennis im Stadtwald Hain, Platzbenutzung nach Vereinbarung; Reiten: Zucht-, Reit- und Fahrverein Diez und Umgebung. Reithalle vorhanden, Reitstunde nach Vereinbarung; Schwimmen: Hallenbad Diez, Schwimmunterricht, Badezeiten nach Plan. Beheiztes Freibad in Birlenbach (2,5 km); Kanustation: Paddlergilde Diez; Angelsport: Erlaubnisscheine erhältlich durch Verbandsgemeindeverwaltung Diez (Ordnungsamt), Sportanglerclub Diez; Campingplatz: Ruhige Lage nahe Oranienstein (im Winter geschlossen); Bootsschleppe am Campingplatz Oranienstein; Wasserski: Die Strecke verläuft vom Campingplatz bis zum Schloß Oranienstein (geöffnet vom 1. Mai - 30. September); Motorbootfahrten auf der Lahn: Anlegestelle an der Neuen Lahnbrücke. Sonderfahrten nach Vorbestellung beim Schiffseigner.

⊙ Zum 1. Wochenende im August jeden Jahres „Sachsenhäuser Kirmes" mit „Buntem Abend" und großem Feuerwerk.

Zum letzten Wochenende im Oktober „Freiendiezer Kirmes" im Ortsteil Freiendiez.

Ostermarkt (Eiermarkt) - Weihnachtsmarkt.

✗ In einem Industriegebiet in Richtung Limburg besitzt die Stadt eine sogenannte „Saubere Industrie". Daneben gibt es pharmazeutische und marmorverarbeitende Betriebe.

✚ 22 Ärzte, 7 Zahnärzte, 1 Tierarzt, 4 Apotheken, Städt. Krankenhaus, 2 Altenwohn- und Pflegeheime.

🛏 ✗ 250 Fremdenbetten in den verschiedensten Häusern und Kategorien, 24 Restaurants und Gaststätten; Jugendherberge mit 102 Betten in der Burg; Pizzerias, Eisdielen, Cafés.

🚌 in Richtung Limburg, Wiesbaden, Bad Schwalbach, Koblenz, Montabaur sowie zu den umliegenden Gemeinden.

🚍 Diez liegt an der Hauptstrecke Koblenz - Gießen sowie an den Nebenstrecken Diez - Wiesbaden sowie Diez-Ost Richtung Altenkirchen - Westerburg.

⚓ An der neuen Lahnbrücke gibt es eine Schiffsanlegestelle der Personen-Lahnschiffahrt, eines privaten Unternehmens. Die Schiffe verkehren in Richtung Balduinstein - flußabwärts - und in Richtung Limburg - flußaufwärts.

☎ Städt. Verkehrsamt, Rathaus, 6252 Diez, Tel. (0 64 32) 6 01 - 2 70/2 75 Ortsprospekte, Unterkunftsverzeichnisse, Wanderkarten usw. sind über die vorgenannte Anschrift erhältlich. Lit.: Fred Storts, Diez in alten Ansichten, Verlag Europäische Bibliothek, Zalbommel/Holland.

✳ Teufelskanzel im Stadtwald Hain; Aussichtsturm auf der Forstley.

🧗 1. Vom Alten Markt durch die Pfaffengasse zum **Schloßberg** hoch. Herrlicher Ausblick auf die Stadt mit der alten und der neuen Lahnbrücke, auf den gegenüberliegenden Geisenberg, auf die St. Peter-Kirche und die kath. Herz-Jesu-Kirche. In der Ferne Schloß Schaumburg und links Ruine Aardeck.

2. In den Diezer Stadtwald **Hain** zwischen Diez und Oranienstein. Der Park wurde um 1800 von dem Gartenkünstler Friedrich Ludwig von Skell angelegt. Die Wegemarkierung O führt zum Schloß Oranienstein.

3. Nicht nur vom Schloßberg und vom Hain, auch von den gegenüberliegenden Höhen, vom Peters-, Gucken- und Geißenberg, vom Katzenstein und von der Forstlei hat man eine prächtige Aussicht auf die Stadt und die nähere Umgebung. Eine „Rund um Diez" bezeichnete Wanderung mit dem Kennzeichen D berührt all diese Aussichtspunkte. Dauer der Spaziergänge 1 - 2 Stunden.

4. Roter Strich: Diez - Schaumburger Straße - Birlenbach - Schaumburg. Wanderzeit: 1¹/₂ Stunden.

5. Schwarzes L: Diez - Schaumburger Straße - Birlenbacher Friedhof - Lahnhöhenweg - Balduinstein. Wanderzeit: 2 Stunden.

6. Roter Punkt: Diez Bahnhof - Bismarckstraße - Kaiser-Wilhelm-Denkmal - Diezer Wald - Schönborner Straße - Schaumburg. Wanderzeit: 2¹/₂ Std.

7. Roter Strich: Diez - Schaumburger Straße - Birlenbach - Schaumburg - Talhof - Baduinstein. Wanderzeit: 2¹/₂ Stunden.

8. Weißes Dreieck: Diez Bahnhof - Bismarckstraße - Denkmal - Diezer Wald - Holzheimer Tal - Burgruine Aardeck. Wanderzeit: 2³/₄ Stunden.

9. Weißes Andreaskreuz: Diez Bahnhof - Bismarckstraße - Denkmal - Burgruine Aardeck - Holzheim - Bahnhof Flacht - Mensfelder Kopf. Wanderzeit: 2 Stunden.

10. Roter Punkt und rotes Kreuz: Diez - Bismarckstraße - Denkmal - Diezer Wald - Schönborner Straße - Rintstraße - Burg Hohlenfels - Zollhaus. Wanderzeit: 4¹/₂ Stunden.

11. Gelbes Kreuz: Diez - Neue Lahnbrücke - Altendiez - Daubachtal - Balduinstein - Schaumburg. Wanderzeit: 3¹/₂ Stunden.

12. Blaues Kreuz: Diez - Neue Lahnbrücke - Altendiez - Schwarbachtal - Geilnau - Balduinstein. Wanderzeit: 3¹/₂ Stunden:

Rundwanderwege ab Bahnhof Diez:

1. Bahnhof - Lorenzstraße - Serpentine - Hain - Christiansweg - Kastanienallee - Teufelskanzel - Lahn-Mühlchen - Oraniensteiner Straße - Aussichtspunkt Ehrenfriedhof - Unter dem Hain - Sternplatz - Prinzenweg - Kleingolf-Platz - Serpentine - Lorenzstraße - Bahnhof.

2. Bahnhof - Lorenzstraße - Serpentine - Prinzenweg - Kleingolf-Platz - Sternplatz - Mittelweg - Sportplatz Oranienstein - Schöne-Aussicht-Straße - Aussichtspunkt Ehrenfriedhof - Oraniensteiner Straße - Lahnufer - St. Peter - Emser Straße - Rädchen - Halle Radfahrclub - In der Au - Lahnufer - Stadtmitte.

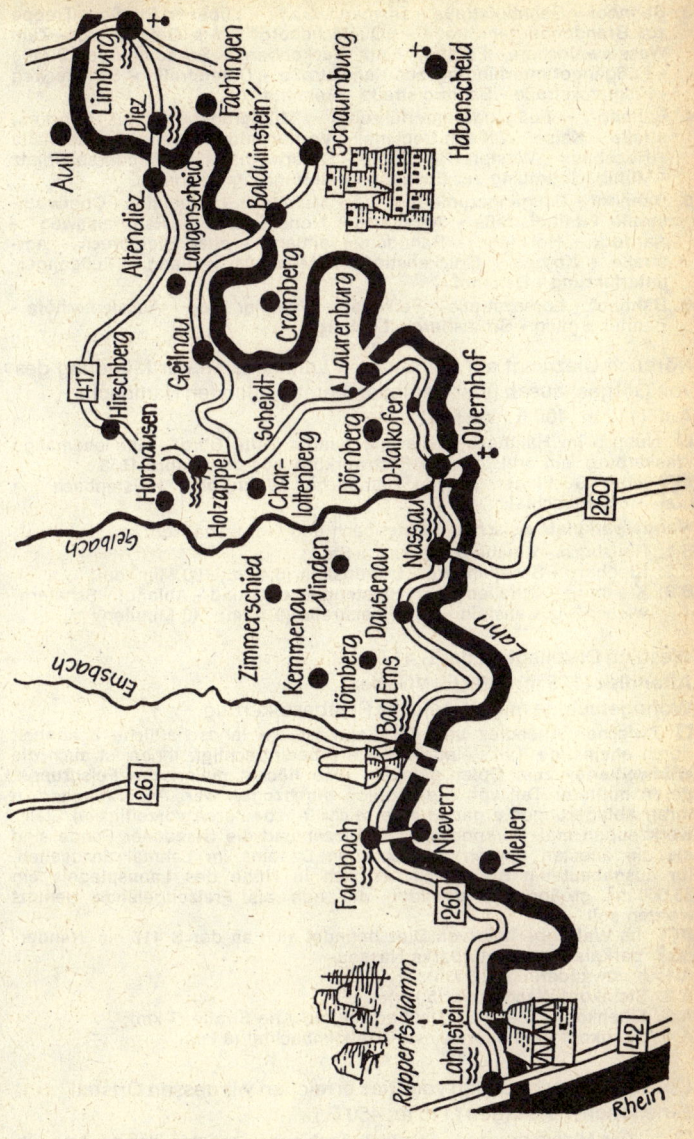

3. Bahnhof - Bahnhofstraße - Bismarckstraße - Lübener Straße - Treppe
   zur Brandenburger Straße - „Quetscheberg" - Am Geisenberg - Zum
   Wasserwäldchen - Forstlay - Am Guckenberg - Schaumburger Straße
   - Fußgängerunterführung zur Kanalstraße - Unterstraße - Schläferweg
   - Bismarckstraße - Bahnhofstraße - Bahnhof.
4. Bahnhof - Fußgängerunterführung - Mühlgrabenweg bis Brückenstraße - Kaiser Wilhelm-Denkmal - Vorderwald - Steinkopf - Reithalle
   - Hochhaus - Westpreußenstraße - Unterwirthstraße - Kinderspielplatz
   - Mühlbach entlang zur Fußgängerunterführung - Bahnhof.
5. Bahnhof - Fußgängerunterführung - Mühlbach - Turnhalle - Oberwirth-
   straße - Mittelstraße - Aarstraße - Hohe Straße - „Panoramaweg" -
   Aardeck - Holzheim - Bahndamm entlang - alter Steinbruch - Aarstraße - Kolben - Brückenstraße - Mühlbach entlang - Fußgängerunterführung - Bahnhof.
6. Bahnhof - Lorenzstraße - Felkebad - Staffeler Weg - Aussiedlerhöfe -
   Bahnübergang - Schafsberg - Limburg.

Nördlich Diez liegt auf der anderen Lahnseite an der Mündung des
von Görgeshausen über Hambach herabfließenden Hambachs
Aull (112 m; 400 E., VG Diez)

◘ Hübsch im Hambachtal die sogenannte „Alte Burg", eine ehemalige
Wasserburg, ein dreistöckiger Fachwerkbau aus dem Jahre 1558.

🚶 über Gückingen in den Hambacher Wald; über Heistenbach ins
Heistenbachtal.

Wanderparkplatz zwischen Heistenbach und Görgeshausen:
B 1: Rollsbach - Kleeberg (3,6 km; 1 Std.);
B 2: Kleeberg - Schellenberg - Löwenstein (6,4 km; 100 Minuten);
B 3: Kleeberg - Schellenberg - Heistenbacher Grund - Ahlehof - Scheiern-
     wiesen - Löwenstein - Alte Poststraße (9,1 km; 140 Minuten).

Westlich Diez liegt an der B 417
Altendiez (175 m; 1800 E., VG Diez)
Wohngemeinde mit bäuerlicher Restbevölkerung.

◘ Zwischen Altendiez und der Lahn ist die landschaftliche Schönheit
durch ehemalige Kalksteinbrüche stark beeinträchtigt. Ihnen ist auch die
Wildweiberley zum Opfer gefallen, eine höchst malerische Felsgruppe,
deren mittlerer Teil von drei Höhlen durchzogen war. Ausgrabungen in
ihren Ablagerungen ergaben eine reiche Ausbeute an vorzeitlichen Steinwerkzeugen und Tierknochen. Die Diezer und die Steedener Funde sind
als die ältesten Spuren menschlichen Daseins im Lahntal anzusehen.
Im ausgebeuteten Steinbruch hat sich in Höhe des Lahnspiegels ein
35 000 m^2 großer See gebildet, der nun als Freizeitgelände genutzt
werden soll.

🚶 Im Wald oberhalb von Diez befindet sich an der B 417 ein Wander-
parkplatz des Naturparks Nassau.
A 1: Kurzwanderung (2,5 km);
A 2: Steinkopf-Wanderung (5 km);
A 3: Eisenkohl - Steinriß - Daubachtal und Alte Straße (7 km);
A 4: Steinkopf - Scheuernwiese - Heistenbachtal (8 km).

Über Birlenbach südlich von Diez erreichen wir dessen Ortsteil
Birlenbach-**Fachingen** (116 m; 450 E.)

◘ Der Mineralbrunnen „Staatlich Fachingen" hat den kleinen Ort weitbekannt gemacht. Die Fachinger Mineralquelle war in früherer Zeit bereits den Lahnschiffern und den Bewohnern eines bis 1564 bestehenden
Nonnenklosters bekannt, brach aber 1742 verstärkt auf, wurde 1749 als
Heilwasser erkannt und von der fürstlich-nassauischen Regierung gefaßt. Die Quellfassungen wurden mehrfach verbessert und erweitert,

Schloß Schaumburg über dem Lahntal

damit sie höchsten hygienischen Anforderungen genügen. Besonders
von der Lahn her bieten die Brunnenanlagen einen hübschen, gepflegten
Anblick. Seit 1894 hat die Firma Staatl. Mineralbrunnen Siemens-Erben
die Quellen gepachtet. Vom Heilwasser heißt es: „Es tilgt vor allem
überschüssige Säure im Gesamtorganismus und stumpft im Magen
abnorme Säure ab, verhindert und behebt Sodbrennen sowie Magen-
krämpfe und fördert die Abheilung chronischer Magen- und Darm-
katarrhe, vermehrt die Diurese und wirkt der Entstehung von harnsäure-
haltigen Ausfällen entgegen."
Benachbart zu Fachingen große Kalkbrüche mit farbigen Gestein wie gegenüber bei Altendiez.
🏛 Im Ort Kapelle eines Nonnenklosters von 1425 in angleichende Neubauten
einbezogen.

Ab Fachingen und Altendiez verengt sich das Lahntal. Es beginnt
der schönste und burgenreichste Teil des Tales. Der Fluß windet
sich in großen Kehren zwischen den Hochflächen von Westerwald
und Taunus hindurch. Steile Hänge ziehen sich bis zu 200 m
hinauf. Keine Straße, nur die romantische Bahnstrecke nutzt in
vielen Tunneln das Tal.
Über Birlenbach erreichen wir auf der Taunusseite
Schaumburg (279 m; 180 m über der Lahn; 28 E.)
Die wohl kleinste noch selbständige Gemeinde in Rheinland-Pfalz
besteht im wesentlichen nur aus dem gleichnamigen Schloß und
dem dazugehörigen „Waldecker Hof".

◻ Schloß Schaumburg erhebt sich auf einem Basaltkegel, der über die
Hochterrasse des Lahntals hinausragt. Die dadurch bedingte prachtvolle
Aussicht gab ihr den Namen, der von Schouwenburch (= Schauenburg)
herrührt.
Die 1194 erstmals erwähnte Burganlage befand sich zunächst im Besitz
der Grafen von Leiningen, ging dann an die Grafen von Leiningen-
Westerburg über und wurde 1656 von der Witwe des Reichsgrafen
Melander von Holzappel erworben. Durch Heirat ging sie 1812 an das
Haus Habsburg-Lothringen über. Erzherzog Stephan von Österreich,
der 1848 im Zuge der Revolution seine Heimat Ungarn verlassen mußte,

erhob die Schaumburg zu seinem Wohnsitz und baute die Schloßanlage 1850 im Stile englischer Neugotik aus. Heute befindet sich die Burg im Besitze der Fürsten von Waldeck-Pyrmont.

🏛 Der langgestreckte Hauptflügel wird von schlanken, achteckigen Türmen flankiert, aus unverputzten Basaltsteinen gefügt. Vom 42 m hohen Hauptturm prachtvolle Aussicht über die Lahnberge bis hinüber zum Limburger Becken. Am Turm zum in Schachbrettform gepflasterten Innenhof Sandsteinstatue des Reichsgrafen Peter Melander von Holzappel, General im Dreißigjährigen Krieg. Das Hauptportal im Innenhof führt zum Ostflügel mit der Schloßkapelle. Der Südflügel ist ein außen mit Holzrinde verkleideter Fachwerkbau. Die Innenräume sind zum Teil noch eingerichtet und können besichtigt werden. Besichtigung von März bis Oktober täglich von 8 - 12 Uhr und von 13.30 - 18 Uhr.
Im ehemaligen Verwaltungs- und Remisengebäude am Fuße der Burg befindet sich nun mit schönem Schloßgarten das Hotel Waldecker Hof.

🛏 ✕ Hotel Waldecker Hof
🚌 ab Balduinstein
🚐 An der Straße Diez - Katzenelnbogen Haltestelle der Nassauischen Kleinbahn.

🧗 Ab Parkplatz Schaumburg schöne Wanderungen in den Schaumburgschen Forst und auf die Lahnhöhen.
Am Talhof westlich zu Füßen der Schaumburg führt der Europäische Fernwanderweg 1 Nordsee - Mittelmeer (Mkg.: Andreaskreuz) sowie gleichlaufend der Wanderweg Schaumburg - Schönberg (schwarzer Keil auf weißem Grund) vorbei zur sehenswerten alten Kirchspielkirche Habenscheid unweit der gleichnamigen Dorfwüstung. Es geht weiter zur Klosterruine Bärbach und dann nach **Schönborn,** Ausgangspunkt der berühmten Barockkirchenfürsten gleichen Namens.

Unterhalb der Schaumburg liegt

Balduinstein a. d. Lahn (107 m; 700 E., VG Diez)
Recht malerische Sommerfrische in einer Lahnkrümmung, als sogenanntes Winkelhakendorf angelegt. Fremdenverkehrsort.

☑ Der alte Ort verdankt seine Entstehung einem Streit zwischen dem Erzbischof Balduin von Trier und den Grafen von Leiningen-Westerburg. Auf einen Felsen in einem Seitentälchen der Lahn baute er hier 1320 eine Trutzburg gegen die Schaumburg. In ihrem Schutz entstand eine Siedlung, die vom Kaiser Ludwig dem Baier 1320 Stadtrechte erhielt und 1429 durch eine Stadtmauer befestigt wurde. Die enge Tallage gestattete jedoch keine Entwicklung zur Stadt. Bis 1803 blieb Balduinstein kurtrierische Exklave. Die Bevölkerung ist daher heute noch, im Gegensatz zu der der umliegenden Orte, überwiegend katholisch.

🏛 In einem erhaltenen Wohnbau der **Burgruine** befindet sich heute ein Bildungszentrum der Bündischen Jugend.
Die katholische **Pfarrkirche St. Bartholomäus** wurde 1776 erbaut. Im Hauptportal gute Rokokotür, im Schiff sehr schöne Spiegeldecke.
Der **Port-Turm** unweit der Bahnunterführung wurde im Zuge der Stadtmauer 1429 errichtet.
Haus Schwalbenstein über Balduinstein und dem Lahntal ist aus einer Gärtnerinnenfachschule und einer Hauswirtschaftlichen Berufsschule entstanden. Erholungsheim. Haus Schwalbenstein wird seit fast 50 Jahren von den Missionsschwestern von Hiltrup i. Westf. geleitet. Park und Gartenanlagen sind sehenswert.
Hinter dem Balduinsteiner Bahnhof (innen hübsche Stuckdecken) befindet sich am Lahnufer das **Natursteinwerk Thust KG,** das einst den einheimischen Lahnmarmor verarbeitete. Mehrere gelungene Kunstwerke dieser Firma schmücken Balduinstein, darunter:
Der **Fährmann an der Lahn.** Er steht auf der ersten deutschen Spannbetonbrücke, erbaut 1953 an Stelle einer am Kriegsende gesprengten Brücke. Die Inschrift besagt: Der letzte Fährmann von der Lahn den letzten Groschen heut' bekam. - Von nun an schließt die alte Lücke in Balduinstein die neue Brücke.

Der Gabelstein an der Cramberger Lahnschlinge

Der **Balduinsteiner Kirmes 1776 - 1976** ist eine 2 m hohe Säule aus griechischem Marmor in den Lahnanlagen gewidmet. Zum Kirmeslied „De Hannes hot en Kermes-Hout" ist die Melodie aufgezeichnet.
♪ In den gepflegten Lahnanlagen Minigolfplatz und Bootsverleih.
Angelscheine durch den Fischereiverein (im Gasthaus „Zum Bären").
🛏 ✕ Hotels, Gasthäuser, Pensionen und Privatquartiere mit insgesamt über 70 Betten; Mittagstisch, Café, Trinkhalle in den Lahnanlagen.
🚈 Bundesbahnstrecke Koblenz - Limburg
⚓ Im Sommer Personenschiff nach Bad Ems bzw. Limburg.
☎ Heimat- und Verkehrsverein 6251 Balduinstein an der Lahn.
Tel. (0 64 32) 86 72; Ortsprospekt
🚶 Der beliebte Erholungsort Balduinstein weist zahlreiche schöne Wandermöglichkeiten auf:

Links der Lahn:
Zur Schaumburg: Hinter dem Wasserbrückchen (Wasserüberführung) an der Burgruine „Am Kreuz" links ab und auf steilem Fußweg aufwärts.
Zum Ortsteil **Hausen** und zum Haus **Schwalbenstein** ab Bahnhof an einer Dachschieferhalde vorbei aufwärts. Am Sportplatz oberhalb die Schwalbensteine.
Vom Ortsteil Hausen über den **Sangertberg** (260 m) in Richtung Diez und dann auf dem **Lahnhöhenweg** ab Kohlberg mit schönen Ausblicken und mehreren Schutzhütten zurück.
Über die Cramberger Straße oder ab Talhof Schaumburg über den Lahnhöhenweg zur **Cramberger Lahnschlinge.** Die Lahn umfließt hier in einer etwa 7 km langen Schleife die Gemarkung des Dorfes Cramberg (= Krampenberg). An der engsten Stelle sind die beiden Lahntäler nur 700 m voneinander entfernt. Im Jahre 1930 hat man einen Teil des Wassers von der oberhalb gelegenen Schleuse Balduinstein durch einen 772 m langen Tunnel abgeleitet und unterhalb ein Elektrizitätswerk errichtet. Bei einer Fallhöhe des Wassers von 8 m erzeugt es jährlich rund 26 Millionen Kilowattstunden elektrischen Strom.

✿ ❊ In der Schleife der Straße von Cramberg zum Taunus können wir flußabwärts abbiegen zum nur 300 m entfernten **Gabelstein**, einem der schönsten Aussichtspunkte an der Lahn. Von der Schutzhütte über den gegabelten Felsen fällt der Lahnhang mehr als 100 m fast senkrecht in Richtung Kraftwerk ab - ein großartiger Blick. Durch das Lahntal unter uns führt keine Fahrstraße, nur die Eisenbahnstrecke. Die Felsen aus mittel-devonischem Schalstein sind reich an seltenen Pflanzen. Hier nisten Wander- und Turmfalke. Das Erklettern der Felsen ist jedoch lebensgefährlich. Ein in den Felsen gemeißeltes Hufeisen erinnert daran, daß hier der Graf der Schaumburg durch sein sich widersetzendes Pferd vor dem Absturz bewahrt wurde.
Der ab Talhof Schaumburg südlich führende Europäische Fernwander-weg Nordsee - Mittelmeer bringt uns zur hübschen Feldkirche Haben-scheid, zur Ruine des Klarissinnenklosters Bärbach und nach Schönborn. Rundwanderweg ab Ende 1979:
Balduinstein - Cramberg - Sandkopp - Balduinstein.

Rechts der Lahn:
Der **Lahnhöhenweg** führt auf der Westerwaldseite über die sehr ruhige, bildhübsche Lahntalallee in Richtung Geilnau. Am Fuße des Cramberger Berghalses die Balduinsteiner Schleuse mit dem Wassertunnel (siehe oben unter Cramberger Lahnschlinge!) und dem Eisenbahntunnel. Weiter zum Geilnauer Mineralbrunnen und dem düsteren Schwarbachtal.
Sehr romantisch ist eine Wanderung auf dem Leinpfad bis zum **Daubach-tal** mit großem Campingplatz der Diezer Paddler-Gilde.

3 km unterhalb Balduinstein beginnt der langgezogene Lahntalort
Geilnau (98 m; 400 E., VG Diez)
✕ Oberhalb des Dorfes gab einst ein großer Basaltbruch der Bevölke-rung Arbeit und Verdienst. Das Gestein wurde über eine Stichstrecke der Lahntalbahn auf der anderen Uferseite abtransportiert. Der dortige Bahndamm ist noch zu erkennen.
🏛 Gleich am Ortseingang rechts, dort wo das romantische Kerbtal des Schwarbachs einmündet, steht ein ehemals **Waldecksches Jagdschlöß-chen**, erbaut 1797, mit breiter Treppe zum ersten Obergeschoß.
✿ In der Achse dieses Schlößchens führt zum Lahnufer ein Kastanienweg zu einem **Mineralbrunnen** in einem offenen Schacht unter dem Wasser-spiegel der Lahn. Nebeneinander entspringen zwei Mineralquellen. Die linke ist eine Schwefelquelle, die rechte ein eisenhaltiger Säuerling, sehr reich an freier Kohlensäure. Im vergangenen Jahrhundert gelangten jährlich bis zu 200 000 Krüge zum Versand. Im Dreißigjährigen Krieg soll die Bevölkerung die Quellen verschüttet haben, um sich so vor lästiger Einquartierung zu schützen. Heute ist die gewerbsmäßige Quellabfüllung völlig eingestellt. - Der Schlüssel ist im Hause neben dem Schlößchen erhältlich.

Die Fahrstraße führt in Geilnau zur Esterau im Westerwald hoch. Darüber siehe Seite 507!

Das Lahntal bleibt nun 7 km weit völlig straßenlos. Nächster Lahn-talort, zu erreichen über Holzappel, ist
Laurenburg (96 m; 360 E., VG Diez)
◻ Die **Laurenburg** war 1117 und wohl schon 1093 Stammhaus jener Grafen, die sich seit 1159 nach ihrem jüngeren Sitz, der von ihnen er-bauten Burg, Grafen von Nassau nannten. Als Peter Melander Graf von Holzappel 1643 die Laurenburg mit der Esterau um Holzappel erwarb, war die Burg bereits verfallen. Erhalten ist noch der fünfeckige Haupt-turm mit der Spitze gegen die östliche Angriffsseite.
Das **Schlößchen** am Fuße der Burg ließen sich die Fürsten von Anhalt-Bernburg-Schaumburg im 18. Jh. als Sommersitz erbauen. Heute befindet sich darin ein Altenheim der Heilerziehungs- und Pflegeheime Scheuern.

Laurenburg ist ein ehemaliges Bergmannsdorf, dessen Bewohner in der nahen Holzappeler Grube Arbeit fanden. Die ausgedehnten Bergwerkshalden im Lahntal unterhalb werden seit 1977 rekultiviert.
  ✦ Laurenburger Lahn-Wasserspiele im Juni; Wasserskistrecke; Angeln
  🚩 ✕ Hotels, Gasthaus, Café, Mittagstisch
  ☎ Heimatverein Laurenburg e. V., Tel. (0 64 39) 6 43; Ortsprospekt
  👥 Auf der Westerwaldseite führen schöne Wanderungen auf die an drei Seiten von der Lahn umflossenen, bewaldeten Bergsporne der **Eidenheck** (gegenüber des Gabelsteins) und des **Eichenauer Bergs** über der Schleuse Kalkofen.
Gegenüber auf der Taunusseite liegt rings um eine Basaltkuppe das Dorf **Gutenacker** (305 m). Über Bremberg erreichen wir von hier die steil über der Lahn stehende **Kirchenruine Brunnenburg,** einst ein Prämonstratenserinnenkloster, bereits 1197 im Besitz der Abtei Arnstein; von hier und vom nahen **Vierseenblick** sehr schöne Lahntalblicke.

Vom Bahnhof Laurenburg führt die Straße nach Katzenelnbogen ins **Rupbachtal.** Im Osthang die hohen Felsklippen der **Steinsberger Hohelei.**

Die Lahntalstraße (B 417), die ab Diez über die Höhe führte, erreicht hier wieder die Lahn und begleitet uns bis Nassau. Wir fahren nun durch einen schönen, stillen Talabschnitt. In der Talbiegung gegenüber auf der Höhe die Kirchenruine des Klosters Brunnenburg, nahebei der „Vierseenblick".

Dörnberg-Kalkofen (97 m)
ist durch seinen Lahnpegel bekannt. Oberhalb Kraftwerk und Schleuse.

Das Lahntal weitet sich zu einem Talkessel, und wir sind in
Obernhof (95 m; 510 E., VG Nassau)
Hübscher Ort mit lebhaftem Fremdenverkehr und zahlreichen schönen Wandermöglichkeiten. Weinbau. Kloster Arnstein.
  🏛 Im Ort einige schöne Fachwerkhäuser aus dem 18. Jh., vereinzelt mit Motiven aus dem Winzerleben. An der Lahntalstraße kleine ev. Pfarrkirche, erbaut 1714/15.
Vom nahen Weinähr im Gelbachtal abgesehen, ist Obernhof die einzige **Weinbau-Gemeinde** an der Lahn. Es gibt allerdings nur noch einen Vollerwerbs-Winzer, die übrigen Weinberge werden im Nebenerwerb bestellt. Angebaut werden Spät-Burgunder (Rotwein) sowie Müller-Thurgau und Riesling. Der Obernhofer Lahnwein hat, obgleich wenig bekannt, einen guten Namen, wird jedoch als „Rheinwein" verkauft.
  ✦ Verleih von Ruder-, Paddel-, Tret- und Elektrobooten; Freischach; Kleingolf; Trimm-Dich-Pfad am Himmelsberg; Wassertreten; Angelschein durch den Fischereiverein Obernhof.
  🚩 ✕ Hotels, Gaststätten und Pensionen mit insgesamt 115 Betten; zusätzlich 22 Betten in Privatzimmer; Imbißstube; Café; Pizzeria; 1 Winzerhaus; 2 Weinstuben; Ferien beim Winzer; Campingplatz Schloß Langenau, Campingplatz Obernhof/Arnstein.
  ☉ Mitte August Heimatfest mit Feuerwerk.
  🚌 Privatbus Hochfellner: Limburg - Diez - Gelbachtal - Langenau - Nassau
  🚌 Bahnstrecke Lahnstein - Limburg
  ⚓ Im Sommer Motorbootausflüge lahnaufwärts nach Schloß Schaumburg, Diez und Limburg; lahnabwärts nach Bad Ems, zum Rhein und zur Mosel.
  ☎ Verkehrsverein Obernhof-Arnstein e. V., Tel. (0 26 04) 13 73 + 44 65

⚏ Obernhof ist Ausgangspunkt für eine Fülle schöner Wanderungen ins Lahntal, auf die Lahnhöhen sowie in die Täler des Gelbachs und des Jammertals. Wanderkarte 1 : 10 000 erhältlich.

Ab Straßenbrücke Obernhof sind markiert:

1. Himmelsberg (= Bernshahner Kopf) - Langenaublick - Platzburg - Weinähr - Obernhof. (Mkg.: Tanne; Wanderzeit: 90 Minuten). Der Himmelsberg ist ein Umlaufberg der Lahn. Die Lahn floß einst über den Rücken zwischen Obernhof und Weinähr und dann durchs untere Gelbachtal. Auf dem Himmelsberg befindet sich ein Trimm-Dich-Pfad.
2. Esterweg - Goethepunkt - Alte Straße - Obernhof. (Mkg.: Fuchs; Wanderzeit: ca. 90 Minuten). Der Aufstieg über den Esterweg durch die Weinberge zum **Goethepunkt** ist etwas beschwerlich. Dafür belohnt uns aber unweit des Fernsehumsetzers eine Plattform mit dem sicherlich schönsten Lahnblick. Auch Goethe, der nach einer Besichtigung der Holzappeler Blei- und Silberbergwerke die hierher verlaufende alte Poststraße befahren hatte, soll sich entsprechend geäußert haben.
3. Otto-Gustav-Lei - Eisenkauten - Jagdhütte - Alte Straße - Obernhof. (Mkg.: Geweih; Wanderzeit: ca. 3 Stunden). Diese Wanderung führt in den Haldenbereich der stillgelegten Erzgrube sowie in die aussichtsreichen Hänge des Gelbachtals.
4. Schleuse Hollerich - Hofgut Salscheid - Funckruhe - Kloster Arnstein - Obernhof. (Mkg.: Pilz; Wanderzeit: ca. 3 Stunden). An der Schleuse Hollerich befindet sich ein Lokal mit kalter Küche. Der Aussichtspunkt Funckruhe liegt an der noch nicht ausgebauten Kreisstraße in Richtung Singhofen.
5. Kloster Arnstein - Weg Hofgut Salscheid - Geiselei - Funckruhe - Obernhof. (Mkg.: Kleeblatt; Wanderzeit: ca. 2 Stunden).
6. Kanzel - Kloster Arnstein - Kleine Kanzel - Schutzhütte - Kanzel - Obernhof. (Mkg.: Schnepfe; Wanderzeit: ca. 2 Stunden). Die Kanzel liegt gegenüber der Gelbachmündung und bietet einen sehr schönen Ausblick auf das Wasserschloß Langenau, auf Kloster Arnstein, auf Obernhof und den Goethepunkt.
7. Alei - Jakobsruh - Seelbacher Straße - Waldweg - Schutzhütte - Obernhof. (Mkg.: Ente; Wanderzeit: ca. 2 Stunden). Von Alei und Jakobsruh schöner Blick ins Jammertal (= Dörsbachtal).
8. Falkenhorst - Seelbacher Straße - Sessweg - Obernhof. (Mkg.: Eule; Wanderzeit: ca. 2 Stunden). Falkenhorst und Schillertempel liegen etwa dem Goethepunkt gegenüber, schöner Blick auf Obernhof im Lahntal.
9. Jammertal - Kaiserlicher Friedhof - Mittelmühle - Obermühle. (Mkg.: Käfer; Wanderzeit: ca. 150 Minuten). Über das Jammertal siehe unten! Kloster Arnstein diente in den Koalitionskriegen 1792-1796 als Lazarett für österreichische Soldaten. Am Kaiserlichen Friedhof (von 1795, Franzosenzeit) hat man damals 200 hier verstorbene Österreicher bestattet.
10. Lahnhöhenweg - Nassau - Hollerich - Untergutenau. (Mkg.: L; Wanderzeit: ca. 3 Stunden).
11. Lahnhöhenweg Laurenburg - Dörnberg - Obernhof - Hohelei - Nassau. (Mkg.: weißes L auf schwarzem Grund).

In Obernhof beginnen die folgenden Streckenwanderwege:

WwV-Weg 4: Obernhof - Gelbachtal - Montabaur - Selters - Westerwälder Seenplatte - Hachenburg - Wissen.

Jammertalweg: (Mkg.: dicker schwarzer Punkt auf weißem Grund). Er durchzieht von Obernhof (Fackelmühle) bis Katzenelnbogen das windungsreiche, abgeschiedene Jammertal (= Dörsbachtal). Es erschließt uns eine eindrucksvolle Tallandschaft mit bewaldeten Steilhängen und dem Gasthaus Tannenhof. (Bis zur Neubäckersmühle ist jedoch nur die Mkg. des Hasenbachtalwegs vorhanden).

Kloster Arnstein über dem Lahntal

Hasenbachtalweg: (Mkg.: schwarze Raute auf weißem Grund). Bis zur Neubäckersmühle wie oben, dann durch das unberührte Hasenbachtal nach Holzhausen auf der Haide.

Weithin bekannt und viel besucht ist

Kloster Arnstein (120m)

Es liegt jenseits der Lahnbrücke, schon in der Gemarkung Seelbach, auf hohem Felsabsturz über der Lahn.

Graf Ludwig von Arnstein stiftete 1139 an der Stelle einer schon 1052 bezeugten Burg eine Prämonstratenserabtei, in die er selbst als Mönch eintrat. Die bald nach 1359 vollendete Kirche ist eine dreischiffige Basilika: ein romanischer Westbau mit runder Apsis und zwei seitlichen Türmen, ein gotischer Ostbau mit niedrigem Querschiff, gestaffelten Nebenchören, schlankem Hauptchor und zwei achteckigen Türmen über den mittleren Seitenchören. Die Kirche betritt man durch eine romanische Vorhalle neben der Westapsis. Festlicher Hochaltaraufsatz von 1760, reicher Levitensitz (um 1360), mehrere mittelalterliche und barocke Grabdenkmäler, darunter der Familie Mariot aus Lüttich, Begründer des Lahn- und Westerwald-Bergbaues. Der Konventsbau südlich der Kirche stammt noch aus der romanischen Zeit und ist möglicherweise der Rittersaal der ehemaligen Burg. - Seit 1919 wirkt hier die Genossenschaft der heiligsten Herzen Jesu und Mariä. Seitdem ist Arnstein auch eine stark besuchte Wallfahrtsstätte.

Am Fuße des Klosterberges sehen wir neben dem Friedhof die Ruine der romanischen **Margarethenkirche.** Ursprünglich Eigenkirche der Arnsteiner Grafen, war sie trotz ihrer Unscheinbarkeit Mutterkirche von 72 anderen Kirchen und Kapellen der Umgebung; nach der Gründung des Klosters diesem inkorporiert.

Hier am Kloster Arnstein sowie in Laurenburg und auf der Schaumburg spielt Brentanos romantische „Chronika eines fahrenden Scholaren".

Unterhalb Oberhof liegt an der Mündung des Gelbachs die 1243 zuerst genannte

Burg Langenau (95m)

Die einzige Tal- und Wasserburg an der Lahn: sie nutzt geschickt eine niedrige Felsplatte über dem Talboden des einmündenden Gelbachs aus. Die Anlage hat Trapezform. Die Schmalseiten wurden durch tiefe Gräben gesichert, in die bei Gefahr Gelbachwasser einströmte. Auf der Ostseite war die Burg durch eine noch weitgehend erhaltene mächtige gotische Schildmauer mit Wehrgang und Ecktürmen geschützt. Nach Aussterben der Ritter von Langenau (1613) gehörte die Burg von 1696 bis 1847 der aus Lüttich stammenden Industriellenfamilie von Marioth, den Bahnbrechern des Eisenerzbaues und Gründern zahlreicher Hütten im Lahngebiet. Sie errichteten 1698 den Schloßbau am Hauptturm (13. Jh.). 1848 erwarb eine Tochter des Freiherrn vom Stein, Nassau, den Besitz, der in Erbfolge an Graf von Kanitz im Schloß zu Nassau überging. - Heute lockt die Burg mit einer Miniatureisenbahn, mit Märchenszenen und einem Weinkeller.

Weiter führt die Lahnuferstraße vorbei an der Hollericher Schleuse, durch die enge Felsenschlucht am Fuße der Hohenlai (270 m), nahe der Elisenhütte, entlang dem Judenfriedhof hin in die Talausweitung von

Nassau an der Lahn (90-140 m; 5422 E., VG Nassau, Kreis EMS) Sitz der Verbandsgemeindeverwaltung und der Stadtverwaltung Nassau/Lahn, Lahntalklinik - LVA - Rheinprovinz, Heilerziehungs- und Pflegeheim Scheuern, Staatliche Realschule, Haupt- und Grundschule, Schullandheim Düsseldorfer Realschulen, Staatliches Forstamt, Revierförsterei. Städtepartnerschaft mit Pont Château in der Bretagne.

◻ Nassau ist bekannt durch die Stammburg der Grafen und Herzöge von Nassau, sowie als Geburtsort des Reichsfreiherrn Karl vom und zum Stein (geb. 25. 10. 1757 im väterlichen Schlosse zu Nassau). Seit der Hallstattzeit besiedelt, wurde Nassau erstmals 915 als fränkischer Königshof nassova erwähnt. Er verdankt seine Entstehung einer Lahnfurt, die von einem der vorgeschichtlichen Nordsüd-Landwege benutzt wurde, der sogenannten Kemelerstraße (812 erwähnt), der heutigen Bäderstraße (nördliche Fortsetzung Alter Hömberger Weg auf den Westerwald). Aus dem Fronhof nassova erwuchs der Ort Nassau. Namensdeutung: Nicht von „nasser Aue" abgeleitet; offenbar trägt Nassau den Namen des alten, dort einmündenden jetzigen Kaltbachs (Adolf Bach). Der Ortsname Nassau wurde auf Burg, Grafen, Herzöge und Herzogtum übertragen. Die Nassauer Burggrafen machten Nassau weithin bekannt, auch in der fernen Welt. „Wilhelmus van Nassawe" (1533 - 1584) erwarb für sich und sein Haus im niederländischen Freiheitskampfe europäische Bedeutung. Wilhelm III. von Oranien-Nassau starb 1702 als König von England; die Herzöge von Nassau regierten von 1806 - 1866 das Herzogtum Nassau; weibliche Nachkommen sind noch heute Regenten im Königreich der Niederlande und im Großherzogtum Luxemburg. Der Ort Nassau bekam 1348 Stadtrechte, hatte aber bereits 1323 die Erlaubnis zur Befestigung erhalten. Ringmauer, sieben Tortürme und etliche feste Türme sicherten diesen Rast- und Einquartierungsort in zahlreichen Kriegsfehden. Letze Befestigungsreste haben sich erhalten im Grauen- oder Hexenturme (nahe am Bahnhof) und im Eimelsturm (seit 1959 Kriegerehrenmal am Friedhof). Die Stadt war über 600 Jahre Amtsstadt (1355 - 1885), dazu Kirchspiel-, Gerichts- und Marktort (1446), Übersetzort der Heer- und Marktstraße in den Taunus und Brückenort; berühmt und oft kopiert wurde die 1828/30 erbaute Kettenbrücke, eine der ersten eisernen Brückenbauten Deutschlands. (Heutige Nachfolgerin Hängebrücke von 1926). Der einst ländliche Charakter des Städtchens mit Wein- und Landbau, Waldnutzung und Handwerk als Nahrungsquellen änderte sich Mitte des vorigen Jahrhunderts durch Errichtung einer Wasserheilanstalt (1856), dem späteren, 1945 zerstörten „Kurhaus Bad Nassau". Das wurde die Grundlage des Fremdenverkehrs. Aus der im 19. Jh. entstandenen Industrie (Textil- und Metallindustrie) entwickelten sich Nachfolgebetriebe mit kurverträglicher,

Der Adelsheimer Hof in Nassau, heute Rathaus.

rauchloser Kleinindustrie, darunter „Leifheit". Seit 100 Jahren also geglückte Synthese von Industrie- und Kurstadt. 1945 durch Bomben zu 71 % zerstört. Heute verbinden sich im Stadtbild Altbauten mit Modernem in schöner Harmonie. Nach dem großartigen Wiederaufbau der 50er Jahre entfaltete sich Nassau zu einem Mittelpunkt des Fremdenverkehrs. Über 30 Gaststätten, Pensionen und Erholungsheime sind für Kurgäste aufnahmebereit. Kernstück ist der moderne Neubau der „Lahntalklinik" (LVA). Vielseitig sind die Anlagen für den **Fremdenverkehr:** Campingplatz an der Lahn, anliegendes, beheiztes Freischwimmbad (22°), Bootsfahrten, gepflegte Lahnuferwege, Rundwanderweg, Kurpark mit Pavillon und Kleingolf, Sport- und Tennisplätze, Wassertretbecken, Schachspiele. Höhepunkt der Saison ist der seit 1912 jährlich stattfindende Michelsmarkt. Dieser, wie auch die zahlreichen modernen Geschäfte, machen Nassau zu einem beliebten Einkaufszentrum für die umliegenden 25 Nachbarorte.

🏛 **Das Steinsche Schloß** (Graf von Kanitz), erbaut um 1621, Geburtshaus des Reichsfreiherrn Heinrich Friedrich Karl vom und zum Stein (geb. am 25. 10. 1757). Hier arbeitete er 1807 an seiner „Nassauer Denkschrift", der Grundlage für die Bauernbefreiung und Städteordnung. Das Schloß wurde 1755 erweitert und 1790 innen ausgebaut. Der zweistöckige Steinbau hat seitlich zwei gleich weit vortretende Querflügel, im linken die Schloßrentei. An dem mittleren Hauptkörper des Schlosses, der einen kleinen, renaissanceartigen Ziergiebel trägt, befindet sich neben dem viereckigen Schloßturm ein zwar kleines, aber sehr schönes, von schlanken Säulen flankiertes Renaissance-portal mit der Jahreszahl 1621, einem Alliancewappen und dem berühmten Türklopfer. Ihn haben einst flüchtende Schloßbesitzer an sich genommen als Pfand ihres fortdauernden Eigentums. Der sagenumwobene Klopfer hat die Gestalt eines Eselkopfes mit herausgestreckter Zunge, in Erinnerung an das Langohr, das einst einen Ahnherrn des Freiherrn während eines Kriegszuges aus schwerer Bedrängnis über die Alpen heimgetragen hat. An den Südgiebel des Schlosses lehnt sich der monumentale achteckige Erinnerungsturm in neugotischen Bauformen an, ein Denkmal romantischer Kunstbesinnung, errichtet von Stein zum Gedenken an die Freiheitskriege gegen Napoleon von 1812 - 1815. Stein ließ den Turm skizzieren vom Kölner Zeichner Maximilian Heinr. Fuchs und architektonisch bearbeiten vom jungen Koblenzer Land-bauinspektor Joh. Claudius von Lassaulx (1781-1848). Der Turm enthält in drei Stockwerken die Stein-Erinnerungsräume des Schlosses; das Mittelgeschoß birgt Steins Arbeitszimmer mit dem Schreibtisch, dem Sessel und einer vom Berliner Bildhauer Joh. Pfuhl (1846-1914) aus carrarischem Marmor gefertigte Kolossalbüste Steins. Auf dem Schreibtisch liegt ein Brief an den Grafen Münster vom 1. Dezember 1812 mit dem berühmten Satz: „ . . . ich habe nur ein Vaterland, das heißt Deutschland".

Ringsum an der gotischen Gewölbedecke sind 18 Porträts hervorragender Deutscher angebracht. Wandschränke bergen kostbare Folianten, u. a. die von Stein angeregten „Monumenta Germaniae historica", eine Sammlung mittelalterlicher Quellentexte deutscher Geschichte. Der obere Turmraum ist die Gedächtnishalle für die Befreiungskriege. Dort stehen die aus gleichem Marmor von Christian Rauch (1777-1857) gehauenen Büsten der drei verbündeten Monarchen, Friedrich Wilhelm III. von Preußen, Alexander I. von Rußland und Franz II. von Österreich, rechts und links von ihnen die metallnen Gedenktafeln mit den denkwürdigsten Kriegsbegeben-heit von 1812 - 1815, denen später solche von 1870/71 beigefügt wurden.

Der Reichsfreiherr ließ durch den Kölner Bildhauer Peter Josef Imhoff an den vier Pilastern (Wandpfeilern) des Turmes die vier Patrone der Befreiungs-mächte anbringen, allegorisch dargestellt als lebensgroße weibliche Figuren, in Form von Flachreliefs. Es sind dies links vom Turmportal, über dem das Steinsche Ehewappen Stein- Wallmoden-Gimborn steht, die Statue Alexander Newski, des Schutzheiligen Rußlands, Symbol der Einigkeit und die Jahres-zahl 1812 (lateinisch), rechts der Schutzheilige Preußens, St. Adalbert, Sinn-bild des Gottvertrauens und 1813, an der Turmseite im Schloßpark rechts die Statue des Schutzheiligen Österreichs, St. Leopold, Symbol der Beharrlichkeit und 1814 und links der Schutzheilige Englands, St. Georg, Beispiel der Tapfer-keit und 1815.

Turmbesichtigung nach Anmeldung in der Schloßrentei Graf von Kanitz; Tel. (0 26 09) 2 53.

Den Schloßhof betritt man durch das „prächtige, vom Herrenbewußtsein der Besitzer geprägte Hofportal", ein dreiteiliges, wappengeschmücktes Renais-sanceportal, dessen Mittelstück 1905 vom ehemaligen alten Wirtschaftshofe an der Emserstraße hierher geholt wurde. Erneuert und durch zwei kleine Seitenportale erweitert, wurde es hier wieder aufgebaut. Die Inschrift „ . . . nischer Steynhoff 1691" ist ein verstümmelter Rest, da die Silbe „Stei" von den Gewaltherrn der napoleonischer Zeit ausgemeißelt wurde, als der Steinsche Besitz beschlagnahmt worden war (Ad. Bach).

Hinter dem Schloß der reizvolle Schloßpark, auch Englischer - oder Botani-scher Garten genannt, enthält neben einheimischen Baumriesen eine Menge ausländischer Gewächse, unter ihnen in der Parkmitte Steins Lieblingsbaum, „Ginkgo biloba", vermutlich von Alexander von Humboldt (1769-1859) als Setzling aus Japan mitgebracht und als Besuchergeschenk dem Schloßherrn übergeben. Dieser Baum ist durch den Schriftsteller Hans Franck (geb. 1879) durch seinen Roman „Marianne" (1935) in die Goethe-Literatur eingereiht worden, auch Goethe war bei seinem Besuch im Steinschen Schloß im Juli 1815 fasziniert von dem Baum. Der Ginkgo-Veteran, der 1815 noch ein Jung-baum war, steht nicht mehr. Ein Sämling von ihm, an gleicher Stelle, ist in-zwischen ein mächtiger, immergrüner Baum geworden (Nach Gräfin Dohna,

1978). Im stillen Park hat Stein 1819 das Herz seiner Gattin beisetzen lassen, während ihr Leichnam in der Steinschen Friedhofkapelle in Frücht ruht. Auch im Schloßvorgarten erregen die aus Steins Zeiten stammenden fremdländischen Zierbaumriesen immer wieder die Bewunderung der Schloßbesucher, neben dem japanischen Tulpenbaum der Eschenahorn, die Blutbuche und als amerikanischer Fremdling der Tulpenbaum Liliodendron tulpifera.

Der Adelsheimer Hof (dem Schloß gegenüber). Ursprünglich als Landedelsitz der Steinschen Nebenlinie 1607/09 erbaut, kam er 1701 nach dem Aussterben dieser Linie durch Einheirat an die von Adelsheim. Der prächtige, dreistöckige Fachwerkbau zeigt an Eckbalken und Erkern ein ungewöhnlich schönes, reichverziertes Schnitzwerk. Dieses und die Außenwände erhielten 1978 einen neuen Anstrich in den Farben der Entstehungszeit. 1781, als Kaiser Josef II. Nassau passierte, war im Hause die Thurn- und Taxis'sche Reichspost-Halterei untergebracht. Seit 1912/16 Rathaus der Stadt Nassau, seit 1972 der Verbandsgemeinde, ist es heute eines der schönsten Rathäuser Westdeutschlands.

Heimatmuseum (Stadtgeschichte und Dokumentation, insbesondere Beziehungen nach Holland). Geöffnet täglich 10 - 12 und 15 - 17 Uhr. Tel. Voranfrage wird empfohlen! Tel. (0 26 04) 2 22).

Die mittelalterliche Stadtkirche, Johanniskirche genannt (ev.), nahe der Lahn, wurde 1198 erwähnt. Vom Turm (vermutlich 11. Jh.) ruft seit 1480 die Marienglocke die Gemeinde. Der älteste Kirchteil hat spätromanische Formen. Nach großen Bränden, 1372, 1465, 1945, immer wieder neu aufgebaut. Sehenswert sind die 10 an den Innenwänden aufgestellten sehr schönen Bildgrabsteine, zum Gedenken der dort bestatteten Angehörigen der Familie vom Stein, (1476, 1490, 1657, 1701), von Adelsheim (1635), Geistlichen (1520), Nassauischen Amtmännern (1669, 1679, 1754) und Kellern (Renteibeamten, 1622).

Die kath. Pfarrkirche St. Bonifatius am Westende der Stadt ist ein Erneuerungsbau vom Jahre 1966 für die 1875 erstellte und abgetragene Kirche. Heute zeltartiger Baukörper über einem Fünfeck errichtet. Die vom Trierer Dombaumeister Dr. Kramer entworfene Kirche ist vorwiegend aus Beton und Glas erbaut. 1976 (4. April) erfolgte die Weihe des Glockengeläuts des vorgebauten Glockenturmes.

Der bewaldete **Burgberg** (210 m NN, 130 m über dem Lahnspiegel), jenseits der Hängebrücke trägt zwei Burgen: Burg Nassau und Burg Stein. Die vielbesuchte **Burg Nassau,** das weithin sichtbare Wahrzeichen der Stadt, errichtet zur Sicherung des Uferwechsels der alten Heerstraße in den Taunus, erbauten die Grafen von Laurenburg (vor 1124). Nach langem, erfolglosen Streit mit dem Bergbesitzer, dem Hochstift Worms, vertauschte dieses Nassau 1159 an das Erzstift Trier, von dem die Laurenburger im gleichen Jahre Burg nebst Anhang zu Lehen nahmen. Seitdem nannten sie sich Grafen von Nassau. Bis zur Landesteilung 1255 haben sie auf der Burg residiert. Danach entstanden weitab, in Weilburg, Idstein, Saarbrücken, Wiesbaden, Usingen, Hadamar, Dillenburg, Herborn und Siegen neue Residenzen der Teillinien. Bis 1530 von beiden Hauptlinien mit Sorgfalt unterhalten, setzte danach der Verfall ein, seit 1630 Ruine, doch nicht durch Feindeshand. Die Burgherren stellten einen deutschen König, Adolf von Nassau (1292 bis 1298), drei Mainzer Bischöfe und in neuerer Zeit Regenten in den Niederlanden (Oranien-Nassau) und im Großherzogtum Luxemburg.

Drei Bauelemente blieben erhalten: Die 1978 abgeschlossene Renovierung setzte dem Bergfried eine 8,25 m hohe Dachhaube auf, dazu an den Turmecken und dem Treppenturm kleine Türmchen mit 5 Nebenhauben (je 4,80 m), so daß der Turm jetzt insgesamt eine Höhe von 33 m erreicht. Er enthält bis zur Wehrplatte drei Turmgeschoße, verbunden mit einer Wendeltreppe und in der Erde versenkt das zweigeschossige Burgverließ. Der Burghof mit Resten des im Ausbau begriffenen Palas und der Waffenkammer wird vom Zwingel umwehrt. Eingang durch das Burgtor, im Schutze einer hohen Schildmauer.

Burg Stein (1234 erwähnt) wurde von einem nassauischen Burgmannen-geschlecht 70 m unterhalb der Hauptburg auf einem steilen, durch eine künstliche Schlucht abgetrennten Felssporn errichtet, dem sogenannten „Stein", nach dem es sich nannte. Diese Burg blieb länger bewohnbar; (1637) teilweise, danach selten bewohnt, wurde sie 1639 zerstört. Schon im 16. Jh. zogen die vom Stein in ihren Hof in Nassau, wo sie 1621 ihr Schloß erbauten. (Siehe oben!). Diese Ruine ist nicht besteigbar, Ein-sturzgefahr! Erhalten blieben Teile der Vor- und Hauptburg, so Eckturm, Burggraben, Treppen und Wonhbauten.

Das Steindenkmal, nahe der Burg Stein auf felsigem Bergvorsprung, ist zu Ehren des großen Staatsmannes, Freiherrn vom Stein, erbaut. An Stelle des 1872 enthüllten und 1945 durch Bomben zerstörten National-denkmals wurde es 1953 völlig neu gestaltet und im Beisein des ersten Bundespräsidenten, Professor Theodor Heuß, eingeweiht. Entwurf und Aus-führung stammen von Bildhauer Eugen Keller, Höhr-Grenzhausen. Die Figur wurde aus einem mächtigen Muschelkalkblock aus Kirchheim nahe Würzburg geformt, das Standbild aus Mayener Basalt. Das Ganze umrahmt ein 9 m hoher, säulenartiger Umbau. Erbauer waren das Land Rheinland-Pfalz und dessen kommunale Spitzenverbände.

Jenseits der Hängebrücke führt die Bäderstraße hinauf in den Ortsteil **Bergnassau** (1262 Eldig, später Aufm Berg genannt). Es wird beherrscht von dem hohen Holzwerkbau **„Haus Lahnberg",** das schon 1423 ein Haus der Grafen von Nassau-Weilburg, seit 1500 Sitz ihrer Kellerei (Rentei) und später der Nassauischen Rezeptur war (Heute Anstalt Scheuern). Am Autoplatz schöner Blick auf Nassau.

Von Bergnassau gehts abwärts zum Mühlbachtal nach **Scheuern** (ge-nannt 1163). Wie der Name sagt, einst Scheuer des Königshofes Nassau. Reste der Ringmauer erinnern an die Stadtrechte von 1348 (zusammen mit Nassau und Dausenau). Ein befestigter Hof war Sitz der Nassau-Idsteinischen Kellerei (heute Gasthaus „Zum Goldnen Faß"). Die 1605-1607 als Witwensitz ausgebaute Wasserburg, das sogenannte „Schlößchen", ist seit 1855 Kernbau der Heilerziehungs- und Pflegeheime Scheuern, in der ein weitgespannter Dienst im Sinne der Inneren Mission an bildungsfähigen Geistesschwachen getan wird.

✗ Hinter dem Bahnhof befindet sich die Firma Leifheit International Günter Leifheit GmbH mit über 300 Beschäftigten. Sie stellt besonders Teppichkehrer, Wäschetrockner und Fensterwischer her. Nachfolgebe-trieb auf dem Gelände der ehemaligen Elisenhütte (1867 bis 1934), dort auch die Backformenfabrik Kaiser, die Nassauische Maschinenfabrik, das Metallwerk Elisenhütte und die Leiterfabrik W. Lausberg.

🏭✳ Von der Natur hervorragend begünstigt, viel besuchter Luftkurort in freundlicher, geschützter Flußlage, innerhalb einer fast 1 km breiten Talweitung der windungsreichen, tief eingeschnittenen Unterlahn. Hier vereinigen sich 4 schnellfließende Waldbäche mit der Lahn: Kaltbach, Scheubach, Neuzebach und Mühlbach. Ihre Bergwiesentäler sind be-liebte Wanderwege. Die von Schiefer und Grauwacke aufgebauten Berg-wände sind teils mäßig geneigt und mit Obst- und Gartenland besetzt, teils steile, waldtragende Berghänge oder gar schroffe quarzitische Felsklippen, so die vielbesuchte **Hohe Lay** (270 m, gute Fernsicht, Schutz-hütte, schönste Landstelle der Umgebung), ähnlich der **Scharfenstein** (220 m, gute Fernsicht, nahe Dausenau). Beide mit herrlichen Ausblicken ins Lahntal. Schöne Fernblicke links der Lahn: aus Tälern aufragen-de **Burgberg** (210 m, gute Fernsicht), der Nassauer Berg (285 m, **gute** Fernsicht, Schutzhütte Wilhelmsruh), rechts der Lahn: Hahnenkopf (340m, gute Fernsicht, Schützhütte Gertrudishöhe), Bachberg (280 m, gute Fernsicht), Heidgen (345 m, gute Fernsicht, Schutzhütte).

Die nördlich anschließende Hochfläche mit Höhenanlagen bis 422 m trägt große Laub-, Misch- und Nadelwälder. Sie gehören zum 882 ha großen **„Nassauer Wald",** einem der Kerngebiete des **„Naturpark Nassau".**

Günstige **klimatische Verhältnisse:** Berghöhen bieten Schutz gegen rauhe Winde; vorherrschend milde Südwinde; im heißen Sommer bringen Bergbäche Abkühlung. Der Ort hat frische Waldluft. Nassau ist mithin zu Kurzwecken, als Sommerfrische und Ausflugsort, wie als dauernder Wohnsitz gleich empfehlenswert.

✚ Krankenhaus Henrietten-Theresen-Stift in der Emser Straße, Lahntal-Klinik der LVA Rheinland; sieben praktizierende Ärzte und Fachärzte drei Zahnärzte, ein Tierarzt, drei Apotheken.

♪ Täglich Konzertübertragungen im Kurpark, sonntags mit Folklore-gruppen und Chorgesang. Moderne Stadtbücherei. Stadthalle mit großem und kleinem Saal sowie Konferenzzimmer. Theatergastspiele, Konzerte, Tanzabende, Kino. Heimatmuseum im Stadtarchiv (Emserstraße 39), Geschichtsverein Nassau mit Vorträgen im Winter.
Kleingolfanlage mit 18 Spielfeldern, Badminton, Jedermannturnen, Lauf-Treff-Aktion, Tennis (Sandplätze und Halle), Paddeln und Rudern, Angel-Erlaubnisscheine durch Anglerclub, Kegeln, Freiluftschach, Freilufttisch-tennis, Freiluft-„Mensch-ärgere-Dich-nicht", Freiluft-„Mühle", Wassertret-becken, Schießen; beheztes Schwimmbad (ständige Wassertemperatur 22⁰). Kurtaxe.

⯅ Hotels, Gasthäuser, Pensionen und Weinstuben mit insgesamt über 230 Betten. 140 Privatbetten. 6 Ferienwohnungen.

✕ Zahlreiche Hotels und Restaurants, 3 Cafés, 2 Weinstuben.

☉ Während der Saison Abendveranstaltungen im Freien. Internationales Sommerfest, Kanuregatta, Crosslauf, Tanzturnier, Radrennen, Fußball-turnier. Ende September findet der Nassauer Michelsmarkt statt, das größte Volksfest der unteren Lahn, Vergnügungspark und großes Feuer-werk. Ein Veranstaltungsprogramm wird wöchentlich herausgegeben.

🚌 Privatbuslinie: Nassau - Winden; Privatbuslinie: Nassau - Gelbachtal - Holzappel - Limburg; Postbuslinien: nach Montabaur, Wiesbaden, Nastätten und Sulzbach.

🚆 Bahnstrecke: Limburg - Lahnstein - Koblenz

⛴ Motorbootausflüge lahnaufwärts nach Obernhof (Kloster Arnstein) und lahnabwärts über Bad Ems zum Rhein.

☎ Verkehrsamt Nassau (Lahn) im Rathaus am Marktplatz,
Tel. (0 26 04) 6 60 oder 2 23. Diverse Ortsprospekte.

🚶 Nassau - Ausgangspunkt vieler schöner Wanderungen in den Westerwald und in den Taunus.
Wanderkarte: 1 : 25 000 für Nassau und Umgebung, 1971; 7 Wandertips „Rund um Nassau", 1977, im Verkehrsamt erhältlich.

Bezifferte Rundwanderwege:

Nr. 1:
Rathaus - über Kettenbrücke - Bergnassau - links der Lahn auf ebenem Weg bis zur Schleuse Hollerich (Gasthaus) - Überquerung der Schleuse und B 417 - steiler Anstieg bis unterhalb Hohe Lay - auf leicht abfal-lendem Weg durch den Mittelpfad zurück nach Nassau. (Wanderzeit: ca. 2¹/₂ Stunden)

Nr. 2:
Rathaus - Obertalstraße - Hohe-Lay-Straße - Mittelpfad über Rastplatz, Schutzhütte bis unterhalb Hohe Lay (leicht ansteigender Weg), steiler Anstieg zur Hohen Lay (gute Fernsicht Winden, Weinähr, Kloster Arn-stein), über Hochfläche zum nördlichen Waldrand und durch den Wald zurück nach Nassau. (Wanderzeit: ca. 2¹/₂ Stunden)

Nr. 3:
Rathaus - Obertalstraße - Windener Straße - Bachbergweg (Schule), bis zum Waldrand ansteigend - ebener Weg bis zur Schutzhütte - kurzer Anstieg ins Kaltbachtal (Schutzhütte) - Querung des Baches - kurzer, steiler Aufstieg zur Breitheck - auf ebenem Waldweg über den Acker-kopf zurück nach Nassau. (Wanderzeit: ca. 2 bis 2¹/₂ Stunden)

Nr. 4:
Rathaus - Hömbergerstraße - am Ortsende rechts über die alte Höm-bergerstraße durch den Wald ansteigend bis zur Landstraße - nach ca. 200 m links in den Wald wieder einbiegen - über Hochfläche (schöner Panoramablick) zum Gickelsturm - über Gertrudishöhe auf steilem

Abstieg zum Neuzebachtal und zurück zur Stadt. (Wanderzeit: ca. 2^1/$_2$ bis 3 Stunden)

Nr. 5:
Rathaus - Emser Straße bis zur Aral-Tankstelle - auf ebenem Weg durch die ehemaligen Weinberge nach Dausenau - dort über die Lahnbrücke und auf der linken Lahnseite auf ebenem Weg entlang den Bahngleisen zurück nach Nassau. (Wanderzeit: ca. 2^1/$_2$ Std., schöner Spaziergang)

Nr. 6:
Rathaus - über Kettenbrücke - am Burgberg, lahnentlang zur Koppelheck - durch Bahnunterführung - langer, stetiger Anstieg (zum Teil steil) bis nach Misselberg - auf leichtem Weg über Schimmerich (Hochfläche) zur Schutzhütte (schöner Blick auf Nassau) - bequemer Abstieg nach Scheuern - am Burgberg entlang zurück nach Nassau. (Wanderzeit: 2^1/$_2$ Stunden)

Nr. 7:
Rathaus - über Kettenbrücke nach Bergnassau - 100 m rechts hinter Gasthof Mühlbachterrasse ins Mühlbachtal bis zu den Fischweihern - auf der linken Seite des Mühlbachs über Bergnassau (oder Scheuern) zurück nach Nassau. (Wanderzeit: 1^1/$_2$ bis 2 Std., schöner Spazierweg)

Für Tageswanderungen empfehlen wir die Karte des Naturparks Nassau.

Streckenwanderwege durch und ab Nassau:

Lahnhöhenweg beiderseits der Lahn:
Europäischer Fernwanderweg Nr. 1 Nordsee - Mittelmeer.
Mühlbachtalweg (Mkg.: blaues Rechteck auf weißem Grund): Durchs tiefeingeschnittene, romantische Tal des Mühlbachs aufwärts bis Marienfels. Westlich von Singhofen berührt er die „Alte Burg", gelegen auf steilem Bergvorsprung, eine keltische Ringwallanlage der Späteisenzeit.

Auf halbem Wege nach Bad Ems liegt 4 km unterhalb von Nassau
Dausenau (100 m; 1500 E., VG Bad Ems)
Malerischer alter anerkannter Erholungsort. Ortskern keilförmig rechts der Lahn, Neubaugebiete bis in die Seitentäler der Lahn in Taunus und Westerwald. Prächtige Berg- und Waldlage.

◪ Dausenau wird 1247 erstmals als „Duzenowe" erwähnt und erhielt 1348 Stadtrechte, die jedoch nur zeitweise ausgeübt wurden. Früher war der Weinbau von Bedeutung. Heute noch ein Winzer. Weinlage „Dausenauer Hasenberg".

🏛 Der Ort bietet besonders von der Lahnseite her mit seinen alten Häusern, der Pfarrkirche, mit Stadtmauer, Türmen und dem spätgotischen Fachwerkrathaus ein recht malerisches Bild.

Die ev. **Pfarrkirche St. Kastor** liegt ähnlich wie in vielen Winzerorten der Mosel über dem Ort. Sie wurde in der 1. Hälfte des 14. Jh. als eine dreischiffige Emporenhallenkirche (ähnlich Montabaur) errichtet. Der romanische Westturm stammt noch von einer Vorgängerkirche. Im Innern Reste der ursprünglichen Ausmalung und Fresken. Moderne Fenster von 1954 und 1972.

Die **Stadtbefestigung** ist in Dreiecksform längs der Lahn und im Seitental noch weitgehend erhalten. Nach Ems hin steht das Untertor, durch das die B 260 führt. Als **Schiefer Turm** bekannt ist der Oberturm in Richtung Nassau. Da er 2,46 m aus der Lotrechten abwich, mußte er 1951 um 6,50 m abgetragen werden.

Im **alten gotischen Rathaus** sollen sich Franz von Sickingen und Ulrich von Hutten getroffen haben. Einer der ältesten und bedeutendsten Fachwerkbauten an der Lahn und im Westerwald. Das Untergeschoß im Zuge der Ringmauer aus Bruchstein mit Blendarkaden zur Lahn hin; Obergeschoß Fachwerk in Ständerbau mit Walmdach.

Das **„Wirtshaus an der Lahn"** steht hart vor dem Unterturm. Mit seinen Herren-, Halfmann- und Treidlerstuben erinnert es an die Zeit, in denen

Braunewell-Sollau

Der schiefe Turm in Dausenau

die Lastschiffe auf der Lahn noch mit Pferden gezogen werden mußten. Neben der Brücke die fachmännisch konservierte Tor- oder Femeelche (Alter 1100 Jahre, Umfang 13 m).

Lit.: Rolf Hübner: Dausenau an der Lahn, Verlag Rheinischer Verein für Denkmalpflege und Landschaftsschutz, Köln 1974.

X Am Lahnufer liegt vor Bad Ems die Schaltgerätefabrik Dausenau GmbH, die zur Klöckner-Moeller GmbH gehört und über 200 Menschen beschäftigt.

⊨ X Hotels, Gasthäuser und Fremdenheime mit insgesamt 190 Betten. Campingplatz.

🚌 Strecke Nassau - Bad Ems

⚓ Motorbootanlegestelle mit Verbindungen in Richtung Bad Ems und Nassau.

☎ Verkehrsverein Dausenau, Tel. (0 26 03) 59 97

🏃 Von Dausenau aus führen schöne Wanderwege durch das Oberbachtal nach Zimmerschied und durch das Unterbachtal vorbei an der Castormühle und Waldesruh nach Kemmenau und Welschneudorf. Sehr schöner Ausblick von der **Häherlay** (= Herrenley) am Rande der Hömberger Gemarkung.

Auf der Taunusseite markierte Wege zur Kuckuckslei nahe Hof Mauch, nach Misselberg und nach Bad Ems.

4 km unterhalb Dausenau sind wir in

Bad Ems (855 m; 11 500 E., VG Bad EMS; Kreis EMS)

Das Heilbad liegt in einer Talweitung der Lahn und wird von den

Hängen des Taunus und des Westerwaldes begrenzt.

Kreisstadt des Rhein-Lahn-Kreises, Kreisverwaltung, Sitz der Verbandsgemeindeverwaltung, Statistisches Landesamt Rheinland-Pfalz, Staatliches Quellenamt, Staatsbad, Kurklinik, zwei Krankenhäuser, Sanatorien und Kliniken.

Staatliches Goethegymnasium, Kreisberufsschule, Haupt- und Grundschulen, Jugendherberge, Bundeswehrschule, kurverträgliche Industrie.

◻ Römische und fränkische Funde, ein Numeruskastell im Bereich der heutigen ev. Martinskirche (Marktstraße) und ein kleineres Kastell zwischen Mainzer-, Bahnhof-, Badhaus- und Alexanderstraße zum Schutz der Limesüberquerung über die Lahn bei der heutigen Bahnhofsbrücke. Der fränkische Fronhof „Aumenzu" (um 1000 Orniza und Oimze, woraus Ems wurde) mit Dorfanlage und großem Waldbesitz im Westerwald kam im 11. Jh. an das St. Kastorstift in Koblenz als Grundherrn. Als Advokaten oder Vögte der geistlichen Grundherren traten seit dem 12. Jh. die Grafen von Nassau vor Gericht auf, die sich im Lauf der Zeit zu Landesherren machten. Seit 1479 herrschten die Landgrafen von Hessen infolge von Erbschaften, Verkäufen und Teilungen der „Vogtei Ems" mit den Nassauern gemeinschaftlich.

1324 Stadtrechtverleihung durch König Ludwig den Baier.

1720 erste Erwähnung einer Spielbank; im 19. und 20. Jh. hundertjährige Glanzzeit als internationales Modebad. Treffpunkt des internationalen europäischen Hochadels, vor allem - neben Deutschen - Franzosen, Engländer, Russen. König Wilhelm I. von Preußen seit 1867, ab 1871 als Deutscher Kaiser 20 Jahre lang Kurgast. Jacques Offenbach hat mit den Bouffes Parisiens (von 1858 - 1870) das Emser Theater begründet.

1806 Gründung des Herzogtums Nassau, das 1866 an Preußen kommt. 13. Juli wird die Emser Depesche (Benedetti) die Auslösung des Deutsch-Französichen Krieges von 1870/71.

1872 Schließung aller deutschen Spielbanken durch Reichsgesetz.

Rückgang des Bades durch die beiden Weltkriege. Langsamer Wiederaufstieg. 1947 kommt die Stadt an das Land Rheinland-Pfalz. 1969 wird sie Kreisstadt. 1972 erfolgt im Zuge der Verwaltungsreform der Zusammenschluß zur Verbandsgemeinde Bad Ems.

🏛 **Die ev. St. Martinskirche** über dem römischen Kastell: Romanische Emporenkirche aus dem 12. Jh. Nach schwerem Brande stark verändert. Letzte Renovierung 1957. Nahebei großer Judenfriedhof.

Das Staatliche Kurhaus: 1912 aus den 5 Badehäusern der nassauischen und hessischen Herrschaften zusammengefaßt und umgebaut. 1381 erste Erwähnung eines Turmbades über einer Quelle. 1695 „Neues Bad" von Hessen, 1715 Nassauisches Bad mit dem Ostflügel erbaut. Darin war im 19. Jh. die Wohnung Kaiser Wilhelms I. Heute Kurverwaltung. Sehr schöner, repräsentativer Bau mit geräumiger Brunnenhalle über den Quellen.

Kursaalgebäude: 1834/39 erbaut. Zweistöckiger Saalbau mit zwei flankierenden Flügeln. Der große Konzertsaal (Marmorsaal) geht durch beide Stockwerke, darin befand sich eine Zeitlang die Spielbank und die Bühne. 1910/13 erweitert, Bau des schönen Theaters.

Staatliches Kurmittelhaus: 1852/54 nach Erbohrung einer neuen Quelle auf dem linken Lahnufer als Badehaus mit 40 Kabinen erbaut. 1965/68 völlig umgebaut und erweitert.

Emser Thermalbad: Hallen- und Freibad 1971/72 erbaut. Ein Hallen- und zwei Außenbecken sind mit 30° warmen Thermalwasser gefüllt. Sauna, Massagen, Medizinische und Reinigungsbäder. Ruheraum und Liegewiese. Restaurant-Café.

Wasserturm in der Wilhelmsallee (Taunusseite), 40 m hoch. Beinhaltet Speicher- und Pumpanlagen für das Emser Wasser.

Das Mainzer Haus: 1696 als Logierbau auf Mainzer Gebiet erbaut. Bekannt durch die „Emser Punktation" 1786 (ergebnisloser Versuch der drei geistlichen Kurfürsten und des Erzbischofs von Salzburg gegen die Übergriffe der römischen Nuntiaturen vorzugehen).
Steinerne Badewanne gegenüber dem Mainzer Haus.

Das Haus zu den vier Türmen: Mächtiger, schloßartiger Rechteckbau mit vier Ecktürmchen und Laternenaufsatz. Ab 1696 von Feldmarschall von Thüngen auf Trierer Gebiet gebaut. 1956 völlig renoviert.
Die Alte Thurn- und Taxis'sche Post gegenüber der Bahnhofsbrücke. Dreistöckiger Fachwerkbau, 1694 erbaut, mit großen Stallungen für die Postpferde.
Die russische orthodoxe Kirche. 1874/76 für die zahlreichen russischen Kurgäste zu Ehren der hl. Alexandra mit Beihilfe der Kurgäste und des Deutschen Kaisers erbaut. In Gegenwart des Zaren Alexander II. eingeweiht. Kreuzkuppelkirche mit 5 Kuppeln. Reiche Ikonostase, kostbare Ausstattung. Regelmäßiger Gottesdienst für russisch- und griechisch-orthodoxe Gläubige. Während der Hauptkurzeit täglich geöffnet.
Barockkapelle Maria Königin in der Kapellenstraße, 1661 als katholische Pfarrkirche erbaut.

Malbergbahn. 1887 in Betrieb genommen. Älteste und steilste Zahnradbahn in Deutschland. Bahnstrecke 520 m, Höhenunterschied 280 m, größte Steigung 54 %. Die Bahn verkehrt von Ostern bis Allerheiligen täglich von 10 - 18 Uhr. An der Bergstation Café, **Wildpark** und **Aussichtsturm.**

Standseilbahn zwischen Römerstraße und Hufeland-Klinik. 220 m lang, 74 v. H. Steigung. Höhenunterschied 132 m; Fahrtdauer 76 Sekunden. Fertiggestellt 1979.

Heinzelmannshöhlen. In der Bäderley am Fuß zum Concordiaturm (Aufgang Grabenstraße). Höhlenbildung im Schiefer durch Auswaschung weicheren Gesteins, vermutlich Kalk. Es geht die Sage, daß hier vor vielen hundert Jahren „Heinzelmännchen" wohnten, die nachts den Emser Bürgern alle Arbeiten verrichteten.

Städtisches Museum und Archiv im Rathaus. Römische und fränkische Funde; Urkunden, Stiche und Pläne zur Stadtgeschichte; Mineralien zur Geschichte des Erzbergbaues; Darstellung der Geschichte des Bades. Geöffnet Di 9 - 12, Fr 9 - 12 und 14.30 - 17 Uhr. Eintritt frei. Tel. (0 26 03) 40 11.

Die Bad Emser Thermalquellen.
Der hohe Kohlensäuregehalt und die ständig gleichbleibende Temperatur zwischen 20 und 57 Grad Celsius charakterisieren die Emser Thermen als eine ausklingende vulkanische Erscheinung.
17 Quellen sind gefaßt. Von diesen werden zur Zeit 11 zum Baden, Trinken, Inhalieren und Gurgeln, zur Herstellung der bekannten Emser Pastillen und des Emser Salzes benutzt, unter ihnen als bekannteste Heilquelle das „Emser Kränchen". Ihrer Zusammensetzung nach werden sie als Natrium-Hydrogenkarbonat-Chlorid-Säuerlinge bezeichnet. Die Emser Thermen schicken in jeder Minute 13 Hektoliter Wasser an die Oberfläche. Täglich fördern die Quellen 5,5 Tonnen feste Bestandteile und über 4 Tonnen Kohlensäure in Gasform an die Erdoberfläche.
Quellen und Klima prägen gemeinsam ein Heilbad zur Behandlung von Erkrankungen der Atemwege, Asthma, von Herz- und Kreislaufleiden und Allergien.
✗ Als Kurstadt weist Bad Ems naturgemäß wenig Industrie auf. Weithin bekannt sind die Chemische Roth GmbH, die Schädlingsbekämpfungsmittel, Putz- und Reinigungsmittel herstellt, sowie die Carl Heyer Inhalationstechnik GmbH, die Spezialeinrichtungen für Krankenhäuser fertigt.
Früher Bergbau auf Blei, Silber und Zink. Erste Erwähnung 1158. Blütezeiten im 14., 17., 18., 19. Jh.; 1945 durch Kriegseinwirkung (Strom- und Pumpenausfall) zum Erliegen gekommen. In der Arzbacher Straße gut erhaltener Eingang des Neuhoffnungs-Stollens.

✚ Hufeland-Klinik, Sanatorium der Barmherzigen Brüder, Deutsch-Ordens-Hospital, Krankenhaus, Atemschule. 22 Ärzte, 7 Zahnärzte und 4 Apotheken.

♂ Kursaal mit Lese- und Schreibzimmer, Vortragsräume, Fernsehräume, Kurkonzerte, abwechslungsreiches Veranstaltungsprogramm. Wanderungen für Kurgäste. Kurpark täglich geöffnet. Wanderspaß mit Wanderpaß des Kur- und Verkehrsvereins. Golf (18-Löcher-Platz) auf der Denzerheide. Ausgabe von Angelscheinen, Kleingolf, Reitsport, Tennis, Hallen-Tennis, Trimm-Dich-Bahn am Malberg.
Thermal-Hallenbad mit Thermal-Freischwimmbad (kristallklares Thermalwasser von 30⁰ C). Sauna, Solarium, Wassergymnastik.

⊙ **Bartholomäusmarkt** am letzten August-Wochenende mit Blumen-Korso (600 000 Dahlien und etwa 50 Korsowagen).
Tennis, Trimm-Dich-Bahn am Malberg; Rudern.
Thermal-Hallenbad mit Thermal-Freischwimmbad (kristallklares Thermalwasser von 30° C). Sauna, Solarium, Wassergymnastik.
Woche der Rose im Juni. Abschluß Rosenfest mit Wahl der Rosenkönigin.
🚌 Innerstädtischer Linienverkehr. Postbusse in Richtung Welschneudorf - Montabaur, in Richtung Dachsenhausen - St. Goarshausen. Bahnbus in Richtung Lahnstein und Nassau. Privatbus nach Arzbach.
🚂 Bundesbahnstrecke: Lahnstein - Limburg
⚓ Fahrgastschiffe in Richtung Koblenz und Nassau. 30minütige Rundfahrten ab Anlegestelle Kurhaus.
🛏 Hotels, Pensionen und Fremdenheime mit insgesamt 2100 Betten; 106 Privatbette; zahlreiche Ferienwohnungen; Campingplatz; Jugendherberge.
✗ Zahlreiche Speiselokale, Cafés, Konditoreien, Weinstuben, Tanzlokale, Imbißhallen, Pizzerias.
☎ Kur- und Verkehrsverein e. V., Tourist-Information am Lahnufer, Tel. (0 26 03) 44 88; Staatliche Kurverwaltung im Kaiserflügel des Staatl. Kurhauses, Tel. (0 26 03) 7 31
Lit.: Paul-Georg Custodis, Bad Ems, Heft 6/1975 der Reihe „Rheinische Kunststätten", Köln;
Die Natur- und Kulturlandschaft von Bad Ems (mit Wanderführer und Karten). Herausgegeben vom Verein für Geschichte, Denkmal- und Landschaftspflege e. V., Bad Ems 1979.
Karl Billaudelle, Eemser Babbelmuseum, Bad Ems 1979.
Örtliche Wanderkarte und Stadtprospekte erhältlich.

🚶 Stadtrundgang:

Ausgangspunkt ist die neugotische kath. Pfarrkirche St. Martin am unteren Ende des Kurparks. Wir wenden uns nun zum offenen Gelände des **Kurparks** und gehen am schloßähnlichen Haus „Zu den vier Türmen" vorbei zur **Römerstraße,** der Hauptgeschäftsstraße der Stadt mit ihrer klassizistischen Häuserreihe aus dem 18. und 19. Jh. Dann in den von einer Hecke umschlossenen **Kurgarten** mit dem Denkmal Wilhelms I. Wir folgen nun dem Lahnufer aufwärts zum **Kursaalgebäude** (1834 - 1839) mit dem Musikpavillon. Außerhalb stoßen wir unweit der Schiffsanlegestelle auf den **Benedetti-Stein,** an welcher Stelle vor Ausbruch des Deutsch-Französischen Krieges 1870/71 König Wihelm I. vom französischen Botschafter Graf Benedetti angesprochen worden war. Daneben der Tempel der **Römerquelle** mit Trinkmöglichkeit. Gegenüber der Kurhof mit der Brunnenhalle. Dahinter am Eingang der Grabenstraße der Quellentempel des **„Robert-Kampe-Sprudels".** Die bis zu 7 m hochschießende Quellfontäne spendet je Minute 600 Liter Mineralwasser und 400 Liter Kohlensäuregas.
Nun über die **Fußgängerbrücke** zur anderen Lahnseite und dort zum **Kurmittelhaus** und dem **Quellenturm.** Mit dem schönen Panorama der gegenüberliegenden Stadtseite gehen wir am Lahnufer abwärts, vorbei an der **russisch-orthodoxen Kirche** St. Alexandra, bis zur Talstation der **Malbergbahn,** der ältesten (1886/87 erbaut) und steilsten (bis 54,5 %) Zahnradbahn Deutschlands. Die **Kaiserbrücke** bringt uns zurück zum anderen Lahnufer (Weglänge 2 km).

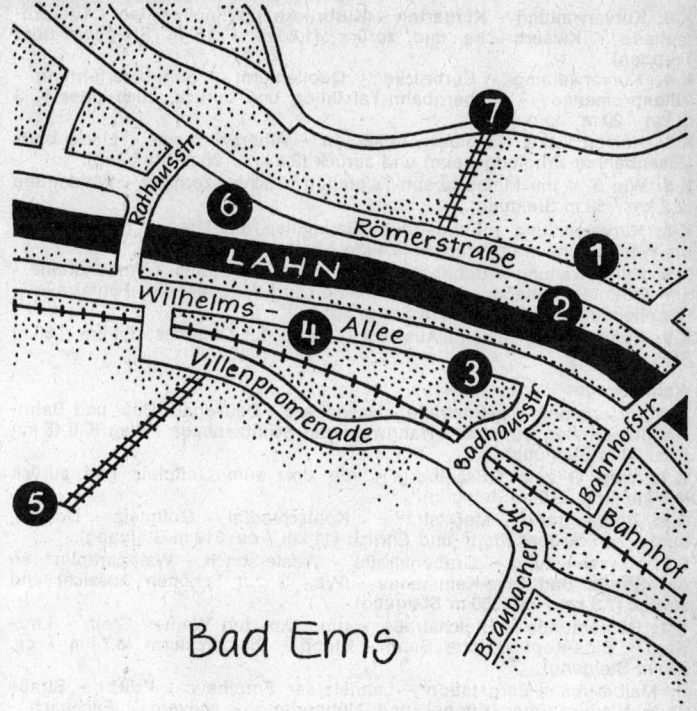

Bad Ems

1. **Staatl. Kurhaus**
2. **Kursaalgebäude**
3. **Staatl. Kurmittelhaus**
4. **Russisch-orthodoxe Kirche**
5. **Malbergbahn**
6. **Haus zu den vier Türmen**
7. **Standseilbahn**

Kurwege:

K 1: Kurverwaltung - Konzertgarten - Kurpark und zurück (1,8 km / keine Steigung).

K 2: Rathaus - unterer Kurpark - Viktoria-Allee (am Thermalbad vorbei) (1,6 km / keine Steigung).

K 3: Kurverwaltung - Kurgarten - Kurbrücke - Wilhelmsallee - Uferpromenade - Kaiserbrücke und zurück (1,8 km / 10 m Steigung über Treppen).

K 4: Kurverwaltung - Kurbrücke - Quellenturm - Bahnunterführung - Villenpromenade - Malbergbahn-Talstation und zurück, auch über K 3 (2 km / 20 m Steigung).

K 5: Kaiserbrücke - Malberg-Talstation - Albert-Kurheim - Lindenbach (Eisenbahner-Erholungsheim) und zurück (2,6 km / 30 m Steigung).

K 6: Wie K 4 bis Malbergbahn-Talstation - Schweizerhaus - Waldstraße (2,2 km / 50 m Steigung).

K 7: Kurverwaltung - Lahnstraße (Baumallee am Ufer) - Schiller-Allee bis Westfalenheim und zurück (2,4 km / keine Steigung).

K 8: Kurverwaltung - Bahnhofsbrücke - Mainzer Straße - Versandhalle - am Flußufer entlang - Schützenhaus. Zurück über die Fahrstraße - Kapellenstraße (3,7 km / 30 m Steigung).

K 9: Rund um die Schöne Aussicht (Zufahrt mit Omnibus; 1,4 km / 60 m Steigung).

Wanderwege:

D: Kurverwaltung - Lahnstraße - Hasenberg - Dausenau (Bus- und Bahnstation) - linkes Lahnufer - Hangweg zum Schützenhaus - Weg K 8 (8 km / ca. 70 m Steigung).

G 1: Weg G zum Grisselberg - von dort zum Golfplatz und zurück (8,6 km / ca. 270 m Steigung).

G 2: Römerstraße - Marktstraße - Kohlschiedtal - Golfplatz - Denzerheide, zurück über Platte und Ehrlich (11 km / ca. 310 m Steigung).

S 2: Kurverwaltung - Grabenstraße - Westersbach - Waldparkplatz an der Straße Bad Ems-Kemmenau - Weg S zur Schönen Aussicht und zurück (7,3 km / ca. 380 m Steigung).

S 3: Römerstraße - Bleichstraße - rund um den Weißen Stein - Linz-Kopf - Blös-Kopf - Hohe Bahn - Klopp - Bismarckturm (8,7 km / ca. 280 m Steigung).

F: Malbergbahn-Bergstation - Lahnsteiner Forsthaus - Frücht - Straße nach Nievern über Küppel und Hühnerberg - Nievern - Fachbach - zurück mit Bahn, Bus oder zu Fuß auf der Nieverner Seite am Berghang entlang (12 km / ca. 130 m Steigung).

A: Kurverwaltung - Grabenstraße - Höhenhaus - Stümmel - Kemmenau - Straße nach Arzbach - Teufelsberg (Großer und Kleiner Kopf) - Arzbach und zurück (18 km / ca. 520 m Steigung).

B: Kurverwaltung - Kurpark - Römerstraße - Bleichstraße - Weidhellweg - Otto-Balzer-Straße - Ernst-Vogler-Weg - Pfahlgraben - Grabenstraße (2,9 km / ca. 80 m Steigung).

B 1: Zuerst Weg B - von der Otto-Balzer-Straße zur Bismarckhöhe - Bismarckpromenade - rund um den Pfahlgraben - Westersbachweg - Grabenstraße (5 km / ca. 150 m Steigung).

C: Kurverwaltung - Grabenstraße - Bäderleiweg - Concordiaturm und zurück (3,8 km / ca. 190 m Steigung).

C 1: Kurverwaltung - Grabenstraße - Obertal (Höhenhaus) - über den Fahrweg zum Concordiaturm - zurück auch über Weg C (5 km / ca. 210 m Steigung).

W: Kurverwaltung - Bahnhofsbrücke - Bahnhofsunterführung - Kapellenstraße - Wintersbergstraße - Höhenweg - Wintersberg (Römerturm-Nachbau), zurück über Südosthang zur Fahrstraße „Schützenhaus" (K 8) - Kapellenstraße (3,6 km / ca. 140 m Steigung).

W 1: Anfangs W, dann über Philosophenweg oder Braubacher Straße aufwärts - Verbindungsstraße zum Wintersberg und zurück (7 km / ca. 140 m Steigung).

M: Malbergbahn-Talstation - über den Malberg-Ostweg zur Bergstation und zurück (4,4 km / ca. 250 m Steigung).

M 1: Malbergbahn-Bergstation - Hohen-Malberg - Lahnsteiner Forsthaus und zurück (6 km / ca. 80 m Steigung).

G: Koblenzer Straße - Sonnenfels - Platte - Grisselberg, zurück Ehrlich - Koblenzer Straße (5 km / ca. 200 m Steigung).

S: Ausgangspunkt Schöne Aussicht: Im Emser Buchwald um die „Hohe Bahn" (3,2 km / ca. 110 m Steigung).

S 1: Ausgangspunkt Schöne Aussicht: Im Emser Stadtwald rund um die First (3,8 km / 110 m Steigung).

M 2: Bahnhofstraße - Braubacher Straße - Höhenweg - Lahnsteiner Forsthaus und zurück (8,4 km / ca. 260 m Steigung).

M 3: Zusätzlich zu M 1 und M 2 nach Frücht - Gruft des Freiherrn vom und zum Stein (2,8 km / ca. 80 m Steigung).

W 2: Zuerst Weg W und W 1 - dann über Heinrichshof und Hof Neuborn entlang des Limes zum Lahnsteiner Forsthaus - zurück über die Straße oder über den Wintersberg (10,5 km / ca. 300 m Steigung).

Überörtliche Wege:

Lahnhöhenwege (Mkg.: L), rechtslahnisch Wetzlar - Lahnstein (Westerwald-Verein), linkslahnisch Weilburg - Lahnstein (Taunus-Club). Limeswanderwege (Mkg.: „Römerturm") auf der Westerwaldseite in Richtung Höhr-Grenzhausen, auf der Taunusseite in Richtung Marienfels. Wanderweg Au (Sieg) - Altenkirchen - Dierdorf - Bad Ems (Westerwald-Verein).

Ausflugsorte mit Café und Restaurant:

Schweizerhaus am Malberghang mit schönstem Blick auf das Kurviertel.

Hohen Malberg (334 m) an der Bergstation der Malbergbahn mit Aussichtsturm und 4 ha großem Wildpark.

Wintersberg (214 m) mit nachgebautem römischen Wachtturm. Anfahrt ab Braubacher Straße.

Concordia-Turm (265 m) über der Bäderlei mit Berghotel. Anfahrt über die Grabenstraße oder über die 1979 eröffnete Standseilbahn.

Bismarckhöhe (213 m) mit Bismarckturm nahe der Standseilbahn.

Höhenhaus mit Reithalle und Turnierplatz am oberen Ende der Grabenstraße.

Schöne Aussicht (459 m) mit Limes. Anfahrt über Kemmenau.

Grisselberg an der B 261.

Lahnsteiner Forsthaus an der L 327 in Richtung Braubach.

Hinter den Terrassenhäusern des Bad Emser Sonnenfels und den letzten Weinbergen an der Unterlahn stehen wir dann plötzlich vor der durch die enge Ortsdurchfahrt bedingten Ampel von

Fachbach (70 m; 1250 E., VG Bad Ems)

Der alte Ortskern liegt am Eingang des Fachbachtals, das sich zur Denzerheide hochzieht.

◪ Der Ort wurde erstmals um 1300 unter der Grundherrschaft der Grafen von Sponheim urkundlich erwähnt, kam im 15. Jh. als Lehen an die Grafen von Langenau und 1629 schließlich an die Grafen von der Leyen, die es 1749 für 200 000 Gulden an einen Bürgerlichen verder Leyen, die ihn 1749 für 200 000 Gulden an einen Bürgerlichen verkauften. Um 1800 war in Fachbach der Weinbau stark in Blüte und der Fachbacher Rotwein sehr begehrt. Der Ortsname wird von dem fächerförmig zur Lahn fließenden Bach gleichen Namens hergeleitet. Der Ort hat sich dank seiner günstigen Lage in der Nachkriegszeit stark vergrößert. - Im Wald Judenfriedhof.

Lit.: Willi Hufnagel: Fachbach an der Lahn, Eigenverlag 1968.

🛏 ✕ Hotels, Gaststätten und Fremdenheime mit insgesamt 64 Betten. Schönheitsfarm Sybille. Campingplatz Bäderblick.

🚌 Stadtverkehr mit Bad Ems. Bahnbus nach Lahnstein.

🚋 Die Bahnstation der Strecke Lahnstein - Limburg befindet sich im gegenüberliegenden Nievern, mit dem Fachbach durch eine Straßenbrücke verbunden ist.

☎ Verkehrsverein 5421 Fachbach, Tel. (0 26 03) 35 27

🏃 Am Eingang zum Fachbachtal Wegetafel.
Besonders lohnenswert ist eine Kurzwanderung zur **Marien-Felsen-kapelle** oberhalb des Sportplatzes. Die Sage erzählt, im Dreißigjährigen Krieg hätten einige Frauen vor plündernden Soldaten hier Schutz gesucht und seien nicht entdeckt worden.

Weitere Rundwanderwege führen in die Hänge des Fachbachtals, zum Golfplatz Denzerheide und in den Lahnsteiner Wald, der sich in Richtung Standortübungsplatz Denzerheide hinzieht.

Etwas unterhalb von Fachbach liegt auf der linken Lahnseite

Nievern (80 m; 1060 E.)

🔲 Schon sehr früh, im Jahre 886, wurde Nievern in Urkunden erwähnt und bekam bereits 1275 seine erste Kirche. Diese romanische Kirche wurde 1931/32 unter Aufgabe der Südwand erweitert und umorientiert. Stattlicher Hochaltaraufsatz im Knorpelstil. Schöner Rosenstock an der Kirche. Lit.: Der Wanderführer „Die Natur- und Kulturlandschaft von Bad Ems" bringt auch über das untere Lahntal reiche Angaben.

🛏 ✕ 1 Hotel mit 20 Betten

🚌 nach Lahnstein und Bad Ems

🚍 Bahnhof der Strecke: Lahnstein - Limburg

🏃 Sehr gepflegte Uferanlagen. Schöne Wandermöglichkeiten in den Taunus.

Wenn wir auf der Lahntalstraße (B 260) von Fachbach aus talwärts fahren, kommen wir unweit der Nieverner Schleuse an den auf einer Lahninsel liegenden Gebäuden der ehemaligen Nieverner Hütte vorbei, einem um 1716 errichteten Eisenhüttenwerk mit Hochöfen, Eisengießerei und Emaillierwerk. Dann liegt auf der gegenüberliegenden Lahnseite

Miellen (75 m; 410 E.)

🔲 Verträumter Ort am Eingang des bekannten Schweizertals. Von Nievern her ist Miellen nur über eine äußerst schmale Straße zu erreichen, die zwischen Bahndamm und Steilhang eingeklemmt ist. (Bei Gegenverkehr Ausweichnischen aufsuchen!). Auf dem Martinikopf zwischen Lahntal und Schweizertal wurde von dankbaren Heimkehrern nach dem 2. Weltkrieg eine Internationale **Gefallenen-Gedächtniskapelle** errichtet. Die schlichte Kapelle ist heute dank ihrer schönen Lage ein hübscher Anziehungspunkt, sollte aber ursprünglich wegen einer fehlenden Baugenehmigung wieder niedergerissen werden.

🏃 Eine Wanderung durch das wildromantische **Schweizertal** mit seinen klammartigen Felsspalten zählt zu den schönsten an der Lahn. Auf halbem Wege Ausflugslokal Waldfrieden - Schweizertal. (Telefonische Anmeldung empfehlenswert, Tel. (0 26 03) 25 29.

Auf der Höhe des Schweizertals liegt in ländlicher, ruhiger Umgebung das 570 E. zählende Dorf **Frücht** mit der **Gruft des Freiherrn vom und zum Stein**, einem der bedeutendsten Bauwerke der frühen klassizistischen Neugotik im Rheinland. Besichtigung möglich, Anfrage bei Frau Else Schmidt, Alte Gasse 1, Tel. (0 26 03) 62 09.

Die Lahntalstraße, die von Lahnstein über Bad Schwalbach bis zum Rheingau auch die Bäderstraße genannt wird, führt nun am Fuß des Lahnsteiner Mehrsberges vorbei und erreicht hinter dem Campingplatz und der Schleuse Auf Ahl das Drahtwerk Schmidt mit dem Eingang zur Ruppertsklamm (Siehe unter Lahnstein!). Dann führt sie aufwärts auf die 1977 fertiggestellte Lahnsteiner Umgehungsstraße oder darunter hindurch nach **Lahnstein** (Siehe Seite 631!).

10. Rheintal mit Siebengebirge

Das Neuwieder Becken (rechtsrheinisch) von Lahnstein — Neuwied

Bearbeiter: Friedrich Felgenheier (von Lahnstein bis Koblenz)
Dietrich Schabow (von Urbar bis Bendorf)
und Wulf Kupfer (Neuwied)

Von der Montabaurer Höhe und dem Kannenbäckerland fällt der Westerwald nach Westen und Südwesten zur Koblenz-Neuwieder Rheintalweitung hin, allgemein Neuwieder Becken genannt, ab. Dichte Besiedlung, gut entwickelte Industrie und ein engmaschiges Verkehrsnetz mit allein 7 Rheinbrücken, den einzigen zwischen Mainz und Bonn, bedingen sich hier gegenseitig. „So ist die Koblenz-Neuwieder Rheintalweitung der bedeutendste und belebteste mittelrheinische Naturraum" (Graafen).

An der Autobahnstrecke Koblenz / Dernbacher Dreieck liegt oberhalb von Bendorf, auf der Höhe von Weitersburg, der Rastplatz „Auf der Zeg". Von dort aus geht der Blick bis zur Andernacher Pforte im Nordwesten und nach Koblenz im Südwesten, den Enden des Neuwieder Beckens, das von den hier 2 - 7 km vom Rhein zurücktretenden Höhen der Eifel und des Westerwaldes umrahmt wird.

Der Beckenboden und die Unter- und Mittelterrasse sind waldfrei. Sie boten schon früh Gelegenheit zu intensiver Landwirtschaft. Als geschlossenes landwirtschaftliches Gebiet sind heute nur noch die Rheininseln Niederwerth und Graswerth (vor allem mit Obst- und Gemüsebau) zu bezeichnen. Der Weinbau verschwand fast ganz und beginnt erst wieder auf der Westerwaldseite der Andernacher Pforte und am südlichen Ausgang des Beckens, jenseits der Lahnmündung.

Schon in der Altsteinzeit war diese Gegend besiedelt, wie die Funde vom Andernacher Krahnenberg (genauer: Martinsberg!) und von Gönnersdorf bezeugen. Heute gehen die Städte und Dörfer oft ineinander über; und abends läßt ein Lichtermeer das Gebiet zwischen Koblenz und Neuwied vom Beckenrand als eine einzige große Stadt erscheinen.

Von der Höhe bei Weitersburg aus glaubt man zunächst, mehrere Seen vor sich zu sehen, da der Rheinlauf mehrmals seine Richtung ändert und die Inseln den Flußlauf teilen.

Die Bimsindustrie ist für den Fremden oft das hervorstechende Merkmal des Neuwieder Beckens. Sie hat jedoch nur für den Nordteil Bedeutung, war nie dominierend und ist in den letzten Jahren zugunsten anderer Industriezweige immer mehr zurückgetreten. Metallverarbeitende Fabriken sind die Nachfolger der schon vor Jahrhunderten ansässigen Hammerwerke, Bergwerke und Hütten. Auch Zement- und Wandplattenherstellung, Fabrikation feuer- und säurefester Steine sowie Holzindustrie sind wich-

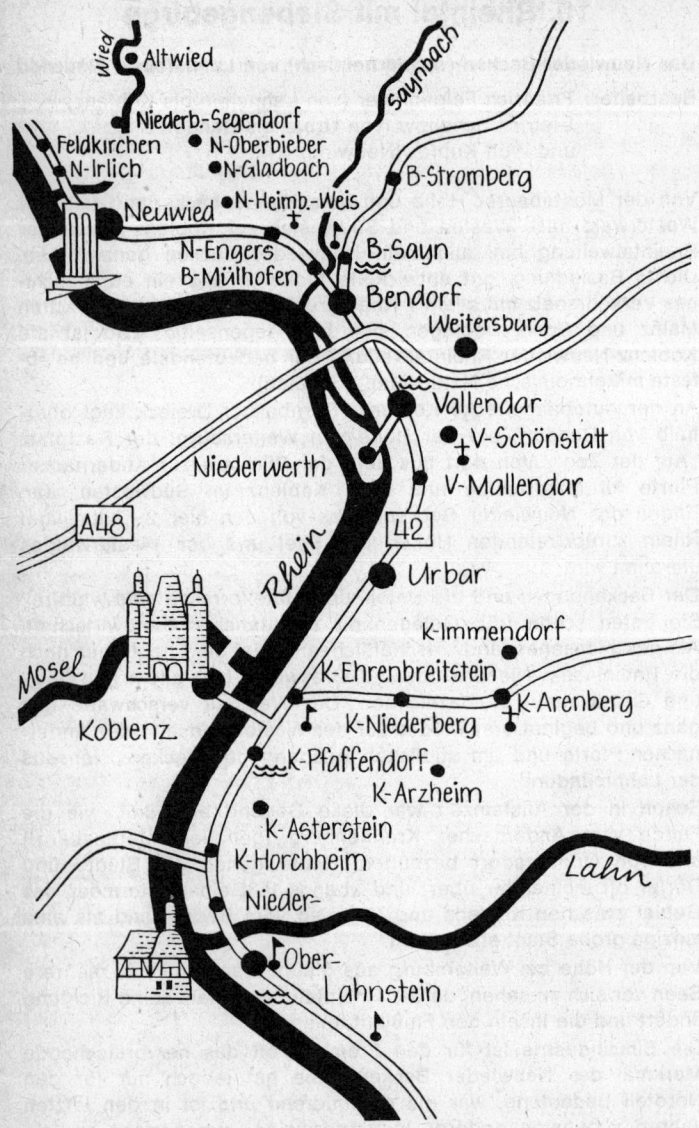

Das Neuwieder Becken (rechtsrheinisch)
von Lahnstein nach Neuwied

Seiten 629 - 671

tige Wirtschaftsfaktoren und beschäftigen mehr Menschen als die Bimsverarbeitung.

Von den rechtsrheinischen Orten im Neuwieder Becken bieten Lahnstein und Vallendar dem Fremdenverkehr die besten Möglichkeiten. Der historisch Interessierte wird außerdem Ehrenbreitstein, Bendorf, Sayn, Heimbach (Rommersdorf), Engers und Isenburg aufsuchen. In allen Orten am Rande des Beckens bieten sich gute Wandermöglichkeiten und auf der Hauptterrasse hervorragende Aussichtsplätze.

Lahnstein (65-150 m; 20 000 E.)
Beiderseits der Mündung der Lahn in den Rhein gelegene Stadt, 1971 aus Oberlahnstein (südlich der Lahn) und Niederlahnstein (nördlich der Lahn) entstanden.

Dank ihrer zahlreichen, der Kultur, der Freizeitgestaltung und der Erholung dienenden Einrichtungen und aufgrund ihres regen Wirtschaftslebens nimmt die Stadt eine bedeutende Stellung im Mittelrheingebiet ein. - Wegen seiner günstigen Lage und hervorragenden Verkehrsverbindungen eignet sich Lahnstein vorzüglich als Ausgangspunkt für Fahrten und Wanderungen im Rhein- und Lahntal sowie auf die Höhen des Taunus, des Hunsrücks und des Westerwaldes. Der sich beiderseits der Lahn weit nach Osten hinziehende Stadtwald gehört zum Naturpark Nassau. Er ist über gut ausgebaute Straßen leicht erreichbar und bietet neben vielen Wanderwegen reizvolle Aussichten in die Täler und über die mittelrheinischen Höhenlandschaften.

Kath. und evangelische Kirchen, Gymnasien, Real-, Berufs- und Handelsschule, Amtsgericht, Garnison, Krankenhaus. Kurzentrum.

◪ Vorgeschichtliche Besiedlung ist durch Funde nachgewiesen. Reste einer römischen Befestigungsanlage (Burgus) aus der Zeit Kaiser Valentinians (um 370) nördlich der Lahnmündung. Dieses Bauwerk gab wohl der Siedlung den Namen. Vom frühen Mittelalter bis zum Ende des 18. Jh. gehörte Oberlahnstein zum Kurfürstentum Mainz, Niederlahnstein zu Trier. Das Stadtwappen (Mainzer Rad und Trierer Kreuz) erinnert an diese geschichtliche Epoche. - Oberlahnstein war als nördlicher Vorposten des Mainzer Territoriums vom 13. Jh. an durch zwei Burgen (Lahneck auf der Höhe, das Martinsschloß am Rheinufer) gesichert und erhielt nach der Verleihung der Stadtrechte nach dem Vorbild von Frankfurt (1324) eine mächtige Stadtbefestigung. Niederlahnstein hatte für Trier wegen der nahegelegenen befestigten Plätze Koblenz, Ehrenbreitstein und Stolzenfels weniger Bedeutung. Daher blieb die Stadtrechtsverleihung von 1332 ohne Folgen. Während die Bürger Oberlahnsteins vorwiegend Bauern und Winzer waren, spielten in Niederlahnstein auch die Schiffer und Fischer eine wesentliche Rolle. - Durch die Belebung der Lahnschiffahrt, den Bahnbau und die Industrialisierung erlebte Lahnstein im 19. Jh. einen großen Aufschwung. In den 30er Jahren unseres Jahrhunderts brachte Kasernenbau, in den 50er und 60er Jahren der Zuzug von Heimatvertriebenen die Ausdehnung der Stadt auf die höher gelegenen Flächen. Den jüngsten Anstoß für die Weiterentwicklung gab der Zusammenschluß 1971: Bau einer großen Stadthalle und eines Kurzentrums, Stätten überregionaler Kongresse und Tagungen, Ziele erholung- und genesungsuchender Menschen von nah und fern.

Lahnstein

1 Stadthalle

2 Pfarrkirche St. Martin

3 Altes Rathaus

4 Martinsschloß

5 Burg Lahneck

6 Johanniskirche

7 Allerheiligenbergkapelle

8 Nassauer Hof

9 Wirtshaus a.d. Lahn

In **Oberlahnstein** beginnt der ca. 2 km lange Weg am Marktplatz (Parkmöglichkeit). Dort bilden die neue **Stadthalle**, der **Hexenturm** mit Teilen
der **Stadtmauer** und der **Salhof** (in seinen ältesten Teilen aus dem
12. Jh. stammend) ein reizvolles Beieinander von neu und alt. (Museum im
Hexenturm geöffnet nach Anmeldung; Tel. (02621) 1033). Von hier aus

führt die Hochstraße nach Süden in die Altstadt. Rechts nach 100 m die **Pfarrkirche St. Martin** (Türme aus dem 12. Jh., Chor aus dem 14. Jh., das Hauptschiff ein Saal aus dem 18. Jh., Seitenschiffe neugotisch; wertvolle Orgel von 1742). 200 m weiter das **alte Rathaus,** ein schöner Fachwerkbau aus dem Beginn des 16. Jh. mit Laubengang. Im weiteren Verlauf der Hochstraße verschiedene bemerkenswerte Fachwerkhäuser. Weiter nach rechts durch die Zollgasse und die Bahnunterführung an den Rhein. Hier die **Martinsburg** (alte Zollburg, ehemals Südostecke der Stadtbefestigung, älteste Teile aus dem 13./14. Jh., weitere Bauten bis ins 18. Jh.). Durch schöne Anlagen dann rheinabwärts und später rechts wieder zur Pfarrkirche und zum Marktplatz. - Östlich über Oberlahnstein auf der äußersten Kante der nach Norden und Osten zur Lahn und nach Westen zum Rhein hin steil abfallenden Hochfläche des Taunus **Burg Lahneck,** um 1240 als kurmainzisches Bollwerk erbaut, seit dem 17. Jh. zerfallen, um 1860 restauriert. - Die Ruine wurde von Goethe im „Geistesgruß" bedichtet. - An der auf die Höhe führenden Straße die **Heiliggeistkirche,** seit 1342 bezeugt.

Der durch **Alt-Niederlahnstein** führende Rundgang beginnt an der Lahnmündung nahe der **Johanniskirche** (Parkmöglichkeit - Länge des Weges etwa 2 km). Das Gotteshaus, die alte Pfarrkirche von Niederlahnstein, ist eine Pfeilerbasilika mit Seitenschiffemporen aus dem 12. Jh., das älteste Bauwerk dieses Typs am Mittelrhein. Nach schweren Kriegsschäden (1794 Vernichtung der wertvollen alten Inneneinrichtung, Einsturz des 2. Turms am Ostende des linken Seitenschiffs 1844), Wiederaufbau um 1860. Bei der Kirche umfangreiche moderne Bauten eines kirchlichen Gymnasiums mit Schülerheim und ein Klosterbau von 1900. An den Mauern rings um die Kirche schöne Grabkreuze vom alten Friedhof der Niederlahnsteiner, der sich jahrhundertelang hier befand. In den Parkanlagen in Richtung Lahnmündung die Reste römischer Befestigungsanlagen (heute leider verschüttet). - Auf der gegenüberliegenden Rheinseite **Schloß Stolzenfels,** ehemalige kurtrierische Burg, um 1840 durch Schinkel für den preußischen König Friedrich Wilhelm IV. wieder aufgebaut, einer der bedeutendsten Profanbauten der Romantik. - Wendet man sich von der Johanniskirche nach Osten, so sieht man auf der Höhe in ca. 1,5 km Entfernung rechts Burg Lahneck und links die **Allerheiligenbergkapelle,** 1900 bei einer zerfallenen Einsiedelei des 17. Jh. im Stil der mittelrheinischen Spätgotik erbaut. Der Weg durch die Johannisstraße führt an einigen bemerkenswerten Gebäuden vorbei: links hinter der Bahnunterführung der **„Nassauer Hof",** ein Bau aus dem 16. Jh. mit achteckigem Treppenturm; Haus Nr. 20 ist das ehemalige **Niederlahnsteiner Rathaus** mit dem alten Ankerwappen (Hinweis auf die frühere Bedeutung der Schiffahrt für den Ort), Haus Nr. 7 der **kurfürstliche Zehnthof** aus der Zeit des Trierer Kurfürsten Johann Hugo von Orsbeck (1676 - 1711, sein Wappen am hinteren Hofeingang).

Nach Überquerung der Brückenstraße findet man in der Lahnstraße rechts das **„Wirtshaus an der Lahn",** einen Fachwerkbau aus dem 17. Jh. mit einer Hinweistafel auf einen Besuch Goethes im Jahre 1774. An der Rückseite, der Lahn zugewandt, das **„Rondell"** (1741), der alte Lahnzoll. 300 m lahnaufwärts das Heimbachhaus, ein Bau aus dem 12. Jh. mit romanischen Giebelfenstern. Hier umkehrend, kann man unter der Straßen- und der Eisenbahnbrücke hindurch an der Lahn entlang zur Johanniskirche zurückkehren. Die 1979 fertiggestellte Lahntalbrücke (B 42) überspannt in 46 m Höhe das Tal.

X Chemische Industrie, Farbenherstellung, Kunststoffverarbeitung, Drahtherstellung, Beton- und Schamottesteinherstellung, Brauerei, Mineralbrunnen, Lagerei- und Speditionsbetriebe, Hafen, Güterbahnhof, Eisenbahnknotenpunkt.

✔ Kurzentrum, Thermal-, Hallen- und Freibäder, Tenniszentrum mit Halle, Sportplätze, Minigolf, Campingplätze, Gelegenheit zum Angeln und Rudern; Freischachanlage.

☚ X Zahlreiche Hotels, Hotels garni, Gasthöfe und Pensionen mit insgesamt über 750 Betten, zuzüglich zahlreiche Privatzimmer.

*Altes Rathaus
in Lahnstein*

🚃 Bahnhöfe Oberlahnstein und Niederlahnstein, rechtsrheinisch, an der Strecke Köln - Wiesbaden - Frankfurt; Lahntalstrecke, Bahnhöfe Niederlahnstein und Friedrichssegen, in Richtung Bad Ems - Limburg - Gießen - Kassel; über Koblenz auch Bahnverbindung nach Trier - Luxemburg - Frankreich.

🚌 Busverbindungen parallel zu den Bahnstrecken und auf den Taunus (Nastätten) - Stadtverkehrsverbindung mit Koblenz, Vallendar, Bendorf; direkte Verbindung Koblenz-Zentrum - Kurzentrum Lahnstein (Kurbus).

⚓ Schiffsverbindungen im Sommerhalbjahr bis Köln und Mainz - Lokalboote nach Koblenz, Braubach, Stolzenfels, Rhens.

☎ Städt. Verkehrsamt, 5420 Lahnstein, Salhof, Tel. (0 26 21) 10 33

Lit.: Wanderkarte 1 : 15 000 Rund um Lahnstein

🌿 **Allerheiligenberg** mit charakteristischer, wärmeliebender Flora an seinem Südhang, darunter manche seltene, geschützte Arten.

Östlich die **Ruppertsklamm** (NSG), ein Erosionsgraben im unterdevonischen Gestein mit zum Teil typischer Vegetation.

🥾 **Wanderungen von Parkplätzen aus: Oberlahnstein**

1. Von der Stadtmitte aus (B 42) auf gut ausgebauter Straße auf die Hochfläche östlich der Stadt zum Freibad (2,5 km - 🅿); kurzer Fußweg zur Burg Lahneck (Besichtigung möglich, Restaurant, schöner Blick auf Lahnstein und die linke Rheinseite).

2. Weiter zum Kurzentrum (4 km - 🅿); Hotel, Restaurants, Café, Parkanlagen, Thermalhallenbad, Thermalfreibad, Sauna, Physiotherapie, herrlicher Ausblick vom Dachcafé des Kurhotels aus - bequeme Rundwanderungen.

3. 🅿 am Aspich (4,5 km), rechts der Straße; Tenniszentrum, Hallen- und Freiplätze, Café. Rundwanderungen.

4. 🅿 Rabelstein (5 km) - Rundwanderwege.

5. 🅿 Spießborn (6 km) - Rundwanderwege.

6. 🅿 am Forsthaus (10 km), Restaurant. Rundwanderungen, u. a. nach Frücht (Grabmal des Freiherrn vom Stein). Über Bad Ems (14 km) ist

Rückkehr nach Lahnstein (11 km) durch das Lahntal möglich.

Wanderungen von Parkplätzen aus: Niederlahnstein

1. Parkplätze an der Dampferanlegestelle oder an der Johanniskirche: Spaziergänge durch die gepflegten Anlagen am Rhein- und Lahnufer, ebenso vom Parkplatz an der Lahn (zwischen den beiden Brücken) aus.

2. 🅿 Hohenrhein (2 km östlich von Niederlahnstein an der B 260 = Lahntalstraße): a) steiler Aufstieg durch die wildromantische **Rupperts-klamm**, an deren Ende nach links in Richtung Lahnstein auf dem neuen Buger Weg, dann steiler Abstieg zum Parkplatz (ca. 5 km). - b) zunächst wie unter a), am Ende der Klamm jedoch nach rechts am Abhang des Mehrbergs entlang, schöne Ausblicke, dann abwärts nach Ahl (Restaurant), an der Lahn zurück zum Parkplatz (ca. 7 km).

3. 🅿 am Beginn des Neuen Buger Wegs, von der Stadt - B 42 - her über Berg- und Allerheiligenbergstraße erreichbar (2 km), verschiedene bequeme Rundwanderungen möglich - Abstecher zur Allerheiligenbergkapelle - schöner Ausblick.

4. 🅿 am Lichterkopf, erreichbar wie 3), doch vom Allerheiligenbergweg links ab. Rundwanderungen mit geringen Steigungen, auch in den Koblenz-Horchheimer Wald. Seit 1980 Aussichtsturm (✷).

Größere Wanderungen von Niederlahnstein aus:

1. Zu Fuß oder mit dem Stadtbus zum Lichterkopf, dann über den Rheinhöhenweg (Schmidtenhöhe, Pfaffendorfer Höhe) nach Arzheim (ca. 7 km) und durch das Mühlental nach Arenberg (10 km). Von dort per Bus über Ehrenbreitstein zurück nach Lahnstein. Umsteigen auf Bus auch unterwegs an mehreren Stellen möglich.

2. Vom Lichterkopf aus auf dem Lahnhöhenweg über das Ende der Ruppertsklamm und am Mehrsberg (320 m) vorbei nach Fachbach (ca. 9 km). Von dort per Bus oder Bahn (Bahnhof Nievern auf der linken Lahnseite) zurück nach Niederlahnstein.

3. Zunächst wie unter 2), am Mehrsberg aber vom Lahnhöhenweg (L) links ab und in weitem Bogen zur Ruppertsklamm und dann zum Ausgangspunkt zurück (ca. 8 km).

4. Mit dem Kurbus zum Kurzentrum, von dort ins Lahntal (Hohenrhein), über die Fußgängerbrücke und durch die Ruppertsklamm (starke Steigung), dann über den neuen oder den alten Buger Weg (letzterer mit mehr Steigung) zurück nach Niederlahnstein (ca. 7 km).

Koblenz (65-320 m; 117 000 E.)

An der Mündung der Mosel in den Rhein gelegen, im Hinblick auf Verwaltung, Wirtschaft, Verkehr und kulturelles Leben das Zentrum des Mittelrheingebietes. Von den Römern gegründet, war die Stadt bis zum Ende des 18. Jahrhunderts der wichtigste Platz im östlichen Teil des Kurfürstentums Trier und oft Residenz der Kurfürsten. Ein starker Mauerring und die Festung Ehrenbreitstein schützten die Stadt. Als Koblenz nach den napoleonischen Kriegen zu Preußen kam, wurde es zu einer der größten Festungen und Garnisonen Europas ausgebaut. Nach schweren Zerstörungen im 2. Weltkrieg gewann Koblenz bald wieder seine alte Bedeutung, die durch Eingemeindungen und die Ansiedlung zahlreicher Industriebetriebe heute besser fundiert ist denn je.

Mit seinen rechtsrheinischen Vororten erstreckt sich Koblenz auch auf das Gebiet des Westerwaldes. Ehrenbreitstein, Pfaffendorf und Horchheim liegen direkt am Rhein, Niederberg, Arenberg, Immendorf und Arzheim etwas weiter östlich auf der Höhe ebenso

wie die sich parallel zum Rhein hinziehenden neuen Siedlungsgebiete Asterstein, Pfaffendorfer Höhe und Horchheimer Höhe.
Die Verbindungen zwischen den rechtsrheinischen Stadtteilen und
dem Zentrum führen vorwiegend über Ehrenbreitstein (B 49).
Als Verkehrsknotenpunkt ist Koblenz auch für den Westerwald
von überragender Bedeutung. Zwei Straßen- und eine Eisenbahnbrücke in unmittelbarer Umgebung schaffen zahlreiche günstige
Verbindungen zum und vom Westerwald. - Neben den rechtsrheinischen Vororten sind Lahnstein, Vallendar, Bendorf und
Höhr-Grenzhausen an das Koblenzer Stadtverkehrssystem angeschlossen. Fernverkehr mit Bussen besteht nach Betzdorf, Montabaur, Dillenburg und Hachenburg. Über Neuwied und Limburg
laufen Anschlüsse an das Westerwälder Eisenbahnnetz.

☎ Presse- und Fremdenverkehrsamt im Pavillon gegenüber dem Hauptbahnhof, Tel. (02 61) 3 13 04; von Juni - September auch Auskunftskiosk
am Rhein, Tel. (02 61) 12 92 07

Lit.: Wanderkarte 1 : 20 000 Koblenz und Umgebung,
      herausgegeben von der Sparkasse Koblenz

      Karl Baedecker: Koblenz, ein kurzer Stadtführer,
      Verlag Karl Baedecker, Freiburg

      H.-J. Hucke, Von Koblenz aus, Touren in Tälern und auf Höhen,
      Band I und Band II, Görres-Verlag, Koblenz

Rundgang durch die Innenstadt.
Am Rheinufer stromabwärts zum **Deutschen Eck.** Name rührt von
seit 1216 dort bestehender Niederlassung des Deutschen Ordens her.
Noch erhalten der Rheinflügel mit schwarzem Kreuz der Ordensritter am
Giebel. In Richtung Moselmündung das 1893/97 für Kaiser Wilhelm I.
errichtete Denkmal. Die krönende Reiterstatue des Herrschers wurde
1945 zerstört. Die Anlage ist heute „Mahnmal der deutschen Einheit".
An der Mosel entlang und dann nach links zur seit 832 bezeugten
Kastorkirche. Der jetzige Bau, eine romanische Pfeilerbasilika, stammt
größtenteils vom Ende des 12. Jh. Auf dem Vorplatz **historischer Brunnen**
mit bemerkenswerter französischer Inschrift: Das Denkmal wurde 1812
zur Erinnerung an Napoleons Rußlandfeldzug von den Franzosen errichtet. 1814 läßt der russische Stadtkommandant hinzufügen: „Gesehen und
genehmigt".
Nach Süden durch die **Kastorpfaffenstraße,** dann nach rechts durch die
Rheinstraße zum Jesuitenplatz. Hier das **Rathaus** (ehemaliges Jesuiten-
kollegium, erbaut 1695/1700, interessante Deckengemälde im Treppenhaus), daneben die **Jesuitenkirche** (historisch nur noch das Portal).
Durchgang unter dem Rathaus führt zum **Schängelbrunnen,** der dem
Symbol der Koblenzer Lausbuben gewidmet ist. Zurück zum Jesuitenplatz, dann links durch die schmale **Jesuitengasse,** danach rechts bis
zur nächsten Straße links **(Auf der Danne), Zunfthaus der Krämer** (1709),
Dreikönigenhaus mit Stadtbibliothek. Von dort der aufwärts führenden
Straße folgend zum **Florinsmarkt.** Links das z. T. auf römischen Funda-
menten stehende Pfarrhaus Liebfrauen, rechts die **Florinskirche,** ehemalige Stiftskirche (12. Jh.). Links neben ihrer Fassade Zugang zum
Kapitelhaus, dem ältesten erhaltenen Wohnhaus von Koblenz. An der
Nordseite des Platzes, nach Zerstörung im 2. Weltkrieg wiederaufgebaut, das **Alte Kaufhaus** (Mittelrheinmuseum), das **Schöffenhaus** und
der **Bürresheimer Hof.** Über den Platz durch die Burgstraße zur **Alten
Burg** (erbaut 1280). Daneben die **Balduinbrücke** (erbaut 1343 - 1420) mit
Standbild des Kurfürsten Balduin von Luxemburg. Von der Brücke
schöner Blick moselabwärts. Flußaufwärts: Eisenbahnbrücke (linksrheini-
sche Bahn), Straßenbrücke (B 9) und Moselstaustufe.

Zurück in Richtung Florinsmarkt, nach rechts zum **Münzplatz.** Darauf die ehemalige **kurfürstliche Münze** und rechts das Geburtshaus des Staatsmannes Fürst Metternich („Haus Metternich"). Nach links zur **Liebfrauenkirche** (Langschiff und Türme 12., Chor 15. Jh.), alte Rats- und Pfarrkirche, die barocken Turmhelme ein Wahrzeichen der Stadt. Rechts an der Kirche vorbei über Treppe hinab zum **Plan,** dann nach rechts zur Straßenkreuzung **„Vier Türme"** mit schönen Erkern vom Ende des 17. Jh. Links Beginn der **Löhrstraße,** einer Fußgängerzone mit lebhaftem Geschäftsleben. Wo sie sich zum Löhrrondell erweitert, links einbiegen in die **Schloßstraße.** Sie bildet zusammen mit der Neustadt ein unter dem letzten Kurfürsten, Clemens Wenzeslaus von Sachsen, geplantes Stadtviertel, das auf das Schloß (erbaut 1780/86) ausgerichtet ist. Am Ende der Schloßstraße links in die Neustadt, dort das **Stadttheater,** 1787 als Hoftheater errichtet. Älteste Bühne am Rhein. Davor **Brunnenobelisk,** Erinnerung an die erste Koblenzer Wasserleitung (1791). Über den **Clemensplatz,** vorbei an Bauten aus der wilhelminischen Zeit (Bezirksregierung rechts, ehemaliges Oberpräsidium der preußischen Rheinprovinz links) zum Rhein. Rechts ausgedehnte Parkanlagen, links, vorbei an altem **Kranhaus** (1611), zurück zum Ausgangspunkt des Rundwegs.

Koblenz-Horchheim (67-200 m),

der südlichste Koblenzer Vorort auf der rechten Rheinseite, reicht bis an das Lahnsteiner Stadtgebiet heran. In den 60er Jahren entstand als Trabantensiedlung die „Horchheimer Höhe" oberhalb der B 42 in sonniger Höhenlage mit schönem Blick auf Koblenz. Im Bau befindet sich die Koblenzer Südtangente von der Südbrücke nach Neuhäusel im Westerwald.

Von der Ortsmitte und der östlich auf der Höhe verlaufenden B 42 aus erreicht man über die Alte Heerstraße ca. 500 m oberhalb der Kreuzung Horchheimer Höhe den **Parkplatz am Wingertsberg,** der ca. 500 m rechts von der Straße im Wald liegt.

Weg 1: Sandweg - Steinbruch - Schutzhütte Wittau - Dornswiese - Horchheimer Höhe.

Weg 1 a: Schutzhütte Wittau - Liedchens Berg - Dornswiese.

Weg 2: Sandweg - Steinbruch - Schutzhütte Wittau - Thäler Berg - Waldschenke - Ruppertsklamm - Niederlahnstein.

Anmerkung: Im Bereich des Horchheimer und des Pfaffendorfer Waldes befindet sich östlich der Schmidtenhöhe ein militärisches Übungsgelände. Betreten ist nur unter Beachtung der auf zahlreichen Hinweisschildern verzeichneten Verhaltensregeln gestattet. - Die Alte Heerstraße kann nur auf ca. 2 km Länge bis Schmidtenhöhe (Parkmöglichkeiten an der Dicken Buche ND) befahren werden. Weiterfahrt von dort bis zur Schmidtenhöhe nur für Militärfahrzeuge, außer am Abend der Großveranstaltung „Der Rhein in Flammen" und bei Hochwasser in Ehrenbreitstein.

Koblenz-Pfaffendorf (65-200 m)

schließt sich rheinabwärts an Horchheim an und grenzt unterhalb der Pfaffendorfer Rheinbrücke an Ehrenbreitstein. Die auf der Höhe über dem alten Ortskern gelegenen Siedlungen Asterstein und Pfaffendorfer Höhe sind per Bus zu erreichen. Letztere wurde um 1950 als „Cité" für französische Zivilisten erbaut; heute wohnen hier meist Bundeswehrangehörige. An der Von-Witzleben-Straße befindet sich die Schule für Innere Führung der Bundeswehr.

🏠 ✕ Ausflugsgaststätte „Altenberger Hof", Bergrestaurant mit Rheinblick, Hotels mit über 100 Betten.

⚑ PKW-Zufahrt zu den Rundwanderwegen im Pfaffendorfer Wald (hinter den Schießständen über die Alte Heerstraße Koblenz-Horchheim) oder die Lehrhohl (Koblenz-Pfaffendorf).
Weg 1: Rund um den Pfaffendorfer Wald - Schießstände (3 km).
Weg 2: Schießstände - Schutzhütte - Dicke Eiche - Schießstände (2 km).

Koblenz-**Asterstein** (160-180 m)
Der Stadtteil Asterstein ist mit dem PKW ab B 42 zu erreichen über die Lehrhohl, dann links abbiegen in die Lindenstraße, zu Fuß über die Teufelsbrücke ab Pfaffendorfer Brücke.

▣ Benannt nach dem General von Aster (1778-1855), dem Erbauer der Festung Ehrenbreitstein.

▥ Das Kernwerk des Astersteins gehörte mit der Festung Ehrenbreitstein zu den großen, um 1820 errichteten preußischen Befestigungsanlagen. An der Lindenstraße liegt die Landespolizeischule Rheinland-Pfalz. Vom Kolonnenweg an der oberen Hangkante schweift der Blick über das ganze Koblenzer Stadt- und Landschaftspanorama. Ein Sandsteinobelisk erinnert an den preußisch-österreichischen Krieg 1866.

Koblenz-**Arzheim** (200 m)
Das eingemeindete Arzheim zeigte ursprünglich noch eine bäuerliche Struktur, jetzt jedoch reinen Vorstadtcharakter.

▥ Die kath. **St. Adelgundis-Kirche** stammt aus der 1. Hälfte des 15. Jh. und wurde 1898 durch einen dreischiffigen Hallenbau und 1970 durch einen modernen Anbau erweitert. Auf dem Vorplatz steht eine Sandstein-Muttergottes aus dem 17. Jh., die ursprünglich das Westtor der Festung Ehrenbreitstein schmückte.
🚌 Kevag-Buslinie 15 ab Ehrenbreitstein.
PKW-Zufahrt ab Talstraße in Ehrenbreitstein (B 49) in Höhe der Sesselbahn die in Serpentinen hochführende Brentanostraße.
Weg 1: Forsthaus - Wintersborn - Grenzberg - Korns Mühle (4 km).
Weg 2: Forsthaus - Wintersborn - Lochweg - Litscheider Wiese - Eckenbergerhof - Korns Mühle (5 km).
Weg 3: Forsthaus - Wintersborn - Litscheider Wiese - Vierbuchenplatz - Hochwald - Eckenbergerhof - Korns Mühle (6 km).
Trimm-Dich-Pfad und Grillplatz.

Von der B 49 zweigt am Ehrenbreitsteiner Friedhof das **Mühlental** ab, dessen Name sich von den früher hier zahlreichen Wassermühlen herleitet. Die einzelnen Höfe des windungsreichen Tälchens sind inzwischen Ausflugsgaststätten geworden. Hier befinden sich neben einem kleinem Wildpark auch die einzigen rechtsrheinischen Koblenzer Weinberge. Auf dem Gelände der 1960 stillgelegten Grube Mühlenbach (Bleizinkerzabbau der Stolberger Zink AG, Aachen) befindet sich jetzt eine Waschbetonfabrik.

Koblenz-**Ehrenbreitstein** (66 m)
liegt gegenüber dem Koblenzer Stadtkern unterhalb der Festungen Asterstein und Ehrenbreitstein im Mündungsgebiet des Mühlentals. Bis 1937 war Ehrenbreitstein eine selbständige Stadt.

▥ Von der einstigen Bedeutung der Stadtteile als kurtrierischer Residenz im 17. und 18. Jh. zeugen noch heute neben vielen alten **Bürgerhäusern**, besonders in der Hofstraße, der Hauptdurchgangsstraße im Zuge der B 42, die **Kapuzinerkirche** von 1656 mit guter Rokokoausstattung und die **Heilig-Kreuz-Kirche** am Klausenbergweg, ein vieleckiger Zeltdachbau aus dem Jahre 1964, in dessen Gruft drei Trierer Kurfürstbischöfe des 18. Jh. begraben liegen.

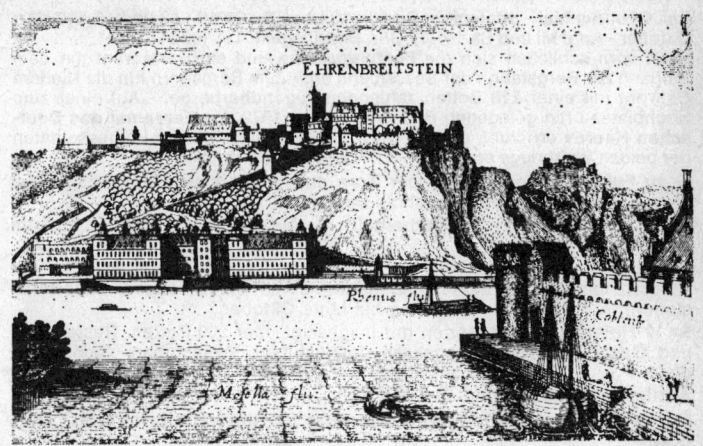

Ehrenbreitstein von der Moselmündung her
Nach einem Merian-Stich von 1646

Wo die vom Westerwald kommende B 49 in die am Rhein entlang führende B 42 mündet, stehen gegenüber dem Bahnhof mehrere Gebäude, die einst zur kurfürstlichen Residenz gehörten: rechts der ehemalige **Marstall,** erbaut 1762 von Johannes Seiz, nun Sitz der Landesbildstelle Rheinland-Pfalz, anschließend der **Krummstall.** Links, unmittelbar an der B 42, erhebt sich das **Dikasterialgebäude,** in dem die kurfürstliche Verwaltung ihren Sitz hatte. Dieser künstlerisch wertvollste Barockbau von Koblenz wurde 1739/49 von Balthassar Neumann errichtet. Weiter rheinabwärts der **Festungspfortenbau** (v. Sebastiani 1690/92).

In der Wambachstraße das **Geburtshaus der Mutter Beethovens** mit Beethoven-Gedächtnisstätte im Kreis um Eleonore Wegeler, Kevelich-Leyn, Brentano, de la Roche u. a., gleichzeitig Besuchsstätte Goethes.

Die **Festung Ehrenbreitstein** erhebt sich 118 m über dem Ort. Schwer zugänglich, bot das Plateau seit jeher gute Möglichkeiten zur Bewachung der Moselmündung. Zunächst stand auf dem schroffen Schieferfelsen eine Burg, die im 11. Jh. an Kurtrier kam. Im Laufe der Zeit wurde sie, jeweils den Fortschritten der Befestigungskunst entsprechend, zu einem uneinnehmbaren Bollwerk ausgebaut, das nur zweimal im Laufe der Geschichte bezwungen wurde, und zwar durch Hunger: 1637 mußte sich eine französische Besatzung den Kaiserlichen ergeben, 1799 waren kurkölnische und kurtrierische Truppen gezwungen, vor den Franzosen zu kapitulieren. Diese schleiften die Festung 1801, doch baute sie Preußen im ersten Drittel des 19. Jh. für die damals ungeheure Summe von 24 Mill. Goldgulden zur stärksten Festung des damaligen Europa aus. In den beiden Weltkriegen spielten die Anlagen keine Rolle mehr. Sie sind heute ohne strategischen Wert, jedoch bedeutsam als Denkmal .- Mittelpunkt der Festung ist der Schloßhof mit seiner prachtvollen Aussicht ins Rheintal mit Koblenz und der Moselmündung sowie über das Koblenz-Neuwieder Becken hinüber zum Hunsrück mit dem über 300 m hohen Fernmeldeturm auf dem Kühkopf und zur Eifel. - In der Hohen Ostfront befinden sich in gemeinsamen Räumen das **Landesmuseum** Koblenz, eine bedeutende Sammlung technischer Altertümer, sowie das **Rheinmuseum,** das älteste Strommuseum der Welt (Öffnungszeiten täglich von 9 - 18 Uhr, Einlaß bis 17 Uhr. Vom 31. 10. bis Karfreitag geschlossen. Die **Schausammlung „Römer"** des Amtes für Bodendenkmal befindet sich schräg gegenüber. Geöffnet von April - Oktober täglich von 9 - 17 Uhr, von November - März Montag - Freitag von 8 - 16 Uhr. Tel. (0261) 37 36 26. Eintritt

frei. Geöffnet Mai - September So 10 - 13 Uhr; Di - Sa 10 - 13 und 15 - 17 Uhr;
Oktober - April Mi und Sa 14 - 17 Uhr; Eintrittsgeld; Tel. (0261) 104-1.
Nach vorn schließen sich die **Festungskirche** und ein Restaurant mit dem
Eingang zur Bergstation der Sesselbahn an. - Zum Bergsporn hin die Niedere
Ostfront mit einer 218 Betten zählenden **Jugendherberge**. - Auf einer zum
Hochplateau hin gelegenen Bastion hat man 1972 das **Ehrenmal des Deutschen Heeres** errichtet, das an die 5,5 Millionen gefallenen Heeressoldaten
der beiden Weltkriege erinnert. Die Festung ist zu erreichen
a) zu Fuß auf einer steilen, vier Tore durchquerenden Felsenstraße, die
etwa 200 m nördlich des Bahnhofs beginnt;
b) mit dem Auto über Niederberg (B 49, Abfahrt links nach Durchfahren
des Ortes);
c) mit dem Sessellift, 290 m lang, Höhenunterschied 88 m. Eingang am
Hofplatz hinter dem Marstall-Gebäude durch einen langen Luftschutz-
stollen. In Betrieb von Karfreitag bis Mitte Oktober.
🛏 ✕ Hotels aller Kategorien mit insgesamt über 300 Betten. Restaurants
und Gaststätten mit Mittagstisch, Imbißstuben, Weinstuben, Cafés, Eis-
diele.

Koblenz-**Niederberg** (120-190 m)

Der Vorort liegt beiderseits der zum Westerwald hochführenden
B 49.
🏛 Auffallend an der **St. Pankratiuskirche** ist der schwere und etwas
geneigte romanische Turm. Südlich, zu erreichen über Bornstraße oder
Alte Burgstraße, hatten die Römer zum Schutze der zum Limes und in
den Westerwald hochführenden Straße ein 177 m x 158 m großes Kastell
angelegt, heute in der Flur ,,Alte Burg'' überbaut. – Ruine der ,,Alten
Kelter''. – General-Fritsch-Kaserne.

Koblenz-**Arenberg,** genannt **Roter Hahn** (190-250 m)

Vom Koblenzer Stadtzentrum aus über Ehrenbreitstein und Niederberg per Bus oder PKW erreichbar (ca. 4 km).
🏛 Bekannt wurde Arenberg durch seine Parkanlagen mit plastischen
Darstellungen aus der Welt der Bibel und dem kath. Glaubensleben im
Stil des 19. Jh., die den Ort bis in die Zeit nach dem 2. Weltkrieg zu
einem bedeutenden **Wallfahrtsort** werden ließen. Die Anlagen waren
nach 1860 durch den damaligen Arenberger Pfarrer Johann Baptist
Kraus angelegt worden, phantasievoll mit verschiedenen Natursteinen
gestaltete Grotten und Kapellen. Besonders imposant in dieser Art das
1860-62 erbaute basilikale Gotteshaus, innen ganz mit kleinen Natursteinen, Halbedelsteinen, Muscheln und Kristallen geschmückt. Oberhalb
der Anlagen ein Dominikanerinnenkloster mit Kneipp-Sanatorium.
Von der ehemaligen Wasserburg Mühlenbach (Wanderweg 3) ist nur
noch ein ungegliederter mehrstöckiger Bruchsteinturm erhalten.
🧗 Markierte Rundwanderwege ab Parkplatz Pfarrer-Kraus-Straße:
Weg 3: Arenberg - Dreispitz - alte Emser Straße - Mühlenbacherhof
- Elisenhof - Arenberg (8 km).
Weg 4: Arenberg - Dreispitz - alte Montabaurer Straße - Golfplatz Den-
zerheide (3 km).
Weg 5: Abkürzungsstrecke des Weges 3 über den Golfplatz.
Weg 6: Abkürzungsstrecke zwischen Weg 3 ab Dreispitz durch den
Immendorfer Wald zum Mühlenbacherhof (Weg 3).
Weg 7: Verbindungsstrecke zwischen Weg 5 und dem Elisenhof.
Weg 8: Verbindungsstrecke von der Dreispitz zum Weg 3.
Weg 9: Verbindungsstrecke von Arenberg zum Weg 8.

Koblenz-**Immendorf** (195-230 m)

Der östliche Wohnvorort von Koblenz auf der Hochterrasse des
Rheins, nördlich der B 49 gelegen. Im abwärts führenden Mallendarer Bachtal mehrere Ausflugsgaststätten.

🏃 Rundwanderungen ab Waldparkplatz Schwabsmühle:
   Weg 0: Schwabsmühle - durch das Waldtal im Staatsforst Neuhäusel - ND Herzogsbusch - Mückenberg - Schwabsmühle (5 km).
Weg 1: Immendorf - Schwabsmühle - zu den alten Wegen - mittlerer Hangweg - Immendorf (4 km).
Weg 2: Immendorf - Schwabsmühle - Buttersteinsweg - unterer Hangweg - Mallendarer Bach - Immendorf (4 km).

✳

Von Koblenz-Ehrenbreitstein führt die B 42 als Rheinuferstraße zwischen Bahnstrecke und Steilhang rheinabwärts.

Erdgeschichtlich interessant ist die durch einen ehemaligen Steinbruch aufgeschlossene, fast senkrecht aufsteigende Felswand hinter der Festung Ehrenbreitstein. Die im Devonmeer vor rund 350 Millionen Jahren abgelagerten Ton- und Sandschichten sind hier durch seitlichen Druck in der Karbonzeit vor rund 250 Millionen Jahren senkrecht gefaltet und geschiefert worden. Der Name „Rheinisches Schiefergebirge" wird uns so deutbar.

Es folgt nach 2 km
Urbar (70-200 m; 3125 E., VG Vallendar)
Am nördlichen Stadtrand von Koblenz(-Ehrenbreitstein), in der Koblenz-Neuwieder Talweitung, gelegen. Nur wenige Häuser auf dem Beckenboden, entlang der B 42, die meisten am steilen Hang (zw. 80 u. 150 m).
Wohngemeinde mit kleineren Gewerbebetrieben, noch vier hauptberufliche Landwirte.

▣ 1211/14 Weinberge in trierischem Besitz zu Urbar erwähnt; 1358 Schöffen, 1395 Markbeamte zu Urbar; der Ort gehörte zum trierischen, ab 1815 zum preußischen Amt Ehrenbreitstein. 1937 zum Amt, seit 1970 zur Verbandsgemeinde Vallendar.
🏛 Besselich, erhaltenes Gebäude des 1204 erwähnten, 1803 aufgelösten Klosters; kath. Pfarrkirche St. Petrus und Paulus (1964).
🛏 ✕ Hotels mit 68 Betten.
🚌 Bahnhof Vallendar oder Koblenz-Ehrenbreitstein.
🚏 Kevag, L. 7/8 nach Koblenz bzw. Vallendar - Bendorf; DB nach Mallendarer Berg.
⚓ Lokalboot (Gilles) nach Koblenz bzw. Vallendar.
☎ (02 61) 6 62 70
🏃 Wanderung (Numerierung nach „Wanderkarte 1 : 25 000 Mittelrhein; Bendorf, Vallendar und Umgebung")
(14) Urbar (Krebsbergweg) - Mallendarer Bachtal - Holderberger Hof - Schmelzmühle - 300 m links ab Moosbachtal - Simmern - Krebsberg - Kammrädchen - Urbar (Rundweg, 9 km).

Weiter auf der Uferstraße. Rechts Weinberge „Auf dem Sand", links die Südspitze der Rheininsel Niederwerth mit der von Koblenz-Wallersheim nach Frankfurt-Kelsterbach führenden Hochspannungsleitung. Hier soll in den 80er Jahren eine Rheinbrücke im Zuge der Koblenzer Nordtangente errichtet werden. Hinter dem mit der Deutschherrenstraße einmündenden Mallendarer Tal werden im Hang Lößschichten sichtbar.
Es schließt sich rheinab an
Vallendar (68-276 m; 10 600 E., VG Vallendar, Kreis MYK)
5 km nördlich von Koblenz, in der Koblenz-Neuwieder-Talweitung, am Anfang der Koblenzer Bucht, auf dem rechten Rheinufer

gegenüber der Insel Niederwerth (Brückenverbindung) und an der Mündung des Löhrbaches gelegen.

Vallendar, seit 1856 Stadt, ist heute Sitz der Stadt- und Verbandsgemeindeverwaltung (für Vallendar, Niederwerth, Urbar und Weitersburg). Eingemeindung von Mallendar 1939. Fremdenverkehr.

Vallendar liegt größtenteils auf dem Beckenboden bzw. im steil aufsteigenden Hang, das neue Siedlungsgebiet Mallendarer Berg auf der Hauptterrasse, die Gebäude von Schönstatt im Tal nach Hillscheid, auf Berg Schönstatt u. Berg Sion (früher Hühnerberg).

Theologische Hochschule der Pallottiner, Gymnasium für Mädchen, Volksbildungswerk, Fachschule für Sozialpädagogik, Hauptschule, 2 Kindergärten, verschiedene Bildungseinrichtungen der Schönstattbewegung und der Pallottiner (s. Übersicht Schönstatt).

◪ 836 Weihe der Pfarrkirche; 1240 Bau der saynschen Burg an der Stelle der heutigen Marienburg und einer Ortsbefestigung mit 4 Türmen; meist unter saynscher Herrschaft, 1767 an Kurtrier, 1802 an Nassau, 1815 an Preußen; 1816 als Stadt bezeichnet; 1856 Stadtrechte nach der preußischen Städteordnung.

Vallendar war im Mittelalter Überfahrtsstelle über den Rhein für den Fernverkehr auf der Wasserscheide zwischen Mosel und Nette und Stapelplatz für die Tonwaren des Kannenbäckerlandes und hatte eigene Keramikherstellung (noch heute Tonabbau in der Vallendarer Gemarkung ohne Verarbeitung am Ort). Eisenhämmer seit 1650 nachgewiesen; Sohllederfabrik d'Ester (1770 - 19. Jh.); bis ins 20. Jh. Steinzeugröhren und Blechwarenbetriebe.

🏛 **Vallendar: kath. Pfarrkirche St. Petrus und Marcellinus,** spätgotischer Westturm erhalten, größte Hallenkirche am Mittelrhein (1837-41 von Lassaulx); Wiltberger Hof **(Wildburg** genannt), um 1700 errichtet, mit 2 mächtigen geschweiften Hauben und Laternen; **Marienburg,** ehemaliges Haus d'Ester (1773) an der Stelle der saynschen Burg; Stadthalle (1973) für Tagungen und Konferenzen. Im Wüstenhof soll Goethe mehrere Gedichte geschrieben haben, u. a. das „Heideröslein".

Ortsteil **Mallendar:** ehemaliger Deutschordenshof, 1216 gegründet, erhaltene Teile meist 17. Jh.

Ortsteil **Schönstatt:** historische Gebäude und Ordenseinrichtungen, Turm der ehemaligen Marienkirche (um 1220) und erhaltener Ostflügel des alten Klosters Schönstatt (Ende des 18. Jh.); **Gnadenkapelle** (Ausgangspunkt der Schönstattbewegung); Haus Wasserburg (Familien- und Jugendbildungsstätte), Theologische Hochschule, Wallfahrtskirche, Pallottihaus (Bildungs- und Exerzitienstätte) der Pallottiner.

Schönstattbewegung: **Im Tal Schönstatt:** 1. Marienschule, Gymnasium für Mädchen mit Internat (Haus Wildburg) der Schönstatter Marienschwestern; 2. Josef-Engling-Haus, Zentralhaus des Instituts der Schönstätter Marienbrüder; 3. Mario-Hiriart-Haus, Wohn- und Schulungshaus und Goldschmiede der Marienbrüder; 4. Priesterhaus Marienau der Schönstätter Diözesanpriester; 5. Haus St. Josef, Schönstätter-Männerbund; 6. Haus Schönstatt, Wallfahrerheim (Unterkunft für 60 Besucher); 7. Haus Mariengart, Apostolischer Bund/Frauen; 8. Haus Schönfels und Schönstatt-Verlag, (Schönstätter Marienschwestern); 9. Haus Sonnenau, Jugendbildungsstätte der Schönstätter Mädchenjugend; 10. Haus Marienfried, Paramentik der Schönstätter Marienschwestern; 11. Haus Sonneck, Generalat der Schönstattpatres; 12. Haus Regina: Mutterhaus des Inst. der Frauen von Schönstatt; 13. Altenwohnheim des Inst. der Frauen von Schönstatt; 14. Patris-Verlag, Schönstattpatres; 15. Haus Nazareth, Inst. der Schönstatt-Familien;

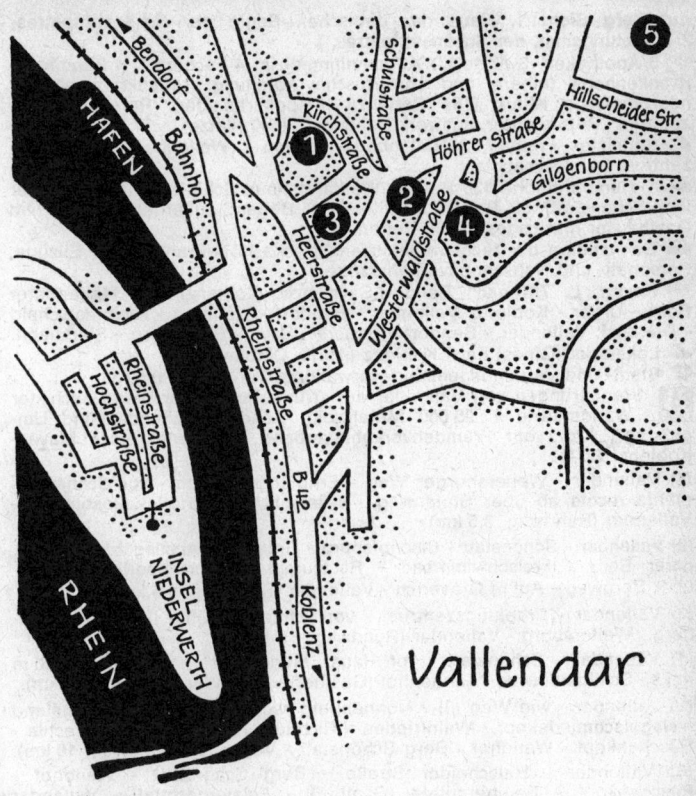

Vallendar

1 Kath. Pfarrkirche St. Petrus und Marcelinus

2 Wiltberger Hof

3 Marienburg

4 Stadthalle

5 Berg Schönstatt

Auf Berg Schönstatt: 1. Anbetungskirche (1968 geweiht); 2.-6. Mutter-haus, Missionshaus, Schulungsheim, Noviziats-, Wohnhaus der Schönstätter Marienschwestern; 7. Haus der Schönstätter Frauen- und Mütterliga;

Auf Berg Sion: 1. Haus der deutschen Regio der Schönstattpatres; 2. Anbetungsinst. der Schönstattpatres.

✚ 3 Apotheken, 3 Ärzte für Allgemeinmedizin, 4 Fachärzte, 4 Zahnärzte, Krankenhaus (innere und chirurgische Abteilung, Unfallkrankenhaus), neurologische Klinik (164 Betten), Kneippkuranlagen, Rehabilitationszentrum „Berufsförderungswerk Vallendar" (500 Plätze).

🏊 Beheiztes Freibad, 2 Hallenbäder (davon 1 Wellenbad), Erholungszentrum im Meerbachtal.

🛏 ✕ Humboldthöhe 130 Betten; Wallfahrtsheim Schönstatt (für Besucher von Schönstatt) 60 Betten; Stadthalle 8 Betten; außerdem Hotels und Gasthäuser mit insgesamt 90 Betten.

🚂 Bahnstation der rechtsrheinischen Strecke Köln-Frankfurt für Eilzüge, Personen- und Nahschnellverkehrszüge.

🚌 Kevag, L. 7/8 nach Bendorf-Sayn bzw. Koblenz; DB: Mallendarer Berg - Urbar - Koblenz; Vallendar - Bendorf - Isenburg - Kleinmaischeid - Dierdorf; Vallendar - Bendorf - Engers - Sayn - Stromberg - Siershahn.
⚓ Lokalboot (Gilles) nach Koblenz (April - Oktober).

☎ Stadt- und Verbandsgemeindeverwaltung, Tel. (02 61) 6 60 33

👫 Wanderungen von Vallendar aus (Numerierung der Wege nach der „Wanderkarte 1 : 25 000 Mittelrhein; Bendorf, Vallendar und Umgebung", hrg. vom Fremdenverkehrsverband des Landkreises Mayen-Koblenz, 1974):

(1) Vallendar - Weitersburger Weg - Erholungszentrum - vor Schnatzenmühle rechts ab über Stufenweg - Wüstenhof (Gasthof) - Rosenberg - Vallendar (Rundweg, 3,5 km).

(2) Vallendar - Schönstatt - Bischofsburg - Grillplatz - Anstieg zum Mallendarer Berg - Freischwimmbad - Restaurant „Kaiser-Friedrich-Höhe" - über Bergweg - Auf'm Gräverich - Vallendar (Rundweg, 4,5 km).

(3) Vallendar - Erholungszentrum - vor Schnatzenmühle links - Nonnenberg - Weitersburg - Vallendar (Rundweg, 5,5 km).

(4) Vallendar - Schönstatt - vor Haus „Mariengart" links - nach 500 m links - Schliffsteinweg - Tannenhof (Gasthof) - Vallendar (Rundweg, 4 km).

(5) Vallendar - wie Weg (3) - Nonnenberg rechts ab, Hütte Schauinsland - Nagelschmiedekopf - Waldfrieden - Richtung Höhr nach 200 m rechts - Puschenkopf - Wandhof - Berg Schönstatt - Vallendar (Rundweg, 10 km).

(6) Vallendar - Hillscheider Straße - Berg Schönstatt - Wandhof - Puschenkopf - Bembermühle (Gasthof) - Feisternachttal - Vallendar (Rundweg, 8,5 km).

(7) Vallendar - Hillscheider Straße - nach 500 m links - Rheinhöhenweg - Bembermühle - Feisternachttal - Vallendar (Rundweg, 10 km).

(8) Vallendar - Schönstatt - vor Haus „Mariengart" links - Hühnerberg (Berg Sion) - Simmern - Siebenbornst. - Talsohle - Heidetal - Wambachtal - Schönstatt - Vallendar (Rundweg, 9 km).

(9) wie Weg (4) bis Ausblick auf Tannenhof - rechts abbiegen auf halber Höhe - Hillscheider Bach- Simmern - dann Weg (8), (11,5 km).

(10) zunächst wie Weg (5) - Nonnenberg, links an Hütte Schauinsland vorbei - Grenzhäuser Ahlen (6,5 km)
a) weiter über Weg (15) nach Bendorf (14 km)
b) zurück nach Vallendar mit Bus.

(12) Vallendar - Hillscheider Straße - vorbei an Parkplatz - Feisternachttal - nach 100 m links - Pedelshütte - rechts Richtung Hillscheid - nach 300 m links - Bembermühle - Feisternachttal - Vallendar (Rundweg, 10 km).

(13) Vallendar - vorbei an Parkplatz Feisternachttal - nach 200 m links - Weg in halber Höhe entlang Feisternachttal - Minichlauerkopf - Feisternachttal - Vallendar (Rundweg, 9 km).

🅿 a) Schönstatt, Haus Wasserburg; b) Pfarrkirche Vallendar; c) zwischen Bahnkörper und Rhein auf der Höhe der Brücke nach Niederwerth; d) Freibad Mallendarer Berg; e) Eingang zum Feisternachttal.

In Höhe von Vallendar liegt
Niederwerth (60-67,7 m; 1240 E., VG Vallendar)
Einzige Rheininsel mit einem Dorf.
Zur Gemarkung gehört auch die unbewohnte Insel Graswerth,
auf deren N-Ausläufer ein Pfeiler der Autobahnbrücke (Dernbacher
Dreieck - Trier) steht. Brückenverbindung (seit 1958) nach Vallendar. Der Siedlungsbereich ist Vallendar zugewendet, während
der Schiffsverkehr die andere, Kesselheim und Wallersheim zuge-
wendete Seite der Insel passiert.

Wohngemeinde, Landwirtschaft (15 hauptberufliche, 45 Nebenerwerbslandwirte); Intensivkultur von Gemüse und Obst, besonders Spargel und Erdbeeren), kleinere Gewerbebetriebe.

◘ Besiedlung von der Merowingerzeit an nachgewiesen; früh Kameral-
gut der Trierer Erzbischöfe und deren Jagdrevier. Von den drei trierischen
Lehnsgütern das Guthmannsche Lehnshaus noch erhalten. Niederwerth
ist wohl die Insel, auf der sich 859 Ludwig der Deutsche, Karl der Kahle
und Lothar II. zu geheimen Besprechungen trafen. 1338 der englische
König Edward III. als Gast von Kurfürst Balduin; 1429 Augustiner-Chorherrenstift gegründet; 1474 Weihe der erhaltenen spätgotischen Kirche;
1580 Stift aufgelöst, dann bis 1811 Zisterzienserinnenkloster.
▥ **St.-Georg-Kirche,** Filialkirche der kath. Pfarrei Vallendar (1474). 1971
im Zuge der Gesamtrestaurierung Malereien aus der Erbauungszeit
entdeckt, die trotz eines Brandes gerettet werden konnten. Hervorragende Bildwerke (um 1500) und Grabsteine.
Lit.: Gunnar und Rüdiger Mertens, Das ehemalige Kloster in Niederwerth bei
Koblenz, Heft 223 der Reihe ,,Rheinische Kunststätten''; Neuß 1979.

🚌 Bahnhof Vallendar, nur 500 m entfernt.
☎ Gemeindeverwaltung, Tel. (02 61) 6 03 66
🏃 Wanderung (11) zur Numerierung siehe Vallendar:
Rheinbrücke bis Ende Gartenstraße - rechts Rundweg bis Nord-
Spitze - links bis Süd-Spitze - Seitenarm des Rheins - Rheinbrücke
(Rundweg, 7 km).
🅿 auf der Vallendarer Seite der Brücke.

Nördlich oberhalb von Vallendar liegt
Weitersburg (120-244 m; 1960 E., VG Vallendar)
8 km nördlich von Koblenz, in der Koblenz-Neuwieder-Talweitung,
auf der Haupterrassenkante, gelegen. Dieser Kante, die auf der
Höhe des Dorfes zum Rhein und zum Meerbachtal hin steil abfällt, folgt die Autobahn Dernbacher Dreieck - Trier.

◘ Höfe zu Weitersburg in einer Stiftungsurkunde für die Abtei Sayn
1202 genannt, im Mittelalter zum Gericht der Grundherrschaft Vallendar
gehörig.
Kapelle aus dem 17. Jh., 1900-04 durch eine Kirche ersetzt.
Goethe soll anläßlich des Besuchs bei der Vallendarer Familie d'Ester
auf dem Wüstenhof das „Heidenröslein" gedichtet haben. 1819 wurde in
Weitersburg Peter Friedhofen, der Begründer der Genossenschaft der
barmherzigen Brüder von Trier, geboren.
✳ Aussichtspunkte Parkplatz an der Autobahn und „Runder Tisch",
Aufenthaltsort A. von Humboldts.

✘ Wohngemeinde, kleinere Gewerbebetriebe, Landwirtschaft (12 haupt-
berufliche und 24 Nebenerwerbslandwirte), Kerzenfabrik, Sägewerk,
Mühle.
✛ Arzt für Allgemeinmedizin
🛏 ✘ 1 Gasthof mit 5 Betten.
🚌 Bahnhöfe Bendorf oder Vallendar.

🚌 Griesar: Koblenz/Hbf. - Vallendar - Weitersburg - Höhr-Grenzhausen
- Wirges - Ebernhahn
☎ Gemeindeverwaltung, Tel. (02 61) 6 04 54
🏃 siehe Bendorf, Wege (3), (5) und (15), die Weitersburger Gelände
berühren.

Von Vallendar auf der Rheinuferstraße B 42 weiter abwärts. Über
uns steil im Hang die Autobahn Koblenz - Dernbacher Dreieck
(A 74). Im Rhein die unbewohnte Insel Graswerth.
Wir kommen nach
Bendorf (62-330 m; 17 000 E., VG Bendorf, Krs. MYK)
8 km nördlich von Koblenz in der Koblenz-Neuwieder-Talweitung,
zwischen Koblenzer Bucht und Neuwieder Becken, auf dem rechten Rheinufer, an der Mündung des Saynbaches gelegen. Bendorf,
seit 1843 Stadt, bildet mit den Stadtteilen Sayn und Mülhofen
(1928 eingemeindet) sowie Stromberg (1974 eingemeindet) die
Stadtgemeinde Bendorf. Zufahrten über Autobahn Dernbacher
Dreieck - Trier (Abfahrt Bendorf), über die B 42 und B 413 (Richtung Sayntal).
Die Stadtteile Bendorf und Sayn liegen größtenteils, Mülhofen
liegt ganz auf dem Beckenboden, doch steigt das Gelände auf nur
500 m Länge steil auf zur Hauptterrassenkante. Der Ortsteil
Stromberg ist ganz auf der waldreichen Hauptterrasse, außerhalb
der Talweitung, gelegen. Er gehörte bis 1974 zum Unterwesterwaldkreis.
Im Schloßpark (Ortsteil Sayn) mündet der Brexbach in den Saynbach.
Gymnasium, Volkshochschule, 4 Grundschulen, 1 Hauptschule,
Sonderschule für Lernbehinderte, 4 Kindergärten, 1 private Hauptschule mit Heim, in 2jährigem Turnus Kunstausstellung einheimischer Künstler. Bücherei mit Lesesaal und Mediothek.
Hedwig-Dransfeld-Haus (ökumenisches Bildungs- und Tagungszentrum) mit Gussie-Adenauer-Haus (Erholungsheim für Frauen,
150 Betten). Umschlaghafen für Mineralöle und Feststoffe, größtes
Öltanklager am Mittelrhein.
🔲 Aus der späten Latène-Zeit, der frührömischen Zeit unter Drusus
(12 - 9 v. Chr.) und aus der Zeit Domitians (81 - 96 n. Chr.) Erdkastelle
und römische Eisenschmelze nachgewiesen. Bendorf frühestes rechts-
rheinisches Römerkastell (1912 Rekonstruktion eines römischen Wachtturmes). Im Mittelalter Grafen von Sayn Grundherren von Bendorf mit
Hochgerichtsbarkeit und Vogtei über Hof der Abtei Maria Laach. Stammburg der Grafen von Sayn, 1152 zerstört und an anderer Stelle neu
errichtet, 1633 von Schweden zerstört, als Ruine erhalten. Unter Graf
Heinrich III. (1202-46), dessen Grabplastik sich im Germanischen Natio-
nalmuseum in Nürnberg befindet (Kopie seit 1978 in der Abteikirche
Sayn), größte Ausdehnung und Blüte der Grafschaft (Minnesänger Zilies
von Seine und Reinmar von Zweter an saynschen Höfen). 1202 Abtei
Sayn bestätigt. 1561/62 Einführung der Reformation, im 17. Jh. durch
Kurtrier vor allem in Sayn rückgängig gemacht. Früh Eisenabbau und
-verarbeitung (Steinebrücker Hammer 1629 erwähnt, 1724 Erzabbau auf
Vierwindenhöhe).
1743 Bendorf durch Brand zur Hälfte zerstört, großzügiger Wiederaufbau
mit einheitlichem Grundriß mit parallel angelegten Straßen und Errich-

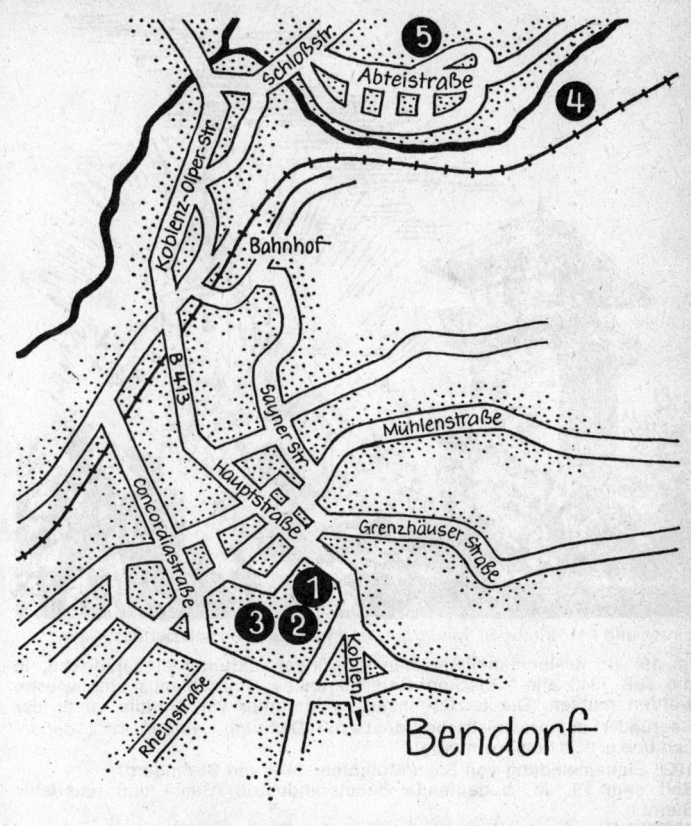

1 Ev. Pfarrkirche

2 Kath. Pfarrkirche St. Medardus

3 Heimatmuseum

4 Ehem. Prämonstratenserabtei

5 Burg Sayn

tung neuer eisenverarbeitenden Betriebe (1770 Sayner Hütte, bis 1926; 1838 Concardiahütte; 1856 Mülhofener Hütte, bis 1930).
Bis zum 19. Jh. bedeutender Weinbau.
Töpfereien im 17. und 18. Jh., u. a. auf dem Meisenhof.
1869 Bahnhof Bendorf (Rheinstrecke), 1884 Eröffnung der Westerwald-bahn und des Bahnhofs Sayn.

Limes und Pfarrkirche St. Medardus sind Wahrzeichen von Bendorf-Sayn

Im 19. Jh. 4 Nervenheilanstalten gegründet, darunter eine jüdische, in die seit 1940 alle jüdischen Geisteskranken Deutschlands eingewiesen werden mußten. Die letzten Insassen, darunter van Hoddis, einer der Begründer expressionistischer deutscher Dichtung, wurden 1942 deportiert und u. a. in Lublin ermordet.

1928 Eingemeindung von Sayn/Mülhofen, 1974 von Stromberg.

Seit dem 19. Jh. bedeutende Baustoffindustrie (Bims- und feuerfeste Steine).

1962/65 Bau der Autobahnbrücke über den Rhein.

🏛 **Stadtkern Bendorf: Ev. Pfarrkirche** (1204, ehemals St. Medardus geweiht) und **Kath. Pfarrkirche St. Medardus** (1864-67) mit Reichardsmünster (um 1230) als zusammenhängende Baugruppe mit gemeinsamem Kirchturm, der ein Glockenspiel enthält.

Ev. Gemeindesaal, ehemalige reformierte Kirche (1775), daneben Haus Remy (1747).

Autobahnbrücke über den Rhein, größte Spannbetonbalkenbrücke der Welt.

Heimatmuseum (besonders Sayner Kunstguß), geöffnet So 11-12 Uhr, Mi 17-18 Uhr oder nach Vereinbarung.

Bendorf-Sayn: Ehemalige Prämonstratenserabtei (1202 bestätigt), heute Pfarrkirche, Pfarrhaus, Grundschule; spätgotische Wandmalereien im Chorschluß, romanisch ornamentale Außenbemalung (1972/73 restauriert), romanischer Kreuzgang mit Brunnenhaus, Reliquienschrein des Apostels Simon und Armreliquiar der hl. Elisabeth von Thüringen (um 1230 bzw. 1240), spätgotische und barocke Grabdenkmäler.

Burg Sayn (Ruine), um 1152 anstelle einer zerstörten errichtete Stammburg der Grafen von Sayn, 1633 zerstört, unterhalb der Burg zwei Burgsitze Sayner Burgmannengeschlechter (Stein und Reiffenberg) aus dem 15. Jh., am Fuße des Burgberges Schloß der Fürsten zu Sayn-Wittgenstein-Sayn (1945 bis auf die Schloßkapelle zerstört).

Schloßpark, öffentlich zugänglich.

Gießereihalle der ehemaligen Sayner Hütte, 1828 in der Form einer drei-schiffigen Basilika mit erstmaliger Anwendung einer Dachbinderkon-struktion aus Gußeisen und von Kugeltraglagern errichtet, Geburtsstätte der Kunstgießerei (siehe Brunnen vor der Schule in der Brexstraße und „3 Kanonen" in der Schloßstraße). Seit 1977 umfangreiche Restaurierungs-arbeiten. Besichtigung Mo-Fr 9-17 Uhr, Sa 9-14 Uhr oder nach Vereinbarung (Tel. 02622/2031); heute u. a. genutzt zur Herstellung von Kunstschmiede-arbeiten.

Bendorf-Mülhofen: Kath. Pfarrkirche St. Clemens Maria Hofbauer (1954). Concordiahütte (1838 gegründet) und Arbeitersiedlung „12 Apostel" aus der Gründungszeit der Hütte.

Bendorf-Stromberg: Kath. Pfarrkirche St. Anna (1921, 1963 erweitert). Stromberg war verschiedentlich Kreis-, Bezirks- und Landessieger im Wettbewerb „Unser Dorf soll schöner werden".

✕ Gießerei (Gußeisen, Elektro-Stahlguß, Vor- und Fertigbearbeitung), Apparate- und Maschinenbau, Farben- und Lackfabrik, Baustoff (Bims-stein) und keramische Industrie (feuerfeste Steine).

✛ 4 Apotheken, 7 Ärzte für Allgemeinmedizin, 4 Fachärzte, 9 Zahnärzte, Krankenhaus (innere, chirurgische und gynäkologische Abteilung). Alten-zentrum (178 Betten) der Arbeiterwohlfahrt.

⋈ ✕ Ortsteil Bendorf: Hotels und Gasthäuser mit 110 Betten; Ortsteil Sayn: Hotels und Gasthäuser mit 100 Betten; größter Jugend-Zeltplatz Europas (Pfadfinderschaft St. Georg) mit Bedarfshaltestelle der DB im Brexbachtal. Ortsteil Mülhofen: 9 Betten. Ortsteil Stromberg: Pension mit 15 Betten und Privatzimmer.

▥ Bendorf Bahnstation der Strecke Köln - Frankfurt, rechtsrheinisch, für Personen- und Nahschnellverkehrszüge; Bendorf-Sayn Bahnstation der Westerwaldstrecke nach Siershahn mit Abzweig nach Limburg/Lahn und Altenkirchen, nur noch an Werktagen befahren.

▭ Kevag, L. 7/8 Bendorf-Sayn - Vallendar - Koblenz; VRW, L. 7 Bendorf - Engers - Mülhofen - Sayn - Weis - Heimbach - Block - Neuwied; DB: Sayn - Stromberg - Caan - Nauort - Siershahn; Bendorf - Sayn - Isenburg - Hachenburg; Bendorf - Sayn - Isenburg - Dierdorf - Betzdorf; Sterzen-bach: Sayn - Isenburg - Klein- und Großmaischeid - Dierdorf - Dernbach.

⚓ Collée: viermal in der Woche.

☎ Stadtverwaltung Bendorf, Tel. (0 26 22) 20 10

🚶 **Wanderungen von Bendorf aus:** Numerierung der Wege nach der „Wanderkarte 1 : 25000 Mittelrhein; Bendorf, Vallendar und Um-gebung", 1974:
(16) Hedwig-Dransfeld-Haus - Großbachtal - Meisenhof - Talweg bis Dransfeld-Haus - Mühlenstraße (Rundweg, 8 km).
(17) Gymnasium - Loh - Meisenhof - Römerturm - Limes - Brextal - Hauptwaldstraße - Bendorf (Rundweg, 11 km).
Von Sayn aus:
(15) Abteikirche - Meisenhof - Grenzhausen (6,5 km), von dort zurück mit Kevag-Bus.
(18) Abteikirche - Tongrubenweg - Römerturm - botanischer Garten - Steinebrücker Weg - Brextal - Alsbacher Feld - Felsgraben - Burgruine Grenzau (12 km), zurück von Bahnhof Grenzau.
(19) Abteikirche - Oskarhöhe - Matthiasbrunnen - Zinshecke - Strom-berger Sportplatz - durch das Schloderchen ins Engstental - Althansweg - Sayner Hütte - Turnhalle - Abteikirche (Rundweg, 8 km).
(20) Schloßpark - Berliner Straße - Friedrichsberg - Johannabrücke - Althansweg - Sayner Hütte - Turnhalle - Schloßpark (Rundweg, 4 km).
Von Stromberg aus:
(21) Kirche - Siedlung Isenburg - Isenburg - Höhenweg nach Caan (5,5 km).
(22) Kirche - Rehpfad - Wasserbehälter im Eidgert - Bachlauf Brex bis Nauorter Bahnhof - Friedhof - Sägewerk - Caan - Stromberg (Rundweg, 6,5 km).

Im oberen Wenigerbachtal: (Ab Wanderparkplatz)
Gelbe 1: 3 km, 45 Min. (Rheinblick über Meisenhof)
Schwarze 2: 4 km, 1 Std.
Ockere 3: 5 km, 75 Min. (mit Trimm-Parcours 7 km, 2 Std.)
Rote 4: 5,5 km, 90 Min.

Neuwied (54-357 m; 61500 E., Kreis NR)

Neuwied, große kreisangehörige Stadt; Verwaltungssitz des gleichnamigen Kreises, 15 km nordwestlich von Koblenz, liegt im Mittelrhein-Becken am rechten Rheinufer, in der sogenannten Neuwieder Talweitung, welche rechtsrheinisch von den Höhen des Niederwesterwaldes und linksrheinisch von den Hügeln des Maifeldes und der Pellenz begleitet wird. Das Stadtgebiet nimmt fast den gesamten rechtsrheinischen Teil des Neuwieder Beckens rechts und links der unteren Wied ein. Es reicht von der Wasserscheide zwischen Leutesdorf und Feldkirchen bis an die Sayn bei Bendorf. Die längste gradlinige Ausdehnung in Nord-Süd-Richtung beträgt rund 10 km, von Osten nach Westen 12 km; an den Rhein grenzt Neuwied auf einer Strecke von rund 12 km. Die tiefe Lage der älteren Stadtteile in Höhe der alluvialen Auenterrasse (58-61 m) führte vor der Eindeichung zu zahlreichen Überschwemmungen. Das Stadtgebiet erstreckt sich heute auf den größtenteils mit Laacher Bimssanddecken verkleideten Nieder- und Mittelterrassen (Rheinterrassen der Eiszeit) bis in eine Höhe von 356,6 m (Urrheinterrasse der Jungtertiärzeit). Mit seinen Naherholungsgebieten hat Neuwied Anteil am Naturpark Rhein-Westerwald.

1904 wurde Heddesdorf, 1969 Irlich eingemeindet. 1970 wurden die umliegenden Gemeinden Altwied, Stadt Engers, Feldkirchen, Gladbach, Heimbach-Weis, Niederbieber-Segendorf mit Rodenbach und Torney sowie Oberbieber mit der bisherigen Stadt Neuwied zur neuen Stadt Neuwied zusammengelegt, deren Gesamtfläche damit auf 86,5 km² anwuchs; davon entfallen 33 km² auf landwirtschaftliche Flächen, 30 km² auf Wald, 21 km² auf bebaute Gebiete und 2,5 km² auf Gewässer.

Öffentliche Gebäude

Neuwied hat 2 Häfen (am Rhein, in Höhe des Weißenthurmer Werths; in der Wiedmündung); Amtsgericht; Arbeitsgericht; Zollamt; Kreisverwaltung; Finanzamt; Gesundheitsamt; Bundeswehrgarnison (Flußpioniere, General-Henke-Kaserne, mit Pionierhafen).

Schulwesen

Neuwied, bekannt als „Stadt der Schulen" (1605 erste Schule in Heddesdorf), besitzt 2 Gymnasien, 2 Realschulen, Sonderschulen (für Geistig-, Verhaltens-, Lern-, Sprach- und Körperbehinderte), Landesheim für Gehörlose und Hörbehinderte (seit 1854), Landesheim für Blinde und Sehbehinderte (seit 1899), 18 Kindergärten, 11 Grund- und 5 Hauptschulen, kaufm. Berufsschulzentrum mit Wirtschaftsgymnasium, gewerbl. Berufsschule mit Berufsaufbauschule, Fachoberschule für Ingenieurwesen und Technische Lehranstalt, Fachoberschule für Sozialpädagogik, Bundesfachschule des Lebensmittelhandels (einzige in der Bundesrepublik Deutschland) mit Haus für Berufsgestaltung (Weiterbildung von Einzelhandelskaufleuten), Handelsschule, Volkshochschule; von 1964-69 bestand in Neuwied eine Pädagogische Hochschule (ev.) und von 1947-75 eine Drogistenfachschule.

◪ In römischer Zeit Erdkastelle bei Rockenfeld, Block und auf der Höhe hinter Oberbieber, in Heddesdorf und Niederbieber befestigte Lager (Kastelle) der Römer zur Sicherung des Rheinübergangs und des Limes, der von Rheinbrohl her über Rockenfeld, Rodenbach, Segendorf, Alt-wied, Oberbieber, durch den Heimbacher Wald bis zur Lahn und weiter nach Süddeutschland führte. Aus der Frankenzeit sind Grabstätten, bei Gladbach Teile eines Dorfes ausgegraben worden (Funde z. T. im Kreis-museum).

Metfried, der letzte Gaugraf des Engersgaues, wird 1129 erstmals Graf von Wied genannt. Er ist der erste historisch gesicherte Ahnherr der alten Grafen von Wied. Mit Lothar zu Wied starb das erste wiedische Geschlecht aus (1243). Auf Grund der Heirat seiner Erbschwester mit Bruno I. von Isenburg-Braunsberg gelang es dessen Nachfolger Wilhelm 100 Jahre später, die gesamten wiedischen und niederisenburgischen Lande zu vereinigen; er begründete 1340 die Grafenlinie Wied-Isenburg, die 1462 erlosch. Die Tochter des letzten Grafen von Wied-Isenburg war mit Dietrich IV., Herr zu Runkel, verheiratet. Beider Sohn Friedrich I., Graf zu Wied, Herr zu Runkel und Isenburg, wurde der Stammvater der dritten Linie, die sich bis heute erhalten hat.

An der Stelle des im 30jährigen Kriege verwüsteten Weilers (Dorf) Langendorf (erstmals 1162 urkundlich erwähnt) errichtete Graf Fried-rich III. zu Wied (1631 - 1698) im Jahre 1653 seine Residenz „Neuen Wiedt". Es war eine offene Stadt (ohne Wehranlage), in der im Laufe der Zeit alle, die wegen ihres Glaubens oder ihrer Religionsmeinung aus der Heimat vertrieben worden waren, Aufnahme fanden (so u. a. Reformierte, Lutheraner, Katholiken, Juden, Hugenotten, Inspirierte, Herrnhuter). So kommt es, daß heute noch in Neuwied 17 Kirchen- und Glaubensgemeinschaften beheimatet sind. Die ersten Häuser entstanden im Gebiet der heutigen Kirch-, Schloß-, Rhein-, Mittel- und Engerser Straße. Heute noch unterhält die Herrnhuter Brüdergemeine ihr eigenes Viertel um die Friedrichstraße. Charakteristisch für die Neuwieder „Alt-stadt" ist der schachbrettartige Grundriß mit seinen in etwa rechteckigen Häuserkarrees.

Das freiheitliche Stadtrecht von 1662 (Freiheit von Leibeigenschaft und Frondiensten, Recht zur Einsetzung eines Magistrats zur Verwaltung der Stadt, unentgeltliche Hergabe von Bauplätzen, freie Religionsausübung) bildete die Grundlage für den Aufschwung der Stadt im 18. Jh. Im Jahre 1784 wurden die Grafen zu Wied-Neuwied in den Reichsfürstenstand er-hoben. Während der Revolutionskriege (1795 - 1797) war Neuwied Schau-platz mehrerer Gefechte zwischen Franzosen und den verbündeten Preußen und Österreichern. Nach kurzer nassauischer Herrschaft (1806-1815) wurde Neuwied 1816 Kreisstadt des preußischen Kreises Neuwied. Seit 1946 gehören Stadt und Kreis zum Regierungs-Bezirk Koblenz des Landes Rheinland-Pfalz.

Die Stadt trug bis zur Mitte des 18. Jh. vornehmlich ländlichen und klein-bürgerlichen Charakter. Es folgte eine Zeit des Aufschwungs für Land-wirtschaft, Gewerbe, Handel und Verkehr, während die eigentliche Ent-wicklung zur Industriestadt seit 1850 einsetzte. Wesentlich zur Entwick-lung Neuwieds trug die günstige Verkehrslage bei: 1858 Eröffnung der linksrheinischen Eisenbahnstrecke, 1870 der rechtsrheinischen Strecke Frankfurt-Köln, 1884 Neuwied-Engers-Altenkirchen. Bedeutsam für die Querverbindung im Neuwieder Becken wurde die 1935 fertiggestellte Rheinbrücke.

🏛 **Deich:** Infolge verheerender Hochwasser, besonders 1882, 1920, 1924 und 1926 (jeweils gesamter Stadtkern unter Wasser), von 1928-31 Bau einer 7,5 km langen Deichanlage (bis 1945 „Hindenburgdeich") entlang dem Rheinufer. Auf der Dammanlage (Verarbeitung von 33 000 to Grau-wacke, Basalt- und Lavasteinen; Mauerverkleidung aus Würzburger Muschelkalk) Pegelturm und Café „Deichkrone" (markante Wahrzeichen der „Deichstadt"); bei Hochwasser Schließung der Deichtore; Abpum-pen des Grundwassers mit 3 Pumpwerken.

Raiffeisen-Brücke: Verkehrsübergabe am 5. 11. 1935 durch den damaligen Ministerpräsidenten Hermann Göring (dessen Namen sie auch bis 1945

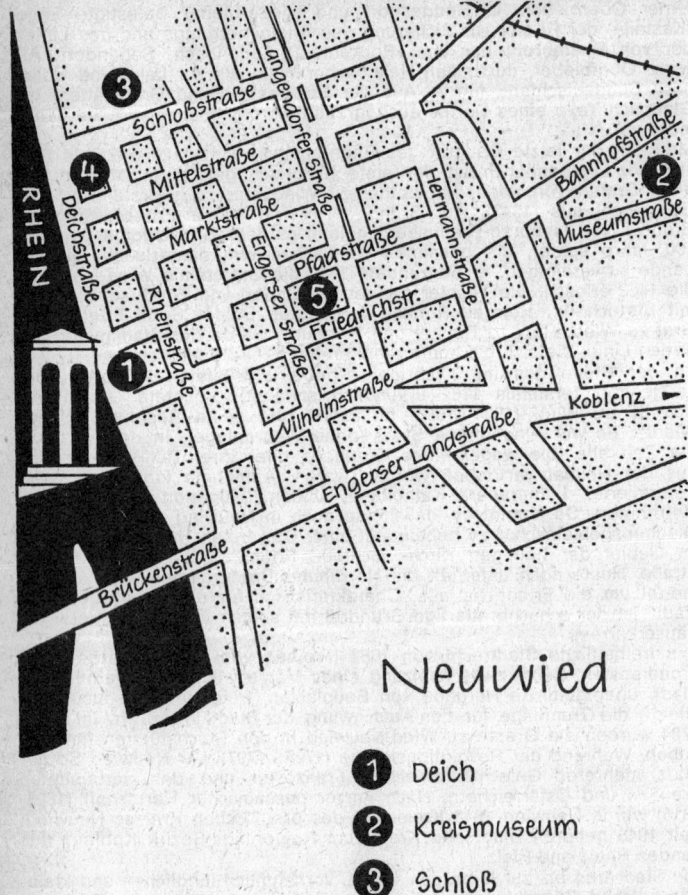

Neuwied

1 Deich

2 Kreismuseum

3 Schloß

4 Mennonitenkirche

5 Herrnhuter Viertel

trug). Die im Krieg zerstörte und 1949 bzw. 1951 wieder für den Verkehr freigegebene Stahlkonstruktion war 457 m lang (Neuwied-Insel 179 m, Insel 66 m, Insel-Weißenthurm 216 m) einschließlich Zufahrtsstraßen 1300 m. An der Stelle der alten ist von 1974-1978 eine neue 6spurige Konstruktion entstanden, deren Wahrzeichen ein 105 m hoher Pylon auf dem Weißenthurmer Werth ist. 11 Drahtseile (Durchmesser 102-109 mm) tragen die Mittelträgerschrägseilbrücke (Spannweite zwischen Neuwied und Insel 212 m, zwischen Insel und Weißenthurm 235 m). Sie wurde 1978 als „Raiffeisenbrücke" dem Verkehr übergeben.

Kreismuseum: 1928 erbaut; Funde zur Vor- und Frühgeschichte des Neuwieder Beckens, Wohnkultur des 18. Jh. (hier als besondere Kostbarkeiten: Kunstmöbel und Musikinstrumente des Klassizismus und Rokoko

Raiffeisenbrücke mit Deichturm

aus der Werkstatt der weltberühmt gewordenen Kunstschreiner Abraham Roentgen (1711 - 1793) und David Roentgen (1747 - 1807) sowie Meisterstücke des Uhrmachers Peter Kinzing (1745 - 1816), Volkskunde des Westerwaldes, Eisenkunstgüsse (Schlosserarbeiten des 19. Jh.) sowie eine Präsenzbibliothek; Öffnungszeiten: Mo-Fr 10-13 und 14-17 Uhr, So 10.30-13 Uhr. Ein Museumsführer mit ausführlichen Informationen liegt vor.

Neben dem Museum Raiffeisenplatz mit Denkmal Friedrich Wilhelm Raiffeisens (1818 - 1888; von 1852-65 Bürgermeister in Heddesdorf), der sein weltumspannendes Sozialwerk (Genossenschaftswesen) in Neuwied begründete und hier seine letzte Ruhestätte fand (auf dem alten Heddesdorfer Friedhof). Die Statue Raiffeisens wurde 1902 von dem Bildhauer Arnold Künne geschaffen. Das von Raiffeisen 1853 erbaute Mutterhaus der Raiffeisengenossenschaften ist heute in den Gebäudekomplex der Raiffeisendruckerei in der Heddesdorfer Straße mit einbezogen.

Schloß: Erbaut anstelle des 1694 von französischen Truppen niedergebrannten Schlosses (1648 als „Haus zu Langendorf" errichtet) in den Jahren 1707 - 1712 durch Friedrich Wilhelm Graf zu Wied (Hauptbau) und 1747 - 1757 durch J. F. Alexander zu Wied (Nebenbauten und Torpavillons) im rheinisch-nassauischen Klassizismus. Die Pläne für den großzügigen Neubau entwarf der rheinisch-hessische Barockarchitekt Julius Ludwig Rothweil nach dem Vorbild des Schlosses Versailles: eine hufeisenförmige, sich stufenweise zum Hauptbau verjüngende Anlage aus insgesamt 5 Gebäudetrakten. Die im Schloßarchiv noch enthaltenen Entwürfe wurden wegen ihrer Kostspieligkeit nur teilweise 1707 - 1745 verwirklicht; die Stukkateure Gemone und Castelli schufen die festlichen Innendekorationen. Balkon und Säulen des Hauptbaus entstanden 1838, das Gitterportal 1877. Das heute noch vom Fürsten zu Wied bewohnte Schloß enthält u. a. Treppenhaus, Vestibül und Festsaal mit Ausstattungsstücken des Barocks, Rokokos und Klassizismus.

Hinter dem Schloß der vom Rhein und von der Straße Am Schloßpark her zugängliche, botanisch interessante Schloßpark (mit exotischen Bäumen, die z. T. noch aus der Zeit des bekannten Natur- und Völkerforschers Prinz Maximilian zu Wied stammen; ferner Niederwild u. a. wilde Kaninchen, Fasanen, Pfaue); in der Mitte des Parks erinnert ein Obelisk an den Prinzen Victor zu Wied, der 1812 bei San Feliu de Codinas (Nordspanien) in den Kämpfen gegen Napoleon fiel.

Schloßtheater: Befindet sich in einem Nebengebäude des Schlosses. Das 1799 erbaute Gebäude, das im Hauptteil ursprünglich als Scheune benutzt wurde, gestaltete der Fürst zu Wied 1840 zu einem kleinen Privattheater und 1860 zum Residenztheater um. Nach jahrzehntelanger Zweckentfremdung erfolgte 1977 der Um- bzw. Neubau zum heutigen Schloßtheater (mit 300 Plätzen), das der privaten Landesbühne Neuwied (Nachfolgerin der alten Landesbühne Rheinland-Pfalz) für ihre Aufführungen dient.

Sportstadion: Die 1895 als Schlittschuhbahn begonnene, 1927 erweiterte und 1952 wiederhergestellte und modernisierte Sportanlage (Fassungsvermögen: 10 000 Zuschauer) trägt den Namen des Sportpioniers und ersten deutschen Sportarztes Geheimrat Professor Dr. Ferdinand Hueppe (1852-1938), der in Heddesdorf geboren wurde und den Deutschen Fußballbund (DFB) und Leichtathletikverband (DLV) mitbegründete.

Roentgenhaus: Erbaut 1774-76; das ansehnliche klassizistische Bürgerhaus in der Pfarrstraße mit seinen Nebenpavillons war bis 1794 Wohnhaus und Werkstatt des Kunsttischlers und Kabinettmachers David Roentgen (1747-1807). 1819-22 beherbergte das Gebäude ein ev. Gymnasium, in den nachfolgenden Jahren das Neuwieder Lehrerseminar (bis 1863); 1854 gliederte man dem Seminar eine Taubstummenschule an, die bis 1865 hier verblieb. Von 1933-45 zum Kreisparteihaus der NSDAP umfunktioniert, wird das Roentgenhaus seit den 50er Jahren als Wohnhaus benutzt.

Rathaus: In der unteren Pfarrstraße, erbaut 1740; als Armen- und Waisenhaus 1765 der Stadt vom Grafen zu Wied geschenkt, 1784 als Blechfabrik verkauft. 1871 von der letzten Erbin der Firma testamentarisch wieder an die Stadt gekommen, bis 1912/13 (Umbau) allmählich ganz als Rathaus genutzt. Die älteren Rathäuser (1699 ff. Ecke Rhein-/Mittelstraße, 1811 ff. Ecke Markt-/Engerser Straße) bestehen nicht mehr.

Altes Brauhaus: In der Rheinstraße; eines der ältesten noch erhaltenen Häuser in Neuwied (1694), auch „Die Maan" genannt, steht unter Denkmalschutz.

Mennonitenkirche: Ecke Schloß-/Rheinstraße, erbaut 1766-68 im rheinischen Barock; kunstvoll verzierte Eingangspforte; einzige deutsche Mennonitenkirche mit einem kleinen Glockenturm (seit 1860).

Kirche der Brüdergemeine: In der Friedrichstraße (im sogenannten „Herrnhuter Viertel"), erbaut 1783-85 im Herrnhuter Stil (Spätbarock). Das „Herrnhuter Viertel" (entstanden in den Jahrzehnten nach 1756) umfaßt im Kern die Karrees zwischen Langendorfer-, Friedrich-, Pfarr- und Engerser Straße; einige Häuser in der Pfarr- und Friedrichstraße besitzen noch in der Roentgenwerkstatt gefertigte Eingangstüren. Die im oberen Teil der letztgenannten Straße gelegene frühere Zinzendorfschule beherbergt heute das Haus für Berufsgestaltung.

Heimathaus: Am Ende der Schloßstraße gelegen, 1825 im klassizistischen Stil als Casino erbaut; diente der Neuwieder Casinogesellschaft als Heim. Nach 1945 zu einem Veranstaltungszentrum umgestaltet (Konzerte, Festakte, kulturelle Veranstaltungen).

Moselhaus: Bau aus dem 18. Jh. an der Ecke Pfarr-/Kirchstraße, heute Gasthaus; über dem Eingang befindet sich eine Gedenktafel zur Erinnerung an den in Neuwied geborenen Dichter (längere Zeit Pfarrer in Feldkirchen) des Moselliedes, Karl Theodor Reck. Im Moselhaus fand 1799 die Gründung der „Casinogesellschaft" statt; von 1865-75 beherbergte das Haus die Taubstummenschule.

Carmen-Sylva-Garten: Gepflegte Parkanlage, benannt nach der Prinzessin Elisabeth zu Wied (1843-1916), die im Jahre 1869 den Prinzen Karl von Hohenzollern (von 1866 - 1914 als Carol I. König von Rumänien) heiratete; bekannt geworden ist Elisabeth vor allem unter ihrem Dichternamen „Carmen Sylva".

Neuwied (1) - **Heddesdorf**

◘ Um 90 - 190 n. Chr. Römerkastell mit Badehaus und Lagerdorf. Nach dem Niedergang des römischen Weltreichs fränkische Ansiedlung mit karolingischer Kirche, erbaut aus Steinen des Römerkastells. 962 (erste urkundliche Erwähnung) schenkt Bruno I., Erzbischof von Köln und

Mennonitenkirche in Neuwied

Bruder Kaiser Ottos I., die Kirche von Heddesdorf und ihre Güter dem Cäcilienstift in Köln. Gräfliche Herrenhöfe, Güter der Ritter von Heddesdorf und des Klosters Rommersdorf prägen seit dem 11. Jh. das Bild des Ortes. 1647 errichtete Graf Friedrich zu Wied oberhalb von Heddesdorf eine Mahlmühle, aus der sich über eine spätere Hammermühle das heutige große Walzwerk Rasselstein entwickelte. In den Revolutionskriegen (1794-97) wird das Dorf wiederholt Schauplatz direkter Kampfhandlungen. 1794 stürmen die Franzosen die von Österreichern verteidigte Schanze von Heddesdorf. Russische Kosaken, Baschkiren und Kirgisen schlugen 1813 ihr Heerlager auf der Kirmeswiese auf. Seit 1817 (bis 1945) Bürgermeisterei Heddesdorf mit den Kirchspielen Heddesdorf, Niederbieber, Altwied, Feldkirchen und Irlich (ab 1822). Das „Amt Heddesdorf" wurde 1957 vom „Amt Niederbieber-Segendorf" abgelöst. 1904 erfolgte die Eingemeindung des Ortes nach Neuwied.

🏛 **„Haus Heddesdorf":** Um 1740 von den Grafen zu Sayn-Wittgenstein anstelle eines mittelalterlichen Burghofs mit Ringmauer als Herrenhof erbaut. Von 1851 - 1906 Landratsamt, seitdem privat bewohnt. Im sogenannten „Landratsgarten" alljährlich traditioneller Pfingsttanz der „Pfingstreiter" mit den Maibräuten. Im Garten hinter dem Haus wurde 1971 ein 18stöckiger Wohnkomplex errichtet.

Alte Fachwerkhäuser: Vor allem in der Schmandstraße (und den umliegenden Gassen) sind heute noch bemerkenswerte Fachwerkhäuser zu sehen, darunter das älteste noch stehende Haus, 1672 erbaut von Philipp Hof; ferner das „Dorfmuseum" (auch genannt „Beim Abbi"), ein gemütliches Lokal, in dessen Räumen sich eine umfangreiche Sammlung bürgerlich-bäuerlicher Gebrauchsgegenstände (Haushalts- und Arbeitsgeräte, etc.) aus den vergangenen 150-200 Jahren befindet. Die alte Schule („Ahl Schull") mit Gemeindebackhaus („Backes") von 1720 wurde 1974 abgetragen und ist jetzt in restauriertem Zustand im Freilichtmuseum Sobernheim/Nahe aufgebaut. Am Kirchplatz ist noch das wahrscheinlich erste Schulhaus aus dem Jahre 1675 erhalten.
In der bisherigen (Heddesdorfer) Feldgemarkung zwischen Umgehungsstraße, Sohler Weg und Dierdorfer Straße entstand seit 1962 als Bundesdemonstrativprogramm eine für 5000 Menschen geplante, gartenstadtartige Wohnsiedlung (sog. „Raiffeisenring"), die inzwischen so gut wie fertiggestellt ist.

Neuwied (21) - **Engers**

☒ Im Jahre 773 schenkte ein gewisser Engelbert von Rotenbach dem Kloster Lorsch (Weinstraße) zwei Bauernhöfe und sonstiges Gut aus seinem Besitz in Rodenbach; in dieser Urkunde wird der Engersgau erstmalig erwähnt. Um 1190 urkundlicher Nachweis über eine Pfarrei. Das Dorf war Mittelpunkt des damaligen Engersgaues, der nach 1100 in den einzelnen Territorien aufging. 1357 Verleihung der Stadtrechte durch Kaiser Karl IV. (1957 durch die Landesregierung Rheinland-Pfalz erneut verliehen). Seit 1371 mit Mauern und Gräben umgeben; 3 Türme stehen noch. Die Steine der Mauern und übrigen Türme nach dem großen Brand von 1778 als Baumaterial verwandt. Römische Brückenkopfreste oberhalb der „Heidenmauer", vielleicht Stelle der Rheinüberquerung Julius Caesars.
🏛 **Schloß:** Geht zurück auf eine 1371 von Erzbischof Cuno von Trier erbaute Stadtburg; 1680 durch Truppen Ludwigs XIV. besetzt, vom linken Rheinufer durch kaiserliche Artillerie zerstört. Kurfürst Joh. Philipp von Walderdorff, Erzbischof von Trier, ließ 1758 die Reste der mittelalterlichen Anlage niederbrechen und durch Joh. Seiz (Schüler Balthasar Neumanns) ein festliches Lust- und Jagdschloß erbauen (1759-62). Wand- und Deckenfresken sind von dem Maler Januarius Zick, Stukkaturen von Michael Lytel, Bildhauerarbeiten von Ferdinanz Diez. 1803 kam das Schloß in nassauischen Besitz und diente der herzoglichen Familie zum gelegentlichen Sommeraufenthalt; von 1863 - 1914 preußische Kriegsschule. Seit 1928 befindet sich in dem Gebäude eine chirurgisch-orthopädische Klinik der St. Josefsgesellschaft für Krüppelfürsorge (Köln), das sogenannte „Heinrichhaus". Der reich verzierte Spiegelsaal des Schlosses wird noch zu Konzerten benutzt.
Pestkapelle: An der Bendorfer Straße gelegen, 1662 von den von der Pest verschonten 5 Familien in Engers zu Ehren des hl. Sebastianus erbaut; ehemals zweigte hier die „Sayner Gass" ab, ein Pilgerweg nach dem damaligen Wallfahrtsort Sayn. Die Kapelle bildet im Grundriß ein Quadrat von 3 x 3 m und ist mit einem Kreuzgratgewölbe gedeckt; das Dach trägt ein Haubentürmchen, im Innern ist eine 73 cm große Holzfigur des Schutzpatrons aufgestellt.
Sehenswert sind u. a. noch das „Alte Rathaus", die „Schloßschenke" (beide aus dem 17. Jh.), ein Fachwerkhaus an der Ecke des Gäßchens „Helle" von 1776, Reste der alten Stadtbefestigung (3 Türme). Der aus dem 14. Jh. stammende „Marienstätter Hof" (neben der katholischen Kirche) mußte 1971 einem modernen Neubau weichen.

Neuwied (12) - **Feldkirchen**

Großgemeinde 1966 - 1970, bestehend aus den Ortsteilen Wollendorf, Gönnersdorf, Hüllenberg, Fahr und Rockenfeld.

Ehemals kurtrierisches Schloß in Engers

Hüllenberg

◘ Der Ort war schon früh wiedischer Besitz, 1326 „Huolenberg" genannt. Seit über 100 Jahren wird alljährlich am 2. Januar in Hüllenberg der sogenannte „Backestag" abgehalten, zu dem alle verheirateten Männer des Dorfes - ursprünglich im „Gemeindebackes" - zusammenkommen und in der Runde Gemeindeangelegenheiten besprechen. Im Ort selbst gibt es noch eine Reihe alter, gepflegter Fachwerkhäuser; ferner auch das alte Gemeinde- und Backhaus, in dem von 1845 - 1910 die Schule untergebracht war.
Am Ende von Hüllenberg führt der Weg links nach dem Hof Windhausen (früher auch Winhausen oder Weinhausen genannt), der bereits 1132 urkundlich erwähnt wird. Von Hüllenberg aus erreicht man auf einer schmalen geteerten Straße nach 2,5 km die beliebte Ausflugsgaststätte „Brombeer-Schänke"; von hier herrlicher Blick über das Neuwieder Becken und in die Eifel.

Rockenfeld

◘ Hochmittelalterliche Hofsiedlung dicht jenseits des Limes, nahebei innerhalb des Limes ein römisches Erdkastell. Hof der Burggrafen zu Hammerstein im 13. Jh.; 1278, 1613 und 1691 wird Rockenfeld als zum Kirchspielgericht Feldkirchen gehörend bezeichnet. Bis vor 1575 gehörte das Dorf zur Hohen Feste Altwied. Der genannte Hof zu Rockenfeld gehörte zum Amt Hammerstein und damit bis nach 1646 zur Kellerei Koblenz und 1781 zur Engerser Kellerei. 1787 wurde der Hof von Kurtrier an Wied abgetreten. 1965 beschloß der Gemeinderat der kleinen Gemeinde (24 Einwohner) deren Auflösung und der Feldkirchener Gemeinderat 1967 die Umsiedlung der Bewohner. Heute befinden sich noch ein landwirtschaftliches Anwesen und zwei Bungalowhäuser (1 davon als Ferienwohnheim der Neuwieder Stadtverwaltung) in dem seit 1969 aufgegebenen Ort. Aus Rockenfeld stammen wahrscheinlich die Vorfahren (später ausgewandert) des ehemaligen US-Vizepräsidenten Nelson A. Rockefeller; zwecks Überprüfung dieses Tatbestandes weilte 1975 ein amerikanisches Fernsehteam in Neuwied, um eine Reportage zu drehen.

Die Feldkirche in Wollendorf

Wollendorf

◘ Im Frühmittelalter aus einer fränkischen Siedlung entstanden (Funde von Gräberfeldern); ebenfalls Funde aus der Bronze- und Römerzeit.

1202 wird ein Arnold von Wolvendorp genannt, 1259 ein Ritter Isfridus de Wolvindorf. Stammsitz der Ritter von Wollendorf war die Burg, auch „Hof zu Wolffendorf" genannt (1764 im Besitz des Klosters St. Thomas in Andernach). 1846 stand noch der sogenannte „Blankenheimer Hof" in Wollendorf, bis zu Beginn des Jahrhunderts war neben der Burg noch die alte Zehntscheune erhalten. Zwischen 1278 und 1691 wird Wollendorf zum Kirchspielsgericht Feldkirchen gehörend genannt.

🏛 **Feldkirche:** Geht in ihrem Ursprung auf eine Holzkapelle zurück, die um 700 von den Franken errichtet wurde; in spätkarolingischer Zeit abgelöst von einer einschiffigen, steinernen Saalkirche mit rechteckiger Apsis und Emporen (flachgedeckte Pfeilerbasilika ohne Querschiff und Glockentürme); im 12./13. Jh. entstand der heute noch im wesentlichen erhaltene romanische Bau mit rundem Chorraum und Turm. 1944 fielen Chor und Orgel einem Bombenangriff zum Opfer; 1952 Beendigung des Wiederaufbaus. 1978 Freilegung und Restaurierung der romanischen Farben. Als künstlerische Besonderheit besitzt die Kirche 17 moderne Glasfenster, die 1947 und in den folgenden Jahren von Professor Georg Meistermann geschaffen wurden (von ihm stammen u. a. auch die Fenster im Kölner Rathaussaal und die der Vatikankirche zur Brüsseler Weltausstellung 1958).

Auf dem Platz vor der Feldkirche befindet sich die **alte Gerichtsstätte** in Feldkirchen, urkundlich bezeugt seit 1316 als Platz von Rechtsverhandlungen. Unter der mehrhundertjährigen Gerichtslinde steht ein Steintisch, auf drei Seiten von einer steinernen Bank umgeben, zu beiden Seiten je ein Pfeiler, einer davon mit dem wiedischen Wappen. Die Anlage in dieser Form stammt sehr wahrscheinlich aus der Zeit um 1600 - 1620. Heute noch tritt hier alljährlich im September das Märkergericht der Waldgenossenschaft Feldkirchen zusammen.

Alte „Burg": In der Karl-Marx-Straße gelegen; Rest einer kleinen Burganlage. Hier liegt der älteste Teil des ganzen Dorfes. Der Überrest der
alten Burg kommt gegenwärtig zwischen den übrigen Häusern nicht
mehr besonders zur Geltung. Die Gewölbe und Grundmauern stammen
aus dem 11./12. Jh.; der ehemalige Turm wurde 1840 teilweise abgetragen.

Fahr

◩ 1152 und 1194 erstmals urkundlich erwähnt. Wichtiger Rheinübergang
zwischen der Grafschaft Wied und Andernach. Als wichtige Übersetz-
stellen im Neuwieder Becken werden 1475 „Andernach, Fahre und Erlich
Fahr" genannt. Viele Einwohner waren Fischer und Schiffer. Fahr war
alte Pferdewechselstation der Treidelschiffahrt. Auf dem sogenannten
Leinpfad zogen Pferde die Schiffe stromaufwärts.
Fahr gehörte zum Kirchspielsgericht Feldkirchen, von dessen 7 Schöffen
es einen zu stellen hatte. 1891 Errichtung des Fahrer Bahnhofs (an der
Strecke Frankfurt-Köln), 1910 Umbenennung in Bahnhof „Fahr-Irlich".
In Fahr Niederlassungen der bekannten Verbandsstoff-Fabrik Lohmann
und Essig-Kühne (Zweigwerk eines Hamburger Unternehmens).
🏛 **„Rheinisches Haus":** Erbaut 1584, ältestes Haus in Fahr; Stammhaus
der Hugenottenfamilie Mendel, die um 1565 nach Fahr kam und hier die
Fährgerechtsame erwarb. Das stattliche Fachwerkhaus beherbergt heute
ein Weinlokal. Sehr schöne Fachwerkhäuser in den bergwärts führenden
engen Gassen (hinter dem „Rheinischen Haus") u. a. die Untere Mühle
mit Schnitzfachwerk und „Backesmännchen".
Schloß Friedrichstein: Angelegt von Graf Friedrich zu Wied (1618-1698),
dem Stadtgründer Neuwieds, gegen Ende des 30jährigen Krieges, etwa
gleichzeitig mit dem ersten Schloß zu Neuwied, am Fuß der Hohen Ley
oberhalb Fahr. Baubeginn 1645; Weiterbau eingestellt 1662. In der Folgezeit
wurde das wahrscheinlich unvollendet gebliebene Schloß zu den verschiedensten Zwecken genutzt. Nach Abtragung des Daches 1806 zur Ruine
geworden; beim Bau der Eisenbahnstrecke 1869 abgebrochen. Zur Erinnerung
wurde in die Mauer des Bahndamms der Zierstein von einem Fenstergewände
des Schlosses eingelassen. Um Friedrichstein entstanden schon im 17. Jh.
Spukgeschichten, daher im Volksmund „Teufelsschloß" genannt.

Gönnersdorf

◩ Fränkisches Gräberfeld (6./7. Jh.) oberhalb des Ortes. Das Dorf wird
zwischen 1173 und 1190 in einer Urkunde im Zusammenhang mit Grund-
besitzerwerb in Andernach erstmals urkundlich erwähnt. Um 1400 Höfe
der Burggrafen von Hammerstein in Gönnersdorf, im 16. Jh. Besitzanteile
des Erzbischofs von Trier. 1560 verpfändet Graf Johann zu Wied einen
Hof zu Gönnersdorf an Meinhard von Walbrun, 1565 einen solchen an
Friedrich von Reiffenberg. 1680 gewährte Graf Friedrich zu Wied 4 Gön-
nersdorfer Mennoniten-Familien Religionsfreiheit.
🏛 **Alter Fronhof:** Sehenswert ein in der Friedrich-Ebert-Straße gelegenes Fachwerkhaus, das auf mittelalterlichen Mauerresten erbaut ist und
vermutlich zum ehemaligen Hammersteiner Fronhof in Gönnersdorf, dem
im 12./13. Jh. errichteten „Beunehof", gehörte. Mittelpunkt des Dorfes
war die früher vor dem Haus stehende alte Linde (aus dem 17. Jh.). Bis
zum Ausgang des 18. Jh. diente sie als Gerichts- und Prangerlinde
(Beweis hierfür sind die Überreste von Halseisen und Kette zum Befestigen des Anzuprangernden, die beim Fällen des Baumes im Jahre
1952 im Holz eingewachsen gefunden wurden). bis zum Ausgang des
19. Jh. versammelten sich der Gemeinderat und die Einwohner (bei Be-
kanntmachungen des Ortsvorstehers) unter ihr. 1968 pflanzte man unweit von
der alten Gerichtslinde eine neue Linde zum Gedächtnis.

Altsteinzeitlicher Fundplatz: 1968 wurde bei Ausschachtungsarbeiten für
einen Neubau ein Siedlungsplatz eiszeitlicher Jäger entdeckt, der aus
der Zeit um 11 000 - 12 000 v. Chr. datiert. Der Fundplatz liegt auf der
Mittelterrasse des Rheins, die hier angelehnt ist an einen zu einem
höher gelegenen Plateau führenden Hang; das Gelände ist nach Süden

orientiert. Die Ausgrabungen (1976 vorläufig abgeschlossen) brachten
interessante Aufschlüsse über die Anlage der Behausungen der Jäger.
Funde von Tierknochen (Wildpferde, Rentier, Polarfuchs, Wisent, Ur,
wollhaariges Nashorn, Mammut), Steinwerkzeugen, Geräten aus Elfen-
bein, Geweih und Knochen, Schmuck und Kunstgegenständen (aus Elfen-
bein, Geweih oder Knochen geschnitzte Statuetten sowie Gravierungen
auf Schieferplatten mit Menschen-, Tier- und nichtfigürlichen Darstellungen) geben ein anschauliches Bild vom Leben der damaligen Eiszeit-
jäger. In der Gesamtheit der Funde gibt es bisher nur wenige Plätze,
die ein ähnlich vollständiges Bild einer altsteinzeitlichen Siedlung entnehmen lassen. Die Funde sind teils im Kreismuseum, teils im Museum
für Vor- und Frühgeschichte in Koblenz bzw. Mainz als auch im Landschaftsmuseum Westerwald in Hachenburg untergebracht.

Neuwied (13) - Rodenbach

◪ Das Dorf wird 773 erstmals urkundlich erwähnt, als das Kloster
Lorsch dort 2 Höfe erhielt. Von 1278 - 1691 zum Kirchspielsgericht Feld-
kirchen gehörend; 1352 Gerlach von Rodenbach Schultheiß in Feld-
kirchen. Im 15. und zu Beginn des 16. Jh. werden die Herren von
Witzelbach des öfteren von den wiedischen Grafen mit dem Zehnten zu
Rodenbach belehnt. Später kam Rodenbach zum Amt Altwied und da-
nach zum Amt Heddesdorf. 1969 wurde Rodenbach nach Niederbieber-
Segendorf eingemeindet.

🏛 Neben einer Reihe alter Fachwerkhäuser ist die sogenannte Wirtgen-
sche Mühle (am Buchbach gelegen) erwähnenswert. Ursprünglich eine
Ölmühle, wurde sie 1871 von einem Schreiner, der aus Südamerika
zurückgekehrt war, in eine Nagelfabrik verwandelt. Außerdem beherbergte das Haus u. a. eine Samtweberei und eine Steingutbrennerei.
Im Jahre 1949 wurde die Mühle zuletzt betrieben. Heute Ruine!

Neuwied (11) - Irlich

◪ Im Jahre 1022 schenkte der Erzbischof von Trier Güter in Irlich an
Kaiser Heinrich II. (erste urkundliche Erwänung), der diese an das
Domstift zu Bamberg übergab; hierdurch fielen sie unter die Verwaltung
des Burggrafen von Hammerstein. Irlich war in der Folgezeit Streit-
objekt zwischen verschiedenen Grundherren. Die Grafen zu Sayn hatten
die Vogtei Irlich vom Reich zum Lehen, das Erzstift Trier besaß ebenfalls Lehens- und Grundbesitz. 1580 waren die Irlicher Bewohner aufgeteilt in 7 Trierer, 9 Sayner, 10 Sayn-Wittgensteiner und 55 Wiedische
Untertanen. 1630 gewaltsame Besitznahme Irlichs durch den Trierer Erzbischof. Im Westfälischen Frieden (1648) der Form nach dem damaligen
Grafen von Wied zuerkannt, verweigerte Kurtrier die Herausgabe. Nach
1816 dem preußischen Koblenz zugeteilt, kam Irlich 1822 zusammen mit
Engers zum Kreis Neuwied und hier zum Amt Heddesdorf, ab 1957 zum
Amt Niederbieber-Segendorf. Im Jahre 1969 in die Stadt Neuwied eingemeindet. Im 2. Weltkrieg wurde Irlich schwer heimgesucht. Im Novem-
ber/Dezember 1944, nach anglo-amerikanischen Fliegerangriffen, zu
80 % zerstört; der Wiederaufbau konnte 1952 größtenteils abgeschlossen
werden.

🏛 **Pfarrkirche St. Peter und Paul:** Erbaut 1835, klassizistischer Hallenbau mit markantem Turm. Vorläufer war die um 1200 gebaute St.
Georgs-Kapelle, 1662 zur Pfarrkirche erhoben. Sie blieb es bis 1835
und wurde nach 1890 wegen Baufälligkeit abgebrochen. Da für die 1836
eingeweihte neue Kirche (St. Peter und Paul) zunächst das Geld für den
Turm fehlte, errichtete man einen Dachreiter, der 1914/15 durch den
jetzigen Turm ersetzt wurde.

Kunstgeschichtliches Kuriosum ist der sogenannte **„Reichsapfelstein"**
von Irlich. Die aus grauem Sandstein bestehende Säule ragte auf dem
St. Georgs-Platz etwa 1,20 m empor und steckte 70 cm tief im Erdboden.
Die Bekrönung der Säule besteht in einer halbkugelförmigen Verdik-

kung, die gegen den Schaft hin durch zwei wulstartige Ringe profiliert ist. Die Sage weiß zu berichten, daß der Stein seinen Standort wiederholt gewechselt haben soll. Ob er ein Asyl für flüchtige Rechtsbrecher, ein Gerichtswahrzeichen darstellen oder einem Fruchtbarkeitskult (Mithraskult?) dienen sollte, ist noch ungeklärt. Die Säule wird z. Z. im Mittelrheinmuseum in Koblenz aufbewahrt.

Neuwied (14) - **Altwied**

◪ Entwicklung einer Siedlung um die vor 1129 erbaute Burg Altwied mit gehobener rechtlicher Stellung im Mittelalter; 1595 als „dienstgeldfreier Flecken" bezeichnet. Der Ort genoß offenbar in gewissem Sinne Stadtrechte. 1685 Erneuerung der alten Bürgerfreiheiten durch Graf Friedrich zu Wied, in der Folgezeit in mehreren Rechtsstreitigkeiten bestätigt (1730 Prozeß der Stadt Neuwied und der benachbarten Kirchspiele gegen Altwied; 1792 Vergleich mit dem Fürsten zu Wied über die Freiheiten der Bürger). Im Bundeswettbewerb „Unser Dorf soll schöner werden" errang Altwied 1975 die silberne Bundesplakette.

🏛 **Ev. Pfarrkirche:** Vorläufer der heutigen Kirche war die 1259 erstmals erwähnte St.-Georgs-Kapelle auf der Burg. Seit etwa 1300 zweites Gotteshaus zu Füßen der Burg (Antoniuskapelle, 1470 erstmals bezeugt, gräfliche Grabstätte; im heutigen Pfarrgarten gelegen). Der fensterlose Langchor (spätgotisch) der heutigen Kirche ist mit Kreuzgewölben auf gekehlten Rippen gedeckt. Das einschiffige Langhaus wurde - nach der Art der Fenster und Rankenmalereien an der Decke des Schiffes zu schließen - wohl gleichzeitig mit dem Chor errichtet. 1923/24 Renovierung der Kirche. Der Orgelprospekt (barock, von 1740) gehört mit der kleinen Glocke von 1698 zum ältesten Inventar des Gotteshauses. Vor dem Altar früher gräfliche Grabstätte; ein Teil davon 1924 zum Ausbau der Heizung benötigt. Fünf eiserne Grabplatten in den Chorwänden eingesetzt, zehn weitere (aus Basaltlava) außen an der Kirche verlegt. Bei Renovierungsarbeiten 1972 kamen rund um die Schlußsteine der Kreuzgewölbe im Chor Ornamentfresken (wahrscheinlich aus dem späten Mittelalter) hervor, die eine auffallende farbliche Übereinstimmung mit den Freskenfunden in der Zisterzienserinnenkirche von Niederwerth haben.

Burg Altwied: Erbaut vor 1129 von Mettfried, Graf im Engersgau, der sich nach ihr benannte. Die Burg steht auf einem schmalen Felsgrat, der auf 3 Seiten von der Wied umflossen wird. Äußere Verteidigungslinie führte um den ganzen Ort herum. Der starke, wohnturmartig ausgebaute Bergfried stammt als ältester Teil aus dem 12. Jh. und ist in einer Höhe von 15 m erhalten geblieben (die Eingänge sind neueren Datums). Ein verschütteter Brunnen befindet sich im Hof der Hauptburg. Von dem im 13. Jh. errichteten und 1677 erweiterten dreigeschossigen Frauenbau (Nord-Ost-Seite) sind die Umfassungsmauern und Geschoßgiebel erhalten. Am westlichen Ende der Hauptburg achteckiger Turm, dessen Wendeltreppe an der Achse spätgotische Spiralprofilierungen zeigt. Die früher um den ganzen Ort laufende Befestigung (20 Fuß hoch) wurde durch mehrere runde und eckige Türme verstärkt. Durch einen vorgeschobenen vierseitigen Turm war der Ortseingang besonders gesichert. Während von diesem Bauwerk nur noch 3 Seiten stehen, ist die nach Süden anschließende Mauer mit 2 Türmen noch erhalten. Seit Mitte des 17. Jh. diente die Burg als Alterssitz oder Wittum. Als die Grafen zu Wied ihre Verwaltung nach Neuwied verlegten, verlor Altwied an Bedeutung und ist seit dem 18. Jh. Ruine. Ein Teil der Mauern wurde 1792 abgetragen und zur Ausbesserung der Feste Ehrenbreitstein verwandt. In einer noch erhaltenen Turmstube hatte der Altwieder Heimatverein nach dem 2. Weltkrieg einen hübschen Carmen-Sylva-Erker (mit verschiedenen Erinnerungsstücken) ausgebaut, der aber immer wieder mutwillig zerstört wurde und jetzt auf seine Renovierung wartet. Zeitweilig fanden auf dem großen Burghof Heimatspiele (vor dem Krieg) und Freilichtspiele der Landesbühne (einige Jahre nach dem 2. Weltkrieg) statt. 1978 ging die Burgruine in den Besitz der Stadt über.

Burgruine Altwied im Wiedtal

Neuwied (13) - **Niederbieber, Segendorf und Torney**
(einschließlich Nodhausen)

◩ In Niederbieber bestand etwa von 190-260 n. Chr. ein römisches Kastell. Von der Frankenzeit künden mehrere Friedhöfe. Der örtliche Adel starb früh aus. 1347 vergab Graf Wilhelm zu Wied die Mühle zu Nydernbyvern an das Kloster Rommersdorf. Zu Beginn des 14. Jh. errichteten die wiedischen Grafen das Kirchspielsgericht Niederbieber, das der Hohen Feste Altwied unterstand. Der zur Gemeinde gehörende Teil Nodhausen befand sich schon 1226 als Hof Nothausen im Besitz der Grafen zu Wied. 1742 ließ Graf Friedrich Alexander in Nodhausen einen „Lustpark" mit einem Tiergarten anlegen, 1797 Zerstörung durch französische Truppen. Während des 19. Jh. feierten die Neuwieder Bürger in dem seit 1825 wieder etwas gepflegteren Park von Nodhausen ihre geselligen Turner- und Schützenfeste.

Segendorf hat vermutlich zu der alten wiedischen Grundherrschaft gehört. Seit 1356 zählte es zum Kirchspielsgericht Niederbieber. 1350 belehnte Graf Wilhelm zu Wied den Vogt von Leutesdorf mit Rente aus dem Hof zu Sechtendorf. Im Jahre 1910 wurde Segendorf mit Niederbieber zu einer politischen Gemeinde vereinigt; seit diesem Zeitpunkt führte sie den Doppelnamen bis 1970.

Über den Ortsteil Torney ist nichts in alten Akten zu finden. Es wird vermutet, daß der Name von einem alten Turnierplatz herrührt, doch gibt es keine urkundlichen Überlieferungen. Die früheste Erwähnung des Platzes findet man in den Akten der Hexenprozesse um 1640 (als Ort, an dem sich die Hexen und Hexenmeister von weit her versammelten). Später wurde das dort befindliche Wäldchen zur Gewinnung von Lohrinde genutzt (im 1. Weltkrieg abgeholzt, das Gelände in den folgenden Jahren ausgebimst). 1936 wurden hier die ersten 46 Siedlungshäuser erbaut. Nach 1945 vor allem Zuzug von Vertriebenenfamilien.

🏛 **Schloß Monrepos:** Erbaut 1757-62 unter J. F. Alexander zu Wied durch den Baumeister Behagel von Adlerskron (aus Frankfurt a. M.). Ursprünglich als Jagdschloß gedacht, wurde es 1844/45 umgebaut (jeweils an den Seiten und im Mittelteil aufgestockt) und 1893 auch im Innern neu ausgestattet (Rokoko-Stühle sowie Möbel, die für den Spätklassizismus und das frühe Biedermeier charakteristisch sind). Das Schloß diente im 19. Jh. vor allem als Sommersitz der fürstlichen Familie. 1869 fand hier die Verlobung König Carols I. von Rumänien mit der Prinzessin Elisabeth zu Wied, der späteren königlichen Dichterin Carmen Sylva, statt, die in dem Schloß auch ihre Jugendjahre verbracht hatte. Zwischen den Weltkriegen nur noch selten, nach 1945 vorübergehend als Erholungsheim für französische Kinder benutzt, blieb es schließlich ganz leer und verfiel. Nachdem alle Versuche, die Verfallsschäden aufzuhalten oder den Bau einem neuen Verwendungszweck zuzuführen, gescheitert waren, ließ der Fürst zu Wied das Schloß 1969 niederbrennen. Unterhalb des leeren Platzes befinden sich heute noch der von Carmen Sylvas Bruder, Fürst Wilhelm (1845 - 1907), errichtete sogenannten Dachsbau und der Marstall mit Remisen. Seine Gemahlin, Prinzessin Marie der Niederlande, ließ 1909 das Waldheim Monrepos errichten (Palais der Prinzessinnen). Am Weg nach dem Schloß lag das Mitte des vorigen Jahrhunderts als Witwensitz für Fürstin Marie (aus dem Hause Nassau) gebaute Segenhaus, das bereits 1930 für ein Schwesternhaus am Rot-Kreuz-Krankenhaus in Neuwied „ausgeschlachtet" und vor einigen Jahren völlig abgetragen wurde.

Ev. Kirche Niederbieber: Das Patronat der zuerst für 1204 bezeugten Kirche zu Bivern besaßen als Trierer Lehen 1328 Wilhelm, Herr zu Braunsberg, spätestens seit 1340 die Grafen zu Wied. Ein Katharinen-Altar wird 1401 genannt. Von einer in der ersten Hälfte des 13. Jh. erbauten Kirche sind noch der Chor und der Nordostturm erhalten. Ihr Langhaus wurde Ende des 15. Jh. durch einen dreischiffigen Bau ersetzt, später das Mittelschiff nach Westen verlängert und dem Nordschiff eine Eingangshalle vorgelegt. Die Kirche diente nach der Klosterkirche Rommersdorf und vor der zu Altwied dem wiedischen Haus als Begräbnisstätte (u. a. Gräber der Kölnischen Kurfürsten Hermann von Wied und Salentin von Isenburg). 1840 Funde zahlreicher Gebeine unter dem Chorraum. Einige Grabplatten stehen heute im Altarraum.

Neuwied (23) - **Oberbieber**

◪ Bereits vor dem 6. Jh. Besiedlung (fränkische Gräberfelder). 1021 erstmals urkundlich erwähnt (Kaiser Heinrich II. schenkt sein Gut zu Oberbieber dem Stift Dietkirchen bei Bonn). Auf diesem Besitz erbaute das Stift die Nikolaus-Kapelle. Durch Tausch kamen Gut und Kapelle 1315 an das Kloster Rommersdorf; 1326 gehörten Hof und Gericht zu Oberbieber zur Vogtei der Herren von Isenburg-Braunsberg. Vor 1492 übernahm das Kirchspielsgericht Niederbieber die Aufgaben der Braunsberger Vogtei über den ehemaligen Besitz des Stiftes Dietkirchen zu Oberbieber. 1575 kam dieser Besitz vom Kloster Rommersdorf an den Landesherrn, den Grafen zu Wied. Im Mittelalter bedeutender Weinbau in Oberbieber, außerdem mehrere Mühlen am Aubach (u. a. Öl-, Papier- und Stahlmühle, letztere als Eisen- und Kupferhammer). Die Märkte, die früher dreimal monatlich auf dem Luisenplatz, der Kirche gegenüber, abgehalten wurden, verlegte Graf Friedrich 1662 in die Stadt Neuwied.

🏛 **Ev. Kirche:** Geht zurück auf eine um 1050 vom Frauenkloster Dietkirchen erbaute Kapelle (St.-Nikolaus-Kapelle), die heute das älteste kirchliche Baudenkmal des Kreises Neuwied darstellt. Um 1200 mit 2 flankierenden Türmen ausgestattet, von denen nur noch der südliche steht; der nördliche zusammen mit der alten Kapelle 1673 von französischen Truppen (unter Turenne) zerstört, Reste 1675 wegen Baufälligkeit abgetragen. 1750 Erneuerung und bauliche Umgestaltung der Kirche (früh- bzw. spätromanische Ostpartie, Kirchenschiff im spätbarocken Stil). Anstelle des Nordturmes erhebt sich heute eine 1947 erbaute, eingeschossige Sakristei. Von der Nikolaus-Kapelle aus dem 11. Jh. zweigeschossige Apsis erhalten. Ein hölzernes Fensterkreuz aus jener Epoche 1930 in der Mauer entdeckt; es befindet sich im Neuwieder Kreismuseum.

Hermesplatz: Am nördlichen Ortsausgang des Dorfes gelegen, umgeben von mächtigen und uralten Eichen; auf diesem früheren Handelsplatz wurden bis 1663 die bedeutendsten Märkte der alten Grafschaft Wied abgehalten, ebenso dörfliche Veranstaltungen und Rechtsprechung durch das Kirchspielsgericht.

Burg Braunsberg: Von Oberbieber in einer $^3/_4$ Std. durch das Aubachtal zu erreichen. Um 1200 erbaut, lange Zeit bevorzugter Wohnsitz der wiedischen Grafen; um die Mitte des 17. Jh. allmählicher Zerfall. Letzte Mauerreste dieser mehr schloßähnlichen Burg im Frühjahr 1945 von amerikanischen Geschützen zerstört; nur noch Stützmauerreste und Teile des Wallgrabens erhalten. Auf der ursprünglich zur Sicherung der durch das Tal verlaufenden alten Rheinstraße zwischen Neuwied und Dierdorf angelegten Burg schrieb 1842 der Kunsthistoriker und Dichter Gottfried Kinkel das Abendlied: „Es ist so still geworden, verrauscht des Tages Weh'n . . ."

Sehenswert sind in Oberbieber noch ein in der Dorfmitte befindliches altes, guterhaltenes Fachwerkhaus aus dem Jahre 1775 (frühere Schule) sowie ein nachgebildeter Römerturm auf dem Wingertsberg. Auf dem Gelände der ehemaligen Abtsmühle im Aubachtal (1180 vom Kloster Rommersdorf erbaut, 1966 abgerissen) wurde vor einigen Jahren das Landesleistungszentrum für Reitsport errichtet. Oberhalb dieses Geländes, am Hotel „Schwanenteich", befindet sich ein kleines Wildfreigehege; unmittelbar daneben entstand 1971 der Aubach-Stausee, der ein Fassungsvermögen von 50 000 m³ hat und Angelmöglichkeiten bietet.

Neuwied (22) - **Heimbach-Weis**

◪ Die ehemals selbständigen Orte Heimbach und Weis schlossen sich 1960 zu einer Gemeinde zusammen.

Funde aus der älteren und jüngeren Steinzeit, Bronzezeit, Römer- und Frankenzeit zeugen von einer frühen Besiedlung dieses Gebietes. Urkundliche Erwähnung findet Heimbach-Weis im Zusammenhang mit den Edelherren von Isenburg, mit der Gründung der Abtei Rommersdorf und später durch Nennung des Kirchspiels Heimbach als Teil des früheren „Engersgaues". Dieser fränkischen Gaugliederung ist auch die Gerichtsstätte im Schönfeld, dem „Sconevelt" (915, 1048) zugeordnet. An dieser Stätte, im Flurnamen „Schönfeld" heute noch erhalten, sprachen die Graufaren vom Engersgau, in spätfränkischer und nachfolgender Zeit die wiedischen Grafen Recht. 1545 Verkauf der Rommersdorfer Rechte an Kurtrier; seit 1600 endgültig kurtrierisch. 1803 - 1815 gehörten die Orte zum Fürstentum Nassau-Weilburg, das sie 1815 im Tausch gegen andere Territorien an Preußen abgab. Hier kamen sie zunächst zum Landkreis Koblenz (Bürgermeisterei Engers) und wurden 1822 dem Kreis Neuwied angeschlossen.

St. Margarethen-Kirche: Geht zurück auf eine bereits 1204 urkundlich erwähnte ältere Kirche, die 1770 wegen Baufälligkeit abgebrochen wurde. Der heutige Bau stammt aus dem Jahre 1772, nach den Plänen des kurtrierischen Hofbaumeisters Joh. Seiz, des Erbauers des Engerser Schlosses. Die langgestreckte Kirche mit Satteldach und polygonalem Chorschluß erhielt 1891 zwei Seitenschiffe. Die schadhafte ursprüngliche Spiegeldecke wurde nach dem 2. Weltkrieg durch eine Holzkonstruktion ersetzt. Von der alten Ausstattung sind noch Teile des Hochaltars, die Kanzel und die Kommunionbank erhalten.

Kapitelsaal der Abtei Rommersdorf

Abtei Rommersdorf: 1117 gründete Reginbold von Rommersdorf aus dem Hause Isenburg das Kloster mit Benediktinern aus Allerheiligen bei Schaffhausen; 1125 wieder aufgegeben. 1135 Neugründung durch Trierer Erzbischof mit Prämonstratensern aus Floreffe bei Namur in Belgien, die bedeutende Baufachleute schicken. 1541 wurde nach einer Feuersbrunst das Nordschiff der Kirche niedergelegt und die Arkadenwand vermauert. 1698 - 1792 Erneuerung der baufällig gewordenen Klostergebäude. Westportal und zwei Flügel des Abtsgebäudes entstehen, wobei der Westflügel des Kreuzganges verschwindet. 1778 Ausbau des barocken Gebäudes nach Plänen des Koblenzer Baudirektors Nepomuk Lautzem (Schüler von Joh. Seiz). 1803 verläßt der letzte Abt mit neun Confratres die Abtei, die im Zuge der Säkularisierung aufgelöst wird und an Nassau-Usingen fällt. 1820 Versteigerung Rommersdorfs an den Freiherrn von Stolzenberg; seitdem Verpachtung als Gutsbesitz. 1875 wird die durch Blitzschlag zerstörte Turmhaube der Kirche durch einen Zinnenkranz ersetzt. 1913 stürzt das Gewölbe der Kirche nach einem Brand ein. Seit 1972 bemüht sich ein „Förderkreis Rommersdorf e. V." um die Erhaltung des kulturgeschichtlich wertvollen Denkmals. Das Gelände der Abtei ist zugänglich und die Innenräume sind zu besichtigen: vom 1.5.- 30.9. an Sonn- und Feiertagen von 11-12 und 14-17 Uhr; an anderen Wochentagen Führungen von Gruppen nach rechtzeitiger Voranmeldung.
Kreuzgänge: Der an die Kirche angelehnte Ostflügel besteht aus 5 Jochen mit romanischen Rundbögen, den Südflügel (um 1300 entstanden) bilden quadratische Joche im edelgotischen Stil. Der Westflügel (14. Jh.) mußte dem heutigen Abtsgebäude weichen.
Abtskapelle: Zwischen Kapitelsaal und Kirche liegt die aus zwei quadratischen Räumen bestehende, von der Kirche her zu erreichende Abtskapelle. Ihr Prunkstück, die mit Zackenbogen und Kelchknospenkapitellen geschmückte Arkade, ist kunstgeschichtlich besonders wertvoll.
Kapitelsaal: Zu ihm führt aus dem Ostflügel des Kreuzganges ein von zwei Doppelbogenfenstern flankiertes Portal. Das Gewölbe der aus drei Schiffen mit je vier Jochen bestehenden Säulenhalle ruht auf Wandkonsolen und sechs Säulen, deren zwei mittlere, aus Granit, von einem römischen Villenbau stammen.

Kirche: Fast völlig verfallen; aus einer ursprünglich dreischiffigen und flach abgedeckten Basilika entstanden. Das südliche Querschiff trägt über der inneren quadratischen Kapelle (mit Tonnengewölbe) den Turm. Reste der alten Bemalung noch erhalten.

Von den jüngeren Bauteilen sind zu erwähnen das Abtsgebäude (nach 1700), das Engeltor (1777) sowie der „Französische Garten" und die Parkanlagen an den Weihern (Englischer Garten). Die Überreste der Abtei werden durch eine 1972 ins Leben gerufene Stiftung („Förderkreis Rommersdorf") wieder saniert.

Auf dem Gelände unterhalb der Abtei ein Rehabilitationszentrum für behinderte Jugendliche, dessen Träger die Josefsgesellschaft ist.

Lit.: Rudolf Lahr, Die ehemalige Prämonstratenser-Abtei Rommersdorf, herausgg. von der Abtei Rommersdorf-Stiftung, o. J.

Neuwied (22) - Gladbach

◘ In der Gemarkung von Gladbach bestand vom 6. - 9. Jh. ein fränkisches Dorf (durch zahlreiche Funde nachgewiesen). Spuren von über 50 Häusern und etwa 70 Gräbern wurden untersucht; dabei fand man die Grundrisse von 6,5 x 7 m großen Häusern, umgeben von kleineren Hütten von 3 x 4 m Ausdehnung. Aufgefundene Webgewichte, Sicheln und Geräte (z. T. im Kreismuseum) geben ein interessantes Bild dieser bäuerlichen Siedlung.

Urkundliche Erwähnung fand Gladbach 1125, als ein Graf Gerlach von Isenburg dem Kloster Wülfersberg (bei Gladbach) den Hof „Gladbach" sowie einige Grundstücke schenkte. Im Mittelalter und später (bis 1803) ist die Geschichte Gladbachs eng mit der des Frauenklosters Wülfersberg und des Klosters Rommersdorf verbunden; bis ins 19. Jh. gehörte Gladbach zum Kirchspiel Heimbach.

🏛 **Kloster Wülfersberg:** Wülfersberg war eine Abteilung von Rommersdorf; das Kloster ist ab 1179 bezeugt, in welchem Jahr Abt Engilbert die Ökonomie der Wülfersberger Ordensfrauen von jener der Abtei zu trennen befahl. Dem Frauenkonvent standen ein Prior, ein Subprior (beide aus Rommersdorf) und eine vom Konvent gewählte Magistra vor. Zu besonderer Bedeutung gelangte das Kloster nie, war aber zeitweise stark besetzt und hatte, zumindest im 13. Jh., gute Einkünfte. Aber bereits zu Beginn des 16. Jh. war die Zahl der Professen so sehr gesunken, die Armut des Konvents so groß geworden, daß vom Generalkapitel zu Prémontré 1521 die Aufhebung des Klosters verfügt wurde. Der restliche Wülfersberger Besitz fiel an die Abtei Rommersdorf.

Kapelle Wülfersberg: 1125 erstmals urkundlich erwähnt; während das gleichnamige Kloster, Mutterkloster des Klosters Altenberg bei Wetzlar im 30jährigen Krieg total zerstört wurde, errichtete man die Kapelle immer wieder neu. Die heutige - konsekriert im Jahre 1794 - betreuten bis 1803 Rommersdorfer Mönche. Später ist sie veräußert und profaniert worden. Nach gelegentlichen Restaurierungen wurde sie zuletzt eingezäunt und ihr Eingang zugemauert. Lediglich zu einem in der Nähe zwischen zwei mächtigen Linden gelegenen Heiligenhäuschen hat man noch Zutritt.

✖ Neuwied ist Mittelpunkt der mittelrheinischen Bimsbaustoffindustrie (Sitz des Verbandes der Rheinischen Bimsbaustoffwerke mit Forschungsinstitut); Stahl- und Walzwerke Rasselstein, als Mehlmühle 1647 erbaut; 1688 erstmals „Mühle am Rasselstein"; hier wurden die Eisenbahnschienen für die erste deutsche Eisenbahnlinie Nürnberg-Fürth im Jahre 1834 gewalzt - ein Schienenteil davon steht im Kreismuseum); mit eigenem

Rheinhafen (Wiedmündung) und DB-Anschluß (das Werk) besitzt heute in Andernach eine der modernsten Kaltwalzanlagen Europas).

Daneben gibt es eine Reihe bedeutender metallverarbeitender Unternehmen (Maschinenbau, Stahl-, Stahlhoch- und Brückenbau, Emballagen, Eisengießerei, Verzinkerei, Schrauben- und Kettenfabrikation), holzverarbeitende Industrie, Spezialfirmen für Lichttechnik sowie Regel- und Meßgerätebau, Verbandstoff-, Papier- und Zementwerke, Neuwieder Couvertfabrik, Ofenfabrik, Rheinische Senf- und Weinessigfabrik, bedeutender Buchverlag (Luchterhand) und mehrere Großdruckereien sowie eine Reihe anderer Industriezweige.

✛ Im gesamten Stadtgebiet gibt es 65 Ärzte (Allgemein- und Fachmedizin), 35 Zahnärzte, 21 Apotheken, 4 Akutkrankenhäuser (Stadtkrankenhaus des DRK, St. Elisabeth-Krankenhaus, Privatklinik in Oberbieber, Orthopädische Klinik mit Rehabilitationszentrum in Engers) mit mehr als 1300 Betten, 6 Altersheime, 15 Altentagesstätten.

✎ Neuwied bietet umfangreiche Sportmöglichkeiten. Es gibt zur Zeit 23 Turn- und Sporthallen, 18 Hart- und Rasenplätze, 2 Hallenbäder (Neuwied und Heimbach-Weis), 3 Freibäder (Oberbieber, Feldkirchen, Neuwied), 1 Eissporthalle; in 66 Vereinen werden von rund 15 000 Mitgliedern (= 23 % der Einwohner) 33 verschiedene Sportarten betrieben. In Altwied und Neuwied (am Freibad) gibt es 2 Minigolfplätze, im Aubachtal besteht das **Landesleistungszentrum für Reitsport.** Im Heimbach-Gladbacher Wald sind ein **Wald- und Naturlehrpfad** sowie ein **Trimm-Dich-Parcours** angelegt. Für den Tierfreund lohnt der Besuch des **Wildfreigeheges am Aubach-Stausee** in Oberbieber und vor allem des **Zoos in Heimbach** (einer der größten deutschen Privatzoos; geöffnet ganzwöchentlich 9-18 Uhr (1. 4. - 31. 10.) bzw. 10-17 Uhr (1. 11. - 31. 3.)). **Angelmöglichkeiten** im Steinsee (Engerser Feld), Aubachstausee (Oberbieber) und in den Fischteichen am Aubach (Niederbieber). Für Campingbegeisterte stehen 2 Plätze zur Verfügung: Campingplatz „Laubachsmühle" (Altwied, im Wiedbachtal gelegen) und „In der Au" (Oberbieber). Dem Wanderlustigen stehen neben einer Vielzahl von gut angelegten Wegen zum Ausruhen 25 Schutzhütten und für besondere Anlässe 8 Grillplätze im Waldbereich der Stadt zur Verfügung. Beliebte **Ausflugsgaststätten** sind: „Haus am Pilz" (an der Alteck, Stadtteil Gladbach, gelegen), „Laubachsmühle" (Stadtteil Altwied, im Wiedbachtal) und „Brombeerschänke" (von Hüllenberg aus zu erreichen, mit herrlicher Weitsicht über das Neuwieder Becken und die Eifel), geöffnet außer montags ab 14.30 Uhr.)

⊙ **Heddesdorfer Pfingstkirmes** mit alljährlich am Pfingstdienstag (mundartlich „Vadderdaach") stattfindendem Ritt der „Heddersdorfer Pfingstreiter" (früher Ackerknechte; 1564 urkundlich erstmals erwähnt) zur ehemaligen Abtei Rommersdorf, wo ein Umtrunk stattfindet. (Die Heddesdorfer hatten einst der Abtei Rommersdorf die Genehmigung erteilt, ihre Schafe durch ihre Gemarkung zur Wäsche in die Wied zu treiben. Dafür war eine Abgabe zu entrichten, die die Heddesdorfer am Pfingstdienstag zu Pferde in Empfang nehmen mußten. Die Abgabe sollte verfallen, sobald die „Pfingstreiter" ein Jahr ausblieben. Bis zur Säkularisierung des Klosters stiftete der Abt deshalb jedes Jahr den Heddesdorfer Ackerknechten $1/2$ Coblenzer Gulden, ein halbes Viertel Wein und ein Viertel Bier, ein Brauch, der bis heute, wenn auch in modifizierter Form, beibehalten wurde.)

Mittelrheinische IHAGA (Ausstellung für Industrie, Handel, Handwerk und Gewerbe), findet alle 2 Jahre auf dem Ausstellungsgelände in Heddesdorf (Kirmeswiese und Stadion) statt;

Großer Wochenmarkt (Di und Fr) auf dem Marktplatz in Neuwied;

Antiquitätenmarkt („Flohmarkt") zweimal im Jahr (Frühjahr/Herbst) auf dem Marktplatz und den angrenzenden Straßen;

In der Karnevalszeit findet am „Veilchendienstag" im Stadtteil Heimbach-Weis ein im ganzen Mittelrheingebiet bekannter großer **Karnevalszug** statt.

⇤ ✕ Neuwied: Hotels, Gasthäuser u. Fremdenheime mit ca. 280 Betten.
Stadtteil Altwied: Hotel mit 55 Betten.
Stadtteil Engers: Hotels und Gasthäuser mit ca. 110 Betten.
Stadtteil Feldkirchen: Hotel mit 10 Betten.
Stadtteil Heimbach-Weis: Hotel und Gasthaus mit insgesamt 42 Betten.
Stadtteil Irlich: 2 Gasthäuser mit 18 Betten.
Stadtteil Oberbieber: Hotels mit insgesamt 93 Betten.
Stadtteil Segendorf: Hotel mit 23 Betten.

🚌 Neuwied - Urmitz Rheinbrücke - Koblenz; Neuwied - Bendorf -
Vallendar - Koblenz; Neuwied - Bendorf-Sayn - Dierdorf - Altenkirchen;
Neuwied - Rheinbrohl - Bad Hönningen - Köln.

🚌 DB-Busse: Neuwied - Andernach - Plaidt - Mayen - Ochtendung -
Münstermaifeld; Neuwied - Bad Hönningen - Linz; Neuwied - Rhein-
dörfer - Koblenz; Koblenz - Engers Bhf. - Siershahn.

BP-Busse: Neuwied - Anhausen - Rüscheid - Dierdorf; Neuwied - Rengsdorf - Horhausen - Lautzert; Neuwied - Waldbreitbach - Roßbach - Neu-
stadt/Wied; Neuwied - Mülheim - Kärlich - Koblenz; Koblenz - Neuwied -
Horhausen - Betzdorf.

VRW-Busse: Neuwied - Niederbieber - Oberbieber (Linie 1); Neuwied -
Engers - Heimbach-Weis - Gladbach (Linie 2); Neuwied - Irlich - Feld-
kirchen (Linie 3); Neuwied - Hüllenberg (Linie 3a); Neuwied - Weißen-
thurm (Linie 4); Neuwied - Raiffeisenring (Linie 4); Neuwied - Industrie-
gebiet (Linie 5); Neuwied - Niederbieber - Torney (Linie 6); Neuwied -
Heimbach-Weis - Engers - Bendorf (Linie 7); Neuwied - Marktplatz -
Heddesdorfer Berg (Linie 8); Engers - Sayn - Heimbach-Weis - Gladbach
-Oberbieber - Aubach - Torney - Niederbieber - Lohmann (2x täglich). Neuwied -
Rodenbach - Segendorf (Linie 9).

Privat-Busse: Neuwied - Anhausen - Raubach - Elgert; Neuwied - Engers
- Dierdorf - Dernbach; Neuwied - Rengsdorf - Asbach - Buchholz.

⚓ Schiffsanlegestelle: Collée (Ausflugsfahrten); Köln-Düsseldorfer-
Personenschiffahrt (in Richtung Mainz und Köln).

☎ Städt. Verkehrsamt, Kirchstraße 50, 5450 Neuwied 1.
Tel. (0 26 31) 80 22 61. Stadtplan und Prospekte erhältlich.

Lit.: Kremer/Caspers, Land zwischen Rhein, Sayn und Wied,
       Rheinische Landschaften, Heft 12
       Albert Meinhardt, Neuwied Einst und Heute, Gronenberg-Verlag 1978
       Neuwied life. (Kostenlos erhältliche, monatlich erscheinende
       Informationsbroschüre seit August 1978.)
       Neuwied - Stadt an Rhein und Wied;
       herausgegeben von der Stadt Neuwied 1975

🚶 Innerhalb des gesamten Stadtgebietes stehen dem Wanderer ins-
gesamt 200 km Wanderwege zur Verfügung. Von der Vielzahl der
Möglichkeiten seien nur einige genannt; weitere lassen sich anhand der
Topographischen Karten 1 : 50 000 Naturpark Rhein-Westerwald und
1 : 25 000 Neuwied finden. Im „Stadtplan Neuwied" 1 : 20 000 (Städte-
Verlag) sind alle Rundwanderwege eingezeichnet.

1. Altwied - über Bruchsteinbrücke auf rechtem Wiedufer - Altwieder
   Aussicht - Meinhof (im vorigen Jahrhundert als Almhof für einen
   kranken Sohn, einen Bruder der Carmen Sylva, des Fürsten zu Wied
   erbaut) - Pavillon an der Lauseiche - durch Walddistrikt „Holzstoß"
   bis Monrepos - am Parkplatz und Skihütte vorbei nach Segendorf -
   entlang der Wied nach Altwied zurück (10 km, Steigung 260 m).

2. Zoo in Heimbach - links zur Waldkreuzung am Turnvater-Jahn-Stein -
   Rastplatz „Hohe Morgenhütte" auf dem Harmorgenberg am „Spielmanns Heiligenhäuschen" - Burghof - Holzabfuhrweg - Zoo Neuwied
   (8 km, Steigung 260 m).

3. Rodenbach - ehemaliges Jägerhaus zum Talbach - bergan zur Fürstlich Wiedischen Gruft mit Ruhebank und Gedenktafel - Schloß Mon-

Am Aubach - Stausee bei Oberbieber

· repos (heute freier Platz) - entweder über Skihütte durch Wald nach
Segendorf - Rodenbach oder durch Wald nach Altwied (8 km).
4. Hüllenberg - Windhäuser Höfe - Leutesdorf (4,5 km).
5. Oberbieber - Aubach-Stausee - durchs Aubachtal - Ruine Braunsberg
- zurück oder weiter durch den Wald zum Parkplatz Heidegraben -
auf dem Wald- und Lehrpfad nach Heimbach-Weis (erster Weg ca.
6,5 km, nach Heimbach-Weis 12 km).

Wanderwege im Stadtteil Heimbach
Rundwanderwege ab **Parkplatz Tierpark** Hubertushof **(Zoo Neuwied).**
Wanderwegübersichtstafel vorhanden.
1. Tierpark - Bismarckhöhe - Tierpark (Mkg.: Geweih, 3,4 km);
2. Tierpark - Detert - Jugendborn (Mkg.: Schmetterling, 3,5 km);
3. Tierpark - Hohe Morgenhütte - Alte Wiese - Tierpark (Zoo Neuwied),
(Mkg.: Wildschwein, 5,7 km).
Rundwanderwege ab **Parkplatz am Waldbacher Berg** (oberhalb **Burghof-
straße**). Wanderwegübersichtstafel vorhanden.
1. Waldbacher Berg - Schauinsland - Bilderstöckchen - Waldbacher Berg
(Mkg.: Eiche, 3,5 km);
2. Waldbacher Berg - Fuchsberghütte - Weiher - Waldbacher Berg (Mkg.:
Hase, 4,5 km);
3. Waldbacher Berg - Burghof - Rodung - Waldbacher Berg (Mkg.:
Schwalbe, 4,6 km).
Rundwanderwege ab **Parkplatz Bernsmühlchen.** Wanderwegübersichtstafel vorhanden.
1. Parkplatz - Bergköppchen - Parkplatz (Mkg.: Tanne, 2 km);
2. Parkplatz - Rheinhöhenweg - Spielmanns Hl. Haus - Bergköppchen -
Parkplatz (Mkg.: Tanne, 4 km).
Rundwanderwege ab **Parkplatz am Pilz.** (Dierdorfer Straße L 258).
Wanderwegübersichtstafel vorhanden.
1. Pilz - Kirchberghütte (Aussicht Neuwieder Becken) - in den Strudel -
Pilz (Mkg.: Habicht, 3,2 km);
2. Pilz - Weiher - Bildstöckchen - Wasserrädchen - Pilz (Mkg.: Fasan,
4 km);
3. Pilz - Bromerich - Kastell - Wasserrädchen - Pilz (Mkg.: Reh, 5,3 km).

Rundwanderwege ab **Parkplatz in der Krümmung (Dierdorfer Straße, L 258) km 8,4** (Kirchberghütte, besonders schöne und umfassende Aussicht, Grillplatz). Wanderwegübersichtstafel vorhanden.
1. Parkplatz Haus am Pilz - in den Strudel - Parkplatz (Mkg.: Habicht, 2,7 km);
2. Parkplatz - Oberer und unterer Fuchslochweg - Parkplatz (Mkg.: Fuchs, 2,5 km);
3. Parkplatz - Fuchslochweg - Heidegraben - Kirchberghütte - Parkplatz Mkg.: Taube, 3,2 km).

Rundwanderwege ab **Parkplatz „Heidegraben"** (an der Dierdorfer Straße), **L 258 km 9,3.** Wanderwegübersichtstafel vorhanden.
1. Heidegraben - Kirchberghütte - Fuchslochweg - Heidegraben (Mkg.: Taube, 3,2 km);
2. Lehrpfad (4,5 km);
3. Sportpfad (2,4 km).

Wanderwege im Stadtteil Oberbieber

Rundwanderwege ab **Parkplatz am Kehrköpfchen. An der B 256 zwischen Oberbieber und Rengsdorf.** Wanderwegübersichtstafel vorhanden.
1. Kehrköpfchen - Wallbachtal - Melsbach - Buchlöh - Kehrköpfchen (Mkg.: Sonnenblume, 3,8 km);
2. Kehrköpfchen - Wallbachtal - Jägerhütte- Melsbach - Buchlöh - Eiserner Tisch - Wallbachtal - Jägerrast - Kehrköpfchen (Mkg.: Sonnenblume, 5 km);
3. Kehrköpfchen - Wallbachtal - Oberbieber - Scheid - Kehrköpfchen (B 256), (Mkg.: Schmetterling, 3 km);
4. Kehrköpfchen - Jonashütte - Rengsdorf - Jägerhütte - Wallbachtal - Kehrköpfchen (B 256), (Mkg.: Schmetterling, 5,5 km).

Rundwanderwege ab **Parkplatz Hermesplatz an der B 256.** Wanderwegübersichtstafel vorhanden.
1. Hermesplatz - Wallbachtal - Melsbach - Buchlöh - Hermesplatz (Mkg.: Sonnenblume, 5,2 km);
2. Hermesplatz - Wallbachtal - Kehrköpfchen (B 256) - Rengsdorfer Weg - Scheid - Hermesplatz (Mkg.: Schmetterling, 4,2 km);
3. Hermesplatz - Wallbachtal - Jägerhütte - Rengsdorf - Jonashütte - Scheid - Hermesplatz (Mkg.: Schmetterling, 5,3 km).

Rundwanderwege ab **Parkplatz Stausee. Aubachtal.** Wanderwegübersichtstafel am Parkplatz vorhanden.
1. Stausee - Deichselbach - Bromerich - ehemalige Abtsmühle - Stausee (Mkg.: Eichenlaub, 3,8 km);
2. Stausee - Aubachtal - Braunsberg - Windelberg - Deichselbachtal - Stausee (Mkg.: Eichenlaub, 4,2 km);
3. Stausee - Braunsberg - Windelberg - Deichselbach - Stausee (Mkg.: Eichenlaub, 4,5 km);
4. Stausee - Aubachtal - Stausee (Mkg.: Eichenlaub, 5,6 km).

Rundwanderwege ab **Parkplatz Wingertsberg.** Wanderwegübersichtstafel vorhanden.
1. Wingertsberg - Wildpark - Engelbachtal - Wingertsberg (Mkg.: Fasan, 2 km);
2. Wingertsberg - durchs Engelbachtal - oder Köppel - Rengsdorf - Jonashütte - Wingertsberg (Mkg.: Fasan, 5,3 km).

Rundwanderwege ab **Parkplatz Luisenplatz, an der ev. Kirche.** Wanderwegübersichtstafel vorhanden.
1. Luisenplatz - Abtsmühle - Bromerich - Alteck - Kirchberghütte (Aussicht Neuwieder Becken) - Löh - Luisenplatz (Mkg.: Frosch, 3,4 km);
2. Luisenplatz - Abtsmühle - Bromerich - Alte Straße - Pilz - Löh - Luisenplatz (Mkg.: Frosch, 5,6 km).

Wanderwege im Bereich Stadtteil Feldkirchen

Rundwanderwege ab **Parkplatz** oberhalb **Eckerhof am Hochbehälter.** Wanderwegübersichtstafel vorhanden.

1. Parkplatz - Richtung Rockenfeld - Höhe 333,2 - Höhe 341,1 - Brombeerschenke - Parkplatz (Mkg.: Fasan, 5 km);
2. Parkplatz Richtung Brombeerschenke - bis Abzweig Leutesdorf -
   östlich bis Höhe 311 - Parkplatz (Mkg.: Taube, 3 km);
3. Hochbehälter - Höhe 333 - Limes - Gebrannterhof - im Kessel -
   Parkplatz (Mkg.: Hase, 6 km).

Wanderwege im Bereich Stadtteil Rodenbach

Rundwanderwege ab **Parkplatz Dorfmitte**. Wanderwegübersichtstafel vorhanden.
1. Dorfmitte - Café Lotz - Reichelbachtal - Kührast-Schutzhütte - Kastanien - Dorfmitte (Mkg.: Bussard, 7 km).

Rundwanderwege ab **Parkplatz Buchbachtal**. Wanderwegübersichtstafel
vorhanden.
1. Kleiner Rundweg im Buchbachtal (Mkg.: Meise, 3,5 km);
2. Parkplatz - Denkmal - Kührast-Schutzhütte - Parkplatz (Mkg.: Fuchs,
   5 km).

Wanderwege im Bereich Stadtteil Segendorf

Rundwanderwege ab **Parkplatz Monrepos**. Wanderwegübersichtstafel
vorhanden.
1. Parkplatz - Richtung Jägerstuhl - Wasserbehälter - Nikolausbuche -
   Parkplatz (Mkg.: Frosch, 3,7 km);
2. Parkplatz - Hahnhof - Waldfriedhof -Reichelbach - Lauseiche - Parkplatz (Mkg.: Eichhorn, 5,5 km);
3. Parkplatz - Lauseiche - in Richtung Meinhof - Kastanienallee - Futter-
   haus Richtung Segenhaus - Parkplatz (Mkg.: Käfer, 6,8 km).

Rundwanderwege ab **Parkplatz am Parkwald**. Wanderwegeübersichtstafel
vorhanden.
1. Parkwald - Aubischtal - Parkwald (Mkg.: Geweih, 3 km);
2. Parkwald - Richtung Altwied - Moorbachtal - Wiesenweg - Parkwald
   (Mkg.: Schmetterling, 4 km);
3. Parkwald - Richtung Altwied - Moorbachtal - Herrenberg - Richtung
   Kastanienallee - Segenhaus - Skihütte - Aubisch - Parkwald (Mkg.:
   Wildschwein, 6 km).

Wanderwege im Bereich Stadtteil Altwied

Rundwanderwege ab **Parkplatz an der Burg**. Wanderwegübersichtstafel
am Parkplatz und am Brückenstein vorhanden.
1. Parkplatz - Friedhofshalle - Trotzkopfhütte (mit schöner Aussicht auf
   Stausee und Burg) - Wasserfall - Laubachsmühle - Parkplatz an der
   Burg (Mkg.: Meise, 4 km);
2. Brückenstein - Ulrichs-Hütte - über Hardt - Moorbachtal abwärts -
   Brückenstein (Mkg.: Bussard, 3 km);
3. Brückenstein - Herrenberg - Aussicht Hirtzbachkopfhütte wiedabwärts
   Brückenstein (Mkg.: Fuchs, 3 km);
4. Brückenstein - Uferweg wiedaufwärts - Meinhof - Hirtzbachkopfhütte
   - Brückenstein (Mkg.: Reh, 6 km).

Die Fleißigen
Nacherzählt von Otto Runkel

„Schorsch, wo woarschte?" - „Off'm Feld." - „Woarsch de allein?" -
„Enae!" „Waer woar noch bej dir?" - „Dae Jupp un dae Hännes." -
„Wat haet dann dae Jupp jedohn?" - „Dae haet geackert." - „Un dae
Hännes?" - „Dae haet zojekuck." - „Un dau?" - „Ech hon em dobei
jeholfe."

(Aus dem Mundartenbuch des Kreises Neuwied)

DAS RECHTSSEITIGE RHEINTAL VON NEUWIED BIS ZUM SIEBENGEBIRGE

Bearbeiter: Werner Schönhofen (von Leutesdorf bis Rheinbrohl)
Elli Lind (von Bad Hönningen bis Rheinbreitbach)

Jäh endet mit der sogenannten Andernacher Pforte das weite Neuwieder Becken: Wir kommen zum nördlichen Mittelrheintal. Tief hat sich der Rhein in diesen Abschnitt des Rheinischen Schiefergebirges geschnitten, wobei ihm die zufließenden Bäche gefolgt sind und tiefe Kerbtäler in die östlich anstoßenden Malberg- und Asberghochflächen eingegraben haben. An der Hammersteiner Ley und an der Erpeler Ley reichen mehr als hundert Meter hohe Steilwände aus Basaltsäulen und an der Rheinbrohler Ley aus Grauwackenschiefer bis auf wenige Meter an den Rhein heran, während die übrigen schiefrigen Steilhänge immerhin einen Weinbau oder das Aufkommen von Buschwerk erlauben. Die wenige Meter bis viele hundert Meter breite Ebene zwischen Ufer und Rhein dient nicht nur dem Obst-, Gemüse- und Ackerbau, sondern auch seit jeher als Durchgangsstraße in Nord-Süd-Richtung. Heute finden wir hier die Bundesstraße 42 und die rechtsrheinische zweispurige Eisenbahnlinie.

Politisch gehört das rechte Rheinufer bis Rheinbreitbach zu Rheinland-Pfalz, doch geschichtlich vielfältig sind die Beziehungen zu Nordrhein; nicht nur, daß bis Leubsdorf der rheinfränkische Dialekt wie in Köln und Bonn vorherrscht, sondern auch weil bis Kasbach die Diözese Köln reicht und vom Mittelalter bis 1803 diese Gegend bis nach Leubsdorf politisch zu Kurköln gehörte, während sich die Diözese Trier südlich anschließt.

Mit Recht ist dieser Teil des Rheintals wie der nördlich angrenzende am Fuß des Siebengebirges und wie der zwischen Koblenz und Bingen ein bevorzugter Platz des Fremdenverkehrs, welcher zum Teil in Tagestouren, per Schiff, Bus oder Bahn organisiert wird. Denn nicht nur die reizvolle Landschaft mit Wein-, Obst-, Gemüse- und anderen Kulturen sowie den bewaldeten Höhen und Hängen, sondern auch die Ortschaften mit den Resten von Stadtbefestigungen, Fachwerkbauten, ehrwürdigen Kirchen und Kulturdenkmälern und die moderne, saubere Gestaltung von Parks, Straßen und Plätzen sowie ein entwickeltes Fremdenverkehrsgewerbe laden zum Verweilen ein. Zwar ist der Weinbau in den letzten Jahren etwas zurückgegangen, doch genießen die hiesigen Lagen einen solchen Ruf, daß die Nachfrage oft nicht ohne „Importe" gedeckt werden kann.

Die Industrie ist, von Rheinbrohl und Bad Hönningen abgesehen, wenig entwickelt und überwiegend umweltfreundlich. Dagegen haben das Rheintal und besonders die Stadt Linz seit jeher Bedeutung als Zentrum für das Hinterland der „Linzer Höhe". Für den Wanderer oder Ausflügler sind denn auch Abstecher auf die Höhen, die das Rheintal säumen, sehr empfehlenswert. Diese

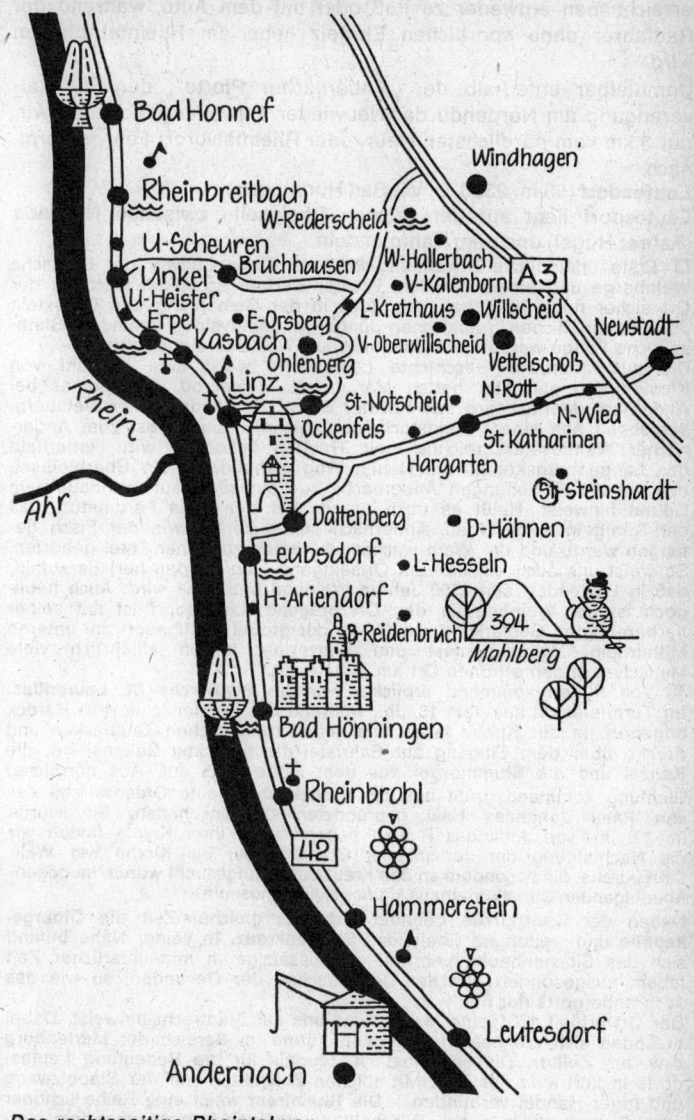

Das rechtsseitige Rheintal von
Neuwied bis zum Siebengebirge

Auf der Linzer Höhe

erreicht man entweder zu Fuß oder mit dem Auto, während der Radfahrer ohne sportlichen Ehrgeiz lieber im Rheintal bleiben wird.

Unmittelbar unterhalb der „Andernacher Pforte", der Rheintalverengung am Nordende der Neuwieder Talweitung, kommen wir, nur 3 km vom nördlichsten Neuwieder Rheintalvorort Fahr entfernt, nach

Leutesdorf (55 m; 2300 E., VG Bad Hönningen)

Leutesdorf liegt auf der rechten Rheinseite zwischen Neuwied (Fahrer Hügel) und dem Hammerstein.

◪ Erste urkundliche Erwähnung 868, als König Ludwig der Deutsche Weinberge und einen Hof dem Kloster Herford schenkte. Doch ist der Ort sicher noch älter, hat man doch in der Gemarkung den Grabstein des frühchristlichen, fränkischen Jünglings Rainovaldus gefunden. Steinzeitliche Funde werden im Heimatmuseum Neuwied aufbewahrt.

Die mittelalterliche Geschichte Leutesdorfs weist eine Vielzahl von Klosterhöfen auf; hier hatten Marienstatt, Himmerod, St. Thomas bei Andernach, Maria Laach und Kurtrier Besitz. Der Andernacher Weinberg, bestehend aus einem Weinstock, der alljährlich im Herbst zum Andernacher Weinlesefest reichlich mit Trauben behangen wird, unterhalb des Langenbergskopfes am Neuen Weg stehend, ist ein Überbleibsel, das auf die Beziehungen Andernachs zu Leutesdorf auf weinbaulichem Gebiet hinweist. Heißt es doch bereits bei Venantius Fortunatus, daß der König in seiner Pfalz Andernach sehen könne, wie der Fisch gefangen werde und der Wein wachse, die beide zu seiner Tafel gehörten. So weist uns auch ein Faß am Ortseingang (von Norden her) daraufhin, daß in Leutesdorf seit 1500 Jahren Weinbau betrieben wird. Auch heute noch ist der Weinbau für den Ort prägend; Leutesdorf ist mit seiner flurbereinigten Gemarkung mit 100 ha der größte Weinbauort am Mittelrhein. Weinblütenfest und Winzerfest locken alljährlich viele Menschen in den schönen Ort am Mittelrhein.

🏛 Von Süden kommend erblicken wir die **Pfarrkirche St. Laurentius.** Ihr Turm stammt aus dem 13. Jh., während das Kirchenschiff dem Barock angehört. In der Kirche fallen uns neben romanischen Taufbecken und Fresko über dem Eingang zur Sakristei die barocken Seitenaltäre, die Kanzel und die Stummorgel aus dem Jahre 1735 auf. Aus nördlicher Richtung kommend grüßt uns die **Kreuzkirche**, heute Ordenskirche der von Pater Johannes Haw gegründeten Gemeinschaften. Sie wurde im 17. Jh. von Johannes Rieden begonnen. In ihrer Krypta finden wir die Nachbildung der Jerusalemer Grabeskirche; die Kirche war Wallfahrtskirche, die besonders an den Kreuzfesten aufgesucht wurde. Im gegenüberliegenden Christkönighaus kleines Heimatmuseum.

Neben der Kreuzkirche befindet sich aus gleicher Zeit die **Ölbergskapelle** und weiter am Rhein das **Siechenkreuz**. In seiner Nähe befand sich das Siechenhaus; hier mußten Aussätzige in mittelalterlicher Zeit leben, ausgesondert aus der Gemeinschaft der Gesunden, so wie das auch andernorts der Fall war.

Der Ort erhielt 1501 eine Mauer, was uns auf Stadtrecht hinweist. Dabei befanden sich die beiden äußersten Türme im Bereich der Marienburg bzw. am **Zolltor**. Dieses selbst ist Zeugnis für die Bedeutung Leutesdorfs in kurtrierischer Zeit. Mit solchen Zollstätten war der Stapelzwang und reger Handel verbunden. - Die **Rheinfront** weist eine Reihe schöner alter Fachwerkhäuser auf. Wir sollten uns jedoch nicht von dem Vorhandensein der Rheinwiese täuschen lassen; der Rhein floß einmal unmittelbar am Fuße der Häuser. Auch im Ort selbst befinden sich recht interessante Bauwerke. Es sind dies die **Marienburg**, die um 1750 von dem kurtrierischen Hofrat Sohler erbaut wurde und ein besonders schönes Rokokoportal aufweist. - Der **Fronhof** in der Kirchstraße war

der erwähnte Herforder und später Marienstätter Besitz. Die Jahreszahlen 1776 auf seinem Giebel und 1550 auf der Scheune weisen auf
das Alter der jetzigen Gebäude hin. Sehenswert ist auch die **August-
Bungert-Allee** mit Gedenkstein. Wohnhaus und dem herrlichen Platanen-
bestand; August Bungert (1846-1915), der in Leutesdorf lebte, war Komponist.-
Die Geschichte Leutesdorfs ist so umfangreich, daß sie hier nur gestreift
werden kann.

✕ Industrie weist Leutesdorf keine auf. Hier befinden sich neben Win-
zern und einem Maschinenbaubetrieb nur noch einige Handwerksbetrie-
be. Ansonsten ist die Gemeinde Wohnort vieler Pendler, die u. a. in
Neuwied arbeiten.

⚘ Der **Langenbergskopf** steht unter Naturschutz wegen seiner seltenen
pontischen Flora (Diptam, Graslilie u. a.). Fast auf dem Gipfel befindet
sich die Naturfreundehütte Edmundshütte, so benannt nach ihrem
Leutesdorfer Erbauer Edmund Breitbach. Sie ist an Wochenenden
bewirtschaftet und neben der noch höher gelegenen Brombeerschänke
ein beliebtes Ausflugsziel.

⚘ Der Ort weist einen Sportplatz und einen Schießstand auf.

⊨ ✕ Unterkunft in gut geführten Hotels, die wegen ihres preiswerten
Essens und guten Weines sich großen Andranges erfreuen. Ein ausgebauter Campingplatz liegt in nördlicher Richtung (ca. 2 km). Zwei Weinstuben neben weiteren Ausschankmöglichkeiten.

⊙ Die Leutesdorfer Feste erfreuen sich großer Beliebtheit weit und
breit, nicht zuletzt wegen des guten Weines. - Weinblütenfest im Mai;
Laurentiuskirmes im August mit Fähndelschwenken und Kommers am
Kirmesmontag; Winzerfest mit Weinstraße, Feuerwerk und Festzug am
3. Sonntag im September.

🚌 Leutesdorf liegt an der Bahnlinie Köln - Beuel - Wiesbaden - Frankfurt.

🚌 Es fährt etwa stündlich je ein Bus nach Neuwied (Koblenz) und nach
Linz (Bonn).

⚓ Unterhalb des Ortes verkehrt eine Personen- und Autofähre nach
Andernach.

☎ Verkehrsamt - Gemeindeverwaltung, Hauptstr. 42, Tel. (0 26 31) 7 22 27

👥 Der Riesling-Wein-Wanderweg führt von Leutesdorf durch die
Weinbergslagen der Verbandsgemeinde Bad Hönningen bis Ariendorf. - Auch der Rheinhöhenweg in Richtung Hammerstein (Linz) und in
Richtung Monrepos (Neuwieder Becken) ist gut ausgeschildert, ebenso
der Rheinhöhen-Verbindungs-Weg von der Fähre bis zum Schützenhaus

Rundwanderungen ab Parkplatz Leutesdorf Berg:
1. Windhausen - Flurheck - Stümpf - Haselberg - P (Mkg. Ahornblatt; 3,7 km)
2. Geißbach - Klink - Springtal - Moselborn - Fichten - P (4,2 km).

Weitere Wanderungen:
1. Rheinfront von der Fähre bis Ariendorf.
2. Rheinhöhenweg über Ruine Hammerstein - Forsthof - Rheinbrohler
   Ley - Minz - Lampental - Gut Dielsberg - Frammerich - Bad Hönningen - Schloß Arenfels - Ariendorf - (Linz).
3. Riesling-Wein-Wanderweg: Leutesdorfer Kirche bis Ruine Hammerstein mit Weg 2 gleich, dann Oberhammerstein - Niederhammerstein
   - Annahof - Rheinbrohler Ley - Rümmer - Arienheller - Bad Hönningen - Schloß Arenfels - Ariendorf.
4. Rheinhöhen-Verbindungsweg: Fähre - Rheinpromenade/August-Bun-
   gert-Allee - Kirchstraße - Schützenhaus (Rheinhöhenweg).
5. Rheinhöhenweg über Langenbergskopf - Brombeerschänke - Jakobshof - Monrepos - Altwied - Rengsdorf - (Neuwieder Becken).
Die Wege 2 - 5 sind gut ausgeschildert.
6. Rundwanderungen beliebiger Länge und Kombination durch die
   Weinbergswege mit herrlichem Ausblick ins Rheintal.
7. Durchs Bachmühltal nach Rockenfeld und zurück über Jakobshof -
   Brombeerschänke - Langenbergskopf.
8. Durchs Bachmühltal zum Forsthof und über die Ruine Hammerstein
   zurück.

9. Eine reizvolle Aussicht auf Leutesdorf bietet auch eine Wanderung
   auf der anderen Rheinseite: Andernach - Kranenberg - Stadtwald -
   Namedy.
Die hier angegebenen Wanderungen sind recht umfangreich. Man sollte
sich daher anhand der Karte und des Fahrplanes (Rückfahrtmöglichkeit!)
vergewissern, ob man die Strecke ganz oder teilweise zurücklegen kann
bzw. möchte.

Unterhalb Leutesdorf erhebt sich steil aus dem Rheintal der
Basaltkopf des Hammerstein, dahinter folgt der gleichnamige Ort
Hammerstein (55 m; 500 E.,VG Bad Hönningen)
Die Gemeinde Hammerstein besteht aus den beiden Ortsteilen
Nieder- und Oberhammerstein und liegt in einer Talausbuchtung
zwischen dem mit der Ruine bekrönten Hammerstein und der
Rheinbrohler Ley. - Der Ortsteil Oberhammerstein wird in den
nächsten Jahren sein Gesicht völlig verändern, da im Zuge des
Ausbaues der B 42 die Häuser an der Straßenfront der Straßen-
verbreiterung weichen müssen.
◪ Der Ortsteil Oberhammerstein ist mit der Geschichte der **Ruine
Hammerstein** aufs engste verbunden. Diese Festung wurde im 10. Jh.
erbaut. 1020 hungerte Kaiser Heinrich II. den Grafen Otto dort oben aus,
der eine nicht sanktionierte Verwandtenehe eingegangen war. 1105
suchte Kaiser Heinrich IV. mit seinen Kroninsignien vor Heinrich V.,
seinem Sohn, hier oben Zuflucht. In der Folgezeit war die Festung
Aufenthaltsort prominenter Gefangener. Sie konnte nie erstürmt, sondern
immer nur ausgehungert werden. 1419 ging sie endgültig und ganz in
den Besitz Kurtriers über und gab dann dem Amt Hammerstein (heute
Verbandsgemeinde Bad Hönningen) ihren Namen. 1654 wurde sie geschleift, nachdem sich nach dem Dreißigjährigen Krieg hier oben Loth-
ringer festgesetzt hatten. 1893 ging sie an die Freiherren von Hammerstein, in deren Besitz sie sich noch heute befindet. Sie hat der „Vereinigung Burg Hammerstein e. V." (Sitz Rheinbrohl, Rathaus), die sich um
die Heimatgeschichte bemüht, ihren Namen gegeben.
Während die Geschichte Oberhammersteins mit der der Festung verbunden war, reichten die Beziehungen **Niederhammersteins** nach Rheinbrohl (siehe dort). Hier hatten Kaiserswerth und St. Thomas Besitz. Als
in Rheinbrohl 1561 die Grafen von Sayn die Reformation einführten,
wandte sich das der alten Lehre treu gebliebene Niederhammerstein
dem kurtrierischen Oberhammerstein zu. - Seit 1936 sind beide Ortsteile
eine politische Gemeinde.
Neben einigen Weinbaubetrieben sind die Bewohner in den Orten der
näheren Umgebung beschäftigt.
▥ Die **Pfarrkirche** ist dem Hl. Georg geweiht. Sie verfügt über die
ältesten Glocken des Mittelrheines (um 1200). Neben der Pfarrkirche
liegt der **Zehnthof,** der 1714 aus dem Besitz des Geschlechtes von
Clauren in den Besitz der Abtei Rommersdorf kam (heute Privatbesitz). -
Oberhammerstein hatte bereits 1337 Stadtrecht.
▸ ✕ Unterkunftsmöglichkeit in einem Weinhaus mit Restauration, da-
neben Privatzimmer, zwei weitere Weinstuben. Nächster Campingplatz
2 km, in südlicher Richtung vor Leutesdorf.
☉ Schützenfest letzter Sonntag im Juli; Winzerfest letzter Sonntag im
August.
▦ In Nieder- und in Oberhammerstein halten die Bahnbusse in Rich-
tung Linz/Bonn bzw. Neuwied/Koblenz.
☏ Verkehrsamt - Gemeindeverwaltung (Weinhaus Emmel),
Tel. (0 26 35) 24 97
🏃 Die beim Ort Leutesdorf angegebenen Wandermöglichkeiten 1. - 5.
und 7. berühren Hammerstein bzw. die Gemarkung. Der Limes
führt, in Rheinbrohl beginnend, an der Hammersteiner Gemarkung vorbei

(siehe dort). Zusätzlich besteht die Möglichkeit, vom Wanderparkplatz im Hammersteiner Bachtal (oberhalb Niederhammerstein) auf einem sehr schönen Wege den Forsthof anzuwandern. - Die Wanderkarte (mit Textbeiträgen) der Verbandsgemeinde Bad Hönningen kann benutzt werden.

Rundwanderwege ab Parkplatz Hammerstein - Talweg:
Parkplatz - Talweg - Forsthoffeld - Kerbergsweg - Kapellenstraße - Parkplatz (Mkg.: Pilz, 4,5 km);
Parkplatz - Talweg - Forsthoffeld - Neuer Weg - Heiliger Weg - Kapellenstraße - Parkplatz (Mkg.: Kleeblatt, 6 km);
Reckentähler Ruh - Kerbergsweg - Kapellenstraße - Parkplatz (Mkg.: Ente, 2 km).

2 km rheinab kommen wir nach
Rheinbrohl (57 m; 4000 E., VG Bad Hönningen)
Rheinbrohl liegt auf der rechten Rheinseite am südlichen Ende der Hönninger Talweite.

◻ Etwa 1 km vom nördlichen Ortsrand entfernt beginnt der **Limes,** der römisch-germanische Grenzwall. Von hier aus zog er sich über 550 km durch Westerwald, Taunus u. a. bis in die Gegend von Regensburg. Alle 300-900 m befand sich ein Wachtturm. Die Besatzung der Wachttürme konnte sich untereinander durch Feuer- und Rauchzeichen verständigen. Alle Tagesstrecke auseinander befand sich ein Kastell. Hier am Beginn des Limes lag der Wachtturm 1, der im Jahre 1974 aus Originalsteinmaterial von einem anderen Wachtturm rekonstruiert wurde. An seinem Fuße floß unmittelbar der Rhein (bis ins vorige Jahrhundert). Das in der Nähe befindliche Kastell wurde durch die Kiesausbeute völlig zerstört. Das nächste Kastell befand sich in Niederbieber. Auf der Höhe, auf halber Strecke, lag das Erdkastell Rockenfeld. Bis hierhin dienten 15 Wachttürme der Grenzsicherung. Hier oben im Rheinbrohler Wald verlief der Limes auf die Wasserscheide zwischen Rhein und Wied, die später auch die Territorialgrenze zwischen Kurtrier und der Grafschaft bzw. dem Fürstentum Wied war, wovon noch heute eine ganze Reihe von Grenzsteinen zeugen. Der Limes bestand in seinem Endausbau aus Kastellen, Wachttürmen, Pfahlgraben und Wall. Letzterer ist im Rheinbrohler Wald noch stellenweise erkennbar. - Am Rhein befand sich das „Alte Kloster", wohl ein römischer Burgus, der heute unter der Trasse der Eisenbahn liegt.
Ein fränkischer Grabstein eines Pulevaldus läßt vermuten, daß der Übergang von der Römer- zur Frankenzeit hier kontinuierlich war. Im 9. Jh. gelangten Güter in Rheinbrohl als Schenkung Pippin I. an die Abtei Nivelles, in der sich seine Tochter, die Hl. Gertrud, befand. Wenig später kamen auch Güter an die Abtei Andenne. Der Ort war bereits im 15. Jh. befestigt. Bis 1601 war Rheinbrohl saynischer Besitz; dieses Herrschaftsverhältnis war aus den Vogteirechten der Grafen über den Nivellener Besitz erwachsen. Ab 1601 war Rheinbrohl kurtrierisch und wurde jetzt auch wieder der alten Lehre zugeführt, nachdem Sayn 1561 die Reformation eingeführt hatte.
🏛 Die heutige **Pfarrkirche St. Suitbert** weist auf den Besitz der Propstei Kaiserswerth hin; sie stammt aus der Mitte des 19. Jh. Im Ort weisen Höfe auf den Besitz der verschiedenen Klöster hin. Im **Gertrudenhof** (heute Rathaus) mit seiner alten Kapelle haben wir das Zentrum des alten Nivellener Besitzes zu sehen. Die **Maria-Hilf-Kapelle** ist neugotisch. - Im Ortsteil Arienheller wurde die **Kapelle im Rheinwaldheim** (ehemals Besitz der Zisterzienser-Abtei Marienstatt) 1978 restauriert.
Auf der **Rheinbrohler Ley,** die sich im Gegensatz zur Hammersteiner Ley aus Grauwackenschiefer zusammensetzt und mit 207 m über NN 150 m über das Rheintal emporragt, befindet sich die Gedenkstätte des Infanterie-Regiments 29, dessen Angehörige aus dem Rheinland stammten.
✗ Größtes und einziges Industrieunternehmen ist die Fa. Hilgers (Verzinkerei, Kran-, Schiff- und Stahlhochbau), die zum luxemburgischen Arbed-Konzern gehört. In Rheinbrohl gibt es neben größeren Handwerks-

betrieben zahlreiche Kaufhäuser und Geschäfte des täglichen Bedarfs.
Der Ort ist auch Wohnort für zahlreiche Pendler, die u. a. in Neuwied
und Linz arbeiten. - In Rheinbrohl betreibt noch ein Winzer haupt-
beruflich Weinbau, daneben gibt es Nebenerwerbsstellen.

✔ Sporthalle des Turnvereins in der Maria-Hilf-Straße, Sportplatz am
Hofacker, Schießanlage „In der Burg". Zwischen Rheinbrohl und Bad
Hönningen liegt die Römerwallschule mit einer Sporthalle und einem
Hartplatz. Eine Tennishalle und Tennisplätze in diesem Bereich sind
geplant.

⊨ ✗ Unterkunft in gut geführten Hotels, daneben Privatzimmer. Nächster Campingplatz in Bad Hönningen, am südlichen Ende der Rheinanlagen.

⊙ Weinfest am 1. Sonntag im Oktober, Kirmes am 1. Sonntag im
September. Schützenfest am 1. Sonntag im Juli.

🚄 Rheinbrohl ist Haltepunkt an der Bahnlinie Köln - Beuel - Wiesbaden
🚌 Es fährt stündlich ein Bus nach Neuwied/Koblenz bzw. Linz.

⚓ Unterhalb der Fa. Hilgers (nähe Bahnhof) verkehrt eine Personenfähre nach Brohl zur anderen Rheinseite (Bedarfsfahrten möglich, Tel.
Brohl 2 45).

☎ Verkehrsamt - Zimmernachweis: Wilhelmstraße 4, Tel. (0 26 35) 24 04.
Gemeindeverwaltung, Rathaus Gertrudenhof, Tel. (0 26 35) 26 26
(Sprechstunden montags - freitags 9-10 und 15-18 Uhr).
Lit.: Hansfried Schäfer, Broele trans Rhenum (Ortschronik)

🏃 Die bei Leutesdorf genannten Wanderungen 1-3 berühren Rhein-
    brohl bzw. die Gemarkung.

4. Rheinhöhen-Verbindungsweg vom Bahnhof - Hauptstraße - Kehr.

5. Durchs Kaltenbachtal zum Weiherhof und über Jagdhaus Wilhelmsruh
   - Hartmannshof - Christinenhöhe - Rümmer zurück.

6. Waldlehrpfad: Abzweigung Gut Dielsberg/Straße nach Rockenfeld und
   über die Kreisstraße 1 zurück.

7. Arienheller - Bahlsbach - Kaisereiche - Jagdhaus Wilhelmsruh - Hartmannshof - Lampental.

8. Arienheller - Bahlsbach - Kaisereiche - Malbergskopf - Frammerich -
   Bad Hönningen.

9. Limes (Verlauf ist stellenweise durch einen stilisierten Römerturm
   gekennzeichnet, bedarf jedoch der erneuten Kennzeichnung): Rhein -
   Römerwallschule - Arienheller - Dielsberg - Jagdhaus Wilhelmsruh -
   Weiherhof - Erdkastell Rockenfeld - Gebrannte Hof - Rodenbach
   (Niederbieber - Wingertsberg, ca. 20 km, erste Tagesstrecke).

Die hier angegebenen Wanderungen sind recht umfangreich. Man sollte
sich daher anhand von Karte und Fahrplan vergewissern, ob man die
Strecke ganz oder teilweise zurücklegen kann bzw. möchte.
Von den Wanderparkplätzen Arienheller, Rheinbrohler Ley, Jagdhaus
Wilhelmsruh sind Rundwanderungen möglich.

Rundwanderwege ab Parkplatz Rheinbrohl Ort in Richtung Kaltenbachtal:
Drittes Gleichen - Thörigs Heide - Springer - Weiherhof - Bretzeltersweg
- Kaltenbachtal (Mkg.: Käfer, 11,1 km);
Drittes Gleichen - Lemberg - Kaltenbachtal (Mkg.: Eule, 4,7 km);
Kaltenbachtal - Wäldchen - Weiherhof - Jagdhaus Wilhelmsruh - Brauns-
hölterweg - Hartmannshof - Leewies - alter Hohlweg (Mkg.: Fuchs,
11,1 km);
Ort Rheinbrohl - Lampentaler Hof - Christinenhöhe - Leewies - alter
Hohlweg (Mkg.: Eichhörnchen, 4,7 km).

Rundwanderwege ab Parkplatz Jagdhaus Wilhelmsruhe:
Rheinhöhenweg - Malbergskopf - Marienhof - Langscheid - Grenzbach -
Langscheider Pfad - Parkplatz (Mkg.: Blume, 7,5 km);
Rheinhöhenweg - Malbergskopf - Marienhof - Langscheid - Grenzbachtal
- Nonnenbachtal - Parkplatz (Mkg.: Eichenblatt, 13 km);
Nonnenbachtal - Rockenfeld - Weiherhof - Rheinhöhenweg - Parkplatz
(Mkg.: Vogel, 8 km);

Beulenbergsweg - unterhalb Abfahrt Hartmannshof - rechts ab über den Waldlehrpfad zum Römerturm - Treppchen - Dorntalsweg - bis Kaisereiche - Rheinhöhenweg - Parkplatz (Mkg.: Hase, 4,8 km);
Beulenberg - Römerturm - Steinbrink - Lampentaler Hof - Hartmannshof - Beulenbergsweg - Jagdhaus Wilhelmsruh (Mkg.: Ahornblatt, 10 km).
Weitere Wanderungen ab Parkplatz Arienheller.

Die Siedlungsgebiete von Rheinbrohl mit der Römerwallschule nähern sich der Stadt

Bad Hönningen (58-150 m; 5700 E., VG Bad Hönningen, Kreis NR)
Bad Hönningen liegt in geschützter Lage auf der Sonnenseite des Rheins und ist ein Heilbad für Rheuma, Herz- und Kreislauferkrankungen. Weinbau. Seit 1950 „Bad", seit 1969 Stadtrechte.

◧ Erste urkundliche Erwähnung 1019. Doch schon zur Römerzeit spielte Hönningen als Siedlung auf der germanischen Seite des in der Hönninger Talweitung den Rhein erreichenden Limes als Handelsplatz im „kleinen Grenzverkehr" eine nicht unbedeutende Rolle. Nach Belegen aus der Merowingerzeit hat die Ansiedlung den Namen „Hoinga", in der Wortherleitung „Kultstätte für den Gott der keltischen Händler" geführt.
Erst im Jahre 1813 wird in einem amtlichen Bericht auf eine geheimnisvolle „fixe Luft", die an einigen Stellen „dem Erdreich entströme", hingewiesen. Sehr bald weiß man die Funde als Kohlendioxyd zu deuten. Damit beginnt für Hönningen eine entscheidende Wende. Wenn man die frühere Geschichte des Ortes als „mit Wein geschrieben" betrachten kann, so gilt das gleiche für die neuere Zeit von der Kohlensäure. Neue Betriebe entstehen, von denen u. a. noch heute die Kali-Chemie AG., die Kohlensäure für chemische Zwecke verarbeiten, und drei andere Werke (die Kohlensäurewerke „Rudolf Buse", „Deutschland" und „Kronprinzensprudel") ihre erbohrten Kohlensäurevorkommen vornehmlich an die Getränkeindustrie, darüberhinaus aber auch für andere industrielle Verwendungszwecke liefern. Ende des 19. Jh. kommt es auch zu den ersten erfolgreichen Mineralbrunnen-Bohrungen. 1896 wird mit der Erbohrung des „Hubertus-Sprudel" der Grundstein für die „Artus-Mineralquellen" gelegt, die heute zu den bedeutendsten Unternehmen der deutschen Mineralbrunnen-Industrie zählen.
▥ Die **Pfarrkirche St. Peter und Paul** wird 1135 erstmals genannt. Der kreuzgratgewölbte Saalbau stammt aus den Jahren 1718-20. Im Chor Statuen der hl. Rochus und Sebastian. In der Südostecke hl. Appolonia, Anfang 18. Jh., und eine barocke Figur des hl. Antonius von Padua. Marmornes Taufbecken, 17. Jh. 1957 wurde die evangelische Kirche fertiggestellt.
Wichtig für die Geschichte der Stadt sind die **ehemaligen Klosterhöfe;** der Simeonshof oder Zehnthof gegenüber der Kirche, der Tempelhof am nördlichen Ausgang der Stadt und der Mönchhof mit Kapelle in der Waldbreitbacher Straße.
Als das wohl bedeutendste Wahrzeichen der Kurstadt erhebt sich wie ein romantisches Schloß aus der deutschen Sagenwelt etwa 1 km nördlich des Zentrums **Schloß Arenfels** aus Wald- und Rebenhängen. - Um 1258/59 ließ Gerlach von Isenburg hier eine Burg erbauen. 1371 starb die Linie Isenburg-Arenfels aus; Kurtrier wurde mit einer Unterbrechung bis 1670 Lehnsherr und vergab 1670 Schloß und Herrschaft Arenfels an die Familie von der Leyen. 1848 erwarb die Familie von Westerholt-Gysenberg den Besitz, deren Nachkommen, die Familie von Geyr, das Schloß heute noch verwalten. - Die im Kern noch erhaltene mittelalterliche Burg war seit dem 16. Jh. zu einem eindrucksvollen, offenen Renaissanceschloß ausgebaut worden. Als es dann Graf Westerholt-Gysenberg 1848 kaufte, ließ er auf das hartnäckige Drängen und nach Plänen des Kölner Dombaumeisters Zwirner das Schloß zu dem doppelten Kaufpreis in romantischem Historismus umbauen. Mit senkrechten Gliederungselementen, mit Türmen, Giebeln und Zinnen und 365 Fen-

Braunewell - Solban

Schloß Arenfels bei Bad Hönningen

stern, gleichviel wie Tage im Jahr, entzückte es seinerzeit in der Groß-
artigkeit seiner Gesamterscheinung viele Kunstbanausen, blieb aber
dann lange als Kitsch verschrien; erst in jüngster Zeit erfährt Zwirners
neugotischer Stil seine Würdigung. - Eine Innenbesichtigung ist nicht
möglich. In der Schloßklause kann man sich jedoch bewirten lassen.

✕ Kali-Chemie, Mannesmann AG (feuerfeste Produkte), Mineralquellen,
mehrere Kohlensäurewerke; Besichtigungsmöglichkeit: Artus-Mineral-
brunnen, Tel. (0 26 35) 20 61 und 20 63.

🌿 Naturschutzgebiet „Am Kronenberg" auf Lößboden zwischen Hecken,
Niederwald und Fichten ein durch Sammler bereits stark dezimiertes
Orchideenvorkommen.

Kureinrichtungen: Die **Thermalbadanlage,** unmittelbar am Rhein, besteht
aus einem modernen Thermalhallenbad, das durch eine Schleuse mit
einem anliegenden Thermalfreibad verbunden ist, so daß der Gast zu
jeder Jahreszeit in der Halle oder im Freibad schwimmen kann. Ferner
sind ein großes Freischwimmbecken mit Liege- und Sportwiese und ein
Kinderplanschbecken vorhanden. Das Wasser (30^0) enthält die meiste
Kohlensäure aller deutschen Quellen (1400 mg/kg). Ganzjährig geöffnet.
Kurmittelhaus: Kursaison ganzjährig.

✚ 7 Ärzte, davon 5 Badeärzte; 3 Zahnärzte, 2 Apotheken, 2 Drogerien
🏇 Reiten, 4 Tennisplätze, Minigolfanlage mit Freiland-Tischtennisplät-
zen, Schwimmen, Kegeln, Schießsport mit Schießhalle, Freischach, Fahrradverleih im Thermalbad. Campingplatz.

⊙ Das Verkehrsamt - Kurverwaltung - bringt jede Woche ein Kurpro-
gramm heraus. Regelmäßige Ausflugsfahrten. Weinblütenfest Ende Mai/
Anfang Juni. Kirmes Ende Juni. Sommernachtsfest Ende Juli. Feder-
weißenfest im Stadtweingut bei Beginn der Traubenlese.

🛏 Zahlreiche Hotels, Gaststätten mit Fremdenzimmern, Pensionen,
Fremdenheime, Privatzimmer mit und ohne Kochgelegenheit, Ferienwohnungen. Ausflugslokal in Arienheller.

✕ Mehrere Restaurants und Gaststätten mit Mittagstisch, Imbißstube,
Weinprobierstube im Stadtweingut (Hauptstraße 182), Café, Eisdiele.

🚌 Köln - Frankfurt

🚌 Bad Hönningen - Waldbreitbach; Neuwied - Bad Hönningen - Linz - Bad Honnef
⚓ Personenfähre: Bad Hönningen - Bad Breisig;
Anlegestelle für Personendampfer.
🧗 Geführte Wanderungen unter ortskundiger Führung jeden Dienstag und Freitag um 14 Uhr ab der Kurverwaltung.
Ganztagswanderungen nach Vereinbarung. Örtliche Wanderkarte.
Waldlehrpfad am Waldsee-Ponyhof.
Trimm-Dich-Pfad am Hotel Schönblick in Richtung Waldbreitbach.

Rundwanderwege ab Parkplatz Rhein

1. Wanderkarte 1; Rheinanlagen - Markenweg - Ariendorf - Schloßpark - Schloß Arenfels (Mkg.: Pilz, 4,1 km);
2. Wanderkarte 2; Rheinanlagen - Markenweg - Ariendorfer Tal - Heuweg - Homborn - Schloß Arenfels (Mkg.: Käfer, 8,4 km);
3. Wanderkarte 3; Schloß Arenfels - Homborn - Paffelter - Schafstall - Schloß Arenfels (Mkg.: Libelle, 5,2 km);
4. Wanderkarte 4; Bärenplatz - Friedhof - Paffelter (Weinberg) - Schafstall - Schloß Arenfels (Mkg.: Kleeblatt, 3,6 km).

Rundwanderwege ab Parkplatz Mönchhof

1. Wanderkarte 5; Mönchhof - Moorbachtal - Peulester - Homborn - Schloß Arenfels (Mkg.: Steinbock, 8,8 km);
2. Wanderkarte 6; Mönchhof - Staierbachtal - Weißfeld - Waldsee - Reidenbruch - zurück nach Bad Hönningen (Mkg.: Ente, 13,2 km);
3. Wanderkarte 7; Mönchhof - Kronenborn - Prüngselter - Staierbachtal - Bad Hönningen (Mkg.: Ahorn, 5,2 km);
4. Wanderkarte 7 a; Mönchhof - Kronenborn - Prüngselter - Schutzhütte - Staierbachtal - Mönchhof (Mkg.: Baum, 6,8 km);
5. Wanderkarte 8; Mönchhof - Kronenborn - Eichhell - Tonsteinbruch - Frammerich - Mönchhof (Mkg.: Eule, 4,7 km);
6. Wanderkarte 9; Mönchhof - Kronenborn - Frammerich - Mahlberg - Weißfeld - Bad Hönningen (Mkg.: Schnepfe, 12,5 km);
7. Wanderkarte 10; Mönchhof - im Strang - Elzberg - Ölsberg - Frammerich - Mönchhof (Mkg.: Schmetterling, 3,9 km).

Rundwanderwege ab Parkplatz Weißfeld

1. Farbe sepia; Malberg - Frammerich - Mönchhof - Staierbachtal - Weißfeld (Mkg.: Sonnenblume, gelb auf braunem Grund, 12 km);
2. Farbe blau; Malberg - Staierbachtal - Mönchhof - Moorbach - Reidenbruch - Waldsee - Rheinhöhenweg (Mkg.: Frosch, weiß auf blauem Grund, 11,5 km);
3. Farbe rot; Weißfeld - Bitze - Reuschenbach - Im Härtchen - Stopperich - Auf dem Strang (Mkg.: Eule, schwarz, 5 km);
4. Farbe braun; Rheinhöhenweg - Waldsee - Girgenrath - Wallbachsmühle - Bremscheid - Auf dem Strang - Weißfeld (Mkg.: Ente, braun, 6,8 km).

Rundwanderwege ab Parkplatz Staierbachtal

1. Gebrannter Busch - Eichhöll - Kronenberg - Prüngselter - Versunkener Schloßweg - Douglasweg - Parkplatz (Mkg.: Tanne, 5,2 km);
2. Staierbachtal - Seidenhahnspfad - Weißfeld - Malbergshof - Frammerich - Steinöhr - Gebrannter Busch - Parkplatz (Mkg.: Schwalbe, 8 km);*
3. Gebrannter Busch - Prüngselter - Versunkener Schloßweg - Douglasweg - Parkplatz (Mkg.: Reh, 3,2 km);
4. Staierbachtal - Seidenhahnspfad - Weißfeld - Waldsee - Ponyhof - Schöner Maibaumweg - Parkplatz (Mkg.: Pilz, 5 km).

Rundwanderwege ab Parkplatz Arienheller

1. Dorntal - Treppchen bis Römerturm - Steinbrück - obere Steinbrück - Dielsberg - Hohl - Parkplatz (Mkg. Meise; 7 km; 2 1/4 Std.)
2. Dorntal - Kaisereiche - Rheinhöhenweg - Frammerich - Bad Hönningen - Arienheller (Mkg. Geweih; 8,1 km; 2 1/2 Std.)
3. Hungerberg - Lampental - Arienheller (Mkg. Pilz; 3,1 km; 1 Std.)

1,5 km rheinabwärts liegt Bad Hönningen-Ariendorf (57 m; 500 E.)

◨ Der erste schriftliche Nachweis stammt aus dem Jahre 1217. Die alte, 1712 erbaute Kapelle war bis 1957 religiöser Mittelpunkt des Ortes. Einweihung der neuen Kirche 1957, im Volksmund „der weiße Dom am Rhein". - Burg Ariendorf erstand 1840 wahrscheinlich anstelle des abteilichen Benediktinerinnen-Hofes (Filiale von Nivelles in Brabant), von dem man annimmt, daß er 1059 schon bestanden hat. - Im Ort und am Rhein sehr schöne, wohlerhaltene Fachwerkhäuser.

◨ ✕ 2 Gaststätten

🚌 Neuwied - Ariendorf - Linz - Bad Honnef

🧗 1. Ariendorf - Gut Homborn ($^3/_4$ Std.);
     2. Ariendorf - Schloßpark - Schloß Arenfels - Hönningen (1 Std.);
3. Von Ariendorf durch Hochwald zur L 254.
4. Von Ariendorf am Rhein entlang nach Hönningen, rechts der Bahn nach Linz.

Leubsdorf (57 m; 1500 E., VG Linz a. Rh.)

🏛 Der Ort ist angelegt in der Form eines sogenannten Winkelhakendorfes. Malerische Fachwerkhäuser begleiten die Bachstraße in das Leubsdorfer Tal hinein. Die **Burg** ist ein stattlicher spätmittelalterlicher Steinbau. Die heutige **Pfarrkirche St. Walburgis** steht anstelle einer Kapelle aus der 2. Hälfte des 13. Jh. Erwähnenswert die Skulpturen in Holz des hl. Sebastian, um 1800, hl. Joseph und hl. Nepomuk, um 1700.

🚍 Köln - Frankfurt

🚌 Neuwied - Leubsdorf - Linz - Bad Honnef

✕ Große Kunstschmiedewerkstatt (Arbeiten für Kirchen, Dome, öffentliche Gebäude in Westdeutschland). Besichtigung möglich, ständige Ausstellungen. Sägewerk.

◨ ✕ 8 Gaststätten, davon Mittagessen in 6 Gaststätten;
Gaststätten mit 64 Betten; Privathäuser mit 31 Betten;
Weinbau (Leubsdorfer Weißes Kreuz).

⊙ Winzerfest immer am 2. Sonntag im Oktober.

✳ Kreuzberg, Ausblick Rheintal, Ahrtal, Goldene Meile, Eifel.

☎ Verkehrsverein und Zimmervermietung, Tel. (0 26 44) 38 32;
Ortsprospekt und örtliche Wanderkarte vorhanden.

🧗 **Wanderwege:**
Leubsdorf - Leubsdorfer Tal - Rothe Kreuz;
Leubsdorf - Schwarzer See (ehemaliger Steinbruch, 38 m tief) - Dattenberg - Wallen - Leubsdorf;
Leubsdorf - Kirche - Dattenberg - Dattenberger Ronig - rechts ab in das Leubsdorfer Tal - entweder links ab nach Rothe Kreuz oder rechts ab nach Leubsdorf zurück;
Leubsdorf - entlang der Bahn - Ariendorf, Schloß Arenfels;
Leubsdorf - Kreuzberg - Ariendorf; Leubsdorf - Wallen - Linz.
Leubsdorf - Ariendorf - Bad Hönningen.
Leubsdorf - Leubsdorfer Tal - Rothe Kreuz - Hesseln.

2 km rheinab sind wir in

Linz am Rhein (56 m; 5640 E., VG Linz a. Rh.; Kreis NR)

„Die bunte Stadt am Rhein". Malerisches, vielbesuchtes Städtchen mittelalterlicher Prägung gegenüber der Ahr-Mündung. Weinbau und bedeutende Basaltbrüche.

◨ Erstes Siedlungszeichen des Linzer Raumes war eine Ringwallanlage aus der Zeit der Hunsrück-Eifel-Kultur (um 600 v. Chr.) auf dem Hummelsberg, die jedoch durch einen Steinbruchbetrieb völlig zerstört wurde. In einer Urkunde des Stiftes Gerresheim bei Düsseldorf wird Linz erstmals 874 erwähnt. Bis 1250 gehörte Linz zur Herrschaft der Grafen von Sayn und kam dann an das Kurfürstentum Köln. Der Kurfürst von Köln blieb Landesherr bis zur Säkularisation 1803. In der Zeit von 1320-1329 erhielt Linz Stadtrechte. Im 14. Jh. wurde das Rathaus erbaut und 1707 umgebaut. 1304 - 1332 wurden unter Erzbischof Heinrich von

Linz

1 Alte Pfarrkirche St. Martin

2 Kurfürstl.-Erzbischöfl. Burg

3 Rathaus

Virneburg die Stadtmauern und die Tore errichtet. 1861 - 1879 wurden die Mauern bis auf wenige Reste und Leetor und Grabentor abgerissen. Neutor, Rheintor und der Pulverturm blieben erhalten.

Erzbischof Engelbert errichtete 1365 die Burg als Zwingburg. 1632 wurde Bürgermeister Castenholtz von den Schweden vor seinem Wohnhaus auf dem Marktplatz enthauptet. Hieran erinnert eine Gedenktafel am Rathaus. 1803 - 1815 gehörte Linz zu Nassau-Usingen; 1815 fiel es an Preußen. Von 1816 - 1822 war Linz Kreisstadt. 1945 wurde Linz von den Amerikanern besetzt; ab 1946 gehört es zu Rheinland-Pfalz. Den II. Weltkrieg hat Linz, abgesehen von einigen Zerstörungen, gut überstanden. Bedauerlich ist, daß 1945 das Heimatmuseum total zerstört wurde. Das bekannte und an alten Urkunden sehr reiche Stadtarchiv blieb erhalten.

Auch bekannte Persönlichkeiten stammten aus Linz:

Tilmann Joel, um 1395 geboren, 1410 Studium in Köln, Magister und „derectorum doctor". 1420 Probst am Florinstift Koblenz. 1428 in diplomatischer Mission im Auftrag des Kurfürsten von Köln zum Herzog von Burgund und zum Kardinal von England zu Waffenstillstandsverhandlungen zwischen Kleve-Mark und Kurköln. 1432 Gesandter zum Baseler Konzil. 1434 Schlichter zwischen Bürgerschaft und Klerus in Mainz. 1438 Mitwirkung bei der Königswahl Albrecht II. in Frankfurt und Mitglied der kurfürstlichen Gesandschaft in Wien. 1440 Mitwirkung bei der Wahl Friedrich III. 1442 Zeremonienmeister bei der Krönung Friedrich III. in Aachen, Professor für Kirchenrecht und 1445/46 zweimaliger Rektor der Universität Köln. 1429 päpstlicher Konservator. 1458 verstorben in Köln, beigesetzt in seinem Stift St. Andreas. Erbauer der Ratskapelle in Linz. Stifter des Marienbildes (heute in der Marienkirche) und des Gnadenstuhles) heute in der Pfarrkirche St. Martin).

Augustin Castenholtz, Schöffe und Altbürgermeister von Linz. 1631 benachrichtigte er Hönningen über die Absichten der schwedischen Besatzung. Am 21. Februar 1632 von den Schweden enthauptet.

Josef von Keller, geb. 1811 in Linz. 1839 Professor der Kupferstichkunst an der königlichen Kunstakademie in Düsseldorf. Hauptwerk Stich nach der berühmten Disputa. 1873 gestorben.

Theodor Lerner, Polarforscher. 1870 wurde sein Vater Bürgermeister in Linz. Er verbrachte hier seine Kinder- und Jugendzeit. Reisen zur Bäreninsel und nach Nordspitzbergen. 1907/08 Überwinterung auf Spitzbergen und Schlittenreise durch Spitzbergen. 1931 in Frankfurt gestorben.

Johann Martin Niederée, geboren 1830, gestorben 1853, bekannt als romantischer Maler, besonders als Porträtist.

Karl Paul Zimmermann, geboren 1672, Studium in Köln und Orléans, anschließend im Dienst des Landgrafen von Hessen und Rheinfels St. Goar. Später Geheimrat von Kurköln. 1689 Kanzler für das Fürstbistum Hildesheim / Personalunion mit Köln, geadelt und mit der Herrschaft Wildeshausen (Niedersachsen) belehnt. 1712 gestorben.

🏛 Historische Baudenkmäler

1365   Bau der erzbischöflichen Burg. Um 1700 als hofumschließender Bau neu errichtet.
1623   Der Pfandherr von Isenburg erbaute das Haus „Sion" in der Strohgasse (1945 zerstört), nach dem Krieg wieder aufgebaut.
1645   Fertigstellung der Kapuzinerkirche, heute städtische Festhalle.
1650   Beendigung des Baues des Kapuzinerklosters.
1700   Deutschordenskommende in der Mühlengasse.
1747   Geroltshof der Herren von Gerolt in der Gymnasialstraße.
1845   Hegereiterhaus, Oberlöh (Nachbildung des Hegereiterhauses in Rothenburg ob der Tauber).
1257   Gieselberger Hof (Klosterhof von St. Katharinen), heute ev. Gemeindehaus.

Die alte Pfarrkirche St. Martin, die auf dem höchsten Punkt der alten Stadt steht, gilt als wichtigstes Kulturgut der Stadt Linz. Ende des 9. Jh. soll hier eine kleine Kirche gestanden haben. Diese ist vermutlich im Thronstreit zwischen Otto IV. und Philipp von Schweden 1198 zerstört worden. 1206 - 1214 wurde St. Martin als spätromanische dreischiffige Emporenbasilika mit Westturm errichtet. Um 1230 erhielten die Wände über den Seitenschiffarkaden die Wandmalereien, welche schon mehrfach restauriert wurden. Weithin bekannt ist der große Marienaltar (heute in der Marienkirche).

Das Bild wurde gestiftet von Tilmann Joel. Es ist auf Holz gemalt und gilt als bedeutendstes Werk des Meisters der Hyversbergischen Passion. Auf der in 4 Bilder geteilten Mitteltafel Geburt Christi, Anbetung der Könige, Darbietung im Tempel, Christus und Maria, rechts Pfingstwunder mit einer Marienkrönung in einer Mandola.

Weiterhin beachtenswert: Ein spätgotischer Taufstein 16. Jh. Eine Epitaphie von 1531. Der sogenannte Gnadenstuhl, eine Holztafel mit Gottvater mit Krone, in den Händen den Leichnam Christi, Johannes den Täufer, St. Andreas, Papst Clemens, Florinus und als Stifter Tilmann Joel.

Von der ehemaligen Stadtbefestigung sind nordwestlich noch einige Teile erhalten, der Pulverturm und zwei Tortürme, das Rheintor und

Stadtseite des Linzer Rheintors

das Neutor. Die **Kurfürstlich-Erzbischöfliche Burg** als Südwestecke der Stadt geht auf das Jahr 1365 zurück. - Das breitgestreckte gotische **Rathaus** aus dem 14. Jh. erhielt 1707 Mansarddach und Laterne.
Geprägt ist Linz von seinen vielgestaltigen farbenfrohen **Fachwerkhäusern** und Gäßchen, die ihr den Namen „Bunte Stadt am Rhein" eintrugen. Die meisten der 130 unter Denkmalschutz stehenden Fachwerkhäuser stammen aus der 2. Hälfte des 17. Jh., fast alle haben den Giebel zur Straße, sind oft reich verziert und mit Sprüchen versehen. In Höhe des Bürgermeister-Castenholtz-Platzes hat in der hochführenden Rheinstraße 1970 eine Bank einen sich gut einfügenden Fachwerkhaus-Neubau errichtet.
X Unterhalb der Stadt, im Ortsteil Linzhausen, befindet sich das Verwaltungsgebäude der BAG, der wohl größten Steinbruchfirma Westeuropas, mit Schiffsverladungsstellen.

Weiter gibt es Verladeeinrichtung in Richtung Wallen.
Noch heute wird in mächtigen Brüchen beiderseits von Linz und tiefer
im Westerwald Basalt gebrochen. Früher bildete Basalt die Grundlage
für den Deichbau in Holland. Ausgangs Linz, in Richtung Westerwald,
befindet sich das Basaltinwerk. Hier werden u. a. Basaltinplatten und
Bordsteine hergestellt.
Nicht weit davon, in Richtung Stadt, liegt die Firma Niedax. Diese Firma
stellt elektronisches Verlegungs- und Befestigungsmaterial her.

🦋 Flächiges Naturdenkmal in einer Seitenschlucht der „Verschönerung" (ab
Mariensäule rechts ab) mit dem seltenen Hirschzungenfarn.

♣ Krankenhaus, 14 Ärzte, 4 Zahnärzte, 3 Apotheken

🏊 Beheiztes Freibad, Sportstadion auf dem Kaiserberg, Tennisplätze
auf dem Kaiserberg. Minigolf am Gestade, Sporthalle an der Hauptschule, Schießstände Hubertushöhe, Kegeln (Alte Post, Vater Rhein,
Hotel Palm, Hubertushöhe). Trimm-Dich-Pfad in der „Verschönerung",
Ikebanaschule, Ikebana-Museum (ostasiatisches Museum) in der Beethovenstraße.

Linz ist bekannt als Stadt der Schulen (Grundschule, Hauptschule, Realschule, Berufsschule, Gymnasium).

🛏 ✗ 46 Hotels, Gaststätten, Pensionen, Weinstuben, Imbißstuben, Cafés,
2 Eisdielen, Mittagstisch in 20 Gaststätten und Hotels, Säle in 15 Hotels
und Gaststätten. Bettenzahl 505.

Außerhalb von Linz das schön gelegene Hotel „Gut Frühscheid", Ausflugslokal, und das Hotel „Burg Ockenfels".

☉ Überregional bekannt:
Fastnachtszug am Rosenmontag; „Bunte Woche" (2. Woche vor Pfing-
sten); „Kirmes" (letztes Wochenende im August); „Winzerfest" (2. Wochenende im September).

🚌 Köln - Frankfurt

🚋 Linz - Vettelschoß - Neustadt a. d. Wied; Linz - St. Katharinen -
Neustadt a. d. Wied; Bad Honnef - Linz - Neuwied; Linz - Dattenberg -
Roßbach; Linz - Ohlenberg - Asbach.

⚓ Personenschiffe Linz - Mainz, Linz - Köln/Düsseldorf, Linz - Koblenz -
Mosel.

Autofähre Linz - Remagen - Kripp, 2 Fährschiffe, 1 Boot für Ausflüge.

☎ Städt. Verkehrsamt, 5460 Linz/Rhein, Rathaus,
Tel. (0 26 44) 20 41 - 20 45 - 25 26

Lit.: Linz am Rhein, Heft 8/9 des Rheinischen Vereins für Denkmalpflege
und Landschaftsschutz, 32 Seiten

👣 **Wandermöglichkeiten:**
1. Ausgangspunkt Neutor:
   Sterner Hütte - Hahnenkopf - Wirtzfeld - Hargarten - Hummelsberg -
   Wirtzfeld - Im Verbrannten - Sterner Hütte - Neutor.
2. Ev. Kirche - Mannenberg - Mark - Ockenfels - Eschert - Kasbachtal -
   Kasbach R. Weg - Erpelerley - Erpel.
3. Oberlöh - Verschönerung - St. Antoniusweg - Sportplatz Dattenberg -
   Friedhof Dattenberg - Schwarzersee - Koppel - Sportplatz Leubsdorf
   - Leubsdorf - Wallen - Linz.
4. Oberlöh - Ahrweg - Verschönerung - Angstweg - Dattenberg - Kirche
   - Leubsdorf - Wallen - Linz.
5. Kaiserbergstraße - Au - Wallen - Leubsdorf - Ariendorf - Ariendorfer-
   tal - Rothe Kreuz - R. Weg - Ronigerhof - Waschberg - Linz.
6. Oberlöh - Verschönerung - Dicke Eiche - Mariensäule - Hof Ronig -
   Döttesbach - Rothes Kreuz - Großes Loch - Leubsdorf - Wallen - Linz.
7. Sterner Hüte - Peterhof - Eulenloch - St. Antoniuskapelle - Stuxhof -
   Kühzoll - Sterner Berg - Ziegenbusch - Hammermühle - Neutor.
8. Sterner Hütte - Im Verbrannten - Schmitzhöfe - Hargarten - Not-
   scheidertal - Peterhof - Neutor.
9. Oberlöh - Leetorstraße - Au - Wallen - Dattenberg - Leubsdorf -
   Schule - Ariendorf Schule - Schloßgarten - Schloß Ahrenfels - Bad
   Hönningen (Bus oder Zug).

10. Hammermühle - Ziegenbusch - Kühzoll - Ohlenberg - Weidenstück - Kasbachtal - Kasbach - Villa Kalless - Linz.
11. Sterner Hütte - Hahnenkopf - Hummelsberg - Hargarten - Schmitzhöfe - Wiesentalerhof - Heuweg - Frühscheid - Waschberg - Linz.
12. Oberlöh - Sonnenberg - Verschönerung - Bockswiese - Angstweg - Angst - Aussicht - Au - Linz.
13. Kaiserberg - Fersthol - Verschönerung - Mariensäule - Hof Ronig - Dattenberg - Angstberg - Linz.
14. Sterner Hütte - Peterhof - Ruine Alt Rennenberg - Kretzhaus - St. Antoniuskapelle - Stuxhof - Baumschule - (dritter Weg links) Ockenfels - Lohhohl - Mannenberg - Linz.
15. (Zug oder Bus Rheinbrohl) Kaltenbachtal - R. Weg (links) - Malberg - Weißfeld - Rothe Kreuz - R. Weg - Ronigerhof - Linz.
16. (Zug oder Bus Bad Hönningen) Moorbachtal - Rothe Kreuz - Großes Loch - Leubsdorf - Wallen - Linz.
17. Sterner Hütte - Neuhof - Hargarten - Schmitzhöfe - Wiesentalerhof - Heuweg - Frühscheid - Linz.
18. (Bus) Rossbach - Walbachsmühle - Hesseln - Rothe Kreuz - Döttesbach - Hof Ronig - Dattenberg - Linz.
19. Sterner Hütte - Wiesentalerhof - Heidjesweiher - Lööse - Grendel - Parkplatz - Mariensäule - Verstloch - Kaiserberg.
20. Leetor - Angstberg - Dattenberg - Sportplatz - Verschönerung - Sonnenberg - Oberlöh - Linz.
21. Sterner Hütte - Peterhof - Fremsberg (alte Tränke), (rechts) Waldweg - St. Antoniuskapelle - Stuxhof - Sterner Berg - Ziegenbusch - Linz.
22. Ev. Kirche - Lohhohl - Ockenfels - Ohlenberg - Kühzoll - Treibhäuser - (links) Muzenbruch - Grüner Weg - Linz.
23. Leetor - Angstberg - Aussicht - Angstweg - Bockswiese - St. Antoniusweg - Sonnenberg - Winzerhaus.
24. Kripp - Breslauer Straße - Reisberg - Viktoriaberg - Remagen - Leinpfad - Kripp.
25. Kripp - Ahrmündung - (erste Bank) rechts Sinzig - Helenenberg - R. Weg - Mönchsheide - Klein Petersberg - Niederbreisig - Leinpfad - Kripp.
26. Neutor - Ziegenbusch - St. Antoniuskapelle - Weg der Naturfreunde - Forellenteich im Kasbachtal - Tezelbachtal - Auge Gottes - Bruchhausen - Erpelerley - Kasbach - Linz.
27. (Tagestour)
Neutor - Ziegenbusch - St. Antionuskapelle - Weg der Naturfreunde - Fischteiche im Kasbachtal - Tezelbachtal - Auge Gottes - Kreuzeiche - Stellweg - Schmelztal - Frühmesseiche - Lohrberg - Margaretenkreuz - Oelberg - (Bus Königswinter / Zug Linz).
28. (Tagestour ca. 6 Stunden)
Neutor - Oberlöh - Verschönerung – Mariensäule - Hof Ronig - Döttesbachtal - Rothe Kreuz - Weißfeld - Malberg - Wilhelmsruh - Weierhof - Rockenfeld - Schloß Monrepos - Alt Wied - Oberbieber - (Bus Neuwied / Zug Linz).

1 km nördlich von Linz

Linz-**Linzhausen** (57 m)

🏛 Alte Simeonskapelle. Gegründet 1715; im Jahre 1907 durch einen Neubau ersetzt. Sitzender hl. Nikolaus, 75 cm hoch. Stehende Madonna, 68 cm hoch, zweite Hälfte 15. Jh. Schmerzensmann, 75 cm hoch, 18. Jh. Hl. Anna mit Maria, die sie in einem Buch lesen läßt, in dem 1801 steht.
🛏 ✕ 4 Hotel-Restaurants, 1 Pension

Wo später einmal die geplante Ahrtal-Autobahn über den Rhein zur Autobahn Köln-Frankfurt führen wird, liegt 2 km unterhalb von Linz

Kasbach-Ohlenberg (60 m; 760 E., VG Linz a. Rh.)

�‼ Urkundlich 886 erwähnt. Die Kapelle St. Michael stürzte 1633 ein. Neu-
errichtung 1661. Sehr schönes Vesperbild aus feinkörnigem Kalkstein,
15. Jh.; hl. Michael, 18. Jh.; Kruzifixus, 61 cm hoch, 18. Jh. - Das kleine
Burghaus, die sogenannte Collenburg, mit rundem Treppenturm, weist ein
Portal der Spätrenaissance mit Ehewappen auf und stammt aus dem 17. Jh.
✘ Brauerei Steffens (Besichtigungsmöglichkeit).
⋈ ✗ 2 Pensionen
🚌 Bad Honnef - Kasbach - Linz - Neustadt

🏃 **Dorfbrunnen Kasbach** - Rheinhöhenweg - Berghöhenweg - Ocken-
fels - Eschert - Ohlenberger Weg - Gartenstraße - K 21 - rechts
Gärtnerei - Aufdermauer - Ockenfels - alte Kirche - Ohlenbergerweg -
Aspich - Kasbach.
Dorfbrunnen Kasbach - Kasbachtalstraße aufwärts - Gaststätte Witt rechts
ab - Wanderweg entlang - wechselseitig rechts und links des Baches
und der Eisenbahn - Kalenborn. - **Dorfbrunnen Kasbach** - Kasbachtal-
straße - Bahnhofsgebäude - etwa 500 m rechts ab über den Lengert,
Scheid - hinter Ohlenberg rechts abbiegen - Ansiedlerhof Scholl -
Kindergarten - durch Ohlenberg in Richtung Kasbach entlang der Stein-
brüche Naak und Lützennaak. - **Dorfbrunnen Kasbach** - Kasbachtalstraße
- Kuckstein - Waldpfad Richtung Bruchhausen - Bruchhausener Feld -
Bruchhausen - Wegegabelung Orsberg - Orsberg in Richtung Erpeler
Ley, Wegegabelung durch den Wald links abbiegen - nach weiteren
100 m rechts abbiegen - breiter Fahrweg Kuckstein - Kasbachtal.
Dorfbrunnen Kasbach - Falltorweg - In der Mark Linzhausen - Linz am
Rhein.
Dorfbrunnen Kasbach - Falltorweg - In der Mark - hinter Villa Beinhauer
links hoch - Ockenfels - Eschert - rechts hoch in den Ort - durch die
Mark - Linz.
Dorfbrunnen Kasbach - Rheinhöhenweg - Erpeler Ley - Erpel - Brücken-
turm - Richtung Kasbach - In der Stehle - Ortsmitte Kasbach.

Weiter rheinabwärts. Über die Erpeler Ley vor uns und die Brük-
kenpfeiler der ehemaligen Remagener Rheinbrücke lesen Sie bitte
unter „Erpel", das wir nach 1,5 km erreichen.

Erpel (55 m; 2300 E., VG Unkel)
Wo die fruchtbare „Goldene Meile" auf der anderen Rheinseite
endet, weitet sich das Tal auf der Westerwaldseite und läßt Erpel
Platz, das sich an die steil abfallende Erpeler Ley anschmiegt.

◼ Erpel wurde um 1130 zuerst erwähnt und blieb bis zur Säkularisation
1803 in der Hand des Kölner Domkapitels. Im 14. Jh. wurde Erpels
landseitiger Graben mit einer Ringmauer geschützt.
In die Weltgeschichte ein ging die **Brücke von Remagen,** die am Ortsrand von Erpel den Rhein überspannte und durch einen Tunnel unter
der Erpeler Ley zu erreichen war. Am 7. März 1945 erreichte eine kleine
Vorhut der 9. amerikanischen Panzerdivision Remagen und nahm im
Handstreich die Ludendorff-Eisenbahnbrücke, deren Sprengung im letzten Augenblick mißlungen war. Der unerwartete Triumph der Alliierten,
hier einen Rheinübergang in ihre Hand zu bringen, hat höchstwahr-
scheinlich den Zweiten Weltkrieg verkürzt. Hitler ließ daraufhin Feldmarschall Gerd von Rundstedt, den Oberbefehlshaber West, ablösen
und vier deutsche Offiziere in den kleinen Westerwaldgemeinden Rimbach und Oberirsen am 12. und 13. März erschießen. - Am 17. März,
zehn Tage nach ihrer Einnahme, stürzte die schwer beschädigte und nur
notdürftig reparierte Brücke plötzlich ein und riß zahlreiche amerikani-
sche Soldaten in die Tiefe.
🏛 Erhalten ist von der **Stadtbefestigung** nur das stattliche spätmittel-
alterliche Neutor mit hohem Satteldach und spitzbogiger Durchfahrt. Besonders an der Rheinfront, aber auch in den kleinen Straßenzügen hat
Erpel sein altes **Ortsbild** noch weitgehend unverfälscht erhalten. Charak-

teristisch sind die alten Fachwerkhäuser mit der Giebelseite zur Straße hin, deren Hof von einem seitlich sich anschließenden überbauten Rundbogentor verschlossen wird.

Erpels kath. **Pfarrkirche St. Severus** mit einem Untergeschoß des Turmes aus dem 11. oder frühen 12. Jh. ist eine dreischiffige Emporenbasilika im Stil der Romanik und Gotik. Mehrere Skulpturen in Holz, zwei Ölgemälde, eines auf Holz, das andere auf Leinwand und sakrale Kunstgegenstände bereichern das Gotteshaus.

Das Rathaus, ein feiner schmaler Bau, weist in Ankern die Erbauungszahl 1780 auf.

🛏 ✕ 1 Hotel, 7 Gaststätten, Cafés

🚌 Köln - Frankfurt

🚌 Honnef - Erpel - Linz - Neuwied

⚓ Personenfähre für Personenschiffe

☎ Verkehrsverein Erpel, Tel. (0 26 44) 59 85

Lit.: Heft „Erpel" der Reihe „Rheinische Kunststätten" des Rhein. Vereins
Siehe Wanderkarte „Unkel und Umgebung"!

🥾 1. Zur **Erpeler Ley** (¹/₂ Std.)
Unmittelbar am Ort steigt der 203 m hohe Basaltfels der Erpeler Ley 150 m steil hoch. Von seinem Hochplateau prächtiger Blick über das Rheintal. Naturschutzgebiet mit seltenen Steppenpflanzen. Am Südhangrand ein 80 Zentner schwer Trachytblock zur Erinnerung an die erste Fahrt eines lenkbaren Zeppelin über den Rhein im Jahre 1909. Gasthaus Waldesruh, siehe auch Seite 316.

2. Marktplatz - Orsberger Straße - Orsberg (Gemeinde Erpel), (³/₄ Std);

3. Auf dem Leinpfad nach Unkel (¹/₂ Std).

Wo sich die Talebene wieder etwas verengt, liegt nach 2 km

Unkel (56 m; 3850 E., VG Unkel, Kreis NR)

Schöner alter Wein- und Luftkurort, Heimat des begehrten Rotweins „Unkeler Funkeler". Der alte Ortskern mit Kirche liegt auf einer kleinen Anhöhe am Ufer, die einst ein Werth inmitten des Stromes gebildet hatte.

◨ Der Name Unkel rührt möglicherweise von dem Häkchen (≡ unculus) ab, den der Strom hier bildet. Der Ort wird 886 und die Kirche 943 erstmals urkundlich bezeugt. Von 1265 bis 1803 war Kurköln Vogt- und Landesherr. Unkel überflügelte das zunächst bedeutendere Erpel und wurde 1578 Stadt, allerdings die kleinste Kurkölns.

🏛 Von der ehemaligen **Stadtbefestigung** hat sich noch ein Rundturm (Gefängnisturm) mit einem Mauerstück erhalten.

Die **Pfarrkirche St. Pantaleon** ist eine dreischiffige und dreijochige Hallenkirche mit kunstvollem Gewölbe. Von der reichen und teilweise hochwertigen Ausstattung mögen aufgeführt sein: Ein schmiedeeiserner Hängeleuchter aus dem Jahre 1527. Dem späteren Mittelalter gehören ein Ecce homo, eine Mutter Anna und ein hl. Pantaleon an. Aus der Renaissance-Zeit stammt der Annenaltar mit vielen Heiligenfiguren sowie Wappen und Darstellungen der Stifterfamilie von Herrestorff.

Der barocke Hochaltar von 1705 wurde von dem Kölner Domherrn Andreas Eschenbrender († 1717) aus Unkel gestiftet, der im Spanischen Erbfolgekrieg die deutsche Sache gegen den auf französischer Seite stehenden Kurfürsten Joseph Clemens (1688 - 1723) vertrat und mehrere Jahre als Offizial und Hofratspräsident der eigentliche Lenker des Kölner Landes war. - Die Sakristeischränke bergen wertvolle Kirchengeräte und Paramente. Ein weiteres kostbares Kunstwerk ist ein hölzerner Reliquienschrein mit schön geschnitzten Maßwerkfeldern. Auf einer Schmalseite des Schreins erkennt man in der Mitte den Arzt St. Pantaleon und seitlich von ihm die Ärzte St. Cosmas und St. Damian. Auch der romanische Taufstein und die Vierzehn-Nothelfer-Kapelle lohnen eine Besichtigung. Der die Kirche umgebende Friedhof zählt mit zu den schönsten am Rheinstrom.

Kleines **Stadtmuseum** im Gefängnisturm.

Beschießung von Unkel im Jahre 1583

⊨ ✕ 9 Hotels, 6 Restaurants/Cafés. Winzerwirtschaften. Berühmt der „Unkeler Funkeler".
✗ Getränkeindustrie. Größte Süßmosterei Deutschlands.
🚌 Köln - Unkel - Frankfurt
🚌 Bad Honnef - Unkel - Linz - Neuwied
⚓ Personenfähre nach Oberwinter;
Personenschiffahrt nach Königswinter - Remagen - Linz - Bad Breisig.
Lit.: Heft „Unkel" der Reihe „Rheinische Künststätten" des Rheinischen
         Vereins für Denkmalpflege und Landschaftsschutz
🚶 Urbachsmühle (1412 bezeugt, abgerissen beim Ausbau der neuen
     L 252) - Kaskaden - Unkeler Schweiz - Hähnerbachtal - Bruch-
hausen - Stuxberg (Hinweise auf der Wanderwegetafel am Parkplatz in
der Nähe der Stahlbrücke der B 42).
Wandervorschläge nach der 1969 herausgegebenen Wanderkarte 1 : 25 000
„Unkel und Umgebung" (in Klammern jeweils die Wegemarkierungs-
nummern):

1. (1) Unkel Bhf. - Hähnerbachtal - Bruchhausen - St. Marienberg
   (Soldatenfriedhof) - Alte Ziegelei - (2) Sportplatz - (1) Rheinbreitbach
   - Mühlenweg - Leinpfad - Unkel (ca. 10 km);
2. (1) Unkel Bhf. - Bruchhausen - (2) Birkig - Auge Gottes - Virneberg -
   Rheinbreitbach - Scheuren - Unkel (ca. 13 km);
3. (1) Unkel Bhf. - Bruchhausen - (2) bis Straßengabelung - (3) Fischteiche - Tetzelbachtal - Auge Gottes - (2) Virneberg Rheinbreitbach -
   Unkel (ca. 15 km);
4. (1) Unkel Bhf. - Bruchhausen - (2) bis Straßengabelung - (3) Kasbachtal - Detzelbach - (4) Fhs. Reifstein - westl. Asberg - Auge Gottes -
   (2) Virneberg - Rheinbreitbach - Unkel (ca. 18 km);
5. (1) Unkel Bhf. - Urbachsmühle - (5) Leistal - Ober der Hütte (Drei-
   seenplatte) - Gut Hohenunkel - Katzenloch - Scheuren - (2) Unkel
   (ca. 4 km);
6. (1) Unkel Bhf. - Urbachsmühle - (5) Leistal - Ober der Hütte (Drei-
   seenplatte) - (6) Bruchhausen - (1) Hähnerbachtal - Unkel (ca. 7 km);
7. (2) Unkel Bhf. - Scheuren - (5) Katzenloch - (7) Haanhof - (6) Bruchhausen - (1) Hähnerbachtal - Unkel (ca. 7 km);
8. (1) Unkel Bhf. - Eingang Hähnerbachtal - (8) Stuxberg - Orsberg -
   Erpeler Ley - Erpel - Leinpfad - Unkel (ca. 10 km);
9. (1) Unkel Bhf. - Bruchhausen - (9) Orsberg - (8) Erpeler Ley - Erpel -
   (9) Heister - Auf dem Sand - Unkel (ca. 12 km);

10. (1) Unkel - Eingang - Hähnerbachtal - (8) Stuxberg - (10) Ellich - Burg Vilszelt - Heister - Rhein - (8) Leinpfad - Unkel (ca. 5 km);
11. (2) Unkel Bhf. - Scheuren - Rheinbreitbach - Virneberg - Breite Heide - Auf dem Horn - Rheinbreitbach (Abstecher zum Koppel) - (1) Mühlenweg - Leinpfad - Unkel (ca. 11 km);
12. (1) Unkel - Leinpfad - Rheinbreitbach - (12) Landesgrenze - Breitbacher Graben - Hagerhof (Menzenberg) - Auf dem Horn - (11) Breite Heide - Virneberg - (2) Rheinbreitbach - Scheuren - Unkel (ca. 11 km);
13. (1) Unkel Bhf. - Bruchhausen - (2) Birkig - Auge Gottes - (13) Kreuzeiche - Stellweg - (K) Kreuzung Servatiusweg - Himmerich - Mucher Wiesental - (13) Jugendherberge - Selhof - Dellenweg - (12) Rheinbreitbach - (1) Mühlenweg - Leinpfad - Unkel (ca. 21 km);
14. Unkel - Personenfähre Unkelstein - (14) Unkelbachtal - Mühlenloch - Bandorf - Birgel (Anschluß (R) Rodderberg/Rolandsbogen) - Oberwinter - Personenfähre Unkel (ca. 4 km);
15. Unkel - Personenfähre Unkelstein - (15) Leinpfad bis Arsbrücke - Calmuthtal - (R) Hs. Calmuth - Waldschlößchen - Appolinarisberg - Remagen - Personenfähre Erpel - (8) Leinpfad nach Unkel (ca. 10 km).

Zwischen dem Unkeler Bahnhof und den Bergen liegt
Unkel-**Scheuren**

🏛 Spätgotische **Kapelle,** 1519 errichtet, Barockaltar, Marienfigur aus dem 18. Jh. und eine Altartafel mit zwölf farbigen Szenen aus Christi Leidensgeschichte aus der Mitte des 15. Jh.

Südlich von Unkel
Unkel-**Heister**

🏛 Eine schlichte 1753 erbaute **Kapelle.** Steinerne Madonna, 15. Jh., und eine barocke Heiligenfigur. Nahebei liegt die kleine **Wasserburg Vilszelt**, ein vierkantiger Bruchsteinbau aus dem 13. Jh.

Abseits der B 42 liegt 2 km hinter Unkel am Fuße der Westerwaldhänge
Rheinbreitbach (80 m; 4150 E., VG Unkel)

Nördlichster rechtsrheinischer Rheintalort von Rheinland-Pfalz. Umliegend vorwiegend Obst-, Erdbeeren-, Spargel- und Gemüsekulturen statt des aufgegebenen Weinbaus.

✪ Man nimmt an, daß Rheinbreitbach 1500 Jahre alt ist. Die früheste Namensgebung ist 966 zu finden. Der Chor der **Pfarrkirche St. Maria Magdalena** gehört dem 15. Jh. an, über das Schiff ist erst im 16. Jh. etwas zu erfahren. Eine reichliche Innenausstattung lädt zum Verweilen ein. Die Leonarduskapelle besteht seit 1655. Von der unteren Burg blieb nur der Torbogen mit dem Wappen des Geschlechtes der Grafen von Breidbach erhalten. Die **obere Burg** soll aus dem 15. Jh. stammen und enthält heute ein ansehnliches Antiquitätengeschäft mit Museum. Vielgestaltige, gepflegte Fachwerkbauten lockern das Bild Rheinbreitbachs auf.
In Rheinbreitbach gab es die ältesten Bergwerke am Rhein. Die östlich vom Ort gelegenen Hügel Virneberg (1611) und Marienberg (1724) bargen Kupfererz.
🛏 ✕ 6 Hotels, 7 Gaststätten und Cafés, Campingplatz, Waldschwimmbad. Im Rheinbreitbacher Hof historische Weinkneipe mit Erinnerungen an die Gebrüder Grimm, Simrock und Freiligrath. Sport- und Tennishalle mit Gastronomie.
👫 1. Hauptstraße - Breite Heide - Auge Gottes (markiert; $3^{1}/_{2}$ Std.);
2. Hauptstraße - Virneberg - Waldschwimmbad (markiert; 2 Std.);
3. Westerwaldstraße - Schwimmbad - Ziegelei - Marienberg - Bruchhausen (markiert; 2 Std.);
4. Hauptstraße - Haagerhof - Menzenberg (Weingut, ehemaliger Wohnsitz von Karl Simrock) - Simrockstraße - Vonsbach (markiert; 2 Std.).

DAS SIEBENGEBIRGE MIT DEM ENNERT

Bearbeiter: Dr. Elmar Heinen

Das Siebengebirge bildet den nordwestlichen Eckpfeiler des Westerwaldes. Hier, wo der Rhein das Mittelgebirge verläßt und in die trichterförmig weit nach Süden reichende Niederrheinische Tiefebene eintritt, bietet er ein überaus reizvolles und mannigfaltiges Landschaftsbild. Von welcher Richtung auch immer wir das Siebengebirge betrachten, ob vom Rhein her aus nördlicher oder südlicher Richtung, von den Hügeln des Drachenfelser Ländchens oder von den Höhen der Eifel oder des Westerwaldes: Immer bilden die bewaldeten Höhen des Siebengebirges eine malerische, abwechslungsreiche und charakteristische Silhouette. Von Osten gesehen treten nur die höchsten Berge, Ölberg, Lohrberg und Löwenburg, sowie einige der südlicher gelegenen Gipfel hervor; aus den anderen Richtungen zeigt sich das Gebirge in noch größerer Mannigfaltigkeit: Je nach dem Standort erscheinen immer andere Gipfel, bald nebeneinandergereiht, bald vielfältig hintereinander gestaffelt.

Über den Namen des Siebengebirges ist viel gerätselt worden. Lange Zeit stritt man darüber, welches die namengebenden „Sieben Berge" seien und von wo aus man dem Gebirge wegen der Sicht gerade auf diese Berge seinen Namen gegeben habe. Eine andere Theorie bestritt überhaupt den Zusammenhang mit der Zahl sieben und wollte den Namen von „Siefen", kleinen feuchten Waldtälern, ableiten, wie es sie im Siebengebirge in großer Zahl gibt. Richtig dürfte sein, daß der Name von der Zahl sieben kommt, diese jedoch nicht im engen, genauen Sinne zu verstehen ist. Die Sieben ist ja eine magische, geheimnisvolle Zahl und paßt schon von da her zu diesem Gebirge, das den früheren Bewohnern der umliegenden Landstriche als unheimlich galt und Schauplatz vieler alter Sagen und Spukgeschichten ist. Zudem wird die Zahl sieben auch sonst häufig verwendet, um eine größere, nicht genau bestimmte Menge zu bezeichnen; denken wir etwa an die „Siebensachen" oder an das „Siebengestirn".

Lage und Begrenzung

Das Siebengebirge erstreckt sich vom Fuß des Ennert unweit des Mündungsgebietes der Sieg im Norden bis zur Landesgrenze nach Rheinland-Pfalz, dem Breitbacher Graben, im Süden und vom Rheintal im Westen bis zum oberen Pleisbachtal und zum Pleiser Hügelland im Osten. Auf eine Länge von etwa 15 km und eine Breite von etwa 5 km (im Süden) bedeckt das Naturschutzgebiet - zugleich Naturpark -, das sich im wesentlichen mit dem geographischen Siebengebirge deckt, eine Fläche von 42 km². Innerhalb dieses Gebietes läßt sich noch das Siebengebirge im engeren Sinn abgrenzen, das, etwa 25 km² umfassend, vom Heisterbacher Tal und dem Sattel nördlich des Weilberges im Norden

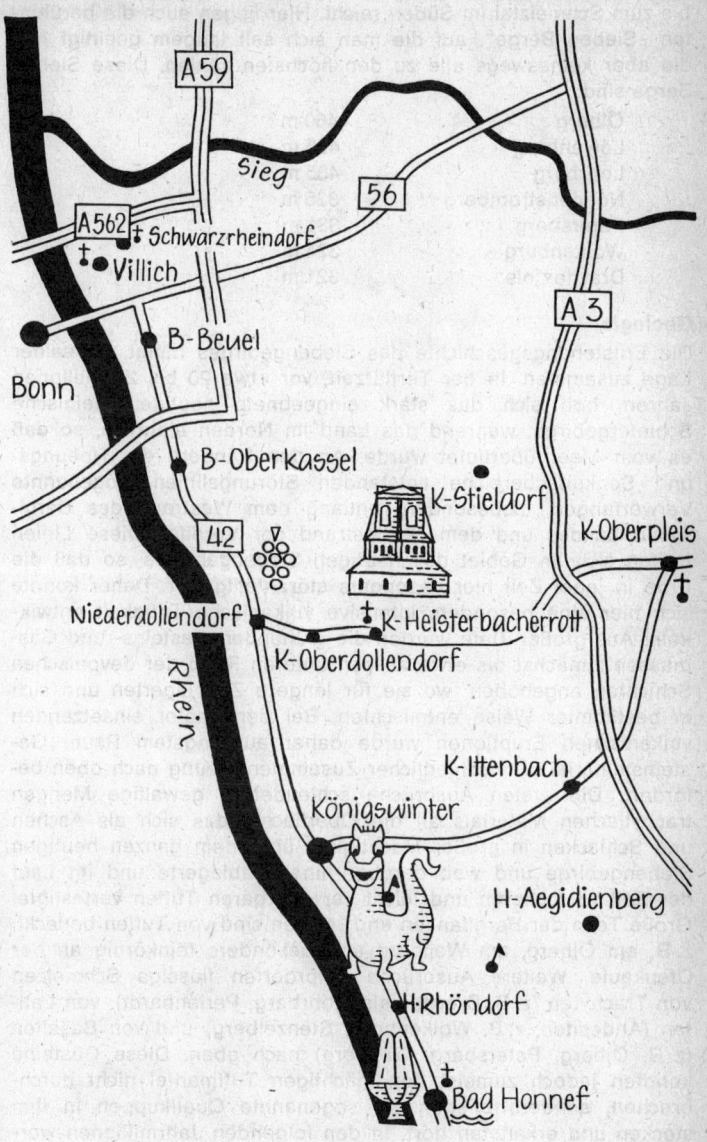

Das Siebengebirge mit dem Ennert   Seiten 692 - 721

bis zum Schmelztal im Süden reicht. Hier liegen auch die berühmten „Sieben Berge", auf die man sich seit langem geeinigt hat, die aber keineswegs alle zu den höchsten zählen. Diese Sieben Berge sind:

Ölberg	460 m
Löwenburg	455 m
Lohrberg	435 m
Nonnenstromberg	336 m
Petersberg	331 m
Wolkenburg	324 m
Drachenfels	321 m

Geologie

Die Entstehungsgeschichte des Siebengebirges hängt mit seiner Lage zusammen. In der Tertiärzeit, vor etwa 20 bis 25 Millionen Jahren, hob sich das stark eingeebnete heutige Rheinische Schiefergebirge, während das Land im Norden einbrach, so daß es vom Meer überflutet wurde. An den Rändern der Hebungs- und Senkungsbereiche entstanden Störungslinien, sogenannte Verwerfungen, insbesondere entlang dem Westrand des Bergischen Landes und dem Nordostrand der Voreifel. Diese Linien treffen sich im Gebiet des heutigen Siebengebirges, so daß die Erde in jener Zeit hier besonders störanfällig war. Daher konnte sich hier eine besonders intensive vulkanische Tätigkeit entwickeln. Aus großer Tiefe wurden die glühenden Gesteins- und Gasmassen zunächst bis etwa an den unteren Rand der devonischen Schichten angehoben, wo sie für längere Zeit lagerten und sich in bestimmter Weise entmischten. Bei den später einsetzenden vulkanischen Eruptionen wurde daher auf engstem Raum Gesteinsmaterial unterschiedlicher Zusammensetzung nach oben befördert. Die ersten Ausbrüche schleuderten gewaltige Mengen trachytischen Materials an die Oberfläche, das sich als Aschen und Schlacken in großer Mächtigkeit über dem ganzen heutigen Siebengebirge und weit darüber hinaus ablagerte und im Lauf der Zeit zu lockeren und leicht verwitterbaren Tuffen verfestigte. Große Teile der Bergflanken und Mulden sind von Tuffen bedeckt, z. B. am Ölberg, am Weilberg und besonders feinkörnig an der Ofenkaule. Weitere Ausbrüche beförderten flüssige Schmelzen von Trachyten (z. B. Drachenfels, Lohrberg, Perlenhardt), von Latiten (Andesiten, z. B. Wolkenburg, Stenzelberg) und von Basalten (z. B. Ölberg, Petersberg, Weilberg) nach oben. Diese Gesteine konnten jedoch zumeist den mächtigen Tuffmantel nicht durchbrechen, sondern blieben als sogenannte Quellkuppen in ihm stecken und erkalteten dort. In den folgenden Jahrmillionen wurden die Tuffe durch Wasser und Wind abgetragen und so die härteren vulkanischen Gesteine herauspräpariert. Im frühen Diluvium, vor etwa 400 000 Jahren, schuf sich der Rhein seinen heutigen Lauf durch das Mittelgebirge, und seitdem prägt er stark die

Landschaft mit. Die mehreren Eiszeiten führten wegen der gewaltigen im Norden und Süden lagernden Eismassen - das Schiefergebirge selbst war eisfrei - zu einer Senkung des Landes und zu geringer Wasserführung. Die wärmeren Zwischeneiszeiten, in denen das Eis abschmolz, brachten dementsprechend eine Hebung und verstärkte Wasserführung. So bildeten sich mehrere charakteristische Terrassen des Rheintals, die besonders deutlich an den Hängen und vorgelagerten Hügeln des Petersberges, des Drachenfelses und des Breiberges hervortreten. Trockene Stürme während der Eiszeiten verwehten große Mengen von Gesteinsstaub, der als fruchtbarer Löß insbesondere im Pleiser Hügelland abgelagert wurde. Der gegenüber dem Drachenfels am linken Rheinufer liegende Vulkan des Rodderberges hängt nicht mit dem Vulkanismus des Siebengebirges zusammen, sondern mit dem viel jüngeren des Laacher-See-Gebietes und stammt aus einer Zeit, in der bereits der Mensch das Rheintal durchstreifte und besiedelte.

Geschichte

Daß der Siebengebirgsraum uraltes Siedlungsgebiet ist, beweist das an der Rabenley gefundene Doppelgrab aus der jüngeren Altsteinzeit (Cro-Magnon-Stufe, etwa 16 000 Jahre vor Christus; heute im Landesmuseum Bonn). Aus dem letzten vorchristlichen Jahrhundert gibt es einen Ringwall auf dem Petersberg. In römischer Zeit lag das Siebengebirge im Vorfeld und Einflußbereich der Römer, die die ganze linke Rheinseite mehrere Jahrhunderte lang fest in der Hand hatten. An dem für den Steintransport überaus günstig unmittelbar am Rheinufer gelegenen Drachenfels brachen die Legionäre die Steine für Staatsbauten in den Lagern und Städten wie Bonn, Köln und Remagen. Eine dauernde Besiedlung des Siebengebirgsraumes war erst nach dem Wegzug der Römer, in fränkischer Zeit, möglich. Die Besiedlung ging von Norden aus, etwa aus dem Raum um Bonn. Spuren eines frühmittelalterlichen Abschnittswalles sind noch auf der Kitzenhardt zu sehen. Bei der fränkischen Gliederung des Reiches in Gaue kam das ganze Gebiet an den Auelgau, der im 11. Jahrhundert zum Herrschaftsgebiet des Pfalzgrafen von Niederlothringen gehörte. In der 2. Hälfte des 11. Jahrhunderts änderten sich die Herrschaftsverhältnisse grundlegend. Der Erzbischof von Köln, unbestrittener Herr des gegenüberliegenden linksrheinischen Gebietes, konnte die pfalzgräfliche Herrschaft auf der rechten Rheinseite brechen (Eroberung der Burg und Errichtung des Klosters auf dem Michaelsberg in Siegburg durch Anno II., 1064); allerdings gelang es ihm nicht, seine eigene Herrschaft in diesem ganzen Gebiet zu errichten. Ihm traten vor allem die einen großen Teil des Westerwaldes beherrschenden Grafen von Sayn entgegen. So wurde der Siebengebirgsbereich mit der Verfestigung der Landesherrschaften im weiteren Verlauf des Mittelalters in mehrere Herrschaftsgebiete aufgesplittert. Honnef mit Aegidienberg und der Löwenburg gehörte zu der zunächst saynischen Herrschaft Löwenburg. Nach dem Aussterben des Sayner Mannesstammes wechselte diese mehrfach ihre Zugehörigkeit und kam 1484 an das Herzogtum Berg, in welchem sie das Amt Löwenburg bildete. Königswinter mit Ittenbach und den Burgen Wolkenburg und Drachenfels bildete das kurkölnische Amt Wolkenburg. Die Kirchspiele Dollendorf (mit Heisterbacherrott), Oberkassel und Küdinghoven (mit Ramersdorf, Limperich, Beuel, Bechlinghoven, Niederholtorf und Oberholtorf) gehörten zur Herrschaft und zum späteren Amt Löwenburg. Der nördliche Teil des heutigen Beuel bis zur Siegmündung bildete die beiden kurkölnischen Unterherrschaften Schwarzrheindorf und Vilich. Oberpleis war als Propstei eine Unterherrschaft der Abtei Siegburg, bis es um 1500 gleichfalls an das Herzogtum Berg kam und Teil des Amtes Blankenberg wurde. Von den Kriegswirren vom Ende des 16. Jahrhunderts bis Anfang des 18. Jahrhunderts (Truchsessischer Krieg, Dreißigjähriger Krieg, Kriege Ludwigs XIV., Spanischer Erbfolgekrieg) wurden alle Orte des Siebengebirgsraumes hart betroffen. Bei der großen Säkularisation 1803 wurden all die zahlreichen Klöster und Stifte aufgehoben und ihre Güter für den Staat eingezogen. 1806 kamen die ehemals kurkölnischen Gebiete zum neugegründeten, nach französischem Muster verwalteten Großherzogtum Berg, womit die politische Trennung zwischen den Siebengebirgsorten aufhörte. 1815 fiel das ganze Gebiet an das Königreich Preußen und nach dem Zweiten Weltkrieg an das Land Nordrhein-Westfalen. Seit der kommunalen Neuordnung des Bonner Raumes im Jahre 1969 gliedert sich das Gebiet verwaltungsmäßig in die Städte Bonn, Königswinter und Bad Honnef.

Die Bewohner der Rheinorte des Siebengebirges ernährten sich hauptsächlich vom Weinbau. Viele geistliche und weltliche Herrschaften hatten hier ihre Weingüter, insbesondere das Kloster Heisterbach, das viel zur Kultivierung des Siebengebirges beigetragen hat. Soweit der schmale Streifen der Talsohle es zuließ, wurden auch Ackerbau und Viehhaltung betrieben. Der lößhaltige Boden des Pleiser Hügellandes wurde vor allem als Ackerland und Weide genutzt.

Viele Bewohner des Siebengebirgsraumes lebten von den Steinbruchbetrieben. Im Mittelalter wurden insbesondere am Drachenfels Steine gebrochen. Die Dome von Köln und Xanten wurden weitgehend aus Drachenfelstrachyt errichtet, und bei fast allen mittelalterlichen rheinischen Kirchen und bei manchen Burgen, Stadtmauern und anderen Profanbauten wurde Drachenfelser Stein verwendet, insbesondere als Haustein für Eckquadern u. a.

In der Barockzeit wandte man sich vor allem dem feiner gekörnten Latitstein der Wolkenburg und des von der Abtei Heisterbach betriebenen Stenzelberges zu. Auch im Untertagebau wurden

Das Siebengebirge   *Braunewell - Soltau*

Steine gebrochen, und zwar die für Backöfen hervorragend geeigneten Tuffsteine der Ofenkaule sowie Kupfer-, Blei- und Zinkerze im Schmelztal. Im 19. Jahrhundert wurden an zahlreichen Gipfeln Steine gebrochen. Mit dem Eisenbahnbau und dem zunehmenden Bau von Straßen und Uferbefestigungen wuchs die Bedeutung insbesondere der Basaltsteinbrüche, z. B. an Petersberg, Ölberg, Weilberg und Rabenley, die teilweise noch bis weit ins 20. Jahrhundert betrieben wurden. Heute wird im Gebiet von Königswinter noch in den beiden Steinbrüchen Hühnerberg und Eudenberg, zwischen Pleisbach und Hanfbach, Basalt gewonnen. Der dem Ennert vorgelagerte Finkenberg ist durch Steinbruchbetrieb fast völlig abgetragen worden. So drohte das ganze Siebengebirge durch Steinbrüche vernichtet zu werden.

Die zunächst vom Geist der Romantik getragene Gegenbewegung setzte am Drachenfels ein. Hier war die markante Ruine besonders gefährdet, zumal der kurz nach 1820 einsetzende Weiterbau am Kölner Dom zu einem erheblichen Steinbedarf führte. Vor allem das preußische Königshaus setzte sich stark für die Erhaltung der Ruine ein, in deren Nähe schon 1814 ein Denkmal für den zum Kampf gegen die napoleonische Herrschaft gebildeten freiwilligen Landsturm des Siebengebirges errichtet worden war. 1828 wurde der Steinbruchbetrieb polizeilich verboten, und 1836 kaufte der preußische Staat den Berg und legte damit die Steinbrüche endgültig still. Es war die erste Großtat eines deutschen Staates auf dem Gebiet des Naturschutzes. Der 1869 gegründete Verschönerungsverein für das Siebengebirge (VVS) konnte große Grundflächen im Siebengebirge erwerben und damit schützen. Allmählich wurde auch die Stillegung der übrigen Steinbrüche erreicht; als letzter wurde der Steinbruch im Weilberg etwa in der Zeit des Zweiten Weltkrieges aufgegeben. Der VVS widmete - und widmet - sich nicht nur dem Schutz, sondern auch der Erschließung des Siebengebirges, zunächst insbesondere durch die Anlage von Fahr- und Fußwegen. Das Gebirge wurde 1922 durch

Polizeiverordnung zum Naturschutzgebiet erklärt (dem ersten in Deutschland) und 1958 zum Naturpark. Damit ist es der erste Naturpark und zugleich das größte Naturschutzgebiet in Nordrhein-Westfalen. Seit 1971 ist es als dritte deutsche Landschaft von europäischer Bedeutung Träger des vom Ministerrat des Europarates verliehenen Europadiploms.

Flora und Fauna

Das fast völlig bewaldete Siebengebirge ist nicht nur wegen seiner geologischen, sondern auch wegen seiner biologischen Besonderheiten von Bedeutung. Es bildet den Eckpfeiler der mitteleuropäischen gegen die atlantische Flora. Von den Waldbäumen herrscht von Natur aus die Rotbuche vor; die natürliche Vegetation ist auf den meisten Flächen ein Hainsimsen-Perlgras-Buchenwald, im Südteil auch Flattergras-Hainsimsen-Buchenwald. Daneben spielen auch Eiche, Hainbuche sowie an Bachläufen Erle und Esche eine Rolle. Die zahlreichen Fichtenbestände, die aus wirtschaftlichen Gründen bis zum Zweiten Weltkrieg angepflanzt worden waren ("Preußenbäume"), werden jetzt zugunsten schönerer, artenreicher Mischwälder zurückgedrängt. Luv- und Leeseiten und die einzelnen Höhengürtel der Berge zeigen charakteristische unterschiedliche Arten und Gesellschaften. Von den typischen Unterwuchspflanzen sind außer Perlgras und Hainsimse insbesondere Ilex, Elsbeere, Waldschwingel und Farne zu nennen. Auch einige floristische Seltenheiten gibt es noch im Siebengebirge zu finden. In einem 14 ha großen Kopfbuchenbestand auf der Rabenley wird eine früher weit verbreitete Bewirtschaftungsform zur Anschauung aufrechterhalten.

Auch für die Fauna weist das Siebengebirge als Grenzgebiet der Verbreitung mehrerer Vogelarten Besonderheiten auf. Hervorragende Bedeutung haben die stillgelegten, für den Menschen nicht mehr zugänglichen unterirdischen Ofenkaulen als Winterquartier für zahlreiche Fledermäuse verschiedener Arten, die von weither dort zusammenkommen. Auch gibt es in diesen Stollen eine reiche Wirbellosen-Fauna mit einigen sehr seltenen Arten.

Wandern

Das Siebengebirge ist für den Wanderer durch ein dichtes Netz gut ausgebauter Wanderwege (Gesamtlänge über 200 km) hervorragend erschlossen. An den über 20 Wanderparkplätzen und den wichtigeren Kreuzungen weisen Orientierungstafeln auf die Wege hin. An zahlreichen weiteren Kreuzungen stehen beschriftete Wegweiser aus Natursteinen. 30 Schutzhütten, 30 Rastplätze und Liegewiesen, 6 Teichanlagen und mehr als 500 Bänke laden zum Verweilen ein. 4 Grillplätze und Feuerstellen sowie eine weitere Feuerstelle außerhalb des Naturparks können nach Anmeldung gegen Gebühr benutzt werden und erfreuen sich großer Beliebtheit, und zwar:

Grillplatz (G) oder Feuerstelle (F)	Anmeldung
G am Hardtweiher	Forsthaus Hardt, Am Waldrand 3, 5300 Bonn 3, Tel. (0 22 21) 48 23 23
G am Stenzelberg	Forsthaus Stöckerhof, Zum Stöckerhof, 5330 Königswinter 41, Tel. (0 22 44) 33 00
G am Nasseplatz	VVS, Adenauerallee 7, 5300 Bonn 1, Tel. (0 22 21) 63 10 40
F am Himmerich	Forsthaus Himmerich, Im Rauhen Graben, 5340 Bad Honnef 1, Tel. (0 22 24) 50 89
F am Rothberg	Forsthaus Stöckerhof

Die Straßen und Wege im Naturschutzgebiet sind bis auf folgende Ausnahmen für jeden Fahrzeugverkehr gesperrt:
— Pützchen - Niederholtorf (Pützchens Chaussee),
— Ramersdorf - Niederholtorf (Oberkasseler Straße),
— Oberkassel - Vinxel - Stieldorf (Langemarckstraße bzw. Stieldorfer Straße).
— Dollendorf - Heisterbacherrott (Heisterbacher Straße) mit Abzweigung nach Vinxel,
— Königswinter - Ittenbach (Ferdinand-Mülhens-Straße) mit Abzweigung zum Petersberg,
— Ittenbach - Aegidienberg (Aegidienberger bzw. Ittenbacher Straße),
— Bad Honnef - Himberg (Schmelztalstraße).
Einige weitere „Fahrstraßen" oder „Verschönerungsstraßen" dürfen von Pferdekutschen befahren werden.
Wegen der Fülle der Möglichkeiten in dem dichten Wanderwegenetz des Siebengebirges und der Vielzahl der Orientierungshinweise an Ort und Stelle wird hier, insbesondere für das mittlere und südliche Siebengebirge, nur eine Auswahl der Wanderstrekken angegeben.
Als Wanderkarten sind zu empfehlen:
— Naturparkkarte 1 : 25 000 Naturpark Siebengebirge/Pleiser Ländchen 4. Aufl. 1979, hrsg. vom Landesvermessungsamt Nordrhein-Westfalen in Zusammenarbeit u. a. mit dem WWV (mit inhaltsreichem Text auf der Rückseite),
— Stollfuß-Wanderkarte Naturpark Siebengebirge 1 : 25 000, Bonn: Stollfuß-Verlag,
Topographische Karte 1 : 50 000, Kartenblatt L 5308 Bonn: Ausgabe mit Wanderwegen und Schummerung, hrsg. vom Landesvermessungsamt, zugleich Wanderkarte des WWV,
— Topographische Karte 1 : 25 000, Kartenblätter 5208 Bonn, 5209 Siegburg, 5309 Königswinter, hrsg. vom Landesvermessungsamt.

Als geologische Karten sind 1978 erschienen: Geologische Karte
von Nordrhein-Westfalen 1 : 25000, Blatt 5209 Siegburg, Blatt 5309
Königswinter, jeweils mit Erläuterungen, hrsg. vom Geologischen
Landesamt Nordrhein-Westfalen. Es handelt sich um geologisch
unveränderte Nachdrucke von Aufnahmen aus den 1930er Jahren
auf modernen topographischen Kartenunterlagen.
Bei der Benutzung der Karten ist zu beachten, daß ein Teil der
Wanderwege, z. B. der Rheinhöhenweg im Bereich des Ennert
und der Hauptwanderweg „I" des WWV, in jüngster Zeit geändert
worden sind, so daß ihr Verlauf auf keiner der Karten mit der
Markierung in der Natur voll übereinstimmt.
Lit.: H. J. Roth, Das Siebengebirge. Heft 13 der Reihe
      „Rheinische Landschaften", Verlag Rheinischer Verein
      für Denkmalpflege und Landschaftsschutz, Köln;
      „Schutzwürdige Natur und Landschaft im Bonner Raum",
      Heft 16 der Reihe „Rheinische Landschaften", Neuß 1979.
      O. Burghardt, Siebengebirge − Landschaft im Wandel −
      (mit Bodenkarte 1 : 25000 des Naturparks Siebengebirge),
      hrsg. vom Geologischen Landesamt Nordrhein-Westfalen,
      Krefeld, 1979
      W. Felten, Das Rheinische Siebengebirge, Löwenburg-Verlag
      Bad Honnef 1978 (Nachdruck der Ausgabe von ca. 1925)

Das rechtsrheinische Bonn

Drei Brücken verbinden die linksrheinischen Teile der Bundeshauptstadt Bonn mit den rechtsrheinischen: Die Nordbrücke
(Friedrich-Ebert-Brücke) nahe der Siegmündung und die Südbrücke (Konrad-Adenauer-Brücke) bei Ramersdorf sind Autobahnbrücken; die Kennedybrücke ist eine innerstädtische Straßenbrücke an der Stelle der alten, kriegszerstörten Brücke. Eine
Stadtbahnverbindung über die Südbrücke befindet sich (1979) im
Bau; die Siebengebirgsbahn nach Königswinter und Bad Honnef
benutzt noch die Kennedybrücke. Seit 1978 besteht eine rechtsrheinische Autobahnverbindung zwischen Nord- und Südbrücke
Teilstück der A 59), ihre Verlängerung nach Süden ist (1979) im Bau.

Bonn-**Beuel** (48–195 m)

Stadtteil mit vielseitiger Industrie, am Rheinufer zwischen dem
Ennert und der Siegmündung gelegen. 1969 wurden die rechtsrheinischen Gemeinden Stadt Beuel, Holzlar und Oberkassel mit
der Stadt Bonn vereinigt, in der sie den Stadtbezirk Beuel bilden.
Beuel (ohne Oberkassel) hat 2 kirchliche Gymnasien, davon eines
mit Internat für Mädchen, Gesamtschule, Realschule, 11 kath. und
4 ev. Pfarreien sowie die griechisch-orthodoxe Metropolie für
Deutschland. Krankenhaus.

◼ In dem einst kurkölnischen, nördlichen Teil von Beuel lagen die
Frauenstifte Schwarzrheindorf und Vilich, die kurkölnische Unterherrschaften bildeten. Schwarzrheindorf geht auf eine karolingische Burg
im Mündungsgebiet der Sieg zurück, die ihrerseits einer römischen Hafen-
anlage in der Siegmündung folgte. Die von Erzbischof Arnold von
Wied Mitte 12. Jh. erbaute Burgkapelle wurde nach seinem Tod in ein
von seiner Schwester Hedwig gegründetes Benediktinerinnenkloster

Zwerchgalerie der Stiftskirche in Schwarzrheindorf

einbezogen. Dieses wurde später in ein freiadeliges Kanonissenstift umgewandelt. - Das Kanonissenstift Vilich wurde von einem Bruder des Herzogs von Niederlothringen gegründet und 987 von Kaiser Otto III. bestätigt. Erste Äbtissin war die heilige Adelheid, eine Tochter des Gründers. Vilich war auch Urpfarrei für die rheinaufwärts gelegenen Pfarreien Küdinghoven, Oberkassel, Niederdollendorf, Oberdollendorf, Königswinter; ein Indiz für die Annahme, daß das Gebiet zwischen Siegmündung und Drachenfels als römische Domäne in fränkisches Königsgut überging (vgl. den Ortsnamen ,,Königswinter''). - Der ehemals bergische, südliche Teil von Beuel bildete das Kirchspiel Küdinghoven. Von seinen Honschaften wurde das unmittelbar am Rhein gegenüber der kurkölnischen Residenzstadt Bonn gelegene Beuel mehrmals befestigt und zerstört, bis 1717 die letzten Festungswerke fielen. Im 19. Jh. wuchs Beuel im Zuge seiner Industrialisierung und zunehmenden Verkehrsbedeutung über die anderen Orte hinaus. Ende 19. Jh. wurde die Gemeindeverwaltung von Vilich nach Beuel verlegt und 1922 die Gemeinde von „Vilich" in „Beuel" umbenannt. 1952 wurde Beuel zur Stadt erhoben.

🏛 **Ehemalige Stifts- und heutige (kath.) Pfarrkirche St. Klemens, Schwarzrheindorf,** 1151 als Burgkapelle nach dem Typ der Doppelkapellen erbaut, 1173 zur Klosterkirche erweitert. Die ursprünglich - in Anlehnung an Aachen - als Zentralbau errichtete Doppelkapelle ist ein hervorragendes Zeugnis rheinischer Romanik, bei kleinen Ausmaßen von großartiger Raumwirkung. Am Außenbau ist der Gegensatz zwischen ungegliedertem Untergeschoß und reich gegliedertem Obergeschoß mit umlaufender Zwerchgalerie reizvoll. Im Innern bilden die in (gerundeten) Konchen abschließenden Seitenschiffe ein Vorbild für die berühmten Kölner Kleeblattchöre der späten Romanik. Von gleich hohem künstlerischem Rang wie der Baukörper ist die großenteils erhalten gebliebene Ausmalung, insbesondere der Unterkirche. Sie stellt die Visionen des Propheten Ezechiel entsprechenden Szenen des Neuen Testaments gegenüber und geht in der Konzeption auf den gelehrten Abt Rupert von Deutz zurück. Die Wandmalereien der Oberkirche beziehen sich auf das klösterliche Leben.- **Ehemalige Stifts- und heutige (kath.) Pfarrkirche St. Peter, Vilich.** Der Kern des Langhauses geht bis in das 11. Jh. zurück; Querschiff, Chor und das reizvolle Adelheidis-Chörchen mit Sarkophag der hl. Adelheid aus dem 13. Jh. Nach Zerstörungen im 16. und

17. Jh. wurde das Langhaus verkürzt wieder aufgebaut, um 1700 der
Westturm in romanischen Formen mit barocker Haube errichtet. Erhebliche Schäden aus dem Zweiten Weltkrieg sind beseitigt. Von den Stifts-
gebäuden stehen noch 2 Trakte aus dem 17. Jh. sowie die Umfassungsmauer mit einem Tor aus dem 13. Jh. Nahebei die **Wasserburg Lede**, die im
Kern aus dem 18. Jh. stammt. **Ehemalige Kloster- und heutige (kath.) Pfarrkirche St. Adelheidis, Pützchen.** Die vor der Kirche fließende Quelle, die nach
der Legende auf das Wirken der hl. Adelheid zurückgeführt wird, war Anlaß für
zahlreiche Wallfahrten. Der Name „Pützchen" leitet sich von lat. „puteolus" =
Brünnchen her. Ende 17. Jh. baute der Karmeliterorden Kirche und
Kloster. Nach Brand im 19. Jh. und Zerstörungen im Zweiten Weltkrieg
wurde die Kirche, eine Saalkirche mit Flachtonnengewölbe, Dachreiter
und reichem barockem Portal, wieder aufgebaut. Vor der Kirche eine
kleine Adelheidiskapelle, in die Klostermauer einbezogen, aus dem
18. Jh. - **(Kath.) Pfarrkirche St. Gallus, Küdinghoven.** Der massige Westturm aus Bruchsteinen stammt aus der 2. Hälfte des 12. Jh. - **Ehemalige
Deutschordenskommende Ramersdorf.** Um 1220 richtete hier der Deutsche Orden eine seiner ältesten Niederlassungen im Rheinland ein.
Beim Abbruch der Gebäude nach der Säkularisation und einem Brand
wurde die romanische Kapelle auf den Alten Friedhof in Bonn übertragen. Das jetzige schloßartige Gebäude in neugotischen Formen, das
durch den Autobahnbau seines herrlichen Waldmantels beraubt wurde,
stammt aus der 2. Hälfte des 19. Jh. Ein romanisches Doppeltor blieb
erhalten.

✚ Krankenhaus, Ärzte, Zahnärzte, Apotheken.

✈ Hallenbad. Rudermöglichkeit; Motorsportflug- und Segelflugmöglichkeit
auf dem benachbarten Flugplatz Hangelar (Gemeinde Sankt Augustin).

☉ Bekannte Beueler Feste sind Pützchens Markt (am 2. Wochenende
im September), der zu den größten rheinischen Kirmessen und Jahr-
märkten zählt und aus Wallfahrten zur hl. Adelheid hervorgegangen ist,
sowie Weiberfastnacht (am Donnerstag vor Fastnacht), die auf die
traditionellen Beueler Wäscherinnen zurückgeht.

⇔✕ Hotels aller Kategorien mit insgesamt über 200 Betten; zahlreiche
Restaurants und andere Gaststätten.

🚃 Bahnhof (Schnellzugstation) der rechten Rheintalstrecke Köln - Niederlahnstein - Wiesbaden - Frankfurt. Elektrische Bahnen der Stadt Bonn
und des Rhein-Sieg-Kreises mit 2 Strecken: Siebengebirgsbahn Bonn -
Königswinter - Bad Honnef sowie Bonn - Siegburg. Straßenbahn Bonn.

🚌 Stadtverkehr Bonn; nach Hennef, Oberpleis und Siegburg.

⚓ Personenfähre nach Bonn. Dort Anlegestelle für alle Schiffe.

☎ Informationsstelle des Werbe- und Verkehrsamtes der Stadt Bonn,
Cassiusbastei (linksrheinisch, Nähe Hauptbahnhof), 5300 Bonn 1, Tel.
(0 22 21) 7 74 66 und 7 74 67

Lit.: H. Firmenich, Beuel am Rhein, Heft 19
sowie A. Verbeek, Die Doppelkirche in Schwarzrheindorf, Heft 13 der Reihe
„Rheinische Kunststätten" des Rheinischen Vereins für Denkmalpflege
und Landschaftsschutz, Köln
Tausend Jahre Stift Vilich, Hrsg. im Auftrag der Stadt Bonn von D. Höroldt,
Verlag Röhrscheid, Bonn 1978

🚶 **1. Am Rheinufer entlang nach Süden.** Ein gepflegter Uferweg führt
abseits vom Fahrzeugverkehr am Rhein entlang, mit Blick auf
Bonn, besonders die Bundeshausgegend, und über die Südbrücke
hinweg zum Siebengebirge. Neben einem der letzten Häuser der Rest
eines alten Mühlturmes. Der noch unbebaute südliche Bereich bis zur
Brücke ist in den letzten Jahren zu einer großzügigen Grünanlage
gestaltet worden. Hier (und in der gegenüberliegenden Rheinaue
zwischen Bundeshaus und Bad Godesberg) fand 1979 die Bundesgarten-
schau statt.

2. **Rheinhöhenweg bis Heisterbach.** Der östliche Rheinhöhenweg, der
sich bis Wiesbaden erstreckt, beginnt am Bahnhof Beuel. Er führt
zunächst durch bebautes Gebiet nach Süden. Ⓟ an der Kirche Küding-

hoven. An dieser Kirche vorbei steigt der Weg an, verläuft - in neuer Linienführung wegen des Autobahnbaues (A 59) - oberhalb des Friedhofs mit Sicht auf den Rhein und die Kommende Ramersdorf, unterquert die A 59 nördlich des Knotens Ramersdorf; umgeht diesen ostwärts, quert die Oberkasseler Straße nahe der Kommende, steigt an und läuft entlang der Oberkante der einstigen Steinbrüche im Rabenleygebiet. Oberhalb hoher, senkrechter Basaltwände der mit Grundwasser gefüllten Steinbrüche - Dornheckensee, Blauer See, Märchensee - sowie an weiteren Aussichtspunkten der Rabenley und des Kucksteins bietet er schöne Ausblicke auf Bonn, Oberkassel, Bad Godesberg, Dollendorf und das Siebengebirge. Am Kuckstein biegt der Weg nach Osten ab, erreicht eine Schutzhütte am Paffelsberg, geht dann in Südostrichtung, überquert die Straße Römlinghoven - Vinxel - Stieldorf (🅿 Vinxel) unweit des Versuchsgutes Frankenforst der Universität Bonn, verläuft dann ostwärts der Dollendorfer Hardt an einer Schutzhütte vorbei - von hier aus ein Abstecher um die Hardt möglich (s. S. 706) - und senkt sich ins Heisterbacher Tal. Von der Straße Heisterbach - Vinxel an verläuft er sich durch Felderflur zum Kloster Heisterbach (Fortsetzung der Wegebeschreibung Seite 714).

3. **Zum Ennert.** Nachdem der Neubau der A 59 den Ennert stark vom Stadtgebiet abgetrennt hat, erreicht man diese bewaldete Höhe (151 m) am besten über die von der Siegburger Straße abzweigende Pützchens Chaussee. Sie verläuft durch den Nordostzipfel des Naturschutzgebietes nach Niederholtorf. An ihr liegen mehrere 🅿:
🅿 Pützchens Wiese, kurz hinter Pützchen am Waldrand;
🅿 Ennertparkplatz, an der Einmündung der Oberkasseler Straße;
🅿 vor und an dem Ortseingang von Niederholtorf.
Von den Wanderparkplätzen aus führen mehrere bezeichnete Rundwege durch das Ennertgebiet. Nordostwärts der Straße liegt, gleich in der Nähe des Ennertparkplatzes, der Hardtweiher mit Grillplatz, von hier aus rechts der Sieleweiher, weiter abwärts eine Schutzhütte, die sogenannte Rodelbahnhütte, und am Waldrand unweit Holzlar die Ausflugsgaststätte Waldcafé mit Kinderspielplatz. Südwestlich der Straße geht es zu dem flachen Gipfel des Ennert mit Sportplatz, Trimm-Bahn und Ennerthütte. Von hier aus etwas nördlich eine - in einigen Jahren voraussichtlich zuwachsende - Aussicht auf Bonn und das Siegmündungsgebiet; von der Ennerthütte etwas südlich am Westhang das Foveaux-Häuschen, um 1820 errichtet, mit Blick auf den Drachenfels. An der Straße unterhalb des Ennertparkplatzes eine Forschungsstelle für Jagdschutz und Wildschadensverhütung mit einem kleinen Wildfreigehege.

Bonn-**Oberkassel** (Stadtteil von Bonn, Stadtbezirk Beuel)

liegt am Fuß der steilen, durch alte Basaltsteinbrüche zu senkrechten Wänden aufgerissenen Höhen der Rabenley und des Kucksteins (190 m). Es hat ein privates Gymnasium (mit Internat für Jungen), kath. und ev. Kirche, Kindersanatorium, Zentrum für sprachbehinderte Kinder und Jugendliche, ev. Altersheim; Campingplatz am südlichen Rheinufer. An Industrie gibt es insbesondere eine Zementfabrik (eine der ältesten in Deutschland) und eine Bierbrauerei.

🔄 In dem zum bergischen Amt Löwenburg gehörenden Dorf Oberkassel entstand im 16. Jh. eine starke reformierte Gemeinde, die zunächst die kath. Kirche mitbenutzte und seit 1683 ein eigenes Gotteshaus hat.
🏛 Der Turm der **(kath.) Pfarrkirche St. Cäcilia,** mit steingedecktem Rautendach, in schöner Lage nahe am Rheinufer, stammt von etwa 1200. - Die **alte (ev.) Kirche** an der Hauptstraße, ein einfacher Saalbau mit Dachreiter, wurde 1683 errichtet. - Nahebei das **Fürstlich zur Lippesche Landhaus,** 1738 nach Plänen von Johann Conrad Schlaun erbaut; die

Nebengebäude im 19. Jh. verändert. Durch moderne Bebauung des Parks wurde die Anlage stark beeinträchtigt. Gegenüber steht an einer Grünanlage ein Denkmal für den 1815 hier geborenen Dichter, Professor und Freiheitskämpfer Gottfried Kinkel. - Insbesondere in den bergseitig gelegenen Ortsteilen Hosterbach und Meerhausen stehen noch einige hübsche alte Fachwerkhäuser.

An Industrie gibt es insbesondere die hart am nördlichen Rheinufer gelegene, weithin sichtbare Zementfabrik (eine der ältesten in Deutschland) und eine Bierbrauerei.

✚ Ärzte, Zahnärzte, Apotheken.

🛏 ✗ Mehrere Hotels und Gaststätten.

🚆 Bahnhof der rechten Rheintalstrecke. Siebengebirgsbahn: Bonn - Königswinter - Bad Honnef.

☎ Informationsstelle des Werbe- und Verkehrsamtes der Stadt Bonn, Cassiusbastei (linksrheinisch, Nähe Hauptbahnhof), 5300 Bonn 1, Tel. (0 22 21) 7 74 66 und 7 74 67

🅿 in der Ortsmitte, Straße „Am Buschhof", nördlich der kath. Kirche;

🅿 Vinxeler Parkplatz, auf der Höhe der Straße Oberkassel (Römling-hoven) - Vinxel - Stieldorf an der Kreuzung mit dem Rheinhöhenweg. an der Kreuzung mit dem Rheinnonnenweg.

🔆 1. Am Rheinufer entlang. Vom Bahnhof an nach Süden (im Norden liegt die Zementfabrik unmittelbar am Ufer, so daß keine Ver-bindung zu dem Uferweg in Beuel besteht) erstreckt sich bis zum Campingplatz am südlichen Ortsende eine Uferpromenade zwischen Rasenflächen und Beeten, durch die Eisenbahnstrecke vom Ort und seinem Verkehr getrennt. Gaststätte Bundeshäuschen. Schöner Blick nach Süden zum Drachenfels und Rodderberg.

2. **Rheinhöhen-Verbindungsweg.** Er führt durch den Ortsteil Meerhausen und dann in einem Hohlweg ziemlich steil emporsteigend bis zu einer Schutzhütte am Paffelsberg (Rheinhöhenweg) s. S. 703.

Die B 42, die bis zu ihrem Ausbau zwischen dem Knoten Ramers-dorf und Königswinter noch einige Jahre lang durch die enge Ortsmitte von Oberkassel führen wird, verläßt nun das Bonner Stadtgebiet - ein kleiner alter Meilenstein zeigt dort „Bonn 1½ Meilen" an - und erreicht das zur Gemeinde Stadt Königswinter gehörende Niederdollendorf.

Stadt Königswinter (50-460 m; 36 000 E.)

Zu dieser Gemeinde wurden 1969 folgende Gemeinden am Sie-bengebirge zusammengefaßt: Königswinter, Heisterbacherrott, Ittenbach, Niederdollendorf, Oberdollendorf, Oberpleis und Stiel-dorf. Das Gemeindegebiet reicht damit vom Rheinufer über die nördliche Hälfte des engeren Siebengebirges und das Pleiser Hügelland bis zu den den Hanfbach begleitenden Westerwald-höhen. Alle Ortsteile der Stadt Königswinter, insbesondere die in Höhenlage mit ihren größeren Freiflächen, sind siedlungsmäßig Vorfeld der Bundeshauptstadt Bonn geworden und in den letzten Jahrzehnten als bevorzugtes Wohngebiet - meist locker gestreute Einzelhäuser - stark gewachsen.

Wir behandeln zunächst die einzelnen Orte entsprechend ihrer Lage an den Landstraßen Niederdollendorf - Oberpleis und Oberpleis - Königs-winter. Der B 42 folgend erreicht man Königswinter 2 km südlich von Niederdollendorf. Die Wandermöglichkeiten werden bei den einzelnen Orten nur insoweit behandelt, als sie im wesentlichen nur für diese von Bedeutung sind; im übrigen werden sie abschließend für das gesamte Gemeindegebiet im Zusammenhang besprochen.

Königswinter-**Niederdollendorf**
und das östlich mit ihm zusammengewachsene
Königswinter-**Oberdollendorf** (60 m)
bilden den nördlichsten Weinbauort am Rhein und in Deutschland. Die Weinbergflächen werden zur Zeit in einem Flurbereinigungsverfahren umgestaltet; zugleich wird ein Weinbaulehrpfad angelegt. Zahlreiche erhalten gebliebene Winzerhäuser im typischen Fachwerk lassen noch den Eindruck alter Winzerorte wachwerden. Daneben gibt es eine bedeutende Industrie feuerfester Erzeugnisse. Dollendorf hat 2 kath. Pfarreien (mit Filialkirche in Römlinghoven), 1 ev. Pfarrei, ev. Kinderheim.

◻ Ein hier ausgegrabenes fränkisches Gräberfeld aus dem 5. und 6. Jh. zeugt von der frühen Besiedlung des Raumes. 966 wird Dollendorf in einer Kaiserurkunde für das Aachener Marienstift zuerst erwähnt. Viele geistliche und weltliche Grundherrschaften hatten hier Besitz, vor allem die nahe Abtei Heisterbach.

▥ Der romanische Turm der **(kath.) Pfarrkirche St. Michael** in Niederdollendorf aus dem 12. Jh. zeigt ebenso wie der etwas jüngere, reicher geschmückte Turm der **(kath.) Pfarrkirche St. Laurentius** in Oberdollendorf den für die Filialkirchen von Vilich typischen Charakter als Ostchortürme.

2 km oberhalb von Oberdollendorf an der Straße nach Oberpleis liegen, von Wald, Wiesen und Feldern umgeben, die Reste der einst bedeutenden **Zisterzienserabtei Heisterbach** (142 m), heute ein Augustinerinnen-

Chorruine der
Zisterzienserabtei Heisterbach

kloster. - 1188 rief Erzbischof Philipp von Heinsberg Mönche aus Himmerod in der Eifel, um eine verlassene klösterliche Niederlassung auf dem Petersberg neu zu besiedeln. Schon einige Jahre später zogen die Mönche von dem unwirtlichen Gipfel in das benachbarte Tal. 1202 bis 1237 wurde die Klosterkirche, mit 78 m lichter Länge größer als das Bonner Münster, im Stile spätester Romanik erbaut; gleichzeitig wurden die Klostergebäude errichtet. In seiner 600jährigen Geschichte konnte das Kloster großen Einfluß und für die Kultivierung des Siebengebirgsraumes erhebliche Bedeutung gewinnen sowie zahlreiche Güter im weiten Umkreis erwerben. Doch auch vor Kriegszügen, Plünderungen und innerem Verfall blieb Heisterbach nicht verschont. Seine einzige Tochtergründung ist Marienstatt im Westerwald. Sein bedeutendster Mönch war Caesarius (um 1240 gestorben), dessen „Wundergespräche" oder „Wundergeschichten" einen lebendigen Einblick in die Lebens- und Denkweise im Mittelalter geben. Ein Gedenkstein neben der Chorruine erinnert an ihn. Aus der letzten Blütezeit des Klosters im 18. Jh. sind das barocke Torhaus mit den Statuen der Mönchsväter Benedikt und Bernhard und einige Wirtschaftsgebäude erhalten geblieben. Nach der Säkularisation wurden Kirche und Klostergebäude auf Abbruch verkauft und niedergelegt. Nur der Chorabschluß blieb als eindrucksvolle Ruine stehen und zeugt von dem großartigen Baukönnen der mittelalterlichen Mönche - und der Barbarei späterer Zeit. In der modernen Kirche des jetzigen Augustinerinnenklosters wurde als Türsturz der Sturz vom Portal der alten Abteikirche verwendet.

X Bedeutende Werke feuerfester Erzeugnisse liegen zwischen den Strecken der Bundesbahn und der Siebengebirgsbahn.

✚ Ärzte, Zahnärzte, Apotheken.

⚐ Kleingolf.

⊯ ✗ In Niederdollendorf: Hotels mit 60 Betten; in Oberdollendorf: Hotels mit über 90 Betten. Außerdem zahlreiche Gaststätten, davon mit Lokalkolorit in Niederdollendorf: Bredershof, Zur Krone; in Oberdollendorf: Bauernstube, Turmhof, Weinhaus Zur Mühle.

🚌 Bahnhof Niederdollendorf der rechten Rheintalstrecke. Siebengebirgsbahn: Bonn - Königswinter - Bad Honnef.

🚎 Rundverkehr Königswinter

⚓ Autofähre nach Bonn-Bad Godesberg; Motorbootanlegestelle.

Ⓟ Niederdollendorf Rheinufer und Fährstraße;

Ⓟ Oberdollendorf, Kreuzung Heisterbacher Straße - Bergstraße;

Ⓟ Heisterbach, gegenüber dem Torhaus zum Kloster.

Lit.: F. Schmitz, Die Mark Dollendorf, 1925, Neudruck 1964 im
          Verlag Heider, Bergisch-Gladbach
          A. Verbeek, Heisterbach und Oberdollendorf (Stadt Königswinter),
          Heft 218 der Reihe „Rheinische Kunststätten"

1. Am Rheinufer entlang. Das Rheinufer der Gemarkung Dollendorf hat, außer einer kurzen Strecke an der Fähre, keinerlei Fahrzeugverkehr bis auf Radfahrer. Ein kurzes Stück Ufer oberhalb der Fähre ist durch übertriebene kleinteilige Betonierung beeinträchtigt. Im übrigen trägt das Ufer Auencharakter und lädt mit gepflegten Fuß- und Radwegen zu beschaulichen Wanderungen ein.

2. Zur Dollendorfer Hardt. Hierhin gelangt man entweder über die bei der kürzlich abgeschlossenen Weinbergsflurbereinigung neu angelegten, aussichtsreichen Weinbergswege, aus dem Mühlental, oder, nach Anfahrt in Richtung Heisterbach und über die Straße in Richtung Vinxel bis zum Vinxeler Parkplatz (s. S. 708). Um den Gipfel der Hardt führt, mit nur geringem Gefälle, ein lohnender Rundweg. Er berührt an seiner Nordseite einen großen aufgelassenen Basaltsteinbruch; von der Südwestseite auf führt ein Weg in einigen Minuten zum Aussichtspunkt „Hülle" mit umfassendem Blick über Dollendorf und Oberkassel; an der Südseite des Rundweges, an einem Erdrutsch, der zu einem kleinen Umweg zwingt, bietet sich eine überraschend schöne Sicht über das Heisterbacher Tal und den dahinter aufragenden Ölberg.

3. **Durchs Mühlental** oder südlich, parallel zur Landstraße, über den Peters-
berger Weg und am Brücksiefen vorbei, nach Heisterbach.

4. **Zum Petersberg, Nonnenstromberg, Stenzelberg und Weilberg.**

Sobald die Landstraße den Sattel zwischen Stenzelberg und Weilberg überschritten hat, hört der Wald auf, und vor uns liegt in
einer flachen Mulde

Königswinter-**Heisterbacherrott** (180 m)

einst ein Nebenort von Niederdollendorf, entstanden in der
Rodungsperiode des 13. Jahrhunderts. Wallfahrtskirche zum hl.
Judas Thaddäus von 1892.

🏛 Eine romanische **Hofkapelle** aus dem 12. Jh., ursprünglich Besitz von
Schwarzrheindorf, malerisch an einem Dorfweiher und unter riesigen
Platanen gelegen, blieb fast unverändert erhalten; 1975/76 instandgesetzt.
Der bei der Kapelle gelegene **historische Fronhof,** 1922 als repräsentative Vier-
eck-Hofanlage neu errichtet, ist 1978 von der Landsmannschaft Schlesien
erworben worden und wird als „Haus Schlesien im Siebengebirge" zu einem
Tagungs- und Begegnungszentrum für die in der ganzen Bundesrepublik
Deutschland lebenden Schlesier, mit Tagungsräumen, Blibliothek und
Museum umgebaut und läßt in einigen Jahren ein lohnendes Wanderziel
erwarten.

✚ Ärzte, Zahnärzte, Apotheke.

🛏 ✕ Gasthöfe mit 60 Betten. Einkehrhaus Waidmannsruh (im Siebengebirge, Nähe Rosenau) 10 Betten.

🚌 Rundverkehr Königswinter, nach Bonn.

Ⓟ an der Kirche, Ortsmitte:

Ⓟ Im Mantel und Weilberg. Diese beiden Parkplätze liegen, etwa einander gegenüber, kurz bevor die Straße von Dollendorf den Sattel
zwischen Stenzelberg und Weilberg erreicht.

🏃 💨 Der mit den verbundenen Buchstaben „HR" in Gelb gekennzeichnete **Heisterbacherrotter Rundweg** führt über eine aussichtsreiche und interessante Strecke (7 km) um die West-, Süd- und Ostseite
des Ortes. Er beginnt hinter der alten Kapelle, zuerst durch Feldflur nach
Westen zum **Weilberg.** Vom Waldrand aus verläuft rechts vom Weg ein
Graben, durch den früher die Basaltsteine abtransportiert wurden. Gut
100 m weiter erreichen wir einen freien Platz, die ehemalige Verladestelle. Hier halten wir uns rechts, entweder den ebenen oder den
ansteigenden Weg. Nach 200 m stehen wir am Rand eines riesigen,
kraterförmigen Basaltsteinbruchs. Die hohe Nordwand bietet einen
ungemein anschaulichen Querschnitt durch den geologischen Aufbau
des Siebengebirges. Tafeln auf den beiden Aussichtsterrassen geben
die erforderlichen Erläuterungen. Ein Gedenkstein erinnert uns daran,
daß an dieser Stelle dem Siebengebirge das Europa-Diplom verliehen
wurde. Vom Weilberg gehen wir nach Süden, überqueren die Landstraße bei den beiden Parkplätzen, steigen zunächst den Mantelweg aufwärts, halten uns nach 300 m links und umgehen nordwärts den **Stenzelberg.** An der Ostseite folgen wir einige Meter lang dem von Heisterbacherrott heraufführenden Weg, biegen dann spitzwinklig nach rechts
ab und erreichen das wildgeklüftete Steinbruchgebiet des Stenzelberges
(287 m). Die senkrechten Wände am Gipfel sowie einige stehengeblie-
bene Felstürme dienen zahlreichen Alpinisten als Klettergarten. (Etwa
60 Routen aller Schwierigkeiten sind möglich; Haken sind zementiert.)
Wir erreichen einen Rastplatz mit Schutzhütte und Grillstelle und von
dort aus in wenigen Minuten das Einkehrhaus. Von hier an deckt sich
unser Weg für eine kurze Strecke mit dem Rheinhöhenweg (s. S. 714)
bis zu dem Wegekreuz am Fuß der **Rosenau** (323 m). Wir besteigen
diese langgestreckte Höhe und finden auf ihr außer einer Schutzhütte
einen Aussichtsturm aus Bruchsteinen, den Resten einer kleinen Burg.

Schon im 13. Jh. kaufte die Abtei Heisterbach diese ihr unbequem nahe Burg von den Erben der Ritter von Rosaue und ließ sie abbrechen. Nach dem Abstieg an der Südostseite folgen wir wieder für einige Minuten dem Rheinhöhenweg, biegen am Fuß der Höhe „Wasserfall" links ab und erreichen das Quellgebiet des nach Norden fließenden und bei Birlinghoven in den Pleisbach mündenden Lauterbaches, der alten Gemarkungsgrenze zwischen Dollendorf und Oberpleis. Zwischen Wiesen gehen wir abwärts in Richtung Heisterbacherrott. Kurz vor den ersten Häusern biegen wir nach rechts ab und gehen am Nordwestfuß des Ölberges entlang durch den Jungfernbüsch. Beim Buschhof steigen wir ab nach Heisterbacherrott.

Eine Besonderheit des Stenzelbergs ist, daß der anstehende Latit alle paar Meter wechselt zwischen gutem, in glatten Wänden stehendem Gestein und plumpen Pfeilern, die plattig-schalig abwittern (sogenannte „Umläufer"). Die Pfeiler minderwertigen Gesteins wurden bei der Steinbruchtätigkeit möglichst umgangen und bilden heute, aufrechtstehend oder gestürzt, markante Felsen in der Landschaft der alten Brüche. Dem Winterwanderer fällt noch auf, daß an etlichen Stellen der Schnee nicht liegen bleibt, sondern auch bei starken Frosttemperaturen schmilzt oder verdampft: wohl letzte Reste vulkanischer Tätigkeit.

Auf der Landstraße weiter ostwärts, kurz vor der Überführung über die Autobahn Köln-Frankfurt (A 3 = E 5), 6,6 km von Niederdollendorf, zweigt eine Straße nach links ab, die durch die Ortschaften Sonderbusch und Stieldorferhohn läuft und nach 3 km Stieldorf erreicht.

Königswinter-**Stieldorf** (120 m)

locker gebauter Ort in der fruchtbaren Lößlandschaft des Pleiser Hügellandes; kath. Kirche, ev. Kapelle.

🏛 Von der alten, einst zum Bonner Cassiusstift gehörenden Kirche blieb der romanische Westturm aus dem 12. Jh. erhalten. Das Kirchenschiff aus der Mitte des 19. Jh. von Dombaumeister Zwirner ist ein charakteristisches Beispiel preußischer Landkirchen im romanisierenden Stil: gut proportioniert, doch recht nüchtern.

✚ Ärzte, Apotheke.

🛏 ✕ Mehrere Gaststätten.

🚌 Rundverkehr Königswinter; nach Bonn und Siegburg.

🅿 Vinxeler Parkplatz (s. S. 706).

🚶 1. Den Naturpark Siebengebirge erreichen wir in 20 Minuten über Vinxel und 🅿 Vinxel oder, in Vinxel den Kasseler Weg einschlagend, an der Schutzhütte am Paffelsberg.

2. In Stieldorferhohn biegen wir in die Straße „Zum Scharfenberg" ein. Sie läuft nach kurzer Strecke in einen Weg aus, der in Südrichtung an Obstwiesen und Feldern vorbeiführt, sich dann etwas senkt und zwischen den bewaldeten Hügeln **Scharfenberg** (233 m) und Rothberg (224 m) eine Schutzhütte mit Feuerstelle erreicht. Ein schöner Blick öffnet sich dort in Südwestrichtung zum Stenzelberg und Petersberg. An der Schutzhütte teilen sich die Wege. Einer erreicht, geradeaus führend, in 2 km den Ortsteil Grengelsbitze; ein anderer senkt sich, rechts abzweigend, ins Lauterbachtal. Dem Bachlauf folgend kehren wir nach Stieldorf zurück; bachaufwärts erreichen wir nach 10 Minuten Weg durch Feldflur Heisterbacherrott.

Zurück zur Landstraße von Dollendorf landeinwärts; nach Überquerung der A 3 erreichen wir (9 km von Niederdollendorf) **Königswinter-Oberpleis** (150 m)

Mittelpunkt des lößbedeckten, vom Pleisbach durchflossenen und von der Silhouette des Ölberges überragten Pleiser Hügellandes, das sich nordöstlich des Siebengebirges bis zum Hanfbachtal erstreckt und einen Übergang zwischen Mittelgebirge und Bonn-Siegburger Bucht bildet. Eines der Zentren westdeutscher Baumschulen. Oberpleis hat ein städtisches Gymnasium, Realschule. Oberpleis hat kath. Kirchen in der Ortsmitte (mit Filiale in Uthweiler), in Eudenbach und in Thomasberg sowie ev. Kirche. Die Ortsmitte wird durch eine neue, ostwärts vorbeiführende Umgehungsstraße entlastet. Die Weiterführung südlich bis westlich des Ortskerns ist (1979) im Bau.

◨ 859 hatte der Pfalzgraf von Niederlothringen hier einen Fronhof. Erzbischof Anno II. schenkte diesen Hof nach seinem Sieg über den Pfalzgrafen der von ihm 1064 gegründeten Abtei Siegburg. Um 1100 erscheint Oberpleis als eine Propstei, eine von einem Propst geleitete Filiale, von Siegburg. Diese kleine klösterliche Gemeinschaft ging bald ein; nur der Propst residierte und regierte weiterhin hier; ihm unterstand Oberpleis. Um 1500 verlor der Ort seine Selbständigkeit an das Herzogtum Berg.

🏛 Die **ehemalige Propsteikirche, jetzt (kath.) Pfarrkirche St. Pankratius,** mit wuchtigem Westturm (etwa 1160) und schöner Chorpartie (um 1220), in malerischer, den Ortskern beherrschender Lage, zeigt sich, nach 1978 abgeschlossener Renovierung außen und innen farblich neu gefaßt, als ein Juwel rheinisch-romanischer Baukunst. Bei den Instandsetzungsarbeiten wurde ein mittelalterlicher Ziegelmosaikfußboden mit Weltbildsymbolik in fünf Rosetten entdeckt. Er wurde durch eine Nachbildung an Ort und Stelle ersetzt. Der romanische Altaraufsatz zeigt streng frontal die Madonna mit dem Kind sowie anbetend die Heiligen Drei Könige und drei Engel. Unter dem Chor eine stimmungsvolle Krypta.

Das ehemalige Probsteigebäude von 1645 ist heute Pfarrhaus. Der erhaltene Westflügel des alten Kreuzganges ist von der Kirche her zugänglich. Neben der Kirche am Eingang zum Friedhof ein barockes Hochkreuz über dem Paradiesbaum. Mehr zur Straße hin, an der Stelle der ehemaligen Pfarrkirche, ein eigenartiges Kriegerdenkmal mit einer Glocke, die 1923 bei den Separatistenunruhen zersprang.

✚ Ärzte, Zahnärzte, Apotheken.

🏊 Freibad (Hallenbad im Bau), 3 Campingplätze (in Eudenbach, Oberpleis und Pleiserhohn), Reitgelegenheit (Reitschule Tannenhof), Motorsportflug- und Segelflugplatz Eudenbach.

🛏 ✕ Mehrere Hotels verschiedener Kategorien. Zahlreiche Gaststätten, darunter mit Lokalkolorit: Alter Zoll, Daas (Auel), Haus Neuglück (Ausflugsgaststätte bei Bennerscheid).

Rundverkehr Königswinter; nach Asbach, Bonn, Hennef und Siegburg.

Lit.: H. Beseler, Die ehemalige Benediktiner-Propstei in Oberpleis, Heft 80 der Rheinischen Kunststätten

Ortsmitte, Nähe Kath. Kirche; in Thomasberg: Obere Straße, Nähe Hauptschule;

🅿 Thomasberg, Siebengebirgsstraße, südlicher Ortsausgang (am Waldrand).

🤾 1. **Im östlichen Siebengebirge,** insbesondere **Ölberggebiet** (nächste Anfahrt über Ittenbach).

2. **In den Wäldern zwischen Pleis- und Hanfbachtal** bei der Gaststätte Haus Neuglück. In diesem romantischen Schlößchen aus dem 19. Jh. wird die Erinnerung an den französischen Dichter Guillaume Apollinaire wachgehalten, der 1901 hier als Hauslehrer lebte. 300 m unterhalb von Neuglück liegt, ein kurzes Stück rechts der Straße im Tannenwald, ein vielleicht prähistorischer Ringwall.

Von Oberpleis folgen wir der Königswinterer Straße aufwärts und erreichen hinter der Anschlußstelle Siebengebirge der A 3 nach 4 km

Königswinter-Ittenbach (240 m)

sehr schön an den Osthängen von Ölberg und Lohrberg gelegen. Der Ort hat seinen einst landwirtschaftlichen Charakter völlig verloren und ist bevorzugter Villen- und Erholungsort geworden. Kath. und ev. Kirche. - Bei Ittenbach liegt, am Weg zum Laagshof, ein großer Soldatenfriedhof, auf dem fast 2000 Gefallene des Zweiten Weltkrieges ruhen.

Die Landstraße steigt von Ittenbach aus noch 1 km an bis zur Paßhöhe Margarethenhöhe (323 m) zwischen Ölberg und Lohrberg, dem vielbesuchten, zentralen Ausgangspunkt für zahlreiche Siebengebirgswanderungen.

◨ Ittenbach, 922 zuerst genannt, war ein Nebenort von Königswinter. Auf die im 17. Jh. gegründete Pfarrei gingen die Rechte der 1642 zerstörten Burgkapelle auf dem Drachenfels über.

✚ Ärzte, Apotheke.

🐎 Auf dem Laagshof Reitgelegenheit.

🛏 ✕ Zahlreiche Hotels und Pensionen mit über 250 Betten, u. a. auf der Margarethenhöhe und Reitsportzentrum Siebengebirge Laagshof (Garni).

🚌 Rundverkehr Königswinter; nach Aegidienberg und Siegburg.

Ⓟ Logebachstraße, am Soldatenfriedhof; Perlenhardt, Straße Kantering.

Ⓟ Margarethenhöhe: an der Löwenburger Straße, am Ölberg-Ringweg und am Lahrring (z. T. gebührenpflichtig); Stöckerhof, am Ostfuß des Ölberges; Aegidienberger Straße, Kreuzung Kohlstraße und an der Überquerung des Logebaches.

☎ Faltprospekt, u. a. „Geschichtliches über Königswinter und sein Siebengebirge" durch das Verkehrsamt der Stadt erhältlich.

🚶 1. Am Forsthaus Stöckerhof, an der Straße nach Stieldorf (Ⓟ), befindet sich ein **Forstlehrgarten,** der nicht nur alle im Siebengebirge vorkommenden Baumarten, sondern auch zahlreiche Exoten enthält. In Beispielen werden unterschiedliche Arten der Holzverwendung und historische Grenzsteine aus dem Siebengebirge gezeigt. An dem 250 m entfernten Parkplatz beginnt und endet ein **Waldlehrpfad** (3,5 km), der durch das Gebiet des Kleinen Ölbergs (an der Nordflanke des Ölbergs) führt. Er ist streckenweise identisch mit dem HWW „I" des WWV und HWW „X 9" des Sauerländischen Gebirgsvereins. Der Forstlehrpfad wird von zahlreichen Tafeln mit Hinweisen auf die Bedeutung des Waldes, auf Waldwirtschaft, Waldschutz u. ä. begleitet. Am schön gestalteten Buchenplatz sind Steinblöcke aus den im Siebengebirge vorkommenden Gesteinsarten aufgestellt.

2. Von der **Margarethenhöhe** aus (Ⓟ) bietet sich der bequemste Zugang zu fast allen Teilen des Siebengebirges, insbesondere zu den Bereichen von **Ölberg, Lohrberg** und **Löwenburg.** An schönen Tagen ist hier allerdings mit starkem Verkehr zu rechnen. Die Margarethenhöhe hat ihren Namen von einem alten Wegekreuz mit einem Relief der hl. Margaretha. Südlich des Sophienhofes befindet sich in einem Privathaus eine öffentliche Kapelle.

3. Vom Ⓟ an der **Perlenhardt** aus an dem Steinbruch vorbei in südlicher Richtung zur Frühmeßeiche, einer Wegespinne mit Schutzhütte. Von hier geht es in östlicher Richtung durch den stillen Hartenbruch, einen Buchenhochwald mit besonders reichem Ilexbestand. Ein Weg

nach Westen führt, am Scheerkopf vorbei, zur Gaststätte Löwenburger
Hof am Fuß des Löwenburggipfels. Dieser Weg ist Teil des Kölner
Weges („K") und des Wanderweges Rhöndorf - Servatiushof des
WWV. Beide Wege führen von der Frühmeßeiche aus weiter in Süd-
ostrichtung über den fast in seiner ganzen Länge geradlinigen
Stellweg, überqueren die Kohlstraße und die Schmelztalstraße Bad
Honnef - Aegidienberg (**P**) und bleiben in Südostrichtung, 1 km
südlich der Schmelztalstraße kreuzt ein Weg. Diesem folgt der
Wanderweg von Rhöndorf aus nach Osten zum nahen Servatiushof.
Der Kölner Weg bleibt auf dem Stellweg, der nun völlig geradlinig in
SSO-Richtung östlich des Broderkonsberges bis zur Kreuzeiche, dem
südöstlichen Eckpunkt des Naturparks im Quellgebiet des Pleis-
baches, führt. Etwa 300 m vor der Kreuzeiche biegt der Kölner Weg
nach Osten ab.

4. Durch die Logebachstraße zum **Soldatenfriedhof** (**P**); weiter nach Südosten durch Feldflur zum Laagshof mit Reitsportzentrum (von hier ab
für Kraftfahrzeuge gesperrt). Der Weg unterquert hinter dem Laagshof
die A 3 unter einem Seitenbogen der hohen Logebachtalbrücke und
führt weiter ostwärts nach Brüngsberg. Wir biegen noch vor dem
Bach links ab in ein schönes, wenig besuchtes, jedoch durch die
Geräusche der nahen Autobahn beeinträchtigtes Waldstück zwischen
der A 3 im Westen und dem Pleisbach, der auf dieser Strecke Loge-
bach heißt, im Osten. Zurück gehen wir auf demselben Weg oder,
die eingeschlagene Nordwestrichtung beibehaltend, zu dem Ittenbacher Ortsteil Gräfenhohn nahe der Anschlußstelle Siebengebirge
der A 3 oder, die A 3 in einem Durchlaß unterquerend, unmittelbar
zum Parkplatz zurück.

Von der Margarethenhöhe aus nach Westen senkt sich die Straße und
läuft durch das bewaldete Wintermühlental abwärts. Bevor sie das Gut
Wintermühlenhof erreicht, steigt rechts eine Kraftwagenstraße
zum Petersberg an. Weiter abwärts wird die Landschaft offener,
und die Straße erreicht, 5 km von der Margarethenhöhe,

Königswinter (50-460 m).

Unmittelbar am Rheinufer vor der reizvollen Kulisse des Siebengebirges, zwischen dem Fuß des Drachenfelsen und dem des
Petersberges gelegen, ist Königswinter der wichtigste Zugang zum
Siebengebirge und daher ein bekannter Ausflugsort mit lebhaftem
Fremdenverkehr. Es hat Amtsgericht, städtisches Gymnasium, Real-
schule, 2 kath. und 1 ev. Kirche, Altersheim, Erholungsheime
(Hirschberg und Rosenau), Jugendhof Rheinland des Landschafts-
verbandes (Tagungsstätte, mit vielseitigen Angeboten, insbesondere
für die Jugendarbeit und für bildnerisches Gestalten); Adam-
Stegerwald-Haus (Tagungsstätte z. B. für Deutsch-Englische
Gespräche); Siebengebirgsmuseum (s. unter Sehenswürdigkeiten).

◨ Königswinter ist fränkischen Ursprungs. Zuerst sicher erwähnt ist es
1015 in einer Schenkungsurkunde Kaiser Heinrichs II. für das Kloster
Dietkirchen in Bonn. Der Name leitet sich von lat. „vinitorium" = Weinberg ab und weist auf ein fränkisches Königsgut hin (s. S. 701).
Mit dem Bau der erzbischöflichen Burgen auf der Wolkenburg und
dem Drachenfels im 12. Jh. wurde es zur Talsiedlung für diese Befestigungen. Von der spätmittelalterlichen, mit 4 Toren versehenen
Ummauerung im Zuge der Grabenstraße ist praktisch nichts erhalten

geblieben. Verwaltet wurde der Flecken Königswinter so, daß die fünf wichtigsten Grundherren, die sogenannten „Regimentsherren", in jährlichem Wechsel den Schultheißen, vier Gerichtsschöffen und den Bürgermeister bestellten. Von 1806 an bildete Königswinter im neugegründeten Großherzogtum Berg eine Mairie, zu der auch Honnef, Ittenbach und Aegidienberg gehörten. 1862 wurde Honnef von Königswinter abgetrennt, 1889 erhielt Königswinter volle Stadtrechte. Im 19. Jh. nahm der Ort einen starken Aufschwung durch den Fremdenverkehr.

🏛 Mitte 12. Jh. beginnt der Kölner Erzbischof Arnold den Bau der **Burg auf dem Drachenfels.** Das halbfertige Werk übergibt er dem Propst des mächtigen Bonner Cassiusstifts, Gerhard von Are, auf dessen Drängen hin. Gerhard vollendet die Burg und setzt einen Ministerialen als Verwalter ein. Aus dessen Familie entwickelt sich das Rittergeschlecht der Burggrafen vom Drachenfels, das einen silbernen Drachen im roten Feld als Wappen führt. Insbesondere die Steinbrüche an der Westflanke des Berges verhelfen dem Geschlecht zu Wohlstand und Ansehen. 1402 erwerben sie auf der linken Rheinseite die Wasserburg Gudenau und 9 zugehörige Dörfer, in denen sie eine eigene Unterherrschaft, das sogenannte Drachenfelser Ländchen (etwa der heutigen Gemeinde Wachtberg entsprechend), errichten. 1425 verpfändet ihnen der Erzbischof Burg und Amt Wolkenburg. Spätere Familienzwiste führen zum Niedergang. 1530 stirbt die Hauptlinie im Mannesstamm aus. Eine Nebenlinie bestand bis nach dem Zweiten Weltkrieg im Baltikum. Im Truchsessischen Krieg 1583 werden die Burg Drachenfels und das befestigte Königswinter von bayerischen Truppen gegen die pfälzischen Truppen des abgesetzten Erzbischofs Gebhard Truchseß gehalten. Im Dreißigjährigen Krieg sieht die Burg, die inzwischen ihre festungsmäßige Bedeutung verloren hat, wechselnde Besatzungen. 1642 wird sie von Erzbischof Ferdinand geschleift. In der folgenden Zeit rücken die Steinbrüche immer bedrohlicher an den Gipfel heran und gefährden die imposante Burgruine. Ende des 18. Jh. stürzt u. a. die Südwestecke des Bergfrieds in die Tiefe. Die Gefahr wächst noch mit der Wiederaufnahme des Steinbruchbetriebs Anfang des 19. Jh., bis der Staat den Gipfel zur Erhaltung von Berg und Burg erwirbt. - Die 1883 erbaute Zahnradbahn von Königswinter auf den Drachenfels (ab 1959 nur noch elektrischer Betrieb) ist die älteste Zahnradbahn Deutschlands. - Auf halber Höhe des Drachenfelses die 1879 bis 1884 errichtete neugotische **Drachenburg** mit charakteristischer Silhouette. Sie wurde vor einigen Jahren dank privater Initiative instandgesetzt und kann besichtigt werden; im Park ein Wildgatter.

Die **Wolkenburg** trug gleichfalls eine kurkölnische Burg, die noch älter war als die auf dem benachbarten Drachenfels. Anfang des 12. Jh. errichtet, verlor sie jedoch im Lauf der Zeit an Bedeutung gegenüber der günstiger gelegenen Nachbarburg. 1425 wurde sie an die Burggrafen vom Drachenfels verpfändet; das Pfand wurde nie eingelöst. Wann sie zerstört wurde und wie sie ausgesehen hatte, ist nicht bekannt. Den insbesondere im 18. Jh. auf diesem Berg florierenden Steinbruchbetrieben ist sie jetzige schloßartige, seit einigen Jahren nicht mehr bewirt-restlos zum Opfer gefallen.

Von der 1142 gegründeten klösterlichen Niederlassung auf dem **Petersberg,** der Vorgängerin von Heisterbach, blieb nur eine Kapelle auf dem Gipfel. Sie entwickelte sich zu einer Wallfahrtskapelle zum hl. Petrus und wurde mehrfach erneuert, zuletzt durch den erhalten gebliebenen einfachen barocken Saalbau von 1763. Bei der Kapelle lag ein kleiner Hof. In der zweiten Hälfte des 19. Jh. entstand hier ein Hotel, das 1914 durch das jetzige schloßartige, seit einigen Jahren nicht mehr bewirtschaftete Hotel ersetzt wurde. Von 1946 bis 1951 war hier oben der Sitz der alliierten Hohen Kommissare für Deutschland; später wurde das Hotel mehrmals für hohe Gäste der Bundesregierung, u. a. Königin Elisabeth II. von England, benutzt. Die Bundesregierung hat das Gebäude 1979 für 17,36 Millionen Mark erworben und wird es als Gästehaus herrichten.

Im Ort Königswinter ist die **(kath.) Pfarrkirche St. Remigius** von 1779/81 bemerkenswert, ein dreischiffiger spätbarocker Hallenbau mit großzügig gegliederter Fassade und massivem Choranschlußturm mit geschweifter Haube im Westen. Ein Teil der Innenausstattung, so der Hochaltar, stammt aus der Erbauungszeit, Teile der Kanzel und des Orgelprospekts aus der ehemaligen Abteikirche Heisterbach. – Von den Profanbauten des 18. Jh. ist leider nur ein geringer Teil in alter Schönheit erhalten, vieles durch unpassende Modernisierung entstellt. Eines der schönsten barocken Bürgerhäuser, mit fünfachsiger Werksteinfassade von 1732, zwischen Kellerstraße und Klotzstraße gelegen, birgt das **Siebengebirgs-museum**, eine wichtige und anschauliche Informationsquelle über das Siebengebirge. Es enthält eine sehr instruktive geologische Sammlung sowie historische und kulturhistorische Sammlungen, z. B. über die Burgen, Heisterbach, die Traditionsberufe der Steinhauer, Winzer und Schiffer und die Anfänge des Fremdenverkehrs sowie Werke des in Königswinter gebürtigen Malers Franz Ittenbach (1813 bis 1879). Geöffnet Sa und So 10 – 13 und 14 – 16 Uhr; Tel. (0 22 23) 2 61 54; Eintrittsgeld.

✕ Autoräderfabrik an der Bahnstrecke nördlich Königswinter, Werk der Elektrofeinindustrie in Stadtmitte.

✚ Krankenhaus, Ärzte, Zahnärzte, Apotheken.

✦ Beheiztes Freibad, Hallenbad; Reitgelegenheit.

🛏 ✕ Hotels aller Kategorien mit insgesamt über 700 Betten; im Gebirge: Burghof (am Drachenfels); Hotel auf dem Drachenfels. Zahlreiche Gast-stätten und Weinhäuser.

🚂 Bahnhof der rechten Rheintalstrecke. Siebengebirgsbahn nach Bonn und Bad Honnef. Zahnradbahn auf den Drachenfels.

🚌 Rundverkehr.

🅿 im Stadtgebiet an der südlichen Rheinallee und Hauptstraße (soge-nannter Torsoplatz), zeitweise gebührenpflichtig; unter der Drachen-brücke, einer Hangbrücke der ausgebauten B 42, im Süden der Stadt; Oberweingartenweg am Lemmerzbad, zeitweise gebührenpflichtig;

🅿 auf dem Petersberg.

ℹ Fremdenverkehrsamt der Stadt Königswinter, Drachenfelsstraße 7, 5330 Königswinter 1, Tel. 0 22 23/2 10 81

Lit.: H. Firmenich, Stadt Königswinter, Heft 56 der Rheinischen
Kunststätten
E. Heinen, Königswinter in alten Ansichten. Zaltbommel NL,
Europäische Bibliothek, 1976
Faltblätter des Verkehrsamtes, u. a. „Geschichtliches über
Königswinter und sein Siebengebirge"

1. Am Rheinufer entlang. Das Rheinufer ist in seiner ganzen Länge durch die Stadt Königswinter (über 5 km) als Promenade ge-staltet. Nördlich und südlich des Ortskerns von Niederdollendorf hat es Auencharakter; in der ganzen Länge von „Alt"-Königswinter ist es als Allee ausgebaut. Im Winkel zwischen Rheinallee und Hauptstraße steht ein Denkmal für den 1816 hier geborenen romantischen Dichter Wolfgang Müller von Königswinter. Der südliche Teil der Rhein-promenade führt fast unmittelbar am Fuß des Drachenfelses vorbei. Von hier aus lassen sich sehr gut die alten Steinbrüche am Drachenfels und die im Herbst und Winter hervortretenden Steinrutschen betrach-ten, auf denen einst das Steinmaterial zum Rhein transportiert wurde. Bei niedrigem Wasserstand kann man im Rhein einen flachen Stein-wall bemerken, der sich etwa von den südlichsten Häusern von Königswinter bis zur Gemeindegrenze am „Domsteinplatz" erstreckt. Hier lag der schon von den Römern benutzte Verladehafen für die Steintransporte.

2. **Rheinhöhenweg Heisterbach bis Löwenburger Hof** (Strecke Beuel - Heisterbach S. 703). Von Heisterbach aus führt der Rheinhöhen-weg zunächst etwa 300 m die Straße aufwärts, an der alten Kloster-mauer vorbei, biegt mit dieser nach Süden in den Wald ab und steigt, die Richtung beibehaltend und eine Wegekreuzung schneidend, an bis zu der Schutzhütte im Sattel zwischen Petersberg und Nonnenstrom-

berg. Die Südflanke dieses Sattels nimmt eine große Wiese mit
schönem Einzelbaumbestand ein. - Ein Abstecher nach rechts (Westen)
bringt uns in wenigen Minuten zum breiten Gipfel des **Petersberges**,
zu dem aus Richtung Königswinter eine Autostraße heraufführt (**P**).
Von der Aussichtsterrasse gute Sicht über das Rheintal; von anderen
Aussichtskanzeln haben wir schöne Blicke in Richtung Heisterbach
und auf die anderen Gipfel des Siebengebirges. Der nur noch etwa
zur Hälfte vorhandene vorgeschichtliche Ringwall zeigt sich am deutlichsten beim Beginn des nach Dollendorf hinabführenden Weges.
Die einfache barocke Petruskapelle liegt im Schatten des Hotels.
Der Fußweg nach Königswinter, der sogenannte Bittweg, wird von
vielen Wegekreuzen des 17. und 18. Jh. gesäumt. - Zurück zum
Rheinhöhenweg. Er führt von dem Sattel aus durch schönen Buchenwald auf gewundenem Pfad auf den langgestreckten Gipfel des
Nonnenstromberges mit Schutzhütte und mehreren Aussichtspunkten.
Der Name des Berges hat nichts mit Klosterfrauen zu tun, sondern
bedeutet etwa „hinterer" oder „minderer" Stromberg. „Stromberg"
- was etwa so viel wie „breit gelagerter Berg" bedeutet - ist ein alter
Name für den Petersberg. In großer Kehre verlassen wir den Gipfel
und erreichen an einer Wegespinne die Gaststätte Einkehrhaus. Die
Wege von hier aus führen u. a. zum Petersberg, nach Heisterbach,
zum Stenzelberg und ins Wintermühlental. Auf breiter, fast ebener
„Verschönerungsstraße" umgehen wir ostwärts die Rosenau (über den
Gipfel s. S. 707) und biegen dann nach Osten ab. Hinter der Höhe
„Wasserfall", die wir rechts liegen lassen, erreichen wir eine Kreuzung, von der aus nach links der **Ölbergringweg** abgeht. Vom Einkehrhaus bis zum Wasserfall hat unseren Weg zunächst linker Hand,
vom Wegekreuz und dem Eingang zum Erholungsheim Rosenau an
rechter Hand, ein geradlinige, klippenartige Erhöhung begleitet, die
an mehreren Stellen durch kleine Steinbrüche aufgeschlossen ist.
Hier handelt es sich um einen „Latitgang", eine mit vulkanischem
Gestein gefüllte Erdspalte, die in ihrer Richtung genau den Störungslinien am Abbruch der Kölner Bucht gegen das Bergische Land
entspricht. - Von der Abzweigung des Ölbergrundweges aus
steigt der Rheinhöhenweg zunächst ziemlich steil an zum **Gipfel des
Ölberges** (Ölberggasthaus, Fernmeldeanlagen der Bundespost). Die
Aussicht vom Gipfel ist großartig, die umfassendste weit und breit.
Nach Westen und Süden übersieht man alle Gipfel des Siebengebir-
ges, jenseits des Rheines große Teile der Eifel bis zum Hohen Venn,
nach Norden die ganze Kölner Tieflandsbucht, nach Nordost und
Ost große Teile des Bergischen Landes und des Westerwaldes. Der
Name des Berges hat nichts mit Öl zu tun; der Berg hieß früher
„Malberg" nach einem Grenzmal. Beim Abstieg halten wir uns vom
Humbroichplatz an in südlicher Richtung und erreichen bald die
Margarethenhöhe. Gegenüber dem Sophienhof biegen wir nach
Westen ab (der Weg geradeaus führt an der Ostflanke des Lohr-
berges vorbei zum Löwenburger Hof) unterhalb eines Wildgatters
zum Nasseplatz mit Gedenkstein für den Oberpräsidenten Nasse,
einen der Initiatoren des VVS. Gegenüber in einem kleinen kessel-
förmigen Steinbruch finden wir Grillplätze und Schutzhütten. Am
Eingang zu diesem Steinbruch können wir linker Hand sehr schön
die Grenze zwischen dem Trachytuff und dem etwa im Winkel von
45⁰ auflagernden Trachyt erkennen. Hinter dem Steinbruch biegt der
Rheinhöhenweg links ab und steigt am Westrand des **Lohrberges**
empor zum **Erpentalskopf**, einem Nebengipfel des Lohrberges mit
Schutzhütte und sehr schöner Aussicht auf das Rhöndorfer Tal und
die es begleitenden Berge bis hin zum Drachenfels. Von hier aus
lohnt sich ein Abstecher zum Lohrberggipfel (Aussicht auf den Ölberg)
und zum **Tränkeberg** (Aussicht auf die Löwenburg). Der Rheinhöhenweg läuft weiter am Lohrberghang vorbei in einer Biegung zu der
Wegekreuzung am Hotel Löwenburger Hof (Fortsetzung des Rheinhöhenweges S. 719).

3. **Durchs Nachtigallental und zur Margarethenhöhe** (zugleich Rhein-höhen-Verbindungsweg sowie Kölner Weg („K") des WWV und HWW „X 9" des Sauerländischen Gebirgsvereins). Die Wanderwege beginnen am Bahnhof, unterqueren die Bahnstrecke und folgen zunächst der Bahnhofstraße aufwärts. Von der Kreuzung Bahnhofstraße - Winzerstraße in Königswinter aus führt der Weg unter der B 42 her sogleich ins schattige Nachtigallental (Variante: ansteigend am Friedhof und Lemmerz-Bad vorbei - im Sommer gebührenpflichtig -). Im Nachtigallental Gedenkstein für den bekannten Kölner Liedersänger Willi Ostermann, 1876 bis 1936. Nachdem der Weg unweit der Drachenburg aus dem Nachtigallental aufgestiegen ist, bildet er einen Hohlweg und erreicht dann das **Dechendenkmal** (Gedenkstein für den ersten Vorsitzenden des VVS) mit Aussicht auf Drachenfels, Drachenburg und Hirschberg. Von hier aus können wir auf einer Fahrstraße in einer Viertelstunde den Drachenfels erreichen. Unser Weg führt jedoch ostwärts, am Nordhang der Wolkenburg vorbei. zur **Ausflugsgaststätte Gertrudenhof**, sodann an der Nordflanke von Schallenberg (309 m), Geisberg (324 m) und Jungfernhardt vorbei. Kleine Abstecher zu den Gipfeln dieser Höhen werden durch schöne Aussichten belohnt. An der Userottswiese (Schutzhütte) zweigt der Wanderweg „K" nach Süden ab zum Löwenburger Hof, während der Rheinhöhen-Verbindungsweg und HWW „X 9" etwas weiter östlich, in der Nähe des Steinbruchs am Nasseplatz, auf den Rheinhöhenweg stoßen, auf dem wir, in östlicher Richtung gehend, in wenigen Minuten die Margarethenhöhe erreichen.

4. **Zum Drachenfels.** Mehrere Wege führen von Königswinter auf den berühmtesten und besuchtesten Gipfel des Siebengebirges, den „höchsten Berg der Niederlande". Den Weg durch das Nachtigallental und am Dechendenkmal vorbei haben wir unter 3. genannt. Wer starken Fremdenverkehrsbetrieb nicht scheut, wird als kürzesten Weg den Eselsweg wählen, der am Bahnhof der Drachenfelsbahn beginnt und zunächst steil ansteigt. Diesen Weg nehmen auch die Reiteisel und Reitpferde zum Drachenfels. Der Weg ist, insbesondere in seiner unteren Hälfte, von zahlreichen Gaststätten, Andenkenkiosken, einer Nibelungenhalle mit Bildern aus der von einigen hier lokalisierten Nibelungensage und einer Reptilienschau gesäumt, läuft sodann zwischen Drachenburgpark (Wildgatter) und Zahnradbahnstrecke empor und erreicht oberhalb des Einganges zur Drachenburg den Wald. In seinem oberen Teil verläuft er durch den ehemaligen Nordbruch an der Westflanke des Gipfels. Die um 1970 angebrachten Betonriegel umfangreicher Felssicherungsmaßnahmen sind gut zu sehen. Hinweistafeln erläutern diese technisch interessanten Maßnahmen. Kurz vor dem Gipfel sind an einem Felsen rechter Hand, etwas versteckt, römische Meißelspuren zu sehen. Auf dem Plateau eine große, moderne Gaststätte aus Beton, Glas und Kunststoff, ferner ein halbzerstörtes Denkmal in Form einer neugotischen Spitzsäule, das an die Befreiungskriege 1813 bis 1815 erinnert. Die Sicht ist großartig und berühmt. Aus der Vogelschau sehen wir das Rheintal und den Rheinlauf von Remagen bis Köln; besonders eindrucksvoll die beiden Inseln Grafenwerth und Nonnenwerth (mit Kloster) zu Füßen des Rolandsbogens am Rodderberg. Sehr deutlich ist die Senke auf dem Rodderberg zu sehen, das nördlichste Eifelmaar. Von der Bergstation der Drachenfelsbahn schöne Sicht auf die Südhälfte des Siebengebirges. Den kurzen Aufstieg zu der Ruine, durch die Reste des alten Tores an einem Torturm vorbei, sollten wir auf keinen Fall versäumen. Für den Abstieg besonders schön ist der nur durch Wald und zuletzt durch Weinberge führende Weg nach Rhöndorf. In seinem oberen Teil berührt er einige schöne Aussichtspunkte mit Blick nach Süden; auch vom Ulanendenkmal an der Oberkante der Weinberge aus haben wir eine gute Sicht auf Rhöndorf und Bad Honnef. Das Weinbergsgelände wird zur Zeit (1979) in einem Flurbereinigungsverfahren umgestaltet.

Bad Honnef

1 Kath. Pfarrkirche St. Johann Baptist

2 Kurhaus

3 Mineral-Freibad

4 Rathaus

Von Königswinter erreichen wir über die hier autobahnmäßig ausgebaute B 42 in 4 km
Bad Honnef (54-455 m; 23 300 E.)
Heilbad, bevorzugter Wohn- und günstiger Aufenthaltsort im Süden des Siebengebirges, in der nach Norden und Osten geschützten, klimatisch besonders milden Honnefer Bucht, landschaftlich herrlich gelegen, insbesondere von Drachenfels, Wolkenburg und Löwenburg überragt. Als Heilbad wird Bad Honnef

gegen Magen-, Darm-, Leber-, Gallen-, Stoffwechsel-, Herz- und Kreislaufleiden empfohlen. Es hat ein Kurhaus in gepflegtem Kurgarten sowie zwei moderne Kurkliniken, Krankenhaus, Hallenbad, beheiztes Mineralbad (auf der Insel Grafenwerth). Im Kurhaus werden Gastspieltheater, Konzerte und andere kulturelle Veranstaltungen geboten. Bad Honnef hat (ohne das 1969 mit ihm vereinigte Aegidienberg) ein städtisches sowie ein privates Gymnasium (dieses mit Internat für Jungen), eine private Realschule für Mädchen, Landvolkshochschule, 3 kath. Pfarreien, ev. Pfarrei. Bad Honnef ist Sitz des Katholisch-Sozialen Instituts der Erzdiözese Köln, des Deutsch-Französischen Jugendwerks, der Zentralstelle für Auslandskunde der Deutschen Stiftung für Internationale Entwicklung. Die Stadt hat eine Jugendherberge und eine Adenauer-Gedenkstätte mit Museum.

◖ Der Frankenkönig Pippin der Mittlere schenkt Anfang des 8. Jh. dem Kölner Stift St. Maria im Kapitol ein Gut in Honnef. Im 12. Jh. befindet sich Honnef im Besitz der Grafen von Sayn, die mit der Löwenburg einen Stützpunkt gegen die kurkölnischen Burgen Wolkenburg und Drachenfels errichten. Nach Aussterben der saynischen Manneslinie 1247 wird die Löwenburg Witwensitz der Gräfin Mechtild; die Herrschaft geht an ihre Neffen, die Grafen von Sponheim-Heinsberg über. Nach mancherlei Erbteilungen und -streitigkeiten gelangt die Herrschaft 1484 an das Herzogtum Berg. Honnef bildet fortan den Hauptort (mit Hauptgericht) für das bergische Amt Löwenburg. An dem Gericht und der Kirche zu Honnef hatte der Erzbischof von Köln Rechte, die jedoch nach dem Ende des 14 Jh. verlorengingen. Filialen der Honnefer Kirche waren die Kapellen in Rhöndorf, Selhof, Aegidienberg und St. Servatius. Im 18. und 19. Jh. werden im Schmelztal Blei-, Zink- und Kupfererze gefördert. Zu Beginn des 19. Jh. wird Honnef Teil der Mairie und sodann in preußischer Zeit Teil der Samtgemeinde Königswinter, 1862 wird es selbständige Stadtgemeinde. Der früher dominierende Weinbau geht nach der Mitte des 19. Jh. stark zurück. Dafür gewannen Konservenindustrie und später Elektoindustrie Bedeutung. 1897 wird die Drachenquelle erbohrt, 1938 eine zweite Mineralquelle auf der Insel Grafenwerth. Damit wird der Ort Heilbad. Nach dem Zweiten Weltkrieg wurde der Ausbau zum Heilbad fortgesetzt. - Von den sechs Honschaften der Stadt konnte die nördlichste, das unmittelbar am Fuß des Drachenfels gelegene und allein noch weinbautreibende Rhöndorf, sich bis heute ein gewisses Eigenleben bewahren.

🏛 Vom oberen Ende des Marktplatzes aus überragt der hohe Westturm der (kath.) Pfarrkirche St. Johann Baptist den Ortskern. Der untere Teil des Turmes stammt vom Ende des 12. Jh., das spätgotische, malerisch unregelmäßige Langhaus von der Wende vom 15. zum 16. Jh. Querschiff und Chor wurden zu Beginn dieses Jahrhunderts bei einer Erweiterung errichtet. Beachtenswerte spätgotische Kunstwerke (um 1500) im Innern sind ein Sakramentshäuschen in Turmform, ein Heiliges Grab und eine Pfeilermadonna. Der Markt ist ein erfreuliches Beispiel eines durch Pflege des überkommenen Baubestandes gut gestalteten kleinstädtischen Mittelpunktes. Von den alten Häusern um den Markt ist das südwestlich der Kirche gelegene, in der 1. Hälfte des 18. Jh. errichtete ehemalige Gemeindehaus, das sogenannte ,,Hontes'', bemerkenswert. - An schönen alten **Kapellen** zu erwähnen sind die von Rhöndorf, ein einfacher Barockbau von 1714, höchst malerisch inmitten der Straße vor der Südwand des Drachenfelses gelegen, mit prächtigem Altaraufsatz aus der Entstehungszeit, die St.-Martins-Kapelle in Selhof (von 1710) und die oberhalb des Schmelztales gelegene St.-Servatius-Kapelle (15. und 16. Jh., im 18. Jh. erneuert, Teile des Chores spätromanisch).

Einige **malerische Straßenzüge** mit charakteristischen Fachwerkhäusern und z. T. offenen Bachläufen haben sich insbesondere in den Ortsteilen Rhöndorf und Rommersdorf erhalten. - Am Turm der Rhöndorfer Kirche ist der Grabstein des 1530 gestorbenen letzten Ritters vom Drachenfels eingelassen, der im Zuge eines Familienzwistes einen Verwandten erschlug und dafür viele Jahre lang verbannt war. Gegenüber liegt in einem schönen Park das **Haus im Turm,** in dessen mittelalterlichem Kern zeitweise der Amtmann des Amtes Löwenburg wohnte. Das schöne eiserne Parktor an der Straßenecke stammt vom Dom in Metz. - Am Hang oberhalb des alten Zenningsweges liegt das **Wohnhaus des langjährigen Bundeskanzlers Adenauer,** das er kurz vor dem Zweiten Weltkrieg erbaute, nachdem er von den damaligen Machthabern aus seiner Stellung als Oberbürgermeister von Köln entfernt worden war. Das im Innern unverändert gelassene Haus dient als Gedenkstätte und kann besichtigt werden (geöffnet di-so von 10-16.30 Uhr, montags geschlossen). Am Fuße des Hanges wurde ein Adenauer-Museum eingerichtet.- Von der einst stolz die Landschaft beherrschenden **Löwenburg** sind nur mehr spärliche Trümmer übriggeblieben. Der Name der Burg, der sich auf den Berg übertragen hat, leitet sich ab vom Wappentier ihrer Erbauer, der Grafen von Sayn. Wahrscheinlich um 1200 wurde sie errichet, um — zusammen mit der Burg Blankenberg an der Sieg — dem Streben der Erzbischöfe nach Machterweiterung auf der rechen Rheinseite entgegenzutreten. Nach dem Tode der Mechthild vom Sayn Ende des 13. Jh. wurde sie nicht mehr als Sitz eines Dynastengeschlechts bewohnt, sondern nur mehr von einem Amtmann verwaltet. Nachdem die Burg 1484 durch Heirat und Kauf an die Herzöge von Berg gekommen war, spielte sie in der Geschichte keine Rolle mehr, und sie verfiel allmählich. Kurz vor 1840 stürzte der obere Teil des Bergfrieds ein, und in den 1880er Jahren wurde der untere Teil niedergelegt.

✗ Transformatorenwerk im Süden in Rheinnähe. Obstverarbeitung.

✛ Kurhaus, Kurkliniken, 1978 eröffnetes Haus des Kurgastes mit Kurmittelabteilung für Fuß- und Beinbehandlung; Krankenhaus, Ärzte, Zahnärzte, Apotheken.

✔ Es bestehen Möglichkeiten für Reitsport, Wassersport (Rudern, Segeln, Motorboote) und Tennis. Mineral-Freibad, Hallenbad.

🛏 ✗ Hotels aller Kategorien mit insgesamt etwa 800 Betten; im Siebengebirge: Löwenburger Hof; Haus Einsiedel (Schmelztal); Jagdhaus im Schmelztal; Jugendherberge.

🚂 Bahnhöfe Rhöndorf und Bad Honnef der rechten Rheintalstrecke. Siebengebirgsbahn nach Königswinter und Bonn.

🚌 Stadtverkehr; nach Asbach - Neustadt (Wied), nach Bruchhausen, Eudenbach und Windhagen.

⚓ Autofähre nach Rolandseck; Schiffs- und Motorbootanlegestelle auf der Insel Grafenwerth.

☎ Kurverwaltung, Hauptstraße 28 a, 5340 Bad Honnef 1, Tel. (0 22 24) 7 10 21

Ⓟ Rhöndorf, am Ziepchen; Rheinufer, Endhaltestelle der Siebengebirgsbahn; Hohenhonnef;

Ⓟ Selhof, Jugendherberge; Schmelztalstraße: Jagdhaus im Schmelztal (km 3,8); Abzweigung Einsiedlertal (km 4,5); Kurve bei km 5,3; Kreuzung Stellweg (km 6,7); Servatiushof (km 7,7).

Lit.: H. Firmenich, Bad Honnef mit Rhöndorf, Heft 12 der
      Rheinischen Kunststätten
      K. G. Werber, Alt Honnefer Bilderbuch,
      Löwenburg-Verlag, Bad Honnef, 1978
      J. Brungs, Die Stadt Honnef und ihre Geschichte, Löwenburg-Verlag
      Bad Honnef 1978, (Nachdruck der Ausgabe von 1925)

🎿 **1. Am Rheinufer und zur Insel Grafenwerth.** Das Rheinufer von der Gemeindegrenze nach Königswinter (Domsteinplatz) bis zur Endstation der Siebengebirgsbahn ist als Promenade ausgebaut. Streckenweise hat das Ufer Auencharakter. Zwei Brücken führen zu der

Altes Küsterhaus in Bad Honnef

ganz als Erholungsfläche gestalteten, für Fahrzeuge gesperrten Insel, die durch zwei Abschlußdämme mit dem Festland verbunden ist. Großzügige Grünanlagen, Mineralbad, Tennisplätze, Inselgaststätten, im „toten" Rheinarm Wassersportmöglichkeit. Bei nicht zu hohem Wasserstand kann man die Wanderung über den südlichen Abschlußdamm, an der Anlegestelle der Autofähre im Lohfeld vorbei, bis über die Landesgrenze hinweg nach Unkel fortsetzen.

2. **Rheinhöhenweg Löwenburger Hof bis Auge Gottes.** (Fortsetzung von S. 714). An der Gaststätte Löwenburger Hof treffen zahlreiche Wege zusammen, u. a. nach Rhöndorf und Bad Honnef. Auf dem Rheinhöhenweg gehen wir ostwärts am Löwenburggipfel vorbei. Gleich hinter dem Löwenburger Hof führt links ein breiterer Weg abwärts, zunächst durch Wiesenhänge, ins **Einsiedlertal,** ein schönes Seitental des Schmelztals. Hinter dem Löwenburger Hof rechts führt ein Pfad auf den Gipfel mit den Resten der alten saynischen Burg. An der Stelle der Hauptburg befindet sich heute ein Aussichtsplateau mit schöner Aussicht, wenn auch nicht so umfassend wie vom Ölberg aus. Besonders eindrucksvoll ist der Blick nach Süden und Westen auf die Linzer Höhen und über die Honnefer Bucht. - Zurück zum Rheinhöhenweg. Dieser zweigt in der Nähe des Poßberges in Südwestrichtung vom Löwenburg-Rundweg ab und erreicht an einer Schutzhütte die Straße Honnef - Löwenburger Hof. Dieser folgen wir in südlicher und dann westlicher Richtung bis zu der großen, um die Jahrhundertwende errichteten ehemaligen **Lungenheilstätte Hohenhonnef** (P). Bis 1977 war sie Heilstätte der Landesversicherungsanstalt Rheinland; künftig Rehabilitationszentrum für geistig und seelisch Behinderte. Von hier aus führt der Weg, bald zwischen Häusern einherlaufend, abwärts durch die Bergstraße zum Markt in Bad Honnef. Vom Beginn in Beuel an hat der Wanderer hier eine Tagesstrecke zurückgelegt. - Der Rheinhöhenweg führt vom Markt aus über die Hauptstraße in Südost- und Ostrichtung bis zum Beginn des Schmelztales. Kurz hinter dem Straßenschild, das den Wechsel des Straßennamens von „Hauptstraße" in „Schmelztalstraße" anzeigt, zweigt kurz vor km 1,9 und dem Mucherwiesenbach ein schmaler Weg rechts ab (Wegweiser), der zwischen Obstwiesen ansteigt. Wir gehen auf ihm, zunächst oberhalb des Ortsteils Selhof, über einen langen,

bewaldeten Rücken südostwärts bis zu einer Schutzhütte, der **Barbara-hütte**. Hier zweigen links ein Rundweg um den **Leyberg** und ein Weg auf den Leyberg (358 m) ab. Dieser bildet eine kleine, aber markante Basaltspitze auf weitem Sockel und mit prächtiger Rundsicht. Die Gipfel des engeren Siebengebirges im Norden zeigen sich hier schon aus einiger Entfernung. - Von der Barbarahütte aus gehen wir auf dem Rheinhöhenweg zunächst nach Osten, dann nach Süden und erreichen kurz südlich der Landesgrenze an einer Wegekreuzung das **„Auge Gottes"**, einen im 19. Jh. errichteten Bildstock, dessen Mahnung „Gottes Auge sieht alles" sich an Holz- und Wilddiebe wendet. Der Rheinhöhenweg verläuft weiter nach Süden und dann Westen über Bruchhausen nach Unkel.

3. **Von Rhöndorf zum Drachenfels** (s. S. 715).

4. **Durchs Rhöndorfer Tal.** Vom Ⓟ am Ziepchen in Rhöndorf geht es die Löwenburger Straße aufwärts, die noch einige hübsche Fachwerkhäuser hat und nach kurzer Strecke von dem offenen Lauf des Fonsbaches begleitet wird, zunächst bis zu dem schöngelegenen **Waldfriedhof**. Hier liegt Bundeskanzler Adenauer begraben; Hinweisschilder führen zu seinem Grab. Der Weg bleibt im Tal neben dem Bach. Der nördlich parallel verlaufende Kuckucksteinweg zweigt hinter dem Waldfriedhof links ab und läuft am Südhang der Bergkette Wolkenburg (mit riesigen Steinbruchwänden und Steinhalden), Schallenberg, Geisberg, Jungfernhardt vorbei. Dann muß man sich entscheiden: links aufwärts zur **Userottswiese** und weiter zum Nasseplatz und zur Margarethenhöhe oder rechts ab ins Rhöndorfer Tal. Der Talweg führt an dem ehemaligen Trachytsteinbruch am **Kühlsbrunnen** vorbei und steigt zum Löwenburger Hof an. Das Rhöndorfer Tal gehört zu den anmutigsten Tälern des Siebengebirges.

5. **Durchs Annatal oder Tretschbachtal** (zugleich Wanderweg Rhöndorf - Servatiushof des WWV). Von **Rommersdorf** aus, dem viele charakteristische Fachwerkhäuser ein anheimelndes Gepräge geben, geht es am **Möschbach** entlang, zunächst durch bebautes Gebiet, dann durch Wald, im Annatal aufwärts bis zu einer Weiheranlage mit Bänken und Schutzhütte (**Rommersdorfer Hütte**). Man kann auch als Variante gleich hinter der Mauer der Villa Schaaffhausen (Kinderheim) links einen schmalen Fußweg aufsteigen zu dem **Aussichtspunkt „Schaaff-hausen-Kanzel"** mit Blick auf ganz Honnef. Von hier aus ostwärts und dann im Wald auf Serpentinenweg abwärts zur Rommersdorfer Hütte. An dieser Hütte teilen sich die Wege entsprechend den Bachläufen: links weiter durchs Annatal, dann aufsteigend, an einer Schutzhütte vorbei, über die **Fritscheshardt** (318 m) zur Waldstraße Bad Honnef - Löwenburger Hof. Von der Rommersdorfer Hütte aus rechts geht es das malerische **Tretschbachtal** aufwärts, südlich an der Fritscheshardt vorbei, bis der Weg auf dieselbe Straße stößt. Der Wanderweg zum Servatiushof ist vom Löwenburger Hof an identisch mit dem Kölner Weg.

6. **Durchs Mucherwiesental zum Servatiushof** (zugleich Wanderweg Honnef - Forsthaus Servatiushof - Flammersfeld des WWV). Am Beginn der Schmelztalstraße, kurz hinter km 1,9, etwa 50 m oberhalb der Abzweigung des Rheinhöhenweges, mündet rechts am Mucherwiesenbach der Mucherwiesenweg (Holzwegweiser „Steinsbüscherhof"). Er führt unterhalb des Steinsbüscher Hofes vorbei, zunächst durch die breite, offene Talsohle des Mucherwiesentals, erreicht dann eine Schutzhütte und ein großes Wegekreuz (Schaaffhauser Kreuz), von wo nach rechts ein Weg in Richtung Leyberg abzweigt. Unser Weg führt in weitem Bogen, zwischen Mittelberg (352 m, links) und Broderkonsberg (377 m, rechts) vorbei, zuletzt in Nordwestrichtung, bis zum Fuß des Himmerich. Von hier aus nach links ist in einigen Minuten das Plateau des **Himmerich** erreicht, vor einer hohen Latitwand, mit Grillplatz und schöner Aussicht nach Westen. - Zurück zu dem eben verlassenen Weg; er führt zunächst nach Norden

bis zur Florianshütte und dann nach Osten. Mehrere Wege zweigen links ab ins Schmelztal (**P**). Unser Weg quert den Stellweg und erreicht, zuletzt zwischen Wald und offener Flur verlaufend, den **Servatiushof** mit stimmungsvoller Kapelle und Forsthaus. Dort, wo die Landstraße nahe dem Servatiushof den Oberlauf des Pleisbaches überschreitet, liegt ein **P**. Der Wanderweg nach Flammersfeld folgt von hier aus zunächst der Landstraße nach Osten.

Auf der Landstraße 1 km östlich vom Servatiushof (8 km von Honnef) erreichen wir die zu Aegidienberg gehörende Ortschaft Himberg. Dort führt links eine Straße zur Ortsmitte von Aegidienber (1 km). Geradeaus erreichen wir im Ortsteil Rottbitze die nach Linz führende Landstraße und gut 1 km weiter nach Osten die Anschlußstelle Bad Honnef-Linz der A 3.

Bad Honnef-**Aegidienberg** (282 m)
seit 1969 Stadtteil von Bad Honnef, auf der Hochfläche südostwärts des Siebengebirges. Es hat eine kath. und eine ev. Kirche.

♦ Das Gebiet von Aegidienberg gehörte ursprünglich zu Oberpleis und damit zur Abtei Siegburg. Es wurde dann im Hochmittelalter von Honnef aus besiedelt (alter Ortsname Honneferrott) und bildete von da an einen Nebenort von Honnef. Nach dem Ersten Weltkrieg wurde der Ort im Zusammenhang mit den Separatistenabwehrkämpfen im Herbst 1923 bekannt.

▥ Der aus Bruchsteinen errichtete, ungegliederte romanische Turm der **(kath.) Pfarrkirche St. Aegidius** stammt aus dem 12. Jh.

♣ Ärzte, Zahnärzte, Apotheke.
♂ Campingplatz, Reitgelegenheit.
⌘ ✕ Hotels und Gasthäuser mit insgesamt 45 Betten.
🚌 Stadtverkehr Bad Honnef; nach Asbach - Neustadt (Wied), nach Eudenbach, Ittenbach und Windhagen.

👥 Wanderungen **im südöstlichen Siebengebirge,** insbesondere in den Hartenbruch und über den Servatiushof in den Bereich des Stellwegs und des Himmerichs.

Eine Sage erzählt, wie das Siebengebirge entstand

In grauer Vorzeit war der Rhein oberhalb Königswinter geschlossen und bildete einen tiefen See. Um das Wasser abzuleiten, wurden Boten in das Land der Riesen geschickt, und es kamen gewaltige Hünen mit riesigen Spaten.
Bald entstand eine Lücke im Gebirge, durch die das Wasser dem Meere zufloß. Reich belohnt klopften die Riesen ihre Spaten ab und zogen von dannen. Aber an jedem Spaten hatte noch so viel Felsgebröckel und Erde gehaftet, daß davon die sieben Berge entstanden sind.
In der Neuzeit haben zwar Zwerge versucht, die Kuppen abzubrechen, aber glücklicherweise ist nunmehr ihre Macht gebrochen, und die sieben Berge werden stehen bis zum jüngsten Tage.

11. Siegtal

IM SIEGTAL VON SIEGEN BIS BETZDORF

Bearbeiter: Otto Kipping† und Hermann-Josef Hucke

Die Sieg entspringt am Ederkopf im „Naturpark Rothaargebirge". Als stattliches Flüßchen mündet sie nach einem Lauf von etwa 152,5 km nördlich von Bonn in den Rhein. Das Gebirge hat sie jedoch zu so vielen Windungen, Schleifen und Mäandern gezwungen, daß Quelle und Mündung in der Luftlinie nur 83 km auseinanderliegen.

Zwischen Westerwald und Sauerland sind wir hier im Siegerland. Es umfaßt die große Quellmulde der oberen Sieg mit ihren Zuflüssen und Randhöhen.

Den größten natürlichen Reichtum des Siegerlandes bildeten bis um 1960 die wertvollen Eisenerzvorkommen, die in zahlreichen Bergwerken abgebaut wurden und (neben vielen Hochofenwerken zur Herstellung des wertvollen Siegerländer Spezialroheisens) eine vielseitige Industrie entstehen ließen: Stahl- und Walzwerke; Stahl- und Maschinenbau; Eisen-, Blech- und Metallwarenindustrie. Das Bild der Landschaft wurde bis in unsere Zeit von der Haubergswirtschaft mitgeprägt. Diese genossenschaftliche Waldwirtschaft beruhte auf dem Bedarf an Holzkohle bei der Eisengewinnung, vor der Verwendung der Steinkohle seit dem vorigen Jahrhundert. Auf den Abhieb des Buschholzes, in 18jährigem Umtrieb, folgten einige Jahre Nutzung des Bodens als Getreideland und Viehweide. Heute sind bereits die meisten Hauberge in Hochwald umgewandelt worden.

So ist das Siegerland ein geschlossener Landschafts- und Wirtschaftsraum mit Bergen und Wäldern, idyllischen Wiesentälern und pulsierenden Städten.

Unumstrittenes Zentrum des Siegerlandes und „Mittelpunkt der Bundesrepublik" ist
Siegen (240–380 m; 120 000 E.)
Zentrum für Handel und Wandel, Verkehr und Kongreß. Gesamthochschule. Einkaufsstadt für 600 000 Menschen. Die Autobahn Sauerlandlinie durchschneidet das Stadtgebiet (Siegen ist über drei Auf- und Abfahrten zu erreichen). Die Stadt ist aber auch Fremdenverkehrs-Mittelpunkt einer herrlichen Wanderlandschaft in einer der waldreichsten Gegenden Deutschlands.

◪ Siegen beging 1974 die 750-Jahrfeier, dürfte aber einige Jahrhunderte älter sein. 1224 errichteten die Grafen von Nassau auf dem Siegberg eine Burg, um die herum sich die eigentliche Stadt entwickelte.
Im letzten Weltkrieg wurde die Stadt sehr stark zerstört, bald aber zügig wieder aufgebaut. Seit dem 1. Januar 1975 gehört Siegen mit 120 000 Einwohnern zu den deutschen Großstädten. Der Zusammenschluß der Stadt Siegen (58 000 E.) mit der aufstrebenden Nachbarstadt Hüttental (40 000 E.) und der jungen Stadt Eiserfeld (23 000 E.) unterstreicht die wirtschaftliche Bedeutung dieses Oberzentrums im Südzipfel Westfalens.

Siegen nach Merian, um 1640

🏛 **Bergstadt Siegen:** In Stufen steigen die mittelalterlichen Konturen einer einst wehrhaften Stadt den Siegberg hinan. Und das gibt Profil: die tausendjährige **Martinikirche** vor dem mächtigen Block des Unteren Schlosses (s. u.) und dem markanten „Dicken Turm" mit seinem Glokkenspiel. Moderne Kaufhausfassaden wechseln mit dem kühlen Blaugrau der Schieferdächer. Wie ein Monument ragt der romanische Viereckturm der **Nikolaikirche** in den Himmel. Er trägt seit 1658 eine vergoldete schmiedeeiserne Krone, das Wahrzeichen der Stadt und des Siegerlandes. Sie wurde gestiftet von Johann Moritz Fürst zu Nassau-Siegen. Das sechseckige Kirchenschiff stammt aus der 1. Hälfte des 13. Jh.
Am Fuß der Kirche die Fassade des alten Siegener Rathauses.
Rund um die **kath. Marienkirche** mit barocker Turmhaube, erbaut ab 1702, die winkligen Gassen der teilweise noch erhaltenen Altstadt. Reste der ehemaligen Stadtbefestigung sind noch an verschiedenen Stellen zu besichtigen.
Auf der Kuppe des Siegberges im weitläufigen Park, umschattet von uralten Bäumen, mit den stillen Höfen inmitten uralter Mauern: das **Obere Schloß.** Hier befindet sich das **Museum des Siegerlandes:** Rubens-Galerie mit acht Originalgemälden und über 200 Graphiken (Der Maler Peter Paul Rubens wurde 1577 in Siegen geboren). Ahnengalerie der Nassau-Oranier, Sammlung in Eisenkunstguß, alte Bauern- und Bürgerstuben, Westerwälder Keramik, Harnische und alte Schußwaffen, Musterbergwerk, 2000 Jahre alter Eisenschmelzofen, der in der Nähe Siegens gefunden wurde, Porträts und Büsten bedeutender Siegener Bürger.
Öffnungszeiten: Dienstag bis Sonntag 10 - 12.30 Uhr und 14 - 17 Uhr (Sommer bis 18 Uhr). Montags geschlossen.
Im **Unteren Schloß** (nahe Kaufhaus Karstadt), in dem das Land- und das Amtsgericht untergebracht sind, die **Fürstengruft:** Prächtiges Grabmal von Fürst Johann Moritz zu Nassau-Siegen (1604 - 1679), hervorgetreten als Planer und Gestalter heute noch berühmter Gebäude und Gartenanlagen, bekannt als Politiker und Diplomat.
Mineraliensammlung in der ehemaligen Bergschule. Mi und So 10.30 - 12 Uhr. Eintrittsgeld. Tel. (0271) 5 22 28.
✕ Walzengießereien, Großwerkzeugmaschinenbau, Blech- und Kleineisenwerke, Pelzverarbeitung.

✔ Mit der **Siegerlandhalle** (1961) verfügt Siegen über ein bedeutendes Tagungszentrum; ein Saal für 2500 Personen, neun Konferenzräume, acht Kegelbahnen, 600 Parkplätze.

Bühne der Stadt Siegen (Auskunft: Kulturkreis Siegerland).

2 Naturfreibäder, 2 Warmwasserfreibäder, 2 Hallenbäder, 12 Tennisplätze, Reithallen, Minigolfanlage, Schießsportanlagen, Sportfluggelände. Wildgehege „Tiergarten" in Siegen-Weidenau.

⇥ Hotels und Gaststätten mit über 1000 Fremdenbetten.

✕ Verpflegungsmöglichkeiten aller Art. Historische Gasthöfe. Spezialität: Ein aus fein geriebenen rohen Kartoffeln und Mehl in einer Kastenform gebackener „Riewekooche", der wie Brot in Scheiben geschnitten wird.

🚍 Bahnlinien Dortmund - Hagen - Siegen - Frankfurt und Köln - Betzdorf - Siegen - Marburg.

🚌 Linienverkehr zu allen Städten und Gemeinden des Siegerlandes.

Flug: Verkehrsflughafen Siegerland, 20 km südlich im Hohen Westerwald.

☎ Stadt Siegen, Amt für Wirtschaftsförderung, 5900 Siegen 1, Postfach 10 30 20, Tel. (02 71) 59 35 42

Informationspavillon am Hauptbahnhof Siegen.

Kreisverkehrsverband Siegerland e. V., 5900 Siegen 1, Berliner Straße 39, Haus der Volksbank, Tel. (02 71) 33 77 - 4 78 Stadtprospekte, Gebietsprospekte, Stadtplan, Wanderkarte.

✳ Aussichtsturm Rabenhain (465 m) östlich Siegen bei Siegen-Volsberg.

🚶 Das Siegerland gehört zu den waldreichsten Gebieten Deutschlands. Gezeichnete Wege führen durch wildreiche Wälder, Wiesentäler, an klaren Bächen, Teichen und Talsperren vorbei zu Aussichtsplätzen, die einen weiten Blick über das Siegerland freigeben.

Wer nicht so gut zu Fuß ist, durchstreift den Siegener Stadtwald mit 50 km Spazierwegen, mit Wanderparkplätzen an den Ausgangspunkten, Trimm-Dich-Pfaden und Schutzhütten. Zwischen Siegen und Weidenau auf der westlichen Seite Wildgehege „Tiergarten".

Die Wanderwege des Siegerlandes werden nicht vom Westerwald-Verein, sondern vom Sauerländischen Gebirgsverein (SGV) betreut.

Der Siegerlandhöhenring verläuft als Wanderweg über die Randgebirge und berührt nur wenige Orte. Er ist durchgehend mit einer weißen Raute auf schwarzem Grund gezeichnet.

Bezirkswanderwege erschließen die schönsten Wandergebiete abseits der großräumig durchgehenden Wanderwege:

Siegen - Würgendorf (weißes Rechteck);

Siegen - Hohenseelbachskopf (weißes Dreieck).

Ausgangspunkte für **Wanderwege in den Stadtwald:**

Westliche Siegseite:

Wallhausenstraße (unweit der Autobahn an der Achenbacher Straße);

Friedrich-Ebert-Straße (westlich des Stadtzentrums über der Achenbacher Straße);

An den drei Pfosten (unweit des Hermelsbacher Friedhofs über der Freudenberger Straße).

Östlich der Sieg:

Silberfuchs (hinter dem Giersberg an der Tiefenbacher Straße);

Ahornweg (südlich des Stadtzentrums unweit der Hambergstraße).

Die Eiserfelder Straße und die Bahnhofstraße führen vom Siegener Stadtzentrum am Industriegebiet vorbei siegabwärts. Eine der größten deutschen Autobahnbrücken überspannt das Siegtal (110 m hoch, 1050 m lang). Dann sind wir in

Siegen-**Eiserfeld** (230 m; 23 000 E.)

◻ Die Stadt Eiserfeld war entstanden aus dem Zusammenschluß der Gemeinden Eiserfeld, Eisern, Niederschelden, Gosenbach und Oberschelden. Seit 1975 ist die Stadt als Stadtteil Siegen angegliedert.

Die Ortsteile liegen in Seitentälern zwischen tiefeingeschnittenen Waldtälern.

Autobahnbrücke über das Siegtal bei Siegen-Eiserfeld

✖ Werk für Bürocomputer; Maschinen-, Eisen- und Blechwarenindustrie.
🚌 Bahnhof Siegen-Eiserfeld der Strecke Betzdorf - Siegen.
🚌 in alle Richtungen
✳ Aussichtsturm Gilberg (430 m) nahe der Autobahn; Aussichtsturm Burgberg (400 m) bei Siegen-Eisern; Aussichtsturm Pfannenberg (492 m) bei Siegen-Eisern.

🚶 Wanderwegetafel in der Ortsmitte. Sehr schöne Wandermöglichkeiten in die Täler und Waldberge.

Unvermittelt führt uns die Siegtalstraße nach Niederschelden. Hier fließt die Sieg in das Land Rheinland-Pfalz ein. In gewundenem Lauf hat sich der Fluß im Verlaufe von Jahrmillionen durch das devonische Gestein der „Siegener Schichten" sein heutiges Bett gesucht, und die beiderseitigen Höhen des Giebelwaldes 507 m und des Windhahns 517 m gelten als Reststümpfe der ehemaligen

„Variskischen Alpen". Mehrere ausgeprägte Flußterrassen lassen deutlich den Vorgang der tertiären Talbildung erkennen. Die durch das Tal führende Eisenbahnlinie Betzdorf - Siegen überquert auf einer Strecke von 15 km zwölfmal die Sieg, und der Bau von fünf Tunnels war erforderlich, um die Bahnlinie halbwegs gradlinig durch das Tal zu führen. Die B 52 führt ebenfalls in zahlreichen Kurven durch das Tal. Auf der Strecke zwischen Niederschelden und Kirchen streichen mehrere Eisenerzgänge von Nord nach Süd quer durch das Tal und erstrecken sich weiter in südlicher Richtung über Herdorf bis in das Daadetal.

⬛ Schon in vorchristlicher Zeit haben keltische Siedler auf den tagaustretenden Erzgängen des Giebelwaldes und auf den in südlicher Richtung bis zum Hohenseelbachskopf gelegenen Höhen Eisenerz gewonnen und dasselbe meist in unmittelbarer Nähe der Fundstellen in hochgelegenen Seitentälern verhüttet. In primitiven, aus Lehm geformten „Windöfen" wurde das Eisenerz mit Hilfe von Holzkohle und Ausnutzung des aufsteigenden Hangwindes zum Schmelzen gebracht. Am Giebelwald, oberhalb Mudersbach, und besonders am Westhang der Malscheid bei Herdorf sind eine Anzahl dieser Windöfen freigelegt und restauriert worden. Etwa ab 1300 verlagerte sich die Eisenverhüttung in die Täler, an wasserführende Bäche, wo mit Hilfe von wassergetriebenen Gebläsen in größeren Hüttenöfen stärkere Hitze erzeugt wurde und das geschmolzene Eisen zum „Rinnen" kam. Aus diesen ursprünglichen „Rennöfen" haben sich später zum Teil bedeutende Hütten entwickelt. Die eigentliche Blütezeit des Erzbergbaus und der Eisenverhüttung begann nach Inbetriebnahme der Eisenbahnlinien durch die Täler der Sieg und Heller, im Jahre 1862. In kurzer Zeit wurden auf den bedeutendsten Erzgängen eine Anzahl hochragender Fördertürme errichtet, deren Schächte meist eine Tiefe von über 1000 m erreichten. Ab 1962 sind die Gruben nach und nach wegen Unrentabilität zum Erliegen gekommen. Heute sind kaum noch Spuren der ehemals umfangreichen Anlagen zu erkennen.

Erster Ort in Rheinland-Pfalz ist
Mudersbach-Niederscheiderhütte (245 m; 3377 E.)
Standort der „Charlottenhütte", eine der letzten Eisenhütten im Siegerland (gegründet 1856), die dem Ort den Namen gab (jetzt Stahlwerke Südwestfalen). Auf den Bergen beiderseits ehemals bedeutende Eisenerzgruben.

🏊 Naturfreibad Schinderweiher bei Niederscheiderhütte. Gelegenheit für Schwimm- und Rudersport.

🚌 🚂 Siegen - Betzdorf

🧗 in die ausgedehnten Waldungen des **Giebelwalds** (nördlich) und des **Windhahns** (südlich).

Ein mit einem Pfeil gekennzeichneter Wanderweg des SGV beginnt an der Siegbrücke in Niederscheid und führt 10 km weit stets über die Kammzonen des Giebelwaldes bis zur Freusburg.

Auf der südöstlichen Siegseite liegt unterhalb in einer kleinen Talweitung
Mudersbach-Birken (240 m; 647 E.)
Bis 1962 betätigen sich die Bewohner vorwiegend im Bergbau und auf der benachbarten Eisenhütte. Heute pendeln sie meist zu den neuerrichteten Betrieben in den Nachbarorten aus.

🧗 Zur Birker Ley (378 m). An der Stelle einer Villa stand die im 30jährigen Krieg zerstörte Niederschelder Burg.

Gegenüber zwängt sich die B 62 hart zwischen die Sieg und den steil ansteigenden Giebelwald. Es folgt
Mudersbach (230 m; 2544 E., VG Kirchen/Sieg)
am Südhang des Giebelwaldes, Stammort eines alten Adelsgeschlechtes. Im Gemeindebereich befanden sich mehrere Eisenerzgruben.

✕ Im Werk Meteor - Siegen werden Lichtpausanlagen, Bürokopierautomaten und Reprografie-Ausrüstungen hergestellt.

✚ Ärzte, Zahnärzte, Apotheken
🏊 Hallenbad
🛏 ✕ Mehrere Hotels, Gaststätten und Pensionen.
🚌 Siegen - Betzdorf
🧗 in den Giebelwald;
zur Mariengrotte (1 km).

Auf der linken Talseite folgt, fast noch gegenüber von Mudersbach,
Brachbach (210 m; 2622 E., VG Kirchen/Sieg)
am Fuße des Wernsberges. Gemeinde der Berg- und Hüttenleute.

▣ Im Gemeindebereich befanden sich mehrere Eisenerzgruben und eine Dachschiefergrube. Von 1529 - 1866 bestand die „Alte Hütte", ein Unternehmen von Gruben- und Hüttentagebesitzern, eine Hüttengewerkschaft, die aus ihrer Mitte den Hüttenschulzen wählte, der sie in der Öffentlichkeit vertreten mußte. Bis 1909 arbeiteten die Hochöfen der „Neuen Hütte". - Östlich des Dorfes liegt die Siedlung „In den Karpaten". Einige Inhaber der Siedlungshäuser waren während des Krieges als Soldaten in den Karpaten gewesen. Als sie ihre Siedlungshäuser bauten, sagten sie scherzhaft, wenn sie zum Bauplatz hinaufgingen, sie gingen in die Karpaten. So ist der Name der Siedlung geblieben. — In Brachbach lebte der Heimatschriftsteller Rudolf Utsch (1903 bis 1960).

🛏 ✕ Mehrere Hotels, Gaststätten und Pensionen.
🚌 🚐 Siegen - Betzdorf
🏃 in das Waldgebiet des Windhahns.
     Siehe Seite 386!

Nachdem die Siegtalstraße über einen Bergrücken hinweg eine
Siegschleife abgekürzt hat, fahren wir durch das kleine
Brachbach-**Büdenholz** (205 m; 170 E.)

Nach einer weiteren Haarnadelkurve sehen wir auf der linken Talseite Kirchen-**Katzenbach** (280 m; 370 E.)
im Talhang an der alten Poststraße Kirchen - Siegen.

❋ Auf dem Bergrücken südlich des Ortes befindet sich der 18 m hohe
stählerne **Otto-Turm,** der einen weiten Rundblick über das Siegtal
zwischen Betzdorf und Siegen vermittelt.

Wir kommen nach
Kirchen-**Freusburg** (300 m; 1181 E.)
Der altertümliche Ort erstreckt sich von der Talsohle an einem
steilen Hang hinauf bis an die Burg.

🔃 Aufwärts mit 6 % Steigung (abwärts mit 16 % Gefälle) erreicht man
die steil über dem Tal auf einem Bergvorsprung sich erhebende Freus-
burg.
In der „Haigerer Urkunde" aus dem Jahre 1048 wird die **Freusburg** als
Sitz eines Grafengeschlechtes erwähnt, welches 3 Eberköpfe im Wappen
führte. Um 1200 ist das Geschlecht im Mannesstamme erloschen und
die Burg ging mit mehreren Höfen und ausgedehnten Waldungen in den
Besitz der Grafen von Sayn über. Ab 1372 war die Freusburg saynischer
Amts- und Gerichtssitz über die damaligen Kirchspiele Kirch-Freusburg,
Fischbach, Gebhardshain und Daaden. Bis zum 30jährigen Krieg gingen
Amt und Gericht Freusburg mehrmals vorübergehend in den Besitz des
Erzbistums Trier über. 1632 wurde die zufällig in trierischem Besitz befindliche Freusburg von den Schweden erobert und 5 Jahre später von
den Trierern zurückgewonnen. Die der Burg gegenüber in der großen
Siegschleife gelegene „Schwedenschanze" erinnert noch an diese Ereignisse. Nach dem 30jährigen Krieg wurden Burg und Amt Freusburg
wieder der Grafschaft Sayn zugesprochen. Nach Auflösung der Grafschaft
Sayn, 1817, diente die Freusburg noch lange Zeit als Sitz eines preußischen Amtsgerichtes.
1927 erwarb es das Deutsche Jugendherbergswerk, das sie restaurieren
und ausbauen ließ. In den 240 Betten übernachten jährlich durchschnittlich etwa 30 000 Gäste.
🏛 Wer die **Freusburg** durch den Torbogen zum Innenhof hin betritt,
erkennt in der unregelmäßigen Grundrißanlage drei Gebäude: den Süd-
bau mit Aufenthalts- und Schlafräumen, dreigeschossig mit zwei Halb-
kreistürmen (und sehr schönem Siegtalblick); den Nordostbau mit Küche
und Rittersaal, beide 16. Jh. Der verbindende Mittelbau mit der Galerie
stammt aus dem Jahre 1926, aus der gleichen Zeit der Westbau mit den
Toilettenanlagen.
Die **ev. Pfarrkirche** aus dem Jahre 1592 hat noch einen romanischen
Kern, ist einschiffig und flachgedeckt mit eingezogenem Chor.
Zahlreiche **Fachwerkhäuser** der Hangsiedlung, darunter das zur Jugend-
herberge gehörende „Bergamtliche Haus" bilden mit der Burg eine
reizvolle Gebäudegruppe.
🛏 ✕ Mehrere Hotels, Gasthäuser und Pensionen.
Jugendherberge Freusburg mit 240 Betten.
⚓ Hobbypark, Minigolf
🏃 Wegetafel am Burgeingang.
     Auf dem mit einem Winkel gezeichneten 10 km langen Weg über
die **Kammzonen des Giebelwaldes** bis Niederschelderhütte. Zurück mit
Bus oder Bahn.

Nach Siegen auf dem **Hauptwanderweg 11** über den Giebelwald (11 km).
Über den **Hubenkopf** zum Bahnhof Junkernthal (3 km).
Auf dem **nördlichen Sieghöhenweg** nach Kirchen-Jungenthal.
Auf dem **südlichen Sieghöhenweg,** gleichzeitig Europäischer Fernwanderweg Nordsee - Mittelmeer, über die Freusburger Mühle zum Otto-Turm (4 km).

2 km weiter siegabwärts sind wir in
Kirchen/Sieg (200 m; 10 500 E.; ohne Ortsteile 4600 E., VG Kirchen, Kreis AK)
Luftkurort am Zusammenfluß von Sieg und Asdorfbach. Sitz der Verbandsgemeinde Kirchen. Großgemeinde mit den Ortsteilen Freusburg, Herkersdorf, Katzenbach, Offhausen, Wehbach und Wingendorf (siehe diese!). Zentraler Kirch- und Marktort. Forstamt.

◻ „Die Perle an der Sieg", wie der Ort auch heute noch gern genannt wird, liegt an der Einmündung des Asdorfbaches in die Sieg, die den Ort von zwei Seiten umfaßt. Er führt seinen Ursprung auf die benachbarte Freusburg zurück und wurde ursprünglich Kirch-Freusburg genannt. Seit etwa 1200 Kirchspielort und von 1881 bis 1966 Sitz eines Amtsgerichts. Bis 1965 befand sich in Kirchen ein Bergamt, welches die Aufsicht über die gesamten Erzgruben im Kreise Altenkirchen führte. Mehrere Industriemillionäre waren in Kirchen ansässig, und bis vor dem 2. Weltkrieg galt Kirchen im Verhältnis zu seiner Einwohnerzahl als der drittreichste Ort Deutschlands. Geprägt wird das Ortsbild von der kath. St. Michaelskirche (unterhalb) und der ev. Lutherkirche (oberhalb).

✗ Die sterbende Bergbauindustrie des Siegerlandes wurde in Kirchen durch Betriebe der eisenverarbeitenden und der Kunststoff-Industrie ersetzt.
Im Ortsteil Jungenthal beschäftigt die **Firma Arn. Jung** etwa 1050 Arbeiter und Angestellte. Bereits 1942 konnte die Firma ihre 10 000. Lokomotive ausliefern. Das Programm umfaßt heute dieselhydraulische, dieselelektrische und elektrische Lokomotiven bis 3000 PS. Ferner werden Apparate, Behälter und Sonderanlagen hergestellt.
Weltruf genießt auch die Firma **Walter Hebel KG.** Sie ist auf zeichentechnischem Gebiet tätig und stellt vor allem moderne Zeichenplatten her.

✚ Kreiskrankenhaus mit 300 Betten, Ärzte, Zahnärzte, Apotheken.
⚕ Hallenbad mit Sauna. Trimm-Dich-Weg „In der Pracht". 2 beheizte Freibäder. Minigolfanlage im Imhäusertal.
Für Sport- und Geschäftsreiseverkehr steht der Flugplatz Betzdorf-Kirchen bei Kirchen-Wingendorf zur Verfügung.
🚌 ✗ Mehrere Hotels und Gaststätten, Restaurants, Imbißstuben und Cafés.
🚂 Betzdorf - Olpe und Betzdorf - Siegen
🚍 nach Niederfischbach, Siegen, Katzenbach, Offhausen und Betzdorf
✆ Gemeindeverwaltung 5242 Kirchen (Sieg), Lindenstraße 7,
Tel. (0 27 41) 6 10 71 - 77

Lit.: Koch, Horst Günter, Rund um den Giebelwald, Kirchen 1970
       Thomas, Rolf-Hermann, Kirchen in alten Ansichten, Kirchen 1978

🧗 Innerhalb und außerhalb des Gemeindebereichs ist ein ausgedehntes Netz an Wanderwegen vorhanden.
Wanderparkplatz an der Straße Kirchen - Herkersdorf am Druidenschlößchen. Waldparkplatz „Windhahn" an der K 101 in Kirchen-Offhausen.
Vom Druidenschlößchen zum 18 m hohen Otto-Turm mit prächtiger Aussicht über das Siegtal zwischen Betzdorf und Siegen.
Beide Sieghöhenwege sowie der Europäische Fernwanderweg Nordsee - Mittelmeer sind bequem zu erreichen.

Zwischen Steilhang und Sieg führt die B 62 2 km weiter südlich nach Betzdorf.

IM SIEGTAL VON BETZDORF BIS ZUR LANDESGRENZE

Bearbeiter: Dr. Theodor Becker,   *Übersichtskarte Seite 734*
Hermann-Josef Hucke,
Otto Kipping † und Ewald Schumacher

An der Mündung der Heller in die Sieg liegt
Betzdorf/Sieg (190 m; 11 100 E., VG Betzdorf, Kreis AK)
Hauptort des Altenkirchener „Oberkreises". Eisenbahn- und
Straßenverkehrsknotenpunkt. Seit 1953 Stadtrechte. Grund- und
Hauptschulen, Realschule, Gymnasium, Berufsschule, Amtsgericht,
Sitz der Kreishandwerkerschaft, IHK-Bezirksgeschäftsstelle, zen-
trale Polizeistation, Zollamt, Postamt, Adorfsches Konservatorium
und Musikseminar, Arbeitsamt, Katasteramt, Landeszentralbank.
Anerkannte Fremdenverkehrsgemeinde, Partnerstadt von Decize/
Burgund.

◨ Im Jahre 1249 wird der Ort erstmals urkundlich erwähnt. Ein mit
Dornenhecken und Zäunen eingefriedetes Gehöft wurde früher im Hellertal
„Betze" genannt. Vermutlich ist aus dieser Bezeichnung später der Ortsname
Betzdorf entstanden. Ein altes Gehöft befand sich auf der rechten Siegseite,
beim heutigen Breidenbacher Hof, welches später „Hohenbetzdorf" wurde.
Etwa 1 km siegaufwärts liegt auf der linken Seite der alte Struthof (Ersterwähnung 1266), welcher als ursprünglich Freusburgischer Besitz lange Zeit
an die Familie „von Betzdorf genannt Ermart" verliehen war. Mehrere uralte
Verkehrswege, auch „Eisenstraßen" genannt, führten vom Westerwald
und aus dem Daadener Land in Betzdorf über Heller und Sieg zum
nördlich gelegenen Siegerland und dem Bergischen Land. Trotzdem
blieb Betzdorf bis um 1850 ein bescheidenes Dorf mit höchstens 35
Häusern. Erst nach dem Bau der Straßen durch das Sieg- und Hellertal,
sowie nach Eröffnung der Eisenbahnstrecken in den Jahren 1852 - 1882
begann der eigentliche Aufstieg des Ortes. Mehrere neue Industriebetriebe wurden errichtet. In wenigen Jahren entstanden neue Straßenzüge und Ortsteile. Im 2. Weltkrieg wurden 65 % der Gebäude in
Betzdorf durch feindliche Fliegerangriffe zerstört oder beschädigt. Im
Jahre 1953 war die Einwohnerzahl auf 10 000 angestiegen und am
10. Oktober desselben Jahres erhielt Betzdorf Stadtrechte. ⸗ Aus Betzdorf
stammt der bekannte Volksliederkomponist Robert Götz (1892 bis 1978).
Kath. Kirche; Ev. Kirche.

✖ Mehrere große Industriebetriebe tragen den Namen Betzdorfs in all
Welt:

Am bekanntesten ist die Firma **Wolf-Geräte GmbH,** (Besichtigung möglich). Wolf Geräte erleichtern dem Gartenbesitzer die Rasen-, Garten-
und Blumenpflege. Zum Programm gehört ein breites Angebot vom
Grassamen über Rasenmäher, Dünger, Regner, Kleingeräte usw. bis
zum vollständigen Blumenpflegeprogramm. Die Firma unterhält in Betzdorf die größte private Rasenforschungsstätte Mitteleuropas.
Die Firma **Heinrich Nickel GmbH** stellt lufttechnische Anlagen und
Apparate her (Besichtigung möglich).
Ketten aller Art werden in der **Amsted-Siemag Kette GmbH** hergestellt
(Besichtigung möglich).
Die **Schäferwerke KG** zählen zu den größten Stahlblechverarbeitern in
der Bundesrepublik und stellen vor allem Radiatoren und Stahlschränke
her.
Die Firma **Patt & Dilthey** baut Kessel, Apparate und Behälter für die
chemische Industrie.

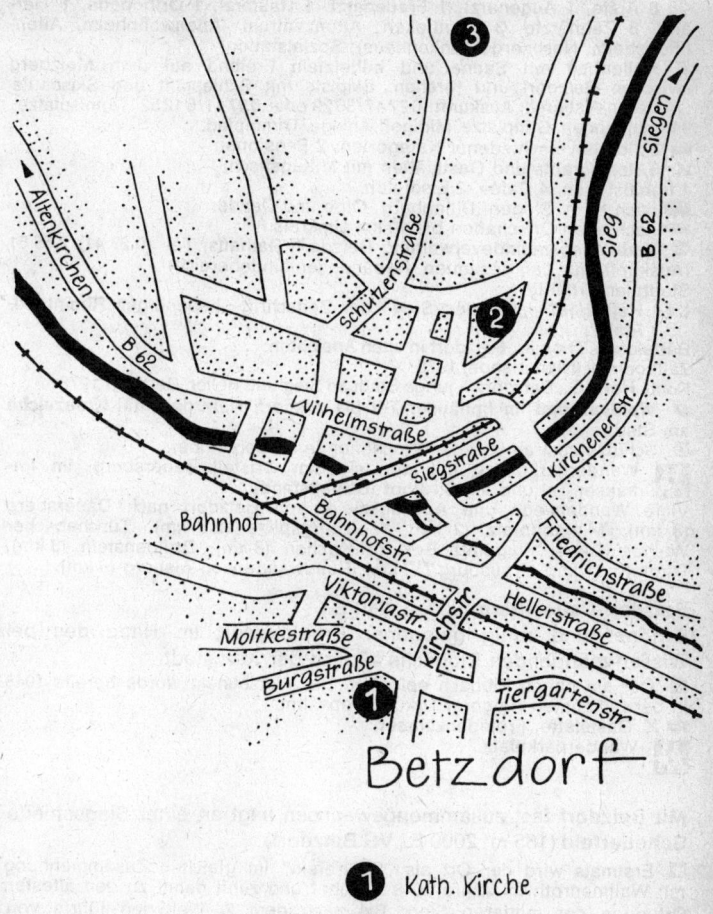

Betzdorf

1 Kath. Kirche

2 Ev. Kreuzkirche

3 Hallen- und Freibad

Wenn wir von Betzdorf in den Westerwald fahren, kommen wir am Ortsausgang an dem **Umspannwerk des Rheinisch-Westfälischen Elektrizitätswerks** vorbei (Baukosten 60 Millionen DM). Es ist ein Knotenpunkt im westeuropäischen Stromverbundnetz und zugleich eine Verteileranlage für die Stromversorgung des Siegerlandes und des Kreises Altenkirchen. Zu sehen sind mehrere 380/220-kV-Transformatorenbänke mit je 1000 Megawatt Leistung. Für den örtlichen Verbrauch werden täglich bis zu 2,5 Millionen Kilowattstunden abgezweigt.

✚ 8 Ärzte, 1 Augenarzt, 1 Frauenarzt, 1 Hautarzt, 1 Orthopäde, 1 Tierarzt, 8 Zahnärzte, 3 Apotheken; Altenzentrum (Altenwohnheim, Altenpflegeheim, Nachsorgekrankenhaus); Sozialstation.

♂ Hallenbad mit Sauna und beheiztem Freibad auf dem Molzberg zwischen Betzdorf und Kirchen. Skipiste mit Schlepplift und Skischule „Auf dem Alsberg". Auskunft: 0 27 47/36 29 oder 0 27 41/6 12 52. Tennisplätze: 9 Kegelbahnen. Grillplätze. Minigolf-Anlage. Trimmpfad.

🛏 8 Hotels verschiedener Kategorien; 2 Pensionen.

✗ 6 Restaurants und Gaststätten mit Mittagstisch, 4 Imbißstuben, 4 Cafés, 2 Eisdielen.

🚌 nach Köln, Siegen, Dillenburg, Olpe und Daaden
🚍 nach allen Ortschaften bis 10 km Umkreis.

☎ Verbandsgemeindeverwaltung Betzdorf, Rathaus, Tel: (0 27 41) 2 55 51 (Auskünfte für den gesamten Verbandsgemeindebereich)
Stadtplan erhältlich.

Lit.: Heft 2/1974 „Betzdorf/Sieg" der Zeitschrift „Lebendiges Rheinland-Pfalz".
Bartalosch, Thomas, Betzdorf in alten Ansichten;
Zaltbommel (Niederlande) 1978
Koch, Horst G., Betzdorf — junge Stadt an Sieg und Heller, Betzdorf 1978

🌿 **Waldlehrpfad** im Imhäuser Tal bei Alsdorf. Naturdenkmal **Kreuzeiche** am Stadtrand.

☉ Schützenfest am zweiten Wochenende im September.

🧍 Wanderparkplätze befinden sich im Ortsteil Dauersberg, im Imhäuser Tal und am Struthof (Schießstand).
Viele Wanderwege und Ausflugsziele, von Betzdorf nach Dauersberg (3 km), Minigolfplatz (2 km), Molzbergspitze (2,5 km), Tüschebacher Weiher (9 km), Flugplatz Betzdorf-Kirchen (8 km), Druidenstein (8 km), Ottoturm (7 km), Freusburg (10 km), Rundwanderweg Alsberg (6 km).

Betzdorf-**Dauersberg** (300 m; 210 E.)

Schöner und ruhig gelegener Erholungsort im Hang des bei Wissen mündenden Elbbachs südlich der Kernstadt.

🔲 Der am nahen Elbbach gelegene Hof Weiselstein wurde bereits 1048 in der bekannten Haigerer Urkunde erwähnt.

🛏 ✗ Gaststätte; Fremdenzimmer.

🧍 Wanderparkplatz.

Mit Betzdorf fast zusammengewachsen liegt an einer Siegschleife
Scheuerfeld (185 m; 2000 E., VG Betzdorf)

🔲 Erstmals wird der Ort als „Sciurefeld" im gleichen Zusammenhang mit Wallmenroth im Jahre 1048 erwähnt und zählt damit zu den ältesten Orten an der mittleren Sieg. Bis nach dem 2. Weltkrieg führte von Scheuerfeld eine Bahnlinie zu den Erzgruben bei Bindweide und von dort aus später weiter bis zum Truppenübungsplatz Stegskopf und zum Flugplatz Lippe. Die Strecke dient heute nur noch dem Gütertransport.

✗ Am Siegufer befinden sich die Werksanlagen der **Firma Hermann D. Krages**. Seit 1937 kauft die Fa. in weitem Umkreis Holz zur Herstellung von Holzfaserplatten.

♂ Skipiste mit Schlepplift an der Waldstraße. Auskunft: Edelbert Blecker, Scheuerfeld. 2 Kegelbahnen.

🛏 ✗ Gasthäuser mit Fremdenzimmern und Mittagstisch.

🌿 An der Sieg in der „Muhlau" befinden sich noch **Graureiherkolonien**. Die Sieg und der aus dem Gebhardshainer Ländchen kommende **Elbbach** sind bei Scheuerfeld nur 150 m Luftlinie voneinander entfernt, jedoch durch einen Bergkamm voneinander getrennt. Die Bahnstrecke zum Stegskopf durchsticht den Berg in einem 270 m langen Tunnel, die Sieg aber nimmt den Elbbach erst 14 km weiter unterhalb bei Wissen-Schönstein auf.

Die Kreuzeiche
bei Betzdorf/Sieg

F.J.Magnus

Zum Sieghöhenweg und ins Elbtal.
Zum Wildpark auf der Blickhäuser Höhe.

Nördlich der Sieg liegt gegenüber von Scheuerfeld

Wallmenroth (180 m; 1180 E., VG Betzdorf)

Früher unter dem Namen „Nodenbraht" bekannt, galt der Ort 1048 als Westgrenze des Freien Grundes.

Das **„Glockenhäuschen",** ein hübsches kleines Fachwerkhaus, war früher die Wohnung des Gemeindehirten.

nach Betzdorf und Wissen

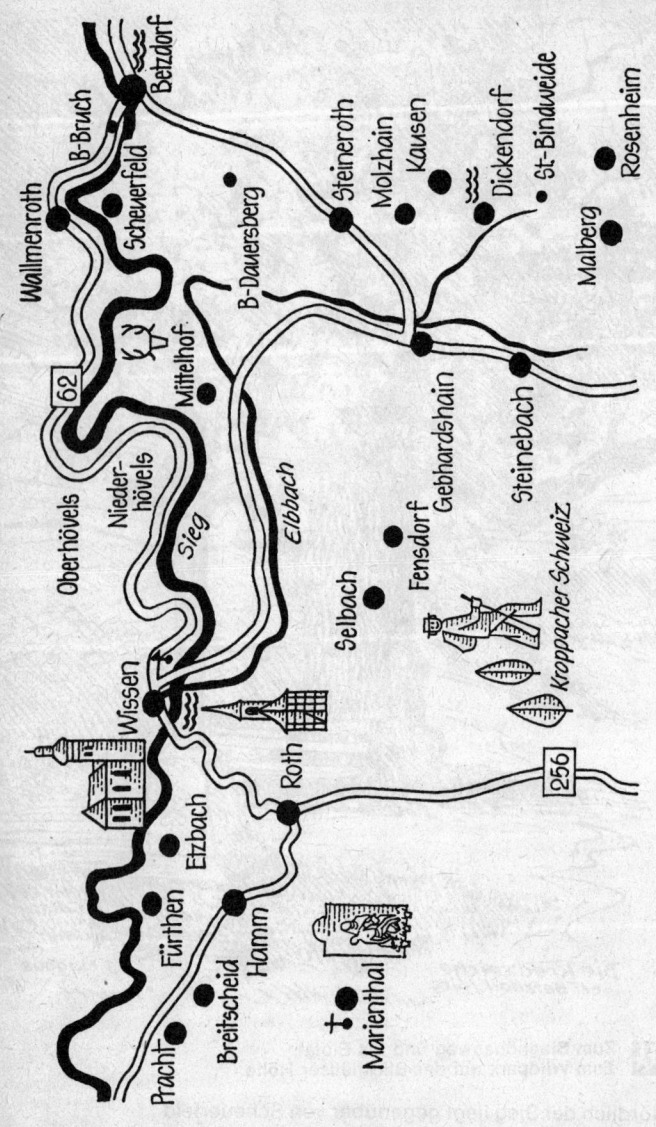

🖋 Die Siegtalstraße (B 62) schneidet westlich von Wallmenroth den Flaschenhals der Muhlau und kommt zu der Häusergruppe Dasberg. Hier liegen im Siegbett die sogenannten **Dasberg-Steine** (auch „Dicke Steine"). Sie sind am Fronleichnamstag 1845 beim Straßenbau hineingestürzt.

🚶 Von der Ortsmitte führt ein Sträßchen hoch zum **Dasberg** (318 m) mit schöner Aussicht ins Sieg- und ins Bröltal. Der **Brölbach** entspringt bei dem kleinen Dorf Katzwinkel (einst Bergmannsdorf mit der Grube Vereinigung) und mündet in Wissen in die Sieg. Bis in die 60er Jahre zuckelte ein Schmalspurbähnchen von Katzwinkel als Erzbähnchen nach Wissen.

Über den Bergkamm zwischen Sieg und Bröl verläuft der mit einem weißen XS gekennzeichnete **nördliche Sieghöhenweg:** Hennef - Altenbödingen - Halscheidt - Wissen - Freusburg.

Die Siegtalstraße folgt unterhalb Wallmenroth am Dasberg (s. o.) den Windungen der Sieg und erreicht nach der Siedlung Wingertshardt (ehemalige Erzgrube) und hinter dem Siegbogen an der Bahnunterführung

Hövels (160 m; 823 E.)

◻ Die Gemeinden Birken-Bruchen, Hövels, Katzwinkel (Sieg) und Wissen wurden 1951 aus Teilen der aufgelösten Gemeinden Wissen links der Sieg und Wissen rechts der Sieg gebildet. Im Ortsteil Niederhövels befindet sich eine alte Bergmannssiedlung. Bis 1964 arbeiteten die Grube „Eupel" und die „Alte Hütte". Die Räder aus dem Förderturm und Förderwagen mit einer Diesellok stehen nun als Erinnerungsstätte in der Deubachkurve an der Straße von Wissen nach Roth.

🎣 Angeln in der Sieg.

🛏 ✕ Hotel-Café mit 18 Betten.

🚃 Bahnhof Niederhövels der Strecke Au - Betzdorf.

🚌 nach Wissen und Betzdorf

🖋 In der **Grube Eupel** fanden sich besonders zahlreiche Kristalle und andere Gesteine. Der Wissener Geologe Dr. Walter Fenchel hat eine reiche Sammlung zusammengetragen.

🚶 Über Oberhövels in das Waldgebiet zwischen Sieg und Bröl.

🚶 Über die Sieg zum kleinen Steckenstein mit der ehemaligen Grube Friedrich.

Die Siegtalstraße (B 62) führt weiter durch die Siedlung Siegenthal, wo bis 1974 ein 94 m hoher Gasometer das Landschaftsbild beherrschte. Wir sind hier im „Wisserland", dem knapp 16 000 Einwohner zählenden Gebiet beiderseits der Sieg. Sitz der Verbandsgemeindeverwaltung ist die Stadt

Wissen (150 m; 9372 E., VG Wissen; Kreis AK)

Stadt seit 1969. Anerkannter Luftkurort seit 1971. Zahlreiche Industriebetriebe. Partnerstadt von Chagny/Burgund.

◻ Ersterwähnung 914. In einer Grenzbeschreibung der Haigerer Mark erscheint 1048 ein Rodungsbezirk „Wisnerofanc". 1420 kam das damalige Wissen rechts der Sieg als Teil der Herrschaft Wildenburg zum Hause Hatzfeldt, während die Ortshälfte Wissen links der Sieg als Teilstück der Herrschaft Schönstein bis 1803 zum Kölner Kurstaat gehörte. Die beiden Ortsteile links und rechts der Sieg wurden 1951 zu einem Ort zusammengefaßt. Am 19. April 1969 wurden Wissen die Stadtrechte verliehen.

Vor der Erbauung der Bahn 1860 hatte der Ort nur 650 Einwohner. Bergbau und Industrialisierung haben zu dem enormen Wachstum der Stadt geführt. Im letzten Krieg wurde Wissen zu 60 v. H. zerstört. Heute ist Wissen eine moderne Stadt und Mittelpunkt an der mittleren Sieg.

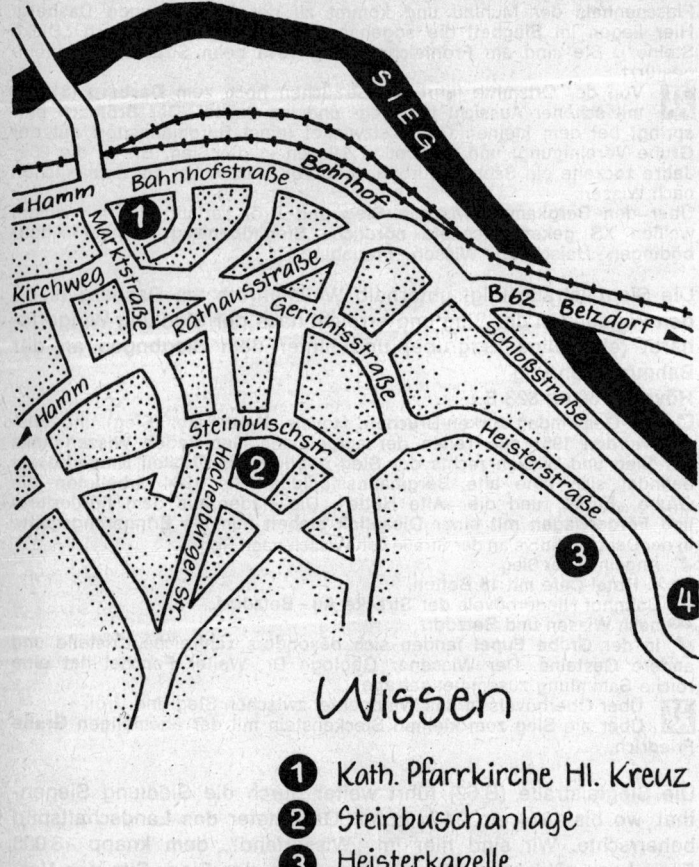

Wissen

1. Kath. Pfarrkirche Hl. Kreuz
2. Steinbuschanlage
3. Heisterkapelle
4. Schloß Schönstein

Die hübsch gelegenen ehemaligen Bergmannsdörfer in der Verbandsgemeinde haben im Fremdenverkehr einen Erwerbszweig gefunden.

🏛 Als **Halbmond** bezeichnet man die Häuserreihe rings um den ehemaligen Kirchhof der **kath. Pfarrkirche zur Kreuzaufrichtung.** 1316 wird das Gotteshaus zuerst erwähnt. Der romanische, später stark erhöhte und mit einer barockisierenden Spitze versehene Turm geht in das 10. Jh. zurück. Das einschiffige Langhaus wurde 1804 errichtet und 1912-1914 vergrößert. Von 1928-1931 wurde die Kirche durch den bekannten Kirchenmaler Peter Hecker ausgemalt. Seitenaltäre und Kanzel (um 1763) stammen aus dem Kloster Marienthal, die Orgel aus dem Wetzlarer Dom. Als alter Brauch hat sich in Wissen an allen hohen kirchlichen Feiertagen das **„Beiern"** erhalten, bei dem die Glocken der Kreuzerhöhungskirche mit besonderer Technik nach streng musikalischen Gesetzen geläutet werden. Statt des Vollgeläutes im Es-Dur-

Akkord läutet dabei nur eine Glocke wie üblich. Die übrigen Glocken werden vom Glockenspieler von Hand angeschlagen und ergeben so eine Melodie, auf die die Wisser ihre Texte zu singen wissen.

An der Hachenburger Straße befindet sich die nach Pastor Anton Steinbusch genannte **Steinbuschanlage** auf dem Gelände eines ehemaligen Friedhofs.

Gedenksäule an den Krieg 1870/71 mit dem preußischen Adler.

Am westlichen Stadtausgang in der Deubachkurve als **Bergbaudenkmal** Räder eines Förderturms und Förderwagen.

X Wer früher von Wissen sprach, meinte Erz, Eisen und Blech. Der seit 1000 Jahren auf vielen Sohlen bis zu 1000 Meter Tiefe betriebene Bergbau hat Land und Leuten sein Gepräge gegeben. Um 1911/12 entstand das Wissener Weißblechwalzwerk mit Hochöfen und Winderhitzer entlang der Bahn als das größte Werk seiner Art in Europa. Heute erzeugen hier die **Hoesch Siegerlandwerke** jährlich 135 000 Tonnen Weißblech und 36 000 Tonnen Feinblech.

Wie überall im Siegerland und an der Sieg kam auch in Wissen Anfang der 60er Jahre der Bergbau zum Erliegen, weil der einst willkommene Mangananteil des Roherzes bei der Verhüttung zunehmend als störend empfunden wurde. Allein im Bereich der Verbandsgemeinde Wissen verloren dadurch 1500 Männer ihren Verdienst. Zahlreiche neue Betriebe schufen neue Arbeitsplätze.

Die Firmen Dalex-Werke Niepenberg & Co GmbH, Nimak KG und Union Carbide Deutschland GmbH bilden den **Schwerpunkt der Elektroschweißmaschinenherstellung in Deutschland.**

Holzbauwerk Pritzer GmbH, Industrie- und Sakralbauten.

Im Siegbogen hinter Wissen liegen die **Kautex-Werke** (Kunststoffverarbeitung, z. B. Heizöltanks).

✚ St.-Antonius-Krankenhaus; 9 Allgemein- und Fachärzte, 5 Zahnärzte, 3 Apotheken, Sozialstation.

✦ Hallenbad und beheiztes Freibad; dort auch Minigolf. Angeln in der Sieg (Tageskarten: Hatzfeldt Wildenburg'sche Verwaltung). Trimm-Dich-Pfad (2 km lang) am Schützenplatz, Köttingsbach, Campingplatz siehe unter Blickhauserhöhe; Skipiste mit Schlepplift des SC Wissen (Auskunft: 0 27 42/14 96, dienstl. 2001) im Stadtteil Köttingen; Reit- und Tennis-Center Seelbach.

⊨ ✗ Hotels, Gaststätten, und Pensionen, Cafés, Eisdiele, Imbißstube, Müttererholungsheim, Feriendorf des Caritasverbandes. Reit- und Tennis-Center; Selbach.

🚌 nach Betzdorf, Siegburg und Altenkirchen

🚌 Busverbindungen in alle Richtungen.

☎ Verkehrsverein Wisserland e. V., 5248 Wissen, Tel. (0 27 42) 26 86 Ortsprospekt und Wanderkarte „Wisserland" erhältlich.

🚶 In der Verbandsgemeinde Wissen ist ein Wanderwegenetz von über 160 km markiert. Übersichtstafel am Bahnhof. Ein Wanderheft und eine Wandernadel können beim Verkehrsverein Wisserland e. V. erworben werden.

Wandern nördlich der Sieg
Wanderparkplätze sind vorhanden in Giebelhardt, Birken und an der Alten Poststraße.

Markierte Wege laut Wanderheft:

1. Bahnhof Wissen - Brückhöfe - Brölbachtal - über Elkhausen nach Birken - über einen reizvollen Waldweg und auf dem Bergrücken über die Höhenstraße mit guten Fernsichten auf Wissen zurück (22 km; 5,5 Std.; Mkg.: bis Birken Balken, dann Dreieck);

2. Von Brückhöfe durch Wälder über die alte Poststraße rechts der Sieg, über Kuchsberg, Forsthaus Buchen, Öttgesborn nach Katzwinkel, über Wingertshardt ins Tal der Sieg und über den Fußweg entlang der B 62 nach Wissen zurück (20 km; 5 Std.; Mkg.: bis Ottgesborn Halbkreis, bis Katzwinkel Doppelraute, dann Doppeldreieck);

3. Brückhöfe - Stadtteil Alserberg mit guter Sicht auf Wissen, durch Pirzenthal, dem Holperbach folgend bis Hof Holpe. Von dort über den Bergrücken bis zum Gehöft Wisserhof, am Wasserbach entlang bis zu dessen Mündung in die Sieg (15 km; 4 Std.; Mkg.: Doppelbalken);

4. Von Brückhöfe vornehmlich über Waldwege, durch Streitholz bis Wendlingen mit guter Fernsicht. Dann fällt der Weg ab nach Ellingshagen ins Wisserbachtal, dem idyllischen Lauberbach folgend bis Steckelbach und über den Höhenrücken nach Birken. Von dort nach Wissen zurück wie im ersten Vorschlag (29 km; 7 Std.; Mkg.: Hinweg liegende Raute).

Wandern südlich der Sieg:
Markierte Wege laut Wanderkarte:

1. Wissen (Bahnhof) - Schönstein - Neukarweg - Ober-Krombach - Schlädchen - Hüngesberg - Mittelhof - Grabig - Dorn - Struth - Hümmerich - Altenbrendebach (12 km; 3 Std.; Mkg.: stehender Balken);

2. Sieghöhenweg: Hahnhof - Weidacker - Hausen - Endepfuhl - Alte Burg - Bodenseifen - Dohm - Karseifen - Mittelhof - Teufelsbruch (9 km; 2,5 Std.; Mkg.: aufrechter Keil);

3. Wissen (Post) - Endehöhe - Kirchseifen - Brunken (7 km; 2 Std.; Mkg.: Halbkreis nach rechts);

4. Neukarweg - Nieder-Krombach - Rasselskaute - Niederhövels - Eisengarten - ehemalige Grube Friedrich - Kohlschade - Teufelsbruch (8 km; 2 Std.; Mkg.: stehende Raute);

5. Wissen (Post) - Gymnasium - Köttingen - Paffrath - Weidacker - Hahnhof (4,5 km; $1^{1}/_{4}$ Std.; Mkg.: stehender Doppelbalken).

Mit Wissen zusammengewachsen ist an der Elbbachmündung
Wissen-**Schönstein** (190 m; 1400 E.)

◨ ▥ Auf einem Bergsporn zwischen Elbbach und Sieg lugt Schloß
Schönstein aus den Parkbäumen hervor. Begründet wurde Burg „Sconen-
steyne" im 13. Jh. von den Herren von Arenberg, Burggrafen zu Köln.
Nach deren Aussterben wurde Schönstein Sitz eines kurkölnischen
Amtes. Ab 1589 waren die von Hatzfeld-Wildenburg damit belehnt, in
deren Besitz es sich noch befindet. Heute beherbergt es die Hatzfeldt-
Wildenburg'sche Kammer und wird von der Familie des Grafen von
Dönhoff bewohnt.

Wer zum Schloßbereich will, überquert eine Elbbachbrücke und durch-
schreitet gleich darauf ein Tor, das in den Vorhof, die „Freiheit", führt;
diesen umstehen fürstliche Verwaltungs- und Wohngebäude. Die dreigeschossige Hauptburg oberhalb umschließt etwa dreieckig einen
kleinen Binnenhof. Fundamente und Keller sind mittelalterlich; Mauerwerk und Gesamtbild stammen aus dem 16./17. Jh. - Der reizvolle
Schloßpark und das Schloß Schönstein sind für Besucher freigegeben.
Zweimal im Jahr findet eine Schloßserenade statt.

Südöstlich von Schönstein steht auf dem Heisterberg die malerische
kath. Kapelle St. Sebastian, auch **Heisterkapelle** genannt. Sie wurde
1714 erbaut und gehört zu den ganz wenigen erhaltenen Fachwerk-
kapellen in Rheinland-Pfalz. Sie ist Eigentum der 1402 gegründeten
St.-Sebastianus-Schützenbruderschaft, die sich ursprünglich die Be-

Die Heisterkapelle bei Wissen-Schönstein

treuung von Pestkranken und Wallfahrern zum Ziele gesetzt hat. Der traditionsreiche Verein, sicherlich der älteste im Westerwald, zählt heute rund 300 Mitglieder.

☉ In Schönstein und Wissen hat sich noch ein alter Brauch erhalten: Am Tage Johannes des Täufers (24. Juni) werden **„Johanneskreuze"** über den Türen angebracht, mit Blumen umwundene Holzkreuze. Der Ursprung dieses Brauches ist ungeklärt; möglicherweise rührt er von der heidnischen Sommersonnenwende her. Den Wissenern aber ist es ein Heilszeichen: Jedem, der unter einer solchen Haustür ein- und ausgeht, möge Heil widerfahren.

Markierte Wanderwege:
Schloß Schönstein - Hunertskopf - Hausen (2 km; 30 Min.; Mkg.: zwei gegeneinandergestellte Halbkreise).
Übrige Wanderwege siehe unter Wissen!

Anmerkung: Der Stadtteil Köttingerhöhe und das Gebiet des Elbbachs sind im Kapitel „Gebhardshainer Ländchen und Elbbachhöhen" beschrieben.

Westlich von Wissen steigt die B 62 etwas hoch. Eine Serpentine führt hinauf nach Wissen-Nisterbrück (Ausgang der Kroppacher Schweiz), wo wir die vom Hohen Westerwald kommende Nister überqueren. Im Talhang der Nister führt die B 62 nun über Oetershagen aufwärts und endet in

Roth (274 m; 1200 E.; VG Hamm)
⊨ ✕ Restaurant und Gasthöfe
🚌 nach Wissen und Altenkirchen.

Ab Roth sind zwei Siegtal-Gemeinden zu erreichen

Etzbach (150 m; 650 E.; VG Hamm)
✕ Faserplattenwerk H. D. Krages/Honold.
⊨ ✕ Gaststätten mit Übernachtung und Mittagstisch.

Fürthen (270 m; 900 E.; VG Hamm)
◨ Der auf der rechen Siegseite liegende Ortsteil Oppertsau (nordrheinwestfälisch „Opperzau") wird von der Landesgrenze Rheinland-Pfalz/Nordrhein-Westfalen zerschnitten.

✕ Ski-Mieder-Fabrik
⊨ ✕ 2 Gasthöfe mit Übernachtung und Mittagstisch.
🚌 nach Hamm.

Die von Neuwied über Altenkirchen führende B 256 bildet ab Roth die abwärts führende Siegtalstraße. An ihr liegt im Hang zum Siegtal

Hamm (220 m; 3300 E.; VG Hamm; Kreis AK)
Mittelpunkt des „Hämmscher Landes" mit 10 500 Einwohnern. Anerkannte Fremdenverkehrsgemeinde.

◨ Hamm ist aus einer germanischen Befestigungsanlage erwachsen. Seine Kirche gehörte schon 1131 dem Stift St. Kassius in Bonn. Das Hammer Kirchspiel war im Besitz der Grafschaft Sayn und seit 1652 von Sayn-Hachenburg. 1347 erhielt es zusammen mit Altenkirchen und Weltersburg Stadtrechte, die jedoch nicht mehr bestehen.

Etliche Wohnhochhäuser beweisen das durch starke Industrialisierung bedingte Bevölkerungswachstum. Die Einwohnerzahl hat sich in der Nachkriegszeit verfünffacht. Hamm wird vereinzelt als „Garten des Westerwaldes" bezeichnet und erweckt den Eindruck einer aufgelockerten Gartenstadt.

In Hamm wurde am 30. März 1818 **Friedrich Wilhelm Raiffeisen** geboren, der Begründer des ländlichen Genossenschaftswesens. Auf sein Werk stützen sich allein in der Bundesrepublik 19 000 Genossenschaften mit fast fünf Millionen Mitgliedern. Sein Geburtshaus wurde nach dem Zweiten Weltkrieg wiederhergestellt und als Museum mit Erinnerungsstücken an Raiffeisen ausgestattet. Besucher aus aller Welt haben sich schon hier eingefunden. - Besichtigung nach Vereinbarung. Tel. (0 26 82) 34 89 (Grüttner); Kein Eintrittsgeld.

🏛 **Ev. Pfarrkirche.** Romanischer Westturm. Emporensaal von 1752. Gußeiserne Grabplatten aus dem 17. und 18. Jh.

Die **Alte Vogtei** wurde für den Verwalter der Grafen von Sayn-Hachenburg erbaut. Sie diente lange Zeit als Posthalterei und Bürgermeisteramt. Heute Hotel.

✕ Im Hammer Tal haben sich eine Reihe von Industriebetrieben angesiedelt:

Das **Textar-Werk** stellt seit 1962 Brems- und Kupplungsbeläge für Millionen Fahrzeuge in aller Welt her.

Die **Holtkamp GmbH** baut Küchenmöbel, die Firma **Fuchs KG** Anbaumöbel. Die **Fleischwarenfabrik Hermes** unterhält in vielen Orten des Westerwaldes Filialen.

Die Erzgruben des Hammer Ländchens sind längst geschlossen. Seilbahnen brachten das Erz zur Aufbereitung in die Heinrichshütte unweit der Siegbrücke bei Au.

✛ 4 Ärzte, 2 Zahnärzte, 2 Apotheken

🏊 Im Seelbachtal bei Thalhausen großes Naturschwimmbad mit 16 000 qm Wasserfläche. 3 Tennisplätze. Skiabteilung der SG Sieg, Tel.: 0 26 82/2 27

🛏 ✕ 2 Hotels, mehrere Gasthöfe mit Übernachtungsmöglichkeit und Mittagstisch, 1 Weinstube, 1 Café, 1 Eisdiele.

🚌 Ab Eilzugstation Au/Sieg (2 km von Hamm).

🚌 nach Wissen und Altenkirchen.

☎ Verkehrsverein 5249 Hamm/Sieg, Tel. (0 26 82) 5 25

Ortsprospekt und örtliche Wanderkarte erhältlich.

🦟 Links an der Straße nach Roth schöne Ribbelmarken.

👫 Wanderparkplatz **Hamm/Sieg - Waldschwimmbad:**
1. Parkplatz - Thalhausen - Mühlental - Breitscheidt - Thalhausen - Parkplatz (3 km; ³/₄ Std.; weiße Mkg.);
2. Parkplatz - Niederseelbach - Jagdhaus - Parkplatz (5 km; 1¹/₄ Std.; orange Mkg.);
3. Parkplatz - Seelbach - Hämmerholz - Huth - Eichendorffstraße - Huthsweg - Jahnstraße - Thalhauser Straße - Parkplatz (6 km; 1,5 Std.; grüne Mkg.);
4. Parkplatz - Brunnenweg - Im Wäschgarten - Balkertsweg - Volksbank - Raiffeisenstraße - Mümmelbach - Opsen - Siegbogen - Fürthen - Hamm - Mühlenstraße - Jahnstraße - Thalhauser Straße - Parkplatz (9 km; 2,5 Std.; gelbe Mkg.);
5. Parkplatz - Jagdhaus - Schutzhahn - Marienthal - Klostermauer - Hohlweg - Poststraße - Racksen - Oberseelbach - Seelbachtal - Parkplatz (10 km; 2,5 Std.; blaue Mkg.).

Großer Rundweg um Hamm/Sieg (Mkg.: weißes R auf rotem Grund):
Marienthal - Hilgenroth - Beulskopf - Uckertseifen - Hassel - Geilhausen - Niederhausen - **Auermühle** (14 km)
Au - Queckshütte - **Halscheidt** (4 km)
Distelshausen - Dellingen - Seifen - Kaltau - Neuhöfchen - Hof Holpe - Bitzen - **Oppertsau** (14 km)
Etzbach - **Oettershagen** (4 km)
Thal - Langenbach - Bruchertseifen - Haderschen - **Marienthal** (6 km).

Verbindungen und Abkürzungen zum großen Rundweg
(Mkg.: weiße Zahlen auf rotem Grund):
1. Marienthal - Waldschwimmbad/Hamm (4 km);
2. Auermühle - Hamm - Waldschwimmbad (3 km);

3. Halscheidt - Opperstau - Fürthen - Hamm - Waldschwimmbad (6 km);
4. Oetershagen - Roth - Seelbachtal - Waldschwimmbad/Hamm (4 km).

Halbtagswanderungen (teils mit Verkehrsmitteln)

1. Wanderungen im Nordteil der Verbandsgemeinde Hamm a. d. Sieg

   a) Hamm - Fürthen - Oppertsau. Dort talauf in Richtung Bitzen. Vor
   Brücke (links) ab im Bellinger Tal aufwärts nach Bellingen - Distels-
   hausen. Dort über Wusthorn (✻) nach Forst - Bitzen - Dünebusch.
   Bergab zur Fußgängerbrücke über die Sieg nach Etzbach. Durchs
   „Kirchtal" nach Hamm.

   b) Hamm - Oppertsau (wie unter a). Dort (links) ab nach Hallscheid -
   Hurst - Rosbach (Lungenheilstätte) - Rosbach. Bahnrückfahrt: Au
   (Sieg) über Opsen - Mümmelbach nach Hamm.

   c) Hamm - Berghäuschen - Etzbach - Fußgängerbrücke über die Sieg.
   Links der Sieg nach Pirzenbach. Bachauf über Kaltau - Seifen bis
   Holpe (auf demselben Weg nach Hamm zurück).

2. Wanderungen in den Südteil der Verbandsgemeinde Hamm
   („Kroppacher Schweiz")

   a) Hamm - Huthsweg nach Hämmerholz - Roth und Seitenweg nach
   Öttershagen. Talab ins Nistertal. Talaufwärts über Werk Niepenberg
   nach Langenbach. Aufstieg nach Bruchertsseifen. Durchs Seelbachtal
   nach Hamm.

   b) Hamm - Thalhauser Mühle. Links Tal- und Waldweg zum Kloster Marienthal -
   Kreuzberg - Hilgenroth - Breitscheidt - Thalhauser Mühle - Hamm.

   c) Hamm - Balkert - Pulvermühle (ehemalige Pulvermühle, jetzt In-
   dustrie). Durchs Wiesental der „Michel" nach Unterschützen: Weiter
   (Wald) nach Birkenbeul am Fuße des Beulskopfes (✻). Weiter über
   Weißenbrüchen - Wickhausen (ehemalige Eisenerzgrube, jetzt Heim
   „Hohegrete"). Weiter über Niederhausen - Pracht - Heinrichshütte
   (ehemalige Hammerhütte) nach Hamm.

Im Hammer Talgrund (Marienthaler Bachtal) liegt
Pracht (200 m; 1200 E., VG Hamm)

🛏 ✕ 2 Gasthöfe mit Fremdenbetten und Mittagstisch.

🏃 Hinter der Bahnlinie liegt beim Ortsteil Wickhausen das Gelände
der ehemaligen **Grube „Hohegrete".** Dort ist ein Wanderparkplatz
mit Wandermöglichkeiten in die Wälder des Birkenbachtales:

1. Parkplatz - Sportplatz - Kirkenbach - Hohegrete - Wickhausen - Parkplatz (4 km; 1 Std.; weiße Mkg.);
2. Parkplatz - Jagdhaus - Kratzhahn - Silberbergwerk - Sportplatz -
   Hohegrete - Wickhausen - Parkplatz (6 km; 1,5 Std.; blaue Mkg.);
3. Parkplatz - Kratzhahn - Hassel - Birkenbach - Hohegrete - Wickhausen - Parkplatz (12 km; 3 Std.; gelbe Mkg.).

In Richtung Kloster Marienthal liegt
Breitscheidt (195 m; 550 E.)

◨ 1978 „Schönstes Dorf" in Rheinland-Pfalz.
✕ Grethe-Kunststoff GmbH (für Baugewerbe, Gartenbau).
🛏 ✕ Gasthof mit Fremdenbetten und Mittagstisch.
🚌 nach Au und Altenkirchen
🚌 nach Hamm.
Anmerkung: Über **Kloster Marienthal** siehe Seite 404!

Die B 256 überschreitet in Richtung Au (Bahnknotenpunkt) die
Landesgrenze nach Nordrhein-Westfalen.

IM „WINDECKER LÄNDCHEN"

Bearbeiter: Heinrich Gansäuer und Hermann-Josef Roth

Das Feriengebiet „Windecker Ländchen" umfaßt die im Rahmen der kommunalen Neuordnung in Nordrhein-Westfalen am 1. 8. 1969 aus den Gemeinden Rosbach, Dattenfeld und Herchen gebildete Gemeinde **Windeck.** Die Gemeinde Windeck ist 10 724 ha groß, davon sind 50 % Wald. In dieser weitflächigen Gemeinde wohnen ca. 18 000 Einwohner.

Im Osten bildet zum Teil die Sieg die Grenze zur Verbandsgemeinde Hamm sowie zwischen den Kreisen Altenkirchen und Rhein-Sieg, zwischen den Ländern Rheinland-Pfalz und Nordrhein-Westfalen. Im Westen grenzt Windeck an die Verbandsgemeinde Eitorf.

Aus dem Siegtal steigen meist unvermittelt die Hänge des Bergischen Landes im Norden und des Westerwaldes im Süden auf. Der Leuscheid auf der Westerwälder Seite hat auf der bergischen Seite sein Gegenstück im Höhenzug des Nutscheid, dessen fast unberührte und kaum besiedelten Hochwälder einen unschätzbaren Wert für Erholungsuchende aus Nah und Fern darstellen. Im Osten schließt sich das waldreiche Morsbacher Bergland und das Wildenburger Land an, das noch zum Kreis Altenkirchen gehört.

Den Namen „Windecker Ländchen" erhielt dieses Gebiet von der Burg Windeck, die 1174 erstmals urkundlich erwähnt wird. 1247 ist sie im Besitz der Grafen von Berg und Sitz eines bergischen Amtes. Im Dreißigjährigen Krieg wird dieser strategisch wichtige Stützpunkt an der Südgrenze des Bergischen Landes von Kaiserlichen (1655) und Franzosen (1672) zerstört. Seither Ruine mit Bergfried, Treppentürmchen, Nebenturm, zwei Außenwänden des Palas. Der Rhein-Sieg-Kreis als jetziger Eigentümer ließ neuerdings die Reste restaurieren. Das Heimatmuseum im Ortsteil Altwindeck gibt Einblick in die wechselvolle Geschichte und in das Volksbrauchtum.

Das Siegtal im Bereich des Windecker Ländchens stellt zudem eine geographische Besonderheit dar. Ein Blick auf die Karte zeigt, wie der Fluß weit von seiner sonstigen Laufrichtung abbiegt und innerhalb dieses Bogens mehrfach seinen Lauf ändert, wobei enge Flußschlingen und steile Prallhänge entstehen. Noch in geschichtlicher Zeit hat die Sieg das Bett verlagert, so daß man bei Dattenfeld und Schladern noch die alten Flußarme, einer davon sogar mit Altwasser, sehen kann.

Die Haupterholungsorte des „Windecker Ländchens": Rosbach, Schladern, Dattenfeld und Herchen liegen im Siegtal, der Ort Leuscheid auf einem Höhenrücken (290 m) südlich der Sieg. Unmittelbar an der Landesgrenze Rheinland-Pfalz - Nordrhein-Westfalen liegt der Ort Au/Sieg, ein Eisenbahn-Knotenpunkt.

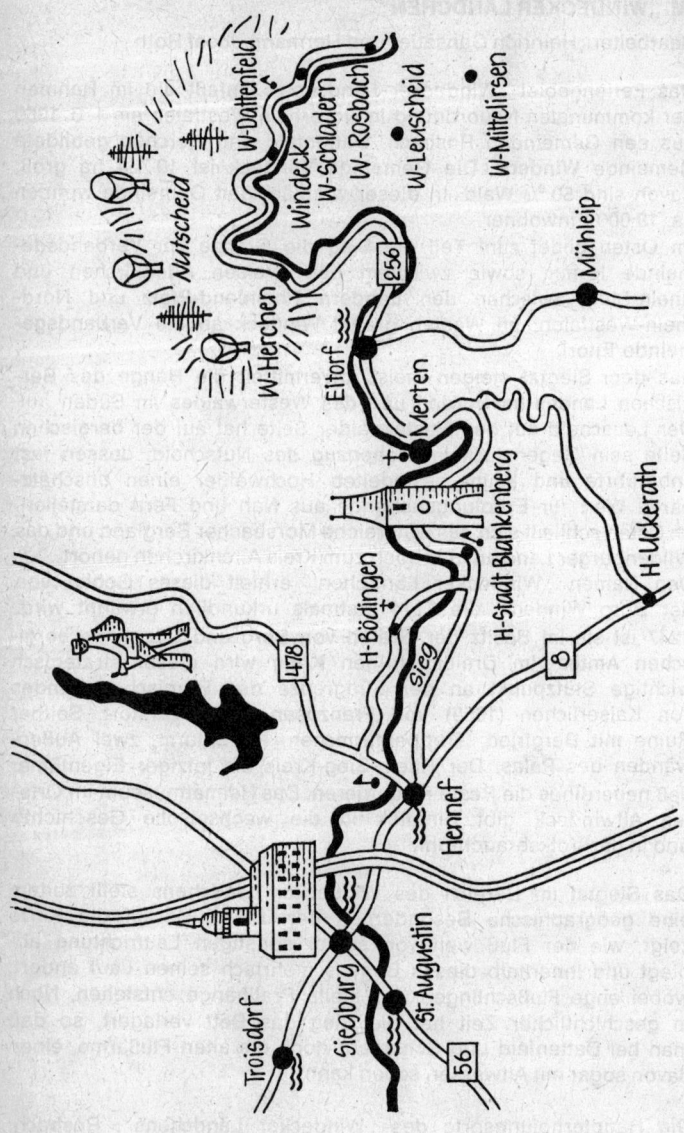

Windeck-Rosbach an der Sieg

5 km siegabwärts an der B 256 der Ort
Windeck-**Rosbach** (130 m; 2500 E.)
Hauptort der Gemeinde, mit dem Sitz der Gemeindeverwaltung.

⬛ Prähistorische Terrassen bei Obernau und Opperzau.

⛪ **Ev. Kirche,** Westturm noch vom Ende des 12. Jh., sonst 1763 bis 67 erbaut, Predigtstuhl, Rokokoausstattung. Die **Kapelle** „Am Heidchen" wurde um 1970 restauriert.

✚ 3 Ärzte, 2 Zahnärzte, Apotheke, 1 Sanatorium (Waldkrankenhaus).

➷ Sportzentrum mit Stadion, Freibad, Tennis, Freizeitpark, Angelsport.

🛏 4 Hotels u. Gaststätten mit 40 Betten; 4 Privatpensionen mit 15 Betten.

✕ 5 Restaurants, 2 Cafés, 1 Imbißstube.

⊙ Großkirmes am 1. Wochenende im September (Samstag, Sonntag, Montag).

✳ „Alter Stuhl" (286 m) westlich steil über dem Siegtal, ehemals eine germanische Thingstätte.

🚃 Bahnhof Rosbach in Richtung Köln; Siegen - Frankfurt.

🚍 nach Essen, Frankfurt

☎ Verkehrsverein Windecker Ländchen e. V., 5227 Windeck,
Tel. (0 22 92) 50 51;

Lit.: Wanderkarte „Windecker Ländchen" 1 : 25 000.
      Heimatliteratur im Heimatmuseum Windeck-Altenwindeck erhältlich.

🏃 Wandermöglichkeiten vom Wanderparkplatz Rosbach am Camping-
   platz südlich der Sieg:
A 1 Rosbach - Alter Stuhl - Bachmühle - Hof - Rosbach (5 km);
A 2 Rosbach - Roth - Helpenstell - Dreisel - Wasserfall - Mauel -
    Rosbach (12 km);
A 3 Rosbach - Kleehahn - Gierzhagen - Öttershagen - Rockendellsberg -
    Alter Stuhl - Rosbach (15 km).
Weitere Wanderparkplätze mit Rundwanderwegen sind im Ort Leuscheid
und Silberhardt (Friedhof).

Im Hang einer abgeschnittenen Siegschleife liegt
Windeck-**Schladern** (120 m; 1100 E.)
❍ 1461 als Slader genannt. Damals gehörte ein hiesiger Hof zum Kloster Ehrenstein im Wiedtal.
≋ **Wasserfall,** natürlicher Katarakt in der Sieg von 3 m Höhe, durch Verlegung der Sieg entstanden. Fischtreppenanlage.
✚ 2 Ärzte, 1 Dentist
✦ Tennis, Angelsport
⊨ 1 Hotel mit 24 Betten
✕ 4 Restaurants
🚍 Bahnhof Schladern (Eilzugstation) in Richtung Köln; Siegen - Frankfurt
🚶 Wandermöglichkeiten vom Wanderparkplatz Schladern am Friedhof mit sehr schönem Siegtalblick:
A 1 Schladern - Burg Windeck - Heimatmuseum - Hönrath - Schladern (7 km);
A 2 Schladern - Schöneck - Dattenfeld - Heimatmuseum - Burg Windeck - Schladern (6 km);
A 3 Schladern - Dreisel - Dattenfeld - Bergscheidsberg - Jucht - Hönrath - Bodenberg - Schladern (17 km).
Gut ausgebauter Sieguferweg.

Mit der Eisenbahn durchstoßen wir eine Umlaufschlinge der Sieg, die sogenannte „Porta Rhenana", und sind in
Windeck-**Dattenfeld** (115 m; 2100 E.)
❍ 895 erstmals als Dateleveld erwähnt.
🏛 **Laurentius-Kirche,** zweitürmiger Siegtaldom mit romanischem Taufstein; in den Ursprüngen 1131, Neubau von 1879.
Burgruine Windeck im benachbarten Altwindeck (NOVUM CASTRUM IN WINDEKE) erstmals 1174 urkundlich erwähnt, um 1200 kurkölnisch, im 30jährigen Krieg umkämpft und 1672 von den Franzosen zerstört. Sie wurde 1973 gut restauriert. Die 2 m hohen Erdwälle sind Reste einer germanischen Wallburg.
Heimatmuseum in Altwindeck. (U. a. Handwerk, bäuerliches Arbeitsgerät, Ofenplatten-Sammlung.) Geöffnet Mi und Sa 14 - 18 Uhr, So 10 - 12 und 14 - 18 Uhr. In den nordrhein-westfälischen Sommerferien täglich nachmittags geöffnet. Eintrittsgeld. Tel. (0 22 92) 20 71.
≋ Heilquelle Ohmbach (Siehe Wanderweg A 5).
✚ 5 Ärzte (2 Zahnärzte), Apotheke
✦ Ruder- und Paddelsport auf der Sieg (Bootshafen), Freizeitpark, Angelsport, Minigolfanlage, Feriendorf mit Campingplatz auf dem Übersetziger Berg, Trimm-Dich-Pfad oberhalb Wilberhofen im Waldgebiet der Nutscheid.
Gestüt Wilhelmshöhe.
⊨ 5 Hotels u. Gaststätten mit 64 Betten; 12 Pensionen mit 89 Betten.
✕ 6 Restaurants, 1 Café
☉ Große „Laurentius-Kirmes" am 2. Wochenende im August (Samstag, Sonntag, Montag).
🚍 Bahnhof Dattenfeld in Richtung Köln; Siegen - Frankfurt.
🚶 Wandermöglichkeiten vom Wanderparkplatz Dattenfeld am Sportplatz (Siegufer):
A 1 Dattenfeld - Dreisel - Siegtal - Dattenfeld (6 km);
A 2 Dattenfeld - Elisental - Ommeroth - Engbachskopf - Dattenfeld (13 km);
A 3 Dattenfeld - -Bergscheidsberg - Jucht - Hönrath - Bodenberg - Schladern - Dreisel - Dattenfeld (17 km);
A 4 Dattenfeld - Übersetzig - Ohmbachtal - Heilbrunnen - Übersetziger Berg - Dattenfeld (10 km);
A 5 Dattenfeld - Siegtal - Lommerbruch - Ohmbachtal - Übersetzig - Dattenfeld (8 km).
6 km Sieguferwege - Dreisel - Dattenfeld - Wilberhofen.

Altes Backhaus unter mächtiger Eiche (ND). Im Hintergrund (rechts) die Burgruine Windeck.

Außerdem Wanderparkplatz mit Rundwanderwegen in der Nutscheid, oberhalb Wilberhofen an der Straße Dattenfeld - Ruppichteroth.
7 km siegabwärts dann der Luftkurort

Windeck-**Herchen** (110 m; 1300 E.)

✪ Die Gräfin Mechtildis von Sayn ließ hier 1248 ein Zisterzienserinnenkloster errichten. Daran erinnert die Antoniuskapelle.
🏛 **Kath. Peterskirche** mit Freskomalereien. Ursprünglich romanische Pfeilerbasilika; 1878 erweitert. Taufstein aus dem 13. Jh.
Heilbrunnen bei Ohmbach (im 13. Jh. sagenhafte Augenheilung).
Ringwälle bei Stromberg (vorchristliche Befestigungsanlage).

✚ 3 Ärzte (1 Zahnarzt), Wassertreten (Kneipp'sches Tretbecken), Apotheke.

⚓ Rudern und Paddeln auf der Sieg (Bootshafen), Angelsport, Trimm-Dich-Pfad, Minigolf.

🛏 6 Hotels und Gaststätten mit 86 Betten; 6 Pensionen mit 77 Betten.

✗ 8 Restaurants, 1 Café

☉ Großkirmes am 3. Wochenende im August (Samstag, Sonntag, Montag).

🚌 Bahnhof Herchen in Richtung Köln; Siegen - Frankfurt.

🚶 Wandermöglichkeiten vom Wanderparkplatz Herchen am nördlichen Ortsrand:

A 1 Kleiner Rundweg (3 km);

A 2 Herchen - Gerressen - Neuenhof - Röcklingen - Türmchenseiche - Übersehn - Herchen (9 km);

A 3 Herchen - Gerressen - Niederottersbach - Ringenstellen - Nieder- und Oberrieferath - Neuenhof - Siegtal - Herchen (11 km);

A 4 Herchen - Sommerhof - Stromberg - Burgsiefen - Siegtal - Igelshof - Übersehn - Herchen (12 km);

A 5 Herchen - Höhenweg - Haus Herchen - Herchen (Bhf.) - Übersehn - Herchen (8 km).

6 km Sieguferwege von Herchen nach Stromberg.

Von Herchen 3 km siegabwärts erreichen wir den Ort

Windeck-**Stromberg** (100 m; 530 E.)

🌿 Naturdenkmal Eichenhain; Ringwälle.

⚓ Rudern und Paddeln auf der Sieg; Angelsport; Campingplatz.

🚶 Wandermöglichkeiten vom Wanderparkplatz unmittelbar an der Sieg in das geschlossene Waldgebiet der „Leuscheid".

A 1 Stromberg - Kesselbachtal - Schutzhütte - Höhe 324 - Stromberg;

A 2 Stromberg - Mühlenbachtal - Sieghöhenweg - Stromberg;

A 3 Stromberg - Wesselbachtal - Ringwälle - Schneppe - Werfen - Siegtal - Stromberg;

A 4 Stromberg - Burgsiefen - Siegtal - Igelshof - Übersehn - Herchen - Sommerhof - Stromberg.

Sieguferweg bis Herchen.

Vor dem gleichnamigen großen Waldgebiet, der Wasserscheide zwischen Sieg und Wied, liegt

Windeck-**Leuscheid** (290 m)

◩ Erstmals 1131 als „Liuunskeit" erwähnt. Die Kirche gehörte dem Cassius-stift in Bonn. Der Ort ist wegen seiner vielen und schönen Schwänke weithin bekannt.

🏛 **Ev. Kirche,** dreischiffige Basilika des 12. Jh. mit Querschiff, Chor und Sakristei aus dem 13./14. Jh., Taufstein 13. Jh., kölnischer Marienaltar um 1500.

Ringwälle bei Stromberg (vorchristliche Befestigungsanlage).

🌿 Basaltkrater (urwüchsige Gesteinsbildung durch vulkanische Tätigkeit).

Heilbrunnen bei Ohmbach (im 13. Jh. sagenhafte Augenheilung).

✚ 1 Arzt, 3 Erholungsheime des Christlichen Hilfswerkes mit Hallen-schwimmbad und med. Bäderabteilung.

⚓ Reitstall Kuchhausen; Privates Wildgehege Schneppe.

🛏 4 Hotels u. Gaststätten mit 62 Betten; 4 Privatpensionen mit 24 Betten.

✗ 3 Restaurants, 1 Café.

🚌 Leuscheid in Richtung Weyerbusch, Herchen und Rosbach.

🚶 Wandermöglichkeiten ab Parkplatz Leuscheid:

A 1 Leuscheid - Reidershof - Heilbrunnen - Ober- und Niedersaal - Leuscheid (8 km);

A 2 Leuscheid - Sangerhof - Himmeroth - Röhrigshof - Eutscheid - Leuscheid (12 km).

Im südlichsten Teil, unmittelbar an der Landesgrenze Rheinland-Pfalz, liegt im schönen Irsertal das Dorf

Windeck-Mittelirsen (198 E.)

⬦ ✕ Restaurant mit 31 Fremdenbetten.

Vom Wanderparkplatz in Mittelirsen können folgende Wanderungen vorgenommen werden:

A 1 Mittelirsen - Ölsen - Birkenbeul - Niederirsen - Bitze - Mittelirsen (7 km);

A 2 Mittelirsen - Niederirsen - Ueckertseifen - Irsermühle - Mittelirsen (8 km);

A 3 Mittelirsen - Rimbach - Höhe 343 - Irenbachtal - Mittelirsen (7 km);

A 4 Mittelirsen - Kuchhausen - Kocherscheid - Ehrentalsmühle - Irsermühle - Bitze - Mittelirsen (12 km).

IM SIEGTAL VON EITORF BIS HENNEF

Bearbeiter: Prof. Dr. Helmut Fischer   *Übersichtskarte Seite 717*

In vielen Windungen durchbricht die Sieg von Osten nach Westen ein waldreiches Bergland. Sie senkt sich tief in den harten Gebirgsrumpf ein, während sich die Talhänge der Terrassen in den begleitenden Bergflanken des Nutscheid und Leuscheid fortsetzen. Die Engstrecken dehnen sich in den Flußbogen bei Eitorf, Merten und Bülgenauel, bis sich die breite Talterrasse unterhalb von Stadt Blankenberg zur Hennef-Siegburger Weitung öffnet. Dem Flußlauf folgen die Bundesbahnstrecke Köln - Betzdorf - Gießen und die Siegtalstraße.
Bei Stromberg tritt die Sieg in die geräumige Talweitung von Eitorf ein.

Eitorf (83 m; 8000 E.)

Mittelpunkt der gleichnamigen Gemeinde (16 000 E.), in waldreicher Umgebung, beherrscht vom Hohen Schaden (388 m).

Grundschulen, Hauptschule, Gymnasium, Außenstelle der Kreisberufsschule, Sonderschule für Sprachbehinderte, Behindertenwerkstatt.

◧ Eitorf wird in einer Urkunde Kaiser Konrads II. 1144 zum erstenmal erwähnt. Im Jahre 1167 weiht der Kölner Erzbischof Philipp von Heinsberg die Pfarrkirche, deren Langhaus 1891 abgebrochen und deren romanischer Turm bei Kriegsende 1945 zerstört wurde.

🏛 Die neue **kath. Pfarrkirche St. Patricius**, eine dreischiffige neugotische Basilika mit Dreiapsidenschluß und vorgesetztem Westturm, in den Jahren 1881 - 1884 errichtet, enthält aus ihrer untergegangenen Vorgängerin einen büttenförmigen romanischen Taufstein aus der Zeit um 1175. In der südlichen Eingangshalle befindet sich ein hölzerner Kruzifixus vom Ende des 15. Jh.

Die **Burg Welterode**, ein im Eiptal malerisch gelegenes wasserumwehrtes Burghaus, wird 1249 erstmals genannt. Der dreigeschossige Putzbau mit vorgezogenem Mittelrisalit, auf das eine gemauerte Brücke zuführt, entstammt dem 16. Jh., Walmdach, Fenstergestaltung und das im Mittelrisalit liegende Treppenhaus gehören dem 18. Jh. an.

✕ Bedeutende Industrie (Stoßdämpfer, Hand- und Maschinenstrickgarne, pharmazeutische Artikel, Lacke, pyrotechnische Erzeugnisse, Damenoberbekleidung).

✚ Krankenhaus, 3 Apotheken, 15 Ärzte, 5 Zahnärzte, Sozialstation

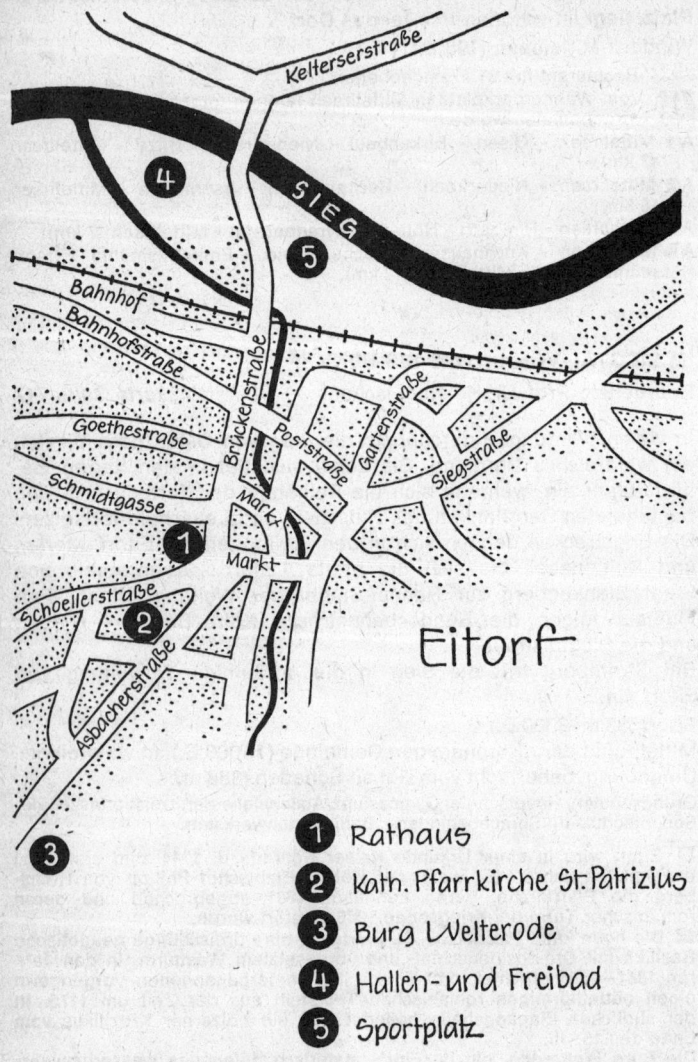

1 Rathaus

2 Kath. Pfarrkirche St. Patrizius

3 Burg Welterode

4 Hallen- und Freibad

5 Sportplatz

Eitorf

🏊 Sportplätze, Tennisplätze und Tennishalle, Kinderspielplätze, Freibad und Hallenbad, Turnhallen, Trimmpfad, Minigolf, Angel- und Reitmöglichkeiten. Waldlehrpfad. Schießstand.

🛏 ✕ 3 Hotels, 11 Gasthäuser und Pensionen, 18 Restaurants, 4 Imbißstuben, 4 Cafés, 2 Eisdielen, 195 Fremdenbetten.

☉ In der ersten Maiwoche wird die Veranstaltungsreihe „Eitorfer Frühling" durchgeführt.

Seit 1976 wird in Eitorf regelmäßig am ersten Sonntag im August ein internationaler Kunst- und Trödelmarkt veranstaltet.
Ende September findet alljährlich an vier Tagen die weithin bekannte Eitorfer Kirmes mit dem größten Jahrmarkt im weiten Bereich statt.
Zum ersten Advent (Samstag bis Dienstag) Weihnachtsmarkt.

🚃 Bahnhof Strecke Köln - Betzdorf - Gießen
🚌 nach Herchen - Rosbach - Au; Herchen/Bahnhof - Leuscheid; Hennef - Siegburg; Uckerath - Oberpleis; Schönenberg/Bröltal
Die Linien werden durch die Rhein-Sieg-Verkehrsgesellschaft (RSVG) und durch die Regionalverkehr Köln GmbH (RVK) betrieben.
☏ Gemeinde 5208 Eitorf, Rathaus, Markt 1, Tel. (0 22 43) 30 41

🏃 Durch das Gemeindegebiet von Eitorf verlaufen folgende Haupt-wanderstrecken bzw. Bezirks- und Verbindungswege:
Sauerländischer Gebirgsverein e. V.:
Dortmund - Siebengebirge; Werdohl - Siegburg; Essen-Rüttenscheid - Uckerath; nördlicher Sieghöhenweg (Siegburg - Freusburg);
Westerwald-Verein e. V.:
Herborn - Altenkirchen - Königswinter; Hennef - Uckerath - Linz; Eitorf - Flammersfeld - Neuwied; Kölner Weg; südlicher Sieghöhenweg (Blankenberg - Freusburg); Zugangsweg von Schladern nach Mühleip.
Daneben gibt es viele schöne örtliche Wanderwege sowie Rundwanderwege von folgenden 8 Parkplätzen aus:

1. Der **Parkplatz Bourauel** ist Ausgangspunkt für zwei Rundwanderwege, von denen einer 6 km und der andere 9 km lang ist.
2. Vom **Parkplatz Happach,** an der L 333 gelegen, führen zwei Rundwanderwege (3 und 6 km) über Wald-, Wiesen- und Feldwege.
3. Vom **Parkplatz Bergstraße** führt ein Rundwanderweg (3 km) durch den Wald über die Kuppe „Höhensteine" zu einem Aussichtspunkt mit Blick ins Siegtal.
4. Der **Parkplatz Brücke Krabachtal** ist Ausgangspunkt für zwei um den Krabach in Wald und Wiesen gelegene Rundwanderwege (3 und 6 km).
5. Vom **Parkplatz Heiligenhäuschen** Nähe Rankenhohn führen zwei Rundwanderwege (3 und 6 km) durch Wald und Wiesen ins Ottersbacher Tal.
6. Vom **Parkplatz Melchiorweg** (in der Nähe Grillplatz) führen vier Rundwanderwege (2,3 und zweimal 6 km) überwiegend durch Wald unter anderem zum „Hohen Schaden" (388 m), der als Aussichtspunkt eine Rundblick ins Siegtal und in den Westerwald ermöglicht, zur Schutzhütte „Mooshüttchen" und zu der Schutzhütte „Hüppelröttchen". (Auf dem Weg dorthin beginnt ein Waldlehrpfad.)
7. Der **Parkplatz Obereipermühle** erschließt drei Rundwanderwege (3, 6 und 9 km), die über Wald- und Wiesenwege teilweise zu Schutzhütten führen.
8. Von zwei im **Eipbachtal** an der L 86 gelegenen Parkplätzen (einer mit Grillplatz) führen 5 Rundwanderwege (3, 6 und 9 km) z. B. durch die Ortschaften Mierscheid, Lascheid und Obenroth oder zur Schutzhütte und zum Aussichtspunkt „Höhberg".

Von **Eitorf** über die Siegtalstraße nach **Bach** (4 km), dort Abzweigung über die Siegbrücke nach
Merten (102 m; 350 E.)
auf einer Anhöhe am Nordufer der Sieg gelegen.

🔲 Das urkundlich erst 1217 bezeugte Augustinerinnenkloster St. Agnes reicht mit seiner Entstehung wohl in die Zeit um 1170 zurück. Ebenso wie der genaue Zeitpunkt der Gründung bleiben der oder die Gründer im Dunkel der Geschichte verborgen. 1699 wurden die Nonnen durch einen Brand der Kirche und der Klostergebäude hart getroffen. 1803 erfolgte die Aufhebung. 1823 gelangte die Kirche in das Eigentum der

Gemeinde. Bereits 1821 hatte Fürst Franz Ludwig von Hatzfeldt den gesamten übrigen Besitz an sich gebracht. Die Klostergebäude erwarb 1909 Graf Felix Droste zu Vischering von Nesselrode-Reichenstein. 1957 kaufte die Katholische Junge Mannschaft, Arbeitsstelle Köln e. V., Sitz Köln, das „Schloß", also den früheren Klosterbereich, zur Einrichtung einer Tages- und Erholungsstätte.

🏛 **Die kath. Rektoratspfarrkirche St. Agnes,** die ehemalige Klosterkirche, eindrucksvoll auf einem von der Sieg umflossenen Steilhang gelegen, ist eine dreischiffige flachgedeckte Pfeilerbasilika der Zeit um 1170 mit Dreiapsidenschluß und unvollendeter westlicher Zweiturmfassade. Der Westbau ist dem Langhaus als selbständiger Querriegel vorgelagert. Über dem zweigeschossigen Unterbau ragt die Südturm mit drei Geschossen und späterer achtseitiger Schieferpyramide auf, während der Nordturm nur bis zum ersten freien Geschoß aufgeführt und mit einem Pyramidendach versehen ist. Das fünfjochige Langhaus setzt sich im Hauptchor und südlichen Nebenchor um eine Fensterachse fort und schließt dort jeweils mit einer eingezogenen Halbkreisapsis ab. Im Hauptchor ist die gemauerte romanische Altarmensa erhalten, die Deckplatte jedoch erneuert. Die durchgreifenden Restaurierungen von 1950 - 1964 beseitigten nach der teilweisen Zerstörung der Barockausstattung im Jahre 1945 deren Reste und die barocke Nonnenempore. Dabei wurden im Westbau die romanischen Treppentürme und die um 1700 vermauerte Arkadenstellung des Obergeschosses freigelegt.

Von den **Klostergebäuden,** heute Erholungsheim, blieben im ummauerten Bereich nur noch der Ost- und Südflügel erhalten. Die einfachen, zweigeschossigen Bruchsteintrakte, im 18. Jh. auf mittelalterlichen Grundmauern errichtet, beziehen den ehemaligen Kreuzgang ein. Der Westflügel wurde 1821 abgerissen. Zwei eingeschossige, langgestreckte Bruchsteinvorgebäude des 18. Jh. bilden den südlichen und westlichen Abschluß des der Kirche vorgelagerten Wirtschaftshofes. Ein kleiner neubarocker Schloßbau auf der Nordseite stammt vom Beginn des 20. Jh.

Lit.: Helmut Fischer, Die ehemalige Klosterkirche in Eitorf-Merten an der Sieg. (Rheinische Kunststätten, Heft 224), Neuß 1979

Die ehemalige **Burg Merten** gegenüber dem Kloster dürfte vor 1200 von Otto von Cappenstein erbaut worden sein. Erhalten sind umfangreiche Fundamente und Kellerräume, ein etwa 8 m hoher Rundturm, das Erdgeschoß eines weiteren Turmes sowie Teile des ehemaligen Burggrabens. Auf den Resten der Anlage aus dem 15. Jh. steht das 1792 errichtete Forsthaus, ein zweigeschossiger Bruchsteinbau mit abgewalmtem Satteldach über einem Fachwerkgiebel.

🛏 ✕ Gasthaus

🚌 Bahnhof Strecke Köln - Betzdorf - Gießen

🚌 ab Bach nach Eitorf; Süchterscheid - Uckerath - Oberpleis; Hennef - Siegburg

☎ Gemeinde 5208 Eitorf, Rathaus, Markt 1, Tel. (0 22 43) 30 41

1978 ist im Verlag Reckinger & Co., Siegburg, ein Buch mit dem Titel „Merten (Sieg) seine viel liebe heimat" erschienen.

🚶 1. Bourauel - Kelters - Eitorf (5 km);
   2. Bruch - Fußhollen - Winterscheid (8 km);
3. Bruch - Stockum - Bödingen (7 km);
4. Bach - Mittelscheid - Süchterscheid (4 km).

Von **Merten-Bach** siegabwärts durch **Bülgenauel, Stein** nach **Stadt Blankenberg** oder nach **Süchterscheid,** von dort nach **Stadt Blankenberg**

Hennef-**Stadt Blankenberg** (150-180 m; 175 E.)

vielbesuchter Ausflugsort auf einem Felssporn hoch über der Sieg.

◪ Um 1180 gründeten die Grafen Heinrich II. und Eberhard II. von Sayn die Burg Blankenberg. Das Grafenpaar Heinrich III. von Sayn und

Stadt Blankenberg, Katharinenturm

Mechthild von Landsberg verlieh 1245 der sich im südlichen Gelände anschließenden Siedlung Stadtrechte. Nach dem Tode Graf Heinrichs im Jahre 1247 gelangten Stadt und Land Blankenberg an die Herren von Heinsberg und 1363 als nicht eingelöstes Pfand an die Grafen von Berg. Im Dreißigjährigen Krieg von den Schweden besetzt, verlor die Anlage zusehends an Bedeutung und wurde gegen Ende des 17. Jh. geschleift. Um die Mitte des 18. Jh. wurde die Verwaltung des weiten Amtes Blankenberg endgültig nach Hennef verlegt. Die Stadt verkümmerte zu einem Acker- und Weinbauernflecken und verlor 1806 die Stadtrechte. Als Landgemeinde wurden Stadt und Burgbann der Mairie Hennef zugeordnet. Die preußische Verwaltung ließ nach 1815 die Gemeinde Blankenberg innerhalb der Bürgermeisterei Hennef bestehen. Mit dem Zusammenschluß der Gemeinde Blankenberg und der Gemeinde Geistingen zur Gemeinde Hennef ging 1934 der letzte Rest einer fast siebenhundertjährigen Eigenständigkeit verloren. In Erinnerung an die einstigen Freiheiten änderte die Gemeinde Hennef 1953 mit Billigung der nordrhein-westfälischen Landesregierung den Namen der Siedlung in **„Stadt Blankenberg".**

🏛 Die großräumige, mit Mauern und Türmen bewehrte Anlage von Burg und Stadt bildet eine Einheit, die sich in mehrere Abschnitte gliedert. Die Hauptburg nimmt die Spitze des Bergsporns ein. Zinnen und

Wehrgang der Ringmauer sind verschwunden, die Gebäude, aus Bruchsteinen der heimischen Grauwacke aufgeführt, bis auf den Bergfried,
den St. Georgsturm und Mauerreste über der ursprünglichen Gelände-
höhe untergegangen. Der Bergfried, ein wuchtiger Rundturm von etwa
15 m, beherrscht von der höchsten Stelle aus diesen Burgbereich. Der
St. Georgsturm an der Südwestecke, ein runder Geschützturm von etwa
15 m Durchmesser, wurde wohl nach der Mitte des 15. Jh. errichtet.
Über dem Kellergeschoß befinden sich zwei ehemals kuppelgewölbte
Stockwerke. Die Schießkammern sind in die Mauerdicke eingelassen,
die Rauchabzugskanäle in der Decke und die Riegelschlitze in den
Wänden ausgespart. Als wesentlicher Verlust gilt der Untergang der
Burgkapelle. Nach einer Grabungsuntersuchung des Jahres 1952
handelte es sich um einen doppelgeschossigen Zentralbau über einem
unregelmäßig achteckigen Grundriß. Die **Vorburg,** durch einen geschweiften Dammweg mit der Hauptburg verbunden, wird an der südlichen
Frontseite durch eine mächtige Schildmauer gesichert. Unmittelbar
dahinter erhebt sich der Bergfried, ein Rundturm von etwa 21 m Höhe.
Weitere Gebäude blieben nicht erhalten. Vor der Schildmauer liegt die
sogenannte **Altstadt,** die wohl der Burggründung ihre Entstehung verdankt und wohl sofort befestigt wurde. Der Mauerbering ist fast vollständig erhalten, am besten das südöstlich auf hohem Wall verlaufende
Teilstück mit dem sogenannten Grabenturm, dem ehemaligen Torturm
der Altstadt. Die **Neustadt,** der flächenmäßig umfangreichste Bestandteil
der Gesamtanlage, scheint sich bald nach Gründung der Burg und der
Besiedlung der Altstadt entwickelt zu haben. Auch hier ist der Mauer-
kranz weitgehend geschlossen. Insbesondere der von West gegen Ost
verlaufende Mauerzug, der die Stadt gegen Angriffe von Süden her
schützte, stellt einen weithin erhaltenen Teil der Stadtbefestigung dar.
An der Nordostecke stößt die Mauer auf das Haupttor, den sogenannten
Katharinenturm, einen schlanken, viergeschossigen Rechteckturm mit
abgewalmter Dachhaube. Der städtische Bereich, der Burg zugeordnet,
wird gewiß um die Mitte des 13. Jh. mit Mauern und Türmen bewehrt
gewesen sein.
Die 1247 zuerst erwähnte **Kirche** des Prämonstratenserinnen-Klosters,
das bald in eine Zisterzienserinnen-Abtei umgewandelt wurde, war der
heiligen Katharina geweiht und wurde 1248 zur selbständigen Pfarrkirche
erhoben. Die einschiffige Saalkirche besteht aus einem schmalen, rechteckigen und flachgedeckten Langhaus, dem ein enger, gewölbter Rechteckchor mit einem an fünf Seiten geschlossenen Altarraum vorgesetzt
ist. Die eindrucksvolle Choranlage gliedert sich in ein schmales Recht-
eckjoch mit eingezogener Fünfachtelapsis. Die Gewölbe, deren Grate
rippenartig abgeplattet sind, ruhen auf schlanken, dreifachen Dienst-
bündeln mit Schaftringen und Knospenkapitellen. Die Wiederherstel-
lungsmaßnahmen der Jahre 1960 bis 1962 gaben dem Altarhaus den
zuchtvollen Geist frühgotischer Baukunst zurück. An die prachtvolle
Ausmalung von Altarraum und Kirchenschiff erinnern die um 1265 entstandenen und 1928 bloßgelegten Fresken. Die Marienkrönung an der
östlichen Apsiswand zeigt Christus und seine Mutter auf einem Thron.
Die anschließende Nordwand trägt die Brustbilder des Apostels Petrus
zwischen Johannes dem Täufer und dem Apostel Paulus. Die südliche
Langhauswand bewahrt das Schlußbild einer sonst untergegangenen
Darstellung der Katharinenlegende mit der Übertragung des Leichnams
der Märtyrerin auf den Berg Sinai. Das Wandgemälde gilt als eine der
großartigsten Schöpfungen der deutschen Frühgotik. Der spätgotische
Zyklus darunter, wohl aus der ersten Hälfte des 15. Jh., schildert in
zehn Episoden des Martyrium der Heiligen. Diese Bilderreihe reicht bei
weitem nicht an die Wandmalereien des 13. Jh. heran. Aus der Gründungszeit der Kirche stammt der Altartisch, ebenso der spätromanische
Taufstein aus Trachyt. Der barocke Hochaltar, nun im westlichen Anbau
untergebracht, verweist mit den Gemälden der Heimsuchung und der
Krönung Mariens auf das 17. Jh. Denkmalpflegerische Regelung sorgte
in den Jahren nach 1945 für den Erhalt der Baudenkmäler. Der kasta-

nienbeschattete Marktplatz wird noch von hübschen Fachwerkhäusern umgeben. Das „Gasthaus am Turm", das ehemalige Renteigebäude, fälschlicherweise „Runenhaus" genannt, und das Gasthaus „Sonnenschein" erinnern an eine gewisse Wohlhabenheit der Stadt auch noch im 17. und 18. Jh.
Heimatmuseum im Katharinenturm, geöffnet nach Bedarf (Anschlag). Ansonsten So 10.30 - 12.30 Uhr. Eintritt frei. Tel. (0 22 42) 24 62.

⇥ ✗ Hotel-Restaurant Korff; Pension „Haus Sonnenschein"; Gaststätte „Burghof"; Stein: Restaurant-Fremdenpension „Steinhof"

🚌 Bahnhof Blankenberg/Sieg (1,5 km), Strecke Köln - Betzdorf - Gießen
🚌 ab Stein nach Eitorf; Hennef - Siegburg

☎ Gemeinde 5202 Hennef, Verkehrsamt 5202 Hennef 1, Lindenstraße 1, Tel. (0 22 42) 22 16 - 18

Lit.: Fischer, H., Stadt Blankenberg - Hinweise auf Denkmäler und Geschichte. Hennef 1975
Mühlberg, F., Hennef - Stadt Blankenberg (Rheinische Kunststätten 98). 4. Aufl. Neuß 1977

Ⓟ Marktplatz: Platz an der Vorburg; Platz am Katharinenturm

🏃 ⚫ 1. Hennef-**Süchterscheid** (2 km). **Wallfahrtskirche zum Heiligen Kreuz** in Süchterscheid. Im späten Mittelalter entwickelte sich eine Nahwallfahrt zum Heiligen Kreuz, die der Ritter Bertram von Nesselrode durch die Stiftung eines ewigen Benefiziums im Jahre 1506 förderte. Vor allem im Dreißigjährigen Krieg fand der Gnadenort großen Zulauf. Wunderberichte erzählen von Gebetserhörungen und Heilungen. Scheint bis ins 17. Jh. eine Statue des kreuztragenden Heilandes verehrt worden zu sein, so wird nach und nach „Unsere Liebe Frau von Süchterscheid" das Ziel der Wallfahrer. Eine Kreuzreliquie gelangt erst im 19. Jh. nach Süchterscheid.

🏛 Der moderne Kirchenbau, der den Chor der alten, vielleicht aus dem 12. oder 13. Jh. stammenden Kapelle einbezieht, wurde 1957 bis 1958 nach den Plänen von R. Steinbach errichtet und drängt immer wieder den Vergleich mit le Corbusiers Wallfahrtskirche von Ronchamps auf. Dem Eingang gegenüber steht die kleine, 1681 von dem Dechanten der Christianität Siegburg und Pastor in Blankenberg Johann Theodor Bärenklau gestiftete sogenannte kleine oder Blankenberger Kapelle. Der einfache Bruchsteinbau mit dreiseitigem Schluß beherbergt das Gnadenbild, ein kleines hölzernes Vesperbild aus der Zeit um 1460 - 1470.

Lit.: Fischer, H., Flink, R., Süchterscheid. Siedlung, Wallfahrt, Kirche, Siegburg 1971.

⇥ ✗ Gasthaus
🚌 nach Eitorf; Uckerath - Oberpleis.

⚫ 2. über Hennef-**Süchterscheid** nach Hennef-**Ravenstein** (1,5 km). Ravenstein, in einem einsamen Wiesental verborgen, war eine der kleinen befestigten Wohnanlagen, die im Mittelalter, vornehmlich in der hohen Zeit des Rittertums vom 12. bis zum 14. Jh. entstanden. Die frühe Zeit des Rittersitzes liegt im Dunkeln. Erst um 1450 findet sich das „feste Haus" in der Hand der Roist von Wers-Dernbach. Um 1500 treten die von Auel genannt Meuchen die Nachfolge an. Im 17. Jh. erscheinen die von der Hoven genannt Pampus als Eigentümer des adeligen Sitzes. In der zweiten Hälfte des 18. Jh. gelangen erst Teile, schließlich auch der ganze Bereich in bürgerliche Hände.

🏛 Die Anlage selbst ist bis auf wenige Reste verschwunden. Erkennbar ist die flachhügelige, rundlich-ovale Erhebung inmitten des Talgrundes und der teilweise erhaltene Wall mit dem Wassergraben. Auf der Erhöhung stand ein Wohnturm mit einem quadratischen Grundriß von etwa 6 m, dessen Stumpf gegen Ende des 19. Jh. abgetragen wurde. Dieser Wehranlage vom Typ der Motte war die östlich anschließende Mühle mit den Wirtschaftsgebäuden vielleicht als Vorburg vorgelagert.

3. Ahrenbach-„Steimelberg" (259 m) mit Fernsicht auf die Hennef-Siegburger Bucht, das Siebengebirge und den Westerwald - Uckerath (5 km).

4. Oberscheid - Krabachtal - Wassack - Eitorf (10 km).

Von **Stadt Blankenberg** abwärts nach **Stein** am Fuße des Burgbergs, der Siegtalstraße folgend rechts über die Eisenbahnbrücke am Bahnhof Blankenberg und an **Haus Attenbach** vorbei, 1143 zuerst erwähnt, ein Bau aus dem 16. Jahrhundert, dann über die Siegbrücke. **Oberauel** nach **Bödingen,** 5 km.

Hennef-**Bödingen** (200 m; 300 E.)
über dem Siegtal an den Südhängen des Bergischen Landes.

◪ In der zweiten Hälfte des 14. Jh. ließ ein Einsiedler Christian von Lauthausen auf eine Vision hin in Köln ein Marienbild anfertigen, dem bald eine wunderkräftige Wirkung nachgesagt wurde. Zu den Verehrern, die aus der näheren und ferneren Umgebung herbeiströmten, gehörte auch Peter Meisenbach, Pastor in Geistingen. Beide erbauten zwischen 1397 und 1408 die **Wallfahrtskirche** auf einem Platz an der Wegkreuzung Lauthausen - Oberauel. Den geistlichen Dienst versorgten vier Vikare unter Leitung von Peter Meisenbach. Als nach seinem Tod Streitigkeiten entstanden, erbat der Landesherr, Herzog Adolf von Berg, Augustinerchorherren der Windesheimer Kongregation zur Umwandlung der Stiftung in ein Kloster. 1424 zogen die ersten Mönche ein. Seitdem nahmen Wallfahrt und Kloster einen beständigen Aufstieg. Die Säkularisation beendete 1802 das Wirken der Bödinger Mönche. Das Gnadenbild der schmerzhaften Mutter blieb bis auf den heutigen Tag das Ziel zahlreicher Pilger.

🏛 Der spätgotische, dreischiffige Bruchsteinbau wurde in den Jahren 1397 bis 1408 und 1480 bis 1500 mit eingebautem Westturm, Querhaus und großem polygonalem Chor errichtet. Der Turm zeigt an der Westseite in den beiden unteren Geschossen zwischen zwei großen, zweimal abgetreppten und mit Steingiebeln versehenen Strebepfeilern eine große spitzbogige Blende mit fein profiliertem Gewände. Darüber ist das große, vierteilige Westfenster mit einfachem Rad im Scheitel eingelassen. Das Langhaus hat in den Seitenschiffen eine einheitliche Gliederung durch Strebepfeiler und Spitzbogenfenster. Nur in den beiden Westjochen haben die Seitenschiffe je ein mehrteiliges Fenster. Vor 1500 wurde der Chor vergrößert und eine weite, lichtdurchflutete Anlage mit sieben großen Fenstern gewonnen. Das Chorgewölbe wird von einfachen Rippen gehalten, die von schlanken runden Diensten mit Blattkapitellen aufgefangen werden. Das Gnadenbild ist eine mit kostbaren Stoffen bekleidete Pieta und hat in einem Barockaltar aus dem Jahre 1750 seinen Platz gefunden. Von der mittelalterlichen Klosteranlage ist nichts erhalten geblieben. Die vorhandenen Bauteile entstammen dem Ende des 17. und Anfang des 18. Jh. Die Fassade des ehemaligen Sommerrefektoriums trägt Teile der romanischen Bauzier der gegen Ende des 17. Jh. abgerissenen St. Georgskapelle der Burg Blankenberg. Im Pfarrhaus befindet sich das sogenannte Fundationsbild aus dem Jahre 1621, das die Einweihung des Chors um 1500 darstellt. Auf dem Kirchplatz steht eine barocke Kreuzigungsgruppe, in die Umfassungsmauer sind die Grabplatten von Prioren und adeligen Wohltätern eingelassen.

✕ 3 Gasthäuser, Café

🚋 Bahnhof Blankenberg/Sieg (2 km), Strecke Köln - Betzdorf - Gießen

🚌 nach Hennef

☎ Gemeinde 5202 Hennef, Verkehrsamt 5202 Hennef 1, Lindenstraße 1, Tel. (0 22 42) 22 16 - 18

Lit.: Kisky, H., Hennef (Rheinische Kunststätten 33), Neuß 1962.

ℙ Marienplatz in der Ortsmitte

🏃 1. Um den Ort herum, vor allem im Süden und Südosten mit herrlichem Blick auf das Siebengebirge mit dem Ölberg, Burg und
Stadt Blankenberg und die Klosterkirche Merten, gegen Westen Siegburg mit der Abtei Michaelsberg und die Höhen westlich von Bonn.
2. Sogenannte „Römerstraße", Waldweg nach Stockum (3 km).

Von **Bödingen** über **Lauthausen** (2 km) abwärts zur Sieg oder über
Altenbödingen (1 km), über die Siegbrücke bei **Allner** nach **Hennef**
(5 bzw. 6 km).

ℙ Auf dem Driesch: 3 Rundwanderwege zwischen 5 und 10 km.

Von **Stadt Blankenberg** nach **Stein** (1 km), der Siegtalstraße folgend nach Hennef (7 km).

Hennef (70 m; 10 000 E.)

Mittelpunkt der gleichnamigen, im Rahmen der kommunalen Neuordnung von 1969 um die Gemeinden Lauthausen und Uckerath
vergrößerten Gemeinde (28 000 E.).

Grundschulen, Hauptschulen, Sonderschule, Realschule, Gymnasium,
berufsbildende Schulen für Technik, Hauswirtschaft und Sozialpädagogik, Musikschule, Sportschule des Westdeutschen Fußballverbandes,
Ordenshochschule der Redemptoristen.

◨ Die Geschichte der Siedlung Hennef, deren Kern auf einer hoch-
wasserfreien Bodenwelle um die Kirche zu suchen ist, reicht wohl weit
vor die erste urkundliche Erwähnung im Jahre 1075 zurück. Der Siedlungsname, der auf den in unmittelbarer Nähe in die Sieg mündenden
Hanfbach - 948 Hanapha genannt - zurückgeht, weist in älteste Zeiten.
Jahrhundertelang stand der Ort im Schatten des benachbarten Geistingen. Der dortige Königshof, 885 mit der zugehörigen Kirche dem St.
Cassiusstift in Bonn geschenkt, entwickelte sich zu einem bedeutenden
Gerichts- und Marktort im Amt Blankenberg. Die ehemalige Hofkirche
erhielt den Rang einer Tauf- und Mutterkirche, deren Sprengel sich zu
beiden Seiten der Sieg über Berg und Tal erstreckte. Von der Mitte
des 18. Jh. an wuchs die Bedeutung des kleinen Dorfes Hennef mit
seinen rund dreißig Häusern zusehends. Die Lage an der befestigten
und vielbefahrenen Köln - Frankfurter Straße wirkte ebenso förderlich
wie die Tatsache, daß die Beamten des Amtes Blankenberg sich hier
niederließen. In der französischen Zeit gewann Hennef als Kanton und
Sitz der Mairie Hennef mit den Gemeinden Blankenberg und Geistingen
an Geltung. Bei der Übernahme der Rheinlande durch Preußen 1815
beherbergte es zunächst die Verwaltung des Kreises Uckerath. Selbst
nach der Vereinigung der Kreise Uckerath und Siegburg zum Siegkreis
blieb Hennef 1820 Sitz der Kreisverwaltung, mußte jedoch 1848 dem
größeren Siegburg den Vorrang lassen. Dieser Verlust an kommunal-
politischem Gewicht wurde durch die Vereinigung der beiden zur Bürgermeisterei Hennef gehörenden Gemeinden Blankenberg und Geistingen zu einer Gemeinde Hennef 1934 und durch die Eingliederung der
Gemeinden Lauthausen und Uckerath 1969 unter anderen Vorzeichen
wettgemacht. Dabei wuchsen die selbständigen Siedlungen Geistingen
und Warth, die sogar ihren Namen aufgeben mußten, mit der Siedlung
Hennef zum gleichnamigen zentralen Ort der Gemeinde zusammen.

🏛 Die kath. **Pfarrkirche St. Simon und Judas** wird zuerst im 11. Jh.
erwähnt. Reste des mittelalterlichen Bauwerks haben sich nicht erhalten,
da im 18. Jh. ein Neubau errichtet wurde. Von dieser barocken Kirche,
einem mit dreiseitig geschlossenem Ostchor angelegten, einfachen
Saalbau aus Bruchsteinmauerwerk, ist lediglich der Turm von 1744 übrig
geblieben. Der neugotische Kirchenbau von 1898 - 1900 wurde auf einem
benachbarten Grundstück aufgeführt.

Der **Ortskern** von Hennef bewahrte dank der stattlichen Barockbauten, die die Blankenberger Beamten im 18. Jh. an der Köln - Frankfurter Straße errichteten, ein geschlossenes Bild.

Die sogenannte **Wasserburg** gründet auf den Fundamenten einer Anlage aus dem 16. Jh. Lindenhof, Heymeshof und Proffenhof belegen nicht nur die architektonische Gestaltung ihrer Entstehungszeit, sondern auch die städtebauliche Entwicklung der Siedlung.

Die **kath. Pfarrkirche St. Michael im Ortsteil Geistingen,** eine dreischiffige, romanische Pfeilerbasilika mit flachgedecktem Mittelschiff, gratgewölbten Seitenschiffen und einem mächtigen, fünfgeschossigen Westturm aus dem 12. Jh., wurde 1945 durch Bomben zerstört. Die Wiederherstellung erbrachte eine Lösung, die mit den Resten wie dem Westportal schonend umging, aber auch einen neuen Turmbau über der Ostanlage schuf.

Das **Redemptoristenkloster** am Hang jenseits der Geistinger Pfarrkirche wurde 1902 erbaut.

Im Ortsteil **Warth** ersetzte ein neuromanischer Kirchenbau 1908 die Kapelle, die der Posthalter und Schultheiß zu Geistingen Werner de Warth im Jahre 1690 stiftete. Im sogenannten **„Dreigiebelhaus"** unterhalb der Kirche unterhielten die Herren de Warth im 17. und 18. Jh. eine Thurn- und Taxis'sche Poststation der Linie Köln - Frankfurt.

✕ Bedeutende Industrie (Land- und Wäschereimaschinen, automatische Waagen, Pumpen und Straßenbaumaschinen, Büro-, Schreibwaren-, Kunststoff- und neuzeitliche Bedarfsgüterindustrie).

✚ Krankenhaus, Apotheken, Ärzte, Zahnärzte

♨ Ältester Kneippkurort des Rheinlandes, Kneipp-Kurhaus, Kurpark mit Kleingolfanlage, Kurgelände mit Wassertretbecken, Dam- und Rotwildgehege am Steimelsberg (150 m); Sportplätze, Tennisplätze, Kinderspielplätze, Freibad, Hallenbad der Sportschule, Turnhallen, Reithalle und Reitplätze, Golfplatz, Campingplatz mit Schwimmbad in Lanzenbach (4 km).

🛏 ✕ Hotel-Restaurant Wasserburg und ADAC-Hotel; Raststätte; 6 Pensionen. Insgesamt 135 Fremdenbetten. 8 Imbißstuben; 5 Cafés; 2 Eisdielen.

🚌 Bahnhof Strecke Köln - Betzdorf - Gießen

🚌 nach Bröl - Schönenberg - Ruppichteroth - Waldbröl; Uckerath - Kircheib - Weyerbusch - Altenkirchen; Siegburg; Niederpleis - Sankt Augustin - Beuel - Bonn; Winterscheid - Schneppe - Eitorf; Söven - Rott - Westerhausen - Sand - Oberpleis; Dahlhausen - Hanf - Heide - Büllesbach; Uckerath - Buchholz (Ww.) - Asbach (Ww.); Lauthausen - Bödingen.

☎ Gemeinde 5202 Hennef, Verkehrsamt 5202 Hennef 1, Lindenstraße 1, Tel. (0 22 42) 22 16 - 18

Lit.: „Hennef" in der Reihe „Rheinische Kunststätten"
        Hennef in alten Ansichten. Zaltbommel/Holland

Ⓟ am Omnibusbahnhof; Parkhaus; Ortsmitte; am Kurhaus

Ⓟ Beethovenstraße: 5 Rundwanderwege zwischen 3 und 9 km;

🚶 1. Rundwanderungen durch das waldreiche Landschaftsschutzgebiet Steimelsberg und Dürresbachtal.

2. **Schloß Allner:** Fußgängersteg über die Sieg von der Ortsmitte aus (1,5 km).

🏛 Das Schloß auf dem rechten Hochufer der Sieg mit Herrenhaus, Vorburg und Wirtschaftsgebäuden vom 16. bis 19. Jh. mehrfach umgebaut, war Sitz bedeutender Adelsfamilien wie der Markelsbach, Merode, Spies von Büllersheim, Hatzfeld und Loe und fügt sich malerisch in die landschaftliche Umgebung ein.

3. **Kloster Zissendorf** heute Kurheim St. Mechthild: über die B 8 in Richtung Siegburg (1,5 km).

🏛 1247 stiftete die Gräfin Mechthild von Sayn nahe der Blankenberger Katharinenkapelle ein **Kloster,** das um 1265 auf den Hof Zissendorf in der Siegebene verlegt wurde. Die ältesten Teile der erhaltenen Anlage entstammen dem 16. Jh. Nach einem schweren Brand im

Jahre 1644 wurde etwa 1670/80 ein barocker Neubau errichtet, der im wesentlichen noch steht. Nach der Säkularisation der Zisterzienserinnenabtei 1803 wurde unter anderem die Kirche abgebrochen.

Bei dem sogenannten Zissendorfer Kreuz an der Abzweigung des Wegs zum Kloster von der B 8 handelt es sich um ein kunstvoll gestaltetes barockes **Hagelkreuz** aus Trachyt.

4. **Söven:** durch das Dürresbachtal (2 km); über Wippenhohn (3 km); Fußweg vom Kurpark aus über den Steimelsberg (2,5 km).

   🏛 Als wenig beachtetes, aber bedeutendes technisches Kulturdenkmal gilt der 1832/33 errichtete **optische Telegraphenturm.** Bis zur Einstellung der Nachrichtenübermittlungen im Jahre 1851 gehörte die Signalstation, ein schlichtes Bauwerk des späten Klassizismus, zur Linie Berlin-Koblenz. Der Turm wurde 1974/75 in seinem Bestand gesichert.

5. 🌿 **Rott,** Vorkommen der Blätterkohle: durch das Dürresbachtal und über Söven, westlich am Siedlungsrand ausgedehnte Halden (4 km). Die weltbekannte Rotter Blätterkohle, eine feinschichtige, stark bituminöse Braunkohle, wurde im 19. Jh. zur Petroleumgewinnung ausgebeutet. Ihre Berühmtheit verdankt sie vor allem der außergewöhnlich reichen und bedeutsamen Fauna und Flora, die sich zum Teil als rein tropisch erwiesen hat.

6. **Seligenthal,** ehemaliges Minoritenkloster und Wahnbachtalsperre: Siegsteg bei **Weingartsgasse,** auf dem rechten Siegufer zum Dorf Seligenthal, durch den Ort zur Klosterkirche (4,5 km). Über **Siegburg - Kaldauen,** Haus zur Mühlen nach Siegburg (5 km). S. **Siegburg.**

Von **Hennef** auf der B 8 nach **Uckerath.**

Hennef-**Uckerath** (250 m; 2000 E.)

inmitten der Uckerather Hochflächen, einer Teillandschaft der sich zur Hennef-Siegburger-Bucht im Nordwesten senkenden Niederwesterwälder Hochmulde.

✪ Bereits 948 werden einige Ortschaften des Kirchspiels Uckerath in der Novalzehnturkunde für die Propstei Oberpleis genannt, nicht jedoch Uckerath selbst. 1131 erscheint die Kirche erstmals als Besitz des Cassiusstifts Bonn. Um die Mitte des 13. Jh. verliert die Kirche Uckerath einen Teil ihres Sprengels, als Stadt und Burgbann Blankenberg zur Pfarrgemeinde erhoben wurden. Das Kirchspiel Uckerath nahm im bergischen Amt Blankenberg eine Sonderstellung ein. Von den neun Dingstühlen des Amtes befand sich einer in Uckerath, bis 1555 eine Zusammenlegung mit den Gerichten der Stadt Blankenberg und von Dondorf erfolgte. In älteste Zeiten zurück verweist die das ganze Kirchspiel umfassende Vogtei Uckerath, deren Bedeutung wohl vor allem in der rechtlichen Sicherung des Landes an der für den Verkehr wichtigen Köln - Frankfurter Straße und an der Landesgrenze lag. Wichtig wurde für die Siedlung die Köln - Frankfurter oder „Hohe Straße", die heutige B 8. Als bergische Zollstelle und Thurn- und Taxis'sche Poststation besaß Uckerath einige Bedeutung. Als Heerstraße brachte die Frankfurter Straße jedoch auch viel Unglück über die anliegenden Dörfer. In den Jahren 1794 bis 1797 lagerten hier wiederholt französische und kaiserliche Truppen. 1796 kam es zur Schlacht bei Uckerath, die mit einem Sieg der Kaiserlichen endete. Im Frühjahr 1945 war die Siedlung hart umkämpft. Nach der Angliederung des Rheinlandes an Preußen wurde der Kreis Uckerath mit dem Sitz zunächst in Hennef gebildet, der 1820 mit dem Kreis Siegburg zum Siegkreis vereinigt wurde. 1969 wurde die Gemeinde Uckerath der Gemeinde Hennef angeschlossen.

🏛 Der um 1160 errichtete **romanische Turm der alten Pfarrkirche** auf dem Hang über dem Scheußbachtal mit herrlichem Blick auf das Siebengebirge, dessen Erdgeschoß in den fünfziger Jahren als Kriegergedächtniskapelle hergerichtet wurde, stürzte im Herbst 1969 ein und wurde nicht wieder aufgebaut.

Die heutige **kath. Pfarrkirche St. Johannes der Täufer** ist eine neuromanische Basilika mit Querschiff und eingezogenem Westturm und
wurde 1890 - 1892 errichtet. Aus der alten Pfarrkirche stammt der
romanische, zylinderförmige Taufstein des 12. Jh.
Soldatenfriedhof des Krieges 1939 - 1945.

✚ Ärzte, Zahnarzt, Apotheke

🛏 ✕ Hotel-Restaurant Landsknecht, Gaststätte Schmitz in Eichholz

🚌 nach Kircheib - Weyerbusch - Altenkirchen; Dahlhausen - Büllesbach
- Buchholz (Ww.) - Asbach (Ww.); Krautscheid - Buchholz (Ww.) - As-
bach (Ww.); Bierth - Hennef; Rundverkehr Uckerath - Hüchel - Uckerath;
Süchterscheid - Eitorf; Oberpleis.

☎ Gemeinde 5202 Hennef, Verkehrsamt 5202 Hennef 1, Lindenstraße 1,
Tel. (0 22 42) 22 16 - 18

🅿 in der Ortsmitte an der B 8

🌿 Um den Steimel treten nach Bestellung der Felder im Herbst versteinerte
Pflanzenreste,Prototaxiten, zutage. Sie wurden von dem Refrather Lehrer
und Hobby-Paläontologen Hans Altmeyer entdeckt und wissenschaftlich
bearbeitet.

🚶 von Uckerath:
1. Über den Steimelsberg (259 m), links durch den Wald - Ahrenbach - Stadt Blankenberg (5 km);
2. Süchterscheid (3 km) - Mittelscheid - Merten (3 km), siehe Stadt Blankenberg - Eitorf - Merten;
3. Ravenstein (2 km), von dort nach Süchterscheid (1,5 km) oder durch
   das Krabachtal nach Merten, siehe Eitorf - Merten.
Von **Uckerath** auf der B 8 nach **Hennef.**

SIEGBURG UND DIE SIEGNIEDERUNG

Bearbeiter: Prof. Dr. Helmut Fischer   *Übersichtskarte Seite 744*

Die Landschaft zu beiden Seiten der unteren Sieg wird im Osten
und Süden von bewaldeten Höhen umgeben, die zum Rhein hin
immer mehr zurücktreten. Die sich gegen Westen öffnende flache,
fast baumlose Rhein-Siegebene ist Teil der südlichen niederrheinischen Tieflandbucht und umfaßt weite fruchtbare Ackerfluren
und die Auenlandschaft im Mündungsgebiet der Sieg. Die Siedlungen am Rhein und an der Siegmündung, die wie alle Dörfer
der Ebene die hochwasserfreie Niederterrasse und deren Rand
bevorzugen, liegen inmitten einer üppigen Gartenbaulandschaft.
Längs der Bahnlinie Köln - Betzdorf - Gießen dehnt sich ein geschlossenes Wohn- und Industriegebiet, dessen Kern die Städte
Siegburg und **Troisdorf** bilden. Südlich anschließend hat sich im
Vollzug der jüngsten Verstädterung in unmittelbarer Nachbarschaft
zur Bundeshauptstadt Bonn die Stadt **Sankt Augustin** entwickelt.

Siegburg (53-220 m; 37 000 E.)
Kreisstadt des Rhein-Sieg-Kreises.
Ausdehnung des Stadtgebietes in das östliche Bergland, der
eigentliche Kern um den beherrschenden Michaelsberg mit der
Benediktinerabtei. - Behördensitz, Einkaufszentrum, bedeutende
Industrie, Handel, Verkehr, Dienstleistungszentrum.

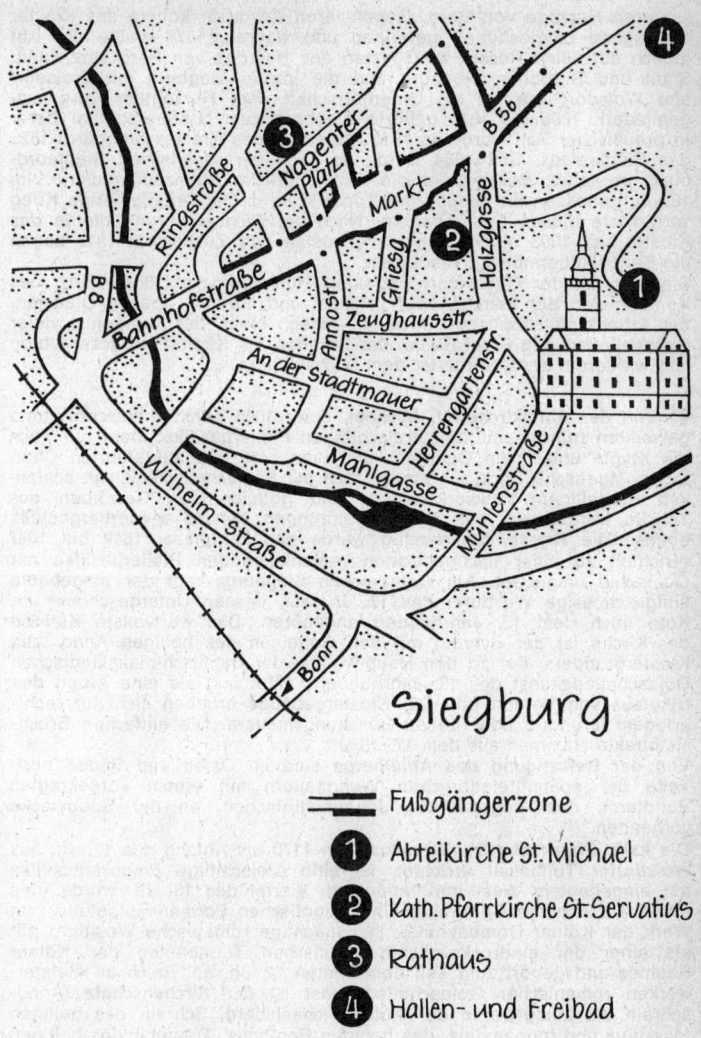

Siegburg

Fußgängerzone
① Abteikirche St. Michael
② Kath. Pfarrkirche St. Servatius
③ Rathaus
④ Hallen- und Freibad

◪ Siegburg, Marktort seit 1069, Stadt seit spätestens 1185, entwickelte sich am Fuße der steilen vulkanischen Tuffbasaltkuppe, dem heutigen Michaelsberg, mit der Burg der Grafen im Auelgau. Pfalzgraf Heinrich verlor um 1060 die Burg an Erzbischof Anno II. von Köln, der 1064 auf dem Burgberg ein Benediktinerkloster gründete. Die Siedlung wurde erweitert und der Abtei überwiesen. Vögte waren die Grafen und

späteren Herzöge von Berg. Gegen ihren Anspruch konnte das Kloster
die eigene Landeshoheit gewinnen und wahren. 1676 mußte der Abt
jedoch auf seine Rechte zu Gunsten des Herzogs von Berg verzichten.
Stadt und Burgbann Siegburg und die Vogtei Siegburg mit Troisdorf
und Wolsdorf wurden als Unterherrschaft dem Herzogtum Berg eingegliedert. 1806 bis 1813 gehörte Siegburg zum Großherzogtum Berg.
In preußischer Zeit wurde es 1816 Kreisstadt des Kreises Siegburg, 1825
des Siegkreises. Seit 1854 wurde es nach der rheinischen Städteordnung verwaltet. Bekannt ist die mittelalterliche Steinzeugindustrie. Im
16. Jh. genossen die Siegburger Töpfe Weltruf. Der Dreißigjährige Krieg
vernichtete diesen Erwerbszweig. Nach der Säkularisierung diente das
Kloster seit 1803 als Kaserne, Irrenanstalt und Zuchthaus. 1914 zogen
die Benediktinermönche wieder ein.
Siegburg ist der Geburtsort Engelbert Humperdincks (1854 - 1921), des
Komponisten der Märchenoper „Hänsel und Gretel". Joseph Dietzgen,
der Arbeiterphilosoph und Sozialist, Joseph Mohr, der Komponist vieler
Kirchenlieder, und Ernst Rolffs, der Erfinder des Kupfertiefdrucks, lebten
und wirkten in der Stadt unter dem Michaelsberg.

🏛 Von der **Abteikirche St. Michael,** einer 1066 durch Erzbischof Anno
geweihten frühromanischen dreischiffigen Pfeilerbasilika, steht nur noch
die Krypta unter dem Querhaus und dem 1410 neu aufgeführten Chor.
Der spätgotische Chor aus einem Joch mit Fünfachtelschluß, mit schlanken dreiteiligen Maßwerkfenstern und gotisierenden Gewölben des
17. Jh. wurde nach den Kriegszerstörungen 1944/45 wiederhergestellt,
ebenso die Krypta. Gleichzeitig wurde das Langhaus, 1649 bis 1667
errichtet, zu einer flachgedeckten romanisierenden Pfeilerbasilika mit
Querschiff umgebaut. Als Wahrzeichen Siegburgs ragt der eingebaute
fünfgeschossige Westturm des 17. Jh. auf, dessen Untergeschosse im
Kern noch dem 12. Jahrhundert angehören. Das wertvollste Kleinod
der Kirche ist der Schrein mit den Gebeinen des heiligen Anno, des
Klostergründers, der zu den Hauptwerken der rheinisch-maasländischen
Goldschmiedekunst des 12. Jahrhunderts zählt und als eine Arbeit des
Nikolaus von Verdun gilt. Die Klostergebäude erheben sich auf recht-
eckigem Grundriß über hohen Böschungsmauern. Die einfachen Bruch-
steintrakte stammen aus dem 17./18. Jh.
Von der **Befestigung des Abteibergs** sind im Osten und Süden noch
Teile der spätmittelalterlichen Wehrmauern mit einem vorgekragten
Rundturm, dem sogenannten Johannistürmchen, an der Südostecke
vorhanden.
Die **kath. Pfarrkirche St. Servatius,** von 1170 bis Anfang des 13. Jh. aus
Wolsdorfer Tuffbasalt errichtet, ist eine dreischiffige Emporenbasilika
mit eingebautem Westturm. Im letzten Viertel des 13. Jh. wurde eine
größere dreiteilige Choranlage in frühgotischen Formen aufgeführt, ein
Werk der Kölner Dombauhütte. Der mächtige romanische Westturm gilt
als einer der eindrucksvollsten staufischen Turmbauten des Kölner
Raumes und gehört zum Teil dem späten 12. Jh. an. Reich an Meister-
werken romanischer Goldschmiedekunst ist der **Kirchenschatz** (Anno-
schrein als Leihgabe in der Abtei Michaelsberg, Schrein des heiligen
Mauritius und Innocentius, des heiligen Benignus, Tragaltar des heiligen
Mauritius).
Auf dem sogenannten **Hühnermarkt** am Marktplatz stand der Pranger
aus dem 14. Jh. - jetzt im Innenhof des Rathauses -, ein Trachytpfosten,
der auf zwei Seiten als Standfigur eines Mannes mit gebundenen
Händen ausgemeißelt ist.
Museum (besonders Siegburger Keramik des 16. und 17. Jh.) zur Zeit
magaziniert, Teilausstellungen im Rathaus.
Haus Auf der Arken, Mühlenstraße, Romantik-Restaurant.
Töpferwerkstatt, Kirchplatz 7; seit einigen Jahren kann hier wieder die
Siegburger Töpferkunst bewundert werden.

Das **historische Zeughaus** sollte im Revolutionsjahr 1848 von Bonner Freischärlern unter ihren Anführern Gottfried Kinkel und Carl Schurz gestürmt werden.

Der **Bunzlauer Meilenstein** in den Anlagen des Kreishauses erinnert an die über 25jährige Patenschaft Siegburgs mit der schlesischen Töpferstadt Bunzlau.

Das **Bundessteuermuseum** und die Bundesfinanzakademie sind in den Gebäuden der Benediktiner-Abtei auf dem Michaelsberg untergebracht.

✕ Chemie, Feinkeramik, Eisen und Metall, Holz, Nahrungs- und Genußmittel, Papier, Baustoffe.

✚ In Siegburg gibt es 13 praktische Ärzte, 39 Fachärzte, 26 Zahnärzte, 13 Apotheken, 1 Krankenhaus (405 Betten) mit 7 Fachkliniken, eine Sozialstation.

🏊 Stadion, Sportplätze, Hallen- und Freibad, Tennis- und Wassersportanlagen, Minigolf, Flugmodellsport.

Sonderschule, Realschule, Gymnasium, Musikschule, berufsbildende Schule, Seminare für die Lehrämter; Amtsgericht Finanzamt.

⊙ In Siegburg findet alle 2 Jahre die Großausstellung „Lebendiges Rheinland" statt.

🛏 ✕ Hotels und Gasthäuser aller Kategorien; Tanz- und Ausflugslokal „Sommerrodelbahn" in Siegburg-Kaldauen.

Insgesamt 500 Fremdenbetten.

🚂 Bahnhof, Strecke Köln - Betzdorf - Gießen;

Elektrische Schnellbahn Siegburg - Bonn.

🚌 nach Niederpleis - Birlinghoven - Oberpleis; Stallberg - Kaldauen - Seligenthal; Troisdorf - Sieglar - Zündorf; Troisdorf - Spich - Uckendorf - Lülsdorf; Hennef - Eitorf - Rosbach - Au; Lohmar - Rösrath - Köln; Lohmar - Overath; Hennef - Happerschoß - Neunkirchen; Sankt Augustin - Menden - Bonn; Pohlhausen - Seelscheid - Much.

☎ Stadt Siegburg 5200 Siegburg, Rathaus, Tel. (0 22 41) 10 21, Verkehrs- und Werbeamt der Stadt Siegburg, Tel. (0 22 41) 10 23 83

Eine örtliche Wanderkarte, ein Stadtprospekt, ein Stadtwegweiser sowie Literatur über Siegburg sind vorhanden.

Ⓟ Marktplatz und Griesgasse, Friedensplatz, Tiefgarage in der Holzgasse, Mühlentorplatz, Michaelsberg, Rathausvorplatz mit Tiefgarage.

Lit.: Firmenich, H., Stadt Siegburg (Rheinische Kunststätten 94), Neuß 1963
Firmenich, H., Die Abtei Michaelsberg in Siegburg
(Rheinische Kunststätten 99), 6. Aufl., Neuß 1978

⛰ Der **Michaelsberg** und die beiden **Wolsberge** sind die letzten Zeugnisse des tertiären Vulkanismus nach Norden. Im Bergischen Land und in der Niederrheinischen Bucht fehlen diese völlig.

Das Gebiet der **Siegmündung** weist die letzten natürlichen oder doch naturnahen Auwaldreste am Mittelrhein auf. Das Gebiet ist vegetationskundlich wie ornithologisch gleichermaßen interessant.

🚶 1. **Wolsberg und Riemberg:** Vom Bahnhof - Mühlenstraße - am Michaelsberg vorbei - Wolsdorfer Straße (2 km). Die Berge sind eine durch die Erosionsarbeit der Sieg freigestellte Vulkankruste, die an ihrer Ostseite durch einen Steinbruch zum Teil abgetragen wurde. Naturschutzgebiet.

2. **Seligenthal und Wahnbachtalsperre:** Vom Bahnhof - Mühlenstraße - am Michaelsberg vorbei - Wolsdorfer Straße - unter der Autobahn durch - Haus zur Mühlen - Kaldauen - Seligenthal - Klosterkirche, Wahnbachtalsperre (6 km).

◪ Das **Minoritenkloster Seligenthal** wurde zwischen 1231 und 1247 von dem Grafenpaar Heinrich III. und Mechthild von Sayn gegründet. Im Jahre 1256 war die Klosterkirche bereits fertiggestellt. Sie gilt als die älteste erhaltene Franziskanerkirche Deutschlands und ist dem heiligen Antonius von Padua geweiht. 1854 wurde sie Pfarrkirche. Die Gesamtanlage in dem abgeschiedenen Wahnbachtal ist noch ziemlich unverändert.

🏛 Die Klosterkirche ist ein zweischiffiger basilikaler Bau mit westlicher Giebelfassade, Halbkreisapsis und Chordachreiter. Die Restaurierung von 1894/95 säuberte das Bruchsteinmauerwerk des Langhauses und erneuerte die Fenstergewände. In den Jahren 1964/65 wurden Dach, Dachreiter und Mauerwerk gesichert und die alte farbige Haut wieder hergestellt. Von den Klostergebäuden auf der Südseite der Kirche sind nur der Westflügel und der östliche Teil des Südflügels erhalten geblieben, zweigeschossige Bruchsteintrakte, die im Kern dem 17. Jh. angehören. Die steinerne Kreuzigungsgruppe auf dem Kirchhof stammt aus dem 17. Jh.

Die **Wahnbachtalsperre** mit ihrem Damm oberhalb des Klosters wurde 1958 fertiggestellt und hat ein Speichervolumen von 41,5 Millionen Kubikmeter. Sie versorgt den Bonn - Siegburger Großraum mit Trink- und Brauchwasser.

Rundwanderwege:

1. Parkplatz Schwarzer Weg / Neue Lohmarer Straße (L 484) und zurück (ca. 12 km);
2. Parkplatz Schwarzer Weg / Neue Lohmarer Straße (L 484) und zurück (ca. 9 km);
3. Hotel-Restaurant Franzhäuschen (B 56) und zurück (ca. 12 km);
4. Hotel-Restaurant Franzhäuschen (B 56) und zurück (ca. 9 km);
5. Parkplatz Café-Restaurant Sommerrodelbahn, Siegburg - Kaldauen — Wahnbachtalsperre und zurück (ca. 10 km);
6. Parkplatz Café-Restaurant Sommerrodelbahn, Siegburg - Kaldauen — Wahnbachtalsperre und zurück (ca. 5 km);
7. Parkplatz Café-Restaurant Sommerrodelbahn — Kaldauer Wald und zurück (ca. 3,5 km);
8. Parkplatz Café-Restaurant Sommerrodelbahn — Wolsberg und zurück (ca. 9,5 km);
9. Parkplatz Hotel-Restaurant Siegblick / Siegburg - Wolsberg und zurück (ca. 9,5 km);
10. Parkplatz Hotel-Restaurant Siegblick / Siegburg - Wolsberg und zurück (ca. 9 km);
11. Parkplatz Hotel-Restaurant Waldesruh / Siegburg-Nord, Steinbahn und zurück (ca. 5 km);
12. Parkplatz Hotel-Restaurant Waldesruh / Siegburg-Nord, Steinbahn und zurück (ca. 6 km);
13. Parkplatz Jägerstraße / Zeithstraße (B 56) — Lohmar und zurück (ca. 12 km);
14. Parkplatz Jägerstraße / Zeithstraße (B 56) — Rasthaus Siegburg Ost-West (ca. 9 km);
15. Parkplatz Jägerstraße / Zeithstraße (B 56) — Rasthaus Siegburg Ost-West (ca. 9 km);
16. Parkplatz Kaldauer Straße / Siegburg - Stallberg u. zurück (ca. 7 km);
17. Parkplatz Kaldauer Straße / Siegburg - Stallberg u. zurück (ca. 5 km);
18. Parkplatz Kaldauer Straße / Siegburg - Stallberg u. zurück (ca. 4 km);
19. Siegburg - Braschoß — Wahnbachtalsperre und zurück (ca. 10 km);
20. Siegburg - Braschoß — Schneffelrath und zurück (ca. 7 km);
21. Siegburg - Braschoß und zurück (ca. 5 km);
22. Siegburg — Schneffelrath — Wahnbachtalsperre u. zurück (ca. 10 km);
23. Siegburg — Schneffelrath — Wahnbachtalsperre — Braschoß und zurück (ca. 7 km);
24. Parkplatz Wahnbachtalsperre — Hotel-Restaurant Franzhäuschen und zurück (ca. 10 km).

Streckenwanderungen:

1 Hotel-Restaurant Waldesruh / Siegburg-Nord, Steinbahn — Siegburg - Braschoß;
2 Hotel-Restaurant Waldesruh / Siegburg-Nord, Steinbahn — Wahnbachtalsperre;

3 Hotel-Restaurant Waldesruh / Siegburg-Nord, Steinbahn — Siegburg - Wolsdorf;
7 Hotel-Restaurant Siegblick — Siegburg - Braschoß;
8 Hotel-Restaurant Siegblick — Café-Restaurant Sommerrodelbahn;
9 Hotel-Restaurant Waldesruh / Siegburg-Nord, Steinbahn;
12 Wahnbachtalsperre — Hotel-Restaurant Waldesruh / Siegburg-Nord, Steinbahn;
14 Wahnbachtalsperre — Hotel-Restaurant Siegblick / Siegburg - Wolsdorf.

Von Siegburg auf der B 8 über die Agger nach

Troisdorf (45-130 m; 59 000 E.)

Industriestadt im Gebiet zwischen Agger, Sieg und Rhein. - Industrie (Chemie, Kunststoff, Maschinenbau, Eisenverarbeitung).

◨ Troisdorf gehörte bei der Gründung der Abtei Siegburg im Jahre 1064 zu den Stiftungsgütern, mit denen das Kloster von Erzbischof Anno II. von Köln ausgestattet wurde. Bis zur Säkularisation war es Teil der Vogtei Siegburg, danach der Landbürgermeisterei Siegburg. Erst 1899 erlangte der durch die Ansiedlung von Betrieben der Großindustrie stark gewachsene Ort den Rang einer Bürgermeisterei und wurde 1952 zur Stadt erhoben. Die kommunale Neuordnung des Bonner Raumes brachte 1969 eine Vergrößerung des Stadtgebietes um die Gemeinden Altenrath und Sieglar und den Ortsteil Friedrich-Wilhelms-Hütte aus der Gemeinde Menden.

🏛 Im Stadtteil **Troisdorf** ist **Haus Wissem** bemerkenswert. Aus dem Besitz der Herren von Troisdorf gelangte es im 16. Jh. an die Herren von Zweiffel, 1833 an den Freiherrn von Loe. Die Wasserumwehrung der langgestreckten, westlich offenen Rechteckanlage ist noch teilweise erhalten. Auf der Südseite liegt das Herrenhaus, ein zweigeschossiger, barockisierender Putzbau von 1840 mit Walmdach. Die Ostseite nimmt ein langgestreckter zweigeschossiger Bruchsteintrakt aus der Zeit um 1550 ein.

Die **kath. Pfarrkirche St. Johannes vor der Lateinischen Pforte** im Stadtteil **Sieglar,** ursprünglich Johannes dem Täufer geweiht, reicht wahrscheinlich in die fränkische Zeit zurück und war Taufkirche eines großen Kirchspiels. Von der vermutlich einschiffigen romanischen Kirche blieb der vorgesetzte Westturm aus der Zeit um 1150 erhalten. 1823/24 wurde das Langhaus durch einen klassizistischen Neubau ersetzt. 1902 wurde die Halbkreisapsis niedergelegt und ein neugotischer größerer Backsteinbau mit Querschiff und Chor aus zwei Jochen errichtet. Der kesselförmige romanische Taufstein aus Andesit stammt aus der Zeit um 1220.

Der Stadtteil **Bergheim,** ein alter Fischerort an der Siegmündung, ist als fränkische Siedlung um 600 nachgewiesen. 1130 - 1143 wird die Kirche genannt, 1248 ein gotischer Bau mit romanischem Turm errichtet. 1869 wurde die kath. Pfarrkirche St. Lambertus mit ihren spätgotischen Fresken abgerissen und durch einen größeren Neubau ersetzt. Der Taufstein, ein schlichtes rundes Becken aus Basaltlava, stammt aus dem 11./12. Jh.

Die Anfänge der **kath. Pfarrkirche St. Georg** im Stadtteil **Altenrath** liegen wahrscheinlich im 12. Jh. Als Kern der heutigen Anlage gilt eine flachgedeckte Basilika. Querschiff und Chor wurden 1866 unter Verwendung barocker Anbauten neu aufgeführt. Die romanische Kirche dürfte statt des Querschiffs einen kleinen Chor gehabt haben.

Die Lage in der nördlichen Wahner Heide und die Umwandlung des Gebiets in einen Truppenübungsplatz führte während des Krieges 1939 - 1945 zur Räumung der Siedlung. In der Gegenwart drängt der Verkehrsflughafen Köln/Bonn immer mehr auf den Ort zu. Der Raum der Wahner Heide zwischen Troisdorf, Troisdorf-Altenrath und Wahn gehört zu den reichsten archäologischen Gebieten nördlich der Siegmündung mit Funden von der Altsteinzeit bis zum hohen Mittelalter.

Volkshochschule, Sonderschulen, Realschulen, Gymnasien, berufsbildende Schule, Musikschule, Schule für Lernbehinderte.

de Schule, Musikschule.

✚ Krankenhaus, Apotheken, Ärzte, Zahnärzte

⚽ Sportplätze, Hallen- und Freibäder, Tennisplätze

🛏 ✕ Hotels, Restaurants, Cafés, Eisdielen, Pizzeria, Imbißbuden

🚂 Bahnhof, Strecke Köln - Betzdorf - Gießen; Köln - Troisdorf - Niederlahnstein - Frankfurt

🚌 nach Sieglar - Zündorf, Friedrich-Wilhelms-Hütte - Menden; Spich - Kriegsdorf - Sieglar; Spich - Uckendorf - Lülsdorf; Friedrich-Wilhelms-Hütte - Sieglar; Hennef - Eitorf - Rosbach - Au; Siegburg - Overath. Flughafen Köln-Bonn erreichbar in 10 Minuten. Autobahnanschlüsse in alle Richtungen.

☎ Stadt Troisdorf, 5210 Troisdorf-Sieglar, Rathaus, Tel.(0 22 41) 88 22 35 Wanderkarte Troisdorf dort erhältlich.

Ⓟ Bahnhof; Poststraße; Ursulaplatz; Wilhelm-Hamacher-Straße; Parkhaus Frankfurter Straße; Altenrather Straße

1. Ausgedehnte Heidelandschaft nördlich von Troisdorf und des Stadtteils Spich bis zum Stadtteil Altenrath:
   a) Gräberfeld am Ravensberg: altsteinzeitliche Fundplätze,
   b) Gräberfeld am Fliegenberg: kaiserzeitlich-germanische Fundplätze,
   c) Gräberfeld am Eisenweg: rheinische Becherkultur,
   d) Gräberfeld „Hohe Schanze" bei Altenrath: jungsteinzeitliche Fundplätze,
   e) Forsthaus Telegraph.
2. Unterlauf der Sieg bis zur Mündung in den Rhein: fast unberührte Auenlandschaft.

Wandergebiet F „Siegniederung"
(Eschmarer Mühle - Müllekoven - Bergheim - Siegmündung)
F 1 (1/2 Std.)
Parkplatz „Sportplatz Eschmar" - Eschmarer Mühle - Im Forst - Auelsgasse - Sportplatzweg - zurück Sportplatz Eschmar.
F 2 (1 1/2 Std.)
Parkplatz „Sportplatz Müllekoven" - Im Wert - An der alten Sieg - Mühlengraben - Eschmarer Mühle - Eilandweg bis Einmündung in Leinpfad - weiter Leinpfad bis Einmündung „Auf der Burg" - über Kreuzung „Im Kribchen" - zurück Sportplatz Müllekoven.
F 3 (3/4 Std.)
Parkplatz „Sportplatz Müllekoven" - Bleichenweg bis Einmündung in Eilandweg - Kreuzung „Auf dem Eilandweg" - Siegdeich bis Kreuzung „Im Kribchen" - zurück Sportplatz Müllekoven.
F 4 (1 1/2 Std.)
Parkplatz „Siegfähre" (Restaurant, Kinderspielplatz, Personenfähre) - Leinpfad bis Einmündung in Siegdeich - Kreuzung „Am Höttchen" - Leinpfad bis Einmündung Discholls in die Sieg - Auf den Letten bis Sportplatz Bergheim oder über Weidenpfad - Fahrweg zum Sportplatz Bergheim - Siegdeich - Siegfähre.
F 5 (1 1/4 Std.)
Wie F 4 bis Kreuzung „Am Höttchen" - Siegdeich bis Kreuzung „Hartfurt" - Weidenpfad - Oberste Fahr - Weidenpfad bis Siegdeich - über Siegdeich zurück bis Siegfähre.
F 6 (1 Std.)
Parkplatz „Sportplatz Bergheim" (Kinderspielplatz, Freizeithang) - weiter F 4 über Siegfähre - Leinpfad bis Kreuzung „Hartfurt" - Weidenpfad bis Sportplatz Bergheim.
F 7 (1 1/2 Std.)
Parkplatz „Sportplatz Bergheim" - Nachtigallenweg - Bootshaus (Gaststätte, Kinderspielplatz) - Discholls (bis Einmündung in die Sieg) - Wanderung entlang des Rheins bis Mondorfer Fähre - zurück über Bergheimer Straße - Elsternweg - Bootshaus - Nachtigallenweg bis Sportplatz Bergheim.

F 8 (3/4 Std.)
Parkplatz „Sportplatz Bergheim" wie F 4 bis Parkplatz „Siegfähre" - Siegdeich in Richtung Müllekoven - Auf dem Kirvelberg - Sportplatz Bergheim.

Von Siegburg über die B 59 nach
Sankt Augustin (50-160 m; 49 000 E.)

neu entstandene Großgemeinde, seit 1977 Stadt, mit dem Zentrum Sankt Augustin zwischen Bonn und Siegburg; Wohngemeinde; Industrie (Eisenverarbeitung, Maschinenbau, Datenverarbeitung).

◻ Die Großgemeinde **Sankt Augustin** wurde im Rahmen der Neugliederung des Bonner Raumes im Jahre 1969 aus sechs Gemeinden des ehemaligen Amtes Menden-Buisdorf, Hangelar, Meindorf, Menden, Siegburg-Mülldorf, Niederpleis und dem Ort Birlinghoven gebildet und 1977 zur Stadt erhoben. Das Zentrum Sankt Augustin entwickelte sich im wesentlichen erst nach 1945. Es nahm seinen Ausgang vom Missionspriesterseminar St. Augustin, der heute wichtigsten Niederlassung der Steyler Missionare in Westeuropa, das 1913 am östlichen Rand der Hangelarer Heide und in der Nachbarschaft eines einzigen Privathauses entstand.

🏛 Die alte romanische Kirche im Ortsteil **Menden** aus dem 12. Jh. besaß einen viergeschossigen Ostturm. 1896 wurde sie ganz abgetragen und durch einen Neubau an anderer Stelle ersetzt. In der kath. Pfarrkirche, dem heiligen Augustin geweiht, befindet sich ein romanischer Taufstein des 12./13. Jh. aus Trachyt. Die kath. Pfarrkirche St. Martin, ursprünglich St. Georg, im Ortsteil **Niederpleis** enthält als Reste der romanischen Anlage aus dem 12. Jh. nur noch die Untergeschosse des Westturms. Das klassizistische Langhaus von 1822 - 1824 wurde 1906 um Chor und Querschiff erweitert. Das zylindrische Taufbecken aus Andesit stammt aus der Mitte des 12. Jh., das neugefaßte Vesperbild vom Anfang des 16. Jh. **Burg Birlinghoven**, am Ende des 15. Jh. im Besitz der von Markelsbach genannt Allner, ist weitgehend untergegangen. Nach 1900 wurde an der Stelle des ehemaligen Burghauses ein kleines Wohnhaus und oberhalb der Burg ein neues Gebäude errichtet, das **Schloß Birlinghoven**, heute Sitz der Gesellschaft für Mathematik und Datenverarbeitung Bonn.

Anthropos-Institut für Völker- und Sprachenkunde, Missionswissenschaftliches Institut und Völkerkundliches Seminar „Völker und Kulturen".
Völkerkundemuseum der Steyler Missionare (Ausstellungsstücke aus Afrika, Neuguinea, Indien, Indonesien, Japan). Geöffnet Di - Fr 10 - 13 und 14 - 17 Uhr. Eintrittsgeld. Tel. (0 22 41) 19 71.

Sonderschulen, Realschule, Gymnasien, Musikschule, Missionspriesterseminar und Philosophisch-Theologische Hochschule der Steyler Missionare (Gesellschaft des Göttlichen Wortes).
✚ Kinderklinik, Apotheken, Ärzte, Zahnärzte
⚊ Sportplätze, Sporthallen, Tennisplätze
🛏 ✕ Hotels in Hangelar und Niederpleis; Speiserestaurants
🚌 Elektrische Schnellbahn Siegburg - Bonn
🚍 nach Siegburg; Menden - Bonn; Hangelar - Beuel - Bonn
☎ Gemeinde Sankt Augustin, Verkehrsamt 5205 Sankt Augustin 1, Bonner Straße 102, Tel. (0 22 41) 2 30 61

🚶 1. Schloß Birlinghoven - Birlinghovener Wald: Parkplätze mit Rundwanderungen;
2. Birlinghoven durch den Dambroicher Wald - Haus Ölgarten - Niederpleis - Pleistal (4 km);
3. Oder von Niederpleis - Dambroicher Wald - Haus Ölgarten - Birlinghoven - Pleistal (4 km);
4. Birlinghoven - Birlinghovener Wald - Gemeindewald - Pleistal (3 km). Rundwanderungen vgl. Sankt Augustin. Wanderkarte, hrsg. von der Gemeinde Sankt Augustin. Ausgabe 74/75.

Streckenwanderwege

HAUPTWANDERWEGE DES WESTERWALD-VEREINS

Der Westerwald-Verein e. V. hat in seinem Wandergebiet neben vielen örtlichen Rundwanderwegen zahlreiche Streckenwanderwege markiert, die abseits der Hauptverkehrsstraßen durch die landschaftlich schönsten Gebiete führen.

In der Natur sind alle Wegezeichen des Westerwald-Vereins weiß und, mit Ausnahme des Kölner Weges, auf schwarzem Grund markiert. Außerdem findet man zahlreiche Laufschilder mit Start- und Zielangabe. Die amtlichen Topographischen Karten 1 : 50 000 weisen diese Strecken als rote Linien aus. - **Verantwortlich für die Wegemarkierung des Westerwald-Vereins ist Hauptwegewart Otto Krämer, Hermannstraße 5, 5450 Neuwied 1.** Uneigennützige Helfer sind ihm dabei stets willkommen, zumal z. Zt. einige Streckenwanderwege, bedingt durch neue Siedlungen, Straßenbau und Forstarbeiten, noch nicht in idealer Weise markiert sind.

Durch römische Zahlen bezeichnet sind vier **West-Ost-Streckenwanderwege,** durch arabische Zahlen sieben **Nord-Süd-Streckenwanderwege.**

Die **Randwanderwege** Lahnhöhenweg („L"), Rheinhöhenweg („R"), Sieghöhenweg („S"), Hellerhöhenweg („H") und die beiden Dillhöhenwege (weißes „D" rechts der Dill, schwarzes „D" links der Dill) erschließen die besonders reizvollen Tallandschaften der den Westerwald umfließenden Flüsse.

Außerdem unterhält der Westerwald-Verein in seinem Bereich als Streckenwanderwege neben mehreren Verbindungswegen einige **besondere Wege:** Etwa den Europäischen Fernwanderweg 1 („X"), den „Kölner Weg" („K"), den „Westerwald-Wochenwanderweg" (Dreieck) oder den Limes-Wanderweg (Silhouette eines Wachturms).

Mit Ausnahme der mehrtägigen Rundwege „Kölner Weg" und „Westerwald-Wochenwanderweg" sowie des Rheinhöhenwegs und des Lahnhöhenwegs, die talab beschrieben sind, führen alle folgenden Wegeschilderungen von Nord nach Süd und von West nach Ost.

In der Regel wurde bei der Beschreibung der Hauptwanderwege nur der allgemeine Verlauf der Wanderstrecken mit kurzen Hinweisen auf besonders bemerkenswerte Punkte angegeben. Eine nähere Beschreibung der Landschaftsgebiete und der besonderen Sehenswürdigkeiten, die von den Wanderstrecken berührt werden, sind im Hauptteil „Landschaften des Westerwaldes - Städte - Dörfer - Sehenswertes" zu finden.

Eine Übersicht über die amtlichen Topographischen Karten 1 : 50 000 (1 km $\triangleq$ 2 cm) mit eingezeichneten Streckenwanderwegen finden Sie auf Seite 71!

Diese Karten können von Mitgliedern verbilligt über den Hauptwegewart (Anschrift siehe oben!) oder durch die Geschäftsstelle des Westerwald-Vereins bei der Kreisverwaltung in 5430 Montabaur bezogen werden.

Unterstützen Sie
den Westerwald-Verein e. V. durch ihre Mitgliedschaft!

Einschließlich des Bezugs der Zeitschrift „Der Westerwald" und sonstiger Vergünstigungen kostet der Jahresbeitrag im Hauptverein z. Zt. (1980) nur 15,— DM. Die Mitgliedsbeiträge in den Zweigvereinen sind unterschiedlich.

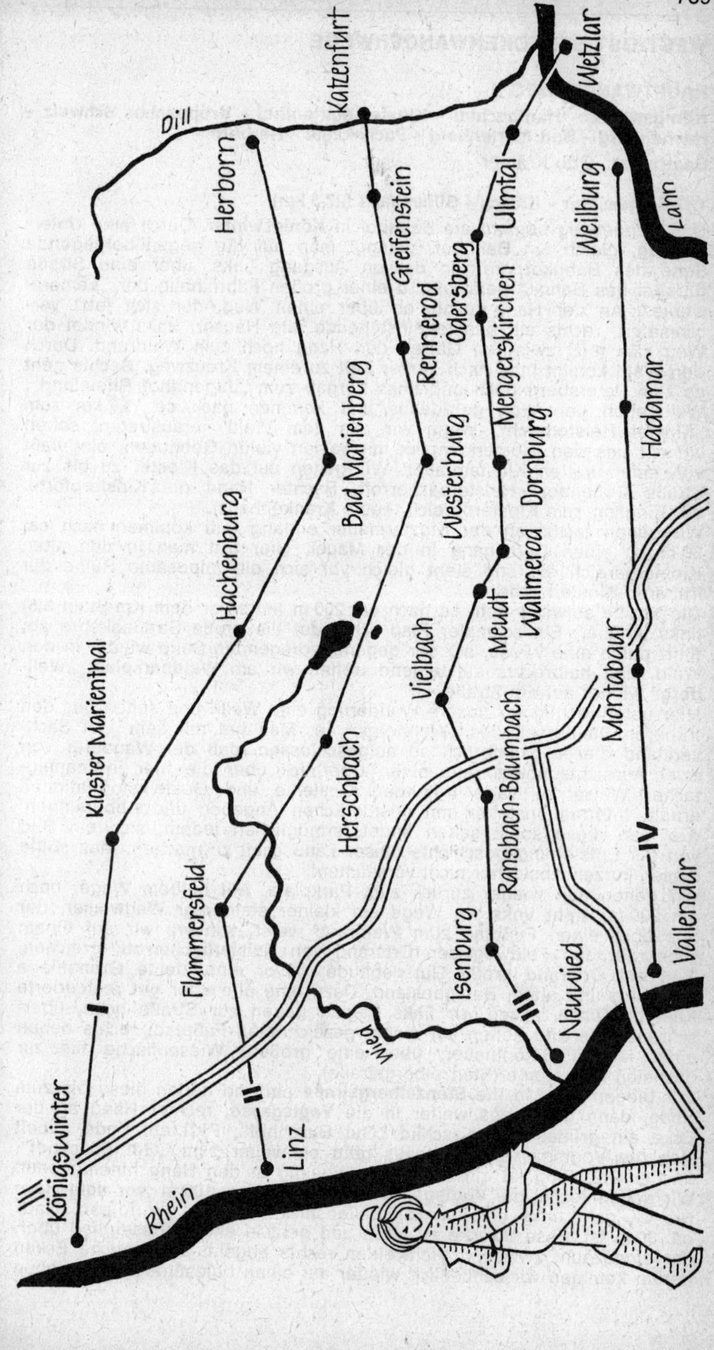
Katzenfurt
Wetzlar
Dill
Herborn
Greifenstein
Ulmtal
Weilburg
Lahn
Rennerod
Odersberg
Mengerskirchen
Bad Marienberg
Westerburg
Dornburg
Hadamar
Hachenburg
Wallmerod
Meudt
Vielbach
Montabaur
Kloster Marienthal
Herschbach
Ransbach-Baumbach
IV
Flammersfeld
Isenburg
Vallendar
I
III
Neuwied
Wied
II
Königswinter
Linz
Rhein

WEST-OST-STRECKENWANDERWEGE

HAUPTWANDERWEG I

Königswinter - Hanfbachtal - Kloster Marienthal - Kroppacher Schweiz - Hachenburg - Bad Marienberg - Fuchskaute - Herborn

Bearbeiter: Otto Krämer

1. Königswinter - Kölsch - Büllesbach (27,3 km)

Der Wanderweg beginnt am Bahnhof in **Königswinter**. Durch eine Unterführung, gleich am Bahnhof, gelangt man auf die gegenüberliegende Seite des Bahnkörpers. An dessen Ausgang links, über eine Straße parallel des Bahnkörpers, bis zu einer großen Fabrikhalle der „Lemerzwerke". An der Halle rechts ab über einen Weg, der sich jetzt verschmälert, rechts ein paar alleinstehende alte Häuser, links windet der Weg sich jetzt zwischen Gärten den Hang hoch zum Waldrand. Durch den Wald kommt man nach kurzer Zeit zu einem Kreuzweg. **Rechts** geht es zum Petersberg hoch und **links** bergab zum „Jugendhof Rheinland". Wir gehen den Weg geradeaus und kommen nach ca. 1,7 km zum **„Kloster Heisterbach"**. Wenn wir aus dem Wald heraustreten, sehen wir vor uns den Klosterkomplex mit seinen vielen Gebäuden, eingefaßt von einer uralten Klostermauer. Wir gehen auf das Kloster zu bis zur Straße Dollendorf - Heisterbacherrott. Rechter Hand die Klosterpforte, der Eingang zum Klosterbereich (heute Krankenhaus).
Wir gehen rechts an der Klostermauer entlang und kommen nach ca. 50 m an einen Durchgang in der Mauer. Hier tritt man in den alten Klosterbereich ein und sieht gleich vor sich die imposante Ruine der früheren Klosterkirche.
Die Straße aufwärts geht es nach ca. 200 m (kurz vor dem Km-Stein 3,5) links hinüber. Ein schmaler Pfad schneidet die große Straßenkehre ab, führt durch eine Wiese, auf der gegenüberliegenden Seite wieder in den Wald, und halbrechts aufsteigend treffen wir am **Waldparkplatz „Weilberg"** wieder auf die Straße.
Hier unterbrechen wir unsere Wanderung eine Weile und sehen uns den früheren Steinbruch des „Weilbergs" an. Man hat mit sehr viel Sachverstand diesen Steinbruch so aufgeschlossen, daß der Wanderer von zwei Aussichtspunkten aus einen Überblick über die hier in mannigfacher Weise zu Tage tretenden Gesteine und Gesteinsformationen erhält. Informationstafeln mit ausführlichen Angaben und Abbildungen, wie man diese sonst selten findet, ermöglichen jedem, sich ein Bild von der Entstehungsgeschichte dieser Landschaft zu machen. Man sollte diesen kurzen Abstecher nicht versäumen!
Wir gehen nun wieder zurück zum Parkplatz. Auf halbem Wege, nach ca. 200 m, steht links am Wege ein kleiner steinerner Wegweiser, der uns über einen Fußpfad zum Waldrand weist, von wo wir auf einem schnurgeraden Feldweg den Ortsrand von **Heisterbacherrott** erreichen. Dort am Ortsrand große Gutsgebäude, davor eine kleine Grünanlage mit Teich und altem Baumbestand. Dazu eine alte aber gut restaurierte Kapelle. Diese lassen wir links liegen, gehen zur Straße hoch, überschreiten sie und gehen auf einem gezeichneten Fußpfad, rechts neben einer langen Betonmauer, über eine größere Wiesenfläche bis zur nächsten Querstraße (Stenzelbergstraße).
Wir biegen links in die **Stenzelbergstraße** ein und gehen diese bis zum Ende, dann geradeaus weiter in die **Vogtsgasse**, rechter Hand an der Ecke ein grünes Hinweisschild „Gut Buschhof". Fast am Ende gabelt sich die Vogtsgasse. Geradeaus geht es weiter zum „Gut Buschhof", an der Gabelung ist ein alter Kellereingang in den Hang hineingebaut. Wir gehen rechts die Vogtsgasse weiter. Nach ca. 100 m, vor dem Haus Nr. 41, geht links ein kurzes Straßenstück ab, dem wir folgen. Nach ca. 30 m ist diese Strecke zu Ende und geht in einen **Wiesenpfad** über, der eingezäunt zwischen Viehweiden rechts abgeht. Um manche Ecken herum kommen wir schließlich wieder auf einen befestigten Weg, gehen

rechts an zwei grün-weiß gestrichenen Schranken vorbei immer geradeaus, bis wir zum **Waldrand** kommen. An einer Fichtenkultur zu Rechten,
geht es jetzt halblinks bergan. Den nächsten Querweg überschreiten wir,
kommen jetzt durch dichten Fichtenhochwald und gehen bis zum nächsten Querweg (2. Querweg). Auch hier gehen wir über diesen Weg
hinweg. Der Pfad führt jetzt durch lichten Buchenhochwald bis zum
3. Querweg, auf den wir nun links einschwenken. Dieser Weg steigt
weiter langsam bergan und mündet nach ca. 400 m in eine breitere
Waldstraße.
Auf dieser **Waldstraße** geht es nun links weiter. Nach einiger Zeit kommt
rechts vom Wege eine Schutzhütte, links hat man einen herrlichen
Ausblick auf das Siebengebirge und die Siegniederung. Nach ca. 500 m,
hinter einer Rechtskurve, kommen wir an einen Kreuzweg, wo wir bei
die Markierung des Hauptwanderweges X 9 des Sauerländischen Gebirgsvereins stoßen. Mit diesem Wanderweg wird der unsere jetzt ein
ganzes Stück über die gleiche Wegstrecke verlaufen.
Leicht abwärts verläuft jetzt unser Weg, bis wir nach ca. 800 m in der
Nähe des Forsthauses „Stöckerhof" an die Landstraße nach Ittenbach
kommen. Dieser Straße folgen wir rechts ca. 80 m um eine scharfe
Kurve und gehen dann auf der anderen Straßenseite vor einem alleinstehenden Haus nach links in eine schmale Landstraße hinein. Nach
ca. 800 m Autobahnunterführung, dahinter rechts Bauernhof, nach
weiteren 200 m Straßenkreuzung. Hier rechts ab in das Dorf **Ruttscheid**,
nächste Kreuzung links und über die Dorfstraße bis zur Landstraße
Oberpleis - **Ittenbach**. (Von Ittenbach günstige Busverbindungen nach
Königswinter, auch an Sonntagen.)
Von dem Punkt, wo wir auf die Landstraße stoßen, gehen wir knapp
100 m nach rechts, wechseln auf die andere Straßenseite und wenden
uns in die Straße „**Grenzweg**", welche nach kurzer Wegstrecke in einen
Feldweg übergeht. Nach ca. 300 m wieder rechts ab über einen Wiesenweg abwärts in ein kleines Tal. Kurz vor dem Talgrund geht es links
über einen Feldweg zwischen zwei Viehweiden durch (den X-Weg des
SGV, dem wir seit dem Fuße des Ölbergs gefolgt sind, lassen wir
geradeaus weitergehen), bis wir auf einen festen Weg im **Talgrund**
kommen. Doch nach ein paar Schritten auf dem Talweg gehen wir den
ersten Weg links hinein, vorbei an einem Fischweiher und zwischen
Wiesenflächen bis zu den ersten Häusern des Dorfes **Nonnenberg** im
Pleistal, nun die Landstraße rechts und nach ca. 100 m, gleich hinter
einer Brücke, links weiter.
Sind wir von der Straße links abgegangen, dann sehen wir im Hintergrund eine größere, jetzt aber verlassene Verladeanlage der Linzer
Basalt AG. Wir gehen gleich rechts den Fahrweg hoch, nach 100 m
rechts alleinstehendes Haus, Weide und dann durch Wald. Die Wegstrecke durch den Wald ist sehr schlecht und feucht. Nach ca. 2,5 km
kommen wir an eine Straße, überqueren diese, gehen auf der anderen
Seite wieder in einen Waldweg und kommen nach ca. 400 m an ein
großes **Basaltwerk**.
Die ganze Wegstrecke verläuft unser Wanderweg mit der Wanderstrecke des SGV-Wegs, bis auf kleine Strecken, gemeinsam. So auch
auf der bisherigen Wegstrecke. Wir gehen jetzt am Rand des Basalt-
werksgeländes entlang, folgen jedoch an der nächsten Wegkreuzung
nicht dem X-Weg, sondern gehen auf ein alleinstehendes Haus zu,
machen eine kleine Schwenkung nach rechts und sind dann wieder an
einer Landstraße. Von dem Weg am Basaltwerk entlang sollte der
Wanderer jedoch einmal zurückblicken. Er hat hier einen herrlichen
Ausblick auf die Rückseite des Siebengebirges mit dem mächtigen
Bergkegel des Ölberges. Hier Dorf **Willmeroth**.
Auf der Landstraße halten wir uns links und haben jetzt wieder den
X-Weg als Weggenossen. Nach ca. 400 m rechts ab von der Straße in
einen Waldweg, über den wir nach ca. 900 m, um ein paar Ecken
herum, auf eine Straße im Neubaugebiet des Dorfes **Bennerscheid**
stoßen.

Auf dieser Straße, die später in eine kleine Waldstraße übergeht, gehen wir rechts ab. Rechts Wald, links bebautes Gebiet, an dessen Rand ein kleines nettes **Gasthaus „Neuglück"**. Das Haus hat seinen Namen nach einer früheren Blei- und Zinkgrube gleichen Namens, während im Waldgebiet des Tales eine weitere Grube mit dem Namen „Altglück" lag. Das Gasthaus bietet dem Wanderer Gelegenheit für kurze Rast. Wir folgen der Waldstraße weiter, die uns bergab ins Hanftal führt, wo wir kurz vor dem **Dorf Hanf, früher Hanfmühle**, auf die Landstraße treffen.

Die auf dem weiteren Weg bis zur B 8 folgenden Ortschaften sind so dicht aneinander gereiht, daß ein Fremder das Ende des einen und den Beginn des anderen Ortes kaum erkennen kann, wenn nicht gerade an der Grenze ein Ortsschild steht. In dieser Wegbeschreibung sind auch alle die **alten Ortsnamen** aufgeführt, die auch in den Wanderkarten verzeichnet sind und nicht die Namen der Verbandsgemeinden, die nur Verwirrung für den fremden Wanderer stiften würden.

Von dem Punkt, wo die Waldstraße von Bennerscheid kommend auf die Landstraße im Hanftal trifft, gehen wir rechts, sind nach kurzer Wegstrecke am Dorfrand und wandern dann links die Straße **Breitenfeld** aufwärts. Nach ca. 400 m kleines Wäldchen. Hier verlassen wir endlich die Begleitung durch den X-Weg und gehen nach rechts auf einen „Grünen-Plan-Weg", der uns nach ca. 800 m leicht ansteigend zum Dorf **Eulenberg** führt.

Hier stoßen wir wieder auf eine Landstraße, überqueren dieselbe und gehen geradeaus in die Straße **Berghagen** hinein. Neubaugebiet und einige Bauernhäuser. Diese Straße durch bis zum Ende. Fortsetzung ist der **Priestersbergweg** bis zum Dorf Priestersberg. Hier kein Ortsschild, jedoch in der vorherigen Richtung weiter, in einer Straßenkurve nach rechts, und dann führt diese Straße vom Ortsrand, am Waldrand vorbei, über die Höhe mit schöner Weitsicht, nach rechts zum Dorf **Kölsch - Büllesbach**, wo wir auf die Landstraße nach Krautscheid kommen.

(Von Kölsch - Büllesbach, bzw. Uckerath Busverbindung mit Postbus und Bus der Rhein-Sieg-Eisenbahn in Richtung Eitorf/Sieg und Siegburg).

2. Kölsch - Büllesbach - Kloster Marienthal (31,8 km)

In **Kölsch - Büllesbach** die Straße links ab (Bushaltestelle, Gasthof), nach ca. 80 m rechts die **Jungerother Straße**. Diese links einbiegen und bis fast zum Ende durchgehen. An der Straße **Heckenweg** links hoch bis zum Sportplatz. Diesen lassen wir links liegen, rechts daran vorbei, immer geradeaus. Erst kleines Wäldchen, Weide, links Pappelwald, wieder Viehweide, bis wir nach ca. 1,3 km auf die Landstraße von Buchholz stoßen (rechts Betonwerk). Die Straße links ab, nach ca. 150 m Kreuzung mit der B 8 (Stotterheck).

Die B 8 überqueren und auf der anderen Seite über einen Feldweg, parallel zur Bundesstraße, rechts weiter. Nach ca. 1,6 km treffen wir auf die Landstraße nach **Meisenbach**, dieser folgen wir links abwärts bis zum Dorf und halten uns im Dorf wieder rechts in Richtung Obereip. An der Straßenkreuzung Stotterheck, die ihren Namen nach einem recht kleinen Dorf führt, welches auf der anderen Straßenseite liegt, überschreiten wir die B 8, wenden uns dann gleich nach rechts und wandern nun ca. 1,2 km über einen Feldweg parallel zur Straße, am Rand von Viehweiden vorbei, bis zur Straßenkreuzung nach **Meisenbach**. An der Kreuzung links Heiligenhäuschen.

Wir folgen jetzt der Straße nach Meisenbach, am Dorfeingang geradeaus und um am Ende rechts, bis zur Landstraße. Auf dieser gehen wir nach links bis zur Kreuzung mit der Straße nach Mühleip - Eitorf. Hier gehen wir diese Landstraße ca. 50 m nach rechts aufwärts und dann in den nächsten Feldweg links hinein. In den nächsten Feldweg, ca. 20 m von der Straße entfernt, biegen wir links ein und wandern nun an Feldern und Viehweiden vorbei auf eine kleine bewaldete Bergkuppe zu, die wir rechts liegen lassen. Wenn wir uns umdrehen, erblicken wir hinter uns, hoch oben auf einem Bergrücken, die kleine romanische Kirche von

Kircheib inmitten einer schönen Baumgruppe. Der Weg ist jetzt breiter geworden und führt am Waldende in einigen Kurven hangabwärts zum Dorf **Obereip.** Gleich am Ortseingang gehen wir die erste Straße rechts hoch bis zum Ende und dann nach ca. 30 m die nächste Straße links hinein. Dann sind wir schon wieder aus dem Dorf heraus und gehen über einen Wirtschaftsweg in halber Berghöhe auf den fernen Waldrand zu. Linker Hand sehen wir ins Wohmbachtal und auf der gegenüberliegenden Berghöhe die Wiesenflächen des früheren Forsthauses Hüppelröttchen. Im Talgrund, zwischen großen Bäumen versteckt, liegt die Obereiper Mühle, ein nettes Ausflugslokal. Wir wandern weiter geradeaus; wo unser Wanderweg an den Waldrand stößt, führt er links abwärts, teils am Waldrand, teils durch den Wald selbst hindurch, bis wir unten auf den **Wohmbach** stoßen und diesen auf einer Brücke überschreiten. Hier treffen wir auf eine andere Markierung des Westerwald-Vereins. Es ist dies der Wanderweg, welcher von Schladern a. d. Sieg über das Dorf Leuscheid - den Waldkomplex der Leuscheid - Obereiper Mühle nach Mühleip führt und mit einem umgekehrten U gezeichnet ist.

Nach Überschreiten der Brücke halten wir uns rechts und gehen über eine kleine Waldstraße, gemeinsam mit dem anderen Wanderweg, ca. 1,2 km weit, bis unser Weg wieder nach links über den Wohmbach führt. Hier teilen sich diese beiden Wanderwege. Der unsere geht halb-links in einen Fichtenhochwald langsam bergan, bis wir nach ca. 1,0 km an einen breiten, befestigten Waldweg kommen, den wir überschreiten. Nun führt der Wanderweg ohne eine Wegtrasse quer durch den Wald, jedoch ist die Strecke so gut gezeichnet, daß der Wanderer sich nicht verlaufen kann. Zuerst geht es durch Buchenhochwald bis zu einem Querweg und nach dessen Überschreiten wieder durch Buchenwald bis an einen Fichtenhochwald; dann über einen bewachsenen Weg am Rand des Fichtenhochwaldes vorbei **bis zur Höhe.** Am Ende dieses Fichtenhochwaldes führt ein Fahrweg geradeaus leicht abfallend weiter. Den Weg gehen wir nicht, jedoch wollen wir hier einen Augenblick verweilen und die Fernsicht an dieser Stelle genießen.

Dann wenden wir uns nach links und gehen auf der Höhe über einen breiten, bewachsenen Weg bis zur nächsten Wegkreuzung und dann rechts ab zwischen Fichten- und Lärchenjungwald, bis wir am Ende dieses Weges auf einen breiteren und befestigten Weg stoßen, dem wir links ab bis zur nächsten Wegespinne folgen. Von links her kommt der Wanderweg 2, welcher von Eitorf nach Neuwied führt und der jetzt unseren Wanderweg auf ein gutes Stück begleitet. Von diesem Punkt sind es noch knapp 2,0 km bis zur **B 8.** Dort gehen wir links ab über die Straße und kommen nach ca. 200 m zu dem kleinen, aber netten **Gasthaus „Witthecke"**, einer früheren Schule, wo der Wanderer gut und preiswert Rast halten, aber auch übernachten kann.

Am Gasthof Witthecke gehen die beiden Wanderwege rechts von der Straße ab. Während der Wanderweg 2 über die kleine Straße ins Dorf hinein führt, geht unser Wanderweg hinter dem Haus über einen befestigten und später asphaltierten Weg bis zu einer kleinen Waldgruppe und verläuft von hier links abwärts über einen „Grünen-Plan-Weg" ins **Mehrbachtal** zum Dorf **Forstmehren.** Wir gehen geradeaus weiter, über die Mehrbachbrücke und gleich dahinter den ersten Weg links ab. Dieser führt zwischen Viehweiden hindurch, nach ca. 80 m den zweiten Weg links hoch, langsam bergan, an der nächsten Weggabelung rechts dem Waldrand auf der Höhe zu. Nun immer am Waldrand entlang, links haltend und um mehrere Ecken herum bis zum Ende dieses Waldstückes (Bank).

Wir folgen nun dem Feldweg geradeaus weiter bis zum gegenüberliegenden Waldrand, an dessen Ecke eine große Eiche mit Bank steht. Der Weg führt dann geradeaus am Waldrand vorbei nach **Weyerbusch** zu. An den ersten Häusern rechts ab durch die „Parkstraße" bis zur Landstraße. Diese überschreitend gehen wir ca. 30 m nach rechts und biegen dann links in einen Feldweg ein.

Bevor wir unsere Wanderung fortsetzen, soll der fremde Wanderer erst einmal ca. 200 m weit der Landstraße nach in den Ort hineingehen. Dort steht auf der linken Straßenseite das im Krieg zerstörte und dann wieder aufgebaute Gemeindebackhaus, im Westerwald gemeinhin als „dä Backes" bezeichnet. Dieses Gemeindebackhaus hat eine besondere Bedeutung, dann dadrinnen hatte Raiffeisen, der hier in Weyerbusch seine erste Bürgermeisterstelle innehatte, seine erste genossenschaftliche Gründung, den „Weyerbuscher Brodverein", ins Leben gerufen. Eine Gedenktafel am Backhaus, wie auch an dem daneben befindlichen Wohnhaus erinnert an diese erste Tat des später so berühmt gewordenen Westerwälders, dem man schon zu Lebzeiten den ehrenvollen Beinamen „Vater Raiffeisen" gab.

Doch nun zurück zu unserem Wanderweg. Er führt an der vorher bezeichneten Stelle links ab von der Straße, vorbei am Sportplatz und trifft im Tal auf die Straße, welche nach dem Dorf **Hilkhausen** führt. Wir lassen dieses Dorf jedoch rechts liegen und folgen links der kleinen Straße durch einen Hohlweg bis zum Waldrand. Hier biegt die Straße nach links ab, wir aber gehen geradeaus durch das Waldstück und erblicken am Ende des Waldes vor uns das Dorf **Birnbach**. (Links des Weges großes Kinderheim im Waldgebiet). Im Dorf, am Fuße des Kirchhügels, halten wir uns links und gehen über eine schmale Straße, vorbei am Friedhof zur Höhe, wo wir wieder auf die **B 8** stoßen. (Links am Straßenrand alter Meilenstein).

Wir überschreiten diese Landstraße, gehen über einen Feldweg bis zum Ende der ersten Viehweide und biegen dann nach rechts ab bis zur nächsten Waldecke. An diesem Waldrand entlang führt nun nach links ein schöner Weg mit einigen Birkengruppen und Bänken und Ausblick ins Scharfenbachtal. Wo der Wald zu Ende geht, bleiben wir auf diesem Weg und gehen in gleicher Richtung, bis wir nach einiger Zeit auf eine Straße stoßen. Wir überqueren diese und gehen nun auf dem zur Straße ausgebauten Feldweg in derselben Richtung wie vorher weiter, auf einen größeren Gebäudekomplex zu (Erholungsheim einer kirchlichen Gemeinschaft). An dem Parkplatz vor den Gebäuden gehen wir links ab in einen breiten Waldweg hinein, der auf der Karte als „**Alte Kohlenstraße**" ausgewiesen ist. Nach ca. 1,2 km eine Wegegabelung. Wir folgen dem Weg nach rechts bis zu einer Landstraße, überqueren diese und gehen auf der anderen Straßenseite, an einer Wegschranke vorbei, wieder in den Wald. Nach ca. 900 m wieder ein Kreuzweg. An dieser Wegspinne den zweiten Weg nach links, durch einen Fichtenwald, an dessen Ende wir am Waldrand an einen Sportplatz kommen. Nun geht es rechts am Waldrand vorbei, während wir nach links eine herrliche Fernsicht genießen können. Wir befinden uns hier an der Nordwestseite des **Beulskopfes**, ca. 470 m hoch, einer der schönsten Aussichtspunkte in diesem Teil des Westerwaldes.

Bei klarem Wetter sollte man hier die Wanderung für kurze Zeit unterbrechen und rund um den Beulskopf wandern. Während man von diesem Weg am Sportplatz eine herrliche Fernsicht übers Siegtal hinweg zum Oberbergischen Gebiet hat, blickt man von der südöstlichen Seite des Beulskopfes bis zum Hohen Westerwald. Leider ist es einer kleinen Zahl Heimatfreunde aus den umliegenden Ortschaften bis heute nicht gelungen, auf dem Beulskopf einen Aussichtsturm zu errichten, wie es schon seit Jahrzehnten geplant ist.

Doch wir wandern weiter. Unser Wanderweg trifft nach kurzer Strecke auf die Straße von Beul nach Birkenbeul. Wir folgen dieser bis zur nächsten Kurve und gehen dann über eine kleine Waldstraße geradeaus weiter, bis wir nach ca. 1,0 km auf ein weißes - K - stoßen, der Markierung unseres „Kölner Weges". Dieser Markierung folgt auch unser Wanderweg. Bald kommen wir an den Waldrand und sehen dann vor uns in der Talsenke das Dorf **Hilgenroth** mit seiner schönen Kirche liegen. Über Wiesen und Feldwege führt der Wanderweg zum Dorf hinab. An einer Kreuzung in der Dorfmitte gehen wir die Straße nach rechts nach, die nach dem Kloster Marienthal führt. (In Hilgenroth gibt es eine Anzahl guter Gasthöfe, wo man preiswert übernachten kann). Von Hilgenroth müssen wir nun ein kleines Stück über die Landstraße wandern, bis wir nach ca. 2,0 km zum **Kloster Marienthal** kommen. Marienthal ist ein alter Wallfahrtsort und liegt ganz abgeschieden in schöner Waldeinsamkeit. Der Ort besteht nur aus dem Kloster und einigen Gasthöfen und Hotels. Hier ist ein Haltepunkt der Bundesbahnstrecke Au/Sieg - Altenkirchen. Dieser Haltepunkt liegt hinter einem großen Fichtenwald so verborgen, daß man ihn erst suchen muß. Von hier ist auch an Wochenenden noch gute Bahnverbindung in den Kölner Raum und zum Niederrhein.

3. Kloster Marienthal - Hachenburg (22,5 km)

In Marienthal führt nun der Weg von der Bushaltestelle nach rechts, an der alten Klostermauer vorbei, leicht ansteigend durch schönen Waldbestand, vorerst gemeinsam mit den Wanderwegen K und 3. Nach kurzer Wegstrecke geht der 3er Weg rechts ab, wir gehen jedoch mit dem K-Weg geradeaus weiter, überqueren eine kleine Landstraße, gehen geradeaus weiter bis zum Ende des Waldes und sehen dann den kleinen Ort **Nassen** vor uns liegen. Wir durchwandern diesen, überqueren die Straße, die von Eichelhard nach Racksen führt, gehen zwischen freiem Feld nach dem Ort **Isert** und erreichen nach kurzer Zeit wieder die **B 8.** Wir überqueren dieselbe, gehen gleich nach rechts und dann in weitem Bogen nach links auf den nächsten Waldrand zu. Hier heißt es aufgepaßt, damit wir nicht den Eingang eines schmalen Fußpfades in den Wald verpassen, der ziemlich steil mit einigen Serpentinen zur **Nister** hinunterführt. Wir erreichen diese an einem Betonsteg, welcher uns zum gegenüberliegenden Ort **Alhausen** führt. Es sind nur wenige Häuser, die malerisch über dem rechten Uferrand der Nister liegen. Hier beginnt nun unsere Wanderung durch das schöne Nistertal, welches schon seit Jahrzehnten viele Naturfreunde anlockt und unter dem Namen „**Kroppacher Schweiz**" bekannt ist. Bis Hachenburg treffen wir in diesem Tal immer wieder auf zwei andere große Wanderwege des Westerwald-Vereins, den K-Weg (Kölner Weg) und den 4er Weg, welcher von Betzdorf nach Obernhof a. d. Lahn führt.

Unser Wanderweg wird nun schmal, führt teilweise am Steilhang vorbei und ist durch Drahtseile gesichert. Manchesmal wandern wir neben der Nister her, öfter jedoch über die begleitenden Berghänge, von wo aus wir immer wieder schöne Ausblicke in dieses liebliche Tal haben. Nach kurzer Zeit überqueren wir über der Ortschaft **Stein-Wingert** eine Straße und gehen jenseits derselben wieder durch schönen Wald weiter. Dort, wo wir eine tief eingeschnittene Senke umgangen haben, können wir einen Abstecher zur **Spitzley** unternehmen, einer Felspartie, von der wir einen schönen Ausblick auf die tief unter uns vorbei rauschende Nister haben. Auf der anderen Flußseite, in Wiesen eingebettet, die beiden kleinen Dörfer Stein und Wingert mit ihren schönen Fachwerkhäusern.

Doch wir müssen weiter. Nach kurzer Zeit stoßen wir auf die Landstraße, die von Kroppach nach Obermörsbach führt. Hier stehen zwei größere Gasthöfe nahe der Ortschaft **Ehrlich**. Dieses Dorf liegt ca. 500 m oberhalb dicht an der Nister. Über einen Fußgängersteg überqueren wir den Fluß, gehen auf der anderen Seite durch ein kleines Wäldchen hoch und über einen kurzen Feldweg, bis wir auf einen befestigten Weg treffen, dem wir nach links folgen. Nach kurzer Wegestrecke sind wir an der alten **Heimborner Brücke**, davor ein kleiner Parkplatz mit uralten Eichenbäumen. Wir lassen die Brücke links liegen, überqueren die Straße und wandern dann auf der linken Seite der Nister entlang talaufwärts, bis wir zu einem großen Campingplatz kommen. Hier treffen sich die **Große und die Kleine Nister.** Dies war früher eine der schönsten Stellen im Nistertal, wo Wanderer gerne Rast hielten. Doch wir wollen dem Getümmel aus dem Wege gehen, halten uns links,

überqueren die Große Nister auf einem Steg und gleich dahinter nochmals nach rechts über einen zweiten Steg die Kleine Nister. Nun wieder
links über einen schönen Waldweg und bald sind wir aus dem Getümmel heraus. Unser Weg führt rechts den Berghang hoch, vorbei am
Hartenberg, bis wir nach kurzer Zeit an den Rand des Hochwaldes
kommen. Hier ist es ruhig und still, der Blick schweift weit über die
Berghöhen und lädt den Wanderer zur Rast ein.
Dann geht es weiter über den Höhenweg, zwischen Jungwald und
Schonungen, bis wir an eine Straßenkreuzung auf einem Bergsattel
kommen. Wir gehen der Straße nach, die geradeaus zu den Ortschaften
Limbach und Streithausen führt und bleiben auf ihr bis zur nächsten
Kurve. Jetzt gehen wir rechts ab am Rand eines Fichtenhochwaldes
vorbei bis zum Waldende. Dann wieder rechts ab zum gegenüberliegenden Waldrand, an diesem nach links ein Stück entlang und weiter
auf schmalem Fußpfad hangabwärts. Der Fußpfad führt zur **„Hohen Ley"**,
wieder ein Felsmassiv, welches zur kurzen Rast einlädt und von dem
wir einen schönen Ausblick in den Talgrund und die umliegenden
Dörfer haben. Immer wieder erblicken wir in den verschiedenen Ortschaften schöne Fachwerkhäuser und merken so recht, um wieviel
schöner diese Ortschaften aussehen als die verstädterten Dörfer, die
so gar nicht in die Landschaft passen.
Von der Hohen Ley führt der Weg über einen schmalen Pfad den Berghang abwärts und stößt unten im Tal auf einen breiten Fahrweg, dem
wir nach links folgen. Wir wandern nun neben der Nister her, talaufwärts, bis wir nach ca. 2 km zum berühmtesten Ort an diesem schönen
Tag kommen, zum **Kloster Marienstatt.** Der Wanderweg führt durch die
Klosteranlagen, vorbei am Friedhof zum Haupteingang der Klosterkirche. Wir gehen vor der Kirche nach rechts durch eine Baumallee,
durch ein altes Torhaus und befinden uns dann auf einem großen
Platz vor der Klostergaststätte. Linker Hand, hinter weitläufigen Gartenanlagen, erblickt man das Kloster mit seiner schönen Fassade.
Der Wanderweg führt von der Gaststätte geradeaus weiter über eine
alte Steinbrücke und dahinter gleich wieder links durch schönen Waldbestand, erst unten im Tal und dann langsam ansteigend bis zum Waldrand. Hier scharf rechts ab, immer am Waldrand entlang bis an einen
breiten Fahrweg. Nun halten wir uns links, bleiben auf diesem breiten
Weg, der später asphaltiert ist und uns nach ca. 2 km zum Bahnhof
Hachenburg bringt.
In Hachenburg führt der Wanderweg um den Schloßberg herum, vorbei
am schönen **Schloßpark,** wo man, vom Eingang desselben nach links
schauend, nochmals einen herrlichen Blick ins Nistertal hat. Über die
Herborner Straße gehen wir am Schloßpark entlang, an dessen Ende
sich in einem stattlichen alten Gebäude das **Landschaftsmuseum des
Westerwald-Vereins** befindet. Ein Besuch lohnt sich.

4. Hachenburg - Fuchskaute (27,8 km)

An der nächsten Straßenkreuzung, fast am Ortsrand, gehen wir nach
rechts in die Straße **„Dehlinger Weg"** hinein und diese durch bis zum
Ende. Die Straße führt als schöner baumbestandener Weg weiter zu
dem kleinen Dorf **Dehlingen.** Wir bleiben auf diesem Weg, lassen einen
alten Judenfriedhof linker Hand und gehen an der nächsten Weggabelung geradeaus weiter auf den nächsten Waldrand zu, ein Stück durch
den Fichtenwald, am Ende desselben scharf links und gleich wieder
rechts und halten uns auf diesem Weg, der in weitem Bogen langsam
abfallend ins Nistertal führt. An einem kleinen Waldbach, dem Hirzbach,
stoßen wir auf die Eisenbahnlinie Limburg - Hachenburg - Altenkirchen,
unterschreiten den **Eisenbahnviadukt,** machen einen kleinen Schlenker
nach links und gehen nach wenigen Schritten wieder nach rechts über
eine Waldwiese, bis wir an einen Fahrweg kommen, der nach Überschreiten der Hirzbachbrücke in einen Grünen-Plan-Weg übergeht und
durch Wiesen bis zum Dorf **Korb** führt. Vorsicht beim Überqueren der
Autostraße!

Hinter der Autostraße über die Nisterbrücke und die zweite Straße rechts hinein bis zum Bahnhof. Kurz vor dem Bahnhof links ab in die Straße „Grenzweg", diese durch bis zum Ende und weiter über einen Feldweg bis zur Landstraße, die von Korb nach Unnau führt. Diese Straße überschreiten wir, gehen auf der anderen Straßenseite in der gleichen Richtung über einen Feldweg weiter und biegen am nächsten Weg, gleich hinter einer Viehweide, nach rechts ab. Wir gehen diesen Weg, langsam ansteigend, auf das vor uns liegende Dorf **Stangenrod** zu. Nun geht es wieder nach links und wir folgen dieser Straße bis zum Ortsende.

Hinter den letzten Häusern gehen wir einen Feldweg rechts hinein bis zur Höhe. Nach Durchschreiten eines Viehgatters kommen wir auf einen breiten steinigen Weg, der weiter zur Höhe führt. Hier sind wir auf der **„Bölsberger Viehweide"**, die heute leider nicht mehr genutzt wird. Ein typisches Westerwälder Landschaftsbild! Weite Wiesenflächen, durchsetzt mit mächtigen Basaltsteinen oder Haufen zusammengetragener Steine. Uralte, vom Wind zerzauste Bäume, unter denen früher das Vieh im heißen Sommer Schatten suchte. Dazu einen herrlichen Rundblick über die weite Westerwälder Landschaft. Es ist sehr schade, daß heute hier nicht mehr die großen und zahlreichen Rinderherden anzutreffen sind, welche früher diese Landschaft mitprägten. Oben auf dem Höhenrücken geht der Weg in den großen und gut gepflegten Marienberger Wald hinein zum **„Großen Wolfstein"**, ein Naturdenkmal ganz besonderer Art. Auch in diesen Wäldern ist es heute recht still geworden. Verschiedene Braunkohlengruben und Basaltbrüche, die gerade in diesem Waldgebiet früher in Betrieb waren, sind schon vor vielen Jahren eingegangen, und der Wald hat sein grünes Kleid über die Trümmerstätten und Abraumhalden gezogen. Vom Großen Wolfstein sind wir dann bald in dem kleinen schmucken Kurort **Bad Marienberg.** Von Bad Marienberg aus führt uns der Wanderweg hinter der weithin sichtbaren ev. Kirche durch über einen asphaltierten Weg durch das Tal der **„Schwarzen Nister"**. Erst durch breite Wiesenflächen, dann verengt sich das Tal immer mehr und führt den Wanderer nach kurzer Zeit in einen riesigen, heute aber stillgelegten Basaltbruch der **„Bacher Ley"**. Es lohnt sich, hier einmal kurz die Wanderung zu unterbrechen und sich die Aufschlüsse dieses riesigen Basaltfeldes anzusehen. Doch wir müssen weiter. Durch hohe Steinwände führt der Weg weiter nisteraufwärts, nun durch Wald, bis wir am Ende desselben zum Dorf Bach kommen, welches mit dem nächsten Dorf Pfuhl zur Gemeinde **Nisterau** zusammengeschlossen wurde.

Wir gehen durch den Ort Bach, über die Kreuzung hinweg, geradeaus weiter und biegen fast am Ende des Dorfes nach links in die neue Straße „Waldweg" ein. Auf dieser Straße laufen wir bis zum Ende und weiter bis zu einer Viehweide, wo der Weg nach rechts und am Hochspannungsmast gleich wieder nach links abbiegt. Nun sind wir gleich im Wald am **„Hölzerstein"**, durchqueren dieses Waldstück und stoßen dann auf die **B 414**. Auffallend in diesem kleinen Waldbereich ist die ungeheure Anzahl größerer oder kleinerer Basaltsteine, die den ganzen Waldboden bedecken.

Nun müssen wir ein Stück Landstraße gehen, aber nicht weit. Wo sie einen Knick nach rechts macht, gehen wir geradeaus über eine kleine, nicht befahrene Straße zum Dorf **Hof.** Im Dorf durch bis zur Hauptstraße, dann links und immer der Hauptstraße folgend bis zum Dorfende. Dabei führt uns der Weg noch einmal über die Schwarze Nister, welche diesen Namen bekommen hat, weil ihr Wasser eine sehr dunkle, oftmals schwarze Farbe hat, was von den vielen Braunkohlenflözen herrührt, die sie auf ihrem Laufe berührt. Gleich an der **Nisterbrücke** steht eine alte Westerwälder Kirche, deren Turmspitze sich nur wenig über den Dachfirst des Kirchendaches erhebt, damit sie bei den oft schweren Herbst- und Winterstürmen keinen Schaden erleidet.

Kurz vor dem Ortsrand befindet sich auf der rechten Straßenseite eine kleine, aber sehr gute Konditorei, eine Seltenheit auf dem Hohen

Westerwald, wo der Wanderer einmal gute und erfrischende Rast halten kann. Hinter dem Ort führt der Wanderweg gleich rechts ab über einen Wiesenweg bis zu einem Wasserhochbehälter und hinter diesem links ab bis zur Straße. Diese Straße ist die **alte Leipziger Straße**, auf welcher die Kaufleute aus den Niederlanden und vom Niederrhein früher mit ihren Fuhrwerken zur Leipziger Messe fuhren. Sie ist noch eine der wenigen Straßen mit schönem alten Baumbestand. Kurz vorher geht unser Wanderweg über einen Wiesenpfad, parallel zur Straße in Richtung Salzburg, und nach ca. 400 m links ab. Wir überschreiten die kleine Straße nach Salzburg und gehen zu dem kleinen Waldstück am **Galgenberg** hoch. Linker Hand am Waldrand das Ehrenmal des Westerwald-Vereins mit einem kleinen Rastplatz. Hier sollte der Wanderer einige Minuten verweilen und die herrliche Aussicht genießen. An dieser Stelle, wie auch am Salzburger Kopf, hat man die schönste und umfassendste Fernsicht, die man sich auf dem Hohen Westerwald wünschen kann.

Der Weg führt weiter durch den Fichtenwald bis zum Waldrand, dann rechts ab am Waldrand entlang, wo man einen weiten Blick in nördlicher Richtung zum Stegskopf hat, bis zur Straße von Stein nach Salzburg. Dieser Straße folgen wir abwärts bis zum Dorf **Salzburg.** In der Dorfmitte wieder nach links und am Ortsrand entlang zum Salzburger Kopf hoch. Dort steht, schon von weitem sichtbar eine riesiges Eisengestänge, welches nicht gerade zur Verschönerung der Landschaft beiträgt, dem Wanderer jedoch einen guten Orientierungspunkt bietet. Immer wieder muß man hier den Blick rundum in die Ferne schweifen lassen, um die herbe Schönheit dieser Landschaft in sich aufnehmen zu können.

An der Ostseite des Salzburger Kopfes kommen wir an einen Skilift und gehen neben demselben, am Rand eines Fichtenwaldes entlang, zur **B 54,** überschreiten diese und wandern erst wieder durch Wald, dann über einen asphaltierten Feldweg zu dem Dorf **Bretthausen.** Nun geht es ein kurzes Stück über die Landstraße in Richtung **Willingen,** und am Ende einer Viehweide steigen wir nach links über einen Wiesenweg zu einem kleinen Fichtenwäldchen auf der Berghöhe an. Diese kleinen Fichtenwaldflächen sind nicht natürlichen Ursprungs, sondern wurden seit Mitte des vorigen Jh. von der damaligen nassauischen Regierung nach einem Generalbebauungsplan angelegt, um die Straßen und Dörfer des Hohen Westerwaldes vor den mächtigen Stürmen im Spätherbst und Winter und den damit verbundenen Schneeverwehungen, die oft die kleinen Dörfer völlig zudeckten, in etwa zu schützen.

Nun führt der Wanderweg teils durch die kleinen Fichtenwäldchen, teils über Wiesen und Felder, die immer wieder überraschende Fernsichten bescheren, in östlicher Richtung zur **Fuchskaute,** der höchsten Erhebung im Westerwald. Leider mußte der früher hier stehende Aussichtsturm einer Funkstelle weichen, so daß der Wanderer von hier aus, durch Wald gehindert, keine Fernsicht mehr genießen kann. (Hier Gasthaus und Übernachtungsgelegenheit).

5. Fuchskaute - Herborn (20 km)

An der Funkstelle verläuft der Wanderweg ein kleines Stück nach rechts, macht dann kurz danach einen Bogen nach links und läuft auf den nächsten Waldrand zu. Wir überschreiten hier die Grenze zwischen Rheinland-Pfalz und Hessen. In nordöstlicher Richtung führt der Weg zwischen Wäldern und Viehweiden hindurch in Richtung **Rabenscheid,** wo wir in der Nähe von Punkt 590 auf die Straße von Weißenberg nach Rabenscheid stoßen. Nun geht es wieder ein Stück über die Straße, und an der nächsten Straßenkreuzung geradeaus weiter in den Ort Rabenscheid hinein, durch den Ort und am anderen Ende links zur **Fischbachs Mühle** hin. Hier überschreiten wir den **Aubach,** gehen über eine Viehweide zur Höhe, zwischen Fichtenbestand hindurch, bis der breiter gewordene Weg an einen Wald stößt. Am Waldrand entlang hangabwärts kommen wir nach kurzer Zeit an den Ortsrand von **Breit-**

scheid. Auf diesem Weg können wir immer wieder schöne, große, einzeln stehende Bäume bewundern, wie diese typisch für die Viehweiden des Hohen Westerwaldes sind (Hutebuchen).

Das Dorf **Breitscheid,** welches wir jetzt durchwandern, war bis vor wenigen Jahren ein bekanntes Töpferdorf, was auf den hier befindlichen großen Tonvorkommen beruhte. Seit der Jahrhundertwende gibt es hier auch einen Fabrikbetrieb, in welchem die Tonvorkommen industriell genutzt werden.

Der Wanderweg führt durch die Dorfmitte und dann ein Stück über die Landstraße nach **Erdbach.** Am Ortsausgang von Breitscheid, rechts der Straße, befindet sich in einer Wiesensenke ein für unsere Landschaft seltenes Naturdenkmal. Der Erdbach, der im Dorf seinen Ursprung hat, versickert hier im Erdbereich und kommt nach ca. 1,5 km unterirdischem Lauf, unterhalb der Erdbachschlucht, wieder zum Vorschein. Die Gegend um Erdbach bietet für den Geologen wie auch für den Vorgeschichtsforscher manches Interessante. In verschiedenen Höhlen wurden wichtige Funde aus der Erd- und Menschheitsgeschichte gemacht. Der Wanderer sollte sich ein wenig Zeit nehmen und im Dorfe Erdbach das im früheren Schulhaus eingerichtete Museum aufsuchen.

Von Erdbach führt der Wanderweg nun links der Bahnstrecke durch das Erdbachtal bis zu dem kleinen Seitental des **Goldbaches.** Hier überschreiten wir das Bahngleis und gehen ca. 200 m nach links über den Bahnkörper, bis zum Km-Stein 6,5. Nun gehen wir einige Schritte nach rechts den Berghang hoch und stoßen hier auf einen Waldweg, der uns zum Haltepunkt **Amdorf** führt.

Vom Bundesbahn-Haltepunkt Amdorf geht es nun nach links auf die neue Straße zu, die Straße ca. 200 m aufwärts bis zu dem Durchbruch des Höhenrückens und vor dem Höhenrücken den Fahrweg nach links hoch. Wir halten uns am rechten Waldrand, gehen diesen entlang bis zum Ende der großen Wiesenfläche auf der linken Seite und dann kurz vor dem Ende der Wiese halblinks zur unteren Waldecke. Auf einem schmalen Pfad durch den Waldrand stoßen wir gleich auf einen breiten Waldweg, der uns geradeaus nach kurzer Zeit an den Stadtrand von **Herborn** bringt.

Wanderer, welche diesen Weg in Herborn beginnen wollen, gehen vom Bahnhof geradeaus in Richtung Innenstadt (Bahnhofstraße) bis zur Dillbrücke. Nach Überqueren der Dillbrücke findet man in einem Schaukasten einen Stadtplan mit den eingezeichneten Wanderwegen. Gleich hinter der Brücke rechts ab durch eine parkähnliche Anlage bis zur oberen Dillbrücke an der Oranierstraße. Links in die Oranierstraße hinein und an der nächsten Kreuzung geradeaus in die Kallenbachstraße. Am Ende derselben geradeaus weiter durch den Uckersdorfer Weg, der weiter oben über die Autobahn führt. Da ist man dann gleich auf dem gewünschten Wanderweg I.

HAUPTWANDERWEG II

Linz- Flammersfeld - Herschbach - Westerburg - Rennerod - Greifenstein - Katzenfurt

1. Linz Bf. - Straßenkreuzung Notscheid (8,3 km)

Vom Bahnhof oder von der Dampferanlegestelle Linz aus sollte der Wanderer seinen Weg durch die Stadt nehmen, damit er zu Beginn der Wanderung einen Höhepunkt erlebt. Er wird am Rhein kaum einen zweiten Ort finden, der solch ein geschlossenes mittelalterliches Stadtbild bietet wie Linz am Rhein.

Daher gehe der Wanderer zum Burgplatz, dem untersten Platz in Linz, gleich hinter dem Bahnviadukt und in der Nähe des Rheins. Hier kann man an einem alten Fachwerkhaus noch eine Haustüre im 1. Obergeschoß sehen, von wo die Bewohner bei Hochwasser in die Kähne einsteigen, die innerhalb der Stadt dann den Verkehr aufrechterhalten.

Nun geht man die Rheinstraße hoch, eine enge, ansteigende Straße mit schönen Fachwerk- und Geschäftshäusern auf beiden Seiten. An ihrem Ende kommt man an den früheren Marktplatz mit dem Rathaus, heute Kastenholz-Platz geheißen, zum Buttermarkt und dann die Neustraße aufwärts zum Neutor, einem mächtigen alten Stadttor, das mit der beiderseitigen Stadtmauer (jetzt nur noch an der rechten Seite vorhanden) die Stadt an ihrer oberen Seite abschloß.

Nach dem Durchschreiten des Neutores befinden wir uns auf der Asbacher Straße, und hier beginnt unser Wanderweg. Ca. 1,5 km müssen wir durch die Asbacher Straße gehen, bis wir an der **Sterner Hütte** die Stadtgrenze und damit auch den Wald erreichen. Hier gabelt sich die Straße; wir gehen in die linke Richtung, die nach Vettelschoß führt. Nach knapp 100 m geht es rechts über einen Fahrweg zwischen einem Betriebsgelände und dem Renneberger Bach ins Tal hinein. Gleich hinter dem Betriebsgelände der BAG (Basalt Aktien Gesellschaft) sind wir im Schloßpark des Freiherrn von Renneberg, dessen einfaches, aber schönes Schloß von links herübergrüßt. Am Ende des Schloßparks treffen wir auf einen alleinstehenden Bauernhof (Petershof), lassen diesen rechts liegen und überschreiten nach kurzer Wegstrecke einen von links kommenden kleinen Bach, den Losbach. Knapp 100 m weiter gabelt sich der Weg. Wir gehen nach links in einen etwas düsteren Hohlweg und sind am Ende dieser Wegstrecke im Losbachtal, das sich hier erweitert. An der nächsten Weggabelung nehmen wir den mittleren Weg, der langsam zur Höhe führt. Nach ca. 300 m biegen wir in einen neuen Weg ein, der scharf nach rechts und weiter aufwärts führt.

Nach der nächsten Rechtskurve benutzen wir im Berghang links einen etwas verwachsenen Waldweg, der nun stärker ansteigend zur Höhe führt. Am Waldrand oben sehen wir vor uns auf einer bewaldeten Kuppe die Ruine der früheren Burg Renneberg. Linker Hand erblicken wir die Bergkuppe des Minderberges und rechter Hand die kläglichen Überreste des früher so markanten Hummelsberges.

Wir gehen nun durch ein Gatter und geradeaus über Wiesen auf eine größere Baumgruppe zu. Unter den Bäumen liegt versteckt ein verfallener Wirtschaftshof, Renneberg I. Von dort aus haben wir einen sehr schönen Rückblick ins Rhein- und Ahrtal mit der markanten Kuppe der Landskrone im Hintergrund. Wo hinter den großen Bäumen ein Feldweg beginnt, wenden wir uns nach rechts und steigen über einen Waldweg zum Scheitelpunkt des Höhenrückens an. Rechts führt ein schmaler Pfad zur Burgruine, deren Besuch sich aber nicht lohnt. Wir bleiben auf dem Weg, der uns durch ein Wäldchen mit reichem Ilexbestand führt. Am Waldesrand rechts ein großes Holzkreuz ohne Inschrift. Auf dem Höhenrücken, rechts am Horizont, der weithin sichtbare Wasserturm von St. Katharinen.

Nach kurzer Zeit führt unser Wanderweg wieder an einem einzeln stehenden Fachwerkhaus vorbei, einem früheren Bauernhof, der jetzt anderen Zwecken dient. Es ist dies, wie das Schild am Hause besagt, ,,Alt Renneberg II''. Der Weg führt durch Wald, später durch Felder, geradeaus, bis zur Landstraße von St. Katharinen nach Kretzhaus. Rechts der Kreuzung das kleine Dorf **Notscheid.**

2. Straßenkreuzung Notscheid - Brücke Kodden (8,5 km)

Nun gehen wir nach rechts ca. 150 m über die Landstraße und dann wieder links in einen Feldweg, der uns über eine Brücke führt, welche die frühere Bahntrasse von Linz nach Altenkirchen überspannt; dann ca. 600 m am Waldrand entlang, bis zur Landstraße Notscheid - Vettelschoß. Auf dieser geht es ca. 30 m nach rechts und hinter dem früheren Bahndamm, der noch gut zu erkennen ist, nach links auf einen asphaltierten Weg, der zum Glück nicht lange anhält. Nach ca. 500 m eine Weggabelung, deren rechter Arm uns ins Tal führt. Nach ca. 800 m Wegstrecke kommen wir an eine kleine Schutzhütte und nach weiteren 700 m wieder an eine Wegkreuzung. Wir halten uns rechts, überschreiten einen kleinen Bach und wenden uns dann gleich wieder nach links. Nun verläuft unser Wanderweg auf der rechten Seite des Seelbaches, parallel zu unserem ersten Wanderweg auf der anderen Seite.

Dort, wo das Tal sich weitet und die Wege wieder einmal von hüben nach drüben wechseln, bleiben wir auf der rechten Talseite, gehen entlang einer

Viehweide und sehen bald die ersten Häuser von **Ober- und Mittelelsaff** vor uns.Der Wanderweg führt durch diesen kleinen Weiler und hinter demselben am Berghang entlang zur.Höhe. Je höher wir steigen, um so schöner wird die umgebende Landschaft. Hier im Asbacher Land hat der Westerwald ein anderes Gesicht; in weiter Runde erblickt man eine große Anzahl kleinster Dörfer, in denen man die Bauernhäuser an den Fingern einer Hand abzählen kann. Sie liegen verstreut auf den Höhen und an den Berghängen, getrennt durch kleinere oder größere Taleinschnitte, und mittendurch verläuft die Autobahn Köln-Frankfurt.

Der Weg bringt uns weiter zur Höhe, wo wir neben einem kleinen Industriebetrieb auf die Straße von St. Katharinen nach Wiedmühle im Wiedtal stoßen. Hier haben wir einen besonders schönen Rundblick: nach rechts über das Wiedtal hinweg bis zum Hohen Westerwald und nach links über das Pfaffen- und Hallerbachtal bis zum Siebengebirge.

Wir biegen auf der Straße nach links ab bis an die ersten Häuser des Weilers **Rotterheide**. Hier geht es gleich wieder links ab bis zum Ortsrand und dann über Wiesen- und Feldwege, an einer Viehweide entlang, auf den Wald zu. Am Waldrand wieder rechts, immer an diesem entlang, auch um einige Ecken herum, bis an einen Wiesenweg, der nach rechts in Richtung Straße führt. Vor uns die Helmspitze des Bergfrieds der Burg Altenwied, kommen wir nun an den Ortsrand des Dorfes **Wied**, gehen auf der Dorfstraße nach rechts bis auf die Landstraße und dann links die Straße abwärts bis zum Aufgang zur Burg. Kurz vor dem Burgweg, vor einer mächtigen Eiche, führt rechts durch den bewaldeten Berghang ein schmaler Fußpfad abwärts, der uns auf die Talstraße im Wiedtal bringt. Wir überschreiten die Straße und können nun durch die Uferwiesen, am Feldrain entlang, zum Wiedufer gehen, wo wir über einen Feldweg nach kurzer Wegstrecke an die Brücke zu dem gegenüberliegenden Dorf **Kodden** kommen.

3. Brücke Kodden - Kloster Ehrenstein (7,8 km)

Wir gehen über die Brücke und dann die Fahrstraße ins Dorf hinein auf ein nettes Fachwerkhaus zu, wo zwei Fichten am Straßenrand stehen. Hier biegen wir links ab zu einem weiteren Fachwerkhaus und nun halbrechts über einen asphaltierten Weg, etwas ansteigend und zwischen Feldern und Wiesen hindurch, bis zu einer Straßenkreuzung auf der Höhe. Links liegt der kleine Ort Paffhausen und vor uns Ammerich. Wir gehen durch **Ammerich,** gleich dahinter über eine Autobahnbrücke und kommen nach einer Rechtskurve zu dem Weiler **Jungfernhof.**

Wir können nun über die Straße von Jungfernhof zum Bertenauer Kopf gehen. Wer aber Feld- und Wiesenwege bevorzugt, auch wenn diese etwas schmutzig sind, geht in Jungfernhof am ersten Haus links ab die Straße ,,Jungfernweg''. Diese Straße geht bald in einen Wiesenweg über, der geradeaus ca. 100 m hangabwärts zu einem Querweg führt. Hier gehen wir rechts ab; links unter uns kleine Fischweiher, und hinter diesen Weihern, an der nächsten Wegspinne, scharf nach links. Nun sind wir auf einem Wiesenweg, der sich zwischen Viehweiden hindurch nach rechts am Hang entlang auf den **Bertenauer Kopf** führt.

Am Ende der eingezäunten Viehweiden, wo der Weg nach links talabwärts führt, gehen wir nach rechts den Wiesenhang hoch bis unterhalb der Landstraße nach Neustadt. Wo unser Weg an die Straßenböschung stößt, gehen wir links ab,immer etwas unterhalb, jedoch parallel zur Straße. Nach ca. 150 m erreichen wir einen Feldweg, der nach rechts zur Straße hochführt. Diesem folgen wir, gehen auf der Straße nochmals 150 m abwärts, wo wir auf der rechten Straßenseite einen Fahrweg finden, der in den Wald führt und dem wir dann folgen. Nach ca. 200 m der Gittermast eines Fernsehumsetzers, links davon führt ein Fußpfad hangaufwärts. Am Scheitelpunkt des Pfades zweigt rechts ein Pfad ab, der zum Gipfel des Bertenauer Kopfes führt. Diesem sollten wir folgen, dort oben etwas rasten und die schöne Aussicht genießen. (Früher stand auf dieser Berghöhe ein optischer Telegraf, der Berlin mit Koblenz in der Nachrichtenübermittlung verband.) Dann wenden wir uns wieder bergab und kommen unten am Waldrand auf einen Feldweg, dem wir nach links folgen bis zu einem Fahrweg. Am Waldrand haben wir einen herrlichen Ausblick über das Wiedtal

und über die Höhen des Mehrbachtales. Genau vor uns sehen wir die
Helmspitze des Bergfriedes von Burg Ehrenstein.
Auf dem Fahrweg geht es links ab. Hier stoßen wir auf die Wegmarkierung
unseres K-Weges (Kölner Weg). Wir gehen bis zur Straße, dann scharf rechts
einen Wiesenweg abwärts bis zu dem Dorf **Eilenberg.** Hier trennen wir uns von
dem K-Weg, der nach links führt; wir gehen nach rechts, durch den Ort und
danach zwischen Wiesen, später durch Wald, in großen Kurven ins Wiedtal hinunter. Kurz vor der Wied erreichen wir einen befestigten Querweg, die frühere
Bahntrasse der Bahnstrecke Linz - Altenkirchen, auf die wir schon zu Anfang
unserer Wanderung trafen. Wir überschreiten diesen Querweg, gehen
zwischen den letzten Bäumen hindurch und sehen dann in den Uferwiesen
einen stabilen Fußgängersteg, über den wir die Wied auch bei Hochwasser
überschreiten können.
Auf dem anderen Ufer haben wir gleich das Mehrbachtal vor uns und erkennen
im Hintergrund das Kloster Ehrenstein oder (genauer:) das Kreuzherrenkloster
Liebfrauenthal Ehrenstein.
Übernachtungsgelegenheit in Jungfernhof oder Bertenau, auf jeden Fall aber
im BAB-Rasthaus Ferntal, 1 km von Jungfernhof entfernt.

4. Kloster Ehrenstein - Flammersfeld (8,7 km)

Unser Wanderweg ist seit dem Wiedübergang wieder einmal mit dem K-Weg
zusammengetroffen. Beide Wege führen kurz vor der Kirche nach links durch
einen Bergsattel. Gleich dahinter geht es dann rechts ab, hinunter zum Ufer des
Mehrbaches, der hier Grenzbach zwischen den Kreisen Altenkirchen und Neuwied ist. Am Ufer gehen wir nach links über einen schmalen Pfad bachaufwärts
und kommen nach kurzer Zeit an eine Fußgängerbrücke, die der
Westerwald-Verein aus eigenen Mitteln unter tatkräftiger Hilfe des Techn.
Hilfswerkes vor einigen Jahren erbaute. Wir überschreiten diese Brücke und
gehen nach links durch einen schlechten Hohlweg zur Höhe. In halber Bergeshöhe kommen wir auf einen befestigten Waldweg. Während der K-Weg
geradeaus durch das Dickicht weiterführt, gehen wir halbrechts und bleiben
auf diesem Fahrweg, in den nach kurzer Wegstrecke der K-Weg von links kommend, wieder einmündet. Nach ca. 800 m, von dem Punkt aus, wo wir auf diesen
Fahrweg stießen, kommen wir an eine Wegspinne. Der K-Weg geht wieder
geradeaus, wir aber bleiben auf unserem Weg, der nach links am Berghang
entlangführt und erreichen nach weiteren 1,2 km den kleinen Weiler **Heckenhahn** (vier Häuser). Wir lassen den Ort links liegen und gehen geradeaus auf
den Waldrand zu. Ca. 600 m hinter Heckenhahn im Wald ein Wegedreieck; wir
folgen unserem befestigten, hier beschotterten Weg noch ca. 80 m nach links
und gehen dann rechts ab über alte, schlechte Wege, die ca. 1 km weit über den
Höhenrücken führen. Dann kreuzen wir wieder einen befestigten breiten
Waldweg, dem wir nach rechts bis zum nahen Waldrand folgen. Dort
schwenken wir links ab und gehen nun, immer am Waldrand entlang, mit
herrlicher Fernsicht über die Höhen des Westerwaldes hinweg, bis wir nach ca.
900 m kurz vor der Landstraße auf einen nach rechts abgehenden
,,Grünen-Plan-Weg" stoßen. Diesem Weg gehen wir nach und sind dann bald
an dem kleinen Dorf **Rott.** Mitten im Dorf ist ein schöner Dorfanger mit z. T. uraltem Eichenbestand. Von Rott aus führt dann ein Fußweg, am Dorfanger
vorbei und nachher durch Wald, nach ca. 1,2 km nach **Flammersfeld.**
Anmerkung: Der restliche Streckenwanderweg ist z. Zt. nur vollkommen
markiert und muß teilweise neue Streckenführungen erhalten. Die nachfolgenden, bereits aus dem Jahre 1954 stammenden Beschreibungen sind
daher nur unter Vorbehalt zu folgen.

2. Flammersfeld - Steimel - Herschbach (21 km)

Von Flammersfeld nach **Seelbach,** die Wiedbrücke wieder überschreiten,
dann teils auf Feld- und Waldwegen nach **Niederwambach** und weiter
nach dem Luftkurort **Steimel.** Alsdann über **Hilgert,** teilweise Feld- und
Waldwege, nach **Roßbach** (ehemalige Vogtei; die Kirche ist eine romanische Pfeilerbasilika), dann auf guter Straße über **Freirachdorf** nach
Herschbach.

3. Herschbach - Westerwälder Seenplatte - Westerburg (19,9 km)

Hinter dem Ort von der Straße rechts ab nach **Hartenfels** (der alte Bergfried führt den bezeichnenden Namen „Schmanddippe"), dann über Steinen der Landstraße folgen zur Westerwälder Seenplatte. Am Brinkenweiher vorbei hinab nach **Freilingen** und auf der Landstraße weiter nach **Wölferlingen** und **Rothenbach.** Brandscheid rechts liegen lassend, durch den Gaiswald in östlicher Richtung bis zur Landstraße Langenhahn - Westerburg und auf ihr zum idyllisch gelegenen **Westerburg.**

4. Westerburg - Rennerod - Knoten - Beilstein (26,7 km)

Der Weg führt zuerst über den Haeßel (464 m) durch Wald zum Schornberg und **Secker Weiher,** dann in östlicher Richtung weiter nach **Rennerod.** Über die Höhe 557 und 555 zur **Krombach-Talsperre,** anschließend durch kleine Waldparzellen in südlicher Richtung zum **Knoten.** Von hier über **Odersberg** auf der Landstraße nach **Beilstein** mit alter Burgruine und Zehntscheuer.

5. Beilstein - Greifenstein - Katzenfurt (12,3 km)

Über die Beilsteiner Lay am Waldrand entlang nach **Greifenstein,** dann über den Waldhof und die Dörfer **Elkershausen** und **Greifenthal** (Hugenottensiedlung) nach **Katzenfurt** im Dilltal.

HAUPTWANDERWEG III

Neuwied - Isenburg - Ransbach-Baumbach - Vielbach - Meudt - Wallmerod - Dornburg - Mengerskirchen - Odersbach - Ulmtal - Wetzlar

Bearbeiter: Otto Krämer (Neuwied - Vielbach und Wilsenroth - Wetzlar) sowie Walter Meisel (Vielbach - Wilsenroth)

Dieser Hauptwanderweg beginnt in Neuwied am Hauptbahnhof, die Wegmarkierung im Ortsteil Weis am Marktplatz.
Der Wanderer benutzt am besten die Buslinie 1 (Neuwied - Engers - Gladbach) oder die Buslinie 7 (Neuwied - Heimbach-Weis - Bendorf), beide bis zur Haltestelle Weis, Marktplatz. Diese Busse fahren vor dem Bahnhof in Neuwied auf der gegenüberliegenden Straßenseite ab.

1. Abschnitt: Neuwied (Weis, Marktplatz) - Caan (13 km)

Vom **Marktplatz in Weis** gehen wir durch die Waldstraße bis zum Ortsende. Hier liegt vor dem Wald ein sehr großer und schöner **Privat-Zoo** mit sehenswertem Wildbestand.
Wir gehen am Zoo entlang, halten uns an der ersten Weggabelung rechts und steigen die schmale betonierte Straße aufwärts bis zur Höhe. Hier queren wir geradeaus eine Weggabelung und gehen dann nach links über einen Waldweg am Berghang entlang. Der schöne Buchenhochwald war hier gerodet worden, um den in diesem Gelände liegenden Bims ausbeuten zu können. Nachdem diese Ausbeute abgeschlossen ist, hat die Forstverwaltung einen Mischwald wieder aufgeforstet. (Pappel- und Ahornbäume, Lärchen und Jungbuchen.)

Nachdem wir einen kleinen Bach überschritten haben (Hüttenbach), steigt der Weg langsam an und führt wieder durch Hochwald. Bald stoßen wir auf die Schneise einer Hochspannungsleitung. Dort wo rechts, am Abfall zum Sayntal, ein Betonmast steht, hat man einen schönen Blick über das Sayntal hinweg zu einer gegenüberliegenden Berghöhe. Hier erblickt man ein kleines Jagdschloß, welches dem Gründer der Kruppwerke in Essen, Alfred Krupp, gehörte.
Ca. 200 m hinter dem Hochspannungsmast führt nun rechts ein schmaler, steiler Fußpfad abwärts und wir stehen nach kurzer Wegstrecke vor der **Ruine Hausenborn.** Es ist dies eine frühere Kirche des Dorfes Isenburg, welches tief unten im Sayntal liegt. Nachdem diese Kirche jahrhundertelang verfiel und nicht mehr benutzt wurde, finden sich seit dem letzten Krieg wieder manche Wallfahrer hier ein, die diesen stillen und abgelegenen Ort für ihre Andacht aufsuchen.
Unser Weg führt weiter bergab, bis wir unten im Tal auf das vorge-

nannte **Isenburg** stoßen. Heute ein schöner, staatlich anerkannter Luftkurort, war es früher ein ärmliches Gemeinwesen, wo die männlichen
Einwohner oft weite Wegstrecken bis zu ihren Arbeitsstätten in Sayn
oder Engers zurücklegen mußten, wenn sie nicht im Dorf sich mit
anderen zusammentaten, um gemeinsam eine Nagelschmiede zu betreiben.

Wenn wir unten im Tal auf die Landstraße stoßen, gehen wir ca. 400 m
talaufwärts und über die zweite Brücke. Hier führt eine kleine Straße
durch einen Taleinschnitt aufwärts. Am Ende, wo die Straße sich gabelt,
halten wir uns nach links und gehen die Straße bis zum Ortsrand. Im
Wald ist diese Kreisstraße nur noch ein steiniger und holperiger Weg,
welcher uns durch den Wald auf die Höhe zum Dorfe **Caan** bringt.

2. Abschnitt: Caan - Vielbach (17 km)

Vom Ortsrand **Caan** nach **Nauort** stoßen wir nach ca. 300 m auf ein
Sägewerk. Hier links ab in Richtung auf einen Neubauernhof. Kurz vor
dem Hof scharf rechts und auf diesen Weg ca. 1,2 km weit immer
geradeaus. Ein kleines Waldstück links lassen wir liegen. Danach ein
zweites Waldstück, wo wir in einer kleinen Senke, gleich vor einem
Grenzstein, nach links in den Wald hineingehen. Ein schmaler Waldweg,
dem wir immer geradeaus folgen bis zu einem kleinen Wiesenbach.
Diesen überqueren wir und steigen auf der anderen Hangseite langsam
durch Hochwald bis zum Waldrand hoch. Vor uns sehen wir das Dorf
Sessenbach (3,0 km). Am ersten Haus scharf rechts ab zu einem Transformatorenhaus an der Straße.

Wir überqueren die Straße, gehen ca. 20 m nach rechts bis zum Waldrand und dann am Rand eines herrlichen Hochwaldes entlang bis zum
Ende dieses Waldes (1,5 km). Linker Hand über die freie Feldfläche
hinweg ein wunderbarer Weitblick über die Höhen des Westerwaldes.
Am Ende des Waldstücks gehen wir scharf links ab über einen Feldweg,
entlang eines Hochspannungsmastes zur Straße und folgen dieser bis
zum nahen Dorf **Wirscheid** (2,5 km).

Der Weg führt durch das Dorf hindurch, auf der Hauptstraße bis zu
ihrem Ende und hier rechts ab in die Ringstraße. Diese geht in einen
Feldweg über, dem wir geradeaus bis zum Waldrand folgen. Weiter
gerade in den Wald hinein, durch ein Fichtenstück, dahinter Laubwald,
wo unser schmaler Waldweg auf einen breit ausgebauten Waldweg
stößt. Hier wieder rechts ab, und nach wenigen Schritten sind wir an
der Straße Nauort - Deesen. Jetzt ca. 20 m rechts ab über die Straße,
und auf der anderen Straßenseite in spitzem Winkel nach rechts in den
Wald. Rechts des Weges Laubwald, links alter Fichtenbestand, dem wir
bis zum Ende folgen. Dann wieder rechts ab über schmalem Weg, der
nach einiger Zeit in einen Hohlweg mündet. An dessen Ende stoßen
wir auf einen Fahrweg, dem wir links ab folgen, überqueren einen
kleinen Bach, der vom Hof Rembs herunterkommt, und folgen dem
Fahrweg bis zur nächsten Wegkreuzung. Dem Fahrweg, welcher von
links oben kommt, folgen wir nun eine weite Strecke. Links sehen wir
die großen Wiesen und Felderflächen sowie das Wohnhaus von Hof
Rembs. Nach kurzer Strecke begleiten auf beiden Seiten wieder große
und schöne Wälder unseren Weg. Wir lassen uns durch keine abgehenden Wege beeinflussen, sondern bleiben auf unserer Wegstrecke, bis
wir nach ca. 2,3 km auf die Straße von Ransbach nach Deesen stoßen.
Hier ist eine alte Wegespinne, an welcher in früheren Zeiten ein fünf-
armiger Wegeweiser stand. Hier kreuzen wir auch den HWW 3, welcher
von Au a. d. Sieg nach Bad Ems führt.

Hier gehen wir auf der Straße rechts ab, überqueren diese und gehen
auf der anderen Straßenseite an einer hohen, schönen Eiche über einen
Pfad in den Wald. Nach ca. 300 m überqueren wir einen ausgebauten
Waldweg, bleiben aber weiter auf unserem Pfad, welcher uns nach
kurzer Wegstrecke über zwei Holzstege führt. Wir kommen jetzt nach
Ransbach-Baumbach, das wir nach kurzer Wanderung am nordwestlichen

Stadtrand erreichen (5,0 km).

Wir gehen nun immer am Stadtrand entlang, links Wald, rechts Häuser, Gärten, Friedhof und nach ca. 800 m das Strandbad. Der Weg führt weiter am Waldrand entlang, erst etwas nach links und dann in rechtem Winkel weiter. Jetzt haben wir rechter Hand Wiesen und Felder, jedoch der Wald zur Linken bleibt unser Wegbegleiter. Nach ca. 500 m, wo der Weg einen scharfen Rechtsknick macht, steht rechts des Weges ein kleines Fichtenwäldchen und links im Wald sehen wir eine Pumpstation. Hier am Beginn des Fichtenwäldchens geht unser Wanderweg links ab als schmaler Pfad durch eine schnurgerade Buchenallee. Am Eingang an der Straße ein Telefonkabel-Stein mit dem Zeichen T 30. Am Ende dieser Buchenallee stoßen wir wieder auf eine Waldstraße mit einigen Kontrollpfählen zweier Gasfernleitungen sowie einer Reglerstation. Wir überqueren die Straße halbrechts, finden auf der anderen Straßenseite eine Quellfassung mit zwei Schildern von Wasserschiebern. Hier gehen wir wieder in den Wald. Der Weg ist zuerst schlecht, und der Wald beiderseits des Weges wie ein Urwald. Nach ca. 300 m stoßen wir auf einen breiten Fahrweg, sind dann auch wieder in schönem Buchenhochwald und kommen nach weiteren 300 m zu einem idyllischen Waldsee, gleich neben der Autobahn.

Hier lohnt sich eine kurze Rast.

Wir unterqueren dann die Autobahn, gehen den ersten Weg links ab und nach weiteren 250 m, am Ende eines Fichtenhochwaldes, gegenüber einer einzelstehenden hohen Eiche, rechts ab. Hier haben wir einen langen geraden und schönen Wanderweg vor uns, der uns nach ca. 1,3 km an die Straße bringt, welche von **Mogendorf** nach **Oberhaid** führt. Wir biegen links ein und folgen der Straße ca. 200 m bis zur Straßenkreuzung nach **Nordhofen**. Im Hintergrund sehen wir die Gasthof-Pension **Mausmühle.**

Wir wandern nun ein Stück der Straße entlang in Richtung Nordhofen bis zum Km-Stein 0,8. Hier biegen wir rechts ab, durch das Tal des Kleinen Saynbaches bis zur anderen Talseite. Am Waldrand links ab über einen breiten Waldweg bis zur Höhe. (Unterwegs nicht rechts abbiegen!). Auf der Höhe überqueren wir die Bahnlinie Siershahn - Altenkirchen, gehen noch ein Stück durch den Wald, dann über einen schnurgeraden Feldweg (rechts neues Tongrubengelände), wo wir nach ca. 1,0 km an den Ortsrand von **Vielbach** (8,0 km) kommen.

3. Abschnitt: Vielbach - Wallmerod (16 km)

Wie alle Gemeinden des Westerwaldes hat sich auch **Vielbach** mit hübschen farbenfrohen Randsiedlungen eingerahmt. Durch die oberste und am anschließenden Waldrand bewegen wir uns nun, erfreut durch das Kleinpanorama um die Talsenke, in den Wald hinein, einem herrlichen Hochwald: lichte Buchengruppen dunklen Nadelbäumen gegenübergestellt in ständigem Wechsel. Leichter Anstieg - Einwinkeln des Weges und nochmals -, und es erscheint der Wasserturm der Gemeinde Helferskirchen im Walde, die wir ansteuern. So ganz nebenbei an der Wegkreuzung vorher ein Wegstein wie üblich - wirklich? Die Rückseite besagt, in Stein gehauen: 1789 C W. Das heißt: Grenze 1789 Kurtrier, Erzbischof und Kurfürst Clemens Wenzeslaus. - Gleich danach: inmitten eines breiten Wegkreuzes eine mächtige, bankumstellte himmelhohe Buche, unter dem Schutz des Forstamtes.

Außerhalb des Waldes überrascht ein Feriendorf mit dem beziehungsreichen Namen „Alte Viehweide" neben den Gewächshäusern einer Großgärtnerei, Ortsteile der nahen großen Gemeinde **Helferskirchen.** Wir lassen unsere III-Markierung ruhig weiterlaufen, unser eigenes Ich aber genau hinein in das mit Fachwerkbauten durchsetzte „Häusermeer" von Helferskirchen, überragt von der kunsterfüllten Barockkirche - bis hinauf durch die Rotdornallee zur Wegkapelle. Von hier nun rechts ab ohne weitere Ablenkung solange, bis die Markierung erreicht ist, die von dem breiten Bau des Reiterhofes Falkenhorst heraufkommt.

Schon von der Kirche ab begeistert das Panorama: die breite Kuppe des vorgeschichtlich bedeutsamen Malbergs über Ötzingen und Leuterod, daneben der viel bescheidenere Steimel bei Wirges, alles im weiten Hintergrund von der langdahinziehenden Bergfolge der Montabaurer Höhe mit dem Köppelturm abgeschlossen. Doch was hilft alle Schönheit: mit dem Rücken dagegen gehts in allerdings ganz lustiger Abwechslung von Hecken-, Feld- und Waldwegen - nahe abseits ein Steinbruch - und nun einem kurzen Straßenstück in das in Bergwälder eingekuschelte Fleckchen **Sainerholz** hinein, darüber der Beulkopf. Die geborene Sommerfrische, (nur eben ohne Kaufladen, Bäcker usw.!). Auf jeden Fall: liebenswert.

„Wozu ist die Straße da - zum Marschieren!" Also aufwärts in Richtung Niederahr, aber nun die Karte zur Hand: links im Walde hoch, rechts-links-rechts wieder hinaus, auf die Felder und Wiesenhänge des Ahrtales um Oberahr/Ettinghausen, durch das Oberdorf und jenseits kurz hoch - damit man so recht den weiten Bergblick über das Montabaurer Land genießen kann - und schon wieder in den Wald hinein und rechts heraus, nun durch Feld und Wiese und Obstbäume direkt der stolzen Kirche in **Meudt** entgegen. Über 1000 Jahre alt ist die erste Urkunde dieses in weitem Umkreis bedeutenden Ortes, 300 Jahre etwa das Doppelgiebel-Fachwerk-Rathaus, die Kirche mit dem seltenen St. Gangolf-Patrozinium. In Meudt gute Unterkünfte. Kurz unterhalb der Kirche schon links ab zum Gangolfbrunnen - über ihm die Barockfigur des Heiligen als römischer Legionär - und links zum Dorf hinaus, schnurgerade parallel zur Bahnstrecke, später durch eine himmelragende Pappelallee zum Wald. Unterwegs ständig das schöne Bild des hoch auf Bergeshöh' blinkenden Schlosses Molsberg vor Augen. In den Waldlichtungen, vor allem am Bachlauf, urwüchsige Sumpfflora in Fülle und Farbenpracht. Dagegen: jenseits der Bahnstrecke, die wir kreuzen, die Wiesen großflächig aufgerissen durch den Tongrubenbau. Die III zielt auf **Berod** - hier wieder in der Kirche wertvolle Schnitzfiguren der Hadamarer Schule - und unterhalb der Fahrstraße auf neuer Forststraße in wenigen Minuten zum ersten Haus in **Wallmerod**, neben uns zwei Baumriesen von prächtigem Wuchs (ND).

4. Abschnitt: Wallmerod - Mengerskirchen (20 km)

Kurzer Abschied von unserer III-Markierung, die unter dem Molsberg herumführt. Wir aber steigen auf der Straße hinaus nach **Molsberg**, dazu die weite Umgebung mit der ehemaligen Weltersburg, der romanischen Basilika Salz, dem Wasserschloß Neuroth, jenseits dem leuchtend roten Kiesbruch bei Thalheim und des Basaltbergs Ölberg, dahinter bei klarem Wetter das Hochtaunus-Panorama - das alles kann man nicht einfach unterwandern. Am exotenreichen großen Park gehts oben fast im Kreis herum - bitte Beachtung des stimmungsvollen Mauer-Bildstöckls unter der knorrigen Eiche! - und durch die Struthstraße zurück, rechts am Hang abwärts zu der einzelstehenden geschützten Eiche und schnurgerade durch den Wald, bis der Weg an der Graf-Eduard-Buche (Reichsgraf E. v. Walderdorff) wieder auf unsere vertraute III stößt; mit ihr über den Struthbach und über freie Felder mit Riesen-Brombeerhecken, dann Obstbäumen am Wege hinein nach **Dorndorf**, sehr gepflegt, ausgesprochener Fremdenverkehrsort. Von der obersten Straße, der Blasiusstraße aus, die wir unentwegt weitermarschieren, mit leichtem Anstieg immer weiter werdendes Panorama. Nahziel ist die **Blasiuskapelle** hoch oben über uns im Naturschutzgebiet.

Wie es sich für eine alte keltisch/germanische Fliehburg gehört, steigt der Zugangsweg, jetzt mit Kreuzwegstationen bestellt, steil empor, wobei man deutlich erkennen kann, daß die eigentliche Bergspitze (Basalt) sozusagen obenaufgestülpt sitzt. Auf ihr die St. Blasiuskapelle, bekannter Wallfahrtsort, in der wohl ursprünglichen romanischen Form wiederhergestellt, eine der ältesten Christenverehrungsstätten des Westerwaldes. Zur Weiterwanderung Augen auf! Denn die III führt von ganz oben jenseits des Aufstieges ebenso steil hinab zur Forststraße am Fuße des Berges, über eine breite Lichtung an den obersten Häusern von **Frickhofen** vorbei in den Wald hinein. Frickhofen ein großes lebhaftes Dorf, in der Kirche der größte Altar der Hadamarer Schnitzschule und anderes beachtenswert. Das als Abstecher gedacht. - Im Walde stehen wir bald vor zwei ummauerten Schächten, aus denen kalte Luft an unsere Hände weht: **„Das ewige Eis"**, selbst im heißesten Hochsommer eiskalt, wohl durch die Zugluft innerhalb des aus Basaltbruchstücken bestehenden Berges. Allmählich steigen wir dann am linken Hang hoch, weiter durch derartige Geröllfelder, sehen auf dem oberen Rand den langhinziehenden Wallrest der ehemaligen größten Fliehburg des Westerwaldes, der **Dornburg,** und stehen unvermittelt auf einem mächtigen Holzbalkon über dem **Hildegardisfelsen** mit Weitblick über das Elbbachtal. Die mürben Basaltsäulen unter uns erklären wohl die „Zerbröselung" des Berges bis zu dem Geröll. Wenige Schritte nach oben, und man steht hoch über den Westerwaldbrüchen, blickt tief in das Innere des Bergzuges, auf dessen Terrassen die großen Stein-LKWs wie kleine bunte Flecke wirken.

Nun ist's aus mit der Ostrichtung, denn überallhin fällt der Bergzug steil ab. Wir müssen zurück, nehmen aber den Trampelpfad auf der Krone neben dem Burgwall, bis dieser zum Aufstieg absinkt, und uns von dort an nun auf der Terrasse entlang über den „Eis"-Hang nach links zur Landstraße nach Wilsenroth bringt. An diesem Kreuzungspunkt zweigt nach rechts ein schmaler Fußpfad in den Wald ab, welcher im Wald, parallel zur Straße, den Wanderer bis zum Ortsrand von **Wilsenroth** führt. Unterhalb des Friedhofes, gleich hinter dem Ortsschild nach der Straßenkurve, führt unser Wanderweg in eine kleine Straße (Dornburgstraße) ein, die wir nun abwärts gehen. An der Kirche gehen wir wieder in den nach rechts führenden Weg hinein und kommen nach kurzer Strecke auf die Landstraße, welche nach Langendernbach führt. Diese Straße gehen wir abwärts bis zum Bahnübergang, und hinter demselben geradeaus neben dem dort stehenden Haus einen Wiesenweg etwas steil abwärts, bis wir unten wieder auf die Landstraße stoßen. Auf dieser gehen wir weiter, überschreiten unten den Elbbach auf einer Straßenbrücke und gehen die Straße geradeaus weiter nach **Langendernbach,** bis wir in Ortsmitte auf die B 54 stoßen.

Wir überschreiten die B 54, gehen auf der anderen Straßenseite in die Bernkottstraße hinein und diese bis zum Ende am Waldrand. Hier führt nun geradeaus ein Fußpfad am Waldrand entlang den Berghang über Treppenstufen hoch, bis wir oben auf einen Fahrweg stoßen, dem wir nach rechts folgen. Nach ca. 100 m stoßen wir an eine Bank, vor der ein Fußpfad nach links in den Wald hineinführt. Nach kurzer Strecke stoßen wir an einen Waldweg, der uns zur Höhe des Kohlhack führt, dem wir nach oben folgen. Auf der Höhe angekommen, treffen wir auf eine Wegkreuzung, die wir geradeaus überschreiten. Wir halten uns auf diesem Weg, immer geradeaus in östlicher Richtung, bis wir nach ca. 1,5 km auf eine Wegegabelung stoßen, wo wir uns rechts halten. Nach weiteren 500 m, an einer größeren Wegegabelung nach links, stoßen wir an den Waldrand und sehen vor uns in einer Talsenke das Dorf **Neunkirchen** liegen. Zwischen Wiesen und Weiden hindurch, mit schöner Fernsicht, kommen wir an den Ortsrand. Die Schulstraße bringt uns in den Ort, wir überqueren die Landstraße nach Limburg und gehen geradeaus auf die Brücke zu, wo wir den Lasterbach überschreiten. Hinter der Brücke wieder links in den Mühlenweg hinein. Nach der nächsten Straßenkurve gehen wir geradeaus in die Fabrikstraße und weiter in den dann folgenden Feldweg. Diesem Weg folgen wir geradeaus bis zum Waldrand, wo wir rechter Hand, von Bäumen verdeckt, auf einen Wasserhochbehälter stoßen.

Nun gehen wir nach links am Waldrand entlang bis zum nächsten Querweg und dann wieder rechts, bis wir auf einen befestigten Waldweg stoßen, dem wir nach rechts folgen. Auf diesem Weg wandern wir ca. 800 m, über eine größere Wegkreuzung geradeaus hinweg, und biegen

an der nächsten Kreuzung nach rechts ab. Nach weiteren ca. 500 m
wieder Kreuzung mit Wegweiser und Bank. Hier wieder links und über
einen breiten Weg, erst durch Wald, später zwischen Wiesen und Felder
hindurch nach ca. 2,3 km nach **Mengerskirchen.**

5. Abschnitt: Mengerskirchen - Wetzlar (Dalheim) (29,0 km)

Hier stoßen wir auf die Landstraße, welche von Waldernbach kommt und
nach Herborn führt, biegen links ab und gehen nach ca. 300 m nach
rechts in die Poststraße. Diese Straße gehen wir ganz durch bis zur
neuen Schule am Ortsrand. Vor der Schule rechts ab über einen geteerten Weg, vorbei an einem kleinen, weiß gestrichenen Kapellchen,
bis zu einem Wäldchen. Hier biegen wir rechts ab, gehen durch das
Waldstück hindurch, dann weiter über eine Wiesenfläche auf eine kleine
bewaldete Kuppe zu, auf der die Ruine der **Maienburg** steht. Am gegenüberliegenden Waldrand, vorbei am Maienhof, kommen wir zu einem
großen Neubauernhof. Wir lassen diesen rechts liegen und gehen über
den Fahrweg geradeaus auf eine kleine Anhöhe zu. Oben stoßen wir
auf einen Fahrweg, biegen rechts ab und kommen in das Betriebsgelände einer großen Tongrube. Wir gehen durch den Betriebshof hindurch, biegen rechts ab und kommen, vorbei an großen Lagerhallen,
auf eine breite Straße. An der ersten Kreuzung noch geradeaus, an der
nächsten Straßengabelung jedoch nach links haltend, nun über einen
befestigten Waldweg ca. 1,3 km immer geradeaus. Hier stoßen wir auf
eine größere Kreuzung, links davon Kahlschlag, und gehen den rechten
Weg hinein. Nach ca. 500 m den ersten Weg wieder links. Der Wanderweg führt zuerst noch ein kurzes Stück über diesen Waldweg und geht
dann weiter halbrechts als Fußpfad quer durch jungen Buchenwald nach
Obershausen.

Im Dorf stoßen wir auf die Landstraße nach Weilburg, folgen dieser bis
zur Ortsmitte und gehen dann nach links über den Kallenbach und den
jenseitigen Berghang hoch. Um den Kreuzberg (412 m) herum, überqueren wir auf dem Höhenrücken den HWW 8 und kommen, vorbei an
einem größeren Basaltwerk, ins Ulmtal nach **Allendorf.** Dieser Ort hat
sich mit den umliegenden Gemeinden Holzhausen und Ulm zu einem
sehr schönen und gepflegten Erholungszentrum entwickelt. Man hat
viel für die Pflege der Ortschaften getan, und man entdeckt so manches
schöne Fachwerkhaus.

Von Allendorf aus führt unser Wanderweg durch das letzte größere
Waldgebiet, das an dieser Wegestrecke liegt. Wer gute Augen hat, kann
schon von Allendorf die Spitze des Turmes der **Dianaburg** über den
Baumwipfeln entdecken, einst Jagdschlößchen der Fürsten von Solms-
Braunfels. Erfreulicherweise wird dieses Erinnerungsstück noch erhalten,
und Wanderfreunde aus Allendorf sorgen dafür, daß an Sommer-Wochen-
enden der Wanderer hier noch eine Erfrischung erhalten kann. Der
Wanderweg führt nun immer über den Höhenrücken zwischen dem
Ulm- und Dilltal. Es ist dies die frühere **Hohe Straße**, ein alter Handelsweg über den Hohen Westerwald nach Wetzlar zu. Nach ca. 2,5 km von
der Dianaburg aus kreuzen wir die Straße, welche von Leun nach Ehringhausen führt. Nach weiteren 1,0 km sind wir am **Junker-Johannes-Platz,**
einer großen Wegkreuzung in diesem riesigen Waldkomplex. Doch
weiter führt unser Wanderweg, bis wir nach ca. 10,0 km an den Vorort
Dalheim von Wetzlar stoßen, von wo aus der Wanderer mit einem Bus
zum Bahnhof gelangen kann.

HAUPTWANDERWEG IV
Vallendar - Montabaur - Hadamar - Weilburg (ca. 83 km)
Bearbeiter: Erwin Finger

1. Vallendar - Höhr-Grenzhausen (8 km)
Der Weg beginnt in Vallendar am Rhein gegenüber dem Bahnhof und durchquert die Stadt stetig ansteigend bis zu deren letzten Häusern. Die Hochfläche, welche wir nun durchwandern, heißt Gumschlag. Am jenseitigen Waldrand lädt eine Schutzhütte ein zur Rast und zum Rückblick auf das Rheintal und die Berge des Hunsrücks. Nun verläuft der Weg fast eben mit kleinen Zwischensteigungen durch schönen Hochwald. Kurz vor dem Waldrand treffen wir auf den Weg Nr. 3 und den Limesweg. Diese drei Wege führen gemeinsam in das Tal des Fehrbaches hinab. Kurz nachdem wir den Wald wieder verlassen haben, überqueren wir unterhalb der Höhr-Grenzhäuser Kläranlage die Straße nach Vallendar.

2. Höhr-Grenzhausen - Köppelturm (10 km)
Von der anderen Straßenseite aus gehen wir zuerst über eine ehemalige Müllhalde und erreichen nach etwa 200 m den Wald. Wir haben ihn bald durchquert und kommen auf eine befestigte Straße, auf welcher wir rechts abbiegen. Nach 80 m links ab in einen dichten Tannenwald und anschließend in Laubwald. Nun haben wir ein großes Stück freies Feld vor uns. Mit einem guten Fernglas kann man in einiger Entfernung an dem linken Wegrand an einem Betonmast die nächste Markierung sehen. Von hier aus erreicht man bald die Straße Hillscheid - Höhr-Grenzhausen. Von dieser Straße an geht es weiter über freies Feld, bis wir nach 1,5 km den Waldparkplatz „Am Flürchen" erreichen. Von jetzt an benutzen wir einen schmalen, etwas eingeschnittenen und stetig leicht ansteigenden Weg, der nach etwa 1,5 km auf den Hillscheider Erdweg einmündet. Auf diesem Weg wurde früher mit Pferdefuhrwerken der Ton von den Gruben bei Ransbach-Baumbach nach Hillscheid gefahren. Nach weiteren 1,5 km kreuzen wir den Baumbacher Weg, der seinen Namen auch von den Tonfuhrleuten bekommen hat. Der Wanderweg IV führt nun zuerst geradeaus, macht dann eine kleine S-Kurve nach links, geht wieder geradeaus, bis wir nach einer letzten, kurzen Steigung auf dem **Köppel** mit seinem hohen Aussichtsturm angelangt sind.

3. Köppelturm - Montabaur (8 km)
Nach Verlassen des Köppel steigen wir zuerst ein kurzes Stück steil bergab, überqueren eine asphaltierte Waldstraße und kommen, immer langsam abwärts gehend, zum Oberlauf des Biebrichsbaches, der uns ein kurzes Stück begleitet. Hier trifft der Weg IV auf den Europäischen Fernwanderweg 1. Beiden Wege laufen nun gemeinsam auf einer breiten, gut befestigten Waldstraße bis Montabaur-Horressen.
Wir wandern weiter durch das Dorf, von dessen jenseitigem Rand wir schon unser nächstes Ziel, die **Stadt Montabaur,** mit ihrem schönen, alles überragenden Schloß vor uns sehen. Der Wanderweg führt nun über Feld zum Rathaus in Stadtmitte.

4. Montabaur - Nomborn (14 km)
Gegenüber dem Rathaus biegen wir rechts ab und gehen hinunter in das Gelbachtal. Zuerst bleiben wir auf der rechten Seite des Baches bis zur ehemaligen Wollspinnerei, überqueren dort den Bach und gehen weiter talwärts bis zur ehemaligen Ölmühle. Jetzt steigt der Weg IV langsam an, bis er sich von dem Weg 4, der uns von Montabaur bis hierher begleitet hat, wieder trennt. Nach kurzem steilen Anstieg gelangen wir auf eine Hochfläche mit gutem Rundblick, um nach einem ebenso steilen Abstieg vor der Wallfahrtskirche in **Wirzenborn** anzukommen. Der zurückgelegte Weg ist ein alter Wallfahrtsweg.

Wir überschreiten die Gelbachtalstraße, steigen durch den anderen
Dorfteil stetig bergan, bis auf der rechten Seite der Wald zurückbleibt.
Nun biegt unser Weg links ab nach **Reckenthal.** Durch den Ort geht es
wieder hinunter und wir stehen abermals an dem Gelbach. Der Weg
überquert den Bach und führt das Eisenbachtal aufwärts, vorbei an der
Kautenmühle, bis wir 500 m vor der Studentenmühle die Straße, die
von Nomborn an den Campingplatz an der Freimühle führt, erreichen.
Bald biegt der Weg rechts ab in den Wald. Stetig ansteigend gelangen
wir an den jenseitigen Waldrand, gehen nach links daran entlang,
biegen bald darauf wieder links ab und kommen zum Bornkasten. Dort
ist ein Rastplatz mit sehr schöner Aussicht. Die Anlage von ehemals
mehreren Ringwällen ist heute noch gut zu erkennen. Zurück zum
Waldrand, nun aber geradeaus über das Feld bis zu einer befestigten
Straße und auf dieser nach rechts bis zum Ortsrand von **Nomborn.**

5. Nomborn - Hadamar (17 km)

Dann halblinks, bis wir an der Autobahnbrücke auf den Wanderweg 5
treffen. Geradeaus weiter, rechts vorbei am Fertigbetonwerk, führen
beide Wege wieder in den Wald und laufen nahe am Rande weiter.
Nach etwa 500 m, wir sind inzwischen rechts abgebogen, verläßt uns
der Weg 5 in Richtung Dreikirchen. Der Weg IV geht weiter geradeaus
und überquert bald darauf die Straße Nentershausen - Dreikirchen.
(Beschreibung des Wanderweges IV zwischen der Straße Nentershausen
- Dreikirchen über Niedererbach nach Malmeneich ist wegen ungenügen-
der und zum Teil wohl vorhandener, aber irreführender Markierungen
nicht möglich).
Von der B 8, die durch **Malmeneich** führt, geht der Wanderweg IV im
Dorf links ab, ein kurzes Stück über Feld, dann in den Wald und durch
diesen immer geradeaus bis zum jenseitigen Rand oberhalb von
Niederhadamar. Jetzt rechts ab, nach 100 m links ab auf einen eingezäunten Tannengarten zu. Unser Weg führt weiter zu dem weithin sichtbaren Naturdenkmal „Dicke Eiche" und von dort aus auf befestigter
Straße hinab nach **Hadamar.** In der Stadt treffen wir auf den Elbbach,
gehen daran entlang bis zu einer Fußgängerbrücke, welche wir überschreiten.

6. Hadamar - Heidenhäuschen - Merenberg (17,5 km)

Auf der anderen Seite kreuzen wir die B 54, gehen nach links, verlassen nach 250 m die Straße und gehen langsam ansteigend in das
Feld, bis wir nach etwa 2 km über den Holzbach kommen. Nun den
Bach 50 m aufwärts auf einem Feldweg (er ist zuerst kaum als solcher
zu erkennen), der schnurgerade auf die Straße Hadamar - Steinbach
führt. Auf dieser Straße gehen wir 500 m nach rechts und erreichen an
der linken Straßenseite einen Parkplatz am Waldrand, dann folgt ein
kurzes Stück durch den Wald bis an eine mit Stacheldraht eingezäunte
Weide. An dieser kann man zuerst noch entlang wandern, den nächsten
Stacheldrahtzaun muß man aber entweder übersteigen oder darunter
durchkriechen. Das bis zum Zaun reichende dornige Gestrüpp läßt ein
Entlangwandern nicht zu. Man muß sehr oft nach rechts über und durch
das Gestrüpp Ausschau halten und bald wieder einen Stacheldrahtzaun
überwinden. Unser Weg führt nun leicht ansteigend in den Wald. Leider
ist er gleichzeitig als Reitweg ausgezeichnet. Das anschließende Stück
des Weges steigt nun ziemlich stark an, bis wir das **„Heidenhäuschen"**
erreicht haben. Es ist dies eine Ansammlung von Felsen und eine
Schutzhütte. Von hier hat man eine gute Aussicht in das Elbbachtal
und zur Dornburg.
Vom Heidehäuschen abwärts wandernd erreichen wir nach 1,5 km die
Straße Steinbach - Ellar. Wir überschreiten sie, gehen 100 m nach
rechts und steigen zum **Spitzberg** auf. Vom Spitzberg abwärts führt der
Wanderweg größtenteils auf breiten befestigten Wegen weiter. Nach
etwa 1,5 km verlassen wir den Wald und sehen links eine große Tongrube. Unterhalb derselben fließt der **Kerkerbach** entlang. Haben wir

diesen erreicht, biegen wir nach rechts ab und wandern am Bach entlang bis **Heckholzhausen**. Im Dorf gehen wir links ab, bergauf aus dem Dorf hinaus und biegen kurz hinter dem Sportplatz wieder links auf einen befestigten Waldweg ein. Der Weg steigt leicht bergan und verläßt an seinem höchsten Punkt den Wald. Von hier aus sehen wir unser nächstes Ziel, das Dorf Merenberg mit seiner Burgruine. Vorerst fällt der Weg auf eine Länge von 500 m etwas ab, um dann nach 1 km etwas steilerem Anstieg **Burg und Dorf Merenberg** zu erreichen, die wir durch einen altertümlichen Torturm betreten.

7. Merenberg - Weilburg (8 km)

Merenberg hinter uns lassend, wandern wir zuerst ein Stück die Straße, nach Allendorf hinab, bis die Markierung nach links auf einen Feldweg einbiegt. Bald kommen wir zu der Straße Merenberg - Weilburg; nach Überschreiten derselben gehen wir im Wald geradeaus aufwärts bis zu einer Wegkreuzung mit einer Bank. Dort treffen der Weg IV und der Weg 7 zusammen, um von hier aus gemeinsam bis Weilburg zu führen. Beide Wege laufen weiterhin durch hohen Laub- und Nadelwald, teils leicht ansteigend, doch meistens abwärts führend bis zu der Straße, welche direkt nach Weilburg führt. Die Schnell- oder Umgehungsstraße haben wir vorher unterquert. Auf der Weilburger Straße muß man laut Karte etwa 200 m bergab gehen bis zu dem Forstlehrbetrieb auf der anderen Straßenseite. Der Weg führt weiter abwärts, bis er bei den Parkplätzen am Krankenhaus herauskommt. Nach einigen Metern geradeaus sind wir auf dem Aussichtspunkt „Kanapee" mit einem guten Blick auf Weilburg. Von dem „Kanapee" biegt der Weg nach 500 m rechts ab und führt hinter den Häusern und zwischen Gärten hinab zur Stadt. Am Lahnufer angekommen wenden wir uns nach links und erreichen nach etwa 500 m den Endpunkt des Wanderweges IV, in West-Ostrichtung.

NORD-SÜD-STRECKENWANDERWEGE

HAUPTWANDERWEG 1

Dieser Nord-Süd-Wanderweg führt von Hennef über Uckerrath nach Linz. Er wird vom Westerwald-Verein nicht mehr unterhalten.

HAUPTWANDERWEG 2

Eitorf/Sieg - Flammersfeld - Waldbreitbach - Rengsdorf - Neuwied (ca. 63 km)

Die nachfolgende Beschreibung stammt bereits aus dem Jahre 1954. Ihr ist nur unter Vorbehalt zu folgen.

1. Eitorf/Sieg - Flammersfeld (21 km)

Von Eitorf steil aufsteigend über Huckenbröl und Käsberg, durch Wald zum **Forsthaus Küppelröttgen**, dann im Wald abwärts durch die Distrikte „Schaden" und „Leuscheid", bis zur Landstraße Hasselbach/Kircheib und weiter auf dem Feldweg bis **Mehren**. Jetzt führt ein guter Weg nach **Hahn**, dann stets dem Waldrand entlang nach **Flammersfeld**.

2. Flammersfeld - Roßbach - Waldbreitbach (19,5 km)

Am Westausgang von Flammersfeld über **Oberlahr** und **Burglahr** nach **Peterslahr**. Hier verlassen wir das Wiedbachtal und erreichen über Eulenberg den Ort **Borscheid**. Nach Kreuzung der Autobahn führt die Wanderung über **Breitscheid** zum Basaltkegel „Roßbacher Häubchen" und von dort nach **Roßbach**. Nun wieder durch das Wiedbachtal nach **Waldbreitbach**.

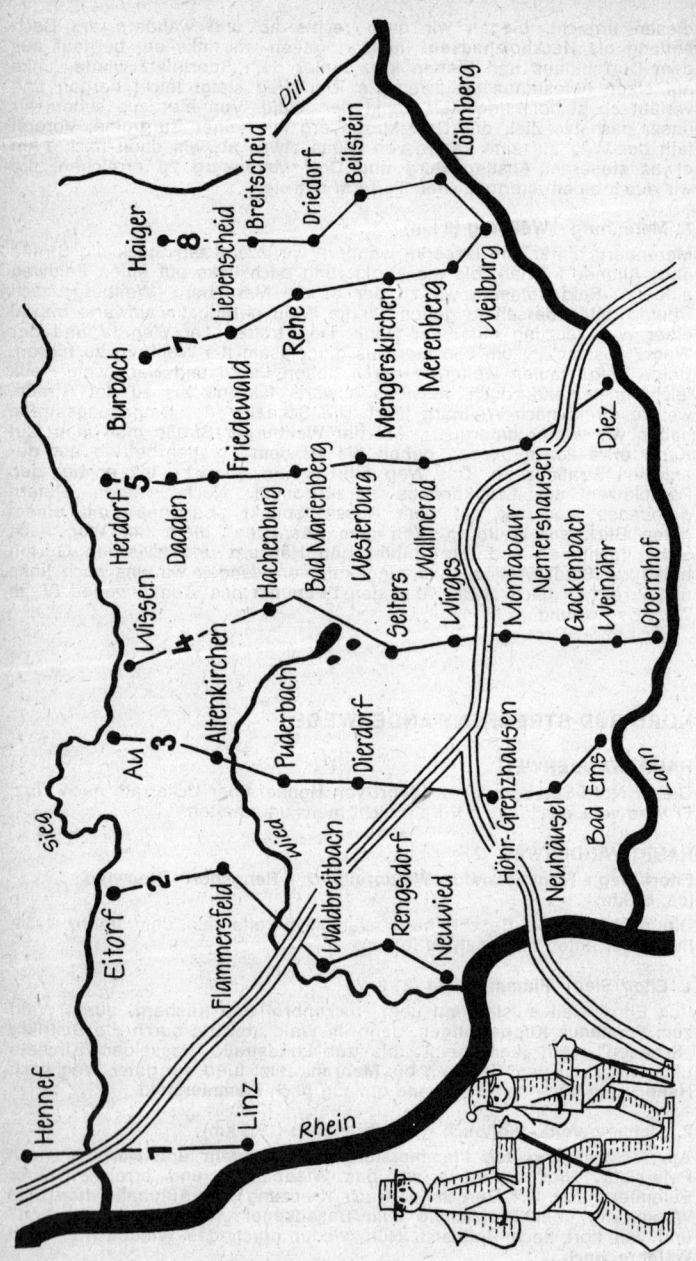

3. Waldbreitbach - Rengsdorf - Neuwied (22,3 km)

Am Antoniushaus vorbei, das Fockenbachtal kreuzend, erreichen wir die
Neuerburg (Burg der Grafen von Sayn und Witwensitz seiner Gemahlin,
der Gräfin Mechthild). Ein fast ständig schöner Waldweg führt über
Kurtscheid nach **Rengsdorf**. Von hier über **Melsbach** wieder ins Wiedbachtal und diesem aufwärts folgend nach **Altwied** (Sommerfrische;
interessanter, von Mauern und Türmen umgebener Ort; Burgruine).
Weiter talab über **Segendorf**, das anmutig zwischen Obstplantagen
gelegen ist, nach **Niederbieber**. Ab hier direkte Omnibuslinie bzw. halb-
stündiger Fußweg nach **Neuwied**.

HAUPTWANDERWEG 3

**Au/Sieg - Altenkirchen - Puderbach - Dierdorf - Höhr-Grenzhausen -
Neuhäusel - Bad Ems**

Bearbeiter: Otto Krämer (Au - Altenkirchen) und
     Walter Meisel (Altenkirchen - Bad Ems)

1. Abschnitt: Au (Bahnhof) - Altenkirchen (13,5 km)

Vom Bahnhof in Au gehen wir geradeaus zur Siegbrücke, überschreiten
diese und biegen nach ca. 200 m rechts in die Straße nach **Pracht** ein.
Nach ca. 1,0 km, hinter einem großen Weiher, gehen wir links ab und
kommen durch das Betriebsgelände einer früheren Pulverfabrik. Haben
wir dieses Gelände durchwandert, stoßen wir auf die Straße, welche
von Hamm nach Breitscheidt führt und sehen auf der anderen Straßenseite ein großes Hotel, die frühere **Thalhauser Mühle**.
Wir überschreiten die Landstraße, gehen um das Hotel herum und auf
der Rückseite über einen Feldweg erst zwischen Wiesen und dann in
den Wald hinein. Bald sind wir in **Marienthal**.
An der Bushaltestelle am Ortseingang biegen wir links ab und wandern
langsam ansteigend in den Wald, an der Rückseite des Klosters vorbei.
An der ersten Wegkreuzung geht es wieder rechts ab. Nun führt der
Wanderweg auf einer längeren Strecke durch Fichtenwald, an dessen
Ende wir auf einen Sportplatz am Waldrand stoßen. Hier gabelt sich
der Weg und wir gehen in den nach rechts führenden Weg hinein, der
erst noch am Waldrand, dann über die freie Feldflur nach **Niedererbach**
führt.
Wir gehen durch das Dorf hindurch und am anderen Ortsende wieder
nach links hoch zum Wald. Zuerst am Waldrand entlang, dann durch
den Wald hindurch kommen wir nach ca. 1 Stunde an den Ortsrand
der Kreisstadt **Altenkirchen**.

2. Abschnitt: Altenkirchen - Dierdorf (22 km)

Altenkirchen verlassen wir auf der Bundesstraße 8, von der kurz nach
Abbiegen von der Hauptstraße rechts eine Seitenstraße über die Bahngleise Altenkirchen - Westerburg abgeht und das Wiedtal überquert.
Jenseits auf steilem Anstieg empor zum Aussichtsturm, hier den Fahrweg rechts ab, wieder links bis kurz vor den Abstieg ins nächste Bachtal,
in dem wir nach Einbiegen hin und her **Almersbach** erreichen (lohnender
Abstecher zur romanisch-gotischen Kirche auf dem Friedhof hoch über
dem breiten Wiedtal). Weiter links auf der Straße nach **Fluterschen**,
das wir nach kurzem Zickzack in Richtung Wald mit Wasserbehälter
verlassen. Von nun an behält unsere Markierung haargenau die Südrichtung bei, über freie Feldhöhen und durch Waldstücke recht abwechslungsreich durch **Neitzert** und **Udert**, hier über den Rodenbach
und in welligem Gelände hinauf zu dem schönen Luftkurort **Steimel**
mit seiner parkartigen Mitte, von gepflegten Pensionen und Hotels
umgeben. Wenn auch die weitere Straße nach Puderbach als solche uns
Wanderern nicht eben behagt, so ist es doch ganz reizvoll, auf ihr mit
freier Sicht ziemlich schnell nach **Puderbach** abzurollen ins Holzbachtal,

über dem nur 2 km entfernt die **Ruine Reichenstein** (keine Besichtigung) ein echt malerisches Burgbild bietet. Puderbach ist der größte Ort hier im Tal, dem wir aber über den Gegenhang schon wieder entfliehen, um auf Straße und Feldweg **Harschbach** und den Doppelort **Urbach-Kirchdorf** und **Urbach-Überdorf** zu durchwandern. Schon von weitem fällt der Achteckbau der Urbacher Kirche auf. Im Überdorf biegt nun unsere 3 links aus und läuft gemeinsam mit dem K des Kölner Weges nach **Dernbach** bis hart an die hochfahrende Autobahn Frankfurt-Köln. Dann ist es mal aus mit dem Südtrend zugunsten des Ostens. Auf einer Feldstraße und am Waldrand, dann jenseits der Brücke an der breiten Bachniederung entlang gehts hinein nach **Dierdorf**, die lebhafte, in alten und neuen Teilen schöne Stadt am Holzbach, mit einigem Sehenswerten. Bahnlinie nach Siershahn - Montabaur - Limburg bzw. Siershahn - Grenzau - Neuwied, entgegengesetzt nach Altenkirchen - Au bzw. Altenkirchen - Hachenburg - Westerburg.

3. Abschnitt: Dierdorf - Breitenau - Grenzau (22 km)

Von der Ortsmitte **Dierdorf** an der mittelalterlichen Stadtmauer entlang zum Bahnhof und durch das anschließende **Giershofen**. Nun von der Straße nach Großmaischeid links ab durch die Autobahn-Unterführung und durch Wald nach **Stebach**; am Stebach entlang, der zu großen **Fischweihern** angestaut ist, in landschaftlich schönem Gelände zur Badegelegenheit bei **Breitenau**. Der Markierung nach weiter zum **Hof Adenroth**. Aufstieg mit Rückblick über die Teichlandschaft, durch Wald über die Straße nach Wittgert nahe der Försterei und des Hofes Rembs zu dem Straßenpunkt „Sieben Wege"; nun südlich abbiegend nach **Hundsdorf**, Haltepunkt der Bahn Siershahn - Neuwied bzw. Koblenz. Weiter durch den Ort bis gegenüber der Fuchsmühle, dann rechts um die Hubertusquelle herum und durch den Wald nach **Hilgert**; westlich weiter durch Hochwald im Bogen um das „Köpfchen" zur Straße zum **Bahnhof Grenzau**. Auf der Straße oder von jenseits der Alsbacher Straße links ab dem Brexbach entlang nach dem von einer Burg überragten **Grenzau**. Rückfahrt von Bahnhof Grenzau.

4. Abschnitt: Grenzau - Höhr-Grenzhausen - Hillscheid - Simmern - Neuhäusel (ca. 20 km)

Von Grenzau Aufstieg zum Rastalwerk **Höhr-Grenzhausen**, rechts an der Autobahn (Dernbacher Dreieck - Eifel) entlang mit weitem Blick über die Stadt zu den Waldbergen der Montabaurer Höhe. Im Wald links ab, gemeinsam mit der Markierungen IV und Limes, durch zerklüftete Hänge hinab zu Aubachtal, den Talweg abwärts zum „Waldfrieden", nun auf der Vallendarer Straße links bis zur Waldstraße (Wegweiser Bembermühle"), diese entlang zur Tongrube, dort links ab den Weg bis kurz vor den Waldrand und nun rechts am Limes entlang bis zur gut gekennzeichneten Linksabbiegung und mit der IV-Markierung durch freies Gelände, über die Höhr-Grenzhauser Straße und die stillgelegte Bahnstrecke zum Wegekreuz am Sportplatz mit Gaststätten am Brexbachtal. Nun rechts den Köppelweg empor bis zur Rechtsabbiegung, von dort geradeaus durch prächtigen Hochwald zum Parkplatz am Limes, mit weitem Blick bis zur Eifel über **Hillscheid**, wo der Weg vom Rathaus an tief ins Kaltenbachtal zur Grundsmühle absinkt. Jenseits geht es auf schmalem Waldpfad neben der Straße wieder hinauf zum **Friedhof Simmern**. Der folgende Hochweg über freien Hängen bietet ein für diese niedrigen Höhenlagen überraschend großartiges Gebirgsbild: gegenüber das hochliegende Hillscheid mit seinen breiten Waldrücken, unten tief das Kaltenbachtal, rechts darüber Häuser von Neuhäusel, alles ähnlich den steilen Seitentälern der Lahn. Die Markierung führt dann zu der **Simmernbuche**, einem Naturdenkmal, an der Straße nach **Neuhäusel**, und nach der Walddurchquerung zu einer Aussichtshütte mit weitem Waldblick, dann hinab und im Kurzanstieg zur Mitte von **Neuhäusel**. An der B 49 mitten im Ort sind Bushaltestellen zur Rückfahrt nach Koblenz und Montabaur. Im Ort sehenswert: der mächtige Mammutbaum am Pfarrhaus und die unter Naturschutz stehende Buche an der B 49 nahe dem Forsthaus Eitelborn.

5. Abschnitt: Neuhäusel - Sporkenburg - Kemmenau - Bad Ems (15 km)

In Neuhäusel an der B 49 (Bürgersteig) aufwärts zum Höhenweg, der oberhalb des Ortes einen Blick über die ganze Augst (Bergkessel über dem Emsbachtal) mit den Orten Eitelborn, Kadenbach und Arzbach bietet, zur Schule **Eitelborn** und über den Hangort hin zur Kirche; weiter in dieser Richtung durch den Hochwald zur **Ruine Sporkenburg** (s. unter Eitelborn), die in den letzten Jahren teilweise restauriert worden ist. Im Wald nun abwärts zur Emser Straße und Bühelskirche von **Arzbach.** Von hier an verläuft der Weg 3 im Zuge des Limesweges (s. diesen) bis zur „Schönen Aussicht" über **Kemmenau.** Vorher darauf achten: rechts ab zur höchsten Kammhöhe und dort weiter auf herrlichem Aussichtsweg mit Ausblick über die Gebirgslandschaft um das Emsbachtal bis zum Hunsrück! Nun durch den Hochwald zum neuen Kurzentrum von **Bad Ems** mit seinen Großanlagen, endlich rechts ab in die Stadt, links ins Bad an der Lahn.

Rückfahrt mit Bahn der Strecke Koblenz - Limburg oder mit DBP-Bussen nach Montabaur, Braubach u. a.

HAUPTWANDERWEG 4:

Wissen - Kroppacher Schweiz - Hachenburg - Westerwälder Seenplatte - Selters - Wirges - Montabaur - Gelbachtal - Hangweg - Hochwaldschutzpark Gackenbach - Weinähr - Lahn bei Obernhof/Kloster Arnstein

Bearbeiter: Walter Meisel

1. Abschnitt:

Wissen - Kroppacher Schweiz (Stein-Wingert - Heimborn-Ehrlich - Kloster Marienstatt) - Hachenburg (ca. 23 km)

Infolge umfangreicher Wegebauten ist die bisherige Markierung ausgeschaltet. Eine Neumarkierung kann erst nach Drucklegung dieses Wanderführers erfolgen. Es empfiehlt sich, bis dahin die Karte L 5312 Betzdorf zur Wanderung zu benutzen.

2. Abschnitt:

Hachenburg - Westerwälder Seenplatte - Maxsain - Selters (ca. 20 km)

Dieser Teil des Wanderweges 4 durchquert eins der schönsten und charakteristischsten Gebiete des Westerwaldes, dessen Eigenart durch die Pflanzen- und Tierwelt der großen Fischteiche zwischen Dreifelden und Steinen-Freilingen bestimmt ist. (Siehe den Gebietsteil Westerwälder Seenplatte!)

Der Anmarsch erfolgt von Hachenburg aus am Rande des „Gebücks" nach **Gehlert** und weiter mit den Blicken auf die Basaltkuppe des gegenüberliegenden Gräbersberges bei Alpenrod, durch Wald bis auf 500 m Höhe, und nach **Schmidthahn** im Quellgebiet der Wied und Sayn. Damit befinden wir uns in der Seen-Landschaft mit ihren Weihern, Mooren und verlandeten Weihern im sanftwelligen Waldgelände. Weit schweift der Blick über den größten, den **Dreifelder Weiher,** nach Dreifelden, dessen Kirche noch eine romanische Mauer der Erstkirche birgt. Rechts der Hofmanns- und Haidenweiher; auf der mit mächtigen Eichen bestandenen alten Straße **Seeburg** mit Gasthof und Campingplatz; dann stolzer Hochwald mit z. T. typischem Moorland-Unterwuchs; in scharfem Winkel links ab zu einer geschützten alten Wegekreuz-Eiche - wohl sehr altem Grenzbaum - an der Straße nach Steinen; und mit dem Blick über den unter Naturschutz stehenden Brinkenweiher (vor allem seltene Vogelarten mit Zugvögeln) zum Damm am **Post-/Brinken-Weiher** mit Abfischschleuse. Am Ende des Postweihers Bade- und Camping-Anlagen, an denen vorbei - immer in hohem Walde - der Weg zur Bundesstraße 8 und jenseits in das Waldgebiet des Saynbaches bei

dem kleinen Ortsteil Zürbach führt, nachdem Freilingen etwas unverdient „links liegen" blieb, und am Wald- und Bachrand nach **Maxsain.**
Inmitten dieses schön in Waldhügel gebetteten alten Dorfes - einst Sitz einer mittelalterlichen Gerichtsstätte - am höchsten Ortsrande ein einprägsames Beispiel privaten Naturschutzes: eine Gruppe von 7 mächtigen Buchen um eine starke Eiche in einem Garten. Dazu gepflegtes Fachwerk und die hochthronende Kirche. - Von hier mit der 4-Markierung im Waldrand über dem Ort, dann westlich einschwenkend in die alte Straße nach **Selters** (s. S. 202!).
Von hier Bahnverbindung nach Dierdorf - Altenkirchen - Sieg und nach Siershahn - Bendorf-Sayn - Neuwied bzw. Siershahn - Montabaur - Limburg bzw. Westerburg. Und Omnibuslinien.

3. Abschnitt:
Selters - Siershahn - Wirges - Montabaur (ca. 14 km)

Vom südlichen Bahnübergang Selters aus läuft der Weg in östlicher Richtung am Waldrand und durch den Wald zur Aussicht bietenden Höhenstraße Quirnbach - Nordhofen (man überblickt die ganze Montabaurer Höhe) und gerade hinab durch Felder nach **Vielbach.** Nun geradewegs durch Hochwald, am Ende einer stillgelegten Tongrube vorbei durch die neue Waldrandsiedlung von **Siershahn.** Von den hochgelegenen Bauten weiter Umblick über das Kannenbäckerland um Ransbach-Baumbach zur Montabaurer Höhe und auf das nahe **Wirges,** wohin der weitere Weg zielt. Beide Orte, Siershahn und Wirges, gehören zu den führenden Gemeinden des Kannenbäckerlandes. Weithin sichtbar der neugotische „Westerwälder Dom" in Wirges. Doch zuvor biegt der Weg an der Waldecke kurz oberhalb am Tennisplatz scharf links ab, um von nun an gemeinsam mit dem Dreieck des Westerwald-Rundwanderweges (S. diesen!) den Steimel zu erklimmen, am Waldrand entlang mit großem Panorama zur Montabaurer Höhe, weiter durch abwechslungsreiches Waldland nach **Staudt** und zum Staudter Weiher. Auf der freien Höhe, die den Weiher trägt, das schöne Bild des Schlosses Montabaur mit der alten Stadt, nun vom einzelstehenden Aussiedlerhof am Damhirschgehege vorbei nach Eschelbach, bereits Stadtteil von Montabaur. Hier besaß vor dem Jahre 1000 Mathilde, die Enkelin Ottos des Großen einen Hof. - Unter der Autobahnbrücke der Strecke Frankfurt - Köln hindurch nun in die Stadtmitte zur Unterkunft und Besichtigung der Sehenswürdigkeiten der über tausendjährigen Stadt **Montabaur,** Kreisstadt des Westerwaldkreises (s. S. 244!).

4. Abschnitt:
Gelbach-Hangweg Montabaur - Gackenbach - Dies im Buchfinkenland (ca. 19 km)

Gelbachtal-Wanderungen gehören zu den beliebtesten im Westerwald. Während das Weihergebiet und die Kroppacher Schweiz zu Beginn dieses Wanderwegs 4 ihre Besonderheiten vorwiegend dem Wasser und seinen Einwirkungen auf die Natur verdanken, wiegt beim Gelbachtal mehr der Gebirgscharakter vor, besonders im unteren Teil bis zur Lahn. So hübsch und romantisch der Beginn bei Montabaur bereits erscheint - es wird je weiter immer schöner und geradezu großartig! Für den lieblichen Charakter des bekannten Feriengebietes in der Mitte spricht der liebevoll-lustige Name „Buckfinkenländchen".
Doch zunächst die Fels-Promenade im Waldrand neben den Bachauen in schönem Gegensatz von Hell/Dunkel-Grün. Am Hotel „**Waldesruh**" Aufstieg auf die Höhe zu einem schönen Rückblick auf Montabaur; kurz vor dem malerischen Hangdorf **Reckenthal** rechts ab, nun vor dem Waldrand eine geschützte markante Eiche, danach links durch eine lange Waldschneise über **Bladernheim** allmählich hinab nach **Ettersdorf** am Gelbach. Auf den Höhen ringsum ehemalige Basaltbrüche, der Dielkopf keltisch/germanische Fliehburg. Gegenüber in breitem Tal **Isselbach**

- auf beiden Hängen Ausblickshäuschen -. Zwischen **Giershausen** und dem **Karlsheim Kirchähr** verläuft der Weg auf der linken Bachseite, in Kirchähr die kleine romanisch-frühgotische ehemalige Pfarrkirche des ganzen Gebietes in malerischer Lage über dem Gelbachtal, darin Reste der alten Einrichtung, vor dem Friedhof eins der selten erhaltenen Tore. Vom steilen Aufstieg nach **Gackenbach** Talblicke, Empfang auf der Höhe durch eine knorrige geschützte Linde. Gackenbach ist mit dem **Hochwildschutzpark**, der breit bis zur Talsohle abfällt, der Haupt-Fremdenverkehrsort des Buchfinkenländchens (s. S. 274!). Je nach Tier-liebhaberei wird man dem schönen Wildpark mehr oder weniger Zeit widmen. Bei weniger sei empfohlen, noch den abschließenden Abstieg durch den Wald zum Gelbach nach **Dies** anzuhängen, um in der dortigen Hotelunterkunft auszuruhen. Die Zeiteinsparung kommt dem nächsten Tag zugute.

Noch ein Zwischenhinweis vor dem Abstieg nach Dies: Nur etwa 3 km von Gackenbach entfernt steht hoch über dem benachbarten **Hübingen** das **„Familien-Feriendorf"**, ein Ferienparadies für Familien mit Kindern (Natürlich auch ohne!). Wer sich's ansehen möchte: bitte! - Und dann von dort aus in sehr schönem, wenn auch kurzstreckig steilem Abstieg nach Dies.

5. Abschnitt:

Dies - (Grobley) - Eschenauer Hof - (Arnstein-Blicke) - Weinähr - Burg Langenau - Obernhof-Kloster Arnstein (ca. 12 km)

Wie wärs mit einem zusätzlichen Vormittags-Auf-und-Ab vom Hotel die wenig befahrene Waldstraße hinauf in einer Stunde auf die Höhenstraße, rechts ab Richtung Charlottenberg und wieder rechts (an der Markierung) in wenigen Minuten zur **Grobley!** Von diesem Fels aus ein Gebirgsblick, der jedem unserer doppelt höheren Mittelgebirge zur Ehre gereichte: tief unten die Spielzeughäuser von Dies an der Gelbachstraße, jenseits gegenüber hoch hinauf die birkenumsäumte Straße nach Hübingen - und über Hübingen der weiße Strich: die Feriendorfhäuser, nur durch den grünen Waldsaum vom Himmel getrennt. Weiter rechts auf der Höhe Gackenbach, von dort abwärts in breiter Mulde der Wildpark. Dies alles gemütlich von Ruhebänken aus hinter sicherem Geländer anzu-schauen - schier hochtouristisch. - Und nun wieder hinunter zum Gel-bach! (Gepäck konnte also untenbleiben). Gesamt etwa 2 Stunden.

Dies war also Dies! Alsdann wieder an die liebe 4 geklammert und gemütlich weiter am Hang über tiefeingeschnittenem, wild gewundenem Waldtal, dessen dunkelgrüne Steilhänge sich kulissenartig in- und übereinanderschieben. Tief drin die bunten Zelte des Campingplatzes **Eschenauer Hof** - und alles zusammen noch imposanter durch einen ganz einfachen Kniff: Während der Gelbach sich immer tiefer einsägt, bleibt der Wanderweg in gleicher Höhe, steigt sogar etwas an. Es ist ein einziges prächtiges Waldtheater, so etwa 1 1/4 Stunde lang bis zur Straße, die von Winden herabkommt. - Hier „Halt das Ganze!" Und mal wieder weg vom geraden Weg der Tugend (4); diese Straße bis hinter die große Kurve hinauf, nun links einen Feldweg hin zum hohen Hangrand und damit zu mehreren bezaubernden „Arnstein-Blicken": das schneeweiße Kloster umfangen vom grünen Waldwogen! Nach einer halben Stunde zurück zur Markierung und straßabwärts durch freies Gelände, an den Hängen viele ehemalige Weingarten-Terrassen, Namensursprung von **Weinähr** tief unten, in weiter schwungvoller Anlage in der letzten Schlinge des Gelbachs vor seiner Mündung in die Lahn. Hoch über dem Ganzen der „Goethepunkt", von Goethe gerühm-ter Aussichtsberg, dessen Ausläufer eine Trennmauer zwischen Weinähr und Obernhof an der Lahn bildet. Auch Weinähr bekannter Fremden-verkehrsort, mit Fachwerk-Rathaus und Vorstufenhäusern und mittelalter-licher Kapelle.

Nun noch den Schwung um den genannten Trennberg, und unsere treue 4 endet mit dem Gelbach an der Lahn - auch das noch in einem stolzen

Finale: mit der ehemaligen **Wasserburg Langenau,** in ihrem alten Gemäuer gut wiederhergestellt und gepflegt, hoch darüber und über der Lahn das **Kloster Arnstein,** ehemalige Ritterburg. Und am und auf dem Fluß ein buntes Gewimmel um Zelte, Wohnwagen, Boote bis durch **Obernhof** hindurch (s. S. 589!). Natürlich gehts noch hinauf jenseits der Brücke in Minuten zum Kloster. Wers noch schafft: über das Kloster hinaus auf etwas rumpligem Felsweg zu den drei Kanzeln! Für hier oben den letzten Film bereithalten! Denn das gibt Aufnahmen, an die man die ganze Schönheit der 4er Wanderung im Zuhause-Bericht aufhängen kann!

Ab Obernhof Bahn entlang der Lahn nach Nassau - Bad Ems - Lahnstein - Koblenz oder entgegengesetzt: nach Balduinstein - Diez - Limburg. Und Kraftpost in den Vordertaunus.

HAUPTWANDERWEG 5

Herdorf - Daaden - Friedewald - Bad Marienberg - Westerburg - Wallmerod - Nentershausen - Diez (62 km)

Bearbeiter: Karl Kessler

Mkg.: weiße 5 auf schwarzem Grund

1. Tag Herdorf - Bad Marienberg (15 km)
Gehzeit: ca. 4 Stunden

Von Herdorf aufwärts in östlicher Richtung, an der **Mahlscheider Kuppe** vorbei, durch Hauberge und Nadelholzwald zum **Hohenseelbachskopf** (530 m). In südlicher Richtung weiter durch Wald, über die „Hüllbuche" nach **Daaden.** Über den **Hahnenkopf** und vorbei am **Schimmerich** gelangt man bald nach Dorf und **Schloß Friedewald** (einst Sommerresidenz der Fürsten von Sayn-Wittgenstein-Berleburg, heute Ev. Sozialakademie). Von Friedewald weiter bis **Langenbach b. Kirburg** und auf schönen Waldwegen vorbei an einem Basaltsteinbruch, entlang der Grenze des **Truppenübungsgeländes Daaden,** zu dem an der Kleinen Nister gelegenen reizvollen Dorf **Lautzenbrücken.** Bald kommt man zum **Großen Wolfstein** auf der Marienberger Höhe und erreicht dann das vielbesuchte Kneipp-Heilbad **Bad Marienberg** im Hohen Westerwald.

2. Tag Bad Marienberg - Wallmerod (27 km)
Gehzeit: ca. 7 - 8 Stunden

Südlich Bad Marienberg durch den **Schorrberg** mit ausgedehnten Laubholzbeständen über die Höhe vorbei an **Großseifen** ins Tal der **Großen Nister.** Über den Holzsteg an der ehemaligen **Grube Alexandria** vorbei nach **Höhn.** Von dort nach **Öllingen** und durch Wald und Flur gelangt man bald nach **Hergenroth.** Auf dem Weg nach **Westerburg** schöne Ausblicke auf die Stadt und die Eisenbahnbrücke. Der Weg führt nun nach **Wengenroth** und **Girkenroth** über den **Watzenhahn** nach **Weltersburg,** das 1314 schon Stadtrechte erhielt (von der alten Burg auf dem Basaltkegel ist nur noch die Ruine eines kleinen Turmes vorhanden). Von der 435 m hohen Bergkuppe hat man eine imposante Fernsicht. Weiter geht es nach **Salz** (sehenswerte Pfarrkirche), und über **Bilkheim,** in dessen Gemarkung eine Hügelgräbergruppe aus vorgeschichtlicher Zeit festgestellt wurde, kommt man nach **Wallmerod.**

3. Tag Wallmerod - Diez (20 km)
Gehzeit: ca. 5 Stunden

Am Ortsausgang von Wallmerod an einem Quellbach des Eisenbachs entlang nach **Weroth.** Über den **Wellerstein** parallel zur A 15 nach **Nentershausen.** Unter der Autobahn her kommt man nach **Görgeshausen.** Dann führt der Weg am **Löwenstein** vorbei nach **Aull** und an die **Lahn.** Über der Lahn liegt Schloß Oranienstein, ehemalige Sommerresidenz der Fürsten von Nassau - Oranien. Dort stand früher das Nonnenkloster Dierstein. Der Lahn entlang ist nun **Diez** bald erreicht.

HAUPTWANDERWEG 6
Dieser Hauptwanderweg, der von Burbach über Rennerod, Dornburg und Hadamar nach Limburg führt, ist z. Zt. nicht markiert.

HAUPTWANDERWEG 7
Burbach/Würgendorf - Liebenscheid - Rehe - Mengerskirchen - Merenberg - Weilburg (44 km)
Bearbeiter: Karl Kessler

1. Burbach/Würgendorf - Liebenscheid - Rehe (20 km)
Am Heimhoftheater an der Wasserscheide beginnt der HWW 7 und führt in südwestlicher Richtung über **„Die Höh"** parallel mit dem Heller-Höhenweg. Dann geht es nach links hinab nach **Lützeln** und wieder aufwärts vorbei am **Siegerland-Flughafen** nach **Liebenscheid** (renovierte Barockkirche) auf den Hohen Westerwald. Über **Weißenberg** mit dem sagenumwobenen Ketzerstein (ND) gelangt man zur höchsten Erhebung des Westerwaldes, der **Fuchskaute** (656 m). (Von Liebenscheid bis zur Fuchskaute wird der WWV 7 vom X des Europäischen Wanderweges begleitet, der von hier aus den Westerwald in südwestlicher Richtung quert.) Leicht bergab führt unser Weg nach **Rehe** (Fachwerk-Rathaus mit Betsaal) zur **Krombachtalsperre.**

2. Rehe - Mengerskirchen - Merenberg - Weilburg (24 km)
Knapp westlich an der Krombachtalsperre vorbei gelangt man zum **Oberroder Knoten** (586 m), wo der HWW II kreuzt. Hier lohnt sich ein kleiner Abstecher zur Gedenkstätte von Adolf Weiß, dem die Westerwälder den Heimatgruß „Hui! Wäller? - Allemol!" verdanken. Vom reizvollen Naturschutzgebiet am Knoten geht es hinab am Galgenkopf und Heidenkopf (ND) vorbei nach **Mengerskirchen** mit seinem alten Schloß. Entlang an **Rückershausen** und **Reichenborn** erreicht man **Barig-Selbenhausen** und erblickt bald darauf **Merenberg** mit seiner markanten Burgruine, alten reich verzierten Fachwerkhäusern und der Appenkirche. Ein kurzes Abweichen vom Wanderweg 7, um Merenberg kennenzulernen, lohnt sich. Am Hang der vorgeschichtlichen Ringwallanlage Höhburg und nun gemeinsam mit dem HWW IV führt unser HWW 7 nach **Weilburg** mit dem großartigen Schloß, das lange Zeit Residenz der Grafen und Fürsten von Nassau-Weilburg war, und der Schloßkirche, in der auch der letzte Herzog von Nassau beigesetzt ist. Sehenswert das Innere des Weilburger Schloßes mit dem Museum, in dessen Sammlungen der Bergbau einen Schwerpunkt bildet.

HAUPTWANDERWEG 8
Haiger - Breitscheid - Heisterberger Weiher - Driedorf - Beilstein - Löhnberg - Weilburg (42,5 km)

1. Abschnitt: Haiger - Breitscheid - Heisterberger Weiher - Driedorf (17,5 km)
Die Wanderstrecke 8 beginnt in Haiger am **Marktplatz.** Sie führt von dort in südlicher Richtung entlang der **Hauptstraße,** bis die Bahnhofstraße nach Osten abbiegt. Von dort läuft sie parallel der Wanderstrecke 19 des SGV auf der **Donsbacher Straße** und biegt in Höhe des Hindenburghügels nach Südwesten ab, während die Wanderstrecke 19 nach Osten in Richtung Dillenburg weiterführt.
Der Weg führt durch den **Stadtwald** bergan, und im Lehmbachtal zwischen Wacholderberg und Hoherod berührt sie die **Blockhütte des Westerwald-Vereins Haiger.** Rast- und Grillmöglichkeiten bestehen hier.

Nach ca. 1000 m in südlicher Richtung stößt sie auf die sog. **Rheinstraße** und verläuft dann gemeinsam mit der Ortswanderstrecke 3 des Dillenburger Westerwald-Vereins, bis sie an die **L 3044** stößt, die von Langenaubach nach Breitscheid führt. Hier knickt die Wanderstrecke scharf nach Süden ab und führt an stillgelegten Bergwerken und Steinbrüchen vorbei nach **Breitscheid,** überquert die Bundesbahnstrecke Haiger-Breitscheid in der Nähe des Bahnhofes und stößt in Verfolgung der Strecke auf die **Kreisstraße Breitscheid-Medenbach.** Dieser folgt man in westlicher Richtung bis zur Mitte des Dorfes, um dann wieder nach Süden abzubiegen auf die **Kreisstraße Richtung Gusternhain.** Oberhalb von Breitscheid, wo die Kreisstraße nach rechts abbiegt, geht man geradeaus eine Schneise hoch, um oben wieder auf den **Verbindungsweg Rabenscheid-Gusternhain** zu gelangen. Man folgt diesem und erreicht unmittelbar oberhalb von Gustenhain das Wanderheim des Westerwald-Vereins Herborn **(Herborner Haus),** das an Wochenenden immer geöffnet ist.

Die Ortsstraße in **Gusternhain** wird in genau südlicher Richtung begangen. Bei dem bestehenden Laufbrunnen, wo die Kreisstraße nach Roth abbiegt, geht man geradeaus weiter und gelangt in südwestlicher Richtung zum **Heisterberger Weiher.** Hier ist ebenfalls die Möglichkeit der Einkehr gegeben.

Verzichtet man auf eine Rast an dieser landschaftlich reizvollen Stelle, so benutzt man ein kurzes Stück den Verbindungsweg zwischen Heisterberg und der Kreuzung an der **B 255.** Man überquert die B 255 und die Wanderstrecke führt dann vorbei am **Skilift des Höllberges** bis nach **Driedorf.**

2. Driedorf - Beilstein (7 km)

Die Strecke führt uns weiter in südöstlicher Richtung. Wir überqueren die Bundesbahnstrecke und biegen von der Kreisstraße, die nach Seilhofen führt, in südlicher Richtung ab, um nach **Münchhausen** zu gelangen. Nach Durchwandern des Dorfes biegen wir scharf nach Osten ab und gelangen nach **Beilstein.**

Hier lohnt es sich, einen kurzen Umweg zur Schloßruine zu nehmen; auch die Schloßkirche ist sehenswert.

3. Beilstein - Weilburg (18 km)

In der Nähe des Bahnhofes von Beilstein wandern wir in südlicher Richtung, vorbei am **Basaltbruch „Schmalburg",** nach dem 2 km entfernten **Rodenroth.** Kurz hinter dem CVJM-Heim biegen wir in östlicher Richtung ab und gelangen durch zum Teil herrlichen Hochwald nach **Löhnberg** ins Lahntal. Ein am Wege liegender Mineralbrunnen lädt zu kurzer Rast ein.

Ab Löhnberg führt die Wanderstrecke über die Bundesstraße nach **Weilburg.** Es besteht ein Bürgersteig, aber trotzdem ist es keine schöne Streckenführung.

Das nachfolgende Rezept möge dem Leser Anregung geben, selbst einmal „Wäller Kost" zu kochen und zu backen oder auch Erinnerungen an längst vergangene Zeiten aufzufrischen.

Neujahrs - Gebäck (Naujohrcher)

Zutaten: 1/4 Ltr. Milch, 250 g Mehl, 250 g Kornmehl, 20 g Hefe, etwas Salz, Zucker, gemahlene Nelken, ganzer Anis, Pfeffer und Muskat

Zubereitung: Zutaten zu einem Teig anrühren und aufgehen lassen. Teig ausmangeln und mit einer Tasse zu Plätzchen ausstechen, noch einmal aufgehen lassen und backen.

Die erste Woche im Neuen Jahr ohne Naujohrcher ist für echte Westerwälder besonders aus dem Gebiet der früheren „Herrschaft zum Westerwald" einfach undenkbar.

(Alle Rezepte wurden entnommen der Sammlung Karl Kessler, Landschaftsmuseum Westerwald in Hachenburg.)

RAND-WANDERWEGE

SIEG - HÖHENWEG

Bearbeiter: Hermann Josef Roth

Vorbemerkung: Der Lauf der Sieg kann über zwei Höhenwege erwandert werden. Der nördliche Sieg - Höhenweg rechts des Flusses verläuft im Wandergebiet des Sauerländischen Gebirgsvereins und wird von diesem betreut. Deshalb wird hier nur der südliche Höhenweg links des Flusses beschrieben, für den der Westerwald-Verein zuständig ist.
Der Weg kann in drei Tagen bewältigt werden, doch sollte man wegen der Sehenswürdigkeiten besser vier Tage einplanen. Eine entsprechende Alternative ist angegeben.

Blankenberg - Stromberg - Marienthal - Alsdorf - Freusburg
Strecke: 76 km   -   **Mkg.:** weißes S

1. Blankenberg - Stromberg (22 km)

Aufstieg vom Bahnhof zum mittelalterlichen Städtchen. Nach dessen Besichtigung durch das südliche Tor, rechts um die alte Befestigung bis zur Baumgruppe. Links durch den Hohlweg bergab in das Tälchen, dem Bachlauf aufwärts folgen, entlang **Ahrenbach** und auf dem Fahrweg nach **Süchterscheid.** Östlich der Landstraße nach **Fernegiersbach** folgen, kurz vor dem Bach links dem Waldrand entlang, dann rechts über die Brücke, wenige Schritte wieder auf der Landstraße bis zum Wegekreuz. Dort nach rechts einbiegen und parallel zum Bachlauf weiter am Waldrand entlang. Nach etwa 800 m links in den Wald und den Weg bergauf nehmen bis zur Landstraße, der man nach links folgt bis Fernegiersbach. Hier nordöstlich dem Hohlweg durch den Wald folgen bis ins Tal des **Kra-Baches,** diesen überqueren, etwa 300 m nach links den Waldrand entlang, rechts abbiegen und durch den Wald ostwärts bergan nach **Irlenborn.** Hier an der Schule vorbei und ostwärts am Waldrand entlang nach **Scheidsbach,** weiter durch den Wald ins Tal des **Eitorfer Baches,** der gegenüber **Burg Welterode** erreicht wird. An dieser rechts vorbei und den Fußweg bergan nach **Mierscheid.** Südwärts beim Kreuz in den Wald, bei dessen Durchquerung die Richtung beibehalten. Durch Wiesen nach **Keuenhof** und südwärts über die Landstraße nach **Stein.** Hier ostwärts in den Wald, vorbei am Forsthaus **Hüppelröttchen.** Erst nördlich, später südöstlich durch die Hochwälder des **Leuscheid.** An der Wegekreuzung (Hütte) in östlicher Richtung bergab in das **Mühlenbachtal,** diesem folgend oder noch weiter in östlicher, dann südlicher Richtung durch den Wald nach **Stromberg.**

2. Stromberg - Marienthal - Wissen (22 km)

Über die Siegbrücke, dann ein Stück dem Fahrweg entlang des **Kessel-Baches** folgen, links über den Bach und in einer weiten Kehre zu den vorgeschichtlichen Ringwällen, im Wald aufwärts bis zur Landstraße, diese überqueren und in Richtung **Kuchhausen** weitergehen, wo man bei den ersten Häusern links einbiegt, um den direkten Weg nach **Niederirsen** zu erreichen, der kurz durch ein Waldstück und an einem Wasserbehälter und einem Umformer vorbeiführt. In Niederirsen über **Friedenthal** der Fahrstraße nach **Ölsen** folgen, durch diesen Ort zunächst in Richtung Heupelzen, gleich am Waldrand links abbiegen und durch den Wald zum **Beulskopf** (389 m) mit lohnender Fernsicht. Bergab nach **Hilgenroth.** Hier an der Kirche vorbei und sofort an der Straßenbiegung die Ortsstraße verlassen und genau östlich durch den Wald weitergehen und nach **Marienthal** hinabsteigen. (**Alternative:** Übernachtung. Am 3. Tag bis Alsdorf: 21 km). - In östlicher Richtung am Waldrand hoch und nach ca. 150 m links abbiegen, an den Häusern nach rechts und durch den Hohlweg zum Bach hinab, nach dessen Überschreitung links abbiegen

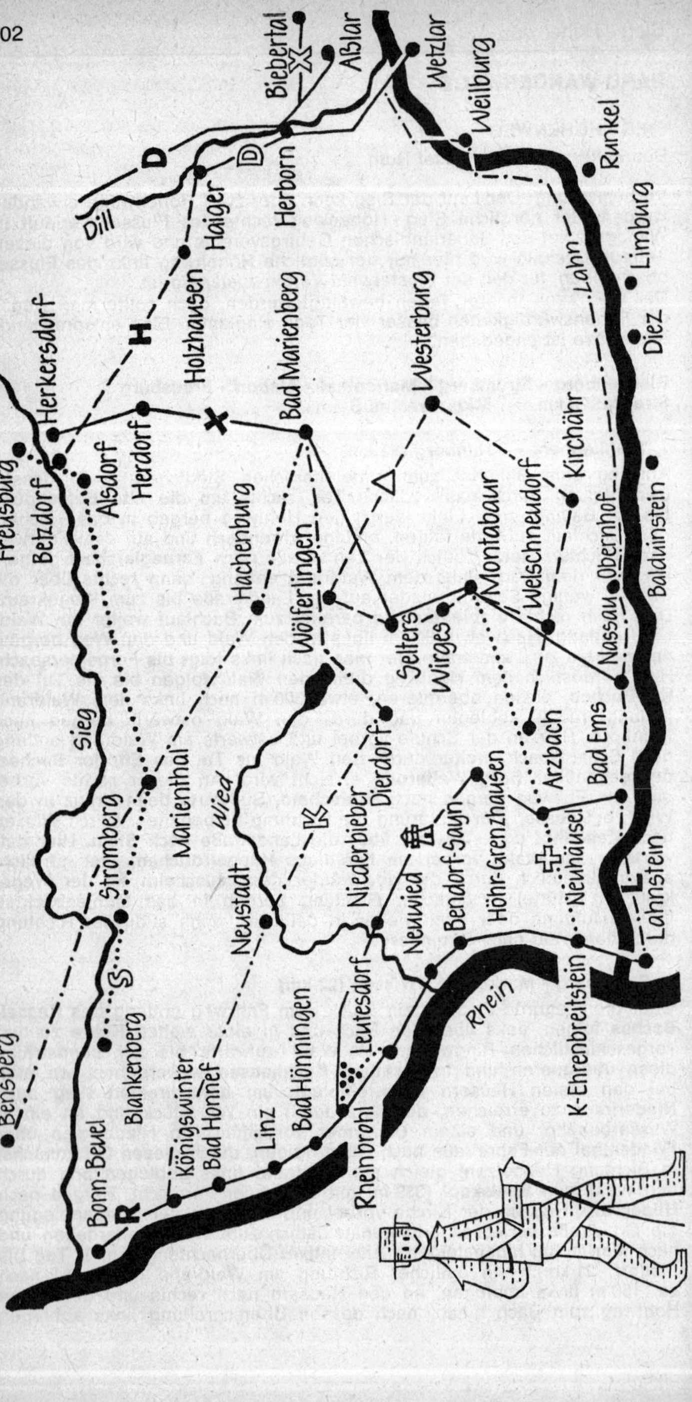

Biebertal
Aßlar
Wetzlar
Weilburg
Runkel
Herborn
Haiger
Dill
Limburg
Lahn
Diez
Bad Marienberg
Holzhausen
Westerburg
Herkersdorf
Kirchähr
Baldiustein
Freusburg
Betzdorf
Alsdorf
Herdorf
Hachenburg
Wölferlingen
Montabaur
Welschneudorf
Nassau Obernhof
Sieg
Selters
Wirges
Arzbach
Bad Ems
Stromberg
Marienthal
Wied
Niederbieber
Dierdorf
Neuhäusel
Lahnstein
Bensberg
Neustadt
Neuwied
Bendorf-Sayn
Hönr-Grenzhausen
Bonn-Beuel
Blankenberg
Königswinter
Bad Honnef
Linz
Bad Hönningen
Leutesdorf
Rheinbrohl
K-Ehrenbreitstein
Rhein

und in nordöstlicher Richtung durch den Wald nach **Seelbach**, wobei man in dem letzten Waldzipfel gleich den Weg rechts am Wasserbehälter vorbei nimmt und so unmittelbar nach dem Ortsteil **Oberseelbach** gelangt. Dort wendet man sich alsbald nach rechts und folgt dem Seelbach ein Stück in Richtung **Haderschen**, bald links ab und hinauf zur **B 256**. Dieser ca. 500 m nach Norden folgen und rechts ab nach **Hohensayn**. Auf der Straße bergab nach **Thal** und über die Nisterbrücke. Die Landstraße talab bis **Hahnhof** und weiter nach **Wissen**.

3. Wissen - Alsdorf - Freusburg (32 km)

Von der Köttinger Höhe geht es beim Wissener Ortsteil **Endepfuhl** ostwärts hinab ins **Selbachtal**, ein kurzes Stück die Straße entlang und vor der Überlandleitung in gleicher Richtung weiter nach **Bodenseifen** und über das Brückchen bei **Dohm** und **Loche** auf die Landstraße im Elbbachtal. Diese wird auf dem Abzweig nach **Appigseifen** wieder verlassen, dann in nordöstlicher Richtung über **Karseifen** nach **Mittelhof**, weiter über das **Forsthaus Teufelsbruch** am **Wildpark** vorbei und auf dem bewaldeten Bergrücken (Aussicht ins Elbbach- und Siegtal) südöstlich über den **Taubestock**, die Landstraße Steineroth - Betzdorf überqueren und durch die Wälder am **Alsberg** hinab in das Tal der Heller nach **Alsdorf**. (**Alternative:** Übernachtung in Alsdorf oder Betzdorf. Am 4. Tag zur Freusburg: 18 km). - Vorbei an der Alsdorfer Kirche, am Burgberg entlang und über den Eisenbahntunnel. Vor der Überlandleitung bergan, die Grünebacherhütte bleibt rechts liegen. Der Weg folgt dem Höhenzug und umgeht in weitem Bogen den östlichen Ausläufer des **Imhäuser Tales**. - Entgegen der offiziellen Wegführung sollte man unbedingt beim Verlassen des Waldes an dessen Rand entlang bis zum mit Bildstöcken gesäumten Pilgerweg gehen und einen Aufstieg zum imposanten **Druidenstein** machen. - Von **Herkersdorf** bis zur Landstraße nach Kirchen, diese überqueren und in den Wald gehen, diesen aufwärts steigen zwischen dem **Kahlberg** (Aussichtsturm) und dem **Weißenstein**. Später entlang der Hochspannungsleitung über den **Langen Hahn**, dann bergab und bei **Brachbacherhütte** die Sieg überschreiten. Steiler Aufstieg zum **Giebelwald**, allmählich sanfter werdende Steigung bis zum höchsten Punkt (527 m). Am Kahlschlag Fernsicht! Der Sieg - Höhenweg wendet sich nun wieder nach Westen und führt durch Hoch- und Haubergswald zum Ort **Freusburg**. Von dort beschilderter Aufstieg zur gleichnamigen Burg mit Jugendherberge.

DER HELLER - HÖHENWEG

Betzdorf - Hohenseelbachskopf - Holzhausen - Haiger (35 km)

Markierung: H

Von **Betzdorf** über **Alsdorf** zum **Bahnhof Grünebach** und nach Überschreiten des Daadetales durch Feld hinauf zur Hachenburger Höhe. Über einen Bergsattel weiter in südlicher Richtung durch Wald zur **Hüllbuche**. Von hier ab mit dem Wegzeichen WV 5 bis zum **Hohenseelbachskopf** (lohnende Aussicht auf die nähere und weitere Umgebung). Wir folgen dem Grenzweg zwischen Nordrhein-Westfalen und Rheinland-Pfalz, dabei immer den Wald durchschreitend, bis zu den **Trödelsteinen**. Jetzt geht der Weg abwärts zur Peterszeche im **Buchhellertal**. Wir folgen dem Fußpfad, der hinauf zur Straße Stein-Neukirch - Burbach führt, überschreiten diese in Richtung auf den „Großen Stein". Ein Waldweg führt hinunter nach **Holzhausen**, das herrlich im Hickengrund und der großen Bahnschleife Haiger - Dresselndorf - Würgendorf vor uns liegt. Von Holzhausen durch den Hickengrund an der Mühle vorbei, gelangen wir nach Überschreiten der Bahn wieder in den Wald und erreichen **Haiger**.

DILL - HÖHENWEG RECHTS DER DILL: DILLQUELLE - WETZLAR

Mkg.: Weißes D auf schwarzem Grund
Bearbeiter: Ernst Heckenroth

1. Halger - Dillenburg (ca. 7 km)

Die Markierung beginnt am **Bahnhof Halger.**
Hier endet auch das Anschlußstück des Wanderweges links der Dill, als
Zubringer mit schwarzem D, das bei der Haigerer Hütte in den Wander-
weg links der Dill einmündet.
Die Wanderstrecke rechts der Dill führt vom Bahnhof in Richtung Stadt-
mitte bis zum **Hotel Fuchs,** biegt hier links und kreuzt die DB-Strecke
Haiger - Betzdorf. Wir kommen in die **Industriestraße** und folgen dieser
bis zum **Betonwerk Rink.** Kurz hinter den Sandsilos beginnt rechts ein
Fußweg, der zur früheren **Grube Hachelbach** führt. Am ehemaligen
Maschinenhaus stoßen wir auf das liegende Kreuz der SGV - Wanderstrecke 19, mit der nun der Dill-Höhenweg gemeinsam in Richtung
Dillenburg verläuft. An der scharfen Rechtsbiegung haben wir einen
herrlichen Rückblick über Haiger zu den Höhen der Kalteiche. Im an-
schließenden Tal geht der Weg steil bergauf und führt an der linken
Seite eines Wiesentales zu einem gut ausgebauten Weg, dem wir ca.
200 m in südwestlicher Richtung folgen. Hier stoßen wir auf die **alte
Rheinstraße,** die in östlicher Richtung nach **Dillenburg** führt. Die **Auto-
bahn** wird unterquert und wir kommen über den **Kutschenweg** zum
Wilhelmsturm, dem Wahrzeichen Dillenburgs.
Ein schöner Blick auf die Altstadt und ins Dilltal, ehe wir über die
Treppen, an der Jugendherberge vorbei, in die Stadt hinuntersteigen.

2. Dillenburg - Herborn (ca. 9 km)

Wir verlassen Dillenburg in südlicher Richtung über die **Wilhelmstraße**
mit den schönen alten Verwaltungsgebäuden und dem Landgestüt,
wandern am **Friedhof** vorüber und rechts aufwärts durch den Ortsteil
Feldbach. Die **Autobahn** wird unterquert und die Markierung führt links
ca. 1 km entlang der Autobahn. Dann geht der Weg rechts abwärts durch
niederen Wald zum **Neuhaus,** einem früheren Forsthaus, jetzt ein beliebter Ausflugsort. Wegstrecke ca. 5 km.
Von hier verläuft der Weg, im ersten Teil gleichlaufend mit der Herborner Wanderung H 4, durch ein Waldstück zur **Landstraße Uckersdorf -
Burg.** Nach 200 m in Richtung Burg führt ein Fußweg über eine Steinbrücke quer durch das **Ambachtal,** unter der Autobahn hindurch, über
die Gleise der Bahnstrecke Herborn - Schönbach auf einem Waldweg
nach **Burg.** Ca. 100 m vor dem Bahnhof Burg/West geht die Straße steil
rechts aufwärts zur Höhe des bebauten **Waitzbergs.** Wir wandern weiter
rechts aufwärts bis zur Autobahn, dann links an der Bahn entlang durch
Wald zur Höhe über Herborn. Mit wechselnden Ausblicken ins Dilltal,
auf die alte Stadt und die Westerwaldberge kommen wir über den
Dollenberg hinunter nach **Herborn.**
Die Markierung führt zum Bahnhof und für weiter Wandernde durch die
Hauptstraße.

3. Herborn - Greifenstein (ca. 10 km)

Ca. 7 km sind gleichlaufend mit dem Herborner Wanderweg H 1
Wir durchwandern die alte **Hauptstraße,** biegen am Ende rechts in die
Westerwaldstraße ein und nach ca. 200 m links in die **Austraße.** Es ist
zugleich die Landstraße Herborn - Merkenbach. Wir kommen an der
Landesheilanstalt vorbei, unterqueren die **Autobahn** und verlassen die
Landstraße bei dem **Drahtwerk.** Hier biegt unser Weg links ab, wir
kreuzen den Zubringer zur Autobahn, sowie die Landstraße Merkenbach
- Sinn und wandern auf Feld- und Graswegen aufwärts. Auf der ersten
Höhe herrlicher Rückblick auf Herborn mit den umgebenden Bergen und

Wäldern. Die Wanderung führt weiter rechts aufwärts zur nächsten Höhe. Unter uns liegt Merkenbach, rechts sehen wir den Wasserturm des Rehbach-Kraftwerkes. Wir wandern links ein Stück durch Wald und am Waldrand rechts abwärts zur Landstraße **Merkenbach - Fleisbach.** Nach ca. 100 m auf der Straße abwärts geht die Markierung rechts ab durch Buchenwald. Wir überqueren den Wiesengrund und den Bach und steigen auf steilem Fußpfad, dann auf Waldwegen durch Buchenwald aufwärts. Ein von Fleisbach hochführender Wiesengrund wird überquert, und der Fußweg führt weiter aufwärts zur Höhe vor **Greifenstein.** Ein überwältigender Fernblick über das Dilltal, das mächtige Waldgebiet der Hörre, auf Hohensolms und den dahinterliegenden Dünsberg belohnt die Mühe des Aufstiegs.

Die weithin sichtbare Ruine des Greifensteins wurde in den letzten Jahren vom Greifenstein-Verein mustergültig restauriert und vor dem völligen Verfall gerettet.

4.   Greifenstein - Dianaburg (ca. 8 km)

Unsere Markierung führt unterhalb der neuen Landstraße auf der alten Straße über Buchenwald in hohem Buchenwald durch die **Heilstätte Waldhof Elgershausen** zur Landstraße. Nach ca. 3 km überqueren wir die **Landstraße Holzhausen - Katzenfurt** und wandern oberhalb des Altersheims auf breiten Waldwegen weiter. Wir kommen am **Welscherborn** vorüber, wo eine Tafel auf ein historisches Ereignis hinweist, und erreichen auf der Höhe des Kesselberges das **Jagdschlößchen Dianaburg.** Der Turm wurde 1843 vom Grafen Solms-Braunfels erbaut; er ist zur Zeit verpachtet und an Wochenenden bewirtschaftet.

5.   Dianaburg - Wetzlar (ca. 15 km)

Von hier geht es weiter auf der **alten Hohen Straße** nach Wetzlar, gleichlaufend mit der Ost-West-Wanderung III.
In südwestlicher Richtung zweigt nach 200 m unsere Markierung links ab, führt an der **Leuner Burg** vorbei und überquert nach 2 km die **Landstraße Ehringshausen - Leun.** Der Weg geht geradeaus weiter zum **Junker-Johannes-Platz,** einer Raststelle im Wald mit Bänken, dann links ab, über einen Wiesengrund und weiter durch Hochwald. Am **Hackenberg** schöner Fernblick ins Dilltal. Wir kreuzen eine von Berghausen nach Oberbiel im Lahntal führende Straße und später eine vom Aßlarer Wanderheim zum Kloster Altenberg angelegte Markierung. Durch hohen Laubwald geht es weiter, bis wir auf der Höhe vor **Wetzlar** aus dem Wald kommen.
Der Weg führt nun durch Felder und neue Siedlungen, wir überqueren zum letzten Mal die Dill, die hier in die Lahn mündet, ehe wir unser Ziel, die alte Stadt an der Lahn, erreichen.

DILL - HÖHENWEG LINKS DER DILL: DILLQUELLE BIS ASSLAR

Bearbeiter: Karl Gattermann
Gesamtstrecke: 51 Kilometer
Mkg.: schwarzes D auf weißem Grund

1.   Dillquelle - Dillenburg (20 km)

Die Dill entspringt am Südhang der Haincherhöhe, etwa 500 m vom Kamm entfernt. Unsere Wanderung beginnt an der **Dillquelle** 520 m NN. Die Quelle ist gefaßt; in der unmittelbaren Nähe befindet sich eine überdachte Grillgelegenheit mit Bänken und Tischen. Der Wanderweg verläuft von der jungen Dill aus auf gut markierten Waldwegen - teils auf der linken Seite, teils auf der rechten Seite des Baches - bis zum „Forsthaus Offdilln" und von hier bis zur **Straße Weidenthal - Offdilln.**

Nach etwa 500 m auf der Straße biegen wir an einem Trafomast am
Ortseingang von **Offdilln** links ab (gut markiert). Nach ca. 600 - 700 m
Steigung erreichen wir den Waldrand. Von da führt der Weg kurz nach
rechts und dann wieder nach links bis zu einem **Steinbruch**. Hier werden wir mit einem herrlichen Rundblick belohnt: Im Vordergrund liegt
der Ort Offdilln, dahinter liegen die bewaldeten Dill-Berge und (ganz im
Hintergrund) die Haincher-Höhe und die Höhenzüge der „Kalteiche".
Beim Weiterwandern sehen wir etwa $^3/_4$ Stunden später - aus dem Wald
kommend - im Tal die ersten Häuser von **Niederroßbach**. Nach weiteren
500 - 600 m befindet sich links an einem Obstbaum unsere D-Markierung
mit dem Hinweis, daß der Wanderweg nach rechts zur Höhe führt.
Nach einer kurzen Steigung haben wir wieder einen ausgezeichneten
Rundblick bis zur Autobahnbrücke bei Haiger und auf den Ort Rodenbach.
Die Wanderung führt nun vorbei an einer Kieferngruppe, zu einem
Fischteich. Wir überqueren den Zufluß des Teiches, gehen quer über
eine Wiese (leicht links) zum gegenüberliegenden Waldrand und dann
wieder nach links, bis wir nach etwa 10 Minuten einen „geteerten Feldweg" erreichen.
(Vom Fischteich bis zum „geteerten Weg" ist es dringend erforderlich,
auf die Markierungen zu achten!)
Weiter geht es bis zum **Sportplatz** (Markierung an einem Baum unmittelbar am Sportlerheim) und von hier durch den Wald in Richtung **Rodenbach**.
Kurz vor Rodenbach müssen wir etwa 400 m die **Umgehungsstraße** bis
zur 2. Dillbrücke benutzen und biegen am Straßenschild **„Manderbacher
Weg"** links in den Ort ein (Rastgelegenheit in der „Bergschänke"; bei
größeren Wandergruppen ist für Mittagessen Voranmeldung erforderlich).
Der Wanderweg führt dann, an der Straßenkurve abbiegend, über einen
Feldweg in Richtung Haiger weiter. Nach etwa 500 m kommen wir an
eine Viehkoppel, umgehen diese (Markierungen an den Einfriedungs-
posten) und wandern durch den **Forst Dillenburg** bis zur **Autobahn-
Unterführung** bei Haiger.
Hier müssen wir nach links abbiegen (Markierung fehlt), dann an der
Dill entlanggehen bis zur ersten asphaltierten Straße am Ortsausgang
von **Haiger**. Von da führt der (schlecht) markierte Weg wieder in Rich-
tung Autobahn.
Wir bleiben zunächst auf der Dillseite der Autobahn bis kurz vor **Sechs-
helden**, gehen unter der Autobahn durch, und dann sind wir auf die
Ortsstraßen in Sechshelden angewiesen.
Nachdem wir uns in Sechshelden durchgefunden haben, erreichen wir,
nach der Karte links der Dill weiterwandernd, **Dillenburg**.
Wanderstrecke Dillquelle - Haiger: 15 Kilometer;
Wanderstrecke Dillquelle - Dillenburg: 20 Kilometer.

Vorschläge für eine Übernachtung:

1. in Haiger oder Sechshelden, morgens dann mit Bahn oder Bus
   nach Dillenburg, um die wenig interessante Wanderstrecke zwischen Haiger und Dillenburg zu überbrücken;
2. in Dillenburg.

2. Dillenburg - Bellersdorf (20 km)

Wir beginnen den 2. Teil der Wanderung an der **„Obertorbrücke"** in
Dillenburg, gehen in südlicher Richtung bis zur **Straßenbrücke Nanzenbach - Eibach**, biegen hinter der Brücke gleich nach rechts ab und
laufen am Bahnkörper (gegenüber Bahnhof Dillenburg) entlang bis zum
Eingang des **Bundesbahnbetriebswerkes**.
Hier „klettern" wir auf einem kleinen Trampelpfad links hoch, überqueren den Gleisanschluß für die **TEXACO**, gehen an der Einfriedigung
des **Müllplatzes** vorbei und klettern dann nochmals im Wald hoch bis
an einen Weg.

An Bombentrichtern des 2. Weltkrieges vorbei, durch Hecken und Brombeersträucher, wandern wir auf diesem Waldpfad weiter, bis wir - aus dem Wald kommend - die **„Adolfshütte" bei Niederscheld** vor uns liegen sehen. Kurz vor den Gebäuden überqueren wir nochmals die Gleisanlagen und finden an der Mauer der Adolfshütte unsere D-Markierung wieder.

An der Dillbrücke in Niederscheld überqueren wir die Bundesstraße. gehen dann an der ersten Straße nach der Brücke rechts weiter und durch die Wiesen an der Dill entlang bis zur **Kläranlage von Niederscheld.** Kurz davor biegen wir links ab und kommen nach etwa 300 m an eine Bankgruppe.

Nunmehr bieten sich 2 Möglichkeiten für die weitere Wanderung an:

a) Wir gehen den markierten (auf der Karte eingezeichneten) Weg durch den Wald hoch bis zur Höhe 329,3 und dann bis Burg; oder

b) wir nehmen den kürzeren (nicht auf der Karte eingezeichneten) aber auch markierten Weg am Vorderhang entlang (mit Blick ins Dilltal), ebenfalls bis Burg.

An den **Burger Eisenwerken** überqueren wir die Bundesstraße 255 nach Gladenbach bis zur **Neuen Aartalbrücke.**

Wegen umfangreicher Bauarbeiten und neuer Straßenführungen bleibt es dem Wanderer überlassen, entweder die Straße bis zum Bahnhof **Herborn** zu benutzen oder sich selbst anhand der Wanderkarte den Weg zu suchen.

Wir würden auf jeden Fall einen Bummel durch das romantische Städtchen empfehlen.

Am **Bahnhofsvorplatz** finden wir die D-Markierung an einer Kiefer neben dem Blumenhaus Schupp. Wir wandern von hier zur B 277, überqueren die Bahnanlagen und gehen auf dem Fußweg neben der Straße bis links an die Anlagen von **Propangas-Wiesner.** (Die Markierung ist leicht auf der rechten Seite der Straße an der Bahnbushaltestelle zu finden). Hier biegen wir links ab. Nach etwa 800 m Steigung wenden wir uns nach rechts und sind dann auf dem **„Rennweg".**

Die Markierung ist jetzt gut sichtbar. Nach einer Rast am **„Referendarkreuz"** (im Straßenbeton eingeritzt) überqueren wir nach etwa 1 km die **Verbindungsstraße Sinn - Ballersbach** und kommen bald zu einem der schönsten Aussichtspunkte der D-Wanderung: dem **Westerwaldblick** - 392 m - mit sehr gut ausgebauten Grillanlagen und überdachten Bänken und Tischen.

Bei gutem Wetter bietet sich dem Wanderer ein ausgezeichneter Rundblick: zum Höllkopf (648 m), auf die bewaldeten Höhen bis Merkenbach und Gusternhain und nach rechts bis Tringenstein im Rothaargebirge.

Unser Wanderweg aber führt weiter auf dem **„Rennweg",** bis wir nach etwa 1½ Stunden **Bellersdorf** erreicht haben.

3. Bellersdorf - Aßlar (11 km)

Etwa 50 m hinter dem Ortsschild (von Herborn kommend) finden wir an einer Einfriedungsmauer unsere D-Markierung.

Hier biegen wir rechts ab und haben nach ca. 200 m den Waldrand erreicht. Nach weiteren 300 m (Markierung dringend beachten!) scharf links vom Weg abgehen und quer durch den Wald nach unten in Richtung der **Talwiesen.** Hier achten wir wieder auf die Markierung und benutzen den Wanderweg, der rechts im Wald weiterführt. (Der Weg in den Wiesen ist zwar landschaftlich reizvoller, aber bei nassem Wetter schlecht begehbar). Über schöne Waldwege erreichen wir den ersten **Fischteich** und wechseln dann kurz hinter dem Teich auf die linke Seite des Baches (im Volksmund „Westerlemp" genannt).

Nach ungefähr ¾ Stunden sind wir in **Oberlemp** (Ortsteil Aßlar).

Oberlemp (250 m) hat 500 Einwohner (zu empfehlen Gasthof Münch). Wir gehen bis zur Ortsmitte, biegen dann scharf rechts ab und wandern auf der Straße nach **Bechlingen** weiter. Nach ca. 600 m geht es links in den Wald ein. Der Wanderweg steigt nun stark an. Nach etwa 1,7 km liegt links unseres Weges der **„Adlerhorst"**, 343 m. (Vom „Adlerhorst" hat man keine Aussicht).

Der Wanderweg bleibt nun auf der Höhe und führt durch Hochwald, bis wir nach 4,0 km **„die Dreiherrensteine"** (400 m) erreichen.

Hier trafen früher 3 Hoheitsgrenzen zusammen, heute sind es nur noch Gemarkungsgrenzen. Wir sind nun schon im **Aßlarer Wald.** Nach einer kurzen Steigung fällt der Weg ab und geht dann fast eben weiter. Links hört der Wald auf - wir sind am Punkt 286 angelegt. Hier steht eine Wandertafel für die Rundwege im Aßlarer Wald. In der Nähe befindet sich der Aßlarer Grillplatz mit Hütte und Trimm-Dich-Anlagen.

Wir wandern weiter am Waldrand entlang und haben eine gute Fernsicht auf Wetzlar mit Stoppelberg und Kalsmunt. Vor uns liegt die Autobahn, die Sauerlandlinie.

Bei Punkt 269 biegen wir links ab und gehen über die Autobahnbrücke. Nach kurzem Aufstieg sind wir an den ersten Häusern von Aßlar. Von der Höhe haben wir noch einmal einen umfassenden Rundblick auf Aßlar und Umgebung.

Dann wandern wir von der Höhe hinab durch das Dorf und erreichen nach etwa 15 Minuten das Endziel der 51-km Dillwanderung: das Rathaus in **Aßlar** (162 m).

Am Rathaus finden wir eine Auskunftstafel unseres D-Weges. Nebenan steht eine große, übersichtliche Wanderübersichtstafel über alle Wanderwege und Ziele der näheren und weiteren Umgebung von Aßlar.

DER LAHN - HÖHENWEG (RECHTS DER LAHN)

Wetzlar - Weilburg - Runkel - Limburg - Diez - Balduinstein - Obernhof - Nassau - Bad Ems - Lahnstein

Bearbeiter: Otto Krämer und Erwin Finger

1. Wetzlar - Stadt Leun (17 km)

Wer den Lahnhöhenweg von Wetzlar aus wandern will, fährt am besten vom Bahnhof mit Buslinie 16 bis zur Dillbrücke an der Altenberger Straße: werktags alle 20 Minuten, sonntags alle volle Stunde. Der Weg vom Bahnhof zum Ausgangspunkt dieses Wanderweges bietet keinen Anreiz, diese lange Strecke zu Fuß zurückzulegen.

Von der Dillbrücke geht es ein kurzes Stück durch die Altenberger Straße bis zum Bahnübergang, dann links ab, immer neben dem Bahnkörper her, zwischen Schrebergärten bis zum Lahnufer. Hier nun rechts unter der Eisenbahnbrücke durch und immer über einen Feldweg, teilweise betoniert, wo früher wohl der Treidelweg herging. Nach 1,0 km Beton-Hochspannungsmast, wenige Schritte hinter diesem rechts ab, durch eine Unterführung unter der Autostraße und geradeaus weiter zur Anhöhe. Hier wieder links ab über einen festen Feldweg, langsam ansteigend, zum **Kloster Altenberg,** welches hinter einem kleinen Wäldchen verborgen liegt. Von diesem Weg aus hat man einen schönen Blick ins Lahntal und auf Wetzlar mit Umgebung. Halblinks sieht man in der Ferne die malerischen Umrisse von Schloß Braunfels.

Nun kommt man in den Klosterbereich. Der Wanderer sollte sich etwas Zeit nehmen und das eigentliche Kloster aufsuchen. Am Eingang ist auf der linken Seite eine kleine ländliche Gastwirtschaft. Dahinter der frühere Klostergutshof, heute dem Grafen von Solms-Braunfels gehörend. Nach Durchschreiten dieses großen Gutshofes stößt man auf die alte Klosterkirche und die z. T. neu errichteten Klostergebäude.

Der Wanderer sollte nicht versäumen, von der Terrasse vor dem Klostereingang einen Blick über das Lahntal und zu den Höhen des Taunus schweifen zu lassen. Auf dem weiteren Weg geht es geradeaus an der kleinen Gastwirtschaft vorbei. Nun in den linken Weg hinein auf ein alleinstehendes Haus zu. Bevor wir an dieses Haus kommen, geht nach links ein Fahrweg ab, dem wir folgen. Nach kurzer Wegstrecke überschreiten wir einen kleinen Bach und halten uns an der nächsten Wegkreuzung wieder links. Vor uns rechter Hand ein Wiesenhang zwischen Feldern, mit Sträuchern und kleinen Bäumen bestanden, an dem wir untenher vorbeigehen. Hinter diesem Gehölz dann rechts herum, einen Feldweg überqueren und in der gleichen Richtung weiter, immer zwischen großen Felderflächen hindurch bis zur Höhe. Von dort aus sehen wir weit vor uns eine alleinstehende Eiche mit einem Jägerhochsitz. Daran vorbei bis zum Waldrand gehend folgen wir nicht dem Weg in den Wald hinein (Drahtseilbahn über uns), sondern gehen am Waldrand entlang nach halblinks über einen Wiesenhang abwärts zur Straße.

Auf dieser Straße geht es nach links, etwa 100 m bis auf die andere Talseite, und gleich hinter der Brücke nach rechts in einen Feldweg, der bald in den Hochwald mündet. Dieser Weg führt nun teils durch den Wald, teils am Waldrand vorbei talaufwärts und mündet nach ca. 500 m in ein kleines Nebental, welches von links kömmt. Wir bleiben auf dem Weg und gehen im Nebental aufwärts, bis wir nach einiger Zeit an einen breiten befestigten Waldweg kommen. Diesem Waldweg folgen wir nun nach links und gehen aufwärts, bis zu einer schmalen Waldstraße auf dem Höhenrücken.

Der Waldstraße folgen wir nach rechts, kommen nach ca. 300 m an eine Weggabelung und halten uns dort nach links. Nach ca. 800 m sind wir am Waldrand, wo wir eine einzigartig schöne Aussicht über das Lahntal zu den fernen Taunusbergen haben, überragt von der Silhouette des Schlosses Braunfels. Vom Waldrand führt ein asphaltierter Weg zwischen Feldern und Wiesen ins **Grundbachtal bei Niederbiel.** Unten gehen wir in den ersten Weg, der nach rechts abzweigt und zwischen Baracken und Ställen hindurch führt. Am Ende dieses Weges, hinter dem letzten Schuppen, geht es wieder links und den Hang hoch, bis wir oben, an einem Sägewerk, auf eine Straße stoßen. Diese Straße gehen wir nach links (Berghäuser Straße) und an der ersten Kurve im Ort geradeaus in eine schmale Straße hinein (Ahornweg) bis zum Ende. Hier stoßen wir auf die „Weingartenstraße" und gehen auch diese bis zum Ende durch.

Am dem Ende der Weingartenstraße, dem westlichen Dorfende, verlassen wir Niederbiel und gehen über einen Feldweg dem Waldrand zu. Dieser Weg führt als gut ausgebauter Waldweg weiter. In den Karten findet man hier Hinweise über frühere Bergbautätigkeit. Wir gehen den nächsten Waldweg nach links hoch und kommen nach etwas stärkerem Anstieg zur Höhe 285. (An der nächsten Wegkreuzung links unterhalb des Weges ein neuer Wasserhochbehälter). Wir gehen geradeaus weiter bis zum Waldrand. Vor uns weite Wiesenflächen mit Ginsterbüschen. Ein kurzes Stück Weg nach links, hart am Waldrand entlang, bringt uns an einen Feldweg. Diesen gehen wir nach rechts ab bis zu einem asphaltierten Weg. Jetzt links und an der nächsten Wegkreuzung wieder rechts auf ein in der Ferne sichtbares hohes Denkmal unter einer Baumgruppe zu. Hier wieder schöner Aussichtspunkt und Sitzgelegenheit. Vom Denkmal aus führt eine kleine, asphaltierte Straße in Windungen bergab, bis wir unten im Tal an die Landstraße von Leun nach Ehringshausen kommen. Hier gehen wir links ab nach Stadt Leun.

2. Stadt Leun - Weilburg (19,0 km)

Nach ca. 500 m biegen wir im Ort rechts ab in die „Obertorstraße", gehen durch bis zum Ortsrand und bleiben auf dem weiterführenden Grünen-Plan-Weg, der uns auf der Höhe an zwei Hütten vorbei zum Waldrand bringt. In den Wald hinein weiterwandernd, kommen wir nach einiger Zeit zu einer Wegkreuzung, dem **„Lichte Platz",** einer Waldlichtung mit wunderbaren alten Eichen und anderem schönen Baumbestand.
Nun den Weg links hinein bis zur nächsten Wegkreuzung, wieder links halten und nach kurzer Strecke an einem kleinen Waldsee vorbei.

Hinter dem Waldsee geht es an der nächsten Kreuzung wieder nach links und wir sehen schon die Gebäude des früheren **Waldgutes Heisterberg.** Es folgt ein Stück Straße, aber nicht lange, denn an der nächsten Kreuzung geht es geradeaus auf ein Forsthaus zu, welches wir links am Wege liegen lassen. Nun kommt ein schlechtes Wegstück. Der bisher gute Weg ist zu Ende und es geht ein kurzes Stück durch z. T. zugewachsene Waldstücke in westliche Richtung, wo wir bald in einer Lichtung auf einen beschotterten Weg stoßen, dem wir nach rechts folgen. Nach ca. 100 m Wegkreuzung, rechts vom Weg grüne Bank; wir gehen jetzt den breiten Fahrweg nach links und nach ca. 50 m wieder rechts ab in ein kleines Tal, wieder ein Grundbachtal. Wir überqueren den Bach unterhalb von zwei Fischweihern und gehen auf der anderen Teilseite geradeaus wieder in den Wald hinein, wo wir bald den Waldrand erreichen. Der Weg führt uns dann geradeaus zwischen Feldern hindurch nach dem Dorf **Bissenberg.**

Vom Ortsrand führt der Wanderweg durch die Straße „Heisterberger Weg" bis Ende. Dann links ab durch die „Allendorfer Straße" bis zum Kirchplatz (Kiosk und Brunnen). Hier rechts ab, an der Kirche vorbei, über die Landstraße ins **Ulmtal.** Wir überschreiten die Landstraße und die Brücke über die Ulm, gehen dann gleich links ab unter der Bahnlinie durch und den Weg aufwärts bis zum Waldrand. Hier halten wir uns wieder links, hart am Waldrand entlang bis zu einer vorspringenden Waldecke, um diese nach rechts herum, überqueren den nächsten Weg, und steigen langsam aufwärts durch Buchenwald bis zur Höhe. (Nach links schöner Ausblick auf das Dorf Bissenberg). Den Fichtenwald auf der Höhe lassen wir rechts liegen, gehen auf dem befestigten Weg geradeaus weiter und kommen nach kurzer Wegstrecke aus dem Wald heraus. Der Weg führt noch ein kurzes Stück rechts an einem Kiefern-Jungwald vorbei und dann zwischen Wiesen und Feldern weiter. Den zweiten Feldweg rechts ab, nach ca. 100 m wieder links (Achtung, kleiner Grenzstein mit Wegezeichen!) und nun über einen Wiesenweg immer geradeaus auf ein kleines Wäldchen zu. Am rechten Rand dieses Wäldchens vorbei bis zum Ende und dann rechts ab in eine Talsenke bis zu einem Fischteich. Um den Fischteich herum, über eine kleine Brücke und dem Feldweg nach rechts folgend auf einen Neubauernhof auf der Anhöhe zu. Wo unser Wanderweg auf der Höhe, noch vor dem

Hochschloß Weilburg, im Schloßhof

Neubauernhof, auf einen anderen Feldweg stößt, nach links ab. Diesem Weg, der von einer Telefonleitung begleitet wird, folgen wir bis zur alten Landstraße nach Löhnberg. Diese Landstraße gehen wir wieder rechts ab, ca. 1,5 km bis zum Straßenknotenpunkt der Landstraße durch das **Kallenbachtal** und der neuen Autostraße.

Wir überqueren auf einer Straßenbrücke die Fernstraße nach Wetzlar und gehen in Richtung **Löhnberg**. Nach ca. 200 m die erste Straße links ab, vorbei an einem großen Fabrikgebäude und geradeaus auf die bewaldeten Berge der anderen Lahnseite zu. Nach einer Rechtskurve ein beschrankter Bahnübergang; wir überqueren den Bahnkörper und gehen gleich dahinter rechts ab, parallel zum Bahndamm (nach 100 m ein alleinstehendes altes Haus).

Hier geht es geradeaus, etwas steil hoch, bis zur Höhe des Bahnkörpers und dann links über eine Hängebrücke auf die andere Lahnseite. Da auf der rechten Lahnseite kein Fußweg, sondern nur eine stark befahrene Landstraße nach Weilburg führt, wollen wir jetzt auf der linken Seite des Flusses bis Weilburg wandern. Der Leinpfad bietet sich dafür bestens an. Hier ist man allem Autoverkehr aus dem Wege und hat den Blick frei zur rechten Lahnseite mit den Ruinen des Löhnberger Schlosses hoch oben auf dem Felsen.

Der Weg führt an dem Dorf **Ahausen** vorbei und endet am Eingang zum Lahntunnel, dem einzigen Flußtunnel in Deutschland. Über einen Fußgängersteg an der dortigen Eisenbahnbrücke erreichen wir wieder das rechte Ufer und sind gleich am Bahnhof in **Weilburg.**

3. Weilburg - Aumenau (20 km)

Vom Bahnhof Weilburg folgt man der Bahnhofsstraße und geht vom Postamt aus, entlang der neuen Sparkasse, durch den **Odersbacher Weg,** im hinteren Teil ansteigend bis zum Anfang einer Lindenallee. Auf der Höhe biegt man rechts ab und gelangt nach ca. 100 m auf die Landstraße. Diese wird von einem Fußgängerweg begleitet, der nach **Odersbach** führt. Wir bleiben auf der Straße, gehen durch den Ort bis zum Ortsende und darüber hinaus bis zu einem Parkplatz hinter der ersten großen Straßenkurve. Von diesem Parkplatz aus hat man einen herrlichen Ausblick ins Lahntal, nach Odersbach, Kirschhofen und einen Teil von Weilburg. (Odersbach hat eine schöne Jugendherberge). Hinter dem Parkplatz geht auf der linken Straßenseite nun ein Fahrweg ab, dem wir folgen. Dieser Weg führt in vielen Windungen im halben Berghang ca. 5,0 km immer durch herrlichen Hochwald bis an die Straßenbrücke nach **Gräveneck.** Es ist dies wohl der schönste Wegabschnitt dieser Wanderstrecke zwischen Wellburg und Limburg. Besonders im zeitigen Frühjahr, bevor die Bäume belaubt sind, wird der Wanderer immer wieder von schönen Ausblicken in das hier so schöne und ruhige Lahntal überrascht.

Der Wanderweg führt nun ein Stück über die Landstraße nach **Falkenbach.** Kurz vor dem Km-Stein 0,8 geht rechts ein kleiner Waldweg rein, der das Dorf Falkenbach umgeht und hinter dem Dorf auf die Straße nach Wirbelau stößt. Wir überschreiten die Straße, kommen zu einem Jagdhaus und biegen dann nach Süden ab. Wir befinden uns hier auf einer baumlosen Hochfläche (268 m). Wir wandern auf diesem Feldweg weiter und gehen geradeaus auf den vor uns liegenden Wald zu. Von diesem Feldweg auf freier Höhe haben wir einen herrlichen Fernblick in südöstlicher Richtung. Am Waldrand stoßen wir auf eine Landstraße. An der rechten Waldecke schöne große Eiche „Friedenseiche" (dahinter Sportplatz). Auf der Straße gehen wir nach links, bis wir nach ca. 500 m in einer scharfen Linkskurve nach rechts in den Wald einbiegen, wo der Weg nach ca. 2,2 km erst durch Wald, dann durch Wiesen und Felder nach **Aumenau** führt.

4. Aumenau - Runkel (12 km)

Wir durchqueren Aumenau, vorbei an der Kirche und am Friedhof bis zum anderen Ortsrand. Diese Straße, die nachher in einen Feldweg übergeht, führt am Waldrand entlang. Dort, wo der Wald vorspringt, halblinks über eine Wiese bis zum gegenüberliegenden Waldrand, jetzt über einen kleinen Pfad in den Fichtenwald, durch ein Vogelschutzgebiet und weiter nach links zum Lahnufer. Nun über einen Fahrweg entlang der Lahn bis zum Haltepunkt Arfurt. Ein schönes Stück Wanderweg durch dieses Tal, keine Landstraße, kein Autolärm, nur der Fluß, Wiesen rechts und links und in großen Zeitabständen mal ein Zug.

Vom Haltepunkt **Arfurt** geht es auf kleinem Sträßchen bergan in den Ort und auf der anderen Seite gleich wieder ins Tal. Nach kurzer Zeit kommen wir an eine frühere Mühle (Krammsmühle). Wenige Schritte flußabwärts ein früheres Bahnwärterhaus, heute **Wanderheim** eines Eisenbahner-Sportklubs aus Limburg. Hier steigt der Wanderweg durch ein kleines Tälchen nach rechts wieder auf die Höhe. Wo er auf die Landstraße stößt, kleine Neubauernsiedlung **(Gretenburg-Siedlung).** Jetzt ca. 100 m nach links über die Straße und dann gleich den nächsten Feldweg (vor einem Wasserhochbehälter) wieder nach rechts. Nun führt der Wanderweg über eine weite Hochebene, vor uns die Kirchturmspitze von **Villmar,** das unsichtbar im Lahntal liegt. Wir gehen den Feldweg am Hochbehälter durch bis zum Ende und dann wieder rechts auf einen kleinen Schuppen am Waldrand zu; dahinter links ab und eine weite Strecke immer am Waldrand entlang über Wiesen, bis wir bald am Ende des Waldes auf einen Waldpfad stoßen, dem wir nach links in den Wald hinein folgen. Ca. 50 m weiter zweigt dieser Pfad wieder nach links ab. Nach wenigen Schritten sind wir auf der **Bodensteiner Lay,** einem schönen Aussichtspunkt, genau gegenüber dem König-Konrad-Denkmal auf der anderen Lahnseite.

Nachdem wir diesen Ausblick genossen haben, gehen wir den Pfad zurück, halten uns an der Kreuzung mit dem ersteren Pfad, der uns in den Wald hineinführte, nach links und sind dann bald wieder aus dem Wald heraus. Nach einem kleinen Stück Weges am Waldrand entlang, haben wir am Ende des Waldes vor uns eine große Wiesenfläche. Wir gehen rechts hoch, oben links um die Wiese herum auf einen mit Weißdorn und Ginster bewachsenen Berghang hin. Zwischen den Weißdornbüschen geht ein schmaler Pfad auf einen Fahrweg zu, der nach links am Berghang vorbei ins Lahntal führt.

Ca. 1,0 km vor Runkel läuft dieser Weg im Tal an einem Bahnübergang aus. Nach rechts führt ein schmaler Weg durch Wald wieder zur Höhe. Über schönen, oft felsigen Pfad geht es nach **Runkel,** welches bei am oberen Ortsrand an einer modernen Kirche erreichen. Zwischendurch immer wieder schöne Ausblicke auf Runkel mit seiner mächtigen Burg, die aus dem Felsen herausgewachsen scheint. Von der Kirche führt eine Straße in den Ort hinunter. An der letzten Straßenkurve geht der Weg über eine Wiese weiter und mündet kurz vor dem Bahnhof auf die Schadecker Straße.

5. Runkel - Limburg (12 km)

Der Wanderweg führt nun über den Bahnübergang zum Lahnufer, dann gleich wieder rechts und wieder über den Bahnkörper zurück und über eine breite Treppe nach dem Dorf **Schadeck** hoch, das mit seinem Schloß auf der Bergeshöhe ein rechtes Gegenstück zu der trutzigen Burg Runkel bildet. Die Treppe von Runkel hoch läuft an der Schadecker Kirche und am Schloß aus, jetzt geht es rechts in die Schloßstraße hinein und diese durch bis zum Ende. Hier kommen wir an die Landstraße nach Niedertiefenbach, gehen diese nach links und biegen in die nächste Straße nach links ein (Heerstraße). Nach ca. 300 m führt eine kleine asphaltierte Straße nach rechts (Trafostation) abwärts ins **Kerkerbachtal.** Wir überschreiten die alte Trasse der früheren Kleinbahn, gehen über die Brücke des Kerkerbaches und auf der anderen Talseite zum Waldrand hoch. Der Weg geht nun in Kurven durch den Wald bis zum Höhenrücken und dann geradeaus, einen Feldweg überquerend, bis zum Ortsrand von Steeden. Nun die kleine Straße in den Ort, an der ersten Kurve geradeaus weiter durch ein ansteigendes Gäßchen,

an einer kleinen Kapelle vorbei, bis wir an der anderen Seite des Ortes
auf die Landstraße nach Schuppach stoßen. Diese gehen wir nun nach
links abwärts bis zur nächsten Straßenkreuzung, über diese Kreuzung
geradeaus hinweg, unter einer kleinen Eisenbahnunterführung der
früheren Kerkerbachtalbahn hindurch und kommen wieder an die Lahn.
Nun geht es über den früheren Treidelpfad bis nach **Dietkirchen.**
Von weitem grüßte uns schon der hohe Felsklotz mit der zweitürmigen
Lubentiuskirche. Wir gehen um den Felsen herum bis zur alten Fähre,
rechts die Fährstraße hoch und nach ca. 100 m wieder, rechts die
Treppe entlang der Kirchhofsmauer zum Friedhofseingang und der dort
stehenden Kirche. (Nähere Beschreibung unter der Ortsangabe.)
Nach Besichtigung der Kirche, die man nicht versäumen sollte, wenden
wir uns nach Durchschreiten des Friedhofstores nach rechts, gehen
geradeaus über den Schulplatz in eine kleine Einbahnstraße hinein
bis zur Straße **„Am Reckenforst"**, hier links abwärts bis zur nächsten
Straßenecke, hier Kreuz unter einem Lindenbaum, weiter in die nächste
Straße links bis zur Ecke und dann nach rechts die **„Hohlstraße"** hoch.
Nach ca. 200 m auf der Höhe links ab und gleich wieder rechts in die
Westerwaldstraße hinein bis zum Ende an einem kleinen Fichtenwäldchen. Vor den Fichten rechts hoch und nach ca. 50 m rechts durch die
Fichtenhecke und über einen gelben Kiesweg geradeaus, zwischen
Wiesen hindurch bis zu einer auf der Höhe liegenden größeren Baumgruppe, unter der sich ein Kriegerfriedhof befindet. Schöner Rastplatz
mit Aussicht ins Lahntal und auf die Lubentiuskirche.
Hinter dem Friedhof schwenken wir nach rechts, kommen nach ca.
100 m an einen Querweg, dem wir nach links folgen und der uns nach
kurzer Wegstrecke nach **Limburg** führt. Rechter Hand ein großer Fabrik-
bau. Der Weg geht nach kurzer Strecke in eine ausgebaute Straße über
und führt unter der Autobahnbrücke, jedoch noch oben auf der Höhe,
in die Brückenvorstadt von Limburg. Wir gehen jedoch diese Straße
„Seilerbahn" nicht bis zum Ende durch, sondern biegen in die erste
Straße, welche links ab führt, ein. Wir sind dann gleich am Lahnufer,
gehen nach rechts an den Schleusen vorbei und kommen an die alte
Lahnbrücke, über die wir in die eigentliche Stadt und zum Bahnhof
kommen.

6. Limburg - Diez (9 km)

Von Limburg bis Staffel führt der Lahnhöhenweg ausnahmsweise über
die linke Lahnseite.
Der Wanderer, der von Dietkirchen her kommt, geht über die alte
Brücke auf die linke Lahnseite, dann gleich rechts ab über den Weg
„Am Philippsdamm", der nachher als Leinpfad sehr gut ausgebaut ist,
bis zur Eisenbahnbrücke bei **Staffel.**
Hier überquert er über den Fußgängerweg der Eisenbahnbrücke die
Lahn, geht zum Bahnübergang und dann links ab über denselben.
Nach ca. 50 m geht es gleich wieder links ab in den „Kirschenweg"
und nach weiteren 70 m nochmals links ab in die „Lahnuferstraße".
Kurz vor dem Ende dieser Straße steigt man durch den „Birnbaumweg",
der zwischen Gärten hindurchführt, aufwärts bis zur „Haigerstraße", geht
einige Schritte nach links und dann gleich wieder rechts ab in die
nächste Straße und stößt dann gleich auf die Hauptstraße (B 49).
Der B 49 folgen wir nach links bis zum Ortsende. Wo das Ortsschild
steht, geht auf der linken Seite ein Feldweg ab, hier hinein und
sofort wieder halbrechts in einen Wiesenweg, der ungefähr parallel
zur Landstraße verläuft und nach wenigen Schritten zu einer gefaßten
Quelle mit einer netten Sitzgelegenheit führt. Auf diesem Wiesenweg
geht es weiter. Vor uns an der Höhe ein Neubauernhof mit einem
riesigen Siloturm. Unser Weg endet weiter oben auf der Landstraße
nach **Gückingen,** gleich gegenüber einer Funkstelle der Bundespost.
Wir halten uns auf der Landstraße nach links und biegen nach weiteren
150 m wieder links in einen Feldweg ein. Dieser Weg führt am Rand
einiger Gärten vorbei und biegt hinter dem letzten Grundstück scharf

nach links ab. - Der Wanderer geht jedoch geradeaus, über Wiesen auf
eine Reihe alter Obstbäume zu und bis zum Ende dieser Baumreihe;
nun in eine kleine Erdsenke und auf der anderen Seite einen Wiesenhang hoch. Oben stößt man auf eine große Feldfläche, geht an deren
linkem Rand entlang bis an einen Feldweg. Dieser führt nach rechts,
am oberen Rand des Berghanges teilweise hinter einer lang gestreckten
Weißdornhecke vorbei, bis er am Ende dieser Hecke in einen Fahrweg
mündet. Hier ein sehr schöner Ausblick ins Lahntal: auf der gegenüberliegenden Lahnseite auf hohem Felsen Schloß Oranienstein, im Tal das
Dorf Aull und rechts auf der Höhe die Häuser von Gückingen. Der Weg
führt nun langsam bergab, am Berghang vorbei, bis er im Tal bei den
ersten Häusern von **Aull** auf die Landstraße stößt.
Der Wanderer überschreitet die Landstraße, geht über die Wiesen zum
Ufer der Lahn und kann jetzt über die Wiesen oder den Leinpfad,
entlang der Lahn und abseits von allem Verkehr, bis Diez gehen. Kurz
hinter der Staustufe Diez mündet, von rechts kommend, der Heisterbach
in die Lahn. Nach Überschreiten dieses Baches geht man rechts durch
die Wiese zur Landstraße hoch, biegt links ab ca. 100 m in Richtung
Diez, überschreitet nach rechts die Landstraße und geht vor einem
großen Wohnhaus und Werkstattgebäude rechts ab über einen unscheinbaren Weg mit Treppenstufen zur **Kirche St. Peter,** die auf einem
Bergvorsprung hoch oben über der Stadt liegt. Vom Kirchplatz aus
sehen wir auf der anderen Talseite auf steilem Felsen Schloß Diez,
wo früher ein Zuchthaus war, das aber heute eine schöne Jugendherberge ist.

7. Diez - Balduinstein (11 km)

Vom Kirchplatz aus geht es nun rechts und nach ca. 80 m nochmals
rechts über einen „Grünen-Plan-Weg" nach dem Dorfe **Heistenbach.**
Am Ende dieses Weges, der dort „St.-Peter-Straße" heißt, stoßen wir
auf die Landstraße nach **Altendiez,** gehen diese nach links und sind
nach ca. 1,0 km im Ort. Am Ende der Straße die Straße nach Bad Ems
(B 417); wir folgen dieser rechts ab bis zum Rathaus, gehen hier links
in die „Mittelstraße" und am Ende rechts in die Oberscheidstraße. Am
Ortsrand geht es in gleicher Richtung über einen Grünen-Plan-Weg
weiter, bis wir nach ca. 1,0 km an einen Neubauernhof kommen, vor
dem wir nach links abbiegen. An der nächsten Wegkreuzung nun wieder
rechts ab und geradeaus bis zum Waldrand, dann rechts und nach
wenigen Schritten wieder links. Der Weg führt auf der rechten Seite
eines kleinen Taleinschnittes bis in das Daubachtal. Hier geht der Weg
ca. 300 m talaufwärts bis zur Obermühle (heute Güllemühle), wo der
Wanderer gut einkehren kann.
Unser Wanderweg überschreitet hier den Daubach und führt an der
rechten Talseite langsam zur Höhe. Vom Waldrand aus geht der Weg
zwischen Felder und Viehweiden in östlicher Richtung bis zum bewaldeten Berghang des Lahntales, dann langsam absteigend ins Lahntal hinunter, bis man nach ca. 1.5 km an die Lahnbrücke in **Balduinstein**
kommt.

8. Balduinstein - Laurenburg (11 km)

An der Brücke in Balduinstein, mit einem Denkmal für den letzten Fährmann, führt der Wanderweg über die Landstraße lahnabwärts. Nach ca.
100 m bleiben wir auf der Lahntalstraße, welche über Geilnau nach
Holzappel führt. Wenn diese Straße auch nicht so stark befahren ist, so
wandert es sich doch schöner über den Leinpfad neben der Lahn her.
Dieser Leinpfad ist ein alter Flußbegleiter. Seine Bedeutung hatte er in
früheren Zeiten, als alle Schiffe noch mit Menschen- oder Pferdekraft
flußaufwärts gezogen, also getreidelt, wurden. Die Schilder, welche hin
und wieder an diesem Treidelpfad stehen und die Benutzung desselben
teilweise noch unter Strafe stellen, sind ein bürokratisches Überbleibsel
aus vergangenen Zeiten. Z. Zt. sind Bestrebungen im Gange, daß dieser
Leinpfad im Lahntal als Wanderweg ausgebaut wird. Es kann lediglich

sein, daß an der großen Schleusenanlage unterhalb von Balduinstein der Wanderer einen kleinen Umweg um sie machen muß.

Kurz vor Geilnau steht rechts an der Straße ein großes Gebäude aus vergangenen Zeiten, mit einer Gartenanlage und schönen alten Bäumen links von der Straße. Gleich neben dem Leinpfad befindet sich tief in der Erde eine gefaßte Mineralquelle, welche heute noch von den Bewohnern der umliegenden Ortschaften genutzt wird. Auch der Wanderer kann sich an dieser Quelle laben, wenn er sich bei dem Brunnenwärter in dem kleinen Haus an der Straße den Schlüssel zur Brunnenstube erbittet.

Der Wanderweg führt nun weiter an der Lahn entlang, vorbei am Dorfe **Geilnau,** oder man benutzt die Straße und geht durchs Dorf hindurch bis zum Ende des Campingplatzes, welcher in der Lahnschleife hinter dem Dorfe liegt.

Am Campingplatz hält man sich nach rechts und wandert über den dort vorbeiführenden Weg in den Wald. Der Weg führt in einigen Kehren zur Höhe und kommt am Waldrand oben auf die Feldflur (Hochspannungsmast). Hier sollte man sich etwas Zeit nehmen und am Feldrand vorbei je ca. 50 m nach rechts und links gehen. An beiden Stellen findet man innerhalb des Waldrandes schöne Aussichtspunkte ins Lahntal.

Vom Hochspannungsmast gehen wir dann geradeaus zur Landstraße, halten uns dort nach links und müssen nun leider einige km über die Straße wandern. Vor uns liegt die kleine Dorf **Scheidt,** das bald durchwandert ist, und dann führt uns das kleine Sträßchen steil abwärts wieder ins Lahntal nach **Laurenburg.** An der zweiten Straßenkurve führt ein Waldweg geradeaus zur Burgruine Laurenburg, der Stammburg des Nassauer Grafengeschlechts, und von dort über einen schmalen Pfad in den Ort hinunter. Wer diesen Abstecher nicht machen will, bleibt auf der Straße bis in den Ort. Hier müssen wir nun Laurenburg in seiner ganzen Länge durchwandern. Laurenburg wie auch Balduinstein sind Orte, wo man sich noch wohlfühlen kann. Hier gibt es kaum Verkehrslärm. Vor allem Wasserwanderer finden hier gute und für sie passende Unterkunfts- und Lagermöglichkeiten.

Am anderen Ende von Laurenburg befindet sich rechts der Straße ein größerer Gebäudekomplex mit schöner Gartenanlage. Hier befand sich die Verwaltung einer großen Blei- und Silbergrube mit Hütte, welche einige Jahrhunderte die wirtschaftliche Grundlage des Raumes bildete. Übriggeblieben ist die riesige Abraumhalde, welche wir bei dem Verlassen von Laurenburg erblicken.

9. Laurenburg - Obernhof (11,5 km)

Wir wandern noch ca. 1,5 km entlang der B 417 lahnabwärts. Dort, wo auf der rechten Straßenseite die steile Felswand aufhört und auf der linken Straßenseite die Leitplanken beginnen, gleich am Km-Stein 14,8, führt auf der rechten Seite ein ziemlich zugewachsener Waldweg in Serpentinen zur Höhe. Dort, wo der Weg auf der Höhe nach rechts führt, zeigt ein Wegweiser nach links zur Wolfsley. Es sind nur ein paar Schritte bis dorthin und man soll an diesem schönen Aussichtspunkt nicht vorbeigehen. Wendet man sich dann zurück, so kommt man nach ca. 200 m an den Waldrand und etwas weiter zu einem Sportgelände. Hier stößt man auf eine kleine geteerte Straße, wendet sich nach links und kommt, vorbei an einem Friedhof zum Dorf **Dörnberg.** Wir durchwandern dieses Dorf in seiner ganzen Länge und gehen weiter auf der Landstraße in Richtung Charlottenberg. Dort, wo die Hochspannung die Straße überquert und die Straße einen kleinen Knick nach rechts macht, geht geradeaus ein befestigter Weg zum Waldrand hoch. Kurz vor dieser Wegegabelung gehen wir scharf links in einen Feldweg, der nach kurzer Zeit in einen Waldweg übergeht. An der nächsten Wegegabelung halten wir uns links und gehen geradeaus auf diesem Weg weiter. Nach ca. 1,5 km kommen wir an den Waldrand, und der Weg führt oberhalb von Weinbergen abwärts nach Obernhof. Noch oben,

etwas unterhalb unseres Austritts aus dem Hochwald, stoßen wir auf
einen Wegweiser, der uns zum **Goethepunkt** hinweist. Diesen kleinen
Abstecher sollten wir mitnehmen, denn auch von hier aus haben wir
einen guten Überblick über das sehr schöne Lahntal mit dem hoch auf
dem Berge liegenden Kloster Arnstein. Obernhof ist mit Weinähr im
Gelbachtal der einzige Ort, wo an der Lahn noch Weinbau betrieben
wird. Und der Lahnwein ist nicht schlecht. Wer in Obernhof übernachtet,
kann dies in einigen schönen und gemütlichen Weinstuben an Ort und
Stelle feststellen.

10. Obernhof - Bad Ems (16 km)

Unser Wanderweg führt uns nun nicht in den Ort Obernhof hinein.
Wenn wir, noch auf Bergeshöhe, an den Ortsrand kommen, führt uns
eine kleine Straße nach rechts abwärts ins Gelbachtal nach dem so
schönen Dorf **Weinähr,** welches seinen Namen nach dem früher hier
stark betriebenen Weinanbau hat. Hier kann man noch viele schöne
Fachwerkhäuser finden, besonders das Gemeindeamt (Rathaus) ist
sehenswert. Wir wandern nun durch den Ort, talabwärts bis zum Ortsrand. Nach ca. 200 m kommt von rechts ein kleiner Bach herunter, und
kurz hinter diesem Bach führt auf der rechten Seite der Straße ein
schmaler Weg bergan in den Wald und in halber Berghöhe am Hang
entlang um die vorspringende Bergnase am Hollerich. Über uns befindet sich ein Felsmassiv, die **Hohe Ley,** zu der ein schmaler Pfad
hinführt. Diesen kleinen Abstecher soll man machen, denn von hier aus
blickt man talauf zum Kloster Arnstein und talab auf Nassau. Besonders
schön ist es auf der Hohen Ley im zeitigen Frühjahr, wenn der Boden
ringsherum mit einem blauen Teppich blühender Scilla bedeckt ist.
Wir gehen den schmalen Pfad von der Ley wieder herunter bis zu dem
Weg, der uns dann im halben Hang, mit schöner Aussicht ins Lahntal,
nach **Nassau** führt. Sehenswert das Rathaus, der sogenannte Adelsheimer Hof, ein Prachtbau aus Fachwerk. Auch das Schloß, der frühere
Wohnsitz des Freiherrn vom Stein, kann besichtigt werden. Desgleichen
ist die Schloßklause empfehlenswert, eine Weinstube, in welcher noch
Lahnwein und sehr guter Rheinwein aus den Lagen des Schloßbesitzers,
des Grafen Kanitz, eine Nachfolgelinie des Steinschen Geschlechts,
ausgeschenkt wird.
Wollen wir weiter wandern, so führt uns unser Weg geradeaus durch
die Hauptgeschäftsstraße, die nachher in die B 260 (Bäderstraße)
einmündet, zum Ortsende. Hinter der neuen kath. Kirche in Zeltform
zweigt rechts eine Straße ab, in welche wir hineingehen. Am Ende
dieser Straße steigt ein Fahrweg weiter zur Höhe, dem wir jedoch nur
bis zur halben Bergeshöhe folgen, um dann nach links einzubiegen.
Dieser Weg führt in halber Hanghöhe, unterhalb des Hahnenkopfes
und der Herrenlei, nach **Dausenau.** Auch hier soll man sich etwas Zeit
nehmen und durch diesen interessanten und schönen Ort bummeln.
Kurz hinter den letzten Häusern von Dausenau steigt der Lahnhöhenweg
rechts von der Straße wieder zur Höhe, erst durch ein Wochenendhausgebiet, dann durch Feld und Flur, bis er auf der Höhe, an einem Bergsattel, auf die schmale Fahrstraße stößt, welche zum **Concordiaturm**
führt. Vom Turm aus wieder ein herrlicher Ausblick in das hier recht
enge Lahntal. Gutes Restaurant. Von hier geht es dann auf steilem Weg
bergab nach **Bad Ems,** wo man in der Grabenstraße in den Ortsbereich
kommt.
Nun gibt es in Bad Ems zweierlei Wandermöglichkeiten: Einmal durch
die Kurstadt am Lahnufer. Man geht dann rechts unter dem Bogen des
Kurhauses durch, vorbei am Kurgarten und am alten Kurhaus „Zu den
Vier Türmen", durch die Hauptgeschäftsstraße von Bad Ems, zuerst
Römerstraße, dann Koblenzer Straße, bis zu deren Ende am Schnittpunkt mit der Arenberger Straße.
Schöner ist ein anderer Weg. In der Grabenstraße ca. 50 m rechts auf-
wärts, dann auf der anderen Straßenseite in die nächste kleine Straße
„Pfahlgraben" (Limesweg) und diese kleine Straße aufwärts bis zum

ersten Querweg nach ca. 150 m Steigung. Jetzt geht es wieder links ab. Hier ist man auf einem sehr schönen Panoramaweg, welcher in halber Bergeshöhe im Hang entlangführt und wo der Wanderer in Ruhe den Ausblick ins Lahntal genießen kann. Am Ende dieses Weges kommt man zur Standseilbahn und der Hufeland-Klinik mit dem Bismarckturm. Schräg rechts kommt man schließlich auf die „Alte Kemmenauer Straße". Diese geht man hinunter, überquert die Bleichstraße und kommt nun durch schmale Sträßchen und Gassen zur alten Martinskirche. Hier ist man im Mittelpunkt des früheren Dorfes Ems, was sich früher vom Bad Ems sehr unterschied. An der Martinskirche stößt man auf die Marktstraße, geht diese links hinein und kommt nach kurzer Wegstrecke zur Koblenzer Straße, der man nach rechts bis zur Arenberger Straße folgt.

11. Bad Ems - Lahnstein (16,5 km)

Nun geht es die Arenberger Straße rechts hinauf bis zur 1. Straße links. Hier biegen wir in eine kleine noch nicht ausgebaute Straße ein, vorbei an verschiedenen Neubauten, bergauf. Wo diese Straße aufhört oder vielmehr an einer scharfen Kehre mit dem neuen Namen „Sonnenfels" weiter zur Höhe führt, folgen wir ihr bis zum Ende. Hier sind wir auf einer noch unausgebauten Straße, welche oberhalb eines größeren Terrassenhauskomplexes vorbeiführt. Am Ende dieses Neubaukomplexes führt ein Weg in halber Bergeshöhe durch früheres Weinbergsgebiet weiter, von wo aus man einen schönen Blick ins Lahntal und auf die gegenüberliegenden Berge hat. Dieser Weg führt zum nächsten Ort, **Fachbach.** Zuerst kommt man zu einem großen Hochspannungsmast, dann zu einem Aussichtspunkt mit Bank und von dort führt ein schmaler Weg durch Fichtenwald abwärts nach Fachbach. Wo er an den Waldrand stößt, wendet man sich nach links und geht an einer Viehweide entlang. Nun nicht in den Ort hinein, sondern wieder rechts an einem Kreuz vorbei auf die andere Straßenseite und durch die Straße „Alter Postweg" durch ein Neubaugebiet ansteigend auf die Berge zu. Am Ende der Straße geht diese in einen Fahrweg über, der uns zwischen Gärten hindurch zur Höhe und zum Wald führt. In einigen Kehren führt der Weg zur Höhe und dann immer am Hang entlang, bis wir nach ca. 10,5 km das Ende des Lahnhöhenweges in **Niederlahnstein** erreichen. Unterwegs wird der Wanderer aber immer wieder durch schöne Ausblicke überrascht, vor allem kurz vor Ende des Wanderweges, am Mehrsberg, wo man Burg Lahneck und Schloß Stolzenfels vor sich liegen sieht. Kommt man an den Ortsrand von Lahnstein, erblickt man links die Klosterkirche auf dem **Allerheiligenberg.** Doch geradeaus geht es steil abwärts. Unten am Friedhofseingang, vor der Bahnüberführung, rechts ab und dem Bahnkörper entlang zum Bahnhof.

DER LAHNTAL-WANDERWEG

Ab 1981 wird zwischen Diez und Lahnstein der ehemalige Leinpfad am Lahnufer durchgehend zu einem Lahntalwanderweg ausgebaut sein.

DER RHEIN - HÖHENWEG (RECHTE RHEINSEITE)

Lahnstein - Bendorf-Sayn - Neuwied - Bad Hönningen - Linz - Bad Honnef - Bonn-Beuel (ca. 136 km)

Bearbeiter: Otto Krämer (Strecke Lahnstein - Auge Gottes)
Jürgen Golbach (Strecke Auge Gottes - Beuel)

Lahnstein - Sayn (25,5 km)

Dieser Streckenabschnitt des Rheinhöhenweges führt zwar durch bebautes Gelände, bietet aber trotzdem schöne Ausblicke ins Rheintal, besonders bei Koblenz, und weithin in die Eifel.
Von Niederlahnstein gelangt man auf dem Rheinhöhenweg am Friedhof vorbei zum Allerheiligenberg. An der Weggabelung oberhalb des Friedhofes, dort, wo der Lahnhöhenweg nach rechts abgeht, führt der Rhein-

höhenweg geradeaus weiter zur Höhe, hinter dem Parkplatz „Am Lichterkopf" biegt man den nächsten Waldweg rechts ein. Nach zirka 2 km
ebenen Waldweges stößt man auf eine Straße, folgt dieser links abwärts
bis zu den Kasernen und biegt dann die erste Straße rechts ein. Man
wandert auf dieser Straße immer geradeaus bis zur weithin sichtbaren
Kirche und dann rechts an dieser vorbei bis zur Siedlung „Kratzkopfer-
hof". In der Straßenkurve hinter den letzten Häusern geht es links ab
über einen schmalen Wiesenpfad ins Bienhorntal, nach kurzer Wegstrecke am Hang rechts hoch und über einen Feldweg zum Stadtteil
Asterstein. Der Feldweg stößt auf eine Straße, der man links abwärts
folgt bis zu einer modernen Kirche.

Von hier läßt sich der Wanderer von Hinweisschildern zum Hotel Rhein-
blick führen, das am früheren Festungsgelände des Forts Asterstein
steht. Von diesem Aussichtspunkt aus sieht man von weitem einen
Obelisk, der zur Erinnerung an den Krieg 1866 errichtet wurde. Der
Blick geht von hier auf den Rhein, die Moselmündung und die Stadt
Koblenz und nach rechts zur Festung Ehrenbreitstein. Der Rheinhöhen-
weg führt nun über Feldwege und Straßen nach **Ehrenbreitstein** „ins
Thal" (10 km).

Unten auf der Hauptstraße (Arenberger Straße = B 49) führt der Weg
ein kleines Stück rechts aufwärts, dann auf die andere Straßenseite
und die nächste Straße (Bergstraße) aufwärts zur **Festung Ehrenbreitstein**. Man erreicht die Festung von der Rückseite durch einen langen
dunklen Gang, der auf den riesigen Festungshof führt. Auch hier bieten
sich schöne Ausblicke. Wer sich den Aufstieg zur Festung ersparen will,
kann die Hauptstraße (Arenberger Straße) links abwärts gehen bis zur
Straßenkreuzung an der Ampel. Hier auf der rechten Straßenseite im
Vorgelände der Festung befindet sich die Talstation der Sesselbahn.

Von der Festung führt der Rheinhöhenweg wieder ein Stück des gleichen
Weges zurück durch den Festungstunnel und dann die Straße geradeaus
bis zu den Kasernen, an diesen vorbei, an der nächsten Straßenkreuzung links ab und an der folgenden Straßenkurve geradeaus über einen
Feldweg ins Mallendarer Bachtal. An der Blumsmühle stößt der Weg
auf den Talgrund, hier geht es ein kurzes Stück talaufwärts bis zum
Holderberger Hof und hinter diesem Hof auf schmalem Fußpfad an der
rechten Hangseite aufwärts bis zur Höhe. Über einen Feldweg gelangt
man zur Straße Urbar - Simmern, die überquert wird. Über einen weiteren Feldweg erreicht man ein großes besiedeltes Gelände. Eine Baumgruppe in einiger Entfernung weist zum Kaiser-Friedrich-Turm, der kaum
noch über die ihn umgebenden Baumwipfel herausragt. Hier bietet sich
ein schöner Aussichtspunkt und ein Gasthof zum Rasten (16 km).

Nun geht es abwärts nach **Vallendar** (17,5 km), wo auch innerhalb der
Stadt das Markierungszeichen R zu finden ist, so daß man sich leicht
zurechtfinden kann. Der Weg führt am Marktplatz vorbei, den der
Wanderer wegen der Fachwerkhäuser mit reicher Schnitzerei aufsuchen
soll.

An der der Kaiser-Friedrich-Höhe gegenüberliegenden Hangseite führt
der R-Weg an Gärten vorbei zum Ortsrand und über Wiesen zum
Wüstenhof, durch das Hofgelände abwärts zur Schnatzenmühle an
Wüstebach, auf der anderen Talseite wieder bergan zur Autobahn,
überquert diese auf einer Fußgängerbrücke und führt dann rechts ab
über einen Feldweg bis zu einem Heiligenhäus'chen an der Straße von
Weitersburg nach Grenzhausen. Hier geht es links ab über die Straße
bis zum Ortsrand von Weitersburg und am Ortsrand rechts abwärts ins
Wäschbachtal. Am unteren Ende des Wäschbachtales stößt der Weg auf
eine Landstraße (Weitersburg - Bendorf), geht sofort wieder rechts ab
über einen Fahrweg zur Höhe und verläuft, immer auf der Höhe bleibend, am Ortsrand von Bendorf vorbei bis zur Landstraße, die von
Bendorf nach Grenzhausen führt. Das Markierungszeichen R führt den
Wanderer am Ortsrand von Bendorf und Sayn vorbei zum Bahnhof **Sayn**
und weiter zum Schloßpark (25,5 km).

Sayn (Schloßpark) - Oberbieber - Altwied (21 km)

Vom Schloßpark in Sayn geht es zum Gelände der früheren Sayner Hütte. Der Rheinhöhenweg verläuft, jetzt eben und gut gepflegt, durch Waldgelände, an der Rückseite des Strandbades vorbei bis zur Landstraße nach Isenburg, von hier scharf links, über die Straßenbrücke und hinter der Brücke den ersten Weg rechts ab. Der Weg steigt nun bergan bis zur Bismarckhöhe, an dieser rechts ab zum Harmorgenberg und weiter zur Hohen-Morgen-Hütte, die man der schönen Aussicht wegen aufsuchen sollte. Zuerst noch durch Hochwald gelangt der Wanderer nach kurzer Strecke durch mit Mischwald aufgeforstetes Gelände zu einer Waldstraße, auf der man nach zirka 800 m das Spielmannsheiligenhäus'chen erreicht (6,5 km). Der Rheinhöhenweg folgt nun der Waldstraße weiter und biegt nach 500 m rechts ab, läuft jedoch noch eine ganze Strecke parallel zur Waldstraße und führt dann über einen Vita-Parcours zur Kirchberghütte (Aussichtspunkt) (10 km). Von hier geht es etwas steil bergab zur Straße Neuwied - Dierdorf und diese überquerend nach **Oberbieber** (12 km). (Von dort gibt es eine halbstündige Verbindung mit dem Bus nach Neuwied Bahnhof 4,5 km).

Der Wanderer aber geht vom Ortsrand zum Schwanenteich und von dort über den Köppel nach dem heilklimatischen Kurort **Rengsdorf** (mit einem Wellenhallenbad) (16,5 km). (Von Rengsdorf besteht fast stündlich Postbusverbindung nach Neuwied Bahnhof 13,5 km).

Rengsdorf erreicht man am Gebück, durchquert den Ort bis zu den Tennisplätzen und weiter über Schauinsland - Laubachtal - Wasserfall zur Laubachsmühle im Wiedtal. Von hier führt der Rheinhöhenweg am Hang entlang abseits der Landstraße zum romantischen Ort **Altwied**.

Von Altwied aus nimmt man entweder den Postbus nach Neuwied Bahnhof 6,5 km oder wandert über den RV-Weg bis Neuwied, Ortsteil Niederbieber (19,5 km). Ab Niederbieber gibt es eine halbstündige Busverbindung nach Neuwied Bahnhof.

Altwied - Leutesdorf - Rheinbrohl (26 km)

Von Altwied aus führt der Rheinhöhenweg über die schöne Steinbrücke, dann links ab und dem Fahrweg zur Höhe folgend nach Monrepos (4 km) (frühere Sommerresidenz der Fürsten zu Wied, jetzt abgerissen), am früheren Marstallgebäude vorbei über schöne und gut gezeichnete Waldwege zum Jägerstuhl und weiter zur Christianshütte. Von der Christianshütte aus folgt der Wanderer der Straße nach Rockenfeld, biegt nach zirka 100 m links ab, wandert durch den Feldkirchener Märkerwald zum Hof Moselborn (10 km).

Hier bieten sich immer wieder schöne Ausblicke ins Neuwieder Becken und die Vordereifel. Der Wanderer bleibt auf dem Weg, der an der Brombeerschänke vorbei zur Mittelterrasse führt. Hinter der Brombeerschänke geht es den ersten asphaltierten Weg rechts ab, nach 800 m erreicht man einen kleinen Parkplatz. Nach etwa 1 km führt der Rheinhöhenweg auf dem dritten Weg rechts ab, vorbei am Schützenhaus, in halber Bergeshöhe durch die Weinberge in Richtung Hammerstein. (An der vorgenannten Wegbiegung in Richtung Schützenhaus führt der Hauptweg, den der Wanderer den Berg hinunter kam, als Rheinhöhenverbindungsweg (RV) weiter nach **Leutesdorf** und zur B 42. Bis zum Bahnhof sind es 2,5 km und zur Fähre nach Andernach 3 km).

Vom Rheinhöhenweg bieten sich hier wieder schöne Ausblicke ins Rheintal und zur Burgruine Hammerstein. Am Ende des Weges geht es auf schmalem Pfad durch eine Tannenschonung hinunter ins Mühlbachtal. Man gelangt durch das Gatter am Fuß des Berghanges hindurch, hält sich links, talabwärts. Nach zirka 100 m an der Trafostation biegt man halbrechts wieder durch Weinberge zur markanten Felskuppe des **Hammersteins** ab. Am Ende des Weinbergweges steht man am Fuß des Burgberges und folgt dem Fahrweg zur Höhe und zum Forsthof. Der

Wanderer sollte jedoch den kleinen Abstecher zur Burgruine nicht versäumen, da sich von dort eine Aussicht ins Rheintal lohnt. Kurz vor
dem Forsthof steht ein eiserner Hochspannungsmast am Wegrand. Auf
diesem Teil der Wegstrecke kann man bei klarer Sicht den Kölner Dom
erblicken.
Hinter dem Forsthof geht es am ersten Feldweg links ab, den Taleinschnitt des Hammersteiner Baches umgehend erreicht man nach zirka
3 km den Magdalenenhof und später den Annahof (kleine Gastwirtschaft).
Durch das Hofgelände über die freie Hochfläche führt der Weg zum
Aussichtspunkt Rheinbrohler Ley und von dort bergab zum Ortsrand von
Rheinbrohl (26 km). Ein Rheinhöhenverbindungsweg führt nach 1 km
bis zum Bahnhof von Rheinbrohl.

Rheinbrohl - Bad Hönningen - Linz (20 km)

Vom Ortsrand Rheinbrohl geht es das Kaltenbachtal aufwärts, den
nächsten Weg links ansteigend zum Haus Bergfried (Gasthaus), rechts
hinter dem Haus hoch, vorbei an der Christinenhöhe zum Lampenthaler
Hof, von hier rechts ab, ca. 500 m der Fahrstraße nach Rockenfeld
folgend bis zum Wegabgang links, der zum Hof Dielsberg führt. Der
Wanderer folgt diesem Weg bis kurz vor Dielsberg, dann biegt er
wieder links ab über einen Feld- und später Waldweg abwärts ins
Baalsbachtal. Nachdem der Bach an einem Fischweiher überschritten
ist, stößt man auf einen Fahrweg, überschreitet diesen und biegt gleich
den nächsten Weg rechts ab den Hang hoch.
Auf der Berghöhe kommt man zu einer Wegspinne mit Schutzhütte,
bleibt aber in nördlicher Richtung und geht in weitem Bogen über den
Kronenberg ins Staierbachtal abwärts, wo man dann am Mönchshof den
Stadtrand von **Bad Hönningen** erreicht (12 km). Vom Mönchshof führt
ein Rheinhöhenverbindungsweg (RV) über die Waldbreitbacher Straße -
Bahnunterführung - Neustraße zum Bahnhof (2 km).
Der Rheinhöhenweg führt vom Mönchshof über der Waldbreitbacher
Straße ein Stück in Richtung Stadtmitte, nach ca. 50 m rechts biegt er
in die schmale Straße Im Paffelter ein, und am Ende dieser Straße geht
es rechts den Weg zum Wald hoch, nach weiteren 100 m wieder links
ab, und nach einer kurzen Wegstrecke gelangt man aus dem Wald in
den Städt. Weinberg. Vom Weinbergsweg hat man schöne Ausblicke ins
Rheintal und auf Schloß Arienfels. Am Ende des Weinbergweges führt
die Route durch eine Kastanienallee zum Schafstall, hinter dem Gebäude scharf links ab über einen Waldpfad in Richtung Rhein. Auch
hier bietet sich wieder eine schöne Aussicht. Wieder durch eine Kastanienallee geht der Weg durch den früheren Schloßpark von Arienfels,
verläuft parallel zum Rhein nach **Ariendorf**. Im Ort Ariendorf gibt es
noch eine größere Anzahl von alten Fachwerkhäusern. Von Ariendorf
geht es wieder über die Höhe nach **Leubsdorf,** von dort am Berghang
entlang nach **Dattenberg,** durch einige Dorfstraßen hindurch vorbei an
der Jugendburg des Kreises Köln über den Angstweg nach **Linz,** der
„Bunten Stadt am Rhein" (20 km).

Linz - Erpeler Ley - Bruchhausen - Bad Honnef (19 km)

Von Linz steigt der Rheinhöhenweg aufwärts zum Höhenort **Ockenfels.**
Vom Ortsrand geht es dann über schmale Wiesen-, später Waldpfade
abwärts nach Kasbach. Dort erreicht der Wanderer die Hauptstraße,
geht ein kurzes Stück links abwärts und dann auf der gegenüberliegenden Straßenseite gleich neben Haus Nr. 25 etwas steil aufsteigend zur
Erpeler Ley (ein Aussichtspunkt mit Gasthaus). Von hier geht es weiter
zum Dorf **Orsberg,** vorbei an den Stuxhöfen ins Hähnerbachtal und dort
auf einem Waldweg talaufwärts nach **Bruchhausen,** durch den Ort hindurch ca. 300 m über die Landstraße in Richtung Kalenborn und dann
links ab über einen Feldweg, der später in einen Waldweg einmündet.
Nach ca. 4,5 km kommt man zu einer kleinen Waldkapelle **(Auge Gottes)**

und ist hier an der nördlichen Landesgrenze von Rheinland-Pfalz
(15 km). Vom Heiligenhäuschen Auge Gottes führt der R-Weg in nördlicher Richtung. Der Weg ist gekennzeichnet durch häufigen Wechsel
von Laub- und Nadelwald. Einen ersten Ausblick hat man nach Westen
von der Barbarahütte am Fuße des Leyberges aus. Von dort verläuft
der R-Weg leicht abfallend in Richtung Bad Honnef. Nach ca. 200 m
hinter der Hütte bietet sich eine Aussicht ins Rheintal und ʿauf das
Siebengebirge mit Drachenfels, Petersberg und Löwenburg.

Hinter einer Wegekreuzung am Ortsrand von Bad Honnef biegt der
R-Weg nach rechts ab, führt als Hangweg oberhalb des Mucher Wiesen-
tales entlang und stößt bald auf die Schmelzstraße, auf der man die
Stadtmitte von **Bad Honnef** erreicht (19 km).

Bad Honnef - Bahnhof Beuel (24 km)

Vom Marktplatz Bad Honnef aus erfolgt, die kath. Pfarrkirche rechts
liegen lassend, der Aufstieg ins Siebengebirge. Dabei steigt der R-Weg
vom Ortsrand Bad Honnef aus stark an bis zur Klinik Hohenhonnef, von
wo sich ein weiter Blick ins Rheintal bietet. Von Hohenhonnef benutzt
der R-Weg etwa 1 km weit einen Fahrweg, von dem aus immer wieder
der Drachenfels zu sehen ist. Etwa 50 m hinter der Dr.-Ludger-Funder-
Hütte biegt der R-Weg nach rechts ab zum **Löwenburger Hof.** Er führt
um den Löwenburger Hof herum und dann rechts abbiegend auf gewundenem Waldweg am Hang des Lohrberges entlang zur **Margarethenhöhe** am Fuße des Ölberges. Nach Überquerung der Königswinterer
Straße erfolgt der Aufstieg bis zum Humbroich-Platz unterhalb des Öl-
berggipfels. Von hier aus sieht man von links nach rechts: Drachenfels,
Wolkenburg, Petersberg und vorgelagert den Nonnenstromberg. Nun
erfolgt der Abstieg. Auf einem Fahrweg gelangt man über die Rosenau
zum Einkehrhaus. Von dort führt der R-Weg in Serpentinen über den
Nonnenstromberg zur Bürgerhütte, wo der Wanderweg zum Petersberg
überquert wird. Weiter geht es talwärts zur Ruine und zum Kloster
Heisterbach. Am Ende der Klostermauer biegt der R-Weg, die Straße
Niederdollendorf - Heisterbacherrott überquerend, nach rechts ab und
führt am Fuße des Weilberges entlang über einen Feldweg. Nach
Überschreiten der Straße nach Gut Frankenfort (Vinxel) erfolgt auf gepflegtem Waldweg der Anstieg zur Dollendorfer Hardt. Von der Dollendorfer Hardthütte gelangt man bald zu dem an der Straße Oberkassel -
Vinxel gelegenen **„Vinxeler Parkplatz"** mit Blick auf die Ortschaft Vinxel.
Weiter führt der R-Weg durch Mischwald. Etwa 1 km hinter dem
Vinxeler Parkplatz tritt der R-Weg an einem Wegekreuz mit Schutzhütte
unweit des Paffelsberges aus dem Wald aus. Von hier aus hat man
rechts wiederum einen Blick auf Vinxel und Umgebung. Nach links
verläuft der R-Weg zunächst leicht abfallend durch lichten Laubwald
auf den Kuckstein zu. Vom Kuckstein und der folgenden Rabenley
bietet der R-Weg von mehreren Aussichtskanzeln weite Blicke ins Rheintal und auf die jenseitigen Eifelberge. Schließlich erreicht der Wanderer
die Straße Ramersdorf - Oberholtorf.

Diese wird nach rechts etwa 100 m begangen und überquert. Auf ab-
fallendem Pappelweg führt der R-Weg ins Ankerbachtal. Der Ankerbach
wird an der Schutzhütte überschritten. Nun geht es durch Mischwald
bergauf zum früheren Ennert-Haus, das infolge des Autobahnbaues
abgerissen wurde. (Hier ist auch der Wanderweg durch den Autobahnbau
zur Zeit beeinträchtigt.)

Von hier erfolgt der Abstieg ins Rheintal. Der R-Weg führt unter dem
Autobahnkreuz hindurch an der romanischen Kirche von Küdinghoven
vorbei. Weiter geht es durch Küdinghoven über die Finkenbergböhe
bis zur Straßenbahnhaltestelle Limperich. Nun verläuft der R-Weg
parallel zum Bahnkörper und erreicht nach dessen Überquerung den
Bahnhof **Beuel.**

Lit.: H.-J. Hucke, Rhein-Höhenweg II,
    Verlag Fink-Kümmerly + Frey, Stuttgart 1980

BESONDERE WANDERWEGE

DER EUROPÄISCHE FERNWANDERWEG NR. 1,
der frühere Nordsee-Bodensee-Weg, im Bereich des Westerwaldes
Bearbeiter: Otto Krämer

Der Europäische Fernwanderweg Nr. 1 führt im Bereich des Westerwaldes von der Freusburger Mühle an der Sieg nach Nassau an der
Lahn. Seine Länge beträgt im Westerwald ca. 117 km. Nachdem die
Wegeführung in den vergangenen Jahren wegen Straßenbau und anderer
Baumaßnahmen mehrfach abgeändert werden mußte, hat er heute wohl
seine vorläufig endgültige Form erhalten. Er führt den Wanderer an den
schönsten und markantesten Punkten des Westerwaldes vorbei und
vermittelt ihm so einen umfassenden Überblick über diese Mittelgebirgslandschaft.

Freusburger Mühle - Herkersdorf (ca. 4,5 km)

Wie schon eingangs erwähnt, beginnt die Westerwaldstrecke bei der
Freusburger Mühle an der Brücke, welche die Verbindung zwischen dem
Siegerland und dem Westerwald über die Sieg herstellt. Einige hundert
Meter flußabwärts grüßt der Ort Freusburg mit der Burg gleichen
Namens, in welcher eine unserer schönsten Jugendherbergen unterge-
bracht ist. Der Weg führt zuerst um manche Ecken und Winkel des
Mühlengeländes, geht dann über Feldwege und durch Niederwald am
Ortsrand von Kirchen vorbei zur Höhe. In der Nähe ist der „Ottoturm",
ein Aussichtspunkt auf dem Kahlberg, von wo aus man nochmals einen
schönen Blick über das Siegtal zur Freusburg und dem dahinter liegenden Höhenrücken des Giebelwaldes hat. Der Weg führt dann abwärts
zum Dorf Herkersdorf.

Herkersdorf - Herdorf (ca. 5,5 km)

Von Herkersdorf steigt der Weg wieder aufwärts, vorbei an einem alten
Wallfahrtsweg, zum Druidenstein, einem markanten Punkt in dieser
Landschaft. Der Wanderweg führt weiter zur Straße nach Dermbach,
überquert diese, zieht sich am Fuße des Windhahns vorbei, überquert
die gleiche Straße nochmals und steigt dann durch schöne Waldbestände
nach Herdorf hinab.

Herdorf - Hohenseelbachskopf (ca. 4,5 km)

Von Herdorf aus führt der X-Weg wieder steil bergan zum Hohenseelbachskopf. Der Hohenseelbachskopf ist auch ein Basaltkegel wie der
Druidenstein, wenn er auch dieses Gestein nicht in solch schöner und
ausgeprägter Struktur aufweist. Auch hier befindet sich die Bergkuppe
unter Naturschutz. Zwei Gasthöfe auf dieser Höhe bieten dem Wanderer
die Möglichkeit zur Einkehr und auch zur Übernachtung.

Hohenseelbachskopf - Fuchskaute (ca. 19 km)

Nun führt der Wanderweg vom Hohenseelbachskopf mehr als zwei
Stunden lang über einen Höhenweg, der die Grenze zwischen Nord-
rhein-Westfalen und Rheinland-Pfalz bildet. Kommt man nach langer
Wanderung aus diesem großen Waldkomplex heraus, so liegt vor einem
in einer Mulde der kleine Ort Lippe. Der Weg führt durch dieses Dorf,
dann ein Stück über die Straße bis zum Schnittpunkt mit der B 54
(Limburg - Siegen) am Gasthof „Zollhaus" auf der Lipper Höhe. Der
Wanderweg überquert die B 54, geht über die Flughafenstraße bis zur
Flugzeughalle und führt dann wieder rechts ab durch hohen Fichtenwald. Nur kurz ist hier die Strecke durch den Wald, sie führt dann auf
gutem Weg durch die typische Landschaft des Hohen Westerwaldes.
Eine flache, weite Hochebene breitet sich vor den Augen des Wanderers
aus, etwas hügelig, ohne größere Höhenunterschiede. Weite, leider
heute zum Teil nicht mehr genutzte Weiden und Wiesenflächen, einige

mit sumpfigen Stellen, prägen das Bild der Höhenlandschaft. Weiter geht der Weg nach Liebenscheid und Weißenberg. Hinter Weißenberg kommt der Wanderer auf der Höhe an einem mächtigen Basaltklotz vorüber, der vom Volksmund die Bezeichnung „Ketzerstein" erhalten hat. Nun führt der Weg mal durch Wald, mal durch Wiesenlandschaft, bis wir zu einem Wegweiser kommen, der uns jetzt rechts ab in westliche Richtung verweist. Der Wanderer soll jedoch möglichst dem den X-Weg begleitenden Hauptwanderweg 7 ungefähr 500 m folgen, dann ist er auf der „Fuchskaute", dem höchsten Punkt des Westerwaldes mit 657 m. Hier kann er Einkehr halten und auch übernachten.

Fuchskaute - Bad Marienberg (ca. 14,5 km)

Von der Fuchskaute gehen wir die 500 m wieder zurück bis zum Wegweiser und folgen in westlicher Richtung dem Weg, der zusammen mit dem Hauptwanderweg I nach Bad Marienberg führt: erst über die Willinger Höhe, die weite und schöne Aussicht bietet, und nach ca. 2,5 km links abwärts auf die Straße, welche von Bretthausen nach Stein-Neukirch führt. Stein-Neukirch ist das höchstgelegene Dorf im Westerwald. Hier überqueren wir nochmals die stark befahrene B 54. Es geht nun auf kleiner, wenig befahrener Straße durch die Dörfer Stein und Hof, hinter Hof noch ein kurzes Stück über die Alte Leipziger Straße (heute B 414) durch den Wald am Hölzerstein nach Bach und von hier durch das Tal der Schwarzen Nister nach Bad Marienberg.

Bad Marienberg - Selters (ca. 26 km)

Der X-Weg führt nun nicht in gerader Richtung von Bad Marienberg weiter, sondern macht einen kleinen Bogen durch die schönen Wälder um diesen Ort, vorbei an einem anderen Naturdenkmal, dem „Großen Wolfstein". Weiter geht es an stillgelegten Basaltbrüchen und Braunkohlegruben vorbei durch den Ort Unnau ins Tal der Großen Nister, welche wir bei dem kleinen Ort Hirtscheid überschreiten, um weiter nach Alpenrod aufzusteigen. Mit dem Überschreiten der Großen Nister haben wir den Hohen Westerwald verlassen. Wandern wir von Alpenrod ca. 5 km weiter, so kommen wir in das Gebiet der Westerwälder Seen-

Die trutzige Kirche von Stein-Neukirch ist die höchstgelegene Kirche im Westerwald

platte. An verschiedenen Weihern führt der Wanderweg vorbei, über die alte „Hohe Straße", der heutigen B 8, hinweg durch Maxsain nach Selters. In diesem Ort wurde im Jahre 1888 der Westerwald-Verein gegründet.

Selters - Montabaur (ca. 15 km)

Von Selters führt der Wanderweg zunächst noch durch schöne Wälder oder an Waldrändern vorbei durch das Dorf Vielbach nach Siershahn und Wirges im Kannenbäckerland. Von weitem grüßt von bewaldeter Bergkuppe das weithin sichtbare Schloß Montabaur, und dahinter türmt sich die riesige Montabaurer Höhe mit dem Aussichtsturm auf dem Köppel und dem noch mächtigeren Fernsehturm bei der „Alarmstange".

Montabaur - Nassau (ca. 28 km)

Von Montabaur führt der X-Weg seit einiger Zeit über die Montabaurer Höhe. Einmal ist diese Höhe eines der größten und geschlossensten Waldgebiete des Westerwaldes, zum andern befindet sich dort oben auch ein Aussichtsturm mit bewirtschafteter Hütte. Der Weg führt weiter bergabwärts, vorbei am Wanderparkplatz „Großer Herrgott" zur B 49, noch einmal über die gleiche Bundesstraße, die hier eine Umleitung für Schwerlastverkehr ist, zur Wegespinne „Wolfskirchhof", von hier aus vorbei am Dielkopf, nach Welschneudorf und zum Endpunkt dieses Wanderweges im Westerwald nach Nassau an der Lahn.

Nachwort:

Übernachtungsmöglichkeiten sind nicht in allen Orten des Hohen Westerwaldes gegeben, vor allem nicht auf der Wanderstrecke vom Hohenseelbachskopf bis Bad Marienberg. Ich gebe daher einige Möglichkeiten für dieses Gebiet an, empfehle aber, am Tage vorher bei einem der Häuser anzurufen und sich dann fest anzumelden. Die Verkehrsmöglichkeiten in diesem Gebiet sind nicht die besten, besonders nicht an Wochenenden und Feiertagen.
Hohenseelbachskopf: Waldgaststätte „Hirtenwiese", Inhaber Herbert Erner, 5243 Herdorf/Sieg, Telefon (0 27 44) 51 20
Liebenscheid: Pension und Gastwirtschaft H. Kopfer, 5439 Liebenscheid/ Westerwald, Telefon (0 26 67) 2 88
Fuchskaute: Artur Türk, Gasthaus Fuchskaute, 5439 Willingen ü. Westerburg/Westerwald, Telefon (0 26 67) 3 68

DER „KÖLNER WEG"

Bearbeiter: Herbert Aßmann

Markierung: weißes „K".
Betreuer: Westerwald-Zweigverein Köln e. V.
Beschreibungsstand: Jahr 1975.
Benötigtes Kartenmaterial:
    Wanderkarte des Westerwald-Vereins,
    Herausgeber: Landesvermessungsämter Nordrhein-Westfalen
    und Rheinland-Pfalz.
    Maßstab: 1 : 50 000.
    Blätter: L 5108 Mülheim, L 5110 Waldbröl, L 5308 Bonn,
          L 5310 Altenkirchen, L 5312 Betzdorf,
          L 5510 Neuwied, L 5512 Montabaur.

Wanderstrecken:

Seit über 60 Jahren führt der Kölner Weg vom Sitz des Zweigvereins in den Hohen Westerwald bis nach Marienberg, um von dort nach Königswinter zum Rhein zurückzukehren. In alten Wanderkarten beginnt der K-Weg noch in Köln-Brück. Inzwischen ist das Gebiet zwischen Brück und Bensberg derart zugebaut, daß sich ein Bewandern nicht mehr lohnt. Somit beginnt der Kölner Weg seit einigen Jahren an der Endhaltestelle der Straßenbahnlinie in Bensberg.

Es wird darauf hingewiesen, daß sich der Wegeverlauf zwischen Wahlscheid und Neunkirchen in den kommenden Jahren durch den Bau der geplanten Naafbachtalsperre und der Erweiterung der Wahnbachtalsperre gewaltig ändern wird.

1. Tag: Bensberg - Lüderich - Hoffnungsthal - Wahlscheid (21 km)

Von Bensberg (altes und neues Schloß) verläuft unser K zur Straße Richtung Forsbach und kurz nach der Unterführung der Schnellstraße Köln - Olpe auf gut befestigtem Weg links ab durch Mischwald zum Forsthaus **Steinhaus** (2,7 km), weiter über das waldreiche **Tütberg**-Massiv hinunter ins Sülztal nach **Lehmbach** (3,9 km), Gasthof. Am Sülzbach vorbei nach Sülze und auf schmalem Pfad auf den **Lüderich** (3,3 km), (höchste Erhebung zwischen Sülze und Agger, Fernsicht auf Westerwald, Eifel, Köln, altes Bergbaugebiet) geht es hinab nach **Hoffnungsthal** (3,9 km), (Gasthäuser, Bahn, alte Kirche) und dann in dauerndem leichten Auf und Ab durch Acker- und Wiesenland und durch schmale Bachtälchen über **Unter-** und **Oberlüghausen** zur **Kupfersiefener Mühle** (2,2 km). Weiter nach **Groß-** und **Kleinhecken** (1,3 km), der Gammersbach wird überschritten; nach **Oberscheid** (2,5 km) geht es auf schmalem Weg zwischen Weiden, durch Wald und dann wieder zwischen Wiesen nach **Schiffarth** und über den Aggerbach nach **Wahlscheid** (1,4 km) (Gasthäuser, Busverbindungen).

2. Tag: Wahlscheid - Heister - Neunkirchen - Ingersaueler Mühle (16 km)

Auch hier herrscht das Auf- und Ab im Bergischen Land vor, mit kleinen Bachtälern, Weiden und Wiesen, Waldstücken und kleinen Dörfern mit den typischen Fachwerkbauten.

Das K leitet zur am Hang liegenden Kirche, über kleiner Straße zum **Münchhof** und weiter bei freier Sicht nach **Weeg** (2,0 km); wir kommen so hinab ins **Naafbachtal**. Dem Naafbach folgt das K ca. 500 m talaufwärts, auf schmalem Steg kurz vor der Naafmühle geht es auf der andere Talseite und hinüber aufwärts durch Wald über die Ortschaften Rengert, Effert und nach Überquerung des verwachsenen Wenigertales nach **Busch**, um dann erst wieder kurz vor **Heister** (5,6 km) im Hochwald auf eine vor Jahren gültige Wegeführung zurückzugelangen. Durch Heister geht es hindurch, zwischen Obstwiesen dann in ein feuchtes Waldtal zum **Wahnbachtal**. Wir folgen talabwärts, nachdem wir den Wahnbach überschritten haben, steigen später östlich hoch in einem Waldtal zum Dahlerhof und weiter zum bereits sichtbaren **Neunkirchen** (4,0 km), (Bus, Gasthöfe, alte Kirche). Zwischen neugebauten Bungalows führt uns das K ins nunmehr chaussierte Dreisbachtal und hält dann langsam steigend auf neu angelegtem breiten Waldweg der Ortschaft **Ohmerath** zu; so wird dann die **Ingersaueler Mühle** (3,7 km) (Bus, Gasthäuser) im Bröltal erreicht.

3. Tag: Ingersaueler Mühle - Winterscheid - Schneppe - Herchen (18 km)

Das Landschaftsbild wird weitläufiger: größere Steigungen, weite Strecken auf der Höhe, zu Beginn und zum Ende der Etappe Wiesen und Ackerland und ein weiter Blick in die Lande, ansonsten Hochwald.

Auf schmalem Steg wird die Bröl überschritten, an einer am Hang stehenden Waldkapelle vorbei wendet sich unser „K" **Winterscheid** (2,1 km), (Gasthäuser, weit sichtbare Kirche) zu, der Ort wird durchquert; auf einer Waldstraße immer Richtung haltend und später auf verwachsenem Weg erreichen wir die Ortschaft **Schneppe** (4,6 km), (Sicht auf das Siebengebirge). Unser „K" folgt jetzt einer alten römischen Heer-

straße - dem Nutscheid-Höhenweg - in östlicher Richtung, quert die
Straßen Eitorf - Bornscheid und Eitorf - Schöneberg und verläßt den
Nutscheid-Höhenrücken kurz vor Altenherfen auf Waldwegen. Am Ort
Lüttershausen (4,0 km) vorbei und zwischen Weiden und Wiesen sowie
durch kleine Waldstücke hinunter nach **Ringenstellen** (2,8 km) geht es
dann steil aufwärts (obachtgeben heißt es hier wegen des Wege-Wirr-
warrs!) und bei freier Sicht auf Westerwald, den Leuscheid-Höhenrücken,
Blankenberg und Siegtal nach **Gerressen** (2,3 km) und dann hinab nach
Herchen an der Sieg (1,7 km), (Bahn, Gasthäuser, alter Ort, Kirche
frühes Mittelalter).

4. Tag: Herchen - Hilgenroth - Kloster Marienthal (17 km)

Es geht durch Herchen hindurch über die Siegbrücke, wir passieren
den Ort **Übersehn,** gehen an der Sieg entlang zur Leuscheider Brücke
und aufwärts nach **Werfen** (2,3 km). Zwischen Acker- und Wiesenland
leitet das „K" bald wieder zur Straße Herchen - Leuscheid und folgt
hier sofort einem Wiesental aufwärts nach **Niederalsen** (2,6 km), ostwärts später an einem Sägewerk vorbei und auf die Straße Leuscheid -
Weyerbusch zu. Wir gelangen so in eine „Bilderbuchlandschaft" am
Röhrigshof vorbei durch Wiesen hinab zur **Ehrenthalsmühle** (3,8 km).
Wir überschreiten den Irsenbach. Unser Weg geht durch ein Bachtälchen
den Berg hinauf, an Ückertseifen vorbei auf bald geschottertem Weg
über die Höhe nach **Birkenbeul** (3,8 km). Alsdann in östlicher Richtung
durch Wald über das in einer Mulde liegende **Hilgenroth** (2,1 km)
(Gasthöfe, alter Wallfahrtsort) und wieder durch Wald nach **Kloster
Marienthal** (2,1 km), einem im stillen Waldtälchen versteckt liegenden
Wallfahrtsort mit Kloster (Gasthöfe, Kreuzungspunkt der Wanderstrecken
„S" und „3").

5. Tag: Kloster Marienthal - Nistertal - Marienstatt - Hachenburg
(21 km)

Nach Besichtigung des Klosters gehen wir an der Klostermauer entlang
aufwärts durch wunderbaren Fichtenhochwald und dann Eichenwald nach
Nassen (1,8 km), durch den Ort an der Schule vorbei nach **Isert** (1,2 km)
bis zur Wissener Landstraße. Von hier aus auf Waldpfaden, zunächst
allmählich, später steil hinunter ins Nistertal nach **Alhausen** (2,3 km)
(Gasthof). Wir befinden uns bereits in der Kroppacher Schweiz. Wir
überschreiten die Nister und gehen im Tal am **Burghardt** vorbei auf
einem dicht neben der rauschenden Nister führenden Waldweg aufwärts
und dann hinunter nach **Ehrlich** (3,2 km), (Gasthäuser). Hier wird die
Nister zuerst auf einem Holzsteg, dann auf einer steinernen Brücke vor
Heimborn überschritten. Weiter durch Heimborn (1,5 km), (Gasthöfe) und
hinunter zum Zusammenfluß von Großer und Kleiner Nister. Wir überschreiten auf schmalem Holzsteg die Kleine Nister und folgen talaufwärts dem Lauf der Großen Nister, gehen an Heuzert vorbei, das auf
der anderen Seite des Baches liegt, hinauf zum **Hartenberg** (3,9 km).
An der Straßengabelung die Straße hinunter über die Nisterbrücke und
am Ort **Astert** vorbei auf breitem Waldweg zur Zisterzienser-Abtei
Marienstatt (3,1 km), (Gasthaus, got. Klosterkirche). Vor dem Kloster
aufwärts der Nister entlang, später auf schmalem Waldrandpfad und
dann über freie Flächen nach Hachenburg (4,4 km), (Gasthäuser, Bahn,
Bus, altes Stadtbild usw.).

6. Tag: Hachenburg - Korb - Wolfstein - Bad Marienberg (15 km)

Nachdem wir Hachenburg besichtigt haben, wandern wir auf schatten-
losem Weg an der **Ziegelhütte** (2,3 km) vorbei in den Wald. Auf herrlichen Waldwegen erreichen wir bald das **Hirzbachtal,** dem wir talabwärts folgen. Hinter der Eisenbahnunterführung kommen wir an die
Nister, gehen talaufwärts und gelangen so nach **Korb** (4,9 km), (Gasthöfe, Bahn). Es geht dann auf den am Hang liegenden und sichtbaren

Ort **Stangenrod** (1,5 km) zu. Am Ortsende von Stangenrod biegen wir im spitzen Winkel ab und wandern um den **Ziesl** herum, unter uns liegt der Ort Unnau, in den Fichtenhochwald zur **Bölsberger Viehweide** (2,5 km), biegen rechts ab und gelangen so ständig langsam steigend zum **Großen Wolfstein** (1,4 km), (Basaltgruppe, verschiedene Wanderwege des Westerwald-Vereins), dann über feuchte Waldschneisen über die Marienberger Höhe bald nach **Bad Marienberg** (2,8 km), (Gasthäuser, Jugendherberge, Bus).

7. Tag: Bad Marienberg - Rotenhain - Dreifelden - Steinen (22 km)

Vom Hotel Ferger beginnt der Teil des Kölner Weges, der uns zum Rhein, zum Siebengebirge zurückführt. Zunächst geht es in das Tal der Schwarzen Nister, deren Lauf wir folgen nach **Langenbach** (2,4 km); über **Hahn** und durch Wald ansteigend an einer Kapelle vorbei wird **Dreisbach** (1,9 km) erreicht. Weitere 3,6 km sind es durch Wald bis nach **Stockum** (Gasthof). Auf dieser Etappe heißt es oft gut obachtgeben! Von Stockum geht es über die Landstraße am Bahnhof vorbei aufwärts nach **Rotenhain** (1,7 km), (Gasthof), rechts an der Kirche vorbei und dann links abbiegend auf die Straße nach Lochum. Nach wenigen Minuten verlassen wir wiederum nach links diese Straße. Der weitere Weg führt uns über Schneisen durch schönen Fichten- und Laubhochwald nach dem am gleichnamigen Weiher gelegenen Ort **Dreifelden** (5,1 km), (Gasthof, alte Kirche), dann rund um den Nordteil des Dreifelder Weihers zunächst auf der Straße, dann quer durch den Wald - gut obachtgeben! - und später zusammen mit dem Europäischen Fernwanderweg Nr. 1 zur **Seeburg** (4,4 km), (Gasthaus), am Heidenweiher vorbei gegen Westen im Wald abbiegend nach **Steinen** (2,3 km), (Gasthäuser).

Das Gebiet um Dreifelden ist geschichtlich, von der Tier- und Pflanzenwelt sehr interessant; zusammen mit den Weihern um Steinen ist hier ein eigenartiges Landschaftsbild zu bewundern.

8. Tag: Steinen - Maxsain - Selters - Dierdorf (23 km)

Zunächst weist unser „K" in Richtung Süden zum Hausweiher, umgeht den Weiher zur Bundesstraße und biegt dann ab am Waldrand, durch Niederwald und dann über kurzes freies Feld in den großen Laubhochwald in westlicher Richtung nach **Maxsain** (6,1 km), (Gasthöfe, Fachwerkbauten!). Das Hochwaldgebiet des **Kreuzberges** überschreiten wir auf Schneisen und schmalen gewundenen Wegen nach **Selters** (5,5 km) (Gasthöfe, Bus, Bahn). Hinauf an der neuen kath. Kirche vorbei zum Aussichtspunkt „Hahn"; dann am jüdischen Friedhof wieder steil hinab zur Straße und den Saynbach überschreitend, weist uns unsere Markierung zwischen Weiden ins Krümmeltal, dann über weite Felder und Wiesen nach **Sessenhausen** (4,0 km). Wir folgen etwa 15 Minuten einem Waldsträßchen und biegen rechts ab in dunklen Fichtenwald, um so auf Schneisen zum Holzbachtal zu gelangen, da, wo früher das Forsthaus Offhäuser stand (3,1 km), (Fischteiche, schöne große Fichten!). Der Holzbach und die Bahnlinie werden überschritten, rechts liegen die Häuser von Brückrachdorf, links biegen wir ab an einem Waldrand vorbei zu den ersten Häusern von **Giershofen** (2,4 km), um so nach **Dierdorf** (1,2 km) zu gelangen, (Bus, Bahn, Reste alter Stadtbefestigung).

9. Tag: Dierdorf - Dernbach - Horhausen - Kloster Ehrenstein - Neustadt/Wied (30 km)

Wir durchqueren den Ort, überschreiten den Holzbach, gehen durch die Eisenbahnunterführung und schreiten langsam steigend durch einen neuen Ortsteil dem Schlimmbach und somit am Waldrand dem **Märkerwald** zu, einem riesigen Hochwaldkomplex, kommen in den Wald hinein und wandern auf breiten Wegen, später die Bundesstraße querend, eintauchend in verwunschene Waldwege nach **Dernbach** (6,5 km), (Gasthäuser). Es geht nunmehr durch den ganzen Ort über freies Feld auf der Straße steigend nach Urbach-Überdorf und **Urbach-Kirchdorf** (2,3 km)

(Gasthöfe). Wieder wird ein Waldstück durchquert nach **Linkenbach** (3,8 km). Hinter dem Ort zuerst abwärts durch ein liebliches Wiesental bis kurz vor der Grenzbachmühle und dann steil hinauf auf breitem Weg nach **Horhausen** (3,0 km), (Gasthäuser, Bus). Über **Niedersteinebach** (2,0 km) und dann über den Waldhöhenrücken hinab nach **Heckerfeld** und **Peterslahr** (2,7 km) (Gasthof, alte Kirche) wird das Wiedtal und die sogenannte Lahrer Herrlichkeit erreicht. Über die Wied hinweg ansteigend und auf der Höhe verläuft dann unser „K" mit der Hauptwanderstrecke II. durch den Nesselrodschen Forst (alter Hochwaldbestand) hinunter über den Mehrbach nach **Kloster Ehrenstein** (4,0 km).
Kloster Ehrenstein hat sehenswerte Kirche, alte Burgruine und ist geschichtlicher Mittelpunkt der Ritter von Nesselrode-Reichenstein.
Wir wandern hinunter zur Wied, folgen der Wiedtalstraße talaufwärts und überschreiten die Wied bei der Häusergruppe von **Mettelshahn** (1,2 km). Dann schlängelt sich unser Weg mit immer schönen Tiefblicken steigend hinauf zum **Bertenauer Kopf**, an Eilenberg vorbei und beendet in **Neustadt/Wied** (3,6 km) die längste Tagesetappe des Kölner Weges (Gasthäuser, Bus).

10. Tag: Neustadt - Köhlershohn - Löwenburger Hof - Königswinter (26 km)

Wiederum wird die Wied überschritten. Steil führt unser Weg am alten Bahntunnel bergan zur Straße Neustadt - Asbach und dann linksabbiegend an Wald und Wiesenrändern vorbei nach **Rüddel** (2,2 km) und in abwechslungsreichem Gebiet, mit Sicht ins Wiedtal und auf die Autobahnbrücke, hinab zum **Hammerhof** (1,7 km), dann den schönen Wiesengrund des Pfaffenbachtales aufwärts in die Ortschaft **Dinkelbach** (0,9 km). Die Autobahn wird überschritten, freies Feld, kleine Waldstücke, schmale Tälchen wechseln ab und so erreichen wir **Köhlershohn** (5,1 km). Wir folgen dem Hallersbach in sein Quellgebiet, queren die Straße Rederscheid - Rottbitze und später die Straße Rottbitze - Kalenborn, um so nach Passieren schmaler Waldwege nördlich von Asberg und Kreuzeiche den **Stellweg** (5,4 km) zu erreichen.
Nun bleibt der Kölner Weg bis Königswinter immer im Wald, über den Stellweg wird die **Frühmeßeiche** (3,9 km) erreicht. Zwischendurch lohnen sich Abstecher u. a. zum Himmerich (Fernblicke in die Eifel und auf das Siebengebirge) und zur Servatiuskapelle. Entlang dem Scheerkopf wandern wir zum **Löwenburger Hof** (1,6 km) (Abstecher auf die Löwenburg) und vorbei an Erpentalskopf, Lohrberg, Gasthof Gertrudenhof hinab; durch das Nachtigallental wird nach 5,6 km der Endpunkt unserer Wanderstrecke in **Königswinter** am Bundesbahnhof erreicht.

WOCHENWANDERUNG DURCH DEN WESTERWALD
Bearbeiter: Hermann-Josef Hucke
Markierung: weißes Dreieck

Anmerkung: Die folgende 8-Tage-Wanderung wird vom Fremdenverkehrsverein Westerwald e. V. in 5430 Montabaur als Wochenwanderung von Samstag bis Samstag mit Unterkunftsmöglichkeiten und Gepäcktransfer angeboten.
Nähere Angaben über die einzelnen zu durchwandernden Orte finden Sie in den Gebietsbeschreibungen. Eine ausführlichere Wegebeschreibung ist beim Fremdenverkehrsverein Westerwald erhältlich.

1. Von Montabaur nach Welschneudorf
Wanderstrecke etwa 12 km. Gesamte Steigung 255 m

Am Finanzamt, hinter der kath. Pfarrkirche St. Peter in Ketten in Montabaur, biegen wir links in die **Gelbachstraße** ein, stoßen an deren Ende auf einen Fußweg und wandern auf ihm ins Tal hinab. Wir überqueren die Wirzenborner Talstraße und dann den parallel fließenden Gelbach auf einem Brückchen und sind auf dem talwärts führenden **Hammerweg,** benannt nach einem früher hier arbeitenden Eisenhammerwerk.

Wenn wir die Talbrücke der Montabaurer Umgehungsstraße unterquert haben, begleitet uns der Wanderweg IV des Westerwald-Vereins bis Wirzenborn. 600 m hinter der Talbrücke biegt er in einer Talmulde links hoch. Über die Höhe, den **Stationenberg,** zu dem wir 55 m Höhenunterschied überwinden müssen, begleiten uns 15 „Stationen": Zunächst sind die sieben Schmerzen, dann die sieben Freuden Mariens dargestellt. Die mittlere Station an der alten Linde erzählt uns, daß ein Johannes Erhardus von Neurod 1726 die Bildstöcke aufstellen ließ.

Nach 2,5 km Wanderung haben wir den Montabaurer Stadtteil **Wirzenborn** (Speisegaststätte) im Gelbachtal erreicht, ein idyllisches Dörfchen mit 120 Einwohnern und der Wallfahrtskirche Unserer lieben Frau von Wirzenborn.

Wir überqueren die Talstraße und wandern zum gegenüberliegenden Ortsteil hoch und weiter bergan zum Wirzenborner Küppelfeld. Der Teerweg führt uns am Waldrand entlang immer geradeaus über die Höhe und zu einer Feldscheune (2 km). Wir steigen nicht zum kleinen Stadtteil Reckenthal hinab, sondern bleiben auf der Höhe und gehen den bekiesten Weg weiter. Von Wirzenborn hierher haben wir wieder einen Höhenunterschied von 100 m überwunden.

Immer weiter geht es parallel zur Lichtleitung leicht bergan in den Wald hinein, dann auf einem Teerweg nach **Untershausen** (Speisegaststätte), das aber, seinem Namen zum Trotz, mit 350 m ganz oben liegt (2,5 km). Ab Untershausen bleiben wir auf der Straße in Richtung Welschneudorf, bis nach 600 m die breite Schneise einer Erdgaspipeline die Straße quert. Wir wenden uns nach links und wandern mit schönem Blick auf Daubach und das Buchfinkenland immer am Waldrand entlang, bis der 2. Teerweg quer auf unseren stößt und hier endet. Auf der Verlängerung dieses Weges gehen wir in den Wald hinein hoch und kommen zur Höhenstraße. Auf dieser Straße (übrigens mit 12 km ununterbrochenem Wald die längste Waldstraße im ganzen Westerwald) 100 m weiter nach links, bis wir links einen Grenzstein mit der Aufschrift „CT" sehen (Wald des Churfürstentums Trier). Hier steigen wir rechts an einem beginnenden Fichtenwald steil über einen Laubweg bergab. (Sollte es jedoch sehr klitschig sein, bleiben wir noch weitere 250 m auf der Straße und biegen dann schräg rechts in einen Kiesweg ein, dem wir immer bergab bis zur Brücke - siehe unten - folgen.)

Unten stoßen wir auf ein altes Mühlchen, eine sogenannte Erbenmühle, die sich die Bauern umliegender Dörfer früher selbst errichtet hatten. Auf der Waldseite des Stelzenbachs oberhalb der Mühle am Waldrand bachaufwärts, geht es an den großen Teichen des Forellenhofes Bläser vorbei, wo man gegen Tagesschein angeln darf. Nach 1,5 km Talwanderung stoßen wir auf die Masselbacher Brücke, die ihren Namen noch von den Masseln, den früher üblichen Roheisenstücken der hier heimischen Eisenindustrie, herleitet. Hinter der Brücke folgen wir dem Wegezeichen W 3 zum naheliegenden **„Forellenhof Texas".**

2. Rundwanderung durch die Augst und zurück nach Welschneudorf

Wanderstrecke: ca. 20 km

Vom „Forellenhof Texas" wandern wir auf einem Teersträßchen nach **Welschneudorf** (Speisegaststätten, Lebensmittelgeschäft, Bäckerei und Metzgerei) hoch, dem mit 420 m ü. NN höchstgelegenen Dorf im südlichen Westerwald.

Wir bleiben auf der Hauptstraße, bis wir an der Bäckerei links die kath. Kirche hinter Bäumen liegen sehen.

Das Gebäude wurde 1705 als kurtrierisches Jagdzeughaus errichtet. Am Mitteleingang Wappen des Trierer Erzbischofs Johann Philipp von Walderdorff.

Durch ein Quersträßchen kommen wir wieder zur Durchgangsstraße und gehen am hübschen Fachwerk-Rathaus, einem Nachkriegsbau, die **Arzbacher Straße** hoch bis zum Waldrand, dann nach links zum Wald-spielplatz, wo wir uns an einer Wegtafel nochmals orientieren können. Für die nächsten 3 km bleibt der zunächst noch geteerte Waldweg (Markierung W 2) unser Begleiter. Nach etwa 2 km rechts drei Kreuze, die an hier bei einem Unglücksfall ums Leben gekommene Köhler erinnern. Bald dahinter links an einem Baum auf grünem Grund ein weißer Römerkopf. Hier kreuzt, noch gut erkennbar, der **Limes** unseren Weg. Parallel führt ein Limeswanderpfad.

Nach 600 m taucht hinter einer Waldwiese auf einem Kegelberg plötzlich einer dieser Römertürme auf, hier natürlich rekonstruiert. Nach rechts schöner Blick in die Tallandschaft der Augst. Kurz vor der ersten Hoch-spannungsleitung lohnt auf jeden Fall der Serpentinenaufstieg zum **Großen Teufelskopf** mit dem Römerturm und der prächtigen Aussicht.

Der Kleine Teufelskopf, auch vulkanischen Ursprungs, ist weniger markant. Zwischen beiden ein Spielplatz mit Hütte und Grillplatz. Rechts daneben führt schluchtartig bergab ein Fußweg in Richtung Arzbach. Wo er wieder auf die Straße Kemmenau - Arzbach stößt, die wir schon oben berührt hatten, liegt links in einer Mulde ein schon von den Römern benutzter Brunnen. Auf der Straße geht's nun weiter bis **Arzbach** (Speisegaststätten, Lebensmittelgeschäft, Bäckerei).

Die Anliegerstraße (Wegemarkierung 3) führt bergab. Auf der Land-straße überschreiten wir den Emsbach und wenden uns am **Bierhaus**, einer ehemaligen Brauerei, in Richtung Bad Ems. Unmittelbar hinter der Hochspannungsleitung steigen wir rechts auf dem Weg „3" zur **Sporken-burg** hoch.

Hier müssen wir nun den Hangweg ein Stückchen zurückgehen und dann scharf rechts zwischen Niederwald und Fichtenwald auf einem Fußweg zur Landstraße Arzbach - Bad Ems abwärtssteigen.

Etwa 500 m unterhalb liegt rechts der Straße das Forsthaus Eichwald. Ihm gegenüber biegen wir ein. Der Weg führt uns an einem ehemaligen Schuttabladeplatz vorbei und mit einer Rechtskurve in den Emser Buch-wald hoch.

Im Wald gehen wir stets geradeaus, teils mehr, teils weniger steil hoch (Wanderwege-Markierung 3). An einem kleinen Hangplateau biegen wir nach links und erreichen dann nach insgesamt 3 km langer Waldwande-rung den **First**. Wir sind damit rund 300 m emporgestiegen. Es lohnt nach rechts ein 300 m weiter Abstecher zur „Schönen Aussicht" (469 m). Wenige Meter unterhalb vom **First** (rechts am Wasserhäuschen vorbei) biegt links der mit dem Römerkopf gekennzeichnete Limespfad ab, dem wir folgen bis wir auf das Sträßchen nach Arzbach stoßen. Diesem folgen wir nach links ca. 400 m, biegen dann rechts in einen Waldweg ein und wandern diesen durch, bis wir auf die Landstraße Bad Ems - Welschneudorf stoßen. Auf ihr gehen wir weiter bis zum Waldrand vor Welschneudorf und an diesem rechts ab auf einem Teerweg hinab. Ihm folgen wir nach einer Linkskurve im Hang immer geradeaus bis zur Straße Welschneudorf - Nassau. (Schöne Aussicht - Nassauer Straße 4,5 km).

Auf der Nassauer Straße 100 m nach rechts, dann links ab in Richtung Hübingen. Nach 750 m zweigt schräg links ein Kiesweg ab. Auf ihm wandern wir durch Wald und dann am Stelzenbach entlang bis zur Masselbacher Brücke (2,3 km) und kommen dann wieder in unserem Quartier an.

3. Ins Buckfinkenland, von dort ins Gelbachtal und durch das Eisenbachtal zu den Mühlen

Wanderstrecke etwa 20 km, gesamte Steigung 260 m

Vom „Forellenhof Texas" wandern wir wieder durch Welschneudorf an Kirche und Schule vorbei und biegen am Ortsausgang an zwei Linden links ab. Wir befinden uns nun auf dem mit dem Andreaskreuz gekenn-zeichneten internationalen Fernwanderweg Flensburg - Genua, dem wir südwärts folgen. Im Wald überqueren wir die Landstraße, erreichen nach 300 m einen Querweg und folgen diesem 1 km weit, bis wir an eine Kreuzung stoßen, wo ein Kruzifix in einen Baum eingewachsen ist. Dort knicken wir links ab, zunächst auf einem Teer-, dann auf einem Schotterweg, und erreichen die Straße Untershausen - Nassau.

Am Ende der gegenüberliegenden Waldwiese wandern wir hinab zum Ponyhof Sonderlund und im Hang weiter mit schönem Blick ins idyllische Hohental (Wegemarkierung B 22). Wir kommen nach **Hübingen im Buchfinkenland** (Lebensmittelgeschäft, Speisegaststätte).

Auf der Hauptstraße geht es nach Hübingen und dann an einem hübschen kleinen Waldfriedhof vorbei talwärts in Richtung Gackenbach. An der Kehre im Tal können wir uns links an einem Wassertretbecken die Füße erfrischen. Weiter geht es auf der stillen Straße aufwärts bis **Gackenbach** (Speisegaststätte).

Hier gibt es zwei Möglichkeiten:

a) Wir besuchen den **Hochwildschutzpark Westerwald** (mit Speisegaststätte) mit seinem reichen und interessanten Wildbestand. Dahin gehen wir vor dem ersten Haus auf breitem Teerweg rechts hinab und dann wieder rechts in Richtung Hochspannungsleitung. Der Hochwildschutzpark besitzt zum Gelbachtal hin einen Drehtür-Ausgang. Ihn benutzen wir und sind dann gleich im Gelbachtaldörfchen **Dies** (Restaurant). An dem Hotel links lädt ein altes Marmorschild in schönstem Küchenlatein zum Verweilen ein: „Ovum, Ovum, sic ante apud!" - „Ei, ei, so vorbei!" Wir gehen zur anderen Seite des Gelbachs und wandern dann auf gutausgebautem Talweg immer aufwärts bis **Kirchähr** (Getränkeverkauf).

b) Wir verzichten auf den Besuch des Hochwildschutzparks. Dann gehen wir, das große Altersheim der Barmherzigen Brüder von Montabaur links liegen lassend, durch den Gackenbacher Ortsteil Wasem (= Wiese).
Wegen der schönen Aussicht wandern wir hinter dem letzten Haus rechts auf geteertem Weg um den 325 m hohen Hurst-Berg. An einer knorrigen alten Linde mit schönem Bildstock stoßen wir wieder auf die Landstraße, wandern hier aber steil bergab den sogenannten Totenweg (unten lag einst der Kirchhof der Höhengemeinden) nach **Kirchähr.**
Auf einer Fußbrücke überschreiten wir den Gelbach, der hier die Grenze zwischen dem Westerwaldkreis und dem Rhein-Lahn-Kreis bildet.

Nun weiter talaufwärts auf gutem Wanderweg parallel zu Bach und Straße bis zum Isselbacher Ortsteil **Giershausen** (Bäckerei, Speisegaststätte). Dort gehen wir über die Brücke zur anderen Bachseite zurück und gleich rechts den Talweg hinein (Wegemarkierung E 1 und E 2).

Wer an einem schattigen Plätzchen Mittagsrast machen will, der wandere hinter dem Seitenbächlein den beschrankten Weg etwa 700 m ins Tal hinein und kommt dann zu einer Grillhütte mit Quelle.

Ansonsten aber hinter der Heckenmühle vorbei im Gelbachtal weiter bis zum Montabaurer Ortsteil **Ettersdorf** (Lebensmittelgeschäft, Speisegaststätte).

Wieder wechseln wir über die Straßenbrücke die Talseite und kommen links auf einen guten Wanderweg, der nach einem Taleinschnitt in Serpentinen zur halben Höhe führt und gegenüber dem nächsten Taldörfchen, dem Montabaurer Ortsteil **Bladernheim** (Speisegaststätte), wieder ins Tal kommt.

Durch Feld und Wald geht es weiter zur **Dorfwüstung Sespenrod.**

Und weiter geht es talaufwärts. Hinter dem fichtenumstandenen „Dorotheen-Brücke" gabelt sich der Weg, und wir wandern schräg rechts den Wanderweg IV des Westerwald-Vereins hoch.

Wenn wir uns immer im Talhang halten, führt uns dieser stille Waldwanderweg sicher zu einer der drei Mühlen (Kautenmühle, Studentenmühle, Freimühle). Talwanderstrecke Kirchähr - Eisenbachtal etwa 10 km.

4. Vom Elsenbachtal nach Westerburg
Wanderstrecke ca. 25 km

Wir wandern oberhalb der Mühlen mit dem Wanderweg IV ziemlich steil hoch zum 320 m hohen **Bornkasten.** Wir durchschreiten einen Abschnittsringwall aus der späten Eisenzeit und stehen gleich darauf auf dem Gipfel vor einer kleinen Anna-Kapelle.

Dahinter vor dem Steilabhang eines ehemaligen Basaltbruchs ein herrlicher Ausblick wie aus der Vogelschau.

Wir können aber auch auf den Abstecher zum Bornkasten verzichten und auf dem Teerweg oberhalb der Mühlen direkt nach Nomborn hochwandern.

Von Nomborn führt der Wanderweg IV aus dem Dorf heraus und stößt vor der Autobahnbrücke auf den Wanderweg 5. Der Wanderweg 5 kreuzt die B 49 und ist bis Westerburg unser Begleiter. Bis Salz siehe diesen! Der Wanderweg 5 stößt bei Salz auf den Kreuzweg, der von Salz zur St. Leonhardskapelle (geschlossen) führt.

St. Leonhard, ein fränkischer Einsiedler, ist u. a. Patron der Gefangenen, Wöchnerinnen und Kranken, auch des Viehs und vor allem der Pferde. Am Leonharditag führt hierher noch eine Reiterprozession.

Hinter der Kreuzwegstation „Jesus wird ans Kreuz geschlagen", der viertletzten, führt rechts ein Wiesenweg hinunter, der uns links auf einen Teerweg bringt. Auf ihm steigen wir über die Straße vor Weltersburg (Getränkeverkauf, Lebensmittelgeschäft) hinweg aufwärts.

Wegen der schönen Aussicht führt uns unser Weg um den 346 m hohen Küppel herum. Wir schauen auf das von Tongruben durchwühlte Elbtal und weiter ins Westerwälder Kuppenland hinein. Wenn wir auf diesen Umweg verzichten wollen, steigen wir auf einem Fußweg hinter der Dorfkapelle direkt zum Basaltkopf hoch, in dessen Hang wir noch einige Mauerreste der im 17. Jh. zerstörten Weltersburg entdecken. Sie diente zur Sicherung der Köln-Frankfurter Handelsstraße (heutige B 8). Eine prachtvolle Rundumsicht belohnt unseren Aufstieg.

Am Windrad, das einst die Wasserversorgung des hochgelegenen Ortes sicherte, 50 m nach rechts und dann links in die Wiesenstraße hinunter, am Transformatorenhaus vorbei, geradeaus nach **Girkenroth** (Getränkeverkauf, Bäckerei, Lebensmittelgeschäft).

In Girkenroth ist ein größeres Werk, das Verbundpflastersteine herstellt. So ist denn auch die Straße von Weltersburg nach Girkenroth ganz damit gepflastert.

Durch die Berg- und Oberstraße wandern wir in Richtung Sportplatz, gehen aber immer geradeaus weiter, am Transformatorenmast vor dem in einem Park stehenden Haus Welterswald geradeaus weiter den beschrankten Weg in den Wald hinein. Mit dem Weg 5 biegen wir nach 400 m an der Lärchenwaldhecke links ab und folgen diesem Waldweg, bis er unten an einem Querweg endet. Ein Schild weist rechts nach Berzhahn und links nach Willmenrod. Weiter durchwandern wir den großen Wald um den Basaltrücken Watzenhahn, bis wir den Waldrand erreichen. Vor uns liegt Willmenrod im Elbtal.

Wegstrecke Salz - Willmenrod etwa 8 km.

Von Willmenrod aus führt der Wanderweg 5 über Gershasen nach Westerburg. Es kann aber auch die Landstraße über Wengenroth (Bürgersteig) benutzt werden (3,5 km bis Westerburg).

5. Rundwanderung durch die Holzbachschlucht und zurück nach Westerburg
Wegstrecke: ca. 18 km, gesamte Steigung 160 m)

Vom Neumarkt in Westerburg gehen wir die Steiniggasse hoch über die Bahnlinie und dann dieser parallel zur Wallfahrtskirche „Unserer Lieben Frau am Reichenstein". Weiter unter der Bahnlinie hindurch durch Hergenroth in Richtung Stahlhofen, wobei wir oberhalb der Friedhofskapelle einen Seitenweg benutzen können. Rechts hinunter zum 80 ha großen **Wiesensee**. Er wurde 1971 im Bereich brachliegender Talwiesen aufgestaut.

Wir wandern nach rechts um den See herum über die Landstraße nach Winnen. Nach ca. 800 m, von Stahlhofen aus gerechnet, zweigt links ein geteerter Weg ab, dem wir ca. 1 km weit folgen bis zu einer Viehweide. Hinter dieser Viehweide gehen wir dann nach rechts über einen Wiesenweg immer entlang des Weidenzaunes hoch, bis wir am Ende des Zaunes auf einen befestigten Weg stoßen, dem wir nach links folgen. Der Weg führt auf der Anhöhe mit weiter Sicht über die Landschaft am Waldrand vorbei, bis wir am Schornberg auf eine kleine Straße stoßen, die wir überqueren.

Hier weist an einem großen Baum ein Wegweiser „Zur Holzbachschlucht", doch wollen wir diesem Weg nicht folgen, da er bei schlechtem Wetter unpassierbar ist.

Wir halten uns halbrechts und kommen auf einem schmäleren Waldweg durch Fichtenwald in großem Bogen zur Wegkreuzung **Am Stuhlheck**. Von hier führt ein langer grader und befestigter Weg zu einer Straßengabelung. Hier überschreiten wir die Straße und gehen halblinks in eine kleine Straße, welche uns zum **Dappricher Hof** führt.

In Gemünden gehen wir am Ortsausgang Richtung Westerburg in die Straße **„Alter Westerburger Weg"** bis zu einem Wasserhochbehälter, vor diesem auf einem Feldweg nach rechts bis zum Waldrand hoch und dann nach links durch den Wald bis zum Gasthaus **Zum Katzenstein** mit seinen Felspartien. Von dort führt ein schöner Waldweg zur Stadt zurück.

6. Von Westerburg zur Westerwälder Seenplatte

Wegstrecke etwa 18 km, gesamte Steigung 310 m

Zur Westerwälder Seenplatte geht es in Richtung Hachenburg auf der Langenhahner Straße aus der Stadt hinaus. Am Ortsausgangsschild hinter der Tankstelle führt uns ein Weg scharf links über den Bahndamm hoch. Nach Überschreiten der Gleise gehen wir aufwärts auf einem Weg zwischen Waldrand und Viehweiden. Nach ca. 200 m links ab über einen Fußpfad, ansteigend durch ein Wäldchen bis zum oberen Waldrand. Nun über einen Feldweg zwischen Viehweiden und Feldern hindurch bis zum Waldrand auf der Höhe, wo wir auf einen asphaltierten Weg stoßen, welcher von Gershasen kommt und nach rechts in den Wald hineinführt.

Diesem Weg folgen wir in den Wald. Nach ca. 800 m stoßen wir auf eine breite Schneise und auf das Wegzeichen II. Diesem Zeichen folgen wir nun über weite Wegstrecken. Hier führt es uns nach rechts, bis wir auf die Umzäunung eines Bundeswehr-Depots stoßen. An diesem Zaun gehen wir nach links entlang bis zum Ende.

Hier stoßen wir auf einen schönen, mit einem Wappen geschmückten Grenzstein, der früheren Grenze der Grafschaft Nassau-Diez und Kurtrier.

Unser Wanderweg geht hier nach links ab, gemeinsam mit dem Hwg. II. Nun hinter dem Zaun entlang, bis nach 200 m zwischen Laub- und Fichtenwald links ein Weg zur Höhe führt. Auf befestigtem Weg geht es durch den sogenannten Geisenwald. Nach 1,2 km am Waldrand links das Dorf Brandscheid. Wir aber wandern weiter geradeaus hinunter über den uns schon von Willmenrod her bekannten Elbbach bis zum **Rothenbacher Ortsteil Pfeifensterz** (Bäckerei, Lebensmittelgeschäft, Metzgerei, Speisegaststätte). Wegstrecke Westerburg - Rothenbach 6 km.

In Rothenbach gehen wir auf der Hauptstraße, der B 255, nach links bis zur Bergstraße und auf dieser hoch zum Ortsteil **Himburg**. Dahinter bleiben wir auf dem Sträßchen, das nach links abbiegt, und stoßen auf die Landstraße Langenhahn - Freilingen. Ihr müssen wir 500 m nach links folgen, bis wir rechts einen befestigten Waldweg sehen, auf dem auch der Wanderweg II des Westerwald-Vereins abzweigt. Wir biegen mit ab und dann gleich wieder nach 50 m links hoch durch eine Schonung. Nun begleitet uns ständig bis Wölferlingen der Wanderweg C 4. Wir

achten genau auf die ziemlich dichte Wegemarkierung, denn der Pfad
führt parallel der Waldwege durch die Fichtendickung. Wenn unser C 4-
Weg nach einem Rechts- und dann Linkshaken nördlich der Höhe des
Schwengersberg (463 m) angelangt ist, sollten wir ihn einmal kurz ver-
lassen und einen Abstecher rechts hinunter zum 1,3 ha großen **Wölfer-
linger Weiher** machen. Dieser ziemlich versteckt liegende Weiher, Quell-
see der Sayn, trocknet im Sommer teilweise aus, ist aber wegen seiner
großen Binsenfelder und der Wasservögel dennoch beachtenswert.
Wir kommen nach **Wölferlingen** (Speisegaststätte, Lebensmittelgeschäft,
Metzgerei).
Wo die Dorfstraße wieder auf die Landstraße stößt, biegt gegenüber der
Weg C 4 zum 454 m hohen Wölfersberg hoch. Diesem Weg folgen wir,
biegen aber am nächsten Querweg nach rechts ab, vorbei an einem
Aussiedlerhof bis zum Ende des Weges. Nun links über einen Feldweg
bis zur Landstraße (B 8); wir sind dann nach wenigen Schritten in
Freilingen.

7. Von der Seenplatte über Selters nach Siershahn oder Wirges

Wegstrecke 22 km, gesamte Steigung 190 m

In Freilingen wandern wir die B 8 hoch. Ab dem Gasthof führt ein
Fußweg am Campingplatz und am Postweiher vorbei parallel zur Straße.
Auf einem Damm zwischen Post- und Brinkenweiher gehen wir rechts
hinüber bis zum befahrenen Weg im Wald und dann mit der Markierung
E 4 auf diesem links hinüber bis zur Straße Steinen - Dreifelden. Auf
diesem nach rechts bis zum großen Waldspielplatz und links parallel
zur Straße, die zur **Seeburg** durch das Waldesdunkel führt (Markierung
B 1). Rechts taucht dann der Seeweiher auf und dahinter Dreifelden.
Hinter dem Restaurant Seeburg links in den Wald, an der Gabelung
wieder links und dann auf dem guten Splittweg rechts und immer
geradeaus bis zur B 8. - 30 m links zweigt gegenüber ein Waldweg ab.
Wir folgen seiner Fahrspur und halten uns links. Er führt mit sehr
schönem Weitblick zum Rheinischen Westerwald an Wiesen entlang
und biegt am Transformatorenmast rechts ab nach **Hartenfels** (Speisegaststätte, Metzgerei, Lebensmittelgeschäft, Bäckerei). Links erkennen
wir nun die Gebäude der Fertighausfabrik Huf. - Die Burgruine Hartenfels grüßt zu uns herüber.
Wegstrecke Freilingen - Seeburg - Hartenfels 9 km; über Hausweiher auf
dem E 1-Weg nur 4,5 km.
Wenn wir dem Burgberg in Hartenfels einen Kurzbesuch abgestattet
haben, gehen wir gegenüber der Kirche die Brunnenstraße hinunter bis
zum Kreuz am Dorfrand, dann rechts hinunter mit der Telefonleitung in
den Wiesengrund und vor dem Bach auf dem Teerweg links durch die
Senke. Wir überschreiten hier den jungen Holzbach. Am Gasthaus
Untermühle geht es über einen befestigten Weg hoch. Den ersten Feldweg gehen wir nach rechts hinein, geradeaus auf den Waldrand zu
(Hochsitz) und stoßen dort auf das Naturdenkmal **„Zehntgarben"**.
Dicke Basaltsäulen recken sich hier schräg wie versteinerte Garben
aus der Erde. Die Sage erzählt, ein Bauer sei hier mitsamt seinen
Getreidegarben aus Strafe versteinert worden, weil er dem Harten-
felser Vogt nicht den zehnten Teil habe abliefern wollen.
Nun halten wir uns nach links, am Waldrand entlang, überschreiten
einen befestigten Weg und gehen weiter am Waldrand, bis wir in einer
Bachsenke an eine nach links vorspringende Waldecke kommen.
Vor dem Bachlauf biegen wir rechts in den Wald ein und kommen auf
diesem Weg nach kurzer Zeit an die Straße Maxsain - Rückeroth.
Gegenüber liegt der Waldcampingplatz Klingelweiher. Wenn wir ihm
keinen Besuch abstatten wollen, überqueren wir nun die Straße und
wandern gegenüber auf einem Waldwiesenweg durch schönen Fichtenwald weiter. Vor dem Waldrand stoßen wir auf einen befahrenen Weg,
dem wir nach links folgen. Es ist die Trasse der ehemaligen Schmalspurbahn von Hachenburg nach Selters. Wenn wir den geteerten Quer-

weg erreichen, gehen wir auf diesem bis zur Hochspannungsleitung nach rechts und biegen vor dem Dorf Goddert wieder links ab. Das Sträßchen führt uns vor dem Lager der Behälterbaufirma Schütz über die Bahn hinweg nach **Selters.** (Wegstrecke Hartenfels - Selters 6,5 km). Von Selters bis zu unserem Tagesziel Siershahn (oder Wirges) bleibt nun der Europäische Fernwanderweg 1 - Flensburg - Genua - unser Begleiter. Er ist durchgehend mit einem weißen Andreaskreuz auf schwarzem Grund gekennzeichnet.

Auf der Rheinstraße gehen wir in Selters in Richtung Mogendorf, dann links ab über die Straße „Alter Weiher", wieder rechts und nun über die Eisenbahnstrecke Siershahn - Altenkirchen hinweg. An der mächtigen alten Buche weist uns das X-Zeichen nach rechts (und mit diesem Zeichen läuft unser Wanderweg jetzt parallel bis Montabaur). Kurz vor dem Waldrand führt der Weg als Fußpfad nach links in den Hochwald hinein, bis er später in einen breiteren Waldweg übergeht und dann nach rechts auf die Straße Nordhofen - Quirnbach führt. Auf dieser Straße gehen wir ca. 100 m nach rechts und biegen dann wieder nach links in einen Feldweg ein, der uns abwärts in's kleine Sayntal nach **Vielbach** führt (Lebensmittelgeschäft, Metzgerei).

In Vielbach geht es gleich links, dann rechts einen Fußweg hinein und wieder links auf der Schulstraße zum Wald hoch. Der X-Weg führt uns durch den Wald immer geradeaus über die Straße Helferskirchen - Siershahn hinweg bis zum doppeltürmigen Hochbehälter.

Sollten wir ihn geöffnet antreffen, so lohnt sich auf jeden Fall, zu seiner Aussichtsplattform hochzusteigen. Vor uns liegt die weite Montabaurer Senke mit den Kannenbäckerlandorten Siershahn und Wirges im Vordergrund, Dernbach mit seinem hohen Krankenhaus dahinter und schließlich Montabaur mit seinem Schloß. Rechts das große Waldmassiv der Montabaurer Höhe.

Nun nach rechts an dem Waldspielplatz vorbei hinunter nach **Siershahn** (Apotheke, Bäckerei, Metzgerei, Restaurant). Rechts die Gleisanlagen des Bahnknotenpunktes, dahinter das große Industriewerk der Keramchemie.

WIRGES

8. Rückweg nach Montabaur

Wegstrecke etwa 11 km, gesamte Steigung 150 m

Wir verlassen Siershahn auf der Friedensstraße in Richtung Leuterod und benutzen dann einen Fußweg, der rechts ab zum Schwimmbad Wirges führt. Am Hallenbad steigen wir links zum Tennisplatz hoch und gehen hinter diesem rechts ab den Waldrand entlang. Eine Kirschbaumallee führt uns oben rechts hoch zur Kapelle und zum Kreuzweg auf dem 334 m hohen **Steimel**.

Auf einem Fußweg hinter der Kapelle zunächst 50 m geradeaus, dann rechts an den Zäunen entlang (Vogelschutzgebiet), bis wir auf einen Feldweg stoßen, der uns nach einer Linkskurve zur Straße Wirges - Leuterod bringt. Auf ihr wandern wir 250 m aufwärts, bis hinter dem Bildstock rechts ein Weg zu dem Fichtenwäldchen hinunterführt. Drüben zum Waldrand des Hülsberg, diesen entlang bis zu einem bestückten Waldweg. Auf diesem Waldweg 250 m hinein bis zur Wegekreuzung und nun rechts hinunter zur L 300. - 100 m müssen wir auf ihr nach rechts gehen, dann beginnt gegenüber ein grasbewachsener Waldweg. Er erreicht den Waldrand, und wir gehen geradeaus weiter, sehen vor uns in der Talmulde das Dorf liegen und finden schließlich zwischen den Weidezäunen einen Abgang hinunter.

Staudt (Bäckerei, Metzgerei, Lebensmittelgeschäft, Speisegaststätte) erreichen wir auf der Straße nach Bannberscheid. Nun nach rechts zum Ortskern und an der Straßenkreuzung gegenüber die Waldstraße hoch. An ihrer Gabelung gehen wir links, halten uns aber an der roten Bank und dem grauen Waldkapellchen rechts.

Ein hübscher Waldrandweg geleitet uns nun ins Aubachtal hinein, biegt aber dann, splittbeschüttet, in den Fichtenwald hinein hoch. Oben etwa 50 m nach rechts bis zum Querweg im Birkenwäldchen, dann links zum einmündenden Weg an der Bank und geradeaus weiter zum großen grünen Waldweiher. Dort rechts, dann wieder links; nun sind wir am Waldrand.

Ein Feldweg führt rechts ab über die Höhe genau auf Schloß Montabaur zu. Am Hillhof vorbei bringt uns der Teerweg über die Bahnlinie Siershahn - Montabaur hinweg zum Montabaurer Vorort **Eschelbach** im Aubachtal (Einkehrmöglichkeit). Unter der Autobahnbrücke hindurch erreichen wir auf der Landstraße Montabaur.

RIESLING-WANDERWEG BAD HÖNNINGEN - LEUTESDORF

Bearbeiter: Ursula und Herbert Rudow

Mkg.: Riesling-Traube auf weißem Grund. **Weglänge:** 20 km. **Gehzeit:** 5-6 Stunden. **Gesamtsteigung:** 480-500 m.

Schöner Panorama-Wanderweg.

Anstrengend durch häufiges An- und Absteigen.

Der Riesling-Wanderweg beginnt an der Bahnunterführung im Bad Hönninger Ortsteil **Ariendorf**. Er geht zunächst geradeaus, dann links (der Straße folgend) an der Kirche vorbei und steigt in Serpentinen bis zu einer schönen alten Kastanienallee an. Durch die Allee verläuft der Weg ziemlich eben, etwa 50 m oberhalb der B 42, auf gleicher Trasse mit dem Rheinhöhenweg und mit schönen Ausblicken auf Rheinstrom und Rheinhöhen. Nun durch einen Torbogen links vom Weg in den Schloßbereich von **Arenfels** und in den Schloßhof. Gleich links an den Remisen vorbei, dann in einer Spitzkehre an der alten Bruchsteinmauer des Schloßparks entlang bis zu den Schafställen. Hier wieder in einer spitzen Kehre nach rechts und weiter den Berg hinauf. Bei der nächsten Weggabelung rechts und durch ein lichtes Buchenwäldchen bis zu den städtischen Weinbergen. Unterhalb liegt das Schloß.

Umfassend der Blick über Bad Hönningen, das nun in einem großen Halbkreis am Berghang umwandert wird. Der **Weinbergsweg** verläuft weiter an der Lage „Schloßberg" vorbei. Links am Weinbergshang ein Bildstock, zu dem eine Treppe hinaufführt. Hinweisschilder bezeichnen die Bepflanzungszeit der Lagen. Allmählich führt der Weinbergspfad tiefer bis an die ersten Häuser in einer Rechtskehre und zur Waldbreitbacher Straße. Diese wird überquert und etwa 20 m bergaufwärts wird nach rechts in die Einbahnstraße eingebogen. Hier Hinweisschild zum Kronenborn und zum Neubaugebiet **Oelsberg**. Am Ende der kurzen Straße wieder links abbiegen in die Straße „Am Höms", dann bergauf und in einer weiten Kurve zum Oelsberg. Sehr schöne Ausblicke! Weiter auf der Fahrstraße in Oelsberg, bis sie nach rechts über eine Brücke führt. Vor der Brücke die Fahrstraße überqueren und in etwa gleicher - östlicher - Richtung weiter wie bisher. Ein steiniger Fußpfad führt zum **Gut Arienheller,** das rechts umgangen wird.
Nun etwa 20 m links die Fahrstraße Arienheller entlang und in spitzer Kehre an der anderen Bergseite, nach rechts einbiegend, den Wiesenpfad bis zu den ersten Häusern benutzen. In leichtem Anstieg nach links wenden und zwischen Obstgärten auf dem Wiesenpfad über den Erdberg ins **Lampental.** Nach rechts abbiegen und die Lampentaler Straße zunächst in Richtung Rheinbrohl weiter, an der Straße „Römerberg" hinauf, bis rechts die Straße „Auf dem Rümmer" abzweigt. Diese führt fast eben durch ein schönes Wohngebiet. Am Ende des Rümmerweges rechts die Kirche. Vorher links in den schmalen befahrbaren Weg (Mühlenpfad) einbiegen, am Ende des Pfades ein wenig nach links wenden, dann sogleich dem ersten Bergweg zur **Rheinbrohler Ley** (Hinweisschild Ehrenmal) folgen. Der Weg steigt steil auf bis zum Ehrenmal und führt weiter zur Ley mit einer Schutzhütte. Umfassende Aussicht!
Über Wiesen geht ein Pfädchen zum **Annahof** (Gaststätte). Nach Durchqueren des Hofes auf dem Feldweg nach rechts an dem ländlichen Anwesen vorbei über Wiesen und Felder bis zum Bergabhang. Erst hier nach links wenden und pfadlos die Wiesen aufwärts steigen bis an einen Bergweg und diesem - weiter ansteigend - folgen; nach etwa 20 Minuten ist der höchste Punkt des Weges erreicht (220 m ü. NN). Nun in Serpentinen recht steil ins **Hammersteiner Bachtal** hinab. Hier nach rechts wenden und den hübschen Talweg abwärts bis in die Dorfstraße benutzen. Vor der Kirche links in die Kapellenstraße einbiegen, die von **Niederhammerstein** nach **Oberhammerstein** (parallel mit der B 42) bis zum Friedhof führt. Bei diesem links abbiegen, auf steilem Bergweg weiter an den letzten Häusern vorbei und in einer Kehre durch Wiesen bis zum Fuß der **Ruine Hammerstein** (196 m ü. NN). Ein kleiner Aufstieg zur gut gesicherten Ruine ist empfehlenswert. Hinweistafel beachten!
Der Riesling-Wanderweg führt nun abwärts in großen Kehren bis zu einer kleinen Quelle am Wasserbehälter. Hier biegt er links ab und läuft gemeinsam mit dem Rheinhöhenweg (etwa 50 m über der B 42 liegend) zum **Mühlbachtal** hinunter. Dort etwa 100 m rechts vom Bach ins Mühlbachtal hinein und dann in steilen Serpentinen auf 160 m über NN hinauf bis zu einem unbefestigten **Weinbergsweg.** Auf diesem weiter bis zum ausgebauten Weinbergsweg, dann bergauf an den Lagen des **Forstberges** vorbei (mit schönen Ausblicken) bis zu den Schießständen von Leutesdorf. Hier biegt der Rheinhöhenweg links ab; der Riesling-Wanderweg folgt der Fahrstraße nach rechts abwärts bis zur Kirche von Leutesdorf, wo er endet.

Westerwald-Verein = Wandern und Heimatpflege

Lesen Sie die Zeitschrift „Der Westerwald"!
Unterstützen Sie den Verein durch Ihre Mitgliedschaft!
Unsere Anschrift: Westerwald-Verein e. V., z. Hd. Herrn Geschäftsführer Aloisius Noll, Kreisverwaltung, 5430 Montabaur, Telefon (0 26 02) 1 22 06

DER LIMES
Unsere Heimat zur Römerzeit
Werner Schönhofen

Im 1. Jh. vor Chr. dringen die Germanen im heutigen deutschen Mittelgebirge von Norden und Nordosten her in keltisches Siedlungsgebiet
vor. Gleichzeitig unternehmen die Römer Vorstöße von Südwesten. Unter
Cäsar kommt es zu den Gallischen Kriegen. Er überschreitet in den
Jahren 55 und 53 vor Chr. im Neuwieder Becken den Rhein. Die Römer
werden nun für rund 400 Jahre die Geschicke weiter Teile des Rheinlandes mitprägen, abgesehen von mittelbaren Nachwirkungen in den
folgenden Jahrhunderten. Zur Sicherung der Römerherrschaft werden
linksrheinisch Kastelle angelegt. 12 vor Chr. wird das linke Rheingebiet
eine römische Provinz, die 9 vor Chr. in Nieder- und Obergermanien
aufgeteilt wird; die Provinzhauptstädte sind Mainz bzw. Köln. Das später so bedeutende Trier wird im 1. Jh. nach Christus Versorgungszentrum
für die römischen Truppen am Rhein.

In diesen vier Jahrhunderten durchdringen sich fruchtbar römische und
einheimische Kultur, wie wir es an Bodenfunden feststellen können. Die
Grenzziehung zwischen Nieder- und Obergermanien hat wahrscheinlich
den Ausgangspunkt des Limes bestimmt. Denn genau gegenüber liegt
auf dem linken Rheinufer eben die Grenze zwischen beiden Provinzen.
Sie wird hier vom Vinxtbach gebildet. Sprachforscher wollen u. a. hierin
das lateinische „ad fines", was auf die Grenze bzw. das Ende hinweist,
entdeckt haben. Während sich Obergermanien auch rechtsrheinisch ab
Rheinbrohl in Richtung Süden erstreckt, scheint Niedergermanien rechtsrheinisch nur über den Brückenkopf (Köln-) Deutz zu verfügen. Hier ist
der Rhein die Grenze, während in unserem Raume eine solche Grenz-
scheide nach der Schlacht im Teutoburger Wald bzw. in den späteren
Jahrzehnten künstlich geschaffen wird.

Unter Domitian (81 - 96 n. Chr.) kommt es zum Ausbruch des Krieges mit
den Chatten. Die Wetterau, das Flachland nordöstlich von Frankfurt,
wird erobert; das oberste Gebiet wird durch Kastelle gesichert. In die
Wälder werden Schneisen als Patrouillengänge, sog. limites, geschlagen,
die mit hölzernen Wachttürmen versehen werden (etwa 83 n. Chr.) und
um die Ringgräben angelegt werden.

Unter Hadrian (117 - 138 n. Chr.) wird die Grenzschneise mit einem
Palisadenzaun aus gespalteten Eichenscheiten versehen, die 1,2 m tief
abgesenkt und durch Querhölzer versteift werden. Die Palisaden sind
dann noch etwa 2,5 m hoch. Der Palisadengraben war um die Jahrhundertwende bei den Ausgrabungen durch die Reichslimeskommission
durch eine dunkle Schicht feststellbar. Die Römer hatten die Eichen-
pfähle unten angekohlt, um ein Faulen im Boden zu verhindern.

Unter Antonius Pius (138 - 161 n. Chr.) werden die vorhandenen Holztürme durch Steintürme von 5 m im Quadrat als Grundriß und mehr als
6 m Höhe ersetzt. Die Steintürme stehen im Abstand von 300 - 900 m, je
nach Einsicht ins Gelände, und in etwa 2 m Entfernung von der Palisade.
Unter dem gleichen Kaiser wird der Limes auch im Odenwald und am
Neckar nach Osten vorverlegt.

Unter Caracalla (211 - 217 n. Chr.) wird ein Graben mit Wall ausgeho-
ben. Wall und Graben verlaufen zwischen den Palisaden und Türmen.
An einigen Stellen in unserem heimatlichen Raum fehlen sie jedoch
wegen des schwierigen Terrains, so stellenweise im Aubachtal, Sayntal,
Brexbachtal, Plätzerbachtal. Dieser Graben war wahrscheinlich 6 - 8 m
breit und 2 m tief. Auf Tagesmarschstrecken von etwa knapp 20 km befinden sich Kastelle, dazwischen oft weitere Zwischenkastelle als Rastplätze auf halber Strecke. Die eigentlichen großen Kastelle stehen jedoch in rückwärtigem Gebiet.

Unter Commodus (180 - 192 n. Chr.) wird Kastell Niederbieber statt Heddesdorf angelegt. Im Inneren des Landes befinden sich auch die größeren Militärlager, die durch Straßen untereinander und mit der Hauptstadt Rom verbunden sind.

LIMESWANDERUNG VON RHEINBROHL BIS BAD EMS

Bearbeiter: Werner Schönhofen (Rheinbrohl - Höhr-Grenzhausen) und Walter Meisel (Höhr-Grenzhausen - Bad Ems)

Mkg.: Stilisierter Römerturm, in den Wäldern von Gladbach/Heimbach und Arzbach/Bad Ems zusätzlich Kopf eines römischen Soldaten.

1. Tagesetappe: Von Rheinbrohl bis (Rodenbach) - Niederbieber

Ausgangspunkt: Zwischen Rheinbrohl und Bad Hönningen am Rhein (Nähe Römerwallschule), gegenüber von Burg Rheineck und Vinxtbachtal.

Anfahrt: Über B 42 (von Norden über Linz, von Süden über Neuwied), Bus bis Rheinbrohl Arienhellerstraße, Fußweg zur Römerwallschule, dann links zum Rhein oder bis Bad Hönningen Bahnhof, dann zum Rhein und links zum Römerturm 1 (sichtbarer Ausgangspunkt).

Unterwegs **keine Rast-/Einkehrmöglichkeiten,** die direkt am Weg liegen (Forsthof ca. 15 Minuten).

Bestandteile des Limes: Vom 1. bis zur Mitte des 3. Jahrhunderts nach Christus bildete der Limes rechtsrheinisch die Grenze zwischen dem freien und dem von den Römern besetzten Germanien, In seinem Endzustand bestand er aus Graben, Wall, steinernen Wachttürmen (je nach Geländeverhältnissen alle 300-900 m; ursprünglich Holztürme), Palisadenzaun (war an der dunkleren Verfärbung des Erdreiches bei der Aufnahme durch die Reichslimeskommission um die Jahrhundertwende feststellbar), Kastellen (je 20-25 km Entfernung = Tagesetappe), einfacheren Zwischenkastellen. - Auf unserer Wanderung sind sichtbar Römerturm 1 (Rekonstruktion), Fundamentreste der Wachttürme 5, 7, 8, 9, 11, 12, 14, Teilstücke des Grabens bzw. Walles (stark verebnet). - Einmaliges historisches Bauwerk für Deutschland!

Der Limes beginnt gegenüber von Burg Rheineck (linksrheinisch) und der Mündung des Vinxtbaches in den Rhein auf der rechten Rheinseite. Auf der linken Rheinseite befand sich die Provinzgrenze zwischen Nieder- und Obergermanien. Hier am Beginn lag das Kastell „Caput Limitis", das durch die Kiesausbeute zerstört wurde. Der Wachtturm 1 heute rekonstruiert) stand bis ins vorige Jahrhundert an einem Rheinarm, der in Rheinbrohl im Bereich der Firma Hilgers abzweigte. Er wurde 1972 aus Steinmaterial anderer Türme oberhalb Bad Hönningens nachgebaut. Von Wachtturm 1 gehen wir über die B 42 (Kutscherweg) bzw. das Schulgelände rechts davon nach **Arienheller.** Am Parkplatz Arienheller biegen wir links in den Hohlweg, der Limes verläuft unterhalb am Hang. Wir überqueren eine Weide (Gatter wieder schließen!). Reste von Wachtturm 5 befinden sich am Beginn einer Fichtendickung 100 m unterhalb des Weges.

Am **Gut Dilsberg** (rechts) vorbei steigen wir bergauf. Neben dem Weg im Wald verläuft der Limesgraben sichtbar. Auf der Höhe finden wir die Reste von Wachtturm 7 in einer Wiese rechts. Wenn von rechts der **Waldlehrpfad** unseren Pfad kreuzt, haben wir vor uns Gestrüpp (Limes). Wir folgen dem Waldlehrpfad bergauf bis zur Schutzhütte (Limes links von uns). Dieser gegenüber liegen die sichtbaren Fundamente von Wachtturm 8 (Holztafel mit Beschreibung). Wir gehen den **Beulenberg** steil bergauf. An der Nordflanke des Beulenbergs wenige Meter in südlicher Richtung liegt der flache Schutthügel des Wachtturmes 9. Auf der Höhe vor der **Turnerhütte** am Jagdhaus Wilhelmsruh sehen wir rechts wieder den Graben, jedoch stark verebnet; 20 m hinter dem Wall in westlicher Richtung liegen die Reste von Wachtturm 10.

Wir gehen bis zur **Straße Rheinbrohl - Rockenfeld** (K 1), der wir folgen. Hier oben verlief ein alter Völkerweg von der Sieg zur Wied. Hier verläuft der Limes auf der Wasserscheide zwischen Rhein und Wied. Wir können der K 1 folgen; der Limes ist durch den Ackerbau eingeebnet. Rechts im Wald finden wir die Reste von Wachtturm 11 und in einem Gebüschstreifen im Feld vor dem **Weiherhof** die von Wachtturm 12. Wo der Forstweg abbiegt, gehen wir etwa 100 m weiter. Wir verlassen die K 1, die im Bogen um den Wald führt und gehen in den Wald. Hier stoßen wir auf numerierte Grenzsteine aus dem Jahre 1787, die den Verlauf der Grenze zwischen Kurtrier und der Grafschaft Wied-Neuwied angeben. Rechts, ein paar Schritte abseits unseres Weges, liegt das **Erdkastell Rockenfeld** mit einem Wachtturm. Von hier war es etwa gleich weit zum Rhein, zur Wied, zum Kastell Rheinbrohl und zum Kastell Niederbieber. Vermutlich besaß das Erdkastell ein Holztor als Eingang und in seinem Inneren ein Blockhaus. Die ausgehobene Erde aus dem Inneren war nach außen hin mehrere Meter hoch zu einem Wall aufgeschüttet.

Wir kommen bald aus dem Wald und folgen der **Wied'schen Chaussee,** bis nach rechts ein Weg ins Bachmühltal (Leutesdorf) abbiegt. Hier gehen wir in den Limesgraben und folgen ihm durch den Buchenhochwald. Wir haben wieder die Grenzsteine im Limesgraben. Bei Nummer 70/71 wandern wir nach links auf den **Fahrweg Hüllenberg - Rockenfeld** zu, dem wir ca. 200 m nach links folgen. Wir gehen dann wieder durch den Wald unterhalb des **Gebrannten Hofes** auf dem Fahrweg nach Hüllenberg, während der eigentliche Limesverlauf wohl mehr am Abhang zum Bachtal hin zu suchen ist. An der Schutzhütte gehen wir geradeaus auf das Neuwieder Becken zu, während unser Weg nach rechts abbiegt. Dann erreichen wir **Rodenbach** (links).

Im folgenden Abschnitt war der Mensch recht rege, so daß der Verlauf heute kaum mehr feststellbar und durch Einzelfunde nur mehr oder weniger sicher vermutbar ist. Zwischen Rodenbach und Segendorf überschritt der Limes die **Wied.** Erst an der **Kreuzkirche** war wieder Wachtturm 33 sicher feststellbar. Bis zum **Wingertsberg** ist der Verlauf durch die heutige Besiedlung nicht mehr feststellbar. Nur noch Straßenbezeichnungen erinnern in Niederbieber an die Lage des Kastells. Wir sollten daher unsere 1. Wanderung auf die Strecke von Wachtturm 1 Rheinbrohl bis Rodenbach beschränken. Von Rodenbach aus haben wir in den Hauptverkehrszeiten stündliche Fahrgelegenheit nach Neuwied. Von der etwa 1 - 2 km entfernten Wiedbachstraße am Anfang von Niederbieber fährt der Stadtbus etwa alle 20 Minuten nach Neuwied. Unentwegte mögen weitergehen bis zum Friedhof Niederbieber, wo südlich das Kastell lag.

Wir folgen dann in Rodenbach dem **Buchbach** (Stichstraße) wenige Meter und gehen links am Hang entlang einen Pfad zwischen Gärten. Schließlich kommen wir in die Straße „**Am Mittelgraben**" und an ihrem Ende nach rechts und gleich wieder links in die „**Tonnenwiese**". An ihrem Ende gehen wir rechts einen Pfad an einer Nadelholzkultur vorbei auf die **Verbindungsstraße Niederbieber - Rodenbach,** die wir am Ortsschild Rodenbach erreichen. Wir folgen der Ortsverbindungsstraße nach Niederbieber und gehen dann links durch die Flurausstraße, Auwiese, Austraße, über die Wied, Am Limes zum **Friedhof Niederbieber.** Das Kastell lag südlich desselben, heute an den Straßennamen erkennbar, während der Limes von Rodenbach her wohl auf dem Hang zur Wied hin verlief.

(Rückfahrmöglichkeit mit dem Postbus ab Niederbieber Friedhof bis Neuwied oder aus dem Ort Niederbieber mit dem Stadtbus, ab Neuwied Bahnbus bis Rheinbrohl.)

2. Tagesetappe: Von Niederbieber bis Höhr-Grenzhausen

Ausgangspunkt: Niederbieber, Melsbacher Straße bzw. Friedhof.

Anfahrt: Über Neuwied (Rasselsteiner Straße, Wiedbachstraße, Aubachstraße, Meisbacher Straße). - Stadtbus bis Niederbieber, Melsbacher Straße oder Postbus bis Haltestelle Niederbieber, Friedhof.

Rast- und Einkehrmöglichkeiten in Oberbieber, Bendorf und Höhr.

Dauer: ca. 8 Std.

Bestandteile des Limes: s. 1. Tagesetappe. - Auf der 2. Etappe sind 2 Wachttürme rekonstruiert worden: Oberbieber, Wingertsberg, und Bendorf, Pulverberg. Der Platz, an dem Kastell Anhausen lag, ist gekennzeichnet. Der Limesgraben ist im Wald oberhalb Gladbach und Heimbach noch deutlich feststellbar.

Wir fahren mit dem Stadtbus von Neuwied bis Niederbieber, Melsbacher Straße, die wir bis zum Friedhof hochgehen. Wir können auch mit dem Postbus (Melsbach) fahren und an der Haltestelle **Niederbieber Friedhof** aussteigen. Dabei haben wir das **Kastell Niederbieber** im Bereich der Straßen links der Melsbacher Straße zu suchen. Ihre Namen weisen auf sein Vorhandensein hin: Burgstraße, An der alten Burg, Am Limes, Ringmauer, Im Römerkastell, Römerstraße. - Das Kastell war rund 257 x 198 m groß und hatte über 1,5 m dicke Mauern, die üblichen vier Tore und war aus Traß erbaut. Dieser wurde später, wohl im 12. Jahrhundert, für den Bau des Kirchturmes verwendet. Vor dem Kastell erstreckte sich eine Siedlung zu den Talseiten hin. Unter Galienus wurde es verheert und unter dem Gegenkaiser Postumus endgültig nach Heddesdorf verlegt.

Wir biegen oberhalb des Friedhofs nach links ein und gehen auf die vor uns liegenden Häuser **am Kümmelberg** zu. Wir gehen immer geradeaus durch die Straße „**Zu den Eichen**" an einem Fernsehumsetzer und am **Sportplatz** von Melsbach vorbei. Unser Weg verlief parallel der Landstraße von Niederbieber nach Melsbach, die wir hier oben an vier mächtigen Eichen erreichen. Nicht unerwähnt bleiben soll die herrliche Aussicht, die wir unterwegs genossen haben. Auf der gegenüberliegenden Straßenseite liegt die Ruine der Kreuzkirche, in der der Reformator Melanchthon predigte. Wir gehen nun wieder die Straße nach Niederbieber einige Meter zurück. Unterhalb der Kreuzkirche gehen wir nach links durch freies Feld, an einem Wald vorbei, auf **Oberbieber** zu, das wir in der **Märkerwaldstraße** erreichen. Wir folgen dem **Wallwiesenweg** nach links bis zum **Krankenhaus**. Wir überqueren die **B 256** (Rengsdorf, Altenkirchen) und gehen auf der anderen Straßenseite zum **Wingertsberg** hoch. Wir haben jetzt eine schöne Aussicht auf Oberbieber. Wir folgen dem Pfad unterhalb des nachgebauten Römerturmes (Wachtturm 37, auf dem Wingertsberg) ins Aubachtal. Am **Stausee** stoßen wir auf den **Rheinhöhenweg**, dem wir in Richtung Oberbieber bis zur **Reithalle** folgen. Hier gehen wir links den Berg hoch und die nächste Abzweigung am Hang nach rechts. Wir erreichen schließlich die **Landstraße nach Dierdorf** am „Haus am Pilz" (Postbus nach Neuwied). Unser Weg führte von Niederbieber aus in steilem Auf und Ab durch eine Gegend mit landschaftlich schöner Aussicht. Doch ist der Weg durch die Tätigkeit des Menschen streckenweise erheblich strapaziert. Auf dem letzten Teilstück vor der Dierdorfer Straße wird z. Z. Bims abgebaut. Wir müssen daher vielleicht aufs Geratewohl zur Dierdorfer Straße gehen. Auf unserer Wanderung folgt unser Weg immer nur dem ungefähren Verlauf des Limes.

Unmittelbar vor dem **Haus am Pilz** geht der Rheinhöhenweg ab. Wir folgen einem Weg, der weiter links, parallel der Landstraße, verläuft. Unterwegs haben wir eine schöne Aussicht ins Tal. Wir stoßen schließlich auf einen **Trimmpfad**, dem wir bis zu seinem Zielpunkt folgen. Hier oben treffen wir jetzt wieder auf einen deutlich sichtbaren Limesgraben, der durch ein Schildchen mit dem Kopf eines römischen Legionärs gut gekennzeichnet ist. Hier kreuzen den Limes viele Hohlwege, die durch die Karrenspuren zwischen Rhein und Westerwald entstanden sind. Wir gehen am Start und Ziel des Trimmpfades nach rechts. Am **Wanderparkplatz** können wir dem gekennzeichneten Limesgraben linkerhand folgen. In unmittelbarer Nähe des Wanderparkplatzes liegt das gut gekennzeichnete **Kastell Anhausen**. Es lag auf dem höchsten und nördlichsten Punkt des Limes im Neuwieder Becken. Es wurde 1893 teilweise ausgegraben, 1898/99 konnte die Planskizze berichtigt und vervollständigt werden. Es war ein rechteckiger Hauptbau. Bei seiner Ausgrabung standen die Umfassungsmauern noch ca. 1 m hoch. Es waren ca. 1,80 m starke Mauern, die mit Lehm verfugt waren. Die Ringmauer um das Kastell wurde bereits zur Zeit der Römer teilweise abgebrochen; im Innern ist ein kleineres wohl jüngeres Kastell vorgefunden worden. In diesem befand sich ein Brunnen mit Holzverschalung ab 8 m Tiefe. Hier war der Limes nur einige Zehnmeter vom Kastell entfernt. Bei den

Ausgrabungen fand man nur geringe Einzelfunde, Spielsteine deuten jedoch darauf hin, daß es wohl auch Zeiten der Langeweile für die Soldaten gab.

Vom Kastell Anhausen führt der Limes in der Nähe des **Burghofes** vorbei; hier folgt er dem sogenannten **Bendorfer Weg,** der das Sayntal mit Anhausen verbindet und, nach Gräberfunden zu urteilen, prähistorisch ist. Das **Burghoffeld** war, nach Funden zu urteilen, wohl auch wesentlich vor der Römerzeit besiedelt. Der Wachtturm 45 am Burghoffeld kontrollierte den Weg von Heimbach nach Isenburg. Hier befand sich der Ringwall „Alteburg" in der Nähe. Hier verläuft auch der Limes durch ein Hallstattgräberfeld; Wachtturm 46 stand mitten darin.

Wir halten uns auf dem linken Weg, wenn wir an eine Gabelung an einer Buchenjungkultur ankommen. Unser Weg verläuft oberhalb des Zoos Neuwied (-Heimbach) über den **Harmorgenberg.** Vom Wachtturm 47 ab fehlt für ca. 1,5 km Wall und Graben am steilen Abhang zum Sayntal. Wir folgen dem **Rheinhöhenweg,** der gut gekennzeichnet ist und in der Nähe des Limes verläuft. Über den Friedrichsberg steigen wir ab nach Sayn. Vor der Gießhallenbasilika gehen wir nach links um den **Schloßberg von Sayn** mit den Ruinen. Hier stand der Stammsitz eines bedeutenden Geschlechtes aus dem rheinisch-westerwälder Raum. Wir befinden uns nun im **Brexbachtal,** dem wir aufwärts in Richtung Abteikirche folgen; sie war zeitweise die Grablege der Grafen von Sayn. Der Rheinhöhenweg geht jedoch vor dieser über den Brexbach und rechts über die **Bahnlinie.** Wenn er nach rechts abzweigt, gehen wir geradeaus. Wir ersteigen die Höhen über dem Brexbachtal. An der **Emmahöhe** haben wir eine schöne Aussicht durch den Taleinschnitt auf das Neuwieder Becken. Wir gehen dann den nächsten Pfad nach rechts bergauf zu einem rekonstruierten Wachtturm (Nr. 54); er wurde 1912 10 m von seiner ursprünglichen Lage wiedererrichtet. Vom Harmorgenberg bis zum Pulverberg hat der Limes einen erheblichen Höhenunterschied überwunden; wir folgen daher seinem ungefähren Verlauf auf Waldwegen, die bergab und bergauf führen bzw. den Sayner Schloßberg umgehen.

Vom Wachtturm 54 aus folgen wir einem angedeuteten Graben (Limes?) in gerader Richtung bergauf und dann nach rechts. Wir sehen jetzt auf den Höhen jenseits des Brexbachtales Stromberg und Nauort liegen. Wir halten uns nach rechts und stoßen schließlich auf die **Straße vom Meisenhof nach Höhr,** die in die Landstraße von Bendorf nach Höhr einmündet. Links dieser Straße ist der Limes noch sehr gut erhalten. An der nächsten Kurve gehen wir geradeaus am **Umspannwerk** vorbei. Unser Feldweg führt uns parallel der **Autobahn Koblenz - Dernbacher Dreieck,** die wir an der nächsten Unterführung queren. Am Ortsschild gehen wir links nach Höhr-Grenzhausen hinein, von wo aus wir mit dem Bus zu unserem Ausgangspunkt zurückfahren können.

Der Endpunkt der 2. Tagesetappe, das Kastell Fehrbach im Weitersburger Wald, lag noch weiter nach rechts.

Von Höhr-Grenzhausen besteht Rückfahrmöglichkeit mit Stadtbus bis Vallendar, umsteigen nach Bendorf, umsteigen nach Neuwied.)

3. Tagesetappe: Von Höhr-Grenzhausen bis Neuhäusel

Ausgangspunkt: Autobahn-Unterführung der Straße Höhr-Grenzhausen - Bendorf nahe der Stadtbus-Haltestelle Rastalwerk. Höhr-Grenzhausen erreichbar über die Autobahn Bendorf - Dernbacher Dreieck, über Straßen aus allen Himmelsrichtungen, mit der Bundesbahn Bhf. Grenzau (Wanderung durch das Brexbachtal - Grenzhausen-Rastalwerk), mit Kraftpost und privaten Buslinien.

Rast/Einkehr-Möglichkeiten (direkt am Wege): Bembermühle, Gasthöfe in Hillscheid und Neuhäusel.

Bestandteile des Limes: Unterhalb der Autobahn ist der Limes jenseits der Vallendarer Straße bis jenseits der Bembermühle erkennbar; anschließend im freien Feldgebiet zerstört, im Waldgelände jenseits der Bahnlinie Hillscheid nur dürftig; auf dem Boden der Kastelle Grabungslöcher; von der Höhe ab bis zum Steilhang über dem Parkplatz „Kalter Bach" (Wachtturm, Hochstandplatz) klar sichtbar etwa 100 m rechts des Wanderweges, am Abhang zerstört; ab Spitzkehre der Straße Hillscheid - Neuhäusel rechts aufwärts ein kurzes Stück als Fußweg in Richtung Grabungsstätten der Latène-Siedlung am Steinrausch; im Fichtenbestand über dem obersten Hangweg Wachtturmrest; kurz vor der Bundesstraße 49 (Koblenz - Montabaur) Limesstück schräg durchgehend.

Die Fortsetzung des Limes-Wanderweges von der Autobahn-Unterführung oberhalb von Höhr-Grenzhausen nach Süden erreicht man mit der Stadtbuslinie, die zum Rastalwerk führt. Von hier aus bietet der Weg einen weiten Ausblick über die Stadt und die Waldberge der Montabaurer Höhe. Wenige Minuten nach Eintritt in den Wald biegt links die Limesmarkierung in ein wild zerfurchtes Hanggelände ab. Über einem der schluchtartigen Gräben geht es auf schmalem Weg durch prächtigen Hochwald abwärts, wobei, deutlich sichtbar, der Limes - ebenfalls steilwandig in den weichen Boden tief eingesenkt - im untersten Teil mit einer S-Kurve geschnitten wird. Kurz danach Auftreffen auf den Querhangweg und bachabwärts zum „Waldfrieden".

Etwa 200 Meter auf der Vallendarer Straße links aufwärts, dann jenseits (Vorsicht beim Überqueren!) in die Waldstraße zur Tongrube, hier links abbiegen zum Limes, der nun auch links bis fast zur Vallendarer Straße erhalten ist, und nun jenseits des von dem hochgelegenen Friedhof herabkommenden Fahrweges, wo die Markierung zweimal einwinkelt, sehr ausgeprägt am Waldrande entlang; auf dieser Strecke die Reste zweier Wachttürme (64 und 65). Besonders eindrucksvoll die Limesstrecke oberhalb der **Bembermühle:** breit der Wall mit hohen Bäumen bestanden, das Bild einer stolzen Allee. Noch vor dem Limesende am **Feisternacht-bach** biegt die Markierung rechts ab zum schön im Wald ruhenden Restaurant Bembermühle, wie der Name besagt: eine alte Mühle, jetzt Ausflugsgasthof.

Vom Waldrand an ist, wie gewöhnlich, in dem Feld-, Wiesen- und schließlich Häusergebiet nichts mehr vom Limes erhalten. An den zahlreichen Gewächshäusern einer Großgärtnerei vorbei zielt die Markierung auf das **ehemalige Bahngelände Hillscheid** ab, jenseits der Höhr-Grenzhausener Straße. Hier weist der weiße Wachturm unter einer mächtigen Eiche den weiteren Weg, der sehr schön im Walde ohne Durchblick auf das kahle Bahngelände aufwärts geleitet - zu einer plötzlichen Überraschung: nach dem dichten Waldesgrün nun von der Straße aus hoch oben ein weiter Blick über das bergige Land, im Vordergrund gepflegte neue Häuser mit Blumengärten am hohen Waldrande, schön und lieblich wie der Name dieses Ortsteils von Hillscheid „Im Röthchen".

Zwei von drei sich kreuzenden Wegen schneiden nun laut Karte kurz oberhalb den Limes, der hier aber wenig bietet. Also den ersten Fahrweg rechts herauf! Links im dicht verwachsenen Nadelwald keine Sicht auf den Limes, dafür aber bald mächtiger Hochwald, bis oben in der Biegung mehrere Holztafelmarkierungen auseinanderstreben. Die Waldlichtung dahinter war einst **Standort eines römischen Kastells:** auf freier Höhe mit Blick bis zur Eifel, über die Waldhöhen ringsum, ein strategisch hervorragender Platz, von dem aus damals sicher mehrere Wachttürme zu überblicken waren.

Und wieder in und durch den Wald, durch eine enge „Gasse" zu freien Hochwiesen. Von hier lohnt der markierte kurze Haken nach rechts: schon nach wenigen Schritten sichtbar das hohe Fundament eines Wachtturmes, ein gutes Fotoobjekt. Deutlich zieht der Pfahlgraben südlich abwärts. Wir benutzen den spitzwinklig zurückführenden Weg bis zum auffällig steilen Abstieg und diesen hinab. Der Limes bleibt in immer gleichem Abstand von etwa 100 m rechts am Berg. Jenseits der Straße ein Hochstand auf den Steinresten eines Wachtturmes, wie das Kastell auf strategisch wichtigem Höhengelände. Von hier durch den Wald zum Forstweg unterhalb, auf diesem rechts mit Einschwingen nach links hinab zum Weiher und Parkplatz „Kalter Bach" in einem stillen Waldtal

genau unterhalb des oben besichtigten Hochstand-Wachtturmes, von
dem aus der Limes in seiner Führung abwärts ins Tal nicht mehr erkennbar ist. Über die Weiherbrücke nun hinauf in den Wald und kurz
danach über den Plätzerbach zum Anstieg auf den besonders beachtlichen „Steinrausch" (Berg) zu einem an den Grabungslöchern und
-haufen deutlich sichtbaren vorgeschichtlichen Siedlungsgebiet, mit
seinen Steilhängen und - hier - deutlich erkennbarem Abschnittswall
offenbar eine Fliehburg für die Bewohner der **großen Siedlung der
Latènezeit,** die einst die nach Norden gerichtete Bergterrasse belebte.
Die Markierung führt hart an den Rand des keltisch-germanischen Dorfes.
Wer dessen erstaunliche Ausdehnung wenigstens teilweise kennenlernen
will, geht über die scharfe Abbiegung der Markierung hinaus mitten in
die Grabungsspuren hinein, unter denen auch Wälle zu sehen sind, das
Ganze anläßlich einer gründlicheren Limes-Durchforschung 1936 freigelegt. Mit der Markierung geht nun die Kletterei noch bis zur wohlver-
dienten Bankrast am **obersten Hangweg** quer durch den Wald. Kurz
darüber im dichten Wald wieder der Rest eines Wachtturmes. Der Forstweg führt jetzt hoch über erstaunlich steilem Hang links um den Steinrausch herum zu dem über die **B 49** (Koblenz - Montabaur) unaufhörlich
rollenden Straßenverkehr. Davor schneidet er noch ein kurzes Limesstück. Geruhsame Wanderer können bereits von der Siedlung aus in
15 Minuten Neuhäusel und damit Übernachtungsunterkünfte erreichen.

4. Tagesetappe: Von Neuhäusel nach Bad Ems

Ausgangspunkt: Forstamt an der B 49, Fußweg entlang der Straße an
geschützter mächtiger Buche vorbei zum Kreuzungspunkt der Limesmarkierung mit der B 49.
Anfahrt: B 49 Koblenz - Montabaur. / Bahn-Post-Busse Koblenz - Montabaur.
Rast/Einkehr-Möglichkeiten am Wege: Gasthöfe in Arzbach und Kemmenau, Gaststätte „Schöne Aussicht" Kemmenau, Gaststätten Bad Ems.
Bestandteile des Limes: Nahe der B 49 vor Einbiegung nach Süden Wall
und Graben, von B 49 herkommend, infolge Durchgang des Weges besonders eindrucksvoll zu sehen; kurz unterhalb führt der Forstweg im
Limes selbst entlang bis zur Abbiegung ins Feldgelände, hier zerstört;
auch weiterhin ab ins Emsbachtal und jenseits hoch zum Stephansturm
auf dem Großen Kopf (Nachbau eines Wachtturmes), sowie im Walde am
Banngraben entlang hinauf zum Weißen Stein nichts erhalten; oberhalb
des Steinbruchs auf dem Weißen Stein Limesrest, später unterhalb der
Höhe im lichten Wald zwischen Straßenneubau und Straße Welschneudorf - Kemmenau kurzes Stück sichtbar; von Straße Arzbach - Kemmenau
an über die Kemmenauer Straße Wanderweg im Limes selbst bis Dorf
Kemmenau, oberhalb weiter in den Wald unterhalb der „Schönen Aussicht", schließlich im Waldhang über Bad Ems kaum erkennbar, erst
die „Graben"-Straße im Ort typisches Limesbild.
Bei der Überquerung der **B 49** Ruhe und größte Vorsicht!! Jenseits setzt
sich die schöne Waldwanderung in herrlichem Hochwald unentwegt fort
mit gelegentlichem Blick über „die Augst", einen breiten Talkessel mit
Hangdörfern, bis Jungforst sich nach rechts ausbreitet. Hier geht man
direkt durch den Limeswall, an dem rechts und links auch der Graben
erhalten ist. Ein kurzer Abstecher nach links zur B 49 zeigt, daß hier
der Limes eine auffällige und zu Römerzeiten wohl bedeutsame scharfe
Linksabbiegung machte, mit einem Wachtturm im Eck. Jenseits der
Straße setzt er sich dann noch ein kurzes Stück fort. Im weiteren Umkreis fällt das hohe Gelände nach drei Seiten stark ab, so daß nur auf
dieser schmalen Landzunge, so wie noch heute die B 49, eine Straße
verlaufen konnte.

Damit zurück zur Markierung und mit ihr geradewegs zur Rechtsabbiegung. Diese **Forststraße** verläuft genau parallel zum Limes, der bald selbst in sie einbiegt. Als einziger **Hohlweg** am weiten Berghang ist danach der Weg selbst der ursprüngliche Limes bis zur Rechtsabbiegung des Feldweges in Richtung Kadenbach, das am rechten Hang liegt. Zuvor am Weg ein wappengeschmückter **Grenzstein** mit Kreuz und Krone und mehreren Jahreszahlen von Grenzbegehungen um 1700. Daneben von der Ruhebank aus ein umfassender Halbrundblick über den Talkessel der Augst mit Eitelborn, Neuhäusel, Kadenbach und Arzbach, wie ein mächtiges Amphitheater aufgebaut. Sofort nach der Einbiegung in den **Kadenbacher Weg** wieder links ab und nun auf freiem Feldweg mit schönen Ausblicken hin zum unteren Waldrand, darin ein Parkplatz mit Karte. In diesem Felderland ist kaum noch eine Spur des Limes festzustellen, doch fand die Limes-Kommission untrügliche Wachtturmreste. Leider besteht keine Möglichkeit, die Markierung anzubringen, erst wieder an erwähntem Parkplatz, an dem vorbei der Weg nun aufwärts und zur Linkseinschwenkung in den Wald führt. Kennzeichen: die **Hochspannungsleitung**, unter ihr in breiter Schneise ein zauberhafter Blick auf die Basaltkuppen des Großen und Kleinen Kopfes hoch über der Arzbacher „Bühels"-Kirche (Bühel-Anhöhe). Es geht den gleichen Weg weiter bis zur scharfen Biegung und über sie hinaus auf schmalem Trampelpfad, in der Südrichtung bleibend, wobei wir, sozusagen für unsere Sonnentreue belohnt, von einer Bank aus einen schönen Augstblick geschenkt bekommen. Nun im Zickzack den Steilhang hinab wie einst die alten Römer, zur Straße und links hin nach **Arzbach**, das seinen guten Ruf als Erholungsort vor allem seinem vorbildlichen Freibad mit anschließendem Campingplatz im Waldtal verdankt. Ein Blick auf die alten Steinkreuze des Friedhofs und in die Kirche mit wertvollen Schnitzfiguren: der Chor der Vorgängerkirche war aus Steinen des Römerkastells erbaut, auf dessen Grund die Kirche und das benachbarte St. Joseph-Stift jetzt stehen. (Zur Beachtung: Der Friedhof besitzt keinen hinteren Ausgang, daher nur Rückweg zur Kemmenauer Straße!) Der sanfte Aufstieg auf die wenig befahrenen Straße eröffnet immer weitere Ausblicke über das Emsbachtal zur Ruine der Sporkenburg und den Lahnhöhen um Bad Ems. Der Limes ist am Obstterrassenhang nicht erhalten, sein ehemaliger Verlauf aber gekennzeichnet durch die Bühelkirche und den **„Römerbrunnen"** vor uns an der Straße, der offenbar das Kastell und die Limesbesatzung mit Wasser versorgt hatte. Wer sich den Genuß weiterer schöner Ausblicke nicht entgehen lassen möchte, folge den Straßenwindungen um den **Kleinen Kopf**, übrigens wie sein großer Nachbar Naturschutzgebiet. Kürzer führt der schmale, in Quellnähe etwas nasse Pfad vom Brunnen durch die Wiesen direkt zum **Parkplatz** mit Rast- und Spielplatz auf dem Sattel zwischen den beiden Köpfen. Geschnitzte Schilder weisen den Steilweg empor zum **Stephansturm**, Versuch der Nachbildung eines römischen Wachtturmes auf hervorragender Höhe, mit dem Überblick über ein schier endloses Waldmeer im heutigen Naturpark Nassau, wie es auch einst die Limeswachtposten nicht anders gesehen haben mochten, und nach Westen tief unten und „drüben" den ganzen von der Koblenzer Straße bis hier zurückgelegten Weg.

Auch das unmittelbar folgende Stück Weges ist tief unten zu sehen: durch Wiesen und Wald zum **„Weißen Stein"**, etwa dem früheren, nicht erhaltenen Limeslauf entsprechend. Interessanter ist nach Abstieg vom Turm der Weg nördlich um den Basaltberg in Richtung Welschneudorf (Wegweiser). Am Waldrand fällt, von links unten aufsteigend, ein sehr limesähnlicher schmaler Graben und Wall auf. Natürlich werden wir ihm folgen in der Annahme, endlich wieder einmal „unseren" Limes besonders gut erhalten neben uns zu haben. Doch weit gefehlt: das ist - am deutlichsten im tiefen Walde erkennbar - der sogenannte **„falsche Limes"**, eine wohl nur 300 bis 400 Jahre alte Wildbanngrenze, auch zum Schutze der Felder vor ausbrechendem Wild oder Schweinen - damals war die Eichelmast im Walde verbreitet - angelegt. Erst am

Ende dieses Wildgrabens, auf der Höhe, schneidet ganz bescheiden der richtige Limes quer hinein, hin zum **„Weißen Stein"**, einer Höhe, die wohl zu Römerzeiten ein bedeutender Beobachtungspunkt war, wie die scharfe Eckschwenkung des Pfahlgrabens vermuten läßt. Leider ist nach Zerstörung durch einen Steinbruch nur ein kurzes Grabenstück über dem Bruch übriggeblieben.

Es ist besser, unter dem Bruch zu bleiben und durch das wild zersprengte, querdurch umgebrochene Waldstück zu stolpern, um nun auf neuer Forststraße geruhsam dahinwandern zu können. Links unten im Wald Limesstücke bis zur **Kemmenauer Straße**, die man schließlich an einem Parkplatz erreicht - und damit den Beginn einer neu angelegten Römerstraße mit einem Römerhelm als Markierung. Ihr folgen wir bis zur Kreuzung mit der von Arzbach herkommenden Straße, auf die „unsere" Markierung links bis zum Höhenweg einbiegt. Dieser Höhenweg oberhalb der Kemmenauer Straße, immer am Waldrand entlang, ist offenbar der Limesgraben selbst über den aussichtsreichen Waldhängen des tief nach Dausenau absinkenden Unterbachtales. Er mündet schließlich in die Straßen von **Kemmenau** ein, des sehr schönen, sauberen Erholungsortes in Hochlage. Auf der höchsten Höhe im Gasthaus „Zur schönen Aussicht" wie auch im Ort finden wir die nötige „Marschverpflegung", dazu prächtige Ausblicke über die weit ausschwingenden grünen Waldwogen um das Lahn- und Emsbachtal hin zum Rhein und Hunsrück - ganz so, wie sie unsere Vor-Läufer zu kaiserlich römischen Zeiten sahen, die sicher ebenso freudig den nächsten Wachtturm als Verpflegungsstation begrüßt haben werden.

Und nun eine große Überraschung: Nach einem kurzen Schwung mit der Straße hangabwärts stehen wir erstaunt vor „unserem" Limes, beinahe in Reinkultur: Von links nach rechts querhin zieht der hochgewölbte Wall, dahinter der tiefe Pfahlgraben, schnurgerade, mit allen Limeszeichen geehrt, großartig freigelegt aus noch vor kurzem sumpfigen Waldgrabengewirr, eindrucksvoll wie sonst kaum im Westerwald. Ein Kies-Promenadenweg, mit Ruhebänken, begleitet ihn. Mit dieser Wiederherstellung hat sich der im Naturschutz hochverdiente Leiter des Forstamtes Nassau, Forstdirektor Volkening, besonderen Dank erworben. Ihn kann jeder abstatten: Durch Reinhaltung und Schonung der Anlage. Nebenbei gesagt: Auch der stolze Römerkopf, neues Wegzeichen im Gebiet von Bad Ems, stammt von Herrn Volkening.

Geradezu urig ist das Bild, wenn der Wall und Graben plötzlich in die dunkle Tiefe der grünen Waldschlucht abstürzt, hinunter zum Pfahlgraben, wie die Straße in Bad Ems richtig benannt ist, nahe dem Kurhaus. Das Staatsbad hält die Erinnerung an die Zeit, da es unmittelbar an der Grenze des römischen Kaiserreiches lag und in zwei Kastellen - nahe dem Bahnhof und auf dem Boden der heutigen Kirche im Stadtgebiet - eine damals beträchtliche Streitmacht unterhielt, ehrenvoll aufrecht: die Hauptstraße des Staatsbades ist die Römerstraße, die Quelle vor dem aufwendigen Kurhaus die Römerquelle, und auf der Höhe des **Winterberges** jenseits der Lahn ist in einfacher, wahrscheinlich so richtiger Weise ein römischer Wachtturm wiederhergestellt. Das Städtische Museum birgt einige Funde aus römischer Zeit, die in Bad Ems sichergestellt worden sind.

Und weiter - und weiter - und weiter zieht der ehemalige Pfahlgraben, „Limes" genannt, über Berg und Tal den Süden über den Vorder- und Hochtaunus und weiter zur Donau, einst Kaiserreichsgrenze, mit ihrem 8 m breiten Spitzgraben und mit Palisaden bewehrtem Wall gleichzeitig Schutz und Hoheitsmerkmal - heute ein schmales Gräblein unter flacher Erdwelle, auf weite Strecken überhaupt verschwunden. Und doch liebevoll verehrt von denen, die sich in ihrer willigen Phantasie noch ihre Wachtposten-Vorgänger wohl vorstellen können.

VON KOBLENZ-EHRENBREITSTEIN ÜBER NEUHÄUSEL NACH MONTABAUR

Bearbeiter: Walter Meisel

Mkg.: Weißes Kreuz; **Wanderstrecke:** ca. 25 km

1. Tagesetappe: Ehrenbreitstein/Festung - Mallenbachtal - Meerkatz-Herzogsbusch - Neuhäusel

Ausgangspunkt: Ehrenbreitstein (Bahnlinie Koblenz bzw. Lahnstein - Neuwied, Kraftpost/Bundesbahn-Omnibusse Koblenz bzw. Lahnstein - Bendorf - Neuwied bzw. Höhr-Grenzhausen und Koblenz - Neuhäusel).

Rast-/Einkehr-Möglichkeiten: Gaststätten auf der Festung Ehrenbreitstein, Gaststätten in Koblenz-Immendorf, Gaststätten und Hotels in Neuhäusel.

Charakter des Wanderweges und der Landschaft: Allmählicher Aufstieg aus dem Rheintal (80 m ü. M.) auf den Westerwald (Neuhäusel 330 m ü. M.), Montabaurer Höhe (ca. 540 m ü. M., s. 2. Tagesetappe). 1. Weghälfte freie Hänge, 2. Hälfte Misch-Hochwald.

Karten: „Naturpark Nassau", Top. Karte 1: 50.000 Landesvermessungsamt Rheinland/Pfalz.

Wegschilderung: Das Bild der **Festung Ehrenbreitstein** gegenüber dem „Deutschen Eck" an der Moselmündung in den Rhein gehört zu den in aller Welt bekannten Rheinmotiven. Ein ganzer Bergzug mit den Felshängen wurde zu tiefgestaffelten Festungswerken um- und ausgebaut. Der markierte Aufstieg geht über Treppen an den Felswänden empor, bequemer über die Auffahrt etwa 100 m rheinaufwärts, am bequemsten mit der Seilbahn, zu der man durch einen langen Felstunnel gelangt (s. Hinweisschilder). Nur wenige Schritte seitlich auf der Auffahrtstraße umfassender Blick über Koblenz zum Hunsrück und über das Industriegebiet zur Eifel, über die breiten Flußläufe des Rheinstroms und der Mosel, am umfassendsten vom Festungsglacis auf der Höhe. (Hier ist auch das sehr sehenswerte Festungs- und Schiffahrtsmuseum). Nach Durchschreiten der Werkblöcke mit ihren Schießscharten für Kanonen und Gewehre schweifen die Blicke von der Höhenstraße über das Niederberger Tal hin zu den Waldbergen des Westerwaldes um Arenberg, Asterstein, Arzheim, Pfaffendorf und Horchheim - alle Stadtteile von Koblenz -, durch die der Rheinhöhenweg nach **Lahnstein** führt. Gemeinsam mit dessen Fortsetzung nach Norden wandern wir an der **Fritsch-Kaserne** (Panzer) vorbei, dann links abbiegend durch Obsthänge abwärts zum **Mallendarer Bach,** in dessen lieblichem Tal es an ehemaligen Mühlen vorbeigeht, immer aufwärts, z. T. auf etwas „wackligem" Wege, durch die „Meerkatz" bis zu den obersten Häusern von **Immendorf,** danach im Hochwald am Wegweiser „Herzogsbusch" immer bergaufwärts auf schattigem Waldwege zu der einige Schritte abseits stehenden geschützten Buschbuche **„Herzogsbusch".** Von den ursprünglich über 40 aus einer einzigen Wurzel gewachsenen Stämmen stehen noch über 20. Nach Waldende geht es in einem steil abfallenden Z jenseits des Mallendarer Baches durch den Wald zum Staatsforstamt und zur Straße, die von Simmern her nach **Neuhäusel** hineinführt.

Nur wenige Schritte von der verkehrslauten B 49 (Koblenz - Montabaur) entfernt, die den Ort durchschneidet, geht man durch gepflegte Vorgärten und auf Promenaden- und Wiesenwegen im wunderschönen Waldland. - Gesamtwanderzeit: ca. 4 Stunden.

2. Tagesetappe: Neuhäusel - Köppel - Montabaur

Ausgangspunkt: Försterei Eitelborn am östlichen Ortsende von Neuhäusel an der B 49 (Bushalt im Ort).

Rast-/Einkehr-Möglichkeiten: Berghütte auf dem Köppel (530 m), Gaststätten in Montabaur-Horressen und Montabaur-Stadt.

Charakter des Wanderweges und der Landschaft: Waldwege durch die weiten Hochwälder des Naturparks Nassau auf der Montabaurer Höhe.

Wegschilderung: Zur Vermeidung eines ungeschützten Überganges über die sehr verkehrsreiche B 49 gehen wir, abweichend von der Markierung,

von der Försterei Eitelborn am östlichen Ortsende auf schmalem Fuß-
weg über der B 49 zum Wegstern, von dem aus die Markierung auf
dem obersten Weg um den steilhängigen Steinrausch führt. Auf der
nördlichen Hangterrasse das Grabungsfeld einer vorgeschichtlichen
Siedlung von etwa 600 v. Chr. und Reste des Limes. Danach bleibt der
Weg auf halber Hanghöhe mit eindrucksvollen Durchblicken durch das
Hochwald über das **Plätzerbachtal** zum gegenüber hoch ansteigenden
Nießling: eine der für den Südwestteil des Westerwaldes typische
„Großlandschaft". Am Plätzerbach entlang geht's nun durch abwechslungsreichen Hoch- und Sumpfwald, nach scharfem Z-Einbiegen auf
eine Waldgerade, die die Straße Hillscheid - Hillscheider Stock kreuzt,
zum **Parkplatz „Großer Herrgott".**

Auf freier Höhe, von der aus wir Montabaur und seine Umgebung erblicken, wandern wir dem Lippersberg (536 m) entgegen, weichen
nach rechts aus zum Quellgebiet des Biebrichsbaches und weiter durch
Hochwald auf den **Köppelgipfel.** Hier sorgt eine zünftige Berggaststätte
für kräftigende Verpflegung und der 36 m hohe Aussichtsturm nach
Fahrstuhlauffahrt bei klarem Wetter für einen umfassenden Rundblick
über den Westerwald - nahe unten das Kannenbäckerland und Montabaur -, über die Riesenwälder der Montabaurer Höhe zu den Basalt-
köpfen über Arzbach und den Lahnhöhen, über die Rheinhöhen zum
Hunsrück und zur Eifel: ein idealer Rastplatz. - Gleichzeitig mit dem
Europäischen Fernwanderweg 1 und dem Hauptwanderweg IV steigen
wir auf schönen Waldwegen in Richtung Montabaur ab, schließlich auf
breiter Forststraße nach **Horressen**, am Waldrand schön gelegener Stadtteil von Montabaur. Entweder durch den Ort und auf der Feldstraße
rechts ab, wie die Markierung läuft, oder aber ab Spielplatz der
X-Markierung nach zum Bach und am Waldrande entlang, gelangen wir
zum Hallen- und Freibad (kurz oberhalb des Weges ein Trimm-Dich-
Pfad!); nun auf der Promenade am alten Schwimmbad vorbei hinein in
die Innenstadt.
Rückfahrt mit Post-/Bahn-Bussen nach Koblenz.
Gesamtwanderzeit: etwa 5 Stunden.

WANDERWEG HERBORN - BELLERSDORF - BERMOLL - BIEBERTAL
Bearbeiter: Karl Gattermann
Mkg.: gelbes X; Wanderstrecke: ca. 25 km

Von **Herborn** bis **Bellersdorf** ist dieser Wanderweg identisch mit der
„D-Wanderung" (Dillquelle-Aßlar) und dort nachzulesen.
Von **Bellersdorf** läuft die Markierung der Straße nach Bermoll entlang
bis kurz vor **Bermoll.** Hier führt sie nördlich des Dorfes durch ein
Neubaugebiet in den Wald. Herrliche Fernsicht in das Lemptal und weit
in den Westerwald. Nach ca. 3 km wird die **Straße Bermoll - Gr. Alten-
städten** überquert.
Auf gutem, festen Wanderweg erreichen wir nach weiteren 10 Minuten
einen Pflanzgarten mit Bänken und einer Hütte. Mehrere Wegekreuze
sind gut markiert. Nach 55 Minuten (ab Bermoll) überqueren wir den
Wirtschaftsweg Oberlemp - Gr. Altenstädten. Wir gehen am Waldrand
entlang (links ist eine große Heidefläche) und erreichen nach einigen
Minuten einen Grillplatz mit Unterkunftshütte, Bänken usw.
Von hier eine schöne Aussicht auf Schloß und Dorf Hohensolms.
Nun biegt der Wanderweg scharf links ab und geht bergab in ein Tälchen. Diesem folgen wir langsam ansteigend auf der linken, später ab
der rechten Seite. Diese Wegestrecke ist schlecht, teilweise sumpfig;
und es fehlen auch Markierungen. Auf der Höhe (den Eichelsberg haben
wir umgangen) biegen wir scharf links ab und erreichen den Waldrand;
hier erleben wir ein schönes Panorama (Hohensolms und Dünsberg).
Letzterer leider verunstaltet durch den mächtigen Fernsehturm.

Weiter geht es auf festem, teilweise geschottertem Weg am Waldrand entlang und wir überqueren dann die **Landstraße Wetzlar - Hohensolms.** Den „Altenberg" mit Aussichtsturm umgehen wir rechts und wandern auf guten Wegen durch Hochwald.

Nach 15 Minuten (ab Landstraße) kreuzen wir den Wanderweg Wetzlar - Hohensolms (Mkg.: rotes Rechteck). Beim Austritt aus dem Wald liegen vor uns die Moritzburg, der neue Ortsteil Königsberg und Dünsberg.

Abwärts wandern wir durch Wiesen und Felder, bis wir auf eine Asphaltstraße stoßen, dieser Straße folgen wir und erreichen eine Wochenendsiedlung. Auf der Höhe biegen wir links ab und gehen jetzt abwärts durch Wald. Beim Austritt aus dem Wald erleben wir ein herrliches Panorama, links der Dünsberg und geradeaus die Burgen Gleiberg und Vetzberg.

Nun geht es das letzte Stück stark abfallend zum Ortseingang von Biebertal.

Ausgang bzw. Anfang der X-Wanderung ist das Dorfende von Biebertal an der Straße Waldgirmes - Bieber.

Wanderzeit Bellersdorf - Biebertal ca. 4^1/$_2$ - 5 Stunden.

RADWANDERWEGE

Vorbemerkung: Zur Zeit wird in mehreren Teilen des Westerwaldes ein Radwanderwegenetz ausgewiesen. Im Bereich des Dill-Westerwaldes ist das Radwanderwegenetz bereits vom Hessischen Minister für Landesentwicklung, Umwelt, Landwirtschaft und Forsten markiert worden. Soweit dazu Feld- und Waldwege benutzt werden, sind sie nicht immer in verkehrssicherem oder befahrbarem Zustand. Rad-Wandern können Sie auch mit der Deutschen Bundesbahn, die an bestimmten Bahnhöfen Fahrräder vermietet.

Näheres erfahren sie aus einem Prospekt, der an den Fahrkartenschaltern und bei den DB-Verkaufsagenturen erhältlich ist.

Radwanderwege im Dill-Westerwald
Markierung: Radfahrer

1. Haiger - Allendorf - Haigerseelbach - Steinbach - Fellerdilln - Rodenbach - Haiger (18 km)
2. Haiger - Allendorf - Flammersbach - Langenaubach - Rabenscheid - Breitscheid - Erdbach - Uckersdorf - Donsbach - Haiger (33 km)
3. Erdbach - Schönbach - Gusternhain - Breitscheid - Erdbach (14 km)
4. Rabenscheid - Gusternhain - Heisterberg - Driedorf - Mademühlen - Hohenroth - Waldaubach - Rabenscheid (19 km)
5. Driedorf - Heisterberg - Gusternhain - Schönbach - Erdbach - Amdorf - Hörbach - Guntersdorf - Driedorf (28 km)
6. Hörbach - Amdorf - Herborn - Hörbach (15 km)
7. Guntersdorf - Hörbach - Sinn - Fleisbach - Guntersdorf (16 km)
8. Fleisbach - Edingen - Greifenstein - Beilstein - Rodenberg - Seilhofen - Driedorf - Fleisbach (23 km)

Verbandsgemeinde Rennerod

herrliche Höhenlandschaft

mit den „Westerwaldbergen" Fuchskaute, Salzburger Kopf und Knoten

ideales Wandergebiet

mit den Naturschutzgebieten „Holzbachdurchbruch" und „Wacholderheide"

Wasserflächen für Sport und Erholung

Secker Weiher - Krombachtalsperre und Breitenbachtalsperre

**Attraktives Freizeitangebot -
gepflegte Gastlichkeit**

Spiel- und Sportplätze - Tennis - Reiten - Kleingolf
Westerwaldhalle (1200 Plätze)
Hotels - Gaststätten - Cafés

Auskunft:

Verbandsgemeindeverwaltung
5439 Rennerod
Telefon ((0 26 64) 10 34

Bitte in
frankierten
Umschlag
stecken!

Westerwald-Verein e. V.
Kreisverwaltung

5430 Montabaur

Anschrift:

_____

_____

_____

Zur Arbeit des Westerwald-
Vereins mache ich folgende
Vorschläge:

Hiermit bestelle ich

.... Exemplare „Großer Westerwald-Führer"
zum Preis von je 34,80 DM
(Für Mitglieder Vorzugspreis)

.... Exemplare von Band I „Das Westerwaldbuch"
zum Preis von je 18,— DM
(Vorzugspreis für Mitglieder 14,— DM)

.... Exemplare von Band II „Westerwald im Bild"
zum Preis von je 19,80 DM
(Vorzugspreis für Mitglieder 14,— DM)

.... Exemplare HB-Bildatlas „Westerwald"
zum Preis von je 6,50 DM

.... Exemplare Freizeit-, Wander- und Straßenkarte „Der Westerwald"
1 : 100 000 zum Preis von je 4,80 DM
(Vorzugspreis für Mitglieder 3,— DM)

.... Exemplare der Topographischen Karte 1 : 50 000
(Übersicht S. 73; Vorzugspreis für Mitglieder) ....

.... Exemplare der Top. Sonderkarten „Naturpark Nassau", „Naturpark Rhein-Westerwald", „Naturpark Siebengebirge", „Urlaubspark Hoher Westerwald", „Kroppacher Schweiz", „Erholungsgebiet Westerwälder Seenplatte".
(Nichtzutreffendes bitte streichen; Vorzugspreise für Mitglieder)

O   Ich bin bereits Mitglied im Hauptverein / Zweigverein

....

O   Ich möchte Mitglied werden und melde mich hiermit bei Ihnen
an (Mitgliedsbeitrag im Jahr 15,— DM; vom Finanzamt als ge-
meinnützig anerkannt). Die vierteljährlich erscheinende Vereinszeitschrift „Der Westerwald" wollen Sie mir bitte kostenlos
zusenden.

....
         (Datum)   (Unterschrift)

ORTS- und SACHVERZEICHNIS

Anmerkungen: Stichwörter aus der Beschreibung der Streckenwanderwege sind in diesem Orts- und Sachverzeichnis nicht berücksichtigt.

Ortsteile finden Sie unter deren Anfangsbuchstaben. Sie sind unter den zugehörigen Städten und Mehrortsgemeinden nicht gesondert aufgeführt, doch sind letztere jeweils in Klammern nachgestellt.

G e s p e r r t gedruckt sind im Hauptteil beschriebene, meist außerhalb von Ortsbereichen liegende Sehenswürdigkeiten. Stichwörter zum Allgemeinen Teil und zu den verschiedentlich eingestreuten Exkursen finden Sie als GROSSBUCHSTABEN gedruckt.

Angegeben ist jeweils nur die erste Seitenzahl eines Beitrags.

Notizen

Notizen